DIE UNIONSGRUNDORDNUNG
– Handbuch zur Europäischen Verfassung –

DIE UNIONSGRUNDORDNUNG

– Handbuch zur Europäischen Verfassung –

Herausgegeben von

Dimitris Th. Tsatsos

im Auftrag des Instituts für Europäische Verfassungswissenschaften
der FernUniversität in Hagen

Bearbeitet von

Arthur Benz, Roland Bieber, Peter Brandt, Robert Bray,
Thomas Fleiner, Peter Häberle, Klaus Hänsch, Andreas Haratsch,
Stefan Huster, Maria Kaiafa-Gbandi, Markus Kotzur,
Christine Landfried, Antonio López Pina, Ralph Alexander Lorz,
Franz Merli, Georgios Papadimitriou, Wolfgang Reinhard,
Norbert Riedel, Peter Schiffauer, Arthur Schlegelmilch,
Hans-Rüdiger Schmidt, Manfred Stelzer, Dimitris Th. Tsatsos,
Jiri Zemanek

BWV • BERLINER WISSENSCHAFTS-VERLAG

Bibliografische Informationen der Deutschen Nationalbibliothek

Die Deutsche Nationalbibliothek verzeichnet diese Publikation in der Deutschen Nationalbibliografie; detaillierte bibliografische Daten sind im Internet über http://dnb.d-nb.de abrufbar.

ISBN 978-3-8305-1757-3

Redaktion: Hans-Rüdiger Schmidt

Markgrafenstraße 12–14, 10969 Berlin
E-Mail: bwv@bwv-verlag.de, Internet: http://www.bwv-verlag.de

Das Entwicklungsprojekt „Gemeineuropäisches Verfassungsrecht“ lässt sich in der Weise und Verantwortung der Wissenschaften, und zwar im Sinne einer als Kulturwissenschaft betriebenen vergleichenden Verfassungslehre in „weltbürgerlicher Absicht“ – oder bescheidener: in europäischer Absicht, aber in „weltbürgerlicher Mitmenschlichkeit“ – voranbringen. Dabei gleicht „Gemeineuropäisches Verfassungsrecht“ keiner fest geprägten Münze, sondern eher dem Bild von der „geprägten Form, die lebend sich entwickelt“, i. S. von J. W. Goethe und H. Heller.

Peter Häberle

Vorwort des Herausgebers

Dieses Werk wurde abgeschlossen in der Übergangszeit, in der Europa um den Lissabonner Vertrag bangte.

Die meisten Autoren haben, dort wo es einschlägig war, Rücksicht auf den Lissabonner Vertrag genommen. Ich glaube aber, dass es nicht darauf ankommt. Die Europäische Unionsgrundordnung hat ein historisch gewachsenes institutionelles Gerüst, das man nicht durch den Lissabonner Vertrag als überholt ansehen kann. Ohnehin hat der nun geltende Lissabonner Vertrag inhaltlich den gescheiterten Verfassungsentwurf übernommen.

Dem „Institut für Europäische Verfassungswissenschaften" danke ich sehr dafür, dass es mir sein Vertrauen geschenkt und mich mit der Konzeption und Herausgabe des vorliegenden Handbuches zur Europäischen Verfassung beauftragt hat. Ganz besonders danke ich meinen Kollegen Andreas Haratsch und Peter Schiffauer, die in ständiger Zusammenarbeit mit mir das Handbuch gestaltet haben.

Das Institut hat sich zum Ziel gesetzt, den rechtlichen, politischen und geschichtlichen Prozess der europäischen Integration interdisziplinär zu untersuchen. Das ergibt sich schon aus der Zusammensetzung seines Vorstandes, aber wie ich hoffe, auch aus dem Inhalt des vorliegenden Handbuches, das eine – wie ich überzeugt bin – harmonische Zusammenarbeit zwischen Rechtswissenschaftlern, Politikwissenschaftlern und Historikern darstellt.

Ich danke allen prominenten Autoren, die wir für dieses Werk gewinnen konnten. Ganz besonderen Dank schulde ich denjenigen, die pünktlich zu den ursprünglich angegebenen Abgabefristen ihren Beitrag geliefert haben und die sich durch Verspätung anderer verpflichtet fühlten, ihren Beitrag noch einmal durchzusehen.

Besonderen Dank schulde ich den Mitarbeiterinnen und Mitarbeitern des Instituts, dessen Geschäftsführer, Hans-Rüdiger Schmidt, der die gesamte redaktionelle Verantwortung innehatte sowie Gabriele Goetz, Ingrid Piela, Thomas Herwig, Daniel Schülken, Stefan Janssen, Stefanie Knops, Dr. Christiane Dietze und Judith Schumacher.

Nicht zuletzt möchte ich mich bei dem Berliner Wissenschafts-Verlag und seinem Inhaber und Leiter, dem treuen persönlichen Freund und Freund unseres Instituts Dr. h.c. Volker Schwarz bedanken.

Hagen, im Januar 2010

Dimitris Th. Tsatsos

Inhaltsverzeichnis

Bearbeiterverzeichnis

Prof. Dr. Arthur Benz Lehrgebiet Allgemeine Politikwissenschaft FernUniversität in Hagen	4. Teil, B. 5. Teil, E.
Prof. Dr. Roland Bieber Centre de droit comparé et européen Université de Lausanne	3. Teil, A. 9. Teil, A.
Prof. Dr. Peter Brandt Lehrgebiet Neuere Deutsche und Europäische Geschichte FernUniversität in Hagen	2. Teil, B.
Robert Bray Referent im Sekretariat des Rechtsausschusses des Europäischen Parlamentes	7. Teil, B., I.
Prof. Dr. Dr. h.c. Thomas Fleiner Fernuniversität Brig ehem. Lehrstuhl Staats- und Verwaltungsrecht Universität Freiburg, Schweiz	1. Teil, A.
Prof. Dr. Dr. h.c. mult. Peter Häberle Bayreuther Institut für Europäisches Recht und Rechtskultur Forschungsstelle für Europäisches Verfassungsrecht Universität Bayreuth	2. Teil, D. und E.
Prof. Dr. Dr. h.c. mult. Klaus Hänsch Präsident des Europäischen Parlaments a.D.	1. Teil, C.
Prof. Dr. Andreas Haratsch Lehrstuhl für Deutsches und Europäisches Verfassungs- und Verwaltungsrecht sowie Völkerrecht FernUniversität in Hagen	Einleitung 1. Teil, B., IV. 3. Teil, C. 5. Teil, D.

Prof. Dr. Stefan Huster Lehrstuhl Öffentliches Recht II Ruhr-Universität-Bochum	4. Teil, E.
Prof. Dr. Maria Kaiafa-Gbandi Abteilung für Strafrecht und Kriminologie Aristoteles Universität Thessaloniki	7. Teil, B., II.
Prof. Dr. Markus Kotzur Institut für Völkerrecht, Europarecht und ausländisches Recht Universität Leipzig	2. Teil, C. 3. Teil, B. 5. Teil, C. 6. Teil, B.
Prof. Dr. Christine Landfried Institut für Politische Wissenschaft Universität Hamburg	9. Teil, C.
Prof. Dr. Antonio López Pina Cátedra Jean Monnet de Cultura juridical europea Universidad Complutense Madrid	4. Teil, A.
Prof. Dr. Ralph Alexander Lorz Lehrstuhl für Deutsches und Ausländisches Öffentliches Recht, Völkerrecht und Europarecht Heinrich-Heine-Universität Düsseldorf	4. Teil, C.
Prof. Dr. Franz Merli Institut für Österreichisches, Europäisches und Vergleichendes Öffentliches Recht Universität Graz	9. Teil, B.
Prof. Dr. Georgios Papadimitriou † Athen	6. Teil, A.
Prof. Dr. Wolfgang Reinhard Max-Weber-Kolleg für kultur- und sozial- wissenschaftliche Studien, Erfurt	2. Teil, A.

Prof. Dr. Norbert Riedel Berlin / Julius-Maximilians-Universität Würzburg	1. Teil, B., III.
Prof. Dr. Peter Schiffauer Leiter des Sekretariats des Konstitutionellen Ausschusses des Europäischen Parlamentes	Einleitung 1. Teil, B., I. und D. 7. Teil, A. 8. Teil
Prof. Dr. Arthur Schlegelmilch Institut für Geschichte und Biographie FernUniversität in Hagen	2. Teil, B.
Hans-Rüdiger Schmidt Institut für Europäische Verfassungswissenschaften FernUniversität in Hagen	1. Teil, B., II. 4. Teil, D.
Prof. Dr. Manfred Stelzer Institut für Staats- und Verwaltungsrecht Universität Wien	5. Teil, A.
Prof. Dr. Dr. h.c. mult. Dimitris Th. Tsatsos Institut für Europäische Verfassungswissenschaften FernUniversität in Hagen	Einleitung 1. Teil, B., II. 4. Teil, D.
Prof. Dr. Jiri Zemanek Department on European Law Karls-Universität Prag	5. Teil, B.

Abkürzungsverzeichnis

a.	auch
a.A.	anderer Ansicht
a.a.O.	am angegebenen Ort
Abg.	Abgeordneter
ABGB	Allgemeines Bürgerliches Gesetzbuch (Österreich)
ABl.	Amtsblatt der Europäischen Gemeinschaften
Abs.	Absatz
ADAV	Allgemeiner Deutscher Arbeiterverein
ADM	Alternative Methoden für die Beilegung von Streitigkeiten
ADU	Alternative Methoden für die Beilegung von Streitigkeiten
AEUV	Vertrag über die Arbeitsweise der Europäischen Union
AMRK	Amerikanische Menschenrechtskonvention
Anm.	Anmerkung
AöR	Archiv des öffentlichen Rechts
APH	Acta Poloniae Historica
APuZ	Aus Politik und Zeitgeschichte
ARSP	Archiv für Rechts- und Sozialphilosophie
Art.	Artikel
Aufl.	Auflage
AVR	Archiv des Völkerrechts
BayVBl.	Bayerische Verwaltungsblätter
Bd.	Band
Bde.	Bände
BDGVR	Berichte der Deutschen Gesellschaft für Völkerrecht
Beschl.	Beschluss
BGBl.	Bundesgesetzblatt
BGHZ	Entscheidungen des Bundesgerichtshofes in Zivilsachen
Bh	Beiheft
BSHG	Bundessozialhilfegesetz
BV	Besloten Vennootschap (ndl.)
BVerfG	Bundesverfassungsgericht
BverfGE	Entscheidungen des Bundesverfassungsgerichts
BverfGG	Bundesverfassungsgerichtsgesetz
BverwGE	Entscheidungen des Bundesverwaltungsgerichts

B-VG	Bundes-Verfassungsgesetz [Österreich]
bzw.	beziehungsweise
CCBE	Council of Bars and Law Societies of Europe
CEDAM	Casa Editrice Dott. Antonio Milani
CMLR	Common Market Law Review
COSAC	Conference of Community and European Affairs Committees of Parliaments of the European Union
ders.	Derselbe
d.h.	das heißt
DJZ	Deutsche Juristen-Zeitung
DÖV	Die Öffentliche Verwaltung
Dok.	Dokument
DRV	Deutsche Rentenversicherung (Zeitschrift)
DVBl.	Deutsches Verwaltungsblatt
E	Entwurf
EA	Europa Archiv
EAD	Europäischer Auswärtiger Dienst
EAGV	Vertrag zur Gründung der Europäischen Atomgemeinschaft
ebd.	Ebenda
EC	European Community
ed.	Edition
EDU	Eidgenössische Demokratische Union
EFTA	Europäische Freihandelszone, Europäische Freihandelsassoziation
EG	Europäische Gemeinschaften
EGKS	Europäische Gemeinschaft für Kohle und Stahl
EGMR	Europäischer Gerichtshof für Menschenrechte
EGV	Vertrag zur Gründung der Europäischen Gemeinschaft
EG-Vertrag	s. EGV
EIPA	Europäisches Institut für öffentliche Verwaltung
ELJ	European Law Journal
ELRev.	European Law Review
EMRK	Europäische Menschenrechtskonvention
endg.	Endgültig
ENEL	Ente Nazionale per l'energia elettrica
EP	Europäisches Parlament
EPIL	Encyclopedia of Public International Law
EPL	European Public Law

ERLP/REDP	European Review of Public Law / Revue Européenne de Droit Public
ESC	Europäische Sozialcharta
ESTA	Europäische Staatsanwaltschaft
etc.	et cetera
EU	Europäische Union
EuGH	Gerichtshof der Europäischen Gemeinschaften
EuGRZ	Europäische Grundrechte-Zeitschrift
EuHB	Europäischer Haftbefehl
EuR	Europarecht
EUV	Vertrag über die Europäische Union
EU-Vertrag	s. EUV
EuZW	Europäische Zeitschrift für Wirtschaftsrecht
EVV	Vertrag über eine Verfassung für Europa
EWG	Europäische Wirtschaftsgemeinschaft
EWGV	Vertrag zur Gründung der Europäischen Wirtschaftsgemeinschaft
EWR	Europäischer Wirtschaftsraum
EWS	Europäisches Wirtschafts- und Steuerrecht
f.	folgende
FAZ	Frankfurter Allgemeine Zeitung
ff.	fortfolgende
FIDE	Fédération Internationale de Droit Européen
FinnYBIL	Finnish Yearbook of International Law
FMS	Frühmittelalterliche Studien
Fn.	Fußnote
frz.	Französisch
FS	Festschrift
GA	Goltdammer's Archiv für Strafrecht
GASP	Gemeinsame Außen- und Sicherheitspolitik
GesR	Zeitschrift für Gesundheitsrecht
GG	Grundgesetz für die Bundesrepublik Deutschland
GKV	gesetzliche Krankenversicherung
GRCh	Charta der Grundrechte der Europäischen Union
GRUR	Gewerblicher Rechtsschutz und Urheberrecht
GS	Gedächtnisschrift
GV	Gemeineuropäisches Verfassungsrecht
Hdb.	Handbuch
HdBStR	Handbuch des deutschen Staatsrechts
hg.	s. hrsg.

hrsg.	herausgegeben
Hrsg.	Herausgeber
HdbStR	Handbuch des Staatsrechts der Bundesrepublik Deutschland
HZ	Historische Zeitschrift
i.d.S.	in diesem Sinn
i.E.	im Erscheinen
i.e.S.	im engeren / eigentlichen Sinn
IGH	Internationaler Gerichtshof
IGK	Intergouvernementale Konferenz
insbes.	insbesondere
insges.	insgesamt
IPG	Internationale Politik und Gesellschaft
i.S.	im Sinne
i.S.d.	im Sinne des/r
i.w.S.	im weiteren Sinn
JCMS	Journal of Common Market Studies
JIR	Jahrbuch für internationalen Rechts
JöR	Jahrbuch des öffentlichen Rechts der Gegenwart
JRP	Journal für Rechtspolitik
JuS	Juristische Schulung
JZ	Juristenzeitung
Kap.	Kapitel
KOM	Kommissionsdokumente
KritV	Kritische Vierteljahresschrift für Gesetzgebung und Rechtswissenschaft
KSZE	Konferenz über Sicherheit und Zusammenarbeit in Europa
KV	Kantonsverfassung
KZSS	Kölner Zeitschrift für Soziologie und Sozialpsychologie
Lfg.	Lieferung
lit.	Litera
Lit.	Literatur
loc. Cit.	Loco citato
M.a.W.	Mit anderen Worten
m.E.	meines Erachtens
M.E.	Meines Erachtens
MedR	Medizinrecht
MIP	Mitteilungen des Instituts für Deutsches und Europäisches Parteienrecht

MJ	Maastricht Journal of European and Comparative Law
MRM	MenschenRechtsMagazin
m.w.N.	mit weiteren Nachweisen
NAFTA	North American Free Trade Agreement
NATO	North Atlantic Treaty Organization
nBV	Schweiz – neue Bundesverfassung der Schweizerischen Eidgenossenschaft
n.c.n.p.s.l	nullum crimen, nulla poena sine lege
NGO	Non-Governmental-Organization
NJW	Neue Juristische Wochenschrift
NPL	Neue Politische Literatur
Nr.	Nummer
NV	Naamloze Vennootschap
NVwZ	Neue Zeitschrift für Verwaltungsrecht
NZZ	Neue Zürcher Zeitung
o.	oben
op. Cit.	Opus citatum
OSZE	Organisation für Sicherheit und Zusammenarbeit in Europa
PP	Past and Present
Prot.	Protokoll
PSE	Sozialdemokratische Partei Europas
RabelsZ	Rabels Zeitschrift für ausländisches und internationales Privatrecht
RDP	Revue du Droit Public
RDUE	Revue du Droit de l'Union Européenne
RFSR	Raum der Freiheit, der Sicherheit und des Rechts
RIDC	Revue Internationale de Droit Comparé
RIW	Recht der Internationalen Wirtschaft
Rn.	Randnummer
Rs.	Rechtssache
RTDE	Revue trimestrielle du droit européen
Rz.	Randziffer
s.	siehe
S.	Seite/Siehe/Satz
sc.	scilicet
SDSRV	Schriftenreihe des Deutschen Sozialrechtsverbandes
SGb	Die Sozialgerichtsbarkeit
SIPE	Societas Juris Publici Europaei

Slg.	Sammlung der Rechtsprechung des EuGH
sog.	sogenannte(n) (r)
stv.	stellvertretend
StV	Strafverteidiger
SV	Spanische Verfassung
SWP	Stiftung Wissenschaft und Politik
TB	Taschenbuch
ThürVBl.	Thüringer Verwaltungsblätter
u.	und
u.a.	unter andere(m)(n); und andere
UAbs.	Unterabsatz
UN	Vereinte Nationen
u.ö.	und öfter
usf.	und sofort
USA	United States of America
v.	vom, von, vor
VE	Verfassungsentwurf
verb.	verbunden
vgl.	vergleiche
VSSR	Vierteljahresschrift für Sozialrecht
VVDStRL	Veröffentlichungen der Vereinigung der Deutschen Staatsrechtslehrer
WZB	Wissenschaftszentrum Berlin (für Sozialforschung)
YBIL	Yearbook of International Law
ZaöRV	Zeitschrift für ausländisches öffentliches Recht und Völkerrecht
z.B.	zum Beispiel
ZEI	Zentrum für Europäische Integrationsforschung
ZESAR	Zeitschrift für europäisches Sozial- und Arbeitsrecht
ZEuS	Zeitschrift für europarechtliche Studien
ZEvKR	Zeitschrift für evangelisches Kirchenrecht
ZfP	Zeitschrift für Politik
ZFSH/SGB	Zeitschrift für Sozialhilfe und Sozialgesetzbuch
ZG	Zeitschrift für Gesetzgebung
ZHF	Zeitschrift für Historische Forschung
ZIAS	Zeitschrift für ausländisches und internationales Arbeits- und Sozialrecht
ZIS	Zeitschrift für Internationale Strafrechtsdogmatik
ZNR	Zeitschrift für Neuere Rechtsgeschichte
ZPol	Zeitschrift für Politikwissenschaft
ZRP	Zeitschrift für Rechtspolitik

ZRph	Zeitschrift für Rechtsphilosophie
ZSE	Zeitschrift für Staats- und Europawissenschaften
ZSR	Zeitschrift für Schweizerisches Recht
ZStW	Zeitschrift für die gesamte Strafrechtswissenschaft
z.T.	zum Teil

Andreas Haratsch / Peter Schiffauer* / Dimitris Th. Tsatsos

Einleitung: Der Verfassungszustand der Europäischen Union

1. Wozu – und wozu gerade in der gegenwärtigen Phase der europäischen Integration – ein Werk über die „Unionsgrundordnung", das in seinem Untertitel als „Handbuch zur Europäischen Verfassung" bezeichnet wird? Die Beantwortung dieser Frage, der Frage also nach der Philosophie der vorliegenden Publikation, soll dem Leser oder auch nur dem ad hoc Benutzer des Handbuchs die Besonderheit des Anliegens, das zu diesem Werk motiviert hat, klar machen. Es handelt sich nämlich weder primär um ein Handbuch des geltenden europäischen Verfassungsrechts noch um eine Kampf- oder Protestschrift, die die Schwierigkeiten anprangert, aufgrund derer der Vertrag über eine Verfassung für Europa in den Ratifikationsverfahren gescheitert war. Kann man aber von einem Scheitern des Verfassungsentwurfs sprechen? Der am 13. Dezember 2007 in Lissabon unterzeichnete Vertrag zur Änderung des Vertrags über die Europäische Union und des Vertrags zur Gründung der Europäischen Gemeinschaften (Reformvertrag)[1] basiert auf den Errungenschaften des nicht in Kraft getretenen Verfassungsvertrags[2], der auf der Vorarbeit des Konvents zur Zukunft der Europäischen Union beruht, der vom Europäischen Rat von Laeken am 14./15. Dezember 2001 einberufen worden war.

2. Die Autoren des Handbuchs, Staatsrechtler, Politikwissenschaftler, Historiker und Fachleute aus der Unionspraxis, wollen vielmehr – um hier die Ergebnisse der Einleitung vorwegzunehmen – die Verfassungsqualität herausarbeiten, die die Europäische Unionsgrundordnung als historisch gewachsenes institutionelles Gerüst bis heute erlangt hat und gleich unter welchem Vertrag wegen ihrer historischen und institutionellen Natur beibehalten wird. Jene Verfassungsqualität ist nicht statisch, sondern in historischer Perspektive, als Prozess zu denken. Auch das Zustandekommen eines Vertrages, der sich selbst als „Verfassung für Europa" bezeichnet und der als formelles Verfassungsdokument hätte angesehen werden können, hätte nicht den Abschluss, sondern nur eine Etappe dieses Prozesses bedeutet, dessen Finalität offen bleibt. Um den Prozesscharakter nicht zu verfehlen, beschreitet die Darstellung den im Titel angedeuteten Weg einer Annäherung an ihren Gegenstand. Die „Verfassung der Europäischen Union" ist nicht im hier und jetzt ausdefiniert, sondern nur im Mit- und Nachvollzug des Weges zu ihr erfassbar. Darüber hinaus aber wird der Inhalt

* Die nachstehenden Ausführungen, soweit sie von Peter Schiffauer mitgeprägt wurden, geben persönliche Auffassungen des Mitverfassers P. Schiffauer wieder. Diese können nicht der Institution zugerechnet werden, deren Beamter er ist.

1 ABl. 2007 C 306/1.

2 Vertrag über eine Verfassung für Europa vom 29. Oktober 2004, ABl. 2004 C 310/1.

einer Normordnung, hier der Unionsgrundordnung, nicht nach der formalen Bezeichnung des ihr zugrunde liegenden Dokumentes, sondern nach ihrem materiellen Gehalt qualifiziert.

3. In diesem Handbuch geht es um eine Darstellung des gegenwärtigen konstitutionellen Zustandes der Europäischen Unionsgrundordnung, wie man die Verfassung der Europäischen Union besser nennen sollte[3], in historisch-kritischer, juristisch-institutioneller und politikwissenschaftlicher Perspektive. Die vom deutschen Bundesverfassungsgericht geprägte Bezeichnung als „Staatenverbund“[4] und die in der soziologisch inspirierten Literatur verwendete Bezeichnung als „Mehrebenensystem“[5] erfassen zutreffende Aspekte, werden der Komplexität und Ganzheitlichkeit der europäischen Konstruktion aber nicht gerecht. Die Verfasser dieser Einleitung schlagen deshalb vor, die europäischen Verträge als die Grundordnung einer Sympoliteia mit einer polykephalen Entscheidungsstruktur zu verstehen[6]. Der Vertrag von Lissabon[7], der nach dem Willen der Staats- und Regierungschefs der Europäischen Union[8] an die Stelle des Verfassungsvertrags getreten ist, bewahrt dessen konstitutionelle Innovationen unter Verzicht auf die sprachliche Symbolik und die Form eines Verfassungsdokuments. An einigen Stellen weicht sein Inhalt allerdings von den Regelungen des Verfassungsvertrags ab. Es handelt sich dabei insbesondere um den Verzicht auf Symbole und Terminologien[9], die bei manchen Bürgern das Missverständnis aufkommen ließ, die zur „Europäischen Union“ verfasste politische Ordnung habe letztendlich den Anspruch, die ihr angehörenden Mitgliedstaaten in einem neuen (Bundes-)Staat zu vereinen, der an ihre Stelle tritt, anstatt sie durch eine gemeinsame Rechtsordnung lediglich zu überwölben.

3 Zur Einführung und Entfaltung dieser Terminologie vgl. *D. Th. Tsatsos*, Die Europäische Unionsgrundordnung, Grundsatzfragen und fünf Anregungen zum Umdenken anlässlich der Regierungskonferenz 1996, EuGRZ 1995, S. 287 ff., und *ders.*, Die Europäische Unionsgrundordnung, Baden-Baden 2002.

4 BVerfGE 89, 155 (181) – *Maastricht.*

5 Vgl. statt vieler *A. v. Bogdandy*, Supranationaler Föderalismus als Wirklichkeit und Idee einer neuen Herrschaftsform, Baden-Baden 1999, S. 13, 67; *A. Peters*, Elemente einer Theorie der Verfassung Europas, Berlin 2001, S. 190, 215 f.

6 Näheres bei *D. Th. Tsatsos*, La Transformation du Principe Démocratique dans l'Ordre Juridique Européen, Athen 2007, und *P. Schiffauer*, Versuch über die Transformation des Staates in der Europäischen Union, Festschrift für D. Tsatsos, Baden-Baden 2003, S. 592 ff., und *ders.*, Leviathan oder Hydra, Versuch über Staatlichkeit und Europäische Integration, in: F. Müller / I. Burr (Hrsg.), Rechtssprache Europas, Berlin 2004, S. 23 ff.

7 ABl. 2007 C 306/1.

8 Schlussfolgerungen des Europäischen Rates vom 21./22. Juni 2007.

9 Europäisches Parlament, Entschließung vom 11. Juli 2007 mit der Stellungnahme zur Einberufung der Regierungskonferenz, Angenommene Texte, P6_TA-PROV(2007) 0328.

4. Der Vertrag von Lissabon enthält keinerlei Anknüpfungspunkt für derartige Missverständnisse. Er hat aber die Gestalt eines schwer lesbaren Mosaiks rechtstechnischer Änderungsnormen erhalten, das nur unter Zuhilfenahme einer konsolidierten Fassung der geänderten Verträge[10] verständlich wird. Die adäquate verfassungsrechtliche Einordnung der Europäischen Union bleibt eine Aufgabe der Verfassungswissenschaft. Hierfür liefert der Verfassungsvertrag nach wie vor eine kohärente Beschreibung bzw. Kodifizierung der materiellen Verfassung der Europäischen Union, vorausgesetzt, dass man die rechtstechnischen Korrekturen des Vertrages von Lissabon berücksichtigt. Deshalb erscheint es gerechtfertigt, in diesem Handbuch die Darstellung der hier und jetzt zur Rechtswirklichkeit gewordenen Europäischen Unionsgrundordnung – also ihrer materiellen Verfassung – am Aufbau und an der Systematik des Verfassungsvertrags zu orientieren und dabei zur Klarstellung auf die relevanten Bestimmungen des Primärrechts der Union Bezug zu nehmen. Das Handbuch greift Thematiken auf, die in der Europäischen Rechtsordnung Verfassungsqualität aufweisen und somit Fragen, die von bleibender Bedeutung sind.

5. Nicht erst nach dem 29. Oktober 2004, dem Datum der Unterzeichnung des „Vertrages über die Verfassung Europas“ durch die Bevollmächtigten der 25 Mitgliedstaaten der Union in Rom, gehört der Begriff „Verfassung“ zum Vokabular der Europäischen Union[11]. Welche Gründe gab es für die Verwendung des Verfassungsbegriffes zur Bezeichnung der europäischen Unionsgrundordnung? Die Rechtfertigung, von einer europäischen Verfassung zu sprechen, wurzelt in der geschichtlichen Entwicklung der Europäischen Union. Ihr Ausgangspunkt ist die Gründung der drei europäischen Gemeinschaften, die überwiegend wirtschaftliche Ziele verfolgten, aber bereits eine eigenständige, die Mitgliedstaaten überwölbende Rechtsordnung mit autonomen politischen und richterlichen Institutionen erzeugten. In einem durch schrittweise Reformen des Primärrechts induzierten Prozess kontinuierlichen Wandels wurden die Gemeinschaften durch eine Europäische Union umrahmt, die den Binnenmarkt durch eine (nicht alle Mitgliedstaaten einbeziehende) Währungsunion und eine (Konsens unter den Mitgliedstaaten voraussetzende) politische Union ergänzt. Im Zuge des Prozesses der Politisierung der Union wurden die verfassungsqualitativen Elemente der durch die Europäische Integration geschaffenen Grundordnung deutlich wahrnehmbar und verlangten nach einem adäquaten Ausdruck. In diesem Zusammenhang erhält deshalb die Forderung nach einer „Verfassung“ für Europa, die von den föderalistischen Bewegungen seit langem als In-

[10] Zugänglich im ABl. 2008 C 115/13 sowie C 115/47.

[11] Der Europäische Gerichtshof hat schon vor mehr als zwanzig Jahren den EG-Vertrag als „Verfassungsurkunde“ der Europäischen Gemeinschaft bezeichnet; vgl. etwa EuGH, Slg. 1986, 1339 (1365) – *Les Verts / Parlament*; EuGH, Slg. 1991, I–6079 (6102) – *EWR-Abkommen*.

strument der politischen Einigung angestrebt worden war, neue Nahrung. Sie erscheint als das beste Mittel, um die komplizierte Architektur der Europäischen Konstruktion zu vereinfachen und sie den Bürgern verständlich zu machen.

6. Jene Entwicklungsmomente beleuchten die Wurzeln und die Bedeutung der „Verfassungs"-Diskussion in der Europäischen Unionsgrundordnung.

a) Ausgangspunkt und rechtliche Grundlage des Integrationsprozesses liegen zunächst im Völkerrecht. Die Mitgliedstaaten haben untereinander völkerrechtliche Verträge abgeschlossen. Diese sind es, die die weitere Entwicklung des europäischen Einigungsprozesses tragen und gestalten. Aber nicht allein. Ungeachtet der Tatsache, dass die rechtliche Substanz der Europäischen Unionsgrundordnung ihre Quelle im Völkerrecht hat, beruht sie auf einem zweiten Legitimationselement, das aus den Verfassungsordnungen der Mitgliedstaaten der Europäischen Union fließt. Denn diese ermöglichen es durch mehr oder weniger ausdrückliche Bestimmungen, dass die Mitgliedstaaten Teile ihrer Hoheitsgewalt auf supranationale Einrichtungen übertragen oder im Rahmen supranationaler Institutionen gemeinsam ausüben. Das weite Verständnis und die flexible Handhabung dieser „Öffnungsklauseln" des nationalen Verfassungsrechts haben eine Zunahme und Intensivierung des hoheitlichen Handels auf supranationaler Ebene ermöglicht, für die es in der Geschichte kein Beispiel gibt und die nach dem westlichen Demokratieverständnis eine Politisierung der supranationalen Ebene unabweisbar erforderlich machte. Aus dieser zweiten Legitimationsquelle ergeben sich somit die rechtlichen und politischen Grundlagen für die Entwicklung der europäischen Institutionenordnung mit der ihr eigenen Dynamik, die mit den Mitteln des Völkerrechts weder adäquat dargestellt noch legitimiert werden kann.

b) In dem Maße wie die Mitgliedstaaten immer mehr Bereiche ihrer Souveränität zu gemeinsamer Ausübung auf der Ebene der Europäischen Union bestimmt haben, hat letztere einen erheblichen Zuwachs an Zuständigkeiten und Befugnissen erhalten. Von ihren Institutionen wird immer mehr Macht ausgeübt. Ihre Rechtsetzung prägt immer mehr die Rechtsordnungen der Mitgliedstaaten und das Leben der Bürger in den Mitgliedstaaten nachhaltig, freilich ohne ihre Souveränität im Kernbereich anzutasten. Mit einem Wort: die Europäische Union hat sich von einer reinen Wirtschaftsordnung zu einer politischen Ordnung umgewandelt. Die Folgen dieser Wandlung sind evident. Denn je mehr öffentliche Gewalt auf der Ebene der Europäischen Union ausgeübt wurde, desto größer wurde das Bedürfnis nach Garantien von Freiheit, Demokratie und Rechtsstaatlichkeit. Mitgliedstaaten und Bürger bestehen zu Recht darauf, dass die gemeinsamen Werte der Demokratie, Transparenz, Rechtsstaatlichkeit, Sozialstaatlichkeit und Grundrechtsschutz gegenüber diesem enormen Rechts- und Machtapparat zur Geltung gebracht werden.

c) Jener Prozess der Politisierung führt zwangsläufig zu Vergleichen der Europäischen Union mit staatlichen Vorbildern und zu Anleihen aus dem Gedankengut der europäischen Verfassungskultur. An dieser Stelle sei eine wichtige Differenzierung unterstrichen: Die Ähnlichkeiten zum Verfassungsstaat, die die Europäische Union während ihres eigenen geschichtlichen Entwicklungsprozesses erlangt hat, dürfen weder als eine faktische Angleichungstendenz noch als das normative Ziel einer Angleichung der europäischen Unionsgrundordnung an jene staatlichen Vorbilder missverstanden werden. Die Europäische Union und die herkömmlichen Staatsordnungen weisen tief greifende Unterschiede hinsichtlich ihrer jeweiligen Entstehungsprozesse, ihrer Teleologie, ihrer geschichtlichen Aufgaben und ihrer geschichtlichen Funktion auf. Mit anderen Worten: Jede Annäherung der Europäischen Union an das Bild europäischer Staatsgattungen muss immer im Blick behalten, dass sich gleichzeitig und parallel ein tief greifender qualitativer Unterschied zwischen den geschichtlichen Entwicklungsprozessen der staatlichen und der supranationalen Ebene festigt.

7. Die bisher vorgestellten Aspekte und Besonderheiten des europäischen Integrationsprozesses stellen fast zwangsläufig die Frage nach einer Verfassung der Europäischen Union im materiellen Sinne oder – anders ausgedrückt – nach den verfassungsqualitativen Elementen der Europäischen Unionsgrundordnung. Das vorliegende Handbuch bemüht sich, die materielle Verfassung des Integrationsprozesses herauszuarbeiten. Gerade diese Aufgabe macht die – sozialwissenschaftlich ohnehin fragwürdige – Trennung von rechts-, politik- und geschichtswissenschaftlichen Blickwinkeln obsolet. In dem dargelegten materiellen Verfassungsverständnis will das Handbuch diese drei Ansätze soweit wie möglich integrieren.

8. Die oben angesprochene Transformation einer auf das Völkerrecht gegründeten Wirtschaftsgemeinschaft zu einer Ordnung, die sich zu ihrem politischen Selbstverständnis der Begrifflichkeit einer europäischen Verfassungskultur bedient, kommt auch im prozeduralen Bereich deutlich zum Vorschein. Die herkömmliche Methode für die Weiterentwicklung (Revision) des Primärrechts der Europäischen Union, also die Aushandlung von Vertragsänderungen durch weisungsgebundene diplomatische Vertreter auf Regierungskonferenzen reichte völlig aus, solange der Integrationsprozess rein völkerrechtlich verstanden werden konnte und solange die überkommene Dogmatik des Völkerrechts die sich stetig weiterentwickelnde Integration tragen konnte. Im Zuge der Politisierung und der mit ihr einhergehenden Konstitutionalisierung der Europäischen Union konnte die Dogmatik, die das Völkerrecht in Bezug auf internationale Organisationen zur Verfügung stellt, den Legitimationsansprüchen der Europäischen Unionsgrundordnung nicht mehr genügen. Sie wurde auch konzeptionell den neuen Anforderungen einer weiterentwickelten Europäischen Unionsgrundordnung nicht mehr gerecht. Die Einberufung des „Europäischen Konvents“ war deshalb der erste historisch bedeutende Wandel in der

institutionellen Entwicklungsgeschichte der Union. Konzeptionell baute der Konvent auf dem Grundrechtskonvent auf. Die Ergebnisse beider Konvente haben die Verfassungswirklichkeit der Europäischen Union entscheidend geprägt, auch wenn die von ihnen erarbeiteten Konzepte und Texte nicht gleich und unmittelbar, sondern erst im Wege einer nachfolgenden, mehrere Stufen umfassenden Rezeption zu geltendem Recht wurden.

9. Die Signale des Wandels, die von der Einberufung des Europäischen Konvents ausgingen, tragen dem Gedanken Rechnung, dass die Legitimation der Europäischen Union nicht allein von den Staaten ausgehen kann. Vielmehr werden die Präsenz und Vermittlung von Legitimation durch die Bürger zu einem zentralen Thema des europäischen Integrationsprozesses. Die Zusammensetzung des Konvents einerseits, dem neben Vertretern der europäischen und nationalen Exekutiven mehrheitlich Abgeordnete der nationalen Parlamente und des Europäischen Parlamentes angehörten, und sein Werk andererseits, der Entwurf eines Vertrages für eine Verfassung von Europa, waren erste große Schritte zum Übergang von der hergebrachten Rechtsdogmatik des Völkerrechts zu einem neuen Denken, das zunehmend durch Verfassungskategorien geprägt wird.

10. Der Ertrag der Konventsarbeit wurde durch zwei Regierungskonferenzen verändert. Diese Veränderungen fanden dann die Zustimmung der Bevollmächtigten aller 27 Mitgliedstaaten. Die erste Regierungskonferenz 2003/2004 führte zur Unterzeichnung des Vertrags über eine Verfassung für Europa, wie im Völkerrecht üblich unter dem Vorbehalt der anschließenden Ratifizierung durch die vertragsschließenden Parteien. Der Umstand, dass ein von den Regierungen aller Mitgliedstaaten gebilligter Text vorliegt, der sich selbst als „Verfassung für Europa" bezeichnet – ob diese Selbstbezeichnung wissenschaftlich vertretbar ist oder nicht, wird im Handbuch besprochen –, stellt eine sehr wichtige Entwicklungsstufe des europäischen Integrationsprozesses dar. Dies gilt allerdings nur für die Teile I, II und IV des Verfassungsvertrags, die von ihrem Gegenstand und von ihrer Sprache her partiell Verfassungsqualität aufweisen. Diese Teile können als das Maximum dessen angesehen werden, was als eigenes Verfassungsverständnis der Europäischen Union Aussicht auf Konsens hat. Solange der Inbegriff dieses Verfassungsverständnisses nicht zur geltenden Rechtsgrundlage der Union wird, lässt der Verfassungsvertrag die Unzulänglichkeiten des fortgeltenden Systems der Gründungsverträge erkennen. Gegenüber den immer wieder abgeänderten einzelnen Verträgen vermittelt der Verfassungsvertrag ein transparentes Bild des gegenwärtigen Integrationsstandes der Europäischen Union und seiner materiellen Verfassungsqualität. Gleichzeitig aber ist er ein Beleg dafür – das soll an dieser Stelle nochmals unterstrichen werden –, dass sich der Konstitutionalisierungsprozess der Europäischen Union, wie in jeder Verfassungsordnung, in einem stetigen und weiter fortdauernden Wandel befindet.

Insofern kann sein Text auch nichts anderes sein als die institutionelle Abbildung der geschichtlichen Lage Europas.

11. Der Vertrag über eine Verfassung für Europa wurde von 18 Mitgliedstaaten, sei es auf der Grundlage von Volksbefragungen oder auf der Grundlage parlamentarischer Beratungen, ratifiziert und in vier weiteren erschien die Ratifizierung nicht als problematisch. In zwei Mitgliedstaaten (in Frankreich und in den Niederlanden) hatten die dort durchgeführten Referenden aber jeweils einen negativen Ausgang. Nach eingehender Analyse des Ergebnisses dieser Volksentscheide sahen sich diese zwei Mitgliedstaaten zu einer Ratifizierung des Verfassungsvertrags nicht mehr in der Lage. Andererseits war erkennbar, dass die Mehrheit der negativen Stimmen – neben einer den europäischen Integrationsprozess ablehnenden Minderheit – von Bürgern stammte, die keine Einwände gegen die vorgesehen institutionellen Neuerungen hatten, dem Verfassungsvertrag aber aus anderen, diffusen Motiven ablehnend gegenüberstanden. Unter diesen Umständen war der aussichtsreichste Weg, einer neuen Regierungskonferenz den Auftrag zu erteilen, die das Primärrecht der Europäischen Union bildenden Verträge so abzuändern, dass die substanziellen politischen und institutionellen Innovationen des Verfassungsvertrags in die geltenden Verträge eingefügt werden. Dabei setzte man sich das Ziel, dass die Änderungen rechtzeitig vor den Wahlen des Jahres 2009 zum Europäischen Parlament in Kraft treten.

12. Die mit einem sehr präzisen und begrenzten Verhandlungsmandat in diesem Sinne ausgestattete Regierungskonferenz nahm am 23. Juli 2007 ihre Arbeit auf. Der von ihr am 19. Oktober gebilligte Reformvertrag bleibt in materieller Sicht kaum hinter dem Verfassungsvertrag zurück und ergänzt ihn zu einigen aktuellen Problemfeldern in sinnvoller Weise. Nach einer Neuverkündung der Grundrechtecharta am 12. Dezember 2007 in Straßburg[12] wurde der neue Vertrag schließlich am 13. Dezember 2007 in Lissabon unterzeichnet[13]. Der Umstand, dass das Verfahren zur Inkraftsetzung des Vertrags von Lissabon ausschließlich völkerrechtlichen Modalitäten folgt, könnte zwar Anlass zu der Befürchtung geben, die durch die Einberufung des Konvents gewonnenen verfassungsqualitativen Elemente seien inzwischen verwirkt. Eine solche Befürchtung ist aber unzutreffend. Die Schlussfolgerungen des Europäischen Rates vom 21./22. Juni 2007 verweisen ausdrücklich auf das Werk des Konvents in der Gestalt, die es durch den Verfassungsvertrag angenommen hat. Die vom Verfassungskonvent ausgehende Legitimation trägt deshalb auch den Vertrag von Lissabon. Die von ihm übernommenen Bestimmungen über die Vertragsrevision belegen zudem, dass für die künftige Entwicklung des Primär-

12 ABl. 2007 C 303/1.
13 ABl. 2007 C 306/1.

(Verfassungs)rechts der Union die Konventsmethode, wenn nicht allein maßgeblich, so doch ausschlaggebend sein wird.

13. Der negative Ausgang des irischen Referendums vom 12. Juni 2008 hat die Hoffnungen zunichte gemacht, dass das Europäische Parlament im Juni 2009 auf der Grundlage des neuen Vertrags gewählt werden könnte. Die Beschlüsse des Europäischen Rates vom 11./12. Dezember 2008 begründeten aber eine gewisse Zuversicht, dass der Vertrag von Lissabon nach Überwindung beträchtlicher Schwierigkeiten noch im Laufe des Jahres 2009 in Kraft treten würde und als rechtliche Grundlage für die Entscheidung über die Nachfolge der Europäischen Kommission zur Verfügung steht, deren Mandat im November 2009 endet. Im Juni 2009 konnte eine Einigung über die Garantien erzielt werden, die von der irischen Regierung zur Voraussetzung für die Durchführung eines zweiten Referendums gemacht wurden, insbesondere über die Beibehaltung je eines Mitglieds der Europäischen Kommission aus jedem Mitgliedstaat. Nach einem Stimmungsumschwung in der irischen Bevölkerung ergab ein am 2. Oktober 2009 durchgeführtes zweites Referendum eine Mehrheit von 67 % zugunsten des Vertrages von Lissabon. In Deutschland musste nach dem Urteil des Bundesverfassungsgerichts vom 30. Juni 2009 über die Verfassungsbeschwerden, die gegen das Ratifikationsgesetz zum Vertrag von Lissabon anhängig waren, im September 2009 noch die Begleitgesetzgebung geändert werden, ehe der Bundespräsident die Ratifikationsurkunde unterzeichnen konnte. In der tschechischen Republik wurde nach der Zustimmung beider Kammern des Parlaments zur Ratifikation des Vertrags von Lissabon erneut der Verfassungsgerichtshof mit Fragen zur Vereinbarkeit des Vertrags mit der tschechischen Verfassung befasst und der Präsident der Republik machte die Unterzeichnung der Ratifikationsurkunde zusätzlich davon abhängig, dass in Bezug auf die Anwendung der Grundrechtecharta der Tschechischen Republik eine ähnliche Ausnahme zugestanden wird wie dem Vereinigten Königreich und Polen. Nachdem der Europäische Rat sich am 29. Oktober zu diesem Zugeständnis bereit erklärte und der tschechische Verfassungsgerichtshof am 3. November die Vereinbarkeit des Vertrages mit der tschechischen Verfassung bejahte, wurde die letzte fehlende Ratifikationsurkunde für den Vertrag von Lissabon unterzeichnet, so dass er nach Überwindung aller Ungewissheit schließlich am 1. Dezember 2009 in Kraft tritt.

14. Das Handbuch ist nicht nur eine Momentaufnahme im fortschreitenden Entstehungsprozess der Europäischen Verfassung. Es ist gleichzeitig – und hier liegt das eigentliche Anliegen des Werkes – Teil und Dokumentation der europäischen Verfassungskultur bis zum heutigen Tag. Verfassung heißt für die Autoren dieses Handbuches also nicht notwendig herkömmliches Verfassungsrecht – dies würde, wenn nicht einen Staat, so doch mindestens einen rechtlich verbindlichen Verfassungstext voraussetzen –, auch nicht Verfassungsvertrag und schon gar nicht Verfassungsstaat, etwas was die Europäische Union weder ist noch werden will und

kann. Doch die Inhalte, um die es in diesem Handbuch geht, seien es Institutionen, Kompetenzen, Verfahren, Grundrechte, Demokratie oder Rechtstaatlichkeit, sind unverkennbare verfassungsqualitative Elemente der Europäischen Unionsgrundordnung. In ihrer Gesamtschau verstehen wir als Verfassung den Inbegriff des dynamischen geschichtlichen Prozesses, der einen ständigen substanziellen Wandel der Europäischen Unionsgrundordnung beinhaltet. Es ist ein Prozess, der Phasen erkennen lässt, aber kein Ende hat. Es ist – und bleibt – ein Prozess „zu" einer Europäischen Verfassung.

1. Teil: Entstehungsgeschichte und die Perspektiven

Inhalt

Thomas Fleiner

A. Vorbemerkungen zum Verfassungscharakter – über den Verfassungsvertrag zum Reformvertrag

I. Der Rechtscharakter des Reformvertrages

1. Verfassung oder Vertrag?

Der ursprüngliche, am 29. Oktober 2004 in Rom unterzeichnete Vertrag über eine Verfassung für Europa, verwendete bewusst gleichzeitig die beiden nach herkömmlichem Rechtsverständnis im Prinzip gegensätzlichen Begriffe „Vertrag“ und „Verfassung“, wobei das Wort Verfassung in der offiziellen Veröffentlichung des Amtsblattes in viel grösseren Buchstaben geschrieben wurde als das Wort Vertrag.

Verfassung steht für demokratisch legitimiertes Grundgesetz des Staates, das mit mehr oder weniger qualifizierter demokratischer Mehrheit ergänzt, erweitert und aufgehoben werden kann. *Vertrag* ist ein Dokument, das von den Parteien vereinbart und angenommen wurde und das nur mit Zustimmung der Parteien geändert werden kann. Mit der Verwendung beider Rechtsbegriffe, wollte man offenbar zum Ausdruck bringen, dass dieses neue Dokument den Weg für ein neues Zeitalter der Union als Gemeinschaft mit neuer überstaatlicher Legitimation des „europäischen Demos“ öffnet.

Nachdem nun aber dieser „Verfassungsvertrag“ in mehreren Ländern am Volksreferendum gescheitert ist, wurde in Lissabon ein neues Dokument unterzeichnet, das nun wieder ausdrücklich nur als Vertrag bezeichnet und in dem das Wort Verfassung tunlichst vermieden wird. Der neue Vertrag verzichtet auch ausdrücklich darauf, im Interesse einer benutzerfreundlichen bürgernahen Fassung die beiden schon bestehenden Verträge über die Europäische Union wie auch über die Gründung der Europäischen Gemeinschaft in ein übersichtliches und leicht verständliches Vertragswerk zu integrieren. Im Gegenteil, dadurch dass der Vertrag von Lissabon lediglich ein Vertrag über die Änderung dieser beiden Verträge ist, wird das Rechtswerk der EU noch unübersichtlicher und entfremdet sich noch mehr von den Bürgerinnen und Bürgern der Gemeinschaft.

2. Einleitung einer neuen Epoche

Dennoch darf man wohl mit Fug und zu Recht behaupten, dass – sollte dieser Änderungsvertrag von Lissabon einmal in Kraft treten – das europäische Verfassungssystem aus staats- und völkerrechtlicher Sicht in eine neue historische Epoche treten wird.

Teilt man nämlich den seit dem Mittelalter sich entwickelnden verschiedenen geschichtlichen Epochen Europas geometrische, grafische Symbole zu, dann ließe sich das europäische und später das westeuropäische Mittelalter (nach der Kirchenspaltung von 1054) als eine *hierarchische Pyramide* darstellen. Spitze dieser Pyramide war der Papst als Oberhaupt des Christentums, der dem Kaiser das weltliche Schwert zur weltlichen Herrschaft übertrug. Zur Zeit des Absolutismus haben sich dann die weltlichen Herrscher mehr und mehr vom Papst losgelöst und für sich in Anspruch genommen, unmittelbar von Gottes Gnaden zur weltlichen Herrschaft berechtigt und berufen zu sein.

Die Souveränitätslehre von Bodin hat die philosophischen und staatstheoretischen Grundlagen für den absoluten, nur Gott gegenüber verantwortlichen Herrscher von Gottes Gnaden gelegt. Aus dem Einheitsblock der Pyramide hat sich so allmählich ein Räderwerk entwickelt, in welchem die souveränen Staaten und Fürsten wie Zahnräder im Uhrwerk mehr oder weniger knirschend, behutsam, widerstrebend oder sanft ineinandergriffen. Besondere Rechtsgrundlagen der Zusammenarbeit, die diese neu entstandenen zwischenstaatlichen Beziehungen „verfassen“ sollten, mussten mit dem sich neu entwickelnden Völkerrecht geschaffen werden. Dieses konnte sich vor allem in Anschluss an den Westfälischen Frieden als das Recht, das zwischen den souveränen Staaten oder Monarchen gilt, weit über Europa hinaus weltweit entwickeln und verbreiten.

Dieses neue Uhrwerk, der von „unsichtbarer Hand“ geführten mehr oder weniger reibungslos ineinandergreifenden Zahnräder der Fürstentümer, entspricht wohl am ehesten dem graphischen Symbol des aufkommenden Zeitalters der Industrialisierung.

Das jetzige Zeitalter der globalen Kommunikation entspricht eher dem Symbol des *multidimensionalen Netzwerkes*. Dieses Netzwerk hat sich zu höchster Komplexität entwickelt. Es ist durchzogen von sichtbaren, aber auch von vielen unsichtbaren Fäden, welche die Staaten, Volksgemeinschaften, Kirchen, Wirtschaftsunternehmen, Parteien, Staatsverbände, multilateralen Organisationen, Nichtregierungsorganisationen (NGO’s), aber auch kriminellen Organisationen und Terrorverbände mit ganz unterschiedlichen Institutionen des Rechts, der Wirtschaft oder der reinen Machtausübung aneinander binden oder unterbinden.

Dieser Entwicklung zur globalisierten Welt müssen auch die traditionellen Rechtsgebiete des Staats- und Völkerrechts Rechnung tragen. Allerdings vermag das sogenannte *transnationale Recht*, das sich wucherartig als „kollaterale" Nebenentwicklung im Schatten der ursprünglichen klassischen Rechtsgebiete des innerstaatlichen und des Völkerrechts entwickeln konnte, kaum größere Rechtssicherheit, Transparenz und demokratische Verantwortlichkeit zu schaffen.

Im Rahmen dieses neuen Netzwerkes der globalisierten Welt haben die souveränen Staaten einen großen Teil ihres ursprünglichen Stellenwertes eingebüßt. Die Hauptzentralen der Staaten sind vielmehr zu mehr oder weniger wichtigen Verbindungszentralen in diesem Netzwerk geworden, die nun aber nur mehr einen kleinen Teil der entscheidenden Fäden knüpfen können.

3. Demokratie ohne demokratische Legitimation?

Das Werk der regionalen europäischen Einigung ist in diesem Netzwerk ein wichtiger regionaler Schnittpunkt. Der Vertrag von Lissabon bildet eine neue Grundlage für die Verfestigung des innereuropäischen, aber auch des interkontinentalen Netzwerkes. Die Europäische Union ist zwar kein souveräner Staat im altherkömmlichen Sinne. Sie hat sich aber zu einer wichtigen Netzwerkzentrale der innereuropäischen Zusammenarbeit entwickelt und ist zur grundlegenden Voraussetzung nicht für die zwischenstaatliche, sondern vor allem auch für die gesellschaftliche, wirtschaftliche und politische Entwicklung Europas geworden.

Verfassungen haben erst in den letzten zweihundert Jahren die Staatenwelt bestimmt. Sie sind weitgehend eine Folge der demokratischen Volkssouveränität. Solange der Europäischen Union *das Volk als Demos* allerdings fehlt, wird es wohl auch keine europäische, demokratisch legitimierte Verfassung geben können. Deshalb ist es zumindest seltsam, dass die Politiker, die für die Unterstützung des Vertrags von Lissabon werben, immer wieder hervorheben, mit diesem Vertrag werde die Europäische Union demokratischer. Sie übersehen geflissentlich, dass sich die führenden Staatschefs Europas darauf geeinigt haben, den ursprünglichen Verfassungsvertrag von all den Elementen zu entschlacken, welche nach dem Verfassungsrecht einzelner Mitgliedstaaten eine Volksabstimmung notwendig machen könnten. Man fürchtet das Referendum offenbar so sehr wie das Feuer das Wasser. Wer aber kann glaubhaft darstellen, der Vertrag von Lissabon werde die Demokratie verstärken, wenn diejenigen, die ihn erarbeitet haben, sich vor dem Volk fürchten?

4. Vertrag auf unbestimmte Zeit

Der Vertrag von Lissabon gilt auf unbestimmte Zeit (Art. 3 der Schlussbestimmungen). Analog zu den Staatsverfassungen, die auch auf unbestimmte Zeit gelten, aber mit qualifizierter Mehrheit abgeändert werden können, soll diesem Vertrag gewissermaßen auch der Charakter der „Ewigkeit" zukommen, ohne allerdings gleichzeitig über die für solche Rechtsdokumente notwendigen Institutionen zu verfügen, die die demokratische Weiterentwicklung ermöglichen und die ganze Gemeinschaft nicht der Tyrannei des Minderheitsvotums eines kleinen Mitgliedstaates aussetzen.

Im Gegensatz zu den Verfassungen, die in der Regel mit qualifizierter Mehrheit abgeändert werden können, kann bekanntlich dieser Vertrag nach dem allgemeinen Prinzip des Völkerrechts „pacta sunt servanda" nur durch die Zustimmung *aller* Mitgliedstaaten geändert, erweitert oder gar durch einen neuen ersetzt werden. Damit bindet die heutige Generation alle späteren Generationen auf Gedeih und Verderben ganz unabhängig davon, ob dieses Vertragswerk in späteren Generationen den Interessen einzelner Mitgliedstaaten noch dient oder diese schädigt.

Aus dem Verfassungsrecht wissen wir, dass Verfassungen, die nur schwer abgeändert werden können, wie etwa die Verfassung der Vereinigten Staaten, de facto oft durch das für die Verfassungsrechtsprechung zuständige Gericht entwickelt und abgeändert werden. Auch der Vertrag von Lissabon, wie übrigens alle Verträge der Europäischen Gemeinschaften, unterliegt der Jurisdiktionsgewalt des Europäischen Gerichtshofes. Dieser wird – wie bereits früher – notgedrungen die Aufgabe übernehmen müssen, durch kreative Interpretation des Vertrages dessen Anpassung an die Erfordernisse der Zeitumstände vorzunehmen. Der Vertragscharakter verbunden mit der Jurisdiktionsbefugnis des Gerichtshofes überträgt diesem somit die große Verantwortung, später den Vertrag so auszulegen, dass er auch für zukünftige dienlich Generationen bleibt.

5. Ist der Vertrag von Lissabon ein „Grund-Vertrag"?

Verträge auf unbestimmte Zeit als Grundlage der Rechtsentwicklung sind bekanntlich viel älter und wohl auch beständiger als Verfassungen. Der Idee des Gesellschaftsvertrages als Voraussetzung staatlicher Herrschaft überhaupt, liegt letztlich wohl auch der europäischen Staatenwelt zugrunde. So liegt der Vertrag von Lissabon, der die neue Grundlage für die Europäische Union und die Europäische Gemeinschaft bilden soll, durchaus in der Tradition der europäischen Rechtskultur.

Die Anerkennung der Charta der Grundrechte in Artikel 6 des Vertrages wie auch der im selben Artikel vorgesehene Beitritt zur Europäischen Konvention der Menschenrechte bringen deutlich zum Ausdruck, dass sich der Vertrag von Lissabon in die Tradition der Grundrechtskataloge der modernen Verfassungen einordnen will. Mit dem Bekenntnis zu Freiheit, Demokratie, Gleichheit und Rechtsstaatlichkeit als universelle Werte bringt dieser Vertrag in seiner Präambel auch zum Ausdruck, dass diese Werte, auf die er sich stützt, nicht durch Verträge oder Verfassungen beliebig begründet, abgeändert oder gar aufgehoben werden können. Als *universelle Werte* haben sie selbst gegenüber dem Vertrag von Lissabon vorvertragliche Geltung.

Verfassungen sind und bleiben die Grundlage für die Ordnung und das Verhältnis der Menschen zu ihrem Gemeinwesen. Zweifellos ist die Europäische Union auch ein rechtlich eingebundenes Gemeinwesen. Sie ist aber ein Gemeinwesen besonderer Art, das mit dem Vertrag von Lissabon seine Beziehung zu den Staaten und Menschen auf einer klaren Anerkennung der *elementaren Werte* der europäischen Nationen gestalten will.

Das Bekenntnis zur individuellen Menschenwürde darf aber die Identität der Mitgliedstaaten nicht in Frage stellen. Im Gegenteil: Gestützt auf den Vertrag von Lissabon, anerkennt die EU die Vielfalt der Mitgliedstaaten mit ihren pluralistischen Gesellschaften. Sie schützt aber auch die Minderheiten innerhalb der Mitgliedstaaten als wesentliche Voraussetzung einer echt demokratischen und rechtsstaatlichen Ordnung und wehrt sich gegen die Ausgrenzung jeglicher Art.

II. Die Chancen und Risiken der Lissabonner Vertragsrechtsgrundlage

Welche Voraussetzungen müssen erfüllt sein, damit in der heutigen Zeit die Rechtsgrundlage einer Gemeinschaft, ob als Vertrag oder als Verfassung, die Zukunft eines durch viele Kulturen, Sprachen und Religionen zusammengesetzten Europas, die gesellschaftliche, wirtschaftliche und politische Zukunft nachhaltig gestalten kann?

1. Frieden und Minderheitenschutz

Ziel der europäischen Union war ursprünglich weniger der Schutz und die Förderung der individuellen Freiheit sowie der Grundrechte der einzelnen Menschen, sondern vor allem die Friedenserhaltung und die Förderung des Friedens innerhalb der jetzt so komplex gewordenen vielfältigen Gemeinschaft. Die verschiedensten Kulturen, Sprachen und Religionen und Staaten, die während Jahrhunderten miteinander im Streit lagen, sollen sich in gegenseitiger Achtung und Unterstützung friedlich entfalten können. Die Erhaltung und Förderung des Friedens innerhalb der Union wird noch im wichtigen Artikel 2 des Vertrages erwähnt. Allein alle anderen Artikel, die die Friedenssicherung als strategisches Ziel bezeichnen, beziehen sich nicht auf den innereuropäischen, sondern den Weltfrieden außerhalb der Union.

Bis heute hat die Union nach der furchtbaren Zerstörung zweier Weltkriege in eindrücklicher Weise zur friedlichen Entwicklung Europas nicht nur beigetragen, sondern die *Grundlage* für den dauerhaften Frieden in Europa überhaupt gelegt. Über die Einbindung der Kriegsindustrien und über die Errichtung eines freien Marktes innerhalb der Gemeinschaft wurde dieses Ziel erreicht. Genügen aber diese Instrumente zur Erhaltung des Friedens auch in der Zukunft?

In Artikel 2 weist der Vertrag auf die eigentliche Problematik der Friedenssicherung mit dem Hinweis auf den *Minderheitenschutz* und auf die *Erhaltung der Vielfalt* der Kulturen und Sprachen hin. Allein, wenn namentlich Minderheitenkulturen dem Spiel des freien Marktes überlassen bleiben, sind sie – wie viele geschichtliche Beispiele von Völkern und Sprachgemeinschaften, die um das Überleben kämpfen, eindrücklich belegen (wie z.B. die romanischsprachige Minderheit in der Schweiz) – oft chancenlos. Freier Markt, Freizügigkeit des Personenverkehrs und gleicher Wettbewerb geben theoretisch zwar allen die gleichen Chancen. Die Chancengleichheit führt aber nur dann zur gerechten Lösung, wenn die am Wettbewerb beteiligten Parteien die gleiche Sprache sprechen und die gleichen Voraussetzungen bezüglich Bildung und Infrastruktur aufweisen, um im gegenseitigen Wettbewerb zu bestehen. Gerade diese Voraussetzungen sind aber für Angehörige kleiner Kulturgemeinschaften meist nicht gegeben.

Damit das wertvolle Bekenntnis von Lissabon zur Vielfalt Europas glaubhaft wird, muss es durch die Gewährung unmittelbar durchsetzbarer Rechte einerseits und den entsprechenden mit Kompetenzen ausgestatten Institutionen zu deren Durchsetzung andererseits ausgestattet werden. Nur durch glaubhafte Garantien, die selbst die Macht der Mehrheit einbinden können, lässt sich für Minderheiten die Friedenssicherung namentlich zwischen den verschiedenen Kulturgemeinschaften gewährleisten.

Loyalität der Mitgliedstaaten zur Union (Art. 3 a) und Achtung der Identität der Kirchen (Art. 16c) genügen wohl kaum, um dafür zu garantieren, dass die Würde der einzelnen Menschen als Teil ihrer Kulturgemeinschaft geachtet und gewahrt wird. Wenn Konflikte innerhalb dieses komplexen und vielfältigen Europas zu erwarten sind, werden diese ihre Wurzeln in der mangelnden Beachtung kleinerer Kulturgemeinschaften haben, die chancenlos versuchen, ihre Rechte gegenüber der Union, aber auch gegenüber ihren Staaten geltend zu machen. „*Gewiss, dass die Stärke des Volkes sich misst am Wohl der Schwachen*“ mahnt beispielsweise die Präambel der schweizerischen Bundesverfassung. Nach welchen Prinzipien wird aber welches Organ der Union Konflikte zwischen den verschiedenen Gemeinschaften eindämmen können?

2. Grundrechte

Der Vertrag von Lissabon gibt den Grund- und Menschenrechten innerhalb der Union einen neuen Stellenwert. Mit dem Vertrag von Lissabon erhält jetzt die Charta der Grundrechte der Europäischen Union den gleichen rechtlichen Rang und Stellenwert wie alle anderen grundlegenden Verträge. Die „*Charta der Grundrechte und die Verträge sind rechtlich gleichrangig*“ (Art. 6). Überdies wird die Europäische Union mit Inkrafttreten des Vertrages automatisch Mitglied der Europäischen Menschenrechtskonvention. Damit unterstellt sich die Union dem Europäischen Gerichtshof für Menschenrechte, der nun auch Jurisdiktionsgewalt nicht nur gegenüber Staaten, sondern auch gegenüber einer internationalen Organisation ausüben kann. Ab diesem Zeitpunkt können die Bürgerinnen und Bürger die Organe der Union in letzter Instanz vor dem Gerichtshof für Menschenrechte wegen Verletzung ihrer in der Konvention gewährleisteten Rechte verklagen.

Der grundlegende Schutz der Menschenrechte steht zweifellos im Zentrum des heutigen Vertragswerkes, das sich nun auch ausdrücklich zur *universellen Geltung der Menschenrechte* bekennt. Der allerdings aufkommenden Problematik der grundrechtlichen Anerkennung von Besonderheiten – auch im Diskurs über die Menschenrechte – trägt das Vertragwerk noch kaum Rechnung. So können sich Konflikte zwischen den Menschenrechten einerseits und der Anerkennung der Identität von Kirchen oder Religionen ergeben. Sprachgemeinschaften, die ihr bedrohtes Sprachgebiet verteidigen und deshalb in ihrem Gebiet die individuelle Sprachenfreiheit einschränken, finden für ihre Nöte und Ängste kaum nützliche Hinweise zur Verteidigung ihrer Rechte.

Stützen sie sich beispielsweise auf die universelle goldene Regel: „Tu nicht einem anderen etwas an, das du nicht willst, dass man es Dir antut“, werden ihnen große Sprachgemeinschaften den Freien Markt, die Freizügigkeit, Kostenprobleme und Praktikabilität entgegen halten. Der freie Markt, der die Gier der wirtschaftlich Starken schützt, kann die Menschenwürde der Schwachen, die chancenlos sind, erheblich gefährden. Die traditionellen klassischen Menschenrechte enthalten aber kaum Anhaltspunkte zur Überwindung der konkreten und je länger, je bedrohlicher werdenden Konflikte zwischen den Kulturgemeinschaften.

3. Demokratie als universeller Wert

Die Präambel des Vertrages erhebt die Demokratie zu den universellen Werten, zu denen sich die Union ausdrücklich bekennt. Der Entwurf für einen Vertrag über eine Verfassung für Europa vom 13. Juni und 10. Juli 2003 stellte die Verfassung unter das folgende Zitat von Thukydides: „Χρώμεδα γάρ πολιτεία.... καί όνομα μέν διά τό μή ές όλίγους άλλ' ές πλείονας οίκεῖν δημοκρατία κέκληται“. (THUKYDIDES II 37) Die englische Übersetzung dazu lautet: „Our Constitution ... is called a democracy because power is in the hands not of a minority but of the greatest number“. Auf Deutsch lautet der offizielle Text aber: „Die Verfassung, die wir haben ... heißt Demokratie, weil der Staat nicht auf wenige Bürger, sondern auf die Mehrheit ausgerichtet ist.“

Nach der Deutschen Fassung bedeutet *Demokratie*, dass der Staat auf die Mehrheit der Bürger ausgerichtet ist, nach der englischen ist die Demokratie das Regierungssystem, in welchem die Mehrheit die Macht in den Händen hat.

Leider verzichtet der Vertrag von Lissabon auf diesen grundlegenden Hinweis von Thukydides, der – nach den gegensätzlichen Übersetzungen zu urteilen – letztlich auf ein unterschiedliches Verständnis der Demokratie innerhalb der Union zurückzuführen ist. Will man mit der Demokratie die Herrschaft der Mehrheit nach dem Prinzip „the winner takes all" einführen, oder versucht man, die Union auf Grund des Bekenntnisses zur Demokratie auf die Interessen der Mehrheit der Bürgerinnen und Bürger auszurichten? Ist demokratisch, was mit Mehrheit entschieden wird oder was der Mehrheit der Menschen dient?

Mit dem Verzicht auf dieses Zitat wird allerdings das Problem um die unterschiedlichen Demokratieverständnisse nicht etwa ausgeräumt. Es bleibt vielmehr weiterhin bestehen. Nach wie vor muss man sich fragen, was die Europäischen Gemeinschaften mit ihrem Bekenntnis im Lissabonner Vertrag unter dem Begriff der Demokratie verstehen. Werden sie dem angelsächsischen Mehrheitsprinzip folgen oder werden sie sich in erster Linie darum bemühen, den Interessen der Mehrheit ihrer Bürgerinnen und Bürger zu dienen. Geht es um *Bürgernähe* oder um *Mehrheitstyrannei*?

Die Furcht der Gemeinschaften vor der Referendumsdemokratie, die sie selbst für die Genehmigung des Vertrages von Lissabon ausschalten wollten, lässt eher darauf schließen, dass die demokratischen Werte allein unter dem Gesichtspunkt der Demokratie als Instrument zur Produktion effizienter Mehrheiten, nicht aber als Staatsprinzip verstanden wird, das den Interessen wenigstens der Mehrheit ihrer Bürgerinnen und Bürger zu dienen hat.

4. Repräsentative Demokratie

Art. 8a bestimmt: „Die Arbeitsweise der Union beruht auf der repräsentativen Demokratie." Im Vergleich zu den parlamentarischen Kompetenzen der traditionellen repräsentativen Demokratie (no taxation without representation) verfügt allerdings das Parlament kaum über die Kompetenzen, die einem Parlament nach der traditionellen und klassischen Konzeption einer repräsentativen Demokratie zustehen (z.B. Großbritannien, Deutschland, Frankreich oder USA).

Der lakonische Hinweis des Artikels 8a auf die repräsentative Demokratie als unverrückbare Grundlage für die Arbeitsweise der Union deutet darauf hin, dass die Entwicklung der elektronischen Medien wenigstens bei der Gestaltung des Inhalts des Vertrages kaum Beachtung geschenkt wurde. Wenn auch nicht sofort, so werden sich die elektronischen Medien wie namentlich der universell gewordene Internetzugang wesentlich auf die Arbeitsweise der Demokratie auswirken.

Ein auf die zukünftigen Herausforderungen ausgerichteter Reformvertrag sollte selbst das Prinzip der Repräsentation als Teil der modernen globalen Kommunikationsgesellschaft einer neuen Betrachtung unterziehen. Dies gilt namentlich für den Vertrag von Lissabon, in dem sich eine Vielzahl von Staaten Europas zusammengeschlossen hat, die in ihrer heutigen Regierungsform aus demokratischen Revolutionen hervorgegangen sind.

Wer die Tendenz zur Erweiterung direktdemokratischer Elemente der letzten 200 Jahre in das Verfassungsrecht der europäischen Staaten analysiert, wird erkennen müssen, dass sich fast alle Staaten mit repräsentativer Demokratie immer dann über die Referendumsdemokratie absichern wollten, wenn die Repräsentanten eine für den Staat wichtige Entscheidung zu fällen hatten, sich aber wegen der schwerwiegenden Auswirkungen ihrer Entscheidung nicht dazu legitimiert fühlten, ohne Mitsprache der Bürger zu entscheiden.

Des Weiteren sind derzeit die Auswirkungen der *Informationstechnologie* auf demokratische Verfahren und auf die Legitimation demokratisch gewählter Repräsentantinnen und Repräsentanten noch nicht absehbar. Wie wird sich die repräsentative Demokratie entwickeln, wenn sich das Volk über das Internet stets unmittelbar in den Entscheidungsprozess der Repräsentanten einbringen kann?

Der Demokratie entgegen wirkt wiederum die Internationalisierung und Globalisierung, die über die internationalen Vereinigungen letztlich zu einer grundlegenden Veränderung und Ausweitung der innerstaatlichen Macht der Exekutiven aber auch ihrer Verwaltungen geführt hat. Unter dieser Entwicklung leidet nicht nur die Demokratie, sondern auch der Rechtsstaat. So sind Internationale Organisationen, die sich dem Rechtsstaat verschrieben haben, selbst oft nicht bereit, sich der rechtsstaatlichen Verantwortung eines Gerichtes zu unterziehen. Die Sicherheit der Vereinten Nationen beispielsweise steht faktisch nicht mehr im, sondern über dem Recht.

5. Zielsetzung der Außenpolitik

Die fortlaufende Universalisierung und Globalisierung fordern vom Verfassungsrechtler, dass er seinen Horizont erweitert und weit über den engen Horizont der nationalstaatlichen Grenzen hinaus Ausschau hält. Der Diskurs um demokratische Legitimität, Rechtsstaatlichkeit und demokratische Verantwortung sollte auch die Dimension der regionalen, transnationalen und internationalen Gemeinschaften einbeziehen. Vorrangige Aufgabe ist es daher, das Verfahren der nationalen Verfassungsgebung mit den konstitutionellen Prinzipien der internationalen Gemeinschaft in Einklang zu bringen.

Zweifellos steht der Lissabonner Vertrag mit diesen Entwicklungen in vollem Einklang und gibt auch den Mitgliedstaaten namentlich mit den vielen Hinweisen auf die Friedensaufgabe der Union beispielhaft vor, wie sie die Ziele ihrer Außenpolitik ausrichten sollen. In diesem Sinne wird der Vertrag auch für viele nationale Verfassungen gestaltend wirken und nicht nur innerhalb der Union zur Friedensförderung beitragen.

Im Gegensatz zu den Mitgliedstaaten, deren Außenpolitik zunächst den eigenstaatlichen Interessen zu dienen hat und die sich deshalb zum Ziel setzen, die Außenpolitik in den Dienst ihrer Staatsraison zu stellen, setzt sich die Union im Vertrag die Aufgabe, in ihren Beziehungen zur übrigen Welt nicht ihre unmittelbaren Interessen, sondern ihre Werte zu schützen und zu fördern und damit letztlich auch zum Schutz ihrer Bürgerinnen und Bürger beizutragen. Hervorzuheben ist aber vor allem die Pflicht der Union, ihre Außenpolitik in den Dienst des Friedens, der Sicherheit, der globalen nachhaltigen Entwicklung, der Solidarität und der gegenseitigen Achtung unter den Völkern, sowie des freien und gerechten Handels, der Beseitigung der Armut und des Schutzes der Menschenrechte, insbesondere der Rechte des Kindes zu stellen und zur strikten Einhaltung und Weiterentwicklung des Völkerrechts, insbesondere zur Wahrung der Grundsätze der Charta der Vereinten Nationen, beizutragen.

Diese auf *universelle Werte* ausgerichtete außenpolitische Zielsetzung ist zweifellos eine logische Folge für einen Staatenverbund, der sich aus den verschiedensten Staaten mit gegensätzlichen außenpolitischen Interessen zusammensetzt. Für konkrete strategische Ziele könnte der gemeinsame Nenner wohl kaum gefunden werden. Eine multikulturelle Union findet die Gemeinsamkeiten der Zielsetzung der Außenpolitik letztlich wohl nur, wenn sie auf eine Politik der Durchsetzung strategischer Interessen verzichtet und versucht, die unterschiedlichen nationalen Strategien auf die Verwirklichung der traditionellen gemeinsamen Werte des Weltfriedens auszurichten.

6. Multikulturalität

Die Europäische Union ist getragen von unterschiedlichen Staaten, Kulturen, Völkern und Religionen. Diese Realität der Multikulturalität der Union kommt allerdings im Vertrag nur wenig zum Ausdruck. Wie wird die Union die folgende, in Art. 2 formulierte Zielsetzung später einmal umsetzen? „Sie wahrt den Reichtum ihrer kulturellen und sprachlichen Vielfalt und sorgt für den Schutz und die Entwicklung des kulturellen Erbes Europas“. Inwieweit bezieht sich diese Bestimmung auch auf die Vielfalt, die auf die neuerliche Migration in Europa zurückzuführen ist?

Die heutige Realität der Multikulturalität führt in Zeiten der Krise oft zur Emotionalisierung der Politik. Diese emotionalen Konflikte können sowohl den liberalen Staat der Moderne als aber auch die Union, die sich aus solchen Staaten zusammensetzt, in den Grundfesten erschüttern. Sowohl die Union wie auch ihre Mitgliedstaaten können dieser Realität nur Rechnung tragen, wenn sie in der Lage sind, auch die lokalen Gruppenbedürfnisse in das transnationale, globale und universale Netzwerk einzubeziehen. Wie die Union diese Aufgabe in Zukunft lösen wird, dafür gibt uns das riesige Vertragswerk des Vertrages von Lissabon noch kaum Auskunft.

Ein schöner Beitrag zu diesem Ziel wäre bereits ein verständliches Vertragswerk, das juristisch, aber auch sprachlich einwandfrei ist und das die Benutzer mit den unterschiedlichsten europäischen Sprachen in übersichtlicher Weise sofort zu den sie betreffenden und interessierenden Bestimmungen führt. Dieses Ziel ist zweifellos nicht erreicht, wenn sich der Vertrag selber lediglich als Vertrag zur Änderung des Vertrages über die Europäische Union und des Vertrages zur Gründung der Europäischen Gemeinschaft bezeichnet. Wie kann ein Vertragswerk, das nur bestehendes Vertragsrecht ändert, zur Grundlage für die zukünftige Gestaltung Europas werden?

B. Zur Geschichte des Verfassungsprozesses

Peter Schiffauer*

I. Von den Anfängen bis zum Vertrag von Nizza

Der Vertrag für eine Verfassung für Europa ist Teil des geschichtlichen Prozesses der wirtschaftlichen und politischen Integration Europas nach seiner Zerstörung durch die zwei katastrophalen Kriege des 20. Jahrhunderts. Sein Text zeigt, was am 18. Juni 2004 für die 25 Staats- und Regierungschefs der Europäischen Union akzeptabel war. Seine volle Bedeutung ist nur erkennbar im Kontext einer Reflexion auf den geschichtlichen Prozess, in dem er steht. Die folgenden Ausführungen können den *Integrationsprozess* nicht in seiner Gesamtheit rekonstruieren. Sie sollen Knotenpunkte der Entwicklung bis zum Vertrag von Nizza beleuchten, die als Bedingungen für die Möglichkeit und Voraussetzungen für das Verständnis des Verfassungsvertrags angesehen werden können. Um die Darstellung zu strukturieren, unterscheide ich – unter allen Vorbehalten, die gegenüber solchen Periodisierungen anzumelden sind – drei Phasen: In einer ersten erscheinen Verfassungsutopien ohne Integration, in einer zweiten geschieht ein realer Integrationsprozess ohne Verfassungsdokument und in einer dritten vollzieht sich schließlich eine konstitutionelle Wende dieses Prozesses.

1. Verfassungsutopien ohne Integration

Mit der französischen Revolution von 1789 wird auf dem europäischen Kontinent die Erfahrung konkret, dass Herrschaftsverhältnisse, die für sich eine sakrale Legitimation in Anspruch nahmen, durch *kollektiven* Willen der Beherrschten nachhaltig verändert werden können. Im Anschluss an frühere, häufig an Gedankengut der

* Die nachstehenden Ausführungen geben persönliche Meinungen des Verfassers wieder. Sie können nicht dem Organ zugerechnet werden, dessen Beamter er ist.

Antike anknüpfende Vorstellungen von einer europäischen Friedensordnung[1] öffnet sich damit dem politischen Denken die Perspektive, dass die Nationalstaaten, die sich seit dem Ausgang des Mittelalters in Europa ausbilden, keine unveränderlichen Notwendigkeiten sind, sondern in Strukturen überführt werden können, die durch kosmopolitische Ideale[2] inspiriert sind. Nach dem Ende der Herrschaft von Napoleon Bonaparte, gleichsam als eine demokratische Antwort auf seinen (gescheiterten) Versuch, einen europäischen Staat durch Eroberungskriege in die Welt zu setzen, wurden erste Konzepte für einen *europäischen Staatenbund* entwickelt. Er wurde gedacht als „Zusammenwirken selbständiger und in ihren Rechten gleicher Staaten“ auf der Grundlage eines „fest bestehenden Rechtszustand[s]“[3], für den auch schon eine „gerechte, unumstößliche und im echten Sinne freie Verfassung“ gefordert wurde[4]. Die Idee eines „europäischen Freistaaten-Bunds“[5] wurde später von der Arbeiterbewegung weiter getragen.

Aus der in der christlichen Religion und in der französischen Menschenrechtserklärung von 1789 verankerten Wertvorstellung der Brüderlichkeit entfaltete Victor Hugo im Jahre 1849 die Vision[6] einer Welt, in der zwei Großmächte, die Vereinigten Staaten von Amerika und die Vereinigten Staaten von Europa einander gegenüberstehen und sich im Handel und im Austausch ihrer Erzeugnisse, ihrer künstlerischen und geistigen Leistungen die Hand reichen. Auch in Deutschland gab es Rufe nach einem „solidarischen europäischen Staat“[7].

1 Zahlreiche Beispiele referiert R. H. Foerster (Hrsg.), Die Idee Europa 1300–1946, München 1963, insbesondere Dante Alighieri, Über die Monarchie (Anfang 14. Jahrhundert) S. 25, Maximilian de Béthune Herzog von Sully, Der große Plan (1632) S. 60, William Penn, Essay über den gegenwärtigen und künftigen Frieden Europas (1692) S. 79.

2 Vgl. *I. Kant.*, Idee zu einer allgemeinen Geschichte in weltbürgerlicher Absicht (1784), Zum ewigen Frieden (1795).

3 *C. F. von Schmidt-Phiseldek,* Der Europäische Bund (1821), abgedruckt in Foerster (Hrsg.) (Fn. 1) S. 179 ff., 189.

4 *K. C. F. Krause*, Entwurf eines europäischen Staatenbundes (1814), abgedruckt in Foerster (Hrsg.) (Fn. 1) S. 155.

5 Kongress der Internationalen Arbeiterassociation, Lausanne 1867, zitiert bei *A. Schäfer / Ch. Tannert / B. Weiler.* [Sozialdemokratie und Europa: Vom Völkerfrühling 1848 bis zur politischen Union, hg. von den SPD-Abgeordneten im Europäischen Parlament, Bonn 1998], S. 14.

6 *Victor Hugo*, Discours prononcé le 21 août 1849 lors du Congrès de la paix. Interessanterweise antizipiert diese Vision die Einigung der europäischen Staaten unter Aufrechterhaltung ihrer Verschiedenheit und Individualität, gegründet auf eine aus allgemeinen Wahlen hervorgegangene Vertretung der Völker.

7 Programmentwurf von 1866 des Allgemeinen Deutschen Arbeitervereins (ADAV), zitiert bei *A. Schäfer / Ch. Tannert. / B. Weiler.* [Sozialdemokratie und Europa: Vom

Die Vision einer *europäischen Völkervereinigung*, die den vorherrschenden militaristischen Zeitgeist überwinden sollte und den beteiligten Nationen auch wirtschaftliche Vorteile bringen würde, blieb in der Phase relativer Prosperität vor dem 1. Weltkrieg lebendig. In einer Reichstagsrede vom 9. Dezember 1910[8] mahnte Philip Scheidemann, die „Katastrophe, [die] ein Krieg im Inneren Europas für die ganze Kulturwelt bedeuten würde, zu verhindern", und sprach die Überzeugung aus, dass „dem deutsch-französisch-englischen Völkerbunde ... die Zukunft [gehört]".

Unter dem Eindruck der Katastrophe, die Wirklichkeit geworden war, plädierte Graf Coudenhove-Kalergi 1923 für einen europäischen Zusammenschluss, den er als „politischen und wirtschaftlichen Zweckverband" und „als gleichberechtigte Weltmacht" und Mitglied eines „neuen Völkerbund[s]" konzipierte[9]. Kurz darauf fand die Utopie eines *transnationalen europäischen Staats* Eingang in offizielle politische Programmatik. Das auf dem Heidelberger Parteitag von 1925 beschlossene Programm mit Grundsätzen und Forderungen der Sozialdemokratie „tritt ein für die ... Schaffung der europäischen Wirtschaftseinheit, für die Bildung der Vereinigten Staaten von Europa".[10] Überparteiliche Vereinigungen mit der Zielsetzung einer Einigung Europas, wie die 1934 in der Schweiz gegründete „Europa-Union", traten ausdrücklich für einen bundesstaatlichen Zusammenschluss ein und verbanden dies mit der Forderung, dass der „Europäische Bund ... sich eine bundesstaatliche Verfassung [gibt]".[11]

Im Laufe des 2. Weltkrieges wurden eine Reihe von Verfassungsentwürfen veröffentlicht, in denen die Idee eines *europäischen Bundesstaates* explizit gemacht wurde[12], in der Hoffnung, bei Kriegsende könnten die alten europäischen National-

Völkerfrühling 1848 bis zur politischen Union, hg. von den SPD-Abgeordneten im Europäischen Parlament, Bonn 1998], a.a.O. (Fußnote 5), S. 13.

8 Verhandlungen des Reichstags, 12. Legislaturperiode, 2. Session, Stenographische Berichte, Bd. 262, Berlin 1911, S. 3530 f., abgedruckt bei *A. Schäfer / Ch. Tannert / B. Weiler*, a.a.O. (Fußnote 5), S. 18.

9 *R. Graf Coudenhove-Kalergi*, Das Paneuropäische Manifest (1923), abgedruckt in *R. H.* Foerster (Hrsg.) a.a.O. (Fußnote 1) S. 226 ff.

10 Dowe / Klotsbach (Hrsg.) Programmatische Dokumente der Deutschen Sozialdemokratie, 3. Aufl., Bonn 1990, S. 219 f., abgedruckt bei: *A. Schäfer / Ch. Taunert / B. Weiler*, a.a.O. (Fußnote 5), S. 25.

11 Europa-Union, Leitsätze für ein neues Europa (vom 4. Februar 1940), zitiert nach W. Lipgens (Hrsg.), 45 Jahre Ringen um die Europäische Verfassung, Bonn 1986, S. 39.

12 Unter den bei W. Lipgens (Hrsg.), a.a.O. (Fußnote 11) zusammengestellten Dokumenten sei verwiesen insbesondere auf die Verfassungsentwürfe des britischen Verfassungsrechtlers *Ivor Genmings* (Mai 1940, a.a.O., S. 44), des Londoner Rechtsanwalts Ronald *W. G. MacKay* (Mai 1940, a.a.O., S. 53), auf das „Manifest von Ventotene" der Gruppe von *Altiero Spinelli* (Oktober 1941, a.a.O., S. 71), die „Mindesterfordernisse einer europäischen Verfassung" des deutschen Verfassungsrechtlers *Arnold Brecht* (Februar 1942,

staaten in einer solchen Neugründung aufgehen. Nachdem diese 1945 – mit territorialen Korrekturen – wiederhergestellt worden waren, mussten die später entstandenen Entwürfe deren Existenz Rechnung tragen[13].

Bei Durchsicht dieser Texte findet man zahlreiche gedankliche Strukturen und institutionelle Lösungsmuster, die in der späteren Entwicklung des europäischen Integrationsprozesses zum Tragen gekommen sind. Mit der Rekonstruktion der europäischen Nationalstaaten in der Folge der Beschlüsse von Jalta war das historische Fenster für eine europäische Neugründung mit oder durch Verfassungsgebung versäumt. Für den realen Integrationsprozess musste ein anderer Weg eingeschlagen werden.

2. Der reale Integrationsprozess ohne Verfassungsdokument

Der Wiederaufbau Europas nach der Zerstörung durch den 2. Weltkrieg steht im Zeichen multilateraler völkerrechtlicher Verträge mit Integrationsfunktionen. Eine Verfassung für Europa steht nicht mehr auf der politischen Tagesordnung. Das politisch entscheidende Gestaltungselement ist die westliche Verteidigungsallianz. Der NATO-Vertrag vom 4. April 1949 integriert die westeuropäischen Staaten in einem sicherheitspolitischen Rahmen, der die Entfaltung differenzierter Strukturen parlamentarischer Demokratie und – in unterschiedlichem Maße sozial korrigierter – Marktwirtschaften erlaubt.

Der Vertrag zur Gründung des Europarates und die Europäische Menschenrechtskonvention sind direkte Resultate der *europäischen föderalistischen Bestrebungen*. Die auf Regierungszusammenarbeit und Abschluss von Konventionen gegründete Arbeitsweise des Europarates vermochte – auch in Anbetracht der ursprünglich schwachen Stellung des Gerichtshofes für Menschenrechte – trotz aller Verdienste, die der Arbeit der Einrichtungen des Europarates über die Jahrzehnte hinweg zukommt – keine relevante Integrationsdynamik zu entfalten. Eine solche entwickelte sich vielmehr aus einer sektoriell begrenzten Initiative, dem Schuman-Plan, und dem auf seiner Grundlage geschlossenen Vertrag über die Europäische Gemeinschaft für Kohle und Stahl (Montan-Union) vom 18. April 1951, der am 23. Juli 1952 in Kraft getreten ist. Dieser erste der Gründungsverträge der

a.a.O., S. 82), auf den Entwurf der Europa-Union zur Verfassung der Vereinigten Staaten von Europa (1942–44, zuerst veröffentlicht 1949, a.a.O., S. 94), den Verfassungsentwurf der Europäischen Föderalen Union (Januar 1944, a.a.O., S. 153), den Verfassungsentwurf der Paneuropa-Konferenz (März 1944, a.a.O., S. 158).

13 Z.B. der Vorentwurf für eine föderale europäische Verfassung von *Michel Monskeli* und *Gaston Stefani* (März 1948, abgedruckt bei W. Lipgens (Hrsg.), a.a.O. (Fußnote 11), S. 229), oder die vom II. Kongress der EDU in Interlaken gebilligten Grundsätze einer Verfassung (a.a.O., S. 248).

Europäischen Gemeinschaften schuf zwischen den sechs beteiligten Mitgliedstaaten einen einheitlichen Wirtschaftsraum für Kohle und Stahl, für den in unterschiedlicher Weise von den Mitgliedstaaten ernannte, delegierte oder aus ihren Repräsentanten zusammengesetzte transnationale Organe (Hohe Behörde, Ministerrat, Gerichtshof, Versammlung) im Rahmen ihrer Zuständigkeiten Entscheidungen treffen konnten, die für die Mitgliedstaaten verbindlich waren.

Ein weiterer Integrationsschritt, der verfassungspolitische Relevanz entfaltet hätte, nämlich die Schaffung einer europäischen Verteidigungsgemeinschaft, scheiterte 1954 am Beschluss der französischen Nationalversammlung, die Beratungen über die Ratifizierung dieses Vertrags sine die zu vertagen. In einem dritten Schritt kamen die Verträge zur Gründung der Europäischen Wirtschaftsgemeinschaft und der Europäischen Atomgemeinschaft zustande, die am 1. Januar 1958 in Kraft traten[14] und die das Grundkonzept des EGKS-Vertrags auf die Schaffung einer Zollunion mit freiem Waren-, Dienstleistungs-, Personen- und Kapitalverkehr und auf die friedliche Nutzung der Kernenergie übertrugen.

Diese Gründungsverträge waren weder der Form noch dem Inhalt nach Verfassungsverträge. Von der Wissenschaft und in der Lehre wurden sie als *völkerrechtliche Verträge besonderer Art* angesehen, durch die eine Rechtsordnung „sui generis“[15] geschaffen wurde. Sie unterscheidet sich von anderen internationalen Organisationen durch das Ausmaß und die Intensität der ihr zugewiesenen Zuständigkeiten legislativer, exekutiver und Recht sprechender Art, die Gebiete betreffen, die herkömmlicherweise der Souveränität des Staates unterliegen. Die Spezifika dieser Rechtsordnung[16], insbesondere der Grundsatz des Vorrangs des Gemeinschaftsrechts[17] und die unmittelbare Anwendbarkeit einiger der Bestimmungen dieser Verträge im Recht der Mitgliedstaaten[18], wurden erst im Laufe der Jahre von der Rechtsprechung des Europäischen Gerichtshofes herausgearbeitet. Auf dieser Grundlage konnten sich die von den Gemeinschaftsorganen erlassenen Akte des abgeleiteten Rechts zu einem Korpus der Gemeinschaftsgesetzgebung entwickeln, die in die Rechtsordnungen der Mitgliedstaaten direkt hineinwirkt.

In dieser Phase des Zusammenwachsens der Gründungsmitgliedstaaten durch wirtschaftliche Integration erinnerten insbesondere die föderalistischen europäischen Bewegungen an die Ziele eines europäischen Bundesstaates und einer ihm gemäßen Verfassung, deren Verwirklichung im Kreise der Gründungsmitgliedstaaten zwar

14 BGBl. 1957 II, S. 753 ff., Bekanntmachung vom 27.12.1957 (BGBl. 1958 II, S.1).

15 *H. P. Ipsen*, Europäisches Gemeinschaftsrecht, Tübingen 1972, S. 86 f.

16 *G. C. Rodríguez Iglesias*, Zur „Verfassung“ der Europäischen Gemeinschaft, EuGRZ 1996, 125.

17 Vgl. EuGH-Rs. 6/64 (Costa/ENEL), Urteil vom 15.7.1964, Slg. 1964, 1251 ff.

18 Vgl. EuGH-Rs. 26/62 (Van Gend & Loos), Urteil vom 5.2.1963, Slg. 1963, 1 ff.

nicht auf der politischen Tagesordnung stand, als Langzeitperspektive aber auch nicht ausgeschlossen erschien.

Die Geschichte hat jedoch einen anderen Weg eingeschlagen. Einerseits setzte 1973 ein bis heute nicht abgeschlossener Erweiterungsprozess der Gemeinschaften ein, durch den die Perspektive eines bundesstaatlichen Zusammenschlusses in immer weitere Ferne rückte.[19] Andererseits begann 1965 eine Serie von Reformen des Primärrechts der Gemeinschaften, die eine Verdichtung der konstitutionellen Elemente der „Rechtsordnung sui generis" bewirkten. Die wesentlichen Schritte dieser Entwicklung, die im Vertrag über eine Verfassung für Europa und dann im Reformvertrag einen vorläufigen Abschluss gefunden hat, sollen im Folgenden nachgezeichnet werden.

Ein einheitlicher institutioneller Rahmen für die drei Gemeinschaften wurde erstmals im Fusionsvertrag von 1965 verwirklicht.[20] Die ersten echten parlamentarischen Entscheidungszuständigkeiten wurden im Vertrag von 1975 auf dem Gebiet des Haushaltsverfahrens geschaffen: Bei den so genannten nicht obligatorischen Ausgaben konnte „die Versammlung" unter Einhaltung bestimmter Margen die von den Repräsentanten der Mitgliedstaaten im Rat beschlossenen Haushaltsansätze verändern, und sie wurde für die endgültige Feststellung des Haushaltsplans zuständig, erhielt somit also auch die Ablehnungskompetenz.

Die Verselbständigung der parlamentarischen „Versammlung", die sich selbst den Namen „Europäisches Parlament" gegeben hatte, gegenüber den nationalen Parlamenten der Mitgliedstaaten (aus deren delegierten Abgeordneten sie bis dahin bestanden hatte), erfolgte mit der ersten Direktwahl zum Europäischen Parlament im Jahre 1979 auf Grund der Direktwahlakte des Jahres 1976.[21]

Parlamentarische Beschlüsse im Rahmen des Verfahrens der Gemeinschaftsgesetzgebung konnten seit Inkrafttreten der Einheitlichen Akte[22] in einigen Materien erstmals konkrete rechtliche Wirkungen entfalten, und das „Europäische Parlament" erhielt diese Bezeichnung nun auch offiziell. Im gleichen Zeitraum konnte im Rat – im Zusammenhang mit dem Binnenmarkt-Programm der Kommission unter Jacques Delors und der Erweiterung der Gemeinschaften um Spanien und Portugal auf

19 Hierauf hat *K. Hänsch* wiederholt hingewiesen, zuletzt in „Welches Europa wollen wir?", Rathausgespräch in Heidelberg am 14. November 2005; vgl. auch die Ausführungen von *K. Hänsch* im 1. Teil, Abschnitt C dieses Handbuchs.

20 Unterzeichnung des Fusionsvertrags am 8.4.1965, in Kraft getreten am 1.7.1967 ABl. 152 vom 13.7.1967.

21 Beschluss und Akt zur Einführung allgemeiner Wahlen der Abgeordneten der Versammlung (Direktwahlakte) vom 20.9.1976.

22 Unterzeichnung der Einheitlichen Europäischen Akte am 28.2.1986, in Kraft getreten am 1.7.1987, ABl. L 169 vom 29.6.1987.

12 Mitgliedstaaten – eine Einigung darüber erzielt werden, von der in den Verträgen seit jeher vorgesehenen Möglichkeit zu Mehrheitsabstimmungen im Rat auch tatsächlich Gebrauch zu machen. Mit dem Verzicht auf einstimmige Beschlussfassung wurde die Ebene der Gemeinschaftsgesetzgebung einer vollständigen Kontrolle seitens der nationalen Gremien entzogen. Dadurch wurde Schritt für Schritt ein spezifisches konstitutionelles Momentum für den Integrationsprozess erzeugt. Angesichts der noch schwachen Rolle des Europäischen Parlaments im Gesetzgebungsprozess wurde ein *demokratisches Defizit* bewusst, da die demokratische Legitimation der Entscheidungen des Rates nicht mehr lückenlos durch die Billigung des Verhaltens der Regierungsvertreter seitens der nationalen Parlamente konstruiert werden konnte. Mit dem Vertrag von Maastricht[23] wurden die bestehenden Gemeinschaften durch die neu gegründete Europäische Union überwölbt, in der der einheitliche institutionelle Rahmen fortentwickelt wurde und neue gemeinsame Handlungsebenen erschlossen wurden, nämlich die Währungsunion sowie – wenn auch nach dem Muster der Regierungszusammenarbeit – die Außen- und Sicherheitspolitik und die Zusammenarbeit in den Bereichen Inneres und Justiz. In relevanten Bereichen der Gemeinschaftsgesetzgebung wurde durch die Einführung des so genannten Verfahrens der Mitentscheidung die Rolle des Parlaments zum weitgehend gleichberechtigten Mit-Gesetzgeber neben dem Rat ausgebaut. Das demokratische Defizit wurde damit zwar nicht beseitigt, gewiss aber verringert.

In den Verträgen von Amsterdam[24] und Nizza[25] wurde diese *konstitutionelle Struktur* der Union weiterentwickelt und vervollständigt. Im Gesetzgebungsverfahren wurde die volle Gleichberechtigung zwischen Parlament und Rat praktisch verwirklicht, soweit Rechtsakte von Rat und Parlament gemeinsam angenommen werden. Die Fälle, in denen der Rat mit Mehrheit entscheidet, wurden erweitert. In den Bereichen der Außen- und Sicherheitspolitik und des Inneren und der Justiz wurden die Ziele und Handlungsaufträge präzisiert und die Entscheidungsmechanismen weiterentwickelt – bis hin zur teilweisen Überleitung in den Rahmen der Gemeinschaftspolitiken. Eine echte konstitutionelle Innovation war die generelle Ermächtigungsklausel zur Schaffung verstärkter Zusammenarbeit zwischen[26] einigen Mitgliedstaaten im Rahmen der Union, die im Vertrag von Amsterdam erstmals eingeführt und im Vertrag von Nizza zu einer gewissen Reife gebracht wurde.

[23] In Kraft getreten am 1.11.1993, ABl. C 191 vom 29.7.1992.
[24] In Kraft getreten am 1.5.1999, ABl. C 340 vom 10.11.1997.
[25] In Kraft getreten am 1.2.2003, ABl. C 80 vom 10.3.2001.
[26] Hierzu Näheres im Teil 9 dieses Handbuchs.

3. Die konstitutionelle Wende des Integrationsprozesses

Die beschriebene Entwicklung einer schrittweisen Konstitutionalisierung des Systems der Europäischen Gemeinschaften – später der Union – kann nicht als Ergebnis einer inneren Rationalität dieses Systems rekonstruiert werden. Gewiss waren einige der konstitutionellen Elemente der heutigen Union bereits in den ersten Gründungsverträgen im Kern angelegt. Außerdem erzeugte der Wunsch, die Möglichkeiten, die in den Gemeinschaftsverträgen angelegt waren, effektiv zu nutzen, einen systemimmanenten Reformdruck, um der Gefahr von Blockadesituationen in den Entscheidungsmechanismen entgegenzuwirken. Hätten die Kritiker Recht, die die Europäische Union in ihrer heutigen Verfassung als eine technokratische Verengung von Demokratie begreifen[27], dann wäre die rationellste Antwort auf diesen Reformdruck gewesen, die Gründungsverträge in Richtung auf eine Bündelung effizienter Entscheidungsstrukturen in einer transnationalen Behörde weiterzuentwickeln. Der Umstand, dass die Europäischen Gemeinschaften sich stattdessen zu einem *konstitutionellen System* entwickelt haben, in dem die Akzeptanz jeder nicht unerheblichen Entscheidung mit beträchtlichem Aufwand an Zeit und Energie in demokratischen Verfahren erarbeitet werden muss, kann weder durch die innere Rationalität der Gründungsverträge noch durch eine Logik der Effizienz erklärt werden. Zweifellos erzeugen die Gründungsverträge und das auf ihrer Grundlage gesetzte Recht Zwänge, denen die demokratischen Repräsentationsorgane der europäischen Staatsvölker unterworfen sind. Wenn Demokratie nicht Jakobinismus bedeuten soll, muss aber akzeptiert werden, dass die freie Selbstbestimmung nur im Rahmen des Rechts stattfindet (nec princeps nec populus legibus solutus).

Nur das Vorhandensein eines *politischen Willens* zur Schaffung einer Ordnung, die auf der Akzeptanz der von ihr umfassten Menschen beruht, kann die Wendung erklären, die die Entwicklung der Gemeinschaftsverträge genommen hat. Die Phase, in der sich dieser Wille manifestiert, lässt sich als konstitutionelle Wende des Integrationsprozesses beschreiben.

Der Ort, an dem sich der politische Wille, die Europäischen Gemeinschaften zu einer konstitutionellen Ordnung auszubauen, in herausragender Weise manifestiert, ist das direkt gewählte Europäische Parlament. Diese Würdigung soll die Verdienste der anderen Akteure, die den Weg gebahnt haben, nicht schmälern. In der mühsamen Anfangsphase mit häufig blockierten Entscheidungsprozessen im Rat hat der Europäische Gerichtshof mit einer Reihe mutiger Urteile wesentliche konstitutionelle Grundlagen der Gemeinschaften geklärt. Dazu gehören der vom Gerichtshof

27 Vgl. *Luciano Canfora*, La Democrazia – Storia di un'ideologia, Roma-Bari 2004, ähnlich auch die Kritik seitens eines Teils der französischen Linken in der Kampagne vor dem Referendum zum Verfassungsvertrag.

entwickelte Grundsatz des Vorrangs des Gemeinschaftsrechts[28], die Auslegung der vom Vertrag garantierten Dienstleistungsfreiheit als persönliches, von den nationalen Gerichten zu schützendes Recht[29], die Entfaltung allgemeiner Rechtsgrundsätze wie die Grundsätze des Vertrauensschutzes und der Verhältnismäßigkeit,[30] und ganz besonders die Entwicklung des Schutzes persönlicher Grundrechte gegenüber Akten der Gemeinschaften[31]. Der Europäische Gerichtshof hat deshalb schon vor Zustandekommen des Vertrags über die Europäische Union den EWG-Vertrag – ungeachtet des Umstandes, dass er in der Form einer völkerrechtlichen Übereinkunft geschlossen wurde – als die *Verfassungsurkunde einer Rechtsgemeinschaft* bezeichnet[32]. Dokumente wie der Tindemans-Bericht (1975), der Spierenburg-Bericht (1979) und der Genscher-Colombo-Entwurf (1981) stellten Konzepte hierfür zur Diskussion. Konkret wurden diese Reformbestrebungen Mitte der siebziger Jahre in der ersten Stärkung des Parlaments durch echte Haushaltsbefugnisse und direkte Wahl seiner Mitglieder.

Die erste Direktwahl zum Europäischen Parlament aufgrund der Wahlakte von 1976 hatte eine Wende im institutionellen Selbstverständnis der gewählten Repräsentanten markiert. Das erste von den Bürgern unmittelbar gewählte Parlament hatte bei seiner konstituierenden Sitzung im Juli 1979 weder das Mandat noch die Legitimation einer verfassungsgebenden Versammlung. Die Gemeinschaftsverträge hatten die „Versammlung" (wie sie seinerzeit offiziell noch genannt wurde) nicht als unitarische Repräsentation aller Bürger, sondern als eine nach Völkern gewählte und gleichwohl völkerübergreifende Repräsentation gewollt. Kraft dieses Selbstverständnisses, das sich von dem einer parlamentarischen Versammlung einer internationalen Organisation deutlich abhob, vermochten die gewählten Abgeordneten einen *Prozess der Konstitutionalisierung* der Europäischen Gemeinschaften in Gang zu setzen, der bis heute andauert.

Erstes greifbares Ergebnis: In der Einheitlichen Europäischen Akte wird die dem eigenen Selbstverständnis gemäße Bezeichnung „Europäisches Parlament" offiziell bestätigt. Gleichzeitig markiert die Akte den Beginn des Transformationsprozesses von einer beratenden Versammlung zu einer beschließenden Gesetzgebungskörperschaft.

28 Urteile „Costa/ENEL" u.a. vom 13.7.1989 Rs S/88, Slg. 1989, 2609.

29 Urteile vom 21.6.1974 Rs 2/74 „Reyners", Slg. 1974, 631 und vom 12.12.1974 Rs 36/74 „Walrave", Slg. 1974, 1405.

30 Siehe Urteil vom 11.3.1987 verb. Rs. 279, 280, 285 und 286/84, „Rau / Kommission", Slg. 1987, 1069.

31 Siehe Urteil vom 13.12.1979, Rs. 44/79, „Hauer", Slg. 1979, 3727.

32 Vgl. das Gutachten des Gerichtshofes zum Europäischen Wirtschaftsraum vom 14. Dezember 1991, Rs. C-1/91, Slg. 1991, I–6079 und das Urteil „Les Verts" vom 23. April 1986, Rs. 294/83, Slg. 1986, 1339.

In seiner Substanz schafft der in Gang gesetzte Prozess der Konstitutionalisierung Neuerungen, die wesentlich tiefer gehen als die Ebene der symbolischen Bezeichnungen. Werkstatt war der *Institutionelle Ausschuss* des Europäischen Parlaments, der im Jahre 1981 auf Initiative einiger führender europäischer Föderalisten, unter ihnen der frühere Kommissar Altiero Spinelli und der spätere Präsident des Europäischen Parlaments, Klaus Hänsch, vom Parlament geschaffen wurde. Dieser Schritt war zweifellos inspiriert von der föderalistischen Utopie einer europäischen Verfassung, doch die Namensgebung und der Arbeitsauftrag des Ausschusses bewiesen politischen Pragmatismus. Der Fähigkeit zu Synthese und Kompromiss, zu der sich unter der Federführung des Berichterstatters Altiero Spinelli Kohärenz, Kraft und Strenge der Formulierungen gesellten, ist ein Dokument zu verdanken, mit dem das Europäische Parlament der Konstitutionalisierung der Gemeinschaften den Weg gebahnt hat.

Der am 14. Februar 1984 vom Europäischen Parlament gebilligte Entwurf eines Vertrags zur Gründung der Europäischen Union[33] beruhte auf der Einsicht, dass in Ermangelung eines verfassungsgebenden Auftrags des Europäischen Parlaments das Ziel einer europäischen Verfassung nur auf dem Wege ratifizierungsbedürftiger Verträge erreichbar war. Er beruhte weiterhin auf der Erkenntnis, dass die Entgegensetzung einer unitarischen Zentralgewalt im Verhältnis zu den Mitgliedstaaten das Ziel der europäischen Integration nicht näher bringen konnte, sondern dass *vermittelnde institutionelle Lösungen* gefunden werden mussten.

Es war ein Grundgedanke des Spinelli-Entwurfs, dass die Hoheitsakte der Union, sofern sie Gesetzgebungscharakter haben, der Zustimmung der im Parlament zusammentretenden Repräsentanten der Völker ebenso wie der Zustimmung der im Rat zusammentretenden Vertreter der Staaten bedürfen, und dass die Übereinstimmung der Organe in einem mehrstufigen Verfahren herbeizuführen ist. Dieser Grundgedanke, der in Artikel 38 des Spinelli-Entwurfs zum Ausdruck gekommen ist und bereits die wesentlichen Verfahrensschritte des Mitentscheidungsverfahrens aufzeigt, wurde in den Verhandlungen über die Verträge von Maastricht und Amsterdam zu dem weiterentwickelt, was der Verfassungsvertrag und ihm folgend der Reformvertrag als das Regelverfahren der Unionsgesetzgebung vorsieht. Dieses Konzept hat *prägende konstitutionelle Bedeutung*[34]. Das Gesetzgebungsverfahren der Mitentscheidung ist einer Union der Staaten und der Bürger angemessen, weil es auf beiden Legitimationsebenen befriedigende Lösungen ermöglicht.

33 ABl. C Nr. 77 v. 19.3.1984, S. 33 ff.

34 Dies stellt der von D. Tsatsos gemeinsam mit I. Mendez de Vigo verfasste Bericht über den Vertrag von Amsterdam heraus, Sitzungsdokument A4–0347/1997, siehe insbesondere den Einleitungsteil der Begründung.

In der Einheitlichen Europäischen Akte, der ersten Reform der Gemeinschaftsverträge, die auf den Spinelli-Entwurf folgte, ist allerdings noch wenig von seinen konkreten Konzepten wieder zu finden. Die Saat, die in der Einheitlichen Akte gerade erst aufkeimte, war das Bewusstsein, dass das immer intensivere und mit greifbaren Auswirkungen auf die Bürger verbundene Handeln der Gemeinschaftsorgane einer zusätzlichen demokratischen Legitimationsebene bedurfte, nämlich durch das direkt gewählte Parlament. Mit dem Erstarken dieser Legitimationsebene entwickelte sich zugleich ein zweiter Motor des Integrationsprozesses, der das Handeln der Europäischen Kommission verstärkte. Bemerkenswert dabei ist, dass dieser zweite Motor nicht auf ein rein unitarisches Integrationsmodell setzte, sondern auf pragmatischem Weg eine Struktur konzipierte, die – in dem Maße, wie sie sich im Fortgang der Reformen bewährte – als der Doppelcharakter der Union erkannt werden konnte.

Ein weiteres Feld, auf dem das Europäische Parlament *konstitutionelle Grundlagenarbeit* geleistet hat, umfasst die Grundrechte der Europäischen Union. Nach gemeineuropäischer Rechtsüberzeugung[35] sind die Grundrechte überpositive konstitutionelle Rechte des einzelnen, deren Geltung im Hinblick auf die Akte der Europäischen Union vom Europäischen Gerichtshof anerkannt ist.[36] Das Europäische Parlament verfügt nach Maßgabe der Verträge auf dem Gebiet der Gemeinschaftsgrundrechte weder über einen Gestaltungsauftrag noch über eine Gestaltungsbefugnis. Angesichts des vielfach bedauerten Fehlens[37] einer Kodifizierung der Gemeinschaftsgrundrechte manifestierte das Europäische Parlament – im Kontext der erwähnten konstitutionellen Konzeption des Spinelli-Entwurfs – am 12. April 1989 seinen Gestaltungsanspruch durch die Annahme einer Erklärung der Grundrechte und Grundfreiheiten[38].

Diese Erklärung wirkte über lange Zeit im Verborgenen weiter. Ihr Text zeigte, welche Grundrechtsüberzeugungen am Ende des 20. Jahrhunderts in Europa in etwa konsensfähig waren. So fand dieser Grundrechtekatalog beispielsweise Eingang in den *Verfassungsentwurf*, den der Institutionelle Ausschuss dem Europäischen Parlament im Februar 1994 vorlegte. Dieser Entwurf war das Ergebnis von Initiativen[39], nach der dritten Direktwahl zum Europäischen Parlament das Projekt einer Gemeinschaftsverfassung in Angriff zu nehmen. Doch war nach dem Zustandekommen des Vertrags von Maastricht unter vielen Mitgliedern des Parlaments die Überzeugung gereift, dass es nicht der geeignete Zeitpunkt war, einen Verfassungsentwurf anzu-

35 Zu diesem Terminus siehe *Peter Häberle*, Gemeineuropäisches Verfassungsrecht, EuGRZ 1991, S. 261 ff.

36 Siehe oben Fußnote 28.

37 Vgl. die „Solange"-Rechtsprechung des BVerfG der 70er und 80er Jahre.

38 ABl. C 120 v. 16.5.1989, S. 51.

39 Entschließung vom 10. Februar 1994 zur Verfassung der Europäischen Union, ABl. C 61 vom 28.2.1994, S. 155, Berichterstatter Fernand Herman; Dok. A3–64/94.

nehmen. Das Haus[40] nahm jenen Entwurf deshalb nur „zur Kenntnis“ und verwies ihn zur weiteren Beratung in das im Juni 1994 neu gewählte Parlament, dessen institutioneller Ausschuss sich dann aber auf die Vorbereitung der Regierungskonferenz von 1996 konzentrierte, die schließlich zum Vertrag von Amsterdam führte.

Dabei musste sich die Arbeit des Europäischen Parlaments, um wirksam zu sein, der Ebene der Ausarbeitung der konkreten institutionellen Bestimmungen zuwenden. Der erste Einbruch in die absolute Herrschaft der Mitgliedstaaten über die Weiterentwicklung der Verträge gelang dem Europäischen Parlament während der Regierungskonferenz von Maastricht. Nach dem eher enttäuschenden Ergebnis der Einheitlichen Europäischen Akte, das zu weit hinter den Erwartungen des Spinelli-Entwurfs zurückblieb, konnte das Parlament die Überzeugung vermitteln, dass es enger an den Beratungen der Regierungskonferenz assoziiert werden musste, um die *politischen Bedingungen* für ein auch in der europäischen Völkervertretung akzeptables Ergebnis herzustellen. Diese Assoziierung erfolgte zunächst in der Weise, dass vor der Einberufung der beiden den Vertrag von Maastricht vorbereitenden Regierungskonferenzen („Währungsunion“ und „politische Union“) das Parlament im Rahmen vorbereitender interinstitutioneller Konferenzen die Gelegenheit erhielt, durch eine repräsentative Delegation von hohem politischen Niveau seine Erwartungen und Vorschläge den Vertretern der Regierungen der Mitgliedstaaten zu vergegenwärtigen und zu erläutern.

Nach Einberufung der Regierungskonferenzen erreichte es das Parlament, dass seine Delegation in Form begleitender interinstitutioneller Konferenzen mit den Mitgliedern der Regierungskonferenzen einen politischen Dialog über den jeweiligen Stand der Beratungen der Regierungskonferenz führen konnte.

Dies war, unter den damaligen Bedingungen „diplomatischer Geheimverhandlungen“, ein erster Schritt zur *Transparenz* und erzeugte einen faktischen Druck auf die Regierungskonferenzen, die politische Darstellbarkeit der Beratungsergebnisse nicht aus den Augen zu verlieren.

Die Erfahrungen der interinstitutionellen Konferenzen waren durchaus nicht immer positiv. Das Zustandekommen eines echten Dialogs hing wesentlich davon ab, ob der jeweilige Vertreter der Präsidentschaft der Regierungskonferenz sich darauf beschränkte, Sprechzettel zu verlesen, die von den verhandlungsführenden Diplomaten vorbereitet worden waren, oder ob er bereit war, eigene politische Vorstellungen und Standpunkte einzubringen.

Die Staats- und Regierungschefs der Union – oder zumindest eine einflussreiche Gruppe unter ihnen – haben die Notwendigkeit einer Einbeziehung des Parlaments in die Weiterentwicklung der Gründungsverträge anerkannt und ohne eine formelle

[40] Entschließung vom 10.2.1994, ABl. C 61 v. 28.2.1994, S. 155.

Änderung des institutionellen Rahmens eine immer engere Assoziierung von Repräsentanten des Europäischen Parlaments an den Arbeiten der Regierungskonferenzen von Amsterdam, Nizza und Brüssel akzeptiert. Widerstände, die sich diesem Prozess in den Weg stellten, konnten mit Hilfe des politischen Kalenders überwunden werden.

Die Vorbereitungsphase für die Regierungskonferenz von Amsterdam begann kurz nach den Grundsatzbeschlüssen von Kopenhagen zur Erweiterung der Union. Konkret stand im Jahre 1994 die Erweiterung durch den Beitritt Österreichs, Schwedens, Finnlands und Norwegens auf der Tagesordnung. Sie setzte gemäß den Bestimmungen des Vertrags von Maastricht die Zustimmung des Europäischen Parlaments voraus. Doch gab es im Europäischen Parlament eine verbreitete Meinung, dass die Union nur bei einer gleichzeitigen Vertiefung ihrer institutionellen Strukturen erweiterungsfähig sei. Aus dieser Diskussionslage ergab sich eine gewisse Besorgnis um das Zustimmungsvotum des Parlaments zum Beitritt der EFTA-Staaten.

Die Mehrheit des Parlaments für die Zustimmung zu diesem Beitritt, die am 4. Mai 1994 erteilt wurde[41], wurde durch die von den Außenministern bei ihrer informellen Sitzung in Ioannina getroffene und von den Staats- und Regierungschefs am 24./25. Juni 1996 in Korfu gebilligte[42] Vereinbarung gesichert, wonach die für das Jahr 1996 vorgesehene Regierungskonferenz durch eine *Reflexionsgruppe* vorbereitet werden sollte, die aus persönlichen Vertretern der Außenminister der Mitgliedstaaten, dem Präsidenten der Kommission und zwei Repräsentanten des Europäischen Parlaments bestehen sollte.

Am 1. Juni 1995, dem vierzigsten Jahrestag der Konferenz von Messina, nahm die Reflexionsgruppe unter Vorsitz des spanischen Europastaatssekretärs Carlos Westendorp ihre Arbeit auf. Das Europäische Parlament war in dieser Gruppe durch die Abgeordneten Elisabeth Guigou und Elmar Brok vertreten. Das Erstaunliche war, dass die Vertreter des Europäischen Parlaments in dieser Gruppe von Anfang an eine sehr einflussreiche Rolle spielen konnten, die von Insidern als „Agenda-Setter" bezeichnet worden ist.

Dabei spielten die Aufgeschlossenheit des Vorsitzenden gegenüber dem Europäischen Parlament und die guten politischen Verbindungen seiner beiden Repräsentanten gewiss eine Rolle.

Entscheidend aber war, dass das Europäische Parlament im Frühjahr 1995 auf der Grundlage eines Berichts der Abgeordneten David Martin und Jean-Louis Bourlan-

41 ABl. C 205 vom 25.7.1994, S. 142, 152; betreffend Österreich 378 gegen 24 Stimmen bei 60 Enthaltungen; betreffend Finnland 377 gegen 21 Stimmen bei 61 Enthaltungen; betreffend Schweden 381 gegen 21 Stimmen bei 60 Enthaltungen.

42 Schlussfolgerungen des Vorsitzes, Ratsdokument SN 150/94, S. 25.

ges, eine umfassende Position zu den Reformen der Verträge erarbeitet hatte, die nötig erschienen, um die Union erweiterungsfähig zu machen. Keiner der Repräsentanten der Mitgliedstaaten in dieser Gruppe verfügte über ein vergleichbares Konzept. Aber nur auf der Grundlage eines solchen Konzepts war es möglich, die Arbeiten der Gruppe nachhaltig zu gestalten.

Im Bericht, den die Reflexionsgruppe Ende 1995 dem Europäischen Rat vorlegte, finden sich die tragenden Konzepte der Parlamentsentschließung vom Frühjahr 1995 wieder, insbesondere die Forderungen nach

- einer gleichberechtigten Rolle von Rat und Parlament in Gesetzgebungsverfahren der Union,
- einer Generalisierung der Mehrheitsentschließungen im Rat,
- einer Überwindung der Pfeilerstruktur, insbesondere Entwicklung einer wirklichen gemeinsamen Außen- und Sicherheitspolitik sowie eines gemeinsamen Raums des Rechts und der inneren Sicherheit.

Der Europäische Rat von Madrid hatte akzeptiert, dass das Parlament im Verlauf der Regierungskonferenz, die den Europäischen Rat von Amsterdam vorbereitete, unmittelbar assoziiert wurde.[43] Im Ergebnis konnten aber die Zielsetzungen des Parlaments im Vertrag von Amsterdam nur teilweise verwirklicht werden. Die Analyse der Gründe für dieses nicht voll befriedigende Ergebnis führte zur eigentlichen *konstitutionellen Wende* in der Integrationsgeschichte. Die Verträge sehen bekanntlich für ihre eigene Änderung die Beratungs- und Beschlussebene der Regierungskonferenz und die anschließende Ratifizierung durch die Mitgliedstaaten nach deren jeweiligen verfassungsrechtlichen Regeln vor. Die Folge der Regierungskonferenzen, von Luxemburg über Maastricht bis Amsterdam, hatte die Erkenntnis reifen lassen, dass trotz eines Konsenses über die angestrebten Ziele, bedingt durch die Zwänge der Verhandlungssituation, die Ergebnisse unzureichend und enttäuschend blieben. Auch die Zusammenarbeit zwischen dem Europäischen Parlament und den nationalen Parlamenten der Mitgliedstaaten hatte bis dahin nicht den erhofften politischen Druck hin auf eine Verstärkung des Integrationsprozesses gebracht. Die regelmäßigen Treffen der „COSAC“ und die einmalige Einberufung von „Assisen“ waren nützliche Diskussionsebenen, die aber mangels institutioneller Verankerung keine weitergehenden Wirkungen entfalten konnten.

43 Schlussfolgerungen des Vorsitzes, Ratsdokument SN 400/95 Teil A Abschnitt IV Punkt 5. Die anschließend vom Rat gebilligte Assoziationsformel sah allerdings nur eine eingeschränkte Teilnahmemöglichkeit an den Sitzungen der Regierungskonferenz vor. Auf der Arbeitsebene wurde das Parlament durch zwei Abgeordnete und auf der Ministerebene durch seinen Präsidenten in Begleitung dieser zwei Abgeordneten vertreten.

Eine substantielle Neuerung wurde vom Europäischen Parlament in Reaktion auf das Ergebnis der Regierungskonferenz von Amsterdam konzipiert. In der Erkenntnis, dass sich Grenzen der Methode der Regierungskonferenz deutlich gezeigt hatten, schlugen D. Tsatsos und I. Méndez de Vigo als Berichterstatter über den Vertrag von Amsterdam eine neue Gestaltungsebene für konstitutionelle Akte vor, die aus Repräsentanten des Europäischen Parlaments und der nationalen Parlamente bestehen sollte und deren Ergebnisse von formellen Regierungskonferenzen dann zügig beschlossen werden konnten. Damit bereiteten sie den Weg für die Entwicklung der *Konventsmethode*. Erst diese konzeptionelle Schöpfung, die aus den Beratungen des Europäischen Parlaments hervorgegangen ist, ermöglichte die Ausarbeitung eines konsensfähigen Verfassungsentwurfs.

Es bedurfte allerdings noch der Regierungskonferenz von Nizza, um der Einsicht zum Durchbruch zu verhelfen, dass die Herausforderungen, die die bevorstehenden Erweiterungen an die Union stellten, mit den Mitteln klassischer Regierungskonferenzen nicht zu lösen waren. Die Regierungskonferenz von Nizza war bereits im Zusammenhang des Vertrags von Amsterdam vereinbart worden, um eine Antwort auf die ungelöst gebliebenen institutionellen Probleme der Erweiterung zu finden. Trotz sorgfältiger Vorbereitung durch das Europäische Parlament[44] und seiner zum ersten Mal uneingeschränkten Beteiligung – gemäß der Assoziationsformel von Amsterdam – an allen Arbeiten der Regierungskonferenz blieben die Ergebnisse von Nizza hinter den Erwartungen nicht nur des Parlaments, sondern auch vieler Staats- und Regierungschefs selbst zurück. Die gefundenen Lösungen sicherten zwar die formalen Voraussetzungen für die nächste Erweiterungsrunde, nach der Überzeugung der meisten aber nicht die Arbeitsfähigkeit der Union. In dieser Situation war es möglich, die in der Auseinandersetzung mit den Ergebnissen des Vertrags von Amsterdam entwickelten Gedankenansätze zur Konventsmethode weiterzuentwickeln, die zuerst erfolgreich im Konvent zur Erarbeitung der *Grundrechtecharta* angewandt wurde. Die Forderung des Europäischen Parlaments, die Methode dieses Konvents zur Erarbeitung einer Verfassung für die Union zu Grunde zu legen[45], begegnete schließlich bei der Tagung der Staats- und Regierungschefs von Laeken einem günstigen politischen Fenster. Nach dem Misserfolg von Nizza und unter dem Eindruck des internationalen Terrorismus musste politische Handlungsfähigkeit unter Beweis gestellt werden. Dies ermöglichte die Einberufung des *Verfassungskonvents* unter Vorsitz von Valéry Giscard d'Estaing.

[44] Entschließung vom 31.5.2001 zum Vertrag von Nizza und zur Zukunft der Europäischen Union, ABl. C 47 E vom 21.2.2002, S. 108, Berichterstatter: Inigo Méndez de Vigo, António José Seguro, Dok. A5–0168/2001.

[45] Entschließung vom 25.10.2000 zu der Konstitutionalisierung der Verträge, ABl. C 197 vom 12.7.2001, S. 186, Berichterstatter Olivier Duhamel, Dok. A5–0289/2000.

Die Bestätigung dafür, dass diese neue Methode eine entscheidende Wende in der konstitutionellen Geschichte der Union darstellt, wurde dadurch erbracht, dass die Ergebnisse des Verfassungskonvents ohne tief greifende Veränderungen schließlich von den Staats- und Regierungschefs im Vertrag über eine Verfassung für Europa und dann im Reformvertrag gebilligt wurden.

Grundlegende und vertiefende Literatur

Canfora, Luciano:
La Democrazia – Storia di un'ideologia, Rom / Bari 2004.

Foerster, Rolf Hellmut (Hrsg.):
Die Idee Europa 1300–1946. Quellen zur Geschichte der politischen Einigung, München 1963.

Ipsen, Hans-Peter:
Europäisches Gemeinschaftsrecht, Tübingen 1972.

Dimitris Th. Tsatsos / Hans-Rüdiger Schmidt

II. Die Konventsmethode

1. Die Einordnung der Konventsidee in die institutionelle Logik der Europäischen Unionsgrundordnung

Die wirtschaftliche und politische Integration Europas befindet sich seit Ende des zweiten Weltkriegs in statu nascendi. Da ist zum einen der bis heute nicht abgeschlossene, vielleicht aber inzwischen zu weit gediehene Prozess der Erweiterung der Gemeinschaften und zum zweiten die Vielzahl institutioneller Reformen, die nicht zuletzt seit der Unterzeichnung des Lissabonner Vertrags am 13. Dezember 2007 auf dem Prüfstein standen.[1]

Mit der ersten Direktwahl zum Europäischen Parlament 1979, die eine Wende im institutionellen Selbstverständnis der gewählten Repräsentanten bedeutete, setzten die Abgeordneten einen Prozess der Konstitutionalisierung in Gang, der bis heute andauert. Mit der Begründung der Europäischen Union im Vertrag von Maastricht[2] (1992) erhielten die drei Säulen der europäischen Gemeinschaften ihr „Dach". Dem Vertrag von Amsterdam[3] (1997) verdankt das Europäische Parlament seine gestärkte Stellung gegenüber dem Rat der Europäischen Union. Seit den Verträgen von Amsterdam und Nizza[4] hat sich die Mitwirkung des Parlaments im Gesetzgebungsverfahren gegenüber dem Rat weiter gestärkt, zumindest soweit Rechtsakte von Parlament und Rat gemeinsam angenommen werden.

Der Vertrag von Nizza (2000) entpuppte sich jedoch als bloße „Mini-Reform", was zur Unzufriedenheit seiner Akteure führte.

a) Momente der Vorgeschichte

Schon im Anschluss an die Verhandlungen von Nizza erwog das Europäische Parlament, dem Vertrag seine Befürwortung zu verweigern. Die Staats- und Regierungschefs hatten offensichtliche Mängel eingestanden und damit dem Parlament Anlass gegeben, sich weiter zu bemühen. Das „Bündel von Reformen" schaffte in der politischen Grundordnung der Union weder klare politische Verantwortlichkei-

[1] Zu den Ergebnissen der rechtlichen Überprüfung durch das Bundesverfassungsgericht s. BVerfG 2 BvE 2/08 vom 30.6.2009.

[2] In Kraft getreten am 1.11.1993, ABl. C 191 vom 29.7.1992.

[3] In Kraft getreten am 1.5.1999, ABl. C 340 vom 10.11.1997.

[4] In Kraft getreten am 1.2.2003, ABl. C 80 vom 10.3.2001.

ten, noch einfache und verständliche Verfahren und beschwörte möglicherweise sogar neue Gefahren herauf.[5]

Dimitris Th. Tsatsos hatte als Repräsentant des Europäischen Parlamentes zusammen mit Elmar Brok in der Regierungskonferenz an der Entstehung des Vertrages mitgewirkt. Er hielt den Vertrag von Nizza aber für einen Fehlschlag, der nur durch einen effizienten und konkretisierten Post-Nizza-Vertrag korrigiert werden könne, mit dem Ziel die Europäische Union in die Lage zu versetzen, die geplante große Erweiterung austragen und aushalten zu können. Mit klaren Worten skizzierte er das Dilemma um den Vertrag von Nizza: „Der Vertrag greift zu kurz."[6] Brok stützte Tsatsos' Kritik: Nizza habe die Europäische Union an den Rand des Scheiterns gebracht.[7]

Die „Enttäuschung von Nizza" sollte aber den Blick auf ein positives Moment des Vertrages nicht verstellen. Der Misserfolg der Regierungskonferenz führte dazu, über die Einsetzung eines Konvents zur Vorbereitung jeder künftigen Vertragsreform nachzudenken. Der Konvent, der mit Erfolg bereits die Grundrechtscharta erarbeitet hatte, diente dabei als Vorbild. Das *Konventsmodell* hatte dort seine Arbeitsfähigkeit, politische Glaubwürdigkeit und Legitimationskraft unter Beweis gestellt.[8] Dem Vertrag von Nizza wurde deshalb zu guter Letzt eine Erklärung Nr. 23 mit dem Titel „Zur Zukunft der Union" angefügt. Die Besonderheit lag dabei in der Auswahl der Themen und der Öffnung der Debatte nach Außen.[9]

Um die Schwächen des Nizza-Vertrages einzuschränken gab es kein besseres Mittel. Mit der Einberufung eines Konvents war die Möglichkeit geschaffen, die für die erweiterte Union nötigen Reformen kurz nach Beendigung der Verhandlungen doch noch zu beschließen. Am 1. Dezember 2001 konkretisierte der Europäische Rat von Laeken die Erklärung Nr. 23 von Nizza und berief einen *„Europäischen Konvent"* zur Vorbereitung der Regierungskonferenz 2004 ein. Seine Mitglieder sollten Vorschläge und Anregungen für eine institutionelle Reform entwickeln, die die Europäische Union unter Beibehaltung oder Verbesserung ihrer Funktionsfähigkeit erweiterungsfähig machte. Da der Europäische Rat die Verhandlungsthematik, die Zusammensetzung, den Vorstand und den zeitlichen Ablauf der Arbeiten des Konvents genau bestimmte, stieß er darüber hinaus grundlegende Überlegungen zu den

5 *D. Th Tsatsos*, Der Vertrag von Nizza. Ein Appell an das Europäische Parlament und die nationalen Parlamente, in: Tsatsos (Hrsg.), Zum Konstitutionalisierungsprozess in der Europäischen Union, 2005, S. 142.

6 *D. Th. Tsatsos*, Vertrag von Nizza (Fn. 5), S. 142.

7 *E. Brok,* Der Konvent – Bewertungen und Perspektiven, in: J. Schwarze (Hrsg.), Der Verfassungsentwurf des Europäischen Konvents, 2004, S. 420.

8 *D. Th. Tsatsos,* Vertrag von Nizza (Fn. 5), S. 149.

9 *M. Beyer*, Der Konvent zur Zukunft Europas, 2007, S. 304.

föderativen Strukturen und der Frage einer Verfassung für Europa an. Die institutionellen Zentralfragen der Europäischen Union tauchen auch in den Arbeiten des Konvents wieder auf und prägen bis heute den *Konstitutionalisierungsprozess* der Europäischen Union. Dieser Prozess endet nicht mit dem Vertrag von Lissabon, da auch er lediglich eine Zwischenphase jenes Prozesses sein wird.

Altiero Spinelli (1907–1986), Euro-Föderalist und einer der Visionäre der Europäischen Union, beeinflusste als Berichterstatter des Europäischen Parlaments maßgeblich den 1984 angenommenen „Entwurf eines Vertrags zur Gründung der Europäischen Union", den sog. Spinelli-Entwurf. Der italienische Europapolitiker vertrat schon damals die Auffassung, auch die Bevölkerung Europas solle an der Ausarbeitung der Verfassung beteiligt werden und nicht die Regierungen alleine als ihr Urheber auftreten.[10] Selbst nach dem Scheitern wichtiger Integrationsziele, wie der Europäischen Verteidigungsgemeinschaft oder dem ersten Anlauf zu einer europäischen Währung, verfolgte er seine Vision weiter und erreichte durch seine Initiative im Europäischen Parlament die Ausarbeitung eines Entwurfs, der für die nachfolgenden Reformen teilweise Modellcharakter erhielt.

Die Einberufung des Konvents ist ein radikaler Bruch mit der Tradition der Ausarbeitung der EU-Verträge. Zwar bleibt es dabei, dass die endgültigen Beschlüsse immer noch von den Regierungen der Mitgliedsstaaten im Rahmen der Regierungskonferenz gefasst werden, doch erstmals basiert der Entwurf eines Vertrages über eine Verfassung für Europa auf einem umfassenden und offenen Konsultationsprozess an dem Parlamentarier, Vertreter der Regierungschefs, Bürger sowie Nichtregierungsorganisationen mitgewirkt haben.[11]

Neben den 15 Vertretern der Staats- und Regierungschefs der Mitgliedstaaten (ein Vertreter pro Mitgliedstaat) gehörten dem Konvent auch 30 Mitglieder der nationalen Parlamente (je zwei Abgeordnete pro Mitgliedstaat), 16 Mitglieder des Europäischen Parlaments und zwei Vertreter der Kommission an. Die sich um Beitritt bemühenden Länder wirkten mit je einem Regierungsvertreter und zwei Abgeordneten des nationalen Parlaments an den Beratungen mit.[12] Der Konvent nahm am 28. Feb-

10 *J. Schneider / S. Kruse,* Wissenschaftliche Dienste Nr. 26/07 (19.September 2007) http://www.bundestag.de/wissen/analysen/2007/Altiero_Spinelli.pdf.

11 Entschließung des Europäischen Parlaments zu dem Entwurf eines Vertrags über eine Verfassung für Europa und die Stellungnahme des Europäischen Parlaments zur Einberufung der Regierungskonferenz vom 21. September 2003, abgedruckt in: Tsatsos (Hrsg.), Konstitutionalisierungsprozess (Fn. 5), S. 165.

12 *M. Beyer,* Konvent (Fn. 9), S. 309 f. Vgl. die Erklärung von Laeken, http://european-convention.eu.int/pdf/LKNDE.pdf.

ruar 2002 mit 105 Vertretern aus dem Europäischen Parlament, der Kommission, aus nationalen Regierungen und Parlamenten seine Arbeit auf.[13]

Die *Arbeitsmethode*[14] des Europäischen Konvents sah vor, dass der Vorsitzende mit Zustimmung des Präsidiums oder auf schriftlichen Antrag einer signifikanten Zahl von Mitgliedern den Konvent einberuft. Die Beratungen waren 14-tägig vorgesehen, wobei das Präsidium letztlich insgesamt 50 Mal tagte. Es entwickelte sich ein Diskussionsklima, so Hänsch, das Erörterungen auch jenseits einer enggeführten Vertretung von Komponenteninteressen erlaubte. Das Konsensprinzip habe weitgehend verhindert, dass lediglich Standpunkte vorgetragen und über Positionen „verhandelt" wurde. Wer Einfluss auf das Ergebnis nehmen wollte, musste argumentieren.[15]

Das Plenum tagte 27 Mal. Daneben wurden thematische Arbeitsgruppen, die nicht der Beteiligung des ganzen Konvents bedurften, sowie höher spezialisierte Arbeitskreise abgehalten.[16] Aus der Rückschau betrachtet hätten sich alle drei Arbeitsschritte – Plenardebatte, Arbeitsgruppen und Arbeitskreise sowie die redaktionelle Arbeit des Konvents am Verfassungstext – als unverzichtbar für das Gelingen des Konvents erwiesen, konstatiert Ladenburger.[17]

Unter dem Vorsitz von Valery Giscard d'Estaing wurde die Arbeit des Konvents im Juni 2003 abgeschlossen. Sie fand für europäische Verhältnisse mit ungewöhnlicher Öffentlichkeit und Transparenz statt. Während seiner Arbeiten erreichte der Konvent ein Wiedererstarken der politischen Dynamik, was die Regierungen vieler Mitgliedstaaten veranlasste, ihre Repräsentanten auf dem Niveau eines Außenministers zu entsenden.[18]

Wägt man somit die positiven und negativen Aspekte des Vertrages von Nizza gerade im Hinblick auf die Konventsidee gegeneinander ab, wird man die Zustimmung zum Vertrag befürworten müssen – unter Zurückstellung aller Bedenken. Denn ohne den Vertrag von Nizza wäre der Post-Nizza-Prozess nicht in Gang gesetzt worden.

13 Hinsichtlich der Finanzierung des Konvents siehe: Interinstitutionelle Vereinbarung über die Finanzen des Konvents zur Zukunft der Europäischen Union, ABl. C 54 vom 1.3.2002.

14 Konventsdokument CONV 9/02, vgl. auch *M. Beyer,* Konvent (Fn. 9), S. 349 ff.

15 Zur Arbeitsweise des Konventspräsidiums: *K. Hänsch,* Der Konvent – unkonventionell, integration 2003, S. 331 f.

16 *M. Beyer,* Konvent (Fn. 9), S. 365 ff.

17 *C. Ladenburger,* Die Erarbeitung des Verfassungsentwurfs durch den Konvent, in: J. Schwarze (Hrsg.), Der Verfassungsentwurf des Europäischen Konvents, 2004, S. 400 ff.

18 *P. Brandt / D. Th. Tsatsos*, in: P. Brandt / A. Haratsch / H.-R. Schmidt (Hrsg.): D. Th. Tsatsos, Zur Verfassungsentwicklung Europas, 2008, S. 160 f.

Ohne ihn wäre der politische Druck zur Verwirklichung der *Konventsidee* nicht entstanden und die Union hätte sich nach wie vor an genau dem Punkt befunden, an dem sie in Amsterdam ihren Anfang genommen hatte. Dank eines konkret festgezurrten Zeitfensters und eines konstruktiven Dialogs zwischen Regierungen und Parlamenten unter Einbindung der Beitrittskandidaten bewährte sich die Konventsidee als Retter aus der Krise.[19] Häberle rühmt das zuvor nicht vorgesehene Konventsmodell als Fortschritt. Es bilde jedoch nur eine Vorstufe zur „Verfassunggebung" der EU und solle als solche in das geltende Recht eingebaut werden. Die *gemeineuropäische Verfassungskultur* verlange nach Wort und Tat der sich in ihren Bürgern findenden bzw. darstellenden Völker.[20]

b) Die duale Legitimation der Europäischen Union

In der geschichtlichen Entwicklung der europäischen Institutionenordnung zeichnet sich deutlich ab, dass sich zwei Prinzipien gegenüber stehen: Der prinzipielle und unabweisbare Bedarf nach größerer *Legitimation* der europäischen Unionsgrundordnung und somit die demokratische Nähe zu den europäischen Bürgern und andererseits das Prinzip der *Effizienz* und der *Flexibilität* der Institutionen, deren Funktionsfähigkeit auch von vereinfachten Verfahren abhängt.

Dieser Gegensatz zwischen demokratischer Legitimation und Effizienz – dieser ist ohnehin in den staatlichen Verfassungsordnungen sichtbar – führt dort, wo die Legitimationsidee sich durchsetzt, zu neuen Konzeptionen und neuen Regelungen, die man als *Demokratisierung* und *Konstitutionalisierung* der Union bezeichnen kann.

Eine eminent wichtige Rolle spielt jener Gegensatz von Demokratie und Effizienz, wenn es um die Änderung der Europäischen Verträge geht. Dort war es bis zur Verwirklichung der Konventsidee nach dem Vertrag von Nizza so, dass institutionelle Veränderungen im Wege von Vertragsänderungen ausschließlich zwischen Staatsexekutiven im Rahmen von Regierungskonferenzen und schließlich des Europäischen Rates ausgehandelt wurden, wobei die Ergebnisse dann allerdings nach nationalem Verfassungsrecht von den nationalen Parlamenten *ratifiziert* werden mussten.

Das Europäische Parlament wies ausdrücklich darauf hin, dass mit der reinen Regierungskonferenzmethode unter Ausschluss der Völker und der Öffentlichkeit der Integrationsprozess nicht weiter entwickelt werden konnte.[21] Schon vor dem abschließenden Gipfel der Regierungskonferenz in Nizza sprach der belgische Pre-

19 *D. Th. Tsatsos,* Vertrag von Nizza (Fn. 5), S. 148 f.

20 *P. Häberle,* Europäische Verfassungslehre, 2009, S. 634.

21 Entschließung des Europäischen Parlaments zu dem Entwurf eines Vertrags über eine Verfassung für Europa und die Stellungnahme des Europäischen Parlaments zur Einberufung der Regierungskonferenz vom 21. September 2003, abgedruckt in: Tsatsos (Hrsg.), Konstitutionalisierungsprozess, (Fn. 5), S. 153 ff. (154).

mierminister von der Notwendigkeit einer Wiederholung der Konventsmethode als Vorbereitung einer neuen Regierungskonferenz.[22] Denn anders ist es nicht möglich, eine bewusstseinsmäßige Beziehung des europäischen Bürgers zum institutionellen Geschehen in der Union herzustellen. In der Erklärung von Laeken wurde eine Vielzahl von Fragen formuliert, die zum Ziel hatten, die Union dem Bürger näher zu bringen. All dies sollte bei künftigen Vertragsänderungsverfahren abgesichert werden.

Die Europäische Union ist eine *Union von Staaten* und eine *Union von Völkern.*[23] Das ergibt sich aus den geschichtlichen, kulturellen und geopolitischen Gegebenheiten, die den historischen Raum Europas prägen. Das Recht, hier also das primäre europäische Recht, wenn es als geltendes Recht überzeugen und akzeptiert werden und sich auf lange Sicht durchsetzen will, kann bei der Gestaltung der europäischen Institutionen diese Gegebenheiten nicht unberücksichtigt lassen. Europa ist eine Einheit, aber in gleichem Maße eine Vielheit.

Überträgt man die Feststellung, dass die Europäische Union eine Union von Staaten und eine Union von Völkern ist, auf den rechtlichen Rahmen jener Ordnung, dann ergibt sich zwingend eine duale Legitimation der Europäischen Union: Legitimation durch die Staaten und Legitimation durch die Völker.

Gerade die Berücksichtigung der gleichwertig dualen Legitimation will die *Konventsmethode* verwirklichen. Die Regierungskonferenz ist die Form in der die Mitgliedstaaten am Vertragsänderungsprozess mitwirken. Der Konvent hingegen als Vertretung der Völker verwirklicht die Europäische Union als Union der Völker. Die Konventionsidee – so könnte das Ergebnis lauten – müsste im Sinne von Peter Häberle als *gemeineuropäisches Rechtsprinzip* angesehen werden, das die duale Legitimation bei der Vertragsänderung absichert.

2. Der Beitrag des Europäischen Parlaments zur Durchsetzung der Konventionsmethode

Der Europäische Konvent kann durchaus als Erfüllung eines entsprechenden politischen Anspruchs des Europäischen Parlaments angesehen werden.[24]

22 *M. Beyer,* Konvent (Fn. 9), S. 305.

23 Vgl. *D. Th. Tsatsos,* Die Europäische Unionsgrundordnung, 2002, S. 187 mit Verweis auf den Bericht von I. Mendez de Vigo, / D. Th. Tsatsos, Dok. A4.0347/97.

24 *D. Th. Tsatsos,* Der europäische Konvent – Einige rechtspolitische Bemerkungen –, in: P. Hänni (Hrsg.), Mensch und Staat. Festgabe für Thomas Fleiner, 2006, S. 749 ff. erneut veröffentlicht in: P. Brandt / A. Haratsch / H.-R. Schmidt (Hrsg.): D. Th. Tsatsos, Zur Verfassungsentwicklung Europas, 2008, S. 95 ff. (98).

Das Europäische Parlament formulierte in mehreren Einzelentschließungen seine Position zum Konvent. Dabei griff es im Wesentlichen seine bereits an die Regierungskonferenz 2000, die den Vertrag von Nizza ausgehandelt hatte, gerichteten Forderungen wieder auf. Die Kritik des Parlaments richtete sich nicht nur auf Einzelfragen, sondern gegen die Verfahrensweise als solche. Insbesondere wurde eine eindeutige Stärkung des Europäischen Parlaments gefordert.[25]

Gemäß Artikel 48 EU-Vertrag wird das Europäische Parlament vor Einberufung einer Regierungskonferenz zur Änderung der Verträge gehört – mehr nicht. Seine Stellungnahme (sowie die der Kommission) ist eine rechtliche Voraussetzung, die Regierungskonferenz zu eröffnen. Ungeachtet dieser beschränkten institutionellen Mitwirkungsrechte wird zu recht darauf hingewiesen, dass der Prozess der Entstehung einer Europäischen Verfassung ohne die Gestaltungskraft des Europäischen Parlaments nicht denkbar ist.[26]

Der Grundgedanke, dass die Hoheitsakte der Union – sofern sie Gesetzgebungscharakter haben – der Zustimmung sowohl der Völker-Vertreter im Parlament als auch der Staaten-Vertreter im Rat bedürfen, ergibt sich aus Artikel 38 des Spinelli-Entwurfs und zeigt bereits die wesentlichen Verfahrensschritte des Mitentscheidungsverfahrens auf, die durch die Verhandlungen von Maastricht und Amsterdam weiter entwickelt wurden. Das Gesetzgebungsverfahren der Mitentscheidung ist einer Union der Staaten und Völker angemessen. Es ermöglicht befriedigende Lösungen auf beiden Legitimationsebenen.[27]

Das Parlament verkannte nicht seine unklare Situation. Während es auf der einen Seite als legitime Vertretung der Bürger Europas auftrat, war es sich andererseits der Grenzen seiner Möglichkeiten bewusst, den Rahmen dieser Vertretung mitzubestimmen. Von der Anwendung der Konventsmethode erhoffte sich das Parlament mehr Einflussnahme, um einerseits die Grundlagen für eine anschließende Regierungskonferenz zu gestalten, andererseits aber auch die eigene Stellung nachhaltig *aufzuwerten*. Außerdem erhielte die Regierungskonferenz – sofern das Konvents-

25 *K. H. Fischer,* Konvent zur Zukunft Europas, 2003, S. 35. Entschließung vom 31.5.2001 zum Vertrag von Nizza und zur Zukunft der Europäischen Union, ABl. C 47 E vom 21.2.2002, S. 108, Berichterstatter: Inigo Méndez de Vigo, António José Seguro, Dok. A5–0168/2001; Entschließung vom 25.10.2000 zu der Konstitutionalisierung der Verträge, ABl. C 197 vom 12.7.2001, S. 186, Berichterstatter Olivier Duhamel, Dok. A5–0289/2000; Bericht Méndez de Vigo / Tsatsos (Fn. 23); s.a. *P. Schiffauer*, in diesem Band 1. Teil B. I. 3. (S. 41 f.).

26 *P. Schiffauer,* Die Gestaltungskraft des Europäischen Parlaments im Prozess der Entstehung einer Verfassung der Europäischen Union, in: Institut für Europäische Verfassungswissenschaften (Hrsg.), Die Europäische Union als Verfassungsordnung, 2004, S. 93 ff. (109).

27 *P. Schiffauer*, Gestaltungskraft (Fn. 26), S. 96 f.

ergebnis soweit wie möglich im Konsens erreicht würde – einen nur eingeschränkten Handlungsspielraum. Im Laufe der Konventsverhandlungen verfolgte das Parlament seinen Kurs „kohärent und stabil“[28], seine Grundposition veränderte sich im Laufe der Konventsverhandlungen fast gar nicht.

3. Die „gescheiterte“ EU-Verfassung

Mit dem Konventsentwurf wurde ein bedeutender und begrüßenswerter Schritt der *europäischen Verfassungsentwicklung* getan.[29]

Art. IV-443 Abs. 2 des Vertrages über eine Verfassung für Europa[30] (Art. IV-7 Abs. 2 des Entwurfs[31]) sah vor, dass die Abänderung des Verfassungsvertrages grundsätzlich durch einen Konvent vorzubereiten ist. Nur wenn der Umfang der geplanten Änderung es nicht rechtfertigt, konnte der Europäische Rat – mit Zustimmung des Europäischen Parlaments – auf die Einberufung eines Konvents verzichten. Damit hätte sich die Konventsmethode als Regelverfahren für Änderungen der Verfassung durchgesetzt.[32] Ansonsten sah der Entwurf der gescheiterten Verfassung – wie auch der am 29. Oktober 2004 unterzeichnete Vertrag über eine Verfassung für Europa – vor, dass die Mitgliedstaaten das letzte Wort behielten. Die Änderungen treten danach erst in Kraft, wenn sie von allen Mitgliedstaaten gemäß ihren verfassungsrechtlichen Vorschriften ratifiziert worden sind.[33]

Elmar Brok[34] verweist hierzu auf den von Walter Hallstein entwickelten Begriff „*creatio continua*“, wonach – die Entwicklung der letzten 50 Jahre zeige es – die jeweils zu einem bestimmten Zeitpunkt machbaren Schritte vertraglich festgelegt werden, um zu einem späteren Zeitpunkt wieder aufgegriffen zu werden. Gesehen hat der Konvent die Möglichkeit, dass bei der Ratifikation Schwierigkeiten auftreten können. Für diesen Fall regelt Art. IV–443 Abs. 4, dass sich der Europäische Rat der Frage annimmt, wenn innerhalb von zwei Jahren nach Unterzeichnung des Vertrags zur Änderung des Vertrags vier Fünftel der Mitgliedstaaten den genannten Vertrag

28 *K. H. Fischer,* Konvent (Fn. 25), S. 36.

29 *J. Schwarze,* Der Verfassungsentwurf des Europäischen Konvents – Struktur, Kernelemente und Verwirklichungschancen –, in: J. Schwarze (Hrsg.), Der Verfassungsentwurf des Europäischen Konvents, 2004, S. 489.

30 Vertrag über eine Verfassung für Europa vom 29.10.04, ABl. 2004/C 310/01.

31 Entwurf eines Vertrags über eine Verfassung für Europa vom 18.7.2003, ABl. 2003/ C 169/01.

32 *J. Schwarze,* Verfassungsentwurf (Fn. 29), S. 494.

33 Art. IV–443 Abs. 3 S. 2 des Vertrags über eine Verfassung für Europa sowie Art. IV–7 Abs. 3 des Entwurfs, vgl. auch *J. Schwarze,* Verfassungsentwurf (Fn. 29), S. 494 f.

34 *E. Brok,* Der Konvent – Bewertungen und Perspektiven, in: J. Schwarze (Hrsg.), Verfassungsentwurf (Fn. 29), S. 428.

ratifiziert, aber in einem oder mehreren Mitgliedstaaten Schwierigkeiten aufgetreten sind.[35]

4. Das Vertragsänderungsverfahren nach dem Vertrag von Lissabon

Das Verfahren zur Änderung der Verträge wird durch den Vertrag von Lissabon[36] gegenüber dem bisher geltenden Recht vollständig neu gefasst und übernimmt dabei weitgehend die im Verfassungsvertrag vorgesehenen Regelungen[37] (Art. IV–433 bis IV–445 EVV). Art. 48 LissV unterscheidet zwischen dem „ordentlichen Änderungsverfahren" (Abs. 2 bis 5) und dem „vereinfachten Änderungsverfahren" (Abs. 6 und 7). Durch das ordentliche Änderungsverfahren wird die Konventsmethode eingeführt.

Nach Art. 48 Abs. 3 UAbs. 1 EUV beruft der Präsident des Europäischen Rates einen Konvent von Vertretern der nationalen Parlamente, der Staats- und Regierungschefs der Mitgliedstaaten, des Europäischen Parlaments und der Kommission ein, wenn der Europäische Rat nach Anhörung des Europäischen Parlaments und der Kommission mit einfacher Mehrheit die Prüfung der vorgeschlagenen Änderungen beschlossen hat. Der Konvent prüft die Änderungsentwürfe und nimmt im Konsensverfahren eine Empfehlung an, die an eine Konferenz der Vertreter der Regierungen der Mitgliedstaaten gerichtet ist. Diese Konferenz wird vom Präsidenten des Rates einberufen, um die an den Verträgen vorzunehmenden Änderungen zu vereinbaren.

Neben diesem *Regelfall* des ordentlichen Änderungsverfahrens kann der Europäische Rat in einer zweiten Variante des ordentlichen Änderungsverfahrens mit Zustimmung des Europäischen Parlaments auch beschließen, keinen Konvent einzuberufen. Voraussetzung dafür ist, dass seine Einberufung aufgrund des Umfangs der geplanten Änderungen nicht gerechtfertigt ist (Art. 48 Abs. 3 UAbs. 2). In diesem Fall legt der Europäische Rat das Mandat für eine Konferenz der Vertreter der Regierungen der Mitgliedstaaten fest.

35 *J. Schwarze* hätte sich eine bereits im Voraus getroffene Entscheidung für ein erleichtertes Inkrafttreten vorstellen können, wobei es aber fraglich sei, ob ein solches Konzept mit der Idee eines Verfassungsvertrages vereinbar sei, der die Ratifizierung durch alle Mitgliedstaaten voraussetze. In jedem Fall sei es aber politisch unklug, inhaltlich in dem „Notfallprogramm" etwas festzulegen, das wie eine „self fulfilling prophecy" wirken könnte. Siehe *J. Schwarze*, Verfassungsentwurf (Fn. 29), S. 495 f.

36 Konsolidierte Fassung des Vertrags über die Europäische Union, ABl. C 115/13 vom 9.5.2008. Zur Vertragsrevision nach den Bestimmungen des Reformvertrages vgl. auch *P. Schiffauer* in diesem Band, 1. Teil D. I.

37 Siehe dazu auch ausführlich *M. Stelzer* in diesem Band, 5. Teil A. II. 2. f).

Für bestimmte Fälle kann das Änderungsverfahren jedoch vereinfacht werden. Art. 48 Abs. 6 und 7 EUV greifen dabei auf Art. IV–445 und Art. IV–444 des Verfassungsvertrages zurück. In diesen Fällen kann auf die Einberufung eines Konventes und einer Regierungskonferenz verzichtet werden.[38]

Ausblick

Der Konvent zur Zukunft Europas wurde kritisiert. Es darf aber nicht vergessen werden, dass er in bis jetzt unbekannter Transparenz und Geballtheit die unterschiedlichen Vorstellungen zur Zukunft Europas aufgedeckt hat und damit einen unschätzbaren Beitrag zur Entwicklung – vor allem zur demokratischen Legitimation – der Europäischen Union geleistet hat.[39]

Nicht mehr die reine ausschließlich gouvernementale Methode ist die alleinige Grundlage der Änderung des europäischen Primärrechts. Wenn der Vertrag von Lissabon in Kraft getreten ist, werden künftige Vertragsänderungen in der Regel von „Konventen“ vorbereitet werden, in denen gemeinsam europäische und nationale Parlaments- und Regierungsvertreter zusammen wirken und Konsense erarbeiten müssen. Erstmals können Initiativen für eine Weiterentwicklung der Verträge auch vom Europäischen Parlament ausgehen. Für kleinere Änderungen, beispielsweise den Übergang von Einstimmigkeit zu Mehrheitsabstimmungen im Ministerrat, ist weder ein Konvent, noch eine – bisher obligatorische – Regierungskonferenz notwendig.[40]

38 Das Bundesverfassungsgericht erklärte mit seinem Urteil vom 30.6.2009 das deutsche Begleitgesetz zum Lissabonner Vertrag (Gesetz über die Ausweitung und Stärkung der Rechte des Bundestages und des Bundesrates in Angelegenheiten der Europäischen Union, BT-Drs. 16/13926) für verfassungswidrig (BVerfG 2 BvE 2/08). Es sah insbesondere Defizite bei dessen Ausgestaltung der Beteiligung von Bundestag und Bundesrat in den beiden Fällen der Vertragsänderung im „vereinfachten Änderungsverfahren“. Im September 2009 wurde ein den Vorgaben des Bundesverfassungsgerichts entsprechend überarbeitetes Begleitgesetz („Integrationsverantwortungsgesetz“, BGBl. 2009 I S. 3022) verabschiedet.

39 *K. H. Fischer,* Konvent (Fn. 25), S. 18.

40 *E. Brok* / J. *Leinen*, Einführung, in: Vertrag von Lissabon, 2008, S. 29.

Grundlegende und vertiefende Literatur

Beyer, Malte:
Der Konvent zur Zukunft Europas, Baden-Baden 2007.

Fischer, Klemens H.:
Konvent zur Zukunft Europas, Texte und Kommentar, Baden-Baden 2003.

Hänsch, Klaus:
Der Konvent – unkonventionell, integration, Vierteljahreszeitschrift des Instituts für Europäische Politik, 26. Jahrgang 2003, S. 331–337.

Hesse, Joachim Jens:
Vom Werden Europas. Der Europäische Verfassungsvertrag: Konventsarbeit, politische Konsensbildung, materielles Ergebnis, Berlin 2007.

Kleger, Heinz (Hrsg.):
Der Konvent als Labor. Texte und Dokumente zum europäischen Verfassungsprozess, Münster u.a. 2004.

Riedel, Norbert:
Der Konvent zur Zukunft Europas, ZRP 2002, S. 241 ff.

Schiffauer, Peter:
Die Gestaltungskraft des Europäischen Parlaments im Prozess der Entstehung einer Verfassung der Europäischen Union, in: Institut für Europäische Verfassungswissenschaften (Hrsg.), Die Europäische Union als Verfassungsordnung, S. 93–109, Berlin 2004.

Schwarze, Jürgen (Hrsg.):
Der Verfassungsentwurf des Europäischen Konvents, Baden-Baden 2004.

Norbert Riedel*

III. Die Verhandlungen der Regierungskonferenz über den Konventsentwurf

1. Das Verhältnis zwischen Konvent und Regierungskonferenz

a) Vorbereitung der Regierungskonferenz durch den Konvent

Die am 4. Oktober 2003 eröffnete Regierungskonferenz unterschied sich grundsätzlich von allen vorangegangenen Regierungskonferenzen: Erstmals lag bereits zu Beginn der Beratungen ein fertiger Vertragsentwurf vor und musste nicht erst durch Verhandlungen weisungsabhängiger Regierungsvertreter erarbeitet werden[1].

Bereits beim Europäischen Rat in Nizza war in der „*Erklärung über die Zukunft der Union*[2]„ festgelegt worden, dass im Jahr 2004 eine Konferenz der Vertreter der Mitgliedstaaten stattfinden sollte, die über Vertragsänderungen beraten würde. Ein Konvent sollte hierzu die notwendigen Vorarbeiten leisten[3]. Die Einberufung des Verfassungskonvents durch den Europäischen Rat erfolgte „im Hinblick auf eine möglichst umfassende und möglichst transparente Vorbereitung der nächsten Regierungskonferenz."

Damit war klar, dass der Konvent keine Vertragsänderungen „beschließen" konnte[4]. In Übereinstimmung mit der geltenden Rechtslage konnte er nur Vorarbeiten für Vertragsänderungen leisten bzw. entsprechende Vorschläge ausarbeiten. Formelle Abstimmungen hätten im Konvent aufgrund seiner gemischt gouvernemental-parlamentarischen Zusammensetzung zudem über keine Legitimationskraft verfügt[5].

* Der Verfasser ist Honorarprofessor an der Universität Würzburg und war von 2002 bis 2005 Leiter des Referats für EU-Grundsatzfragen im Bundeskanzleramt. Der Beitrag gibt ausschließlich die persönliche Meinung des Verfassers wieder.

1 So die Denkschrift der Bundesregierung zum Vertrag vom 29. Oktober 2004 über eine Verfassung für Europa, BR-Drs. 963/04 vom 17.12.204, S. 227.

2 Erklärung Nr. 23 zur Schlussakte zum Vertrag von Nizza.

3 Vorbild dieses Konvents war der durch den Europäischen Rat von Tampere eingesetzte Konvent zur Ausarbeitung eines Entwurfs einer EU-Charta der Grundrechte. Damals ging es jedoch nicht um die Vorbereitung einer Regierungskonferenz oder um Vorschläge für Vertragsänderungen. Ziel war – zunächst jedenfalls – die politische Proklamation der Grundrechtecharta ohne eine rechtliche Bindungswirkung.

4 *N. Riedel*, Der Konvent zur Zukunft Europas, ZRP 2002, S. 241 ff., 242.

5 *Th. Oppermann*, Europäischer Verfassungskonvent und Regierungskonferenz 2002–2004, DVBl. 2004, S. 1264 ff., 1268.

Nach Art. 48 EUV ist für Vertragsänderungen weiterhin eine Regierungskonferenz notwendig. *Herren der Verträge* sind und bleiben die Mitgliedstaaten. Vertragsänderungen müssen deshalb zwingend zwischen den Mitgliedstaaten als völkerrechtlicher Vertrag ausgehandelt und vereinbart werden[6]. Die Regierungen sind dabei inhaltlich nicht gebunden[7].

b) Zeitliche Spanne zwischen Konvent und Regierungskonferenz

Zwischen den Regierungen bestand zunächst keine Einigkeit darüber, wie lange die Zwischenperiode zwischen dem Ende des Europäischen Konvents[8] und dem Beginn der Regierungskonferenz dauern sollte. Diejenigen, die integrationspolitisch eher zurückhaltend eingestellt waren, hofften offenbar darauf, dass die öffentliche Aufmerksamkeit gegenüber den Vorschlägen des Konvents bei einem Beginn der notwendigen Regierungskonferenz sechs oder zwölf Monate später bereits wieder nachgelassen haben würde. Die Staats- und Regierungschefs hätten dann freiere Hand im Umgang mit dem vom Konvent vorgelegten Verfassungsentwurf gehabt[9]. Demgegenüber drängten vor allem Deutschland und Frankreich darauf, das vorhandene Momentum zu nutzen und schnellstmöglich in eine Regierungskonferenz überzugehen, die über die rechtlich nicht bindenden Vorschläge des Konvents entscheiden konnte[10]. Nur wenn der Entwurfstext noch allen vor Augen war, würde er nicht einfach zum Gegenstand des üblichen Regierungstauziehens gemacht werden können[11].

Am 20. Juni 2003[12], also noch vor dem formellen Abschluss des Konvents im Juli einigten sich die Staats- und Regierungschefs beim Europäischen Rat in Thessaloniki[13] bereits auf der kommenden Ratstagung im Juli das notwendige Verfahren nach Art. 48 EUV einzuleiten, damit die Regierungskonferenz im Oktober 2003 einberufen werden konnte[14]. Damit konnte verhindert werden, dass der Konventsentwurf für

6 Vgl. *W. Meng*, in: von der Groeben / Thiesing / Ehlermann (Hrsg.), Kommentar zum EU-/EG-Vertrag, 5. Aufl. 1997, Band 5, Artikel N EUV, Rdnr. 20 f.

7 Hierzu schon *R. Geiger*, EG-Vertrag, 2. Aufl. 1995, Art. N, Rdnr. 8.

8 Die Konventsarbeiten endeten mit der 27. Tagung des Plenums am 9./10. Juli 2003.

9 *D. Göler / H. Marhold*, Die Konventsmethode, integration 2003, S. 317 ff., 320.

10 Vgl. hierzu *Riedel*, Konvent (Fn. 4), S. 243.

11 *Göler / Marhold*, Konventsmethode (Fn. 9), S. 320.

12 Die Übergabe des endgültigen Verfassungsentwurfs des Konvents an die italienische Ratspräsidentschaft in Rom erfolgte erst am 18. Juli 2003.

13 Europäischer Rat (Thessaloniki), Tagung vom 19. und 20. Juni 2003, Schlussfolgerungen des Vorsitzes, Ziff. 5, Dok. 11638/03 vom 1.10.2003.

14 In den Schlussfolgerungen des Vorsitzes heißt es: „Die Konferenz soll so bald wie möglich ihre Arbeiten abschließen und Einvernehmen über den Vertrag über die Verfassung erzielen, so dass genügend Zeit bleibt, damit sich die europäischen Bürger vor den

längere Zeit in die Schubladen in London, Warschau und anderswo verbannt wurde. Der ursprüngliche Zeitplan, der den Abschluss der Regierungskonferenz bereits nach zweieinhalb Monaten vorsah, war allerdings wenig realistisch[15].

c) Mandat der Regierungskonferenz

Heftig gerungen wurde zwischen den Regierungen im Vorfeld des Europäischen Rats von Thessaloniki auch um den *Umfang* des Mandats der Regierungskonferenz. Sollte die Regierungskonferenz politisch an den Entwurf des Konvents gebunden sein und nur noch Änderungen am Konventstext beraten können? Oder sollte die Regierungskonferenz wie zuvor bei der Ausarbeitung der Verträge von Amsterdam und Nizza einen eigenständigen Vertragstext vorlegen können?

Der Verfassungsentwurf des Europäischen Konvents fand breite Zustimmung im Europäischen Rat, was aber Vorbehalte einzelner Mitgliedstaaten in einzelnen Punkten nicht ausschloss. Die Staats- und Regierungschefs einigten sich auf eine Formulierung, wonach „der Wortlaut des Entwurfs des Vertrags über die Verfassung eine gute Ausgangsbasis für den Beginn der Regierungskonferenz bildet." Die politische Bindungswirkung des Konventsentwurfs wurde anerkannt, indem die Regierungskonferenz „von den Staats- und Regierungschefs mit Unterstützung der Mitglieder des Rates (Allgemeine Angelegenheiten und Außenbeziehungen) durchgeführt"[16] werden sollte. Dies sollte dazu beitragen, eine erneute Diskussion über Details des Verfassungsentwurfs nach Möglichkeit zu vermeiden und den im Konvent erzielten Paketkonsens, der einen ausgewogenen Kompromiss darstellte, grundsätzlich nicht wieder aufzuschnüren[17]. Dies mag im Hinblick auf Art. 48 EUV „verfassungsjuristisch fragwürdig" sein[18]. Dennoch war klar, dass die Regierungskonferenz

Wahlen zum Europäischen Parlament im Juni 2004 mit dieser Verfassung vertraut machen können."

15 Der Präsident des Konvents, V. Giscard d'Estaing, fragte zu Recht: „Wie soll denn auch in zweieinhalb Monaten ein Entwurf verbessert werden, an dem wir 16 Monate unermüdlich gearbeitet haben?", Rede vor dem Europäischen Parlament am 3.9.2003, in: Marhold (Hrsg.), Europa auf dem Weg zur Verfassung, Valéry Giscard d'Estaings Reden und Beiträge als Präsident des europäischen Verfassungskonvents, 2004, S. 143 ff., 149.

16 Europäischer Rat (Thessaloniki), Tagung vom 19. und 20. Juni 2003, Schlussfolgerungen des Vorsitzes, Ziff. 6, Dok. 11638/03 vom 1.10.2003. Der Vertreter der Kommission sollte an der Regierungskonferenz teilnehmen. Das Europäische Parlament sollte eng an den Beratungen der Konferenz beteiligt und in diese mit einbezogen werden.

17 Für Valéry Giscard d'Estaing war deshalb klar, dass die beste Möglichkeit für die Regierungskonferenz darin bestand, den Verfassungsentwurf ohne große Änderungen anzunehmen; vgl. Giscard d'Estaing, Europa (Fn. 15), S. 149.

18 So *M. Ruffert*, Schlüsselfragen der Europäischen Verfassung der Zukunft, EuR 2004, S. 165 ff., 195.

selbstverständlich Änderungen beschließen konnte[19]. Allerdings lag die Argumentationslast nun bei denjenigen, die Nachbesserungen wünschten[20] und die damit in der schwächeren Verhandlungsposition waren.

d) Transparenz

Bereits während der Verhandlungen zum Vertrag von Amsterdam war Kritik am Verfahren der Regierungskonferenz geübt worden, weil die Verhandlungen hinter verschlossenen Türen unter Ausschluss der Öffentlichkeit geführt wurden. Schon während der Verhandlungen zum Vertrag von Nizza beschlossen die Regierungen daher, sämtliche offiziellen Dokumente der Präsidentschaft, der Mitgliedstaaten, der anderen Organe und Einrichtungen sowie die übrigen offiziellen Beiträge zu den Beratungen der damaligen Konferenz der Öffentlichkeit über das Internet zugänglich zu machen und damit einen Beitrag zur *Transparenz* zu leisten[21]. Diesem Beispiel folgte auch die Regierungskonferenz bei ihren Beratungen über die Europäische Verfassung. Die Regierungen konnten und wollten allerdings nicht entsprechend dem Verfassungskonvent auch ihre Beratungen öffentlich durchführen.

2. Zentrale Fragen der Regierungskonferenz

Als am 4. Oktober 2003 noch unter italienischer Präsidentschaft die Regierungskonferenz begann, hieß es aus Warschau: „Nizza oder Tod“[22]. „Morgenluft“ witterten offenbar diejenigen, die mit dem Ausgang des Europäischen Konvents unzufrieden waren und ihre nationalen Interessen unterlaufen sahen und deshalb am Vertrag von Nizza festhalten wollten[23]. „Kein Aufschnüren des Konventsentwurfs“ war dagegen die Devise in Berlin und Paris[24]. Dort wollte man den Entwurf möglichst zusammenhalten, weil man bezweifelte, in der Regierungskonferenz die notwendige

19 Vgl. *Oppermann*, Verfassungskonvent (Fn. 5), S. 1269.

20 Der deutsche Außenminister Joschka Fischer hob bei der Pressekonferenz im Anschluss an den Europäischen Rat in Thessaloniki hervor, dass ein Mitgliedstaat, der in einem Punkt den Konsens im Konvent in Frage stelle, einen neuen, anderen Konsens erst herbeiführen müsse. Auf diese Weise werde das Ergebnis des Konvents eine große Bestandskraft entfalten. Vgl. hierzu *Ruffert*, Schlüsselfragen (Fn. 18), S. 195.

21 Vgl. *N. Riedel*, Der Vertrag von Nizza und die institutionelle Reform der Europäischen Union, ThürVBl. 2002, S. 1 ff.

22 So der damalige polnische Oppositionsabgeordnete Jan Rokita.

23 *W. Weidenfeld*, Europa eine zuverlässige Ordnung geben: Weichenstellungen für den künftigen Integrationsprozess, in: Weidenfeld (Hrsg.), Die Europäische Verfassung in der Analyse, 2005, S. 13 ff., 19.

24 Unmittelbar nach Vorlage des endgültigen Konventsentwurfs erklärten der deutsche Bundeskanzler Gerhard Schröder und der französische Staatspräsident Jacques Chirac diese gemeinsame deutsch-französische Linie für die Regierungskonferenz.

Einstimmigkeit zu erreichen für Vorschläge, die weiter gingen, als diejenigen, die im Konvent Zustimmung fanden.

a) Institutionelle Fragen

Das schwierigste Thema der Regierungskonferenz waren die bislang ungelösten institutionellen und prozeduralen Machtfragen. Die letzten drei Regierungskonferenzen von Maastricht, Amsterdam und Nizza hatten hierzu keine befriedigenden Lösungen gefunden[25]. Es war klar, dass sich auch diese Regierungskonferenz auf Fragen der *Handlungsfähigkeit* und *Effizienz* konzentrieren würde. Einen ersten Vorgeschmack[26] hatte es bereits im Konvent bei den Diskussionen um Größe und Zusammensetzung der Kommission und vor allem um das künftige Abstimmungsverfahren im Ministerrat gegeben[27].

Der politisch umstrittenste Punkt war die Neudefinition der qualifizierten Mehrheit im Rat. Nach dem Vertrag von Nizza muss hierfür die einfache Mehrheit der Mitgliedstaaten zustimmen, die gleichzeitig 72 % der gewichteten Stimmen im Rat und 62 % der EU-Bevölkerung repräsentieren. Blockademehrheiten sind dadurch leicht zu erreichen. Nach dem Verfassungsentwurf des Konvents sollte dagegen eine doppelte Mehrheit reichen, d.h. eine Mehrheit der Staaten, wenn sie gleichzeitig 60 % der EU-Bevölkerung repräsentieren. Die Abschaffung der Stimmgewichtung im Rat betrifft besonders die mittelgroßen Staaten Spanien und Polen, die nach dem Vertrag von Nizza praktisch das gleiche Stimmgewicht besitzen wie die vier großen Staaten. Während Deutschland und Frankreich auf der doppelten Mehrheit beharrten, waren Spanien und Polen zunächst nicht bereit, von der in Nizza vereinbarten Stimmgewichtung abzuweichen.

Dies führte dazu, dass die Regierungskonferenz am 13. Dezember 2003 in Brüssel ergebnislos unterbrochen wurde. Die hochfliegenden Hoffnungen auf eine Europäische Verfassung waren damit vorerst zerplatzt. Nachdem nicht mehr sicher war, dass die Verfassung doch noch verabschiedet werden würde, wurden Begriffe wie „Kerneuropa" und „Europa der unterschiedlichen Geschwindigkeiten" in die politische Diskussion eingebracht. Allen Regierungen wurde deutlich, ein Scheitern der Verfassung hätte nicht das Ende der europäischen Einigungsgeschichte bedeutet[28]. Falls kein Kompromiss erreicht würde, käme es vielmehr zwangsläufig zu einem Europa

25 Siehe hierzu ausführlich *N. Riedel*, Reform der Europäischen Union durch den Amsterdamer Vertrag – Bilanz der EU-Regierungskonferenz, in: Kreuzer / Scheuing / Sieber (Hrsg.), Europäischer Grundrechtsschutz, Ius Europaeum, Band 4, 1998, S. 73 ff., 89 ff. und *Riedel*, Vertrag (Fn. 21), S. 2.

26 So *Weidenfeld*, Europa (Fn. 23), S. 18.

27 Vgl. hierzu *J. Wuermeling*, Europa neu verfasst – Der Vertrag für eine europäische Verfassung vom 19. Juni 2004, BayVBl. 2004, S. 577 ff., 582 f.

28 Vgl. *Weidenfeld*, Europa (Fn. 23), S. 18.

der zwei Geschwindigkeiten. Allen politischen Entscheidungsträgern war damit auch bewusst, dass die Kosten eines endgültigen Scheiterns des Verfassungsprozesses sehr hoch sein würden.

Erst nach den Parlamentswahlen in Spanien am 14. März 2004 ergaben sich realistische Aussichten für einen erneuten Einigungsversuch. Unter irischer Präsidentschaft konnte für die Tagung der Regierungskonferenz auf der Ebene der Staats- und Regierungschefs am 17./18. Juni 2004 in Brüssel ein Kompromisspaket mit einer umfangreichen „geschlossenen“ Liste von bereits unstrittigen Vorschlägen und einer relativ kurzen „offenen“ Liste von Vorschlägen, die der abschließenden Verhandlung bedurften, vorgelegt werden.

Zu den letzten offenen Fragen zählten vor allem die Einzelheiten der Definition der qualifizierten Mehrheit als einer doppelten Mehrheit von Mitgliedstaaten und Unionsbevölkerung, die Größe und Zusammensetzung der Kommission, die Zusammensetzung des Europäischen Parlaments, die Ausdehnung der Abstimmungen mit qualifizierter Mehrheit auf einzelne sensible Politikbereiche und Finanzbestimmungen der Union sowie einige Verfahrensregelungen im Rahmen der Wirtschafts- und Währungsunion. Mit dem Einlenken vor allem Polens in der Frage der doppelten Mehrheit war der Weg schließlich frei für eine Einigung und einen erfolgreichen Abschluss der Regierungskonferenz.

b) Gottesbezug

Die Forderung nach einem Gottesbezug[29] in der Präambel der Europäischen Verfassung war in den Medien und in der Öffentlichkeit heftig, ja manchmal mit geradezu missionarischem Eifer diskutiert worden[30]. In der Regierungskonferenz wurde die Frage eines Gottesbezugs zunächst zurückgestellt. Von der italienischen Präsidentschaft wurde der vom Konvent vorgelegte Text der Verfassungspräambel nicht in Frage gestellt[31]. Erst die folgende irische Präsidentschaft legte für die Schlussberatungen der Regierungskonferenz im Juni 2004 einen neuen Text vor[32]. Die Präambel beginnt danach mit dem Absatz: „Schöpfend aus dem kulturellen, religiösen und humanistischen Erbe Europas, aus dem sich die unverletzlichen und unveräußerlichen Rechte des Menschen, Demokratie, Gleichheit, Freiheit und

29 Vgl. hierzu ausführlich *N. Riedel*, Gott in der Europäischen Verfassung?, EuR 2005, S. 676 ff.

30 Vgl. Regierungserklärung von Bundeskanzler Gerhard Schröder zur Einigung der Staats- und Regierungschefs der Europäischen Union auf eine Europäische Verfassung, Quelle: Deutscher Bundestag, Stenografischer Bericht, 119. Sitzung vom 2. Juli 2004, Plenarprotokoll 15/119, S. 10868 ff., 10869.

31 Das Dokument CIG60/3 ADD 1 PRESID 14, vom 9. Dezember 2003, das als Verhandlungsgrundlage diente, enthielt folglich keinen Änderungsvorschlag.

32 Dokument CIG81/04 PRESID 23 vom 16. Juni 2004.

Rechtsstaatlichkeit als universelle Werte entwickelt haben." Der Text wurde am 18. Juni 2004 im Rahmen der Gesamteinigung über den Verfassungsvertrag von den Staats- und Regierungschefs angenommen. Letztlich bewegt sich dieser Kompromiss in der Mitte zwischen den Vorstellungen, die einen ausdrücklichen Gottesbezug in der Verfassung wünschten und den laizistischen Auffassungen, wonach sich die Verfassung aufgrund strikter Trennung von Staat bzw. Union und Kirchen in diesem Punkt neutral verhalten sollte[33].

Grundlegende und vertiefende Literatur

Marhold, Hartmut (Hrsg.):
Europa auf dem Weg zur Verfassung. Valéry Giscard d'Estaings Reden und Beiträge als Präsident des europäischen Verfassungskonvents, Baden-Baden 2004.

Oppermann, Thomas:
Europäischer Verfassungskonvent und Regierungskonferenz 2002–2004, DVBl. 2004, S. 1264 ff.

Riedel, Norbert:
Der Konvent zur Zukunft Europas, ZRP 2002, S. 241 ff.

Weidenfeld, Werner (Hrsg.):
Die Europäische Verfassung in der Analyse, Gütersloh 2005.

33 *Riedel*, Gott (Fn. 29), S. 680.

Andreas Haratsch

IV. Vom Verfassungsvertrag zum Vertrag von Lissabon

1. Die Reflexions- und Neukonzeptionsphase nach dem Scheitern des Verfassungsvertrags

Nachdem der Vertrag über eine Verfassung für Europa in den Referenden in Frankreich am 29. Mai 2005 und in den Niederlanden am 1. Juni 2005 gescheitert war, einigten sich die Staats- und Regierungschefs der Mitgliedstaaten der Europäischen Union auf der Tagung des Europäischen Rates vom 16./17. Juni 2005 zunächst darauf, in eine „Reflexionsphase" über die Zukunft Europas einzutreten[1]. Diese Zeit sollte für Dialog und Kommunikation genutzt werden, wobei der Ratifikationsprozess in den Mitgliedstaaten unvermindert weiterlaufen sollte. Aber bereits der Europäische Rat vom 15./16. Juni 2006 begann über Reformalternativen zum Verfassungsvertrag nachzudenken[2]. Die Berliner Erklärung vom 25. März 2007, die anlässlich des 50. Jahrestages der Unterzeichnung der Römischen Verträge von Rat, Kommission und Parlament gemeinsam verabschiedet wurde, mied vielsagend den Begriff der Verfassung[3], sprach stattdessen von einer „erneuerten gemeinsamen Grundlage" der Europäischen Union[4]. Obwohl achtzehn Mitgliedstaaten den Verfassungsvertrag ratifiziert hatten, zeichnete sich ab, dass der Ratifikationsprozess nicht in allen Staaten erfolgreich durchlaufen werden konnte. Anders als bei früheren Verträgen hatte man während der Reflexionsphase erkennen müssen, dass aufgrund der diffusen, wohl auch zum Teil innenpolitisch motivierten Ablehnung des Vertrags einerseits und der in manchen Mitgliedstaaten zu verzeichnenden grundsätzlichen Ablehnung der Verfassungsidee andererseits keine Chance bestehen würde, alle vorgebrachten Bedenken im Wege gezielter Nachverhandlungen zu zerstreuen und erneute Referenden durchzuführen[5]. Der Europäische Rat vom 21./22. Juni 2007 zog daraus schließlich die Konsequenz und beschloss, das Verfassungskonzept auf-

1 Erklärung der Staats- und Regierungschefs der Mitgliedstaaten der Europäischen Union zur Ratifizierung des Vertrags über eine Verfassung für Europa, in: EU-Nachrichten, Dokumentation, Nr. 2/2005, S. 28.

2 Europäischer Rat v. 15./16. Juni 2006, Schlussfolgerungen des Vorsitzes, Dok. 10633/1/06 REV 1 CONCL 2, Ziff. 42 ff.

3 *Th. Oppermann*, Die Europäische Union von Lissabon, DVBl. 2008, S. 473 (475).

4 EU-Nachrichten, Nr. 12/2007, S. 3.

5 *J. F. Lindner*, Der Vertrag von Lissabon zur Reform der Europäischen Union, BayVBl. 2008, S. 421 (421).

zugeben[6]. Zugleich beschloss man die Einberufung einer Regierungskonferenz mit einem Mandat zur Ausarbeitung eines Vertragsentwurfs für einen Reformvertrag, der an die Stelle des gescheiterten Verfassungsvertrags treten soll, dessen wesentliche Errungenschaften aber weitgehend bewahren soll[7].

2. Aushandlung, Unterzeichnung und Ratifikationsphase

Das unter der deutschen Ratspräsidentschaft erarbeitete Mandat war sehr detailliert und beließ der Regierungskonferenz nur wenig inhaltlichen Spielraum[8]; teilweise enthielt es sogar ausdrückliche Formulierungsvorschläge. Bereits auf ihrem Lissabonner Treffen vom 18./19. Oktober 2007 konnten die Staats- und Regierungschefs der Mitgliedstaaten einen entsprechenden Vertragstext verabschieden, wobei im unmittelbaren Vorfeld des Gipfeltreffens Nachverhandlungen der Regierungen über einzelne streitige Punkte stattgefunden hatten[9]. Die Unterzeichnung des Reformvertrags erfolgte am 13. Dezember 2007 gleichfalls in Lissabon[10]. Der nach dem Ort seiner Unterzeichnung benannte Lissabonner Vertrag sollte nach Ratifikation durch alle Mitgliedstaaten am 1. Januar 2009 in Kraft treten. Ein Referendum in Irland über eine die irische Ratifikation des Reformvertrags ermöglichende Verfassungsänderung hatte am 12. Juni 2008 allerdings einen negativen Ausgang. Um die Chancen für einen positiven Ausgang eines erneuten Referendums in Irland zu erhöhen, hatte der Europäische Rat vom 11./12. Dezember 2008 Zugeständnisse an die irische Seite gemacht. So hatte der Europäische Rat klargestellt, dass der Reformvertrag keine Änderung in Bezug auf den Umfang und die Ausübung der Zuständigkeiten der Union im Bereich der Steuerpolitik bewirken wird, dass die Neutralitätspolitik Irlands unberührt bleiben wird und dass – nicht zuletzt mit Blick auf das irische Abtreibungsverbot – die Bestimmungen der irischen Verfassung betreffend das Recht auf Leben, die Bildung und die Familie weder von der Europäischen Grundrechte-Charta noch von den Bestimmungen über die Justiz- und Innenpolitik berührt werden. Zudem wurde der irischen Seite bestätigt, dass den Arbeitnehmerrechten künftig hohe Bedeutung beigemessen wird. Wichtigstes Zugeständnis ist sicherlich,

6 Europäischer Rat v. 21./22. Juni 2007, Schlussfolgerungen des Vorsitzes, Dok. 11177/07 CONCL 2, Anlage I, S. 15.

7 Europäischer Rat v. 21./22. Juni 2007, Schlussfolgerungen des Vorsitzes, Dok. 11177/07 CONCL 2, Ziff. 10 ff.

8 *Oppermann* (Fn. 3), DVBl. 2008, S. 473 (475); *Lindner* (Fn. 5), BayVBl. 2008, S. 421 (421 f.).

9 Dazu ausführlich *K. H. Fischer*, Der Vertrag von Lissabon, 2008, S. 63 ff.; vgl. auch *R. Streinz / Ch. Ohler / Ch. Herrmann*, Der Vertrag von Lissabon zur Reform der EU, 2. Aufl. 2008, S. 26.

10 ABl. 2007 Nr. C 306/1.

dass Irland auch künftig ein Kommissionsmitglied stellen soll[11]. Die irische Regierung hatte im Gegenzug zugesagt, einen neuen Anlauf für eine Ratifizierung des Vertrags von Lissabon anzustreben[12]. Am 2. Oktober 2009 haben sich die Iren in einem zweiten Referendum mit einer deutlichen Mehrheit für den Vertrag von Lissabon ausgesprochen. Auch Deutschland hat den Lissabonner Vertrag mittlerweile ratifiziert, nachdem der Bundespräsident zunächst mit der Unterzeichnung der Ratifikationsurkunde abgewartet hatte, bis das Bundesverfassungsgericht über die bei ihm anhängigen Verfahren gegen das innerstaatliche Vertragsgesetz[13] sowie die Begleitgesetze[14] entschieden hatte. In seinem Lissabon-Urteil vom 30. Juni 2009[15] hat das Bundesverfassungsgericht das deutsche Vertragsgesetz zum Reformvertrag und damit inzident auch den Lissabonner Vertrag als verfassungsgemäß eingestuft. Das sogenannte Ausweitungsgesetz[16] ist hingegen für verfassungswidrig erklärt worden, da die Beteiligungsrechte des Bundestages und des Bundesrates dem Bundesverfassungsgericht nicht ausreichend erschienen[17]. Mit dem neuen Integrationsverantwortungsgesetz[18] ist dieser Mangel umgehend behoben worden. Nachdem nunmehr im November 2009 auch in Tschechien das Ratifikationsverfahren abgeschlossen ist, kann der Vertrag von Lissabon am 1. Dezember 2009 in Kraft treten.

11 S. dazu u. 3. d).

12 Europäischer Rat v. 11./12.12.2008, Schlussfolgerungen des Vorsitzes, Dok. 17271/1/08 REV 1 CONCL 5, Ziff. 4.

13 Gesetz zum Vertrag von Lissabon v. 8.10.2008, BGBl. 2008 II S. 1038.

14 Gesetz zur Änderung des Grundgesetzes (Art. 23, 45 und 93) v. 8.10.2008, BGBl. 2008 I S. 1926 sowie Gesetz über die Ausweitung und Stärkung der Rechte des Bundestages und des Bundesrates in Angelegenheiten der Europäischen Union (Ausweitungsgesetz), BT-Drs. 16/13926.

15 BVerfG, Urt. v. 30.6.2009 – 2 BvE 2/08 u.a., NJW 2009, S. 2267 ff. – Lissabon.

16 Vgl. Fn. 14.

17 Dazu *E. Pache*, Das Ende der europäischen Integration? Das Urteil des Bundesverfassungsgerichts zum Vertrag von Lissabon, zur Zukunft Europas und der Demokratie, EuGRZ 2009, S. 285 (294); *C. D. Classen*, Legitime Stärkung des Bundestages oder verfassungsrechtliches Prokrustesbett? Zum Urteil des BVerfG zum Vertrag von Lissabon, JZ 2009, S. 881 (883 ff.).

18 Gesetz über die Wahrnehmung der Integrationsverantwortung des Bundestages und des Bundesrates in Angelegenheiten der Europäischen Union (Integrationsverantwortungsgesetz) v. 22.9.2009, BGBl. 2009 I S. 3022.

3. Eckpunkte des Vertrags von Lissabon

a) Die Aufgabe des formellen Verfassungskonzepts

Das Scheitern des Verfassungsvertrags ist nicht zuletzt darauf zurückzuführen, dass in Teilen der Bevölkerung einiger Mitgliedstaaten Befürchtungen bestanden, die Europäische Union werde sich mit einer Verfassung, mit der Betonung eigener Symbole, mit einem eigenen Außenminister und mit als Gesetzen bezeichneten Rechtsakten zu einem zentralistischen und quasi-staatlichen Gebilde entwickeln. Daher wurde dieses formelle Verfassungskonzept im Vertrag von Lissabon aufgegeben. Auch die Streichung der noch im Verfassungsvertrag vorhandenen ausdrücklichen Bestimmung über den Vorrang des Unionsrechts vor innerstaatlichem Recht zielt in die gleiche Richtung. Der Vertrag von Lissabon rückt jedoch vielfach nur formal von der staatsähnlichen Terminologie des Verfassungsvertrags ab. Materiell wird dessen Substanz weitgehend in den Vertrag von Lissabon hinübergerettet[19].

Eine der augenfälligsten Neuerungen des Vertrags über eine Verfassung für Europa sollte die primärrechtliche Verankerung von Symbolen der Europäischen Union sein. Art. I–8 EVV hatte Regelungen über die Flagge der Europäischen Union, ihre Hymne, ihren Leitspruch („In Vielfalt geeint."), den Euro sowie über den Europatag am 9. Mai enthalten. Von einer solchen Regelung rückt der Vertrag von Lissabon bewusst ab[20]. Es bleibt allerdings wie bislang bei der sekundärrechtlichen Regelung der Symbole der Europäischen Union. Sechzehn der 27 Mitgliedstaaten der Europäischen Union, darunter auch Deutschland, haben zudem in einer dem Vertrag von Lissabon beigefügten Erklärung deutlich gemacht, dass die Flagge, die Hymne, der Leitspruch, der Euro und der Europatag für sie auch künftig als Symbole die Zusammengehörigkeit der Menschen in der Europäischen Union und ihre Verbundenheit mit dieser zum Ausdruck bringen[21].

b) Das neue primäre Unionsrecht

Mit dem „Vertrag von Lissabon zur Änderung des Vertrags über die Europäische Union und des Vertrags zur Gründung der Europäischen Gemeinschaft" werden die bislang bestehenden Verträge – anders als noch im Verfassungsvertrag vorgesehen – nicht in einem einzigen Dokument zusammengefasst. Während der EU-Vertrag zwar grundlegend neu strukturiert wird, bleibt die Grundstruktur des EG-Vertrags im Wesentlichen erhalten; er wird jedoch in „Vertrag über die Arbeitsweise der Euro-

19 *H.-J. Rabe*, Zur Metamorphose des Europäischen Verfassungsvertrags, NJW 2007, S. 3153 (3153, 3157).

20 Dazu *Th. S. Richter*, Die EU-Verfassung ist tot, es lebe der Reformvertrag!, EuZW 2007, S. 631 (632).

21 ABl. 2007 Nr. C 306/265.

päischen Union" (AEUV) umbenannt[22]. Nach Art. 3 EUV / Lissabon und Art. 1 Abs. 1 AEUV sollen der EU-Vertrag und der AEU-Vertrag künftig rechtlich gleichrangig die Grundlagen der Europäischen Union bilden. Die Charta der Grundrechte der Europäischen Union wird – nicht wie im Verfassungsvertrag noch geregelt[23] – in die Verträge inkorporiert, sondern rechtlich gleichrangig neben die die Union begründenden Verträge gestellt[24]. Diese Ausgliederung aus den Verträgen erfolgte zum einen um Anklänge an einen Verfassungstext zu vermeiden, zum anderen aufgrund von Vorbehalten einiger Mitgliedstaaten[25], vor allem Polens und Großbritanniens[26]. Die Europäische Atomgemeinschaft bleibt neben der neuen Europäischen Union als eigenständige supranationale Gemeinschaft erhalten. Das dem Vertrag von Lissabon beigefügte Protokoll zur Änderung des Vertrags zur Gründung der Europäischen Atomgemeinschaft[27] sieht eine Anpassung zahlreicher EAG-Vertragsbestimmungen an das neue Unionsrecht vor.

c) Die Neugründung einer rechtsfähigen Europäischen Union

Der Vertrag von Lissabon sieht vor, dass die Europäische Union als Rechtsnachfolgerin an die Stelle der bisherigen und damit aufgelösten Europäischen Gemeinschaft tritt[28]. Der Reformvertrag nimmt damit – wie bereits der gescheiterte Verfassungsvertrag – die *Neugründung der Europäischen Union* vor. Die neu verfasste Europäische Union soll nunmehr über eine *eigene Rechtspersönlichkeit* verfügen[29]. Die innerstaatliche Rechts- und Geschäftsfähigkeit der Europäischen Union wird in Art. 335 AEUV geregelt.

d) Institutionelle Neuerungen

Von den zahlreichen institutionellen Änderungen durch den Vertrag von Lissabon seien nur folgende hervorgehoben: Der *Europäische Rat* wird ebenso wie die Europäische Zentralbank in den Kreis der Organe der Europäischen Union

22 Art. 2 Nr. 1 des Vertrags von Lissabon.
23 Vgl. Art. I–9 Abs. 1 und Art. II–61 bis Art. II–114 EVV.
24 Vgl. Art. 6 Abs. 1 UAbs. 1, 2. Halbsatz EUV / Lissabon.
25 Vgl. *E. Pache / F. Rösch*, Der Vertrag von Lissabon, NVwZ 2008, S. 473 (474); *A. Hatje / A. Kindt*, Der Vertrag von Lissabon – Europa endlich in guter Verfassung?, NJW 2008, S. 1761 (1766 f.).
26 Vgl. dazu auch das Protokoll über die Anwendung der Charta der Grundrechte der Europäischen Union auf Polen und das Vereinigte Königreich, ABl. 2007 Nr. C 306/154; siehe dazu *A. Haratsch / Ch. Koenig / M. Pechstein*, Europarecht, 6. Aufl. 2009, Rn. 62a.
27 ABl. 2007 Nr. C 306/197.
28 Art. 1 Abs. 3 Satz 3, Art. 47 EUV / Lissabon.
29 Art. 47 EUV / Lissabon.

aufgenommen[30]. Der Europäische Rat soll sich künftig nicht mehr allein aus den Staats- und Regierungschefs der Mitgliedstaaten und dem Präsidenten der Kommission zusammensetzen. Er wird um einen *hauptamtlichen Präsidenten* ergänzt, der für zweieinhalb Jahre gewählt wird und kein einzelstaatliches Amt ausüben darf[31].

Die Stellung des *Europäischen Parlaments* im institutionellen Gefüge der Union wird weiter gestärkt. Künftig soll ihm das Recht zustehen, den Präsidenten der Kommission zu wählen[32]. Das Parlament soll sich künftig nicht mehr wie bislang aus Vertretern der Völker der in der Gemeinschaft zusammengeschlossenen Staaten, sondern aus höchstens 751 Vertretern der Unionsbürgerinnen und Unionsbürger zusammensetzen[33], wodurch eine unmittelbare, nicht mehr über die Mitgliedstaaten und ihre Völker vermittelte, demokratische Legitimation der Union betont werden soll. Die Sitzverteilung des Parlaments wird nach Inkrafttreten des Vertrags von Lissabon gemäß dem Grundsatz der degressiven Proportionalität durch Beschluss des Europäischen Rates festgelegt, der der Zustimmung des Europäischen Parlaments bedarf[34]. Jeder Mitgliedstaat muss künftig im Europäischen Parlament über mindestens sechs Sitze verfügen; kein Mitgliedstaat darf mehr als 96 Sitze erhalten[35]. Dadurch wird sich die Zahl der in Deutschland zu wählenden Abgeordneten um drei verringern. Tritt der Vertrag von Lissabon jedoch erst nach den Wahlen zum Europäischen Parlament vom Juni 2009 in Kraft, wird das Parlament zunächst noch gemäß den Bestimmungen des derzeitigen EG-Vertrags zusammengesetzt sein[36]. In diesem Fall sollen so früh wie möglich Übergangsmaßnahmen getroffen werden, um bis zum Ende der Legislaturperiode 2009 – 2014 die Erhöhung der Zahl der Abgeordneten der zwölf Mitgliedstaaten vorzunehmen, die nach dem Vertrag von Lissabon vorgesehen ist. Eine Absenkung der deutschen Abgeordnetenzahl von 99 auf 96 soll jedoch nicht vorgenommen werden. Die Gesamtzahl der Abgeordneten des Europäischen Parlaments wird somit bis zum Ende der Legislaturperiode 2009 – 2014 auf 754 steigen[37].

30 Art. 13 Abs. 1 EUV / Lissabon.

31 Art. 15 Abs. 2 Satz 1, Abs. 5, Abs. 6 UAbs. 3 EUV / Lissabon.

32 Art. 14 Abs. 1 Satz 3 EUV / Lissabon.

33 Art. 14 Abs. 2 UAbs. 1 Satz 2 EUV / Lissabon.

34 Art. 14 Abs. 2 UAbs. 1 Satz 3 u. Abs. 2 UAbs. 2 EUV / Lissabon.

35 Art. 14 Abs. 2 UAbs. 1 Satz 3 u. 4 EUV / Lissabon.

36 Dazu im Einzelnen *Haratsch / Koenig / Pechstein* (Fn. 26), Rn. 247a.

37 Vgl. die Erklärung des Europäischen Rates zum Vertrag von Lissabon über Übergangsmaßnahmen betreffend die Zusammensetzung des Europäischen Parlaments, Schlussfolgerungen des Vorsitzes des Europäischen Rates v. 11./12.12.2008, Dok. 17271/1/08 REV 1 CONCL 5, Anlage 1, S. 14.

Hinsichtlich des *Rates* schafft der Vertrag von Lissabon, wie bereits im Verfassungsvertrag vorgesehen[38], mit dem *Rat „Allgemeine Angelegenheiten"* sowie dem *Rat „Auswärtige Angelegenheiten"* verschiedene Ratsformationen[39]. Weitere Ratsformationen können durch Beschluss des Europäischen Rates festgelegt werden[40]. Wie bereits bei den Verhandlungen über den endgültigen Text des Verfassungsvertrages war auch bei den Verhandlungen über den Vertrag von Lissabon der politisch am heftigsten umstrittene Punkt in der Regierungskonferenz die *Definition der qualifizierten und doppelt qualifizierten Mehrheit* bei Abstimmungen im Rat[41]. Dabei konnte sich der von Polen mit großem Nachdruck vertretene Vorschlag, die Stimmenzahlen im Rat entsprechend den Quadratwurzeln der Bevölkerungszahlen der Mitgliedstaaten zu bestimmen, nicht durchsetzen. Letztlich einigte man sich auf eine Kompromissformel, die hochkomplex und unübersichtlich geraten ist[42].

Auch die *Kommission* soll durch den Vertrag von Lissabon Änderungen unterworfen werden. Die Zahl der Kommissare soll zunächst der Zahl der Mitgliedstaaten entsprechen, jedoch ab dem 1. November 2014 auf zwei Drittel der Zahl der Mitgliedstaaten abgesenkt werden. Die Kommissionsmitglieder sollen in einem System der gleichberechtigten Rotation zwischen den Mitgliedstaaten ausgewählt werden[43]. Der Europäische Rat kann einstimmig jedoch eine Änderung der Zahl der Kommissare beschließen[44]. Der Europäische Rat vom 11./12. Dezember 2008 ist bereits übereingekommen, dass er nach Inkrafttreten des Vertrags von Lissabon einen Beschluss fassen wird, wonach weiterhin ein Staatsangehöriger jedes Mitgliedstaats der Kommission angehören wird[45]. Damit sollen die Chancen auf einen positiven Ausgang eines zweiten Referendums in Irland über den Vertrag von Lissabon im Herbst 2009 erhöht werden, da so sichergestellt werden soll, dass Irland auch künftig einen Kommissar stellen kann.

Eine wesentliche institutionelle Änderung des Verfassungsvertrags sollte die Einführung des Amtes eines *Außenministers der Europäischen Union* in Art. I–28 EVV sein. Er sollte als Vizepräsident der Kommission dort mit dem Bereich der Außenbeziehungen und der Koordinierung des auswärtigen Handelns betraut sein und

38 Vgl. Art. I–24 Abs. 2, 3 u. 4 EVV.
39 Art. 16 Abs. 6 EUV / Lissabon.
40 Art. 16 Abs. 6 UAbs. 1 EUV / Lissabon.
41 Vgl. *Richter* (Fn. 20), EuZW 2007, S. 631 (632).
42 Vgl. zu den Einzelheiten *Haratsch / Koenig / Pechstein* (Fn. 26), Rn. 48a ff.; *A. Weber*, Vom Verfassungsvertrag zum Vertrag von Lissabon, EuZW 2008, S. 7 (9 f.).
43 Art. 17 Abs. 5 UAbs. 2 EUV / Lissabon; Art. 244 AEUV.
44 Art. 17 Abs. 5 UAbs. 1 EUV / Lissabon.
45 Europäischer Rat v. 11./12.12.2008, Schlussfolgerungen des Vorsitzes, Dok. 17271/1/08 REV 1 CONCL 5, Ziff. 2.

gleichzeitig den Vorsitz im Rat „Auswärtige Angelegenheiten“ führen (sog. „Doppelhut). Diese Doppelfunktion ist in den Vertrag von Lissabon übernommen worden[46]. Verabschiedet hat man sich jedoch von der Bezeichnung „Außenminister“, da sie eine Quasi-Staatlichkeit der Europäischen Union suggerieren könnte[47]. Man belässt es nun bei der Bezeichnung als „Hoher Vertreter der Union für die Gemeinsame Außen- und Sicherheitspolitik“.

e) Die Rechtsakte der Europäischen Union

Der Vertrag über eine Verfassung für Europa hatte versucht, das System der sekundären Rechtsaktformen zu reformieren. Die bisherigen Formen der Verordnung, Richtlinie und Entscheidung[48] sollten durch andere Kategorien ersetzt werden. Unterschieden werden sollten *Europäische Gesetze*, *Europäische Rahmengesetze* (Gesetzgebungsakte), *Europäische Verordnungen*, *Europäische Beschlüsse* (Rechtsakte ohne Gesetzescharakter) sowie *Empfehlungen* und *Stellungnahmen* (unverbindliche Rechtsakte)[49]. Im Bestreben, staatsrechtliche Anklänge im Unionsrecht zu vermeiden, wird diese umfassende Reform im Vertrag von Lissabon fallengelassen[50]. Der Reformvertrag belässt es bei den bekannten Rechtsaktformen der Verordnung, der Richtlinie, der Empfehlung und der Stellungnahme. Allein die bisherige Rechtsaktform der Entscheidung wird in „Beschluss“ umbenannt[51].

f) Die verstärkte Einbeziehung der nationalen Parlamente

Der Vertrag von Lissabon unternimmt den Versuch, die demokratischen Grundlagen der Europäischen Union zu stärken. Dezidierter als der Verfassungsvertrag bezieht er künftig die nationalen Parlamente in die Willensbildung auf Unionsebene ein. So sollen den mitgliedstaatlichen Parlamenten künftig die Entwürfe von Gesetzgebungsakten der Union zugeleitet werden[52]. Zudem schafft der Reformvertrag ein Kontrollverfahren, welches es den nationalen Parlamenten ermöglicht, die Unvereinbarkeit eines vorgeschlagenen Gesetzgebungsakts der Union mit dem Subsidiaritätsprinzip geltend zu machen. Die *Subsidiaritätsrüge* erfolgt mittels einer begründeten Stellungnahme innerhalb von acht Wochen nach Übermittlung des

46 Art. 18 Abs. 2 und Abs. 3 EUV / Lissabon.

47 *Hatje / Kindt* (Fn. 25), NJW 2008, S. 1761 (1764); *Streinz / Ohler / Herrmann* (Fn. 9), S. 56.

48 Vgl. Art. 249 EGV.

49 Art. I–33 EVV.

50 *Streinz / Ohler / Herrmann* (Fn. 9), S. 31; *Weber* (Fn. 42), EuZW 2008, S. 7 (12).

51 Art. 288 AEUV.

52 Art. 12 lit. a EUV / Lissabon i.V.m. dem Protokoll über die Rolle der nationalen Parlamente in der Europäischen Union, ABl. 2007 Nr. C 306/146.

Gesetzgebungsvorschlags[53]. Erreicht die Anzahl begründeter Stellungnahmen im ordentlichen Gesetzgebungsverfahren mindestens die einfache Mehrheit der den nationalen Parlamenten zustehenden Stimmen, muss der Gesetzgebungsvorschlag von der Kommission erneut auf seine Vereinbarkeit mit dem Subsidiaritätsprinzip geprüft werden. Hält sie an ihrem Vorschlag fest, hat sie dies zu begründen. Sind im Rat 55 % seiner Mitglieder oder im Europäischen Parlament die einfache Mehrheit der Abgeordneten gleichwohl der Ansicht, dass der Vorschlag nicht mit dem Subsidiaritätsprinzip im Einklang steht, ist der Gesetzgebungsvorschlag gescheitert[54].

Neben der Subsidiaritätsrüge im Gesetzgebungsverfahren besteht für die nationalen Parlamente darüber hinaus auch die Möglichkeit, eine *Subsidiaritätsklage* in Form einer Nichtigkeitsklage gemäß Art. 263 AEUV durch ihren Mitgliedstaat zu erzwingen[55]. Die Möglichkeit der Subsidiaritätsnichtigkeitsklage wird auch dem Ausschuss der Regionen eingeräumt, aber nur gegen Gesetzgebungsakte, bei deren Erlass seine Anhörung vertraglich vorgeschrieben ist[56].

4. Fazit

Die Neukonzeption der vertraglichen Grundlagen der Europäischen Union durch den Lissabonner Vertrag stößt auf geteiltes Echo. Während der Reformvertrag von manchen als ein kaum lesbares, „unübersichtliches Mixtum compositum“ bezeichnet wird[57], sprechen andere von einer „Schönheit auf den zweiten Blick“[58]. Einig sind sich aber alle Kommentatoren, dass der Vertrag von Lissabon die Substanz des Verfassungsvertrags in die bisherigen Verträge überführt und man daher mit Fug und Recht von einer materiellen Verfassung der Europäischen Union sprechen kann. Allein die Diktion wird vermieden, um etwaigen Kritikern und Bedenkenträgern den Wind aus den Segeln zu nehmen. Sicher ist auch, dass die Reformen im Vertrag von Lissabon dringend erforderlich sind, um die Entscheidungsstrukturen in der Union an die gestiegene Zahl von Mitgliedstaaten anzupassen. Mehr als nur ein Schönheitsfehler sind dabei freilich die aufgrund ihres Kompromisscharakters hyperkomplexen Regelungen über das Erreichen einer qualifizierten Mehrheit bei Abstimmungen im Rat. Ob über die gleichwohl zu erwartende Effizienzsteigerung hinaus

53 Art. 12 lit. b EUV / Lissabon i.V.m. Art. 6 des Protokolls über die Anwendung der Grundsätze der Subsidiarität und der Verhältnismäßigkeit, ABl. 2007 Nr. C 306/148.

54 Art. 7 Abs. 3 UAbs. 2 des Protokolls über die Anwendung der Grundsätze der Subsidiarität und der Verhältnismäßigkeit (Fn. 53).

55 Art. 8 Abs. 1 des Protokolls über die Anwendung der Grundsätze der Subsidiarität und der Verhältnismäßigkeit (Fn. 53).

56 Art. 8 Abs. 2 des Protokolls über die Anwendung der Grundsätze der Subsidiarität und der Verhältnismäßigkeit (Fn. 53).

57 *Oppermann* (Fn. 3), DVBl. 2008, S. 473 (476).

58 *Richter* (Fn. 20), EuZW 2007, S. 631 (633).

auch die Ziele der wesentlich erhöhten Transparenz und einer deutlichen Stärkung der demokratischen Legitimation der Europäischen Union verwirklicht werden, mag man bezweifeln. Dennoch ist dem Vertrag von Lissabon zu wünschen, dass er rasch in Kraft treten kann.

Grundlegende und vertiefende Literatur

Classen, Claus-Dieter:
Legitime Stärkung des Bundestages oder verfassungsrechtliches Prokrustesbett? Zum Urteil des BVerfG zum Vertrag von Lissabon, JZ 2009, S. 881 ff.

Fischer, Klemens H.:
Der Vertrag von Lissabon. Text und Kommentar zum europäischen Reformvertrag, Baden-Baden 2008.

Hatje, Armin / Kindt, Anne:
Der Vertrag von Lissabon – Europa endlich in guter Verfassung?, NJW 2008, S. 1761 ff.

Lindner, Josef Franz:
Der Vertrag von Lissabon zur Reform der Europäischen Union, BayVBl. 2008, S. 421 ff.

Oppermann, Thomas:
Die Europäische Union von Lissabon, DVBl. 2008, S. 473 ff.

Pache, Eckhard:
Das Ende der europäischen Integration? Das Urteil des Bundesverfassungsgerichts zum Vertrag von Lissabon, zur Zukunft Europas und der Demokratie, EuGRZ 2009, S. 285 ff.

ders. / Rösch, Franziska:
Der Vertrag von Lissabon, NVwZ 2008, S. 473 ff.

Rabe, Hans-Jürgen:
Zur Metamorphose des Europäischen Verfassungsvertrags, NJW 2007, S. 3153 ff.

Streinz, Rudolf / Ohler, Christoph / Herrmann, Christoph:
Der Vertrag von Lissabon zur Reform der EU. Einführung mit Synopse, 2. Aufl., München 2008.

Weber, Albrecht:
Vom Verfassungsvertrag zum Vertrag von Lissabon, EuZW 2008, S. 7 ff.

Klaus Hänsch

C. Verfassungspolitische Leitvorstellungen

Der Europäische Rat hatte dem *„Konvent für die Zukunft Europas"* den Auftrag erteilt, Vorschläge zur Stärkung der Handlungsfähigkeit der Union nach innen und außen, zur Verbreiterung der demokratischen Legitimation ihrer Politik und zur Verbesserung der Transparenz ihrer Entscheidungsvorgänge auszuarbeiten. Diese Triade hat die Arbeit des Konvents bestimmt und den Entwurf des Vertrages über eine Verfassung für Europa geprägt. Zum allein gültigen Maßstab für die Bewertung gemacht, verleitet sie allerdings zu einer unangemessen verkürzten, gleichsam „verfassungstechnischen" Interpretation des Vertrages. Das Präsidium des Konvents hat zwischen dem Februar 2002 und dem Juni 2003 intensiv und zum Teil ausführlich historische und aktuelle politische Überlegungen in die Beratung einiger grundlegender verfassungspolitischer Weichenstellungen einfließen lassen. Aus der Essenz der Erörterungen zieht dieser Beitrag seine Darlegungen, Erläuterungen und Einschätzungen.[1]

I. Finalität

Weder der Konvent, der den Verfassungsvertrag entworfen, noch die Regierungskonferenz, die ihn beschlossen hat, tagten in einer revolutionären Situation. Es ging mithin nicht um einen in Rechtsform gegossenen neuen Gesellschaftsentwurf. Es ging auch nicht um eine Staatsgründung. Sie wäre auf den Widerstand aller Mitgliedstaaten gestoßen und ist im übrigen wegen der in der erweiterten Union größer gewordenen *Heterogenität* der historischen Erfahrungen und kulturellen Traditionen, der Vielfalt der Sprachen und der Verschiedenheit gesellschaftlicher Leitvorstellungen auch nicht vorstellbar. Der Nationalstaat des späten neunzehnten und frühen zwanzigsten Jahrhunderts konnte nicht und sollte auch nicht auf die europäische Ebene transponiert werden, auch nicht in der Form eines europäischen Bundesstaates.

Eine „Verfassung" in ihrer herkömmlich auf den Staat beschränkten Begrifflichkeit konnte und sollte nicht geschaffen werden. Wie schon die geltenden europäischen Verträge weist der *„Vertrag über eine Verfassung für Europa"*, kurz: „Verfassungs-

1 Zur Arbeitsweise des Konventspräsidiums: *K. Hänsch,* Der Konvent – unkonventionell. integration 4/03, S. 331ff.

vertrag", mit der Aufteilung der Hoheitsgewalt zwischen den Mitgliedstaaten und der Union, den Schranken für ihre Ausübung und der Organisation der Entscheidungsverfahren der Union, materiell alle wesentlichen Strukturmerkmale einer Verfassung auf: Er legitimiert und limitiert politische Macht.

Die Frage, ob ein Gebilde wie die Europäische Union ohne europäisches „Staatsvolk" und mit lediglich abgeleiteter Hoheitsgewalt überhaupt „verfassungsfähig" ist, hat die Debatten zu keiner Zeit beschwert. Eine Rolle hat dagegen die Frage gespielt, ob ein internationaler Vertrag „Verfassung" genannt werden kann und soll. Im Präsidium, wie übrigens auch im Konvent, gab es eine kleine Minderheit, die das Wort „Verfassung" vermeiden wollte. Sie hatte, nachdem die britische Regierung im August 2002 ihren Widerstand gegen diese Bezeichnung im Titel des Vertrages aufgegeben hatte, keine Chance mehr, sich mit ihrer Vorsicht durchzusetzen. Tatsächlich sollte nach dem zwölfjährigen Reformstakkato (mit den Verträgen von Maastricht, Amsterdam und Nizza sowie den Vertragsanpassungen durch die Beitritte von 1995 und 2004) „lediglich" ein überschaubarer und dauerhafter Rechtsrahmen für die Konsolidierung der Union geschaffen werden, der die *„Finalität"* ihrer Entwicklung erkennen läßt.

Der Vertrag über eine Verfassung für Europa besiegelt das Ende der bundesstaatlichen Teleologie der Einigung Europas. Das alte Ziel, eine „immer engere Union" zu schaffen, wurde nicht mehr in den Verfassungsvertrag aufgenommen. Die Präambel spricht stattdessen vom „nunmehr geeinten Europa" und davon, daß die Völker Europas „immer enger vereint ihr Schicksal gemeinsam gestalten" – durch die Union des Verfassungsvertrages also. Damit ist zwar nicht ausgeschlossen, daß die Union sich bundesstaatlichen Strukturen weiter annähert, aber weitere Integration ist jedenfalls kein Verfassungsauftrag mehr.

Der Verfassungsvertrag konstituiert eine Union der Bürger und der Staaten (Art. I–1 EVV). Damit bestätigt und bekräftigt er ihren Charakter als rechtliche und politische Organisation *„sui generis"*, in der sowohl konföderale Elemente mit intergouvernementalen als auch föderale Elemente mit vergemeinschafteten Entscheidungsverfahren gleichermaßen konstitutiv sind. Das konföderale Element ist weder „Durchlauferhitzer" zum, noch „Abirrung" von einem föderalen Ziel der europäischen Integration. Der vergemeinschaftete Bereich ist nicht die „eigentliche" Union, die intergouvernementale Zusammenarbeit nicht Ausdruck „nationaler Egoismen". Nur im Zusammenspiel der vergemeinschafteten und der intergouvernementalen Elemente des Verfassungsvertrages ist die Union funktionsfähig.

Der Verfassungsvertrag erweitert die Pflichten der Mitgliedstaaten im Verhältnis zueinander – insbesondere zur Solidarität und zum Beistand bei bewaffneten Angriffen, Terroranschlägen und Naturkatastrophen. Und er transformiert, entsprechend der Rechtssprechung des Europäischen Gerichtshofs, die bisher einseitige Pflicht der

Mitgliedstaaten zur Gemeinschaftstreue zur wechselseitigen Treuepflicht für Union und Mitgliedstaaten nach den Grundsätzen des gegenseitigen Respekts und der umfassenden loyalen Zusammenarbeit (Art. I–5 EVV).

Auf der anderen Seite ist deutlicher als in den geltenden Verträgen erkennbar, daß die Freiheit der Mitgliedstaaten auch bei der Ausübung ihrer eigenen Kompetenzen begrenzt ist. Der Verfassungsvertrag überträgt der Union die Koordinierung der seinen Zielen dienenden Politik der Mitgliedstaaten (Art. I–1 EVV). Er orientiert auch nationalstaatliches Handeln auf das Erreichen gemeinsamer Ziele. Darüber hinaus geben die Ziel-Artikel (insbesondere Art. I–3 EVV) und die horizontalen Klauseln (Art. III–116 bis 122 EVV) nicht nur der Politik der Union, sondern auch der der Mitgliedstaaten eine bestimmte Ausrichtung vor. So verpflichtet der Verfassungsvertrag die Mitgliedstaaten, sich auf Große Wirtschaftspolitische Leitlinien zu einigen und sich an sie zu halten. Jeder einzelne von ihnen ist wie die Union auf die Grundsätze „stabile Preise, gesunde öffentliche Finanzen und monetäre Rahmenbedingungen sowie eine dauerhaft finanzierbare Zahlungsbilanz" festgelegt (Art. III–177, 3 EVV). Ferner eröffnet Artikel I–17 EVV ein weiteres Feld für die Koordinierung durch die Union.

Die *Kompetenz-Kompetenz* in der Europäischen Union bleibt allerdings, anders als in einem Bundesstaat, allein bei den Mitgliedstaaten. Sie, und nur sie, übertragen einzelne ihrer Zuständigkeiten auf die Union. Eigene darf sie nicht generieren. So sind in einer Union der Staaten Mehrheitsentscheidungen über ihre Grundordnung ausgeschlossen. Deshalb ist es dabei geblieben, daß die Mitgliedstaaten Änderungen am Verfassungsvertrag nur einstimmig beschließen können. Eine Abkehr vom Prinzip der Einstimmigkeit bei Vertragsänderungen hätte in einer Reihe von Mitgliedstaaten beachtliche verfassungsrechtliche Probleme aufgeworfen. Für Deutschland enthält die Entscheidung des Bundesverfassungsgerichts zum Vertrag von Maastricht eine deutliche Warnung.

Bestrebungen im Konvent, das Erfordernis der Einstimmigkeit auf Beschlüsse über weitere *Souveränitätsübertragungen* zu beschränken, hat das Präsidium verworfen. Schon nach einer kurzen Prüfung war klar, daß zwischen lediglich institutionell-organisatorischen Vertragsänderungen und solchen, durch die Souveränitätsrechte direkt oder indirekt übertragen werden, mit hinreichender Klarheit und Rechtssicherheit nicht zu unterscheiden ist.

Der Gefahr, daß die Union zur Anpassung an neue Entwicklungen unfähig werden und an der Starrheit ihrer Grundlagen zerbrechen könnte, sucht der Verfassungsvertrag durch „vereinfachte Änderungsverfahren" zu begegnen. So kann der Europäische Rat in einigen Grenzfällen, zum Beispiel für den Übergang von der Einstimmigkeit zur Mehrheitsentscheidung oder vom besonderen zum normalen Gesetzgebungsverfahren (Art. IV–444 EVV) oder für die Einsetzung der Europäischen

Staatsanwaltschaft bzw. bei der Erweiterung der Justiziellen Zusammenarbeit in Strafsachen (Art. III–274,1 und 271,1 EVV) den Vertrag einstimmig ändern, ohne daß dieser Beschluß in den Mitgliedstaaten ratifiziert werden muß. Da dieser Beschluß einstimmig gefaßt werden muß, behalten sie ein Vetorecht gegen das Beschreiten dieser „passerelles", die auch „passerelles" zwischen der föderalen und der konföderalen Natur der Union sind.

Wie alle Verfassungen wird auch der EU-Verfassungsvertrag im Laufe der Zeit geändert werden. Zweifellos werden sich früher oder später eine Reihe von Unzulänglichkeiten und ad-hoc-Kompromissen, die er enthält, als korrekturbedürftig erweisen. Auch werden politische Verschiebungen oder gesellschaftliche Entwicklungen in Europa Änderungen an der Verfassung nötig machen. Aber Struktur und Substanz werden für einen längeren Zeitraum Bestand haben.

Nach den Schwierigkeiten bei der Ratifizierung werden die Mitgliedstaaten einen neuen grundlegenden Reformprozeß so bald nicht mehr beginnen. Zudem kann auf wachsenden Integrationsbedarf mit dem Instrument der verstärkten Zusammenarbeit im Rahmen der Verfassung flexibel reagiert werden. Der Verfassungsvertrag birgt jedoch im Vergleich zu internationalen Verträgen, also auch zu den geltenden EU-Verträgen, ein größeres Potential an Offenheit und Flexibilität. Darin ist er mehr „Verfassung" als „Vertrag".

II. Gleichgewichte

Der Verfassungsvertrag soll dafür sorgen, daß die EU die Aufnahme von zehn neuen Staaten – alle, bis auf Polen, von kleinerer bis mittlerer Größe – institutionell und politisch verkraftet. Das erfordert eine Verbreiterung der demokratischen Legitimation ihrer Entscheidungen und die Stärkung aller ihrer Institutionen. Das wiederum machte eine Neujustierung des institutionellen und des machtpolitischen Gleichgewichts der Union notwendig.

1. Zwischen den Staaten

Die dem Verfassungsvertrag zugrunde liegende konstitutive Gleichwertigkeit der beiden Legitimationsträger „Bürger" und „Staaten" wirft ein grundlegendes Problem auf: Nach dem Staats- und Völkerrechtsprinzip sind alle Staaten, nach dem Demokratieprinzip sind alle Bürger in der Union gleich. Die Gleichheit der Staaten und die Gleichheit der Bürger miteinander zu verbinden, hieße, sowohl das eine wie das andere Prinzip zu relativieren.

Die *Gleichheit der Staaten* ist rechtliche Fiktion, nicht politische Realität. Daß „die Union die Gleichheit der Mitgliedstaaten vor der Verfassung“ (Art. I–5 EVV) achtet, ändert daran nichts. Rechtlich sind in der Europäischen Union alle Staaten gleich, politisch sind sie es nicht. Sie waren es nie und werden es auch künftig nicht sein. Die Unterschiede ihrer Größe, Demographie, wirtschaftlicher Leistungskraft, geographischen Lage geben ihnen ein unterschiedliches politisches Gewicht.

Wo keine Gleichheit herrscht, muß Gleichgewicht hergestellt werden. Das ist ein Grundzug der europäischen Geschichte seit dem Mittelalter. Es ist auch ein *Kernelement* des Vertrages über eine Verfassung für Europa. Das alte Europa souveräner Staaten wollte das Gleichgewicht immer wieder erzwingen auf dem Feld der Diplomatie durch Achsen und Allianzen und auf den Schlachtfeldern durch Blut und Eisen. Das neue Europa der Union will es durch gleiche Partizipation aller Staaten und eine als gerecht angesehene Gewichtung eines jeden von ihnen in gemeinsamen Institutionen ermitteln. An die Stelle der alten „balance of powers“ treten die neue „balance of institutions“ und die „balance of legitimations“.

Das Gleichgewicht zwischen den drei großen und den drei kleinen Gründerstaaten ließ sich am Beginn des europäischen Einigungsprozesses noch verhältnismäßig leicht herstellen. Damals galt weitgehend noch das Prinzip einstimmiger Entscheidungen, demzufolge große und kleine Staaten ohnehin das gleiche Gewicht haben. Und bei der Gewichtung der Stimmen im Rat wie bei der Zahl der Mandate im Parlament akzeptierte Deutschland trotz seiner damals 61 Millionen Einwohner die Gewichtsgleichheit mit den 55 Millionen Frankreichs bzw. Italiens.

Die Erweiterungen zwischen 1973 und 1995 von sechs auf 15 Mitgliedstaaten, der schrittweise Übergang zu Mehrheitsentscheidungen im Rat durch die Verträge von Maastricht, Amsterdam und Nizza sowie die mit der Wiedervereinigung stark gewachsenen Bevölkerungszahl Deutschlands hatten dieses Gleichgewicht schon erheblich beeinträchtigt. Mit der Erweiterung von 2004 auf 25 Mitgliedstaaten war es durch bloße Fortschreibung der bisher geltenden Gewichtungen nicht mehr zu halten. Es neu zu justieren gehörte bis zuletzt und in die Regierungskonferenz hinein zu den umstrittensten Grundentscheidungen des Verfassungsvertrages.

Die 19 „kleinen“ Staaten mit nur etwa einem Viertel der EU-Bevölkerung hätten gegenüber den sechs „großen“ mit drei Vierteln der Bevölkerung im Rat eine deutliche Mehrheit. Mit den bisher geltenden Gewichtungen im Rat wären Entscheidungen möglich geworden, die zwar eine qualifizierte Mehrheit der Staaten, aber nicht der von ihnen vertretenen Bürger versammelte. Ein solches Ungleichgewicht zu Lasten der Bürger der größeren Mitgliedstaaten ist in einer Union, in der nicht nur das Parlament, sondern auch der Rat verbindliches Recht für alle Bürger setzt, auf die Dauer nicht hinnehmbar.

Dabei ging es weniger darum, Dominationsängste zu mildern – hier vor dem Gewicht der großen, dort vor der Zahl der kleinen Staaten. Sie sind nach aller Erfahrung unbegründet. Einen Block der „Kleinen" gegen einen der „Großen" hat es bisher nicht gegeben. Er wird sich auch künftig nicht bilden. Vielmehr ging es darum, ein Gleichgewicht zwischen den beiden Legitimationssträngen „Union der Bürger" und „Union der Staaten" herzustellen.

Die Einführung des demographischen Faktors in die Definition der qualifizierten Mehrheit („Doppelte Mehrheit"), die Festschreibung der degressiven Proportionalität für die Mandatsverteilung im Europäischen Parlament und die Garantie, daß jeder Mitgliedstaat im Rahmen des Rotationsprinzips das gleiche Recht hat, einen Kommissar zu stellen, sind die Elemente des *„Gleichgewichts der Legitimationen"*, das einer Union der Bürger und der Staaten angemessen ist.

2. Zwischen den Institutionen

In einer *„Union der Bürger und der Staaten"* muß auch die demokratische Legitimierung und Limitierung politischer Macht „sui generis" sein. Die Institutionen sind daher in ihrer Zusammensetzung, ihren Kompetenzen und ihren Beziehungen zueinander nicht auf einen europäischen Bundesstaat zugeschnitten. Schon gar nicht sind sie, möglicherweise sogar mißratene, Klone nationalstaatlicher Institutionen.

Das Europäische Parlament ist nicht auf dem Wege, ein „richtiges" Parlament (gemeint ist „wie die nationalen Parlamente") zu werden. Es kann und darf kein allein entscheidendes und kein alles entscheidendes Parlament werden. Es muß ein mitentscheidendes bleiben, allein schon, weil in ihm die Vertretung der Bürger der Mitgliedstaaten notwendigerweise stark verzerrt ist.

Die Europäische Kommission ist nicht unterwegs zu einer EU-"Regierung". Als Exekutive mit Initiativmonopol spielt sie zwar längst auch eine politische Rolle. Aber mit ihrer politischen Vielfarbigkeit, die sich aus ihrer multinationalen Zusammensetzung zwangsläufig ergibt und als unparteiische *„Hüterin der Verträge"* kann sie nicht nur der exekutive Arm einer politischen Mehrheit im Europäischen Parlament sein. Bestrebungen, der Kommission das Initiativmonopol zu nehmen, sind im Präsidium nur kurz debattiert und dann verworfen worden. Ohne Initiativmonopol wird die Kommission zum „Sekretariat" des Parlaments und, noch viel stärker, zu dem des Rates. Das würde das Gleichgewicht zwischen den Institutionen der Union zerstören.

Der Ministerrat kann und soll sich nicht zu einer „zweiten Kammer" des Europäischen Parlaments entwickeln. Als aus Vertretern der nationalen Exekutiven zusammengesetztes Legislativorgan kompensiert er die Übertragung von Hoheitsrechten auf die Union durch die Mitwirkung der Mitgliedstaaten an der Rechtsetzung.

Durch die substantielle Erweiterung der Mitentscheidungsrechte des von den Bürgern direkt gewählten Europäischen Parlaments wird die demokratische Legitimation der EU-Rechtsetzung erheblich, aber nicht hinreichend verstärkt. In einer Union, die eben auch eine Union der Staaten ist, muß sie die nationalen Parlamente einbeziehen. Zwar werden sie ausdrücklich nicht zum parallelen Gesetzgebungsorgan der Union, bestimmen aber durch ihre Kontrollrechte bei der Einhaltung der Kompetenzordnung und der Wahrung der Subsidiarität, wenn auch nicht über das „wie", so doch über das „ob" von Gesetzgebung mit. Das bringt, verbunden mit dem Interpretationsspielraum bei der Feststellung einer Verletzung des Subsidiaritätsprinzips, die nationalen Parlamente einer Mitsprache auch in der Sache selbst sehr nahe. Dabei tangieren sie die Rechte nicht nur des Europäischen Parlaments und der EU-Kommission, sondern auch des Rates. Daß die Parlamente der einen Ebene bei der Gesetzgebung der anderen mitwirken, ist ein föderales Novum. In ihm kommt der „sui-generis-Parlamentarismus" einer *Union der Bürger und der Staaten* zum Ausdruck.

Der bipolare Charakter einer Union, die intergouvermentale und vergemeinschaftete Elemente konstitutiv in sich vereint, muß auch in den Institutionen zum Ausdruck kommen. Die Schaffung der Doppelspitze, in der der Präsident des Europäischen Rates aus der Rotation der Ratspräsidentschaften herausgenommen, durch Wahl und Amtsdauer herausgehoben und in seinen Aufgaben gestärkt wird und der Präsident der Kommission die Richtlinienkompetenz für deren Politik erhält, ist dafür ein eklatantes Beispiel. Der Europäische Außenminister, der das Amt eines Vizepräsidenten der Kommission und des Vorsitzenden des Außenministerrates in „Personalunion" vereint, drückt, wenn auch auf andere Weise, ebenfalls die *Bipolarität* der Union aus.

Die Sorge, der Präsident des Europäischen Rats werde das „intergouvernementale" Element zu Lasten des durch die Kommission und ihren Präsidenten verkörperten „vergemeinschafteten" Elements verstärken, ist unbegründet. Die Verfassung verbietet dem Europäischen Rat ausdrücklich, legislative Entscheidungen an sich zu ziehen, und seinem Präsidenten, durch die Aufzählung seiner Aufgaben, exekutive Funktionen zu übernehmen. Im Übrigen hat der Europäische Ratspräsident nicht mehr „seinen" Mitgliedstaat als „Hausmacht". Er verfügt nicht mehr über das Instrumentarium „seiner" Regierung, sondern muß sich auf das Ratssekretariat stützen. Seine Stärke liegt in der längeren Amtszeit und in seinem Mediationsgeschick. Will er Erfolg haben, muß er eher Vertreter gemeinschaftlicher Positionen als nationaler Interessen sein.

In der modernen, massenmedial geprägten Demokratie verbinden die Bürger Orientierung, Führung und Verantwortlichkeit mit Personen. Institutionen, die europäischen zumal, erscheinen den Bürgern abstrakt und gesichtslos. Der Verfassungsvertrag hebt die *drei Führungsämter* durch größere Kompetenzen, breitere Legitimierung und längere Amtsdauer hervor und macht sie sichtbarer. Daß er ihnen größere Gestaltungsräume als die geltenden EU-Verträge eröffnet und die Chance bietet, europäische Politik stärker zu personalisieren, ist gewollt.

Ob und wie die neuen Möglichkeiten genutzt werden, wird vor allem von den Personen abhängen, die als erste diese Ämter besetzen. Auch muß sich in der Praxis zeigen, ob aus dem Führungstrio eine dominierende Figur herauswächst. Gewiß kann die Konstruktion zu Reibungsverlusten führen. Aber solange nicht wirklich starkes Unheil droht, müssen sie nicht durch eine Verfassung ausgeschlossen, sondern können in der praktischen Politik ausgeglichen werden.

III. Paradigmenwechsel

Fünfzig Jahre lang war die Einigung Europas nach innen gerichtet: auf fortschreitende Integration und die Aufnahme neuer Mitgliedstaaten, auf Erweiterung und Vertiefung also. In der veränderten Weltlage, in der die Blöcke aufgelöst, mit internationalem Terrorismus, wachsender Klimaveränderung sowie weltweiten Migrationströmen globale Bedrohungen entstanden und die Wirtschaft durch Handel, Finanzen und Arbeit weltweit vernetzt sind, muß sich die Einigung Europas nach außen richten. Gemeinsames Handeln nach außen wird zum Paradigma des Zusammenschlusses europäischer Staaten.

Das schließt weitere Vertiefung z.B. im Bereich des Zivil- und Strafrechts oder der gemeinsamen Währung sowie neue Erweitungsschritte nicht aus. Aber vorrangig soll die Europäische Union in die Lage versetzt werden, in der veränderten Mächte-Konstellation in der Welt zu bestehen und die europäischen Staaten befähigen, am Prozeß der wirtschaftlichen und politischen Globalisierung mitgestaltend teilzunehmen.

Die Europäische Union ist keine Weltmacht, aber sie hat die *Verantwortung* einer Weltmacht. So, wie sie bisher gebaut ist, kann sie ihrer globalen Verantwortung nicht gerecht werden. Sie ist außen-, sicherheits- und verteidigungspolitisch nicht führbar, schon gar nicht in Krisen. Die Erfahrung des zaudernden und inkongruenten Vorgehens der EU-Mitgliedstaaten auf dem Balkan Mitte der 90er Jahre und vor allem des offenen Dissenses über eine Beteilung am Krieg gegen den Irak 2002/03, der mitten in die Beratungszeit des Verfassungskonvents fiel, hat die Arbeit im Konventspräsidium und danach in der Regierungskonferenz entscheidend beeinflußt.

Der Verfassungsvertrag macht, wenn auch möglicherweise noch nicht die gemeinsame Verteidigung, so doch zumindest die Definition einer gemeinsamen Verteidigungspolitik, zu einer realistischen Perspektive. Auf der Grundlage des Verfassungsvertrages können sich einzelne Mitgliedstaaten nun auch im Bereich der Verteidigung an einer dauerhaften strukturierten Zusammenarbeit beteiligen, soweit sie dafür über die militärischen Fähigkeiten und den politischen Willen verfügen. Bei einem bewaffneten Angriff auf einen Mitgliedstaat sind alle anderen zum Beistand und zur Unterstützung mit allen Mitteln verpflichtet. Diese *Solidaritätsverpflichtung* geht weit über die bisher gültigen Verträge hinaus.

Kernfragen der Außen- und Sicherheitspolitik, bei denen es nicht mehr nur um die Einschätzung von Risiken geht, sondern auch um die Bereitschaft, sie zu tragen, können in der Union (noch) nicht mit Mehrheit entschieden werden. Wenn der politische Wille der Mitgliedstaaten fehlt, den Handlungsrahmen des Verfassungsvertrags auszufüllen und das zur Verfügung stehende Instrumentarium einzusetzen, ist er mit Mehrheitsbeschlüssen ohnehin nicht herbeizuzwingen. Daß Einstimmigkeit nicht grundsätzlich handlungsunfähig macht, zeigen die Entscheidungen u.a. zu den EU-Einsätzen in Bosnien-Herzegowina, Mazedonien und Kongo.

Gemeinsamkeit in der Außen-, Sicherheits- und Verteidigungspolitik kann nur durch schrittweise Annäherung zwischen unterschiedlichen nationalen Sichtweisen und Erfahrungen zustande kommen. Sie ist ein Prozeß aus neuen Kommunikationsgewohnheiten zwischen den Mitgliedstaaten und neuen Loyalitäten durch gemeinsame Aktionen. Diesen Prozeß in Gang zu setzen und in Gang zu halten, wird im Zentrum der Tätigkeiten des Außenministers und des auf der Grundlage des Verfassungsvertrages zu schaffenden Auswärtigen Dienstes der Union stehen.

Als Exekutivhandeln bleibt die Gemeinsame Außen-, Sicherheits- und Verteidigungspolitik auch nach Überwindung der Pfeilerstruktur der bisherigen Verträge im wesentlichen intergouvernemental. Die parlamentarische Kontrolle, insbesondere im Bereich der Verteidigungspolitik und militärischer Aktionen, findet weiterhin in den Mitgliedstaaten statt. Das Europäische Parlament wird, von Ausnahmen abgesehen, lediglich gehört.

Immerhin wird das gemeinschaftliche Element in der Außenpolitik durch die *Doppelfunktion* des Außenministers, der nicht nur Vorsitzender des Rates ist, sondern als Vizepräsident der Kommission auch ein Initiativrecht hat, gestärkt. Aus dem Gebot der Kohärenz des auswärtigen Handelns der Union folgt die Bündelung der ihr zur Verfügung stehenden Instrumente in einer Hand. Trotz aller Einschränkungen und Sonderregelungen steht der Union somit das notwendige außen- und sicherheitspolitische Instrumentarium für weltweites Handeln zur Verfügung.

IV. Identität

Nach wie vor steht die Union „allen europäischen Staaten offen, die die in Artikel I–2 genannten Werte achten und sich verpflichten, ihnen gemeinsam Geltung zu verschaffen." (Art. I–58 EVV) Der *„Vertrag über eine Verfassung für Europa"* beantwortet die Frage nach den definitiven Grenzen der Europäischen Union nicht. Sie können nur durch politische Abwägungen und Entscheidungen bestimmt werden. Das mag verfassungstheoretisch unbefriedigend sein, entspricht aber der europäischen Realität in den ersten Jahrzehnten des 21. Jahrhunderts.

So gewiß die Europäische Union Grenzen haben muß, so ungewiß ist es, wo sie zu ziehen sind. Die geographischen Grenzen Europas sind nicht die gleichen wie die historischen, diese wiederum sind verschieden von den kulturellen oder religiösen, die ihrerseits mit den wirtschaftlichen oder gesellschaftlichen nicht übereinstimmen usw. Vielleicht ist diese Unbestimmtheit geradezu ein Wesensmerkmal Europas.

Ob ein Staat „europäisch" ist, bestimmt nicht der Verfassungsvertrag, sondern der Beschluß des Europäischen Rates, mit diesem Staat Beitrittsverhandlungen aufzunehmen. Das ist bereits auf der Grundlage der bisher geltenden Verträge der Fall. Mit seiner Entscheidung vom Dezember 1999, die Türkei zum Beitrittskandidaten zu machen, hat sie der Europäische Rat auch als „europäisches" Land anerkannt. Ob ein Staat die Werte der Union achtet und ihnen Geltung verschafft oder nicht bzw. ob er bereit und fähig, ist alle Mitgliedspflichten zu erfüllen, entscheiden der Europäische Rat durch den Abschluß und das Europäische Parlament durch die Ratifizierung des Beitrittsvertrages. Ob und wie weit sie sich bei diesen Entscheidungen nicht nur an der Beitrittsfähigkeit des Kandidatenstaates, sondern auch an der Aufnahmefähigkeit der Union orientieren, hängt vom Ergebnis ihrer politischen Interessenabwägung ab.

Immerhin nennt der Verfassungsvertrag *zwei Grundbedingungen* für die Mitgliedschaft in der Union: Es muß ein „europäischer" Staat sein und er muß „die Werte der Union achten sowie sich verpflichten, ihnen gemeinsam Geltung zu verschaffen" (Art. I–1 und I–58, 2 EVV). Aus der Mitgliedschaft folgen die Verpflichtung, die Ziele der EU zu unterstützen und die Bereitschaft sowie die Fähigkeit, alle aus dem Verfassungsvertrag fließenden Rechte und Pflichten zu achten und zu erfüllen.

Fördert der Verfassungsvertrag die Bildung einer *europäischen Identität*? Als bloßer Text gewiß nicht – und das nicht nur, weil er natürlich die Kürze, Stringenz und sprachliche Wucht der amerikanischen Verfassung bei weitem nicht erreicht. In Europa sind die identitätsbildenden Wirkungen der nationalen Verfassungen ohnehin viel geringer. Wenn überhaupt gibt es so etwas wie einen „Verfassungspatriotismus" nur in Deutschland. Dennoch könnte der Vertrag über eine Verfassung für Europa ein wichtiger Schritt auf dem Weg zur Herausbildung einer europäischen

Identität werden, weil er gemeinsames Handeln nach außen erleichtert und zur Selbstvergewisserung durch die Gemeinsamkeiten in Geschichte, Kultur, Religion, Werthaltung im Innern beiträgt.

Solange in Europa Nationen bestehen – und sie werden, wenn auch nicht ewig, so doch noch lange bestehen – wollen sie natürlich auch in eigenen Staaten leben. Europäische Identität läßt sich nicht nach dem Bild nationaler Identitäten modellieren. Sie soll und kann die nationalen Identitäten in Europa nicht ersetzen. Sie wird immer nur ein Zusatz sein, allerdings ein notwendiger. Die Europäische Union löst die europäischen Völker nicht auf. Sie vereinigt sie, aber sie verschmilzt sie nicht. Sie macht aus ihnen kein europäisches Volk. Dem Leitspruch *„In Vielfalt geeint"* (Art. I–8 EVV) entsprechend sucht Europa seine Identität in der Einheit, nicht in der Einheitlichkeit.

Anders als den Nationalstaaten wohnt der Union ein latenter Begründungszwang inne. Sie bleibt ein Geschöpf der Mitgliedstaaten zur gemeinsamen Lösung bestimmter Probleme. Der Staat, der ihr die Erfüllung dieser Funktion aus welchen Gründen auch immer, grundsätzlich nicht (mehr) zutraut, kann die Union verlassen. Dieser Voluntarismus lag der Einigung Europas von Beginn an zu Grunde. Der Verfassungsvertrag macht ihn nun explizit. Artikel I und Artikel 60 sind die beiden Haken, mit denen sich das Band der Union um die Mitgliedstaaten schließen und öffnen läßt.

Nicht Staatsvolk und Staatsgebiet sind für die Union konstitutiv, sondern gemeinsame Werte und gemeinsame Ziele. Ohne sie kann die Union nicht existieren. Mit der Charta der Grundrechte drückt der Verfassungsvertrag aus, daß die Union nicht nur zur Sicherung der Freiheiten des Marktes, sondern auch um der Freiheitsrechte der europäischen Bürger willen besteht. Und mit der Verpflichtung zu „Frieden, Sicherheit und nachhaltiger Entwicklung der Erde" (Art. I–3,4 EVV) beizutragen, zeigt er an, daß die Union nicht nur um ihrer selbst willen existiert, sondern *weltpolitische* Verantwortung trägt. Wenn die Europäer das eine wie das andere im Handeln der Union wiederfinden, wird daraus europäische Identität wachsen.

Grundlegende und vertiefende Literatur

Busek, Erhard / Hummer, Waldemar (Hrsg.):
Etappen auf dem Weg zu einer europäischen Verfassung, Wien u.a. 2004.

Fischer, Klemens H.:
Konvent zur Zukunft Europas. Texte und Kommentar, Baden-Baden 2003.

ders.:
Der Europäische Verfassungsvertrag. Texte und Kommentar, Baden-Baden 2005.

Hänsch, Klaus:
Welche Verfassung braucht Europa, Die Neue Gesellschaft / Frankfurter Hefte 2002, S. 260 ff.

ders.:
„Beschreiben, was sein kann“: der Verfassungsentwurf des Europäischen Konvents, ZSE 2003, S. 299 ff.

Hesse, Joachim J.:
Vom Werden Europas. Der Europäische Verfassungsvertrag: Konventsarbeit, politische Konsensbildung, materielles Ergebnis, Berlin 2007.

Jopp, Mathias / Matl, Saskia (Hrsg.):
Der Vertrag über eine Verfassung für Europa. Analysen zur Konstitutionalisierung der EU, Baden-Baden 2005.

Kleger, Heinz (Hrsg.):
Der Konvent als Labor. Texte und Dokumente zum europäischen Verfassungsprozess, Münster u.a. 2004.

Peter Schiffauer*

D. Methoden der Vertragsreform als Paradigma des Verfassungszustands der Europäischen Union

I. Die Vertragsrevision nach den Bestimmungen des Reformvertrags

Gemäß Artikel 1 Punkt 55 des Reformvertrags wird der künftige Artikel 33 des Unionsvertrages die Bestimmungen der Artikel IV–443 bis 445 des Verfassungsvertrags in Form zweier getrennter Unterabsätze über das ordentliche und das vereinfachte Änderungsverfahren enthalten. Einzige Veränderungen des Textes gegenüber dem Verfassungsvertrag sind die Ersetzung der Bezeichnungen „Gesetze oder Rahmengesetze“ durch „Gesetzgebungsakte“ und die Hinzufügung der Worte „des Vertrags über die Arbeitsweise der Union“ nach der Bezugnahme auf den Teil III. Die *Innovationen des Verfassungsvertrages* in Bezug auf die Vertragsrevision, deren Tragweite im Folgenden zu beleuchten sein wird, werden also in vollem Umfang zu geltendem Recht.

Die Regeln des Verfassungsvertrags über die Vertragsreform können verstanden werden als eine konsequente Anwendung des in der Einleitung beschriebenen doppelten Geltungsgrunds des Rechts der Union aus den Quellen des Völkerrechts und der in den nationalen Verfassungen der Mitgliedstaaten enthaltenen Öffnungsklauseln. Für alle künftigen Änderungen des Primärrechts wird die Vertragsform beibehalten und der in der jeweiligen nationalen Verfassungsordnung der Mitgliedstaaten handelnde Souverän behält die volle Kontrolle über die weitere Entwicklung des Primärrechts der Union. Die Delegation von Entscheidungsbefugnissen an den Europäischen Rat zur Ermöglichung des Übergangs (in Einzelfällen und allgemein) von der Einstimmigkeit zu qualifizierten Mehrheitsentscheidungen im Rat und von besonderen zum ordentlichen Gesetzgebungsverfahren stehen nicht in Widerspruch zu dieser systematischen Einordnung, denn der konstitutionelle Status dieser Neuerungen, so bedeutsam sie aus integrationspolitischer Sicht sein mögen, gleicht dem der bereits aus dem geltenden Unionsvertrag bekannten „Passerelle-“Klauseln.

* Die nachstehenden Ausführungen geben die persönlichen Auffassungen des Verfassers wieder. Sie können nicht der Institution zugerechnet werden, deren Beamter er ist.

Aus der Perspektive einer europäischen Verfassungskultur ist die Einberufung eines Konvents als Regelfall des ordentlichen Vertragsänderungsverfahrens die bedeutendste Errungenschaft auf dem Gebiet der Vertragsreform. Die Konventsmethode reflektiert die politische Dimension der europäischen Konstruktion und impliziert die Anerkennung, dass diese über einen Verbund von Staaten zu einer politischen Entität erwachsen ist, deren Legitimation nicht allein aus dem Willen der ihr angehörenden Staaten, sondern in gleichem Maße aus dem Willen der sie tragenden Bürger fließen muss. In die gleiche Richtung weist das formelle Recht zur Vorlage von Vertragsänderungen, das dem Europäischen Parlament nunmehr verliehen wird. Diese Umstände machen es vielleicht verschmerzbar, dass der Reformvertrag die in Artikel I–1 des Verfassungsvertrags enthaltene ausdrückliche Bezugnahme auf den „Willen der Bürgerinnen und Bürger und der Staaten Europas“ nicht in die Gründungsverträge einfügt. Der *Europäische Konvent* hat die Fähigkeit zu Visionen und Kompromissen, die nationale Interessenkonstellationen überwinden, und die prägende Kraft der auf nationaler und europäischer Ebene gewählten demokratischen Repräsentanten beim Weiterbau der europäischen Konstruktion unter Beweis gestellt und die diplomatische Methode der Regierungskonferenzen auf abschließende Feinarbeiten verwiesen. Bezeichnend ist insofern auch die Bestimmung, die es dem Europäischen Rat mit Zustimmung des Europäischen Parlaments ermöglicht, von der Einberufung eines Konvents abzusehen, wenn diese aufgrund des Umfangs der geplanten Änderungen nicht gerechtfertigt ist.

Das erstmals in der Geschichte der europäischen Integration möglich werdende *vereinfachte Vertragsänderungsverfahren* ist einer Analyse wert, insbesondere insoweit, als es über die an die bisherigen „Passerelle-“Klauseln erinnernden Beschlüsse betreffend den Übergang zu qualifizierten Mehrheitsentscheidungen oder zur Anwendung des ordentlichen Gesetzgebungsverfahrens hinausgeht[1]. Denn in Anwendung dieses Verfahrens wird es auch möglich sein, die Bestimmungen des Titels über die internen Politikbereiche des Vertrags über die Arbeitsweise der Union zu ändern. Ein vereinfachtes Vertragsänderungsverfahren in diesem Bereich war gewiss ein politisches Zugeständnis eingedenk des Umstands, dass dem Europäischen Konvent im Sommer 2003 nicht mehr die erforderliche Zeit eingeräumt wurde, um eine gründliche Überarbeitung der Bestimmungen über die gemeinsamen Politiken im Rahmen des Verfassungsprojekts in Angriff zu nehmen. Die Begeisterung über dieses Zugeständnis hielt sich aber in Grenzen, weil jedwede Änderung der Bestimmungen über die internen Politiken in diesem Rahmen nach wie vor nicht nur Einstimmigkeit im Europäischen Rat, sondern auch die Zustimmung aller Mitgliedstaten im Einklang mit ihren jeweiligen verfassungsrechtlichen Vorschriften voraus-

1 Bei der Anwendung dieser Klauseln ist zu berücksichtigen, dass jedes einzelne der nationalen Parlamente durch seinen Widerspruch eine vereinfachte Vertragsänderung durch Beschluss des Europäischen Rates verhindern kann.

setzt. Dennoch enthält diese Bestimmung ein Fenster für weitere Vereinfachungen der konstitutionellen Evolution der Europäischen Union. Zurzeit machen die verfassungsrechtlichen Vorschriften der Mitgliedstaaten keinen Unterschied zwischen dem Verfahren der Ratifikation eines völkerrechtlichen Vertrags (einschließlich der Gründungsverträge der Europäischen Union) und dem Verfahren der Zustimmung zu einem auf Unionsebene gefassten Beschluss zur Fortschreibung des Primärrechts der Union. Ein Reflektionsprozess und Gedankenaustausch zwischen den Parlamenten der Mitgliedstaaten über die künftige Entwicklung der Bestimmungen des nationalen Verfassungsrechts der Mitgliedstaaten, die dem europäischen Integrationsprozess gewidmet sind, hat soeben erst begonnen[2]. Mit der eingangs beschriebenen Quellen- und Legitimationslage des Unionsrechts vereinbar und deshalb im Bereich des künftig Möglichen liegen deshalb Verfahrensbestimmungen des nationalen Verfassungsrechts, die es dem Repräsentanten des Souveräns unter erleichterten Bedingungen gestatten, zu Beschlüssen des Europäischen Rats oder des Rats betreffend die Fortschreibung des Primärrechts der Europäischen Union eine völkerrechtlich verbindliche Zustimmung zu erteilen.

Im Ergebnis bleiben die Neuerungen des Reformvertrags auf dem Gebiet der Vertragsreform im Rahmen des klassischen zweifachen, völkerrechtlichen und verfassungsrechtlichen Paradigmas der Quellen und der Legitimation des Rechts der Union, das von dem Motto „die Mitgliedstaaten bleiben die Herren der Verträge“ nur unvollständig erfasst wird, weil es blind ist für die Rolle der Bürger und ihrer politischen Repräsentanten auf den verschiedenen Ebenen. Die beiden europäischen Konvente haben die Kraft gewählter politischer Repräsentanten unter Beweis gestellt, zielführende Lösungen zu entwickeln. Die nationalen Volksabstimmungen zum Verfassungsvertrag haben den *Willen der Bürger* deutlich gemacht, sich selbst in den europäischen Integrationsprozess einzubringen, sei es positiv billigend oder kritisch und ablehnend. Die Einführung der Konventsmethode als Regelverfahren für die Erarbeitung von Vertragsänderungen trägt diesem Umstand Rechnung. Als Lehre aus den zwei Volksabstimmungen mit negativem Ausgang über den Verfassungsvertrag erscheint es darüber hinaus unerlässlich, dass die Regierungen der Mitgliedstaaten und auch die europäische Exekutive sich künftig die von Konventen erarbeiteten Ergebnisse in stärkerem Masse zu eigen machen und proaktiv für die gefundenen Lösungen werben, um sie für die Bürger nachvollziehbar zu machen. Diese Pflicht zur Darlegung und Erläuterung der sich auf der Ebene der Union vollziehenden konstitutionellen Prozesse besteht unabhängig davon, ob die Tragweite der vorgesehenen Reformen nach dem Verfassungsrecht oder dem politischen Willen des einen oder anderen Mitgliedstaats eine Volksabstimmung erforderlich macht.

2 Ein gemeinsames Seminar zu diesem Thema veranstalteten der Verfassungsausschuss der italienischen Abgeordnetenkammer und der Rechtsausschuss des deutschen Bundestags am 9. Mai 2007 in Rom.

Diese Pflicht ist schlichter Ausfluss des Grundsatzes der Demokratie, zu dem die Europäische Union sich feierlich bekennt.

II. Perspektiven für künftige Entwicklungen der Vertragsrevision

Die *Ablehnung des Verfassungsvertrags* in den Volksabstimmungen in Frankreich und den Niederlanden im Mai 2005 war ein großer Schock für die Europäische Union. Er machte die Ergebnisse von zwölf Jahren kontinuierlicher Arbeit an einem formellen Verfassungsdokument für die Europäische Union [vorerst] zunichte[3]. Der Schock war umso größer, als der abgelehnte Vertragstext über die demokratische Legitimation zweier Konvente verfügte. Völlig perplex wurde die Situation schließlich dadurch, dass die Kritik, die in den Kampagnen betreffend die Volksabstimmungen gegenüber dem Verfassungsvertrag zum Ausdruck gebracht wurde, sich zum größten Teil nicht auf diejenigen Materien bezog, für die der Verfassungsvertrag gegenüber dem geltenden Primärrecht der Union spürbare Verbesserungen enthielt.

Diese Entwicklung scheint denen Recht zu geben, die befürchten, dass in einer Union von 27 und mehr Mitgliedstaaten bedeutsame *Vertragsänderungen* in Anwendung der bisher geltenden konstitutionellen Grundsätze der Union praktisch nicht mehr verwirklichbar sind, weil die erforderliche Einstimmigkeit zwischen den Regierungen der Mitgliedstaaten kaum mehr zu realisieren ist und das Gelingen der nachfolgenden Ratifizierungsverfahren in allen Mitgliedstaaten den Unberechenbarkeiten der politischen Entwicklung und in manchen zudem noch dem Risiko von Volksabstimmungen unterworfen ist. Das Vertragsänderungsverfahren wird damit insgesamt zum Lotteriespiel, bei dem damit gerechnet werden muss, dass in einem der Mitgliedstaaten die Entwicklung nicht wie geplant und erhofft verläuft und eine von einer überwältigen Mehrheit der Staaten und Bürger der Union für notwendig erachtete Vertragsreform nicht zustande kommt. Diese von vielen als unerträglich angesehene Konsequenz gibt Anlass zum Nachdenken darüber, wie die Europäische Union auch in der Zukunft in die Lage versetzt werden kann, am Horizont der Zeit auftauchende neue politische Herausforderungen durch Anpassung ihres Primärrechts zu bewältigen.

3 Vgl. im einzelnen die Nachweise im 1. Teil Kapitel C 1; die erste Studie betreffend die Möglichkeit einer Transformation des geltenden Primärrechts der Union in ein formelles Verfassungsdokument hat im Jahre 1993 der Rechtsausschuss des Europäischen Parlaments bei Prof. Roland Bieber, Lausanne, in Auftrag gegeben.

Die häufigste Antwort der institutionellen Politik auf diese Fragestellung ist die These, dass es in der Europäischen Union ab einem bestimmten Integrationsstand und bei einer größeren Zahl von Mitgliedstaaten erforderlich wird und möglich werden muss, konstitutionelle Reformen, also Änderungen der Gründungsverträge, mit eventuell *besonders qualifizierten Mehrheiten* in Kraft zu setzen. Diese These impliziert aber eine bedeutende Revision der in der Einleitung beschriebenen konstitutionellen Grundlagen des europäischen Integrationsprozesses. Probleme verursacht bereits das Völkerrecht, denn die Änderung eines völkerrechtlichen Vertrags setzt die Zustimmung der bevollmächtigten Vertreter aller vertragsschließenden Parteien voraus. Allerdings wäre das Völkerrecht flexibel genug, das Inkrafttreten eines von den bevollmächtigten Vertretern aller Mitgliedstaaten unterzeichneten Änderungsvertrags bereits dann zu ermöglichen, wenn der Vertrag von einer eventuell besonders qualifizierten Mehrheit der vertragsschließenden Parteien ratifiziert wurde. Mit anderen Worten: das Völkerrecht würde es, unter der Voraussetzung, dass eine Regierungskonferenz *einstimmig* einen Änderungsvertrag gebilligt hat, ermöglichen, das Risiko der nachfolgenden Ratifizierungsverfahren zu verringern.

Aber selbst dieser angesichts des zu bewältigenden Problems bescheidene Schritt wird durch die zweite Quelle des Rechts der Union, nämlich die Öffnungsklauseln des nationalen Verfassungsrechts, in vielen Mitgliedstaaten unmöglich gemacht. Denn diese Öffnungsklauseln setzen – jedenfalls nach dem Verständnis der für ihre Auslegung zuständigen Gerichte[4] – voraus, dass der Umfang der einer supranationalen Organisation übertragenen Hoheitsgewalt bestimmt oder zumindest bestimmbar ist, dass also das Repräsentationsorgan des Souveräns bei Erteilung seiner Zustimmung zu einer vereinbarten Übertragung weiterer Hoheitsrechte das Ausmaß und die Tragweite dieser Übertragung erkennen und insbesondere beurteilen kann, ob diese eine Gefahr für den Bestand des Staates selbst erzeugen könnte. Wenn aber in Ausübung bereits übertragener Hoheitsrechte deren Ausmaß und Tragweite durch eine Mehrheitsentscheidung verändert werden kann, entgleitet diese Kontrolle dem Repräsentanten des nationalen Souveräns und eine Gefahr für den Bestand des Staates ist jedenfalls theoretisch nicht mehr auszuschließen. Beim gegenwärtigen Stand des nationalen Verfassungsrechts der Mitgliedstaaten erscheint es deshalb nicht möglich, beim Zustandekommen von Änderungen der Gründungsverträge der Europäischen Union Verfahrensschritte vorzusehen, bei denen eine mehrheitliche Zustimmung ausreicht. Anders wäre die Lage nur, wenn die Öffnungsklauseln des nationalen Verfassungsrechts der Union in einer ferneren Zukunft in einer Weise weiter entwickelt würden, dass sie es den Staaten ermöglichen, in einer Europäischen Union aufzugehen.

4 Vgl. das Urteil des deutschen Bundesverfassungsgerichts zum Vertrag von Maastricht, BVerfGE 89, 155.

Für den überschaubaren Horizont der Zukunft wird es deshalb sinnvoll sein, *alternative Lösungsansätze* zu entwickeln, um die Handlungsmöglichkeiten der Europäischen Union auf der Höhe der sich ständig neu stellenden politischen Herausforderungen zu halten. Da die zu lösende Problemstellung aus der Begrenztheit der Öffnungsklauseln des nationalen Verfassungsrechts resultiert, setzt die Suche nach einem Ausweg bei einer Vertiefung des Verständnisses dieser Klauseln an. Dabei erscheint es legitim, insbesondere auf die Konzeption des deutschen Grundgesetzes abzustellen, weil der Parlamentarische Rat bei seinem Zustandekommen im Lichte der Erfahrung des nationalsozialistischen Ermächtigungsgesetzes mit besonderer Sensibilität für die Bedingungen und Grenzen einer Delegation der Ausübung von Hoheitsgewalt durch das konstitutionell legitimierte Organ an andere Stellen handelte. Aus diesem Grunde lässt Artikel 80 des deutschen Grundgesetzes die Delegation legislativer Befugnisse an die Exekutive nur unter der Voraussetzung zu, dass im delegierenden Gesetzgebungsakt Zweck, Ausmaß und Tragweite der Delegation festgelegt sind. Die delegierende Norm muss der Exekutive ein hinreichend präzises Mandat erteilen, so dass der Gesetzgeber dessen Durchführung vorhersehen und – gegebenenfalls unter Anrufung von Rechtsprechungsinstanzen – auch kontrollieren kann. Die Ermächtigung zur Übertragung von Hoheitsgewalt an internationale Einrichtungen in Artikel 23 des deutschen Grundgesetzes enthält kein vergleichbar strenges Erfordernis der Vorhersehbarkeit. Bei der Ausarbeitung der Konzepte für die gemeinsame Ausübung von Hoheitsgewalten im Rahmen der Europäischen Gemeinschaften führte das traditionelle Misstrauen zwischen Administrationen verschiedener Staaten aber dazu, dass die Tragweite der an die supranationale Ebene erteilten Handlungsbefugnisse eng begrenzt und der grundlegende Inhalt der möglichen Politiken weitgehend ausdefiniert wurde. Die so entstandene *Symmetrie der delegierten Befugnisse* rechtfertigte jedenfalls in der Aufbauphase der Europäischen Gemeinschaften die Bezeichnung „Verordnung" für die auf der europäischen Ebene erlassenen Gesetzgebungsakte. Aus der Sicht des nationalen Gesetzgebers konnte die Übertragung von Durchführungsbefugnissen an die nationale Exekutive als Delegation nach „unten", die Übertragung von Hoheitsbefugnissen an die europäische Ebene als strukturähnliche Delegation nach „oben" erscheinen, deren Kontrolle durch vergleichbare Erfordernisse der Bestimmtheit und Vorhersehbarkeit erreicht wurde.

In der Phase der Reifung der europäischen Konstruktion von einem wirtschaftlichen Verbund zu einer politischen Union, die von Institutionen mit einem politischen Eigenleben getragen wird, wird die beschriebene Symmetrie der Übertragung aber durchbrochen. Direkte Wahlen der europäischen Abgeordneten, die Wahl der Exekutive durch das Europäische Parlament, die Herausbildung europäischer politischer Parteien und einer europäischen politischen Öffentlichkeit mit einem Netz von Interessenvertretern und auf europäische politische Prozesse ausgerichteter Medienstrukturen haben auf der europäischen Ebene die Entstehung einer Dialektik zwischen demokratischer Repräsentation und exekutivem Fachwissen, aber auch zwischen gemeinsamen europäischen und nationalen Interessen ermöglicht, die nunmehr als voll ausgebildeter und legitimer demokratischer Gesetzgebungsprozess charakterisiert werden kann. Weil sich Gesetzgebung auf der Ebene der Europäischen Union prozedural und qualitativ von einer an die Exekutive delegierten Durchführungsgesetzgebung unterscheidet, besteht auch nicht länger ein Erfordernis und ein rechtfertigender Grund, um die inhaltliche Vorausbestimmung der auf der Ebene der Union möglichen Politiken in den Bestimmungen des Primärrechts der Union aufrecht zu erhalten.

Die Politisierung und Demokratisierung der Entscheidungsprozesse auf der Ebene der Europäischen Union erlaubt und legitimiert also eine *Entschlackung des Primärrechts der Union* von Elementen, die in einer Phase erforderlich waren, in der die auf Gemeinschaftsebene getroffenen Entscheidungen im Wesentlichen exekutiv-bürokratischen Charakter hatten. Diese Elemente sind die in den Europäischen Verträgen enthaltenen Bestimmungen über die Inhalte der Politiken. Die Analyse des Verfassungsvertrags wird zeigen, dass diese Bestimmungen in einem Kontext konstitutioneller Normen als Fremdkörper erscheinen. Zudem sind sie so zahlreich, dass sie dem Verfassungsvertrag eher die Gestalt eines Konglomerats als die eines materiellen Verfassungsdokuments verliehen haben, ein Umstand, der manches negative Votum zu diesem Vertrag beeinflusst haben dürfte. Schließlich sind es diese Bestimmungen, die anders als institutionelle oder Kompetenznormen immer wieder der Anpassung oder Veränderung bedürfen, um die Union in die Lage zu versetzen, die an sie gestellten politischen Herausforderungen zu bewältigen. Die Beschwerlichkeiten und Risiken des Vertragsänderungsverfahrens machen solche Anpassungen aber aleatorisch.

Die Feststellung, dass das Primärrecht der Union einen bedeutenden Korpus von Bestimmungen enthält, die nicht eigentlich konstitutionellen Charakter haben und die für die Legitimation des Handels der Union angesichts des von ihr erreichten Entwicklungsstandes nicht mehr notwendig sind, die außerdem immer wieder angepasst werden müssen und zwar unter Bedingungen, die eine Anpassung äußerst erschweren, gibt Anlass zum Nachdenken darüber, ob es nicht an der Zeit ist, im Primärrecht der Union generell auf Bestimmungen zu verzichten, die die Inhalte der von der Union verfolgten Politiken festlegen. Stattdessen könnte die inhaltliche Ausgestaltung der Politiken allein dem *politischen und institutionellen Kräftespiel* in der Dialektik zwischen Unions- und nationaler Ebene überantwortet werden. Ort des Nachdenkens über diese Option wäre vor allem das nationale Verfassungsrecht der Mitgliedstaaten, wo die Frage zu diskutieren wäre, ob es für die Bestimmtheit der Übertragung von Hoheitsbefugnissen an supranationale Einrichtungen ausreichend ist, dass die Zuständigkeiten, Handlungsbefugnisse, Institutionen und ihre Verfahren definiert werden, vorausgesetzt, dass letztere den Charakter eines eigenständigen, demokratisch legitimierten politischen Prozesses haben.

Die Grundprinzipien und rechtlichen Quellen der *Unionsgrundordnung* stehen jedenfalls einer Entschlackung des Primärrechts von den Bestimmungen über die Ziele und Inhalte der einzelnen Politiken nicht im Wege. Die konstitutionellen Grundlagen der Union werden von einer solchen Vorgehensweise nicht berührt. Sie würden sich weiterhin aus konsensuell vereinbarten und in allen Mitgliedstaaten vom Souverän gebilligten Normen ergeben. In den schrittweisen, von der Einheitlichen Europäischen Akte über die Verträge von Maastricht, Amsterdam und Nizza bis zum Vertrag von Lissabon erarbeiteten Reformen der Zuständigkeiten, Befugnisse, Institutionen und Verfahren hat sich ein gewisses Gleichgewicht zwischen der europäischen und der nationalen Ebene ebenso wie zwischen den europäischen Institutionen selbst stabilisiert. Wenn man die im Reformvertrag vorgesehenen vereinfachten Vertragsänderungsverfahren zum Übergang von einstimmiger Beschlussfassung zu Mehrheitsentscheidungen im Rat und von besonderen zum ordentlichen Gesetzgebungsverfahren berücksichtigt, ist deshalb nicht zu erwarten, dass zur Erhaltung der Effizienz und der politischen Handlungsfähigkeit der Europäischen Union derartige Bestimmungen in absehbarer Zeit erneut verändert werden müssen.[5] Für diesen Normenbereich bedeuten die Aufwändigkeit und die Risiken eines Vertragsänderungsverfahrens mit Einberufung eines Konvents, Herstellung eines Konsenses unter den Regierungen und anschließender Ratifizierung keine wirkliche Gefährdung des europäischen Integrationsprozesses, vorausgesetzt dass die Ziele und Inhalte der Politiken, die auf der Ebene der Europäischen Union verfolgt werden, im politischen Kräftespiel den sich im Verlauf der Zeit ständig ändernden Herausforderungen durch demokratisch legitimierte Entscheidungen angepasst werden können, mit den im Verfassungs- bzw. Reformvertrag vorgesehenen checks und balances zwischen den europäischen Institutionen und zwischen der europäischen und der nationalen Ebene. Der Verzicht auf eine Normierung der Politiken der Union im Primärrecht würde dessen konstitutionellen Charakter deutlich sichtbar machen und den durch das Scheitern des Verfassungsvertrags entstandenen Verlust an *Transparenz* europäischer Politik wenigstens zu einem Teil wieder gutmachen. Unter den denkmöglichen Auswegen aus der die Zukunft der Europäischen Union bedrohenden Falle der Einstimmigkeit erscheint die systemimmanente Forderung nach Entschlackung des Primärrechts der Union von den Bestimmungen über die Ziele und Inhalte der Politiken deshalb als aussichtsreicher im Vergleich zu der Forderung nach einem Übergang zu mehrheitlicher Beschlussfassung über Fragen

5 In der Entschließung des Europäischen Parlaments vom 20. Februar 2008 zu dem Vertrag von Lissabon, P6_TA(2008)005, Bericht Corbett / Mendez de Vigo (A6–0013/2008) wird in Absatz 8 ausgeführt, dass dieser Vertrag einen stabilen Rahmen bietet, der eine künftige Weiterentwicklung der Union ermöglicht.

der Weiterentwicklung der konstitutionellen Grundlagen der Union. Denn dieser Übergang würde ihre jetzige Verfassung nicht nur tiefgreifend verändern, sondern ein grundverschiedenes Paradigma für das Verhältnis zwischen den Mitgliedstaaten und der Union implizieren.

2. Teil: Politische, geschichtliche und verfassungskulturelle Vorgegebenheiten für das Verständnis des Reformvertrages

Inhalt

c) Inhalte (allgemein, schichtenspezifisch)
   aa) Insbesondere: „Allgemeine Rechtsgrundsätze“
   bb) Insbesondere: Nationales „Europaverfassungsrecht“
   cc) Insbesondere: Parallele Reformvorhaben der nationalen Verfassungsstaaten
d) Entwicklungswege, Verfahren der Rechtsgewinnung
e) Akteure, die personale Seite

2. Theorieelemente des Gemeineuropäischen Verfassungsrechts als „Verfassungsrecht“
   a) Das Verfassungsverständnis (das „gemischte“ und kulturelle)
   b) Das Verhältnis von Staat und Verfassung, das „vierte“ Staatselement als „erstes“: die Kultur
   c) Typische Inhalte des Gemeineuropäischen Verfassungsrechts
   d) Spezielle Funktionen des Gemeineuropäischen Verfassungsrechts
      aa) Die (integrierende) Reservefunktion – die Subsidiarität
      bb) Die Einbindung des Nationalstaates
      cc) Die Erleichterung der europäischen Fortbildung der nationalen Verfassungen
      dd) Gegensteuerung zur Idee eines „Kerneuropa“
      ee) Die wissenschaftliche Strukturierung der europäischen „Rechts-Kreise“
      ff) Vielfalt und Einheit – das multikulturelle Europa

3. Praktische Beispielsfelder für Gemeineuropäisches Verfassungsrecht – Defizite und Reformziele
   a) Grundrechte, Rechtsstaatlichkeit, Rechtsschutz
   b) Europäische Verfassungsgerichtsbarkeit
   c) Demokratie-Probleme
   d) Strukturen vertikaler Gewaltenteilung: Föderalismus und (werdender) Regionalismus sowie die Kommunen
   e) Verfahren für nationale Verfassungsreformen und dauernde „Europa-offenheit“ bzw. „-fähigkeit“ aller Verfassungsstaaten

Wolfgang Reinhard

A. Kulturelle Gemeinsamkeiten Europas

I. Der Gegenstand und seine Problematik

Was ist Europa, was ist Kultur und was davon ist Europa gemeinsam? Jede dieser drei Fragen ist höchst umstritten und hier nicht mit zwingender Verbindlichkeit zu beantworten. Sie kann aber durch die sachlich gebotene Entscheidung einer Antwort näher gebracht werden, die drei Bestandteile des Gegenstands nicht als gegebene Größen anzusehen, sondern sie zu historisieren und zu prozessualisieren. Denn Europa, Kultur und Europas kulturelle Gemeinsamkeiten waren und sind in der Tat in *ständigem Wandel* begriffen. Unsere Aufgabe besteht also darin, den bisherigen Wandel und seine Ergebnisse nachzuzeichnen, aber mit dem Bewusstsein, dass dieser Wandel weitergeht und auch von einer europäischen Verfassung nicht stillgelegt werden kann.

In diesem Sinne wäre europäische Kultur kein fester Bestand an intellektuellen und künstlerischen Spitzenleistungen, sondern zuerst ein durch Sozialisation erlerntes gemeinsames Programm zur Regelung von Verhalten, eine Praxis, die sich in intellektuellen, künstlerischen und institutionellen Objektivationen niederschlägt, verstetigt und auf diese Weise konserviert werden kann. Europäische politische Kultur wäre dann politische Praxis der Europäer, die sich in politischen Texten und Institutionen niedergeschlagen hat. Von den letzteren wäre der moderne Staat die wichtigste. (Politische) Kultur schließt also einen Vorrat von (politischen) Objektivationen ein, ist aber nicht damit identisch. Kulturelle Verhaltensregeln und Objektivationen stellen vielmehr ein Angebot an Möglichkeiten dar, unter denen Einzelne oder Gruppen nach Bedarf wählen können. Durch Veränderung des Bedarfs und dementsprechend unterschiedliche Internalisierung unterschiedlicher Objektivationen findet ständiger Wandel statt, aber nicht nach Belieben, sondern im begrenzten Rahmen der vorgegebenen Möglichkeiten[1].

1 *P. L. Berger / T. Luckmann,* Die gesellschaftliche Konstruktion der Wirklichkeit. Eine Theorie der Wissenssoziologie, 18. Aufl. 2001; *U. Daniel,* Kompendium Kulturgeschichte, 4. Aufl. 2004; Dinzelbacher (Hrsg.), Europäische Mentalitätsgeschichte, 1993; *T. Eagleton,* Was ist Kultur? 2001; Köpke / Schmelz (Hrsg.), Das gemeinsame Haus Europa. Handbuch zur europäischen Kulturgeschichte, 1999; Köpke / Schmelz (Hrsg.),

Europa selbst ist als kulturelle Objektivation solchem Wandel unterworfen. Die Vorstellung, dass diese Halbinsel Asiens ihre angeblichen natürlichen Grenzen am Bosporus und am Ural haben soll, war Ergebnis kulturellen Wandels im antiken Griechenland und im neuzeitlichen Russland. Historisch geht das heutige Europa auf den von der lateinischen Kirche geprägten Raum westlich der Linie St. Petersburg-Triest zwischen Finnland, Polen, Ungarn, Kroatien auf der einen Seite, Russland, Weißrussland, der Ukraine, Rumänien, Serbien auf der anderen zurück[2]. Das will aber nicht besagen, dass es dabei geblieben ist. Das griechisch-orthodox geprägte Europa hat sich spätestens seit dem Zeitalter der Aufklärung dazu geschlagen und von türkischer Seite wird seit den Reformen Atatürks ein ähnlicher Anspruch erhoben. Es gibt auch hier mehrere Möglichkeiten, wobei zusätzlich die politische Zweckmäßigkeit eine Rolle spielt. Denn angesichts des kulturell europäisierten Sibirien könnte man Europa bis zum Pazifik reichen lassen, was wenig sinnvoll erscheint. Auch wenn Europa keine Nation werden will und soll, so spielt sich doch ein ähnlicher Vorgang ab wie bei der Bildung mancher Nationen. Wie sich nicht Nationen ihre Staaten geschaffen haben, sondern Staaten ihre Nationen[3], so schafft sich nicht Europa seine Organisationsform, sondern eine politische Organisationsform, die EU, schafft sich ihr Europa.

Historisch gesehen handelt es sich um kulturelle Expansion des lateinischen Europa nicht nur nach Übersee, sondern auch über Land nach Osten und Südosten. Daher findet sich der Grundbestand an gemeinsamer kultureller Praxis und an kulturellen Objektivationen Europas in seinem älteren lateinischen Kern. Empirisch gibt es keine Wahl als davon auszugehen. Doch abermals handelt es sich um keine feste Größe, um keinen Grundbestand, der als solcher vorläge. Nein, es gibt ihn nur in räumlichen und zeitlichen Varianten. Europäische Kultur kommt konkret nie als solche vor, sondern nur als west- und mitteleuropäische oder mediterrane, als britische oder deutsche, aber auch als flämische oder wallonische sowie als spätantik-frühmittelalterliche, als hochmittelalterliche, als frühneuzeitliche usf. Bei der Identifizierung des gemeinsamen Grundbestandes und der davon ausgehenden Entwicklung müssen wir uns stets bewusst bleiben, wie stark unsere Darstellung abstrahiert und generalisiert.

Das gemeinsame Haus. Fundgrube Europa. Bibliographie zur europäischen Kulturgeschichte, 1999; *W. Reinhard,* Lebensformen Europas. Eine historische Kulturanthropologie, 2. Aufl. 2006; *A. Wimmer,* Kultur. Zur Reformulierung eines sozialanthropologischen Grundbegriffs, KZSS 48 (1996), S. 401–425.

2 Immer noch wegweisend *E. Hassinger,* Das Werden des neuzeitlichen Europa 1300–1600, Braunschweig 1959, S. XIV.

3 *W. Reinhard,* Geschichte der Staatsgewalt. Eine vergleichende Verfassungsgeschichte Europas von den Anfängen bis zur Gegenwart, 3. Aufl. 2002, S. 440–453.

II. Grundlagen

Die zeitlich wie sachlich erste gemeinsame Eigenschaft Europas ist *seine Vielfalt, seine Vielgestalt.* Im Gegensatz zu anderen Erdteilen weist Kerneuropa keine weiträumigen Tiefebenen und Hochländer auf, sondern besteht aus zahlreichen kleinen und mittelgroßen natürlichen Einheiten verschiedener Art, deren Vielfalt bereits im stark gegliederten Küstenverlauf zum Ausdruck kommt. Der stetige politische Pluralismus Europas – nach Karl dem Großen hat es nie wieder ein europäisches Großreich oder auch nur eine stabile Harmonie gegeben – war vielleicht nicht geopolitisch determiniert, wurde aber von der Geographie begünstigt.

Diese Geographie kam nämlich der Tendenz der in Spätantike und Frühmittelalter in Europa siedelnden, romanische und germanische, keltische und slawische Sprachen sprechenden Gruppen entgegen, sich politisch kleinräumig in Adelsherrschaften und Geflechten von Adelsherrschaften zu organisieren, aus denen erst allmählich die Stämme und Völker Europas hervorgingen[4]. Das ursprüngliche kulturelle Erbe dieser Völker der Frühzeit ist aber wegen der starken Überlagerung durch die lateinische Kultur nicht leicht zu identifizieren. Dass es immer wieder zur mythologischen Unterfütterung späterer nationaler Identitäten aufgebauscht wurde, hat seine Untersuchung eher erschwert als begünstigt. Aber auch diese nationalen Mythologien sind eine variantenreiche Gemeinsamkeit europäischer Kultur[5].

Dabei hat die wichtigste und bis heute maßgebende Pluralität europäischer Kultur ihre Rolle gespielt: die *Sprachenvielfalt,* die allerdings im Zuge der Staats- und Nationsbildung ihren Charakter gewandelt hat[6]. Aus einer Vielzahl lokaler und regionaler, mehr oder weniger gleichrangiger Mundarten wurden Staats-, National- und Kultursprachen mit Monopolanspruch gemacht und in einem mancherorts bis in die Gegenwart anhaltenden Prozess durchgesetzt. Gegenläufige Tendenzen wie die Ersetzung des Kastilischen durch das Katalanische oder die Pflege des Welsh neben dem Englischen sind relativ spät und folgen ihrerseits demselben Schema. Zur *„Erfindung" einer Nation*[7] gehörte bisweilen die bewusste „Erfindung" einer nationalen

4 Schieffer (Hrsg.), Europa im Wandel von der Antike zum Mittelalter (Handbuch der europäischen Geschichte 1), 1976.

5 Berding (Hrsg.), Mythos und Nation, 1996; *L. Colley,* Britons. Forging the Nation, 1707–1837, 1992; *G. Elwert,* Nationalismus und Ethnizität, KZSS 41 (1989), S. 440–464; Flacke (Hrsg.), Mythen der Nationen: ein europäisches Panorama, 1998; *E. J. Hobsbawm,* Nationen und Nationalismus. Mythos und Realität seit 1780, 1991; Link / Wülfing (Hrsg.), Nationale Mythen und Symbole in der zweiten Hälfte des 19. Jahrhunderts, 1991.

6 *H. Haarmann,* Soziologie und Politik der Sprachen Europas, 1975; Mattheier (Hrsg.), Ein Europa – viele Sprachen, 1991.

7 *B. Anderson,* Die Erfindung der Nation, 1988.

Sprache. Entscheidend für die Durchsetzung nationaler Sprachen war erstens ihre Verschriftlichung, die im Mittelalter einsetzte und oft durch die Reformation mit ihren Bibelübersetzungen und volkssprachlichen Gottesdiensten den entscheidenden Schub erfahren hat, zweitens das politische und kulturelle Gewicht eines Zentrums des Landes[8].

Denn bis dahin waren die Volkssprachen vom Lateinischen als der gemeinsamen Sprache der Kirche und der Gebildeten überlagert geblieben[9]. Nicht unbedingt die politischen, wohl aber die religiösen und intellektuellen Eliten Europas hatten bis weit in die Neuzeit hinein eine gemeinsame Sprache, die problemlose Kommunikation gestattete. Auf den Schulhöfen der Gymnasien Alteuropas war bei Strafe Lateinisch zu sprechen! Aber die Volkssprachen Europas wurden während ihrer Entwicklung vom Lateinischen und dem von ihm transportierten Bildungsstoff nicht nur überlagert, sondern unterschiedlich weitgehend penetriert und transformiert. Das gilt keineswegs nur von den romanischen Sprachen mit ihrer deutlichen Abhängigkeit vom Lateinischen, sondern auch von den übrigen, wo Einfluss auch auf Umwegen stattfinden konnte, so auf das Englische über das Französisch der normannischen Eroberer. Später folgte wie in anderen Sprachen eine Flut von Fremdwörtern humanistischen und naturwissenschaftlich-medizinischen Ursprungs.

Heute hingegen findet sprachliche Innovation in Europa ungeachtet des elaborierten Sprachenproporzes der EU überwiegend auf Englisch statt. In der Neuzeit hatten sich zunächst die jeweiligen Sprachen der politisch und kulturell führenden Länder europaweiter Geltung erfreut, zuletzt bis ins 20. Jahrhundert das Französische als Sprache der Diplomatie und der feinen Lebensart. Diese Rolle wurde inzwischen vom Englischen übernommen, weniger, weil es angeblich leicht zu lernen ist, als unter dem Eindruck der politischen und technologischen Führung der USA.

Die *fundamentale Bedeutung* des Latein als Sprache Europas beruht auf der weit reichenden Prägung der europäischen Kultur durch die griechisch-römische Antike einerseits, die jüdisch-christliche Religion andererseits, was beides jahrhundertelang durch die römische Kirche vermittelt wurde, die ein Bildungsmonopol besaß und daher die Deutungshoheit auf allen Gebieten des intellektuellen Lebens ausüben konnte[10]. Der politische wie der ökonomische Diskurs Europas fanden lange in der Sprache der Theologie statt, während sich Philosophie und Naturwissenschaft nur in deren Schatten entfalten konnten.

8 Vgl. *H. van Goethem,* La politique des langues en France 1620–1804, Revue du Nord 71 (1989), S. 437–460.

9 *J. Marouzeau,* Das Latein. Gestalt und Geschichte einer Weltsprache, 2. Aufl. 1970.

10 N. Brox u.a. (Hrsg.), Die Geschichte des Christentums, Bd. 2–4, 1996–2001.

Allerdings hatte das Denken der Christen, die als jüdische Sekte angefangen hatten, bereits im Zuge ihrer Ausbreitung über das Römische Reich eine massive Überformung durch griechische Philosophie und römisches Recht erlebt. Im Hochmittelalter fand dann durch arabische Vermittlung eine gründlichere Rezeption der Philosophie des Aristoteles statt, die erstmals die Entstehung autonomer wissenschaftlicher Diskurse neben der Theologie ermöglichte, wenn auch zunächst noch unter Kontrolle von Theologen. Erst ein neuer Schub Antikerezeption im Zeichen des Renaissancehumanismus führte zur allmählichen *Trennung des Denkens* von der Theologie der Kirche, was freilich noch keine moderne Rationalität und Empirie bedeutete. Doch unter der Obhut der Kirche hat säkulares Bildungsgut der Antike überlebt, das hinfort aufklärerische Sprengkraft entfalten sollte.

Europäische Kultur entstand also im Zuge eines von der Spätantike bis mindestens ins 17. Jahrhundert währenden Übersetzungsprozesses, der zunächst unter der Kontrolle der Kirche, dann derjenigen säkularer Bildungseliten stattfand. Die zentralen autoritativen Texte der europäischen Kultur, die Bibel einerseits, das Corpus der griechisch-römischen Literatur andererseits, mussten über ein Jahrtausend lang aus dem Lateinischen, daneben auch dem Griechischen und Hebräischen übersetzt werden. Selbst wenn wir Latein bis zu einem gewissen Grad damals als lebende Sprache betrachten dürfen, so blieb es doch bei der Aufgabe, die Aussagen der alten Texte in die ganz andere Kultur der damaligen Gegenwart zu übertragen. Vor allem das Alte Testament entsprach über weite Strecken nicht seinem neuen christlichen Kontext und konnte diesem oft nur mit beträchtlichen Auslegungskunststücken angepasst werden.

Dieser Sachverhalt konnte für die europäische Kultur nicht ohne Folgen bleiben. Denn die Europäer wurden auf diese Weise bis in die frühe Neuzeit zu den besten Philologen der Welt und schufen sich außerdem eine hoch entwickelte Auslegungskunst für fremdartige Texte. Diese besondere Wahrnehmungs- und Deutungsfähigkeit erwies sich als Vorteil bei der Begegnung mit fremden Kulturen im Zuge der neuzeitlichen europäischen Expansion. Denn die Europäer waren dadurch befähigt, Andere nicht nur physisch zu unterwerfen, sondern sie durch Erschließung ihrer Sprache und Kultur auch mental zu überwältigen, selbst wenn dieses Verstehen bisweilen eher auf Missverstehen hinauslief. Hier liegen Wurzeln der modernen Kulturwissenschaften und ihrer Methoden, vor allem der Wissenschaften von der Geschichte und von fremden Sprachen und Völkern[11].

[11] Vgl. *W. Reinhard*, Sprachbeherrschung und Weltherrschaft. Sprache und Sprachwissenschaft in der europäischen Expansion (1987), in: ders., Ausgewählte Abhandlungen, 1997, 401–433.

III. Die Entdeckung der Transzendenz und ihre Folgen

Im Gegensatz zur vorgeschichtlichen Prägung europäischer Kultur lassen sich die jüdisch-christliche und die griechisch-römische samt ihren Folgen recht genau erfassen. Dabei erweist sich die Entdeckung des transzendenten Gottes durch Autoren der jüdischen Bibel sowie ihre Übernahme und weitere Entfaltung durch die Christen paradoxerweise als konstitutiv für die Säkularität, ja sogar für die heutige „*Gottlosigkeit*" der europäischen Kultur. Denn Kultur ist überall ihrem Ursprung nach zunächst Religion. Während aber in anderen Religionen Gott oder die Götter in der Welt wohnen, die Welt gotterfüllt oder mit Gott identisch ist, heißt der Gott der Juden und Christen transzendent, weil er unabhängig von der Welt existiert und die Welt nach seinem Belieben aus dem Nichts erschaffen hat. Die Welt kann infolgedessen ihren eigenen Gesetzen folgen, auch wenn zunächst unterstellt wurde, dass Gott diese Gesetze gegeben habe und gelegentlich den gesetzmäßigen Ablauf der Dinge durch Wunder korrigiere. Auf die Dauer konnte die Welt freilich auch ohne ihn gedacht werden; radikale Transzendenz entband radikale Säkularität[12].

So weit war es freilich noch lange nicht. Zumindest bis ins 18. Jahrhundert blieb die Welt wenigstens indirekt unter der *Oberhoheit Gottes*, nicht zuletzt deswegen, weil der europäische Mensch seine eigene Weltbemächtigung als *göttlichen Auftrag* verstand. Daraus ergab sich eine *folgenreiche Dauerspannung* zwischen religiösem und säkularem Weltverständnis, das die europäische, besonders die lateinische Kultur von allen anderen unterschied[13].

Aber bereits im hohen Mittelalter entwickelte sich ein „*horizontales*" Denken, das für die Erkenntnis der Welt vom vertikalen Gottesbezug absah. Durch die Aristotelesrezeption, die gerade rechtzeitig stattfand, ergaben sich dafür ganz neue Möglichkeiten. Das Ergebnis war eine bestimmte Art von Rationalität des Denkens und der Lebenspraxis, die der Soziologe Max Weber zum Inbegriff der westlichen Kultur erklärt hat[14]. Allerdings tummelte sich das neue Denken noch lange vorzugsweise auf dem Feld der Theologie. Möglicherweise indirekt, infolge der dualen Spannung zwischen Gott und Welt, entwickelte abendländische Rationalität frühzeitig eine weitere kennzeichnende Eigenschaft: die *Reflexivität* als Fähigkeit und Neigung, die eigene Position immer wieder selbst in Frage zu stellen.

12 Vgl. *E. W. Böckenförde,* Kirche und modernes Bewusstsein, in: Koslowski u.a. (Hrsg.), Moderne oder Postmoderne? Zur Signatur des gegenwärtigen Zeitalters, 1986, S. 103–129, hier S. 112 f.

13 Vgl. *W. Reinhard,* Die lateinische Variante von Religion und ihre Bedeutung für die politische Kultur Europas, Saeculum 43 (1992), S. 231–255.

14 *M. Weber,* Gesammelte Aufsätze zur Religionssoziologie, 3 Bde., 1920–1921.

Die Eigengesetzlichkeit der Welt in Verbindung mit dem göttlichen Schöpfungsauftrag an den Menschen brachte außerdem eine im Kulturvergleich außergewöhnliche, für Europa aber ebenso kennzeichnende wie folgenreiche Bejahung des gewöhnlichen Lebens hervor, besonders des Arbeits- und Wirtschaftslebens. Wie in allen Hochkulturen war auch bei den Griechen und Römern das kulturell maßgebende Ideal des guten Lebens für die Oberschichten ein Leben in Muße. Arbeit und Erwerbsstreben galten als vulgär, letzteres unter Umständen geradezu als unsittlich. Auch Klerus und Adel des Mittelalters pflegten diese Wertordnung. Demgemäß lief die Vorstellung von der ewigen Seligkeit auf die Gottschau in ewiger Muße hinaus.

Doch gab es seit den Kirchenvätern eine christliche Unterströmung, der ein tätiger Mensch als Mitarbeiter des Schöpfers galt, so dass jede Berufsarbeit Gott wohlgefällig sein konnte. Die Reformatoren haben dieser Sicht der Dinge zur Vorherrschaft verholfen, denn die Reformation stellte ja einen Aufstand selbstbewusster christlicher Laien gegen den Klerus dar. Sogar die frühkapitalistische Profitmaximierung fand jetzt ihre Verteidiger unter städtischen Humanisten, denn auch eigennützige Habgier diene letztendlich dem Gemeinwohl[15].

Praktizierte Innerweltlichkeit war besonders Erfolg versprechend, wenn sie diszipliniert erfolgte. Während Disziplin bisher auf mönchische Askese im Dienste des ewigen Heils hinausgelaufen war, wurde sie künftig immer mehr zum Regelverhalten des arbeitenden Menschen. Durch Uhren gesteuerte Zeitdisziplin breitete sich aus. Schließlich gelang es, die Disziplinierungsinstanz in die menschliche Person hineinzuverlegen, *Fremddisziplinierung* in *Selbstdisziplinierung* zu verwandeln. Das industrielle und bürokratische Zeitalter konnte beginnen[16].

Derartige Praxis verlangte auch ein neues Denken. Systematische Welterklärung um ihrer selbst willen, wie sie von griechischen, mittelalterlichen und frühneuzeitlichen Rationalisten betrieben wurde, war dafür nicht von Nutzen. Statt dessen wurde jetzt auf die allumfassende denkerische Letztbegründung verzichtet und versucht herauszufinden, wie die Dinge funktionieren, um sie besser nutzen zu können. Die Empirie war geboren! Naturwissenschaft und Technik konnten ihren Siegeszug beginnen[17].

15 *K. Wiedemann,* Arbeit und Bürgertum. Die Entwicklung des Arbeitsbegriffs in der Literatur Deutschlands an der Wende der Neuzeit, 1979; *C. Taylor,* Quellen des Selbst. Die Entstehung der neuzeitlichen Identität, 1996; *W. Reinhard*, Die Bejahung des gewöhnlichen Lebens, in: Joas / Wiegandt (Hrsg.), Die kulturellen Werte Europas, 2. Aufl. 2005, S. 265–303.

16 Prodi (Hrsg.), Disciplina dell'anima, disciplina del corpo e disciplina della società tra medioevo ed età moderna, 1994; *K. Härter*, Sozialdisziplinierung, in: Völker-Rasor (Hrsg.), Oldenburg Lehrbuch Geschichte. Frühe Neuzeit, 2000, S. 294–299.

17 *Taylor,* Quellen (Fn. 15).

Allerdings wurde auch diese neue Arbeits- und Wirtschaftskultur noch lange aus der Perspektive der Transzendenz in Frage gestellt. Denn mit dem Christentum kam nicht nur die Bejahung des gewöhnlichen Lebens in die Welt, sondern auch die Bejahung des gewöhnlichen, ja des elenden Menschen, weil Christus sich selbst mit ihm identifiziert hatte. An Stelle des überwiegend erbarmungslosen Umgangs mit Armen, Kranken und Alten, die allenfalls von ihrer Familie Hilfe erhoffen konnten, trat eine *Kultur des Mitleids*, die schließlich in die Pflicht der Gesellschaft, für ihre benachteiligten Mitglieder zu sorgen, münden sollte. Der *moderne Sozialstaat* ist nur auf diesem Hintergrund denkbar[18].

Auch die Politik profitierte von der Eigengesetzlichkeit der Welt und der daraus entspringenden rationalen Welterklärung. Die von Griechen und Römern erfundene Politik konnte sich in Europa zwar nicht sofort, wohl aber auf lange Sicht als autonome politische Welt etablieren und rational legitimieren. Nur so konnte und kann sich der moderne Staat als rationales Konstrukt gebärden.

Allerdings von Anfang an und bis heute nicht vollständig. Denn Herrschaft wurde zunächst weiter sakral begründet[19], die preußische Monarchie sogar bis ins 20. Jahrhundert. Aber dank der *Trennung* von Gott und Welt war dies nur noch indirekt möglich. Europäische Herrscher waren anders als antike nie göttlich oder persönlich heilig. Heilig waren sie nur durch ihren Herrschaftsauftrag *„von Gottes Gnaden"*. Aber auch nach Verschwinden dieses Anspruchs bleibt ein Rest von Sakralität, denn Staat und Nation wollen nach wie vor geglaubt werden[20]. Ein Staat, an den keiner mehr glaubt, ist zum Untergang bestimmt. Eine Schwäche der EU besteht darin, dass sie weder Nation noch Staat sein will und daher nicht Gegenstand des Glaubens ihrer Bürger sein kann.

Vor allem stand weltliche Herrschaft samt ihrer Sakralität auf Grund der *Dualität* von Gott und Welt in Spannung zur geistlichen Herrschaft der Kirche, die als römische Rechtskirche erste Erbin des Imperium Romanum war und insofern einen institutionellen Vorsprung vor den werdenden Staaten Europas hatte. Das Ergebnis war eine klare Unterscheidung von „geistlich" und „weltlich" im Sachenrecht, von Klerus und Laien im Personenrecht, die schließlich auf den Gegensatz von Kirche und Staat hinauslief[21].

Allerdings beanspruchte die Kirche kraft höheren Ranges ihrer Zuständigkeit für Geistliches einen Oberhoheitsanspruch über den Staat, der aber im Zuge der europäischen Staatsbildung seit dem Mittelalter sukzessive abgebaut und ins Gegenteil

18 *Reinhard,* Lebensformen (Fn. 1), S. 163–167.

19 *Reinhard,* Staatsgewalt (Fn. 3), S. 101 f.

20 Genet / Vincent (Hrsg.), État et église dans la genèse de l'état moderne, 1986, S. 309.

21 *H. E. Feine,* Kirchliche Rechtsgeschichte. Die katholische Kirche, 4. Aufl. 1964.

verwandelt wurde, in das frühneuzeitliche Staatskirchentum, schließlich in die Reduktion der Kirchen auf Körperschaften öffentlichen Rechts oder gar bloßer Kultvereine unter staatlicher Hoheit. Eine entscheidende Rolle fiel dabei der Reformation zu, weil sie den glaubenden Menschen gottunmittelbar und damit den institutionalisierten Heilsapparat der Kirche samt seinem Personal überflüssig gemacht hatte. Eigentlich handelte es sich um eine weitere Radikalisierung der christlichen Trennung von Gott und Welt, die aber paradoxerweise unter den Bedingungen des 16. Jahrhunderts in verschärfte staatliche Kirchenherrschaft umschlug. In England und Skandinavien existieren noch heute Restbestände evangelischen Staatskirchentums, während das katholische Quasi-Staatskirchentum Spaniens und Italiens weitgehend auf der Strecke geblieben ist[22].

Dieser institutionalisierte *Dualismus* von geistlicher und weltlicher Herrschaft ist eine weltgeschichtliche Besonderheit des lateinischen Europa, die bereits dem orthodoxen Europa ebenso unbekannt blieb wie anderen Weltreligionen. Dieser ständige Gegensatz war eine notwendige Bedingung für die Entstehung des europäischen Freiheitsprinzips. Zwar kämpften Staat und Kirche nur um ihre eigene Freiheit und keineswegs um diejenige ihrer Untertanen, aber dank der mittelalterlichen Parole „Libertas“[23] trat dennoch der Freiheitsgedanke mit Macht in die europäische Geschichte ein. Zwar mögen sich Staat und Kirche oft genug zur repressiven Disziplinierung der gemeinsamen Untertanen verbunden haben. Aber bereits aus der Tatsache, dass bis weit in die Neuzeit hinein jeder Europäer zwei Herren dienen musste, ergab sich für ihn ein innerer und oft genug auch ein äußerer Freiheitsspielraum bis hin zur Legitimation von politischem Widerstand.

IV. Die Entdeckung der Politik und ihre Folgen

Selbstverständlich ist Politik als Regelung von Machtbeziehungen überall präsent, wo Menschen leben. Aber Politik als organisierte Partizipation des Volkes und als sachlich, nicht personal organisierte Herrschaft, wie sie schließlich den europäischen Staat kennzeichnen sollte, wurde von den Griechen und Römern erfunden und als deren Erbe an Europa weitergegeben.

Europa sollte sich zu seinem eigenen Besten daran erinnern, dass „Politik“ von Haus aus nicht Management von Großorganisationen meint, sondern Entscheidung der Betroffenen über die gemeinsamen Angelegenheiten, die sie alle angehen. Wie der

22 *Reinhard,* Staatsgewalt (Fn. 3), S. 259–281.

23 Vgl. *G. Tellenbach,* Libertas. Kirche und Weltordnung im Zeitalter des Investiturstreits, 1936.

Name sagt, ist Politik ihrem Wesen nach kommunal, denn sie entstand in der „Polis“, dem griechischen Stadtstaat, und wurde im Mittelalter von den Kommunen des lateinischen Europa wieder aufgegriffen. Manche Städte konnten dabei ihre kommunale Autonomie bis zum Status unabhängiger Republiken steigern. Aber auch die Dörfer besaßen in vielen Teilen Europas mehr oder weniger weit reichende Selbstverwaltungsbefugnisse[24]. Das alles war bis zu einem gewissen Grad funktional notwendig, weil Adelsherrschaft und frühes Königtum kaum über Beamte verfügten, die entsprechende Verwaltungsaufgaben wahrnehmen konnten. Alteuropa war also politisch nicht nur pluralistisch, sondern sogar ausgesprochen dezentral organisiert. Man kann durchaus von einem „Europa der 1000 Könige und 10 000 Republiken“ sprechen[25].

Selbstverständlich gab es auch in anderen Kulturräumen Gemeinden und Städte, bisweilen viel großartigere als in Europa. Aber die wirtschaftlich und politisch autonome Stadt ist eine spezifische Errungenschaft des lateinischen Europa bzw. seiner antiken Vorläufer und ein wesentlicher Baustein seiner (politischen) Kultur[26]. Selbst wenn dieser Exklusivitätsanspruch durch neuere Forschungen in Frage gestellt wird[27], so dürfte der Grad an Selbstbestimmung, den europäische Kommunen erreichten, nirgendwo sonst zu finden sein, ebenso wenig ihre rationale Begründung und Legitimierung, die mit den Philosophen der Antike beginnt. Niemand ist von Haus aus so sehr Republikaner wie der Europäer!

Politik alteuropäischer Städte lief nach außen auf Verteidigung ihrer Freiheit hinaus, notfalls im Bund mit anderen Kommunen. So kamen nicht nur im antiken Griechenland und Italien sondern auch im mittelalterlich-frühneuzeitlichen Europa Staatenbünde und Bundesstaaten wie die Schweiz und die Niederlande zustande[28]. Nach innen übten die Städte eine dem Anspruch nach durch Konsens begründete, bisweilen fast totale Regulierung des Lebens ihrer Bürger[29]. In beiderlei Hinsicht waren die Städte Vorläufer und Modell des modernen Staates, der sie im Laufe der Neuzeit entmündigt und ihre Aufgaben an sich gezogen hat. Was heute in Europa an

24 *P. Blickle,* Kommunalismus. Skizzen einer gesellschaftlichen Organisationsform, 2 Bde. 2000 sowie zahlreiche weitere Veröffentlichungen Blickles.

25 *J. H. Elliott,* A Europe of Composite Monarchies, PP 137 (1992), S. 48–71; *B. Marquardt,* Das römisch-deutsche Reich als segmentäres Verfassungssystem, 1999.

26 Max Weber Gesamtausgabe, Bd. 22/5: Die Stadt, Hrsg. Nippel, 1999.

27 Hansen (Hrsg.), A Comparative Study of Thirty City-State Cultures, 2000; ders. (Hrsg.), A Comparative Study of Six City-State Cultures, 2002; Feldbauer / Mitterauer / Schwentker (Hrsg.), Die vormoderne Stadt. Asien und Europa im Vergleich, 2002.

28 *Reinhard,* Staatsgewalt (Fn. 3), S. 247–256.

29 *W. Buchholz,* Anfänge der Sozialdisziplinierung im Mittelalter. Die Reichsstadt Nürnberg als Beispiel, ZHF 18 (1991), S. 129–147.

kommunaler Selbstverwaltung noch vorhanden ist, existiert von Staates Gnaden als eine Art von staatlicher Auftragsverwaltung.

Zur Erfindung der Politik durch die Griechen gehört wesentlich auch die Erfindung des Amtes im modernen Sinn. Ein Amt war demnach nicht mehr nutzbares Eigentum seines Inhabers und oft genug auch seiner Familie, sondern ein mehr oder weniger klar umschriebener und häufig zeitlich befristeter Auftrag im Dienste des Gemeinwohls, für dessen Ausführung der Amtsinhaber rechenschaftspflichtig war[30]. Im mittelalterlichen Italien musste er sich nach Ablauf seiner Amtszeit einer gerichtlichen Untersuchung stellen.

Nicht nur die gewählten Amtsträger moderner Demokratien leiten sich davon her, sondern schon vorher die Beamten des entstehenden Staates. Das Ergebnis war die bürokratische Herrschaft moderner Staaten, deren Idealtyp *Max Weber* nach dem preußischen Modell konstruiert hat. Dieser Beamte ist nicht den Bürgern eines konkreten Gemeinwesens, sondern einem abstrakten Staat verpflichtet und deshalb nicht seinen Mitbürgern, sondern seinen Dienstvorgesetzten Rechenschaft schuldig[31]. Dem institutionellen Vorsprung der römischen Kirche entsprechend war der erste Beamte Europas ihr Priester, der sein Amt nicht erbte, sondern durch Qualifikation erwarb, einer abstrakten Institution diente und einen Dienstleistungsauftrag hatte[32]. Auch in der Weiterentwicklung des Ämterwesens ist die mittelalterliche Kirche dem Staat vorangegangen[33].

Das Wesen sachorientierter statt *personenbezogener Herrschaft* wurde bei den Griechen auf die Formel gebracht, dass nicht Menschen, sondern Gesetze herrschen sollen. Daraus hat sich letztendlich der moderne Rechtsstaat ergeben, mit dem zweideutigen Anspruch, einerseits dem Recht unterworfen, andererseits zugleich Herr des Rechts zu sein[34].

Freilich war diese enge Verklammerung von Herrschaft und Recht im nachantiken Europa zunächst unbekannt. Herrschaft wurde am Maßstab „Gerechtigkeit" gemessen, vor allem bei der Ausübung ihrer Hauptaufgabe, Recht zu sprechen und Frieden zu sichern. Das Recht war nicht von Herrschaft geschaffen und unterlag auch nicht ihrer Verfügung. Es war Bestandteil der göttlichen Weltordnung und wurde nicht

30 *M. van Creveld,* Aufstieg und Untergang des Staates, 1999, S. 33–36.

31 *M. Weber,* Wirtschaft und Gesellschaft, 1964, S. 160–166.

32 *O. Hintze,* Der Beamtenstand (1911), in: ders., Soziologie und Geschichte, 1964, S. 67.

33 *Feine,* Rechtsgeschichte (Fn. 20).

34 Brand / Hattenhauer (Hrsg.), Der europäische Rechtsstaat, 1994, S. 3 f.; *E. Schmidt-Aßmann,* Der Rechtsstaat, in: Isensee / Kirchhof (Hrsg.), Handbuch des Staatsrechts der Bundesrepublik Deutschland, Bd. 1, 1987, S. 987–1043; *W. Reinhard,* Rechtsstaat und Staatsgewalt, in: Kappel / Tobler / Waldmann (Hrsg.), Rechtsstaatlichkeit im Zeitalter der Globalisierung, 2005, S. 33–48.

durch richterliche Entscheidung, sondern durch Konsens der Rechtskundigen ermittelt, mündlich und endgültig. Ein Instanzenzug entlang einer Hierarchie staatlicher Gerichte war unbekannt. Enge Bindung an die Religion kam durch rituelle Formalisierung und die Möglichkeit einer Entscheidung durch Gottesurteil zum Ausdruck[35]. Trotz derartiger irrationaler Momente blieb die grundlegende Gewissheit, dass Macht und Recht nicht deckungsgleich sind, eine wichtige Hinterlassenschaft dieses archaischen Rechts an die europäische Kultur!

Die Papstkirche allerdings besaß als Erbin Roms ihr geschriebenes kanonisches Recht, das von ihren Autoritäten geschaffen und von der Hierarchie ihrer Amtsträger angewandt wurde. Deshalb gab die Kirche bei der „*juristischen Revolution*“ des Hochmittelalters zunächst den Ton an, als zusätzlich das vollständige römische Recht wieder entdeckt wurde[36]. Das Recht wurde jetzt ebenso verschriftlicht wie der Prozess. Damit war statt Rechtsfindung künftig Rechtsauslegung gefragt. Der Umgang mit dem Recht wurde professionalisiert und in die entstehenden Herrschaftsapparate integriert. Hierarchien von mit Berufsrichternbesetzten Instanzen entstanden. In einem rationalen Verfahren waren hinfort Beweise zu erheben, nicht nur auf Klage hin, sondern von Amts wegen und notfalls mit Hilfe der Folter, die dem archaischen Recht unbekannt war[37].

Die *vollständige Verstaatlichung* von Recht und Justiz brauchte freilich noch Jahrhunderte. Zunächst beschränkte man sich darauf, einerseits alte Rechte aufzuzeichnen, andererseits neu erlassene Gesetze zu sammeln. Die Juristen wurden allmählich zur Herrschaftsklasse, aber die Richterkollegien erfreuten sich infolge der losen Struktur des entstehenden Staates noch lange beträchtlicher korporativer Unabhängigkeit, die sie sogar zum Widerstand gegen ihren Herrscher befähigte, vor allem, wenn ihre Interessen berührt wurden wie in der Englischen und der Französischen Revolution. Die moderne richterliche Unabhängigkeit und die richterliche Überprüfung der Gesetzgebung haben hier ihre Wurzeln[38].

Seit dem späten 18. Jahrhundert wurden die selbständigen Juristenkorporationen beseitigt und die Richter in den modernen Staatsdienst überführt. Gleichzeitig fand zwischen dem ausgehenden 17. und dem frühen 20. Jahrhundert mit Ausnahme Englands die europaweite Kodifikation von Staats wegen statt, die auf rationale

35 *H. Hattenhauer,* Europäische Rechtsgeschichte, 2. Aufl. 1994.

36 *H. J. Berman,* Recht und Revolution. Die Bildung der westlichen Rechtstradition, 1991; vgl. z.B. *A. Gouron,* Royal Ordinances in Medieval France, in: Padoa-Schioppa (Hrsg.), Legislation and Justice (The Origins of the Modern State in Europe C), 1997, S. 57–71, bes. S. 67.

37 Padoa-Schioppa (Fn. 36); *E. Peters,* Die Folter, 1991.

38 *C. Holmes,* The Legal Instruments of Power and the State in Early Modern England, in: Padoa-Schioppa (Fn. 36), S. 269–289, hier S. 287.

Neukonstruktion des gesamten Rechtssystems in großen Gesetzbüchern von der Art der fünf Napoleonischen Codices hinauslief[39].

Auch die expandierende bürokratische Verwaltung als der moderne Alltag von Herrschaft hatte nun rechtlich geregelt stattzufinden. Statt durch Rituale wurde Staatshandeln jetzt durch Verfahren legitimiert[40]. Der *Privilegienstaat*[41] wurde vom *Rechtsstaat* verdrängt, in dem Vorrechte kaum mehr respektiert wurden, sondern gleiches Recht für alle galt.

V. Die Entdeckung des Individuums und ihre Folgen

Angeblich wurde etliche Jahrhunderte vor Christus in der so genannten „Achsenzeit“ von den Konfuzianern in China, den Buddhisten Indiens, den Propheten Israels und den griechischen Tragikern und Philosophen parallel die sittliche Verantwortung des Einzelmenschen und sein Gewissen entdeckt oder zumindest wirkungsvoll verkündigt[42]. Das Christentum hat diese Entwicklung durch die Vorstellung weiter gesteigert, dass jeder Mensch dank seiner einzigartigen unsterblichen Seele ein persönliches Gottesverhältnis besitze, im Jenseits Lohn oder Strafe für seine Taten erhalten werde, dabei aber grundsätzlich zum Bürger des Gottesreiches bestimmt sei[43]. Die Beseitigung der kirchlichen Heilsvermittlung durch die Reformation lief auf Gottesunmittelbarkeit und damit auf gesteigerte *Selbstverantwortung* des Menschen hinaus. Schließlich wurde in dieser sittlichen Selbstverantwortung des Individuums die personale Würde des Menschen erkannt, die unbedingten Respekt verlangt. Die Bindung an Gott wurde dabei allmählich entbehrlich, schließlich sogar, weil Fremdbestimmung, als Beeinträchtigung der menschlichen Selbstbestimmung verworfen[44].

39 *S. Salmonowicz,* Die neuzeitliche europäische Kodifikation, APH 37 (1978), S. 29–69.

40 *N. Luhmann,* Legitimation durch Verfahren, 1969; Stollberg-Rilinger (Hrsg.), Was heißt Kulturgeschichte des Politischen? (ZHF, Bh. 35), 2005.

41 Dölemeyer / Mohnhaupt (Hrsg.), Das Privileg im europäischen Vergleich, 1997.

42 *K. Jaspers,* Vom Ursprung und Ziel der Geschichte, 1949.

43 *A. Angenendt,* Welt- und Personenverständnis in christlicher Aufassung, in: Stagl / Reinhard (Hrsg.), Grenzen des Menschseins. Probleme einer Definition des Menschlichen, 2005, S. 293–319; Assmann (Hrsg.), Die Erfindung des inneren Menschen, 1993; Assmann / Sundermeier (Hrsg.), Schuld, Gewissen und Person. Studien zur Geschichte des inneren Menschen, 1997.

44 Vgl. Coleman (Hrsg.), The Individual in Political Theory and Practice (The Origins of the Modern State in Europe F), 1996.

Die Folge war eine *Transformation der Freiheit* mit weit reichenden politischen Folgen. Aus Freiheit als Abwesenheit von Zwang wurde Freiheit als Möglichkeit zur Selbstbestimmung, die Wurzel aller Emanzipationsbewegungen. Unsäglich langsam setztes sich in Europa die Gleichrangigkeit der Frau durch, obwohl die Kirche bereits im Hochmittelalter die Fremdbestimmung ehelicher Partnerwahl verworfen hatte. Auch wenn die politische Gleichberechtigung der Frauen noch im 20. Jahrhundert viel zu wünschen übrig ließ, löste sich das weltweit übliche Patriarchat in Europa doch schon früher auf. Denn seit der Französischen Revolution waren nicht mehr Familienhaushalte unter der Autorität des Hausvaters die Elementarbausteine des Gemeinwesens wie zuvor, sondern die Bürger als Individuen. Jetzt erst war moderne Massendemokratie möglich geworden und es war nur eine Frage der Zeit, bis auch Bürgerinnen daran teilnehmen konnten.

Außerdem war auch eine Transformation des *Eigentumsbegriffs* die Folge, der in Europa ohnehin weiter reichte als anderswo. Denn nur Europa kannte den im Römischen Recht wie in verschiedenen Volksrechten verankerten Grundsatz des fast uneingeschränkten Privateigentums, auch wenn dieser sich zunächst stärker auf Familien als auf Individuen bezogen hatte[45]. Im Denken John Lockes konvergierte diese spezifisch europäische Rechtsvorstellung vom uneingeschränkten Privateigentum mit dem Personalitätsprinzip und der Bejahung des gewöhnlichen Lebens, der Arbeit, in der für die moderne Welt grundlegenden Idee vom Menschen als Eigentümer seiner selbst, das heißt seiner Person, seiner Rechte, damals auch „Freiheiten" genannt, und seines Eigentums im engeren Sinn[46]. Das war der Inhalt der Formel „Liberty and Property", die sinngemäß nicht nur in England der expandierenden Staatsgewalt entgegengehalten wurde.

VI. Die Erfindung des Staates und ihre Folgen

Der moderne Staat ist eine Erfindung der Europäer und einer ihrer wichtigsten Exportartikel in die Welt gewesen. Er wurde zum Inbegriff ihrer politischen Kultur und Geschichte[47]. Dazu gehört freilich ebenso der immer wieder aufflammende Widerstand der Europäer gegen den Staatsbildungsprozess, der aber letztendlich vom Staat in Dienst genommen und integriert werden konnte.

45 *J.-P. Lévy,* Histoire de la propriété, 1972.

46 *J. Locke,* Two Treatises of Government, Hrsg. Laslett, 2. Aufl. 1967, S. 305 (II, V, 27).

47 Blockmans / Genet (Hrsg.), The Origins of the Modern State in Europe, 13th-18th Century, 7 Bde., 1995–2000; *Reinhard,* Staatsgewalt (Fn. 3).

Der Staatsbildungsprozess ist ein Ergebnis des geopolitischen Pluralismus Europas. Die ständige Rivalität innerhalb seiner vielgestaltigen Adelsherrschaft und Kommunalautonomie erlaubte es besonders machtwilligen und begünstigten Konkurrenten, im Lauf der Zeit die Oberhand über die anderen zu gewinnen und diese zu unterwerfen. Die unzähligen Herrschaften und Kommunen wurden bis zum 19. Jahrhundert auf rund zwei Dutzend souveräne Staaten reduziert. Gewalt spielte dabei eine große Rolle. Insofern war der Krieg der eigentliche Motor der europäischen Staatsbildung[48] und wurde daher ebenso wie der Staatsbildungsprozess selbst von den Europäern kontinuierlich reflektiert[49]. Seit dem hohen Mittelalter ist daher eine elaborierte politische Theorie ein wesentlicher Bestandteil europäischer (politischer) Kultur geworden[50].

Sakral legitimierte Könige hatten einen „Wettbewerbsvorteil", aber auch Adelsfamilien wie die Hohenzollern oder Bankiers wie die Medici bewährten sich als Staatsbilder. Wichtige Voraussetzung für den Erfolg waren neben dynastischer *Kontinuität* die Dienste einer politischen Klasse, die im eigenen Interesse das Wachstum der Staatsgewalt zu ihrer Sache machte. Diese Rolle wurde langfristig fast überall von am Römischen Recht gebildeten Juristen übernommen[51]. Die von der römischen Rechtskirche vermittelten Elemente antiker politischer Kultur stellten wichtige Grundlagen des werdenden europäischen Staates dar. Neben dem Amtsprinzip trug auch die territoriale Organisation der Kirche zur Weiterentwicklung des archaischen „Personenverbandsstaates" zum modernen „Flächenstaat" bei. Die päpstliche Vollgewalt wurde zum Modell des monarchischen Absolutismus[52].

Allerdings ging der Machtgewinn des Staates oft zu Lasten des bestehenden Rechts und die dazu notwendige Ressourcenvermehrung konnte nur auf Kosten des eigentlich unverletzlichen Eigentums der Untertanen stattfinden. In einer Kultur, in der man sich ursprünglich notfalls mit Gewalt Recht verschaffen konnte[53], galt demge-

48 Contamine (Hrsg.), War and Competition between States (The Origins of the Modern State in Europe A), 2000; *W. Reinhard,* Kriegsstaat – Steuerstaat – Machtstaat, in: Asch / Duchhardt (Hrsg.), Der Absolutismus – ein Mythos? 1996, S. 277–310.

49 Vgl. *M. Behnen,* Der gerechte Krieg und der notwendige Krieg. „Necessitas" und „Utilitas reipublicae" in der Kriegstheorie des 16. und 17. Jahrhunderts, in: Kunisch (Hrsg.), Staatsverfassung und Heeresverfassung in der europäischen Geschichte der frühen Neuzeit, 1986, S. 43–106.

50 *H. Fenske u.a.,* Geschichte der politischen Ideen, 5. Aufl. 2003; Fetscher / Münkler (Hrsg.), Handbuch der politischen Ideen, 5 Bde., 1985–1993.

51 Reinhard (Hrsg.), Power Elites and State Building (The Origins of the Modern State in Europe D), 1996.

52 Vgl. *C. J. Friedrich,* Der Verfassungsstaat der Neuzeit, 1953, S. 15.

53 *R. Kaiser,* Selbsthilfe und Gewaltmonopol. Königliche Friedenswahrung in Frankreich und Deutschland im Mittelalter, FMS 17 (1983), S. 55–72.

mäß passiver oder aktiver gewaltsamer Widerstand gegen die expandierende Staatsgewalt wenn nicht als legal so zumindest als legitim. Ein Herrscher, der das vertragliche oder stillschweigend übliche *Gegenseitigkeitsverhältnis* zu seinen Untertanen einseitig veränderte, galt traditionell als Tyrann, den man bekämpfen, notfalls absetzen oder sogar töten konnte[54]. Die europäische Geschichte ist voll von Adels- und Volksaufständen[55] sowie von Versuchen, die Obrigkeit vor Gericht zu ziehen[56], wie sie anderswo undenkbar waren. Die Europäer pflegten einen Habitus der Widerspenstigkeit, ihre politische Kultur war zu einem guten Teil eine des Misstrauens. Ausgehend vom Anspruch auf „Liberty and Property" formulierten sie allmählich ihre Grund- und Menschenrechte als unübersteigbare Grenze für die Expansion staatlicher Gewalt[57].

Erfolgreiche Staatsbilder waren daher gezwungen, die Besteuerung des Eigentums der Untertanen mit diesen oder deren Vertretern auszuhandeln[58]. Auf diese Weise entstanden seit dem Spätmittelalter Ständevertretungen, die als Gegenleistung für Steuerbewilligung Anteil an Gesetzgebung und Politik verlangten und erhielten[59]. Allerdings gelang es den meisten Fürsten im 17. Jahrhundert, den Einfluss der Stände zu minimieren. Nur in Schweden und vor allem in England hielten sich ständische Regimes. Aus letzterem entwickelte sich der moderne Parlamentarismus, der dann in und nach der Französischen Revolution modifiziert in die zu Verfassungsstaaten mutierten europäischen Länder exportiert wurde. Ganz wie in den alten Ständeversammlungen wurde auch in modernen Volksvertretungen das Budgetrecht zum Hebel fortschreitender Parlamentarisierung.

54 Vgl. *O. Jászi / J. D. Lewis,* Against the Tyrant, 1957.

55 *Y.-M. Bercé,* Révoltes et révolutions dans l'Europe moderne, 1980; *P. Blickle,* Unruhen in der ständischen Gesellschaft 1300–1800, 1988; *J. A. Goldstone,* Revolution and Rebellion in the Early Modern World, 1991; *H. Neveux,* Les révoltes paysannes en Europe (XIVe-XVIIe s.), 1997; Nicolas (Hrsg.), Mouvements populaires et conscience sociale, XVIe-XIXe s., 1985; *P. Zagorin,* Rebels and Rulers, 2 Bde., 1982.

56 *W. Schulze,* Bäuerlicher Widerstand und feudale Herrschaft in der frühen Neuzeit, 1980; Ders. (Hrsg.), Aufstände, Revolten, Prozesse, 1983; *Ders.,* Die Entwicklung des „teutschen Bauernrechts" in der Frühen Neuzeit, ZNR 1990, S. 127–163; *W. Schmale,* Bäuerlicher Widerstand, Gerichte und Rechtsentwicklung in Frankreich, 1986.

57 *W. Schmale,* Archäologie der Grund- und Menschenrechte, 1997.

58 Bonney (Hrsg.), Economic Systems and State Finance (The Origins of the Modern State in Europe B), 1995; Ders. (Hrsg.), The Rise of the Fiscal State in Europe, c. 1200–1815, 1999.

59 *W. Eberhard,* Herrschaft braucht Zustimmung – der europäische Frühparlamentarismus entsteht, in: Kühnhardt / Rutz (Hrsg.), Die Wiederentdeckung Europas, 1999, S. 121–135; Blickle (Hrsg.), Resistance, Representation, and Community (The Origins of the Modern State F), 1997.

Der nachrevolutionäre europäische Staat hatte die Schwelle zur Modernität überschritten. Im Gegensatz zur hoch differenzierten Welt des Ancien Régime machte er sich überall *Einheit und Einheitlichkeit* zum Prinzip: Einheit des Staatsgebiets als homogenes Territorium mit linearen Grenzen, Einheit des Staatsvolks als nivellierte Masse von Individuen, die mittels Schulpflicht[60], Wehrpflicht und Steuerpflicht diszipliniert wurden, Einheit der von Juristen gehandhabten souveränen Staatsgewalt mit Gewaltmonopol nach innen und außen[61], dessen Anwendung der Polizei bzw. dem Militär oblag[62]. Während die Gewalt im Inneren zurückging, nahm die äußere Gewalt weiter zu; der Krieg war aus einer Ausnahme und einem Staatsbildungskonflikt zu einer Art von zwischenstaatlichem Rechtsgeschäft geworden[63].

Wo sich Volkssouveränität und Demokratie durchsetzten, konnte sich die Staatsgewalt obendrein selbst mit der nötigen Legitimation versorgen. Dank der Fiktion, dass der Untertan nur Gesetzen gehorche, die er sich als Bürger selbst gegeben habe, gewann sie die unbegrenzte *Kompetenzenkompetenz*, die Befugnis, ihre eigenen Befugnisse nach Belieben zu regeln. Auch die inzwischen in Verfassungen aufgenommenen und damit unter Verlust ihrer herrschaftskritischen Funktion „verstaatlichten“ Grundrechte gelten insofern nur kraft staatlicher Selbstbeschränkung. Der Weg zum totalen Staat war offen! Organisierter Massenmord sollte sich als letzte Konsequenz des modernen Verwaltungsstaates erweisen[64].

Denn der im 19./20. Jahrhundert weiter entwickelte moderne Staat ist nicht nur Rechtsstaat, Demokratie und dank demokratisch induzierter Ausweitung innerer Staatsbefugnisse auch Sozialstaat[65], sondern vor allem Nationalstaat[66]. Das bedeutet, seine politische Identität ist auf den Glauben seiner Bevölkerung an *gemeinsame* Mythen und auf ihren Willen zur *gemeinsamen* Geschichte gegründet. Solche Identi-

60 Schmale / Dodde (Hrsg.), Revolution des Wissens? Europa und seine Schulen im Zeitalter der Aufklärung (1750–1825), 1991.

61 *J. Isensee,* Staat, in: Staatslexikon der Görres-Gesellschaft, 7. Aufl., Bd. 5, 1989, S. 133–157, im Sinne von *G. Jellinek,* Allgemeine Staatslehre (1900), 1959; vgl. *H. U. Gumprecht,* Modern, Modernität, Moderne, in: Geschichtliche Grundbegriffe, Bd. 4, 1978, S. 107.

62 *B. Gladigow,* Homo publice necans. Kulturelle Bedingungen kollektiven Tötens, in: Saeculum 37 (1986), S. 150–165; Stietencron / Rüpke (Hrsg.), Töten im Krieg, 1995.

63 Vgl. *J. Burkhardt,* Die Friedlosigkeit der frühen Neuzeit. Grundlegung einer Theorie der Bellizität Europas, ZHF 24 (1997), S. 509–574.

64 *G. Dilcher,* Entfaltung und Krise des Verwaltungsstaates, HZ 250 (1990), S. 638.

65 *G. A. Ritter,* Der Sozialstaat. Entstehung und Entwicklung im internationalen Vergleich, 2. Aufl. 1991; *H. G. Hockerts u.a.,* Sozialstaat 1996.

66 *D. Langewiesche,* Nation, Nationalismus, Nationalstaat: Forschungsstand und Forschungsperspektiven, NPL 40 (1995), S. 190–236.

tät lebt aber seit alters von der Abgrenzung gegen feindliche Alterität[67]. Was einst die Türken gewesen waren, wurde jetzt zur Rolle einer feindlichen und minderwertigen Nachbarnation, z.B. auf Gegenseitigkeit der Deutschen bzw. der Franzosen. Unter den gegenwärtigen Umständen hat die gemeinsame europäische Alteritätsobsession wieder zu den Muslimen als Erbfeinden Europas zurückgefunden. Wird Europa künftig wie einst seine Nationen durch Abneigung gegen den wirklichen oder imaginierten gemeinsamen Feind zusammengeschweißt werden?

Grundlegende und vertiefende Literatur

Köpke, Wulf / Schmelz, Bernd (Hrsg.):
Das gemeinsame Haus Europa. Hdb. zur europäischen Kulturgeschichte, München 1999.

dies. (Hrsg.):
Das gemeinsame Haus – Fundgrube Europa. Bibliographie zur europäischen Kulturgeschichte, Bonn 1999.

Reinhard, Wolfgang:
Geschichte der Staatsgewalt. Eine vergleichende Verfassungsgeschichte Europas von den Anfängen bis zur Gegenwart, 3. Aufl., München 2002.

67 Vgl. zuletzt *M. Wrede,* Das Reich und seine Feinde. Politische Feindbilder in der reichspatriotischen Publizistik zwischen Westfälischem Frieden und Siebenjährigem Krieg, 2004.

Peter Brandt / Arthur Schlegelmilch

B. Die Verfassungsentwicklung der europäischen Staaten seit dem 18. Jahrhundert

I. Historische Voraussetzungen des Verfassungsstaats in Europa

Überlegungen und sogar konkrete Pläne, die auf einen engeren Zusammenschluss Europas zielten, lassen sich bis weit in die Geschichte zurückverfolgen. Seit der Aufklärung und der Französischen Revolution sind sie überwiegend mit den Ideen der Menschenrechte und der kollektiven Selbstbestimmung verbunden.

In etlichen Ländern formulierten während des Zweiten Weltkriegs Köpfe des Widerstands gegen den Nationalsozialismus bzw. Faschismus die programmatische Forderung der Einigung Europas, die unter Sicherheits- wie unter Wirtschaftsgesichtspunkten notwendig schien. Nur durch die Überwindung der tradierten Machtpolitik und der uneingeschränkten nationalen Souveränitäten zugunsten einer *überstaatlichen Bundesautorität* könnten Europa und die im großen europäischen Verbund aufgehobenen Nationen sich gegenüber den neuen Weltmächten USA und Sowjetunion behaupten.[1]

Unter dem Eindruck der Kriegsverheerungen und -verbrechen, des politischen Bedeutungsverlusts Europas insgesamt wie der Notwendigkeit, die ökonomische Desintegration der 1930er Jahre zu überwinden, um wirtschaftlich wieder zu prosperieren, sowie nicht zuletzt forciert durch den Ost-West-Konflikt und die zunächst ungeteilte Unterstützung der USA, begann der eigentliche Einigungsprozess mit der sektoral beschränkten, aber supranational geprägten Gründung der Europäischen Gemeinschaft für Kohle und Stahl (EGKS) 1951. Die 1957 vereinbarte Europäische Wirtschaftsgemeinschaft (EWG) – ergänzt um die Europäische Atomgemeinschaft (EAG) – weitete die Felder der Integration erheblich aus, veränderte dabei indessen auch den institutionellen Zuschnitt. Dass die Einigung des Kontinents, zunächst

1 *H. Schulze*, Phoenix Europa, Die Moderne. Von 1740 bis heute, München 1998; *P. Krüger*, Das unberechenbare Europa. Epochen des Integrationsprozesses vom späten 18. Jahrhundert bis zur Europäischen Union, 2006; *W. Loth*, Der Weg nach Europa. Geschichte der europäischen Integration 1939–1957, 3. Aufl. 1996; *J. Gillingham*, European Integration, 1950–2003. Superstate or New Market Economy?, 2003. Auch für das Folgende.

begrenzt auf das Territorium des Reichs Karls des Großen, auf wirtschaftlicher Ebene begann und dort bis heue hauptsächlich ihre Dynamik entfaltet, lag umso mehr nahe, als schon während der Industrialisierung – intensiviert in den 1860er und 1890er Jahren – die ökonomische Verflechtung Europas einen solchen Dichtegrad erreicht hatte, dass sie am Ende der Epoche, kurz vor dem Ersten Weltkrieg, in einem Spannungsverhältnis zur politisch-territorialen Struktur stand.

Die schrittweise Ausweitung der EWG zu einer nun bald annährend das gesamte nichtrussische Europa umfassenden Union und deren institutioneller Ausbau nach pragmatischen Gesichtspunkten warfen von Anfang an und stets von Neuem diejenigen grundlegenden Fragen auf, mit denen der Einigungsprozess heute noch zu tun hat und die zwangsläufig im Mittelpunkt einer „Europäischen Verfassung" stehen. Faktisch enthielt der Einigungsprozess stets sowohl intergouvernementale als auch supranationale Elemente, wobei Erstere meist überwogen. Mit dieser Feststellung ist die Rolle der Nationalstaaten, dieser Eigentümlichkeit Europas, bei der europäischen Einigung angesprochen. Der Nationalstaat in der Form des Verfassungsstaats, insbesondere des demokratischen Verfassungsstaats, schuf die politisch-sozialen Voraussetzungen für eine spätere europäische Einheit, indem er die gesellschaftliche und staatliche Integration mit der Partizipation der Bevölkerung verband und dafür das Empfinden kultureller und historischer Gemeinsamkeiten, welche mehr oder weniger real, mehr oder weniger imaginiert waren, aktivierte.

Wie immer man die heutige Europäische Union im Hinblick auf ihre politische Grundordnung definiert und wie immer man ihre Entwicklungsmöglichkeiten beurteilt, es handelt sich bei ihr um ein *historisch neuartiges Phänomen*. Doch selbst für den Fall, dass die Union eines Tages bundesstaatliche Qualität annimmt, werden die Nationalstaaten (und allemal die Nationen als Kommunikations- und Bewusstseinsgemeinschaften) sich nicht einfach auflösen, sondern aller Voraussicht nach für unabsehbare Zeit als Bausteine der höheren Ordnung weiter existieren.

Die schrittweise Herausbildung einer „Europäischen Verfassung" seit den 1950er Jahren ist somit nicht vorstellbar ohne die spezifisch europäische Tradition des nationalen Verfassungsstaats, die ihrerseits an weit zurückreichende historische Voraussetzungen gebunden ist. Das Grundprinzip der historischen Entwicklung Europas seit dem Mittelalter ist der *Pluralismus*: sowohl zwischen den vielgestaltigen und relativ kleinräumigen, meist fürstlichen Machtgebilden als auch innerhalb der diversen Gemeinwesen, wo die Machtbildungsprozesse statt einer Autokratie funktional differenzierte Systeme begünstigten. Dieser charakteristische „Pluralismus" äußerte sich meist gewaltsam, in teilweise äußerst blutigen Kriegen und Bürgerkriegen, die die europäische Geschichte durchzogen und nur ausnahmsweise von längeren Friedensperioden unterbrochen wurden. Mehr noch: Militär, Krieg und Machtexpansion bildeten eine der Haupttriebkräfte technologisch-wirtschaftlicher Entwicklung und einzelstaatlicher Formierung Europas bis weit ins 20. Jahrhundert.

Die soziale Herrschaft des Adels auf der Grundlage der rund ein Jahrtausend dominierenden agrarisch-feudalen Produktionsweise – und ergänzt um unterschiedlich stark entwickelte genossenschaftliche Elemente in den bäuerlichen Gemeinden – schränkte die Monarchen als die Hauptträger der vormodernen europäischen Staatsbildungen ebenso ein wie das zwecks Konzentration von Handel und Gewerbe in Europa relativ stark verselbständigte Städtewesen. In der Stadt des Mittelalters und der Frühen Neuzeit ergab sich aus der beruflichen und sozialen Differenzierung ein gegenüber der ländlichen Gesellschaft erhöhter Regelungsbedarf, insbesondere hinsichtlich des Rechtssystems, der Verwaltung und des Finanzwesens, der mit der Notwendigkeit einherging, eine beträchtliche Zahl von Menschen an politischen Entscheidungen zu beteiligen.[2]

Die gewohnheitsrechtlich gesicherten Autonomieansprüche des Adels wie auch des städtischen Bürgertums, kombiniert mit der frühen Fixierung des Eigentumsrechts, bildeten unüberwindbare Hindernisse gegen eine willkürliche und gewaltsame Abschöpfung des Mehrprodukts durch die Monarchen und machten die Partizipation der „Stände“ notwendig. Die fast überall vom Adel dominierten politischen Ständeversammlungen begründeten – trotz ihrer sozialen Begrenztheit – eine Tradition der Repräsentation des Landes gegenüber der Herrschaft, die für die spätere Konstitutionalisierung von Bedeutung war. Auch in der Epoche der „absoluten“, also nur durch das göttliche und natürliche Recht gebundenen Monarchie und selbst in den am meisten „absolutistischen“ Staaten blieben die ständischen Zwischengewalten viel gewichtiger, als man lange angenommen hat. Der Autonomie- und Mitwirkungsanspruch der Stände beinhaltete in deren Selbstverständnis das Recht auf – u. U. sogar gewaltsamen – Widerstand gegen eine rechtsverletzende Obrigkeit. Die modernen Menschenrechtsdeklarationen gründen letztlich auf dem europaweiten Widerstandsdiskurs des Mittelalters und namentlich der Frühen Neuzeit.

Zu den grundlegenden historischen Voraussetzungen des Verfassungsstaats in Europa gehört die sukzessive Trennung von Kirche und Staat und die Befreiung des Glaubens von staatlicher Zwangsgewalt. Trägerin des wichtigsten einheitsstiftenden Prinzips der alteuropäischen politischen Kultur war die christliche, speziell römische Kirche, die das antike Kulturerbe in sich aufgenommen hatte, einschließlich des

2 *H. Schulze*, Staat und Nation in der europäischen Geschichte, 1994; *H. Fenske u.a.*, Geschichte der politischen Ideen. Von der Antike bis zur Gegenwart, 2. Aufl. 1996; *W. Reinhard*, Geschichte der Staatsgewalt. Eine vergleichende Verfassungsgeschichte Europas von den Anfängen bis zur Gegenwart, 1999; *W. Schmale*, Archäologie der Grund- und Menschenrechte in der frühen Neuzeit. Ein deutsch-französisches Paradigma, 1997; *E. Wolgast*, Geschichte der Menschen- und Bürgerrechte, 2009. Auch für das Folgende.

Römischen Rechts, das nicht zuletzt dazu diente, die seit dem Spätmittelalter entstehende, monarchische Zentralgewalt zu legitimieren.

Aus der auf Rechtsungleichheit beruhenden feudal-ständischen Gesellschaft mit ihren uneinheitlich zusammengesetzten Territorien und Reichen führte kein direkter Weg in den modernen Verfassungsstaat, der einer zwar faktisch in sozioökonomische Klassen geteilten, aber durch rechtliche Freiheit und Gleichheit definierten Staatsbürgergesellschaft bedurfte. Erst mit der Entstehung des souveränen Staates in Gestalt der absoluten Monarchie während des 17. und 18. Jahrhunderts wurden die ständischen Zwischengewalten so weit zurückgedrängt, dass ein jedenfalls im politischen Sinn nivellierter Untertanenverband entstand, während auf der obrigkeitlichen Seite die exekutiven Funktionen des Herrschers zunehmend ausdifferenziert wurden und in die Hände der Bürokratie übergingen. Das somit gleichermaßen direkter wie abstrakter werdende Verhältnis zwischen der Untertanengesellschaft und der monarchischen Staatsmacht verlangte vor dem Hintergrund einer seit dem mittleren 18. Jahrhundert deutlich beschleunigten wirtschaftlich-sozialen Dynamik nach einem neuen administrativen und juristischen Regelwerk. In Ländern, wo der Absolutismus sich nicht oder nicht dauerhaft etablieren konnte, vermochten unter bestimmten gesellschaftlichen und rechtlichen Bedingungen gesamtstaatliche Ständevertretungen – in einem konfliktreichen Zusammenwirken mit der Krone – ähnliche Aufgaben zu erfüllen. Das Paradebeispiel ist England, wo der Adel sich früh gegenüber dem reichen Bürgertum öffnete.

In Ergänzung zur ursprünglich vorwiegend medizinischen und geographischen Wortbedeutung von „Verfassung" war es üblich, grundlegende Verträge und Gesetze als „Verfassungsgesetze" zu betrachten, so etwa die britische „Magna Charta" von 1215 oder die römisch-deutsche „Goldene Bulle" von 1356. Doch keines dieser „Verfassungsgesetze" der Vormoderne sollte einen umfassenden politischen Ordnungsrahmen liefern; es ging stets um anstehende Einzelfragen, mochte deren Regelung auch weiterreichende Bindewirkungen entfalten. Erst der moderne Verfassungsbegriff, wie er exemplarisch in den „constitutions" der USA (1787/89) – mit starker Ausstrahlung auf Europa – und Frankreichs (1791) zum Ausdruck kam, machte den in ihrer Form teils revolutionären, teils reformerischen Bruch der politischen Systeme in Europa um 1800 denkbar. Die Anfänge dieses *modernen Verfassungsbegriffs* reichen in Großbritannien ins frühe 17. Jahrhundert zurück und nahmen im Verlauf des 18. Jahrhunderts in den Debatten der aufgeklärten Geisteselite auch auf dem Kontinent, mehr und mehr normativ aufgeladen und politisiert, Konturen an: Freiheit der Person, Gleichheit vor dem Gesetz, Gewaltenteilung, Pressefreiheit, politische Repräsentation.[3] Seit dem späten 18. Jahrhundert lassen sich große

3 *G. Stourzh*, Wege zur Grundrechtsdemokratie. Studien zur Begriffs- und Institutionengeschichte des liberalen Verfassungsstaats, 1989; *H. Vorländer*, Die Verfassung –

europaweite Verbindungslinien ausmachen, bestimmte Konstitutionalisierungsschübe oder Verfassungswellen und Verfassungsregionen, die das vorherrschende Bild dieses Zeitraums als einer Großepoche nationaler Fragmentierung erheblich relativieren.

II. Konzeptionelle Hinweise

Von Verfassungsstaatlichkeit im modernen Sinn kann im Allgemeinen dann ausgegangen werden, wenn eine signifikante institutionelle Trennung zwischen Exekutive und Legislative vorliegt und die Funktionalität der staatlichen Ordnung fest und beständig an das geregelte Zusammenwirken von Regierung und Repräsentation gebunden ist. Innerhalb dieses Rahmens zeigen sich seit dem ausgehenden 18. Jahrhundert unterschiedliche Erscheinungsformen.[4]

Im Mittelpunkt unserer vornehmlich typologischen Skizze stehen als Grundformen der monarchische Konstitutionalismus sowie der Parlamentarismus. Beide unterscheiden sich in erster Linie im Hinblick auf das Kriterium der Bildung und Entlassung der Regierung, denn im Gegensatz zum Parlamentarismus gewährt der monarchische Konstitutionalismus keine direkten Einwirkungsmöglichkeiten der Legislative auf die amtierende Regierung, die mithin souverän vom Monarchen zu bestellen und zu verabschieden ist. Auf der Ebene der Gesetzgebung weisen beide Verfassungsmodelle spezifische Verflechtungen und Wechselbeziehungen zwischen Exekutive und Legislative auf, zudem ergibt sich aus dem Steuer- und Gesetzesbewilligungsrecht des Parlaments in jedem Fall eine wirksame indirekte Bindung der Regierungspolitik an die Legislative, ohne deren Rückendeckung eine konstruktive und erfolgreiche Wahrnehmung der Staatsgeschäfte auch im konstitutionell-monarchischen System nicht dauerhaft erfolgen kann.

Idee und Geschichte, 2. Aufl. 2004; *H. Mohnhaupt / D. Grimm*, Verfassung. Zur Geschichte des Begriffs von der Antike bis zur Gegenwart, 2. Aufl. 2002.

4 Wichtigste Editionen moderner Verfassungstexte: Gosewinkel / Masing (Hrsg.), Die Verfassungen in Europa, 1789–1949. Wissenschaftliche Textedition unter Einschluss sämtlicher Änderungen und Ergänzungen sowie mit Dokumenten aus der englischen und amerikanischen Verfassungsgeschichte, 2006; Dippel (Hrsg.), Constitutions of the world from the late 18th century to the middle of the 19th century. Sources on the rise of modern constitutionalism, 2005 ff.; ders. (Ed. in chief), Constitutions of the World 1850 to the present, 2003 ff.; Brandt / Daum / Kirsch / Schlegelmilch (Hrsg.): Quellen zur europäischen Verfassungsgeschichte im 19. Jahrhundert. Institutionen und Rechtspraxis im gesellschaftlichen Wandel, CD-ROM 1: Europa um 1800, 2004; CD-ROM 2: 1815–1847, 2010.

Der „Aufgeklärte Absolutismus“ und die „Ständische Monarchie“ sind insofern Bestandteil der Betrachtung, als sie bereits einzelne konstitutionelle Elemente aufweisen und Übergänge bzw. Vorprägungen späterer Verfassungsstaatlichkeit darstellen. Die Einbeziehung autoritärer und totalitärer Systeme verfolgt demgegenüber die Absicht, einerseits den Abbauprozess und die Zerstörung konstitutioneller Ordnungen, andererseits die verfassungshistorische Relevanz nicht-konstitutioneller Phasen für nachfolgende Entwicklungen einzubeziehen, für die es nie einen Nullpunkt oder eine „Stunde Null“ geben konnte.

Verfassungshistorische Klassifizierungen bedürfen der Berücksichtigung der hinter und in den Verfassungsgesetzen wirkenden Kräfte. Mithin gilt es, die Analyse der normativen Prinzipien und formalen Strukturen mit Fragen nach Träger- und Oppositionsgruppen, Profiteuren und Benachteiligten sowie nach Funktionalität, Reform und Wandel zu konfrontieren und daraus Rückschlüsse für den Vergleich und die typologische Einordnung zu gewinnen. Hieraus ergeben sich notwendigerweise Differenzierungen und Erweiterungen, die im Rahmen eines Handbuchbeitrags nur kursorisch angesprochen, indes aber nicht gänzlich ausgeklammert werden können.[5]

5 Neuere Übersichtswerke zur europäischen Verfassungsgeschichte in der Moderne: Schulze (Hrsg.), Europäische Rechts- und Verfassungsgeschichte. Ergebnisse und Perspektiven der Forschung, 1991; Büsch / Schlegelmilch (Hrsg.), Wege europäischen Ordnungswandels. Gesellschaft, Politik und Verfassung in der zweiten Hälfte des 19. Jahrhunderts, 1995; *M. Kirsch*, Monarch und Parlament im 19. Jahrhundert. Der monarchische Konstitutionalismus als europäischer Verfassungstyp – Frankreich im Vergleich, 1999; *W. Reinhard*, Geschichte der Staatsgewalt. Eine vergleichende Verfassungsgeschichte Europas von den Anfängen bis zur Gegenwart, 1999; *H. Fenske*, Der moderne Verfassungsstaat: eine vergleichende Geschichte von der Entstehung bis zum 20. Jahrhundert, 2001; Gallus (Hrsg.), Staatsformen. Modelle politischer Ordnung von der Antike bis zur Gegenwart. Ein Handbuch, 2004; Brandt / Kirsch / Schlegelmilch (Hrsg.), Handbuch der europäischen Verfassungsgeschichte. Institutionen und Rechtspraxis im gesellschaftlichen Wandel, Bd. 1: Um 1800, 2006 (Einleitung). In Kürze (2010) erscheint: Dies. / Daum (Hrsg.), Handbuch der europäischen Verfassungsgeschichte. Institutionen und Rechtspraxis im gesellschaftlichen Wandel, Bd. 2: 1815–1847, 2010. Ältere, noch immer wichtige Werke: *E. N. Anderson / P. R. Anderson*, Political Institutions and Social Change in Continental Europe in the Nineteenth Century, 1967; *C. J. Friedrich*, Der Verfassungsstaat der Neuzeit, 1953 (1. Aufl. 1941 u.d.T. Constitutional Government and Democracy); *K. v. Beyme*, Die parlamentarischen Regierungssysteme in Europa, 1970.

III. Aufgeklärter Absolutismus und ständische Monarchie als Wegbereiter des europäischen Konstitutionalismus?

In der zweiten Hälfte des 18. Jahrhunderts befanden sich sowohl die Ständische Monarchie als auch der monarchische Absolutismus als bis dahin dominierende Staatsformen des frühneuzeitlichen Kontinentaleuropas unter massivem Reform- und Veränderungsdruck. Die hierfür konkret entscheidenden Impulse lieferten einerseits die Finanznot der Regierungen, andererseits die Forderungen der aufgeklärten Staatstheorie nach gesellschaftlicher Legitimation und kontraktualistischer Gestaltung von politischer Herrschaft. Demgegenüber rückten transzendentale und korporatistische Herrschaftsbegründungen in den Hintergrund, ohne freilich gänzlich von der Bildfläche zu verschwinden. Von der Theorie ungelöst blieb die Frage nach dem Wie und Wann des *Systemwandels,* dessen Umsetzung letztlich der höheren Einsicht des regierenden Fürsten anheim gestellt wurde.

Der diesbezüglich interessanteste verfassungspolitische Ansatz ging von dem Habsburger *Peter Leopold*, Großherzog von Toskana, aus, der aus aufgeklärter Überzeugung und Staatsräson 1782 ein anspruchsvolles Verfassungsprogramm entwarf, das die Anerkennung der natürlichen und unveräußerlichen Rechte des Menschen sowie die Einführung von Gewaltenteilung und Repräsentation beinhaltete. Abgesehen vom Prinzip des imperativen Mandats als Merkmal altständischer Repräsentation, erfüllte das toskanische Verfassungsprojekt die wichtigsten Kriterien frühkonstitutioneller Verfassungsstaatlichkeit und ging teilweise sogar über diese hinaus, doch konnten letztlich nur wenige Teilreformen realisiert werden.

Demgegenüber wies die zum Teil radikale staats- und gesellschaftspolitische Reformpolitik *Friedrichs II.*, *Maria Theresias* und *Josephs II.* keine konstitutionellen Zielsetzungen auf. Ebenso blieb den aus den Reihen der Spitzenbürokratie kommenden verfassungspolitischen Initiativen der Durchbruch versagt, wie insbesondere das Schicksal der *Stein-Hardenbergschen* Staatsreform in Preußen (1806–20) zeigt, in deren Verlauf es weder gelungen ist, eine „Nationalrepräsentation“ als Legitimationsinstanz des administrativ gesteuerten Reformprozesses zu installieren noch durch die Vergabe von Selbstverwaltungsrechten auf kommunaler Ebene einen von unten nach oben verlaufenden Konstitutionalisierungsprozess in Gang zu setzen.

Unterschiedlich erfolgreiche Übergänge zum Konstitutionalismus beschritten hingegen – unter dem Druck innerer und äußerer Krisenlagen – das britische Vereinigte Königreich, Schweden und Polen. In diesen drei Staaten hatte sich das ständisch-aristokratische Element behauptet – in Polen bereits seit Mitte des 16. Jahrhunderts, in Großbritannien mit der „Glorreichen Revolution“ von 1688/89 und in Schweden mit der „Revolution der Herren“ von 1809. Mit der „Bill of Rights“ bzw. der „Regierungsform“ vollzogen Großbritannien und Schweden den Übergang zum

Konstitutionalismus auf ständisch-aristokratischer Grundlage, während Polen mit der Verfassung vom 3. Mai 1791 nicht nur die erste geschriebene, sondern bereits weit in Richtung eines (ebenfalls noch ständisch geprägten) Parlamentarismus vorgeschobene Konstitution Europas überhaupt verzeichnete.[6]

IV. Dualistischer Konstitutionalismus

Wie bereits angemerkt, zeichnet sich der Monarchische Konstitutionalismus durch eine dualistische Grundanlage aus, deren Hauptzweck darin besteht, sowohl die Kontrolle und Mitwirkung repräsentativer Organe am Staat zu gewährleisten als auch die Regierungsgewalt gegenüber direkter parlamentarischer Einwirkung abzuschotten. Dabei spielt es grundsätzlich keine Rolle, auf welche Souveränitätsgrundlage die konstitutionelle Verfassung zurückgeführt wird, sei es die Souveränität des Volkes, des Parlaments oder des Staats, das monarchische Prinzip, die Staatssouveränität oder der Verfassungsvertrag. Allerdings ergeben sich aus den Besonderheiten der Genese und der Kontextbedingungen jeweils unterschiedliche Folgen für das Kräfteverhältnis zwischen Exekutive und Legislative.

Generell zu unterscheiden ist zwischen konstitutionellen Systemen mit parlamentarischem und monarchischem Schwerpunkt. Abgesehen vom britischen Sonderfall, der bereits mit der „Glorreichen Revolution“ (1688/89) zugunsten einer aristokratisch dominierten Mischverfassung entschieden worden war und sich seitdem autochthon weiterentwickelte, und dem nordamerikanisch beeinflussten polnischen Verfassungsvorstoß von 1791, orientierten sich die parlamentarisch-konstitutionellen Verfassungen Europas an der Verfassung des Königreichs Frankreich vom 3. September 1791. Für den im engeren Sinn monarchischen Konstitutionalismus ist hingegen von *zwei Hauptsträngen* auszugehen: dem auf Frankreichs Verfassung vom 4. Juni 1814 zurückzuführenden „Charte-Konstitutionalismus“, erlassen nach dem Sturz Napoleons, sowie dem „deutschen Konstitutionalismus“, wie er namentlich im Norddeutschen Bund und dem westlichen Teil des Habsburgerreichs seit 1867 bzw. im Deutschen Kaiserreich seit 1871 seinen Niederschlag gefunden hat. Hinzu kommen als *Sonderformen* mit länderübergreifenden Wirkungen der direktoriale sowie der föderale Konstitutionalismus.

6 Vgl. zu den aufgeführten Fällen die entsprechenden Länderbeiträge in: Brandt u.a. (Hrsg.), Handbuch der europäischen Verfassungsgeschichte…, Bd. 1, 2006.

1. Parlamentarischer Konstitutionalismus

Die mit kurzem zeitlichen Abstand verabschiedeten Verfassungen Polens (3.5.1791) und Frankreichs (3.9.1791) räumten den Parlamenten sehr weit gehende Befugnisse im dualistischen Gewaltenteilungssystem ein. In Polen bestand sogar eine formelle Einschränkung der königlichen Verfügungsgewalt über die Staatsminister, deren Entlassung durch Zweidrittelmehrheiten der Kammern bewirkt werden konnte.

Auf Grund der vielfältigen Widerstände, insbesondere in Folge der aktiven Ablehnung Russlands, erhielt die erste polnische Verfassung keine Chance auf Bewährung. Aber auch die französische Septemberverfassung hielt dem auf ihr lastenden inneren und äußeren Druck nur kurz Stand. Schon im März 1792 sah sich *Ludwig XVI.* in Anbetracht einer parlamentarischen Ministeranklage gegen den amtierenden Außenminister genötigt, nicht nur die von der Volksvertretung gewünschte Ministerentlassung vorzunehmen, sondern auch Vertreter der im Parlament tonangebenden republikanischen Girondisten in die Regierung aufzunehmen. Mit der Erklärung des Nationalkonvents vom 21. September 1792 („Der Nationalkonvent dekretiert einstimmig, dass das Königtum in Frankreich abgeschafft wird“) erreichte der monarchisch-konstitutionelle Dualismus bereits wenige Monate später seinen formellen Endpunkt.

Das Modell der französischen Septemberverfassung strahlte indes weit über die Grenzen Frankreichs und über den engeren zeitlichen Horizont der revolutionären Dekade hinaus. Als von ihr maßgeblich beeinflusst, können namentlich die spanische Verfassung von Cádiz von 1812, die damit praktisch identische Verfassung des Königreichs beider Sizilien vom Juli 1820 sowie das „Grundgesetz“ des in Personalunion mit Schweden verbundenen Königreichs Norwegen von 1814 gelten. In Spanien trat die Cádiz-Verfassung nach zwischenzeitlicher Abschaffung im „Trienio liberal“ (1820–1823) nochmals in Kraft und diente, wenn auch in abgeschwächter Form, bei der Entstehung der spanischen Juni-Konstitution von 1837 ein weiteres Mal als Referenz.

Wie die französische Septemberverfassung beruhten die Verfassung von Cádiz und die von ihr abgeleiteten Konstitutionen auf der Volkssouveränität. Entsprechend stellte die (ungeteilte) Legislative das dominierende Verfassungsorgan dar. Darüber hinaus führten die Cádiz-Verfassung und ihr süditalienisches Pendant die Institution des „Staatsrats“ als des „einzigen Rats des Königs, den er in wichtigen Regierungsangelegenheiten und besonders bei der Erteilung und Verweigerung von Gesetzessanktionen, bei der Kriegserklärung und bei Vertragsabschlüssen anhören wird“, ein (Art. 236, Verfassung von Cádiz). Da die vierzig Staatsräte nur auf Vorschlag des Parlaments vom König auf Lebenszeit ernannt werden und von diesem weder gemaßregelt noch abgesetzt werden konnten, handelte es sich bei diesem Organ um ein zusätzliches Einfallstor für die Kontrolle und Einflussnahme der Cortes auf die Regierung – mithin um ein Stück Parlamentarismus im Rahmen des konstitutionell-monarchischen Dualismus.

Während das Experiment des parlamentarischen Konstitutionalismus in Spanien und Süditalien bereits Anfang der1820er Jahre durch äußere Intervention beendet wurde, erodierte der konstitutionelle Dualismus des norwegischen Grundgesetzes erst mit nachlassender schwedischer Kontrolle. Nachdem die Regierung ab 1872 durch das norwegische Staatsministerium ausgeübt wurde, setzte das mehrheitlich liberal zusammengesetzte Storting im Jahr 1880 ein Gesetz durch, demzufolge die Minister („Staatsräte“) an den Parlamentsverhandlungen teilzunehmen hatten und ging mit Ministeranklage gegen die dagegen Widerstand leistenden Regierungsmitglieder vor. Daraufhin musste der König seine Minister entlassen und, nach vergeblichem Versuch der Installierung einer „Kampfregierung“, den Vertreter der Parlamentsmehrheit mit der Regierung beauftragen. Damit war im Jahr 1884 der Schritt vom monarchischen Konstitutionalismus zum monarchischen Parlamentarismus vollzogen, zumal auch sämtliche wichtige Konflikte der Folgezeit, die Einführung der „reinen“ norwegischen Nationalflagge, die Verteidigung des nur suspensiven Vetos gegen letzte Versuche zur Durchsetzung einer absoluten Vetomacht der Krone und schließlich die Auflösung der Union mit Schweden (1905), zugunsten des Parlaments entschieden wurden. Der Parlamentarisierung folgte die Demokratisierung auf dem Fuß – zunächst mit der Einführung des allgemeinen Männerwahlrechts (1898) sowie eines eingeschränkten Frauenwahlrechts (1901); 1913 schloss sich das allgemeine Frauenwahlrecht an. Die Ablösung von Schweden und die Errichtung eines eigenständigen norwegischen Königtums wurden durch zwei Volksabstimmungen legitimiert.

Mit einer Vielzahl von damals ausgesprochen progressiven Elementen wie Volkssouveränität, allgemeinem Männerwahlrecht, Grundrechtekatalog, suspensivem (statt absolutem) monarchischem Veto, parlamentarischer Mitwirkung und Kontrolle in der Außen- und Militärpolitik sowie parlamentarischer Ministeranklage und unabhängiger Verfassungsgerichtsbarkeit zählte die von der Frankfurter Nationalversammlung am 28. März 1849 angenommene erste deutsche Gesamtverfassung zu den fortschrittlichsten ihrer Zeit. In mittelfristiger Perspektive war von ihr entweder ein massiver Verfassungskonflikt zwischen Krone und Volksvertretung oder aber der Durchbruch der parlamentarischen Monarchie zu erwarten. Doch fehlten dem Paulskirchenparlament die notwendigen Machtressourcen, um den unwilligen Preußenkönig in das ihm zugedachte Amt des „Kaisers der Deutschen“ hineinzuzwingen und damit den Verfassungstyp des parlamentarischen Konstitutionalismus zum Fundament eines deutschen Nationalstaats werden zu lassen.[7]

2. Monarchischer Konstitutionalismus

a) „Charte-Konstitutionalismus"

In klarem Gegensatz zur gescheiterten Septemberverfassung zielte die von *Ludwig XVIII.* nach dem Sturz *Napoleons* am 4. Juni 1814 in Kraft gesetzte „Charte octroyée" darauf ab, das Problem der Trennung, Verflechtung und Hierarchisierung der Gewalten auf monarchischer Souveränitätsgrundlage und im Sinne einer zugunsten der Krone „hinkenden" Gewaltenteilung zu lösen. Entsprechend verfügte der „Roi de France" nicht nur über das absolute Veto und die alleinige Gesetzesinitiative, sondern auch über ein weitreichendes, von der Zweikammerlegislative schwer kontrollierbares Notverordnungsrecht. Diese Konstellation verleitete *Ludwigs* Nachfolger *Karl X.* im Sommer 1829 dazu, ein ultraroyalistisches Kampfkabinett gegen die mehrheitlich liberal zusammengesetzte Abgeordnetenkammer zu bilden, worauf die Kammer die Forderung erhob, die Wahl der Minister künftig formell an die Zustimmung des Abgeordnetenhauses zu binden und damit an die Stelle des konstitutionellen Dualismus den Parlamentarismus treten zu lassen.

In den „Trois Glorieuses" fegte die Pariser Julirevolution (1830) nicht nur *Karls* reaktionäres Regime hinweg, sondern erzwang eine gezielte Nachbesserung der Charte, die nunmehr auch den Kammern das Gesetzesinitiativrecht zubilligte, den Vorrang des Gesetzes vor der Verordnung feststellte und die Verfassung auf monarchische *und* parlamentarische Souveränitätsgrundlage stellte. In Verbindung mit dem prokonstitutionell disponierten „Bürgerkönig" *Louis Philippe* erwies sich die umgegründete Charte (*Charte constitutionelle*) als funktionsfähig im Sinne der Formel des „*doppelten Vertrauens*", derzufolge Regierungsbildung und -politik zwar in formeller Hinsicht weiterhin allein an die Person des Königs, real aber auch an den Rückhalt der Kammern zu binden waren. Jedoch kam es an anderer Stelle zu einer gefährlichen Infragestellung des konstitutionellen Dualismus, nämlich auf der Ebene der *personellen Verflechtung* zwischen den Abgeordneten der Ersten und Zweiten Kammer einerseits, dieser mit den Funktionsträgern der Exekutive andererseits. So

7 Literaturnachweise zu Kap. II.1: Länderbeiträge Frankreich, Polen, Spanien und Italien im Handbuch d. europäischen Verfassungsgeschichte..., Bd. 1 (Fn. 5), ferner Beitrag „Norwegen" im zweiten Band dieses Handbuchs (Fn. 5). Zur deutschen Paulskirchenverfassung 1849 z.B. *J.-D. Kühne*, Eine Verfassung für Deutschland, in: Dipper / Speck (Hrsg.), 1848. Revolution in Deutschland, 1998, S. 355–365; *W. Boldt*, Konstitutionelle Monarchie oder Parlamentarische Demokratie. Die Auseinandersetzung um die deutsche Nationalversammlung in der Revolution von 1848, in: Historische Zeitschrift, 216 (1973), S. 553–662.

betrug der Anteil der „Abgeordneten-Beamten“ bis zu siebzig Prozent und bildeten sich ganze „Abgeordneten-Dynastien“ heraus, die sich in Kammern und Verwaltung gleichermaßen verbreiteten und von diesen Positionen aus Wahlausgänge und Ämtervergaben steuerten. Die aufgrund des restriktiven Wahlrechts ohnehin problematische Legitimationsgrundlage der Verfassung wurde damit weiter geschwächt und steuerte auf ihren Untergang in der Februarrevolution von 1848 zu.

Das Modell der Charten von 1814 und 1830 wurde von der europäischen Staatenwelt des 19. Jahrhunderts stark rezipiert. Dementsprechend reproduzierten sich dort, verknüpft mit den jeweils spezifischen Rahmenbedingungen und Sonderproblematiken, die am französischen Beispiel aufgezeigten Herausforderungen und Krisen. So bei den an der Charte octroyée orientierten Verfassungen der Niederlande (1815), Bayerns (1818), Badens (1818), Württembergs (1819), Kurhessens (1831), Sachsens (1831), Braunschweigs (1832), Hannovers (1833), Spaniens (1834, 1845), Griechenlands (1844), Preußens (1848/50), Dänemarks (1849), des Habsburgerreichs (1861) und Russlands (1906) im Hinblick auf verfassungsfeindlich und hart am Verfassungsbruch operierende Monarchen (Kampfregierungen, Notverordnungen, Kammerauflösungen), kontrovers gedeutete Prärogativrechte, dichotomisch strukturierte Legislativen (adlig-konservatives Oberhaus versus liberal disponiertes Abgeordnetenhaus), personelle Verflechtungen zwischen staatlichen Funktionsträgern und Mandataren sowie klientelistische Netzwerkbildungen jenseits der Verfassungsinstitutionen. In besonders verdichteter und zugespitzter Weise manifestierte sich das Dilemma von dualistischer Gewaltenteilung und asymmetrischem Verfassungsdenken im preußischen Heeres- und Verfassungskonflikt zwischen 1861 und 1866: Ein Monarch, der auf seiner Prärogative beharrte, ein Abgeordnetenhaus, das im Nachgeben bzw. dem Rücktritt der Regierung den einzig möglichen Ausweg aus der Verfassungsblockade sah und somit letztlich für einen parlamentarischen Lösungsmodus optierte, und eine Regierung, die sich im entscheidenden Moment nicht als Vermittlerin zwischen monarchischem und parlamentarischem Prinzip verstand, sondern ebenso einseitig wie intransigent zugunsten der Krone optierte. Jedoch brachte der Ausgang des Konflikts ein für den Charte-Konstitutionalismus im europäischen Maßstab untypisches Ergebnis – statt des Systemwechsels kam es per „Indemnitätsgesetz“ (1866) zur nachträglichen Legitimierung der verfassungsfeindlichen Maßnahmen der Regierung und zur Neubefestigung des (monarchisch dominierten) konstitutionellen Dualismus, der in Preußen bis zu den Oktoberreformen von 1918 weitgehend erhalten bleiben sollte.

Das Gegenstück zur preußischen Entwicklung bildet das Königreich Dänemark, dessen zunächst an der belgischen Charte orientiertes „Junigrundgesetz“ (5. Juni 1849) nach dem verlorenen Krieg gegen Preußen einer konservativen Revision unterzogen worden war („Durchgesehene Verfassung“, 1866). Der darüber ausgebrochene Verfassungskonflikt vollzog sich weitgehend analog zu Preußen – einschließlich der Ernennung eines mit *Bismarck* vergleichbaren konservativen „Hardliners" zum Regierungschef *(Jacob Estrup)*. Erst 1894 und damit nach einer sehr viel längeren Konfliktzeit als in Preußen kam es zu einer Neubefestigung der „durchgesehenen Verfassung", die sich jedoch in der Praxis nicht bewährte. Ab 1901 brach sich die Praxis der parlamentarischen Regierungsverantwortung Bahn und bereits 1905 war der Systemwechsel vom monarchischen Konstitutionalismus zum Parlamentarismus vollzogen. Den formellen Schlusspunkt setzte die Annahme einer neuen, de facto parlamentarischen Verfassung im Jahr 1915 („Juniverfassung"), deren Inhalt zwischen Konservativen, Liberalen und Sozialdemokraten vorher ausgehandelt worden war.

Auf starken Widerhall stieß die revidierte Charte im neu gegründeten Königreich Belgien (1830), im Kurfürstentum Hessen (1831) sowie im revolutionären Italien (1848). Die Folgen waren allerdings unterschiedlich. Während sich im belgischen Königreich ein relativ geradlinig voranschreitender Übergangsprozess zur parlamentarischen Monarchie einstellte, gestalteten sich die Verhältnisse in Kurhessen krisenhaft und mündeten im Herbst 1850 in einen schweren Verfassungskonflikt, in dessen Verlauf die Landtagsopposition sogar zum Steuerboykott aufrief und die Beamten, Richter und Offiziere auf die Einhaltung des von ihnen geleisteten Verfassungseids zu verpflichten suchte. In der bis zur preußischen Annexion (1866) verbleibenden Zeit gelang es weder der einen noch der anderen Seite, sich klar und dauerhaft durchzusetzen. Damit eignet sich Kurhessen als Beleg für die in der Forschung vielfach vertretene Einschätzung der konstitutionellen Monarchie als einer in sich widersprüchlichen, den Grundkonflikt zwischen absolutistischem und demokratischem Prinzip allenfalls temporär überspielenden, nicht jedoch überwindenden Verfassungsordnung. Dies gilt ebenso für Belgien, da sich auch hier das konstitutionell-monarchische System nur vorübergehend etablieren konnte, um seit der Jahrhundertmitte den Übergang zum Parlamentarismus zu vollziehen. Nur noch zweimal, 1871 und 1884, wagte es danach der König, vom Parlament gestützte Ministerpräsidenten abzuberufen.

Italien kehrte nach der Niederlage der Revolution von 1848/49 zum Absolutismus zurück – mit Ausnahme Piemont-Sardiniens Dort sah sich König *Viktor Emanuel II.* 1852 gezwungen, *Camillo Cavour* zum Regierungschef zu machen, nachdem dieser ein dauerhaftes Bündnis zwischen rechter und linker parlamentarischer Mitte zustande gebracht hatte. Allerdings führte *Cavours* „pragmatische Verfassungspolitik" nicht zu einem stabilen Parlamentarismus. Nachdem der Ministerpräsident 1859 gegen den Willen der Parlamentsmehrheit vom König entlassen worden war, dauerte es noch bis 1876, um im – 1861 neu gegründeten – italienischen Königreich das parlamentarische Prinzip zur Anerkennung zu bringen.[8]

b) „Deutscher Konstitutionalismus"

Während für die Krisenanfälligkeit und den *Übergangscharakter* des Charte-Konstitutionalismus eine Reihe von Beispielen angeführt werden konnten, ist festzustellen, dass die beiden mitteleuropäischen Großreiche der zweiten Hälfte des 19. Jahrhunderts, das 1867 als Doppelmonarchie neu konstituierte und konstitutionalisierte Habsburgerreich sowie das Deutsche Kaiserreich von 1871, erst im Zuge ihres militärischen Untergangs am Ende des Ersten Weltkriegs den Wechsel vom monarchischen Konstitutionalismus zum Parlamentarismus vollzogen. Außerdem blieb das Deutsche Reich vor tief greifenden Verfassungskonflikten verschont, während der westliche Teil der k.u.k.-Monarchie zwar als Folge seines ungelösten Nationalitätenproblems einem längeren Notverordnungsregiment ausgesetzt war, aufs Ganze gesehen jedoch ebenfalls keine Tendenz zum Systemwechsel erkennen ließ.

Der Schlüssel für die vergleichsweise größere Stabilität des konstitutionellen Dualismus in den beiden mitteleuropäischen Großreichen dürfte namentlich im Hinblick auf das deutsche Beispiel in einer Verfassungskonstruktion zu suchen sein, die dem konstitutionellen Regierungsprinzip des „doppelten Vertrauens" bessere Entfaltungsmöglichkeiten bot, als dies unter den Bedingungen der Charte der Fall war. So hat *Bismarck* das konstitutionelle Prinzip der Gegenzeichnung des Kanzlers (in Verbindung mit der parlamentarischen Interpellation) überaus selbstbewusst interpretiert und darin die Möglichkeit gesehen, aus der (im Vergleich zur preußischen Ministerpräsidentschaft) „höheren Abhängigkeit ... zugleich eine höhere Unabhängigkeit" seines Regierungsamts werden zu lassen.[9] In signifikanter Distanz zum Charte-Konstitutionalismus von 1814, in welchem die Regierung als verlängerter Arm des Monarchen zu agieren hatte, und weit entfernt vom dreiviertelparlamentari-

8 Zur europäischen Vorbildwirkung der Charte vgl. *M. Kirsch*, Monarch (Fn. 5), S. 322 ff.; dort auch zur verfassungspolitischen Entwicklung in Frankreich bis 1848; zu Preußen: *D. Schefold*, Verfassung als Kompromiß? Deutung und Bedeutung des preußischen Verfassungskonflikts, in: Zeitschrift für Neuere Rechtsgeschichte, 3 (1981), S. 137–157; zu Dänemark: *H. Küster*, Verfassungspolitischer Immobilismus und gesellschaftliche Veränderung: Dänemarks „friedlicher Wandel" 1866–1915, in: Büsch / Schlegelmilch (Fn. 5), S. 397–415; zu Kurhessen: *A. Wasielewski*, Der kurhessische Verfassungskonflikt von 1850 in der Bewertung des deutschen Konstitutionalismus, 1990; zu Italien: *S. Rogari*, Alle origini del trasformismo. Partiti e sistema politico nell'Italia liberale 1861–1914, 1998.

9 Diktat für den Staatssekretär von Bülow, Varzin, 1.12.1877, in: *O. von Bismarck*, Erinnerung und Gedanke. Kritische Neuausgabe auf Grund des gesamten schriftlichen Nachlasses von G. Ritter u. R. Stadelmann (= Die gesammelten Werke, Bd. 6c), 1932, S. 90.

schen Zustand der französischen Septemberverfassung von 1791, verkörperte die Regierungspraxis Bismarcks das Axiom des „doppelten Vertrauens“. Dies gilt cum grano salis auch für die wilhelminische Epoche, trotz der vom Anspruch des Kaisers auf ein „persönliches Regiment“ ausgehenden Störungen. Denn spätestens ab 1906 gewann die Reichskanzlerposition wieder deutlicher an Konturen, als *Bülow* innerhalb und außerhalb des Parlaments auf Distanz zum Kaiser ging, den konservativ-liberalen „Bülow-Block“ zusammenschmiedete und die Zusammenarbeit mit den Ausschüssen und Fraktionen des Reichstags vorantrieb.

Hinweise darauf, dass die Vergrößerung des Handlungsspielraums der Regierung gegenüber Krone und Parlament zur Stärkung der konstitutionellen Monarchie als eines *eigenständigen Verfassungstyps* im Sinne eines *„Systems der mittleren Lösung“* (*E.R. Huber*) führen konnte, lassen sich auch für Österreich unter den Bedingungen der Verfassung vom 21. Dezember 1867 ausmachen. Ungeachtet einiger beachtlicher Stabilisierungs- und Reformerfolge gelang es dort freilich nicht, dauerhaft tragfähige Konkordanzstrukturen einzurichten. Vielmehr bildete sich eine „politische Kultur des Aushandelns wichtiger Entscheidungen” heraus, die zwar dazu beitrug, das System auf dem Niveau einer *„stabilen Krise”* lebensfähig zu halten, die die im Prinzip der „Regierung des doppelten Vertrauens” angelegte *konstitutionelle Partnerschaftlichkeit* aber nicht überzeugend herauszubilden vermochte.

In formaler Hinsicht weist die Verfassung Russlands von 1906 auffallende Ähnlichkeiten mit dem Typus des „deutschen Konstitutionalismus“ auf. Dies zeigt sich neben der Anordnung der dualistischen Gewaltenteilung besonders hinsichtlich der weitreichenden Kompetenzausstattung des allein vom Vertrauen des Monarchen abhängigen Ministerpräsidenten, dem das Parlament lediglich ein Interpellationsrecht, nicht jedoch ein Misstrauens- oder wenigstens Missbilligungsvotum entgegenzusetzen hatte. Gleichwohl mussten im Interesse einer konstruktiven Regierungspolitik auch hier Wege gefunden werden, den strukturellen Interessensgegensatz zwischen Volksvertretung und Krone zu überwinden, worum sich besonders *Pjotr Arkadjewitsch Stolypin*, Ministerpräsident und Innenminister von 1906 bis 1911, bemüht zeigte. Freilich sah sich *Stolypin* einem Monarchen gegenüber, der, anders als *Wilhelm I.* oder *Franz Joseph I.* im deutschen und im österreichischen Kaiserreich, neoabsolutistischen Illusionen anhing; ferner fehlte dem russischen Ministerpräsidenten ein fester parlamentarischer Rückhalt vergleichbar mit *Bismarcks* Bündnis mit den Nationalliberalen und einem Teil der Konservativen in dem Jahrzehnt nach 1866. *Stolypins* Versuch von 1907, dem Problem mithilfe einer (verfassungswidrigen) Wahlrechtsänderung abzuhelfen, erwies sich dagegen politisch als kontraproduktiv und trug zur Radikalisierung der politischen Kultur Russlands maßgeblich bei. Beide Tendenzen setzten sich auch nach *Stolypins* Ermordung 1911 fort. Bei ähnlicher formaler Struktur ist für den russischen Konstitutionalismus in den Jahren nach 1906 somit von einem deutlich geringeren Funktionalitätsgrad und wesentlich schlechteren Entwicklungsbedingungen als in den mitteleuropäischen Kaiserreichen auszugehen; *Max Webers* Beurteilung des russischen Verfassungsregiments als „*Scheinkonstitutionalismus*" erscheint mithin plausibel – selbst wenn nicht der Parlamentarismus west-, sondern der Konstitutionalismus mitteleuropäischer Prägung als Vergleichsmaßstab dient.[10]

c) Direktorialer Konstitutionalismus

Eine Sonderform der dualistischen Gewaltenteilung bildet die am 22. August 1795 in Kraft getretene Direktorialverfassung der französischen Republik. Neben der Sicherung des durch den Sturz der Jakobiner im Juli 1794 wieder erlangten sozialen und politischen Vorrangs der Bourgeoisie durch das Wahlrecht bestand ihre „Philosophie" darin, der Gefahr diktatorischer Machtausübung nach Art des Wohlfahrtsausschusses durch *institutionelle Separierung und Ausdifferenzierung* vorzubeugen. In diesem Sinne wurde die Legislative geteilt („Rat der Fünfhundert" / „Rat der Alten") und konnten Gesetze nur mit Zustimmung beider Häuser in einem exakt geregelten Verfahren verabschiedet werden. Der Verhinderung innerparlamentarischer Machtagglomerationen diente das Verbot der direkten Wiederwahl eines Abgeordneten nach Ablauf seiner dreijährigen Mandatszeit; hinzu kam die zeitliche Staffelung des Abgeordnetenaustausches (jährlich ein Drittel). Sonstige öffentliche Funktionen waren den Mandatsträgern strikt untersagt. Auf Seiten der Exekutive wurde mit dem „Vollziehungsdirektorium" ein fünfköpfiges Gremium geschaffen, das gleichsam als kollektives Staatsoberhaupt fungierte. Seine Kompetenzen waren im Exekutivbereich, die autonom organisierte Finanzverwaltung ausgenommen, weitreichend, während im Bereich der Gesetzgebung keine wie auch immer gearteten Initiativ- oder Mitwirkungsrechte des Direktoriums bestanden. Der Vorsitz im Direktorium wechselte alle drei Monate. Die Amtszeit der Direktoren beschränkte sich auf fünf Jahre, und es sollte pro Jahr jeweils ein Direktor ausgewechselt werden. Die Wiederwahl eines ausgeschiedenen Direktoriumsmitglieds war erst nach Ablauf von weiteren fünf Jahren zulässig. Die Direktoren wurden von den beiden Kammern gewählt, wobei dem Rat der Alten das entscheidende letzte Votum zukam. Sie konnten vor dem Nationalen Hochgericht des Verfassungsbruchs angeklagt werden.

Wegen des Fehlens effektiver Mechanismen des Ausgleichs und der Abstimmung zwischen Exekutive und Legislative tendierte die Direktorialverfassung zur *Selbst-*

[10] Zum „Deutschen Konstitutionalismus" mit Bezug auf das deutsche und das österreichische Kaiserreich vgl. *A. Schlegelmilch*, Die Alternative des monarchischen Konstitutionalismus. Eine Neuinterpretation der deutschen und österreichischen Verfassungsgeschichte des 19. Jahrhunderts, 2009; zu Russland: *G. Schramm*, Der zaristische Staat und die verfaßte Gesellschaft, in: Hellmann (Hrsg.), Handbuch der Geschichte Russlands, Bd. 3, 1992, S. 1299–1411.

blockade. Dies ließ auf beiden Seiten die Bereitschaft zum Staatsstreich wachsen, zumal legale Verfassungsänderungen nur in einem langwierigen Verfahren herbeizuführen waren und folglich keinen praktikablen Ausweg boten. Schließlich rissen die drei Direktoren *Barras, Reubell* und *La Reveillièr-Lépaux* am 4. September 1797 (18. Fructidor V) – mit Rückendeckung des Generals *Napoleon Bonaparte* – in einem staatsstreichartigen Akt Kompetenzen an sich, die weit über das in der Verfassung vorgesehene Maß hinausgingen und sich vor allem gegen die jakobinische Opposition richteten. In dem Maße, in dem die demokratische Legitimation des Direktoriums abgebaut wurde, wuchs die Abhängigkeit der Staatsführung von der Armee.

d) Föderaler Konstitutionalismus

Unter den bundesstaatlich organisierten Ländern mit konstitutioneller Verfassungsordnung zeigen sich im 19. Jahrhundert unterschiedliche Formen der vertikalen Gewaltenteilung: Restbestände des historischen differenzierten Länderföderalismus im Habsburgerreich einschließlich des Sonderelements des österreichisch-ungarischen „Ausgleichs" von 1867, der das Verhältnis der beiden Reichsteile auf das für die Erhaltung des Reichsverbands gerade noch erforderliche Minimum reduzierte, des Weiteren die auf dem Norddeutschen Bund aufbauende deutsche Reichsverfassung von 1871 mit einem direkt in die Regierungsverantwortung eingebundenen, als Parlamentarisierungsbarriere konzipierten Föderalorgan, dem Bundesrat, oder das belgische Königreich mit seiner besonderen Berücksichtigung der provinzialen und gemeindlichen Selbstverwaltung.

Eine besonders innovative und erfolgreiche Variante der Verknüpfung direktorialer, föderativer und direktdemokratischer Elemente stellt die Schweizer Bundesverfassung von 1848 in ihrer Fortentwicklung zur „Totalrevision" und darüber hinaus dar. In Anknüpfung sowohl an die der französischen Direktorialverfassung nachgebildete „Helvetische Verfassung" (1798) als auch an die staatenbündische Tradition der alten Eidgenossenschaft konstituierte sich die Bundesversammlung von 1848 als ein komplex und differenziert strukturiertes *System der Gewaltentrennung und -mischung* aus Bundesrat, Bundesratspräsident und demokratisch gewähltem Nationalrat; hinzu kam als föderatives Vertretungsorgan ein „Ständerat". Das Verhältnis zwischen zentraler, kantonaler und gemeindlicher Ebene wurde – unter dem Vorbehalt bundesstaatlicher Reservatbereiche (namentlich Außenpolitik und Militär) – nach dem Grundsatz der Subsidiarität geordnet. Noch ziemlich rudimentär war das direktdemokratische Verfassungselement ausgebildet, das sich ausschließlich auf die Verfassungsrevision bezog.

Als größtes Defizit der Bundesverfassung erwies sich ihre mangelnde Widerstandskraft gegenüber der großbourgeoisen Oligarchisierung des politischen Systems. Die gegen die Herrschaft der „Bundesbarone" gerichtete Protestbewegung des ländlichen Mittelstands, Kleinbürgertums und der Arbeiterschaft zielte dementsprechend auf die Ergänzung des Repräsentativsystems durch direktdemokratische Mechanismen.

Das nach schwerem politischem Kampf 1874 im Rahmen einer umfassenden Verfassungsrevision („Totalrevision") eingeführte Gesetzesreferendum erwies sich als erfolgreich. Vor allem erhöhte sich mit ihm die Bereitschaft der Herrschaftselite, den Weg des Interessensausgleichs gegenüber politischen und gesellschaftlichen Oppositionsgruppen zu suchen, sofern diese das Potential zur Entfachung eines Referendums glaubhaft machen konnten. Die integrative Wirkung des Referendums zeigte sich besonders deutlich 1891, als „Referendumsstürme" zur Übergabe eines Bundesratssitzes an die bis dahin von der Regierung ausgeschlossene katholisch-konservative Richtung führten. Die letzte Etappe auf dem 1874 eingeschlagenen Weg zur *Konkordanzdemokratie* wurde schließlich 1959 mit der sogenannten „Zauberformel" erreicht, die die Verteilung der sieben Bundesratssitze – unter Berücksichtigung der Wähleranteile – auf die vier großen Landesparteien festlegte. Demnach setzte sich der Bundesrat aus zwei Freisinnigen, zwei Christdemokraten, zwei Sozialdemokraten und einem Vertreter der Bauern-, Gewerbe- und Bürgerpartei zusammen.[11]

e) Bonapartismus

Die mit dem Staatsstreich des 9. November 1799 (18. Brumaire VII.) begründete Regierungsgewalt *Napoleons* weist Verbindungslinien sowohl zur Revolutionsepoche als auch zum bourbonischen Absolutismus vor 1789 auf. Gleichwohl handelt es sich bei der französischen Konsulatsverfassung des Jahres VII (1799), einschließlich der 1802 und 1804 vorgenommenen Revisionen, um eine genuin eigenständige Verfassungsform, an die wiederum das „Zweite Kaiserreich" *Louis Napoléons* (1852–1870) anzuknüpfen suchte.

Auf den ersten Blick zeigt die Konsulatsverfassung von 1799 eine auffallende strukturelle Ähnlichkeit mit der Direktorialverfassung von 1795. Wie dort fünf Direktoren stehen hier drei Konsuln an der Spitze der Exekutive, abermals firmieren Judikative und Legislative als formal eigenständige Gewalten, wobei die Legislative nunmehr statt auf zwei auf drei Organe, nämlich Senat, Tribunat und Gesetzgebende Versammlung, verteilt ist. Jedoch ergibt sich aus der spezifischen Verknüpfung der Verfassungsorgane letztlich eine völlig andere Zielorientierung der Konsulatsverfassung – nämlich nicht die Verhinderung, sondern die *Ermöglichung konzentrierter Machtfülle* in der Hand des Ersten Konsuls, der über die personelle Auswahl der Minister, Präfekten, Unterpräfekten und Bürgermeister größerer Gemeinden sowie der Verwaltungsbeamten und Richter (außer Friedensrichtern) befand und zudem

11 Vgl. *B. Weinmann*, Zur Genese des politischen Konsensualismus – die Entwicklung des Schweizer Bundesstaats 1848–1874, in: Büsch / Schlegelmilch (Fn. 5), S. 71–96.

auch noch über das Einsetzungsrecht für den Staatsrat verfügte. Im Umsturzjahr 1799 hatte sich *Napoleon* darüber hinaus das Recht vorbehalten, die Mitglieder des Senats und – im Zusammenwirken mit diesem – die Deputierten der Legislative auszuwählen. Aber auch ohne diese Präjudizierung war das Wahl- und Repräsentationsverfahren der Manipulation „von oben“ ausgeliefert. So sah die Verfassung zwar ein allgemeines Wahlrecht für Männer ab dem 21. Lebensjahr vor, verband dieses jedoch mit einem so komplizierten indirekten Wahlreglement, dass die Entscheidung über die Vergabe der Abgeordnetenmandate in letzter Instanz in den Händen der Regierung, des Senats bzw. des Ersten Konsuls lag. Besonders bedeutsam war die Abhängigkeit des für den Schutz, ab 1802 auch für Änderungen der Verfassung, ab 1804 zusätzlich für die Annullierung von Wahlhandlungen zuständigen Senats vom Ersten Konsul, der seinerseits den Vorsitz im Senat führte und diesen einberief. Hinzu kamen die obrigkeitliche Presselenkung und Zensur sowie der Aufbau eines effektiven, nicht durchgängig an rechtstaatliche Grundsätze gebundenen Polizei- und Spitzelsystems. Andererseits erfreute sich das Regime eines nicht unerheblichen Grads an *Akzeptanz,* welche durch eine sehr spezifische Verknüpfung von Charisma und Populismus, Manipulation, Repression und Effizienz hergestellt wurde und den Charakter des „Bonapartismus“ als eigenständiger konstitutioneller Ordnung ausmacht.

Der weiteren Konsolidierung des bonapartistischen Systems diente die „Verfassung des Jahres X“ (4. August 1802), die die Legislative, vor allem das Tribunat, weiter schwächte und *Napoleon* neben dem Konsulat auf Lebenszeit das Recht zuerkannte, noch zu eigenen Lebzeiten seinen Nachfolger vorzuschlagen und vom Senat wählen zu lassen. Hier deutete sich bereits das dynastisch-monarchische Prinzip als neue Säule des Bonapartismus an. Der formelle Übergang zum Kaiserreich erfolgte auf der Grundlage eines Senatsbeschlusses (Sénatus-consulte organique) mit der „Verfassung des Jahres XII“ (18.5.1804). Das Plebiszit wurde nur noch einmal, nämlich bei der Abstimmung über die Errichtung des Kaiserreichs, angewandt und dann abgeschafft, ferner schritt die Entmachtung der Legislativkörperschaften weiter voran und erreichte 1807 mit der Liquidierung des Tribunats sowie der Disziplinierung der Gesetzgebenden Versammlung einen neuen Höhepunkt. Die Machtvollkommenheit des Kaisers, der 1806 auch noch das Recht erhalten hatte, alle Gesetze verbindlich zu interpretieren, erwies sich damit als faktisch unbegrenzt und ging in gewisser Weise über die Machtstellung eines absoluten Monarchen des Ancien Régime noch deutlich hinaus.

Bonapartistische Herrschaftsformen und -mechanismen lassen sich auf europäischer Ebene im gesamten 19. Jahrhundert feststellen. Dies trifft etwa zu für die Republik und das Königreich Italien (Verfassungen 1802 und 1805), die Niederlande (1805–1810), das Herzogtum Warschau (1807–1812) und das Königreich Westfalen (1807–1813), ebenso für das französische Zweite Kaiserreich (1852–1870). Die

Techniken der Beeinflussung und Steuerung von Wahlen wurden in der zweiten Jahrhunderthälfte namentlich in Spanien und Italien sogar so weit „kultiviert“, dass es möglich wurde, formalen Parlamentarismus und oligarchische Machtausübung miteinander zu verbinden.[12]

V. Der Parlamentarische Verfassungsstaat im 19. Jahrhundert

Die durch den Konvent verabschiedete und am selben Tag unter Berufung auf die allgemeine Krisensituation des Landes suspendierte Jakobinische Verfassung des Jahres I (Constitution montagnarde, 24.6.1793) stellt in formaler Hinsicht die *erste parlamentarische Verfassung Europas* dar. Zusätzlich zu den üblichen Haushalts- und Legislativbefugnissen sowie dem Recht auf Ministeranklage verfügte das Parlament mit ihr über das Recht, die Mitglieder der Regierung alljährlich direkt zu wählen und ihre Tätigkeit politisch zu kontrollieren. Zudem wurde die Stellung der Legislative gegenüber der Judikative verstärkt, indem nach Auflösung des Kassationsgerichtshofs keine justizielle Einwirkungsmöglichkeit auf die Gesetzgebung mehr bestand. Dem stand eine starke plebiszitäre Komponente gegenüber. Dies gilt insbesondere für die in der Verfassung verankerte Bestimmung, parlamentarisch verabschiedete Gesetze („lois“) als „lois proposées“ den Wahlberechtigten zur Abstimmung vorzulegen und erst nach erfolgreichem Plebiszit Gesetzeskraft zu verleihen. Neben der radikalen Missachtung der 1789 feierlich proklamierten Menschen- und Bürgerrechte entfernte sich die Praxis der Folgezeit in zweifacher Hinsicht besonders markant von den Leitlinien der Verfassung des Jahres I: erstens hinsichtlich der Disziplinierung der „Provinz“ und der Ausbildung einer zentralistischen Staatsstruktur und zweitens im Hinblick auf die Aufhebung der Gewaltenteilung einschließlich der staatsterroristischen und diktatorischen Ausgestaltung der Konventsherrschaft in Gestalt des Wohlfahrtsausschusses. Von Verfassungsstaatlichkeit war unter solchen Bedingungen nicht mehr zu sprechen.

Die Etablierung des Parlamentarismus als einer dauerhaft funktionsfähigen Verfassungsordnung gelang erstmals im britischen Vereinigten Königreich. Bereits 1689 hatte sich dort das Parlament als führendes Verfassungsorgan profiliert, die

12 Vgl. *M. Kirsch*, Monarch (Fn. 5), S. 204–298; zum italienischen Fall: *M. Schacht*, Wahlen zwischen Recht und Beeinflussung. Zur Wahlkultur in Italien um die Jahrhundertwende im Vergleich mit Preußen, in: Kirsch (Hrsg.), Der Verfassungsstaat vor der Herausforderung der Massengesellschaft: Konstitutionalismus um 1900 im europäischen Vergleich, 2002, S. 197–221. Zu Spanien: *A. García-Schmidt*, Die Politik der Gabe. Handlungsmuster und Legitimationsstrategien der politischen Elite der frühen spanischen Restaurationszeit (1876–1902), 2000.

Grundsatzfrage nach dem Träger der staatlichen Souveränität jedoch noch unbeantwortet gelassen. Die künftige Ausgestaltung des Verhältnisses von Parlament und Monarch blieb folglich vom weiteren Gang der Gesetzgebung abhängig, wobei das Recht auf Steuerbewilligung den entscheidenden Hebel für die fortschreitende Ausweitung der Rechte des Parlaments und namentlich des Unterhauses bildete. Diese Urkompetenz ständischer Repräsentation wurde im Laufe des 18. Jahrhunderts in Richtung einer umfassenden parlamentarischen Finanzkontrolle erweitert, bis mit der Einrichtung des Consolidated Fund von 1787 die gesetzliche Festschreibung der parlamentarischen Kontrolle über die Hauptausgabenposten des Staatshaushalts erfolgte – ergänzt 1802 durch ein Gesetz über die jährliche Vorlage eines umfassenden und detaillierten Finanzberichts der Regierung. Indem der First Lord of Treasury als Vorsitzender der königlichen Schatzkammer vom Parlament beauftragt wurde, über die korrekte Durchführung der Finanzgesetze zu wachen, entstand ein Verantwortlichkeitsverhältnis gegenüber dem Parlament, das wegen der kollegialen Grundstruktur des Kabinetts in gewisser Weise auf die gesamte Regierung bezogen werden konnte. Sodann gelang es dem Unterhaus, seinen Einfluss auch auf die Regierungsbildung auszudehnen und von den eigenen Mehrheitsverhältnissen abhängig zu machen. Bereits ab 1841 galt es als anerkannte Verfassungsregel, dass die Regierung zwingend des Vertrauens des Parlaments bedurfte.

Neben der erfolgreichen und avantgardistischen Durchsetzung des Parlamentarismus vollzog sich – schrittweise und schleppend – die Demokratisierung der britischen Verfassungsordnung, die erst 1918 das Niveau des allgemeinen Männer- bzw. 1928 des allgemeinen Frauenwahlrechts erreichte. Als Ausgangspunkt dieses Prozesses kann die „Representation of the People Act“ von 1832 gelten, die das aristokratische Element sowie das „landed interest“ zurückgedrängt und die Stellung der bürgerlichen middle class sowie der Industriestädte des Nordens verbessert hatte. Zudem veränderte die starke öffentliche Mobilisierung, durch welche die „Great Reform“ letztlich erst möglich geworden war, die Wahrnehmung der politischen Ordnung und damit die politische Kultur des Landes: Der Mythos der „virtual representation“ machte einem stärker pluralistischen und demokratischen Repräsentationsverständnis Raum, die veränderten Wahlmodalitäten förderten die Neuprofilierung, Professionalisierung und Organisation der beiden Hauptrichtungen des politischen Systems, und die Überwindung der Vetopolitik der Lords führte zu einer spürbaren Aufwertung des Unterhauses gegenüber dem Oberhaus. Die genannten Wechselwirkungen und insbesondere die Stellung der politischen Öffentlichkeit und der Parteien lassen es angezeigt erscheinen, das Verhältnis zwischen *Parlamentarisierungserfolg und Demokratiedefizit* im britischen Fall differenziert zu bewerten, jedenfalls nicht von einer simplen positiven oder negativen Korrelation auszugehen.

Nach der Zweiten Republik von 1848, deren Existenz in Folge des Staatsstreichs ihres Präsidenten *Louis-Napoléon* (2.12.1851) nur kurz währte, etablierte sich der

Parlamentarismus in Frankreich erst im letzten Drittel des 19. Jahrhunderts. Zunächst errichteten die drei Verfassungsgesetze von 1875 eine republikanische, demokratische (allgemeines Männerwahlrecht) und im Kern parlamentarische Ordnung (politische Verantwortlichkeit der Regierung gegenüber dem Parlament), die auf Grund der weitreichenden Kompetenzausstattung des Präsidenten (Gesetzesinitiative, Kammerauflösung, Ernennung und Entlassung der Minister und Beamten, militärischer Oberbefehl) allerdings eine starke dualistische Komponente aufwies. Vor dem Hintergrund dieses Strukturproblems kam es 1876/77 zum offenen Konflikt, nachdem Präsident *Mac Mahon* die von der Parlamentsmehrheit getragene bisherige Regierung durch eine Minderheitsregierung ersetzt und die dagegen protestierende Kammer kurzerhand aufgelöst hatte. Als die Republikaner in den anschließenden Wahlen ihre Mehrheit behaupten konnten und mit Budgetverweigerung drohten, bestand vorübergehend ein mit dem preußischen Verfassungskonflikt der 1860er Jahre vergleichbares Patt, das jedoch, anders als in Preußen, durch das Einlenken des Präsidenten, der ein der Kammermehrheit entsprechendes Kabinett berief, bereinigt wurde. Der 1879 im Amt des Staatspräsidenten nachfolgende *Jules Grévy* erklärte explizit und grundsätzlich den Verzicht auf eine gegen den Willen des Parlaments gerichtete Anwendung des Kammerauflösungsrechts. Demokratie und Parlamentarismus hatten sich damit als Grundfesten der Dritten Republik etabliert.

Im 1861 auf monarchisch-konstitutioneller Grundlage neu gegründeten Königreich Italien setzte sich zwar seit den ausgehenden siebziger Jahren eine auf parlamentarischen Mehrheiten beruhende Regierungsweise durch, doch wurde dieser „Parlamentarismus“ durch Praktiken klientelistischer Mehrheitsbeschaffung und regierungspolitischer Camouflage so stark untergraben, dass insbesondere nach der Jahrhundertwende von einer dem Buchstaben der Verfassung klar widersprechenden faktischen Gewaltenkonzentration („dittatura presidenziale“) gesprochen werden konnte, während sich die gegen diese Praxis opponierenden Kräfte konsequent ausgeschlossen sahen.

Auch in Spanien kam es unter dem Mantel einer formal monarchisch-konstitutionellen Verfassungsordnung ausgangs des 19. Jahrhunderts zu einer faktischen Parlamentarisierung, indem sich die Regierungen durch Parlamentsmehrheiten legitimierten. Doch stand auch hier der Aspekt der manipulativen Mehrheitsbeschaffung auf der Basis vorangegangener Absprachen zwischen den Vertretern der beiden dominierenden Parteien und dem König im Vordergrund, so dass dem „regimen parlamentario“ letztlich eine überzeugende demokratische Legitimation fehlte.[13]

13 Vgl. die Länderbeiträge Frankreich und Großbritannien in: Brandt u.a. (Hrsg.), Handbuch der europäischen Verfassungsgeschichte, Bd. 1 bzw. Bd. 2 (Fn. 5); zur Durchset-

VI. Demokratischer Parlamentarismus im 20. Jahrhundert

1. Demokratischer Parlamentarismus mit monarchischer Spitze

Obgleich der Unterschied zwischen monarchischen und republikanischen Staatsformen im Lauf des 20. Jahrhunderts an Bedeutung verlor, so ist doch für die monarchischen Verfassungsstaaten West- und Nordeuropas eine nicht kampflose, aber doch verfassungsrechtlich kontinuierliche Entwicklung zur parlamentarischen Demokratie charakteristisch. Im klassischen Fall Großbritanniens ging die Parlamentarisierung der Regierungsweise der schrittweisen Demokratisierung des Wahlrechts um Jahrzehnte voraus, ähnlich in Belgien und den Niederlanden, doch waren beide Vorgänge durch die Reformbewegung und die Bedeutung der öffentlichen Meinung schon von Anfang an miteinander verbunden (s.o.). In anderen Ländern folgte die Verallgemeinerung des (zunächst männlichen) Stimmrechts der Parlamentarisierung schneller oder, so in Schweden, war ihr in einem eng zusammenhängenden Veränderungsprozess zwischen 1905 und 1921 sogar um einige Jahre vorgelagert. Allein im Deutschen Kaiserreich (sowie im Wesentlichen auch in Dänemark) koexistierte über Jahrzehnte eine dualistische Konstruktion der Verfassung mit dem allgemeinen und gleichen Männerwahlrecht auf Reichsebene. Anders als in Deutschland setzte sich die an den parlamentarischen Mehrheitsverhältnissen ausgerichtete Regierungsbildung in Dänemark schon kurz nach der Wende zum 20. Jahrhundert durch. Hier wie auch sonst wurde das parlamentarische System nicht explizit in der Verfassung verankert, doch in der Praxis schnell zum Gewohnheitsrecht.

Bis in die zweite Hälfte des 20. Jahrhunderts, teilweise sogar bis heute, fungierte der Parlamentarismus in den Ländern mit monarchischer Spitze auf der formellen Grundlage einer „*eingeschränkten Monarchie*" im Verständnis des dualistischen Konstitutionalismus mit beträchtlichen Befugnissen des Herrschers. Auch wenn nach und nach Verfassungsbestimmungen ergänzt wurden, die die Abhängigkeit der Regierung vom Vertrauen des Parlaments zumindest indirekt verankerten, formulierten noch die neuen Verfassungen Dänemarks (1953) und sogar der Niederlande (1983) die monarchisch-konstitutionelle Tradition weitaus stärker, als es der Verfassungsrealität entsprach, in der die monarchischen Häupter aller betreffenden Länder mehr und mehr auf repräsentative Aufgaben reduziert worden waren, die Einheit der Nation und die Kontinuität sowie Stabilität ihrer selbstbestimmten inneren Ordnung symbolisierend. Erst die neue schwedische „Regierungsform" von 1975, die an die Stelle der mehr als 160 Jahre alten Vorgängerurkunde trat, kodifizierte eindeutig und radikal den Übergang zum Parlamentarismus, in dem – unter anderem – dem König

zung des Parlamentarismus in Frankreich: *M. Kirsch*, Monarch (Fn. 5), S. 374–385; zu Spanien und Italien s.o. Anm. 12.

sogar das Recht auf die Ernennung des Regierungschefs entzogen und statt dessen dem Parlamentspräsidenten übertragen wurde.

Neben der Demokratisierung des Wahlrechts, seit 1906 (Finnland) zunehmend auch die Frauen einschließend, und der sukzessiven Reduktion der Rolle des Staatsoberhaupts ist für die parlamentarischen Monarchien im 20. Jahrhundert ein Drittes verfassungsgeschichtlich bedeutsam: die Ersten Kammern gerieten ebenfalls in den Sog, der von der Anforderung demokratischer Legitimität ausging, verloren an Einfluss und wurden am Ende in manchen Fällen ganz abgeschafft, so in Dänemark 1953 und in Schweden 1975, obwohl in beiden Fällen der Wahlkörper schon während der Zwischenkriegszeit grundsätzlich an den der – ohnehin klar dominierenden – eigentlichen Volksvertretung angepasst worden war. In Großbritannien blieb das House of Lords nach der Verfassungskrise von 1911 – zunehmend unter Verstärkung eines meritokratischen Elements jenseits des alten Adels – bestehen, wurde aber der Tagespolitik und dem politischen Richtungsstreit mehr und mehr entzogen.

Typisch für Großbritannien, das damit in Europa die Ausnahme darstellt, ist die *Souveränität des Parlaments*, im 20. Jahrhundert faktisch des House of Commons, ohne Vorhandensein einer geschriebenen Verfassungsurkunde. Die Unterscheidung von vorrangigen Verfassungsgesetzen und regulären Gesetzen kommt deshalb nicht in Betracht. Wesentlich ist die – nicht zuletzt durch das Auflösungsrecht – überragende Stellung des Premierministers im Zusammenspiel mit der durch das einfache Mehrheitswahlrecht in der Regel zustande gekommenen Majoritätsfraktion des Unterhauses, entsprechend der Logik der Konkurrenzdemokratie. In der Zwischenkriegszeit musste sich das Modell indessen auch in einer Situation bewähren, da durch Verschiebungen im Parteiensystem eine klare Mehrheitsbildung nicht gewährleistet war. In den Jahren 1918 bis 1935 kam es deshalb in hohem Maß zu Parlamentsauflösungen.[14]

Während der britische Parlamentarismus in der demokratischen Ausprägung des 20. Jahrhunderts auf bemerkenswerte Weise integrierend gewirkt und zweifellos

14 Zu Großbritannien immer noch *I. W. Jennings / G. A. Ritter*, Das britische Regierungssystem. Leitfaden und Quellenbuch, 2. Aufl. 1970. Ansonsten, auch für das Folgende, vgl. Willoweit / Seif (Hrsg.), Europäische Verfassungsgeschichte, München 2003; *H. Fenske*, Der moderne Verfassungsstaat: eine vergleichende Verfassungsgeschichte von der Entstehung bis zum 20. Jahrhundert, 2001; *A. Kley*, Verfassungsgeschichte der Neuzeit. Grossbritannien, die USA, Frankreich, Deutschland und die Schweiz, 2. Aufl. 2008; Kluxen (Hrsg.), Parlamentarismus, 2. Aufl. 1969; *C. J. Friedrich*, Der Verfassungsstaat der Neuzeit, 1953; *K. v. Beyme*, Die parlamentarischen Regierungssysteme in Europa, 2. Aufl. 1973; Sternberger / Vogel (Hrsg.), Die Wahl der Parlamente und anderer Staatsorgane. Ein Handbuch, Bd. I: Europa (2 Halbbände), 1969; Ismayr (Hrsg.), Die politischen Systeme Westeuropas, 3. Aufl. 2003.

dazu beigetragen hat, dass auch Positionen an den Rändern des politischen Spektrums sich meist im Rahmen des bestehenden politischen Systems artikulierten, ist die Parlamentssouveränität, die nur in einem auch nach außen souveränen und nach innen unitarisch organisierten Staat gedacht werden kann, von zwei Seiten her *Erosionstendenzen* ausgesetzt: erstens der Übertragung („devolution") staatlicher Aufgaben an Vertretungskörperschaften der, neben den Nordiren, zwei nichtenglischen „Nationen" des Vereinigten Königreichs: der Waliser und – vor allem relevant – der Schotten am Ende der 1990er Jahre. Diese von den betreffenden Großregionen mehr oder weniger nachdrücklich forcierte, asymmetrische Dezentralisierung kann nach tradiertem britischem Verfassungsverständnis vom Westminster-Parlament zurückgenommen werden. Angesichts des inzwischen erreichten Grades an Verselbstständigung, namentlich Schottlands, handelt es sich indessen wohl nur noch um eine theoretische Möglichkeit. Eine ähnliche, die absolute Parlamentssouveränität tendenziell auflösende Wirkung geht vom europäischen Einigungsprozess und den Institutionen der EU aus, namentlich von den Entscheidungen des Europäischen Gerichtshofs und von der Übernahme der Europäischen Menschenrechtskonvention in britisches Recht (1998), wodurch erste Elemente eines dem überkommenen Prinzip fremden, schriftlich fixierten, für das Parlament bindenden Verfassungsrechts implantiert wurden.

Auch Belgien, konstitutionelle Monarchie mit parlamentarischem Schwerpunkt von Anfang an, war 1831 als unitarischer Staat aufgerichtet worden und existierte als solcher über einen langen Zeitraum. In mehreren Stufen wurde das Wahlrecht bis 1919 (für Männer) bzw. bis 1948 (für Frauen) demokratisiert. Im 20. Jahrhundert, verstärkt in dessen zweiter Hälfte, stellte die, zahlenmäßig stärkere, flämische Volksgruppe die wirtschaftliche, politische und kulturelle Dominanz des wallonischen Südens zunehmend in Frage und forderte eine Föderalisierung des Landes, die zwischen 1970 und 2001 in weitgehender Weise verwirklicht wurde. Eine Besonderheit bildet die Doppelstruktur der beiden großen Regionen bzw. Sprachgemeinschaften und der entsprechenden Gemeinschaften der unter der gesamtstaatlichen Regierung verbliebenen Hauptstadt Brüssel sowie des nur partiell eigenständigen Gebiets der Deutschsprachigen im Osten.

Die seit 1868 parlamentarisch und seit 1919 auf der Grundlage demokratischen Wahlrechts regierte niederländische Monarchie zeichnet sich vor allem durch die historisch ausgeprägte, nur langsam erodierende „Versäulung" des politischen Lebens nach konfessionellen bzw. ideologischen Kriterien aus, die den Proporz zu einem wesentlichen Merkmal des niederländischen Verständnisses von Demokratie gemacht hat.

Für die drei skandinavischen Monarchien lassen sich die Jahrzehnte um 1900 übereinstimmend als derjenige Zeitraum ausmachen, in dem die konstitutionelle Monarchie parlamentarisiert und hinsichtlich des Wahlrechts demokratisiert wurde. Die vergleichsweise schwache Stellung eines Feudaladels und die Fortexistenz eines selbstständigen Bauerntums (am wenigsten in Dänemark) unter dem Absolutismus hatten die Verankerung egalitärer Werte begünstigt. In der Zwischenkriegszeit regierten im Norden überwiegend Minderheitskabinette. Erst ab 1929 setzten sich bei der Regierungsbildung feste politische Kombinationen bzw. Regierungen aufgrund parlamentarischer Mehrheiten einer einzigen Partei durch. Und erst für diese Zeit kann man davon sprechen, dass die Vorbehalte gegen die repräsentative Demokratie auf der Rechten wie auf der radikalen Linken marginalisiert wurden. Nach dem Zweiten Weltkrieg wurde dann zunächst unter sozialdemokratischer Hegemonie, aber auch von anderen politischen Kräften mitgetragen, die sozialstaatliche Ausgestaltung der Gesellschaft, versinnbildlicht in der Formel des „Volksheims“, zum *skandinavischen Modell* weiterentwickelt.[15]

2. Demokratischer Parlamentarismus in der Staatsform der Republik

Weniger noch als für Großbritannien unterbrach der Erste Weltkrieg für Frankreich, die zweite der großen europäischen Demokratien, die Kontinuität des Verfassungslebens. Erst die militärische Niederlage gegen Deutschland im Sommer 1940 und die folgende Selbstabschaffung der Republik zugunsten des autoritären Kollaborationsregimes von Vichy machten einen *Neuanfang* unumgänglich. Die Verfassung der Vierten Republik vom 28. Oktober 1946, von einer Konstituante beschlossen und in einer Volksabstimmung angenommen (eine erste, radikalere Version war im Referendum zurückgewiesen worden), beruhte auf einem Kompromiss der Linken, die am liebsten die politische Macht in einem Einkammerparlament konzentriert hätte, mit dem politischen Katholizismus. Das Ergebnis war im Vergleich zu 1875 eine eindeutigere Festlegung auf die Volkssouveränität und auf die parlamentarische Regierungsform bei Beibehaltung des Rats der Republik mit reduzierten Befugnissen sowie des Präsidentenamts, das in der Praxis sogar eine größere Bedeutung erhielt als in der Dritten Republik. Der Premierminister bedurfte einer doppelten Investitur durch Präsident und Nationalversammlung, die seiner Berufung vor der Erstellung der Kabinettsliste mit absoluter Mehrheit zustimmen musste. Die Auflösung des Parlaments wurde erschwert.

Die italienische Verfassung vom 1. Januar 1948, erstmals in der Geschichte des Landes von einer konstituierenden Versammlung (wie in Frankreich jetzt unter Einschluss der Frauen gewählt) verabschiedet, orientierte sich teilweise am französi-

15 *P. Brandt*, Vom endgültigen Durchbruch der parlamentarischen Demokratie bis zu den Anfängen des sozialdemokratischen Wohlfahrtsstaats – Nordeuropa in der Zwischenkriegszeit, in: Gusy (Hrsg.), Demokratie in der Krise: Europa in der Zwischenkriegszeit, 2008, S. 155–228; *E. Gurgsdies*, Schweden: Zivilgesellschaft im universalistischen Sozialstaat, in: Meyer (Hrsg.), Praxis der sozialen Demokratie, 2006, S. 47 ff.

schen Vorbild und entsprang einer ähnlichen politischen Konstellation. Voraus ging eine Volksabstimmung für die Abschaffung der Monarchie. Die beiden volksgewählten Kammern sind in Italien bis heute gleichberechtigt bei der Gesetzgebung wie bei der Kontrolle der Regierung. Der von einer gemischten parlamentarischen Versammlung gewählte Staatspräsident wurde vorwiegend auf repräsentative Aufgaben beschränkt. In Frankreich wie in Italien zeichnete sich die Verfassungswirklichkeit nach 1946/48 durch große *Instabilität der Regierungen* angesichts eines Vielparteienparlaments aus. Anders als in Frankreich, wo der Übergang zur Fünften Republik einen klaren verfassungsgeschichtlichen Einschnitt darstellt, überdauerte die italienische Verfassung von 1948 die Ablösung des politischen Systems der Ersten Republik. Während das bisherige Parteiensystem ab 1992 kollabierte und ein Mehrheitswahlrecht mit Proporzanteilen das bisherige Verhältniswahlrecht ersetzte, blieben die zentralen Verfassungsorgane weitgehend unberührt. Allerdings trat nach einem Referendum im Jahr 2001 eine Verfassungsänderung in Kraft, die die Regionen bzw. subnationalen Gliederungseinheiten gegenüber dem Gesamtstaat erheblich aufwertete und das frühere unitarische Italien in einen Bundesstaat umwandelte.

Der nach dem Ersten Weltkrieg neu gegründete Nationalitätenstaat Tschechoslowakei, der sich indessen als Nationalstaat verstand und zentralistisch organisierte, stützte sich (wie Polen und andere) in seiner Verfassung von 1920 auf das Vorbild der Dritten Republik Frankreichs. Die Nationalversammlung bestand aus zwei Kammern, wobei der Schwerpunkt der legislativen Gewalt im Abgeordnetenhaus lag. Beide Kammern konnten der Regierung das Misstrauen aussprechen, welche in allen ihren Mitgliedern vom Präsidenten (theoretisch frei) ernannt wurde. Der Präsident verfügte seinerseits über das uneingeschränkte Recht, beide Kammern aufzulösen und durfte gegen beschlossene Gesetze ein suspensives Veto einlegen.

Die irische Verfassungsentwicklung im 20. Jahrhundert steht erkennbar in der britischen Tradition, wenngleich der neue Staat und seine Verfassung im Ringen um die Unabhängigkeit vom Vereinigten Königreich entstanden sind. Der Irische Freistaat von 1921/22 befand sich als Dominion des Commonwealth noch in Abhängigkeit der britischen Krone; erst in der neuen Verfassung von 1937, seit den frühen 1930er Jahren vorbereitet und durchgesetzt hauptsächlich von denjenigen Kräften, die den Freistaatskompromiss ursprünglich bekämpft hatten, wurde Irland (bis 1949 allerdings nur faktisch) zur souveränen Republik. Ein Zwei-Kammern-Parlament übt die Legislative aus und bestimmt indirekt über die Zusammensetzung der Regierung; die Exekutive liegt bei dieser, insbesondere beim Premierminister, nicht beim volksgewählten Präsidenten.

Eine Sonderrolle spielt die Türkei: einerseits mit geographischem Schwergewicht in Anatolien und mit orientalischer Kulturtradition Teil Asiens, andererseits über die europäische Geschichte des Osmanischen Reiches und über die engen Verbindungen mit dem Westen zu Europa gehörend. Der moderne türkische Staat entstand unmittelbar aus dem bewaffneten Widerstand gegen Griechenland und der nationalen Selbstbehauptung gegen die westlichen Siegermächte des Ersten Weltkriegs. Unter der Präsidentschaft Mustafa Kemal Atatürks (1923–38) fungierte das politische System der Türkischen Republik trotz der parlamentarisch-demokratischen Verfassung von 1924 de facto als eine Art, u.a. auf radikale Säkularisierung und Europäisierung der äußeren Lebensformen zielende, *Modernisierungs- bzw. Erziehungsdiktatur,* in der den (zunächst noch indirekten) Volkswahlen für das Einparteien-Parlament lediglich formale Bedeutung zukam.

Mit dem Ende des Zweiten Weltkriegs und der schrittweisen Anlehnung an den Westen ging die Türkei zum Mehrparteiensystem mit wechselnden Regierungen über. Angesichts offenkundigen Missbrauchs politischer Macht, Desintegrationstendenzen innerhalb der Staatsordnung, zunehmend manifester islamistischer Tendenzen und des Kurdenproblems griff die Armee, die sich bis heute als Hüterin der nationalen Identität und insbesondere der kemalistischen Tradition versteht, wiederholt auch gewaltsam, in den politischen Prozess ein. Die gültige Verfassung aus dem Jahr 1982, in der Folgezeit mehrfach revidiert, ist das Resultat eines militärischen Staatsstreichs: Dem Einkammerparlament steht ein dort gewählter, mit erheblichen Kompetenzen ausgestatteter Präsident gegenüber. Die Einführung einer Zehn-Prozent-Sperrklausel hat, zusammen mit dem Wahlerfolg der gemäßigten Islamisten, zu Beginn dieses Jahrhunderts das überkommene Parteiensystem verändert und vereinfacht, ohne dass dessen ganz spezifischer Charakter verloren gegangen wäre.[16]

3. Semi-präsidentieller Parlamentarismus

In den nach dem Ersten Weltkrieg, großenteils in Verbindung mit der Erlangung der nationalen Unabhängigkeit, entstandenen neuen Verfassungen wurden die Kriterien für die parlamentarisch-demokratische Regierung erstmals explizit festgeschrieben. Dabei scheute man, die Monarchie hinter sich lassend, vor dem reinen Parlamentarismus zurück und schickte sich an, dem Staatspräsidenten eigene reale Funktionen zuzuteilen, so das Designationsrecht bei der Regierungsbildung. In einigen Fällen bildete der Präsident ein – eventuell sogar dominierendes – *echtes Gegengewicht* zum Parlament.

Die Weimarer Reichsverfassung vom 11. August 1919, erarbeitet und von der Nationalversammlung behandelt, während im Innern schwere Unruhen andauerten und parallel zur Verfassungsgebung die Entscheidung über einen allgemein als unzumutbar empfundenen Friedensvertrag anstand, verwandelte, nach dem kurzen

16 Zur Türkei vgl. *C. Rumpf*, Das türkische Verfassungssystem. Einführung mit vollständigem Verfassungstext, 1996; *U. Steinbach*, Die Türkei im 20. Jahrhundert. Schwieriger Partner Europas, 1996.

Zwischenspiel der parlamentarisierten Hohenzollernmonarchie des Oktober 1918, Deutschland in eine parlamentarisch-demokratische Republik. Neben der Ausweitung des – jetzt proportionalen – allgemeinen, gleichen Reichstagswahlrechts auf Frauen und dessen Übertragung auf die Länder (wodurch auch das preußische Dreiklassenwahlrecht mit seiner Blockadewirkung fiel) sowie Gemeinden stand im Zentrum die veränderte Stellung des Reichskanzlers und der Minister, die vom Vertrauen des Parlaments abhängig wurden. Die Vertretung der Länder existierte als Reichsrat weiter, dessen ablehnendes Votum im Gesetzgebungsprozess jedoch von der Volksvertretung mit Zweidrittelmehrheit unwirksam gemacht werden konnte. Gegenüber dem Kaiserreich war die Weimarer Republik unitarischer konstruiert. Während die Möglichkeit direkter Gesetzgebung des Souveräns durch Volksbegehren und Volksentscheid in der Praxis keine große Rolle spielte, erhielt der Reichspräsident mit dem Notverordnungsrecht (trotz Gegenzeichnungspflicht des Kanzlers und des Rechts des Reichstags, jederzeit die Aufhebung der betreffenden Verordnung zu verlangen) ein Instrument, das angesichts eines nicht oder nur bedingt zur Mehrheitsbildung fähigen Parlaments bei extensiver Auslegung des Maßnahmebegriffs präsidialdiktatorische Züge annehmen konnte, wie es ab 1930 geschah. Der umfangreiche Grundrechtskatalog der Weimarer Verfassung hatte programmatischen Charakter; er enthielt neben den klassischen Freiheitsrechten gesellschaftspolitische Ziele unterschiedlicher Herkunft mit sozialer bzw. Gemeinwohl orientierter Tendenz, darunter Restelemente rätedemokratischer Vorstellungen.[17]

Finnlands Verfassungsrecht steht in der Tradition der jahrhundertelangen Zugehörigkeit zu Schweden, die auch während der Zeit des dem Zarenreich angeschlossenen finnischen Großfürstentums (1809–1917) und selbst danach prägend blieb. Wie Schweden bis heute besaß Finnland bis zum Jahr 2000 mehrere „Grundgesetze", unter denen die Verfassung (im engeren Sinn) von 1919 und die Reichstagsordnung von 1928 die wichtigsten waren. Deutlicher noch als in Deutschland wurde die Verfassung als eine dualistische verstanden; das Präsidentenamt mit seiner erheblichen Machtfülle war auch ein Zugeständnis an die im Jahr 1918 dominierenden konservativen Monarchisten. Der indirekt volksgewählte Präsident ernannte die Regierung nicht nur im formellen Sinn; er beeinflusste direkt oder indirekt ihre Arbeit. Daneben bestand parlamentarische Ministerverantwortlichkeit. Unter starken Präsidenten, wie es *Urho Kekkonen* von 1956 bis 1982 war, konnte die faktische Bedeutung des Einkammerparlaments weit zurücktreten. Im Unterschied zur Weimarer Republik hatte jedoch das präsidiale Ausnahmerecht in Finnland 1932 dazu gedient, eine außerparlamentarische rechtsextreme Organisation zu unterdrücken. Seit dem Jahr 2000 besitzt Finnland eine neue, einheitliche Verfassung. Das Land ist jetzt

[17] *C. Gusy*, Die Weimarer Reichsverfassung, Tübingen 1997; *E. R. Huber*, Deutsche Verfassungsgeschichte seit 1789, Bd. 5–7, 1978–84.

eine parlamentarische Parteiendemokratie, in der die Position des Präsidenten, auch in der Außenpolitik, zugunsten der Regierung, namentlich des Premierministers, und der Volksvertretung reduziert wurde. Die kritische Diskussion über eine Verfassungsreform hatte schon seit den 1980er Jahren wiederholt zu Änderungen geführt, die im Grunde schon eine Parlamentarisierung der Regierungsweise bewirkt hatten.

Seit der letzten Jahrhundertwende gibt es in Europa – neben dem zypriotischen „reinen“ Präsidialsystem – außerhalb der früheren Sowjetunion nur noch ein einziges Land mit semi-präsidentiellem System: das Frankreich der Fünften Republik, deren nach und nach von allen relevanten politischen Kräften akzeptierte Verfassung inzwischen eine bemerkenswerte Dauer, Stabilität und Flexibilität aufweisen kann. Die de Gaulle'sche Verfassung von 1958 beruhte auf einem Regierungsentwurf, der lediglich in einer parlamentarischen Kommission, nicht in einer Konstituante, weiter bearbeitet wurde. Ihre Legitimation erhielt sie durch eine Volksabstimmung. Insgesamt verminderte die neue Verfassung die Bedeutung des Zwei-Kammern-Parlaments, dessen budgetrechtliche und legislative Kompetenzen (restriktive Definition des Gesetzesbegriffs gegenüber dem der Verordnung) begrenzt wurden. Das Wahlrecht wurde mehrfach geändert, wobei Opportunitätsgesichtspunkte nicht zu übersehen waren. Die Regierung blieb jedoch auf das Vertrauen des Parlaments angewiesen. Die Erweiterung der Präsidentenmacht (Volkswahl seit 1962) drückte sich neben einer der Weimarer Republik ähnlichen Notverordnungsregelung vor allem in der weit und unklar definierten Befugnis, Gesetze und Verträge einem Referendum zu unterwerfen, und in dem Recht aus, die Volksvertretung jederzeit ohne ministerielle Gegenzeichnung aufzulösen. Die Erfahrungen seit den 1980er Jahren mit Regierungswechseln, Minderheitsregierungen und der „cohabitation“ zwischen einem Präsidenten und einer Regierung je unterschiedlicher politischer Ausrichtung haben den parlamentarischen Aspekt der Verfassung in Erinnerung gerufen, aber die frühere Machtstellung des Parlaments aus den Zeiten der Vierten Republik keineswegs wieder hergestellt.

4. Föderativer Parlamentarismus

Das unter Vorgaben der Besatzungsmächte und beeinflusst von den Ministerpräsidenten der Länder von dem aus den Länderparlamenten gebildeten Parlamentarischen Rat beschlossene Grundgesetz der Bundesrepublik Deutschland vom 23. Mai 1949 fungierte trotz seines provisorischen Charakters von Anfang an de facto als Vollverfassung, wobei es lediglich auf Länderebene ratifiziert wurde. Da die staatliche Vereinigung Deutschlands zum 3. Oktober 1990 auf dem Weg des Beitritts der wieder geschaffenen ostdeutschen Länder vollzogen wurde, blieb das Grundgesetz als Verfassung der gesamtdeutsch erweiterten Bundesrepublik mit einigen unwesentlichen Änderungen erhalten.

Hervorgehoben wurden 1949 die Grundrechte, die, anders als in der Weimarer Verfassung, unmittelbare Gesetzeskraft erlangten, und ein unveränderlicher Verfassungskern. Auch die Verfassungsgerichtsbarkeit erhielt einen prominenten Status und eine, wie sich zeigen sollte, wichtige Funktion im Gefüge der konstitutionellen Organe. Neben den Bundestag trat – in deutscher Tradition – als Vertretung der Länderregierungen der Bundesrat. Beim Zustandekommen von Gesetzen ist die Zustimmung beider Kammern erforderlich, sofern nicht die alleinige Zuständigkeit des Bundes gegeben ist. Dem Verfall der legislativen Kompetenzen der Länder bei gleichzeitigem Zuwachs an bundesgesetzlichem Einfluss des Bundesrats und damit der fortschreitenden Verschränkung der nationalen und der regionalen Ebene suchen seit 2003 die Föderalismuskommissionen entgegenzuwirken (Verfassungsänderungen mit Begleitgesetzen 2006 und 2009).

Den Bundespräsidenten beschränkt das Grundgesetz fast ausschließlich auf repräsentative Aufgaben, während die Stellung des Bundeskanzlers gegenüber der Weimarer Republik in dreierlei Hinsicht gestärkt worden ist: Wahl durch den Bundestag, alleinige Verantwortlichkeit für die gesamte Regierung gegenüber dem Parlament, Einschränkung des parlamentarischen Misstrauensvotums auf ein „konstruktives", mit der Wahl eines neuen Kanzlers verbundenes. Weitere stabilisierende Faktoren werden in der Fünfprozent-Sperrklausel bei Wahlen und im personalisierten Verhältniswahlrecht gesehen.[18]

Österreich repräsentiert den Fall eines schwachen Föderalismus; namentlich der Bundesrat hat nicht die Bedeutung, die ihm in Deutschland zukommt. Dafür ist die Macht des Präsidenten potentiell größer, seitdem die parlamentarische Verfassung von 1920, die 1945 wieder in Kraft gesetzt wurde, aufgrund eines Kompromisses zwischen den großen parteipolitischen Formationen 1929 diesbezüglich geändert wurde: Der jetzt vom Volk zu wählende Bundespräsident (erstmals praktiziert 1951) ernennt und entlässt die – vom Vertrauen des Nationalrats abhängige – Regierung, darf das Parlament auflösen und Notverordnungen erlassen. In der Verfassungswirklichkeit blieb Österreich eine unzweifelhaft parlamentarische Demokratie, deformiert eher durch die von 1945 bis 1966 andauernde Große Koalition mit ihrer erdrückenden Mehrheit im Nationalrat als durch das Eingreifen des Präsidenten.

Die Schweiz nimmt durch die starke Betonung der Staatlichkeit der Kantone, durch den hohen Stellenwert der Referenden, durch die Ablösung der (parlamentarisch gewählten, aber unabsetzbaren) Regierung („Bundesrat" unter Vorsitz eines „Bundespräsidenten", zugleich Staatsoberhaupt) vom Nationalrat und durch den quasi institutionalisierten Proporz bei der Regierungsbildung unter den föderativen Systemen auch nach dem langen Verfassungsreformprozess von 1993–2008 eine Sonder-

18 *J. Ipsen*, Der Staat der Mitte. Verfassungsgeschichte der Bundesrepublik Deutschland, 2009; *W. Rudzio*, Das politische System der Bundesrepublik Deutschland, 5. Aufl. 2000.

stellung ein. Dennoch erscheint es angemessen, die Schweizer Eidgenossenschaft im Hinblick auf eine Reihe gemeinsamer Züge unter den „föderativen Parlamentarismus“ zu rubrizieren.

5. Das Parteiensystem

Es ist ganz offensichtlich, dass die Bestimmungen der jeweiligen Verfassung und der sachlich dazu gehörenden Rechtsnormen allein keinen hinreichenden Aufschluss geben. Entscheidend sind das allgemeine, nicht statische Verständnis ihrer Funktionsweise und die gewohnheitsrechtlich verfestigte Praxis ihrer verschiedenen Organe. Welche Machtstellung etwa der Staatspräsident tatsächlich einnimmt, hängt – das zeigt der gesamteuropäische Vergleich – kaum von der Art seiner Legitimation (Volkswahl oder Gremienwahl) oder von den ihm theoretisch zustehenden Rechten ab, sondern viel mehr von der tradierten Praxis bei der Ausübung des Amtes.

Als allgemeine Tendenz der einzelstaatlichen Verfassungsentwicklung Europas westlich der früheren Blockgrenze lässt sich – nach der vollständigen Demokratisierung des Wahlrechts einschließlich der sukzessiven Senkung zumindest des aktiven Wahlalters auf achtzehn Jahre – zunächst die weitgehende Durchsetzung der parlamentarischen Regierungsweise konstatieren. Feststellbar ist auch der Einbau direktdemokratischer Elemente in viele Realverfassungen, überwiegend in der Form von konsultativen Referenden. Ferner hat sich nach 1945 die Verfassungsgerichtsbarkeit verbreitet, nur teilweise nach dem Vorbild Österreichs von 1920 in der Form besonderer, allein zuständiger Verfassungsgerichte. Schließlich ist als generelle Tendenz die Dezentralisierung ehedem unitarischer Staaten zu nennen, so – neben den oben genannten Beispielen – auch Frankreichs.

Auch wenn die sozialen Normen unterschiedlich stark und teilweise gar nicht in den (west-)europäischen Verfassungen niedergelegt sind, ist die Verankerung sozialer Sicherungssysteme, der seit dem späten 19. und verstärkt seit dem mittleren 20. Jahrhundert von unterschiedlichen politischen Kräften beförderte Sozial- oder Wohlfahrtsstaat mit seinen durchaus differenzierten Typen, von der Demokratie in Europa kaum noch zu trennen. Sein radikaler Rückbau würde schwere Legitimationsprobleme aufwerfen.

Ein wesentliches Element des politischen Systems von Verfassungsstaaten ist seit jeher, doch verstärkt seit dem späten 19. Jahrhundert, das jeweilige Parteiensystem.[19] Obwohl manche konservativen und liberalen Parteien noch bis in die zweite Hälfte des 20. Jahrhunderts eher an Honoratiorenvereinigungen erinnerten, setzte sich der

19 Niedermayer u.a. (Hrsg.), Die Parteiensysteme Westeuropas, 2006; Mittag (Hrsg.), Politische Parteien und europäische Integration. Entwicklung und Perspektiven transnationaler Parteienkooperation in Europa, 2006.

Typus der modernen Mitgliederpartei, die sich in Wahlkämpfen an breite Volksschichten wendet, zunehmend durch. Der mit der Demokratisierung des Stimmrechts meist einhergehende bzw. ihr folgende Übergang zur Verhältniswahl gab den Gremien der Parteien eine unverzichtbare Funktion. Die Abhängigkeit der Tendenz zu Mehr- oder Vielparteiensystemen vom Wahlsystem ist weit weniger eindeutig, als das in Wahlrechtsdiskussionen, etwa in der frühen Bundesrepublik, unterstellt wurde. Neben der je unterschiedlich tradierten Bindewirkung einer Parteimitgliedschaft scheint die Wahrnehmung der (sozialen, ideologischen und religiös-konfessionellen, regionalen bzw. ethnisch-kulturellen, inzwischen auch ökologischen) Konfliktlinien hauptsächlich bestimmend zu sein. Eine größere Zahl von Parteien kann, so in Frankreich bis heute, mit einem hohen Grad an Polarisierung entlang der gesellschaftspolitischen Rechts-Links-Achse einhergehen, wie sie in vielen Ländern lange dominierte.

Von Ausnahmen wie Irland abgesehen, wo die großen Parteien auf den Bürgerkrieg der frühen 1920er Jahre zurückgehen, zeigen die politischen Hauptrichtungen in den konsolidierten Demokratien des Westens Europas bei allen Differenzierungen so große programmatische und praktisch-politische Übereinstimmungen, dass der Zusammenschluss in europäische „*Partei-Familien*“ möglich geworden ist und mehr und mehr Substanz gewonnen hat. Neben den in der Tradition der Arbeiterbewegung stehenden sozialdemokratisch-sozialistischen Parteien, Jahrzehnte lang prägend vor allem in Nordeuropa, haben sich in den meisten Ländern linkssozialistische Formationen, in Einzelfällen noch orthodox-kommunistischen Typs, und „grüne“ Parteien etabliert, deren Aufstieg seit den späten 1970er Jahren mit Themen einer „neuen Politik“ (Umweltschutz, Frieden, Basisdemokratie) erfolgte.

Die auf das 19. Jahrhundert zurückgehende Unterscheidung von Liberalen und Konservativen, wobei verfassungspolitische Konflikte in der Regel eine herausragende Rolle spielten, hat im Zuge der vollständigen Verbürgerlichung konservativer Parteien und ihrer Anpassung an die parlamentarische Demokratie schon lange an Schärfe verloren. An die Stelle der Konservativen als der dominierenden Mitte-Rechts-Partei sind nach dem Zweiten Weltkrieg in manchen Ländern konfessionelle oder interkonfessionelle christlich-demokratische Parteien getreten, die ein breites bürgerliches Spektrum integrieren und auch Teile namentlich der religiös gebundenen Arbeitnehmerschaft einbinden konnten. In Nordeuropa und in der Schweiz behaupten sich ehemalige Bauernparteien. Ethnisch-kulturelle Autonomie- bzw. Separationsbestrebungen haben, mit unterschiedlicher, seit den 1960er Jahren überwiegend eher linksnationalistischer Orientierung, zunehmend parteibildend gewirkt, namentlich in einigen früheren Zentralstaaten wie Großbritannien und Spanien. In Belgien haben sich die größeren Parteien entlang der flämisch-wallonischen Sprachgrenze komplett aufgespalten. In Italien ist die regelrecht separatistische Lega Nord ein Bestandteil der von Forza Italia, jener ganz auf ihre führende Person Silvio Berlusconi ausgerichteten Neuschöpfung, geführten Parteienkombination, zu der mit der Alleanza Nazionale auch der Hauptteil der früheren Neofaschisten gehört, einer mittlerweile strikt im Rahmen des Systems operierenden Gruppierung. Insgesamt weist das rechtspopulistische und radikal-rechte Spektrum in Europa eine große Spannbreite auf, die auch Steuerverweigerer des ursprünglich nordeuropäischen Typs einschließt. In den meisten Ländern Europas existieren heute jenseits der bürgerlichen Hauptströmungen gewichtige Rechtsparteien mit teils stabiler, teils ausgesprochen flüchtiger Wählerbasis.

VII. Das Europa der Diktaturen

1. Autoritäre und faschistische Diktaturen von Rechts

Der Erste Weltkrieg und die Erschütterungen der Nachkriegsjahre gaben dem gemeineuropäischen Demokratisierungsprozess der Jahrzehnte um 1900 einen zusätzlichen Schub. Europa wurde im 20. Jahrhundert aber nicht nur zur Heimstatt der parlamentarischen Demokratie; zu seinem Erbe gehört ebenfalls eine mannigfaltige Diktaturerfahrung, die für den europäischen Gedanken bis heute einen der wesentlichen Bezugspunkte bildet. Die Schreckensherrschaft Hitlers und Stalins ragt heraus, ist aber Teil des viel breiteren Phänomens der Abkehr ganzer politischer und gesellschaftlicher Segmente in etlichen Ländern nicht nur von der repräsentativen Demokratie, sondern vom – teilweise sehr viel älteren – Rechts- und Verfassungsstaat überhaupt. Mehr oder weniger unangefochten überlebte die repräsentative Demokratie die Krisen der Zwischenkriegsperiode, namentlich die in ihren sozialen Wirkungen dramatische Weltwirtschaftskrise ab 1929, dort, wo sie historisch fest verankert war und wo man zudem nicht zu den Verliererstaaten des Weltkriegs zählte.

Entweder im unmittelbaren oder jedenfalls im übertragenen Sinn stellte die antiliberale Welle von Rechts nach 1918/19 eine *doppelte Reaktion* dar: auf die vielerorts auftretenden sozialrevolutionären Bestrebungen, mit Sowjetrussland als Zentrum, einerseits, auf die demokratischen Veränderungen und deren gefürchtete immanente Dynamik andererseits. Auch die durch die Friedensordnung der Siegermächte eher forcierten statt gelösten Nationalitätenkonflikte konnten mit dem auf ethnisch-kulturelle Vereinheitlichung zielenden, epochenspezifischen Nationalismus die antiliberalen Tendenzen befördern.

In der Mehrzahl waren die autoritären Regimes, die sich seit den frühen 1920er Jahren in Europa, vor allem in den ganz neu gebildeten oder in ihrem territorialen bzw. ethnischen Bestand veränderten Staaten, etablierten und sich in mehr oder weniger klar unterscheidbaren Stufen zur Diktatur entwickelten, das Ergebnis einer konterrevolutionären Machtverschiebung bzw. von prophylaktischen Herrschaftserhaltungsmaßnahmen der traditionellen sozialen Eliten, wobei der Prozess zunehmend mit beeinflusst wurde durch die Entstehung neuartiger radikal-nationalistischer Bewegungen faschistischen Zuschnitts.[20] Die vielfach noch von archaischen Elementen des (namentlich agrarischen) Soziallebens (außerökonomische Abhängigkeiten, Klientelismus, Analphabetismus usw.) geprägten Gesellschaften mit ihrem geringen Grad staatlicher Durchdringung, besonders auf dem Balkan, boten – ebenso wie die im Staatsgefüge eingespielten Mechanismen der Korruption und der Wahlmanipulation – einerseits Anknüpfungspunkte für autoritäre Regierungsformen, setzten diktatorischen Bestrebungen andererseits aber in gewisser Weise auch Grenzen, weil die tradierten gesellschaftlichen Herrschaftsverhältnisse bei den politischen Umgestaltungen im Wesentlichen nicht in Frage gestellt wurden. Sogar im nationalsozialistischen Deutschland, das dem Idealtypus einer faschistischen Weltanschauungsdiktatur unter einer nach neuen Kriterien rekrutierten Führungsschicht am nächsten kam, hatte die sozialökonomische Grundstruktur Bestand, und die Verwertungsinteressen insbesondere des großen Kapitals fanden in der staatlichen Aktivität durchaus Förderung.

Die autoritären Regimes, die nach dem Ersten Weltkrieg entstanden, blieben während der 1920er Jahre zumeist im formalen Rahmen des Konstitutionalismus. Die Verfassung Polens vom 17. März 1921 lehnte sich beispielsweise stark an die französische Verfassung der Dritten Republik an, ohne dass die sozialen und kulturellen Bedingungen für das Funktionieren des Parlamentarismus importiert werden konnten. Marschall *Pilsudskis* quasi bonapartistische Herrschaftspraxis, mit der er nach seinem Putsch vom 12. Mai 1926 die politischen Lager gegeneinander ausspielte, nahm zunehmend militärdiktatorische Züge an, ohne dass (auch unter den Nachfolgern) die Opposition und die öffentliche Meinung jemals vollständig unterdrückt worden wären.

Pauschal lässt sich sagen, dass im östlichen Mitteleuropa, wo in Polen, in der Tschechoslowakei – dort allein erlangte die parlamentarische Demokratie eine beträchtliche Stabilität – und in den baltischen Ländern ganz neue Staatsgebilde geschaffen wurden, diese als Republiken ins Leben traten, während in Südosteuropa an die früheren monarchisch-konstitutionellen Verfassungen angeknüpft wurde; den Demokratisierungs- und Parlamentarisierungstendenzen der Zeit trug man dabei auch dort bis zu einem gewissen Grad Rechnung. In den Balkanstaaten nahmen zwischen 1928 und 1938 die Herrscher selbst die Regierung in die Hand, drängten die parlamentarischen Körperschaften, soweit sie noch eine Rolle spielten, zurück und errichteten zeitweise eine Art Königsdiktatur. In weiteren (weiter bestehenden oder – wie in Griechenland 1935 – wieder hergestellten) Monarchien wurden die Regie-

20 Zum Folgenden vgl. *G. Besier*, Das Europa der Diktaturen. Eine neue Geschichte des 20. Jahrhunderts, 2006; *A. Bauerkämper*, Der Faschismus in Europa 1918–1945, 2006; *H. Seton-Watson*, Eastern Europe between the wars, 1918–1941, 3. Aufl. 1972.

rungschefs oder andere Amtspersonen, so im ungarischen Fall der „Reichsverweser“ Admiral Horthy (1920 bzw. 1937–1944) zu den Trägern der diktatorischen Macht, in autoritären Staaten mit republikanischer Spitze meist die Präsidenten.

Fast alle betreffenden Regimes adaptierten, verstärkt seit den späteren 1930er Jahren, einzelne Elemente des Faschismus bzw. Nationalsozialismus, ohne insgesamt einen eigentlich faschistischen Charakter anzunehmen. Sie hatten in manchen Fällen große Mühe, radikal-faschistische Strömungen unter Kontrolle zu bringen, so die „Eiserne Garde“ in Rumänien und die „Pfeilkreuzler“ in Ungarn. Die Verabschiedung neuer Verfassungsdokumente in Albanien (1928), Jugoslawien (1931), Portugal (1933), Polen (1935), Rumänien (1938), Litauen (1938) und Estland (1938) – nach teilweise vorangegangen begrenzten Änderungen – diente der Legalisierung der Regierungsdiktaturen bei weitgehender Ausschaltung eines unabhängigen parlamentarischen Lebens und eines politischen Pluralismus überhaupt.

Die oligarchische Verfassung Österreichs vom 1. Mai 1934, erlassen durch Regierungsverordnung, zielte eine von der zeitgenössischen katholischen Gesellschaftslehre inspirierte berufsständische Ordnung an; faktisch wurde nur ein relativ kleiner Teil der Bevölkerung in Korporationen erfasst. Ein Ermächtigungsgesetz sicherte die überragende Stellung der Regierung zusätzlich ab. Noch deutlicher als für das Österreich der 1930er Jahre gilt die Formel vom „Korporatismus ohne Korporationen“ für den seit 1928 bzw. 1933 mehr als vier Jahrzehnte überdauernden „Neuen Staat“ in Portugal, wo die autoritäre Herrschaft ohne Führerkult, Gewaltverherrlichung und Einparteienherrschaft auskam. Es war ein personalistisch-antiliberales Regime, das auf der politischen Demobilisierung der Bevölkerung beruhte.

Ständestaatlich und katholisch-traditionalistisch präsentierte sich auch das bis zum Tod des „Generalismus“ (1975) fortbestehende Franco-Regime in Spanien, wo sieben zwischen 1938 und 1967 erlassene Fundamentalgesetze die Zwangssyndizierung der Erwerbszweige, die Zusammensetzung der (beratenden) Cortes, die Grundrechte und -pflichten der Spanier, die Möglichkeit von Volksreferenden, die (pro forma monarchische) Staatsform und die Nachfolge in der Staatsführung, die Prinzipien der „Nationalen Bewegung“ sowie das Zusammenspiel der einzelnen politischen Organe regelte. Anders als in Franco-Spanien legitimierte in Griechenland, wo wie schon im 19. auch im 20. Jahrhundert das Verfassungsleben von wiederholten Pendelausschlägen zwischen absolutistischen bzw. autoritären Phasen einerseits und konstitutionalistischen bzw. parlamentaristisch-demokratischen Perioden andererseits gekennzeichnet gewesen war, das Militärregime der Jahre 1967–1974 seine Stellung durch eine neue, strikt autoritäre Verfassung, die in einer manipulierten Volksabstimmung angenommen wurde.

In Italien, das bis 1946 Königreich blieb, vollzog sich der politische Systemwechsel in der zweiten Hälfte der 1920er Jahre, nachdem Mussolini zunächst an der Spitze einer ein breites bürgerliches Spektrum umfassenden Koalitionsregierung gestanden hatte. Allerdings war die außerparlamentarische, gewaltsame Zurückdrängung und Ausschaltung der sozialistischen Linken bereits Anfang des Jahrzehnts erfolgt. Das Statuto Albertini von 1848, das den Vorrang der Verfassung vor einfachen Gesetzen nicht kannte, wurde nicht aufgehoben, aber durch eine Reihe neuer Gesetze mit quasi konstitutioneller Bedeutung überlagert und faktisch gegenstandslos gemacht. Um die Jahreswende 1925/26 wurde die Stellung der jetzt vom Parlament auch formal unabhängigen Exekutive durch ein umfassendes Verordnungsrecht unanfechtbar. An die Stelle des Rechts auf freie Interessenvertretung traten aufgrund des korporativen Organisationsprinzips in Staat und Wirtschaft die Syndikate aller Beschäftigten. Der „Faschistische Großrat", seinerseits in direkter Abhängigkeit vom Ministerpräsidenten und „Duce", wurde zum obersten Staatsorgan. Das seit 1928 über eine Einheitswahlliste zusammengesetzte Parlament entfiel 1939 schließlich ganz; an seine Stelle trat eine Kammer der Fasci und Korporationen aus ernannten Mitgliedern. Auch wenn die terroristische Radikalität des Faschismus und die „Gleichschaltung" der Gesellschaft in Italien bis zur Installierung der Satelliten-Republik von Salò (1943–45) deutlich hinter der des deutschen Nationalsozialismus zurückblieben, hat jener nicht nur den faschistischen Stil mit der typischen Sakralisierung der Politik und dem Führerkult geschaffen, sondern als qualitativ neues Element auch die dem entsprechende Massenpartei, zu der die Sturmtruppen der Squadri untrennbar gehörten.[21]

Im Deutschen Reich vollzog sich der Übergang zur offenen Diktatur wesentlich schneller als in Italien, wobei allerdings bereits die präsidialen Notverordnungsregierungen seit dem Jahr 1930, insbesondere in Gestalt der Kabinette Papen und Schleicher ab Sommer 1932, als Ablösungsphase der parlamentarischen Demokratie anzusehen sind. Auch im nationalsozialistischen Deutschland wurde die bestehende Verfassung, die Weimarer Verfassung von 1919, niemals durch eine neue staatliche Grundordnung ersetzt. Doch schon die im Anschluss an den Reichstagsbrand erlassene Verordnung des Reichspräsidenten zum „Schutz von Volk und Staat" vom 28. Februar 1933 beseitigte die elementaren Rechte und Freiheiten und gab das Signal für die polizeiliche Verfolgung und Zerschlagung der Opposition, beginnend mit der KPD. Das einen Monat später vom Reichstag beschlossene Ermächtigungsgesetz übertrug die Legislative, ausgedehnt sogar auf verfassungsändernde Eingriffe, der Regierung. Die Länder wurden schrittweise ihrer eigenständigen Kompetenzen beraubt und blieben nur als Verwaltungsgliederungen bestehen. Wie in Italien beinhaltete das gesetzlich festgeschriebene Existenz-Monopol der siegreichen Bewegungspartei die spezifische Verschränkung und teilweise Verschmelzung von Partei

21 Zu Spanien vgl. *S. G. Payne*, Fascism in Spain, 1923–1977, 1999; zu Italien vgl. *B. Mantelli*, Kurze Geschichte des italienischen Faschismus, 1998.

und Staat. Der immer schrankenloseren Herrschaft des „Führers und Reichskanzlers“ Adolf Hitler entsprach auf der anderen Seite die Polykratie der verschiedenen Säulen des Regimes und der sich in den Befugnissen kaum durchschaubar überkreuzende Dschungel teilweise ad hoc geschaffener Machtapparate. Es war nicht zuletzt die Eigendynamik dieser Struktur, die im Zweiten Weltkrieg die nationalsozialistischen Massenverbrechen ermöglichte, unterstützt von den verbündeten und kollaborierenden Kräften beinahe des gesamten Kontinentaleuropa.[22]

2. Kommunistische Diktaturen

Der zweite Strang der europäischen Diktaturenentwicklung ging zurück auf die Radikalisierung und Verselbstständigung eines Flügels der sozialistischen Arbeiterbewegung im Ersten Weltkrieg, namentlich auf die bolschewistische Machteroberung im Verlauf der Russischen Revolution von 1917. Die Tatsache, dass dieses Ereignis in dem wirtschaftlich und sozial wie konstitutionell und hinsichtlich der politischen Kultur zurückgebliebenen Riesenreich stattfand, trägt zur Erklärung des Folgenden wesentlich bei, ebenso die Skrupellosigkeit einer stark intellektuell geprägten revolutionären Führungsgruppe, die von ihrer emanzipatorischen Mission im Weltmaßstab überzeugt war, ebenso die Eigendynamik des Bürgerkriegs. Der umstürzende, auf die tief greifende Neugestaltung der Gesellschaft in sämtlichen Bereichen zielende Sozialentwurf stieß gegen Ende des Weltkriegs und in den Jahren danach auch jenseits der Grenzen Russlands im radikal-linken Spektrum auf Sympathie. Eine Tochterrepublik von wenigstens einigen Monaten Dauer entstand im Frühjahr 1919 aber allein in Ungarn.

Mit dem fundamental-demokratischen Anspruch, übernommen von der klassischen (marxistischen) Sozialdemokratie, deren Verhältnis zum Parlamentarismus indessen viel komplexer gewesen war, negierten die neuen russischen Machthaber die gesamte europäische Verfassungstradition und die ihr zugrunde liegenden Prinzipien, die ihrer vermeintlichen Funktion nach der bürgerlichen Klassenherrschaft zugeschrieben wurden. Die verfassunggebende Versammlung, deren Wahl von der (vorbolschewistischen) Provisorischen Regierung allzu lange verschleppt worden war, wurde unmittelbar nach ihrem Zusammentreten Anfang Januar 1918 auseinander gejagt. Als exekutive wie legislative Organe der neuen Staatsmacht (auch die Unabhängigkeit der Justiz wurde von Anfang an missachtet) sollten die von den „Werktätigen“, namentlich den Arbeitern (mit fünffach erhöhtem Stimmengewicht) und den zahlenmäßig weit überwiegenden Bauern, gewählten Räte (Sowjets) dienen, die während der Revolutionen von 1905 und 1917 als Kampforgane entstanden und dann zu Instrumenten einer Doppelherrschaft geworden waren. Die Verfassung der

22 Benz u.a. (Hrsg.), Enzyklopädie des Nationalsozialismus, 1997; *K. D. Bracher*, Die deutsche Diktatur. Entstehung, Struktur, Folgen des Nationalsozialismus, 7. Aufl. 1993.

Russischen Föderativen Sowjetrepublik vom 10. Juli 1918 (übernommen 1924 von der Verfassung der UdSSR) schrieb das Volkseigentum an den Produktionsmitteln fest und kodifizierte ein stufenförmiges Rätesystem, in dem die jeweils untere Ebene die Vertreter der darüber liegenden Versammlung wählte. An der Spitze stand der theoretisch uneingeschränkt souveräne Sowjetkongress, dessen ständiges „Präsidium" in der Folge als Quasi-Parlament fungierte. Die Regierung („Rat der Volkskommissare") war ein Ausschuss der obersten Sowjetinstanz.[23]

Die frühe Sowjetunion bekannte sich offen zur übergangsweisen Klassendiktatur, damit auch zur Beschränkung der politischen Rechte. Die Rolle der Kommunistischen Partei war in der Verfassung nicht erwähnt. Faktisch wurde mit der Unterdrückung abweichender, auch sozialistischer politischer Strömungen und mit der Einschränkung, dann Erstickung innerparteilichen Meinungsstreits der engste Führungszirkel der KPR bzw. KPdSU zur alles dominieren Macht. Seit Ende der 1920er Jahre nahm die persönliche Diktatur Stalins Gestalt an, mit der die Umwälzungen der forcierten Industrialisierung und Agrarkollektivierung, dann der Massenterror der „Großen Säuberungen" einhergingen. Analog zum Nationalsozialismus ist auch für den Stalin'schen Sowjetkommunismus auf die Eigendynamik der Terrorherrschaft zu verweisen, bei der zentrale und lokale Initiativen in teilweise ungeplanter und nicht mehr kontrollierbarer Weise zusammenliefen.

Als der „Sozialismus in einem Lande" gesichert schien, trat in der UdSSR eine neue Verfassung in Kraft. Die Stalin'sche Verfassung vom 6. Dezember 1936 konnte auf den ersten Blick den Eindruck erwecken, es handele sich um eine Annäherung an die repräsentative Demokratie des Westens: Umfangreiche Grundrechte und das allgemeine, gleiche, direkte und geheime Wahlrecht schienen garantiert; die führende Rolle der Partei war nur angedeutet. Doch viel krasser als 1918 verschleierten die Formulierungen von 1936 die realen Herrschaftsverhältnisse. Aufgehoben war jedenfalls die frühere Rätehierarchie, denn erst damit bestand die Möglichkeit, die Wahlen zur Volksvertretung als zustimmendes Plebiszit zu inszenieren.

Nach dem Tod Stalins im März 1953 vollzog sich in mehreren Schritten der Übergang von der persönlichen zur institutionalisierten Diktatur. Ungeachtet des wechselnden Gewichts der führenden Gestalten wurde das Prinzip der Kollektiven Führung nicht mehr grundsätzlich in Frage gestellt. Es herrschte und regierte die Nomenklatura, während der selbstzerstörerische Massenterror endete und im gesellschaftlichen Alltag ein begrenztes Maß an Rechtssicherheit und individueller Freiheit etabliert wurde, ohne dass von einer unabhängigen Justiz hätte gesprochen werden können. Die dominierende politische Kraft blieb die Kommunistische Partei, an

23 Vgl. *M. Hildermeyer*, Die Sowjetunion 1917–1991. Entstehung und Niedergang des ersten sozialistischen Staates, 1998; Hellmann u.a. (Hrsg.), Handbuch der Geschichte Russlands, Bd. 3 u. 4, 1992, 2002. Auch für das Folgende.

deren Spitze das – de facto auch die oberen Regierungsinstitutionen kontrollierende – Politbüro stand. Das Zentralkomitee spielte, ebenso wie die Parteitage, im Unterschied zur Stalin-Ära wieder eine gewisse Rolle. Deutlicher als 1936 schrieb die neue Verfassung der Sowjetunion von 1978, an der seit 1962 gearbeitet worden war, den Vorrang der Partei gegenüber Verwaltung und Regierung fest.

Die an dem Vorbild der UdSSR ausgerichteten, kommunistisch geführten Staaten des östlichen Mitteleuropa und Südosteuropas durchliefen hinsichtlich ihrer verfassungsgeschichtlichen Entwicklung bei allen Differenzierungen ähnliche Phasen, deren Ablauf auch vom Ost-West-Konflikt mitbestimmt war:[24] In den ersten zwei bis drei Nachkriegsjahren, also bis 1947/48, handelte es sich um ein – je nach den konkreten Bedingungen – unter dem Signum einer „antifaschistisch-demokratischen Umwälzung“ unterschiedlich austariertes Mischsystem von Elementen sowjetischer Besatzungsherrschaft sowie parteikommunistischer Hegemonie einerseits und eigenständigen Traditionen, anfangs teilweise sogar monarchischen, sowie autochthonen Ansätzen liberaler und / oder sozialistischer Demokratie andererseits. Im Übergang zur neuen Ordnung kam in mehreren Ländern quasi revolutionären „Volksausschüssen“ bzw. „Nationalausschüssen“ eine nicht unerhebliche Bedeutung zu. Der politische Pluralismus war in den ersten Jahren eingeschränkt, aber noch nicht eliminiert. Wahlen waren teilweise schon erheblich manipuliert, in Ungarn (04.11.1945), in der Tschechoslowakei (26.05.1946) und in den Ländern der Sowjetischen Besatzungszone Deutschlands (20.10.1946) aber bezüglich der Möglichkeit von Parteienkonkurrenz und des Wahlakts einigermaßen frei. Generell war der fiktive Charakter der „antifaschistisch-demokratischen Ordnung“ in Südosteuropa offenkundiger als im östlichen Mitteleuropa, wo relevante nichtkommunistische Kräfte existierten, die nicht ohne Weiteres unter dem Vorwurf der Kollaboration mit Hitler-Deutschland oder reaktionärer Bestrebungen von vornherein ausgeschaltet werden konnten.

Entscheidend für die Angleichung der Machtstruktur wie der gesellschaftlichen Ordnung an die Sowjetunion wurde die Unterbindung der Herausbildung eines je eigenen, dynamischen Parteiensystems. Die massive Beeinflussung der Sozialdemokratie und deren unter Druck erfolgte Fusion mit der Kommunistischen Partei, beginnend im Frühjahr 1946 mit der Gründung der SED, war nur ein wichtiger Aspekt dieses Vorgangs. Ebenso bedeutsam waren die Eingriffe in das innere Leben der zugelassenen bürgerlichen bzw. bäuerlichen Parteien und deren Einbindung in faktisch KP-geführte, auf Konsens orientierte Zusammenschlüsse, die meist als „Nationale Front“ firmierten. Spätestens bei den zweiten oder, so in Ungarn, dritten Parlamentswahlen stand nur noch eine Einheitsliste zur Abstimmung. Auflösungen,

24 Für das Folgende vgl. neben *G. Besier*, Das Europa der Diktaturen, 2006, und Sternberger / Vogel (Hrsg.), Die Wahl der Parlamente, 1969, *F. Fejtö*, Die Geschichte der Volksdemokratien, Neuaufl., 1988.

Spaltungen und Neugründungen von Parteien, die zunehmend in völlige Abhängigkeit gerieten, aber im bleibenden Unterschied zur UdSSR als „Blockparteien" konserviert wurden, formten eine spezifische, funktionale Schein-Vielfalt aus. Am ungeniertesten vollzog sich der Übergang zur kommunistischen Parteidiktatur in Jugoslawien, wo die Partisanen das Land hauptsächlich aus eigener Kraft befreit hatten; erst nach dem Bruch mit der Sowjetunion (im Frühjahr / Sommer 1948) entwickelte man dort mit der „Arbeiterselbstverwaltung" ein alternatives sozialistisches Modell, das ein deutlich höheres Maß an Partizipation, individueller und kollektiver Freiheit beinhaltete als das sowjetkommunistische.

Als in den Jahren 1946 bis 1952 im östlichen Europa neue Verfassungen beschlossen wurden, bildete die Stalin'sche Verfassung der UdSSR von 1936 überwiegend das Muster, Ausdruck der vorausgegangenen Verschiebung der Machtverhältnisse im Innern der betreffenden Staaten, wo die stalinistische Despotie in den frühen 1950er Jahren ihre Hochzeit erlebte. Anders bei der Verfassung der DDR vom 19. März 1949, die – vor allem unter deutschlandpolitischen Gesichtspunkten – vielmehr an die Weimarer Reichsverfassung von 1919 anknüpfte, ohne dass in der Realität von einem anderen politischen System als dem der „Volksdemokratie" gesprochen werden konnte. Auch die Verfassung der Tschechoslowakei vom 9. Mai 1948 suggerierte die Kontinuität zur liberal-demokratischen Vorkriegsverfassung, wobei die starke Rolle des Staatspräsidenten eine Besonderheit darstellte. Insgesamt waren es überall im Osten drei Prinzipien, die die theoretische Parlamentshoheit als Ausdruck der Volkssouveränität in tatsächliche Einflusslosigkeit verwandelten und stattdessen die absolute Macht der zentralen Staatsorgane bzw. – über die enge personelle Verflechtung von Partei- und Staatsämtern – der zentralen Führungsgremien der kommunistischen Parteien etablierten: die Gewaltenvereinigung, das Blocksystem, also die Zusammenfassung der Parteien und Massenorganisationen in einer „Nationalen Front" ohne legale Opposition, und die „demokratischer Zentralismus" genannte Unterordnung aller („gewählten") Institutionen unter diejenigen der höheren Ebene, auch die der Exekutive.

Ebenso wie im Innern der sowjetischen Hegemonialmacht kam es in den anderen kommunistischen Staaten nach dem Tod Stalins zu einer stärkeren Institutionalisierung und partiellen Abmilderung der Diktatur, ohne dass diesbezüglich von einem kontinuierlichen Prozess gesprochen werden kann. Gegenläufige Bestrebungen, die auf Verhärtung des Regimes bzw. Verschärfung des Kurses der Partei gerichtet waren, setzten sich in einzelnen Ländern, so in Rumänien während der 1970er und 80er Jahre, wo sich wieder eine Einmanndiktatur etablierte, oder – mehrere Länder übergreifend – nach dem Sturz Nikita Chruschtschows Mitte der 1960er Jahre durch. Dennoch ist in der Grundtendenz der *Übergang von einer terroristischen und totalen Weltanschauungsdiktatur zu eher autoritären Formen* zu konstatieren. In einzelnen Fällen, neben Jugoslawien und zeitweise auch Polen, langfristig am entschiedensten in Ungarn nach dem gescheiterten Aufstand von 1956, wurde eine Liberalisierung der Wirtschaft wie des politischen Systems eingeleitet, das zunehmend partizipatorische Elemente beinhaltete.

Die Konsolidierung der unter der Einwirkung der Sowjetunion im östlichen Teil Europas entstandenen Staats- und Gesellschaftsordnungen in den 1950er und 60er Jahren fand ihren Ausdruck in abermals neuen Verfassungsurkunden, wobei die Tschechoslowakei 1960 voranging. Neben der Stalin'schen Verfassung der UdSSR von 1936 diente die der CSSR von 1960 den folgenden Neufassungen als Vorbild, so in Rumänien 1965, in der DDR 1968 und in Bulgarien 1971. Die symbolische Bedeutung dieser Totalrevisionen überstieg ihre praktische Relevanz, weil wesentliche Änderungen, so etwa zentralistische Verwaltungsreformen und der in mehreren Ländern eingeführte „Staatsrat“ als kollektives, der Regierung vorgeordnetes Präsidialgremium, schon in den Jahren davor durchgeführt worden waren.

VIII. Die Durchsetzung der parlamentarischen Demokratie im Süden und Osten Europas

1. Die Ablösung der rechts-autoritären Regimes in Griechenland, Portugal und Spanien

Um die Mitte der 1970er Jahre endeten die autoritären Regimes auf der iberischen Halbinsel und in Griechenland, seit Längerem unterminiert durch die ökonomische Modernisierung und die damit unvermeidlicherweise verbundene Öffnung nach außen.[25] Am abruptesten und zugleich unproblematischsten erfolgte die Ablösung der griechischen Militärjunta, die angesichts einer Studentenrevolte und des kläglich gescheiterten Zypern-Abenteuers abdankte. Angeleitet von dem im Juli 1974 aus dem Exil heimgekehrten Konservativen *Konstantin Karamanlis* wurden nach der Legalisierung sämtlicher oppositioneller Parteien allgemeine Wahlen durchgeführt und die Monarchie in einer erstmals unumstrittenen Volksabstimmung definitiv abgeschafft. Die neue Verfassung vom 11. Juni 1975 etablierte die repräsentative Demokratie, wobei gegenüber früheren Verfassungswerken namentlich die Stellung des Regierungschefs eine Aufwertung erfuhr. Die verfassungsrechtliche Kompetenzfülle des Staatspräsidenten nach französischem Vorbild, die in der Verfassungs-

[25] Für das Folgende vgl. Pridham (Hrsg.), The New Mediterranean Democracies: Regime Transition in Spain, Greece and Portugal, 1984; *A. Thomashausen*, Verfassung und Verfassungswirklichkeit im neuen Portugal, 1981; *W. L. Bernecker*, Spaniens Geschichte seit dem Bürgerkrieg, 3. Aufl. 1997; *D. Nohlen / A. Hildebrand*, Spanien. Wirtschaft – Gesellschaft – Politik, 1992.

wirklichkeit ohnehin nicht zum Tragen gekommen war, wurde 1986 zugunsten einer auch normativen Premierdominanz abgebaut.

In Portugal liquidierte ein Militärputsch (25. April 1974) die autoritäre Ordnung und leitete eine auch die gesellschaftliche Basis erfassende, revolutionäre Übergangsperiode ein, bei der – neben den politischen Parteien, namentlich den zunächst dominierenden Sozialisten und Kommunisten – räteähnliche Organe der Industrie- und Landarbeiter sowie vor allem die progressistische, doch uneinheitliche „Bewegung der Streitkräfte“ (MFA) miteinander rangen. Die vom Gründungsparlament am 2. April 1976 angenommene Verfassung übertrug dem „Revolutionsrat“ der Offiziere und dem aus ihren Reihen kommenden Präsidenten die Position einer weitreichenden Vetomacht. Die Regierung war bis zu der das Parlament ins Zentrum rückenden Verfassungsrevision von 1982 auf ein doppeltes Vertrauen angewiesen. 1989 fielen auch die de facto längst ignorierten Vorgaben von 1976 für eine sozialistische Umgestaltung von Wirtschaft und Gesellschaft.

In Spanien wurden die entscheidenden Schritte zur Einführung demokratischer Verhältnisse unter der Federführung von König *Juan Carlos* (den *Franco* zum Nachfolger bestimmt hatte) und seiner ersten Regierung im November 1976 noch von den Institutionen des franquistischen Regimes beschlossen und anschließend auch in einer Volksabstimmung legitimiert. Im Konsens der neuen politischen Parteien, zu dem auch der Verzicht auf die kontroverse politische Auseinandersetzung über den Bürgerkrieg von 1936–39 und die folgende Repression gehörte, verabschiedeten die frei gewählten Cortes (Abgeordnetenhaus und nachgeordneter Senat als „Kammer der territorialen Repräsentation“) eine neue, in einem Referendum mit großer Mehrheit bestätigte Verfassung, die am 29. Dezember 1978 in Kraft trat. In mancher Hinsicht wird das Vorbild des Bonner Grundgesetzes deutlich, so bei der Betonung der grundlegenden Werte, bei der richterlichen Kontrolle staatlichen Handelns, bei der herausgehobenen Stellung des Regierungschefs und bei der Einführung eines konstruktiven Misstrauensvotums. Die Rolle des Königs als Staatsoberhaupt ist – anders als bei den meisten parlamentarischen Monarchien bis heute – nicht nur gewohnheitsrechtlich, sondern auch de jure klar auf repräsentative und moderierende Funktionen beschränkt. Wie Griechenland und Portugal stabilisierte sich die parlamentarische Demokratie in Spanien binnen weniger Jahre. Problematisch bleibt die inzwischen weit vorangeschrittene Regionalisierung des Staates. Der Prozess der asymmetrischen Kompetenzübertragung vom Zentralstaat auf die Autonomen Gemeinschaften ist auch nach der Reform des katalanischen und andalusischen Autonomiestatus 2006/07 noch nicht abgeschlossen, und Katalonien wie das Baskenland verstehen sich in ethnisch-kultureller Hinsicht offenbar mehrheitlich als eigene Nationen.

2. Die Ablösung des „real existierenden Sozialismus"

Der Transformationsvorgang im Osten Europas, der dann mit dem politischen System auch die sozial-ökonomische Ordnung betraf, erwuchs aus einer schon rund ein Jahrzehnt andauernden, alle gesellschaftlichen Bereiche erfassenden Strukturkrise, die nicht nur einer illegalen, aber zunehmenden Opposition, sondern auch stets wachsenden Teilen der Führungsschichten ausweglos erschien.[26] Die unmittelbare Voraussetzung dafür, dass um die Wende zum letzten Jahrzehnt des 20. Jahrhunderts überall ein mehr oder weniger radikaler, doch meist *friedlicher Systemwechsel* stattfand, war die Richtungsänderung der Politik der KPdSU im Jahr 1985, als Michail Gorbatschow an die Spitze trat. Nachdem dieser in der zweiten Hälfte der 1980er Jahre versucht hatte, über eine gründliche Reform des Sowjetsystems den Sozialismus demokratisch zu erneuern und dabei nicht nur eine plurale Öffentlichkeit, sondern auch Umrisse eines parteipolitischen Pluralismus entstanden waren, erwiesen sich die Einführung eines mächtigen Präsidentenamts und die Durchführung halbfreier Wahlen zu parlamentarischen Körperschaften (damals noch unterteilt in Volksdeputiertenkongress und Obersten Sowjet) in Russland wie in den übrigen Unionsrepubliken angesichts weiter gehender Demokratisierungs- und nationaler Unabhängigkeitsbestrebungen faktisch als Schritte zur gänzlichen Ablösung des „realen Sozialismus" und zur Auflösung der Sowjetunion, beschleunigt durch den gescheiterten Putschversuch vom August 1991.

Erst der Sieg in dem offenen Verfassungskonflikt mit dem Parlament ermöglichte es *Boris Jelzin* als dem Präsidenten der neuen Russischen Föderation, die Ausarbeitung und Verabschiedung einer neuen Verfassung im Spätjahr 1993 zu initiieren. Diese, zweifellos demokratisch im Wortlaut, lehnte sich an das semi-präsidentielle Modell der Fünften Republik Frankreichs an, beinhaltete in der Praxis aber eine noch deutlich stärkere Stellung des Präsidenten. Mit dem Überwechseln des langjährigen Präsidenten *Wladimir Putin* in das Amt des Ministerpräsidenten im Jahr 2008 hat hier eine Gewichtsverlagerung stattgefunden, ohne dass die bleibenden Konsequenzen für die Verfassungswirklichkeit schon absehbar wären. Einen präsidialen Schwerpunkt haben auch die Verfassungsordnungen Weißrusslands, wo man von einem nach wie vor autoritären System sprechen muss, und der Ukraine. In den Nachfolgestaaten der UdSSR, doch nicht allein dort, gilt (mit Ausnahme des Baltikums) in hohem Maß, dass Demokratie und Rechtsstaat noch wenig verankert sind. Die Kontinuität der neuen politischen und wirtschaftlichen Eliten aus der Führungsschicht des alten Regimes ist in dieser Staatengruppe besonders augenfällig.

[26] Für das Folgende vgl. Ismayr (Hrsg.), Die politischen Systeme Osteuropas, 2002; Merkel u.a. (Hrsg.), Systemwechsel 1–5, 1994–2000, insb. Bd. 2: Die Institutionalisierung der Demokratie, 1996; Roggemann (Hrsg.), Die Verfassungen Mittel- und Osteuropas, 1999.

Bereits fünf Jahre bevor „Perestroika“ und „Glasnost“ in der Sowjetunion wirksam wurden, hatte die teils nationalkatholisch-antikommunistisch, teils demokratisch-sozialistisch geprägte Widerstandstradition Polens in der Gewerkschaft Solidarność einen neuen, millionenfachen Ausdruck gefunden und nach Verhängung des Kriegsrechts (13.12.1981) im Untergrund ihren Einfluss auf die Bevölkerung behalten. Eine erneute Streikwelle im Sommer 1988 leitete den „Runden Tisch“ und den kontrollierten Übergang über halbfreie Wahlen zur ersten nichtkommunistischen Regierungsbildung des Ostblocks im August 1989 ein.

Auch in Ungarn vollzog sich die Ablösung des – wie auch in Polen in den Vorjahren bereits rechtsstaatlich und pluralistisch modifizierten – alten Regimes in einer Übereinkunft von politischer Elite und Opposition, die am „Runden Tisch“ verhandelten. Der schrittweise und systematisch vom Reformflügel der kommunistischen Partei betriebene Systemwechsel nahm ab Winter 1988/89 Gestalt an, und bereits im Februar 1989 beschloss das Zentralkomitee der Partei die Einführung eines Mehrparteiensystems. Während in der DDR und dann in der Tschechoslowakei eine zur Massenbewegung anschwellende Bürgerrechtsopposition den kaum reformerisch mobilisierten, allerdings angesichts der Ereignisse paralysierten Staatsparteien die Macht entwinden musste, nutzte in Rumänien eine Gruppierung des Partei- und Staatsapparats im Dezember 1989 einen Volksaufstand, um in einem blutigen Putsch einen Machtwechsel vorzunehmen, der ein plebiszitär abgestütztes, semi-autoritäres Regime installierte. Ähnlich wie in Bulgarien und namentlich in Albanien gewann der Demokratisierungsprozess in der Folgezeit nur langsam, nicht ohne Widersprüche und Rückschläge, an Substanz.

Das gilt – mit Ausnahme Sloweniens – besonders auch für die Republiken des früheren Jugoslawien, wo sich die, von den politischen Führungsgruppen namentlich Serbiens funktionalisierten, ethnisch-kulturellen bzw. religiös-kulturellen Konflikte zwischen 1991 und 1999 in wiederholten kriegerischen Auseinandersetzungen entluden. Nach dem Tod Franjo Tudjmans (1999) für Kroatien und – weniger eindeutig, doch letztlich auch dort – nach dem Amtsverlust Slobodan Miloševićs in Folge einer Wahlniederlage und einer Massenerhebung (2000) in Rest-Jugoslawien bzw. Serbien verlor die Verfassung in den beiden wichtigsten Nachfolgestaaten jedoch ihren semi-autoritären und semi-präsidentiellen Charakter. Beide sind heute de facto wie de jure parlamentarische Demokratien. Gleiches gilt für die Slowakei, wo die semi-autoritär und populistisch geprägte Periode 1998 zu Ende ging.

Überall im östlichen Europa wurden zwischen 1991 und 1998 neue Verfassungen beschlossen, großenteils verbunden mit der wieder oder erstmals errungenen Unabhängigkeit der betreffenden Staaten, neben den bereits angesprochenen Fällen auch Tschechiens und der Slowakei, die sich 1992/93 einvernehmlich trennten. Die neuen Verfassungen enthalten durchweg ausführliche Grundrechtskataloge einschließlich (eher programmatisch zu verstehender) sozialer Grundrechte. In Ungarn beschränkt sich der Verfassungswandel in normativer Hinsicht bis heute auf eine grundlegende Revision der „volksdemokratischen“ Verfassung von 1949. Als verfassunggebendes Organ fungierte meist das jeweilige Parlament (nirgendwo eine speziell gewählte Konstituante), und nur teilweise wurde das Ergebnis der Beratungen zusätzlich durch ein Referendum legitimiert. Mit der Ausnahme Estlands, wo man nach skandinavischem Vorbild der dezentralisierten Normenkontrolle, ausgeübt durch die diversen Gerichte, den Vorzug gab, wurde überall nach österreichischem bzw. bundesdeutschem Vorbild eine spezielle Verfassungsgerichtsbarkeit geschaffen.

Von den semi-präsidentiellen Systemen in Russland und anderen Nachfolgestaaten der UdSSR abgesehen, hat die Machtstellung der Staatspräsidenten an Bedeutung eingebüßt: generell in der Praxis, so bei der Anwendung des suspensiven Vetos, in mehreren Fällen auch durch nachträgliche Verfassungsänderungen, so dass außerhalb der GUS das Schwergewicht der politischen Ordnung inzwischen durchweg beim Parlament bzw. den wie im westlichen Kontinentaleuropa für die praktische Arbeit zunehmend wichtigen Parlamentsausschüssen und der durch Wahl des Premiers oder eine obligatorische Vertrauensabstimmung parlamentsabhängigen Regierung liegt. Ein Misstrauensvotum bedarf meist einer absoluten Mehrheit der Abgeordneten; in Slowenien, Ungarn und Polen hat man das konstruktive Misstrauensvotum des Bonner Grundgesetzes und der spanischen Verfassung von 1978 übernommen. In einer Reihe von Staaten ist neben dem Abgeordnetenhaus eine weitere (früher als „Erste“ Kammer bezeichnete) Vertretungskörperschaft eingerichtet worden, in vier Fällen unmittelbar vom Volk gewählt, formal gleichberechtigt, analog dem italienischen Fall, jedoch nur in Rumänien. In den ersten freien oder halbfreien Wahlen kam zum Teil das absolute Mehrheitswahlrecht zur Anwendung, das allein in Weißrussland noch in Gebrauch ist. Ansonsten hat sich entweder ein gemischtes Wahlsystem, bei dem ein Teil der Abgeordneten nach Mehrheitswahlrecht, der andere nach Verhältniswahlrecht gewählt wird, oder, und das mehrheitlich, ein meist durch Sperrklauseln und Mehrpersonenwahlkreise (zur Vermeidung von Parteienzersplitterung) modifiziertes Verhältniswahlrecht durchgesetzt. In allen diesen Punkten folgt das östliche Europa dem langfristigen Trend in den westlichen europäischen Ländern, während sich bei der Entwicklung einer Zivilgesellschaft, den Partizipationsmöglichkeiten (trotz direktdemokratischer Angebote in den meisten neuen Verfassungen Osteuropas) wie den Partizipationsbedürfnissen der Bevölkerung sowie auch bei der Ausformung des Parteiensystems in etlichen Fällen deutlichere Abweichungen ergeben.

Einparteienregierungen mit parlamentarischer Mehrheit sind die Ausnahme geblieben. Aber auch Minderheitsregierungen sind nicht vorherrschend gewesen, vielmehr diverse Koalitionsregierungen, teilweise über die tradierten oder neuen Lagergrenzen hinweg. Die Dominanz von zwei relativ stabilen Großparteien, um die sich Regierungsmehrheiten gruppieren können, hat sich bisher ebenfalls nur ausnahmsweise durchgesetzt, so in Tschechien. Dort hat sich neben den Liberal-Konservativen und den neu gegründeten Sozialdemokraten die minoritäre, aber nicht unbedeutende Kommunistische Partei gehalten, ebenso in Ostdeutschland die im Vergleich dazu stärker reformierte PDS bzw. (seit 2005) in Gesamtdeutschland die Linkspartei. Ansonsten haben sich die kommunistischen bzw. postkommunistischen Parteien entweder, wie lange in Serbien und in Russland, national-populistisch orientiert oder – das ist die Haupttendenz – sozialdemokratisch umdefiniert, teilweise sogar mit neoliberaler Tendenz regiert wie in Ungarn, weniger eindeutig in Polen. In beiden Fällen trieben die Sozialisten bzw. Sozialdemokraten die „Verwestlichung" ihrer Länder und namentlich deren EU-Beitritt voran, während nationaler und auch sozialer Protest vorwiegend rechts der Mitte artikuliert wurde und wird. Im antikommunistisch-„bürgerlichen" Lager ist die Parteienbildung bis heute vielfach flüchtig geblieben, und es hat, namentlich in Polen und Ungarn, in diesem Feld dramatische Umgruppierungen gegeben, ebenso wiederholt gravierende Veränderungen in den parlamentarischen Mehrheitsverhältnissen.

Inhaltlich hat die alte Trennlinie, die sich auf die Haltung zum System des „real existierenden Sozialismus" in der Vergangenheit bezog und die anfangs verständlicherweise im Vordergrund stand, stark an Bedeutung verloren zugunsten wirtschafts- und gesellschaftspolitischer Optionen innerhalb der neuen Ordnung (zwischen radikaler Marktorientierung und Etatismus) sowie konkreter Sachalternativen. Daneben spielen andere Problemzonen wie die Stellung der Religion im säkularen Staat und ethnisch-nationale bzw. regionale Konflikte für die je spezifische Ausformung des Parteiensystems weiterhin eine beträchtliche Rolle.

Grundlegende und vertiefende Literatur

Besier, Gerhard:
Das Europa der Diktaturen. Eine neue Geschichte des 20. Jahrhunderts, München 2006.

Beyme, Klaus von:
Die parlamentarischen Regierungssysteme in Europa, München 1970.

Fenske, Hans:
Der moderne Verfassungsstaat. Eine vergleichende Geschichte von der Entstehung bis zum 20. Jahrhundert, Paderborn u.a. 2001.

Friedrich, Carl Joachim:
Der Verfassungsstaat der Neuzeit, Berlin u.a. 1953.

Reinhard, Wolfgang:
Geschichte der Staatsgewalt. Eine vergleichende Verfassungsgeschichte Europas von den Anfängen bis zur Gegenwart, München 1999.

Schulze, Hagen:
Phoenix Europa. Die Moderne. Von 1740 bis heute, München 1998.

Vorländer, Hans:
Die Verfassung – Idee und Geschichte, 2. Aufl., München 2004.

Markus Kotzur

C. Zur politischen Identität der europäischen Staaten

I. Was macht politische Identität(en) aus?

Wenn die Präambel zum Entwurf einer Europäischen Verfassung „schöpfend aus dem kulturellen und religiösen und humanistischen Erbe Europas" auf die nationale Identität der Völker Europas verweist, macht sie ebendiese interdependenten Identitäten zur unverzichtbaren Integrationsvoraussetzung.[1] Nach dem Scheitern des Verfassungsvertrages folgt der Vertrag von Lissabon diesem glücklichen Vorbild und übernimmt nun als neuen zweiten Erwägungsgrund der Präambel zum EUV die Formulierung.[2] Er lässt sich damit im Kontext von „unverletzlichen und unveräußerlichen Rechte(n) des Menschen sowie Freiheit, Demokratie, Gleichheit und Rechtsstaatlichkeit als universelle(r) Werte" auf anspruchsvolle Identitätsdiskurse zwischen dem Selbst und dem Anderen, zwischen dem Individuum und dem Kollektiv[3], zwischen dem Staats- und dem Unionsbürger, schließlich zwischen der politischen Union und der mitgliedstaatlichen res publica ein.[4] Identität ist dabei ein hoch komplexer und voraussetzungsvoller, gleichermaßen vorverständnis- wie kontextabhängiger Begriff.[5] Erst im Plural gewinnt er angesichts fragmentierter, mitun-

1 *J. H. H. Weiler*, Epilogue, The European Courts of Justice: Beyond „Beyond Doctrine" or the Legitimacy Crisis of European Constitutionalism, in: Slaughter / Sweet / Weiler (Hrsg.), The European Courts and National Courts, 1998, S. 365 ff., 377 f.; *ders.*, The Constitution of Europe, 1999, S. 238 ff. Anschaulich sieht *P. Häberle*, Europäische Verfassungslehre, 6. Aufl. 2009, S. 53 ff., die „europäische (Verfassungs-)Familie im „Spannungsfeld von europäischer Identität und nationalen Identitäten".

2 *K. H. Fischer*, Der Vertrag von Lissabon. Text und Kommentar, 2008, S. 107 f.

3 *L. Niethammer*, Kollektive Identität. Heimliche Quellen einer unheimlichen Konjunktur, 2000. Alexander u.a. (Hrsg.), Cultural Trauma and Collective Identity, 2004.

4 *U. Haltern*, Europarecht, 2005, S. 20 ff. m.w.N.

5 *S. Korioth*, Europäische und nationale Identität: Integration durch Verfassungsrecht?, VVDStRL 62 (2003), S. 117 ff. spricht gar von einem „schillernden", „heimatlosen" Begriff, der über die Mathematik, Psychologie, Soziologie und politische Theorie seinen Weg in die Rechtswissenschaften gefunden habe. Aus der Lit.: allgemein *I. Plasseraud*, L'identité, 2000; *A. Uhle*, Freiheitlicher Verfassungsstaat und kulturelle Identität, 2004, S. 7 ff.; für die Europarechtswissenschaft *A. Kopp*, Europäische Identität als Kategorie des Europarechts, 2002; *W. Graf Vitzthum*, Die Identität Europas, EuR 2002, S. 1 ff.;

ter zerrissener, gar gespaltener Identitäten seine volle Wirklichkeit. Der Identitätstopos bezeichnet nicht nur jenen geistig-seelischen Reflexionsvorgang, der das Ganze der Persönlichkeitsbildung umgreift und den Menschen zum Individuum macht; er steht vielmehr auch für all jene einheitsstiftenden Wesensmerkmale, die eine politische Gemeinschaft charakterisieren und die Integration des Gemeinwesens ermöglichen.[6]

Dieser zweite Aspekt meint die politische(n) Identität (en).[7] Ganz im Sinne der zentralen These von *Ch. Taylor* ist die Frage nach der Identität mit der Frage nach dem „guten" und „richtigen" und deshalb nach dem – individuell wie gemeinschaftsbezogen – gelingenden Leben verbunden.[8] So stehen politische Identitäten für den Gesamtentwurf dessen, was die richtige, die gelingende Lebensführung in der „res publica" ausmacht, worin der täglich neue Prozess politischer Einheitsbildung seine Legitimität findet.[9] Verfassungen reflektieren diesen gesellschaftlichen Gesamtentwurf richtigen, gelingenden Lebens und leisten so auf ihre Weise (normative) Identitätszuschreibungen.[10] Sie sind, gehalten in der Sprache des Rechts,

K. M. Meessen, In Search of the European Identity, in: Benedek u.a. (Hrsg.), Development and Developing International and European Law, 1999, S. 441 ff.; *M. Hilf*, Europäische Union und nationale Identität der Mitgliedstaaten, GS E. Grabitz, 1995, S. 157 ff.; *A. D. Smith*, National Identity and the Idea of European Unity, in: International Affairs, 68 (1992), S. 55 ff.

6 *A. v. Bogdandy*, Europäische und nationale Identität: Integration durch Verfassungsrecht, VVDStRL 62 (2003), S. 156 ff., 160 ff.; *J. P. Müller*, VVDStRL 62 (2003), S. 194 ff., 196; siehe auch *ders.*, Europäische Verfassung und europäische Identität, in: Schuppert / Pernice / Haltern (Hrsg.), Europawissenschaft, 2005, S. 352 ff., sowie in JZ 2004, S. 53 ff.

7 Politische Identitäten sind nicht gleichbedeutend mit der nationalen Identität (dazu etwa *E.-W. Böckenförde*, Die Nation – Identität in Differenz, in: Identität im Wandel, Castelgandolfo-Gespräche 1995, hrsgg. von Michalski, S. 129 ff.), sondern greifen darüber hinaus. Sie finden – allerdings auch nicht erschöpfend – Widerklang in der Verfassungsidentität (*P. Kirchhof*, Die Identität der Verfassung, in: HdbStR, Bd. II, 3. Aufl. 2004, § 21). Politische Identitäten wurzeln vor allem in kulturellen Identitätsmomenten, B. Giesen (Hrsg.), Nationale und kulturelle Identität. Studien zur Entwicklung des kollektiven Bewusstseins der Neuzeit, 1991; *A. Uhle*, Freiheitlicher Verfassungsstaat und kulturelle Identität, 2004, S. 7 ff., S. 474 ff.

8 *Ch. Taylor*, Quellen des Selbst. Die Entstehung der neuzeitlichen Identität, 1994, S. 9, 15 und öfter; dazu *H. Rosa*, Identität und kulturelle Praxis. Politische Philosophie nach Charles Taylor, 1998.

9 In diesem Sinne *A. v. Bogdandy*, Europäische und nationale Identität: Integration durch Verfassungsrecht, VVDStRL 62 (2003), S. 156 ff., 158.

10 Vgl. etwa *A. Bleckmann*, Die Wahrung der „nationalen Identität" im Unionsvertrag, JZ 1997, S. 265 ff.; *E. Pache*, Europäische und nationale Identität: Integration durch Verfassungsrecht?, DVBl. 2002, S. 1154 ff.; *W. Graf Vitzthum*, Die Identität Europas,

eine identitätsstiftende „Meistererzählung", die den Normadressaten für die zu konstituierende, sodann mit Leben zu erfüllende Grundordnung[11] gewinnen wollen. Im europäischen Vergleich der Verfassungstexte werden typische bzw. typusprägende Elemente dieser Meistererzählungen greifbar. Dazu gehören insbesondere die narrativ reichen Präambeln[12], die Menschenrechtskataloge, die Staatszielbestimmungen oder die Erziehungsziele.[13] Ewigkeitsklauseln nach dem Muster von Art. 79 Abs. 3 GG sollen tradierte, mitunter leidvoll erkämpfte Identitäten bewahren und von evolutivem Identitätswandel ausnehmen.[14] Hier stößt sogar der verfassungsändernde Gesetzgeber an die Grenzen seiner Gestaltungsmacht. Vergleichbare Struktur- und Bestandssicherungsfunktionen erfüllen bei der Übertragung von Hoheitsrechten etwa Normen des Typus von Art. 23 Abs. 1 S. 1 GG[15] oder Art. 23

EuR 2002, S. 1 ff.; *S. Korioth* und *A. v. Bogdandy*, Europäische und nationale Identität: Integration durch Verfassungsrecht, VVDStRL 62 (2003), S. 117 ff., bzw. S. 156 ff.; aus der europäischen Verfassungsdebatte etwa *R. Badinter*, Une Constitution européenne, 2002. Zum Verfassungsbegriff mit zahlreichen Nachweisen aus der aktuellen Literatur *S. Haack*, Der Begriff der Verfassung, EuR 2004, S. 785 ff.

11 *D. Th. Tsatsos*, Die Europäische Unionsgrundordnung, EuGRZ 1995, S. 287 ff.

12 *P. Häberle*, Präambeln im Text und Kontext von Verfassungen, in: FS Broermann, 1982, S. 211 ff., 245; siehe auch *A.-C. Kulow*, Inhalte und Funktionen der Präambel des EG-Vertrages, 1997; *M. Kotzur*, Theorieelemente des internationalen Menschenrechtschutzes, 2001, S. 102. Einen guten, auch rechtsvergleichenden Überblick gibt am Beispiel des deutschen Grundgesetzes *H. Dreier*, in: ders. (Hrsg.), GG-Kommentar, Bd. I, 2. Aufl. 2004, Präambel Rn. 16 ff. Allgemein zur rechtsmethodischen Bedeutung von Präambeln auch *P. J. Tettinger / K. Stern*, in: dies. (Hrsg.), Kölner Gemeinschaftskommentar zur Europäischen Grundrechte-Charta, 2006, Präambel A, Rn. 10.

13 Früh *P. Häberle*, Erziehungsziele und Orientierungswerte im Verfassungsstaat, 1981; *ders.*, Verfassungslehre als Kulturwissenschaft, 2. Aufl. 1998, S. 758 ff.; für Einzelaspekte *B. Pieroth*, Erziehungsauftrag und Erziehungsmaßstab der Schule im freiheitlichen Verfassungsstaat, DVBl. 1994, S. 949 ff.; *M. Bothe / A. Dittmann*, Erziehungsauftrag und Erziehungsmaßstab der Schule im freiheitlichen Verfassungsstaat, VVDStRL 54 (1995), S. 7 ff.

14 *H. Ehmke*, Grenzen der Verfassungsänderung, 1953 (Neudruck 1966); Verfassungskontinuität und Identität programmatisch verbindend *P. Kirchhof*, Die Identität der Verfassung, in: HdbStR, Bd. II, 3. Aufl. 2004, § 21; rechtsvergleichende Bezüge bei *P. Häberle*, Verfassungsrechtliche Ewigkeitsklauseln als verfassungsstaatliche Identitätsgarantien, in: FS H. Haug, 1986, S. 81 ff. (ebenfalls programmatisch auf den Identitätstopos hin orientiert), sowie *H. Dreier*, in: ders. (Hrsg.), GG-Kommentar, Bd. II, 2. Aufl. 2006, Art. 79 III, Rn. 9 ff.

15 *I. Pernice*, in: Dreier (Hrsg.), GG-Kommentar, Bd. II, 2. Aufl. 2006, Art. 23, Rn. 50 ff.; *M. Cornils*, Art. 23 Abs. 1 GG: Abwägungsposten oder Kollisionsregel?, AöR 129 (2004), S. 336 ff.

Abs. 1 S. 3 GG[16] entsprechend. Revolutionärem Umbruch können freilich auch solche Garantien keine Grenzen setzen.

Obgleich Identitäten für Kontinuität stehen, sind die Identitätsdiskurse selbst beständigem Wandel unterworfen. Sie stellen sich im Europa vor und nach der Osterweiterung, vielleicht auch vor und nach Lissabon anders dar.[17] Ein eventueller EU-Beitritt der Türkei wirft für den Beitrittskandidaten wie für die Union neue Identitätsfragen auf.[18] Mögliche Antworten finden sich im Zusammenspiel von nationalen und europäischen Texten zum Identitätsthema. Vor allem die kontextgebundenen Verfassungstexte von Mitgliedstaaten und Union machen Identitätszuschreibungen positiv-rechtlich *greifbar* und damit für den Unionsbürger *begreifbar*. Sie stellen aufeinander angewiesene Identitätsbehauptungen auf und wissen sich kooperativer Identitätssicherung verpflichtet.[19]

II. Identitätstexte und Identitätskontexte

1. Die Texte: Eine Bestandsaufnahme zu den identitätsrelevanten Klassikertexten[20] kann hier nur kursorisch ausfallen. Sie muss bei den schriftlich und mündlich tradierten Mythen der Antike ihren Anfang nehmen, denn europäische Identitätsbildung gründet zu einem Gutteil in der aufklärerischen Emanzipation vom Mythos zum Logos.[21] So hat der Staatsgründungsmythos in *Vergils* Äneis das europäische Denken nachhaltig beeinflusst, finden sich im Welt- bzw. Gesellschaftsbild der Ilias und Odyssee Homers frühe europäische Identitätsmomente. Gleiches gilt für religiöse Texte. Die großen Buchreligionen, nicht nur das Christentum, haben einen ent-

16 Vgl. *R. Streinz*, in: Sachs (Hrsg.), GG-Kommentar, 4. Aufl. 2007, Art. 23 Rn. 84 m. w. Nachweisen; allgemein zum Thema *I. Pernice*, Bestandssicherung von Verfassungen: Verfassungsrechtliche Mechanismen zur Wahrung der Verfassungsordnung, in: Bieber / Widmer (Hrsg.), L'espace constitutionnel européen. Der europäische Verfassungsraum. The European Constitutional Space, 1995, S. 225 ff.

17 *R. Streinz*, Europarecht, 7. Aufl., 2005, Rn. 65 ff.

18 Giannakopoulos / Maras (Hrsg.), Die Türkei-Debatte in Europa. Ein Vergleich, 2005; *J. Gerhards* (unter Mitarbeit von *M. Hölscher*), Kulturelle Unterschiede in der Europäischen Union. Ein Vergleich zwischen Mitgliedsländern, Beitrittskandidaten und der Türkei, 2005.

19 *M. Kotzur*, Kultur, Forschung und Technologie, in: Schulze / Zuleeg (Hrsg.), Europarecht. Handbuch für die deutsche Rechtspraxis, 2006, § 38, Rn. 11.

20 *P. Häberle*, Klassikertexte im Verfassungsleben, 1981; daran anknüpfend *M. Kotzur*, Die Wirkungsweise von Klassikertexten im Völkerrecht, JöR 49 (2001), S. 329 ff.

21 *W. Nestle*, Vom Mythos zum Logos. Die Selbstentfaltung des griechischen Denkens von Homer bis auf die Sophistik und Sokrates, 2. Aufl. 1975.

scheidenden Anteil an der Ausprägung der europäischen Identitäten.[22] Alle europäischen (Rechts-)Kulturen kennen überdies identitätsstiftende literarische Texte.[23] *G. E. Lessings* Ringparabel aus seinem „Nathan der Weise" (Erstausgabe 1779) ist längst zum gemeineuropäischen Toleranztext geworden. Wenn *N. Bobbio* heute nach „Gründen der Toleranz" fragt, bleibt *Lessing* stets mitgedacht.[24] Mehr noch als die schöne Literatur entfalten philosophische, staats- und gesellschaftstheoretische Entwürfe Wirkung auf die Ausbildung politischer Identität. Von *Platon*, *Aristoteles* und *Cicero* über *Hobbes*, *Locke*, *Rousseau* und *Montesquieu* bis hin zur Diskursethik eines *J. Habermas* und darüber hinaus kann gewiss kein vollständiges Panorama gezeichnet werden.[25] Epochemachende Namen seien nur als Merkposten genannt. *William Penns* „Essay Towards the Present and the Future Peace of Europe" (1693) muss genauso Erwähnung finden wie *I. Kants* großer Entwurf „Zum ewigen Frieden" (1795), das Theoriegebäude eines *K. Marx* wäre der komplementäre Gegenentwurf zu den Sozialenzykliken der katholischen Kirche. Statt aller Politikentwürfe zum geeinten Europa sei nur die große Züricher Universitätsrede *W. Churchills* (1946) ins Gedächtnis gerufen.

Von unmittelbar normativer Relevanz sind die Rechtstexte zum Identitätsthema. Früh versprach der Grundsatz wechselseitiger Gemeinschaftstreue in Art. 5 EWGV, dann Art. 10 EGV respektive Art. I–5 EVV, jetzt Art. 4 Abs. 3 EUV, identitätssichernde Rücksichtnahme,[26] die weit über das völkerrechtliche Rechtsmissbrauchsverbot und den Grundsatz „pacta sunt servanda" hinausgeht.[27] Nicht ohne Pathos geschichtsbewusster Selbstvergewisserung und zukunftsweisender Programmatik benennt die Präambel des EUV, wie einleitend zitiert, zahlreiche Momente politischer Identität von Union und Mitgliedstaaten: Freiheit, Demokratie, Achtung der Menschenrechte und Grundfreiheiten, Rechtsstaatlichkeit und Solidarität.[28] Die

22 *J. H. H.* Weiler, Ein christliches Europa. Erkundungsgänge, 2004, sowie unten Fn. 66.

23 In diesem Kontext sei auch auf die Relevanz von Europabildern oder Europaentwürfen aus der Feder von „Dichtern und Denkern" verwiesen, siehe etwa *W. Graf Vitzthum*, „Römischer Hauch" – Stefan Georges staatspoetisches Europabild, in: FS E. Jayme, 2004, S. 1763 ff.

24 *N. Bobbio*, Das Zeitalter der Menschenrechte. Ist Toleranz durchsetzbar?, 1998, S. 87 ff.

25 Siehe auch *M. Stolleis*, Europa – Seine historischen Wurzeln und seine künftige Verfassung, 1997.

26 *A. Puttler*, in: Callies / Ruffert (Hrsg.), EUV / EGV, 3. Aufl. 2007, Art. 6 Rn. 43; weiterhin *A. Kopp*, Europäische Identität als Kategorie des Europarechts, 2002, S. 91 ff.

27 Zahlreiche Nachweise zur Unions- respektive Gemeinschaftstreue, die im Prinzip der Bundestreue ihr bundesstaatliches Vorbild findet (grundlegend *H. Bauer*, Die Bundestreue, 1992), bei *W. Kahl*, in: Calliess / Ruffert (Hrsg.), EUV / EGV, 3. Aufl. 2007, Art. 10 EGV Rn. 2 ff.

28 Schon dem ursprünglichen Unionsvertrag von Maastricht war die nationale Identität der Mitgliedstaaten ein zentrales Anliegen, vgl. dazu BVerfGE 89, 155 (189, 211 und öfter).

eingeforderte Achtung vor mitgliedstaatlicher Geschichte zugleich als europäischer Geschichte, mitgliedstaatlicher Kultur zugleich als europäischer Kultur und mitgliedstaatlichen Traditionen als traditionsbegründenden Trägerelementen in der neuen europäischen Verfassungsarchitektur meint erstlich und letztlich *Respekt vor Identität* – schon *gewordener* (mitgliedstaatlicher) und *werdender* (europäischer) Identität. Die Identitätsbekenntnisse der Präambel haben aber auch eine ganz praktisch politische Seite. So stellt der vormals 10., jetzt 11. Erwägungsgrund die Identität Europas – nicht nur der Union[29] – in den Kontext einer gemeinsamen Außen- und Sicherheitspolitik. Postuliert wird eine unabhängige Identitätsbehauptung nach außen. Während es in der Präambel noch um ganz Europa als rechtskulturellen Raum geht, bezieht Art. 2 EUV, jetzt Art. 3 EUV die Behauptung unionaler bei gleichzeitiger Wahrung mitgliedstaatlicher Identität auf das Europa der EU und konkretisiert diese doppelte Forderung zum verbindlichen Unionsziel.

Normativer Konkretisierung der zentralen Elemente politischer Identität in Europa dient auch Art. 6 Abs. 1 EUV, Art. 6 Abs. 3 EUV neue Fassung. Der „materielle Verfassungskern" und die grundlegende Wertbasis der Europäischen Verfassungsgemeinschaft gründen in dem, was den Mitgliedstaaten an „Grundsätzen", anders formuliert an die politische Identität prägenden Faktoren gemeinsam ist.[30] Art. 49 EUV (alte wie neue Fassung) macht sie zu Beitrittsvoraussetzungen und schützt so die europäische Verfassungsidentität.[31] Die zentrale Verbürgung zum Schutz der nationalen Identität(en) der Mitgliedstaaten ist Art. 6 Abs. 3 EUV, jetzt Art. 4 Abs. 2 EUV.[32] Eine entsprechende Garantie findet sich erstmals ausdrücklich in Art. F des Unionsvertrages von Maastricht (1992).[33] Die Klausel wurde als Art. I–5 Abs. 1 konkretisierend in den Verfassungsvertrag aufgenommen.[34] Art. 4 Abs. 2 EUV greift in der Neufassung diese Textstufe auf. Die Union verpflichtet sich nunmehr, die nationale Identität der Mitgliedstaaten so zu achten, wie sie in „deren grundlegender politischer und verfassungsrechtlicher Struktur einschließlich der regionalen und

29 *W. Graf Vitzthum*, Die Identität Europas, EuR 2002, S. 1 ff., 2.

30 *Ch. Calliess*, in: ders. / Ruffert (Hrsg.), EUV / EGV, 3. Aufl. 2007, Art 6 EUV Rn. 1; *F. Schorkopf*, Homogenität in der Europäischen Union, 2000. In der Neufassung nach Lissabon liegt der Akzent in Abs. 1 nun auf der Grundrechtecharta, was der Sache nach nichts ändert, da sich auch in der Charta die gemeinsamen Grundsätze manifestieren. Diese sind in Abs. 3 weiterhin explizit genannt.

31 Vgl. *H.-J. Cremer*, in: Calliess / Ruffert (Hrsg.), EUV / EGV, 3. Aufl. 2007, Art. 49 EUV Rn. 8 ff., zu den sog. Kopenhagener Kriterien ebd. Rn. 10 mit w. N. in Fn. 62.

32 *K. Doehring*, Die nationale „Identität" der Mitgliedstaaten, in: FS U. Everling, Bd. 1, 1995, S. 263 ff.; *R. Geiger*, EUV / EGV, 4. Aufl. 2004, Art. 6 EUV, Rn. 13. *C. Stumpf*, in: Schwarze (Hrsg.), EU-Kommentar, 2000, Art. 6 EUV, Rn. 42 ff.

33 *A. Puttler*, in: Callies / Ruffert (Hrsg.), EUV / EGV, 3. Aufl. 2007, Art. 6 Rn. 42.

34 Text der am 29.10.2004 unterzeichneten Fassung des Verfassungsvertrages, ABl. 2004 Nr. C 310.

kommunalen Selbstverwaltung zum Ausdruck kommt." Damit erfolgt zwar eine Limitierung auf die *Grundentscheidungen* des Staates in politischen Angelegenheiten, die in diesem Rahmen gewahrte Eigenständigkeit bildet aber ein entscheidendes Gegengewicht zur Kompetenzausweitung im Verfassungsvertrag.[35] Schließlich sei noch darauf hingewiesen, dass die Werte[36]- und Zieleartikel aus Art. I–2 und I–3 des Verfassungsvertrages, jetzt in modifizierter Form Art. 2 und 3 EUV[37] sowohl Identitätsgrundlagen benennen[38] als auch Identitätsperspektiven entwerfen.[39]

2. Die Kontexte: Ein so komplexer und ambivalenter Rechtsbegriff wie der der „Identität" kann nur aus seinen Kontexten heraus vollständig entschlüsselt werden. Kontext meint, auf eine griffige Formel heruntergebrochen: „Verstehen durch Hinzudenken".[40] Die positiven Rechtstexte sind sich, sowohl was ihre Produktion als auch Rezeption anbetrifft, solcher Kontextrelevanz sehr wohl bewusst.[41] Durch ihre Systematisierungsleistung stellen sie Rechtsbegriffe in selbstgeschaffene Kontexte, zugleich um jene vorverständnisprägenden Kontexte wissend, die den Texten teils vorausliegen, teils hinter ihnen zurücktreten, aber stets mitgedacht, mitbewusst und in Perspektive auf den Leser „mitkommuniziert" bleiben. Zentraler Kontextbegriff

35 *A. Puttler*, in: Callies / Ruffert (Hrsg.), EUV / EGV, 3. Aufl. 2007, Art. 6 Rn. 47 m.w.N.; *M. Hilf / F. Schorkopf*, in: Grabitz / Hilf (Hrsg.), EU, Art. 6 EUV, Rn. 75; *U. Everling*, Überlegungen zur Struktur der Europäischen Union und zum neuen Europa-Artikel des Grundgesetzes, DVBl. 1993, S. 936 ff., 940.

36 Arts / Halman (Hrsg.), European Values at the Turn of the Millenium, 2004; *Ch. Calliess*, Europa als Wertegemeinschaft – Integration und Identität durch europäisches Verfassungsrecht?, JZ 2004, S. 1033 ff.; *H. Joas / Ch. Mandry*, Europa als Werte und Kulturgemeinschaft, in: Schuppert / Pernice / Haltern (Hrsg.), Europawissenschaft, 2005, S. 569 ff.; *H. Joas / K. Wiegandt*, Die kulturellen Werte Europas, 2005; *M. Borowsky*, Wertkonflikte in der Europäischen Union, in: FS J. Meyer, 2006, S. 49 ff.; *Th. Rensmann*, Wertordnung und Verfassung, 2007, S. 329 ff. (zur Wertordnung der Europäischen Union").

37 Zu den Modifikationen *K. H. Fischer*, Der Vertrag von Lissabon. Text und Kommentar, 2008, S. 111.

38 *W. Bergem*, Europas Werte als Fundament europäischer Identität, in: Die Werte Europas. Verfassungspatriotismus und Wertegemeinschaft in der EU?, 2005.

39 *Th. Rensmann*, Wertordnung und Verfassung, 2007, S. 330 ff. („Aufbruch der Union zu einer Wertegemeinschaft"); *M. Kotzur*, Die Präambel, die Artikel zu den Werten und Zielen der Europäischen Union, in: M. Niedobitek/J. Zemánek (Hrsg.), Continuing the European Constitutional Debate, 2008, S. 187 ff.

40 *P. Häberle*, Kommentierte Verfassungsrechtsprechung, 1979, S. 44 ff., 50 f.; *ders.*, Die Verfassung im Kontext, in: Thürer / Aubert / Müller (Hrsg.), Verfassungsrecht der Schweiz, 2001, S. 17 ff.; *ders.*, Europäische Verfassungslehre, 6. Aufl. 2009, S. 10 ff.

41 *M. Morlok*, Der Text hinter dem Text. Intertextualität im Recht, in: Liber Amicorum P. Häberle, 2004, S. 93 ff., 117, unter Verweis auf *T. A. van Dijk*, Textwissenschaft, 1980, S. 82 ff.

zur Identität ist die *Kultur*, Identität ist immer auch kulturelle Identität.[42] Europa selbst meint keinen geographisch limitierten, sondern einen kulturgeprägten Raum. Die Kultur, vor allem die politische Kultur seiner Mitgliedstaaten, wirkt mitbestimmend für Europas Realität und Idealität. So wie dieses Europa selbst nicht auf abschließende Finalität hin orientiert, sondern als politische Einheit in ständigem Werden begriffen ist, wird ihm nur ein dynamisch-offener Kulturbegriff gerecht. Er muss das Moment der Verschiedenheit aller mitgliedstaatlichen Kulturen respektieren und darf nicht auf nivellierende Homogenität hin drängen. Kulturelle Differenz (aber gewiss nicht kulturelle Indifferenz) ist das entscheidende Identitätsmerkmal von Mitgliedstaaten und Union.[43] *J. Burckhardt* hat das mit der Wendung von der „Discordia concors" klassisch formuliert und der europäischen Verfassungsgenese damit ihr Paradigma vorgegeben: „In Vielheit eins werden!"[44]

Ohne Anspruch auf Vollständigkeit, der angesichts von Kontextwandel und sich ebenfalls wandelnden Kontextrelevanzen ohnehin nicht einzulösen wäre, wird auf folgende weitere Kontextbegriffe verwiesen.[45] Identität steht als positiv konnotiertes Konzept für individuelle wie kollektive *Selbstbestimmung*[46], die selbstbestimmte Entfaltung des Individuums und die politische Selbstbestimmung des Volkes. Ge-

42 Grundlegend *P. Häberle*, Verfassungslehre als Kulturwissenschaft, 2. Aufl. 1998, S. 28 ff.; für eine vergleichende Zusammenschau von Identitäts- und „Kulturelles-Erbe"-Klauseln siehe ebd. S. 10 ff., 1148 und öfter; einen kulturtheoretischen Ansatz mit anderer Stoßrichtung verfolgt *U. Haltern*, Europarecht und das Politische, 2005, S. 13 ff. (Recht als „eine Imaginationsform, deren Macht nicht in objektivierbaren Fakten, sondern in seiner Möglichkeit liegt, die auf die Bedeutung des Politischen bezogenen Imaginationen zu stabilisieren"); für die angloamerikanische Rechtskultur *P. W. Kahn*, The Cultural Study of Law. Reconstructing Legal Scholarship, 1999; *ders.*, Freedom, Autonomy and the Cultural Study of Law, in: Yale Journal of Law and the Humanities 13 (2001), S. 141 ff.

43 Programmatisch *Ch. Landfried*, Das politische Europa. Differenz als Potential der Europäischen Union, 2. Aufl. 2005.

44 Vgl. dazu Arts / Hagenaars / Halman (Hrsg.), The Cultural Diversity of European Unity. Findings, Explanations, and Reflections from the European Values Study, 2003; *Ch. Landfried*, Das politische Europa. Differenz als Potential der Europäischen Union, 2. Aufl. 2005; grundrechtsspezifisch *A. Weber*, Einheit und Vielfalt der europäischen Grundrechtsordnung(en), DVBl. 2003, S. 220 ff.; Nachweise auch bei *M. Kotzur*, Kultur, Forschung und Technologie, in: Schulze / Zuleeg (Hrsg.), Europarecht. Handbuch für die deutsche Rechtspraxis, 2006, § 38, Rn. 6.

45 Identität selbst hat Kontinuität zur Voraussetzung, Diskontinuität führt zum Identitätswandel (etwa in den Transformationsgesellschaften nach Überwindung einer totalitären Vergangenheit). Zum Thema insgesamt *A. Leisner*, Kontinuität als Verfassungsprinzip, 2002.

46 *A. Scherzberg*, VVDStRL 62 (2003), S. 200 versteht politische Identität als „Sicherung des Selbstbestimmungsfähigkeit des Volkes".

rade der zweite Aspekt politischer Einheitsbildung ist in Europa stark mit dem Konzept der *Nation* verbunden;[47] im Topos von der politischen Identität klingt der der nationalen Identität mit an, ohne dass beide allerdings identisch wären. Für den offenen europäischen Nationalstaat[48] ist aber auch die Integrationsbereitschaft Identitätsmerkmal. Politische Identität entsteht einerseits aus Integration[49], ermöglicht anderseits erst die Integrationsleistung einer politischen Gemeinschaft. Und die je eigene Identität setzt der Integration eindeutige Grenzen.[50] Identität lebt von und ermöglicht *Zugehörigkeit.*[51] Deshalb wirkt auch die *Abgrenzung* zu anderen (nationalen) Identitäten und Kulturräumen identitätsstiftend.[52] Indes darf eine solche Diffe-

47 Berühmt geworden ist die Definition von *E. Renan*, Was ist eine Nation? (1882), 1996, S. 34 f.: „Das Dasein einer Nation ist – erlauben Sie mir dieses Bild – ein Plebiszit Tag für Tag, wie das Dasein des einzelnen eine dauernde Behauptung des Lebens ist.“; siehe auch *R. Streinz*, Sinn und Zweck des Nationalstaates in der Zeit der Europäisierung und Globalisierung, in: FS G. Ress, 2005, S. 1277 ff.

48 Wegweisend *K. Vogel*, Die Verfassungsentscheidung des Grundgesetztes für eine internationale Zusammenarbeit, 1964; später weiterführend *P. Häberle*, Der kooperative Verfassungsstaat (1978), in: ders., Verfassung als öffentlicher Prozess, 3. Aufl. 1998, S. 407 ff.; jetzt: *U. Di Fabio*, Das Recht offener Staaten, 1998; S. *Hobe*, Der offene Verfassungsstaat zwischen Souveränität und Interdependenz, 1998; *ders.*, Der kooperationsoffene Verfassungsstaat, Der Staat 37 (1998), S. 521 ff.; *K.-P. Sommermann*, Der entgrenzte Verfassungsstaat, in: Merten (Hrsg.), Der Staat am Ende des 20. Jahrhunderts, 1998, S. 19 ff.

49 *K.-D. Borchardt*, Die rechtlichen Grundlagen der Europäischen Union, 3. Aufl. 2006, § 2, Rn. 92; *H. Walkenhorst*, Europäischer Integrationsprozess und europäische Identität, 1999, S. 212 ff. über den Zusammenklang von Integrations- und Identitätspolitik; *Th. Meyer*, Identitätspolitik. Vom Missbrauch kultureller Unterschiede, 2002; siehe überdies *S. Oeter*, Europäische Integration als Konstitutionalisierungsprozess, ZaöRV 59 (1999), S. 901 ff.; *U. Everling*, Überlegungen zum Fortgang der Europäischen Integration, ZEuS 2001, S. 385 ff.; Klassiker des Integrationsdenken ist R. Smend, in: ders., Staatsrechtliche Abhandlungen, 2. Aufl. 1968, S. 482 ff.; dazu *P. Badura*, Staat, Recht und Verfassung in der Integrationslehre, Der Staat 16 (1977), S. 305 ff.; *S. Korioth*, Europäische und nationale Identität: Integration durch Verfassungsrecht, VVDStRL 62 (2003), S. 117 ff., 123.

50 *Th. Oppermann*, Europarecht, 3. Aufl. 2005, § 12, Rn. 2.

51 *A. Haratsch*, Titel IX: Zugehörigkeit zur Union, in: Höreth / Janowski / Kühnhardt (Hrsg.), Die Europäische Verfassung. Analyse und Bewertung ihrer Strukturentscheidungen, Baden-Baden 2005, S. 271 ff.

52 *U. Bitterli*, Alte Welt – neue Welt, 1992; *G. Nolte*, in: VVDStRL 62 (2003), S. 214 f.; *P. Häberle*, Europäische Verfassungslehre, 6. Aufl. 2009, S. 664; für eine Außenperspektive *G. Burghardt*, Die Europäische Verfassungsentwicklung aus dem Blickwinkel der USA, FCE 4/02, 2002 (http://www.whi-berlin.de).

renz nicht zu einem Kampf der Kulturen[53] stilisiert oder mit der im Freund-Feind-Denken verhafteten existentiellen Identitätsvorstellung eines *C. Schmitt* verwechselt werden.[54] Als identitätsprägend erweist sich auch die Abgrenzung von anderen politischen Systemen. Für das verfassungsstaatliche Selbstverständnis aller EU-Mitgliedstaaten ist die Überwindung von Nationalsozialismus, Faschismus und Kommunismus[55] eine epochenprägende Transformationsleistung: für die selbst Betroffenen, weil sie den Weg in die freiheitliche Demokratie gefunden, für die nicht selbst Betroffenen, weil sie den Weg in freiheitliche Demokratie aufzuzeigen mitgeholfen haben.

Prekär wird der Identitätsbegriff, wenn er *absolute* Homogenität suggeriert, in dieser Zuspitzung die Existenz von Konflikten leugnet und voraussetzungslos vorhandene, endgültige und damit statisch-substantielle politische Einheit postuliert. Prekär wird er, wenn er freiheitlich-pluralistische zu *identitärer* Demokratie pervertiert, sich auf *Indoktrination* verlässt oder Zugehörigkeit mit sich selbst aufgebender *Identifikation* verwechselt. Es ist umgekehrt das Prinzip der Nicht-Identifikation (*H. Krüger*), das im weltanschaulich und religiös neutralen Staat individuelle Sinnsuche und damit Identitätsbildung zulässt. Gemeinsame Identität entsteht letztlich aus *Identitätsdifferenzierungen.*

III. Elemente der politischen Identität – in ihrer Wechselbezüglichkeit von Union und Mitgliedstaaten

Die Europäische Verfassung – jetzt im dreigliedrigen Reformwerk von Lissabon unter weniger anspruchsvollem Etikett konkretisiert, der Sache nach aber Verfassung bleibend – ist kein Konkurrenzmodell zu mitgliedstaatlicher Verfasstheit, sondern bindet die Mitgliedstaaten komplementär in einen europäischen Verfassungsverbund (*I. Pernice*)[56] respektive eine Verfassungsgemeinschaft (*P. Häberle*)[57] ein.

53 *S. P. Huntington,* The Clash of Civilizations and the Remaking of World Order, 1996; demgegenüber *A. Sen*, Die Identitätsfalle. Warum es keinen Krieg der Kulturen gibt, 2007.

54 *C. Schmitt*, Der Gegensatz von Parlamentarismus und moderner Massendemokratie, in: ders., Positionen und Begriffe im Kampf mit Weimar, Genf, Versailles 1923–1939, 1940, S. 59; dazu I. Staff, Lehren vom Staat, 1981, S. 385.

55 Joerges / Singh Ghaleigh (Hrsg.), Darker Legacies of Law in Europe: The Shadow of National Socialism and Fascism over Europe and its Legal Traditions, 2003; *S. Hall*, Rassismus und kulturelle Identität, 1994.

56 *I. Pernice*, in: Dreier (Hrsg.), GG-Kommentar, Bd. 2, 2. Aufl. 2006, Art. 23, Rn. 20 ff. Damit sehen sich auch die mitgliedstaatlichen Verfassungsordnungen einem – durchaus

Die politischen Identitäten der Mitgliedstaaten – also das, was ihre Verfassungen zum Ausdruck bringen und was ihre Bürger aktivbürgerschaftlich leben – wirken in solchem „Verbunden-Sein" gemeinschaftsbildend, aus ihnen formt sich die Identität der Union.[58] Dass dabei gemeinsame und divergierende Identitätsmomente eine fruchtbare Dialektik entfalten, ist selbstverständlich. So kann die Bundesstaatlichkeit in Deutschland als Gegenmodell zum französischen Zentralstaat gelten[59], findet sich die Kooperation zwischen Staat und Kirche hier, ein strikter Laizismus dort. Manche Mitgliedstaaten sind vielsprachig geprägt, für andere ist die *eine* Sprache kultureller Integrationsfaktor – durch die multikulturelle gesellschaftliche Wirklichkeit ihrerseits wiederum herausgefordert und Gegenstand innerstaatlicher Identitätsdebatten.[60]

Die politische Identität aller Mitgliedstaaten speist sich aber in besonders hohem Maße aus einer spezifischen Dialektik: der von Religion und Aufklärung. Sie findet schon in der Präambel des Verfassungsentwurfs bzw. des neugefassten EUV Widerklang. Ihr Text verbindet im „kulturellen" das „religiöse" und „humanistische Erbe" Europas. Einen eindeutigen Gottesbezug, gar eine *invocatio dei,* wagt sie nicht.[61] Während vor allem Polen, Irland, Italien, Malta, Litauen, Portugal, die Slowakei und

positiven – europäischen „Anpassungsdruck" ausgesetzt, vgl. *H. Goerlich*, Verfassungsorientierte Wandlungen des Staates des Grundgesetzes – vier aktuelle Perspektiven, in: Comparativ 16 (2006), S. 142 ff, 142.

57 *P. Häberle*, Europäische Verfassungslehre, 6. Aufl. 2009, S. 645 ff. und öfter.

58 *D. Th. Tsatsos*, Integrationsförderung durch Identitätswahrung – Zur europäischen Dimension der Verfassungsfunktion, in: FS M. Kriele, 1997, S. 1263 ff.; *G. Roellecke*, Schließt die Identität der europäischen Staaten einen europäischen Bundesstaat aus?, in: Kroker / Dechamps (Hrsg.), Das Menschenbild der freien Gesellschaft, 1999, S. 213 ff.; *R. Arnold*, Die Rolle der Mitgliedstaaten in der Europäischen Verfassungsordnung, EWS 2002, S. 216 ff.; *F. C. Mayer / J. Palmowski*, European Identities and the EU – The Ties that Bind the Peoples of Europe, in: JCMS 42 (2004), S. 573 ff.; ganz eindeutig *M. Pechstein*, in: Streinz (Hrsg.), EUV / EGV, 2003, Art. 6 EUV, Rn. 25: „Diese eigene Identität der Union speist sich aber notwendig aus den Identitäten der Unionsstaaten, eine andere Quelle hierfür existiert nicht".

59 Mit Blick auf das Vereinigte Königreich fordert *M. Jachtenfuchs*, Die EG nach Maastricht – Das Subsidiaritätsprinzip und die Zukunft der Integration, EA 1992, S. 279 ff. eine Gegenüberstellung von deutschen und britischen Auffassungen zu bundesstaatlicher Verfassungsarchitektur; zum Föderalismusbegriff *K. Hesse*, Grundzüge des Verfassungsrechts der Bundesrepublik Deutschland, 20. Aufl. 1995 (Neudruck 1999), R. 219.

60 *R. J. Schweizer* und *W. Kahl*, Sprache als Kultur- und Rechtsgut, VVDStRL 65 (2006), S. 346 ff. bzw. 386 ff.; *W. Kahl*, Das Grundrecht der Sprachenfreiheit, Jus 2007, S. 201 ff.

61 Eine exzellente Übersicht zum Diskussionsstand geben *H. Goerlich / W. Huber / K. Lehmann*, Verfassung ohne Gottesbezug? Zu einer aktuellen europäischen Kontroverse, 2004. Siehe überdies *P. J. Tettinger / K. Stern*, in: dies. (Hrsg.), Kölner Gemeinschaftskommentar zur Europäischen Grundrechte-Charta, 2006, Präambel B, Rn. 1 ff.

Tschechien im Christentum einen starken Identitätsfaktor sehen und deshalb einen eindeutigen Bezug auf das christliche Erbe Europas wünschen, leisten Belgien und das streng laizistische Frankreich den stärksten Widerstand.[62] Er hat seinen Grund teils in der Tradition aufklärerischen Denkens, teils im schlichten Wirklichkeitsbefund, dass zum kulturellen Erbe Europas nicht nur das Christentum, sondern auch das Judentum und in mancherlei Hinsicht der Islam gehören. Hinzu tritt das „westfälische Projekt" der religiösen Toleranz, der konfessionellen Spaltung als Zivilisationsprodukt entstammend[63], in den Religionskriegen blutig errungen und 1648 auf den souveränen Territorialstaat hin konzipiert. Heute formulieren nicht nur multikulturelle und multi-ethnische, sondern auch multi-religiöse Gesellschaften ihre je eigenen Herausforderungen an die constitutio Europaea.[64] Im gleichberechtigten pluralistischen Nebeneinander verbietet sich gewiss nicht jedweder Gottesbezug[65], notwendig wird aber eine gleichwertige säkulare Begründung von Verantwortung *vor der*, *in der* und *für die* Gemeinschaft.[66] Das glücklichste Textbeispiel einer solchen praktischen Konkordanz (*H. Hesse*) transzendentaler und rein diesseitiger Wertradizierung gibt die Präambel der Polnischen Verfassung: „beschließen wir, (...), sowohl diejenigen, die an Gott als die Quelle der Wahrheit, Gerechtigkeit, des Guten und des Schönen glauben, als auch diejenigen, die diesen Glauben nicht teilen, sondern diese universellen Werte aus anderen Quellen ableiten, (...)".[67] Damit ist ein Text geschaffen, der weit über Polen hinaus für die politisch-kulturelle Identität der europäischen Verfassungsstaaten steht.

Wenn von europäischer Aufklärung die Rede ist, meint das mehr als einen bloßen Epochenbegriff und steht für politische Identität in Europa. Da die Aufklärung in Europa ganz unterschiedliche Entwicklungen, etwa in England, Frankreich oder Deutschland, aufweist, sollte auch besser der Plural „Aufklärungen" Verwendung finden.[68] Doch formen die in vorliegendem Zusammenhang relevanten Aufklärungsleistungen durchaus ein *gemeineuropäisches* Selbstverständnis in rebus politicis. Sie lassen sich, gewiss holzschnittartig verkürzt, auf die Trias von Subjektivität, Freiheit

62 Ausführliche Nachweise bei *H. Goerlich*, Der Gottesbezug in Verfassungen, in: *ders.* / *W. Huber* / *K. Lehmann*, Verfassung ohne Gottesbezug? Zu einer aktuellen europäischen Kontroverse, 2004, S. 9 ff., 10.

63 *J. Balmes*, Protestantismus und Katholizismus in ihrer Beziehung zur europäischen Civilisation, 2 Bd., 1888.

64 Fleiner (Hrsg.), Die multikulturelle und multi-ethnische Gesellschaft, 1995.

65 *P. Häberle*, „Gott" im Verfassungsstaat, in: FS W. Zeidler, 1987, S. 3 ff.; *N. K. Riedel*, Gott in der europäischen Verfassung?, EuR 2005, S. 676 ff.; siehe auch *J. Geerlings*, Der Fortgang des europäischen Verfassungsprozesses, Recht und Politik 2006, S. 23 ff.

66 In diesem Sinne auch *J. H. H. Weiler*, Ein christliches Europa. Erkundungsgänge, 2004.

67 Dazu *P. Häberle*, Europäische Verfassungslehre, 6. Aufl. 2009, S. 660.

68 So *C.-D. Ostenhövener*, in: Heun / Honecker / Morlok / Wieland (Hrsg.), Evangelisches Staatslexikon, Neuausgabe 2006, S. 136 f., 136.

und Kritik herunterbrechen.[69] Die Subjektivität verweist letztlich darauf, dass die Menschenwürde „anthropologische Prämisse" jeder politischen Gemeinschaft ist.[70] Der Menschenrechtsuniversalismus der Französischen Revolution erhebt die Subjektivität des Individuums zum mundialen Anspruch.[71] Hierin gründet eine – mitunter prekäre – Paradoxie der europäischen Identität: was das Eigene Europas sein will, soll doch zugleich von aller Welt geteilt werden.[72] Gleiches gilt für das Freiheitsideal, seinerseits durch die Gleichheit und die Brüderlichkeit (Solidarität) gebändigt.[73] Wenn der damalige US-Präsident *F. D. Roosevelt* in seiner Botschaft an den Kongress vom 7. Januar 1941 die später berühmt gewordenen „Four Freedoms" als Grundpfeiler einer neuen Weltordnung proklamiert, so globalisiert er die freiheitlichen und sozialen Errungenschaften der Amerikanischen, aber eben auch der Französischen Revolution. Die geforderten Freiheitsrechte gehören zum Kernbestand dessen, was die politische Identität des freiheitlichen Verfassungsstaates europäisch-atlantischer Provenienz ausmacht: „Freedom of Speech and Expression", das heißt die Rede- und Meinungsfreiheit einschließlich der Presse-, heute Medienfreiheit; „Freedom of Worship", weitergehend zu verstehen als Religions-, Glaubens-, und Gewissensfreiheit; „Freedom from Want", die Freiheit von (materieller)

69 Ebd.

70 *P. Häberle*, Die Menschenwürde als Grundlage der staatlichen Gemeinschaft, in: Isensee / Kirchhof (Hrsg.), HdbStR, Bd. II, 3. Aufl. 2004, § 22; *Ch. Enders*, Die Menschenwürde in der Verfassungsordnung, 1997; *ders.*, in: Friauf / Höfling (Hrsg.), Berliner Kommentar zum Grundgesetz, Bd. 1, 12. Ergänzungslieferung 2005, Art. 1 mit einer umfassenden Übersicht zum aktuellen Stand der Literatur; über den europäischen Kulturkreis hinaus *K. Aoyagi*, Die Achtung des Individuums und die Würde des Menschen, 1996.

71 *U. Fastenrath*, Einheit der Menschenrechte: Universalität und Unteilbarkeit, in: FS Ch. Tomuschat, 2006, S. 153 ff.; *N. Weiß*, Die Entwicklung der Menschenrechtsidee, heutige Ausformung der Menschenrechte und Fragen ihrer universellen Geltung, in: Hasse / Müller / Schneider (Hrsg.), Menschenrechte – Bilanz und Perspektiven, 2002, S. 39 ff.; *H. Bielefeldt*, Universale Menschenrechte angesichts der Pluralität der Kulturen, in: Reuter (Hrsg.), Ethik der Menschenrechte. Zum Streit um die Universalität einer Idee, 1999, S. 43 ff.; *L. Kühnhardt*, Die Universalität der Menschenrechte, 2. Aufl. 1991, S. 231 ff.

72 So *Th. Meyer*, Die Identität Europas. Der EU eine Seele, 2004, S. 227; daran anschließend *M. Borowsky*, Wertkonflikte in der Europäischen Union, in: FS J. Meyer, 2006, S. 49 ff., 56.

73 *W. Kahl*, Freiheitsprinzip und Sozialprinzip in der Europäischen Union, in: FS R. Schmidt, 2006, S. 75 ff.; siehe auch *S. Bredt*, The European Social Contract and the European Public Sphere, ELJ 12 (2006), S. 61 ff.; *N. Weiß*, Wirkung und Mängel der Europäischen Sozialcharta, in: Jahrbuch Menschenrechte 2003, 2002, S. 305 ff.

Not; schließlich „Freedom from Fear", die Freiheit von Furcht, das Bedürfnis nach Sicherheit.[74]

Mit diesen Freiheiten und ihren wirklichkeitsbezogen Vorbedingungen sind weitere Identitätsmomente formuliert: das Streben nach Frieden in Freiheit; die Grundrechtsbindung aller staatlichen Gewalt; die grundsätzliche Trennung von Staat und Kirche; das Toleranzpostulat gleicher Freiheit auch für die anders Denkenden; das Ringen um die fragile Balance zwischen Freiheit und Sicherheit; die Verbindung konfligierender Freiheits- und Gleichheitsinteressen als „gleiche Freiheit für alle"; Freiheit durch dezentrale Herrschaftsstrukturen einschließlich der regionalen und kommunalen Selbstverwaltung; Wohlstand (salus publica) in der europäischen res publica.[75] Der Verwirklichung dieser Freiheiten dient ihre Verrechtlichung. Das Recht selbst, seine kritisch-reflexive wissenschaftliche Aufbereitung in der großen Traditionslinie des römischen Rechts[76], bisweilen indes auch die übertriebene Tendenz zur rechtlichen Durchdringung aller Lebensbereiche, ist bestimmendes Element der politischen Identität in den Mitgliedstaaten wie der Union selbst.

Verwirklichen lässt sich Freiheit letztlich aber nur durch zivilgesellschaftliches Engagement. Das Aktivbürgertum, die Idee vom verantwortlich handelnden politischen Aktivbürger[77], wirkt für die demokratische Kultur in den Mitgliedstaaten wie für das „Europa der Bürger", durch die Unionsbürgerschaft[78] konstitutionell verwirklicht, gleichermaßen prägend. Der Bürger erlebt ein Stück menschlicher Selbstverwirklichung durch seine gestalterische Teilhabe am politischen Prozess. Er verfasst

74 Zitiert nach: *L. Kühnhardt*, Die Universalität der Menschenrechte, 1987, S. 112 f.; siehe *M. G. Johnson*, The Contributions of Eleanor and Franklin Roosevelt to the Development of International Protection for Human Rights, in: Human Rights Quarterly, Vol. 9 (1987), S. 19 ff., 21 f.; *A. Cassese*, Human Rights in a Changing World, 1990, S. 29 f.

75 *A. v. Bogdandy*, Konstitutionalisierung des europäischen öffentlichen Rechts in der europäischen Republik, JZ 2005, S. 529 ff.

76 *P. Häberle*, Europäische Rechtskultur, 1994 (TB 1997), S. 22 ff.

77 *U. K. Preuß*, Der EU-Staatsbürger – Bourgeois oder Citoyen, in: Winter (Hrsg.), Das Öffentliche heute, 2002, S. 179 ff., insbes. 180, unter Verweis auf die berühmte Universitätsrede *R. Smends*, gehalten in den letzten Tagen der Weimarer Republik am 18. Januar 1933 (Bürger und Bourgeois im deutschen Staatsrecht, abgedruckt in: ders., Staatsrechtliche Abhandlungen, 2. Aufl. 1968, S. 309 ff.); weit vorausschauend *E. Grabitz*, Europäisches Bürgerrecht zwischen Marktbürgerschaft und Staatsbürgerschaft, 1970, etwa S. 34 ff.

78 *H. G. Fischer*, Die Unionsbürgerschaft, 1992; *N. Kotalakidis*, Von der nationalen Staatsangehörigkeit zur Unionsbürgerschaft. Die Person und das Gemeinwesen, 2000; *E. Göztepe-Celebi*, Die Unionsbürgerschaft und ihre Fortentwicklung im Hinblick auf die politischen Rechte, 2003; *F. Wollenschläger*, Grundfreiheit ohne Markt. Die Herausbildung der Unionsbürgerschaft im unionsrechtlichen Freizügigkeitsregime, 2007.

in und dank gleicher Freiheit *seine* politische Gemeinschaft.[79] Darin liegt jedoch eine kontrafaktische Grundannahme demokratischer Herrschaftsorganisation. Entgegen ihrem notwendig idealistischen Bild sind nicht alle Bürger gleich aufgeklärt, gleich rational, gleichermaßen verantwortungsfähig und verantwortungsbereit.[80] Der reale Bürger darf eben auch die grundrechtlich gesicherte Freiheit beanspruchen, jedwede Partizipationsleistung zu verweigern. Die Flucht ins Private, ein politikverdrossener „Ohne mich"-Standpunkt, einerseits, die Veröffentlichung privater Banalitäten in neuen Medienformaten andererseits[81], beeinflussen ihrerseits politische Identität (en). Die Dichotomie von „Privat" und „Öffentlich" beansprucht in der Identitätsdebatte besonderen Stellenwert, nicht zuletzt, wenn es um die Artikulation, um das „Bewusst-Machen" von Identitäten geht.

IV. Ausdrucksformen politischer Identität

Europa ist retrospektiv ein anspruchsvoller Gedächtnisraum-[82], prospektiv ein nicht minder anspruchsvoller Vorstellungsraum.[83] Identitäten müssen, auf mitgliedstaatlicher wie unionaler Ebene, in diesem Raum Ausdruck und die Bürger Anknüpfungspunkte für die Identifikation mit ihrem Gemeinwesen finden. Dazu dienen Flaggen, Hymnen, Staatssymbole oder Gedenk- und Feiertage, Nationalfeiertage, auch religiöse Feiertage.[84] Umso bedauerlicher ist es, dass der Vertrag von Lissabon auf diese Anknüpfungen verzichtet. Demonstrationen schaffen ein forum publicum für Identitätsbildung (etwa die Montagsdemonstrationen im Deutschland von 1989/90). In

79 *U. Haltern*, Europarecht, 2005, S. 507: „Als Bürger eines Gemeinwesens verkündet man die Einschreibung der Identität des Gemeinwesens in die eigene Identität. Bürgerschaft sagt uns damit nicht nur, was wir tun sollen, sondern auch, wer wir sind."

80 Mit weiteren Nachweisen dazu *M. Kotzur*, Die Demokratiedebatte in der deutschen Verfassungslehre, in: Bauer / Huber / Sommermann (Hrsg.), Demokratie in Europa, 2005, S. 351 ff., 356.

81 *W. Schmitt Glaeser*, Big Brother is watching you – Menschenwürde bei RTL 2, ZRP 2000, S. 395 ff.

82 Zum hier implizierten Topos des kollektiven und damit immer auch kommunikativen Gedächtnisses *J. Assmann*, Kollektives Gedächtnis und kulturelle Identität, in: ders. / Hölscher (Hrsg.), Kultur und Gedächtnis, 1988, S. 9 ff.; *M. Halbwachs*, Das kollektive Gedächtnis, 1991; Platt / Mihran (Hrsg.), Generation und Gedächtnis. Erinnerungen und kollektive Identität, 1995; *H. Welzer*, Das kommunikative Gedächtnis. Eine Theorie der Erinnerung, 2002; *A. Erll*, Kollektives Gedächtnis und Erinnerungskulturen. Eine Einführung, 2005.

83 *B. Anderson*, Imagined Communities, 1991; *I. Ward*, Beyond Constitutionalism: The Search for a European Political Imagination, ELJ 7 (2001), S. 24 ff.

84 *P. Häberle*, Verfassungslehre als Kulturwissenschaft, 2. Aufl. 1998, S. 966 ff. und öfter.

Kunst, Unterhaltung, sportlichen Großereignissen oder zeitgeistgeprägten „Events“ werden Identitätsmomente artikuliert. Wahlkämpfe transportieren Identitätsbehauptungen, politische Skandale[85] lassen Identitätszweifel aufkommen, führen zu Identitätskrisen[86] oder regen zu engagiertem Eintreten für identitätsstiftende Werte an. So wichtig die geschützte Privatheit für individuelle Identitätsfindung bleibt, ist doch die Öffentlichkeit Nährboden für politische Identitätsbildung und von politischem Identitätswandel. Aus dem Identitätsreservoir der mitgliedstaatlichen Öffentlichkeit mag sich Europa *finden*, vielleicht auch erst *erfinden* lassen: als Idee, als Identität und hoffentlich als immer selbstverständlicher werdende Realität.[87]

Grundlegende und vertiefende Literatur

Bogdandy, Armin von:
Europäische und nationale Identität: Integration durch Verfassungsrecht, VVDStRL 62 (2003), S. 156 ff.

Delanty, Gerard:
Inventing Europe: Idea, Identity, Reality, London 1995.

Häberle, Peter:
Verfassungsrechtliche Aspekte der kulturellen Identität, JöR 55 (2007), S. 317 ff.

ders.:
Europäische Verfassungslehre, 6. Aufl., Baden-Baden 2009.

Korioth, Stefan:
Europäische und nationale Identität: Integration durch Verfassungsrecht?, VVDStRL 62 (2003), S. 117 ff.

Uhle, Arnd:
Freiheitlicher Verfassungsstaat und kulturelle Identität, Tübingen 2004.

Vitzthum, Wolfgang Graf:
Die Identität Europas, EuR 2002, S. 1 ff.

Weiler, Joseph H. H.:
Ein christliches Europa. Erkundungsgänge, Salzburg / München 2004.

85 *M. Morlok*, Zur Heilsamkeit politischer Skandale, MIP 1999, S. 48 ff.

86 *L. Heuschling*, Krise der Demokratie und der juristischen Demokratielehre in Frankreich, in: Bauer / Huber / Sommermann (Hrsg.), Demokratie in Europa, 2005, S. 33 ff., 33 m.w.N.

87 *G. Delanty*, Inventing Europe. Idea, Identity, Reality, 1995.

Peter Häberle

D. Gemeineuropäisches Verfassungsrecht

Vorbemerkung:

Die Kategorie des „Gemeineuropäischen Verfassungsrechts“ wurde erstmals 1983 speziell für die Grundrechte in den Blick genommen (Stichwort: Gemeineuropäisches Grundrechte-Recht)[1]. 1991 wurde der allgemeine Theorierahmen vorgestellt und Detailarbeit geleistet[2]. In den folgenden Jahren wurden Wort, Begriff, Idee und Einzelausprägung des „Gemeineuropäischen Verfassungsrechts“ oft rezipiert, teils ausdrücklich, teils der Sache nach, nicht zuletzt in anderen europäischen Verfassungsstaaten bzw. ihren Wissenschaftsgemeinschaften, vor allem in Spanien und Italien[3].

Im Folgenden sei zunächst der Theorierahmen für dieses Handbuch entworfen (I.), sodann sei den Erscheinungsformen „Gemeineuropäisches Verfassungsrecht“ im Verfassungsvertrag von 2004 nachgespürt, obwohl dieser – noch nicht (?) – in Kraft getreten ist. Es sei erlaubt, ihm wissenschaftlich eine Art „Vorwirkung“ zuteil werden zu lassen.

1 *P. Häberle*, Europa in kulturverfassungsrechtlicher Perspektive, JöR 32 (1983), S. 9 (16 f., 26).

2 *Ders.*, Gemeineuropäisches Verfassungsrecht, EuGRZ 1991, S. 261 ff.; fortentwickelt in: *P. Häberle*, Europäische Verfassungslehre, 1. Aufl. 2002, 6. Aufl. 2009, S. 111 ff. – Das Prädikat „gemeineuropäisch“ hat mittlerweile Karriere gemacht, vgl. etwa: Müller-Graff / Riedel (Hrsg.), Gemeinsames Verfassungsrecht in der EU, 1998; *B.-C. Funk*, Gemeineuropäisches Verfassungsrecht, in: Bieber / Widmer (Hrsg.), Der europäische Verfassungsraum, 1995, S. 399 ff.; *M. Heintzen*, Gemeineuropäisches Verfassungsrecht in der Europäischen Union, EuR, 1994, S. 35 ff.; *P. Szczekalla,* Die sogenannten grundrechtlichen Schutzpflichten im deutschen und europäischen Recht, Inhalt und Reichweite einer „gemeineuropäischen Grundrechtsfunktion“, 2002; *ders.*, Koordination des Grundrechtsschutzes in Europa, DVBl. 2005, S. 1425 ff. S. auch *G .C. R. Iglesias*, Gedanken zum Entstehen einer Europäischen Rechtsordnung, NJW 1999, S. 1 ff.

3 Dazu *P. Ridola*, Die kulturgeschichtlichen Grundlagen der gemeineuropäischen Verfassungsüberlieferungen, Liber Amicorum P. Häberle, 2004, S. 173 ff.

I. Der Theorierahmen

Das Entwicklungsprojekt „Gemeineuropäisches Verfassungsrecht“ lässt sich in der Weise und Verantwortung der Wissenschaften, und zwar im Sinne einer als Kulturwissenschaft betriebenen vergleichenden Verfassungslehre in „weltbürgerlicher Absicht“ – oder bescheidener: in europäischer Absicht, aber in „weltbürgerlicher Mitmenschlichkeit“ – voranbringen. Die Faszination, die von geschriebenen Verfassungen ausgeht – wohl eine kulturelle Analogie zu den drei monotheistischen Buchreligionen! –, müsste sich auch auf das schon begonnene Projekt „Gemeineuropäisches Verfassungsrecht“ übertragen lassen. Dass man hierbei als Deutscher in Vorverständnis und Methodenwahl in seiner nationalen Rechtskultur befangen bleibt, liegt auf der Hand. Solange man das „europäische Deutschland“ i.S. von Thomas Mann vor Augen hat, mag sich dann doch der Horizont zum „Gemeineuropäischen“ weiten.

1. Theorieelemente des Gemeineuropäischen Verfassungsrechts in seiner „gemeineuropäischen“ Dimension

In *fünf* Schritten sei das spezifisch „Gemeineuropäische“ erschlossen:

a) Der offene, kulturbezogene Europabegriff

Vergegenwärtigen wir uns in einem ersten Schritt den Europabegriff: „Europa“ ist in den Kategorien von Raum und Zeit kulturwissenschaftlich zu erfassen. D.h.: Europas Kennzeichen ist die Vielfalt und Einheit seiner Kultur, und als Teil von ihr seine *Rechts*kultur. *Zeitlich* kommen die frühen Kulturleistungen der griechischen und römischen Antike ins Bild („Europa“ beginnt auch sprachlich in Griechenland!), und das meint – neben den Canones der Philosophie, Literatur und bildenden Kunst auch die Klassikertexte eines *Aristoteles* (z.B. zum Gleichheitssatz und zur Gerechtigkeit) sowie der römischen Juristen – die historische Dimension über Renaissance und Humanismus bzw. die Rezeptionen des römischen Rechts, sodann die *Locke, Montesquieu, Kant* u.a. zu verdankenden Strukturelemente des Verfassungsstaates, so sehr dieser sich zunächst national und noch nicht „europaoffen“ konstituiert hat. Obwohl Europa Nationalgeschichte war bzw. wurde, das Übergreifende des Heiligen Römischen Reichs (deutscher Nation) blieb jedenfalls nach außen (in Abgrenzung etwa gegenüber dem Islam und der Türkei) immer ein Element seines Ganzen. Modern gesprochen: „Gemeineuropäisches“ war immer eine bald stärkere, bald schwächere Dimension, die nur 1789 verblasste, aber im deutschen Idealismus eines *I. Kant* (Traktat zum ewigen Frieden, Weltbürgertum) oder bei *Goethe* (in der Form des „westöstlichen Diwan“ bzw. „Gottes ist der Orient, Gottes ist der Okzident...“) lebendig blieb[4].

Die Ausbildung Europas als Kultur und *Rechts*kultur auf der Zeitachse – also geschichtlich – ist sodann in der Kategorie des *Raumes* nachzuvollziehen: Das „europäische Haus“ hat offene Grenzen, es lässt sich nicht in der Weise eines „Grundbuches“ vermessen und festlegen. Die räumlichen Grenzen sind flexibel, im Streit um das „Europa vom Atlantik bis zum Ural“ (*de Gaulle*) ebenso ersichtlich wie bei der Frage, ob Israel oder die Türkei zu Europa gehören, oder die asiatischen Teile der russischen Föderation – trotz ihrer Mitgliedschaft in der OSZE[5]? Wie aktuell diese Fragen sind, sehen wir am heutigen Streit um Art und Weise des Beitritts der Türkei zur EU. Mitglied des Europarates ist sie; gehört sie aber zum „Kerneuropa“? Dürfen, sollen wir mit der Metapher von „Kern“ und „Schalen“ arbeiten? Etwa weil die Türkei zum islamischen Kulturkreis und nicht zum „christlichen Europa“ gehört? (Sein Recht ist jedoch von Europa beeinflusst.) Das europäische Kulturerbe hat sich jedenfalls auch räumlich „objektiviert“, und vermutlich ist letztlich um eine an den Kommunen und Kleinstaaten schon praktizierte Verfassungstheorie des – kulturellen – Raumes, jetzt des europäischen Raumes zu ringen[6]. Die Idee des engeren und *weiteren* Raumes „Europa“ spiegelt sich bereits im schon gewordenen bzw. noch werdenden „Gemeineuropäischen Verfassungsrecht“ wider: Die Unterscheidung von

4 Aus der Lit.: Schlumberger / Segl (Hrsg.), Europa – aber was ist es?, 1994; *H. Maier*, Art. Europa II, Staatslexikon 6. Bd., Görres-Gesellschaft (Hrsg.), 7. Aufl. 1992, S. 104 f.; Joas u.a. (Hrsg.), Die kulturellen Werte Europas, 2005; *R. Kagan*, Of Paradise and Power. America and Europe in the New World Order, 2003. – Eine „disziplinübergreifende Europawissenschaft“ entwirft *G. F. Schuppert*, in: ders. u.a. (Hrsg.), Europawissenschaft, 2005, S. 3 ff. Ein wichtiges Stichwort bei *C. Walter*, Die EMRK als Konstitutionalisierungsprozess, ZaöRV 59 (1999), S. 961 ff.; siehe jüngst *L. Kühnhardt*, Quo vadis Europa?, Parl. Beilage 2005, Nr. 36, S. 3 ff.

5 Eindrucksvoll *L. Kopelew*, Freie Dichter und Denker, Geographisch und geistesgeschichtlich gehört Russland zu Europa, FAZ vom 24. Dezember 1994, S. 6. Gerade für die Türkei bleibt es bei der bloßen *Frage*. Ob sie zu Europa gehört, kann wissenschaftlich hier und heute nicht entschieden werden. Zwar bildet *ein* Element ihrer Europazugehörigkeit gewiss *auch* ihr eigenes Selbstverständnis, doch muss die Frage der Europazugehörigkeit eines Landes auch nach anderen Elementen wie den kulturellen, rechtskulturellen, politischen, historischen, wirtschaftlichen und geographischen vom übrigen Europa her beantwortet werden. Dieses *Ensemble* von Kriterien für die Europazugehörigkeit ist denkbar komplex.

6 Dazu *P. Häberle*, Kulturpolitik in der Stadt, 1979, S. 38 ff.; *ders.*, Der Kleinstaat als Variante des Verfassungsstaates (1993), in: ders., Rechtsvergleichung im Kraftfeld des Verfassungsstaates, 1992, S. 739 ff.; allgemein *ders.*, Verfassungslehre als Kulturwissenschaft, 1982 (2. Aufl. 1998). S. auch die Würzburger Festschrift „Raum und Recht“, 2002.

Europarecht im engeren (d.h. EU-bezogenen) und weiteren (d.h. Europarat-, auch OSZE-bezogenen) Sinne ist bekannt. Gibt es also doch mehrere Zonen unterschiedlich „dichten" Europäischen Verfassungsrechts? Bestehen innere Balanceprobleme, etwa der Art, dass der „Osterweiterung" der EU die von Frankreich betriebene Süderweiterung (Malta, Zypern) parallel laufen musste? Sicher ist, dass eine kulturwissenschaftlich arbeitende Verfassungstheorie des Raumes erforderlich ist, ohne dass damit eine Neuauflage des unseligen „Großraumdenkens" gemeint ist: *M. Heidegger* hat ja zum Glück nur ein Buch „Sein und Zeit", nicht auch „Raum und Zeit" geschrieben! Europas Kultur und Rechtskultur ist eine vielfältig *gegliederte*, aber doch räumlich ausgreifende. Diese Balancen im Raum brauchen wir in Problembereichen wie dem „Europa der Regionen", bei der „Subsidiarität" und der „kulturellen Identität" der Mitgliedstaaten.

b) „Gemeinrecht" als rechtswissenschaftliche Kategorie, die Prinzipienstruktur

„Gemeinrecht"[7] ist eine in den Rechtswissenschaften vielfach bewährte Kategorie. Erinnert sei an das alte „ius commune" vom 13. bis zum Ende des 18. Jahrhunderts, das charakteristischerweise von der *Zivil*rechtswissenschaft eines *H. Kötz* (1981) und von *H. Coing* wiederentdeckt wurde, im „gemeindeutschen Staatsrecht", auch Verwaltungsrecht weitere Beispielsfälle kennt und von *J. Esser* schon 1956 zum „Gemeinrechtsdenken" verallgemeinert wurde, das Absolutismus, Aufklärung und Nationalstaat in unseliger Allianz zerstört hatten. In den Bundesstaaten ist es als „gemeindeutsches" oder „gemeineidgenössisches" Verfassungsrecht (GV) bekannt[8]. Und das darf uns ermutigen, von „Gemeineuropäischem Verfassungsrecht" zu sprechen, denn: obschon wir uns mit dem reservierten und distanzierten, retrospektiven (auch die Probleme verdeckenden) Begriff vom „Staatenverbund" in Europa (BVerfGE 89, 155 „Maastricht")[9] nicht begnügen wollen, ist dieses Europa *noch*

7 Mein Beitrag: Gemeineuropäisches Verfassungsrecht, EuGRZ 1991, S. 261 (268 ff.), jetzt auch in Europäische Rechtskultur, 1994, S. 33 ff.

8 Dazu *P. Häberle*, Neuere Verfassungen und Verfassungsvorhaben in der Schweiz..., JöR 34 (1985), S. 303 (340 ff.).

9 Aus der Vielzahl der *deutschen* Beiträge zu „Maastricht" nur: *J. Schwarze*, Das Staatsrecht in Europa, JZ 1993, S. 585 ff.; *I. Pernice*, Maastricht, Staat und Demokratie, in: Die Verwaltung 26 (1993), S. 449 ff.; *P. M. Huber*, Maastricht – ein Staatsstreich?, 1993; *H. P. Ipsen*, Zehn Glossen zum Maastricht-Urteil, EuR 1994, S. 1 ff.; *J. A. Frowein*, Das Maastricht-Urteil und die Grenzen der Verfassungsgerichtsbarkeit, ZaöRV 54 (1994), S. 1 ff.; aus der Sicht der zwölf Mitgliedsländer: Masclet / Maus (Hrsg.), Les Constitutions nationales à l'épreuve de l'Europe, 1993; Weidenfeld (Hrsg.), Maastricht in der Analyse, 1994; *D. König*, Das Urteil des BVerfG zum Vertrag von Maastricht – ein Stolperstein auf dem Weg in die europäische Integration?, ZaöRV 55 (1995), S. 17 ff.; *U. Everling*, BVerfG und Gerichtshof der Europäischen Gemeinschaften nach dem Maastricht-Urteil, GS für Grabitz, 1995, S. 57 ff.

nicht zum Bundesstaat verfasst, in dem Gemeinrecht eine selbstverständliche Dimension bildet. Kurz: Die Kategorie „Gemeinrecht" ist in hohem Maße geeignet, um von den Textgebern, der Wissenschaft und der Praxis vorangetriebene, auf Gemeinsames zielende Rechtsentwicklungen zu benennen und zu befördern, die grenzüberschreitend wirken und auf Grundsätzliches zielen, was letztlich auf einem gemeinsamen Wurzelboden der Rechtskultur und Kultur wächst. Die heuristische Funktion des Gemeinrechtsdenkens in der Zeitachse darf im Blick auf das sich entwickelnde Europa unserer Tage spezifisch für das Verfassungsrecht nutzbar gemacht werden (sinnvoll auch als „Vorgabe" für „Amsterdam", seit 2000/04/05 ebenso für den sogenannten Nizza- und Post-Nizza-Prozess).

Damit ist bereits der zweite Schritt vorgezeichnet: die *Prinzipien-Struktur* des gemeineuropäischen Verfassungsrechts[10]. In *J. Essers* „Grundsatz und Norm" (1956) exemplarisch vorgedacht, brauchen wir Verfassungsjuristen es nur noch „abzurufen". Gemeint ist das wirklich Grundlegende, das zugleich Offene und Flexible. Es soll und will nicht starr unitarisieren, es soll „hinter" und subsidiär „neben" dem positiven Recht „undogmatisch" greifbar werden, sei es geschrieben oder ungeschrieben; es soll arbeitsteilig den Durchgriff zum Rechtsethischen erleichtern und den Durchblick auf das Rechtskulturelle eröffnen, aber auch ein Stück geschmeidige Integration leisten. Die Verabschiedung des fragwürdigen Bildes „Rechtsquelle" ist eine Konsequenz, suggeriert diese doch die Meinung, fertig vorhanden sei das, was sich erst in komplexen Textschaffungs- und Interpretationsvorgängen vieler Beteiligter („Akteure") *entwickelt* – ein vorgegebenes einziges „Subjekt" volkssouveräner Verfassunggebung existiert auch innerstaatlich nicht mehr. GV ist eher Ausdruck von *Wachstums*prozessen als von Setzungsvorgängen, so wichtige Impulse von Positivierungen ausgehen können. Ihm eignet eine spezifisch dynamisch-prozesshafte Natur bzw. Kultur. Kurz: „Gemeineuropäisches Verfassungsrecht" gleicht keiner fest geprägten Münze, sondern eher dem Bild von der „geprägten Form, die lebend sich entwickelt", i.S. von *J.W. Goethe* und *H. Heller*.

c) Inhalte (allgemein, schichtenspezifisch)

Die bisher eher hohe Abstraktionsebene im Ringen um Gemeineuropäisches Verfassungsrecht (GV) sei im nächsten Schritt ins Konkretere gewendet: aufzulisten sind die Erscheinungsformen des GV, freilich auch dies zunächst allgemein.

Der Blick gilt zunächst Europas Klassikertexten als „Vorform" von und Reservoir für die Ausbildung von Gemeineuropäischem Verfassungsrecht. Gemeint sind „Klassiker" nicht nur der Rechts- und Staatsphilosophie, sondern auch der „schönen" Literatur, ja der Kunst ganz allgemein – es gibt ein „gemeinsames Haus" der

10 *A. v. Bogdandy*, Europäische Prinzipienlehre, in: ders. (Hrsg.), Europäisches Verfassungsrecht, 2003, S. 149 ff.

europäischen Musik und Literatur. So hat etwa die Streichung der Widmung von *Beethovens* „Eroica" an Napoleon, als dieser sich 1804 zum Kaiser krönte, mehr für den „Transport" der Ideen von 1789 beigetragen als so manches juristisches Traktat von uns. So transportierten manche Texte von *F. Schiller* zur Menschenwürde und Freiheit oder die beunruhigende Frage von *B. Brecht* („Alle Staatsgewalt geht vom Volk aus, aber wo geht sie hin?") mehr Elemente des Verfassungsstaates als so mancher „positive" Text. Klassikertexte erweisen sich als unverzichtbare kulturelle Basis für das unabgeschlossene Projekt des gemeineuropäischen Verfassungsstaates und sie können neben den positiven (nationalen) Verfassungstexten als „engere" durchaus als Verfassungstexte im weiteren Sinne bezeichnet werden[11]. *Montesquieu* oder *Rousseau* „im GG" springen unmittelbar ins Auge, wer dieses GG oder andere Verfassungen in Europa nur genau lesen kann – die „Federalist Papers" (1787) leisten Vergleichbares für die USA, sie sind ebenfalls „Geburtsurkunde". Kurz: Immer wieder sich als schöpferisch bewährende Grundlagen für das GV liefern die Klassikertexte (Rechts)Kultur, auch wenn sie oft national, historisch verschieden „gelesen" werden. Klassikertexte bilden höchst kreative Erneuerungsfaktoren jeder gemeineuropäischen Rechtsbildung und sie wirken als „Katalysatoren", teils allein, teils gemeinsam mit den folgenden Ausprägungen: EU- bzw. EG-Texte, Europarat- bzw. OSZE-Texte (und ihre Umsetzung in die Praxis) sind ihrerseits eine „Vorform" von GV.

Ein Stück „positiver" und zugleich konkreter wirken die geschriebenen EU-, EG-, Europarat- bzw. OSZE-Texte und ihre Umsetzung in die und in der Praxis. Mag manches nur die Kraft von „soft law" haben, etwa die KSZE-Erklärungen von Kopenhagen und Paris (1990), sie sind teils Vorformen von GV, teils schon dessen greifbare Erscheinungsformen. Die Prinzipien der EU, das geltende Gemeinschaftsverfassungsrecht der EG, vor allem aber die vom EuGH prätorisch rechtsvergleichend gewonnenen Grundrechte als „allgemeine Rechtsgrundsätze" sowie die Rechte der EMRK sind nicht nur Schmuckstücke im „Schatzhaus" des GV –, sie bilden Kernelemente der werdenden Verfassung Europas. Bemerkenswert ist ihre unterschiedliche Geltungskraft und Positivität, auch ihre unterschiedliche Herkunft. Gleichwohl formen sie ein Ensemble gemeineuropäischer Rechtskultur, das gesamthaft genommen dieses Europa in der Tiefe gründet und viel integrierende Kraft entfaltet. Die vielen Texte müssen nur „zusammen gelesen" werden, um ihren Reichtum erkennen zu lassen. An Stichworten seien Textelemente wie „Herrschaft des Gesetzes", „Wahrung des Rechts", „Menschenrechte", „demokratische Grundsätze", „europäisches kulturelles Erbe" zitiert. Die im Stabilitätspakt der damals

11 Zum ganzen: *P. Häberle*, Klassikertexte im Verfassungsleben, 1981; sowie die späteren Ausarbeitungen z.B. in: Europäische Rechtskultur, 1994, S. 9, 33, 71 f. u.ö.

52 OSZE-Mitglieder im März 1995 bekräftigte „gute Nachbarschaft" ist ebenfalls ein Mosaikstein im Verfassungsbild Europas.

aa) Insbesondere: „Allgemeine Rechtsgrundsätze"

Eine dritte Weise der Ausbildung von GV sind die „Allgemeinen Rechtsgrundsätze". Sie wirken als spezifische Bindemittel für Vereinheitlichungsvorgänge in Rechtskulturen und begegnen in den unterschiedlichsten Zusammenhängen. Erinnert sei aus dem positiven Recht an § 7 Österreichisches ABGB (1811), an Art. 38 Abs. 1 lit. c IGH-Statut (1945), an Art. 7 Schweizer Seeschifffahrtsgesetz, aber auch an Art. 215 Abs. 2 EGV und Art. 123 Abs. 2 GG. Die eigentliche „Karriere" der allgemeinen Rechtsgrundsätze auf der europäischen Ebene ist der Prätorik des EuGH zu verdanken[12], der sie so ausgebaut hat, dass sie längst eine gemeineuropäische Kategorie bilden und sich wie selbstverständlich in Art. F Abs. 2 von Maastricht bzw. Art. 6 Abs. 2 EUV wiederfinden (EMRK-Grundrechte, „wie sie sich aus den gemeinsamen Verfassungsüberlieferungen der Mitgliedstaaten als allgemeine Grundsätze des Gemeinschaftsrechts ergeben"). Die allgemeinen Rechtsgrundsätze sind, näher besehen, teils geschrieben, teils ungeschrieben. Schon heute sind sie immanenter Bestandteil der sich entwickelnden „Verfassung Europas" und ein sensibler Verweis auf dessen – freilich noch zu entfaltende – *materiale Allgemeinheit*. Was rechtlich oft noch zu wenig verdichtet ist, wird über das Vehikel allgemeiner Rechtsgrundsätze zum Rechtsprinzip – und dies vor allem in der Methode „wertender" Rechtsvergleichung. Der Sache nach begegnen sie auch unter dem Begriff der „Standards". Für das GV jedenfalls ist die – bewährte – Kategorie der Allgemeinen Rechtsgrundsätze unverzichtbar: sie sind letztlich rechtskultureller Art, in ihrer Prinzipienstruktur anpassungsfähig und sie schaffen den integrierenden Brückenschlag zwischen allen (oder doch vielen) nationalen Rechtsordnungen. Sie wirken als geschmeidiges „Medium" für die Integrierung in zukunftsorientierte übergreifende Zusammenhänge. Sie zeigen, dass es keinen numerus clausus für Rechtsquellen gibt.

bb) Insbesondere: Nationales „Europaverfassungsrecht"

Eine neue Vorform und z.T. schon direkte Erscheinungsform von GV bildet sich in der Gestalt des „nationalen Europaverfassungsrechts" – einer neuen wissenschaftlichen Kategorie – heraus. Gemeint sind jene nationalen Verfassungstexte, die als allgemeine oder spezielle „Europa-Artikel" figurieren und die „Europaoffenheit" des Nationalstaates dokumentieren. Die vergleichende Textstufenanalyse vermag hier

12 Aus der Lit.: *T. Oppermann*, Europarecht, 3. Aufl. 2005, S. 148 ff.; *R. Streinz*, Europarecht, 7. Aufl. 2005, S. 140 f.; *C. Koenig / A. Haratsch*, Europarecht, 4. Aufl. 2003, S. 90 ff. (5. Aufl. 2006, S. 48 f.).

eine reichhaltige – ausbaufähige – Palette zu entdecken[13]: Die Europabezüge in Präambeln und Grundlagen-Artikeln, etwa in dem um Perfektion ringenden, aber verunglückten Art. 23 GG[14] und in Art. 7 Abs. 5 Verf. Portugal („europäische Identität"), oder in Art. 1 Abs. 2 Verf. Niedersachsen („Teil der europäischen Völkergemeinschaft") seien nochmals hervorgehoben. Einige Gliedstaaten Österreichs kennen ebenfalls Europa-Artikel (z.B. Art. 1 Abs. 3 Verf. Salzburg).

Die Vielfalt allgemeiner und spezieller Europa-Artikel hat ihren guten Sinn: vom Nationalen her, von „unten" und „innen" aus, vom Europa der *Bürger* her suchen sie Europa zu verfassen und seine Akzeptanz zu befördern. Sie bilden – „zusammengelesen" – eine Textbasis, in der im Kontext gemeineuropäischer Hermeneutik von nationalem (Europa)Verfassungsrecht aus Gemeineuropäisches Verfassungsrecht möglich wird. Das nationale Europa-Verfassungsrecht liefert Bausteine dazu. Es „verankert" buchstäblich Europa in den einzelnen Verfassungsstaaten. Die Europäisierung des nationalen Verfassungsrechts führt in das GV hinüber. Klugerweise bleiben der Europa-Begriff und die Rechtskonstruktion von „Europa" offen. Diese „innere" Europäisierung des Verfassungsstaates kann aber gar nicht überschätzt werden. Sie schafft auch den Boden für die Entwicklung „allgemeiner Rechtsgrundsätze" auf dem Weg zum GV. Durch die nationalen Europa-Artikel werden die einzelnen Verfassungsstaaten in Europa konstitutionell miteinander verknüpft, wird zugleich das „konstitutionelle Europarecht" verstärkt.

13 Dazu mein Beitrag: Europaprogramme neuerer Verfassungen und Verfassungsentwürfe – der Ausbau von nationalem „Europaverfassungsrecht", FS Everling, 1995, S. 355 ff. In *Griechenland* wird um einen neuen Art. 28 Abs. 2 der Verfassung bzw. Europa-Artikel gerungen, in dem sich der heutige Diskussionsstand spiegelt und der mir dank *D. Tsatsos* zugänglich wurde: „Griechenland ist Mitglied der Europäischen Union und wirkt am Integrationsprozess auf der Grundlage der Anerkennung der nationalen Identität aller Mitgliedstaaten mit, deren Regierungssystem Demokratie und Rechtsstaat gewährleistet." Von diesem „*nationalen* Europaverfassungsrecht" ist das werdende „*konstitutionelle Europarecht*" zu unterscheiden, d.h. die Teilordnungen bzw. Verfassungen, die das Europa im engeren und weiten Sinne segmenthaft und vielfältig überziehen bzw. prägen, teils geschrieben, teils ungeschrieben. – Auch *Bayern* hat 1997 via Verfassungsänderung einen eigenen Europa-Artikel (Art. 3a) geschaffen.

14 Lob verdient hier nur die Normierung des Staatsziels Europa als solche! – Aus der deutschen Lit.: *P. Badura*, Das Staatsziel „europäische Integration" im Grundgesetz, FS Schambeck, 1994, S. 887 ff.; *R. Breuer*, Die Sackgasse des neuen Europaartikels (Art. 23 GG), NVwZ 1994, S. 417 ff.; *U. Everling*, Überlegungen zur Struktur der Europäischen Union und zum neuen Europa-Artikel des Grundgesetzes, DVBl. 1993, S. 936 ff.

cc) Insbesondere: Parallele Reformvorhaben der nationalen Verfassungsstaaten

Die Entwicklung von Gemeineuropäischem Verfassungsrecht kann sich in Vorstufen auch dadurch und darin ausdrücken, dass die zum gemeineuropäischen Verfassungsstaat gehörenden oder hinzuwachsenden Länder sich in parallelen Reformvorhaben auf den Weg machen. So unterschiedlich die Reformbedürftigkeit und –fähigkeit der einzelnen Länder heute ist, so verschiedenartig die Entwicklungswege ihrer Verfassungen sind (formale Verfassungsänderung, bloße Minderheitsvoten in Verfassungsgerichten) – nicht selten zeichnen sich im Rahmen der allgemeinen Textstufenentwicklung parallele Entwicklungen wie in innerbundesstaatlichen Wellenbewegungen ab (z.B. wie in der Schweiz[15]). Hier einige Stichworte dieser Schicht möglicher „Vorboten" von GV: Neben der ständigen Verfeinerung der *Grundrechte* und ihres Schutzes[16] (z.B. durch den Ombudsmann, vgl. Art. 195 EGV[17]) – er wanderte von Skandinavien über die beiden iberischen Länder bis zu den Reformstaaten in Osteuropa –, neben dem grundrechtlichen Datenschutz und dem Schutz der privaten, kulturellen Identität des einzelnen, ist der *Minderheitenschutz* ein solches in die Sphäre des GV hineingewachsenes Thema[18]. Die einzelnen nationalen Verfassungsstaaten bilden in seiner mühsamen Ausformung einen langen Geleitzug, mit Ungarn (1989) an der Spitze (Minderheiten als „staatsbildende Faktoren"), mit innovativen Beiträgen der ostdeutschen Länderverfassungen zugunsten der Sorben (Art. 25 Verf. Brandenburg von 1992), aber auch Schleswig-Holsteins (Art. 5 von 1990), mit dem unbegreiflichen Rückschritt in Form des Scheiterns einer vom Verf. schon 1991 in Rom vorgeschlagenen Minderheitenklausel im GG[19] (Art. 20 b der Gemeinsamen Verfassungskommission von 1993). Der Internationale Pakt über bürgerliche und politische Rechte von 1966 (Art. 27) markiert eine „Spitze", die im gemeineuropäischen Verbund noch allzu langsam nachvollzogen wird. Anstöße vermittelt die geplante europäische Volksgruppencharta. Der Europarat übte heilsamen Druck z.B. auf Lettland aus (Verhältnis zur russischen Minderheit), ebenso auf die Slowakei

15 Dazu meine Nachweise in meinem Beitrag: Neuere Verfassungen und Verfassungsvorhaben in der Schweiz, JöR 34 (1985), S. 303 (354 ff.). Jetzt JöR 55 (2007), i.E.

16 *E. Denninger,* Menschenrechte und Staatsaufgaben – ein „europäisches" Thema, JZ 1996, S. 585 ff.

17 Dazu aus der Lit.: Matscher (Hrsg.), Ombudsmann in Europa, 1994; s. auch den Statutentwurf für EG-Bürgerbeauftragte seitens des Europäischen Parlaments, EuGRZ 1993, S. 51 ff.; *A. Filos*, Die Errichtung der Institution des Ombudsmanns in Griechenland, EuGRZ 1997, S. 602 ff.

18 *A. v. Arnauld*, Minderheitenschutz im Recht der Europäischen Union, AVR 42 (2004), S. 111 ff. mit umfänglichen Nachweisen aus der Lit.

19 *P. Häberle*, Aktuelle Probleme des deutschen Föderalismus, in: Die Verwaltung 24 (1991), S. 169 (206). Vgl. auch *U. Berlit*, Die Reform des Grundgesetzes nach der staatlichen Einigung Deutschlands, JöR 44 (1996), S. 17 (69 ff.).

(ungarische Minderheit), und „Grundrechtspolitik" auf diesem Felde gehört m.E. zu den vornehmsten Aufgaben der Entwicklung von GV. (Auch der neue zwischen Ungarn und Kroatien geschlossene Vertrag über den Schutz von Minderheiten, wonach die Nachbarländer der jeweiligen nationalen Minderheit das Recht auf kulturelle Autonomie gemäß der Europaratsempfehlung 1201 zusichern, gehört hierher.) Das *Pluralismus*-Prinzip, vor allem im *Medien*verfassungsrecht (vgl. Art. 20 Verf. Spanien, Art. 39 Verf. Portugal), in Italien derzeit erst durch die Corte (1994) und den Gesetzgeber mühsam genug erarbeitet und in Osteuropa oft ausdrücklich verankert[20], bildet m.E. ebenfalls ein werdendes Prinzip des GV. Der weite Weg der Konstitutionalisierung der politischen Parteien, begonnen in Art. 49, 98 Verf. Italien (1947), fortgeführt in Art. 21 GG, übernommen in Art. 4 Verf. Frankreich von 1958, ist jetzt zum geschriebenen Text von Art. 191 EGV gereift, so dass er auf dem besten Weg ist, Gemeineuropäisches Verfassungsrecht zu werden. Dieser Artikel ist übrigens einer der wenigen sprachlich und inhaltlich geglückten Normen von „Maastricht" und er fängt sogar ein Stück der den politischen Parteien zuwachsenden Aufgaben in der Dynamik des Prozesses der europäischen Integration ein („Faktor der Integration in der Union"), sie „tragen dazu bei, ein europäisches Bewusstsein herauszubilden". Das Kommunalwahlrecht für Unionsbürger (Art. 19 EGV), jetzt in Gestalt von nationalem Europaverfassungsrecht auch in den EU-Ländern nachlesbar (z.B. Art. 28 Abs. 1 S. 3 GG), ist ein weiterer Schritt, in dem sich gemeineuropäische Verfassungsentwicklungen geltend machen, zu welcher Bewegung auch eine Tendenz zur *doppelten* Staatsangehörigkeit hinzukommen mag. (Während die Schweiz hier vorne liegt, bleibt Deutschland eher am Ende des „Geleitzugs". Spanien hat hier im Blick auf iberoamerikanische Länder in seinem Art. 11 Abs. 3 von 1978 Pionierleistungen vollbracht.)

Ähnliche Textstufenentwicklungen, die in einzelnen nationalen Verfassungsstaaten ihren Ausgang nahmen und der Positivierung auf EU-Ebene „Textschübe" gaben, so dass GV entsteht, beobachten wir beim Thema *Umweltschutz*. Früh von Art. 24 Verf. Griechenland 1975 auf Verfassungshöhe gebracht, hat dieses Thema in ganz Europa, besonders auch in gliedstaatlichen Verfassungen der Schweiz und Deutschlands Karriere gemacht, auch in Österreich (Art. 1 § 1 B-VG 1984: „umfassender Umweltschutz") und sogar in der eher zurückhaltenden Verfassung der Niederlande von 1983 (Art. 21) Eingang gefunden (zuletzt Art. 20 a GG). Art. 152 EGV und sein Schutzgut der „menschlichen Gesundheit" ist hier nur eine Etappe auf dem Weg zu GV, das dann in die Länder ausstrahlt und zurückwirkt, die sich ungeschrieben um den Umweltschutz, etwa in der Rechtsprechung mühen müssen. Via „allgemeiner Rechtsgrundsatz" mag er auch bei ihnen Geltung erlangen. Mosaiksteine des sozia-

[20] Dazu die Nachweise in: *P. Häberle*, Europäische Rechtskultur, 1994, S. 101 (125 f.). S. auch *M. Schellenberg*, Pluralismus: Zu einem medienrechtlichen Leitmotiv in Deutschland, Frankreich und Italien, AöR 119 (1994), S. 427 ff.

len Rechtsstaates (Stichwort: „Europäische Sozialcharta", „Sozialunion"), aber auch die *(soziale) Marktwirtschaft* (vgl. Art. 105 EGV: „offene Marktwirtschaft"), in manchen Ländern schon positives Verfassungsrecht (vgl. Art. 38 Verf. Spanien, Präambel Verf. Ungarn 1949 (1989)), sind ebenfalls auf dem Weg zum GV. Parallele nationale Reformvorhaben, die sich künftig zu Gemeineuropäischem verdichten könnten, sind schließlich Fragen der Parteienfinanzierung, der Entflechtung von Staat und Parteien, im Parlamentsrecht die Stärkung von Opposition und Minderheiten, der weitere (vor allem in Osteuropa favorisierte) Ausbau der Verfassungsgerichtsbarkeit und die Bewältigung der Technologie-Probleme (z.B. durch Ethikkommissionen, Gentechnik-Gesetze etc.).

d) Entwicklungswege, Verfahren der Rechtsgewinnung

Die Entwicklungswege und Verfahren zur Bildung von GV sind teils formeller, teils informeller Art[21]. Typologisch lassen sich zwei Wege erkennen, der *rechtspolitische* und der *interpretatorische*, wobei an die fließenden Übergänge zwischen beiden erinnert sei. Zu unterscheiden sind die beiden Ebenen, die nationale und die europäische, wobei es zu vielen „Osmosen" und „Gemengelagen" bei den Grundrechten kommt: Was sich im nationalen Verfassungsrecht vereinzelt vorbildet, kann Wirkungen im europäischen Rahmen zeitigen; umgekehrt können gemeineuropäische Verfassungsprinzipien in die nationale Ebene ausstrahlen (europäische Produktions- und Rezeptionsvorgänge). Die EMRK-Prinzipien im Verständnis von Kommission und EGMR sind über ihre formale Geltung hinaus längst zu „Kernteilen" aller Verfassungsstaaten in Ost- und Westeuropa geworden, mancherorts sogar tragender Bestandteil der formellen und materiellen Verfassung (vgl. Art. 3, 112 Verf. Tschechien von 1992), in Deutschland erst noch interpretatorischer Topos in der Hand des BVerfG, in der Schweiz und vor allem in Österreich längst auf der Ebene des materiellen Verfassungsrechts. Die nationalen und übernationalen Textgeber, hier etwa EU, Europarat und OSZE, müssen den Rechtsbestand vergleichend sichten und sie können dann rechtspolitisch Fortbildungen leisten: zum „ius commune europaeum". Dass es oft „von unten her", vom europäischen Zivil- und Verwaltungsrecht[22] her getragen, ja beflügelt wird, sei als Merkposten festgehalten. Europäische Verfassungspolitik im Blick auf „Amsterdam" und „Post-Nizza" dürfte sich aus gemeinrechtlichen Quellen speisen, wenn inskünftig für das EP, für die nationalen Landesparlamente und für den Ausschuss der Regionen ein Gesetzesinitiativrecht in Konkurrenz zur Kommission gefordert wird, wenn man mit *R. Bieber* nach dem

21 Vgl. national: *H. Schulze-Fielitz*, Der informale Verfassungsstaat, 1984.

22 Dazu *E. Schmidt-Aßmann*, Deutsches und Europäisches Verwaltungsrecht, DVBl. 1993, S. 924 ff.; *F. Schoch*, Die Europäisierung des Allgemeinen Verwaltungsrechts, JZ 1995, S. 109 ff.; pionierhaft: *J. Schwarze*, Europäisches Verwaltungsrecht, 2 Bde. 1988 (2. Aufl. 2005).

„richtigen" Verfassunggeber fragt[23] oder wenn im Lichte der Subsidiarität um die angemessene Verteilung der Aufgaben und Kompetenzen in der Union auf die verschiedenen Entscheidungsebenen gerungen wird. Durchweg wirken nationale Modellelemente auf und in Europa und von hier zurück.

Der interpretatorische Weg der Rechtsfindung, prätorisch und wissenschaftlich gebahnt, ist das andere Entwicklungsverfahren von GV. Der europäische Richter im EuGH bzw. EGMR hat durch die „allgemeinen Rechtsgrundsätze" bzw. den „ordre public européen" längst „Kernelemente" des GV geschaffen. Auf nationaler Ebene geschieht Ähnliches überall dort, wo die Richter rechtsvergleichend arbeiten (etwa die Corte in Rom: Dez. 1994 in ihrem Medienurteil). Besonders aber ist hier die „scientific community", der „runde Tisch" der Staatsrechtslehrer in Europa gefordert. Arbeitsteilig in der ganzen Breite der Palette der Literaturgattungen vom Lehrbuch bis zur Monographie[24] haben sie Vorarbeit und Zuarbeit zu leisten. Voraussetzung ist die Inthronisierung der Rechtsvergleichung als *fünfter* Auslegungsmethode, *nach* den vier von *F.C. v. Savigny* 1840 kanonisierten[25]; Voraussetzung ist eine „Gemeineuropäische Methodenlehre", im Zivilrecht längst Postulat (*H. Coing, H. Kötz*) und z.T. schon Wirklichkeit; Voraussetzung ist auch europäische Bildung und in diesem Rahmen eine Europäisierung der *Juristenausbildung*. Die Rechtsvergleichung ist dabei als *Kultur*vergleichung zu betreiben, d.h. sie muss die kulturellen *Kontexte* und *Grundlagen* der zu interpretierenden Texte zugleich erarbeiten.

e) Akteure, die personale Seite

Schon prima facie legt der Begriff „Gemeineuropäisches Verfassungsrecht" nahe, das Bild von der „offenen Gesellschaft" der Verfassunggeber bzw. -interpreten zu übernehmen, jetzt auf der europäischen Ebene. 1975 bzw. 1978 für den nationalen verfassungsstaatlichen Bereich ausgearbeitet[26], ist die *personale* Seite damit ein Thema der Erkenntnis des Prozesses der Verfassungsinterpretation geworden, sind die „Akteure" bewusst geworden[27]. Das „Tableau" der an Verfassungsinterpretation Beteiligten bedarf aber für unseren Zusammenhang einer Modifizierung. Da es noch

23 *R. Bieber*, Europa braucht den großen Schiffsputz, FAZ vom 3. Dezember 1994, S. 8.

24 Vgl. früh *G. de Vergottini*, Diritto Costituzionale Comparato, 1981 (4. Aufl. 1993, 5. Aufl. 1999); *C. Grewe / H. Ruiz Fabri*, Droits constitutionnels européens, 1995.

25 Dazu mein Vorschlag aus dem Jahre 1989: Grundrechtsgeltung und Grundrechtsinterpretation im Verfassungsstaat, JZ 1989, S. 913 ff.

26 *P. Häberle*, Die offene Gesellschaft der Verfassungsinterpreten, JZ 1975, S. 297 ff.; *ders.* Verfassungsinterpretation und Verfassunggebung, ZSR 1978, S. 1 ff., auch in: ders., Verfassung als öffentlicher Prozess, 1978 (3. Aufl. 1998), S. 155 ff. bzw. S. 182 ff.

27 Dazu *B.-O. Bryde*, Verfassungsentwicklung: Stabilität und Dynamik im Verfassungsrecht der Bundesrepublik Deutschland, 1982.

kein „europäisches Volk" als „Verfassunggeber" gibt, da auf der EU-Ebene (zu Recht) allenthalben das Demokratiedefizit beklagt wird, da die „europäische Öffentlichkeit" bislang eher *kulturell* als „politisch" konstituiert ist, ist der Kreis der offenen Gesellschaft z.T. noch geschlossen, kommt es zu Partizipationsdefiziten, die durch andere Kräfte als sonst im „vollendeten" Verfassungsstaat kompensiert werden müssen. Es ist die dritte Gewalt auf europäischer wie nationaler Ebene, die als „stille Gewalt" am gemeineuropäischen Verfassungsrecht intensiv arbeitet (insoweit „Europa der Richter"), und es ist die Wissenschaftlergemeinschaft, die hier „Vorratspolitik" in Sachen GV vollbringen muss. M.a.W.: vieles am GV ist zu solchem via Richter- und Juristenrecht geworden, die Wachstumsprozesse sind oft erst im Rückblick spektakulär. So muss so manches „soft law" von KSZE-Erklärungen erst nach und nach GV werden; so ist der von nationalen und europäischen Verfassungsrichtern vollbrachte Ausbau der geschriebenen und ungeschriebenen Grundrechte sowie des „Rechtsstaates" ein langfristiger, aber tiefreichender Vorgang. Was ein nationaler Verfassunggeber relativ rasch auf Texte und Begriffe bringt, muss auf der Europaebene „reifen", kurz: der Entwicklungsvorgang, der Zeitfaktor sind hier charakteristisch. Die Vorgänge „schubweisen Stoffwechsels" zwischen Kasuistik, Dogmatik und Prinzipien (*J. Esser*) stehen im Vordergrund. Gerade dieser *länger*fristige „Positivierungs"-Vorgang zeigt, dass es sich um rechts*kulturelle* Vorgänge handelt. Das Europa der Rechtskultur und auch des GV ist kein dezisionistischer Akt, sondern ein komplexer, arbeitsteiliger, vielseitige Teilordnungen schaffender Vorgang, dessen Beteiligtenkreis sich europäisch öffnet: in Raum und Zeit. Vielleicht ist dieses stille „Wachsen" gemeineuropäischen Verfassungsrechts – man hört fast den lauten *Savigny / Thibaut*-Streit (1815)! – erfolgversprechender als ein formalisierter Akt europäischer Verfassunggebung.

So wie es eine „Stunde" nationaler Verfassunggebung gibt, sie wurde z.B. in Spanien 1978 entschlossen genutzt und gelang auch in Südafrika (dank *N. Mandela*) 1996/97, so musste (mit Außenminister *J. Fischer* und vielen Stimmen aus Wissenschaft und Politik) gefragt werden, ob und wann es zu einer „Stunde" für Verfassunggebung in Europa kommt. Mir scheint, dass derzeit nur die *schrittweise* Inkraftsetzung von Teilverfassungen „angesagt" ist, wie sie z.B. in der EMRK geglückt ist und im schrittweisen Ausbau der EU gelingen kann. Hierzu gehörten auch die zwischen EG und den drei Baltenrepubliken seinerzeit abgeschlossenen „Europa-Verträge", denn sie sind in einem tieferen Sinne werdende *Verfassungs*-Verträge geworden. Die EU-Grundrechtecharta sollte vorrangig ratifiziert werden.

Damit rücken die europäischen *Nationen* als solche ins Blickfeld. *J. G. Herders* „Stimmen der Völker" vergleichbar, leisten sie bisher und inskünftig ihren spezifischen, gerade ihnen möglichen Beitrag zur gemeineuropäischen Verfassungsrechtskultur, der dann von den anderen Nationen nach und nach rezipiert und schöpferisch fortentwickelt wird und schließlich ein Mosaikstein im Ganzen wird. Erinnert sei an die Bundesstaatlichkeit der Schweiz seit 1848 mit Vorbildwirkung für Deutschland und Österreich, auch an ihre (bislang unerreichte) „halbdirekte Demokratie“; erinnert sei an den vom Deutschland Weimars (1919) textlich beeinflussten Regionalismus Italiens von 1947, der in manchem Papier blieb, aber kräftig nach Spanien ausstrahlte und gemeinsam mit Rechtsfiguren des deutschen Föderalismus seit 1978 dort effektiven Regionalismus geschaffen hat, der fast schon eine „Vorstufe“ zum Föderalismus darstellt. Erinnert sei an die verfeinerte deutsche Grundrechtsdogmatik, ein Werk von Wissenschaft und BVerfG, das allenthalben in Europa ausstrahlt, und erinnert sei an den europaweiten Erfolg des skandinavischen Ombudsmanns oder an die Verfassungsgerichtsbarkeit, die in Osteuropa derzeit so viel Nachahmung findet. Dieses „gemeineuropäische Hauskonzert“ mag Dissonanzen kennen, viele „unvollendete“ Sätze und Stücke haben, aber Konsonanzen sind ebenfalls unüberhörbar. So mag eines Tages im Rückblick ein „*gemeineuropäisches Verfassungsbuch*“ geschrieben werden, oder gar geschrieben worden sein, auch wenn die Beteiligten sich dessen gar nicht immer bewusst sind bzw. waren. Die „Federalist Papers“ des sich vereinigenden Europas haben zwar keinen *J. Madison*, aber der Sache nach nicht wenige höchst wirksame „europäische Juristen“ und europäische Richter. Die „Akteure“ in EU, im Europaparlament und Europarat sowie in „Konventen“ leisten nur Teilbeiträge zur gesamten Hand mit ihnen.

2. Theorieelemente des Gemeineuropäischen Verfassungsrechts als „Verfassungsrecht“

Nun gilt es zu begründen, warum und inwiefern das Gemeineuropäische Verfassungsrecht „*Verfassungs*recht“ darstellt.

a) Das Verfassungsverständnis (das „gemischte“ und kulturelle)

Der vor allem in Deutschland geführte (Schulen-)Streit um das „richtige“ Verfassungsverständnis soll gewiss nicht den anderen Europäischen Wissenschaftlergemeinschaften aufgedrängt werden – umso weniger als hier in Raum und Zeit national-kulturspezifische Unterschiede bestehen: Der für Deutschland so typische „Verfassungspatriotismus“ (*D. Sternberger*), die geschriebene Verfassung als der nationale Identifikationsrahmen, ja „Kulturbuch“, besitzt wohl nirgends ein Gegenstück. Frankreich findet seine Identität in der „Nation“ und „Republik“, die Schweiz im ständig erneuerten Rütli-Schwur bzw. im Föderalismus und in der „Konkordanzdemokratie“, Spanien im Königtum *und* in seinen Autonomen Gebietskörperschaften etc. Dennoch hat die deutsche Polemik um das Verfassungsverständnis Erkenntnisse vermittelt, die man vorsichtig auf Europa hin modifizieren darf. Dabei hilft die maßvolle Schweizer Diskussion[28], programmatisch i.S. eines „gemischten Verfassungsverständnisses" zusammenzufügen, was oft polemisch gegeneinander ausgespielt wird: in Gestalt eines Sowohl-als-auch von materialen *und* prozessualen Momenten: Verfassung ist Rahmenordnung von Grundwerten, aber sie ist auch „öffentlicher Prozess", Verfassung ist Schranke, Begrenzung von Macht, aber auch deren Konstituierung, sie ist Anregung *und* Schranke (*R. Smend*). Sie hat Symbolfunktion *und* ist rationale Rechtsordnung; ihre einzelnen Felder sprechen als „irrationale Konsensquellen" teils mehr die „emotio" des Bürgers an (Präambeln, Erziehungsziele, Feiertagsgarantien und Gottesbezüge), teils richten sie sich präzise an die ratio, auch des Juristen. Sie ist „Verfassung des Pluralismus" – treffend wirkt der Satz von *J.-F. Aubert*: „Le pluralisme vivifie la constitution" und „La constitution fortifie le pluralisme"[29]. Vor allem aber ist sie *Kultur*.

Mit „bloß" *juristischen* Umschreibungen, Texten, Einrichtungen und Verfahren ist es aber nicht getan. *Verfassung* ist nicht nur rechtliche Ordnung für Juristen und von diesen nach alten und neuen Kunstregeln zu interpretieren – sie wirkt wesentlich auch als Leitfaden für Nichtjuristen: für den Bürger. Verfassung ist nicht nur juristischer Text oder normatives „Regelwerk", sondern auch Ausdruck eines kulturellen Entwicklungszustandes, Mittel der kulturellen Selbstdarstellung des Volkes, Spiegel seines kulturellen Erbes und Fundament seiner Hoffnungen. *Lebende* Verfassungen als ein Werk aller Verfassungsinterpreten der offenen Gesellschaft sind der Form und der Sache nach weit mehr Ausdruck und Vermittlung von *Kultur*, Rahmen für kulturelle (Re)-Produktion und Rezeption und Speicher von überkommenen kulturellen „Informationen", Erfahrungen, Erlebnissen, Weisheiten. Entsprechend tiefer liegt ihre – kulturelle – Geltungsweise.

Diese kulturelle Sicht macht uns klar, dass Europa mehr ist bzw. sein muss, als das „Europa der Produzenten und Konsumenten" eines funktionierenden „Binnenmarktes". Der Markt ist *nicht* das Maß aller Dinge und kein Selbstzweck. Gelegentlich wird er ja – ähnlich der volonté générale – zum nicht irren könnenden übermenschlichen Wesen hypostasiert, in Wahrheit bedarf es der (gerechten) „visible hand des Rechts" (*E.-J. Mestmäcker*) und eben auch des GV, greifbar im Menschenwürde-

28 *J.-F. Aubert / K. Eichenberger*, La constitution – son contenu, son usage, 1991, S. 9 ff., 143 ff.; *P. Häberle*, Die Funktionenvielfalt von Verfassungstexten im Spiegel des „gemischten" Verfassungsverständnisses, FS Schindler 1989, S. 701 ff.; vgl. die Einteilungen bei *K. Eichenberger*, Sinn und Bedeutung einer Verfassung, 1991, S. 178 ff.: Ordnungs-, Machtkontroll-, Organisations-, Integrations- und Orientierungsfunktion der Verfassung. Freilich: Selbst bei den nationalen Verfassungen muss man sich vor übertriebenem Optimismus hüten: sie sind weder eine „politische", noch eine juristische „Lebensversicherung", so wichtig „Garantien" bleiben. S. zuletzt das von D. Thürer u.a. hrsg. „Verfassungsrecht der Schweiz", 2001.

29 *J.-F. Aubert / K. Eichenberger*, La constitution – son contenu, son usage, 1991, S. 58 f.

schutz, in sozialen Mindeststandards, in ökologischen Rahmenbedingungen, Wettbewerbsordnungen, Treu und Glaubens-Regeln etc. Märkte können ebenso versagen wie die sie beeinflussenden Menschen und wie die Staaten: ihre viel zitierte „Blindheit“ ist ebenso unerträglich wie ihre „Diktatur“[30]. Das Europa der vielen Rechtskulturen darf nicht vom Ökonomischen her instrumentalisiert werden.

Mir scheint, dass dieser kulturwissenschaftliche Ansatz der letztlich auch das GV tragende ist. Was in ihm schon ausgebildet ist, verdient der Sache nach den hohen Begriff „Verfassung“. Das Wort vom „gemeinsamen kulturellen Erbe“ in Art. 151 Abs. 1 EGV ist auch als „rechtskulturelles Erbe“ zu lesen.

Bei diesem kulturwissenschaftlichen Ansatz geht es nicht um barocke kulturelle Auf- und Überladung des „positiven“ Rechts, sondern um Freilegung seines kulturellen Wurzelgrundes. Vor allem ist der Mensch erst dank kultureller Sozialisationsprozesse „mit Würde begabt“, so notwendig, aber fiktiv es ist, dass die Menschenrechtserklärungen ihm von Geburt an Würde zusprechen. Von diesem kulturanthropologischen Verständnis aus ist aber auch das verfassungsstaatliche Gemeinwesen allein aus der „vertikalen“ Sicht des Kulturellen zu erklären. So hat etwa die polnische Nation nicht dank des jeweils geltenden Rechts alle Teilungen und Vergewaltigungen überstanden, sondern dank kultureller Komponenten wie der Maiverfassung von 1791, dank der katholischen Kirche und dank *F. Chopins*! Nicht nur der einzelne, auch der Verfassungsstaat selbst lernt den „aufrechten Gang“ dank der *Kultur*.

Schließlich verlangt schon das positive, übernationale Europaverfassungsrecht („konstitutionelles Europarecht“) allenthalben die Erschließung kultureller Dimensionen (vgl. etwa Präambel von „Maastricht“: „Achtung ihrer Geschichte, ihrer Kultur und ihrer Traditionen“, Art. 6 EUV: Achtung der „nationalen Identität ihrer Mitgliedstaaten“, Art. 151 EGV: Entfaltung der „Kulturen und Mitgliedstaaten“, „gemeinsames kulturelles Erbe“, „Kultur und Geschichte der europäischen Völker“).

30 Vorarbeiten zu dieser Sicht in meinem Beitrag: Soziale Marktwirtschaft als „Dritter Weg“, ZRP 1993, S. 383 ff. Bei den sozialen Grundrechten ist zu differenzieren: Es entspricht der heutigen Entwicklungsstufe des Verfasssungsstaates, „soziale Mindestrechte“ als einklagbare auszugestalten (vgl. BVerwGE 1, 159 ff. (161)), während andere soziale Rechte nur die Kraft von Aufträgen an den Gesetzgeber oder den Rang von Interpretationstopoi bei richterlichen Abwägungen besitzen. Das Schweizer Bundesgericht hat jüngst das Existenzminimum als einklagbares Grundrecht anerkannt (vgl. jetzt Art. 12 BV 2000). S. im Übrigen die Nachweise in *P. Häberle*, Die Kunst der kantonalen Verfassunggebung – das Beispiel einer Totalrevision in St. Gallen (1996), in: Schweiz. Zentralblatt 1997, S. 97 (112 f.). Zuletzt mein Beitrag: Die „total“ revidierte Bundesverfassung der Schweiz von 1999/2000, FS Maurer, 2001, S. 935 ff.; *R. Rhinow*, Die Bundesverfassung, 2000; *ders.*, Grundzüge des Schweizerischen Verfassungsrechts, 2003.

Nur kulturwissenschaftlich lassen sich auch die Grundlagen des Identitätsbewusstseins der Nationen bzw. Mitgliedstaaten erarbeiten.

b) Das Verhältnis von Staat und Verfassung, das „vierte" Staatselement als „erstes": die Kultur

Wie aber verhält es sich mit der Staatlichkeit? Europa ist (noch?) kein Staat[31], laut BVerfG ist die EU ein sog. „Staatenverbund". Der Staatsbezug der Verfassung ist eine gängige Lehre. Kann, soll von ihm abgegangen werden? M.E.: ja. Dies ist umso mehr möglich, als die klassische Staatselementenlehre von *G. Jellinek* umgebaut werden kann. Ist sie schon um die *Kultur* als „viertes" Element zu erweitern[32], so wird sie m.E. auf der Ebene des Gemeineuropäischen Verfassungsrechts sozusagen zum „ersten" Element: als weitentwickelte „Rechtskultur". Die übrigen „Staatselemente" sind teils vorhanden, teils rudimentär präsent, jedenfalls schließen sie nicht aus, von „Gemeineuropäischem Verfassungsrecht" zu sprechen, man wagt ja auch den Begriff „Verfassung der Völkerrechtsgemeinschaft". Das GV ist als Kategorie, funktionell und inhaltlich die wohl „durchschlagendste" Infragestellung der herkömmlichen Staatlichkeitsdoktrinen wie „Souveränität", „Staatselemente", „Staats-

31 Aus der Lit. (pionierhaft): Schwarze/ Bieber (Hrsg.), Eine Verfassung für Europa, 1984 (und darin: *H. P. Ipsen*, Die Verfassungsrolle des EuGH für die Integration, S. 29 ff.); Weidenfeld (Hrsg.), Wie Europa verfasst sein soll, 1991; *G. F. Schuppert*, Zur Staatswerdung Europas, in: Staatswissenschaften und Staatspraxis, 1994, S. 35 ff.; *W. Skouris*, Verfassungsprinzipien im Verhältnis der Europäischen Gemeinschaft zu den Mitgliedstaaten, in: Kontinuität und Diskontinuität in der deutschen Verfassungsgeschichte, Kloepfer u.a. (Hrsg.), 1994, S. 101 ff.; von Danwitz u.a. (Hrsg.), Auf dem Wege zu einer europäischen Staatlichkeit, 1993; *M. Zuleeg*, Die Europäische Gemeinschaft als Rechtsgemeinschaft, NJW 1994, S. 545 ff.; *D. Grimm*, Braucht Europa eine Verfassung?, JZ 1995, S. 581 ff.; *T. Schilling*, Die Verfassung Europas, in: Staatswissenschaften und Staatspraxis 1996, S. 387 ff.; *A. Peters*, Elemente einer Theorie der Verfassung Europas, 2001; *P. Badura*, Verfassung und Verfassungsrecht in Europa, AöR 131 (2006), S. 423 ff. – Handbuchliteratur: v. Bogdandy (Hrsg.), Europäisches Verfassungsrecht, 2003.

32 Dazu wohl erstmals *G. Dürig*, Der deutsche Staat im Jahre 1945 und seither, VVDStRL 13 (1955), S. 27 (37 ff., 57); *P. Häberle*, Die europäische Verfassungsstaatlichkeit, KritV 78 (1995), S. 298 ff. – So ist etwa die *Sprache* das eigentliche, unveräußerliche Vaterland (*Thomas Mann*), womit sich z.B. der Friedenspreisträger des Deutschen Buchhandels 1994 *J. Semprún* auseinandersetzte (vgl. dessen Rede: Ihr Grab ist in den Wolken, da liegt man nicht eng, FAZ vom 10. Oktober 1994, S. 12). Treffende Kritik an der traditionellen Staatselementen-Lehre jetzt bei *P. Saladin*, Wozu noch Staaten?, 1995, S. 16 ff. Im demokratischen Verfassungsstaat tritt m.E. an die Stelle der „Staats-Nation" der *Bürger* als archimedischer Bezugspunkt: Schutz und Entfaltung *seiner* Menschenwürde ist das Ziel. Das ius soli ist dem wohl angemessener als das ius sanguinis.

angehörigkeit", „Impermeabilität" etc. (Warum sollte man als Bürger einem Staat „angehören"?) Als Ausdruck der vielfältigen Integrationsoffenheit des Verfassungsstaates der heutigen Entwicklungsstufe wird sie *das* Signum eines grundlegend gewandelten Staatsverständnisses.

Beginnen wir beim „*Volk*", so ist die Argumentation kompliziert. Es gibt viele Völker in Europa, aber kaum ein „europäisches Volk"[33]. Immerhin gibt es die von der Unionsbürgerschaft (Art. 8 EGV) umschlossenen Bürger. Das „Europa der *Bürger*" kann (vorerst) auf seine Volksqualität verzichten, umso mehr als selbst neuere Verfassungen Ostdeutschland vom Mythos der Volkssouveränität abrücken und die Bürger als Menschen zum Zurechnungspunkt wählen (vgl. Präambel Brandenburg von 1992: „Wir, die Bürgerinnen und Bürger..."), speziell Deutschland leidet bis heute an einem „antipluralistischen", „vordemokratischen" Volks-Verständnis (*B.-O. Bryde*) – darum bestehen auch Bedenken gegen Art. 116 GG, der die Staatsbürgerschaft an eine vorstaatliche Volkszugehörigkeit bindet, jedenfalls sollte er um Elemente des ius soli ergänzt werden. Versteht man die Menschenwürde als kulturanthropologische Prämisse einer Rechtsgemeinschaft und die Demokratie als „organisatorische Konsequenz"[34], so fällt die neue Sicht nicht schwer – zumal dann, wenn man „hinter" der Volkssouveränität die freie Selbstbestimmung des einzelnen Menschen und das darin wurzelnde Konsensprinzip sieht[35]. Das Staatselement „*Gebiet*" ist im europäischen Raum als Größe mit offenen Grenzen präsent, und das Element der „*Gewalt*" ist in der EU, wenn auch nicht mit virtueller (im Verfassungsstaat ohnedies nicht mehr gültiger) „Allzuständigkeit", sondern sektoral „fragmentarisch" gegenwärtig und erlebbar (nicht zuletzt über die beiden Europäischen Gerichtshöfe, aber auch in vielen Rechtsetzungsakten unterschiedlichster Ranghöhe). Speziell die EMRK ist eine geschriebene „Teilverfassung" Europas, die „allgemeinen Rechtsgrundsätze" des EuGH kommen verstärkend hinzu. Kurz: das anspruchsvolle Begriffselement im GV „Verfassungsrecht" darf beibehalten werden und mit ihm viele schon angedeutete Inhalte und Funktionen verfassungsstaatlicher Verfassungen.

33 Aus der Lit.: Ein frühes Votum für einen „europäischen Bürgerstatus" bei *E. Grabitz*, Europäisches Bürgerrecht zwischen Marktbürgerschaft und Staatsbürgerschaft, 1970; sodann *H. H. Klein*, Europa – Verschiedenes gemeinsam erlebt, Es gibt kein europäisches Volk, sondern nur die Völker Europas, FAZ vom 17. Oktober 1994, S. 12. *A. Augustin*, Das Volk der Europäischen Union, 2000; *M. Nettesheim*, Die politische Gemeinschaft der Unionsbürger, in: Liber Amicorum P. Häberle, 2004, S. 193 ff.

34 So mein Vorschlag in: Die Menschenwürde als Grundlage der staatlichen Gemeinschaft, HdBStR Bd. I (1987), S. 815 (847 f.). – Band II, 3. Aufl. 2004, § 22, S. 317 ff.

35 Dazu *H. Steinberger*, Der Verfassungsstaat als Glied einer europäischen Gemeinschaft, VVDStRL 50 (1991), S. 9 (23); *ders.*, ebd., S. 162 (Diskussion).

c) *Typische Inhalte des Gemeineuropäischen Verfassungsrechts*

Was die „wesentlichen Elemente" einer (entwicklungsoffenen) Verfassung sind, lässt sich nicht abstrakt definieren, es wandelt sich in Raum und Zeit (allenfalls in Art. 16 Erklärung der Menschen- und Bürgerrechte von 1789 werden ewige „konstitutionelle Wahrheiten" sichtbar: Erklärung der Rechte, Gewaltenteilung). Neue Inhalte wachsen hinzu, heute weltweit etwa das Umweltverfassungsrecht und in Europa das „nationale Europaverfassungsrecht", andere Inhalte treten in den Hintergrund oder sterben ab, etwa die klassischen Elemente der Staatssouveränität. Auch entwickeln sich Unterschiede von Land zu Land. In den USA bleiben die wohlfahrtsstaatlichen Inhalte unterbelichtet, während der Sozialstaat in Europa nach dem 2. Weltkrieg kräftig an Terrain gewonnen hat. Ganz unterschiedlich behandelt ist derzeit noch die Frage, ob die „soziale Marktwirtschaft" den Rang eines Prinzips auf Verfassungsstufe besitzt oder gewinnen soll – ein im Polen von heute umstrittenes Problem. Die Schweiz braucht keine Ewigkeitsklauseln nach Art von Art. 79 Abs. 3 GG! – aber sie gewinnt ein unverzichtbares Verfassungselement aus der Referendumsdemokratie. Für unseren heutigen Kontext genügen Stichworte, die belegen, dass das GV seinem sprachlich-begrifflichen Anspruch genügt: Materielle Grundrechte in ihrem klassischen Kanon wie in der aktuellen „Fortschreibung", effektiver Rechtsschutz, insgesamt die „Rechtsstaatlichkeit" (als Teil von ihr der allgemeine Rechtsgrundsatz des Übermaßverbots (vgl. jetzt Art. 5 Abs. 3 EGV)) sind ein besonders gefestigter Bestandteil des GV – so groß die nationalen Spielräume bleiben. Die klassische, d.h. auf die Organe bezogene Gewaltenteilung ist in der EU z.T. noch defizitär, in Gestalt mangelhafter Kompetenzen der „ersten" Gewalt, der demokratischen Legislative schmerzhaft, aber dies wird durch die Kraft der dritten Gewalt z.T. kompensiert: in einer gerade dem Wachstumsprozess gemeineuropäischer Rechtskultur dienlichen Weise. Die Staatsziele sind nicht „umfassend", sondern sektoral definiert: vom Grundrechtsschutz über Soziales bis hin zur Umwelt (vgl. Art. 174 ff. EGV); doch sind sie ausreichend umschrieben und praktisch schon genügend wahrgenommen. Für die von modernen Verfassungen ebenfalls mit erfassten Felder des gesellschaftlichen Bereichs mag – neben den Parteien (Art. 191 EGV) – *D. Tsatsos* gemeineuropäisch-parteienrechtliche Arbeiten sind eine Richtschnur[36] – die „offene" bzw. „soziale" Marktwirtschaft stehen. Kurz: Man darf von substantiellen Inhalten sprechen, die es erlauben, das hohe anspruchs-

[36] Vgl. *D. Tsatsos*, Zu einer gemeinsamen europäischen Parteienrechtskultur?, DÖV 1988, S. 1 ff.; Tsatsos / Schefold / Schneider (Hrsg.), Parteienrecht im europäischen Vergleich, 1990. Art. 138 a (jetzt Art. 191) EGV ist Ausdruck der Entwicklung „europäischer Parteienfamilien" (*R. Bieber*); *D. Tsatsos*, Europäische Politische Parteien, EuGRZ 1994, S. 45 ff. S. auch den sog. „Tsatsos-deVigo-Bericht" über die konstitutionelle Stellung der Europäischen Politischen Parteien des EP: EuGRZ 1997, S. 78 ff. sowie die Beiträge in der FS Tsatsos, 2003.

volle Wort „Verfassung“ zu gebrauchen. Freilich sollte man sich aber vor einer schroffen Alternative „geschrieben“ oder „ungeschrieben“ hüten. Eine lebende, im Schöpfungsakt geschriebene Verfassung konstituiert sich immer auch aus ungeschriebenen Prinzipien. Im Verlauf ihres Wachstumsprozesses legen Praxis und Judikatur die Texte schöpferisch weitend aus. Gerade im Europa von heute kommen zu diesem Ensemble ständig europäische *Teil*verfassungstexte hinzu, das gilt auch und gerade für England.

d) Spezielle Funktionen des Gemeineuropäischen Verfassungsrechts

Spezielle Konturen gewinnt das GV bei der Frage nach seinen Funktionen. Hier hat es eigene Züge, die ihm gerade im Unterschied zu nationalstaatlichen Verfassungen sein Gepräge geben.

aa) Die (integrierende) Reservefunktion – die Subsidiarität

Die (integrierende) Reservefunktion ist ein erstes Stichwort. Das GV hat nur subsidiären Anspruch, in dieser Begrenzung aber wirkt es integrierend. Man mag dies aus der Positivierung der Subsidiarität herauslesen (vgl. Art. 5 EUV)[37] oder als Ausdruck des Respekts vor der „nationalen Identität“ (Art. 6 Abs. 1 EUV) bzw. der „nationalen und regionalen Vielfalt“ bzw. „Kulturen der Mitgliedstaaten“ (vgl. Art. 151 EGV) nehmen. Entscheidend bleibt, dass das GV keinen gegenüber dem geltenden nationalen Verfassungsrecht vorrangigen Anspruch erhebt. Es dient der – übrigens durchaus schöpferischen – „Lückenfüllung“, sofern man den Begriff „Lücke“ überhaupt tradiert; es ist „Reserve“ für die Auslegung von staatlichen Verfassungsprinzipien als solchen; es ist „Erkenntnisquelle“, „Hilfsmittel“ für die Rechtspolitik *wie* für den Richter und Wissenschaftler: national wie gemeineuropäisch. Man kann dabei von den Vorgängen um innerbundesstaatlich wirkendes „gemeindeutsches“ oder „gemeinösterreichisches“ Verfassungsrecht lernen.

Freilich vermag die dualistische trennungsrechtliche Rechtskreiselehre Völker- bzw. Europarecht einerseits, Landes- bzw. Staatsrecht andererseits, die inhaltlichen Wechselwirkungen nicht zu erklären. Das Operieren mit der punktualistischen „Geltungsanordnung“ im Stile von *H. Kelsen* übersieht aber vor allem, dass der (selbe) *Mensch* letzter Zurechnungspunkt allen Rechts ist, auch des Völkerrechts: vor allem im europäischen Verfassungsraum: „idem civis *et* europaeus“.

[37] Aus der Lit.: *H. Lecheler*, Das Subsidiaritätsprinzip, 1993; Merten (Hrsg.), Die Subsidiarität Europas, 1993; *P. Häberle*, Das Prinzip der Subsidiarität aus der Sicht der vergleichenden Verfassungslehre, AöR 119 (1994), S. 169 ff.; *A. D'Atena*, Die Subsidiarität: Werte und Regeln, in: Liber Amicorum P. Häberle, 2004, S. 327 ff.

bb) Die Einbindung des Nationalstaates

Die „Normativierung" und „Normalisierung", die konstitutionelle Einbindung aller Nationalstaaten ist eine zweite Funktion des GV. Sie geschieht nach innen hin (z.B. durch das Postulat des – 1789 noch fehlenden – Minderheitenschutzes, der Relativierung der Staatsangehörigkeit durch die Ermöglichung der doppelten), und sie geschieht durch die praktische Ausfüllung der „Europaoffenheit" durch Übertragung rechtsetzender, exekutiver und rechtsprechender Funktionen auf die europäischen Instanzen (allgemeine und spezielle Europa-Artikel), die das „konstitutionelle Europarecht" mit abstützen.

cc) Die Erleichterung der europäischen Fortbildung der nationalen Verfassungen

Sie ist eine weitere Funktion des GV. Es wird nicht mehr in geschlossenen Räumen des Nationalen gedacht, sondern in offenen Horizonten. Europas „Werkstatt" in Sachen Verfassungspolitik und Verfassungsinterpretation wird über den „Hebel" des GV und seiner durch ihn eröffneten allseitigen Produktions- und Rezeptionsprozesse intensiviert. Vor allem werden sich die nationalen Verfassungsstaaten bewusst, dass das „Projekt Verfassungsstaat" immer unterwegs ist und ein dauerndes Reformprojekt bleibt: dass sie im europäischen Kulturraum, ja darüber hinaus ständig zum Vergleich gezwungen sind.

dd) Gegensteuerung zur Idee eines „Kerneuropa"

Diese Funktion ist besonders aktuell. Sollte politisch das Bild vom „Kerneuropa", der „variablen Geometrie" oder den mehreren „Geschwindigkeiten" an Terrain gewinnen, könnte manches via GV langfristig ausgeglichen werden. Die Gefahr der europäischen „Kernspaltung" ist zu groß. Das GV kann integrieren, was sich auseinander zu entwickeln droht. Politische Kraftakte in der einen oder anderen Richtung können abgemildert werden. An den „Rändern", etwa zur Türkei, auch Russland hin, mag es – konzentrischen Kreisen gleich – Zonen schöpferischer Präsenz von GV geben, doch sind Ausgrenzungen vermieden und es ist potentiell präsent.

ee) Die wissenschaftliche Strukturierung der europäischen „Rechts-Kreise"

Die Kategorie des GV ermöglicht eine spezifisch *wissenschaftliche* Aufbereitung und Durchdringung des europäischen Rechts – vielleicht der klassischen Rezeption des römischen Rechts vergleichbar[38]. Die „Verwissenschaftlichung" des europäischen Rechts hat viele Vorteile für die Erkenntnis und Anwendung, aber auch für die pädagogische Vermittlung. Als „werdendes Verfassungsrecht" hat sie die Schritte vom bloßen Vertragsrecht zum Verfassungsrecht hinter sich und sie kann „Vorgaben" auf unterschiedlich abstraktem Niveau für alle Fortschreibungen des

[38] Dazu *F. Wieacker*, Privatrechtsgeschichte der Neuzeit, 2. Aufl. 1967, S. 131.

Rechts der EU (etwa in „Maastricht" II bzw. „Amsterdam", „Nizza")[39] leisten. Diese wissenschaftliche „Begleitung" ist für das Ensemble von geschriebenem und ungeschriebenem, oft wild wucherndem und auf vielerlei Ebenen entstehendem Europarecht i.e.S. und i.w.S. unverzichtbar.

ff) Vielfalt und Einheit – das multikulturelle Europa

Bei aller (nicht zuletzt „juristenrechtlichen") Entdeckerfreude über das „Gemeineuropäische Verfassungsrecht" sei auch an *Grenzen* erinnert: Die nationale Verfassungshoheit und einzelstaatliche Individualität ist in einem aus seiner *kulturellen Vielfalt lebendem Europa* Bedingung des „Gemeinen", insoweit auch Grenze. Gemeineuropäisches Verfassungsrecht darf kein Instrument der uniformen Einebnung und mechanischen Gleichschaltung von nationalem Verfassungsrecht im Namen eines imaginären Einheitseuropas sein. Stärke und Kraft des GV sind auf den Reichtum, ja „Eigensinn", auch auf „Ungleichzeitigkeiten" der nationalen „Eigenverfassungsrechte" angewiesen. Was bundesstaatlich für das Verhältnis von gemeindeutschem oder gemeinschweizerischem Verfassungsrecht zum Verfassungsrecht der Länder bzw. Kantone gilt, gilt erst recht im Verhältnis von gemeineuropäischem und nationalem Verfassungsrecht[40]. Das heißt: Mit dem Grundsatz der Subsidiarität[41] ist gerade hier ernst zu machen. Das Sowohl-als-auch von je nationaler und gesamteuropäischer Identität, von nationaler und europäischer Kultur (d.h. auch *Rechts*kultur) muss sich hier praktisch auswirken. M.a.W.: Das GV muss genügend Spielräume lassen, es darf nicht zu „engmaschig" gestrickt sein. Vielfalt und Einheit, Pluralität und Homogenität sollten – der Bundesstaatlichkeit *ähnlich* – auch im „Europäischen Haus" erfahrbar sein. Dabei bringen im „Europa der Regionen"

39 Aus der Lit. zu „1996" bzw. „1997": European Constitutional Group, Für Europa eine Verfassung der Freiheit, Die Europäische Union wird nur dann ein stabiles Gebilde sein, wenn sie dem Wettbewerb und der Subsidiarität verpflichtet bleibt, den Zentralismus in Schranken hält und Minderheitenschutz gewährt, FAZ vom 28. August 1993, S. 11; Weidenfeld (Hrsg.), Europa '96, Reformprogramm für die Europäische Union, 1994. Bemerkenswert auch *J. H. H. Weiler / J.-F. Aubert / R. Bieber / F. Emmert*, Democracy and Federalism in European Integration, 1995.

40 Dazu schon mein Beitrag in: EuGRZ 1991, S. 261 (271) m.w.N.

41 Aus der unüberschaubaren Lit.: Riklin / Batliner (Hrsg.), Subsidiarität, 1994. – Die Wahrung der „nationalen Identität" im Unions-Vertrag dient ebenfalls der Vielfalt; dazu gleichnamig: *A. Bleckmann*, JZ 1997, S. 265 ff. S. auch *M. Hilf*, Europäische Union und nationale Identität der Mitgliedstaaten, GS Grabitz, 1995, S. 157 ff.; *A. v. Bogdandy* und *M. Korioth*, Europäische und nationale Identität: Integration durch Verfassungsrecht, VVDStRL 62 (2003), S. 156 ff.; vorher bereits *W. Graf Vitzthum*, Die Identität Europas, EuR 2002, S. 1 ff.; jüngst *K. O. Nass*, Legitimität und Identität der Europäischen Union, DVBl. 2006, S. 1197 ff.

eben die Regionen, vor allem dann, wenn sie die nationalen Grenzen „nachbarschaftlich“[42] überschreiten, eine zusätzliche Differenziertheit ins Spiel.

Die neuen EU- und EG-Texte ermutigen durchaus zu dieser „*Rechtskultur des Multikulturellen*“[43], die die nationalen Rechtsordnungen koexistieren und konkurrieren lässt, aber auch Konvergenzen und Konkordanzen bzw. „einheitliche“, eben „gemeine“ Rechtsbildungen ermöglicht. Erinnert sei an Präambelpassagen von Maastricht („Grundsätze der Freiheit, der Demokratie und der Achtung der Menschenrechte und Grundfreiheiten und der Rechtsstaatlichkeit“ bzw. „Solidarität zwischen ihren Völkern unter Achtung ihrer Geschichte, ihrer Kultur und ihrer Traditionen“), an Art. 6 Abs. 3 EUV (Achtung der „nationalen Identität“, was m.E. immer auch die Rechtsordnungen als Element dieser Identität einschließt). Erinnert sei an Art. 151 EGV[44]: Gerade er darf „im Geist“ der Strukturen, Funktionen und Grenzen des Gemeineuropäischen Verfassungsrechts „gelesen“ werden: so, wenn vom „Beitrag zur Entfaltung der Kulturen in den Mitgliedstaaten unter Wahrung ihrer nationalen und regionalen Vielfalt sowie gleichzeitiger Hervorhebung des gemeinsamen kulturellen Erbes“ die Rede ist. Ein wesentliches Stück des gemeinsamen kulturellen Erbes ist das GV! Nationale Vielfalt meint auch Vielfalt und Gleichwertigkeit der nationalen *Rechts*kulturen! Wenn (in Absatz 2) als Gemeinschaftsziel die „Verbesserung der Kenntnis und Verbreitung der Kultur und Geschichte der europäischen Völker“

42 Dazu *U. Beyerlin*, Zur Übertragung von Hoheitsrechten im Kontext dezentraler grenzüberschreitender Zusammenarbeit, Ein Beitrag zu Art. 24 Abs. 1 a GG, ZaöRV 54 (1994), S. 587 ff.; für den deutsch-niederländischen Grenzraum bereits *W. Hoppe / M. Beckmann*, Juristische Aspekte einer interkommunalen Zusammenarbeit beiderseits der deutsch-niederländischen Grenze, DVBl. 1986, S. 1 ff.; *I. Pernice*, in: Dreier (Hrsg.), Grundgesetz-Kommentar, Bd. II, 2. Aufl. 2006, Art. 24.

43 Schon das Europäische Kulturabkommen von 1954 gibt Hilfestellung: vgl. aus der Präambel die Texte: „Ideale und Grundsätze, die ihr gemeinsames Erbe bilden“; „gemeinsam handeln, um die europäische Kultur zu wahren und ihre Entwicklung zu fördern“, ferner Art. 1: „gemeinsames kulturelles Erbe Europas“, Art. 5 ebd.: „gemeinsames europäisches kulturelles Erbe“.

44 Dazu *G. Ress*, Kultur und Europäischer Binnenmarkt, 1991; *ders.*, Die neuen Kulturkompetenzen der EG, DÖV 1992, S. 948 ff.; *P. Häberle*, Europa in kulturverfassungsrechtlicher Perspektive, JöR 32 (1983), S. 9 ff.; *H.-J. Blanke*, Europa auf dem Weg zu einer Bildungs- und Kulturgemeinschaft, 1994; *R. Wägenbaur*, Auf dem Wege zur Bildungs- und Kulturgemeinschaft, Ged.-Schrift für E. Grabitz, 1995, S. 851 ff. Treffend lautet der Auftrag der deutsch-französischen Fernsehanstalt Arte: Die Präambel des Gründungsvertrags spricht von einem gemeinsamen Fernsehprogramm für die Bürger Europas, „welches der Darstellung des kulturellen Erbes und des künstlerischen Lebens in den Staaten, Regionen und der Völker Europas und der Welt dienen soll“ (zit. nach FAZ vom 30. März 1995). Zu „Arte“ als „Experiment in Europäischer Kultur“ gleichnamig: *T. Oppermann*, Ged.-Schrift für E. Grabitz, 1995, S. 483 ff.

normiert ist, dann darf dies auch „pädagogisch“ gelesen bzw. auf das Recht bezogen werden: Alle Rechtskulturen der europäischen Völker sollen von Europarechts wegen gelehrt und gelernt werden. Die nationalen Rechtsordnungen sind als Elemente des europäischen Kulturerbes im „europäischen Bewusstsein“ zu verlebendigen. Dies ist Teil der von *Simone Veil* gestellten Aufgabe, „ein Bewusstsein der gemeinsamen europäischen Kultur“ zu entwickeln[45]. Europa konstituiert sich aus einem dialektischen Wechselspiel von Einheit und Vielfalt in (rechts)kultureller Polyphonie. Die kulturelle Vielfalt ist ihre „dauerhafteste Ressource“ (*H. Maier*). Nur so kann das Ziel der „immer engeren Union der Völker Europas“ (Art. 1 Abs. 2 EUV) erfüllt, aber auch *begrenzt* werden.

Nach diesen eher abstrakten Überlegungen zuletzt Konkreteres:

3. Praktische Beispielsfelder für Gemeineuropäisches Verfassungsrecht – Defizite und Reformziele

Man wird sagen dürfen, dass es sich um einen offenen Bestand von Prinzipien handelt, der sich meist still wandelt und im Sinne eines „numerus apertus“ entwickelt. Vielleicht kann es im Entstehungsvorgang auch zunächst regional begrenztes („partikulares“) GV geben, das sich erst allmählich „verallgemeinert“ (z.B. kann der romanische Sprach- und Rechtskreis in Gestalt des „Regionalismus-Rechts“ Prinzipien ausbilden, die im übrigen Europa, im Osten, erst nach und nach rezipiert werden). M.E. darf auch die Idee eines wertend gewonnenen gemeineuropäischen „Mindeststandards“ gewagt werden, so dass Defizite und daraus folgende Reformziele als solche benannt werden können. Jedenfalls sollte das GV nicht nur vom status quo aus definiert werden, sondern auch Entwicklungspotentiale benennen. Dabei sind immer zwei Perspektiven zu wählen: Wo entwickelt sich aus den nationalen Verfassungsrechten GV und wo kristallisiert sich aus dem Europarecht als „werdendem Verfassungsrecht“ Gemeineuropäisches Verfassungsrecht. Beide Ebenen spielen zusammen. Es kommt zu Konvergenzen und Osmosen, bei den Grundrechten sogar zu einer besonders dichten „Gemengelage“.

a) Grundrechte, Rechtsstaatlichkeit, Rechtsschutz

Grundrechte, Rechtsstaatlichkeit und Rechtsschutz bilden die Prinzipien des GV, die ebenso intensiv wie extensiv bislang am weitesten ausgebaut sind. Auf dem Gebiet der klassischen Grundrechte liegt ein gesicherter Bestand an allgemeinen Grundsätzen und speziellen Ausformungen vieler Ebenen und „Quellen“ vor, die es erlauben, Europa primär als „Grundrechts- und Rechtsstaatsgemeinschaft“ zu kennzeichnen. Den Grundpfeiler errichtete schon 1950 die EMRK, die Europa bis heute von der Grundrechtsseite her praktisch „verfasst“. Das beginnt in Worten wie „gemeinsame

[45] Zit. nach FAZ vom 8. März 1995, S. 39.

Auffassung und Achtung der Menschenrechte", „gemeinsames Erbe an geistigen Gütern, politischen Überlieferungen, Achtung der Freiheit und Vorherrschaft des Gesetzes" (Präambel), setzt sich in der EuGH-Judikatur zu Grundrechten als „allgemeinen Rechtsgrundsätzen" fort und endet vorläufig in der Anrufung der „Rechtsstaatlichkeit" im EU-Vertrag (Präambel) sowie in dessen Bezugnahme auf EMRK und die „gemeinsamen Verfassungsüberlieferungen der Gliedstaaten... als allgemeinen Grundsätzen des Gemeinschaftsrechts" (Art. 6 Abs. 2). Auch die in Art. 40 EGV genannten grundrechtspolitischen Ziele insbesondere der Freizügigkeit[46] zeigen Bestand, aber auch die weitere Entwicklungsfähigkeit von „europäischen Grundrechten"[47] (s. auch Art. 13 EGV). Der „Grundsatz der offenen Marktwirtschaft" (Art. 98 EGV) gehört ebenfalls in das Prinzipien-Ensemble von („werdendem") GV. Darum kann die Frage: „Gibt es eine europäische Rechtsprechungs-Kultur?", mit *R. Badinter* bejaht werden[48]. Mit der strengen Gewaltenteilung, dem grundsätzlich öffentlichen und kontradiktorischen Verfahrensprinzip und der Gleichheit aller Bürger vor dem Gesetz zeichnet das Rechtswesen in Europa sich durch gemeinsame Wertvorstellungen, gemeinsame Verfahrensrichtlinien und gemeinsame ethische Grundsätze aus, bei allen Unterschieden in der Praxis von Land zu Land[49] – auch in Osteuropa ist das Rechtsstaatsprinzip seit 1989 zu einem lebenden Verfassungsprinzip geworden[50], nicht zuletzt dank der von Frau *Letowska* als erster Ombudsfrau in Polen früh erbrachten Pionierleistungen. Der dort so herausge-

46 Erstmals zum Begriff „Grundrechtspolitik" mein Regensburger Staatsrechtslehrerreferat: Grundrechte im Leistungsstaat, VVDStRL 30 (1972), S. 43 (103 ff.). – Ein Standardwerk in Sachen Grundrechte ist jetzt *H.-W. Rengeling / P. Szczekalla*, Grundrechte in der EU, 2004. Als Gemeinschaftskommentar ergiebig: Grote / Marauhn (Hrsg.), EMRK/GG, 2006. Als Beispiel für Lehrbücher: Ehlers (Hrsg.), Europäische Grundrechte und Grundfreiheiten, 2005; *H. D. Jarass*, EU-Grundrechte, 2005.

47 Dabei wirken die *nationalen* Grundrechtstraditionen beim *Verständnis* der Texte höchst komplex zusammen, d.h. die nationalen Grundrechts*dogmatiken* sind in „gemeineuropäischer Hermeneutik" zusammenzuführen. Dabei kann es auch zu „Ungleichzeitigkeiten" kommen. So ist denkbar, dass etwa die französische Grundrechtsdogmatik einer älteren Interpretationsstufe verhaftet bleibt als z.B. die deutsche oder die schweizerische. Auch in der Verfassungstheorie wird es Unterschiede geben, die auf einer mittleren Ebene auszugleichen sind. So wäre denkbar, dass ein neu konstituierter Verfassungsstaat wie Spanien 1978 zuerst eher klassischen Paradigmen folgt und z.B. Ideen wie die „offene Verfassung" hier erst in einer späteren Phase angemessen erscheinen.

48 Zit. nach *J. Hanimann*, Rechtsprechung im Plural, FAZ vom 28. November 1992, S. 27.

49 S. auch *C. Starck*, Gerechtigkeit mal zwölf, FAZ vom 2. Oktober 1991, S. N 3.

50 S. auch meinen Beitrag: Verfassungsentwicklungen in Osteuropa..., AöR 117 (1992), S. 169 ff.

stellte „Vorrang der Verfassung" hat ebenfalls gemeineuropäische Kraft; gleiches gilt seit dem Francovich-Urteil des EuGH[51] für die Staatshaftung.

Freilich öffnen sich Felder, in denen die nationalen Verfassungsrechte noch an allgemeinen Prinzipien besser Maß nehmen sollten, so bei den *Medien*. Der aus vielen nationalen Verfassungen zu gewinnende Grundsatz des pluralistischen Medienverfassungsrechts (vgl. Art. 38 Abs. 6, Art. 39 Verf. Portugal, Art. 20 Abs. 3 Verf. Spanien, Art. 111 a Verf. Bayern, Art. 46 Verf. Bern) gehört zu den gemeinverfassungsrechtlich inspirierenden Prinzipien, die inskünftig kräftig auszubauen sind. Der rechtspolitische und interpretatorische Reformbedarf ist hier besonders groß. Gleiches gilt für den Minderheitenschutz (Stichwort: korporative Volksgruppenrechte), während im Bereich des Rechtsschutzes i.e.S. (d.h. durch unabhängige Gerichte) und zunehmend auch des Rechtsschutzes i.w.S. (z.B. Ombudsmann: vgl. Art. 195 EGV) sich das GV schon fast „perfekt" entwickelt. Das Grundrechte-Recht in Europa ist gemeineuropäisches Verfassungsrecht par excellence und in einem tiefen Sinne europäisches Bürgerrecht! Das „Filigran" des hier schon gewordenen GV konnte in der EU-Grundrechtecharta z.T. eingefangen werden. Es sei nicht als deutscher Eigensinn bespöttelt, wenn auch an das Thema „Staatskirchenrecht" (besser „Religionsverfassungsrecht") und die Aufgabe der es vergleichend erschließenden Wissenschaft in Europa erinnert wird[52].

b) Europäische Verfassungsgerichtsbarkeit

Im engen Zusammenhang mit der europäischen Grundrechts- und Rechtsstaatsgemeinschaft steht die konstitutionelle Grundrechts- bzw. Verfassungsgerichtsbarkeit. Schon national reift sie immer mehr zu einem essentiellen Element der heutigen Entwicklungsstufe des Verfassungsstaates[53]. Nimmt man die „sektorale" Grund-

[51] Dazu *R. Streinz*, Europarecht, 7. Aufl. 2005, S. 141 ff.

[52] Dazu *A. Hollerbach*, Europa und das Staatskirchenrecht, ZevKR 35 (1990), S. 250 ff.; *G. Robbers*, Die Fortentwicklung des Europarechts und seine Auswirkungen auf die Beziehungen zwischen Staat und Kirche in der Bundesrepublik Deutschland, in: Essener Gespräche zum Thema Staat und Kirche, Bd. 27 (1993), S. 81 ff.; *R. Streinz*, Auswirkungen des Europarechts auf das deutsche Staatskirchenrecht, in: Essener Gespräche zum Thema Staat und Kirche Bd. 31 (1997), S. 53 ff.; *C. Walter*, Religionsverfassungsrecht, 2006.

[53] Aus der Lit.: Starck / Weber (Hrsg.), Verfassungsgerichtsbarkeit in Westeuropa?, 2 Bände 1986 – Für *Italien*: *J. Luther*, Die italienische Verfassungsgerichtsbarkeit, 1990; *M. Dietrich*, Der italienische Verfassungsgerichtshof, 1995; *G. Zagrebelsky*, La giustizia costituzionale, 2. Aufl. 1988. – Für *Spanien*: *M. Garcia Pelayo*, in: Lopez-Pina (Hrsg.), Spanisches Verfassungsrecht: ein Handbuch, 1993, S. 475 ff. Für *Deutschland* und *Österreich*: Häberle (Hrsg.), Verfassungsgerichtsbarkeit, 1976; s. auch die FS 50 Jahre BVerfG, 2 Bde., 2001 sowie *ders.*, Funktion und Bedeutung der Verfassungsgerichte in vergleichender Perspektive, EuGRZ 2005, S. 685 ff. Speziell zum Verhältnis

rechts- bzw. Verfassungsgerichtsbarkeit von EGMR und EuGH hinzu[54], so darf (unbeschadet der Fülle nationaler Varianten auch in Osteuropa, z.B. in Sachen Zugang) die These gewagt werden, dass die Institution der Verfassungsgerichtsbarkeit heute schon gemeineuropäischen Rang besitzt. Europas Verfassungsrechtskultur lebt nicht zuletzt dank dieses „Mediums" bzw. Gestaltungsfaktors. Die europäisch offene Gesellschaft der Verfassunggeber und -interpreten konstituiert sich ebenso aus dem dialektischen Wechselgespräch der nationalen und europäischen Verfassungsgerichte wie aus der europäischen Wissenschaftlergemeinschaft. Die regelmäßigen Treffen der Verfassungsrichter in Europa verleihen dem beredten Ausdruck[55]. Auch die „FIDE" sei erwähnt.

Als Spezialproblem des Verfassungsprozessrechts[56], das freilich aus der europäischen Perspektive zu einem Grundsatzproblem wird, sei nur die Frage des *Sondervotums* und der hier bestehende Reformbedarf behandelt. Während es in Deutschland durch das einfache Gesetz (1970) möglich wurde (§ 30 Abs. 2 BVerfGG), hat sich die Textstufenentwicklung in Spanien (1978) zu einem ausdrücklichen Verfassungsartikel gesteigert (Art. 164 Abs. 1 S. 1). Italien ringt derzeit um das Sondervotum. Dort wird diskutiert, ob es via Geschäftsordnung der Corte oder gesetzlich eingerichtet werden soll.

Die Möglichkeit des Sondervotums, im EGMR bekanntlich oft praktiziert, ist m.E. aus einem spezifisch gemeineuropäischen Grund auszubauen. Es eröffnet eine zusätzliche europäische – wissenschaftlich-prätorische – Gesprächsebene, der Sondervotant wird verstärkt die Rechtsvergleichung (als „fünfte" Interpretationsmethode) einsetzen, da er unter besonderem Legitimationsdruck steht[57], experimentelle Verfassungsinterpretation leisten und neue Wege wagen; es kommt bei der Bildung von GV zu zusätzlichen „Ventilen". Kurz: Das verfassungsrichterliche Sondervotum ist

BVerfG/EGMR: *S. Mückl*, Kooperation oder Konfrontation?, Der Staat 44 (2005), S. 403 ff. – Für die *Schweiz*: *J. P. Müller*, Die Verfassungsgerichtsbarkeit im Gefüge der Staatsfunktionen, VVDStRL 39 (1981), S. 52 ff.

54 Vgl. Schwarze (Hrsg.), Der Europäische Gerichtshof als Verfassungsgericht und als Rechtsschutzinstanz, 1983; *E. G. Mahrenholz*, Europäische Verfassungsgerichte, JöR 49 (2001), S. 15 ff.

55 S. etwa die IX. Konferenz der Europäischen Verfassungsgerichte, 1993 (Thema: Verfassungsgerichtlicher und internationaler Schutz der Menschenrechte – Konkurrenz oder Ergänzung, dazu EuGRZ 1994, Heft 1/2).

56 Fast sensationell erscheint das Urteil des türkischen Verfassungsgerichts vom 21. Oktober 1993, das über die Lückenfüllungskompetenz des Verfassungsgerichts und das Instrument des „allgemeinen Rechtsgrundsatzes" die einstweilige Anordnung im türkischen Verfassungsprozessrecht kreiert hat (dazu *Z. Gören*, Die einstweilige Anordnung in der Rechtsprechung des türkischen Verfassungsgerichts, EuGRZ 1994, S. 597 ff.).

57 Vgl. *P. Häberle*, Kommentierte Verfassungsrechtsprechung, 1979, S. 24 ff.

m.E. ein Beispiel und Vehikel für das Zusammenwachsen Europas im Zeichen gemeineuropäischer Rechtskultur.

c) Demokratie-Probleme

Streifen wir kurz die Demokratie als Prinzip des GV, zumal hier die Defizite vom GV her wohl nur „angeregt", nicht aber selbst durchgesetzt werden können. Auf einer sehr hohen abstrakten Ebene ist die Demokratie gewiss schon ein „Prinzip" des GV[58]. Bereits die EMRK spricht in der Präambel von „wahrhaft demokratisches politisches Regime" und ihre europäischen Menschenrechte stellt sie unter den Vorbehalt der in „einer demokratischen Gesellschaft" notwendigen Gemeinwohlaspekte (z.B. Art. 8 Abs. 2, 9 Abs. 2, 10 Abs. 2). Zuletzt wirkt das Demokratieprinzip im EU-Vertrag allgemein (Präambel), fortschreitend, aber auch spezieller: etwa in Art. 6 Abs. 1 und Art. 21 bzw. 154 EGV („Petitionsrecht"), Art. 191 (Politische Parteien und ihr Beitrag, „den politischen Willen der Bürger" zum Ausdruck zu bringen), Art. 195 („Bürgerbeauftragter"). Im Übrigen besteht das viel beklagte Demokratiedefizit, obwohl die Kompetenzen des Europäischen Parlaments ausgebaut worden sind (z.B. Art. 192 und 193). Schon die Satzung des Europarates (1949) hat zwischen dem „gemeinsamen Erbe ihrer Völker" und der persönlichen Freiheit sowie der Herrschaft des Rechts und der „wahren Demokratie" einen Zusammenhang hergestellt (Präambel) und als „Ideal" postuliert. Die Textstufenentwicklung seitdem, z.B. bis zur Charta von Paris der KSZE (1990) zur Demokratie als Staatsform, war weit, aber sie wurde geleistet. Vermutlich steht hier ein langatmiger Wachstumsprozess bevor, der aber besonders viele Variationsspielräume offen lassen muss (z.B. im Wahlrecht oder bei der Frage: nur repräsentative oder auch plebiszitäre Demokratieelemente) – die Einführung des kommunalen Wahlrechts der EG-Bürger (Art. 19 Abs. 1 EGV) mit all seinen Umsetzungen ins nationale Verfassungsrecht (z.B. Art. 28 Abs. 1 S. 3 GG) ist schon ein Durchbruch! Und die regelmäßige Konferenz der Europaausschüsse der nationalen Parlamente und des Europaparlaments („Cosac") lassen hoffen. Das absolute Demokratie-Minimum ist in allen Ländern Europas selbst wohl erreicht, vor allem wird allerorts das Moment Demokratie als „Herrschaft auf Zeit" eingelöst. Auf der transnationalen Ebene, etwa der EU, zeigen sich indes Demokratie- bzw. Parlamentarismus-Defizite – die sich auch als Öffentlichkeitsdefizite darstellen. Während in Europa die *kulturelle* Öffentlichkeit in Teilbereichen durchaus lebt (in Wissenschaft und Kunst sowie auf Feldern des GV!), tut sich Europa in Sachen *politische Öffentlichkeit* schwer[59]. Alle

[58] Dazu der von Bauer / Huber / Sommermann hrsgg. Sammelband Demokratie in Europa, 2005.

[59] Die Entstehung einer europäischen Öffentlichkeit könnte gerade mit Hilfe einer Verstärkung des Europäischen Parlaments vorangetrieben werden (vgl. *R. Bieber*, Nicht Stütze, sondern Wegbereiter, FAZ vom 8. Juni 1994, S. 12). S. demgegenüber *Peter Graf Kiel-*

Überlegungen zu „Grundkonsens und Verfassung"[60] werden jedenfalls auch auf der europäischen Ebene relevant. Vor allem sollte mit der Figur des *„europäischen Gesellschaftsvertrags"* gearbeitet werden, mindestens als „Probierstein der Vernunft" i.S. *Kants*. Europa muss als Vertrag der Bürger gelebt und erlebt, nicht als Konstruktion der Funktionäre und Experten mehr oder weniger hingenommen werden. Darum ein EU-Referendum!

d) Strukturen vertikaler Gewaltenteilung: Föderalismus und (werdender) Regionalismus sowie die Kommunen

Ist die „horizontale" Gewaltenteilung dank der Klassikertexte von *J. Locke* und *Montesquieu* bis hin zu den „Federalist Papers" der USA und Art. 16 Erklärung der Menschen- und Bürgerrechte von 1789 eines der zentralen Prinzipien der nationalen Verfassungsstaaten, während es auf der EU- und EG-Ebene noch viel „Entwicklungsbedarf" gibt[61], so verdient die *„vertikale"* Gewaltenteilung als deren Fortentwicklung eine gesonderte Betrachtung sub specie „Gemeineuropäisches Verfassungsrecht". Im Dienste der Verhinderung von Machtmissbrauch stehend, bildet sie im Kern schon jetzt ein Prinzip des GV, sei es in der Ausformung als Föderalismus, als Regionalismus oder als kommunale Selbstverwaltung. Die einzelnen Verfassungsstaaten in Europa sind bereits entweder Bundesstaaten wie die Schweiz, Österreich, Deutschland und Belgien (seit 1993) oder sie sind in unterschiedlicher Intensität in Regionen gegliedert (im Bild einer Skala vom noch recht zentralistischen Frankreich über Italien bis zu Spanien, einer „Vorform" des Föderalismus). Bewertet man den Regionalismus als „kleinen", aber eigenwüchsigen „Bruder" des Föderalismus, so darf er durchaus als „werdendes Strukturprinzip und europarechtspolitische Maxime" zugleich eingeordnet werden[62]. M.a.W.: Der „Europa-Bürger" ist durch das Europa der Regionen bzw. Gliedstaaten abgesichert, und eben dies

mansegg, Wie tragfähig sind Europas Fundamente? Legitimität bleibt für die europäische Union auf absehbare Zeit ein knappes Gut, FAZ vom 17. Februar 1995, S. 13: „Das Parlament kann nicht repräsentieren, was es nicht gibt: das Volk der Europäer. Was es nicht abbilden will, ist nicht abbildbar, weil es nicht existiert: eine europäische politische Öffentlichkeit...".

60 Eindringlich zuletzt *J. P. Müller*, Demokratische Gerechtigkeit, 1993, S. 20 ff.

61 Vgl. aus der Lit.: *W. Bernhardt*, Verfassungsprinzipien – Verfassungsgerichtsfunktionen – Verfassungsprozessrecht im EWG-Vertrag, 1987, bes. S. 95 ff.

62 Vgl. meinen gleichnamigen Beitrag in: AöR 118 (1993), S. 1 ff.; s. auch Ossenbühl (Hrsg.), Föderalismus und Regionalismus in Europa, 1990; *H.-J. Blanke*, Föderalismus und Integrationsgewalt, 1991; *M. Morass*, Regionale Interessen auf dem Weg in die Europäische Union, 1994; *A. Weber*, Die Bedeutung der Regionen für die Verfassungsstruktur der Europäischen Union, in: Ipsen u.a. (Hrsg.), Verfassungsrecht im Wandel, 1995, S. 681 ff.; *W. Berg*, Verwaltung in einem Europa der Regionen, Liber Amicorum P. Häberle, 2004, S. 417 ff.

bildet ein Stück Gemeineuropäischen Verfassungsrechts. Viele kleine Mosaiksteine belegen dies: neben den grenzüberschreitenden Regionen, z.B. der „Arge Alp", der „Regio Basiliensis", der „Euregio Egrensis"[63], die zunehmende Zahl von nationalen Verfassungs-Artikeln, die sich für den europäischen Regionalismus aussprechen[64] (z.B. Art. 60 Abs. 2 Verf. Saarland, Art. 54 Abs. 1 Verf. Bern), mag der „Ausschuss der Regionen" (Art. 263 EGV) noch schwach sein sowie die vielfältigen Strukturen und Aktivitäten auf der gesamteuropäischen Ebene (von der Gemeinschafts-Charta der Regionalisierung des EP von 1988 bis zu den Versammlungen der Regionen Europas). Zum GV gehört auch der allgemeine Rechtsgedanke, der sich fortschreitend in der „Bundestreue", „Gemeinschaftstreue", „Regionen-" und „Unionstreue" manifestiert[65].

Ähnlich, aber schon effektiver fortgeschritten ist die *kommunale Selbstverwaltung* ein Schlussstein im Gewölbe der vertikalen Gewaltenteilung als GV. Um hier mit der transnationalen Ebene zu beginnen: Bekannt sind die Pionierleistungen der Charta der kommunalen Selbstverwaltung (1985)[66]; vorausgegangen war der Klassikertext von *A. Gasser* („Gemeindefreiheit als Rettung Europas", 1947). Zuletzt wuchs das kommunale Wahlrecht für EU-Bürger hinzu. Innerverfassungsstaatliche Stichworte lauten: „droit municipal" in Frankreich und Belgien im 18. Jahrhundert, des Freiherrn vom Steins Preußische Städtereform von 1808, gipfelnd im großen Klassikertext der Paulskirchenverfassung – obgleich Entwurf! – (Art. XI § 184: „Jede Gemeinde hat als Grundrechte ihrer Verfassung...")[67]. Wohl alle Verfassungs-

63 Dazu etwa *B. Speiser*, Der grenzüberschreitende Regionalismus am Beispiel der oberrheinischen Kooperation, 1993; *B. Seelbinder*, Probleme und Perspektiven der grenzüberschreitenden Zusammenarbeit am Beispiel der EUREGIO EGRENSIS, in: Streinz (Hrsg.), 50 Jahre Europarat: Der Beitrag des Europarates zum Regionalismus, 2001, S. 39 ff.

64 Zum Ganzen der von Streinz hrsg. Bayreuther Sammelband „50 Jahre Europarat: Der Beitrag des Europarates zum Regionalismus", 2001; *G. Winkler*, Der Europarat…, 2005; *M. Wittinger*, Der Europarat, 2005; siehe zum Themenkomplex auch *M. Kotzur*, Grenznachbarschaftliche Zusammenarbeit in Europa, 2004.

65 Teilaspekte aus belgischer Sicht bei *A. Alen / P. Peeters / W. Pas*, „Bundestreue" im belgischen Verfassungsrecht, JöR 42 (1994), S. 439 ff.

66 Dazu aus der Lit.: Knemeyer (Hrsg.), Die europäische Charta der kommunalen Selbstverwaltung, 1989; ders. (Hrsg.), Europa der Regionen und Europa der Kommunen, 1994; *H.-E. Folz*, Kommunale Selbstverwaltung und Europäische Einigung, FS Hahn, 1997, S. 611 ff.; *K. Stern*, Europäische Union und kommunale Selbstverwaltung, FS Friauf, 1996, S. 75 ff. – Gerade die kommunale Selbstverwaltung ist Ausdruck des europäischen Demokratieprinzips.

67 Aus der Lit.: *D. Thürer*, Bund und Gemeinden, 1986; *R. Hendler*, Selbstverwaltung als Ordnungsprinzip, 1984; *J. Oebbecke*, Selbstverwaltung..., VVDStRL 62 (2003), S. 366 ff.

staaten (West)Europas haben eine ausgebaute kommunale Selbstverwaltung, Osteuropa ringt darum. So vollendet sich die europäische Bürgerfreiheit als Freiheit „vor Ort“, im „Kleinen“. Das „Europa der Bürger“, das Postulat der „Bürgernähe“ (vgl. Art. 1 Abs. 2 EUV) sind insoweit gemeineuropäisches Verfassungsrecht.

e) Verfahren für nationale Verfassungsreformen und dauernde „Europa-offenheit“ bzw. „-fähigkeit“ aller Verfassungsstaaten

Als letztes praktisches Beispielsfeld für Bestand und Entwicklung von GV seien die Verfahren der Verfassungsreform behandelt. Hier gibt es auf der nationalen Ebene eine Skala von der stärksten Fortschreibung der verfassungsstaatlichen Verfassung via Total- und Partialrevision über den Verfassungswandel durch Interpretation bis hin zum verfassungsrichterlichen Sondervotum als „feiner“ Interpretationsalternative – all dies sind Stufen der differenzierten Verarbeitung des *Zeitfaktors*. Die nationalen Verfassungsordnungen bieten hier viele Unterschiede im Prozessualen, aber auch in der Frage etwaiger materieller Grenzen (Stichwort: Ewigkeitsklauseln[68]). Entscheidend ist nur, *dass* es bestimmte Verfahren gibt zur Fortschreibung der Verfassung „im Laufe der Zeit“ – gemäß dem Verständnis von Verfassung als öffentlichem Prozess. „Verfassungsreform“ ist insofern ein dem Typus Verfassungsstaat *immanentes* Prinzip. Jede Verfassungskultur muss dem Zeitfaktor Einlass bieten[69]. Einzuhalten sind auch die an die Verfassunggebung zu stellenden Mindestbedingungen, z.B. die Billigung der Verfassung durch das Volk i.S. des berühmten Klassikertextes aus dem Frankreich von 1792: „Qu'il ne peut y avoir de Constitution que celle qui est acceptée par le peuple“. *J. A. Frowein* hat an ihn im Kontext der deutschen Einigung, freilich auch er ohne Erfolg, erinnert[70]. Das Vorhandensein eines Kanons von Verfahren der Verfassungsreform gehört m.E. zu dem Ensemble von Prinzipien des GV. Und doch besteht hier ein *Defizit*: Die europäischen Verfassungsprinzipien auf EU-, EG- und Europaratsebene entbehren noch der direkten demokratischen Legitimation. Das kann uns jedoch nicht davon abhalten, sie in die „Werkstatt“ des GV zu integrieren. Zunächst reicht die indirekte Legitimation aus. Art. N bzw. 48 Abs. 2 des EUV gibt dem Europäischen Parlament bei Änderungen des Unionsvertrages immerhin ein Anhörungsrecht. Auf längere Sicht ist aber eine

68 Dazu mein Beitrag: Verfassungsrechtliche Ewigkeitsklauseln als verfassungsstaatliche Identitätsgarantien (1986), jetzt in: Rechtsvergleichung im Kraftfeld des Verfassungsstaates, 1992, S. 597 ff.; *K.-E. Hain*, Die Grundsätze des GG, 1999. – Aus der Schweizer Lit.: *J. P. Müller*, Materiale Schranken der Verfassungsrevision?, FS Haug, 1986, S. 195 ff.

69 Zum verfassungstheoretischen Hintergrund mein Beitrag: Zeit und Verfassungskultur, in: Rechtsvergleichung, aaO., S. 627 ff.

70 Deutschlands Verfassungslage, VVDStRL 49 (1990), S. 197 (Diskussion).

Weiterentwicklung des Revisionsverfahrens der EU „im Geiste" der – öffentlichen – verfassungsstaatlichen Verfahren unverzichtbar.

Wie aber steht es um die „*Europafähigkeit*" bzw. „*-offenheit*" selbst? Sie bildet heute m.E. ein konstituierendes Element aller Verfassungsstaaten in Europa: sei es ausdrücklich geschrieben (etwa in Form von Art. 23 GG oder Art. 7 Abs. 5 Verf. Portugal), sei es ungeschrieben – wie derzeit noch in der Schweiz auf der Bundesebene, wo indes der praktische Verfassungsrang der EMRK einen wesentlichen Aspekt der Europaoffenheit geschaffen hat. Die Reformstaaten *Ost*europas wären gut beraten, ihre Europaoffenheit ausdrücklich in ihren Verfassungstexten zu dokumentieren, da hier die europäische Rechtskultur noch „nachwachsen" muss[71]. Auch ohne geschriebenes nationales Europaverfassungsrecht sind alle Verfassungsstaaten in Europa „Objekt" und „Subjekt" der heutigen inneren und äußeren Europäisierungsvorgänge. „Europa" ist dem Verfassungsstaat buchstäblich immanent (geworden). Mag es hier auch immer wieder Renationalisierungstendenzen geben: in der Essenz kann kein nationaler Verfassunggeber heute die europäische Dimension einer Nation mehr negieren. Insofern lässt sich mit *I. Pernice*[72] sagen, die Mitgliedstaaten der EU seien als Teil eines „Verfassungsverbunds" nicht mehr die „Herren" ihrer eigenen Verfassungen. Die nationale Identität ist heute *auch* europäisch definiert. M.a.W.: Europa gehört zu den „Realien" aller nationalen Verfassunggebung in diesem Europa – und zugleich zu ihren „Idealen". Die „überstaatliche Bedingtheit" des modernen Verfassungsstaates (*W. von Simson*)[73], in Gestalt von Öffnungsklauseln nach Art von Art. 24 GG textstufenhaft greifbar, ist in Europa als spezifisch *europäisch* bedingte zu lesen.

4. Ausblick: Das offene Europa

Die wissenschaftliche Erarbeitung von Gemeineuropäischem Verfassungsrecht, im Falle des Gelingens auch ein Stück „Juristenrecht" – und in der Juristenausbildung praktisch zu beginnen, ist kein Versuch der Abschottung des nur in seiner Offenheit lebenden Europas von der übrigen Welt und sie meint keinen neuen „Eurozentrismus". Im Gegenteil. Das Gemeineuropäische Verfassungsrecht baut Brücken zu anderen Regionen (zumal wenn Osteuropa integriert ist): etwa dank Spanien zu Südamerika und den sich dort entwickelnden Verfassungsstaaten und es kann aus

71 Zu Polen meine Denkschrift, abgedruckt in: Die Verwaltung 28 (1995), S. 249 ff.

72 *I. Pernice*, Der europäische Verfassungsverbund auf dem Weg der Konsolidierung, JöR 48 (2000), S. 205 ff.; krit. *M. Jestaedt*, Der Europäische Verfassungsverbund..., GS Blomeyer, 2004, S. 637 ff.

73 Allgemein dazu *W. von Simson / J. Schwarze*, Europäische Integration und Grundgesetz, 1992; *P. Häberle / J. Schwarze / W. Graf Vitzthum*, Die überstaatliche Bedingtheit des Staates, EuR Beiheft 1, 1993.

der Familie der europäischen Verfassungsstaatlichkeit Modellelemente schaffen: etwa für ein „gemein (oder pan-) *amerikanisches* Verfassungsrecht, die AMRK ist ein Anfang, auch der neue Wirtschaftsraum USA, Kanada und Mexiko (NAFTA); vielleicht wachsen eines Tages auch Elemente eines „gemein*asiatischen* Verfassungsrechts heran, etwa in Südostasien (ebenso dringlich wäre der Brückenschlag zur islamischen Rechtswelt)[74]. Nur ein in „weltbürgerlicher" Absicht entworfenes Gemeineuropäisches Verfassungsrecht fügt sich als regionales Projekt dem Menschheitsaspekt der Charta der UN, ihrer allgemeinen Menschenrechtserklärung von 1945 bzw. 1948 und den Menschenrechtspakten von 1966 ein. Die Friedensaufgabe, im Europa der OSZE von heute dringender denn je, kann auch durch das Gemeineuropäische Verfassungsrecht (z.B. in Sachen „Amsterdam" und „Post-Nizza") ein Stück weiter in der als offen zu denkenden Zukunft erfüllt werden. Das Ziel, so zu einem gemeineuropäischen Wertgewinn beizutragen, bedeutet keine Überschätzung der eben doch begrenzten Möglichkeiten des Verfassungsjuristen, aber es lebt wie all unsere Tätigkeit sowohl vom „Prinzip Hoffnung" (*E. Bloch*) als auch vom „Prinzip Verantwortung" (*H. Jonas*). Die gemeineuropäische Bürgergesellschaft ist ein Ideal, an dem wir uns zu bewähren haben: Warum sollte gemeineuropäisch-kulturell nicht gelingen, was in vielen Jahrhunderten in großen Stunden von 1689, 1776, 1787, 1789, 1848 und 1945 folgende je national geglückt ist: die (Weiter)Entwicklung des *Typus „Verfassungsstaat"*[75]?

Im Blick auf den „homo europaeus" hat der polnische Schriftsteller *Andrzej Szczypiorski* am Tag der deutschen Einheit am 3. Oktober 1994 in Bremen gesagt[76]: „Welche Erleichterung, Europa wird sein!... Es gibt kein Europa ohne die Gotik von Krakau und Prag, ohne Dresdner Zwinger, ohne die Brücken von Budapest und ohne Leipzig, das früher Hauptstadt des europäischen Buches war." Daran und an solche Persönlichkeiten, die wie ein *Romain Rolland* oder *Albert Schweitzer* das „Gewissen Europas" sind und europäische Geisteshaltung praktizieren, müssen wir uns gerade heute erinnern, um ein „Europa der Bürger" zu konstituieren.

74 Dazu m.w.N. mein Beitrag: Der Fundamentalismus als Herausforderung des Verfassungsstaates: rechts- bzw. kulturwissenschaftlich betrachtet, Liber amicorum Josef Esser, 1995, S. 49 ff. bes. S. 68 ff. – Ermutigend *J. Hanimann*, Der Islam ist vielstimmig, FAZ vom 16. Juni 2001, S. 44. Der „Karikaturenstreit" (2005) und die Regensburger Rede des Papstes Benedict XVI (2006) entmutigen. Aus der Lit.: *M. Kloepfer*, Der Islam in Deutschland als Verfassungsfrage, DÖV 2006, S. 45 ff.

75 Alle nationale Rechtsgeschichtsschreibung muss sich dabei „europäisieren". Aus der Lit. etwa: Schulze (Hrsg.), Europäische Rechts- und Verfassungsgeschichte, 1991; *H. Hattenhauer*, Europäische Rechtsgeschichte, 1992 (4. Aufl. 2004). – Wichtig wird aber, auch Gemeinsamkeiten und Unterschiede zwischen der europäischen und amerikanischen Rechtskultur zu erarbeiten, dazu etwa Zimmermann (Hrsg.), Amerikanische Rechtskultur und europäisches Privatrecht, 1995.

76 Zit. nach FAZ vom 4. Oktober 1994, S. 6.

Einem Europäer der ersten Stunde, *Jean Monnet*, wird die gegen Ende seines Lebens gewonnene Einsicht zugeschrieben, er würde, hätte er sein Werk noch einmal zu tun, mit der *Kultur* beginnen. Nehmen wir dies als Aufruf, einen *kulturellen* und das heißt auch rechtskulturellen Begriff von Europa zu erarbeiten – das GV könnte ein Vehikel dafür sein, die in früheren Jahrhunderten geführte Europadebatte von *Novalis* (1799) bis *J. von Görres* (1821), *von Mazzini* (1829), *R. Borchardt* (1917) bis *E. R. Curtius* (1947) kraftvoll zu erneuern[77]. Das *ideelle* Europa, seine vertikale Dimension ist letztlich auch die inspirierende „Quelle" für alles gemeineuropäische Verfassungsrecht[78].

II. Beispielsfelder („Anknüpfungen") im Verfassungsvertrag 2004

Dieser Teil kann und muss knapp sein. Zum einen, weil die Beispielsfelder des heute geltenden Rechts schon in den Theorierahmen eingefügt worden sind, zum anderen, weil das Schicksal des VE 2004 bis heute ungeklärt ist. Namhafte Politiker in Europa wollen in der Zukunft teils den ganzen Vertrag wiederbeleben, teils den Entwurf in seiner „Substanz" erhalten. Bald sprechen sie von einem „Mini-Vertrag" oder sie möchten nur Teile, etwa die Grundrechte-Charta und die Regelung der Institutionen, in Kraft setzen. Darum geht es im Folgenden eher um Stichworte denn um eine handbuchartige Bearbeitung.

1. Allgemeines

Der Text von 2004 ist nicht „vom Himmel gefallen". Er baut in substantiellen Elementen auf den Römischen Verträgen, auf „Maastricht", „Amsterdam" und „Nizza", aber auch auf der EMRK von 1950 und sogar der ESC von 1961 auf. Bezieht man die einschlägig gewordene Judikatur der europäischen Verfassungsgerichte, auch der nationalen, mit ein, so lässt sich sagen, dass das konstitutionelle Regelwerk von

77 Vgl. Lützeler (Hrsg.), Europa, Analysen der Romantiker, 1. Aufl. 1982; ders. (Hrsg.), Hoffnung Europa, Deutsche Essays von Novalis bis Enzensberger, 1994; *R. Borchardt*, Gedanken über den europäischen Begriff, 1917; *E. R. Curtius*, Europäische Literatur und lateinisches Mittelalter (1947), 11. Aufl. 1993. Weitere Lit. bei *M. Fuhrmann*, Alexander von Roes: ein Wegbereiter des Europagedankens?, 1994; Akademie der Wissenschaften und der Literatur Mainz (Hrsg.), Europa – Idee, Geschichte, Realität, 1996; Behringer (Hrsg.), Europa…, 1998.

78 Es bedarf immer wieder der „Vergegenwärtigung" Europas, etwa in Gestalt wechselnder „Kulturhauptstädte" (wie 1998: Weimar, 2010: Essen) oder gemeineuropäischer Feste (noch 1832 nahmen in Hambach neben den deutschen auch polnische und französische Studenten teil!).

2004 auf dem rechtskulturellen Wurzelgrund des älteren nach und nach aufgeschichteten Normenkomplexes gewachsen und aus wertendem Verfassungsvergleich hervorgegangen ist, nicht zuletzt dank der „Konvents-Methode". So gleicht der Text von 2004 im Rückblick in Vielem der sog. „Nachführung", die 1999 zur neuen Bundesverfassung der Schweiz geführt hat. Sehr viel ist gegenüber dem Status Quo an neuem Gemeineuropäischen Verfassungsrecht im Jahr 2004 nicht entstanden, doch finden sich da und dort Ansatzpunkte für künftiges, „werdendes" GV (in statu nascendi).

Damit sind wichtige Stichworte gefallen: Der Text von 2004 kann in vielen Feldern als Bekräftigung von Themen des bisherigen GV „gelesen" werden. Er zeichnet sich vor Allem in der Grundrechte-Charta durch geschriebene textliche Verweisungsklauseln auf GV aus. Er ist aber auch dort ernst zu nehmen, wo er *Grenzen* für die Entstehung von GV zieht. Dies geschieht vor Allem in den Klauseln zum Schutz der „nationalen Identität" der Mitgliedsstaaten bzw. der Garantie der „Vielfalt". Letzteres findet sich etwa in der Präambel Teil II sowie in den Artikeln I–3 Abs. 2. Aber auch die fragwürdige alleinige Festlegung auf die repräsentative Demokratie (Art. I–46) ist angesichts der vielen nationalen Varianten in Sachen Elemente direkter Demokratie *kein* GV. So sehr der Verweis auf das gemeinsame „kulturelle Erbe" Europas verbindet (z.B. Art. III–280 Abs. 1), so sehr ist die Garantie der „nationalen Identität" bzw. „nationalen und regionalen Vielfalt" (Art. III–280 Abs. 1) negativ eine strikt einzuhaltende Grenze für GV („Negativliste").

2. Die Präambel sowie Teil I als Reservoir für Gemeineuropäisches Verfassungsrecht

Vor allem die überaus dicht und konzentriert, sprachlich bürgernah und feierlich gearbeitete Präambel[79] enthält geradezu ein „Reservoir" von Grundsätzen des GV, etwa in dem Verweis auf das „kulturell, religiöse und humanistische Erbe Europas", auf die „unverletzlichen und unveräußerlichen Rechte des Menschen" sowie auf „Freiheit, Demokratie, Gleichheit und Rechtsstaatlichkeit" als „universelle Werte". Das Motto „in Vielfalt geeint" ist im Element der Einheit eine Grundlage für GV, im Element der Vielfalt aber eine Grenze im oben genannten Sinne. Wenn schließlich von Verantwortung gegenüber den künftigen Generationen die Rede ist, so ist dieser Passus ein Vehikel für die Entwicklung von gemeineuropäischen Umweltverfassungsrecht („in nuce").

Auch im Teil I finden sich viele Bezugnahmen auf GV, vor allem in Art. I–2 und 3, wo die „Werte" und „Ziele" umschrieben sind. Das reicht von den Menschenrechten

[79] Zu Präambeln verfassungstheoretisch: *P. Häberle*, Europäische Verfassungslehre, aaO., (Fn. 2), S. 274 ff.

über „Pluralismus", „Toleranz" und „Gerechtigkeit" bis zur „nachhaltigen Entwicklung" („diese Werte sind ... gemein"). Die Formel von der „kulturellen und sprachlichen Vielfalt" zieht freilich Grenzen für alle Einebnungen vom GV her. „Schutz und Weiterentwicklung des kulturellen Erbes Europas" hingegen (Art. I–3 Abs. 3) sind „Humus" für das Werden von GV. Besonders ergiebig ist Art. I–9, denn hier ist in Bezug auf die EMRK ausdrücklich u.a. von „Grundsätzen" die Rede, wird von „gemeinsamen Verfassungsüberlieferungen der Mitgliedsstaaten" bzw. „allgemeinen Grundsätzen" („Teil des Unionsrechts") gesprochen. Diese Klausel ist nichts anderes als eine positivrechtliche Gestalt des GV. Die Bekräftigung des Grundsatzes der Subsidiarität (Art. I–11, s. auch Art. II–111) bildet demgegenüber eine Barriere für GV. Der Grundsatz selbst freilich ist ein Stück GV.

3. Die EU-Grundrechte-Charta als Gestalt gewordenes Gemeineuropäisches Verfassungsrecht

Die Themenfelder, Normenkomplexe und Grundsätze in Teil II (EU-Grundrechte-Charta von Nizza)[80] liefern die vielleicht besten Anknüpfungspunkte für GV im Entwurf von 2004. Dies ist kein Wunder, denn der EU-Grundrechte-Konvent hat für „Nizza methodisch/praktisch so gearbeitet, wie dies in den Theorierahmen des GV passt. Der überaus umsichtige, behutsame Grundrechtsvergleich aus der Trias schon vorhandener Texte, von Gerichtspraxis und wissenschaftlichen Theorien hat die Konventsmitglieder so inspiriert, dass „nachführend" teils rezipiert, teils Neues geschaffen wurde. In der Präambel kehren viele der Prinzipien wieder, die im ersten Teil dieses Handbuchbeitrags dargestellt worden sind: die Erbes-Klausel, der Werte-Aspekt, die Würde des Menschen (s. auch Art. II–61), Freiheit und Gleichheit, „Grundsätze der Demokratie und Rechtsstaatlichkeit", auch das Subsidiaritätsprinzip und die „gemeinsamen Verfassungstraditionen". Wenn auf die EMRK und die ESC, aber auch auf den EuGH, den EGMR und sogar die Gerichte der Mitgliedsstaaten verwiesen wird, so sind damit einerseits die Materialien genannt, aus denen GV entsteht, andererseits die „Akteure", die GV arbeitsteilig schaffen. Wohl alle „Freiheiten" (Art. II–66 bis 79) enthalten Hinweise auf GV. Etwas anderes dürfte für den Titel III „Gleichheit" gelten. Dessen Artikel stoßen z.T. in Neuland vor (etwa in Sachen „Rechte des Kindes": Art. II–84) und können heute wohl erst Indizien für werdendes GV liefern („embryonales GV"). Dasselbe gilt für einzelne Aussagen in Titel IV („Solidarität"). Auch in Titel V („Bürgerrechte") dürfte noch nicht alles positives GV sein. So ist z.B. das neuartige „Recht auf eine gute Verwaltung" (Art. II–101) wohl erst auf dem Weg Gemeineuropäisches Verfassungsrecht zu werden. Anderes gilt für Titel VI („Justizielle Rechte"). Hier sind durchweg Standards festgeschrieben, „positiviert", die schon heute in allen Ländern Europas

80 Aus der Lit.: Meyer (Hrsg.), Kommentar zur Grundrechte-Charta der EU, 2. Aufl. 2006.

und damit in ganz Europa GV par excellence sind. Das reicht von der Unschuldsvermutung über die Verhältnismäßigkeit bis zu „ne bis in idem“ und das Recht auf Rechtsschutz „innerhalb angemessener Frist“.

Ein besonderes Wort verdienen die „Allgemeinen Bestimmungen“ nach Titel VII. Eine Theorie des GV kann hier reiche Anhaltspunkte finden: im Grundsatz der Subsidiarität (Art. II–111 Abs. 1), in der Wesensgehaltsklausel (Art. II–112 Abs. 1), im Grundsatz der Verhältnismäßigkeit und des Gemeinwohls (ebd.). Art. II–112 Abs. 3 schafft eine Art spezielle *„Gemeineuropäisches-Verfassungsrecht-Klausel“*. Ähnliches gilt für Abs. 4 (ebd.): Verweis auf die „gemeinsamen Verfassungsüberlieferungen“. Im Übrigen sind die Gemeinwohlklauseln[81] (z.B. Art. I–26 Abs. 1, Art. I–31 Abs. 3, Art. I–50 Abs. 3, Art. II–112 Abs. 1) Hinweise auf die Existenz eines „europäischen Gemeinwohls“ als einem Stück GV.

4. Sonstige Anknüpfungspunkte für Gemeineuropäisches Verfassungsrecht

Zuletzt sei ein „Korb“ geöffnet, in dem Elemente für werdendes, wachsendes, „embryonales“ oder sogar schon vorhandenes GV erkennbar werden, auch für Grenzen der Entstehung dieser kulturellen Rechtsgehalte. Positiv fündig wird man in Art. III–233 und 234 in Sachen *„Umwelt“*, etwa dort, wo die Grundsätze der „Vorsorge und Vorbeugung“ oder das „Verursacherprinzip“ aufgelistet sind.[82] Denn diese Grundsätze sind wohl heute schon allen Nationen und übernationalen Rechtsordnungen „gemein“. Aus (Verfassungs-)Gesetzgebung, Rechtsprechung und wissenschaftlicher Literatur erarbeitet, ist das Umweltverfassungsrecht heute ein integrierender Bestandteil des europäischen Verfassungsraums.

Das Themenfeld *„Kultur“* (Art. III–280) hat in Sachen Gemeineuropäisches Verfassungsrecht zwei Seiten. Zum Einen ist der Verweis auf das „gemeinsame kulturelle Erbe“ ein Verweis auch auf das „rechtskulturelle“ Erbe und damit eine Basis für vorhandenes und künfig werdendes GV; zum Anderen ist der Verweis auf „nationale und regionale Vielfalt der Kulturen des Mitgliedsstaaten“ (s. auch Art. III–82) gerade eine *Grenze* für die Entwicklung von Gemeineuropäischem Verfassungsrecht. „Vielfalt der Kulturen“ meint eben auch Vielfalt von *Rechts*kulturen. So darf bei aller Freude über die Entdeckung bzw. Entwicklung von GV nicht vergessen werden, dass die „nationale Identität“ auch Identität in Sachen nationaler *Rechts*kultur meint (s. auch die Grenzen, die Art. III–282 Abs. 1 zu Gunsten der Verantwor-

81 Zum Problem: *P. Häberle,* Öffentliches Interesse als juristisches Problem, 2. Aufl. 2006, S. 77 ff. – Aus der Lit. zuletzt: *M. Anderheiden*, Gemeinwohl in Republik und Union, 2006.

82 Dazu jetzt *A. Glaser*, Nachhaltige Entwicklung und Demokratie, 2006; *R. Wiederkehr*, Fairness als Verfassungsgrundsatz, 2006, S. 91 ff.

tung der Mitgliedsstaaten für die Bildungssysteme und die Vielfalt ihrer Kulturen und Sprachen zieht). Entsprechendes gilt für das europäische Religionsverfassungsrecht und seine vielen nationalen Varianten (vgl. Art. I–52). Auch der weitgehende Tierschutz (Art. III–121) lässt sich kaum europaweit verallgemeinern. In ähnlicher Weise sind die nationalen Sozialsysteme (Art. I–48) nicht auf eine gemeineuropäische Linie zu bringen.

Das Wirtschaftsverfassungsrecht der EU[83] ist mit den Elementen „offene Marktwirtschaft mit freiem Wettbewerb" (Art. III–177, 178) gewiss schon GV. Vor allem die vielzitierten „Marktfreiheiten" gehören hierher.

Dieser zweite Teil ist m.E. auch dann nicht überflüssig, wenn der Verfassungstext von 2004 „endgültig" in den Jahren 2007 oder 2008 scheitern sollte. Texte der Artikel des Verfassungsvertragswerks von 2004 können „verschwiegen", „platonisch" weiterwirken, sie können „nachwirken", auch als bloße Entwürfe. Einmal in der Welt, können sie im Verfassungsraum Europa auf eine Weise doch überleben. Das Textstufenparadigma und der stets auch Entwürfe einbeziehende Verfassungsvergleich konnte dies aus der Geschichte schon vielfach belegen. Mag dieser kleine Beitrag wie alle wissenschaftliche Literatur „vergehen": Die Rechtstexte „bleiben", auf untergründige Weise, selbst dann, wenn sie nie „positives" Verfassungsrecht im Europa der EU geworden sind.

Grundlegende und vertiefende Literatur

Bogdandy, Armin von (Hrsg.):
Europäisches Verfassungsrecht. Theoretische und dogmatische Grundzüge, Berlin u.a. 2003.

Häberle, Peter:
Europa in kulturverfassungsrechtlicher Perspektive, JöR 32 (1983), S. 9 ff.

ders.:
Europäische Rechtskultur. Versuch einer Annäherung in zwölf Schritten, Frankfurt a.M. 1994.

ders.:
Verfassungslehre als Kulturwissenschaft, 2. Aufl., Berlin 1998.

83 Aus der Lit.: *S. Griller / M. Holoubek*, Europäisches und öffentliches Wirtschaftsrecht I, 2006.

ders.:
Europäische Verfassungslehre, 6. Aufl., Baden-Baden 2009.

ders.:
Gemeineuropäisches Verfassungsrecht, EuGRZ 1991, S. 261 ff.

Oppermann, Thomas:
Europarecht. Ein Studienbuch, 3. Aufl., München 2005.

Pernice, Ingolf:
Das Verhältnis europäischer zu nationalen Gerichten im europäischen Verfassungsverbund, Berlin 2006.

Schuppert, Gunnar Folke / Pernice, Ingolf / Haltern, Ulrich (Hrsg.):
Europawissenschaft, Baden-Baden 2005.

Schwarze, Jürgen:
Europäisches Verwaltungsrecht. Entstehung und Entwicklung im Rahmen der Europäischen Gemeinschaft, 2 Bde., 2. Aufl., Baden-Baden 2005.

Tsatsos, Dimitris Th.:
Zu einer gemeinsamen europäischen Parteienrechtskultur?, DÖV 1988, S. 1 ff.

Peter Häberle

E. Die europäische Verfassung: Wandel von der Markt- zur Werteordnung?

I. Vorfragen

Die Themenstellung impliziert mehrere (im Ganzen vier) *Vorfragen*: zum einen, was unter „Wandel" zu verstehen ist. Ob es nicht besser „Entwicklung" heißen sollte; zum anderen, ob die bisher geltenden Verträge der EU das Prädikat einer „europäischen Verfassung" in Anspruch nehmen dürfen. Sodann: Wann kann, soll, muss in Bezug auf eine Verfassung von „Werten" gesprochen werden. Und schließlich: Was ist der „Markt"?

1. „*Wandel*" ist ein geläufiger Begriff der (deutschen) Staatsrechtslehre, vor allem seit *G. Jellinek* zwischen „Verfassungsänderung" und „Verfassungswandlung" unterschieden hat (1906). Jene ist Textänderung, diese Änderung des Verfassungsinhalts ohne formale Textänderung. Der Verfasser hat schon vor Jahrzehnten gegen den Begriff „Verfassungswandel" polemisiert[1]. M.E. geht es jeweils nur um Verfassungs*interpretation*, ein selbstständiger Begriff. „Verfassungswandel" ist fragwürdig. Vor allem aber macht das 1989 vorgeschlagene Textstufenparadigma[2], in dessen Rahmen sich Verfassungen entwickeln, den Begriff „Wandel" überflüssig. Ungeschriebene und geschriebene Änderungen im konstitutionellen Leben des Verfassungsstaates und seines Rechts sollten nur unter den Begriff „Entwicklung" gebracht werden[3]. Zu erinnern ist auch an *H.P. Ipsens* „Wandelverfassung".

Das Textstufenparadigma besagt, dass „im Laufe der Zeit" im selben oder benachbarten Verfassungsstaat oft das auf Verfassungs*texte* gebracht wird, was sich in der Verfassungs*wirklichkeit* dort und hier entwickelt hat. Diese These lässt sich

1 In den Aufsätzen: Verfassungstheorie ohne Naturrecht, AöR 99 (1974), S. 437 ff. und Zeit und Verfassung, ZfP 21 (1974), S. 111 ff.; aus der Lit.: *A. Voßkuhle*, Gibt es und wozu nützt eine Lehre vom Verfassungswandel, in: Der Staat 43 (2004), S. 450 ff.; Glaeßner / Reutter / Jeffery (Hrsg.), Verfassungspolitik und Verfassungswandel. Deutschland und Großbritannien im Vergleich, 2001.

2 Vgl. meinen Beitrag: Textstufen als Entwicklungswege des Verfassungsstaates, in FS Partsch 1989, S. 555 ff.

3 Aus der Lit.: *B.-O. Bryde*, Verfassungsentwicklung, 1982.

an einer Fülle von Beispielen belegen[4], besonders in der Schweiz auf Bundes- wie Kantonsebene. Auf dem Hintergrund des Paradigmas „von der offenen Gesellschaft der Verfassungsinterpreten" (1975), die auf Europa ausgedehnt werden kann und wurde[5], sind an den Entwicklungsvorgängen *viele* formell und informell beteiligt: Als sog. „Akteure" figurieren die Mitgliedsstaaten (samt ihrer Parlamente), seien sie nun noch sog. „Herren der Verträge" oder nicht, die europäischen Verfassungsgerichte EuGH und EGMR, die nationalen Verfassungsgerichte, die Wissenschaft und nicht zuletzt die europäische Öffentlichkeit sowie die Bürger. Der Übergang vom Verfahren der Regierungskonferenzen („intergouvernemental") zur „Konventsmethode", ein Stück Demokratisierung, markiert eine neue Entwicklungsphase der europäischen Verfassung(gebung). Die Wissenschaft kann gewisse Begleitdienste leisten: im Aufbau von „Europawissenschaften", wie sie der Verfasser 2002 in der FS Druey[6] gefordert und für den Unterricht in Budapest aufgegliedert hat und wie sie sich in dem Sammelband von *G. F. Schuppert* spiegeln, aber sie darf sich in ihren Möglichkeiten nicht überschätzen.

2. Die zweite Frage ist ebenso bekannt wie umstritten. Kann schon jetzt von einer „Europäischen Verfassung" gesprochen werden? M.E.: Ja. Der Begriff „Verfassung" ist heute nicht mehr für den Nationalstaat reserviert. Er hat längst das Völkerrecht erreicht (schon seit *Verdross*' Buch über „Die Verfassung der Völkergemeinschaft" von 1926 ist vielstimmig von einer „Konstitutionalisierung" des Völkerrechts die Rede[7]). Das Europa der EU ist „verfasst" im anspruchvollen Sinne des Wortes. Es ist nicht nur „verfassungsfähig", es lebt auch schon (s)eine Verfassung. Dabei sei mit einem „gemischten" Verfassungsverständnis gearbeitet, das klassische und neuere Einsichten bündelt: Verfassung als „Anregung und Schranke" (*R. Smend*, 1928), als „Norm und Aufgabe" (*U. Scheuner*, 1962), als „Beschränkung von Macht und Konstituierung eines freiheitlichen Lebensprozesses" (*H. Ehmke*, 1957) und „Ver-

4 Dazu sei verwiesen auf *P. Häberle*, Theorieelemente eines allgemeinen juristischen Rezeptionsmodells, JZ 1992, S. 1033 ff.

5 Dazu *P. Häberle*, Europäische Verfassungslehre, 6. Aufl. 2009, S. 268 ff.

6 Versuch einer Begegnung Deutschland – Ungarn im Kontext Europas, FS Druey 2002, S. 115 ff.; Schuppert / Pernice / Haltern (Hrsg.), Europawissenschaft, 2005.

7 Aus der Lit.: *J. A. Frowein*, in: Dicke u.a. (Hrsg.), Völkerrecht und internationales Privatrecht in einem sich globalisierenden internationalen System, 2000, S. 427 ff.; *ders.*, Konstitutionalisierung des Völkerrechts, BDGVR 39 (2000), S. 427 ff.; *B.-O. Bryde*, Konstitutionalisierung des Völkerrechts und Internationalisierung des Verfassungsrechts, Der Staat 42 (2003), S. 61 ff.; *J. Klabbers*, Constitutionalism Life, in: International Organizations Law Review 1 (2004), S. 31 ff.; *A. Peters*, Global Constitutionalism in a Nutshell, in: FS J. Delbrück, 2005, S. 535 ff.; jüngst *S. Kadelbach / Th. Kleinlein*, Überstaatliches Verfassungsrecht: Zur Konstitutionalisierung im Völkerrecht, in: AVR 44 (2006), S. 235 ff. mit umfassenden Nachweisen aus dem kaum mehr zu überblickenden Schrifttum.

fassung als öffentlicher Prozess“ und als Kultur (*P. Häberle*, 1969/82). Im Einzelnen lässt sich nachweisen, dass alle Theorien und Funktionen von Verfassungen in den Texten der EU/EG ihre Bestätigung finden. Die Anregungs- und Schrankenfunktion kommt den Grundwerteklauseln zu, die Schrankenfunktion den Grundrechten, gesichert durch den EuGH und die EU. Die „Beschränkung von Macht“ ist in Gestalt der Gewaltenteilungselemente, die Idee von öffentlichen Prozessen in den Formen vieler Publizitäts- und Transparenzgarantien (z.B. Art. 200, 222 Abs. 2, 248 Abs. 2 EGV, Art. I–50 Abs. 2 VE (2004)) erkennbar. Das Konzept von der Verfassung als „Kultur“[8] schließlich findet ihre „Beweisstücke“ nicht nur in ausdrücklichen Kultur-Artikeln (wie Art. 149, 151 EGV, Art. III–280 VE 2004), sondern auch im Ganzen: besonders in den Präambeln (dazu später).

Vergegenwärtigt man sich die einzelnen Inhalte der (Verfassungs-)Texte von EU/EG (auch VE 2004), etwa die Prinzipien der Grundrechte und des Rechtsstaates, der Sozial-, Kultur- und Umwelt-Verfassung, der Demokratie und Gewaltenteilung, der Gerichtsbarkeit, dem Parteien-Artikel (Art. 191 EGV), so lässt sich unterstreichen, dass den europäischen Verträgen von Rom über Maastricht und Nizza bis hin zum in Teilen „vorwirkenden“ Vertrag von Thessaloniki bzw. Brüssel und Rom (2004) *Verfassungs*charakter zugesprochen werden darf, ja muss.

3. Ist die europäische Verfassung eine „*Werteordnung*“? Diese dritte Vorfrage ist vorweg zu bejahen. Und wird sich später in der Detailarbeit klären. Nur erinnert sei daran, dass es in Deutschland in den 60er Jahren und verdeckt bis heute einen Streit um das „Wertesystem“ gab bzw. gibt. Namen stehen für die Sache – *E. Forsthoff*, z.T. anknüpfend an *C. Schmitt*[9]. Das Wertedenken ist prominent geworden in der sog. Grundwertedebatte[10], und die ganze Kontroverse ist eigentlich schon dadurch erledigt, dass viele geschriebene Verfassungen der heutigen Entwicklungsstufe des Verfassungsstaates selbstverständlich von „Werten“ sprechen, auch die europäische Verfassung[11] (z.B. Art. 11 Abs. 1 EUV; VE 2004: Präambel Abs. 1, Art. I–1 Abs. 2,

8 Dazu *P. Häberle* z.B. in: JöR 49 (2001), S. 125 ff.; *P. Häberle*, Verfassungslehre als Kulturwissenschaft, 1982, 2. Aufl. 1998.

9 *C. Schmitt*, Die Tyrannei der Werte, in: Säkularisation und Utopie, Ebracher Studien, 1967, S. 37 ff.; *E. Forsthoff*, Die Umbildung des Verfassungsgesetzes, in: FS C. Schmitt, 1959, S. 35 ff.; dazu *A. Hollerbach*, Auflösung der rechtsstaatlichen Verfassung?, AöR 85 (1960), S. 241 ff.

10 Dazu der Band von Gorschenek (Hrsg.), Grundwerte in Staat und Gesellschaft, 1977.

11 Vgl. aus der Lit.: Blumenwitz u.a. (Hrsg.), Die europäische Union als Wertegemeinschaft, 2005; *M. Kotzur*, Die Ziele der Union: Verfassungsidentität und Gemeinschaftsidee, DÖV 2005, S. 313 (317): „Die Werte- und Verantwortungsgemeinschaft“. Aus der weiteren Lit.: *J. Meyer*, Die EU ist auch eine Wertegemeinschaft, ZRP 2000, S. 114 ff.; *F. Urlesberger*, Die „europäischen Werte“ und ihr Schutz durch die EU, JRP 2002, S. 193 ff.; *F. Reimer*, Wertegemeinschaft durch Wertenormierung, ZG 2003, S. 208 ff.;

Art. I–2, Art. I–3 Abs. 1, Art. I–58 Abs. 1; II Präambel Abs. 1). Ausländischen Staatsrechtslehrern lässt sich kaum begreiflich machen, warum es in Deutschland diesen Streit um „Werte“ gab. Das BVerfG scheut sich nicht, das „Wertedenken“ zu praktizieren[12]. Speziell in Deutschland ist das GG ein Stück „Zivilreligion“. Zu recht wird von „Verfassungspatriotismus“ gesprochen.

So darf vorweg gesagt werden, dass die europäische Verfassung als solche eine „Werteordnung“ sein kann und nachweisbar schon ist, auch wenn eine ausdrückliche „Grundwerte-Charta“ fehlt: allenthalben finden sich Werteaussagen (besonders in den Präambeln, auch in der Grundrechtecharta von Nizza). Die EU ist nicht nur als „Grundrechtsgemeinschaft“ Wertegemeinschaft. Es gibt einen europäischen Kanon von Werten wie Menschenwürde, Menschenrechte, Rechtsstaat und Demokratie, Umweltschutz und Marktfreiheit mit je nationalen Varianten, und man sollte sich dabei nicht irre machen lassen angesichts des Europäischen Binnenmarktes und des EURO. Das verfasste Europa ist *auch* ein Markt, geht aber darin nicht auf. Es ist eine Wertegemeinschaft par excellence.

4. Die vierte Vorfrage lautet: Was ist ein „Markt“, ist Europa ein „Markt“? Markt ist in den Begriffen „offene Marktwirtschaft mit freiem Wettbewerb“ (Art. 98, 105 Abs. 2 EGV sowie Art. III–177 Abs. 1 VE 2004, auch III–178, 185 Abs. 1 ebd.), in Gestalt der sog. Marktfreiheiten und im „Gemeinsamen Markt“ und Binnenmarkt Europas (Art. 2, 3 Abs. 1 lit. c EGV) sehr präsent. Diese Normen sind ernst zu nehmen, auch von dem, der wie der Verfasser die EU *primär* als „Wertegemeinschaft“ versteht. Der Markt ist auf eine Weise zwar ein „unbekanntes Wesen“, doch ist er kein Selbstzweck, er hat nur instrumentale Bedeutung, der „homo oeconomicus“ ist nur ein Teilaspekt der conditio humana. Der Markt ist ein Forum für Werte „Marktfreiheiten“ (nicht nur die Geistes-Freiheiten) sind Ausdruck von Wertentscheidungen, zumal dort, wo sie der Würde des Menschen dienen, bei ihrer Begrenzung sind wertende Abwägungsprozesse unumgänglich. Die Römischen Verträge (1957) waren gewiss primär eine „Marktordnung“ zuerst Wirtschaftsverfassungsrecht. Die

C. Calliess, Europa als Wertegemeinschaft, JZ 2004, S. 1033 ff.; Joas / Wiegandt (Hrsg.), Die kulturellen Werte Europas, 2005. Von „politischer Wertegemeinschaft“ mit Blick auf Europa spricht auch *P. Kirchhof*, Der Staat – eine Erneuerungsaufgabe, Herder Spektrum Bd. 555, 2005.

12 Vgl. zuletzt etwa BVerfGE 114, 339 (348): „wertsetzender Gehalt“ (sc. der Grundrechte). – E 111, 147 (158): „Wertgehalt des Grundgesetzes“. – E 108, 282 (334): „grundgesetzliche Wertordnung“, „Wertsystem des Grundgesetzes“. – S. auch E 102, 370 (389): Menschenwürde als „oberster Grundwert“, Verpflichtung zum „Schutz der Grundwerte der Verfassung“. Zur älteren Judikatur: *H. D. Jarass*, Grundrechte als Wertentscheidungen bzw. objektivrechtliche Prinzipien in der Rechtsprechung des BVerfG, AöR 110 (1985), S. 363 ff. Monographisch aufbereitet ist das Thema jetzt auch bei *Th. Henne* / *A. Riedlinger*, Das Lüth-Urteil aus (rechts-)historischer Sicht, 2005.

EU von heute ist ein aliud. Die EU lebt von ihrer *kulturellen* Identität.[13] „Einen Binnenmarkt kann man nicht lieben“ (*J. Delors*).

Nach der Erörterung dieser vier Vorfragen kann der Hauptteil beginnen:

II. Die Einzelanalyse konstitutioneller Normensembles in der EU als „Werteordnung”

Das „Gemeineuropäische Verfassungsrecht“ ist in seinen essentiellen Bestandteilen eine Werteordnung (s. den eigenen Beitrag des Verfassers in diesem Handbuch).

1. Aussagen der Präambeln und Grundlagenartikel

Die Präambeln der Texte zur EU als „Verfassungsgemeinschaft” sind für die nach „Werten” suchende Einzelanalyse besonders ergiebig[14]. Das überrascht nicht, denn sie folgen dem Musterbild der nationalen Verfassungspräambeln: sie verarbeiten die Zeit im Sinne eines Blicks zurück (Geschichte) und nach vorn (Zukunftsgestaltung), sie bilden ein „Konzentrat” der folgenden Artikel-Serie und sie wollen in bürgernaher, feierlicher Sprache gearbeitet sein, um die Adressaten für ihre Wertewelt bzw. Integrationsziele zu gewinnen. Wer die sehr deutschen „Berührungsängste” gegenüber verfassungsrechtlichem Wertedenken hat, kann mit dem sich in Präambeln abbildenden Mikrokosmos von Werten nicht zurecht kommen. Einige Beispielstexte müssen genügen. In Art. 11 Abs. 2 EUV (erster Spiegelstrich) ist ausdrücklich zuvörderst als Ziel „die Wahrung der gemeinsamen Werte” genannt. Sie sind „einstimmend” in der Präambel zur Sprache gebracht, z.B. Bekenntnis „zu den Grundsätzen der Freiheit, der Demokratie und der Achtung der Menschenrechte und der Rechtsstaatlichkeit und Grundfreiheiten” sowie „Achtung ihrer (sc. der Völker) Geschichte, Kultur und ihrer Traditionen”. Die Berufung auf die „Identität Europas” (Präambel, s. auch Art. 2 Abs. 1 EUV) und vor allem der an Werte-Aussagen reiche Grundlagen-Artikel 6 EUV gehören ebenso in diesen Werte-Kontext. Gleiches gilt für die Bekenntnis- und Willensklauseln in der Präambel des EGV (z.B. „Zugang zur Bildung”, „möglichst hoher Wissensstand ihrer Völker”). Der Grundsätze-Teil

13 Für einen Überblick etwa *Th. v. Danwitz*, Die Kultur in der Verfassungsordnung der Europäischen Union, NJW 2005, S. 529 ff.; *M. Kotzur*, Kultur, Forschung und Technologie, in: Schulze / Zuleeg (Hrsg.), Europarecht. Handbuch für die deutsche Rechtspraxis, 2006, § 38, S. 1651 ff.

14 *A.-Ch. Kulow*, Inhalte und Funktionen der Präambel des EG-Vertrages, 1997; *R. Streinz*, in: ders. (Hrsg.), EUV / EGV, 2003, Präambel EUV, Rn. 1 und Literaturüberblick sowie Präambel EGV, Rn. 1 und Literaturüberblick.

des EGV, insbesondere Art. 2 bis 4, normiert ein Füllhorn von Werten (vgl. nur die „Entfaltung des Kulturlebens" oder die „Grundsätze einer offenen Marktwirtschaft mit freiem Wettbewerb").

Als noch ergiebiger erweist sich der VE 2004: schon in der Präambel („Rechte des Menschen" sowie „Freiheit, Demokratie, Gleichheit und Rechtsstaatlichkeit als universelle Werte"). Art. I–2 spricht ausdrücklich von „Werten der Union". Die Aussage, dass diese Werte allen Mitgliedsstaaten „gemeinsam" sind, ist ein Hinweis auf Gemeineuropäisches Verfassungsrecht. Auch Art. I–3 Abs. 1 VE 2004 spricht im grundlegenden Ziele-Artikel von den „Werten". Konsequent abgerundet sind diese Zielvorgaben durch Art. I–58 Abs. 1, wonach die Union allen europäischen Staaten offensteht, „die die in Art. I–2 genannten Werte achten und sich verpflichten, ihnen gemeinsam Geltung zu verschaffen".

Auch die Präambel der EU-Grundrechte-Charta (VE 2004: Teil II) ist von einer parallelen Wertphilosophie geprägt („universelle Werte der Würde des Menschen ..." etc.).

Diese grundlegende Wertephilosophie in konstitutionellen Texten des VE 2004 kommt nicht von ungefähr. Es erstaunt, wie intensiv und selbstverständlich viele der vorausgegangenen Verfassungsentwürfe Werteklauseln enthalten[15]. Der Verfassungsentwurf *Badinter* (2002) spricht in der Präambel von „constitution fondée sur nos valeurs communes". Der an den Konvent gerichtete Verfassungsvorschlag von *J. Leinen* (2002) spricht in der Präambel ebenfalls von „gemeinsamen Werten", der Vorentwurf von *Giscard d'Estaing* (2002)[16] meinte in Art. 1 eine Union, „die allen europäischen Staaten, die die gleichen Werte teilen ... offen steht". In Art. 2 werden ausdrücklich als „Werte der Union" postuliert: „Menschenwürde, Grundrechte, Demokratie, Rechtsstaat, Toleranz, Einhaltung der eingegangenen Verpflichtungen und des Völkerrechts". Als letztes „Beweisstück" für die fundierende Wertephilosophie der im Vorfeld zum VE 2004 erarbeiteten Verfassungstexte sei der Entwurf von *Giscard d'Estaing* (2003) genannt. In der Präambel werden die im Laufe der Jahrhunderte entwickelten „Werte" aufgeführt, „die den Humanismus begründen: Gleichheit der Menschen, Freiheit, Geltung der Vernunft". Art. I–1 Abs. 2 öffnet die Union allen europäischen Staaten, „die ihre Werte achten und sich verpflichten, ihnen gemeinsam Geltung zu verschaffen". Und in Art. I–2 werden „die Werte der Union" aufgezählt (zusätzlich sind etwa Pluralismus, Gleichheit, Solidarität und Nichtdiskriminierung genannt).

15 Zit. nach meiner Dokumentation in JöR 52 (2004), S. 515 ff.

16 S. auch Präambel VE *Paciotti* von 2002, ebd.

Inkurs: Der Streit um einen Gottesbezug

Gottes-Klauseln von nationalen Verfassungen sind die vielleicht intensivste und höchste Form von Werte-Artikeln. Sie haben eine große Tradition und eröffnen sogar noch heute manche neue einzelstaatliche Verfassung: etwa die nBV Schweiz von 1999 und die Verfassung der Republik Südafrika (1996). Auch das deutsche GG von 1949 wagt zwar keine „invocatio dei", aber doch einen Gottesbezug („in Verantwortung vor Gott"). Ähnliche Klauseln finden sich auch früher oder später in manchen deutschen Landesverfassungen (z.B. Rheinland-Pfalz von 1947, Sachsen-Anhalt von 1992) oder in Schweizer Kantonsverfassungen (z.B. KV Bern von 1992).

Die konstitutionellen Texte der sich zur Verfassungsgemeinschaft der EU entwickelnden Verträge von Rom (1957) über Maastricht, Amsterdam und Nizza haben keine Gottesbezüge. Immer wieder hatten christliche Parteien in Europa und auch Papst Johannes Paul II. solche gefordert. Indes verweigerte sich zuletzt auch der VE 2004 einem Gottesbezug, vor allem auf Wunsch Frankreichs bzw. seines Staatspräsidenten *J. Chirac*. Ein „Präambel-Gott" widerspricht der französischen Tradition der Trennung von Staat und Kirche bzw. des „Laizismus"[17].

Polen hat indes in seiner Verfassung von 1997 eindrucksvoll vorgeführt, wie es gelingen kann, auch in der Verfassung einer weltlichen Gesellschaft einen Gottesbezug vorweg zu schicken. Es hat eine glückliche Alternativ-Klausel geschaffen. Sie lautet: „... sowohl diejenigen, die an Gott als die Quelle der Wahrheit, Gerechtigkeit, des Guten und des Schönen glauben, als auch diejenigen, die diesen Glauben nicht teilen, sondern diese universellen Werte aus anderen Quellen ableiten ...".

Wie schon oft in der Literatur und auch vom Verfasser gefordert[18], sollte das polnische Beispiel für eine Europäische Verfassung „Schule" machen. Mit dieser Klausel können auch andere Religionen wie die Juden und der Islam, ja sogar Atheisten leben. Der christliche Gott ist nicht i.S. eines „christlichen Europas" festgeschrieben. Doch wäre mit einer Gottes-Klausel ein Wertekanon zum Ausdruck gebracht, der sich im Dekalog bzw. einem „Weltethos" (*H. Küng*) abbildet. Dieser „Merkposten" darf in einer Bearbeitung des Themas „Die europäische Verfassung als Werteordnung" m.E. nicht fehlen, wenngleich sie hier nur als „Inkurs" gewagt ist. Verfas-

17 Zum Themenkreis *J. Geerlings*, Der Fortgang des Europäischen Verfassungsprozesses, Recht und Politik, 2006, S. 23 ff.; *N. K. Riedel*, Gott in der Europäischen Verfassung?, EuR 2005, S. 676 ff.; *G. Roellecke*, Die Entkoppelung von Recht und Religion, JZ 2004, S. 105 ff.; *J. H. H. Weiler*, Ein christliches Europa, 2004; *H.-G. Franzke*, Frankreich, seine Laizität und Europa, ZRP 2003, S. 357 ff.; *R.-O. Schwemer*, Der Gottesbezug in Verfassungspräambeln, Recht und Politik, 1996, S. 7 ff.

18 Europäische Verfassungslehre, a.a.O., S. 618.

sunggebung hat nicht nur historisch (Lykurgos, Empedokles!) eine theologische Dimension.

2. Grundrechtstexte als Werteklauseln, auch die marktbezogenen in Inhalten und Grenzen

Grundrechte als „Wertesystem" zu begreifen, einzelne ihrer Dimensionen als „wertentscheidende Grundsatznormen" zu verstehen – das ist ein verfassungstheoretischer Ansatz, der in Deutschland mit den Namen von *J. Wintrich* und *G. Dürig* sowie mit dem BVerfG verknüpft ist. In der Pionierzeit nach dem Inkrafttreten des GG entstanden, d.h. seit und in den 50er Jahren ist dieser Ansatz zwar gelegentlich kritisiert worden[19], doch bleibt er bis heute das Fundament aller Grundrechtstheorien, erklärtermaßen oder unausgesprochen[20]. Zwar gibt es mannigfache Verfeinerungen und andere Namen bzw. Begriffe, etwa die Lehre vom „Doppelcharakter" der Grundrechte (objektivrechtlich-institutionell und individualrechtliche Seite) oder fruchtbar die Schutzpflichten-Doktrin des BVerfG, auch ist es zu großen Kontroversen gekommen, etwa in der Frage, ob und inwieweit die Menschenwürde „absolut" gilt, d.h. schlechthin abwägungsresistent ist (Stichwort: Folterverbot)[21]. Indes kann ernsthaft bezweifelt werden, dass die Grundrechtsgarantien „wertsetzende Bedeutung" haben und dass ihre Grenzen durch Werteabwägungen erschlossen werden müssen, dass vor allem die Freiheit ein „Wert" ist: ein „Grundwert" im anspruchsvollen Sinn des Wortes.

Im *Europäischen Verfassungsrecht* gilt nichts anderes. Wenn die Präambeln von „Grundsätzen der Freiheit", vom „Raum der Freiheit, der Sicherheit und des Rechts" sprechen, wenn eine Vielzahl von Marktfreiheiten garantiert werden (z.B. VE 2004: Art. I–4) und die Gleichheit bzw. das Diskriminierungsverbot immer intensiver gefordert wird (vgl. Art. 12

und 13 EGV), dann ist damit eine „europäische Werteordnung" konstituiert, an der auch der beliebte innerdeutsche Theorienstreit nichts ändern kann. So entsteht „europäische Identität"[22] aus der Wertegemeinschaft in Sachen Grundrechte. Der

19 Vgl. etwa *H. Goerlich* ,Wertordnung und Grundgesetz, 1973.

20 Vgl. etwa *U. Di Fabio*, Grundrechte als Wertordnung, JZ 2004, S. 1 ff. mit zahlreichen Nachweisen.

21 Dazu mein Beitrag: Die Menschenwürde als Grundlage der staatlichen Gemeinschaft, in: HdbStR II, 3. Aufl. 2004, § 22; dort auch zu *G. Dürig* (Rn. 38).

22 Dazu die Staatsrechtslehrerreferate von *A. v. Bogdandy* und *S. Korioth*, Europäische und nationale Identität: Integration durch Verfassungsrecht, VVDStRL 62 (2003), S. 156 ff. bzw. 117 ff.; vorher schon *W. Graf Vitzthum*, Die Identität Europas, EuR 2002, S. 1 ff.; jüngst etwa *K. O. Nass*, Legitimität und Identität der Europäischen Union, DVBl. 2006, S. 1197 ff.

VE 2004 und die ihm vorausgehenden Verfassungs*entwürfe* lassen den Wertecharakter der Grundrechte, wie gezeigt, noch deutlicher zu Tage treten. Ob man letztlich auf naturrechtliche Quellen und Kontexte oder die Wertephilosophie zurückgreift: heute haben, wie im deutschen GG und in anderen nationalen Verfassungen (vgl. etwa Verfassung der Republik Polen: Präambel: „allgemeine menschliche Werte"; Art. 1 Abs. 1 Verfassung des Königreichs Spanien: „oberste Werte seiner Rechtsordnung"; Präambel Verfassung Tschechiens 1992/2002: „im Geiste der unantastbaren Werte der Menschenwürde und Freiheit"), das Ganze und einzelne der europäischen Grundrechtsordnungen konstitutionellen Selbststand, der mit „Werteordnung" zutreffend umschrieben werden darf. Das gilt besonders für die EMRK und ihrer weitgreifenden „Ausstrahlung"[23].

3. Sonstige wertorientierte Klauseln

Überblickt man das Ganze der europäischen schon heute geltenden Verfassungstexte, aber auch die „bloßen" Entwürfe, so wird man vielerorts fündig. Überall dort, wo die nationale und regionale Vielfalt Europas (vgl. Art. 151 EGV), aber auch dessen Identität beschworen wird (vgl. nur Art. 2 EUV), wo feste Ziele vorgegeben werden (vgl. etwa Art. 2, 6, 7 EUV), wo das „europäische Gemeinwohl" ins Spiel kommt (vgl. nur Art. 213 Abs. 2 EGV) und die Kultur als Vielfalt und Gemeinsamkeit ernst genommen wird, kommt ein Wertedenken zum Ausdruck. Auch die vielfach berufene Solidarität (z.B. Art. I–2 VE 2004) ist ein „Wert", verstanden als Einstehen für ein gemeinsames Ziel bzw. die Hilfe für den einzelnen Mitgliedsstaat und die Unionsbürger. Gleiches gilt für die Subsidiarität (z.B. Art. 5 EGV). Diese Werte bedürfen der meist arbeitsteiligen Umsetzung durch viele Akteure, sie müssen letztlich vor allem verwirklicht werden (man denke an den Umweltschutz, vgl. Art. 174 bis 176 EGV), sonst bleiben sie bloßer Text, wie die sie in Gestalt bringenden Verfassungsnormen zum bloßen Programm verkümmerten.

Ein besonders werthaltiger Normenkomplex sei eigens erwähnt: Art. I–8 VE 2004: „Symbole", Flaggen, Hymnen, Motti und Feiertage sind Werteklauseln par excellence. Das gilt nicht nur innerverfassungsstaatlich[24], es gilt ganz besonders auf der europäischen Ebene. Man darf zwischen „harten" Integrationsfaktoren (wie dem Euro) und eher „weichen", wie diesen Symbolen unterscheiden. Gerade ein so langsam und doch höchst erfolgreich in Wachstumsschüben konstitutionell „werdendes" Gemeinwesen wie das Europa der EU bedarf solcher Integrationsfaktoren. Sie wirken ebenso sanft wie nachhaltig: im Zeichen bestimmter Symbole. Das Werteden-

23 In diesem Sinne *Ch. Walter*, Die EMRK als Konstitutionalisierungsprozeß, ZaöRV 59 (1999), S. 961 ff.

24 Dazu *P. Häberle*, Feiertagsgarantien als kulturelles Identitätselement des Verfassungsstaates, 1987, sowie *ders.*, Der Sonntag als Verfassungsprinzip, 2. Aufl. 2006, S. 107 ff.

ken ist für die Erfassung der europäischen Integrationsvorgänge unverzichtbar. Das Kraftfeld, auf dem und in dem sie wirken, ist die *europäische Öffentlichkeit*[25]. Hier wirken auch die politischen Parteien als „Faktor der Integration“ im Blick auf das „europäische Bewusstsein“ (Art. 191 EGV; Art. I–46 Abs. 4 VE 2004: „europäisches politisches Bewusstsein“). Das *„europäische Bewußtsein“ ist ein Werte-Bewußtsein*![26] Die kraft ihres Wertebezugs vielleicht am intensivsten integrierende Artikel-Gruppe bilden die Grundrechte (vgl. Art. 6 EUV). Der Katalog der EU-Grundrechte-Charta ist in seiner wertsetzenden Bedeutung schon jetzt als solcher spürbar, er entfaltet z.T. schon heute vorwirkende Kraft in der Wissenschaft in ganz Europa. Darum wird hier auch für seine vorgezogene Inkraftsetzung als „Teilverfassung“ geworben. Die Unionsbürgerschaft (Art. 17 bis 22 EGV) ist schon heute *das* „einigende Band“ in der EU.

III. Ausblick

Handbuch-Artikel können nur punktuell arbeiten, sie sind fast immer fragmentarisch, im Kontext des Ganzen, aber auch je für sich. Das Entstehen von Handbuch-Literatur – nach dem Entstehen von *Kommentar*literatur, vor allem aber auch guten *Monographien* mit der Chance „Pionierliteratur“ zu sein – könnte auf einen Reifeprozess deuten: jedenfalls können länderübergreifende Handbuch-Artikel zur „Reifung“ der Europäischen Verfassung beitragen, so knapp sie sein müssen und so begrenzt sie sind – trotz oder gerade wegen der „Vielstimmigkeit” der Autoren. Nur mit diesem bescheidenen Anspruch tritt dieser konkrete Handbuch-Artikel an.

Grundlegende und vertiefende Literatur

Bryde, Brun-Otto:
Verfassungsentwickung. Stabilität und Dynamik im Verfassungsrecht der Bundesrepublik Deutschland, Baden-Baden 1982.

[25] Zu ihr mein Beitrag: Gibt es eine europäische Öffentlichkeit?, FS Hangartner, 1998, S. 1007 ff.

[26] Bewußtseinsbildend wirken wiederum auch – und hier schließt sich der Kreis – die Präambeltexte von EUV, EGV und Verfassungsentwurf, vgl. *H. Heit*, Europäische Identitätspolitik in der EU-Verfassungspräambel, ARSP 90 (2004), S. 461 ff.

Grote, Rainer / Marauhn, Thilo (Hrsg.):
EMRK / GG Konkordanz-Kommentar zum europäischen und deutschen Grundrechtsschutz, Tübingen 2006.

Häberle, Peter:
Gibt es eine europäische Öffentlichkeit?, in: B. Ehrenzeller / P. Mastronardi / R. Schaffhauser / R. J. Schweizer / K. A. Vallender (Hrsg.), Der Verfassungsstaat vor neuen Herausforderungen. FS für Yvo Hangartner, St. Gallen 1998, S. 1007 ff.

ders.:
Textstufen als Entwicklungswege des Verfassungsstaates, in: J. Jekewitz / K. H. Klein / J.-D. Kühne (Hrsg.), Des Menschen Recht zwischen Freiheit und Verantwortung. FS für Karl Josef Partsch, Berlin 1989, S. 555 ff.

ders.:
Theorieelemente eines allgemeinen juristischen Rezeptionsmodells, JZ 1992, S. 1033 ff.

Joas, Hans / Wiegandt, Klaus (Hrsg.):
Die kulturellen Werte Europas, 2. Aufl., Frankfurt a.M. 2005.

Kotzur, Markus:
Die Ziele der Union: Verfassungsidentität und Gemeinschaftsidee, DÖV 2005, S. 313 ff.

Rengeling, Hans-Werner / Szczekalla, Peter:
Grundrechte in der Europäischen Union. Charta der Grundrechte als allgemeine Rechtsgrundsätze, München 2004.

3. Teil: Die Quellen des Verfassungsrechts der Europäischen Union

Inhalt

Roland Bieber

A. Die positiven Rechtsquellen

I. Vorbemerkung

Im geltenden Recht der Europäischen Union existiert kein Text mit der amtlichen Bezeichnung „Verfassung". Die Beschränkung der Aussage auf das geltende Recht erinnert an den am 29. Oktober 2004 von den Staats- und Regierungschefs der Europäischen Union unterzeichneten „Vertrag über die Verfassung für Europa".[1]

Wäre dieser Vertrag, wie ursprünglich geplant, am 1. November 2006 in Kraft getreten,[2] so würde er die zentrale Quelle des Verfassungsrechts der Europäischen Union bilden. Er übernahm große Teile des Vertrags über die Europäische Union vom 7. Februar 1993[3] (nachfolgend EUV) und des Vertrags zur Gründung der Europäischen Gemeinschaft vom 25. März 1957[4] (nachfolgend EGV) und ersetzte beide Verträge.[5] Dieser Umstand legt es nahe, jene Verträge als das bereits geltende Verfassungsrecht der Europäischen Union zu deuten. Tatsächlich bezeichnete der Europäische Gerichtshof (EuGH) im Jahr 1986 den EGV als die „Verfassungsurkunde" der Gemeinschaft.[6] Solange der EGV die im Wesentlichen einzige und faktisch umfassende Grundlage der durch die Verträge von 1951/57 errichteten Europäischen Gemeinschaften bildete, war es möglich, ohne Unterscheidung zwischen formeller und materieller Verfassungdiesen als „Verfassung" der Gemeinschaft zu bezeichnen.[7] Die seither eingetretenen Entwicklungen erfordern jedoch Differenzierungen.

Insbesondere der EUV aus dem Jahr 1992 bezeichnet wesentliche Komponenten der EU mit Verfassungsqualität, die aus dem EGV übernommen oder hinzugefügt wur-

1 ABl. EU Nr. C 310/2004, S. 1.

2 Art. IV–447 des Vertrags über eine Verfassung für Europa.

3 ABl. EU Nr. C 191/1992, S. 1.

4 Bundesgesetzblatt II Nr. 23 v. 19.8.1957, S. 57. Eine konsolidierte Fassung des EGV mit den jüngsten Änderungen ist abgedruckt bei Ehlermann / Bieber (Hrsg.), Handbuch des Europäischen Rechts, Loseblattsammlung, Baden-Baden 2007.

5 Art. IV–438 des Vertrags über eine Verfassung für Europa.

6 EuGH, Rs. 295/84 („Les Verts" ./. Europäisches Parlament), Slg. 1986, S. 1339 Rn. 23.

7 Dazu näher *J. Schwarze* in Schwarze / Bieber (Hrsg.), Eine Verfassung für Europa, Baden-Baden 1984, S. 24.

den (z.B. Art. 6, 49 EUV). Neben diesen beiden Verträgen bestehen weitere unselbständige und selbständige Verträge mit denen einzelne Grundlagen der Union näher bestimmt werden. So sind z.B. dem EUV und dem EGV zahlreiche Protokolle beigefügt, die im Rang der Verträge stehen.

Eigenständige Bedeutung neben EGV und EUV entfalten u.a. der Vertrag von Amsterdam vom 2. Oktober 1997[8] sowie der Beitrittsvertrag mit Bulgarien und Rumänien vom 25. April 2005[9]. Der Vertrag von Lissabon v. 13. Dezember 2007 überträgt den wesentlichen Inhalt der Verfassung v. 29.Oktober 2004 in die geltenden Verträge.[10] Allerdings ersetzt er diese nicht, so dass weiterhin mehrere Grundlagentexte für die Union bestehen werden. Auch verzichtet er auf die Verwendung des Begriffs „Verfassung".

Daher können die eigentlich verfassungsrechtlichen Merkmale des Rechts der Europäischen Union weiterhin nur mit Hilfe einer inhaltlichen Analyse dieses Normengemenges aus Gründungsverträgen, ihrer nachfolgenden Änderungen und Ergänzungen sowie der Praxis der EU-Institutionen und der Mitgliedstaaten gewonnen werden.[11]

Für ein derartiges – auch im Verfassungsrecht einzelner Staaten nicht unbekanntes – Vorgehen eignet sich die Kategorie des materiellen Verfassungsrechts. Diese Kategorie qualifiziert Normen anhand ihrer Funktion innerhalb der jeweiligen Rechtsordnung.

II. Begriff des Verfassungsrechts der Europäischen Union

Als Verfassungsrecht im materiellen Sinne bezeichnen wir jene zum Recht der Europäischen Union gehörenden Normen und Prinzipien, in denen die für Existenz, Tätigkeit, Legitimation und Beziehungen zu umgebenden Rechtsordnungen wesentlichen und höchstrangigen Grundlagen der Union artikuliert werden.[12] Dazu zählen wir insbesondere folgende Regelungsgegenstände:

8 ABl. EU Nr. C 340/1997, S. 1.

9 ABl. EU Nr. L 157/2005, S. 203.

10 ABl. EU Nr. C 306/2007, S. 1.

11 So insbesondere *A. Peters*, Elemente einer Theorie der Verfassung Europas, Berlin 2001, S. 56 ff. S. auch *Th. Giegerich,* Europäische Verfassung und deutsche Verfassung im transnationalen Konsolidierungsprozess, Berlin / Heidelberg 2003. Allerdings stellt Giegerich noch zu eng auf den EGV ab (S. 323).

12 Vgl. *Peters*, s.o. Anm. 11.

- Werte und Ziele der Union (dazu unter IV. 1)
- Regeln über das Verhältnis von Einzelnen zu den Organisationen und ihren Institutionen (dazu unten, IV. 2);
- Bestimmungen über die institutionelle Struktur (Entwicklung, Befugnisse, Inter-Organ-Beziehung, Kontrolle) sowie die Legitimation der von ihnen ausgeübten Hoheitsbefugnisse (dazu unten IV. 3);
- Verhältnis zwischen Union und ihren Mitgliedstaaten (Zuständigkeitsabgrenzung, wechselseitige Rechte und Pflichten, Finanzen, dazu unten IV. 4);
- Struktur der Rechtsordnung (u.a. Normenhierarchie, zeitliche Dauer, Abänderung, gerichtliche Kontrolle, dazu unten IV. 5);
- Außenbeziehungen (dazu unten IV. 6).

III. Formen des Verfassungsrechts der Europäischen Union

Die Rechtsordnung der Europäischen Union geht aus einer Vielzahl von Quellen hervor. Dazu gehören neben den Gründungs-, Änderungs- und Beitrittsverträgen auch Regeln des Völkerrechts, gemeinsame Verfassungsüberlieferungen der Mitgliedstaaten, sowie – ungeschriebene – Strukturprinzipien der Gründungsverträge und allgemeine Rechtsgrundsätze. Soweit die Quellen nicht ausdrücklich in den die EU/EG begründenden Rechtsakten genannt sind, kann der EuGH im Rahmen seiner Aufgabe zur „Wahrung des Rechts“ (Art. 220 EGV = Art.19, Abs. 1 EUV (LV)) ungeschriebene vertragsimmanente[13] oder externe[14] Quellen für die Rechtsordnung der Union erschließen.

IV. Quellen des Verfassungsrechts der Europäischen Union

1. Werte und Ziele

Die Ziele der EU und der EG sind bisher in den Präambeln von EUV und EGV sowie in den Artikeln 1, 2, 11 und 29 EUV sowie 2, 3, 4, 6 EGV bezeichnet. Weitere Ziele benennt der EGV für einzelne Themenbereiche (z.B. Sozialpolitik, Art.136; Handelspolitik, Art. 131). Das Wertesystem der EU wird in Art. 1, 6, 7 und 11 des EUV sowie Art. 12 EGV artikuliert. Die in Art. 6 Abs. 2 EUV bezeichnete Verpflichtung der EU auf den Schutz der Grundrechte erfährt Konkretisierung durch

13 Z.B. Strukturprinzipien wie Vorrang und unmittelbare Wirkung, dazu unten IV.5.

14 Z.B. allgemeine Regeln des Völkergewohnheitsrechts, dazu unten IV.5.

die „gemeinsamen Verfassungsüberlieferungen der Mitgliedstaaten" und durch die „Feierliche Erklärung" über die Grundrechte vom 7. Dezember 2000 („Grundrechtecharta").[15]

Nach der Änderung durch den Vertrag von Lissabon werden die Werte der EU in den Artikeln 2, 3, 6, 9 und 10 EUV (LV) näher ausgeführt.

2. Regeln über das Verhältnis von Einzelnen zu der Organisation und ihren Institutionen

Bereits im Jahr 1963 hat der EuGH aus vereinzelten Bestimmungen des EGV (u.a. über die unmittelbare Wirkung von Rechtshandlungen, Art. 249 EGV) das allgemeine Postulat aufgestellt, dass auch die Einzelnen Rechtssubjekte der Gemeinschaft sind.[16] Eine Zusammenfassung der das Verhältnis zwischen Union und Einzelnen bestimmenden Rechte enthalten Artikel 17 bis 21 EGV.

Nach der Änderung durch den LV unterstreicht Art. 10 EUV die Rolle der Bürger als Träger der Union und übernimmt in Art. 20 bis 25 VAEU die zuvor in Art. 17 bis 21 EGV genannten Rechte.

3. Bestimmungen über die institutionelle Struktur (Errichtung, Befugnisse, Inter-Organ-Beziehungen) sowie die Legitimation der Hoheitsgewalt

Gemäß Art. 3 EUV verfügt die Union über einen „einheitlichen institutionellen Rahmen". Die Einzelheiten dieses „Rahmens" oder „Systems" wurden bisher in Art. 4 und 5 EUV, Art. 7 EGV sowie im Fünften Teil des EGV (Art. 189 bis 267 EGV) näher bezeichnet. Nach dem LV wird die institutionelle Grundstruktur in Art. 13 bis 19 EUV (LV) sowie in Art. 223 bis 287 VAEU festgelegt.

Die Regelungen zur institutionellen Struktur belegen die Vielfalt der Quellen des EU-Vertragsrechts. Als selbständige, jedoch gleichrangige Anhänge wurden den Verträgen mehrere „Protokolle" beigefügt, in denen Einzelheiten von Organisation und Verfahren verschiedener Institutionen festgelegt wurden:

- Satzung des Gerichtshofs (Art. 245 EGV[17]);
- Rolle der einzelstaatlichen Parlamente[18];
- Satzung des Europäischen Systems der Zentralbanken und der Europäischen Zentralbank (Art. 107 EGV[19]);

[15] ABl. EU Nr. C 364/2000, S.1.
[16] EuGH Rs. 26/62 (van Gend en Loos), Slg. 1963, S. 1.
[17] Protokoll Nr. 6 zum EUV.
[18] Protokoll Nr. 9 zum EUV.

- Sitz der Organe (Art. 289 EGV[20]);
- Vorrechte und Befreiungen (Art. 291 EGV[21]).

Entsprechende Protokolle fügt der LV dem EUV und dem VAEU bei.

Weitere Bestimmungen zur Gestaltung des institutionellen Systems sind nach besonderen Verfahren von den Institutionen zu beschließen:

- Wahlrecht zum EP (Art. 190 Abs. 4 EGV = Art. 223, Abs.2 VAEU.)[22] ;
- Regeln über die Aufgaben des Bürgerbeauftragten (Art. 195 Abs. 4 EGV[23] = Art. 228 VAEU);
- Untersuchungsrecht des EP (Art. 193 EGV[24] = Art. 226 VAEU);
- Politische Parteien (Art. 191 EGV[25] = Art. 224 VAEU);
- Statut der Mitglieder des EP (Art. 190 Abs. 5 EGV[26] = Art. 223, Abs.2 VAEU);
- Aufgaben und Statut des Datenschutzbeauftragten (Art. 286 Abs. 2 EGV[27] = Art. 16 Abs. 2 VAEU).

Regeln von materiell verfassungsrechtlicher Bedeutung sind weiterhin in den *Geschäftsordnungen* der Organe[28] sowie in *Inter-Organ-Vereinbarungen*[29] enthalten.

4. Verhältnis EU-Mitgliedstaaten (Zuständigkeitsabgrenzung)

Das Verhältnis zwischen der EU und ihren Mitgliedstaaten wird zwar in seinen Grundzügen von EUV und EGV umrissen, doch mussten wesentliche Fragen durch den EuGH unter Rückgriff auf „allgemeine Strukturprinzipien" der Verträge gelöst werden. Einzelne Fragen erfuhren eine Regelung in einem dem Vertrag beigefügten Protokoll sowie in einem nach einem besonderen Verfahren zu verabschiedenden Rechtsakt des Rates.

19 Protokoll Nr. 18 zum EGV.

20 Protokoll Nr. 8 zum EUV.

21 Protokoll Nr. 36 zum EGV.

22 Akt zur Einführung allgemeiner unmittelbarer Wahlen der Abgeordneten des Europäischen Parlaments v. 20. September 1976, ABl. EU Nr. L 278/1976, S. 5.

23 Beschluss des Europäischen Parlaments v. 9. März 1994, ABl. EU Nr. L 113/1994, S. 15 = Anhang IV zur GO-EP v. Juli 2004, ABl. EU Nr. L 44/2005, S. 1.

24 Beschluss v. EP, Rat und Kommission v. 19. April 1995, ABl. EU Nr. L113/1995, S. 2.

25 VO 2004/2003 v. 4. November 2003, ABl. EU Nr. L 297/2003, S. 1.

26 Beschluss des EP v. 28. September 2005, ABl. EU Nr. L 262/2005, S.1.

27 Beschluss v. EP, Rat und Kommission v. 1. Juli 2002, ABl. EU Nr. L183/2002, S. 1.

28 Dazu näher *R. Bieber*, Das Verfahrensrecht von Verfassungsorganen, Baden-Baden 1992, S. 97 ff.

29 Dazu näher *F. v. Alemann*, Die Handlungsform der interinstitutionellen Vereinbarung, Berlin / Heidelberg 2006, S. 395 ff.

Ausdrücklich geregelt wurden die Verpflichtung der EU zur Wahrung der Identität der Mitgliedstaaten (Art. 6 Abs.3 EUV = Art. 4 Abs.2 EUV(LV)) sowie die Verpflichtung der Mitgliedstaaten auf Verfassungsprinzipien (Freiheit, Demokratie usw., Art. 6 Abs. 1 EUV = Art. 2 EUV(LV)), deren Einhaltung in einem Aufsichtsverfahren durch die EU überwacht und gegebenenfalls mit Sanktionen erzwungen werden kann (Art. 7 EUV).

Die Abgrenzung der EU-Zuständigkeiten erfolgt nach dem in Art. 5 Abs. 1 EGV = Art. 5 Abs.1 EUV(LV) postulierten Prinzip der „begrenzten Handlungsermächtigung". Bei der Wahrnehmung von EG-Zuständigkeiten ist das Prinzip der Subsidiarität zu beachten, das in Art. 5 Abs. 2 EGV = Art.5 Abs.3 EUV(LV) bezeichnet und in einem Protokoll zum EGV/VAEU näher ausgeführt wird. Eine spezielle Abgrenzung erfährt die jeweilige staatliche Eigentumsordnung in Art. 295 EGV = Art. 345 VAEU.

Allgemeine Pflichten der Mitgliedstaaten zur Ausführung des EG-Rechts legt Art. 10 EGV = Art. 4 Abs.2, 3 EUV(LV) fest. Der EuGH hat aus dieser Bestimmung ein Strukturprinzip der Verträge entwickelt, wonach sowohl die Mitgliedstaaten als auch die EU-Institutionen zu wechselseitiger loyaler Zusammenarbeit verpflichtet sind.[30]

Regelungen über die Einnahmen der EG und die Rolle der Mitgliedstaaten bei deren Erhebung enthalten Art. 269 EGV = Art.311 VAEU und der auf dieser Grundlage zu verabschiedende Beschluss über das „System der Eigenmittel"[31].

Weitere spezifische Vorschriften über die Rolle der Mitgliedstaaten in einzelnen Bereichen (Außen-, Sicherheitspolitik) finden sich in den Art. 11 – 28 EUV = Art. 23 bis 46 EUV(LV).

Sonderregelungen für die Beziehungen der Mitgliedstaaten untereinander in den von den Verträgen erfassten Bereichen sind enthalten in Art. 43 ff. EUV = Art. 20 EUV(LV) (verstärkte Zusammenarbeit), 293 EGV (sektorielle Übereinkommen wird nach dem LV aufgehoben) sowie Art. 292 EGV = Art. 344 VAEU (ausschließliche Zuständigkeit des EuGH für Streitigkeiten zwischen den Mitgliedstaaten).

5. Struktur der Rechtsordnung

Ausdrückliche Bestimmungen zur *Rechtspersönlichkeit* im Inneren und zur Völkerrechtssubjektivität enthält bisher nur der EGV in Art. 281 und 282. Dadurch entstanden zunächst Unklarheiten bezüglich der internationalen und internen Rechtssubjektivität der *Union.* Diese erfuhren eine Auflösung durch die Praxis im Sinne

30 EuGH Rs. C-2/88 (Zwartveld), Slg. 1990, S. I–3665.

31 Zuletzt: Beschluss v. 29. September 2000, ABl. EU Nr. L 253/2000, S. 42.

der Anerkennung einer überwölbenden Handlungsfähigkeit der Union, die auf der Grundlage der verschiedenen Verträge ausgeübt wird. Nach dem LV wird eine einzige Rechtspersönlichkeit der Union begründet (Art. 47 EUV(LV)).

Ausdrückliche Regelung erfuhr bisher auch die *interne Differenzierung* der von EGV und EUV geschaffenen Rechtsordnung. Beide Verträge sehen den Erlass von Rechtsakten mit jeweils speziell definierter Rechtswirkung vor (Art. 12, 34 EUV; 249 EGV). Dieses System wird durch den LV vereinheitlicht. Eine weitere Differenzierung im Normensystem durch die Unterscheidung zwischen *Grund-* und *Ausführungsnormen* wurde schon früh vom EuGH als ein Strukturprinzip der Verträge postuliert[32] und kann mittelbar auch aus Art. 202 und 211 EGV entnommen werden. Nach dem Vertrag von Lissabon werden hierzu präzisere Regeln gelten (Art. 290 VAEU).

Keine Bestimmungen enthält das geschriebene Recht derzeit für das *Verhältnis zwischen dem Recht der EG / EU und dem Recht der Mitgliedstaaten.* Der EuGH hat den *Grundsatz des Vorrangs* der Verträge und des auf ihrer Grundlage gesetzten Rechts vor staatlichem Recht als ein allgemeines Strukturprinzip der gemeinschaftlichen Rechtsordnung postuliert[33].

Das Verhältnis der allgemeinen *Regeln des Völkergewohnheitsrechts* zu den EU / EG Verträgen ist ebenfalls nicht ausdrücklich geregelt. Der EuGH hat die verpflichtende Wirkung dieser Bestimmungen im Rahmen der Unionsrechtsordnung hervorgehoben[34].

Auch der Grundsatz der möglichen *unmittelbaren Wirkung* einzelner Vertragsbestimmungen und sonstiger Rechtsakte im innerstaatlichen Recht bildet ein Element des EU-Verfassungsrechts, das bisher nur in der Rechtsprechung artikuliert wird[35].

Für *Änderungen* der Verträge und für den *Beitritt* weiterer Staaten bezeichnen die Verträge spezielle Regelungen in Art. 48 und 49 EUV.

Ausdrücklich geregelt ist weiterhin die *Dauer der EU / EG-Rechtsordnung*: Art. 312 EGV hebt die zeitliche Unbegrenztheit der Verträge hervor (zukünftig Art. 53 EUV(LV)).

Zur Möglichkeit des *Austritts* bzw. des *Ausschlusses* enthalten die Verträge keine Bestimmungen. Der Austritt erscheint in der Form der (einvernehmlichen) Vertragsänderung nach dem Verfahren des Art. 48 EUV möglich. Ein Ausschluss ist ange-

32 EuGH Rs. 25/70 (Köster), Slg. 1970, S. 1161.

33 EuGH Rs. 6/64 (Costa/ENEL), Slg. 1964, S. 1141.

34 EuGH Rs. C-162/96 (Racke), Slg. 1998, S. I–3655.

35 EuGH Rs. 26/62 (van Gend en Loos), Slg. 1963, S. 1.

sichts der speziellen Konfliktbereinigungsvorschriften der Verträge (Art. 292, 226 EGV; 7 EUV) unzulässig. Der Vertrag von Lissabon führt in Art. 50 erstmals die Möglichkeit des einseitigen Ausscheidens aus der Union ein[36].

6. Außenbeziehungen

Zum *Abschluss von Abkommen* mit Drittstaaten und internationalen Organisationen sind EU und EG ausdrücklich ermächtigt[37]. Daneben bestehen ungeschriebene Zuständigkeiten zum auswärtigen Handeln soweit im Inneren eine Handlungsbefugnis besteht[38].

V. Schlussbemerkung

Das materielle Verfassungsrecht der Europäischen Union geht aus einer Vielzahl geschriebener und ungeschriebener Rechtsquellen hervor. Erst aus der Gesamtschau dieser Quellen erschließt sich das Bild eines verfassungsrechtlichen Normensystems, in dem die wesentlichen gemeinsamen Elemente von Verfassungen zusammengesetzter Staaten wiederkehren.

Auf der anderen Seite ist es aus der Sicht des Jahres 2008 verkürzt, den einen oder anderen Grundlagentext der EU, z.B. den EG-Vertrag, als „Verfassungsurkunde„ zu bezeichnen. Denn jeder der Verträge und der sonstigen Texte, die zu ihrer Ergänzung beschlossen wurden, enthält jeweils nur Bruchstücke des Verfassungsrechts der Union. Auch umfasst keiner dieser Texte ausschließlich Regeln von verfassungsrechtlicher Natur. Besonders der EGV enthält auch zahlreiche Bestimmungen (wirtschafts-)verwaltungsrechtlicher Natur. Erstmals bildeten die Teile I, II und IV *der Verfassung von 2004* ein in sich geschlossenes System verfassungsrechtlicher Regeln, die allerdings ebenfalls durch weitere Dokumente (Protokolle) im Verfassungsrang ergänzt wurden. Nach dem Vertrag von Lissabon wird zwar der EUV die wesentlichen Regeln verfassungsrechtlicher Natur enthalten, doch erfahren auch diese eine Ergänzung in Gestalt des VAEU und zahlreicher Protokolle.

Auch in Zukunft müssen die für die von der Europäischen Union ausgeübten Hoheitsgewalt konstitutiven Quellen mit Hilfe qualitativer Analysen ermittelt werden.

36 Dazu unten, 10.Teil, A. III.
37 Z.B. Art. 310 EGV, 24 EUV, s.a. Art. 3, Abs. 1 lit. d, e; Abs. 2 VAEU.
38 EuGH Rs. 22/70 (AETR), Slg. 1971, S. 263.

Grundlegende und vertiefende Literatur

Giegerich, Thomas:
Europäische Verfassung und deutsche Verfassung im transnationalen Konstitutionalisierungsprozeß. Wechselseitige Rezeption, konstitutionelle Evolution und föderale Verflechtung, Berlin u.a. 2003.

Lenaerts, Koen / van Nuffel, Piet:
Constitutional Law of the European Union, 2. Aufl., London 2004.

Peters, Anne:
Elemente einer Theorie der Verfassung Europas, Berlin 2001.

Markus Kotzur

B. Die Verfassungskultur der Mitgliedstaaten und die Gemeineuropäische Verfassungskultur

I. Die allgemeinen Rechtsgrundsätze des Gemeinschaftsrechts – von den mitgliedstaatlichen Verfassungskulturen zu einer gemeineuropäischen Verfassungskultur

Gemeineuropäisches Verfassungsrecht entsteht aus den *kulturell grundierten* gemeinsamen Verfassungsüberlieferungen der Mitgliedstaaten.[1] Art. 6 Abs. 2 EU (nach Lissabon Art. 6 Abs. 3 EU), eine Zentralnorm des allgemeinen Unionsrechts, benennt eben jene Grundsätze, die allen Mitgliedstaaten gemeinsam sind: Freiheit, Demokratie, Menschenrechte, Grundfreiheiten und Rechtsstaatlichkeit.[2] Schon sprachlich stellt die Norm eine bemerkenswerte Verknüpfung her. Gerade *weil* es sich um gemeinsame Grundsätze aller Mitgliedstaaten handelt, „*beruht*" die Union auf ihnen. *Wenn* die Union aber auf ihnen beruht, findet sie hier nicht nur ihre „*verfassungsqualitative*" (*D. Th. Tsatsos*) Normgrundlage, sondern bindet die Mitgliedstaaten als Normadressaten zugleich an das zurück, was sie selbst geschaffen haben – dank Art. 7 EU sogar sanktionsbewährt.[3] So wirken auf dem Weg zu einem ius commune Europaeum die gemeinsamen Verfassungsüberlieferungen retrospektiv

1 *P. Häberle*, Gemeineuropäisches Verfassungsrecht, EuGRZ 1991, S. 261 ff.; *ders.*, Europäische Rechtskultur, 1994 (TB 1997), S. 33 ff.; *ders.*, Europäische Verfassungslehre, 6. Aufl. 2009, S. 104 ff., 124 ff. und öfter; *P. Ridola*, Die kulturgeschichtlichen Grundlagen der gemeinsamen Verfassungsüberlieferungen, in: Liber Amicorum Häberle, 2004, S. 173 ff.

2 *C. Stumpf*, in: Schwarze (Hrsg.), EU-Kommentar, 2000, Art. 6 EUV, Rn. 4 ff.

3 *H. Wilms*, in: ders. / Hailbronner (Hrsg.), Recht der Europäischen Union, Bd. 1, 1. Lfg. 10/2002, Art. 6 EUV Rn. 5; siehe auch *Ch. Calliess*, in: Calliess / Ruffert (Hrsg.), EUV / EGV, 3. Aufl. 2007, Art. 6, Rn. 1 ff. Die Änderungen in Art. 7 durch den Vertrag von Lissabon sind im Wesentlichen redaktioneller Art. Vor allem wurde in Absatz 1 die Möglichkeit gestrichen, unabhängige Personen zu ersuchen, innerhalb einer angemessenen Frist einen Bericht über die Lage in dem entsprechenden Mitgliedstaat zu erstatten, dazu *K. H. Fischer*, Der Vertrag von Lissabon. Text und Kommentar zum europäischen Reformvertrag, 2008, S. 118.

und prospektiv zugleich.[4] In ihnen finden die schon vorhandenen gemeinsamen (kulturellen) Elemente der verschiedenen mitgliedstaatlichen Rechtsordnungen und damit die rechtskulturellen Identitäten der Mitgliedstaaten unionalen Widerklang. Zugleich wollen sie, auch dank Rechtsangleichung, Harmonisierung oder harmonisierenden Richterrechts, eine noch stärker integrierte, menschenwürderadizierte[5] Rechtsgemeinschaft herstellen.

Methodisch geschieht das durch gekreuzte (teils diffuse) Rezeptionsvorgänge und Wechselbezüglichkeiten, die im Einzelnen kaum analytisch herauspräpariert und detailgenau nachvollzogen werden können.[6] Aus den mitgliedstaatlichen entstehen die gemeinschaftsrechtlichen Prinzipien. Schon während des Rezeptionsprozesses werden diese aber vom Rezipienten, in erster Linie dem EuGH, angereichert, modifiziert, relativiert. Das Gemeinschaftsrecht entfaltet dann als solches Rückwirkungen auf die mitgliedstaatlichen Rechtsordnungen, gerade weil die Gerichte der Mitgliedstaaten ihrerseits gehalten sind, das nationale Recht „europarechtskonform" auszulegen. Zugleich ist die Gemeinschaftsrechtsordnung aber auch Rezeptionsmittlerin für Austauschprozesse der Mitgliedstaaten untereinander. Sie eröffnet Einbruchstellen fremden Rechtsdenkens in nationale Rechtsordnungen. Das so konturierte „ius commune" lässt sich am besten mit einer Metapher umschreiben, die in der Rechtstheorie entwickelt wurde und jede Rechtsordnung als eine Art „Geflecht aus losen Stangen, Bändern, Seilen, Ästen und anderem Strickwerk begreift", das an seinen verschiedenen Stellen eine ganz unterschiedliche Dichte aufweist und dessen Teilsegmente teils „ineinander verschlungen", „teils unverbunden" nebeneinander, bisweilen auch „aufeinander" liegen, sei es „geklemmt, geschnürt oder verhakt".[7] Der Reiz dieses eigenwilligen Sprachbildes liegt in seiner Kraft, (Über-)komplexität zu veranschaulichen. Es steht für eine kulturelle Melange interdependenter Teilrechts-

4 Nachdrücklich *A. v. Arnauld*, Rechtsangleichung durch allgemeine Rechtsgrundsätze? – Europäisches Gemeinschaftsrecht und Völkerrecht im Vergleich, in: Riesenhuber / Takayama (Hrsg.), Grundlagen und Methoden der Rechtsangleichung, 2006, S. 247 ff., 247. Er bezieht sich seinerseits auf die Unterscheidung zwischen einem „rechtspolitischen Weg der Rechtssetzung" und einem „interpretatorischen Weg der Rechtsfindung" zur Herstellung eines ius commune bei *P. Häberle*, Gemeineuropäisches Verfassungsrecht, EuGRZ 1991, S. 261, 270 ff.

5 *I. Gutiérrez Gutiérrez*, Die Menschenwürde als europäischer Verfassungsbegriff, in: KritV 89 (2006), S. 384 ff.

6 *K. Zweigert*, Der Einfluss des Europäischen Gemeinschaftsrechts auf die Rechtsordnungen der Mitgliedstaaten, RabelsZ 28 (1964), S. 601 ff.; *P. Häberle*, Theorieelemente eines allgemeinen juristischen Rezeptionsmodells, in: JZ 1992, S. 1033 ff.; *G. Frankenberg*, Stichworte zur „Drittwirkung" der Rechtsphilosophie im Verfassungsrecht, in: Gröschner / Morlok (Hrsg.), Rechtsphilosophie und Rechtsdogmatik in Zeiten des Umbruchs, 1997, S. 105 ff., insbes. 110.

7 *Ch. Bumke*, Relative Rechtswidrigkeit, 2004, S. 36.

ordnungen, teils gleich-, teils hierarchisch einander zugeordnet, teils komplementär sich ergänzend, teils konträr sich relativierend, von unterschiedlicher normativer Dichte und mit unterschiedlicher normativer Steuerungskraft. Beteiligt an den „Verflechtungen" sind alle Akteure der offenen Gesellschaft[8]: das institutionelle Europa mit den Gemeinschaftsorganen, allen voran der EuGH; die institutionalisierte Staatlichkeit auf mitgliedstaatlicher Ebene; alle Aktivkräfte der Zivilgesellschaft; zuerst und zuletzt aber die Bürger.[9]

II. Zur Findung allgemeiner Rechtsgrundsätze – wertender Rechtsvergleich als diskursgeleiteter Kulturvergleich

Allgemeine Rechtgrundsätze sind Normen, die elementare Vorstellungen von Recht und Gerechtigkeit zum Ausdruck bringen und denen daher – mit kulturspezifischen Schwankungen, Nuancierungen und Differenzierungen – jede mitgliedstaatliche Rechtsordnung verpflichtet ist.[10] Für das sich verfassende Europa formulieren sie die wesentlichen konstitutionellen Strukturentscheidungen nicht nur formaler, sondern auch axiologischer Natur.[11] Zugleich führen die allgemeinen Rechtsgrundsätze die

8 *P. Häberle*, Die offene Gesellschaft der Verfassungsinterpreten, in: ders., Die Verfassung des Pluralismus, 1980, S. 79 ff.

9 *J. A. Usher*, The Influence of Nationals Concepts on Decisions of the European Court, ELRev. 1 (1976), S. 359 ff.; *Th. Oppermann*, Europarecht, 3. Aufl. 2005, § 6 Rn. 20; *K. Hailbronner / G. Jochum*, Europarecht I, 2005, Rn. 235.

10 *H. Lecheler*, Der Europäische Gerichtshof und die allgemeinen Rechtsgrundsätze, 1971; *K. M. Meessen*, Zur Theorie allgemeiner Rechtsgrundsätze des internationalen Rechts: Der Nachweis allgemeiner Rechtsgrundsätze des Europäischen Gemeinschaftsrechts, JIR 17 (1974), S. 283 ff.; *J. Schwarze*, Die Befugnis zur Abstraktion im europäischen Gemeinschaftsrecht. Eine Untersuchung zur Rechtsprechung des Europäischen Gerichtshofs, 1976, S. 224 ff.; *J. A. Usher*, General Principles of EC Law, 1998; *T. Tridimas*, The General Principles of EC Law, 1999; *W. Weiß*, Allgemeine Rechtsgrundsätze des Völkerrechts, AVR 39 (2001), S. 394 ff., 411; *A. v. Arnauld*, Rechtsangleichung durch allgemeine Rechtsgrundsätze? – Europäisches Gemeinschaftsrecht und Völkerrecht im Vergleich, in: Riesenhuber / Takayama (Hrsg.), Grundlagen und Methoden der Rechtsangleichung, 2006, S. 247 ff. m.w.N.

11 *A. v. Bogdandy*, Europäische Prinzipienlehre, in: ders. (Hrsg.), Europäisches Verfassungsrecht, 2003, S. 149 ff., 150; *V.-D. Degan*, General Principles of Law, FinnYBIL 3 (1992), S. 1 ff., 91; *A. v. Arnauld*, Rechtsangleichung durch allgemeine Rechtsgrundsätze? – Europäisches Gemeinschaftsrecht und Völkerrecht im Vergleich, in: Riesenhuber / Takayama (Hrsg.), Grundlagen und Methoden der Rechtsangleichung, 2006, S. 247 ff., 248.

europäische Rechtsgemeinschaft[12] zurück zu ihren völkerrechtlichen Wurzeln.[13] Art. 38 Abs. 1 lit. c des IGH-Statuts macht die „von den Kulturvölkern anerkannten allgemeinen Rechtsgrundsätze“ zur Rechtsquelle des „public international law“ und zum inspirierenden Vorbild für den Europäischen Gerichtshof.[14] Begriff und Idee der Kultur dienen in der postkolonialen Welt indes nicht mehr als Unterscheidungskriterium zwischen Kulturstaaten auf der einen, nicht-zivilisierten Staaten auf der anderen Seite, sondern verweisen – gewollt oder ungewollt progressiv – auf die tiefer gründende Dimension des kulturellen Elements bei der Rechtserzeugung. Allgemeine Rechtsgrundsätze resultieren aus *kulturellen Leistungen*[15] derer, die auf der nationalen, europäischen und internationalen Ebene an der Rechtsgenese beteiligt sind. Vor allem in die *richterliche* Rechtsfindung sollen die unterschiedlichen kulturellen Erfahrungen, das jeweils kulturell geprägte Vorverständnis der Entscheidungsträger einfließen. Die Urteilsfindung wird zum Kulturgespräch.

In Art. 288 Abs. 2 EGV, heute Art. 340 (II), Art. 188 EAGV findet dieses „*Rechts-* (*A. Arndt*) als *Kulturgespräch*“ ein im positiven Primärrecht verankertes Modell. In Art. 220 EGV (Nizza), Art. 19 EUV (Lissabon) findet es seine entscheidende Legitimationsgrundlage. Der Europäische Gerichtshof ist zur Wahrung des Rechts bei der Auslegung und Anwendung des EG-Vertrages berufen. Das Wort „Recht“ selbst steht für den Inbegriff der Gerechtigkeitsidee in der europäischen Verfassungskultur und bezieht diesen in das Gemeinschaftsrecht ein, und zwar so, wie er insbesondere in den mitgliedstaatlichen Verfassungen und den Gründungsverträgen spezifischen Ausdruck gefunden hat.[16] Gerechtigkeitsidee und die daraus abgeleiteten Rechtsgrundsätze sind indes sowohl in ihren Entstehungsbedingungen als auch in ihren Erscheinungsformen nur schwer greifbar und damit auch nur schwer methodisch exakter Konturierung zugänglich. „The European Court“, heißt es kritisch bei *T. C. Hartley*, „has utilized general principles of law to cloak the nakedness of judicial law-making: the idea is that, if a ruling can be shown to be derived from a principle of sufficient generality as to command common assent, a firm legal foundation for

12 *W. Hallstein*, Die Europäische Gemeinschaft, 5. Aufl. 1979, S. 53; *ders.*, Die EWG – Eine Rechtsgemeinschaft. Europäische Reden, hrsgg. v. Th. Oppermann, 1979, S. 341 ff.; *U. Everling*, Bindung und Rahmen: Recht und Integration, in: Weidenfeld (Hrsg.), Die Identität Europas, 1985, S. 152 ff.

13 EuGH, Rs. 294/83, Slg. 1986, 1339; *P. M. Huber*, Recht der Europäischen Integration, 2. Aufl. 2002, S. 57 ff.

14 *M. Akehurst*, The Application of General Principles of Law by the Court of Justice of the European Communities, British Yearbook of International Law 29 (1981), S. 29 ff.; *H. Mosler*, General Principles of Law, EPIL II (1995), S. 511 ff.

15 *P. Häberle*, Verfassungslehre als Kulturwissenschaft, 2. Aufl. 1998, S. 715 ff.

16 So *R. Streinz*, Europarecht, 7. Aufl. 2005, Rn. 414; *I. Pernice / F. Mayer*, in: Grabitz/Hilf, Art. 220 Rn. 17; weiterhin *K. Hailbronner / G. Jochum*, Europarecht I, 2005, Rn. 235; *Th. Oppermann*, Europarecht, 3. Aufl. 2005, § 6 Rn. 20 ff.

the judgement will be provided."[17] Doch gewiss ist der vom EuGH betriebene wertende Rechtsvergleich bei allen Rationalitätsdefiziten mehr als ein taktisches Glasperlenspiel. Das Luxemburger Gericht sucht weder Maximalstandards noch lediglich den jeweils kleinsten gemeinsamen Nenner, sondern Lösungen, die Zielen und Interessen der Gemeinschaft am ehesten gerecht werden.[18] Solche Komparatistik will nicht schlichte Assimilation oder gar die unkritische Übernahme andernorts erfolgreich erprobter Modelle, sie will vielmehr rechtskulturell diversifizierten Akteuren die Teilnahme am Diskurs über ein zu lösendes Rechtsproblem oder eine strittige wissenschaftliche Hypothese eröffnen.[19] Die Rationalität des Vergleichens ist also ebenso diskursiv wie das Richterrecht als „judicial activism" von diskursiven Legitimationsmomenten lebt. Der EuGH schöpft nicht aus einem ein für allemal feststehenden Reservoir an Rechtsgrundsätzen, sondern greift produktiv auf, was dank kultureller Wachstums- und Wandlungsprozesse im gemeineuropäischen Rechtsdiskurs immer neu entsteht.

III. Die allgemeinen Rechtsgrundsätze als Ausdruck gemeineuropäischer Verfassungskultur – zwei zentrale Themenfelder

1. Die Grundrechte – eine gemeineuropäische Grundrechtskultur: Zu den allgemeinen Rechtsgrundsätzen, die den Verfassungsüberlieferungen der EU-Mitgliedstaaten gemeinsam sind, gehören an erster Stelle die Grund- und Menschenrechte.[20] Sie berechtigen die Unionsbürger im Verhältnis zur Gemeinschaftsgewalt und sind von den Mitgliedstaaten jedenfalls dort zu beachten, wo sie Gemeinschaftsrecht vollziehen. Heute bekennt sich Art. 6 Abs. 2 EUV. Nach Lissabon Art. 6 Abs. 3 EUV ausdrücklich zu diesem gemeinsamen verfassungsrechtlichen Erbe Europas[21], das auf den Menschenrechtsuniversalismus der „Déclaration des Droits de l'Homme

17 *T. C. Hartley*, The Foundations of European Community Law, 5. Aufl. 2003, S. 133.

18 Statt aller *P. Pescatore*, Le recours, dans la jurisprudence de la Cour de justice des Communautés européennes, à des normes déduites de la comparaison des droits des États membres, RID comp. 1980, S. 337 ff.

19 In diesem Sinne diskursiv bzw. dialogisch verortet *A. Vespaziani* die Rechtsvergleichung in ihrem „post-ontologischen" Zeitalter (Die Europäische Verfassungslehre im Wandel zur post-ontologischen Rechtsvergleichung, in: Liber Amicorum P. Häberle, 2004, S. 455 ff., 476).

20 *P. Pescatore*, Die Menschenrechte und die europäische Integration, integration 1969, S. 103 ff.; *S. Broß*, Grundrechte und Grundwerte in Europa, JZ 2003, S. 429 ff.; *Th. Oppermann*, Europarecht, 3. Aufl. 2005, § 6 Rn. 26 ff. mit zahlreichen weiteren Nachweisen aus der kaum mehr zu überblickenden Literatur.

21 *A. Pizzorusso*, Il patrimonio costituzionale europeo, 2002.

et du Citoyen“ zurückweist[22] und schon im christlichen Naturrecht seinen Wurzelgrund hat.[23] Seit der Zeit des Konstitutionalismus in den sich wandelnden nationalen Verfassungstexten positiviert und dank der strukturierenden Kraft mitgliedstaatlicher Dogmatiken oft fein ziseliert, haben die je nationalen Grundrechte den multidimensionalen Grundrechtschutz auf Gemeinschaftsrechtsebene erst ermöglicht.[24] Von dort wirken sie nun ihrerseits – angereichert durch die Rechtsprechungsleistungen des EuGH und das Innovationspotential der Europarechtswissenschaft – auf die Verfassungsordnungen der Mitgliedstaaten zurück. Seit der Gerichtshof in der Rechtssache „*Stauder gegen die Stadt Ulm*“[25] erstmals auf die Grundrechte rekurrierte, hat er in weit ausgreifender Rechtsprechung nahezu alle verfassungsstaatlichen Grundrechtsgarantien „europäisiert“.[26] So konnte sich im ineinandergreifenden Wechselspiel von mitgliedstaatlichen und unionaler Teilverfassung(en) ein „gemeineuropäisches Grundrechte-Recht“, aus dessen kulturellen Grundierungen und Ausstrahlungswirkungen wiederum eine gemeineuropäische Grundrechtskultur entwickeln.[27]

2. Die grundlegenden Strukturprinzipien der Gemeinschaft – ein gemeineuropäischer Typus verfasster Freiheit: Wie die grund- und menschenrechtlichen Rechtsgrundsätze weisen auch die strukturprägenden eine hohe materielle Dichte auf, die ihre Ursache wiederum in der relativen Homogenität der europäischen Rechtsordnungen hat.[28] Zentrale Strukturidee ist die der Freiheit, wie sie aus den europäischen Verfassungstraditionen heraus verständlich wird, einmal in einem negativen Sinne als Freiheit von allem Zwang, einmal in einem positiven Sinne als Freiheit zu individueller Selbstentfaltung.[29] Diese Freiheit hat im Staat-Bürger-Verhältnis ihre öffentliche, im Bürger-Bürger Verhältnis ihre private Seite. Wo sie horizontale Wirkung entfalten, durchdringen die Grundrechte beide Freiheitssphären. Um zur wirklichen Entfaltung zu gelangen, bedarf die Freiheit eines konstitutionellen Gerüsts,

22 Von besonderer Aussagekraft ist deren Art. 16: „Toute Société dans laquelle la garantie des Droits n'est pas assurée, ni la séparation des Pouvoirs déterminée, n'a point de Constitution.“

23 *H. Maier*, Wie universal sind die Menschenrechte?, 2007, S. 53 ff.

24 Dazu *P. Ridola*, Diritti dei libertà e mercato nella „costituzione europea“, in: Associazione italiana dei costituzionalisti, Annuario 1999. La Costituzione europea, 2000, S. 323 ff.

25 Rs. 29/69, Slg. 1969, 419.

26 Detaillierte Nachweise dazu bei *H.-J. Schütz / Th. Bruha / D. König*, Casebook Europarecht, 2004, S. 867 ff.; *J. Schwarze*, in: ders. (Hrsg.), EU-Kommentar, 2000, Art. 220 EGV, Rn. 16.

27 Grundlegend *P. Häberle*, Europäische Verfassungslehre, S. 6, S. 330 ff.

28 So schon *K. Zweigert*, Der Einfluss des Europäischen Gemeinschaftsrechts auf die Rechtsordnungen der Mitgliedstaaten, RabelsZ 28 (1964), S. 601 ff., 609.

29 So *C. Stumpf*, in: Schwarze (Hrsg.), EU-Kommentar, 2000, Art. 6 EUV, Rn. 7.

das neben den grundrechtlichen noch andere Trägerelemente aufweist. Dazu gehört die Demokratie[30], dazu gehören die Grundprinzipien europäischer Rechts- und Sozialstaatlichkeit und die europäische Republik.[31] Gerade der „Rechtsstaat“, auf Gemeinschaftsebene im Sinne der „rule of law“ indes vom seinen Staatsbezug gelöst, wurde in seinen gemeineuropäischen Teilstrukturen differenziert entfaltet. Erwähnt seien etwa die Rechtssicherheit[32], von deutscher Seite her besonders vorgeprägt die Verhältnismäßigkeit[33], die Gewaltenteilung im funktionellrechtlichen Gewand des „institutionellen Gleichgewichts“[34], die Haftung aller Träger hoheitlicher Gewalt.[35] Auch wenn Europa weder Bundesstaat ist noch werden soll, kennt das Gemeinschaftsrecht präföderale Strukturen (etwa in Art. 6 und 7 EUV). [36] Europas institutionelle Ordnung ist überdies geprägt durch ein Gleichgewicht von konstitutioneller Einheit und Intergouvernementalismus, sie gründet in differenzierten Formen der „multilevel governance“[37] und hat geteilte Verantwortlichkeiten im Sinne der Subsidiarität[38] zur Voraussetzung. All diese Strukturprinzipien gründen einerseits in der mitgliedstaatlichen Verfassungskultur, helfen andererseits, die gemein-

30 *P. M. Huber*, Democracy and Constitutional Culture of the European Union, in: Wyrzykowsky (Hrsg.), Constitutional Cultures, 2000, S. 233 ff.

31 *A. v. Bogdandy*, Konstitutionalisierung des europäischen öffentlichen Rechts in der europäischen Republik, JZ 2005, S. 529 ff.

32 *A. v. Arnauld*, Rechtssicherheit. Perspektivische Annäherungen an eine *idée directrice* des Rechts, 2006.

33 *L. Michael*, Methodenfragen der Abwägungslehre. Eine Problemskizze im Lichte von Rechtsphilosophie und Rechtsdogmatik, Abhandlung in: JöR 48 (2000), S. 169 ff.; *ders.*, Verhältnismäßigkeit, Artikel in: Heun / Honecker / Morlok / Wieland (Hrsg.), Evangelisches Staatslexikon, Neuausgabe 2006, S. 2572 ff.; *A. v. Arnauld*, Die normtheoretische Begründung des Verhältnismäßigkeitsgrundsatzes, JZ 2000, S. 276 ff.

34 *A. Haratsch*, Der Grundsatz der Gewaltenteilung als rechtsordnungsübergreifender Rechtssatz. Ansätze einer einheitlichen Europäischen Rechtsordnung, in: Demel u.a. (Hrsg.), Funktionen und Kontrolle der Gewalten. 40. Tagung der Wissenschaftlichen Mitarbeiterinnen und Mitarbeiter der Fachrichtung „Öffentliches Recht“ (Gießen 2000), 2001, S. 199 ff.; *H.-D. Horn*, Über den Grundsatz der Gewaltenteilung in Deutschland und Europa, JöR 49 (2001), S. 287 ff.

35 *M. Dougan*, National Remedies before the Court of Justice, 2004.

36 *P. Ridola*, Die Perspektiven einer „Europäischen Verfassung“ und das Problem der Demokratie in der EU, in: Scheuing (Hrsg.), Europäische Verfassungsordnung, 2003, S. 37 ff.

37 *I. Pernice*, Multilevel Constitutionalism and the Treaty of Amsterdam: European Constitution-Making Revisited, in: CMLR 36 (1999), S. 703 ff.; *R. Wahl*, Der Einzelne in der Welt jenseits des Staates, Der Staat 40 (2001), S. 45 ff., 46 Fn. 6 mit zahlreichen weiteren Nachweisen auch aus der politikwissenschaftlichen Diskussion (*B. Kohler-Koch, M. Jachtenfuchs*); *B. Nick*, Multilevel Governance in the European Union, 2002.

38 Statt aller *A. D'Atena*, Die Subsidiarität: Werte und Regeln, in: Liber Amicorum P. Häberle, 2004, S. 327 ff. mit zahlreichen weiteren Nachweisen.

europäische Verfassungskultur auszuprägen, anders formuliert: sie konturieren das ius commune Europaeum von seinem *Ursprung* und *Ziel* her.

IV. Die Schlussthese: Kontinuität und Dynamik gemeineuropäischer Verfassungskultur

Den Zusammenhang von Recht und Kultur kann heute wohl niemand mehr ernsthaft in Zweifel stellen.[39] Die Auffassung einer vollständigen Autonomie des Rechts, basierend auf rein juridischer Vernunft, ist längst an der Wirklichkeit zerbrochen und von den *Rechtsrealisten* schonungslos aufgedeckt worden.[40] Recht legitimiert und gestaltet Machtbeziehungen, für den demokratischen Verfassungsstaat idealiter solche *gleicher* im Sinne *gleichberechtigter* Freiheit; Recht ist die Stätte, an der soziale Konflikte ausgetragen werden[41], im demokratischen Verfassungsstaat idealiter dank fairer Verfahren und prozeduraler Gerechtigkeit.[42] Macht und soziale Konflikte sind aber kulturgeprägte Phänomene[43], im kulturellen Gedächtnis[44] einer politischen Gemeinschaft gespeichert und in einer konkreten historischen Situation immer neu bestimmt. Recht *reagiert* daher auf Kultur und *agiert* kulturprägend. Aus dieser Dialektik resultiert seine für Europa unverzichtbare Integrationskraft. In den allgemeinen Rechtsgrundsätzen, die auf alle mitgliedstaatlichen Rechtsordnungen in ihrer kulturellen Vielfalt *reagieren* und für ein Europa als „Einheit in Vielfalt" *agieren*, findet die Integrationskraft des Rechts gleichermaßen ihr kulturelles Konzentrat. Zwar stehen sie den allgemeinen Grundsätzen des Völkerrechts und dem sonstigen Primärrecht gleich, haben nicht etwa einen höheren Rang. Und doch garantieren sie, da in langer Tradition erwachsen und für die politische Identität von Mitgliedstaaten wie Gemeinschaft von gleichermaßen fundamentaler Bedeutung, ein Stück jener

39 Programmatisch seit 1982 *P. Häberle*, Verfassungslehre als Kulturwissenschaft, (1. Aufl. 1982, 2. Aufl. 1998).

40 Für die klassische Weimarer Staatrechtslehre hat das *H. Heller*, Die Souveränität (1927), in: ders., Gesammelte Schriften, Bd. 2, 1971, S. 31 ff., 57, herausgearbeitet; mit Blick auf den „legal realism" in den USA *G. Casper*, Juristischer Realismus und politische Theorie im amerikanischen Rechtsdenken, 1967, S. 13 ff. (Bezüge z.B. auf *K. Llewellyn*, Some Realism about Realism, Harvard Law Review 44 (1931), S. 1222 ff.).

41 *U. Haltern*, Europarecht und das Politische, 2005, S. 14.

42 *J. Rawls*, A Theory of Justice, 1971.

43 Wiederum *U. Haltern*, Europarecht und das Politische, 2005, S. 14.

44 *J. Assmann*, Das kulturelle Gedächtnis. Schrift, Erinnerung und politische Identität in frühen Hochkulturen, 3. Aufl. 2000; *ders.*, Kollektives Gedächtnis und kulturelle Identität, in: ders. / Hölscher (Hrsg.), Kultur und Gedächtnis, 1988, S. 9 ff.; Assmann knüpft dabei an die grundlegenden Arbeiten von *M. Halbwachs* an.

Kontinuität, für die auf verfassungsstaatlicher Ebene etwa Ewigkeitsklauseln nach dem Vorbild von Art. 79 Abs. 3 GG stehen.[45] Diese Kontinuität darf freilich nicht mit Versteinerung oder Erstarrung verwechselt werden. Gerade weil die grundlegenden Strukturentscheidungen den Mitgliedstaaten so tief in ihr konstitutionelles Stammbuch geschrieben sind, entfalten sie für den Konstitutionalisierungsprozess Europas dynamisierende Wirkung[46] und geben dem, was einst mit der Wirtschaft begann, heute seine Verfassungsperspektive – diesseits wie jenseits von Lissabon.

Grundlegende und vertiefende Literatur

Arnauld, Andreas von:
Rechtsangleichung durch allgemeine Rechtsgrundsätze? – Europäisches Gemeinschaftsrecht und Völkerrecht im Vergleich, in: K. Riesenhuber / K. Takayama (Hrsg.), Rechtsangleichung. Grundlagen, Methoden und Inhalte. Deutsch-japanische Perspektiven, Berlin 2006, S. 247 ff.

Häberle, Peter:
Gemeineuropäisches Verfassungsrecht, EuGRZ 1991, S. 261 ff.

Pizzorusso, Alessandro:
Il patrimonio costituzionale europeo, Bologna 2002.

Ridola, Paolo:
Die kulturgeschichtlichen Grundlagen der gemeinsamen Verfassungsüberlieferungen, in: A. Blankenagel / I. Pernice / H. Schulze-Fielitz (Hrsg.), Verfassung im Diskurs der Welt. Liber Amicorum für Peter Häberle zum siebzigsten Geburtstag, Tübingen 2004, S. 173 ff.

Usher, John A.:
General Principles of EC Law, Edinburgh 1998.

45 *Th. Oppermann*, Europarecht, 3. Aufl. 2005, § 6 Rn. 25.

46 *H. Lecheler*, Der Beitrag der allgemeinen Rechtsgrundsätze zur Europäischen Integration, ZEuS 2003, S. 337 ff., 339.

Andreas Haratsch

C. Die Rechtsfortbildung in der Europäischen Union durch den Europäischen Gerichtshof

I. Rechtsfortbildung als Aufgabe und Kompetenz des Europäischen Gerichtshofs

Das Recht der Europäischen Union weist zwei Elemente auf, die in einem scheinbar kaum in Einklang zu bringenden Spannungsverhältnis stehen: Auf der einen Seite ist das Prinzip der begrenzten Einzelermächtigung auf eine strikte Beachtung und Wahrung der Kompetenzgrenzen von Union und Gemeinschaften ausgerichtet. Auf der anderen Seite ist kaum eine andere Rechtsordnung mehr auf eine richterliche Fortbildung ihres Rechts angewiesen als die der Europäischen Union. An der Schnittstelle dieser beiden Wesensmerkmale der Europäischen Unionsgrundordnung steht der Europäische Gerichtshof. Seine Tätigkeit besteht gemäß Art. 220 Abs. 1 EGV[1] in der Sicherung der Wahrung des Rechts bei der Auslegung und Anwendung der Verträge. Damit kommt ihm eine zweifache Aufgabe zu. Der Europäische Gerichtshof ist im Rahmen seiner Zuständigkeiten sowohl „Hüter der Kompetenzgrenzen"[2] als auch „Motor der Integration"[3] der Europäischen Union. Beides steht jedoch keineswegs in einem unauflöslichen Gegensatz, da das Unions- und Gemeinschaftsrecht den Europäischen Gerichtshof mit einer (begrenzten) Kompetenz zur Rechtsfortbildung ausstatten[4]. Diese folgt schon allein aus der Anerkennung allgemeiner

[1] Künftig Art. 19 Abs. 1 UAbs. 1 Satz 2 EUV / Lissabon; vgl. auch Art. I–29 Abs. 1 UAbs. 1 Satz 2 EVV.

[2] In diesem Sinne *P. M. Huber*, Bundesverfassungsgericht und Europäischer Gerichtshof als Hüter der Gemeinschaftsrechtlichen Kompetenzordnung, AöR 116 (1991), S. 210 (248).

[3] *M. Schweitzer / W. Hummer / W. Obwexer*, Europarecht. Das Recht der Europäischen Union, 2007, Rn. 732; *A. Middeke*, in: H.-W. Rengeling / A. Middeke / M. Gellermann, Handbuch des Rechtsschutzes in der Europäischen Union, 2. Aufl. 2003, § 4 Rn. 8; *F. C. Mayer*, Wer soll Hüter der europäischen Verfassung sein?, AöR 129 (2004), S. 411 (416).

[4] *J. Ukrow*, Richterliche Rechtsfortbildung durch den EuGH, 1995, S. 91 ff.; *W. Schroeder*, Zu eingebildeten und realen Gefahren durch kompetenzüberschreitende Rechtsakte der Europäischen Gemeinschaft, EuR 1999, S. 451 (463); *Ch. Calliess*, Grundlagen, Grenzen und Perspektiven europäischen Richterrechts, NJW 2005, S. 929

Rechtsgrundsätze als Quellen des Unions- und Gemeinschaftsrechts in Art. 6 Abs. 2 EUV[5] und Art. 288 Abs. 2 EG . Deren Erkenntnis ist dem Europäischen Gerichtshof im Wege wertender Rechtsvergleichung anvertraut. Zudem ist die Unionsgrundordnung ungeachtet der mittlerweile zahlreichen Ergänzungen durch Änderungsverträge immer noch in vielen Bereichen unvollständig und ausfüllungsbedürftig[6]. Selbst das Bundesverfassungsgericht anerkennt die Kompetenz des Europäischen Gerichtshofs zu richterlicher Rechtsfortbildung, wenn es ausführt, es könnten keine Zweifel daran bestehen, „dass die Mitgliedstaaten die Gemeinschaft mit einem Gericht ausstatten wollten, dem Rechtsfindungswege offenstehen sollten, wie sie in jahrhundertelanger gemeineuropäischer Rechtsüberlieferung und Rechtskultur ausgeformt worden" seien[7].

Nimmt der Europäische Gerichtshof seine Aufgabe der Rechtsfortbildung wahr, wird er daher nicht per se *ultra vires* tätig, sondern macht vielmehr von einer ihm zugewiesenen Befugnis Gebrauch. Überschreitet der Gerichtshof seine Kompetenz zur Rechtsfortbildung, stellt dies zugleich einen Verstoß gegen das Prinzip der begrenzten Einzelermächtigung dar. Bei genauer Betrachtung gehen beide Aufgaben, Rechtswahrung und -fortbildung, somit Hand in Hand. Problematisch erscheint allein der Befund, dass der Europäische Gerichtshof bei der Wahrnehmung seiner Aufgabe, das Recht fortzubilden, aus der Perspektive der Unionsgrundordnung zum Wächter seiner eigenen Kompetenzgrenzen berufen ist. Es nimmt daher nicht Wunder, wenn die Verfassungsgerichtshöfe einer Reihe von Mitgliedstaaten aus der Perspektive des nationalen Verfassungsrechts für sich selbst die Zuständigkeit reklamieren, die Wahrung der Kompetenzgrenzen des Europäischen Gerichtshofs zu überwachen. Exemplarisch sei insoweit nur auf die „*Maastricht*"-Entscheidung des Bundesverfassungsgerichts[8] und die Entscheidung des Polnischen Verfassungsgerichtshofs zum polnischen Beitrittsabkommen[9] verwiesen.

Auch wenn man dem Europäischen Gerichtshof und dem Gericht erster Instanz eine Kompetenz zur Rechtsfortbildung zugesteht, fällt auf, dass sich der Begriff der Rechtsfortbildung weder im primären Unions- oder Gemeinschaftsrecht findet noch

(930); *M. Pechstein*, EU-/EG-Prozessrecht, 3. Aufl. 2007, Rn. 12; zweifelnd aber *Ch. Hillgruber*, Grenzen der Rechtsfortbildung durch den EuGH – Hat Europarecht Methode?, in: Th. v. Danwitz u.a. (Hrsg.), Auf dem Wege zu einer Europäischen Staatlichkeit, 1993, S. 31 (41).

5 Künftig Art. 6 Abs. 3 EUV / Lissabon; vgl. auch Art. I–9 Abs. 3 EVV.

6 *U. Everling*, Richterliche Rechtsfortbildung in der Europäischen Gemeinschaft, JZ 2000, S. 217 (220).

7 BVerfGE 75, 223 (243).

8 BVerfGE 89, 155 (188) – *Maastricht*.

9 Polnischer Verfassungsgerichtshof, Urt. v. 11.5.2005, Az. K 18/04, EuR 2006, S. 236 (243) – *Beitrittsabkommen*.

in der Rechtsprechung der Gemeinschaftsgerichte selbst. Diese begreifen – insoweit in der französischen Rechtsprechungstradition stehend – die richterliche Rechtsfortbildung als Interpretation des Rechts[10].

II. Die Methoden der richterlichen Rechtsfortbildung

1. Gesetzeskonkretisierende Rechtsfortbildung durch systematische und teleologische Auslegung

Zur Fortbildung der Unionsgrundordnung greifen die Gemeinschaftsgerichte gesetzeskonkretisierend vor allem auf die Methode der systematischen Auslegung zurück. Dies gilt etwa für den Europäischen Gerichtshof, der die Staatshaftung für mitgliedstaatliche Verstöße gegen Gemeinschaftsrecht „unter Berücksichtigung des allgemeinen Systems und der wesentlichen Grundsätze des EWG-Vertrags" entwickelt[11] oder bei der Erweiterung der Vorlagepflichten mitgliedstaatlicher Gerichte auf die „Kohärenz des vom Vertrag geschaffenen Rechtsschutzsystems"[12] abstellt. Auch bei Entwicklung der so genannten „*AETR*"-Doktrin, also der Ausweitung der völkerrechtlichen Handlungsfähigkeit der Europäischen Gemeinschaft, hat der Europäische Gerichtshof „auf das System ... des Vertrages" Bezug genommen[13]. Vielfach kombiniert der Europäische Gerichtshof die systematische mit der teleologischen, an den Vertragszielen orientierten Auslegung. Die besondere Bedeutung der teleologischen Auslegung findet ihren Grund im unvollständigen und zugleich zielgerichteten Charakter des Unions- und Gemeinschaftsrechts[14]. Wesentliche Bausteine der Unionsgrundordnung musste der Europäische Gerichtshof daher unter Rückgriff auf den (objektiven) Sinn und Zweck der jeweils einschlägigen gemeinschaftsrechtlichen Bestimmungen entwickeln. So hat er in seiner bahnbrechenden Entscheidung in der Rechtssache „*Costa / ENEL*" bei der Herleitung des Vorrangs des Gemeinschaftsrechts den „Geist des Vertrages"[15] beschworen. In der „*van Gend und Loos*"-Entscheidung, mit der die unmittelbare Anwendbarkeit von Bestimmungen des Gemeinschaftsrechts begründet wird, rekurriert der Europäische Gerichtshof auf die Schaffung eines gemeinsamen Marktes als wesentliches Ziel des Vertrages[16].

10 *Schweitzer / Hummer / Obwexer* (Fn. 3), Rn. 731; *Th. M. J. Möllers*, Die Rolle des Rechts im Rahmen der europäischen Integration, 1999, S. 57.
11 EuGH, verb. Rs. C-6/90 u. C-9/90, Slg. 1991, S. I–5357, Rn. 30 – *Francovich*.
12 EuGH, Rs. 314/85, Slg. 1987, S. 4199, Rn. 16 – *Foto-Frost*.
13 EuGH, Rs. 314/85, Slg. 1987, S. 4199, Rn. 16 – *Foto-Frost*.
14 EuGH, Rs. 314/85, Slg. 1987, S. 4199, Rn. 16 – *Foto-Frost*.
15 EuGH, Rs. 6/64, Slg. 1964, S. 1251 (1269) – *Costa / ENEL*.
16 EuGH, Rs. 26/62, Slg. 1962, S. 3 (24) – *van Gend und Loos*.

Häufig stellt er im Rahmen der teleologischen Auslegung auf die Funktionsfähigkeit der Gemeinschaft und den so genannten „*effet utile* ab, wonach gemeinschaftsrechtliche Normen so auszulegen sind, dass sie eine möglichst große Wirkung entfalten[17]. Die Zielsetzungen des Gemeinschaftsrechts werden auf diese Weise effektuiert.

Daneben findet eine gesetzeskonkretisierende Rechtsfortbildung durch den Europäischen Gerichtshof auch dergestalt statt, dass aus allgemeinen Grundsätzen der Unionsgrundordnung – nicht aus allgemeinen Rechtsgrundsätzen! – im Wege systematisch-teleologischer Auslegung konkrete Einzelrechtssätze abgeleitet werden. So hat der Europäische Gerichtshof beispielsweise in den 80er-Jahren die passive und aktive Parteifähigkeit des Europäischen Parlaments bei Nichtigkeitsklagen aus der Notwendigkeit der Wahrung des institutionellen Gleichgewichts zwischen den Gemeinschaftsorganen abgeleitet[18].

2. Gesetzesvertretende Rechtsfortbildung durch Herleitung allgemeiner Rechtsgrundsätze

Erweist sich die Unionsgrundordnung im Einzelfall als lückenhaft und darf sich der Europäische Gerichtshof nicht dem Vorwurf der Justizverweigerung aussetzen, steht ihm die vertraglich eröffnete Möglichkeit zu Gebote, gesetzesvertretende allgemeine Rechtsgrundsätze herauszubilden. Vertragsrechtliche Anknüpfungspunkte für die Anerkennung allgemeiner Rechtsgrundsätze als Quelle des Unions- und Gemeinschaftsrechts finden sich in Art. 288 Abs. 2 EGV[19] („... nach den allgemeinen Rechtsgrundsätzen, die den Rechtsordnungen der Mitgliedstaaten gemeinsam sind") sowie in Art. 6 Abs. 2 EUV[20] („... wie sie sich aus den gemeinsamen Verfassungsüberlieferungen der Mitgliedstaaten als allgemeine Grundsätze des Gemeinschaftsrechts ergeben"). Allgemeine Rechtsgrundsätze werden vom Europäischen Gerichtshof im Wege wertender Rechtsvergleichung gewonnen, wobei die mitgliedstaatlichen Rechtsordnungen nicht Rechtsquelle, sondern Rechtserkenntnisquelle sind[21]. Der Europäische Gerichtshof übernimmt nicht innerstaatliche Normen in das Gemeinschaftsrecht, sondern gewinnt einen originär gemeinschaftsrechtlichen Rechts-

17 EuGH, Rs. 106/77, Slg. 1978, S. 629, Rn. 14/16 – *Simmenthal*; EuGH, Rs. C-213/89, Slg. 1990, S. I–2433, Rn. 18 – *Factortame*; EuGH, verb. Rs. C-6/90 u. C-9/90, Slg. 1991, S. I–5357, Rn. 32 – *Francovich*.

18 EuGH, Rs. C-70/88, Slg. 1990, S. I–2041, Rn. 20 ff. – *Parlament / Rat*; vgl. auch EuGH, Rs. 294/83, Slg. 1986, S. 1339, Rn. 23 ff. – *Les Verts / Parlament*.

19 Künftig Art. 340 Abs. 2 AEUV; vgl. auch Art. III–431 Abs. 2 EVV.

20 Künftig Art. 6 Abs. 3 EUV / Lissabon; vgl. auch Art. I–9 Abs. 3 EVV.

21 *A. Haratsch / Ch. Koenig / M. Pechstein*, Europarecht, 6. Aufl. 2009, Rn. 377.

satz aus der Zusammenschau der mitgliedstaatlichen Bestimmungen[22]. Voraussetzung für die Herleitung allgemeiner Rechtsgrundsätze innerhalb des Gemeinschaftsrechts ist, dass es sich um Regelungen handelt, die den Rechtsordnungen der Mitgliedstaaten gemeinsam und auf die europäische Ebene übertragbar sind[23]. Übertragbarkeit auf die gemeinschaftsrechtliche Ebene bedeutet, dass sich die Rechtssätze in die Struktur und Ziele der Gemeinschaft einfügen[24]. Ein im Wege wertender Rechtsvergleichung gewonnener gemeinschaftlicher Rechtssatz muss sich nicht auf den kleinsten gemeinsamen Nenner der einzelstaatlichen Regelungen beschränken[25]. Auch muss er keineswegs in allen Punkten mit den entsprechenden innerstaatlichen Rechtssätzen übereinstimmen, da die nationalen Regeln in den seltensten Fällen vollkommen deckungsgleich sind und die Übertragung auf die Ebene des Gemeinschaftsrechts Modifikationen bedingen kann[26]. Zu finden ist die jeweils beste Lösung für das sich stellende Problem[27]. So hat der Europäische Gerichtshof bereits früh die im Hinblick auf die Rücknahme und den Widerruf von Gemeinschaftsrechtsakten bestehende Lücke im Gemeinschaftsrecht durch allgemeine Rechtsgrundsätze geschlossen[28]. Einen Meilenstein der Rechtsfortbildung durch den Europäischen Gerichtshof im Wege allgemeiner Rechtsgrundsätze stellt dessen Grundrechtsrecht-

22 *A. Haratsch*, Die Bedeutung der UN-Menschenrechtspakte für die Europäische Union, MRM-Themenheft „25 Jahre Internationale Menschenrechtspakte“, 2002, S. 29 (30).

23 *E. Klein*, in: K. Hailbronner / E. Klein / S. Magiera / P.-Ch. Müller-Graff, Handkommentar zum Vertrag über die Europäische Union (EUV / EGV), Loseblattsammlung, 7. Lfg. November 1998, Art. 215 EGV Rn. 9 u. Art. F EUV Rn. 9.

24 EuGH, Rs. 11/70, Slg. 1970, S. 1125, Rn. 4 – *Internationale Handelsgesellschaft.*

25 *M. Zuleeg*, Der Schutz der Menschenrechte im Gemeinschaftsrecht, DÖV 1992, S. 937 (941).

26 *A. Bleckmann*, in: ders., Europarecht, 6. Aufl. 1997, Rn. 575 f.; *Haratsch* (Fn. 22), MRM-Themenheft „25 Jahre Internationale Menschenrechtspakte“, 2002, S. 29 (31).

27 *K. M. Meessen*, Zur Theorie allgemeiner Rechtsgrundsätze des internationalen Rechts: Der Nachweis allgemeiner Rechtsgrundsätze des Europäischen Gemeinschaftsrechts, JIR 17 (1974), S. 283 (301); *Ch. Gaitanides*, in: H. v. d. Groeben / J. Schwarze (Hrsg.), Kommentar zum EU-/EG-Vertrag, 6. Aufl. 2003, Art. 220 EGV Rn. 22; *Bleckmann*, in: ders. (Fn. 26), Rn. 605; *H.-W. Rengeling*, Grundrechtsschutz in der Europäischen Gemeinschaft, 1993, S. 225 (228); *Möllers* (Fn. 10), S. 58.

28 EuGH, verb. Rs. 7/56 u. 3/57 bis 7/57, Slg. 1957, S. 83 (119) – *Algera*; EuGH, Slg. 1982, S. 749, Rn. 10 – *Alpha Steel / Kommission.*

sprechung seit Ende der 60er-Jahre dar[29], die mittlerweile Niederschlag in den Vertragstexten gefunden hat[30].

III. Die Grenzen richterlicher Rechtsfortbildung

1. Die rechtlichen Abgrenzungskriterien zur unerlaubten Rechtserzeugung

Auch wenn den Gemeinschaftsgerichten eine Kompetenz zur Rechtsfortbildung primärrechtlich zugewiesen wird, ist diese keineswegs grenzenlos. Der Europäische Gerichtshof hat die jedem Gericht von Rechts wegen gezogene Grenze zwischen erlaubter Rechtsfortbildung und unerlaubter Rechtserzeugung zu beachten. Auch wenn nicht von der Hand zu weisen ist, dass eine trennscharfe und allgemeingültige Abgrenzung kaum möglich sein dürfte[31], können gleichwohl rechtliche Kriterien identifiziert werden, anhand derer zu beurteilen ist, ob die Gemeinschaftsgerichte noch zulässigerweise rechtswahrend oder bereits unzulässigerweise rechtsetzend tätig werden. Es handelt sich dabei um das Prinzip der begrenzten Einzelermächtigung, das Subsidiaritäts- sowie das Verhältnismäßigkeitsprinzip.

2. Das Prinzip der begrenzten Einzelermächtigung

In erster Linie maßgeblich für diese schwierige Grenzziehung ist das Prinzip der begrenzten Einzelermächtigung gemäß Art. 5 Abs. 1 EGV[32] und Art. 7 Abs. 1 Satz 2 EGV[33]. Dieses Prinzip wirkt dabei in zwei unterschiedliche Richtungen.

a) Die begrenzte Organkompetenz des Europäischen Gerichtshofs

Der Europäische Gerichtshof darf horizontal, also auf Unions- und Gemeinschaftsebene nicht in die Kompetenzbereiche der anderen Organe eingreifen[34]. Das gilt

29 Vgl. EuGH, Rs. 29/69, Slg. 1969, S. 419, Rn. 7 – *Stauder*; EuGH, Rs. 4/73, Slg. 1974, S. 491, Rn. 13 – *Nold / Kommission*; EuGH, Rs. 44/79, Slg. 1979, S. 3727, Rn. 15 – *Hauer*; dazu *A. Haratsch*, Der kooperative Grundrechtschutz in der Europäischen Union, in: A. Haratsch / P. Schiffauer (Hrsg.), Grundrechtsschutz in der Europäischen Union, 2007, S. 9 (10 ff.).

30 Derzeit Art. 6 Abs. 2 EUV; künftig Art. 6 Abs. 3 EUV / Lissabon; vgl. auch Art. I–9 Abs. 3 EVV.

31 *Everling* (Fn. 6), JZ 2000, S. 217 (225); *Pechstein* (Fn. 4), Rn. 13.

32 Künftig Art. 5 Abs. 2 EUV / Lissabon; vgl. auch Art. I–11 Abs. 2 EVV.

33 Künftig Art. 13 Abs. 2 Satz 1 EUV / Lissabon; vgl. auch Art. I–19 Abs. 2 Satz 1 EVV.

insbesondere im Verhältnis zu den als Unions- und Gemeinschaftsgesetzgeber fungierenden Organen Rat und Parlament. Deren primärrechtlich zugewiesenen politischen Gestaltungsspielräume dürfen durch den Europäischen Gerichtshof nicht im Wege der richterlichen Rechtsfortbildung beschnitten werden. Dies würde zugleich eine unzulässige Verlagerung des durch die Mitgliedstaaten als Herren der Verträge austarierten institutionellen Gleichgewichts bedeuten. Eine das von den anderen Organen formell und materiell rechtmäßig erlassene Sekundärrecht korrigierende Rechtsfortbildung durch die Gemeinschaftsgerichtsbarkeit ist mithin unzulässig[35]. Fehler- oder lückenhafte Gemeinschaftsakte nachzubessern oder zu ergänzen, ist an sich keine Aufgabe der Judikative, sondern der Legislative[36]. Dies bedeutet allerdings nicht, dass die Rechtsprechung im Sekundärrecht unbewusst gelassene Lücken nicht ausfüllen dürfte[37]; eine Rechtsfortbildung *contra legem* ist dem Europäischen Gerichtshof jedoch nicht gestattet. Umgekehrt gilt dies nicht in gleicher Weise. Haben die Gemeinschaftsgerichte unplanmäßige Lücken im Sekundärrecht im Wege der richterlichen Rechtsfortbildung geschlossen, bleibt es dem Gemeinschaftsgesetzgeber im Rahmen der ihm zugewiesenen Ermächtigung unbenommen, Richterrecht durch eine eigene, gegebenenfalls abweichende Regelung zu ersetzen, sofern nicht höherrangiges Primärrecht materiell entgegensteht.

b) Die begrenzte Verbandskompetenz der Europäischen Gemeinschaft

Auch vertikal, also im Verhältnis zu den Mitgliedstaaten, setzt das Prinzip der begrenzten Ermächtigung der Rechtsfortbildungskompetenz der Gemeinschaftsgerichte Grenzen. Eine Rechtsfortbildung, welche die vertraglich begründeten Unions- oder Gemeinschaftskompetenzen zulasten der Mitgliedstaaten erweitert und damit die nicht übertragenen Hoheitsrechte der Mitgliedstaaten schmälert, ist nicht zulässig. Dies betont nicht zuletzt das Bundesverfassungsgericht in seiner Entscheidung über das deutsche Vertragsgesetz zum Vertrag von Maastricht, wenn es ausführt, dass zwar eine einzelne Bestimmung, die der Europäischen Gemeinschaft Aufgaben oder Befugnisse zuweist, mit Blick auf die Vertragsziele ausgelegt werden könne, dass das Vertragsziel selbst jedoch nicht genüge, um Aufgaben und Befugnisse zu begründen oder zu erweitern[38]. Aus der Sicht der Mitgliedstaaten reicht die den Uni-

34 Vgl. Art. 7 Abs. 1 Satz 2 EGV; künftig Art. 13 Abs. 2 Satz 1 EUV / Lissabon; vgl. auch Art. I–19 Abs. 2 Satz 1 EVV.

35 Ebenso *W. Dänzer-Vanotti*, Unzulässige Rechtsfortbildung des Europäischen Gerichtshofs, RIW 1992, S. 733 (737); *Calliess* (Fn. 4), NJW 2005, S. 929 (932).

36 *T. Stein*, Richterrecht wie anderswo auch?, in: Juristische Fakultät der Universität Heidelberg (Hrsg.), Richterliche Rechtsfortbildung. Erscheinungsformen, Auftrag und Grenzen. Festschrift der Juristischen Fakultät zur 600-Jahr-Feier der Ruprecht-Karls-Universität Heidelberg, 1986, S. 619 (629).

37 Dazu u. III.2.

38 BVerfGE 89, 155 (209) – *Maastricht.*

ons- und Gemeinschaftsorganen erteilte Ermächtigung nur soweit, wie durch das innerstaatliche Zustimmungsgesetz Hoheitsrechte übertragen worden sind. Die Europäischer Union und Europäischer Gemeinschaft eingeräumte Möglichkeit, rechtsverbindlich zu handeln, wird durch die Verträge und die jeweiligen Zustimmungsgesetze hinreichend bestimmbar normiert[39]. Die Ermächtigung umfasst jedoch nicht eine wesentliche Fortentwicklung, die die mitgliedstaatliche Zustimmung gegenstandslos werden ließe; wesentliche Überschreitungen oder Änderungen des im Primärrecht angelegten Integrationsprogramms sind daher von dem Zustimmungsgesetz nicht mehr gedeckt[40]. Dies gilt nicht nur für Rechtsakte, die vom Rat und vom Parlament oder von der Kommission erlassen werden, sondern in gleicher Weise für Entscheidungen der Gemeinschaftsgerichte, die den Boden des Primärrechts und das in ihm angelegte Integrationsprogramm verlassen[41]. Dieser Grenze seiner Rechtsfortbildungskompetenz ist sich der Europäische Gerichtshof sehr wohl bewusst. So ist er einer großzügigen Auslegung des Begriffs der unmittelbaren Betroffenheit in Art. 230 Abs. 4 EGV durch das Gericht erster Instanz entgegengetreten, die die Möglichkeiten einer Individualnichtigkeitsklage gegen Gemeinschaftsrechtsakte mit allgemeiner Geltung ausgeweitet hätte[42]. Er verwies dabei darauf, dass es Sache der Mitgliedstaaten sei, das vertragliche System der Rechtmäßigkeitskontrolle der Gemeinschaftshandlungen im Wege einer Vertragsänderung gemäß Art. 48 EUV[43] zu reformieren[44].

3. Das Prinzip der Subsidiarität

Daneben hat der Europäische Gerichtshof, bildet er das Gemeinschaftsrecht fort, das Subsidiaritätsprinzip gemäß Art. 5 Abs. 2 EGV[45] zu beachten[46]. Dieses erfasst nicht

39 Vgl. BVerfGE 58, 1 (37); 68, 1 (98 f.).

40 BVerfGE 89, 155 (188) – *Maastricht*; ebenso BVerfGE 104, 151 (195); 77, 170 (231); 68, 1 (102); 58, 1 (37); zum Streit, wer eine etwaige Kompetenzüberschreitung feststellen darf, und zur Frage, ob Akte der Gemeinschaftsorgane, die die erteilte Ermächtigung überschreiten (sog. „*ultra vires*“-Akte), rechtlich verbindlich sind, vgl. *A. Haratsch*, Die kooperative Sicherung der Rechtsstaatlichkeit durch die mitgliedstaatlichen Gerichte und Gemeinschaftsgerichte aus mitgliedstaatlicher Sicht, EuR 2008, Beiheft 3, S. 81 (89 f.).

41 *Everling* (Fn. 6), JZ 2000, S. 217 (225); *K.-D. Borchardt*, Richterrecht durch den Gerichtshof der Europäischen Gemeinschaften, in: A. Randelzhofer / R. Scholz / D. Wilke (Hrsg.), Gedächtnisschrift für E. Grabitz, 1995, S. 29 (32).

42 Vgl. EuG, Rs. T-177/01, Slg. 2002, S. II–2365, Rn. 51 – *Jégo Quéré*.

43 Künftig Art. 48 EUV / Lissabon; vgl. auch Art. IV–443 EVV.

44 EuGH, Rs. C-50/00 P, Slg. 2002, S. I–6677, Rn. 45 – *Unión de Pequeños Agricultores*.

45 Künftig Art. 5 Abs. 3 UAbs. 1 EUV / Lissabon; vgl. auch Art. I–11 Abs. 3 UAbs. 1 EVV.

nur legislatives Tätigwerden der Gemeinschaftsorgane, sondern in gleicher Weise judikatives Handeln. Danach darf der Europäische Gerichtshof in Bereichen, die nicht in die ausschließliche Gemeinschaftszuständigkeit fallen, nur rechtsfortbildend tätig werden, sofern und soweit die Ziele der in Betracht gezogenen Maßnahmen auf Ebene der Mitgliedstaaten nicht ausreichend erreicht werden können und daher wegen ihres Umfangs oder ihrer Wirkungen besser auf Gemeinschaftsebene erreicht werden können. Die Prüfung am Maßstab des Subsidiaritätsprinzips bezieht sich sowohl auf die Frage nach dem „Ob" einer richterlichen Rechtsfortbildung als auch auf die Frage nach ihrem „Wie", also der Dichte und der Detailliertheit der gerichtlichen Lückenfüllung[47].

4. Das Prinzip der Verhältnismäßigkeit

Eine weitere Schranke richterlicher Rechtsfortbildung ergibt sich für den Europäischen Gerichtshof aus dem Prinzip der Verhältnismäßigkeit nach Art. 5 Abs. 3 EGV[48]. Eine Rechtsfortbildung ist nur verhältnismäßig und damit zulässig, wenn sie zur Erreichung eines zulässigerweise verfolgten Ziels geeignet, erforderlich und angemessen ist[49].

a) Die Schließung von Rechtslücken als legitimer Zweck

Da eine Rechtsfortbildung durch die Judikative gegenüber der Gemeinschaftslegislative und gegenüber den Mitgliedstaaten immer rechtfertigungsbedürftig ist, muss sie sich stets aufgrund der Lückenhaftigkeit des Gemeinschaftsrechts als notwendig erweisen, also einen legitimen Zweck im Sinne des Verhältnismäßigkeitsprinzips verfolgen. Es muss sich dabei stets um die Schließung einer systemwidrigen Lücke handeln, die das Funktionieren der Gemeinschaftsrechtsordnung gefährden würde[50]. Hierbei können im Wesentlichen zwei Fallgruppen unterschieden werden. Zum einen kann sich eine judikative Rechtsfortbildung als notwendig erweisen, um die effektive Durchsetzung und einheitliche Anwendung des Gemeinschaftsrechts sicherzustellen. Beispielsfälle sind etwa die Rechtsprechung zum Vorrang des Ge-

46 *Borchardt*, in: Gedächtnisschrift für Grabitz (Fn. 41), S. 29 (33); *M. Knauff*, Integration durch Richterrecht – Zur Rolle des Europäischen Gerichtshofs im europäischen Einigungsprozess, JA 2002, S. 719 (719).

47 *Borchardt*, in: Gedächtnisschrift für Grabitz (Fn. 41), S. 29 (33).

48 Künftig Art. 5 Abs. 4 UAbs. 1 EUV / Lissabon; vgl. auch Art. I–11 Abs. 4 UAbs. 1 EVV.

49 EuGH, Rs. 265/87, Slg. 1989, S. 2237, Rn. 21 – *Schräder*.

50 *Pechstein* (Fn. 4), Rn. 12; *Borchardt*, in: Gedächtnisschrift für Grabitz (Fn. 41), S. 29 (34).

meinschaftsrechts[51], zur unmittelbaren Anwendung von Gemeinschaftsrichtlinien[52] oder zur außervertraglichen Haftung der Mitgliedstaaten für Verstöße gegen Gemeinschaftsrecht[53]. Zum anderen kann eine Lückenfüllung durch die Gemeinschaftsgerichte notwendig sein, um rechtsstaatswidrige Zustände zu verhindern. Ansonsten würde sich der Europäische Gerichtshof dem Vorwurf einer Rechtsverweigerung, eines *„déni de justice"*, aussetzen[54]. Eine Justizgewährpflicht trifft den Europäischen Gerichtshof vor allem im Bereich des Grundrechtsschutzes, da die in den Verfassungen der Mitgliedstaaten niedergelegten Grundrechte aufgrund des Vorrangs des Gemeinschaftsrechts vor innerstaatlichem Recht gegenüber sekundärem Gemeinschaftsrecht nicht in Stellung gebracht werden können[55]. In entsprechender Weise ist der Europäische Gerichtshof im Falle einer Rücknahme oder eines Widerrufs von Gemeinschaftsrechtsakten durch Gemeinschaftsorgane zum Schutz des berechtigten Vertrauens derjenigen Personen verpflichtet, die aus dem betreffenden Rechtsakt eine Begünstigung herleiten können[56].

b) Die Geeignetheit der richterlichen Rechtsfortbildung

Die konkrete rechtsfortbildende Rechtsprechung des Europäischen Gerichtshofs muss geeignet sein, das angestrebte Ziel der Steigerung oder Erhaltung der Funktionsfähigkeit der Europäischen Gemeinschaft zumindest zu befördern.

c) Die Erforderlichkeit der richterlichen Rechtsfortbildung

Weiterhin muss sich die Rechtsfortbildung auch als erforderlich erweisen. Dies bedeutet, dass keine rechtliche Alternative zur Lückenfüllung durch den Europäischen Gerichtshof bestehen darf[57]. Insbesondere müssen die Gemeinschaftsgerichte die sowohl die Kompetenzen der Mitgliedstaaten als auch der anderen Gemeinschaftsorgane am wenigsten berührende Rechtsfortbildung vornehmen, wobei freilich auf weniger effektive richterrechtliche Regelungen zur Sicherung der Funktionsfähigkeit der Gemeinschaftsrechtsordnung nicht zurückgegriffen werden muss.

[51] EuGH, Rs. 6/64, Slg. 1964, S. 1251 (1269) – *Costa / ENEL*; EuGH, Rs. 11/70, Slg. 1970, S. 1125, Rn. 3 f. – *Internationale Handelsgesellschaft*.

[52] EuGH, Rs. 9/70, Slg. 1970, S. 825, Rn. 5 ff. – *Leberpfennig*.

[53] EuGH, verb. Rs. C-6/90 und 9/90, Slg. 1991, S. I–5357, Rn. 31 ff. – *Francovich*.

[54] *Ukrow* (Fn. 4), S. 24 ff.; *Stein*, in: Festschrift der Juristischen Fakultät der Ruprecht-Karls-Universität Heidelberg (Fn. 36), S. 619 (626); *Borchardt*, in: Gedächtnisschrift für Grabitz (Fn. 41), S. 29 (30).

[55] *Haratsch*, in: Haratsch / Schiffauer (Fn. 29), S. 9 (10); *Th. Kingreen*, Die Gemeinschaftsgrundrechte, JuS 2000, S. 857 (858).

[56] Vgl. EuGH, verb. Rs. 42 u. 49/59, Slg. 1961, S. 111 (172) – *SNUPAT*; EuGH, Rs. 14/61, Slg. 1962, S. 513 (550) – *Nederlandsche Hoogovens*; EuGH, Rs. 111/63, Slg. 1965, S. 894 (911) – *Lemmerz*.

[57] *Dänzer-Vanotti* (Fn. 35), RIW 1992, S. 733 (737); *Pechstein* (Fn. 4), Rn. 13.

d) Die Angemessenheit der richterlichen Rechtsfortbildung

Letztlich darf die Reichweite einer rechtfortbildenden Maßnahme des Europäischen Gerichtshofs nicht außer Verhältnis zu dem mit ihr verfolgten Zweck stehen. Je tiefgreifender und detailreicher die Gemeinschaftsgerichte rechtsfortbildend tätig werden, umso gewichtiger muss das mit der Rechtsfortbildung verfolgte Ziel sein und umso höher sind die an die Begründung einer Entscheidung zu stellenden Anforderungen[58]. Dass die Abwägung zwischen den zu erwartenden Effektivitätssteigerungen der Gemeinschaftsrechtsordnung einerseits und dem Übergriff der Judikative in den Bereich der Legislative andererseits nicht immer unproblematisch ist, beweisen die teilweise heftigen Reaktionen auf rechtsfortbildende Urteile des Europäischen Gerichtshofs[59]. Selbst an den Rändern des gemeinschaftsrechtlichen Grundrechtsschutzes, dessen Notwendigkeit grundsätzlich unabweisbar erscheint, wird – wie etwa in der Rechtssache „*Mangold*“[60] – dem Europäischen Gerichtshof in jüngster Zeit unzulässige Rechtsfortbildung vorgeworfen[61].

5. Fehlende Akzeptanz als Grenze richterlicher Rechtsfortbildung?

Teilweise wird darüber hinaus auch die fehlende Akzeptanz durch die Rechtsadressaten als rechtliche Grenze einer richterlichen Rechtsfortbildung angesehen[62]. Dem kann so nicht gefolgt werden. Richtig ist, dass jeder Rechtssatz nach Akzeptanz und Befolgung heischt. Die Ablehnung oder Nichtbefolgung einer Rechtsnorm durch die Rechtsunterworfenen nimmt ihr jedoch keineswegs ihre Qualität als Recht. Eine breite Zustimmung in den Mitgliedstaaten ist gewiss ein Indiz für eine gelungene Rechtsfortbildung durch den Europäischen Gerichtshof[63], aber auch unpopuläre Entscheidungen sind zu befolgen und gegebenenfalls zwangsweise durchzusetzen.

IV. Fazit und Ausblick

So umstritten die Rechtsfortbildung durch die Gemeinschaftsgerichte im Einzelfall sein mag, besteht Einigkeit, dass die Unionsgrundordnung auf eine judikative Lückenfüllung angewiesen ist und dem Europäischen Gerichtshof eine entsprechende

[58] Ähnlich *Dänzer-Vanotti* (Fn. 35), RIW 1992, S. 733 (737 f.).
[59] Vgl. beispielsweise *Dänzer-Vanotti* (Fn. 35), RIW 1992, S. 733 (740 ff.).
[60] EuGH, Rs. C-144/04, Slg. 2005, S. I–9981 – *Mangold*.
[61] Vgl. *H. Wollenweber*, Das „Mangold“-Urteil und die unmittelbare Wirkung gemeinschaftsrechtlicher Diskriminierungsverbote im deutschen Arbeitsrecht, 2008, S. 63 ff.
[62] So wohl *Borchardt*, in: Gedächtnisschrift für Grabitz (Fn. 41), S. 29 (39).
[63] *Everling* (Fn. 6), JZ 2000, S. 217 (227); *Ukrow* (Fn. 4), S. 226.

Kompetenz zugewiesen ist. Von dieser Kompetenz hat er Gebrauch gemacht und durch seine großen Leitentscheidungen die Wesenszüge der Unionsgrundordnung in ihrer heutigen Form maßgeblich mitbestimmt[64]. Der Europäische Gerichtshof ist dabei, dies folgt aus dem Wesen richterlicher Rechtsfortbildung, mehr auf Wahrung und Sicherung des Erreichten, auf Abrundung und Vervollständigung des Gemeinschaftsrechts bedacht als auf eine Ausweitung[65]. Nur äußerst selten, sah sich die Legislative – wie etwa die Mitgliedstaaten aus Anlass der Entscheidung in der Rechtssache „*Barber*"[66] – veranlasst, die Rechtsprechung des Europäischen Gerichtshofs ausdrücklich zu korrigieren[67]. Umgekehrt geht man im Bereich des Grundrechtsschutzes mit der Grundrechte-Charta daran, das durch den Europäischen Gerichtshof gebildete Richterrecht in geschriebenes Recht umzugießen, teilweise auch zu ergänzen. Andernorts, verwiesen sei nur auf die außervertragliche Haftung von Gemeinschaft und von Mitgliedstaaten, belässt man es trotz wiederkehrender Gelegenheiten zur Kodifikation bei den ungeschriebenen durch die Gemeinschaftsgerichte entwickelten Grundsätzen. Auch dies belegt die Autorität des Europäischen Gerichtshofs bei der Abrundung und Fortentwicklung des Gemeinschaftsrechts. Alle großen rechtsfortbildenden Errungenschaften scheinen in der Vergangenheit durch den Europäischen Gerichtshof bereits „erkämpft" worden zu sein. Das auf eine immer engere Union der Völker Europas angelegte Integrationsprojekt wird aber auch künftig auf eine maßvolle und besonnene richterliche Rechtsfortbildung durch den Europäischen Gerichtshof angewiesen bleiben.

Grundlegende und vertiefende Literatur

Borchardt, Klaus-Dieter:
Richterrecht durch den Gerichtshof der Europäischen Gemeinschaften, in: A. Randelzhofer / R. Scholz / D. Wilke (Hrsg.), Gedächtnisschrift für Eberhard Grabitz, München 1995, S. 29 ff.

64 *F. Schockweiler*, Die richterliche Kontrollfunktion. Umfang und Grenzen in Bezug auf den Europäischen Gerichtshof, EuR 1995, S. 191 (191); *J. Schwarze*, in: ders. (Hrsg.), EU-Kommentar, 2. Aufl. 2009, Art. 220 EGV Rn. 4.

65 *Stein*, in: Festschrift der Juristischen Fakultät der Ruprecht-Karls-Universität Heidelberg (Fn. 36), S. 619 (623).

66 EuGH, Rs. C-262/88, Slg. 1990, S. I–1889 – *Barber*.

67 Vgl. das so genannte „Barber"-Protokoll zu Art. 119 des Vertrags zur Gründung der Europäischen Gemeinschaft vom 7.2.1992, BGBl. 1992 II S. 1253 (1296) und ABl. 1992 Nr. C 224/104.

Calliess, Christian:
Grundlagen, Grenzen und Perspektiven europäischen Richterrechts, NJW 2005, S. 929 ff.

Dänzer-Vanotti, Wolfgang:
Unzulässige Rechtsfortbildung des Europäischen Gerichtshofs, RIW 1992, S. 733 ff.

Everling, Ulrich:
Richterliche Rechtsfortbildung in der Europäischen Gemeinschaft, JZ 2000, S. 217 ff.

Stein, Torsten:
Richterrecht wie anderswo auch? Der Gerichtshof der Europäischen Gemeinschaften als „Integrationsmotor", in: Hochschullehrer der Juristischen Fakultät der Universität Heidelberg (Hrsg.), Richterliche Rechtsfortbildung. Erscheinungsformen, Auftrag und Grenzen. Festschrift der Juristischen Fakultät zur 600-Jahr-Feier der Ruprecht-Karls-Universität Heidelberg, Heidelberg 1986, S. 619 ff.

4. Teil: Konstitutionelle Prinzipien der Unionsgrundordnung

Inhalt

Antonio López Pina*

A. Einführung: Verfassungselemente in der supranationalen Ordnung der Europäischen Union

Die europäische Unionsgrundordnung[1] stützt sich auf verfassungsrechtliche Prinzipien, die im Vertrag über die Europäische Union festgelegt sind. Hier werden in Art. 6 EUV (Art. 2 i. V. m. Art. 4 (2), 6 und 10 LissV) die der Union und den Mitgliedstaaten gemeinsamen Verfassungsprinzipien lediglich aufgezählt. Diese Offenheit hat dazu geführt, dass in den letzten zwei Jahrzehnten eine lebhafte Diskussion unter den Staatsrechtlehrern und Europarechtlern über die Auslegung der verfassungsrechtlichen Grundsätze entstanden ist. In diesem Beitrag wird dem Leser zunächst ein Überblick über die wichtigsten Lehrmeinungen und die einschlägige Rechtsprechung gegeben (I.), um sie anschließend einer kritischen Analyse zu unterziehen (II.). In Teil III. wird versucht, im Anschluss an die kritischen Stimmen unter den Öffentlich-Rechtlern eine alternative Theorie aufzustellen, in der die Grundrechte die zentrale Stellung einnehmen.

* Dieser Beitrag ist während meines Aufenthaltes am Walter Hallstein-Institut der Humboldt-Universität entstanden. Ihm gilt ebenso mein Dank wie der Alexander von Humboldt-Stiftung, die meine Arbeit gefördert hat.

1 S. *D. Tsatsos*, Die Europäische Unionsgrundordnung, 2002, S. 28 ff.; *ders.*, Die Europäische Unionsgrundordnung im Schatten der Effektivitätsdiskussion, EuGRZ 2000, S. 517 ff.; vgl. *ders.*, Parlamento Europeo, Comisión de Asuntos Institucionales, Ponentes Srs. Méndez de Vigo; Tsatsos; Proyecto de Informe sobre el Tratado de Amsterdam, DOC ES/PR/337/337565 PE 223. 314/B/rev.; *ders.*, Zum Prinzip einer gemeineuropäischen Verfassungsverantwortung – am Beispiel der Revisionsproblematik der europäischen Verträge, in: Die Welt des Verfassungsstaates. Erträge des wissenschaftlichen Kolloquiums zu Ehren von Prof. Häberle, Martin Morlok (Hrsg.), 2001, S. 45 ff.; *ders.*, Zur Entstehung einer europäischen Verfassungsordnung. Drei Vorgegebenheiten zum Verständnis des vom Konvent ausgearbeiteten Entwurfs einer Verfassung für Europa, in: Verfassung im Diskurs der Welt. Liber Amicorum für Peter Häberle zum siebzigsten Geburtstag, Blankenagel / Pernice / Schulze-Fielitz (Hrsg.), 2004, S. 223 ff. Um Defizite dieser notwendig verkürzten Darstellung auszugleichen, sei auf die zwei Beiträge des Autors im Handbuch hingewiesen.

I. Verfassungsgrundsätze im Vertrag, in der Rechtsprechung und in der Lehre

1. Der Vertrag

Die Aufgabe der Union ist es, die Beziehungen zwischen den Mitgliedstaaten, ihren Völkern und Bürgern kohärent und solidarisch zu gestalten. Der Vertrag stellt eine neue Stufe in der Verwirklichung einer immer engeren Union der Völker Europas dar, in der die Entscheidungen möglichst offen und möglichst bürgernah getroffen werden (Art. 1 EUV; Art. 1 II LissV).

Während Art. 1 (Art. 1 LissV) die Union überhaupt begründet, Art. 2 (Art. 3 LissV) mit den Zielbestimmungen die allgemeine Handlungsermächtigung für sie bereitstellt und die Art. 3–5 (Art. 13, 15 LissV) den organisatorischen Rahmen setzen, ist Art. 6 EUV die zentrale materielle Norm des allgemeinen Unionsrechts. Denn er beschreibt die Union in einer dreifachen Dimension: Erstens als Ergebnis der Integration (Produkt eines geschichtlichen Prozesses), zweitens als Rechtsgemeinschaft (gegenwärtige Situation) und drittens als offenen Konstitutionalisierungsprozess (Zukunft). Art. 6 EUV verfolgt in seinen vier Absätzen unterschiedliche Anliegen. In Abs. 1 (Art. 2 in V. m. Art. 4 (2), 6 und 10 LissV) : Die Union beruht auf den Grundsätzen der Freiheit, der Demokratie, der Achtung der Menschenrechte und Grundfreiheiten sowie der Rechtstaatlichkeit, werden die materiellen Grundsätze der Union aufgeführt; in Abs. 2 (Art. 2 i. V. m. Art. 4 (2), 6 und 10 LissV) wird die Verpflichtung zur Achtung der Grundrechte statuiert; in Abs. 3 (Art. 4 (2) LissV) die nationale Identität der Mitgliedstaaten verbürgt und in Abs. 4 (Art. 3 (6) LissV) werden schließlich Aussagen zur Mittelausstattung getroffen[2].

Art. 6 EUV geht über den normativen Anspruch eines völkerrechtlichen Vertrages im klassischen Sinne hinaus und verweist auf die supranationale Konstituierung der Mitgliedstaaten als Rechtsgemeinschaft. Über den Freiheitsgrundsatz in Art. 6 Abs. 1 EUV ist die Europäische Union mit der Wirtschaftsverfassung verknüpft, denn Art. 4 EGV (Art. 3 (3) LissV; Art. 26 EVV) verweist auf eine offene Marktwirtschaft mit freiem Wettbewerb und in Art. 7 (Art. 7 LissV) und 49 EUV (Art. 49 LissV) wird die Freiheit als allgemeiner Kontrollmaßstab systematisiert.

2 S. *B. Beutler*, Art. 6 EUV in Kommentar zum Vertrag über die Europäische Union und zur Gründung der Europäischen Gemeinschaft, von der Groeben / Schwarze (Hrsg.), 6. Aufl. 2003; vgl. *ders.*, Offene Staatlichkeit und europäische Integration, in: Grawert / Schlink / Wahl / Wieland (Hrsg.), Festschrift für E.-W. Böckenförde, 1995, S. 109 ff.

a) Art. 6 Abs. 1 Grundsätze

Art. 6 legt mit der Bezugnahme auf die Demokratie in Abs. 1 und mit der Achtung der nationalen Identität in Abs. 3 (Art. 4 (2) LissV) die Fundamente der politischen Verfassung der Union. Letztere mit den Sachzwängen der wirtschaftlichen Verfassung zu verknüpfen, ist Gegenstand der noch ausstehenden Integrationsphase.

Der Freiheitsgrundsatz versteht sich im Licht der gemeinsamen europäischen Verfassungstradition als persönliche Freiheit gegenüber jeglicher nicht-legitimer Machtausübung. Diese Freiheit erhält durch vielfältige Konkretisierungen im EUV und im EGV (LissV; EVV), speziell in *der Achtung der Menschenrechte und Grundfreiheiten* (Art. 6 Abs. 1 EUV; Art. 6 LissV) normative Kraft. Mit dem Freiheitsgrundsatz erklärt die Union die Freiheit des Einzelnen zum Maßstab allen europäischen Rechtes – und damit erfüllt sie die Forderung, die Hegel seinerzeit aufstellte: „Jeder Mensch ist im Anwendungsbereich dieser Rechtsordnung freies Rechtssubjekt und alle Menschen begegnen sich in dieser Rechtsordnung als rechtlich und moralisch Gleiche“[3]. Die Menschenrechte und die Grundfreiheiten in Abs. 1 sind mittels einer wertenden Gesamtbetrachtung[4] zu interpretieren, die allen funktionalen Erwägungen des Marktes oder der Sicherheit gegenüber von der Zentralstellung der Person ausgeht. Der Freiheitsgrundsatz ist bedeutsam für die Beziehung der Person sowohl zur Gemeinschaft und zur Union wie auch zu den Staaten. Er gilt auch in den Beziehungen zwischen Privaten im Rahmen des Privatrechts. So wird die Privatinitiative in der Ausgestaltung des Gemeinschaftsrechts gewährleistet (Art. 4 Abs. 1; 98 und 105 Abs. 1 EGV; Art. 26 (2) EVV). Dabei ist hervorzuheben, dass die Grundfreiheiten (Art. 14 (2) EGV; Art. 26 (2) EVV) in den meisten Fällen in dem Sinne interpretiert worden sind, dass eventuelle Hindernisse, die die Staaten gegen die Freizügigkeit von Kapital, Waren, Dienstleistungen und Personen aufgerichtet haben, aus dem Weg zu räumen sind[5].

Der Freiheitsgrundsatz stellt nur ein Element der Verfassungsgrundsätze dar. Dazu kommen die Demokratie sowie die Rechtstaatlichkeit, vieldeutige Begriffe, die in Rechtsprechung und Lehre zu weit auseinandergehenden Auslegungen geführt haben. Die Interpretation des Demokratie-Begriffs ist der Angelpunkt dieser Debatte: Auf der einen Seite wird in Abs. 1 eine demokratische Legitimation gefordert; andererseits entspricht die europäische Regierungsform (Art. 4; 5 EUV; 189–219 EGV; Art. 10, 13, 14, 15 LissV) nicht dem demokratischen Prinzip, was an der

3 S. *G. F. W. Hegel*, Rechtsphilosophie, 1821 (1970, Ausgabe Moldenhauer / Michel).
4 S. *B. Beutler*, Fn.2.
5 S. *A. von Bogdandy*, Europäische Prinzipienlehre in: Europäisches Verfassungsrecht, von Bogdandy (Hrsg.), 2003, S. 149 ff.; vgl. *ders.*, Supranationaler Föderalismus als Wirklichkeit und Idee einer neuen Herrschaftsform, 1999; *ders.*, Grundrechtsgemeinschaft als Integrationsziel?, JZ 2001, S. 157 ff.; *ders.*, Der Staat 39 (2000), S. 163 ff.

Asymmetrie zwischen der staatlichen und der europäischen Regierungsform deutlich wird.

Somit bedarf die materielle Bestimmung des Demokratieprinzips einer dogmatischen Aufarbeitung. Gewiss kann man das *europäische Volk* formell als Summe der Bürger auffassen. Eine solche Konkretisierungsstrategie kommt im Rechtsinstitut der *europäischen Bürgerschaft* (Art. 17 EGV; Art. 9, 10, 11 LissV) zum Ausdruck. Aber die Strategie gerät in beträchtliche Spannungen zu den Art. 1.1; 6 Abs. 3 und 189 EGV (Art. 1 II, Art. 4 (2), 10, 13, 14, 15 LissV), in denen einerseits die europäischen Bürger und andererseits die demokratisch konstituierten Völker der Mitgliedstaaten als politische Subjekte der Union bestimmt werden. Die Union gründet sich demnach auf eine duale Legitimitätsstruktur mit folgenden Organen: Erstens das Europäische Parlament als Repräsentation aller Bürger und zweitens der Ministerrat und der Europäische Rat, deren Legitimität sich auf die demokratisch konstituierten Völker der Mitgliedstaaten stützt. Die Zusammensetzung der Kommission (Art. 214 EGV; Art. 17 LissV), ein großer Teil der Rechtssetzung (Art. 251 EGV; Art. 17 LissV), die Billigung der Haushalte (Art. 272 EGV; Art. 17 LissV) und die Erweiterung der Union (Art. 49 EUV; Art. 49, 50 LissV) stützen sich auf diese doppelte Legitimation. Aber auf anderen sehr wichtigen Gebieten handelt die Union ausschließlich durch intergouvernementale Zusammenarbeit. Das demokratische Prinzip wird im Europäischen Rat nur indirekt durch die Mitgliedstaaten realisiert. Zwar kann das Parlament in einer Reihe von Fällen mitentscheiden, aber der *Raum der Freiheit, der Sicherheit und des Rechts* zum Beispiel wird weitgehend von der intergouvernementalen Zusammenarbeit geordnet, die durch den Einstimmigkeitszwang Mehrheitsentscheidungen nach dem demokratischen Prinzip ausschließt. Und was die gemeinsame Außen- und Sicherheitspolitik angeht, so gesteht der Unionsvertrag dem Europäischen Parlament nur das Recht zu, gehört zu werden (Art. 21 EUV; Art. 24.1 LissV), das jegliche Teilnahme an den Entscheidungen ausschließt.

Der Grundsatz politischer Gleichheit für alle Bürger hat in Europa noch zu keiner adäquaten demokratischen Partizipationsform gefunden. Die klassische Verfassungstheorie setzte die politische Einheit der Staaten voraus. Gerade diese ist aber in der Union nicht gegeben. Die Union geht von der Existenz von staatlich organisierten Völkern als territorialen Minderheiten aus, die in so wichtigen Materien wie Steuerrecht, Finanzfragen, Sozialfragen, *Raum der Freiheit, der Sicherheit und des Rechts*, Verteidigung, Außenpolitik u.a. nur nach dem Einstimmigkeitsprinzip entscheiden können, so dass in solchen Fragen grundsätzlich jegliche Mehrheitsbildung ausgeschlossen ist[6]. Dieses Vorverständnis, das die Union von sich selbst hat,

6 S. *R. M. Lepsius*, Die Europäische Union als Herrschaftsverband eigener Prägung, in: Joerges / Mény / Weiler (Hrsg.), What kind of Constitution for What Kind of Policy?

kommt in der zentralen Stellung des Ministerrats und des Europäischen Rates bei der Beschlussfassung zum Ausdruck. Weitere Kennzeichen sind der Mangel sowohl einer Solidaritätsgemeinschaft wie auch eines republikanischen Gründungswillens.

Da eine Mitentscheidung des Europäischen Parlaments nicht in allen Kompetenzbereichen erforderlich ist, die für Personalfragen wichtigen Entscheidungen seine Zustimmung nicht voraussetzen und nicht alle Rechtsakte der Gemeinschaftsorgane vom Parlament politisch kontrolliert werden, müssen ernsthafte Zweifel an der demokratischen Qualität der dualen Legitimation erhoben werden. Europa ist noch auf der Suche nach der demokratischen politischen Formel, die die jetzige Blockierung von Mehrheitsentscheidungen überwindet.

Das dritte Prinzip des Art. 6 Abs. 1 EUV (Art. 2, 6 LissV) ist das Rechtsstaatspostulat. Der Sinn des Rechtsstaatspostulats liegt darin, die Ausübung der öffentlichen Gewalt mittels regulierter Verfahren zu kontrollieren. In dieser Funktion ist es vom Europäischen Gerichtshof entwickelt worden, auch wenn dieser in seiner Rechtsprechung weitgehend den Begriff der Rechtsstaatlichkeit zur Kennzeichnung der Gemeinschaft vermieden und vor allem den Begriff der Rechtsgemeinschaft verwendet hat. Das Prinzip der Rechtsgemeinschaft impliziert, dass „weder die Mitgliedstaaten noch die Gemeinschaftsorgane der Kontrolle der Vereinbarkeit ihrer Handlungen mit der Verfassungsurkunde der Gemeinschaft, dem Vertrag, entzogen sind, und dass mit diesem Vertrag ein umfassendes Rechtsschutzsystem geschaffen wurde“[7]. Im Rahmen der ihr zugewiesenen Aufgabe, das Recht zu wahren (Art. 220 EGV; Art. 19 LissV), kontrolliert die Gemeinschaftsgerichtsbarkeit das Handeln der Gemeinschaftsorgane (Art. 46 d) EUV; aufgehoben LissV) besonders hinsichtlich der Einhaltung der ihnen zugewiesenen Kompetenzen, der Beachtung des Verfahrens und der Vereinbarkeit mit höherrangigem Recht. Was die Verletzung der euro-

Responses to Joschka Fischer, Harvard Jean Monnet Working Paper Series, n 7, 2000; vgl. *ders.*, Integrazione economico – politica e pluralità culturale, 1997; *ders.*, Die Europäische Gemeinschaft und die Zukunft des Nationalstaates; National Staat oder Nationalitätenstaat als Modell für die Weiterentwicklung der Europäischen Gemeinschaft, in: *ders.*, Demokratie in Deutschland. Soziologisch-Historische Konstellationsanalysen, Ausgewählte Aufsätze, 1993, S.249 ff. und 265 ff.

7 Erwähnung vom Grundsatz der Rechtsstaatlichkeit in EuGH – Granaria / Hoofdproduktschap voor Akkerbouwprodukten Rs. 101/78, Slg. 1979, 623; der EuGH zieht vor, von Rechtsgemeinschaft zu sprechen EuGH – Les Verts / Parlament Rsd. 294/83, Slg. 1986, 1339; EuGH – Gutachten 1/91, Slg. 1991, I–6079. Ein umfassendes Rechtsschutzsystem, in dem keine der Handlungen der Gemeinschaftsorgane (EuGH – Guérin automobiles / Kommission, Rs. T – 186/94, 27.6.1995, Slg. 1995, II–1753) oder der Mitgliedstaaten (EuGH – Borelli / Kommission, Rs. C-97/91, 3.12.1992, Slg. 1992, I–6313) einer Richterkontrolle prinzipiell entzogen sein können (EuGH – Zwartveld, Rs. C-2/88, 13.7.1990, Slg. 1990, I–3365).

päischen Verfassungsgrundsätze (Art. 6 EUV; Art. 2 i. V. m. Art. 4 (2), 6 und 10 LissV) durch die Mitgliedstaaten betrifft, ist in Art. 7 EUV (Art. 7 LissV) ein besonderes Verfahren vorgesehen. Dazu kommt die Kontrolle der Grundrechte gemäß Art. 6 Abs. 2 EUV (Art. 6 LissV), wenn die Mitgliedstaaten Gemeinschaftsrecht durchführen. Im Übrigen ist auch die Achtung der nationalen Identität Art. 6 Absatz 3 EUV vor dem Gerichtshof einklagbar (Art. 19 LissV).

Im Allgemeinen können die Individuen vor dem Gerichtshof die eigenen Grundrechte geltend machen, wenn Rechtsakte der Gemeinschafts- und Unionsorgane diese verletzen (Art. 46 d) EUV; aufgehoben LissV) oder wenn die Mitgliedstaaten bei der Durchführung des Gemeinschaftsrechts gegen diese verstoßen. In bestimmten Fällen bleibt ihnen aber dieser Weg versperrt, weil die Rechtstaatlichkeit unter Titel V (Bestimmungen über die gemeinsame Außen- und Sicherheitspolitik) (Titel V LissV) und VI (Bestimmungen über die polizeiliche und justizielle Zusammenarbeit in Strafsachen; Art. 35. 5 EUV; Titel V EVV) ausgeklammert ist. Besonders problematisch ist die Rolle des Europäischen Rates. Obwohl er juristisch ein Organ der Union (Art. 4 EUV; Art. 13, 15, 16 LissV) ist, ist er in seiner Handlung keinerlei Kontrolle unterworfen. Da er oft mit seiner Kompetenz die allgemeinen politischen Zielvorstellungen festzulegen, den Rechtssetzungsprozess beeinflusst, erweist sich dies als ein schwerwiegendes Defizit.

b) Art. 6 Abs. 2 Die Union achtet die Grundrechte

Art. 6 Abs. 2 EUV (Art. 6 LissV) verweist auf die Europäische Konvention zum Schutz der Menschenrechte und Grundfreiheiten und – konform mit der Rechtsprechung des Europäischen Gerichtshofs – auf die gemeinsamen Verfassungsüberlieferungen der Mitgliedstaaten. Diese Quellen werden als Konkretisierung des Europarechts anerkannt, die auf die gesamte Rechtsordnung der Union via Art. 6 Abs. 1 EUV (Art. 2 i. V. m. Art. 4 (2), 6 und 10 LissV) in Verbindung mit Art. 7 (Art. 7 LissV) und 49 EUV (Art. 49 LissV), aber auch mit Art. 11 (Art. 20 LissV) und 177 EGV (Art. 208 EVV) ausstrahlt. Bei Verträgen der Gemeinschaft mit den Entwicklungsländern wirkt sich Art. 6 Abs. 2, vía Art. 6 Abs. 1 EUV in Verbindung mit Art. 177 EGV (Art. 208 EVV), auf Drittstaaten aus. Ebenso gilt Art. 6 Abs. 2 EUV gegenüber den Mitgliedstaaten, wenn sie Gemeinschaftsrecht durchführen. So bedeutet Art. 6 Abs. 2 (Art. 6 LissV) eine wichtige Aufwertung der Verfassungsüberlieferungen der Mitgliedstaaten.

In der Gemeinschaft gelten die Grundrechte gemäß Art. 46 d) EUV (aufgehoben LissV) auch im Rahmen des EU-Vertrages gegenüber den Organen der Union; in den Mitgliedstaaten werden sie nach Art. 220 EGV (Art. 19 LissV) bei der Anwendung und Durchführung des Europarechts gewahrt. Diese beiden Normen sind von Interesse, wenn es um eine Verstärkung der Kompetenz der Gemeinschaftsgerichtsbarkeit geht, die besonders im Rahmen des Bereichs Freiheit, Sicherheit und Recht aktuell wird, wo die Auswirkungen auf die Grundrechte besonders einschlägig sind. Darauf wird noch zurückzukommen sein (I.3; II.1; III.1).

Die Charta der Grundrechte (Nizza 2000)[8] ist ein weiterer Schritt in der Konkretisierung des Grundrechtsschutzes. Im Abschnitt „Die Gewährleistung der Effektivität der Grundrechte als Kernaufgabe der Europäischen Union“ (II.1) werden ihre Bedeutung und ihre Geltung analysiert.

c) Art. 6 Abs. 3 EUV (Art. 4 (2) LissV) Die Union achtet die nationale Identität ihrer Mitgliedstaaten

Art. 6 EUV definiert die politische Union durch die Elemente der Demokratie in Abs. 1 (Art. 2 i. V. m. Art. 4 (2), 6 und 10 LissV) und der Achtung der nationalen Identität der Staaten in Abs. 3 (Art. 4 (2) LissV). Was unter nationaler Identität zu verstehen ist, wird vom Vertrag allerdings nicht näher bestimmt. Nach dem Bundesverfassungsgericht werden von der Achtungsverpflichtung der nationalen Identität die Staatlichkeit und die Souveränität der Mitgliedstaaten umfasst (BVerfGE 89, 155).

So wirkt sich die Unbestimmtheit der nationalen Identität auf ein nationales Souveränitätsverständnis ohne Schranken aus. Allerdings enthält der EUV einige Vorgaben für eine solche mitgliedschaftliche Definition nationaler Identität. Art. 6 Abs. 1 EUV (Art. 2 i. V. m. Art. 4 (2), 6 und 10 LissV) benennt ausdrücklich Grundwerte, die in jedem Mitgliedstaat verwirklicht sein müssen und somit auch zur nationalen Identität eines jeden Mitgliedstaats zählen: Das Bekenntnis zu Freiheit und Demokratie, zur Achtung der Menschenrechte und der Grundfreiheiten sowie zur Rechtsstaatlichkeit.

Da Art. 6 Abs. 3 EUV (Art. 4 (2) LissV) die Mitgliedschaft der Staaten in der Europäischen Union voraussetzt, nehmen die Mitgliedstaaten ihre Souveränitätsrechte im Rahmen ihrer vertraglichen Einbindung wahr. Zur nationalen Identität eines

8 Schlussfolgerungen des Vorsitzes. Tagung des Europäischen Rates in Brüssel (21./22. Juni 2007) II. ÄNDERUNGEN DES EU-VERTRAGS Titel I – Gemeinsame Bestimmungen 5. Art. 6 über die Grundrechte erhält folgende Fassung: „(1) Die Union erkennt die Rechte, Freiheiten und Grundsätze an, die in der Charta der Grundrechte vom 7. Dezember 2000 in der am [... 2007] angepassten Fassung niedergelegt sind; die Charta der Grundrechte hat dieselbe Rechtsverbindlichkeit wie die Verträge. Die Grundrechte, wie sie in der Europäischen Konvention zum Schutze der Menschenrechte und Grundfreiheiten gewährleistet sind und wie sie sich aus den gemeinsamen Verfassungsüberlieferungen der Mitgliedstaaten ergeben, sind als allgemeine Grundsätze Teil des Unionsrechts. Gemeinsame Bestimmungen (I) 9. Der Artikel über die Grundrechte wird einen Querverweis auf die im Rahmen der RK 2004 vereinbarte Fassung der Charta der Grundrechte enthalten, dieser damit Rechtsverbindlichkeit verleihen und ihren Geltungsbereich festlegen.

Mitgliedstaats der EU gehört daher auch die Öffnung seiner Souveränität gegenüber der Union und der Gemeinschaft sowie seine Bereitschaft zur Mitwirkung an der Integration[9].

Trotzdem haben die Verfassungsrechtsprechung von einigen Mitgliedstaaten und die herrschende Lehrmeinung dazu geneigt, Art. 6 Abs. 3 EUV (Art. 4 (2) LissV) einseitig auf eine Interpretation der nationalen Souveränität festzulegen, obwohl Art. 6 Abs. 3 (Art. 4 (2) LissV) nur einen normativen Rahmen für verschiedene mögliche politische Zukunftsformen setzt. Von daher scheint es opportun, für ein Gleichgewicht zwischen der Achtung der nationalen Identität und der Offenheit zu einer politischen Union einzutreten. Art. 6 Abs. 3 (Art. 4 (2) LissV) stellt das Problem gegenseitiger Achtung zwischen der Union und den Mitgliedstaaten. Gewiss sehen viele bedeutende Staatsrechtslehrer die Notwendigkeit, die Staatlichkeit für die europäische Integration zu öffnen; aber ein Konsens über die Grenzen einer solchen Öffnung besteht nicht[10].

9 Vgl. *Ch. Tomuschat,* La Déclaration de Berlin, Revue du Marché commun et de l'Union européenne, n 508, Mai 2007; *ders*., Ungereimtes / Zum Urteil des Bundesverfassungsgerichts vom 18. Juli 2005 über den Europäischen Haftbefehl, EuGRZ 2005, S. 453 ff.; *ders*., Die internationale Gemeinschaft, AVR 33 (1995); *ders*., Die Europäische Union unter der Aufsicht des Bundesverfassungsgerichts, EuGRZ 1993, S. 489 ff.; *ders*., Die staatsrechtliche Entscheidung für die internationale Offenheit, in: Isensee / Kirchhof (Hrsg.), Handbuch des Staatsrechts, Bd. VII, 1993, S. 483 ff.; *ders*., Der Verfassungsstaat im Geflecht der internationalen Beziehungen, VVDStRL 36 (1978). Vgl. *H. Hofmann*, Die Entwicklung des Grundgesetzes nach 1949, in: Handbuch des Staatsrechts, Bd. I, 1987, S. 259 ff.

10 S. *E. Denninger*, Menschenrechte und Staatsaufgaben – ein europäisches Thema, in: JZ 1996, S. 585 ff.; *ders*., Anmerkungen zur Diskussion um europäische Grundrechte, in: Kritische Vierteljahresschrift für Gesetzgebung und Rechtswissenschaft, 83 (2000); *ders*., Recht in globaler Unordnung, 2005. Vgl. *P. Häberle*, Europäische Verfassungslehre, 6. Aufl. 2009; *ders*., Europa als werdende Verfassungsgemeinschaft, DVBl. 2000, S. 840 ff.; *ders*., Europäische Verfassungslehre in Einzelstudien, 1999; *ders*., Verfassungslehre als Kulturwissenschaft, 2. Aufl. 1998; *ders*., La libertad fundamental en el Estado constitucional, 1997; *ders*., Europäische Rechtskultur, 1994; *ders*., Gemeineuropäisches Verfassungsrecht, EuGRZ 1991, S. 261 ff.; *ders*., Das Menschenbild im Verfassungsstaat, 1988; *ders*., Die Menschenwürde als Grundlage der staatlichen Gemeinschaft, in: Handbuch des Staatsrechts, Bd. 1, Isensee / Kirchhof (Hrsg.), 1987, S. 815 ff.; *ders*., Grundrechte im Leistungsstaat, VVDStRL, 30 (1972). Ich strecke die Waffen vor der Unmöglichkeit, ein dermaßen umfassendes Gedankengut im Rahmen dieses Beitrags auch nur annähernd wiederzugeben und verweise stattdessen auf die Literatur und auf seine Seiten in diesem Handbuch. S. *P. Kirchhof*, Der Staat als Garant und Gegner der Freiheit, 2004; vgl., *ders*., Die rechtliche Struktur der Europäischen Union als Staatenverbund, in: Europäisches Verfassungsrecht, von Bogdandy (Hrsg.), 2003, S. 893 ff.; *ders*., Die Gewaltenbalance zwischen staatlichen und europäischen Organen, JZ 1998,

Die Gleichzeitigkeit von nationaler Staatsangehörigkeit und europäischer Bürgerschaft in der Union (Art. 17 EGV; Art. 9 LissV) unterstützt die dogmatische Perspektive einer offenen staatlichen Identität; diese muss ihrerseits auch die Zukunftsoffenheit der gegenwärtigen Union respektieren. Wenn die Achtung der nationalen Identität eine Rechtspflicht ist, so ist sie also kein geschlossener Grundsatz: Sie verlangt die Öffnung zur europäischen Identität, die nach den Art. 2 und 11 EUV (Art. 3, 21 LissV) zu den Kennzeichen der Union gehört. Der Rechtsgedanke des Art. 6 Abs. 3 EUV (Art. 4 (2) LissV) kann zudem über eine entsprechende Auslegung des Art. 10 EGV (Art. 4 LissV) zur Geltung kommen, wonach die Achtungsverpflichtung zugleich eine Ausprägung des Grundsatzes der wechselseitigen Gemeinschaftstreue i. S. v. Art. 10 EGV (Art. 4 LissV) darstellt[11]. In die gleiche Richtung zielt Art. 1 Absatz 2 EUV (Art. 1 II LissV), wonach sich die Union als eine neue Stufe bei der Verwirklichung einer immer engeren Union der Völker Europas darstellt. So gesehen ist die verbreitete Lehrmeinung, dass man sich auf Art. 6 Abs. 3 (Art. 4 (2) LissV) berufen könne, um die Weiterentwicklung des Integrationsprozesses zu blockieren, nicht zu halten. Denn man kann aus Art. 6 Abs. 3 (Art. 4 (2) LissV) nicht entnehmen, dass die mitgliedstaatlichen Souveränitätsrechte auf jeden Fall auf dem gegenwärtigen Stand der Integration gehalten werden müssten. Damit sind einer allzu engen Sicht der nationalen Identität Grenzen gesetzt.

Auf einem anderen Blatt steht, dass jegliche Öffnung der Staatlichkeit gewisse Grenzen respektieren muss: Kompetenzbegrenzende Gemeinschaftsprinzipien wie das Subsidiaritätsprinzip (Art. 5 Abs. 2 EGV; Art. 5 (1) LissV) und der Verhältnismäßigkeitsgrundsatz (Art. 5 Abs. 3 EGV; Art. 5 (1) LissV) stehen im Dienst der nationalen Identität (Art. 4 (2) LissV). Durch ihre Achtung wird zugleich die nationale Identität der Mitgliedstaaten gewahrt (BVerfGE 89, 155).

Die Öffnung der Union bedeutet also, dass die Union auf der Präservation der Staaten besteht, aber gleichzeitig für die Zukunft die Bildung eines föderalen Bundes nicht ausschließt.

S. 965 ff.; *ders*., Stetige Verfassung und politische Erneuerung, 1995; *ders*., Der deutsche Staat im Prozess der europäischen Integration, in: Handbuch des Staatsrechts, Isensee / Kirchhof (Hrsg.) Band VII, 1992, S. 855 ff. Seine wissenschaftliche Position ist differenziert zu sehen: Er ist nicht ohne Weiteres ins konservative Lager einzuordnen; auf ihn ist auch zurückzuführen, dass die Gemeinschaftsorgane seit der Maastricht-Entscheidung aufgehört haben, sich eigenmächtig Kompetenzen anzueignen.

11 Vgl. *A. Puttler*, Art. 6 EUV, in: Kommentar des Vertrages über die Europäische Union und des Vertrages zur Gründung der Europäischen Gemeinschaft, 2. Aufl., Callies / Ruffert (Hrsg.).

2. Die Rechtsprechung

Die Entwicklung der europäischen Rechtsordnung hat – ähnlich wie es in der Geschichte der Vereinigten Staaten mit dem Supreme Court geschah – einen besonderen Impuls durch die Gemeinschaftsgerichtsbarkeit erhalten: Die Konsolidierung der Europäischen Union als Rechtsgemeinschaft, das Rechtsstaatlichkeitspostulat und die Garantie des subjektiven Rechtsschutzes sind als die großen Beiträge der Rechtsprechung zu betrachten. Die Grundrechte-Charta, die in Nizza (2000) proklamiert wurde, spiegelt den Versuch wider, die unterschiedlichen Stränge des europäischen Konstitutionalisierungsprozesses im Grundrechtsbereich zu vereinen und schließt dabei die Rechtsprechung des Gerichtshofes ein.

Der europäische Konsens über die supranationale Regierungsform beginnt und endet mit der Charakterisierung der Union als Rechtsgemeinschaft und mit der Forderung, dass ihre Organe als Elemente einer verfassten öffentlichen Gewalt im Einklang mit dem Rechtsstaatspostulat handeln. Der europäische Gerichtshof ist immer sehr zurückhaltend mit dem Begriff der Rechtsstaatlichkeit umgegangen. Dennoch besteht in der Sache Konsens über die Elemente einer verfassten Ordnung von Hoheitsgewalt: Sie umfassen den Vorbehalt des Gesetzes[12] sowie die Achtung der Grundrechte und den Grundsatz der Verhältnismäßigkeit hoheitlicher Maßnahmen[13]. Diese Grundsätze sind in Art. 5 EGV (Art. 5 (1) LissV) geregelt bzw. ergeben sich aus der Rechtsprechung des europäischen Gerichtshofes zum Bestimmtheitsgrundsatz und Rückwirkungsverbot sowie aus dem Ganzen seiner Grundrechtsrechtsprechung. Andere relevante Kategorien des Europarechts sind: Vorrang, unmittelbare Wirkung und gemeinschaftsrechtskonforme Auslegung, Einheitlichkeit der Anwendung des Gemeinschaftsrechts, effektiver Rechtsschutz und institutionelles Gleichgewicht[14].

Die Konzeption der Rechtsgemeinschaft hat insofern außergewöhnliche Konsequenzen für die Integration gezeitigt, als sie den Gerichtshof zu dogmatischen Ausführungen von großer Reichweite veranlasste. Wie von Bogdandy in diesem Zusammenhang ausführt, sind die Wirksamkeit und die Anwendung der Rechtsnormen der erste Ausdruck der rechtlichen Gleichheit der Individuen. Aufgrund der völkerrechtlichen Genese des Gemeinschaftsrechts sind sie das erstrangige Problem.

12 Wonach „Eingriffe der öffentlichen Gewalt in die Sphäre der privaten Betätigung jeder – natürlichen oder juristischen – Person einer Rechtsgrundlage bedürfen und … aus den gesetzlich vorgesehenen Gründen gerechtfertigt sein" müssen (EuGH, (Hoechst) Rs. 46/87, 227/88, 21.9.1989, Slg. 1989, 2859).

13 S. *B. Beutler*, Fn. 2.

14 S. *B. Wegener*, Art. 220 EGV, in: Kommentar des Vertrages über die Europäische Union und des Vertrages zur Gründung der Europäischen Gemeinschaft, 2. Aufl., Callies / Ruffert (Hrsg.).

Die entsprechenden Rechtsinstitute, allen voran die unmittelbare Wirksamkeit, der Vorrang und das Gebot effektiver und gleichwertiger Durchführung, die der Herrschaft des europäischen Rechts dienen, sind konstitutiv und unauflöslich mit dem Interesse des Systems an seiner Wirksamkeit und dem korrespondierenden Interesse des Einzelnen an der Durchsetzung einer ihn begünstigenden Norm verbunden[15].

Weit mehr als das Gebot zur Einheitlichkeit der Anwendung des Gemeinschaftsrechts dient der Gemeinschaftsgerichtsbarkeit die Forderung nach einem effektiven Schutz der durch das Gemeinschaftsrecht begründeten Rechte Einzelner zur Legitimation juristischer Erkenntnisse und vielfältiger Einwirkung auf die Rechtsinstitute auch des nationalen (Prozess-) Rechts. Der EuGH bezeichnet die Gewähr eines effektiven gerichtlichen Rechtsschutzes als allgemeinen Rechtsgrundsatz, der den gemeinsamen Verfassungstraditionen der Mitgliedstaaten zugrunde liegt, in Art. 6 und 13 EMRK Ausdruck gefunden hat und auf das Gemeinschaftsrecht Anwendung finden muss.

1969 erkannte der EuGH zum ersten Mal an, dass die Grundrechte der Person zu den allgemeinen Rechtsgrundsätzen der Gemeinschaftsrechtsordnung gehören. 1970 wurden sie in den gemeinsamen Verfassungsüberlieferungender Mitgliedstaaten verankert und 1974 wurden auch die internationalen Verträge über den Schutz der Menschenrechte als Rechtserkenntnisquelle der Gemeinschaftsgrundrechte einbezogen[16].

3. Die Diskussion in der Lehre

Stellvertretend für die äußerst rege und schier unüberschaubare Diskussion in der Fachliteratur, werden im folgenden drei Positionen zur heutigen Lage des Europarechts vorgestellt, die im Kern auf folgende Grundhaltungen hinauslaufen: a) auf die Aufrechterhaltung des Status quo, b) auf die Offenheit des Status quo für das Gemeinschaftsrecht bzw. auf den Ausbau der Mitentscheidung des Europäischen Parlaments und schließlich c) auf eine dogmatische und rechtspolitische Kritik an Konzeptionen wie die der offenen Staatlichkeit, des europäischen Verfassungsverbundes und der europäischen Unionsgrundordnung.

15 S. *A. von Bogdandy*, Fn. 5.

16 Die Gemeinschaftsgerichtsbarkeit betont in ständiger Rechtsprechung, dass sie bei der Gewährleistung der allgemeinen Rechtsgrundsätze von den Verfassungstraditionen der Mitgliedstaaten auszugehen habe (EuGH – Nold, Rs. 4/73, 14.5.1974, Slg. 1974, 491, Rn 13; Gutachten 2/94, 28.3.1996, Slg. 1996, I–1759, Rn. 33; EuGH – Kremzow, Rs. C-299/95, 29.5.1997, Slg. 1997, I–2629, Rn. 14) und deshalb mit diesen Traditionen unvereinbare Maßnahmen nicht als Rechtens anerkennen könne.

a) *Die Aufrechterhaltung des Status quo im Dienste der Bewahrung der Staatsverfassung*

In dem Urteil *Les Verts* hob der Europäische Gerichtshof besonders hervor, dass dem Gemeinschaftsvertrag, obwohl er seiner Form nach ein Abkommen des Völkerrechts ist, die Bedeutung einer Verfassungsurkunde einer Rechtsgemeinschaft zukommt. Allerdings impliziert bereits das Rechtsgemeinschaftsprinzip, dass sich „weder die Mitgliedstaaten noch die Gemeinschaftsorgane in ihren Rechtsakten mit dem aus der Gemeinschaft hervorgegangenen Recht, dem Vertrag, einer Verantwortlichkeitskontrolle entziehen können und dass mit diesem Vertrag ein umfassendes System rechtlicher Garantien geschaffen worden ist“[17]. Seitdem hat der Gerichtshof diese Formulierung wiederholt gebraucht.

Im Jahr 1967 erkannte das Bundesverfassungsgericht an, dass der Vertrag der Europäischen Gemeinschaft (EWGV) „gewissermaßen die Verfassung dieser Gemeinschaft ist“[18]. Mit Hilfe des Begriffs Staatenverbund, distanzierte es sich allerdings im Maastricht-Urteil[19] von einer jeglichen Betrachtung des Gemeinschaftsrechts als Verfassung. In diesem Urteil weist das Verfassungsgericht nicht nur auf die Inexistenz eines europäischen Staatsvolkes hin, insofern es die demokratische Legitimation der europäischen Institutionen auf die Völker der Mitgliedstaaten zurückführt; es unterstreicht außerdem die Ermächtigung der Mitgliedstaaten, über die Verträge zu verfügen, wie auch deren begrenzte Möglichkeit, Kompetenzen auf die europäische Gemeinschaft zu übertragen (Prinzip der begrenzten Einzelermächtigung).

Aufgrund der Maastricht-Entscheidung des Bundesverfassungsgerichts setzten sich in der Lehre die Bezeichnung der Europäischen Union als Staatenverbund und die Kompetenzenverteilung als zentraler Gegenstand der Debatte durch. In der Folge wurde das Projekt der Union, eine immer engere Union der Völker Europas zu verwirklichen, in der die Entscheidungen möglichst offen und möglichst bürgernah getroffen werden, ständiger Gegenstand der allgemeinen Diskussion. Dabei ging es in den letzten zwanzig Jahren vor allem um zwei Grundsatzfragen: Erstens, ob die Europäische Union ein Staat sei, ob sie vielleicht auf dem Wege dorthin sei, trotz der Beschränkung in den Art. 23, 24, 79 GG und trotz der Bezeichnung als Staatenverbund seitens des Bundesverfassungsgerichts. Und zweitens, ob Europa eine

[17] EuGH – Les Verts / Parlament, RS. 294/83, 23.04.1986, Slg. 1986, 1339; EuG Rs. T-17/00 Rothley u.a. / Parlament, Slg. 2000. Später im EWR-Gutachten 1/91 (EuGH, Gutachten 1/91, 14.12.1991, Slg. 1991, I–6079).

[18] BVerfGE 22, 293 (296).

[19] BVerfGE 89, 155.

Verfassung braucht, eine solche vielleicht schon hat oder vielleicht gar nicht haben kann und auch nicht haben soll[20].

Mehrheitlich wird der Gebrauch des Begriffes Verfassung in der herrschenden Lehre zurückgewiesen, weil dieser mit dem souveränen Staat assoziiert wird: Eine Verfassung bedeutet einen vom Staatsvolk beschlossenen Akt. Eine solche verfassungsgebende Gewalt existiert im Falle der Verträge nicht, denn sie sind aus den Mitgliedstaaten hervorgegangen, hängen von ihnen ab, was ihre Reform betrifft, und sehen kein europäisches Staatsvolk vor. Im Gegensatz zu den souveränen Staaten, die sich selbst ihre Verfassung gegeben haben, empfängt die Europäische Union ihre Grundordnung von den Mitgliedstaaten, die sich selbst als Herren der Verträge definieren. Es ist zwar richtig, dass die Verträge wesentliche Funktionen gegenüber der öffentlichen Gewalt der Union übernehmen, die auf Staatsebene einer Verfassung zukommen, speziell die Funktion der Verrechtlichung der Regierungsform. Aber durch ihren Rückverweis auf den Willen der Mitgliedstaaten statt auf ein Unionsvolk sind die Verträge im strikten Sinne keine Verfassung. Der Gebrauch des Begriffes Verfassung für die Verträge ist für die herrschende Lehre ambivalent und hat zudem zu Missverständnissen und Enttäuschung bei der Bevölkerung geführt, so dass man ihn besser vermeiden sollte.

Das Ziel der Entscheidungen des Bundesverfassungsgerichts[21], war es, die unkontrollierte Anhäufung von Kompetenzen seitens der Gemeinschaftsinstitutionen auf Kosten der Mitgliedstaaten, konkret der Bundesrepublik Deutschland, zu bremsen und die Möglichkeit, dass Demokratie jenseits des institutionellen Rahmens der Staaten existieren könnte, zu leugnen.

20 S. *E. Denninger*, Fn. 10.

21 Aus der Kritik an der einschlägigen Rechtsprechung des Bundesverfassungsgerichts S. *P. Kirchhof*, (Fn. 10); S. *D. Grimm*, Integration durch Verfassung, Vortrag an der Humboldt-Universität zu Berlin am 12. Juli 2004, FCE 6/04, Walter Hallstein-Institut für Europäisches Verfassungsrecht; *ders*. Verfassung – Verfassungsvertrag – Vertrag über eine Verfassung, in: L'Europe en voie de Constitution. Pour un bilan critique des travaux de la Convention, sous la direction de *O. Beaud / A. Lechevalier / I. Pernice* et *S. Strudel*, 2004; *ders*. Ursprung und Wandel der Verfassung, in: Handbuch des Staatsrechts, Isensee / Kirchhof (Hrsg.), Bd. I, 3. Aufl. 2003, S. 3 ff.; *ders*., Vertrag oder Verfassung. Die Rechtsgrundlage der Europäischen Union im Reformprozess II, in: *D. Grimm; J. J. Hesse; R. Jochimsen*; *ders*., Braucht Europa eine Verfassung?, 1995; *ders*., Die Zukunft der Verfassung, 1991. Grimm gilt als Sprecher der Avantgarde, was die Gewährleistung der Grundrechte anbelangt. Darüber hinaus beschäftigen ihn die Wandlungsprozesse der Staatlichkeit, die Erfolgsbedingungen des Verfassungsstaats und der Verfassungsgerichtsbarkeit sowie Möglichkeiten der Konstitutionalisierung jenseits des Nationalstaats.

Aus der Perspektive des tradierten Staatsdenkens bedauert Böckenförde seinerseits den Verlust der „einstmals mühsam erkämpften Einheit von Staatsraum, geregeltem Wirtschaftsraum und Sozialraum". Und er begründet seine Ansicht so: „denn zur Staatlichkeit gehört die Gesamtzuständigkeit und -verantwortung für das Gemeinwohl der zu einer politischen Einheit verbundenen Menschen"[22].

In der jüngsten Debatte um eine Europäische Verfassung hat sich mehrheitlich die Meinung durchgesetzt, man hätte bei der Vertragsreform von der Inexistenz eines europäischen Staatsvolkes und dem Mangel einer konstituierenden Gewalt ausgehen müssen. An ihrer Stelle hätte man die Existenz eines europäischen Staatenverbundes zugrunde legen müssen und auf keinen Fall hätte man dem Europarecht einen Vorrang gegenüber den staatlichen Verfassungen, die es hervorgebracht haben, einräumen dürfen.

Nichtsdestotrotz ist weiter von einer Europäischen Verfassung die Rede: Die staatlichen Organe, die europäischen Institutionen und einige Vertreter der Lehre greifen weiter auf diesen erhöhenden rechtlichen Zentralbegriff zurück, allerdings ohne die Absicht, die materiellen Inhalte eines solchen Begriffs in Recht umzusetzen[23]. Und die Staats- und Regierungschefs sind bei ihrer Bastelei am Verfassungsvertrag am allerwenigsten daran interessiert, dass dieser auf Demokratie und Volkslegitimität beruht.

Das alles schließt nicht aus, dass die Europäische Gemeinschaft seit ihren Anfängen die Integration zu einem Verfassungsprinzip gemacht hat. In dieser Hinsicht hat die Union einen Prozess wachsender Vergemeinschaftung in Richtung auf einen supranationalen Föderalismus (von Bogdandy) durchgemacht, der zwar auf der einen Seite die technokratisch-gouvernementalen Züge der Supranationalität erhalten möchte, aber auf der anderen das föderale Modell und die parlamentarische Demokratie ablehnt. Die Einführung einer europäischen Staatsbürgerschaft (Art. 17.1 EGV; Art. 9 LissV), die Vorschriften über die Wirtschafts- und Währungsunion, die wachsende Zusammenarbeit von Polizei und Gerichten in Straf- und Zivilsachen sowie die Regelungen über Visum, Asyl und Immigration (Art. 61 EGV; Art. 67 EVV), die sich ausdrücklich auf den Ausbau eines Raumes der Freiheit, Sicherheit und des Rechts beziehen, belegen diesen Lauf der Entwicklung ebenso wie die den

22 S. *E.-W. Böckenförde*, Welchen Weg geht Europa?, 1997; *ders.*, Wenn der europäische Stier vom goldenen Kalb überholt wird. Die Politik in der ökonomischen Falle: Wirtschaftliche Einigung schafft noch keine politische Solidarität, Frankfurter Allgemeine Zeitung, 24. Juli 1997; vgl., *ders.*, in: Isensee / Kirchhof (Hrsg.), Handbuch des Staatsrechts, Bd. I, 1987, S. 887 ff.

23 Vgl. *Anne Peters*, Elemente einer Theorie der Verfassung Europas, 2001, S. 160, 192.

Binnenmarkt flankierenden und regulierenden Vorschriften der Umwelt- und Sozialpolitik, des Gesundheits- und Verbraucherschutzes[24].

Eine ähnliche dogmatische Position, die sich durch eine Idealisierung des Status quo auszeichnet, bedient sich derselben Argumente, die aber nun dem Lob der etablierten Machtverhältnisse dienen. P. M. Huber stellt das folgendermaßen dar: „1. Das Mehrheitsprinzip findet in den Verfassungsprinzipien und elementaren Interessen der Mitgliedstaaten seine Grenze. Daher erhält das Unionsrecht seine Legitimität primär über die nationalen Verfassungen. 2. Die verfassungsrechtlichen Hindernisse machen eine europäische Einheitsbildung aussichtslos. Solche Aussichtslosigkeit macht aus der Komplementarität von unionalen und nationalen Teilverfassungen eine Tugend. 3. Der Staatenverbund besteht als flexibler Ordnungsrahmen für die immer engere Union der Völker Europas; und die Europäische Rechtsordnung ist als Auffang- und Kooperationsordnung zu verstehen. Der Staatenverbund ist deshalb aller Voraussicht nach kein Transitorium auf dem Weg zu einer europäischen Staatsgründung, sondern ein hinreichend entwicklungsoffener und elastischer Ordnungsrahmen, in dem die Völker Europas ihre immer engere Union organisieren, um den sich rapide wandelnden ökonomischen, sozialen und ökologischen Herausforderungen gerecht zu werden“[25].

Einen Schritt weiter gehen Autoren wie Christian Callies und andere, die diese positive Grundhaltung zum Status quo teilen, aber darüber hinaus die Meinung vertreten, dass die spezifischen Merkmale der europäischen Rechtsordnung diese durchaus in den begrenzenden, legitimierenden und erhöhenden Rang einer Verfassung erheben. Ihre Kennzeichen sind: a) Die verfestigte Autonomie der Gemeinschaftsrechtsordnung; b) der Umfang der von den Mitgliedstaaten auf die Gemeinschaft übertragenen Hoheitsbefugnisse; c) die unmittelbare Anwendbarkeit von Bestimmungen des Primärrechts zugunsten von Bürgern, sowie der gemeinschaftsrechtliche Grundrechtsschutz durch eine umfassende gerichtliche Kontrolle des EuGH. Schließlich d) der hohe Grad an Normativität, der ihr Rechtssystem kennzeichnet und die Ausgestaltung der Union als Rechtsgemeinschaft.

Die Bedenken gegenüber der Verwendung des Begriffs Verfassung in einem (noch) nicht staatlichen Entwicklungszustand der Gemeinschaft werden von Callies zurückgewiesen: „Von entscheidender Bedeutung ist, dass die Verträge bereits heute ganz wesentliche Funktionen und Inhalte einer Verfassung aufweisen. Zutreffend wird insoweit die Ordnungsfunktion, die Bestandsicherungsfunktion, die Schutzfunktion, die programmatische Funktion, die Legitimationsfunktion sowie die Integrationsfunktion, deren unmittelbares Subjekt nicht nur der jeweilige Mitgliedstaat, sondern gerade auch der einzelne Bürger ist, hervorgehoben; hinsichtlich der Inhalte

24 S. *A. von Bogdandy*, Fn. 5.

25 S. *P. M. Huber*, Europäisches und nationales Verfassungsrecht, VVDStRL 60 (2001).

wird an die Stichwörter (innere und äußere) Sicherheit, Rechtsstaat, Demokratie, Sozialstaat und Umweltstaat angeknüpft".[26]

Demnach ist für Autoren wie Callies die Staatseigenschaft der EU nicht notwendige Bedingung für die Existenz einer Verfassung. „Vielmehr ist die Frage ihrer Staatswerdung von derjenigen ihrer Verfassungsfähigkeit zu trennen. Weder historisch, noch im Rechtsvergleich ist die Verfassungsfrage eine Idee der souveränen Staatlichkeit. Sie ist vielmehr die Idee der normativen Bindung der Legitimation staatlicher Herrschaft. Das Bezugsproblem der Verfassung ist also weniger die Existenz des überkommenen (National-)Staates, es ist letztlich die institutionalisierte politische Herrschaft, die traditionell eben im Staat monopolisiert war."[27]

Da der Staat aber aufgrund der Globalisierung und des staatsübergreifenden Handlungsbedarfs Hoheitsgewalt auf supranationale Institutionen wie die EU übertragen muss, „bedarf die damit verbundene Ausübung von Hoheitsgewalt der rechtlichen Bindung, Begrenzungs- und Legitimationsfunktion der Verfassung. Insoweit kann die Verfassung vom Staat gelöst werden, ein weiter gefasster, befreiter, postnationaler Verfassungsbegriff ist zu etablieren, im Zuge dessen die Verträge als materielle Verfassung bezeichnet werden können"[28].

[26] S. *Ch. Callies*, Art. 1 EUV Kommentar des Vertrages über die Europäische Union und des Vertrages zur Gründung der Europäischen Gemeinschaft, 2. Aufl. 2003, Rn. 33 a.E.

[27] S. *Ch. Callies*, aaO., Rn. 35.

[28] S. *Ch. Callies*, aaO., Rn. 35 a.E. Vgl. in der spanischen Europarechtslehre *G. C. Rodriguez Iglesias*, Encuesta. El Tratado por el que se establece una Constitución para Europa, in: Teoría y Realidad Constitucional, nº 15, 2004; *ders.*, Judicial protection of the citizen under European Law, in: B. S. Markesinis, (ed.), The Coming together of the Common Law and the Civil Law, 2000; *ders.*, Gedanken zum Entstehen einer Europäischen Rechtsordnung, NJW 1999, S. 1 ff.; *ders.*, Las relaciones entre el Tribunal de Justicia de las Comunidades Europeas, el Tribunal de Derechos Humanos y los Tribunales Constitucionales nacionales, Revista de Derecho Comunitario Europeo, nº 2, julio – diciembre 1997; ders. (en colaboración con D. Liñán Nogueras), El Derecho Comunitario y su aplicación judicial, 1993; *ders.*, Tribunales constitucionales y Derecho Comunitario, en Estudios en Homenaje al Prof. Díez de Velasco, 1993; *ders.*, Der Gerichtshof der Europäischen Gemeinschaften als Verfassungsgericht, EuR 1992, S. 225 ff. Stellvertretend in der französischen Europarechtslehre vgl. *V. Constantinesco*, Le Traité établissant une Constitution pour l'Europe. Analyses & Commentaires, Sous la direction de V. Constantinesco, Y. Gautier et V. Michel, 2005. Vgl. *A. Pizzorusso*, Il patrimonio costituzionale europeo, 2002 in der italienischen Staatsrechtslehre.

b) Offenheit des Staates für das Gemeinschaftsrecht bzw. für den Ausbau der Mitentscheidung des Europäischen Parlaments, unbeschadet der Aufrechterhaltung des Status quo

Repräsentativ für mittlere Positionen in der Lehre sind einerseits Rainer Wahl mit seinem Begriff der *Europäisierung des offenen Staates* und Ingolf Pernice mit dem Begriff des *Europäischen Verfassungsverbundes*, andererseits Dimitris Tsatsos mit seinem Konzept der *Unionsgrundordnung*.

In den letzten zehn Jahren hat Wahl seine Position in europarechtlichen Fragen ständig ausgebaut, wobei er zunehmend zu den Thesen von Kirchhof, Böckenförde, Grimm und der Maastricht-Entscheidung Abstand gewann. Seine Ausgangsthese ist folgende: „Die zweite Hälfte des 20. Jahrhunderts hat einen der größten Wandlungsprozesse der politischen Welt und der politischen Einheiten gesehen. (...) Voraussetzung einer solchen Entwicklung ist das neue Selbstverständnis des souveränen Staates als *offener Staat* gewesen. In der Folge davon haben sich die Staatenwelt und die Rechtsordnungen grundlegend verändert, und zwar trifft dies zum einen die Staaten, die Europäische Gemeinschaft und die internationalen Organisationen und zum anderen das innere Staatsrecht, das Völkerrecht sowie die aus beiden gebildete Gesamtkonstellation".[29] Die Veränderungen, die diese epochale Entwicklung mit sich führt, kennzeichnet Wahl als „Wandel von einer überwiegenden Binnenorientierung zu einem außengerichteten Recht".[30]

„Kennzeichen dieser zweiten Phase des Öffentlichen Rechts ist die durchgängige und grundsätzliche Offenheit der Rechtsordnung nach außen Diese Offenheit oder Außenorientierung der Rechtsordnung zeigt sich einerseits in der (rechtlich gesteuerten) Durchdringung des deutschen Rechts durch das vorrangige Recht der Europäischen Gemeinschaft (Europaoffenheit des deutschen Rechts) und andererseits in dem in der Rechtspolitik immer häufiger werdenden Vergleich der eigenen Regelungen mit denen anderer Rechtsordnungen, was häufig zu einer nachfolgenden freiwilligen Rezeption führt – Wettbewerb von Rechtsordnungen außerhalb hierarchisch geordneter Rechtsentwicklung".[31]

[29] S. *R. Wahl*, Verfassungsstaat, Europäisierung, Internationalisierung, 2003, S. 411 ff.; *ders.*, Der offene Staat und seine Rechtsgrundlagen, in: JuS 2003, S. 1145 ff.; *ders.*, Erklären staatstheoretische Leitbegriffe die Europäische Union?, in: Rechts- und staatstheoretische Schlüsselbegriffe: Legitimität – Repräsentation – Freiheit, Symposium für Hasso Hofmann zum 70. Geburtstag, Horst Dreier (Hrsg.), 2005, S. 113 ff.; *ders.*, Staatsaufgaben im Verfassungsrecht, in: Staatswissenschaften: Vergessene Disziplin oder neue Herausforderung?, 1990.

[30] S. *R. Wahl*, Verfassungsstaat, Europäisierung, Internationalisierung, 2003, S. 411 ff.

[31] S. *R. Wahl*, aaO., S. 422 f.

Daraus ergibt sich für das Recht, dass die eigenen Erfahrungen nicht mehr exklusiv bedeutsam sind: „Sie treten in ein Nebeneinander und eine Konkurrenz, auch in einen Dialog mit anderen Erfahrungen der anderen europäischen Staaten. (...). Unabhängig davon, ob es beim gemeinsamen Recht zu einer partiellen Konvergenz oder zu einem begrenzten Nebeneinander unterschiedlicher Auflösungen und Regeln kommt, das jeweilige einzelne nationale Recht bleibt nicht für sich stehen oder erhalten, wie es war. Es ist in einen dauerhaften Gesamtzusammenhang nach oben zur Europäischen Union und zur Seite zu den anderen europäischen Rechtsordnungen geraten. Jede der europäischen Rechtsordnungen, nicht nur die deutsche, steht vor oder in einem Lernprozess“.[32]

Was insbesondere die europäische Ebene betrifft, führt die beschriebene Evolution für Wahl dazu, dass „deutsche Staatlichkeit immer mit der komplementären Gliedstaatlichkeit in der Europäischen Gemeinschaft zusammen zu sehen ist. Dadurch hat sich der geschlossene Nationalstaat mit seiner binnenorientierten Rechtsordnung in einen Gliedstaat eines vertikalen Verbundes verändert. Die gliedstaatliche Verfassung des Grundgesetzes ist einem für sie nicht mehr verfügbaren überstaatlichen Gemeinwesen ein- und untergeordnet. (...) Das Phänomen des Europarechts überlagert das Grundgesetz, es ist nicht die rare Ausnahme, sondern erst die Gesamtschau beider Ebenen ergibt das Bild der real geltenden Verfassung“.[33]

Geradezu als „kopernikanische Wende“[34] kann man nach Wahl die sich aus beiden Prozessen ergebende Situation bezeichnen, in der das (Öffentliche) Recht in Deutschland nicht mehr allein deutsches Recht ist, seine Institute nicht mehr allein aus der eigenen Entwicklung begründet werden können und die Interpretation von Rechtsregeln nicht mehr allein aus dem eigenen nationalen Recht, also aus der Binnensicht abgeleitet werden können, sondern häufig andere Rechtsordnungen maßgeblich sind.

Für die Mitgliedstaaten ist demnach also eine autonome Rechtssetzung nicht mehr möglich. „Es stellt sich die grundsätzliche Frage nach der Möglichkeit und nach den Grenzen einer Konzept- und Systemfähigkeit der in einen größeren Zusammenhang eingebundenen nationalen Rechtsordnungen. (...) Es geht darum, wie eine nationale Rechtsordnung unter dem Veränderungs- und Umsetzungsdruck der aus der Vertikalen kommenden Vorgaben des Sekundärrechts in der Horizontalen kodifikations- und konzeptfähig bleiben kann. (...) Im Ergebnis kommt es zu einer in der Rechts-

32 S. *R. Wahl*, aaO., S. 424 f.
33 S. *R. Wahl*, aaO., S. 427.
34 S. *R. Wahl*, aaO., S. 423.

praxis bedeutsamen Erweiterung der Überformung des nationalen Rechts durch das europäische Recht“.[35]

Insgesamt interpretiert Wahl die Europäisierung als „einen willkommenen Anstoß und Motor, um dem deutschen Recht und der deutschen Rechtswissenschaft Selbstreflexion und Nachdenken von außen aufzudrängen und damit Überlegungen in Gang zu bringen, die von innen nicht ausreichend angestoßen worden sind”.[36] So ließe sich etwa in dieser zweiten Phase des Öffentlichen Rechts die Dynamik des inneren Wachstums- und Expansionsprozesses der Verrechtlichung brechen und die Eigendynamik einer immer weiter fortschreitenden Verrechtlichung eindämmen. Auf diese Weise könnten „Übersteigerungen der ersten Phase“[37] überwunden werden. Insofern sei es auch angebracht, die durch die Europäisierung entstandene oder zumindest deutlich gewordene Problemlage angemessen zu diskutieren und nicht in jeder konkreten Änderung des angewachsenen Bestands eine grundsätzliche Kehrtwende oder eine Aufgabe des deutschen Rechts als solche zu sehen.

Als Programm meint Wahl, dass es sich lohne, „während des langen Vorfelds vor der Verabschiedung von Gemeinschaftsrecht um dessen Inhalt zu streiten und dabei bewährtes und zugleich zukunftsfähiges deutsches Recht nachhaltig zur Geltung zu bringen. Dies ändert nichts daran, dass Gemeinschaftsrecht, wenn es einmal verabschiedet und gegen die deutschen Vorstellungen ausgefallen ist, loyal umzusetzen ist: Die Europäische Union ist Rechtsgemeinschaft, nicht etwa Rechtsgemeinschaft unter dem Vorbehalt des jeweiligen Staats, dass er es als besser als sein nationales Recht anerkennt“.[38]

Eine zweite Position, die dem Verständnis der Europäischen Union als Staatenverbund (Kirchhof; Maastricht-Entscheidung des Bundesverfassungsgerichts) ebenfalls kritisch gegenübersteht, sich aber noch einen Schritt weiter auf die europäische Ebene begibt, ist die von Ingolf Pernice. Mit der Prägung des Begriffs Europäischer Verfassungsverbund hat er eine bedeutsame Wendung in der Lehre eingeleitet.

[35] S. *R. Wahl*, aaO., S. 430 f.
[36] S. *R. Wahl*, aaO., S. 433.
[37] S. *R. Wahl*, aaO., S. 434.
[38] S. *R. Wahl*, aaO., S. 411 ff.

Ähnlich wie schon bei Callies behandelt wurde, geht Pernice[39] davon aus, dass es bereits eine Europäische Verfassung gibt. Damit bezeichnet er „die Verbindung von nationaler und europäischer Verfassungsebene. Europäisches und nationales Verfassungsrecht bilden zwei Ebenen eines materiellrechtlich, funktional und institutionell zu einer Einheit verbundenen Systems".[40] Im Blick auf Europäisierung und globale Herausforderungen in der „postnationalen Konstellation" (Habermas)[41] möchte Pernice „eine postnationale Verfassungstheorie entwerfen, die die etatistische Verengung überwindet und nationales sowie europäisches Verfassungsrecht einfängt".[42] … „Dass die Europäische Union kein Staat ist, kein vorgegebenes Volk hat, tut ihrer Verfassungsfähigkeit keinen Abbruch. Die europäischen Verträge erfüllen die wesentlichen Funktionen, die einer Verfassung zukommen: Sie konstituieren, legitimieren, organisieren und begrenzen öffentliche Gewalt im Verhältnis der Organe zueinander und auch unmittelbar gegenüber dem einzelnen…. Die Europäische Union ist wie der Staat Zweckverband, beides sind komplementäre Instrumente politischer (Selbst-) Steuerung der sich bildenden europäischen Gesellschaft. Dieser Komplementarität entspricht die verfassungsrechtliche Konstruktion".[43]

Zwei wesentliche Merkmale unterscheiden nach Pernice den Verfassungsverbund von einer bundesstaatlichen Ordnung: 1) Das Fehlen von legitimer physischer Zwangsgewalt auf der Verbundebene und 2) das Fehlen einer normativen Hierarchie

39 S. *I. Pernice*, Europäische Justizpolitik in der Perspektive der Verfassung für Europa, Humboldt-Universität zu Berlin, Walter Hallstein-Institut für Europäisches Verfassungsrecht, WHI-Paper 03/05, Januar 2005; vgl., *ders.*, Zur Finalität Europas, in: G.F. Schuppert / I. Pernice / U. Haltern (Hrsg.), Handbuch der Europawissenschaften, 2005, S. 743 ff.; s. *ders.*, Europäisches und nationales Verfassungsrecht, VVDStRL 60 (2001), S. 148, 184 ff.; *ders.*, Die Dritte Gewalt im europäischen Verfassungsverbund, EuR 1996, S. 27 ff.; *ders.*, Art. 23 Rn. 47 ff., in: H. Dreier (Hrsg.), Grundgesetz Kommentar, Bd. II, 1998; *ders.*, Maastricht, Staat und Demokratie, Die Verwaltung 26 (1993), S. 449 ff.; *ders.*, Art. 164, in: Grabitz / Hilf (Hrsg.), Das Recht der Europäischen Union; *ders.*, Gemeinschaftsverfassung und Grundrechtsschutz – Grundlagen, Bestand und Perspektiven, NJW 1990, S. 2409 ff.

40 S. *I. Pernice*, Europäisches und nationales Verfassungsrecht, VVDStRL 60 (2001), S. 148, 184 ff.

41 S. *I. Pernice*, Europäische Justizpolitik in der Perspektive der Verfassung für Europa, Humboldt-Universität zu Berlin, Walter Hallstein-Institut für Europäisches Verfassungsrecht, WHI-Paper 03/05, Januar 2005, S. 21.

42 S. *I. Pernice*, Europäisches und nationales Verfassungsrecht, VVDStRL 60 (2001), S. 148, 184 ff.

43 S. *I. Pernice*, Europäisches und nationales Verfassungsrecht, VVDStRL 60 (2001), S. 148, 184 ff.

zwischen den Rechtsebenen.[44] Das verbindende, den Verfassungsverbund stiftende Element, liegt darin begründet, „dass jede Verfassungsänderung auf der europäischen Ebene von der Zustimmung aller Mitgliedstaaten abhängig ist und dabei letztlich auf einem Vertrag beruht, (...) bei dessen Abschluss diese gemäß ihren verfassungsmäßigen Verfahren repräsentiert werden".[45]

Der normative Gehalt und das Entwicklungspotential dieser Konzeption vom europäischen Verfassungsverbund zeigen sich insbesondere dann, wenn es um materiellrechtliche Fragen geht, d.h. wenn dieser Rahmenbegriff materiell angereichert wird. Dies hat Pernice selber mit seinem WIH-Paper *Europäische Justizpolitik in der Perspektive der Verfassung für Europa (2005)* in Angriff genommen. Vordergründig geht es hier um die Sicherung der Grundrechte der Bürger durch die europäische Gesetzgebung im Zusammenhang der europäischen Harmonisierung des Straf- und Verfahrensrechts. Denn „die Rahmenbeschlüsse über den Europäischen Haftbefehl und die Europäische Beweisanordnung sind zwar Rechtsakte zur Verwirklichung des Raums der Freiheit, der Sicherheit und des Rechts und dienen damit auch dem allgemeinen Ziel der Freiheit. Aber sie verpflichten jeden Mitgliedstaat, Haftbefehle und Beweisanordnungen anderer Mitgliedstaaten zu vollstrecken und die betreffende Person zu *übergeben* bzw. Beweismittel zu erheben und zu übermitteln, ohne die Anordnung im einzelnen überprüfen zu können (...) – wenn es um eine der 32 ausdrücklich genannten Straftaten geht. (...) Dabei sind mit dem Haftbefehl und der Beweisanordnung deutlich einschneidende Eingriffe für den Betroffenen verbunden: Festnahme, Beschlagnahme von Sachen, Durchsuchung von Räumlichkeiten, Eingriffe in die informationelle Selbstbestimmung".[46]

Immerhin wirkt beruhigend, dass bei der gegenwärtigen Entwicklung zur „Stärkung des Rechts" (*Haager Programm*)[47] der Gerichtshof die Kompetenz für Entscheidun-

44 S. *I. Pernice*, Europäische Justizpolitik in der Perspektive der Verfassung für Europa, Humboldt-Universität zu Berlin, Walter Hallstein-Institut für Europäisches Verfassungsrecht, WHI-Paper 03/05, Januar 2005, S. 9.

45 S. *I. Pernice*, aaO., S. 10.

46 S. *I. Pernice*, aaO., S. 3.

47 Haager Programm zur Stärkung von Freiheit, Sicherheit und Recht in der Europäischen Union, Anhang zur Minister-Vorlage vom 9. November 2004. Es entspricht den ehrgeizigen Zielen, die im Vertrag über eine Verfassung für Europa gesteckt wurden, und trägt dazu bei, die Union auf das Inkrafttreten dieses Vertrags vorzubereiten. Die leitende Zielsetzung wird herausgehoben: Ziel des Haager Programms ist die Verbesserung der gemeinsamen Fähigkeit der Union und ihrer Mitgliedstaaten zur Gewährleistung der Grundrechte, der Mindestnormen für Verfahrensgarantien und des Zugangs zur Justiz ... Dieses Ziel muss im Interesse unserer Bürger erreicht werden, indem eine gemeinsame Asylregelung festgelegt wird und der Zugang zu den Gerichten, die praktische Zusammenarbeit von Polizei und Justizbehörden, die Rechtsangleichung und die Ausarbeitung

gen über die Auslegung und Gültigkeit von Rahmenbeschlüssen und Beschlüssen hat: Denn nach Art. 35 Abs. 1 EUV (Art. 19 (3) b) LissV) entscheidet der Gerichtshof im Wege der Vorabentscheidung über die Gültigkeit und die Auslegung der Rahmenbeschlüsse und der Beschlüsse … und über die Gültigkeit und Auslegung der dazu gehörigen Durchführungsmaßnahmen. Für die Kontrolle von Rechtsakten nach dem EU-Vertrag gilt nach Art. 6 Abs. 1 und 2 EUV (Art. 2 i. V. m. Art. 4 (2), 6 und 10 LissV) derselbe Grundrechtsmaßstab wie für die Bindung an die Grundrechte.

Insgesamt hat die beschriebene rechtliche Evolution zur Folge, „dass die Europäische Union eine politische Union in einem neuen Sinne wird: Von der Rechtsverbindlichkeit und innerstaatlichen Vollstreckung ausländischer Entscheidungen bis hin zu gemeinsamen Ermittlungsgruppen und einer europäischen Grenzschutztruppe“.[48]

Besonders relevant für die hier verfolgte Fragestellung ist, dass die Erfahrung mit dem Europäischen Haftbefehl, die Einführung der Europäischen Beweisanordnung und die Vielzahl der schon erlassenen und geplanten weiteren Maßnahmen zur Verwirklichung des Raums der Freiheit, der Sicherheit und des Rechts in der Europäischen Union uns europäische Bürger in ein neues Stadium unserer Grundrechte und unserer Beziehung zur europäischen öffentlichen Gewalt bringen. „Eine neue Dimension der europäischen Politik rückt ins Blickfeld, wenn auf der operationellen Ebene grenzüberschreitende Handlungsbefugnisse von Beamten begründet werden, so wie sich dies im Fall der gemeinsamen Ermittlungsgruppen andeutet.“[49] (…) „Souveränitätsvorbehalte einzelner Mitgliedstaaten oder Institutionen – ein Begriff, den das BVerfG jetzt erstmals im Urteil Görgülü verwendet (BVerfGE JZ 2004,

einer gemeinsamen Politik in verschiedenen Bereichen verbessert werden. Das Kapitel des Haager Programms zur Stärkung des Rechts unterstreicht als besonderes Ziel, dass die Grenzen zwischen den Ländern Europas der Beilegung zivilrechtlicher Streitigkeiten oder der Erhebung zivilrechtlicher Klagen und der Vollstreckung zivilrechtlicher Entscheidungen nicht länger im Wege stehen. Seit dem 1. Januar 2005 können gemäß einem Beschluss des Rates vom 22. Dezember 2004 nach Art. 67 (2) EGV (Beschluss des Rates vom 22. Dezember 2004 über die Anwendung des Verfahrens des Art. 251 des Vertrags zur Gründung der Europäischen Gemeinschaft) auf bestimmte Bereiche, die unter Titel IV des Dritten Teils des Vertrags fallen (2004/927 EG), Abl. 2004 L 396/45) Regelungen nach Art. 62 über Kontrollen Drittstaatangehöriger beim Überschreiten der Binnen- und Außengrenzen der EU mit qualifizierter Mehrheit gefasst werden. Die justizielle Zusammenarbeit in Zivilsachen unterfällt in den für den Binnenmarkt relevanten Bereichen schon kraft des Art. 67 (5) EGV seit dem 1. Mai 2004 dem Mitentscheidungsverfahren.

48 S. *I. Pernice*, aaO., S. 6.

49 S. *I. Pernice*, aaO., S. 27.

1171) – passen demgegenüber (...) nicht zum Projekt der Europäischen Union".[50] Anders gesagt, wird „in dieser horizontalen Dimension der Europäische Verfassungsverbund dichter. Die Eingriffe in individuelle Rechte werden (...) unvergleichbar direkter und für den Einzelnen spürbarer".[51]

Insofern muss sich auch mit jedem Rechtsakt der Union, der sich auf das nationale Straf- und Verfahrensrecht bezieht, der Anwendungsbereich der europäischen Grundrechte erweitern: „Sie binden jeden Mitgliedstaat insofern, als seine Tätigkeit – wie etwa beim Europäischen Haftbefehl – als Durchführung des Rechts der Union betrachtet werden kann".[52]

Aber selbst die best-gemeinte europäische Rechtsprechung reicht nicht mehr aus, um die Grundrechte der Bürger zu gewährleisten: „Der Gesetzgeber muss mit dem Erlass von präziseren Vorschriften zum Strafverfahrensrecht, möglicherweise auch zum Strafvollzug Hilfe leisten".[53]

Ebenfalls ist festzustellen, dass „die Rechtssetzung des Europäischen Haftbefehls und der Europäischen Beweisanordnung, die zur Anwendung kommen, einer parlamentarischen Kontrolle nicht unterworfen worden ist".[54] Dabei sind die materiellrechtlicher Klärung bedürftigen Fragen für Pernice äußerst vielfältig: „Sind die rechtsstaatlichen Garantien ausreichend für die Durchführung eines im europäischen Ausland erlassenen Haftbefehls? (...) Werden Grundrechte Einzelner unzulässig beeinträchtigt (Auslieferung des syrisch/deutschen Staatsangehörigen Darkanzali aufgrund eines europäischen Haftbefehls nach Spanien, BVerfG 2 BvR 2236/04 von 24.11.04)?".[55] Denn eine gegenseitige Anerkennung staatlicher Entscheidungen im besonders sensiblen Bereich des Strafrechts sei nur bei strikter Achtung der Grundrechte des Einzelnen und der Rechtsstaatlichkeit der Verfahren annehmbar.

Insofern erscheint für Pernice ein besonderes Maß an demokratischer Kontrolle unverzichtbar: „Wo die EU regulierend auf den Plan tritt, kann gerade im Bereich des Strafrechts und der Justiz die Beschwerdemöglichkeit nicht genügen. (...) Was bei einer Wirtschaftsgemeinschaft marginal sein kann, wird für eine politische Union als Rechtsgemeinschaft zur *conditio sine qua non*: Eine solide gemeinsame Basis der Rechtsstaatlichkeit, Demokratie und vor allem der Wahrung der Grundrechte.(...) Da die EU auf demokratische und rechtstaatliche Strukturen angewiesen ist, müsse die Wahrung von rechtstaatlichen und demokratischen Strukturen als

[50] S. *I. Pernice*, aaO., S. 28.
[51] S. *I. Pernice*, aaO., S. 10, 12.
[52] S. *I. Pernice*, aaO., S. 14.
[53] S. *I. Pernice*, aaO., S. 14.
[54] S. *I. Pernice*, aaO., S. 15.
[55] S. *I. Pernice*, aaO., S. 20.

Funktionsbedingung der Union angesehen werden.“[56] Die horizontale europäische Dimension nationaler Hoheitsakte, wie sie mit der neuen Justizpolitik in der Europäischen Union schrittweise ermöglicht wird, mache die Überfälligkeit der Überführung der justiziellen Zusammenarbeit in Strafsachen sowie der polizeilichen Zusammenarbeit von den bisherigen Formen intergouvernementaler Entscheidung in das Verfahren der Mitentscheidung deutlich. Das werde den Vorteil haben, dass „mehr als bisher ein europäischer politischer Diskurs über das Strafrecht, rechtsstaatliche Garantien, den Schutz der Grundrechte entstehen wird“.[57]

Ausgehend vom Begriff des Verfassungsverbunds, vertraut somit Pernice den Ausbau des Grundrechtsschutzes den nationalen Parlamenten, der Zusammenarbeit unter den Gerichtshöfen und der Mitentscheidung des Europäischen Parlaments im Bereich der Freiheit, der Sicherheit und des Rechts an[58]. Sein nächster Schritt bleibt abzuwarten.

Die dritte Position, die hier vorgestellt werden soll, ist die von Dimitris Tsatsos, der den Begriff der Europäischen Unionsgrundordnung[59] geprägt hat, um dadurch sowohl Elemente der mitgliedstaatlichen wie der europäischen Institutionsordnung als Einheit zu erfassen. Er bezieht damit den Sachverhalt Europa in seine Gesamtkonzeption ein, hält mit Wahl und Pernice aber Abstand zu der klassischen Bundesstaatsdogmatik.

Nach Tsatsos haben der Integrationsprozess und die europäische Rechtsordnung mehr mit geschichtlichen Vorgängen als mit staatstheoretischen Reflexionen zu tun. Denn die Europäische Union sei kein Staat, und soweit sie sich in ihrem Wesen als Union von Völkern und von Staaten nicht wesentlich verändere, werde sie auch kein Staat werden. Die EU sei eine durch Völkerrecht entstandene und nach eigenem Sekundärrecht wirkende, geradezu originäre Geburt der Geschichte, eine neuartige politische Ordnung *sui generis*.

Die Sorge des Bundesverfassungsgerichts und der Lehre um die nationale Souveränität, auf die oben eingegangen wurde, hält Tsatsos für ungerechtfertigt: „Denn wenn Integration nicht weiter geht, als notwendig ist, aber doch so weit, wie erforderlich ist, dann bewirkt sie eine Aufrechterhaltung der staatlichen Souveränität. Der Staat kann bestimmte Belange nur noch durch seine Mitwirkung an supranationalen Entscheidungen bewältigen. Je mehr auf bestimmten Gebieten eine Internationalisierung der Bedingungen für die Erfüllung von staatlichen Aufgaben fest-

56 S. *I. Pernice*, aaO., S. 13.

57 S. *I. Pernice*, Europäisches und nationales Verfassungsrecht, VVDStRL 60 (2001), S. 148, 184 ff.

58 Haager Programm zur Stärkung von Freiheit, Sicherheit und Recht in der Europäischen Union, Anhang zur Minister-Vorlage vom 9. November 2004; s. Fn. 47.

59 S. *D. Tsatsos*, Die Europäische Unionsgrundordnung, 2002, S. 28 ff.; vgl. Fn. 1.

stellbar ist – z.B. Umweltschutz, Wirtschaftspolitik oder die Bekämpfung der international organisierten Kriminalität – desto abhängiger wird die Erfüllung dieser staatlichen Aufgaben von entsprechenden Integrationsschritten. So verstanden erweist sich die Integration nicht als Gegensatz, sondern als Bedingung der Souveränitätsverwirklichung“.[60]

Nach Tsatsos ergibt sich zwangsläufig das Erfordernis eines demokratischen und transparenten Umgehens mit der Unionsgewalt, da die Europäische Unionsgrundordnung öffentliche Gewalt ausübt. Der Autor unterstreicht die gleichgewichtig – doppelte Legitimationsgrundlage der Europäischen Union (Resolution des Europäischen Parlaments von 13. April 2000; Entschließung des Europäischen Parlaments vom 19. November 1997). Als Union von Völkern und von Staaten stütze sich die Union auf eine in ihrer strengen Gleichgewichtigkeit neuartige duale Legitimation.

Gegen einige Vorschläge der Staats- und Regierungschefs bezüglich einer institutionellen Reform wendet er ein: „Die demokratiebedingte Effektivität ist keine organisatorische, sondern eine historisch-politische Kategorie. Sie ist weder immer, noch primär nach dem Tempo und nach der Quantität der Entscheidungen zu messen, sondern danach, ob das institutionelle Konzept ein legitimationsabsicherndes Funktionieren der Europäischen Unionsgrundordnung möglich macht. In diesem Sinne setzt die Effektivität einer Institution Transparenz und Akzeptanz voraus. Effektiv ist die Institution, die die Bürger sich zu Eigen machen können, auch wenn sie dafür komplizierter und langsamer funktioniert“.[61]

Bei den Reformüberlegungen geht es meistens darum, den Rat und die Europäische Kommission dahingehend zu ändern, dass letztere in einer Union von 27 oder mehr Mitgliedstaaten schneller und mit weniger Blockierungsmöglichkeiten entscheiden können. Diesbezüglich kritisiert Tsatsos, dass die Frage, ob solche Verfahrenvereinfachungs- wie Verfahrenbeschleunigungskonzeptionen nicht doch die legitimative Funktion – und somit allerdings die demokratische Effektivität – der Organe schmälern, nicht nur nicht gestellt, sondern gemieden wird.

Es stellt sich nun die Frage nach den Voraussetzungen demokratischer Qualität in der Europäischen Unionsgrundordnung Dazu Tsatsos: „Angesichts der Verstärkung der demokratischen Legitimation durch vermehrte Mit-Entscheidungsbefugnisse des Europäischen Parlaments verbleibt die Herausforderung zur weiteren Demokratisierung des Integrationsprozesses im Allgemeinen und der einzelnen Entscheidungsmechanismen im Besonderen. Dies bedingt auch das Erfordernis einer erhöhten Transparenz des Entscheidungsprozesses, die über die Herstellung einer breiten europäischen Öffentlichkeit führt und bei der Nachvollziehbarkeit der Entstehung,

[60] S. *D. Tsatsos*, aaO., S. 97.
[61] S. *D. Tsatsos*, aaO., S. 106.

der Funktion, des Inhalts und der jeweiligen Intention des europäischen Sekundärrechts endet".[62]

Dazu bedürfe es jedoch entsprechender Transformatoren, wie z. B. der nationalen und der europäischen politischen Parteien (Art. 191 EGV; Art. 224 EVV). Die aktivere Einbeziehung der europäischen Bürger in den Integrationsprozess durch die europäischen politischen Parteien habe den Zwang zur weitergehenden Demokratisierung auf europäischer Ebene zur Folge. Nur so sei dem demokratischen Anspruch des Unionbürgers gerecht zu werden.

Mit diesem Demokratisierungsansatz distanziert sich Tsatsos vom Bundesverfassungsgericht und der herrschenden Lehrmeinung, geht aber auch einen Schritt weiter als differenziertere Positionen wie die von Wahl und Pernice. Tsatsos führt aber meiner Ansicht nach seinen Demokratisierungsansatz nicht konsequent zu Ende: Gleichzeitig beharrt er auf der starken Position der *Herren der Verträge*, die die großen Verweigerer der Vertragsreform und damit der Demokratisierung der Europäischen Union darstellen. Was die Vertragsreform anbelangt, bleiben nach Tsatsos die nationalen Regierungen Herren der Verträge; Vertragsänderungen erfolgen ausschließlich im Rahmen von Regierungskonferenzen, also durch die Regierungen der Mitgliedstaaten. Er schränkt ein, gewiss habe die Debatte davon auszugehen, dass sich die Europäische Unionsgrundordnung in ständigem Wandel befindet und sich durch Offenheit gegenüber zukünftigen Wandlungsprozessen auszeichnet, aber die Reduktion der Komplexität zu Gunsten einer wie auch immer verstandenen Funktionsfähigkeit habe enge Grenzen. Würden die Herren der Verträge dieses Gleichgewicht aufheben, so würden sie aus der Europäischen Union etwas anderes machen, als das, was ihre historische Grundkonzeption – ihre Entstehungsbedingung – war.

Schwer vereinbar mit der Grundkonzeption der Union bleiben für Tsatsos folgende Vertragsänderungen: eine sich auf qualifizierte Mehrheit stützende gemeinsame Außenpolitik, eine Vertragsrevision mit qualifizierter Mehrheit, eine Einschränkung des Einstimmigkeitsprinzips im Entscheidungsverfahren des Rates und die Erhebung des Prinzips der qualifizierten Mehrheit zur Regel. Sein Entwurf für einen Verfassungsvertrag müsste folgende Grundelemente enthalten: 1) den gleichgewichtigen dualen institutionellen Charakter der EU; 2) ein Vertragsverfassungsänderungsverfahren, das gleichmäßig dem Vertragsrecht und dem gemeineuropäischen Verfassungsrecht entspricht und 3) eine Offenheit gegenüber zukünftigen Wandlungsprozessen.

[62] S. *D. Tsatsos*, aaO., S. 99.

c) Der Nichtübertragbarkeitsgrundsatz. Dogmatische und rechtspolitische Kritik

In letzter Zeit wächst die Kritik an der konventionellen Form von Rechtsprechung und herrschender Lehre, die europäischen Prozesse zu betrachten, und es entstehen begründete Zweifel, ob die Grundrechte in der vom Nizza-Vertrag organisierten Regierungsform der Union hinreichend geschützt sind. Habermas distanzierte sich seinerzeit von der von Grimm vertretenen Ansicht: „Ein kommunikationstheoretisches Verständnis von Demokratie, das auch Grimm zu favorisieren scheint, kann sich nicht länger auf den konkretistischen Begriff des Volkes stützen, der dort, wo nur noch Heterogenes anzutreffen ist, Homogenität vorspiegelt“[63]. Darüber hinaus wird die klassische Gegenüberstellung Staatenbund-Bundesstaat immer mehr in Frage gestellt, wenn es darum geht, die europäische Integration zu beschreiben. Auch wird der Ausweg, die Europäische Union als originelles gemischtes Phänomen zu sehen, als unzureichend abgelehnt. Stattdessen ermuntern sich Staatsrechtlehrer der verschiedenen Lager gegenseitig, mehr juristische Phantasie zu entwickeln, um das neue Phänomen Europa auf den Begriff zu bringen.

In dieser Tendenz kritisiert Gertrude Lübbe-Wolff die in Rechtsprechung und beherrschende Lehre verbreitete These als Gemeinplatz, dass demokratische Legitimation für eine supranationale Organisation nicht dasselbe bedeuten könne wie innerhalb eines Staates[64] und dass infolge dessen die repräsentative Demokratie auf die Union nicht übertragbar sei. Sie bezeichnet das als Nichtübertragbarkeitsgrundsatz und meint, dass es sich „die Verfassungsrechtsprechung und die herrschende Lehre mit der Absolution vom Vorwurf unzureichender demokratischer Legitimation, die der Europäischen Gemeinschaft unter Berufung auf diesen Grundsatz erteilt worden ist, zu leicht gemacht haben“.[65] Auf den Punkt gebracht: „Die ganze Literatur, konsolidierte Verfassungsrechtsprechung eingeschlossen, hinkt!“[66]

Lübbe-Wolff unterzieht den *begrenzten Willen zu politischer Einheit* einer rigorosen Analyse und dabei bleibt kein Element der Regierungsform und des Rechtssetzungsprozesses ungeschoren: vom Rat als Rechtssetzungsorgan zum schwachen Europäischen Parlament; von den erheblichen Abweichungen vom Grundsatz glei-

63 S. *J. Habermas*, Warum braucht Europa eine Verfassung? Nur als politisches Gemeinwesen kann der Kontinent seine in Gefahr geratene Kultur und Lebensform verteidigen, Die Zeit, 28. Juni 2001; *ders.*, Braucht Europa eine Verfassung? Eine Bemerkung zu Dieter Grimm in: Die Einbeziehung des Anderen, 1996; *ders.*, Über den internen Zusammenhang von Rechtsstaat und Demokratie, in: Zum Begriff der Verfassung, Preuß (Hrsg.), 1994; vgl. *ders.*, Zur Legitimation durch Menschenrechte, *ders.*, Die postnationale Konstellation, 1998; *ders.* Faktizität und Geltung, 1992.

64 S. *G. Lübbe-Wolff*, Europäisches und nationales Verfassungsrecht, VVDStRL 60 (2001).

65 S. *G. Lübbe-Wolff*, aaO.

66 S. *G. Lübbe-Wolff*, aaO.

cher Repräsentation aller Bürger in der Zusammensetzung des Parlaments und der Zusammensetzung und Stimmgewichtung beim Rat zu den Abweichungen vom üblichen Modell der repräsentativen Demokratie und der Organisation der Entscheidungskompetenzen. „Das alles ist nur Ausdruck der nicht vorhandenen Bereitschaft unserer Staats- und Regierungschefs, Europa als eine politische Einheit von Bürgern unter einem System der Mehrheitsherrschaft nach dem Prinzip *one person – one vote* zu konstituieren oder sich auch nur den mit demokratischer Mehrheitsherrschaft üblicherweise verbundenen Rechtfertigungszumutungen uneingeschränkt auszusetzen".[67]

Gegenüber der These von Kirchhof, dass die primärrechtliche Garantie wirtschaftlicher Freiheiten von demokratischem Legitimationsbedarf a priori eximiert ist, behauptet Lübbe-Wolff, dass „ein System der Gewährleistung individueller Grundrechte oder Grundfreiheiten ohne Einbindung in ein funktionsfähiges System kollektiver Entscheidung über die Grenzen dieser Rechte und Freiheiten ebenso wenig demokratisch ist wie ein System kollektiver Entscheidung, das keinen Schutz von Grundrechten und Grundfreiheiten kennt. Die für das europäische Integrationskonzept charakteristische systematische institutionelle Privilegierung der sogenannten negativen Integration (Scharpf), d. h. der wirtschaftlichen Integration durch Beseitigung mitgliedstaatlicher Regulierungsschranken, vor der positiven Integration, d.h. der Entwicklung eines europäischen Systems der Marktbegrenzung und Marktkorrektur[68], erscheint aus dieser Perspektive nicht nur als ein Problem defizitärer Sozialstaatlichkeit, schon gar nicht als ein Mechanismus, der das System vor demokratischem Legitimationsbedarf bewahrt, sondern im Gegenteil als wesentliches Element des europäischen Demokratiedefizits".[69]

Lübbe-Wolff bestreitet, dass Kommission, Rat, das europäische Ausschusswesen (Komitologieverfahren) und die privaten Normungsverbände durch Delegation über eine ausreichende demokratische Legitimation verfügen: „denn für die Funktion des Gesetzgebers sind Regierungen, Kollegien von Regierungsmitgliedern oder Privaten nach üblichem Verständnis gerade nicht legitimiert. Der europäische Gesetzge-

[67] S. *G. Lübbe-Wolff*, aaO.

[68] Die Privilegierung der sog. negativen Integration (Scharpf) besteht vor allem darin, dass sie sehr weitgehend über die im Klagewege durchsetzbaren Grundfreiheiten unmittelbar primärrechtlich institutionalisiert ist, während die „positive Integration" nur in beschränktem Ausmaß überhaupt zugelassen und zudem auf Realisierung durch sekundärrechtliche Vorschriften angewiesen ist, die in einem System mit vielen Vetopositionen generiert werden müssen. In dieser systematischen Privilegierung der negativen Integration liegt der wichtigste Unterschied in der Art und Weise der Konstitutionalisierung von Marktwirtschaft und Wettbewerb einerseits auf europäischer Ebene, andererseits auf der Ebene der Mitgliedstaaten.

[69] S. *G. Lübbe-Wolff*, aaO.

bungsprozess fungiert deshalb, weit davon entfernt, selbst in klaren Verantwortungszusammenhängen zu stehen, eher als ein Verantwortungsverschiebebahnhof, der auch die Funktionsfähigkeit der innermitgliedstaatlichen politischen Verantwortungszusammenhänge in Mitleidenschaft zieht. Der Verweis auf die doppelte Legitimationsbasis der Gemeinschaft soll hier über die Schwächen jeder einzelnen trösten. Wir haben es hier mit einem der EG und ihren Mitgliedstaaten gemeinsamen rechtlichen Regelungsdefizit zu tun".[70]

Lübbe-Wolff setzt sich deutlich von der Rechtsprechung und der herrschenden Lehrmeinung ab: „Wenn das BVerfG und die Literatur, die es bei der Maastricht-Entscheidung (BVerfGE 89, 155) hinter sich wissen oder im Nachhinein als zustimmend verbuchen konnte, der Europäischen Gemeinschaft unter Berufung auf den Nichtübertragbarkeitsgrundsatz positiv in aller Form ein hinreichendes demokratisches Legitimationsniveau bescheinigen, verleugnen sie das bestehende Problem und tragen damit zu dessen Fortexistenz bei. ... Legt man einen nüchternen Volksbegriff zugrunde, ist aber nicht die Volkwerdung der Europäer Voraussetzung für die Demokratisierbarkeit Europas, sondern eher umgekehrt am Grad der Demokratisierung Europas ablesbar, inwieweit von der Existenz eines europäischen Volkes die Rede sein kann. Die Nichtexistenz eines europäischen *Demos* ist dann gleichbedeutend mit fehlender Bereitschaft zur Integration in ein staatsanalog demokratisiertes Europa".[71]

II. Über strukturelle Mängel der Verträge und Grenzen der herrschenden Lehre

Hier ist nicht der Ort, die Debatte in der Lehre noch detaillierter darzustellen und auf die jeweilige Fragestellung und die entsprechenden Lösungsversuche einzugehen. So überzeugend diese Ausführungen im Einzelnen daherkommen, so scheinen sie mir doch weitgehend darunter zu leiden, dass sie sich eher um die Absegnung bestehender Rechtszustände bemühen, anstatt das Übel an der Wurzel zu packen. Wenn bei der Regierungsform und der Rechtssetzung das ganze System an dem Mangel an repräsentativer Demokratie leidet (Lübbe-Wolff), ist es mit Schönheitsreparaturen nicht getan, sondern man muss versuchen, es im Ganzen auf ein solides Fundament zu stellen. Ich glaube, dass eine solche Radikalkur nicht nur nötig ist, sondern auch durchführbar, wenn auch mit dem Widerstand der *Herren der Verträge* und der Skepsis der herrschenden Lehrmeinung gerechnet werden muss.

[70] S. *G. Lübbe-Wolff*, aaO.
[71] S. *G. Lübbe-Wolff*, aaO.

1. Die Gewährleistung der Effektivität der Grundrechte als Kernaufgabe der Europäischen Union

Die zentrale Frage, die bei der vielschichtigen europäischen Debatte immer wieder in Vergessenheit zu geraten droht, ist folgende: Welchem Ziel soll letztendlich die Union dienen? In der Verwirrung, die von unseren Staatsoberhäuptern und den Medien gestiftet worden ist, konnte der Gedanke in der öffentlichen Meinung um sich greifen, dass die Verträge lediglich die Osterweiterung ermöglichen und den etablierten Status quo absegnen sollten. Damit wäre ihre Mission schon erfüllt.

Die klassische Verfassungslehre weiß aber seit der französischen Revolution, dass der Zweck einer jeden politischen Vereinigung darin besteht, die natürlichen und unveräußerlichen Rechte der Menschen zu realisieren (Art. 2, Erklärung der Menschen- und Bürgerrechte, 1789). Aus der objektivrechtlichen Dimension der Grundrechte folgen positive Handlungspflichten für die öffentlichen Gewalten, d.h. es geht nicht nur darum, den Einzelnen in seiner subjektiven Sphäre vor staatlichem bzw. Union Eingriff zu schützen, was die subjektive oder Abwehrrechtskomponente der Grundrechte bezweckt, sondern um die Herstellung eines sozialen, wirtschaftlichen und rechtsstaatlichen Zustandes, in dem die Grundrechte ihr optimales Wirkungspotential entfalten können[72]. Vor diesem Maßstab können unsere nationalen Verfassungen bestehen.

Wie aber steht es mit dem Europarecht? Auch der Vertrag schließt unter den Verfassungsgrundsätzen die Achtung der Grundrechte ein (Art. 6 EUV; Art. 6 LissV); mehr noch, mit der Grundrechtecharta hat die Union die Achtung der Grundrechte explizit in das Europarecht aufgenommen. Die Charta bekräftigt also die Rechte, die sich vor allem aus den gemeinsamen Verfassungstraditionen der Mitgliedstaaten sowie aus der Rechtsprechung des Gerichtshofs der Europäischen Union und des Europäischen Gerichtshofs für Menschenrechte ergeben (Präambel).

Und in Art. 51 Abs. 1 der Grundrechtecharta heißt es: Die Charta gilt für die Organe und Einrichtungen der Union … und für die Mitgliedstaaten bei der Durchführung des Rechts der Union. Dementsprechend achten sie die Rechte, halten sie sich an die Grundsätze und fördern sie deren Anwendung gemäß ihren jeweiligen Zuständigkeiten. Der Gerichtshof hat in den letzten Jahrzehnten die Garantie einiger Rechte

[72] Vgl. *E. Forsthoff*, Begriff und Wesen des sozialen Rechtsstaates, VVDStRL, Bd. 12 (1954); *P. Häberle*, Grundrechte im Leistungsstaat, VVDStRL, Bd. 30 (1972), (s. Fn. 10); *K. Hesse*, Bestand und Bedeutung der Grundrechte in der Bundesrepublik Deutschland, EuGRZ 1978, S. 427 ff.; *B. Schlink*, Freiheit durch Eingriffsabwehr – Rekonstruktion der klassischen Grundrechtsfunktion EuGRZ 1984, S. 457 ff.; *D. Grimm*, Rückkehr zum liberalen Grundrechtsverständnis?, Zeitschrift für juristische Ausbildung und Praxis, 1988; *E.-W. Böckenförde*, Grundrechte als Grundsatznormen. Zur gegenwärtigen Lage der Grundrechtsdogmatik, Der Staat, 1/1990.

unter dem Vorbehalt ihrer Funktionstüchtigkeit für den gemeinsamen Markt ausgebaut. Mit der Aufnahme der Grundrechtecharta trat im Dezember 2000 ein bedeutsamer Wandel ein. Auch wenn die Charta noch nicht rechtskräftig ist, übt sie dennoch eine wichtige kodifizierende und hermeneutische Funktion aus. Der Schritt von der Anerkennung der Rechte von Fall zu Fall auf dem Rechtswege zu einer systematischen Etablierung kann nur begrüßt werden. Dennoch lassen die Verträge, die Charta und die Gemeinschaftspolitiken bezüglich der sozialen, zivilen und politischen Rechte objektivrechtlich einige Gewährleistungen vermissen.

Um dies zu veranschaulichen, ist eine Erläuterung der objektivrechtlichen Bedeutung der Grundrechte in ihrem Zusammenhang mit den öffentlichen Aufgaben notwendig. Dabei verdient die Tatsache besondere Beachtung, dass die Titel VIII über Beschäftigung (Art. 125–130 EGV; Titel IX Art. 145–150 EVV) und XI über Sozialpolitik (Art. 136–145 EGV; Titel X Art. 151–161 EVV) in den Vertrag der Europäischen Gemeinschaft eingefügt worden sind. Außerdem sind beide Titel von bedeutenden Verfahrensänderungen begleitet: Nach der Stellungnahme des Europäischen Parlaments kann der Rat mit qualifizierter Mehrheit (Art. 251 i. V. m. Art. 137 Abs. 2 EGV; Art. 294 EVV i. V. m. 137 (2) EVV) Empfehlungen für die staatliche Beschäftigungspolitik[73] geben.

Außerdem bestimmt der Vertrag, dass die Gemeinschaft und die Mitgliedstaaten, eingedenk der sozialen Grundrechte, wie sie in der am 18. Oktober 1961 unterzeichneten Europäischen Sozialcharta und in der Gemeinschaftscharta von 1989 festgelegt sind, bestimmte Ziele verfolgen: die Förderung der Beschäftigung, die Verbesserung der Lebens- und Arbeitsbedingungen ..., einen angemessenen sozialen Schutz, den sozialen Dialog, die Entwicklung des Arbeitskräftepotentials im Hinblick auf ein dauerhaft hohes Beschäftigungsniveau und die Bekämpfung von Ausgrenzungen.

Gewiss handelt es sich dabei um rein programmatische Verfügungen ohne finanzielle Ausstattung und richterliche Garantie. Aber die Grundidee ist nicht nur kohärent mit der Anerkennung der Dienste von allgemeinem wirtschaftlichen Interesse innerhalb der gemeinsamen Werte der Union (Art. 16 EGV; Art. 14 EVV), sondern wird von daher auch noch verstärkt. Im Zusammenhang mit der Beschäftigungspolitik bestätigt Art. 16 EGV (Art. 14 EVV) die positiv-rechtliche Anerkennung der Daseinsfürsorge als öffentliche Aufgabe. Dass die Staats- und Regierungschefs gleichzeitig eine Reihe von Einschränkungen vereinbart haben (Art. 137 Abs. 2 a); 94; 95 Abs. 2; 136 EGV; Art. 153 (2) a) EVV; 114 (2); 115 EVV; 151 EVV), tut

[73] Vgl. Parlamento Europeo, Comisión de Asuntos Institucionales, Ponentes Srs. Méndez de Vigo / Tsatsos, Proyecto de Informe sobre el Tratado de Amsterdam, DOC ES/PR/337/337565 PE 223.314/B/rev.

dem Wert der Eingliederung der Dienste von allgemeinem wirtschaftlichen Interesse keinen Abbruch.

Die Tatsache, dass auch die Sozialgesetzgebung, die der materiellen Realisierung der Grundrechte dienen soll, finanziert werden muss, führt unweigerlich dazu, die Sorge für die europäische Wettbewerbsfähigkeit im Globalisierungskontext als öffentliche Aufgabe anzusehen[74]. In dieser Hinsicht sind einerseits der Markt und andererseits die Währungs- und Wirtschaftspolitik zu berücksichtigen. Die Formel, die im Gemeinschaftsvertrag öfter auftaucht, ist: eine offene Marktwirtschaft mit freiem Wettbewerb (Art. 2, 4 Abs. 1 EGV; Art. 3 (3) LissV*)*. Art. 136 EGV (Art. 151 EVV) präzisiert, dass die Konvergenz der Sozialpolitik die Notwendigkeit zur Grenze hat, die Wettbewerbsfähigkeit der Union zu erhalten und dass sie vor allem aus dem begünstigenden Wirken des Binnenmarktes hervorgehen wird (Art. 4 Abs. 3 EGV; Art. 3 (3) LissV).

Werden wir mit dem Vertrag über die Europäische Union einen Schritt in Richtung auf eine gemeinschaftliche Wirtschaftspolitik der Euro-Länder hin tun? In keiner Weise, denn die Gemeinschaftsinstitutionen machen nur Währungspolitik. Das Hauptziel der Währungspolitik ist die Erhaltung der Preisstabilität (Art. 8; 105 bis 108, 110 und 112; Art. 4 EGV; Art. 127 bis 130, 132, 119 EVV), sie ist ausschließlich Kompetenz der Europäischen Zentralbank, und den nationalen Regierungen sowie den europäischen Institutionen ist es untersagt, auf die Politik der Zentralbank Einfluss zu nehmen (Art. 108 EGV; Art. 130 EVV). Die anderen Aspekte der Wirtschaftspolitik werden lediglich europäisch koordiniert (Art. 98–104 EGV; Art. 120–126 EVV) und es ist offensichtlich, dass diese Koordination bisher nicht nur nicht funktioniert hat, sondern dazu noch verhindert, dass sich irgendjemand für eine europäische Wachstums- und Beschäftigungspolitik verantwortlich fühlt.

Die Sorge um die Garantie der Grundrechte erklärte sich in den letzten Jahrzehnten aus ihrer Unterordnung unter das Wettbewerbsprinzip und unter die private Wirtschaftsmacht. Doch damit finden die Risiken für die Grundrechte, die das Gemeinschaftsrecht in sich birgt, noch kein Ende. Was die bürgerlichen Rechte anbelangt, die vom Gerichtshof erstmals als funktionale Voraussetzung des gemeinsamen Marktes erkannt worden waren, so kommen diese durch die gegenwärtig unverhältnismäßig große Besorgnis um die kollektive Sicherheit in Bedrängnis: Die jüngsten Vorschriften für den Ausbau des Raumes der Freiheit, der Sicherheit und des Rechts (Titel VI Bestimmungen über die polizeiliche und justizielle Zusammenarbeit in Strafsachen, Vertrag über die Europäische Union; Titel V Der Raum der Freiheit, der Sicherheit und des Rechts, Art. 67 – 89 EVV), nämlich die Rahmenbeschlüsse

[74] S. *Bob Jessop*, Veränderte Staatlichkeit. Veränderungen von Staatlichkeit und Staatsprojekten; Politik in der Ära Thatcher: Die defekte Wirtschaft und der schwache Staat, in: Staatsaufgaben, Grimm (Hrsg.), 1994, S. 353 ff.

über den Europäischen Haftbefehl und die Europäische Beweisanordnung und sonstige Maßnahmen[75] bringen die Freiheitsrechte ebenso in Gefahr. So werden die Unzulänglichkeiten des Vertrags und der Grundrechtecharta bezüglich der Wirksamkeit der Grundrechte durch konkrete Eingriffe des Sekundärrechts offenbar.

Alles in allem ist aber festzustellen, dass nur die wirtschaftlichen Freiheiten (Art. 14 Abs. 2, 23, 24, 25, 39, 40, 43, 44, 49, 56 EGV; Art. 26 Abs. 2, 28, 29, 30, 45, 46, 49, 50, 56, 63 EVV) und die Nichtdiskriminierung (Art. 3 Abs. 2, 12, 13 EGV; Art. 8, 18, 19 EVV) tatsächlich durch die Verträge garantiert werden. Alle anderen anerkannten Rechte sind in ihrer Reichweite wesentlich beschränkt und werden von den europäischen Organen als öffentliche Aufgabe nicht ernst genommen. Diese Tatsache beweist, dass die Charta so wenig mit der Konzeption der Grundrechte in unseren Verfassungstraditionen – in Deutschland, Frankreich, Italien und Spanien – zu tun hat, wie die rechtliche Natur des Vertrags mit einer Verfassung zu vergleichen ist. Weder handelt es sich um wirkliche Grundrechte, noch meinen unsere Staats- und Regierungschefs, dass es Aufgabe der Europäischen Union sei, die Grundrechte zu realisieren. Es sieht im Ganzen so aus, als hätten unsere Staatsoberhäupter ein großes Interesse daran gehabt, den Sprung nach vorn, den die Charta hätte bedeuten können, aufzuhalten[76].

Damit wird klar, dass auch bei noch so ehrgeizigen Verfahrensreformen und institutionellen Arrangements die subjektiv- und objektivrechtliche Garantie der Grundrechte der Bürger schwerlich jemals im Zentrum der europäischen Konstruktion stehen werden. Die einzige Möglichkeit, dies zu erreichen, besteht in der Demokratisierung der Institutionen. Allerdings sind wir davon noch weit entfernt, wie der Status der politischen Bürgerrechte zeigt. Damit sind wir bei den politischen Rechten der Bürger angelangt, deren Einschränkung einen zusätzlichen Mangel der Charta darstellt. Mit dem Ausschluss des allgemeinen und gleichen Wahlrechts bei

75 Am 25. Dezember 2006 hat Spanien den Vertrag von Prüm ratifiziert, den die Bundesrepublik Deutschland, Österreich, Belgien, Holland, Luxemburg, Frankreich und Spanien zur Intensivierung der grenzüberschreitenden Zusammenarbeit speziell im Kampf gegen den Terrorismus, die organisierte Kriminalität und die illegale Immigration geschlossen haben. Den sieben Erst-Unterzeichnern haben sich Italien und Finnland angeschlossen. Dieser Vertrag ist im geschlossenen Kreis von Innenministern der betreffenden Staaten als executive agreement ohne jede parlamentarische Debatte in Brüssel oder in den unterzeichnenden Staaten ausgearbeitet worden. Seine Ausführung wird bloß einem Comité von Innenministern übertragen und er enthält einige unglückliche Formulierungen, die bezüglich der Grundrechte Anlass zur Besorgnis geben, und muss hinsichtlich des geltenden europäischen Rechts als äußerst regressiv bezeichnet werden.

76 In den Schlussfolgerungen des Europarats werden die Vorbehalte gegen die Geltung der Charta noch verstärkt: Die Polen lehnen das Legat der Säkularisation der Europäischen Union ab, und die Briten weigern sich, die Charta in Großbritannien gelten zu lassen.

den europäischen Parlamentswahlen (Art. 190 EGV; Art. 223 EVV) haben unsere Staats- und Regierungschefs den europäischen Bürgern den Weg zur demokratischen Selbstbestimmung versperrt.

Selbstverständlich könnte die Charta als Anreiz dienen, die Rechte nunmehr gesetzmäßig auszubauen. Aber das wird nicht geschehen, weil unsere Regierungschefs allerlei Barrieren aufgerichtet haben: In ihrer gegenwärtigen Form schöpft die Charta weder neue Zuständigkeiten noch neue Aufgaben für die Gemeinschaft und für die Union, noch ändert sie die in den Verträgen festgelegten Zuständigkeiten und Aufgaben (Art. 51 Abs. 2 Grundrechtecharta). Und wenn schon ein Widerspruch darin besteht, dass keine Ausstrahlung der Rechte auf die Gemeinschafts- und Unionspolitiken stattfinden darf, ist es noch gravierender, dass die Ausübung der Rechte in den Verträgen nur im Rahmen der festgelegten Bedingungen und Grenzen erfolgen darf (Art. 52 Abs. 2 Grundrechtecharta).

2. Die Unabweislichkeit des legislativen Ausbaus der Grundrechte und der Stärkung des Europäischen Parlaments

Die intergouvernementale Zusammenarbeit reicht nicht mehr aus, um den Ausbau bzw. die Schranken der Grundrechte zu bestimmen. Die Kritik zeigt deutlich, dass hier nur eine rigorose Gesetzgebung dem Anspruch der Bürger auf einen vollen Rechtsschutz gerecht werden kann. Bei den Rechten für die europäischen Bürger handelt es sich nicht um eine bloße Wiederholung der klassischen Abwehr- und Freiheitsrechte, sondern auch um eine Regulierung der sozialen und politischen Rechte, sowie des Anspruchs auf Leistungen der Verwaltung und auf Teilnahme an Verfahren. Mit den Worten Denningers muss „die zentrale Aufgabe der gegenwärtigen europäischen Grundrechtepolitik die Zusammenführung der beiden Entwicklungslinien sein: derjenigen der klassischen Freiheitsrechte einschließlich traditioneller politischer Rechte mit der Linie der sozialen Rechte, wobei vor allem an die sozialen Grundrechte der Arbeitnehmer zu denken ist."

Im Allgemeinen bedarf es, so Denninger, „in allen Bereichen, in denen wirksamer Grundrechtsschutz nicht einfach durch ein Gebot an den Staat zu erzielen ist, Eingriffe in die Bürgerfreiheit zu unterlassen, sondern in denen sowohl die näheren Ziele als auch die angemessenen Mittel erst noch bestimmt werden müssen, eines institutionalisierten politischen Prozesses".

„Die Formulierung von positiven Maßnahmen" – führt Denninger aus – „ist keine Angelegenheit, die allein in den Richtlinien einer europäischen Exekutive und nachfolgenden Prozessen vor der europäischen und staatlichen Justiz ausgemacht werden sollte, sondern die einer breiten europaweiten politischen Diskussion bedarf. Waren Grundrechte früher in ihrer Abwehrfunktion vielfach nicht mehr als Grenzmarkierungen zur Sicherung der bürgerlichen Freiheitssphäre, so erfüllen sie heute notwendigerweise die Funktion von Eckdaten für funktionsspezifische Gesetzgebungsprogramme".[77]

Nun verfügen aber die Verträge im Blick auf eine solche europäische Gesetzgebung, die die Rechte und ihre Schranken bestimmt, nur über Institutionen mit unzureichender demokratischer Grundlage. So ist z. B. eine aktive Beteiligung des Europäischen Parlaments bei Beschlüssen und Rahmenbeschlüssen des Rates nicht vorgesehen; das Europäische Parlament und die nationalen Parlamente sollen vom Inhalt und den Ergebnissen der Unionspolitik lediglich unterrichtet werden (Art. III–260; III–261; III–264 IGK 2004). Über polizeiliche Zusammenarbeit beschließt der Rat nach Anhörung des Europäischen Parlaments einstimmig (Art. III–277 IGK 2004). Pernice vertritt die Auffassung, das Europäische Parlament in seiner jetzigen Gestaltung könnte erst einen wirklichen Einfluss haben, wenn die wesentlichen Maßnahmen im Bereich Inneres und Justiz im normalen Mitentscheidungsverfahren erlassen werden würden. Wenn überhaupt, dann könnte erst dann theoretisch gewährleistet werden, dass Argumente und Gegenargumente für eine bestimmte gesetzliche Lösung im öffentlichen, europäischen Diskurs ausgetauscht und abgewogen werden können, einschließlich der Konsequenzen für die Rechte der Einzelnen[78].

Das würde aber voraussetzen, dass das Europäische Parlament demokratisch d.h. nach dem Prinzip *one man – one vote* gewählt würde, was nicht der Fall ist, wie Lübbe-Wolff dargelegt hat. Für die Gewährleistung der Grundrechte in Europa brauchen wir also zunächst eine Gesetzgebungspolitik, und diese kann nur von einem Parlament ausgebaut und begrenzt werden, das demokratisch gewählt wird. Die Garantie der Rechte setzt also objektiv eine zeitgemäße öffentliche Organisation und Handlung voraus, die wir Europäer erst noch schaffen müssen.

Um die Idee der Grundrechte, die im Recht auf gleiche Handlungsfreiheit der Bürger (Rousseau; Kant) zum Ausdruck kommt, adäquat umzusetzen, muss man auf die klassische Regel zurückgreifen, dass ein interner Zusammenhang zwischen Menschenrechten und Volkssouveränität besteht, auf den Habermas bereits vor mehr als zehn Jahren hingewiesen hat[79]. Lange Zeit haben sowohl Rechtsprechung als auch die Lehre diesen internen Zusammenhang von Rechtsstaat und Demokratie vernachlässigt. Solange die legislative Politik der Union sich damit begnügt, die private Autonomie zu garantieren, wird sie ihren schwankenden Kurs fortsetzen. Niemals werden die Bürger in den Stand gesetzt werden, gleiche Freiheit zu genießen, solange es ihnen nicht möglich ist, einerseits auf einem öffentlichen europäischen

[77] S. *E. Denninger*, Fn. 10.

[78] S. *I. Pernice*, Europäische Justizpolitik in der Perspektive der Verfassung für Europa, Humboldt-Universität zu Berlin, Walter Hallstein-Institut für Europäisches Verfassungsrecht, WHI-Paper 03/05, Januar 2005; vgl. Fn. 39

[79] S. *Habermas*, Fn. 63.

Forum über Interessen und entsprechende Maßnahmen zu debattieren und andererseits durch ein gleiches Wahlrecht parlamentarische Mehrheitsbeschlüsse zu fassen, um solidarische Kriterien festzulegen, nach denen man die Gleichen jeweils Gleich- und die Ungleichen ungleich behandelt.

Zusammenfassend: Wenn wir vermeiden wollen, dass die europäische Grundrechtspolitik[80] unter der Absegnung eines supranationalen Föderalismus[81] als Regierungsform eine traurige technisch-bürokratische Existenz führt, oder sich idealistisch in einer rhetorischen Formel erschöpft[82], müssen wir den *internen Zusammenhang von Rechtsstaat und Demokratie* zum Ausgangspunkt nehmen und entwickeln[83].

III. Zu einer Theorie der europäischen Unionsgrundordnung

Wir befinden uns inmitten eines europäischen verfassunggebenden Prozesses, der eine Wahl zwischen verschiedenen Handlungsalternativen unumgänglich macht. Die Alternative, die sich im gegenwärtigen konstituierenden Prozess stellt, heißt aber nicht, zwischen Stabilität oder Änderung unserer Verfassungen zu wählen, sondern zwischen einem kritiklosen Hinnehmen von Normwandlungen, ohne auf ihre Auswirkungen zu achten, und einer sich aller Konsequenzen bewussten Durchführung der Vertragsreform.

Unzureichend wäre also eine nationale Verfassungspolitik, die sich als Reaktion auf politische Prozesse und rechtliche Änderungen, die sich außerhalb des Staatsbereichs vollziehen, darauf beschränken würde, mit *ad hoc* Modifizierungen die eigenen durch die europäische Integration gefährdeten Verfassungsgrundsätze abzusichern. Wenn wir wirklich wollen, dass die Europäische Union unsere Verfassungsprinzipien respektiert, wird es wenig nutzen, wenn wir sie in unserer Verfassung lediglich formal garantieren[84].

Die einzige Möglichkeit, die eigene Verfassungsordnung zu erhalten, besteht darin, dass man ihre Grundsätze im Vorhinein auf das Europarecht projiziert. Es handelt sich also darum, die in unserer *Europäischen Unionsgrundordnung als Postulat der*

80 D.h. wie die Freiheiten (Art. 18, 23, 39, 43, 48, 49, 56 ff. EGV; Art. 21, 26 Absatz 2, 28, 29, 34–37, 45–66) durch den freien Wettbewerb (Art. 2; 14 EGV; Art. 3 Absatz 1 b), 101–109 EVV) garantiert werden.

81 S. *A. von Bogdandy*, Fn. 5.

82 S. Europäische Kommission, Expertengruppe Grundrechte, Bericht: Die Grundrechte in der Europäischen Union verbürgen. Zeit zum Handeln, 1999.

83 S. *E. Denninger*, Fn. 10.

84 Art. 23 GG, um das beste Beispiel zu nennen.

Verfassungshomogenität (Art. 23 GG) unter den Mitgliedstaaten und der Europäischen Union angelegten Möglichkeiten auszuschöpfen, nicht nur in Bezug auf eine harmonisierende Interpretation, sondern auch hinsichtlich einer Vertragsreform, die die europäischen Institutionen in Stand setzt, die Grundrechte wirklich zu garantieren.

Gehen wir mit dem Instrumentarium der klassischen Verfassungslehre an den Europavertrag heran, stellen sich zwei Themenbereiche zur Diskussion: Die Verfassungsüberlieferungen der Mitgliedstaaten und der Grundsatz der Verfassungshomogenität.

Der Gerichtshof hat in dem Urteil *Internationale Handelsgesellschaft*[85] von 1970 die den Mitgliedstaaten gemeinsamen Verfassungstraditionen als erste Konkretisierung der allgemeinen Grundsätze des Gemeinschaftsrechts genannt. Diese Aussage ist zu einem festen Bestandteil der herrschenden Lehre geworden und ist zusammen mit der Europäischen Menschenrechtskonvention in die Formulierung des Art. 6 Abs. 2 EUV (Art. 6 Absatz 3 EVV) eingegangen. Da die Verfassungstraditionen, die bei der Interpretation der Charta abgewogen werden müssen, vielfältiger und oft heterogener Art sind, müsste meiner Ansicht nach unter den Verfassungstraditionen das Postulat nach *gleicher Freiheit für alle* einen hervorragenden Platz einnehmen und genau definiert werden (3.1).

Weiter kündigen sich ernste Probleme im Blick auf die europäische Regierungsform an. Hier zeigt sich ein Widerspruch darin, dass in Art. 6 Abs. 1 EUV (Art. 2, 10 Absatz 1 EVV) das demokratische Prinzip als Grundsatz erklärt wird, während in der Grundrechtecharta die politischen Rechte ausgeklammert sind und im Gemeinschaftsvertrag eine oligarchische Regierungsform entwickelt wird, deren Politiken gegen die Ausstrahlung der Charta gepanzert sind (Art. 52 Abs. 2 Grundrechtecharta). Dazu kommt eine nicht-demokratische Produktion von Recht (Art. 5 EUV; Art. 192, 202, 203, 205, 249, 251, 253 EGV; Art. 9,10, 13, 14, 15, 16 LissV; Art. 223, 224, 225, 230, 233, 294, 296 EVV), die mit dem so feierlich proklamierten Glauben an die Volkssouveränität unvereinbar ist. Dieser Widerspruch hat weitreichende Folgen und wirft die Frage auf, welche dogmatischen Instrumente uns das Prinzip der Verfassungshomogenität (Art. 23 GG) in die Hand gibt, um eine europäische Regierungsform zu gestalten, mit deren Funktionstüchtigkeit die Grundrechte als objektive Prinzipien garantiert werden können (3.2).

[85] EuGH – Internationale Handelsgesellschaft, Rs. 11/70, 17.12.1970, Slg. 1970, 1125.

1. Die Verfassungsüberlieferungen der Mitgliedstaaten und ihre Kondensation im Begriff der gleichen Freiheit für alle

Es ist bedeutsam, dass die gemeinsamen Verfassungstraditionen in der Aufzählung der relevanten Rechtsquellen durch den Europäischen Gerichtshof den ersten Rang einnehmen. Außerdem kommt in dieser Aufzählung ein struktureller Unterschied zwischen zwei Formen normativer Produktion zum Ausdruck: Die eine gründet sich auf die völkerrechtliche Vereinbarung der Mitgliedstaaten, während die andere auf der Autorität fußt, die den nicht in Gesetzesform verfassten Rechtsquellen zuerkannt wird. Das bedeutet mit anderen Worten, dass die allgemeinen Prinzipien des Gemeinschaftsrechts, die aus der Interpretation der Verfassungsüberlieferungen durch den Gerichtshof hervorgehen, unabhängig sind gegenüber dem Recht, das sich auf die intergouvernementale Zusammenarbeit der Mitgliedstaaten stützt.

Die Bedeutung der Verfassungstraditionen wird noch dadurch verstärkt, dass die Rechte der Charta weniger die Funktion erfüllen sollen, einzelne Rechtsverletzungen zu ahnden, als vielmehr die Grundrechtsordnung der Mitgliedländer, die sich in den staatlichen Verfassungen, in den Dokumenten des Völkerrechts und in der Rechtslehre niederschlägt, zu harmonisieren. Wie aus der Präambel selbst hervorgeht, ist die Charta ja nicht aus dem Nichts entstanden, sondern stützt sich auf die Europäische Konvention zum Schutz der Menschenrechte und die Rechtsprechung des Gerichtshofes. Dazu bestätigt die Präambel, dass in der Charta die gemeinsamen Werte sichtbar gemacht werden sollen, deren Erhaltung und Entwicklung die Union fördern will.

Die Kraft der Charta rührt somit daher, dass sie ein Rechtsgefüge von Grundsätzen systematisiert, das von dem Verfassungsrecht der Mitgliedstaaten, d. h. also von den Traditionen, die das gemeinsame Verfassungsgut darstellen, abgeleitet werden kann. Daher darf die Charta nicht abgesondert von der normativen Kraft der anderen Rechtsquellen, mit denen sie im Zusammenhang steht und kooperiert (staatliche Verfassungen, Gemeinschaftsrecht, Völkerrecht, usw.) betrachtet werden. Vielmehr gewinnt sie ihre bindende Kraft aus ihrer Funktion, durch Auslegung Grundsätze zu vereinheitlichen, zu präzisieren und zu entwickeln, die der Vielfalt Europas gemeinsam sind.

Das bedeutet für die Rechtspraxis, dass es im Wesentlichen darum geht, die Charta mit den Verfassungsüberlieferungen der Mitgliedstaaten in Verbindung zu bringen. Da es keinen formellen Beginn für das Inkrafttreten der Charta gibt, muss im Moment jede Grundrechtsfrage im europäischen Bereich auf dem in Art. 6 Abs. 2 EUV (Art. 2 i. V. m. Art. 4 (2), 6 und 10 LissV) vorgesehenen Wege behandelt werden. Diese Vorschrift beinhaltet, dass die Rechte durch den Gerichtshof anerkannt und abgegrenzt werden sollen, und dass dieser seinerseits die Verfassungstraditionen der

Mitgliedstaaten und die Europäische Konvention für Menschenrechte als Rechtsquellen in Anspruch nehmen soll.

Die Charta verlangt also nach einer Interpretation, die geleitet ist von einem Vorverständnis, in dem historische Erfahrung, Lehrmeinungen und Werteinschätzungen der Gegenwart zusammentreffen. In den Verfassungstraditionen der Mitgliedstaaten verweist dieses Vorverständnis auf eine sozial determinierte Freiheitsidee. So kann die Freiheit, verstanden als *gleiche Freiheit für alle*, als Kondensation der gemeinsamen Verfassungsüberlieferungen der Mitgliedstaaten zum Angelpunkt des im Entstehen begriffenen europäischen Bundes werden. In den sechziger und siebziger Jahren des 20. Jahrhunderts hat sich ein europäischer Konsens bezüglich der Idee herausgebildet, dass sich die Menschheit darum bemühen sollte, ein Gleichgewicht zwischen den auseinanderstrebenden wirtschaftlichen und sozialen Interessen zu finden, indem für alle ein gewisses Minimum an öffentlichen Dienstleistungen und Wohlfahrt sichergestellt wird. Zu diesem Zweck haben die Verfassungstraditionen die Rechte der Charta und schließlich auch die der entstehenden europäischen Föderation auf die Freiheit, verstanden als *gleiche Freiheit für alle*, ausgerichtet. Dieser Freiheitsbegriff muss allerdings dogmatisch abgegrenzt werden, was ich im Folgenden versuchen will.

In den Verfassungen der Mitgliedstaaten der Union sind Bestimmungen zu finden, die den Gleichheitsgrundsatz auch als materielle Grund-Gleichheit bezeichnen. Die italienische (1948), die deutsche (1949) und die spanische (1978) Verfassung lassen in dieser Hinsicht keinen Zweifel zu: Art. 3 der italienischen Verfassung enthält z.B. die vergleichsweise ausführlichsten Leitsätze des Gleichheitsprinzips, da hier den öffentlichen Gewalten nicht nur die Abschaffung der Diskriminierung als Aufgabe zugewiesen, sondern auch ihre direkte Intervention verlangt wird, um Ungleichheiten zu beseitigen, die sich auf Ungerechtigkeiten der Lebensumstände zurückführen lassen. Im Grundgesetz bilden die Art. 20, 72.2 und 106 die dogmatische Grundlage für die Sozialgesetzgebung und Rechtsprechung. Und auch der Art. 9.2 der spanischen Verfassung[86], der sich an Art. 3 der italienischen orientiert, strahlt auf den Verfassungstext im Ganzen aus (Art. 39–52; 40.1; 138.1 SV).

Dieser Begriff der *gleichen Freiheit für alle* in der europäischen Verfassungstradition muss als Gegensatz zu der wirtschaftlichen Konzeption verstanden werden, die den Wirtschaftsfreiheiten des Vertrags: freier Personen-, Waren-, Kapital- und Dienstleistungsverkehr, Niederlassungsfreiheit und freier Wettbewerb (Art. 3; 81–89 EGV; Art. 8; 101–109 EVV) zugrunde liegt. Für die liberale Doktrin, auf die sich der Vertrag über die Europäische Union und der Vertrag über die Europäische Gemeinschaft stützen, beschränkt sich die Freiheit auf die subjektiven Rechte gegen-

86 Für weitere Ausführungen, s. Spanisches Verfassungsrecht, López Pina (Hrsg.), 1993.

über der öffentlichen Gewalt, unter besonderer Berücksichtigung der wirtschaftlichen Initiative.

Wie jede andere Freiheit dürfen jedoch auch das Recht auf wirtschaftliche Initiative und die Wirtschaftsfreiheit nicht dazu missbraucht werden, die reale Freiheit eines anderen zu zerstören oder zu beeinträchtigen; ebenso wenig darf man sie dazu benutzen, die Arbeit und die Bewusstseinsbildung der anderen zu bestimmen – „ein Freiheitsrecht vermittelt niemals Herrschaft über einen anderen Freien" (Kirchhof, 1991)[87].

Die reale Freiheit von allen macht es nicht nur erforderlich, über subjektive Abwehrrechte dem Staat und der öffentlichen Verwaltung gegenüber zu verfügen, sondern auch über die materiellen Grundlagen, um sich von der Macht, die das private Kapital auf das gesellschaftliche und politische Leben ausübt, zu emanzipieren. Der wirtschaftlichen Freiheitsidee wollen wir Europäer eine egalitäre Freiheitsidee entgegensetzen, die selbst bei der gegenwärtigen Sorge um die kollektive Sicherheit gewährleistet sein muss. So wäre es uns möglich, solidarisch zusammenzuarbeiten und durch eine allgemeine Daseinsfürsorge materielle Lebensbedingungen zu schaffen, die eine Gesellschaft – bei allem Konkurrenzkampf und Sicherheitrisiken – zusammenhalten.

2. Der Grundsatz der Verfassungshomogenität

Der Grundsatz der Verfassungshomogenität ist im Allgemeinen als Aufnahme – Voraussetzung für die neuen Beitrittskandidaten interpretiert worden und umfasst die Summe der Verpflichtungen, die die Mitglieder mit ihrem Beitritt zur Europäischen Union eingehen. In der Erklärung über die europäische Identität von 1973 (Kopenhagen) und im früheren Art. 6 EUV (Amsterdam) wurde den Staaten, die Mitglieder der Gemeinschaft werden wollten, als Bedingung auferlegt, die Grundrechte zu achten und über die demokratische Authentizität ihrer politischen Herrschaft zu wachen. Noch ausführlicher heben die Artikel 6, 7 und 49 Abs. 1 EUV (Art. 2 i. V. m. 4 Absatz 2, 6 und 10, 7 und 49 LissV) die Freiheit, das demokratische Prinzip, die Achtung der Menschenrechte und Gemeinschaftsfreiheiten sowie die Rechtstaatlichkeit als Fundament der Union hervor. Es besteht ein allgemeiner Konsens darüber, dass ein solches Mindestmass an Verfassungshomogenität unerlässlich ist, um das Funktionieren der Union und seiner Institutionen zu gewährleisten.

87 S. *Kirchhof*, Fuerza normativa e interpretación de los derechos fundamentales. Efectividad de los derechos fundamentales – en particular en relación con el ejercicio del poder legislativo, in: La garantía constitucional de los derechos fundamentales. Alemania, España, Francia e Italia, edición de *A. López Pina*, 1991.

Nicht weniger legitim scheint es mir aber, diesen Begriff dann als normativen Maßstab anzuwenden, wenn sich der Vertrag und das sekundäre Recht nicht mit den Verfassungstraditionen der Mitgliedstaaten vereinbaren lassen. Zusätzlich werden in die Verfassungen verschiedener Mitgliedstaaten Integrationsklauseln eingefügt, die die strukturellen Erfordernisse für die Entwicklung von Gemeinschafts-Organen festlegen, denen der Staat die Ausübung eigener Kompetenzen zu überlassen bereit ist. Art. 23 GG erklärt:

Zur Verwirklichung eines vereinten Europas wirkt die Bundesrepublik Deutschland bei der Entwicklung der Europäischen Union mit, die demokratischen, rechtstaatlichen, sozialen und föderativen Grundsätzen und dem Grundsatz der Subsidiarität verpflichtet ist und einen diesem Grundgesetz im wesentlichen vergleichbaren Grundrechtsschutz gewährleistet. ...

Andere Verfassungen sind weniger explizit, verlangen aber auch, dass der Grundrechtsschutz, das Subsidiaritätsprinzip und der Grundsatz der sozialen und wirtschaftlichen Kohäsion wie auch die Rechtsgleichheit der Mitgliedstaaten bei der Willensbildung der Union respektiert werden.

Die Gefahr der Machtkonzentration und der Bedrohung der Rechte und Freiheiten der Bürger ist im institutionellen System der Union durch einige Garantien eingegrenzt: Erstens durch die Teilung der legislativen Gewalt unter den Staaten und der Union. Zweitens durch die funktionelle Gewaltenteilung in den Bereichen gemeinschaftlicher legislativer Kompetenz; d. h. die exekutive Kompetenz bleibt hier den Mitgliedstaaten vorbehalten. Drittens durch die strukturelle Aufteilung der richterlichen Gewalt: Die nationalen Richter sind für den Rechtsschutz der Bürger zuständig, und dem europäischen Gerichtshof bleibt das letzte Wort über die Interpretation gemeinschaftlicher Rechtsakte, gegebenenfalls auch über ihre Aufhebung, vorbehalten.

Solche institutionellen Vorsichtsmassnahmen sind zweifellos positiv zu bewerten. Aber sie machen nur eine Seite des Grundsatzes der Verfassungshomogenität aus, über die allerdings in der Staatsrechtslehre Konsens besteht. Ernsthafte Probleme kündigen sich dagegen in Bezug auf die europäische Regierungsform an: Hier tritt der Widerspruch deutlich zu Tage, dass im Vertrag und in der Charta das demokratische Prinzip feierlich proklamiert wird, während die politischen Rechte in der Trickkiste verschwinden; auch werden im Gemeinschaftsvertrag oligarchische Entscheidungsformen entwickelt und Politiken definiert, die gegen die Ausstrahlung der Grundrechte abgesichert sind, und schließlich ist ein demokratisches Defizit auch bei der Produktion von Recht (Art. 202; 203; 251 EGV; Art. 13 – 17 LissV; Art. 294 EVV) festzustellen.

Diese offenen Widersprüche sind so schwerwiegend, dass sie uns zu der Frage berechtigen, welche dogmatischen Folgerungen wir aus dem Grundsatz der Verfassungshomogenität ziehen können, um eine europäische Regierungsform zu gestalten, die ihre Funktion – die Effektivität der Rechte zu garantieren – kohärent erfüllen kann.

Zum Beispiel könnten wir in Hinblick auf das gleiche Wahlrecht, die Volkslegitimität oder die politische Verantwortung bei der Machtausübung – alles Materien, die das demokratische Prinzip betreffen – fordern, dass sich die europäische Regierungsform stärker an den Verfassungstraditionen der Mitgliedstaaten ausrichtet und dass der Widerstand gegen den Grundsatz der Verfassungshomogenität[88] aufgegeben wird. Der einzige Weg zu einer proportionalen Repräsentation der europäischen Bürger wäre – unter Verzicht auf die Verteilung der Parlamentssitze unter den Staaten – Wahlkreise über die nationalen Grenzen hinweg nach dem Kriterium der Bevölkerungszahl festzulegen. Um bei der Ausübung des Wahlrechts von Gleichheit sprechen zu können – eine unverzichtbare Voraussetzung für eine echte demokratische Bürgerschaft – ist es nicht nur erforderlich, dass die in den verschiedenen Staaten abgegebenen Stimmen ein gleiches Gewicht haben, sondern auch, dass die Wahlordnung im ganzen Wahlbereich einheitlich ist.

Im Moment müssen sich die Bürger an die von den verschiedenen Staaten etablierte Regelung halten, wenn sie Kandidaten zum Europaparlament wählen wollen. Das bedeutet, dass das Parlament, obwohl es die direkt durch die Bürger gewählte Kammer ist und sich daher als demokratische Repräsentation auf europäischer Ebene ausgibt, in Wirklichkeit – wie auch im Vertrag steht – die Völker der Staaten (Art. 189 EGV; Art. 223 EVV) repräsentiert und nicht die Bürger der Union. Schließlich ist die Kooptation des Präsidenten der Kommission durch die Regierungs- und Staatschefs ein weiteres Beispiel für die vor-demokratische Kondition unserer europäischen Regierungsform.

Die Legitimität einer politischen Ordnung lässt sich heute nunmehr demokratisch vermitteln. Solange die geltende Verträge über die Europäische Union und die Europäische Gemeinschaft und der noch in Ratifizierungsverfahren Vertrag von Lissabon so schwerwiegende Demokratie-Defizite aufweisen, ist vorauszusehen, dass der Konstitutionalisierungsprozess in der Europäischen Union noch lange offen bleiben wird. Im Moment können diese Texte nichts anderes sein als eine provisorische institutionelle Abbildung der *real existierenden* historischen Situation Europas.

Die Verträge über die Europäische Union und die Europäische Gemeinschaft oder der noch zu ratifizierende Vertrag von Lissabon bieten im Allgemeinen kaum Stützpunkte für eine Einpassung eines demokratischen legislativen Ausbaus der Grundrechte in die europäische Ordnung. Der Präambel des Vertrages über die Europäi-

88 Vgl. *Roberto Miccù,* L'omogeneità costituzionale nell'Unione Europea, a cura di Vincenzo Atripaldi, 2003.

sche Union spricht lediglich davon, dass Demokratie und Effizienz in der Arbeit der Organe weiter zu stärken sind. In den Kommentaren zu einem unionsspezifischen Demokratiebegriff[89] wird auf die Beteiligung des Parlaments am Rechtsetzungsverfahren und darüber hinausgehend auf einen doppelten Legitimationsstrang unmittelbarer und mittelbarer demokratischer Legitimation hingewiesen, wobei die mittelbare Legitimation häufig als schwächer und eher als Übergangslösung erscheint[90].

Genau genommen erklärt sich das einhellig festgestellte demokratische Defizit der Union aus den Spannungen zwischen dem ideal-typischen demokratischen Charakter der Mitgliedstaaten und dem Widerstand der Staats- und Regierungschefs, eine europäische Regierung und ein echtes Parlament zu bilden. Insofern würde ich die Regierungsform der Union, die von Bogdandy als supranationaler Föderalismus bezeichnet wird und die sich in keiner Weise an den demokratischen Kanon hält[91], technokratische Oligarchie nennen. In der Lehre hat sich mehrheitlich die Meinung herausgebildet, das demokratische Defizit der Union als vollendete Tatsache hinzunehmen[92].

Alle ihre Vorbehalte gegenüber einer umfassenden institutionellen Reform und die Überlegungen, mit denen einige von ihnen den Vertrag schönfärben wollen, sind „dilatorische Formelkompromisse“ (Schmitt) und führen nur dazu, die Reform der Union hinsichtlich der Grundrechtsgarantie zu verzögern. Das Hauptproblem der Europäischen Unionsgrundordnung ist und bleibt nun einmal die Realisierung der

89 Vgl. *B. Beutler*, Fn. 2; *B. Wegener*, Fn. 14; *C. Stumpf*, Art. 6 EUV, in: EU-Kommentar, Schwarze (Hrsg.), 2000.

90 S. *B. Beutler*, Fn. 2.

91 Vgl. *J. A. Frowein / Krisch*, Der Rechtsschutz gegen Europol, JZ 1998, S. 589 ff.; *Frowein*, EuR 1983, S. 301 ff.; *ders.* Die Verfassung der Europäischen Union aus der Sicht der Mitgliedstaaten, EuR 1995, S. 315 ff.; *ders.*, Legitimation und Wirkung des Rechts der Europäischen Union, in: Perspektive des Rechts in der EU, Müller-Graff (Hrsg.), 1998; *ders.* Das Maastricht-Urteil und die Grenzen der Verfassungsgerichtsbarkeit, ZaöRV 54 (1994), S. 1 ff. Vgl. *F. W. Scharpf*, Regieren in Europa. Effektiv und demokratisch?, 1999; *ders.*, Negative und Positive Integration in the political Economy of European Welfare States, in Marks et al. eds., Governance in the European Union, 1996; *ders.*, Politische Optionen im vollendeten Binnenmarkt, in: Europäische Integration, Kohler-Koch (Hrsg.), 1996; *ders.*, Regieren in Europa; *ders.*, Zur Neuordnung der Europäischen Union: Die Regierungskonferenz 1996/1997, 1997; *ders.*, Europäisches Demokratiedefizit und deutscher Föderalismus, in: Staatswissenschaften und Staatspraxis, 3. Jhg. 1992. S. *B. Beutler*, Fn. 2; *G. Lübbe-Wolff*, Fn. 64.

92 Es handelt sich einmal um die Staatsrechtslehrer und Europarechtler, die den Verträgen den Verfassungscharakter absprechen (Kirchhof, Grimm, Di Fabio u.a.) und andererseits um die Vertreter der Lehrmeinung, dass sich in Europa faktisch eine Verfassung herausgebildet hat (von Bogdandy, Callies, Huber, Peters, u.a.).

Grundrechte; die Kompetenzenverteilung wie die Gewaltenteilung haben nur die instrumentelle Funktion, diesem Ziel zu dienen. Und aus welchem Grund sollte man den Bürgern in Europa nur Mitwirkungsrechte und nicht demokratische Willensbildungsrechte zuerkennen? Jede Einschränkung des Mehrheitsprinzips gerät ja mit dem gleichen Wahlrecht der Bürger in Konflikt und jede Einschränkung der Kompetenz-Kompetenz eines Europäischen Parlaments schadet der Glaubwürdigkeit der europäischen Institutionen, weil sie mit dem demokratischen Prinzip unvereinbar ist.

Und wie wollen die Verfechter des Status quo das Problem lösen, dass die nationale Demokratie sich von der kontinentalen nicht trennen lässt, dass – wie auch Tsatsos erkannt hat – Demokratie in den Mitgliedstaaten ohne Demokratie in der Unionsgrundordnung einfach nicht möglich ist?

Man sollte sich von der Komplexität der Europäischen Union nicht entmutigen lassen, weiter an ihrer Funktionsfähigkeit zu arbeiten. Unter dem Mäntelchen der Effektivität hat es angebliche Verfahrensvereinfachungs- wie Verfahrensbeschleunigungskonzeptionen zur Vertragsänderung gegeben. Aber was heißt Effektivität? Hier schließe ich mich gern der Definition von Tsatsos an: „Effektiv ist die Institution, die die Bürger sich zu eigen machen können, auch wenn sie dafür komplizierter und langsamer funktioniert“[93]. Warum sollten wir Europäer nicht die institutionellen Folgen aus den Effektivitätsüberlegungen zur Gewährleistung der Grundrechte ziehen? Warum sollten wir von vornherein ausschließen, dass sich die EU in ihrem Wesen als *Union von Völkern und von Staaten* zu einem *Europa der Bürger* wandeln kann? Wenn die Kritik von Pernice, Denninger, Lübbe-Wolff u. a. am Vertrag und am Sekundärrecht gerechtfertigt ist, warum sollte man dann diesen Irrweg weiter verfolgen?

Ausblick

Wie soll es also weitergehen? Ein *Handbuch der Europäischen Verfassung* kann im Jahr 2008 nicht an den realen Herausforderungen vorbei geschrieben werden. Die Schlussfolgerungen des Europäischen Rates und der Vertrag von Lissabon[94] zeigen

93 S. *D. Tsatsos*, Fn. 1.

94 Am 21. und 22. Juni 2007 ist der Europäische Rat in Brüssel zusammengetreten. Die Schlussfolgerungen, die der Vorsitz den Delegationen der Mitgliedstaaten übermittelt hat, sehen vor, dass bis Ende Juli eine Regierungskonferenz einberufen wird, die noch vor Ende des Jahres 2007 einen neuen Vertrag ausarbeiten soll. Der Europäische Rat erinnert im Weiteren an den vor kurzem gefassten Beschluss, die wichtigsten Bestimmungen des Prümer Vertrags in den Rechtsrahmen der Union zu überführen, was zu einer Intensivierung der grenzüberschreitenden Zusammenarbeit der Polizei beitragen wird. Die operativen Fähigkeiten von Europol sollen weiter gestärkt werden und das Europol-Übereinkommen soll gemäß den Schlussfolgerungen des Rates (Justiz und Inneres) vom 12./13. Juni 2007 in einen Ratsbeschluss umgewandelt werden. Im Zusam-

erneut, dass die Grundrechte außer Acht gelassen werden und ist damit als ernster Rückschlag für die Realisierung eines Europa, wie es sich die großen Europäer vorgestellt haben, zu betrachten.

Es sieht so aus, als ob unsere Staats- und Regierungschefs von sich aus schwerlich ihre Einwilligung zu einer föderalen Union geben würden. Angesichts ihres Widerstandes, der sich auf den Begriff einer geschlossenen nationalen Souveränität und Identität stützt, meine ich, dass nur von den Bürgern eine offene europäische Bürgerschaft (Art. 17 EGV; Art. 9 LissV), wie sie die Union erfordert, zu schaffen ist. Wenn klar wird, dass nur die Bürger als Subjekte von vollen politischen Rechten die Union zu einer höheren Synthese „mit weltbürgerlicher Absicht" (Kant) führen können, liegen die Rechtsinstitute, die uns in den Verträgen zu unserer politischen Emanzipation zur Verfügung stehen, auf der Hand.

Rechtsprechung und Lehre sollten sich also an die Aufgabe machen, Europa ein demokratisches föderales System zu geben, um es damit in den Stand zu setzen, unbeschadet der Achtung für die Rechte der Minderheiten mehrheitlich entscheiden zu können. In der gegenwärtigen Übergangsphase zur Demokratie lässt sich die in den Mitgliedstaaten verankerte demokratische Idee nicht länger ignorieren.

Greifen wir also auf die Weisheit der *founding fathers*[95] zurück, um den Bürgern das *entführte Europa* zurückzugeben, und erinnern wir uns dazu an den Satz von Tocqueville, dass einzig und allein die Bürgerschaft aus einem Bund ein politisches Gemeinwesen macht, das über den territorialen Interessen steht[96]. So kann auch nur die europäische Bürgerschaft die *unheilige Allianz* der Machtverhältnisse sprengen und schließlich die Grundlage für eine Unionsgrundordnung legen, die den öffentlichen Aufgaben der heutigen und zukünftigen Europäer Rechnung trägt.

menhang damit betont der Europäische Rat, dass für die Schaffung eines Raumes der Freiheit, der Sicherheit und des Rechts, die Wahrung der Bürgerrechte ebenso wichtig ist wie die Sorge für die Sicherheit der europäischen Bürger. Allerdings steht zu befürchten, dass der neue Rechtsrahmen eines Reform-Vertrages ebenso wenig wie der Vertrag von Nizza einen zufriedenstellenden Grundrechtsschutz gewährleisten kann. Insofern bleibt die Kritik am Vertrag von Nizza auch für den geplanten Reform-Vertrag vorerst gültig.

95 S. *J. Madison*, in: A. Hamilton / J. Madison / J. Jay, The Federalist Papers, 1961; vgl. *R. M. Lepsius* (Fn. 6).

96 Vgl. *A. de Tocqueville*, De la Démocratie en Amérique, 1961.

Grundlegende und vertiefende Literatur

Häberle, Peter:
Europäische Verfassungslehre, 6. Aufl., Baden-Baden 2009.

López Pina, Antonio:
Zur verfassungsrechtlichen Bestimmung des Europarechts, in: P. Häberle / M. Morlok / V. Skouris (Hrsg.), Festschrift für Dimitris Th. Tsatsos. Zum 70. Geburtstag am 5. Mai 2003, Baden-Baden 2003, S. 315 ff.

Peters, Anne:
Elemente einer Theorie der Verfassung Europas, Berlin 2001.

Tsatsos, Dimitris Th.:
Die Europäische Unionsgrundordnung. Beiträge zum institutionellen Verständnis der Europäischen Union im Hinblick auf einen zukünftigen europäischen Verfassungsvertrag, Baden-Baden 2002.

Arthur Benz

B. Die EU als Föderation eigener Art

I. Föderalismus im Prozess der europäischen Integration

Die Idee einer europäischen Föderation spielte in der Diskussion über die Entwicklung einer Verfassung Europas eine wichtige Rolle. Man kann die Geschichte dieser Idee mindestens bis ins 17. Jahrhundert zurückverfolgen. Schon damals forderten Vertreter eines aufgeklärten politischen Denkens, die dauernden Kriege zwischen den europäischen Staaten durch eine friedensstiftende Vertragsgemeinschaft zu überwinden. Im 19. Jahrhundert entwarfen u.a. Constantin Frantz in Deutschland und der Graf von Saint Simon Konzepte eines europäischen Föderalismus als Gegenmodelle zum Nationalismus.[1] Diese Ideen, die in der ersten Hälfte des 20. Jahrhunderts durch die Gleichsetzung von moderner Herrschaft und Nationalstaat diskreditiert schienen, erlebten nach dem Zweiten Weltkrieg eine Renaissance. Föderalisten wurden zu maßgeblichen Verfechtern der Europäischen Integration.[2]

Die reale Entwicklung der europäischen Integration verlief allerdings nicht nach den Vorstellungen der Föderalisten, die sich die Konstitution eines *europäischen Bundesstaats* erhofften. Sie begann in einem Kern von sechs Gründerstaaten, die zunächst strategisch wichtige Wirtschaftszweige einem gemeinsamen Regime unterwarfen und die später auf dieser Grundlage einen gemeinsamen Binnenmarkt schufen. Hiervon ausgehend verlief die Integration als inkrementeller, durch Krisen unterbrochener und durch Reformschübe zeitweilig beschleunigter Prozess. Diese Geschichte prägt die heutige Gestalt und Funktionsweise der europäischen Föderation.

Die Zusammenarbeit der Gründerstaaten folgte zunächst der Logik *intergouvernementaler Politik*. Sie beruhte auf Verhandlungen zwischen nationalen Regierungen, die sich nach dem Zweiten Weltkrieg freiwillig auf eine Beschränkung ihrer Souveränität einließen. Ferner entsprach sie den Interessen der Fachressorts in den beteiligten Nationalstaaten, für die eine Bündelung ihrer Ressourcen und die Kooperation zur Lösung grenzübergreifender Probleme Vorteile hatten. Die europäische Integration wurde auch von weiten Teilen der Wirtschaft unterstützt, die an einer Liberali-

1 *H. Schneider,* Leitbilder der Europapolitik I. Der Weg zur Integration, 1977.
2 *W. Loth,* Der Weg nach Europa, 3. Aufl. 1996; *F. Niess,* Die europäische Idee, 2001.

sierung des europäischen Marktes interessiert waren.[3] Die Zusammenarbeit in der Europäischen Wirtschaftsgemeinschaft und der Montanunion führte zur Schaffung europäischer Institutionen, welche Hoheitsaufgaben übernahmen.

Der Mechanismus der intergouvernementalen Politik wurde ergänzt durch einen weiteren Mechanismus der Integration, der als *Funktionalismus* bezeichnet wird.[4] Die Integration begann in bestimmten Sektoren, in denen Experten aus nationalen Exekutiven und aus europäischen Organisationen zusammenarbeiteten. Die Kooperation wurde durch positive Wirkungen einer erfolgreichen Politik legitimiert („output Legitimität"). Infolge von Interdependenzen zwischen Aufgabenfeldern (Externalitäten) wurde sie dann auf weitere Sektoren ausgedehnt. Die Schaffung des Gemeinsamen Marktes erforderte den Abbau nationaler Regulierung, die den freien Verkehr von Waren, Dienstleistungen, Kapital und Arbeitskräften behinderten oder den Wettbewerb verzerrten. Da Staaten nicht allein im Bereich der Wirtschaftspolitik regulierten, sondern auch in anderen Politikfeldern wie etwa in der Landwirtschaftspolitik, der Sozialpolitik, der Verkehrspolitik, der Gesundheitspolitik, der Umweltpolitik oder der regionalen Strukturpolitik, in denen der freie Markt negative Konsequenzen zeitigte, mussten zur Verwirklichung des Binnenmarktes die Regulierungen in diesen Bereichen harmonisiert werden. Zur sachlichen Expansion der europäischen Politik kam die territoriale durch Beitritte weiterer Staaten hinzu, die eine Harmonisierung von Regulierung durch intergouvernementale Zusammenarbeit zunehmend ineffektiv werden ließ mit der Folge, dass sich der Druck in Richtung auf eine Europäisierung von Kompetenzen erhöhte.

Dieser Prozess wurde durch einen dritten Integrationsmechanismus gefördert. Die europäischen Institutionen entwickelten eine eigene Dynamik der *„supranationalen Politik"*. Als treibende Kräfte erwiesen sich zum einen die Europäische Kommission, deren Mitglieder zwar von den Mitgliedstaaten ernannt wurden, die aber als Repräsentantin europäischer Interessen agierte, zum anderen der Europäische Gerichtshof, der mit seinen Entscheidungen die Deregulierung und Harmonisierung von Recht im Binnenmarkt beschleunigte. Schließlich förderte auch das Europäische Parlament die Integration, indem es gemeinschaftliche Belange auch außerhalb des Binnenmarkts auf die Agenda setzte.[5]

Allerdings trafen diese zentripetalen Kräfte auf die wirksame Gegenmacht aus den Mitgliedstaaten, die vor allem aus dem Zusammenspiel von Regierungen und Parlamenten resultierte. Eine einheitliche Regulierung löste Widerstände aus, wenn Mitgliedstaaten Kernbereiche ihrer Kompetenzen, spezifischen Institutionen oder Profile der Aufgabenerfüllung bedroht sahen. Dabei wirkt sich aus, dass Europa aus

3 *A. Moravcsik,* The Choice for Europe, 1998.
4 *E. B. Haas,* The Uniting of Europe, 2. Aufl. 1968.
5 *S. Bartolini,* Restructuring Europe, 2005, S. 116–148.

vollständig ausgebildeten Staaten besteht. Ihre historische Entwicklung in unterschiedlichen Pfaden führte zu erheblichen Divergenzen etwa hinsichtlich der demokratischen Regierungssysteme, der Verwaltungssysteme, der Interessenvermittlung und der Ausprägungen des Wohlfahrtsstaats oder der Umweltpolitik. Die intergouvernementalen, funktionalistischen und supranationalen Mechanismen der Europäischen Integration trafen also auf Restriktionen, die ihnen die Macht, die Interessen und die Identitätsbehauptung der Mitgliedstaaten setzten und die es verhinderten, dass die Ideen der Föderalisten für einen europäischen Bundesstaat realisiert werden konnten.[6] Für eine *Verfassung der EU* bedeutet dies, dass sich diese immer auf eine duale Legitimitätsgrundlage stützen muss: Ihre Existenz und ihre Politik rechtfertigen sich aus der Anerkennung der Union als Gemeinschaft von Staaten wie als eigene Herrschaftsordnung. Europäische Politik verwirklicht die Dialektik von transnationaler Einheit und nationaler Vielfalt.

II. Vom Zweckverband zum Staatenverbund

Die Diskussion über Europa wurde maßgeblich geprägt durch politische Auseinandersetzungen zwischen Föderalisten und Intergouvernementalisten. Diese spiegelten sich in den wissenschaftlichen Reflektionen über den Charakter der EU wider. Dabei setzte sich die Erkenntnis durch, dass der Begriff Bundesstaat nicht geeignet ist, die Grundordnung der EU jedoch zahlreiche föderative Elemente enthält.[7] Die EU erfüllt zwar Staatsfunktionen, im institutionellen Sinne stellt sie jedoch keinen Staat dar. Zur Charakterisierung ihrer Eigenart mussten daher Konzepte für eine *nicht staatlich verfasste Herrschaftsordnung* herangezogen werden.

Die Bezeichnung Europas als Zweckverband,[8] die in den 1960er und 1970er Jahren verwandt wurde, entsprach dem damals dominierenden funktionalistischen Integrationsmodus. Auch heute noch trifft zu, dass die EU keine umfassenden Kompetenzen und keine Kompetenzkompetenz besitzt, sondern für spezifische, ihr übertragene Aufgaben zuständig ist. Ihre Zwecke reichen aber über eine bloße Wirtschaftsgemeinschaft hinaus, so dass dieser enge Begriff nicht mehr angemessen ist.

Die intergouvernementale Logik der Integration wurde mit dem Begriff „Regime“ erfasst. Dieser aus den internationalen Beziehungen stammende Begriff bezeichnet

6 *M. Burgess,* Federalism and the European Union: The Building of Europe 1959–2002, 2000.

7 *J. M. y P. de Nanclares,* The Federal Elements of the European Union, ZEuS 2001, S. 595–626.

8 *H.-P. Ipsen,* Europäisches Gemeinschaftsrecht, 1972, S. 196–200.

Formen der zwischenstaatlichen Zusammenarbeit, die dauerhaft sind und bestimmten Prinzipien und vereinbarten Regeln folgen. Regime sind allerdings üblicherweise auf Politikfelder beschränkt. Dies und die Tatsache, dass sich in Europa frühzeitig *Institutionen* gebildet haben, rückt die EU eher in die Nähe einer internationalen Organisation. Wegen ihres ausdifferenzierten politischen Systems entspricht sie aber auch dieser Kategorie nicht, sie lässt sich nur mit Konzepten der Föderalismustheorie charakterisieren.

Hiervon ausgehend könnte man die EU als *Staatenbund* bezeichnen. Damit wäre der Tatsache Rechnung getragen, dass sie eine Union von Staaten darstellt. Anders als ein Staatenbund verfügt sie allerdings über eigene Institutionen und Kompetenzen, sie kann auch Recht mit direkter Wirkung gegen Bürger setzen. In der herrschenden juristischen Terminologie wird dies dadurch berücksichtigt, dass man die EU als Staatenverbund bezeichnet. Gemeint ist damit eine Föderation, die mehr als ein Staatenbund darstellt, aber noch kein Bundesstaat ist bzw. die Elemente von beiden enthält[9].

Die Schwierigkeiten der Kategorisierung gaben Anlass, das politische System der EU als einmalig zu bezeichnen („sui-generis“).[10] Dies trägt zunächst wenig zum Verständnis bei, da diese Bezeichnung nur eine negative Charakterisierung enthält. Die Einmaligkeit kann aber durch Unterscheidung präzisiert werden. Damit stellt sich die Aufgabe, die EU in vergleichender Perspektive zu betrachten.

III. Die Europäische Föderation in vergleichender Sicht

Viele Beiträge der letzten Jahre belegen, dass die Einordnung der EU-Grundordnung in die vergleichende Föderalismusforschung fruchtbar ist.[11] In der angelsächsischen Literatur werden inzwischen häufiger Bezeichnungen wie „EU federation“ und „federal Europe“ verwendet. Da sich die EU weder als Bundesstaat noch als Staaten-

9 *Burgess,* Federalism (Fn. 6), S. 260–270.

10 Z.B. *I. Tömmel,* Das politische System der EU, 2. Aufl. 2006, S. 10.

11 *A. Auer,* The constitutional scheme of federalism, Journal of European Public Policy 2005, S. 419–431; *T. A. Börzel / M. Hosli,* Brussels between Bern and Berlin. Comparative Federalism Meets the European Union, Governance 2003, S. 179–202; *A. von Bogdandy,* Supranationaler Föderalismus als Wirklichkeit und Idee einer neuen Herrschaftsform, 1999; Fabbrini (Hrsg.), Democracy and Federalism in the European Union and the United States, 2004; *F. Harbo,* Towards a European Federation? 2005; Nicolaidis / Howse (Hrsg.), The Federal Vision. Legitimacy and Levels of Governance in the United States and the European Union, 2001; *D. McKay,* Designing Europe: Comparative Lessons from the Federal Experience, 2001.

bund einordnen lässt, sollte für den Vergleich die neutrale Bezeichnung „Föderation“ verwendet werden. Gemeint ist damit ein „Mehrebenensystem“, in dem Staatsfunktionen und Kompetenzen aufgrund von Verträgen oder einer Verfassung zwischen territorial organisierten Ebenen aufgeteilt sind. Die vergleichende Föderalismusforschung liefert eine Vielzahl von Konzepten zur Einordnung von Föderationen, die jeweils auf bestimmte Merkmale verweisen.[12]

Ein erstes Begriffspaar reflektiert die gesellschaftlichen Voraussetzungen der Integration und unterscheidet zwischen Föderationen, die in einer homogenen Gesellschaft die Macht durch vertikale Gewaltenteilung beschränken, und solchen, die heterogene Gesellschaften zusammenhalten sollen („demos-constraining“ vs. „demos-enabling“[13] bzw. „territorial“ vs. „multinational federalism“[14]). In der EU geht man allgemein davon aus, dass von einem *einheitlichen Volk* nicht gesprochen werden könne. Die Europäer äußern sich in den Wahlen zum Europaparlament zwar in einem kollektiven politischen Akt, orientieren sich dabei aber an nationalen Themen, und die Europäische Staatsbürgerschaft hat lediglich symbolischen Gehalt, zumal es sich nach den Regeln der nationalen Staatsbürgerschaftsrechte richtet, wer sie besitzt. Wenn die EU als multikultureller Föderalismus bezeichnet wird, so ist gleichwohl darauf hinzuweisen, dass Probleme desintegrativer Tendenzen bislang kaum festzustellen sind.

Nach der institutionellen Ausgestaltung wird zwischen einem Trennsystem und einem Verbundföderalismus unterschieden. Dem entspricht die Unterscheidung zwischen einem Wettbewerbs- und einem kooperativen Föderalismus, die sich auf die Art der Koordination zwischen den Gebietskörperschaften bezieht. Die EU ist insoweit als *Mischform* einzuordnen. Einerseits weist sie ein hohes Maß an Verflechtung zwischen den Ebenen auf, sie stellt also hinsichtlich ihrer Kompetenzordnung, ihrer Entscheidungsstrukturen und ihrer Finanzordnung ein Verbundsystem dar. Andererseits lässt die Harmonisierung der Regulierung erhebliche Spielräume für den Wettbewerb der Mitgliedstaaten, zudem sind die Mechanismen eines Finanzausgleichs schwach entwickelt. Nachdem zunächst Tendenzen in Richtung eines kooperativen Föderalismus beobachtbar waren, scheint sich die europäische Föderation nach der Osterweiterung auf einen *Wettbewerbsföderalismus* hin zu entwickeln.

12 *A. Benz,* Themen, Probleme und Perspektiven der vergleichenden Föderalismusforschung, in: Benz / Lehmbruch (Hrsg.), Föderalismus, 2002, S. 9–50; *Burgess,* Federalism (Fn. 6), S. 1–19; *R. S. Davis,* The Federal Principle, 1978; *R. Watts,* Comparing Federal Systems, 2. Aufl. 1999.

13 *A. Stepan,* Federalism and Democracy: Beyond the US Model, Journal of Democracy 1999, S. 19–34.

14 *W. Kymlicka,* Federalism, Nationalism and Multiculturalism, in: Karmis / Norman (Hrsg.), Theories of Federalism, 2005, S. 269–292.

Hinsichtlich der territorialen Kongruenz von Kompetenzen wird zwischen symmetrischen und asymmetrischen Föderationen unterschieden.[15] In asymmetrischen Föderationen variiert die Kompetenzverteilung zwischen Bund und Gliedstaaten nach Aufgaben, was meistens durch unlösbare Konflikte zwischen Mitgliedstaaten über Kompetenzverteilungen verursacht wird. Auch in der EU können wir eine asymmetrische Kompetenzallokation beobachten. Wichtige Schritte der Vergemeinschaftung wurden unter dem (vorläufigen) Ausschluss einzelner Staaten verwirklicht, und der EU-Vertrag sieht die Integration im Wege der verstärkten Zusammenarbeit einer Gruppe von Staaten ausdrücklich vor. Die variable Geometrie der Integration ist also Realität. Der Beitritt mittel- und osteuropäischer Länder dürfte die Asymmetrie der europäischen Föderation wesentlich verstärken.[16]

Demnach erweist sich die EU als Föderation aus vielen Völkern, als institutionell verflochten, aber mit Elementen eines Wettbewerbsföderalismus, sowie als asymmetrisch im Hinblick auf die Integration von Mitgliedstaaten. Diese *Grundordnung* ist das Ergebnis einer Integration vollständig ausgebildeter moderner Staaten. Der besondere Charakter der europäischen Föderation zeigt sich in den Vertragsnormen, welche die Kompetenzordnung, die Entscheidungsstrukturen und die Finanzordnung betreffen.

IV. Konstitutionelle Prinzipien der europäischen Föderation

1. Kompetenzordnung

Anders als in Bundesstaaten verfügt die EU nicht über die Kompetenzkompetenz. Ihre Zuständigkeiten werden durch vertragliche Vereinbarungen der Mitgliedstaaten, der „Herren der Verträge", bestimmt. Das Recht, das die EU im Rahmen ihrer Kompetenzen setzt, steht gleichwohl in der Hierarchie der Rechtsnormen über dem Recht der Mitgliedstaaten. Aus dem Föderalismusprinzip folgt der *Vorrang des Gemeinschaftsrechts.*

Der Hierarchie des Rechts steht die Heterarchie der Macht gegenüber. Wie in den meisten Bundesstaaten gilt auch in der EU, dass die zentrale Ebene der Union nur subsidiär tätig werden kann. Es gelten die Kompetenzvermutung zugunsten der Mitgliedstaaten und der Grundsatz der begrenzten Einzelermächtigung (Art. 5 Abs. 1 EGV). Zudem wird eine Kompetenzzentralisierung durch das Subsidiaritäts-

15 Agranoff (Hrsg.), Accommodating Diversity: Asymmetry in Federal States, 1999; *Watts,* Federalism (Fn. 12), S. 63–69.

16 *A. H. Trechsel,* How to federalize European Union … and why bother, Journal of European Public Policy 2005, S. 401–418.

und das Verhältnismäßigkeitsprinzip beschränkt. Zur Durchsetzung dieser Grundsätze soll mit dem Reformvertrag ein *Frühwarnsystem* eingeführt werden, mit dem nationale Parlamente gegen Kompetenzansprüche der EU einschreiten können. Nachdem das Verfahren vom „Konvent über die Zukunft der Europäischen Union" entworfen worden war, wurde es von den Staats- und Regierungschefs den Reformvertrag aufgenommen.

Dem föderativen Charakter der EU-Grundordnung entspricht auch die Differenzierung der Gesetzgebungskompetenzen, die der Reformvertrag nicht grundsätzlich ändern, aber präzisieren würde.[17] Die EU verfügt demnach über

- ausschließliche Zuständigkeiten im Bereich der Zollunion, für Regelungen des Binnenmarkts und der Währungsunion sowie für die gemeinsame Handels- und Fischereipolitik, wobei die Mitgliedstaaten keine Gesetze erlassen können, sofern sie nicht von der EU dazu ermächtigt werden;

- geteilte Zuständigkeiten, in denen die Mitgliedstaaten zuständig sind, sofern und soweit die Union ihre Kompetenzen nicht ausgeübt hat;

- Zuständigkeit für Unterstützungs-, Koordinierungs- und Ergänzungsmaßnahmen, in denen die EU tätig werden kann, ohne dass die Zuständigkeit der Mitgliedstaaten beschränkt wird.

Der Verfassungsprozess und der Reformvertrag markieren damit einen weiteren Schritt von der funktionalistischen Integration, welche EU-Politik durch Ziele rechtfertigt, zu einer föderativen Kompetenzordnung, die eine vertikale Gewaltenteilung verwirklicht. Dem entspricht auch, dass in Art. I–5 Abs. 2 EVV der Grundsatz der Unionstreue von einer einseitigen zu einer wechselseitigen Unterstützungspflicht erweitert wird.

2. Entscheidungsstrukturen

Das *politische System der EU* wird wegen der wechselseitigen Verschränkung von nationalen und europäischen Entscheidungsprozessen als europäische Politikverflechtung[18] oder „multilevel governance"[19] bezeichnet. Diese Verflechtung ist in der Institutionenordnung der Union angelegt und beruht auf dem föderativen Prinzip,

[17] *T. Fischer,* Kompetenzordnung und Handlungsinstrumente – Verhaltene Reformansätze in der Verfassung, in: Weidenfeld (Hrsg.), Die Europäische Verfassung in der Analyse, 2005, S. 105–135.

[18] *E. Grande,* Vom Nationalstaat zur europäischen Politikverflechtung, Habilitationsschrift: Universität Konstanz 1994.

[19] *A. Benz,* Mehrebenenverflechtung in der Europäischen Union, in: Jachtenfuchs / Kohler-Koch (Hrsg.), Europäische Integration, 2. Aufl. 2003, S. 317–361; *L. Hooghe / G. Marks,* Multi-level Governance and European Integration, 2001.

dass die Gliedstaaten und ihre Bevölkerung in der Union angemessen vertreten sein sollen. In den Entscheidungsstrukturen kommt neben dem Ebenenverbund zugleich die Asymmetrie der europäischen Föderation zum Ausdruck. Ferner entwickelt sich die EU in Richtung auf eine dreistufige Gliederung unter Einbezug der Regionen.

In Bundesstaaten können die Glieder entweder als Staaten oder als Völker vertreten sein. Die erste Variante ist mit dem Bundesrat in Deutschland verwirklicht, die zweite Variante findet sich in den weiter verbreiteten Senaten. In der EU finden wir eine Kombination beider Formen.

Die Mitgliedstaaten sind nach dem ersten *Prinzip der Staatenvertretung* im Europäischen Rat und im Ministerrat repräsentiert. Bemerkenswert ist hier zum einen die besondere Gewichtung der Stimmen bei qualifizierten Mehrheitsentscheidungen, während ansonsten jeder Staat eine Stimme hat. Der Reformvertrag sieht für qualifizierte Mehrheitsentscheidungen eine Kombination aus Mehrheit der Staaten und Mehrheit der entsprechend der Bevölkerungszahl gewichteten Stimmen vor. Eine zweite Besonderheit der Staatenvertretung liegt in der Tatsache, dass der Ministerrat in unterschiedlichen fachlichen Zusammensetzungen tagt. Hier finden sich noch Reste der intergouvernementalen Zusammenarbeit, die durch den Reformvertrag nur partiell verändert wird. Die Stärkung des Europäischen Rats mit einem für zweieinhalb Jahre gewählten Präsidenten sowie die Einführung eines Rats für allgemeine Angelegenheiten wird die Koordinierung zwischen den Fachministern verbessern.

Auch bei der Besetzung der Kommission haben die Mitgliedstaaten Vorschlagsrechte, die Kommission stellt aber eine europäische Instanz dar, deren föderativer Charakter zunehmend schwindet.[20] Dazu trägt bei, dass künftig nicht mehr jeder Mitgliedstaat einen Kommissar / eine Kommissarin benennen kann.

Das Europäische Parlament stellt die gewählte Vertretung der Bürgerinnen und Bürger der EU dar. Die Sitzverteilung auf Mitgliedstaaten stellt sicher, dass auch die kleinen Staaten angemessen vertreten sind. Insofern wird das Prinzip der gleichen Erfolgswerte der Stimmen nach föderativen Grundsätzen korrigiert. Dass die Wahlen zum Parlament sich faktisch zu zweitrangigen Wahlen mit starker Prägung durch nationale Themen entwickelt haben, spiegelt die gesellschaftliche Heterogenität Europas wider, spricht aber nicht dagegen, das Europäische Parlament als Vertretung des Europäischen Volkes nach den anerkannten Prinzipien demokratischer Wahlen zu betrachten.

Während die „supranationalen" Institutionen, d.h. der Rat, das Parlament und die Kommission damit Elemente einer bundesstaatlichen Ordnung darstellen, liegt in dem Verfahren der verstärkten Zusammenarbeit ein staatenbündisches Element,

20 *L. Hooghe,* Images of Europe: Orientations to European Integration among Senior Officials, British Journal of Political Science 29 (1999), S. 345–367.

welches auf den intergouvernementalen Mechanismus der Integration verweist. Zugleich entsteht auf diese Weise die Asymmetrie der europäischen Föderation, weil durch dieses Verfahren Entscheidungen auf der europäischen Ebene verlagert werden, an denen nicht alle Mitgliedstaaten beteiligt sind und die nicht alle betreffen. Die Grundordnung der EU enthält damit einen Weg für eine Weiterentwicklung und Stabilisierung der Union, der auch in anderen multinationalen Bundesstaaten praktiziert wird.

Die föderativen Entscheidungsstrukturen betreffen nicht nur die Union und ihre Mitgliedstaaten, sondern auch die *regionale Ebene* der Mitgliedstaaten. Zwar ist die Regelung der Staatsorganisation der Mitgliedstaaten dem Zugriff der Union entzogen, weshalb die „subnationale Ebene" äußerst vielfältig ausgestaltet ist (das Spektrum reicht von Gebietskörperschaften mit Staatscharakter bis hin zu reinen Verwaltungseinheiten) und die Beziehungen zwischen europäischen und regionalen Institutionen oder Beziehungen zwischen Regionen unterschiedlicher Staaten durch die Mitgliedstaaten geregelt werden. Aber die Union bezieht durch den Ausschuss der Regionen und kommunalen Gebietskörperschaften deren Vertreter mit beratender Befugnis in ihre Entscheidungen ein. Forderungen nach einer Aufwertung dieses Ausschusses zu einem Organ mit dem Recht zur Mitentscheidung wurden bei institutionellen Reformen bisher aus guten Gründen nicht ernsthaft in Erwägung gezogen. Die Regionen bilden gleichwohl wichtige Einheiten in der Politik der EU.

3. Finanzordnung

Der wichtigste Grund, der gegen die Einordnung der EU als *Bundesstaat* spricht, liegt in ihrer Finanzordnung. Zwar nutzt die Union einen Teil ihres Budgets für einen Ausgleich zwischen wirtschaftsstarken und wirtschaftsschwachen Mitgliedstaaten, aber sie kann nur über sehr begrenzte eigene Finanzierungsquellen disponieren und ist weitgehend von Beiträgen der Mitgliedstaaten abhängig.[21]

Die europäische Finanzordnung wird geprägt durch das Fehlen einer EU-Kompetenz zur Steuererhebung, einer Kompetenz also, die allgemein als Merkmal eines modernen Staates gilt. Die EU verfügt über eigene Einnahmen, da ihr die Zölle zufließen, die an ihren Außengrenzen erhoben werden. Darüber hinaus hat sie aber keine Finanzautonomie, weil die Mitgliedstaaten bisher zwar erste Ansätze einer Harmonisierung des Steuerrechts zugelassen, aber ansonsten erfolgreich ihre ausschließlichen Steuerkompetenzen verteidigt haben.[22] Daran ändert auch der Reformvertrag nichts. Zwar findet sich in Art. I–53 Abs. 3 der Hinweis, dass der Ministerrat bei der

[21] *B. Laffan / J. Lindner,* The Budget, in: Wallace / Wallace / Pollack (Hrsg.), Policy-Making in the European Union, 5. Aufl. 2005, S. 191–212.

[22] *P. Genschel,* Steuerharmonisierung und Steuerwettbewerb in der Europäischen Union, 2002.

Festlegung des Finanzrahmens auch darüber entscheiden kann, ob neue Mittelkategorien eingeführt oder alte abgeschafft werden. Entscheidungen darüber erfordern aber nach wie vor Einstimmigkeit im Rat, was es in einem erweiterten Europa wenig wahrscheinlich macht, dass in absehbarer Zeit Steuerkompetenzen an die EU übertragen werden.

Bemerkenswert für den Charakter der europäischen Föderation ist darüber hinaus, dass die EU *Elemente eines Finanzausgleichs* in ihrer Finanzordnung verwirklicht. Zum einen werden die Beiträge der Mitgliedstaaten – sieht man von Rabatten für einzelne Mitgliedstaaten ab, die das Resultat von Aushandlungsprozessen sind – gemäß der Wirtschaftskraft festgelegt, die nach dem standardisierten Mehrwertsteueraufkommen und dem Bruttoinlandsprodukt bemessen wird. Auf der Ausgabenseite des Budgets werden die Mittel der Strukturfonds und des Kohäsionsfonds zur Förderung wirtschaftlich benachteiligter Gebiete verwendet. Der Anteil dieser redistributiven Ausgaben am Gesamtbudget hat schrittweise zugenommen. Im Vergleich zu Bundesstaaten, selbst zu solchen, die allgemein als Wettbewerbsföderalismus charakterisiert werden, ist die Intensität des Finanzausgleichs allerdings gering.[23] In der erweiterten EU hat die Ausgleichswirkung angesichts der erheblichen Disparitäten zwischen alten und neuen Mitgliedstaaten nachgelassen, da eine den gewachsenen wirtschaftlichen Disparitäten entsprechende Ausdehnung der Mittel nicht möglich ist.

V. Zusammenfassung

Die Mehrebenenstrukturen der Europäischen Grundordnung lassen sich mit Kategorien der vergleichenden Föderalismusforschung erfassen. Dabei zeigen sich Besonderheiten, weshalb sie nicht mit bestimmten Typen existierender Föderationen gleichgesetzt werden kann. Die EU stellt eine *Föderation eigener Art* dar, welche sich in wichtigen Merkmalen von anderen föderativen Verfassungsordnungen unterscheidet.

- Die Mechanismen der Integration erzeugen eine zentralisierende Dynamik, die aber durch die Beharrungskräfte in den Mitgliedstaaten kontrastiert wird. Diese verhinderten bislang eine Staatswerdung der Union.
- Die EU konstituiert eine multinationale Föderation, die jedoch nicht durch separatistische Bestrebungen gefährdet wird, sondern für Völker attraktiv ist.

23 *F. Wishlade u.a.*, Economic and Social Cohesion in the European Union, 1996.

- Die Ebenen der EU sind institutionell stark verflochten, gleichwohl lässt die Grundordnung Wettbewerb zwischen den dezentralen Einheiten zu und fördert ihn.
- Trotz der Integration der Rechts- und Institutionenordnung weist die Kompetenzordnung Züge eines asymmetrischen Föderalismus auf.
- Die Ursachen dieser Asymmetrie wie der Besonderheiten der europäischen Föderation liegen in der institutionellen, kulturellen, politischen und wirtschaftlichen Heterogenität der Mitgliedstaaten und ihrer Regionen, die Ergebnis der wechselvollen Geschichte der europäischen Staatenwelt ist.

Grundlegende und vertiefende Literatur

Bartolini, Stefano:
Restructuring Europe. Centre formation, system-building and political structuring between the nation state and the European Union, Oxford 2005.

Bogdandy, Armin von:
Supranationaler Föderalismus als Wirklichkeit und Idee einer neuen Herrschaftsform. Zur Gestalt der Europäischen Union nach Amsterdam, Baden-Baden 1999.

Burgess, Michael:
Federalism and the European Union: The Building of Europe 1950–2000, London 2000.

Fabbrini, Sergio (Hrsg.):
Democracy and Federalism in the European Union and the United States, London 2004.

Nanclares, José Martin y Pérez de:
The Federal Elements of the European Union, ZEuS 2001, S. 595–626.

Nicolaidis, Kalypso / Howse, Robert (Hrsg.):
The Federal Vision. Legitimacy and Levels of Governance in the United States and the European Union, Oxford 2001.

Trechsel, Alexander H.:
How to federalize European Union … and why bother, Journal of European Public Policy 2005, S. 401–418.

Ralph Alexander Lorz

C. Das Problem des demokratischen Defizits

I. Ausgangsanalyse

1. Die Geltung des demokratischen Prinzips in der Union

An der grundsätzlichen Geltung und Verbindlichkeit des demokratischen Prinzips für die Europäische Union läßt schon Art. 6 Abs. 1 EUV keinen Zweifel, nach dessen Wortlaut die Union auf dem Grundsatz der Demokratie „beruht“. Da nach Art. 1 Abs. 3 EUV die Union ihrerseits die Europäischen Gemeinschaften zur Grundlage hat, sind diese ebenfalls an das demokratische Prinzip gebunden. Aber das demokratische Prinzip gilt auch jenseits dieser ausdrücklichen Verankerung im Vertragstext unstreitig als allgemeiner Rechtsgrundsatz des Gemeinschaftsrechts.[1] Das ergibt sich aus den gemeinsamen Verfassungsüberlieferungen der Mitgliedstaaten, deren Verfassungsordnungen durchweg auf eine demokratische Legitimation der Staatsgewalt angelegt sind, ebenso wie aus der von allen Mitgliedstaaten ratifizierten Europäischen Menschenrechtskonvention.[2] Das Demokratieprinzip würde daher auch den in Art. 6 Abs. 2 EUV für die Grundrechte in der Union deklaratorisch festgelegten Test bestehen. Der Europäische Gerichtshof geht dementsprechend in ständiger Rechtsprechung von der Geltung dieses Prinzips auf Unions- wie auf Gemeinschaftsebene aus.[3]

1 *A. Bleckmann*, Das europäische Demokratieprinzip, JZ 2001, S. 53; *ders.*, in: ders., Studien zum Europäischen Gemeinschaftsrecht, 1986, S. 159 ff.; *P. M. Huber,* Die Rolle des Demokratieprinzips im europäischen Integrationsprozeß, in: Jahrbuch zur Staats- und Verwaltungswissenschaft, Band 6, 1992/93, S. 179 (180 f.); *Ch. Heitsch*, Prüfungspflichten des Bundesverfassungsgerichts unter dem Staatsziel der europäischen Integration, EuGRZ 1997, S. 461 (464). – Vgl. auch *A. Randelzhofer*, Zum behaupteten Demokratiedefizit der Europäischen Gemeinschaft, in: Hommelhoff / Kirchhof (Hrsg.), Der Staatenverbund der Europäischen Union, 1994, S. 39 (44 ff.), der allerdings meint, daß sich aus dem demokratischen Prinzip keinerlei konkrete Vorgaben ableiten lassen.

2 Zusatzprotokoll zur Konvention zum Schutze der Menschenrechte und Grundfreiheiten vom 20. März 1952, BGBl. 1956 II S. 1880.

3 *H.-J. Cremer*, Das Demokratieprinzip auf nationaler und europäischer Ebene im Lichte des Maastricht-Urteils des Bundesverfassungsgerichts, EuR 1995, S. 21 (37); *Huber*, (Fn. 1), S. 179 (180 f.); *M. Zuleeg*, Der Verfassungsgrundsatz der Demokratie und die

Die grundsätzliche Identität von unions- bzw. gemeinschaftsrechtlichem und mitgliedstaatlichem Demokratieprinzip legt es darüber hinaus nahe, das demokratische Prinzip als einheitlichen rechtsordnungsübergreifenden Rechtssatz aufzufassen[4]. Denn nicht nur haben die Mitgliedstaaten die Geltung des demokratischen Prinzips im Unionsvertrag selbst festgeschrieben – speziell für Deutschland schließt Art. 23 Abs. 1 GG darüber hinaus im Umkehrschluß die Beteiligung an einer nicht auf demokratische Grundsätze verpflichteten Europäischen Union aus –;[5] Art. 6 Abs. 1 EUV stellt vielmehr auch umgekehrt fest, daß der Grundsatz der Demokratie „allen Mitgliedstaaten gemeinsam" sei, und bietet damit die Grundlage sowohl für ein entsprechendes Beitrittskriterium bei der Aufnahme neuer Mitgliedstaaten als auch für mögliche Sanktionen gegen einen Mitgliedstaat bei Verletzung dieses Grundsatzes nach Art. 7 EUV.

2. Die Diskussion über das angebliche „Demokratiedefizit"

Freilich schließt diese grundsätzliche Identität des demokratischen Prinzips in den mitgliedstaatlichen Rechtsordnungen einerseits und der Unions- bzw. Gemeinschaftsrechtsordnung andererseits die Existenz ganz unterschiedlicher Ausprägungen nicht aus – und die Vielfalt der möglichen Verständnisse von „Demokratie" hat längst ein Ausmaß angenommen, mit dem allein sich ganze Bibliotheken füllen lassen.[6] In diesen unterschiedlichen Ausprägungen scheint nun das Problem zu liegen, das in der europäischen Verfassungsdebatte unter dem Schlagwort des „*Demokratiedefizits*" immer wieder thematisiert worden ist und thematisiert wird.

Ein Ausgangspunkt dieser Diskussion ist der der Europäischen Union häufig gemachte Vorwurf *mangelnder Bürgernähe.*[7] Als Beleg dafür dient u.a. die schwindende Wahlbeteiligung bei der Europawahl (1979 – 65,7 %, 2004 – 43 %). Zwei-

europäischen Gemeinschaften, Der Staat 17 (1978), S. 27 (44 f.); *ders.,* Demokratie in der Europäischen Gemeinschaft, JZ 1993, S. 1069 (1070); *F. Brosius-Gersdorf,* Die doppelte Legitimationsbasis der Europäischen Union, EuR 1999, S. 133 (163); *Bleckmann*, JZ 2001 (Fn. 1), S. 53.

4 So etwa auch *A. Haratsch*, Der Integrationsstaat, Habilitations-Schrift Potsdam 2003, unveröffentlichtes Manuskript, S. 179 f.

5 *R. Breuer*, NVwZ 1994, S. 417 (421); *F. Ossenbühl*, Maastricht und das Grundgesetz – eine verfassungsrechtliche Wende?, DVBl. 1993, S. 629 (633).

6 *Bleckmann*, JZ 2001 (Fn. 1), S. 53 (54); *ders.*, Studien (Fn. 1), S. 161; *Randelzhofer* (Fn. 1), S. 39 (51).

7 *J. Geerlings,* Der Europäische Verfassungsprozess nach den gescheiterten Referenden in Frankreich und den Niederlanden, DVBl. 2006, S. 129 (132); *J. Fischer* in seiner Humboldt-Rede vom 12.05.2000; der komplette Text ist zu finden unter: http://whiberlin.de/fce/2000.dhtml; *H. Köhler*, Das Demokratiedefizit angehen, www.koehleriwf.de/demokratiedefizit.html.

fellos liegt auch in der Darstellung Europas durch die Medien einiges im argen, wofür die Verfassungsdebatte ein ebenso illustratives wie trauriges Beispiel abgibt.[8] Darüber hinaus wälzen die Staaten vieles auf die EU als Sündenbock ab.[9] So wächst, wie die Referenden in Frankreich und den Niederlanden exemplarisch gezeigt haben, die Angst vor einem undemokratischen, unkontrollierbaren europäischen Superstaat. Vielen Bürgern ist der Gedanke nicht geheuer, noch mehr *nationale Souveränitätsrechte* nach „Brüssel" abzugeben, wo ihrer Meinung nach eine ausufernde Bürokratie auf undurchschaubaren Wegen Entscheidungen trifft, die scheinbar jeglicher demokratischer Kontrolle entzogen sind.[10]

Aber nicht nur mangelnde Information und eine schlechte Presse der europäischen Institutionen, verbunden mit ihrer oft sehr techno- und bürokratischen Ausrichtung, und das damit einhergehende „Basisphänomen" einer schwachen inneren Bindung der europäischen Bürger an „ihre" Union haben die *Demokratiedebatte* losgetreten.[11] Mindestens genauso dafür verantwortlich ist die nicht zuletzt in der deutschen Staatsrechtslehre verbreitete These, die Europäische Union sei zu einer demokratischen Legitimation aus sich selbst heraus gar nicht imstande.[12] Das Bundesverfassungsgericht hat sich dieser These in seinem berühmten „Maastricht"-Urteil zwar nicht angeschlossen, jedoch deutlich darauf hingewiesen, daß die Union aus demokratietheoretischer Perspektive auf die über die nationalen Parlamente der Mitgliedstaaten vermittelte Legitimation angewiesen bleibe.[13] Seither gehört das sogenannte „Demokratiedefizit" der Union nicht nur zum Standardinventar der wissenschaftlichen Debatte, sondern fand zugleich einen festen Platz auf der Agenda jeder nachfolgenden Regierungskonferenz und jedes Europäischen Rates, bis dieser schließlich den Konvent in Laeken auch damit beauftragte, ein tragendes Demokratiekonzept zu entwickeln.[14]

8 Vgl. hierzu: *F. Brettschneider*, Europa. Demokratie- oder Informationsdefizit, http://www.philso.uni-augsburg.de/web2/kw/kw.htm.

9 *G. Márkus*, Läßt sich die Europäische Union demokratisieren?, www.fesbp.hu/ger/Krisemarkus.htm.

10 *S. Klein*, Die Angst vor dem Superstaat, www.tagesschau.de, Meldung vom 12.3.2006.

11 *R. Wahl*, Erklären staatstheoretische Begriffe die Europäische Union?, JZ 19 (2005), S. 916 (921).

12 *C. Janowski*, Demokratie in der EU gemäß der EU-Verfassung, ZPol 15 (2005), S. 793 (795); *J. Isensee*, Europa – die politische Erfindung eines Erdteils, in: Kirchhof / Schäfer / Tietmeyer / Isensee (Hrsg.), Europa als politische Idee und als rechtliche Form, 1994, S. 103 ff.

13 BVerfGE 89, 155 ff.

14 *Janowski*, Demokratie in der EU (Fn. 12), S. 793 (795); *Europäischer Rat*, Schlußfolgerungen des Vorsitzenden – Erklärung von Laeken zur Zukunft der EU, Laeken, 14. bis 15. Dezember 2001, Dok. Nr. 00300/1/01.

Als Ergebnis dieses Arbeitsauftrags entstand Titel VI des ersten Teils des Verfassungsentwurfes über „Das demokratische Leben der Union“ (Art. I–45–52 EVV[15]). Von der teilweise so heftig geführten Debatte über das „Demokratiedefizit“ ist darin freilich nicht mehr viel zu spüren. Auch der Reformvertrag von Lissabon[16] hat diesbezüglich keine Änderungen gebracht: Der Reformvertrag beschränkt sich genauso wie der Verfassungsentwurf auf die Normierung einiger Grundsätze wie etwa den der demokratischen Gleichheit aller Unionsbürger in Art. 9 EUV (Art. 1 Nr. 12 LissV / Art. I–45 EVV) und stellt ansonsten eine Reihe gutgemeinter Maßnahmen zusammen, deren fundamentale Relevanz für die Schließung demokratischer Legitimationslücken allerdings nicht ohne weiteres erkennbar ist – warum soll beispielsweise der Schutz personenbezogener Daten in Art. 16 AEUV (Art. 2 Nr. 29 LissV / Art. I–51 EVV) von solcher Bedeutung gerade für das demokratische Leben der Union sein? Zu alledem wurde über diesen Titel des Verfassungsentwurfes weder im Konvent noch auf den anschließenden Regierungskonferenzen in nennenswerter Breite diskutiert.[17] Es scheint fast so, als habe ein Konsens darüber geherrscht, das Thema damit bis auf weiteres für erledigt zu erklären. Wie aber ist das möglich?

3. Zweifel an der Diagnose

Für diese Beobachtung gibt es eine ganze Reihe von Erklärungen. Wichtig erscheint zunächst die Feststellung, daß ein „Demokratiedefizit“ in der Union – wenn überhaupt – nur insoweit konstatiert werden kann, als die Art des europäischen Regierens nicht den bekannten und als legitim anerkannten Mustern demokratischer Herrschaftsausübung in den Mitgliedstaaten entspricht[18] Aus der Sicht der Kritiker genügt die demokratische Legitimation der europäischen Organe und ihres Handelns also nicht den aus den mitgliedstaatlichen Verfassungsordnungen vertrauten Ansprüchen hinsichtlich ihrer Unmittelbarkeit bzw. der Intensität ihrer Ausprägung.[19] Keinen Zweifel kann es jedoch daran geben, daß die formalen Mindestanforderungen des demokratischen Prinzips auf der europäischen Ebene durchweg eingehalten werden. Alle Organe von Union und Gemeinschaft und die ihnen eingeräumten Entscheidungskompetenzen hängen letztlich an einer *Legitimationskette*, die sich

15 Als Verfassungsentwurf wird hier und im Folgenden die im ABl. C 310 vom 16.12.2004 abgedruckte Fassung bezeichnet.

16 Als Reformvertrag wird hier und im Folgenden die im ABl. C 306/14 vom 17.12.2007 abgedruckte Fassung bezeichnet.

17 *Janowski*, Demokratie in der EU (Fn. 12), S. 793 (796).

18 *M. Höreth*, Das Demokratiedefizit lässt sich nicht wegreformieren. Über Sinn und Unsinn der europäischen Verfassungsdebatte, IPG 4/2002, S. 11 (15); *C. Lord / D. Beetham*, Legitimizing the EU: Is there a ’Post-parliamentary Basis’ for its Legitimation?, in: Journal of Common Market Studies 39 (2001), S. 443 (454).

19 *Höreth*, Demokratiedefizit (Fn. 18), S. 16.

ohne weiteres bis zu den Völkern Europas zurückverfolgen lässt.[20] Für das Europäische Parlament ist das aufgrund seiner direkten Wahl durch die europäischen Bürger offensichtlich,[21] wenngleich die Verteilung seiner Sitze nach dem sogenannten „ponderierten Schlüssel" eine Konzession an den völkerrechtlichen Grundsatz der souveränen Gleichheit der Staaten verkörpert und seine Legitimation insofern nach Klein keine „gesamthafte", sondern eher eine „mosaikhaft zusammengesetzte" darstellt.[22] Aber auch die übrigen Gemeinschafts- und Unionsorgane verfügen zumindest über eine *mittelbare* demokratische Legitimation, die sie von den Regierungen der Mitgliedstaaten bzw. ihren Vertretern im Rat beziehen, an die wiederum die mitgliedstaatlichen Parlamente ihre jeweilige demokratische Legitimation weitergegeben haben;[23] die Kommission erhält darüber hinaus inzwischen eine zusätzliche Legitimation in Gestalt des Zustimmungsvotums des Europäischen Parlaments.[24]

Zum zweiten handelt es sich bei vielen Elementen, die unter dem Schlagwort „Demokratiedefizit" diskutiert werden, im Kern um kritische Einwände gegen die mangelnde Transparenz der europäischen Entscheidungsstrukturen.[25] Zwar bildet diese Transparenz zweifellos eine wesentliche Voraussetzung für das lebendige Funktionieren einer Demokratie, und die europäischen Strukturen erscheinen unter diesem Aspekt in vielerlei Hinsicht verbesserungsfähig und -bedürftig[26] – was etwa auch Art. 15 AEUV (Art. 2 Nr. 28 LissV / Art. I–50 EVV) ausdrücklich anerkennt –; doch muß festgehalten werden, daß diese Einwände eher das „*Wie*" als das entscheidendere „*Ob*" der demokratischen Legitimation betreffen.

Enger mit der Problematik des „Ob" verknüpft ist die Unsicherheit darüber, welche Anforderungen sich unter dem Aspekt des demokratischen Prinzips überhaupt an

20 *D. Schmidtchen*, Demokratiedefizit in Europa? Über Dichtung und Wahrheit in der Europäischen Verfassungsdebatte, Encyclopedia of Law and Economics: 9100, 9700, http://www.uni-saarland.de/fak1/fr12/csle/publications/2004–08_Demokratie.pdf, S. 1 (21).

21 *Schmidtchen*, Demokratiedefizit (Fn. 20), S. 1 (11); *Ch. B. Blankart / D. C. Mueller*, Alternativen der parlamentarischen Demokratie, in: Perspektiven der Wirtschaftspolitik 1 (2002), Band 3, S. 1 (7).

22 BVerfG, Beschl. vom 31. Mai 1995 – 2 BvR 635/95 – NJW 1995, S. 2216; *E. Klein*, Der Einfluss des europäischen Gemeinschaftsrechts auf das Verwaltungsrecht der Mitgliedstaaten, Der Staat 33 (1994), S. 39 (50 f.).

23 BVerfGE 89, 155 (184 ff.) – Maastricht; *Huber* (Fn. 1), S. 179 (184); *Cremer* (Fn. 3), S. 21 (41); *Zuleeg*, Der Staat (Fn. 3), S. 27 (38).

24 Vgl. Art. 214 Abs. 2 UAbs. 3 Satz 2 EGV – Nach dem Vertrag von Nizza vom 26. Februar 2001 (ABl. EG 2001 Nr. C 80/1) erfolgt die Ernennung der Kommission nach Zustimmung des Europäischen Parlaments durch den Rat.

25 *C. Frembgen / E. Friedrich / S. Holdau*, Das Demokratiedefizit, www.rossleben2001. werner-knoben. de/ doku/kurs73web/node4.html.

26 *R. A. Lorz*, Interorganrespekt im Verfassungsrecht, 2001, S. 189 ff.

eine suprastaatliche Einheit von der Art der Europäischen Union stellen lassen. Klar ist, daß die Europäische Union *kein Bundesstaat* ist und auf absehbare Zeit auch nicht werden wird,[27] wenngleich sie aufgrund ihrer Besonderheiten schon weit über einen normalen völkerrechtlichen Zusammenschluß hinausgeht. Ähnlich wie bei dem mit gleicher Heftigkeit ausgetragenen Streit darüber, ob eine solche Einheit überhaupt verfassungsfähig ist,[28] stellt sich daher gerade angesichts der Vielfalt der möglichen Ausprägungen des Demokratieprinzips die Frage, ob ein Verband dieses Typs nicht einfach andere demokratische Legitimationselemente aufweisen kann und muß als der herkömmliche Nationalstaat.[29]

Denn bei aller Strukturgleichheit einer solchen Integrationsgemeinschaft mit dem klassischen Staatskonstrukt bleibt doch ein wesentlicher Unterschied, was die Identifikation der betroffenen Bürger angeht: es fehlt die „*Wirkkraft der nationalen Idee*", die bei staatlichen Zusammenschlüssen typischerweise die treibende Kraft darstellt. Bei der nationalstaatlichen Einigung ist das Volk schon da, es bedarf nur noch einer Form. Bei der suprastaatlichen Integration verlagert sich das politische Kraftzentrum der Identifikation dagegen nicht ohne weiteres auf die neugeschaffene übergeordnete Einheit, also die EU.[30] Es fehlt an einem *Staatsvolk* ebenso wie an einer wahrhaft „europäischen" öffentlichen Meinung und politischen Debatte, wie sie innerhalb der staatlichen Gemeinschaft herkömmlicherweise als Voraussetzungen funktionierender demokratischer Mechanismen angesehen werden.[31] Wenn an die Legitimation suprastaatlicher Verbände aber von vornherein andere Anforderungen zu stellen sind als an die staatlicher Einheiten, dann mag eine Koexistenz der entsprechenden Legitimationsketten notwendig werden;[32] von einem „Demokratiedefizit" zu sprechen verbietet sich hingegen, solange der transnationale Verbund alle Voraussetzungen erfüllt, die man unter demokratischen Aspekten billigerweise von ihm verlangen kann.

Dieser Feststellung korreliert der überraschende empirische Befund, daß der strukturelle Wandel des europäischen Mehrebenensystems zu einem immer stärker

27 Vgl. zu der Diskussion mit weiteren Nachweisen *P. Kirchhof*, Die rechtliche Struktur der Europäischen Union als Staatenverbund, in: v. Bogdandy (Hrsg.), Europäisches Verfassungsrecht, 2003, S. 893 ff.

28 *C. Koenig*, Ist die Europäische Union verfassungsfähig?, ZEI-Report, Oktober 1999, S. 8; *D. Grimm*, Braucht Europa eine Verfassung?, JZ 1995, S. 581; *P. M. Huber*, Europäisches und nationales Verfassungsrecht, VVDStRL 60 (2001), S. 194.

29 *Wahl,* Staatstheoretische Begriffe (Fn. 11), S. 916 (916).

30 *Wahl,* Staatstheoretische Begriffe (Fn. 11), S. 916 (919).

31 *Höreth*, Demokratiedefizit (Fn. 18), S. 11 (16 ff.); *A. v. Bogdandy,* Parlamentarismus in Europa: eine Verfalls- oder Erfolgsgeschichte?, AöR 130 (2005), S. 445 (455); *R. Schröder,* Europa – was ist das?, ZRph 2002, S. 26 (29).

32 *Wahl,* Staatstheoretische Begriffe (Fn. 11), S. 916 (920).

supranational ausgeformten Regime keineswegs zu einer spezifischen Unzufriedenheit der Bürger mit dem Funktionieren der Demokratie in der Union geführt hat. Nach dem Vertrag von Maastricht sind die entsprechenden Zufriedenheitswerte sogar angestiegen.[33] Das legt die Vermutung nahe, daß für die Unterstützung des europäischen Integrationsprojekts durch die Völker Europas nach wie vor nicht die Qualität des demokratischen Prozesses, sondern vielmehr die politischen Resultate der Entscheidungsfindung maßgeblich sind.[34] Dies entspricht dem klassischen output-orientierten Legitimationsmodell aus der Frühzeit der Union: Solange das integrative europäische Regime als leistungsfähige *„Problemlösungsgemeinschaft“* wahrgenommen wird und das Gemeinwohl wie den Nutzen seiner Bürger zu maximieren verspricht, steht seine Legitimität weitgehend außer Frage.[35] Die europäischen Bürger geben sich mit den im Wesentlichen innerhalb des eigenen Landes existierenden und wahrnehmbaren demokratischen Legitimationsmechanismen zufrieden und erwarten dafür auf allen Ebenen eine zu ihren Gunsten erfolgreiche Politik.

4. Die andere Notwendigkeit demokratischer Veränderungen

Aber kann sich die Union und können sich die Europäer deshalb auf Dauer mit einer Art „Low Fat-Legitimität“ zufrieden geben?[36] Die europäische Integration hat sich von Beginn an in einem *Spannungsfeld* zwischen intergouvernementaler Kooperation und supranationalem Aufgabenzuwachs bewegt,[37] wobei der letztere in der Regel mit einem – notwendigen – institutionellen Autonomiegewinn verbunden war. Die Gewichte haben sich dabei jedoch zusehends – unter dem Druck der Verhältnisse verständlich und im Ergebnis meistens vorteilhaft – zugunsten der Unions- bzw. Gemeinschaftsebene verschoben.[38] Damit drängt sich die Frage auf, ob das herkömmliche Modell zur Vermittlung von Legitimität an diese Ebene unter den neuen Umständen zureichend bleibt – oder ob Veränderungen in Richtung einer stärkeren „Demokratisierung“ der Union nicht einfach deswegen erforderlich wer-

33 *D. Fuchs,* Das Demokratiedefizit der Europäischen Union und die politische Integration Europas: Eine Analyse der Einstellungen der Bürger in Westeuropa, 2002, Discussion Paper FS III 02–204 (WZB), S. 21.

34 *Höreth*, Demokratiedefizit (Fn. 18), S. 11 (18).

35 *Höreth*, Demokratiedefizit (Fn. 18), 11 (18); *W. Weidenfeld,* Innere Herausforderungen für die Europäische Union, in: Due / Lutter / Schwarze (Hrsg.), Festschrift für Ulrich Everling, 2. Band, 1995, S. 1641.

36 *P. Mair*, Leiden, nach: Kohler-Koch, Scheitern des EU-Gipfels war vorhersehbar, Pressemitteilung vom 15.12.2003, Universität Mannheim, www.uni-mannheim.de/pressstelle.

37 *Höreth*, Demokratiedefizit (Fn. 18), S. 11 (12).

38 *Höreth*, Demokratiedefizit (Fn. 18), S. 11 (14).

den, um mit der durch die ständigen Kompetenzverlagerungen auf die europäische Ebene bedingten Zunahme von Aufgaben und Entscheidungsmacht der europäischen Institutionen Schritt zu halten.

Denn die europäischen Entscheidungsmechanismen entsprechen nach wie vor eher dem Modell eines „*consensus government*" als dem einer majoritären Demokratie.[39] Das zeigt sich bei allen Organen von Union und Gemeinschaft: Dem Parlament fehlt ungeachtet seiner permanenten Aufwertung in den bisherigen Vertragsrevisionen noch immer die umfassende gesetzgeberische Kompetenz; es fungiert eher als Modifikations- und Verhinderungsinstrument denn als Initiator und zentrale Entscheidungsinstanz. Die Stellung der Kommission oszilliert zwischen ihren unterschiedlichen Rollen als „*Hüterin der Verträge*" einerseits und „*Motor der Integration*" andererseits, für die sie mit ihrem Initiativmonopol sowie ihren diversen Kontroll- und Exekutivkompetenzen zwar über hinreichende Befugnisse verfügt, deren Wahrnehmung die derzeitige Organisationsstruktur der Kommission aber keineswegs optimal ermöglicht.[40] Zentrales legislatorisches Entscheidungsorgan der Union ist und bleibt jedoch der Ministerrat, in dem die ständige Suche nach Konsens den dominierenden Entscheidungsmodus bildet[41] – trotz der inzwischen immer öfter ausgeübten Option von Mehrheitsabstimmungen allein schon deswegen, weil die Schwelle für das Erreichen der qualifizierten Mehrheit wesentlich höher liegt als in klassischen majoritären Systemen und weil in vielen politisch sensiblen Aufgabenfeldern weiterhin die Einstimmigkeitsregel gilt. Darüber hinaus ist der supranationale Aufgabenzuwachs von Union bzw. Gemeinschaft in mancherlei Hinsicht durch eine gleichzeitige Stärkung intergouvernementaler Beteiligungs- und Kontrollrechte kompensiert worden, wofür eine der undurchsichtigsten Erscheinungsformen europäischer Entscheidungsfindung, die sogenannte „*Komitologie*", als Paradebeispiel angeführt werden kann.

All das erspart einen nicht unbeträchtlichen Teil der in einer majoritären Demokratie zwangsläufig stattfindenden öffentlichen Auseinandersetzungen und trägt damit vielleicht sogar dazu bei, bei den Bürgern nicht noch mehr Skepsis hinsichtlich der suprastaatlichen Entscheidungsmechanismen von „Brüssel" aufkommen zu lassen. Gleichzeitig zeigt sich hier neben der bereits angeführten Output-Orientierung erneut die vielleicht bedeutendste Legitimationsquelle der Union, die vorhin schon zur Begründung der demokratischen Qualität ihrer Organe bemüht wurde, sich aber über die soeben skizzierten Entscheidungsmechanismen auf ihr gesamtes gesetzgeberi-

39 Vergleiche hierzu: *A. Lijphart,* Democracies. Patterns of Majoritarian and Consensus Government in Twenty-One Countries, 1984, S. 21 ff.

40 Vergleiche hierzu: *M. Bach,* Die Bürokratisierung Europas: Verwaltungseliten, Experten und politische Legitimation in Europa, 1999, S. 113 ff.

41 *Höreth*, Demokratiedefizit (Fn. 18), S. 11 (14).

sches Handeln erstreckt: die sozusagen „geborgte“ indirekte demokratische Legitimation, die durch die *Rückkopplung* dieses Handelns an die Parlamente der Mitgliedstaaten hergestellt wird. Von dieser Rückkopplung hängt letztlich die „soziale Legitimität“ des europäischen Regierens ab,[42] die auch das Bundesverfassungsgericht als unverzichtbaren Bestandteil der von ihm geforderten *„dualen Legitimation“* der Europäischen Union ansieht.[43]

Dennoch scheint selbst der traditionelle Verbund dieser beiden Legitimationsquellen dem neuen Bild der Aufgaben- und Kompetenzverteilung im europäischen Mehrebenensystem nicht mehr gerecht zu werden. Hieraus erklärt sich wohl in erster Linie der Ruf nach einer dritten Legitimationsquelle, der landläufig mit dem Begriff des „Demokratiedefizits“ belegt wird: nach einer Verstärkung der *„Input-Legitimität“*, wie sie von direkten demokratischen Mitwirkungsprozessen – Wahlen und parlamentarische Kontrolle – erzeugt wird.[44] Und in der Tat ist die Generierung von Unterstützung für ein politisches Regime auf der Grundlage seiner Leistungen für die Bürger – die zitierte *Output-Legitimität* – schon grundsätzlich eine fragile Angelegenheit.[45] Vor allem aber führt der supranationale Aufgaben- und Machtzuwachs der europäischen Institutionen in Verbindung mit der Erweiterung der Union um wirtschaftlich schwächere Staaten zu wesentlich mehr und deutlicher sichtbaren internen Verteilungskonflikten. Diese verstärken wiederum die ohnehin vorhandene und bereits angesprochene Neigung der mitgliedstaatlichen Regierungen, hausgemachte Probleme nach „Brüssel“ abzuschieben und die Union insofern als Sündenbock zu mißbrauchen, womit jedoch zugleich die zuletzt erwähnte *„soziale Legitimität“* des europäischen Regierens untergraben wird.

Aus diesem Dilemma kann vermutlich tatsächlich nur eine weitere „Demokratisierung“ der Union im Sinne einer Verstärkung ihrer Input-Legitimität den Ausweg weisen. Denn die Überlebensfähigkeit eines politischen Regimes in Krisensituationen und damit seine Dauerhaftigkeit hängen davon ab, daß sich seine Akzeptanz in der Bevölkerung von den Leistungsoutputs seiner Entscheidungsträger ebenso wie von seiner Unterstützung durch externe Institutionen abkoppelt und es um seiner selbst willen angenommen wird.[46] Diese Akzeptanz verlangt aber danach, daß das Regime aufgrund der Werte unterstützt werden muß, die es selbst institutionalisiert hat – und das können im Falle der Europäischen Union nach den zu Beginn getroffenen Feststellungen nur demokratische Werte sein.

42 *Höreth*, Demokratiedefizit (Fn. 18), S. 11 (18).
43 BVerfGE 89, 155 ff.
44 *Höreth*, Demokratiedefizit (Fn. 18), S. 11 (17).
45 *Fuchs,* Das Demokratiedefizit (Fn. 33), S. 22.
46 *D. Easton,* A Re-Assessment of the Concept of Political Support, British Journal of Political Science 5 (1975), S. 435 ff.

II. Demokratie-Optionen

Wie lassen sich nun diese Werte auf der europäischen Ebene verwirklichen? Das erfordert einen schwierigen *Balanceakt*, der allen Versuchen zur Entwicklung einer europäischen Verfassungslehre eigen ist: Sie muß sich freimachen von vermeintlichen Analogien zu nationalstaatlichen Vorbildern, aber gleichzeitig deren Theoriereservoir und Erfahrungsschatz ausschöpfen.[47] Für die Umsetzung des demokratischen Prinzips bedeutet das, daß man sich an den aus den Mitgliedstaaten der Union bekannten Demokratiemodellen orientieren, die Demokratie aber zugleich im Hinblick auf die besonderen Bedingungen, unter denen auf internationaler Ebene Herrschaft begründet und ausgeübt wird, neu durchdenken muß.[48] Die im Kontext der europäischen Verfassungsdebatte hauptsächlich angestellten Überlegungen hierzu sollen im folgenden kurz vorgestellt werden.

1. Weiterleitung von Legitimität

Ungeachtet der soeben geäußerten Kritik an der Unzulänglichkeit einer rein „sozialen Legitimität" ist in diesem Zusammenhang zunächst darauf hinzuweisen, daß die von allen internationalen Organisationen im herkömmlichen Sinne bekannte indirekte Legitimation durch nationale Regierungsvertreter, die ihrerseits durch die eigenen Parlamente legitimiert werden und diese Legitimität dann an die von ihnen bestückten bzw. geschaffenen Organe „weiterleiten", für die Union natürlich von Bedeutung bleiben wird. Die Befürworter einer stärkeren „Input-Legitimation" unterscheiden sich insoweit von den Vertretern einer traditionellen intergouvernementalen Betrachtungsweise lediglich durch die von ihnen vorgenommene Gewichtung: Während für die erstgenannte Gruppe das dahinterstehende *„duale" Legitimationsmodell* lediglich eine Hilfskonstruktion darstellt, in der sich die Unentschlossenheit der Union hinsichtlich ihres finalen Demokratiemodells spiegelt, bildet die über die nationalen Parlamente vermittelte demokratische Legitimation für die „Intergouvernementalisten" die wichtigste Stütze der Gesamtlegitimität der Union; eine „direkte" demokratische Legitimation etwa durch das Europäische Parlament kann für die Anhänger dieser Ansicht allenfalls ergänzend hinzutreten.[49] Das Bundesverfassungsgericht scheint in seinem „Maastricht"-Urteil[50] dieser Auffassung ebenfalls zuzuneigen, was aus seiner Position als nationales Verfassungsgericht heraus

47 *C. Calliess / M. Ruffert,* Vom Vertrag zur EU-Verfassung – Eine perspektivische Einführung in das Thema der Weimarer Tagung. EuGRZ 2004, S. 542 (542).

48 *P. Badura,* Bewahrung und Veränderung demokratischer und rechtsstaatlicher Verfassungsstruktur in den internationalen Gemeinschaften, VVDStRL 23 (1966), S. 34 (38, 97 f.).

49 *Janowski,* Demokratie in der EU (Fn. 12), S. 793 (798).

50 BVerfGE 89, 155 ff.

nur zu verständlich ist; freilich macht es auch mit Recht darauf aufmerksam, daß die Parlamentswahlen auf Unionsebene bis heute jener „vorrechtlichen Voraussetzungen“ entbehren, auf denen jede lebendige Demokratie aufbaut, nämlich der „freien Auseinandersetzung sich begegnender politischer Kräfte“, wie sie bislang nur im nationalen Rahmen existiert.[51] Allein schon aus diesem Grund und aufgrund dieser Rechtsprechung wird sich die Weiterleitung von Legitimität an die europäische Ebene durch die Vertreter der Mitgliedstaaten auf unbestimmte Zeit nicht ersetzen lassen.

Der Konventsentwurf zur europäischen Verfassung und der Reformvertrag tragen dem Rechnung, indem sie in Art. 10 Abs. 2 EUV (Art. 1 Nr. 12 LissV / Art. I–46 Abs. 2 EVV) das duale Legitimationsmodell zum ersten Male positiv im Primärrecht verankern möchte. Allerdings entbehrt diese Verankerung nicht einer gewissen Komik: Verfassungsentwurf und Reformvertrag schreiben zwar die Rechenschaftspflicht der mitgliedstaatlichen Regierungen gegenüber ihren jeweiligen nationalen Parlamenten vor, etablieren aber keineswegs das gleiche Prinzip für die Verantwortlichkeit der europäischen Exekutivinstitutionen gegenüber der unmittelbaren Vertretung der Unionsbürger, also dem Europäischen Parlament.[52] So ergibt sich die ebenso paradoxe wie inkonsequente Situation, daß der Entwurf einer europäischen Verfassung sowie der Reformvertrag gerade innerhalb des natürlichen Regelungsbereichs dieser Verfassung schweigen, während eine ohnedies schon in allen Mitgliedstaaten bestehende Regelung, die noch dazu einen zentralen Gegenstand des nationalen Verfassungsrechts verkörpert, in ebenso überflüssiger wie folgenloser Weise symbolisch bestätigt wird.

Immerhin hat der Reformvertrag, wie auch der Verfassungsentwurf zuvor, darauf verzichtet, die im Zuge der Verfassungsdebatte mehrfach aufgekommenen Vorschläge zur Einrichtung einer neuen Legislativkammer aufzugreifen,[53] die aus Mitgliedern der mitgliedstaatlichen Parlamente bestehen und das Europäische Parlament entweder ergänzen oder sogar ersetzen sollte. Aus national-parlamentarischer Perspektive erscheinen diese Vorschläge zwar verständlich und begrüßenswert, da die faktische Steuerung und Kontrolle des nationalen Regierungshandelns durch die mitgliedstaatlichen Parlamente gerade in europäischen Angelegenheiten extrem zu wünschen übrigläßt[54]– dies ist jedoch ein Problem, das die nationalen Parlamente mit „ihren“ Regierungen unter sich ausmachen sollten. Für den europäischen Integrati-

51 BVerfGE 89, 155, 185; *D. Grimm,* Mit einer Aufwertung des Europa-Parlaments ist es nicht getan – Das Demokratiedefizit der EG hat strukturelle Ursachen, in: Jahrbuch zur Staats- und Verwaltungswissenschaft 6 (1992/93), S. 13.

52 *Janowski*, Demokratie in der EU (Fn. 12), S. 793 (811 f.).

53 So *Fischer* in seiner Humboldt-Rede (Fn. 7); *Calliess / Ruffert,* Perspektivische Einführung (Fn. 47), S. 542 (548).

54 *C. Janowski,* Die nationalen Parlamente und ihre EU-Gremien, 2005, S. 36 ff.

onsprozeß könnte eine solche Kammer eher einen Rückschlag bedeuten, da mit ihrer Einrichtung die Betonung der *indirekten Legitimationsmechanismen* in der Union noch verstärkt würde. Zudem würde sie ihre Kompetenzen entweder auf Kosten des Europäischen Parlaments erwerben müssen oder – falls sie auf zusätzliche Beteiligungsrechte und Zustimmungserfordernisse eingeschränkt bliebe – dem ohnedies schon komplizierten und mäßig effektiven europäischen Entscheidungsprozeß lediglich eine weitere potentielle Blockademöglichkeit hinzufügen.

2. Repräsentativ-parlamentarisches Modell

Bei den meisten europäischen „Integrationisten" erfreut sich das Leitbild der *parlamentarisch-repräsentativen Demokratie* wahrscheinlich nach wie vor der größten Attraktivität im Hinblick auf die weitere institutionelle Entwicklung der Union. Die supranationale Parlamentarisierung der Union durch Stärkung des Europäischen Parlaments ist demzufolge das älteste und vermutlich am weitesten verbreitete Konzept zu ihrer Demokratisierung.[55] Zugleich scheint es dem in den Mitgliedstaaten gängigsten Demokratiemodell am ehesten zu entsprechen. Denn das Prinzip der parlamentarisch-repräsentativen Demokratie ist – in unterschiedlicher Intensität und Ausprägung – Bestandteil der gemeinsamen Verfassungstradition aller Mitgliedstaaten und in ihren Verfassungsordnungen verwirklicht. Die Herausbildung einer europäischen parlamentarischen Demokratie wird daher teilweise als die natürliche Pfadentwicklung des Integrationsprozesses betrachtet.[56]

Folgt man dieser Logik, liegt es aufgrund seiner auf der europäischen Ebene einzigartigen direkten demokratischen Legitimation nahe, das Europäische Parlament zu einem Vollparlament zu machen. Das würde bedeuten, daß das Parlament nicht nur auf dem Feld der Gesetzgebung, sondern auch hinsichtlich des Budgetrechts sowie der Regierungsbildung und -kontrolle grundsätzlich mit den gleichen Kompetenzen ausgestattet werden müßte wie die bestehenden Volksvertretungen der Mitgliedstaaten – wozu ihm selbst nach seiner kontinuierlichen Aufwertung im Zuge des bisherigen Vertragsrevisionen noch einiges fehlt. Daß das Europäische Parlament selbst zu den stärksten Befürwortern dieser Lösung gehört,[57] kann dabei natürlich nicht überraschen.

Vom Grundsatz her spricht auch kein zwingender Grund gegen diese Lösung. Sogar das Bundesverfassungsgericht hat trotz seiner im „Maastricht"-Urteil geäußerten

[55] *K. Hänsch,* Europäische Integration und parlamentarische Demokratie, Europa-Archiv 41 (1986), S. 191; *Janowski*, Demokratie in der EU (Fn. 12), S. 793 (797).

[56] Vgl. *K. Holzinger / C. Knill*, Institutionelle Entwicklungspfade im Europäischen Integrationsprozess: Eine konstruktive Kritik an Joschka Fischers Reformvorschlägen, ZPol 11 (2001), S. 987 (997).

[57] *Hänsch,* Europäische Integration (Fn. 55), S. 191.

Bedenken eine Weiterentwicklung des Europäischen Parlaments zur *tragenden Säule* des europäischen Gesetzgebungsprozesses nicht ausgeschlossen.[58] Das gilt sogar ungeachtet der nach Mitgliedstaaten kontingentierten „ponderierten" Sitzverteilung, obwohl diese eigentlich im Konflikt mit der vom demokratischen Prinzip geforderten Wahlrechtsgleichheit steht[59] und normalerweise nur ein nach allgemeinem und gleichem Wahlrecht gewähltes parlamentarisches Organ Mehrheitsentscheidungen treffen und gleichzeitig als demokratisch gelten kann.[60] Aber Abweichungen von diesem Grundsatz sind dem demokratischen Wahlrecht keineswegs fremd, und so hat etwa das Bundesverfassungsgericht dieses System in einer kurz nach „Maastricht" ergangenen Entscheidung mit dem Verweis darauf akzeptiert, daß die Europäische Union eben mehr als nur die Summe ihrer einzelnen Mitgliedstaaten sei.[61]

Die Gründe, die tatsächlich dagegen sprechen, den Ausbau des Europäischen Parlaments zu einem *Vollparlament* für die Lösung aller Legitimationsprobleme zu halten, sind daher anderer Natur. Zum einen fehlt es, was bereits mehrfach angesprochen wurde, an einer belastbaren europäischen Identität als Voraussetzung dafür, daß sich die europäischen Bürger in einem nur auf der europäischen Ebene ablaufenden parlamentarischen Entscheidungsprozeß wiederfinden könnten.[62] Unter diesem Aspekt läßt sich das vielzitierte „Demokratiedefizit" deshalb durch keine wie auch immer geartete Reform des Europäischen Parlaments beheben. Ferner würde – da der Ministerrat sicherlich nicht hinter das Parlament zurücktreten würde und könnte, sondern allenfalls eine Gleichberechtigung dieser beiden Organe im Entscheidungsverfahren denkbar scheint – die Entscheidungsfähigkeit der Union durch die Zunahme der Blockademöglichkeiten tendenziell weiter verringert werden, wie es sich nach der Einführung des Mitentscheidungsverfahrens bereits gezeigt hat.[63] Diese Blockademöglichkeiten würden im Gegenzug permanente Verhandlungszwänge und wechselnde Koalitionen in und zwischen beiden Organen erzeugen, was zusätzlich die Transparenz der europäischen Entscheidungsmechanismen herabsetzen würde. Schließlich ist nicht auszuschließen, daß die Vollparlamentarisierung

58 BVerfGE 89, 155 (184 ff.).

59 *M. Kaufmann*, Verfassungspatriotismus, substantielle Gleichheit und Demokratieprinzip im europäischen Staatenverbund, ARSP Beiheft 66 (1997), S. 40 (52 f.); *H. H. Klein*, Die Europäische Union und ihr demokratisches Defizit, in: Festschrift Remmers, 1995, S. 195 (205).

60 *C. Frembgen / E. Friedrich / S. Holdau*, Das Demokratiedefizit, www.rossleben2001.werner-knoben.de/ doku/kurs73web/node4.html.

61 BVerfG, Beschl. vom 31. Mai 1995 – 2 BvR 635/95 –, NJW 1995, S. 2216; vgl. a. *Haratsch*, Integrationsstaat (Fn. 4), S. 171 f. m.w.N.

62 *Höreth*, Demokratiedefizit (Fn. 18), S. 11 (21).

63 *Höreth*, Demokratiedefizit (Fn. 18), S. 11 (22).

dieser Mechanismen die Zentripetalkräfte in der Union weiter stärken und insofern zu einer Schwächung der demokratischen Rückkopplung in den nationalen Verfassungsräumen führen würde, die einen eventuellen Legitimationsgewinn auf der europäischen Ebene im Ergebnis sogar überkompensieren könnte.[64]

Zu guter Letzt bleibt unter machtpolitischen Gesichtspunkten zu berücksichtigen, daß der Anspruch der mitgliedstaatlichen Regierungen, auch auf der supranationalen Ebene direkte Einfluß- und Kontrollmöglichkeiten geltend machen zu können, mit einem so starken parlamentarischen Faktor auf dieser Ebene kaum vereinbar wäre. Denn die nationalen Regierungen hätten ja keine Möglichkeit, das von ihnen unabhängige Parlament zu kontrollieren.[65] Nach alledem kann es nicht verwundern, daß der Verfassungsentwurf des Konvents sowie der Reformvertrag von Lissabon zwar in Art. 9 und 10 EUV (Art. 1 Nr. 12 LissV / Art. I–45 und 46 EVV) den Grundsatz der demokratischen Gleichheit ebenso wie das Prinzip der repräsentativen Demokratie verankern und in diesem Zusammenhang sowohl die Bedeutung des Europäischen Parlaments als auch die europäischer politischer Parteien hervorheben sowie eine weitere Ausdehnung der parlamentarischen Kompetenzen vorsehen,[66] von einer Fixierung des „demokratischen Lebens der Union" auf das Europäische Parlament aber ausdrücklich Abstand nehmen.

3. Post-parlamentarisches „partizipatives" Modell

Angesichts der dargestellten Unzulänglichkeiten, die bei den „klassischen" Legitimationsmodellen der Union mittlerweile erkennbar geworden sind, ist es ferner nicht verwunderlich, daß allenthalben neue Legitimationsoptionen ins Spiel gebracht werden. Von besonderer Bedeutung ist hierbei das Postulat einer neuartigen Form legitimen Regierens, das von seinen Protagonisten gerne als „*post-parlamentarisch*" charakterisiert wird. Ausgehend von der ebenso simplen wie unbestreitbaren Feststellung, daß nicht nur das Volk bzw. die Bürger durch ihr Parlament, sondern auch organisierte Interessengruppen eine wesentliche Rolle in der modernen Demokratie spielen,[67] entwickelt die Vorstellung, daraus eine neue Legitimität für Regierungshandeln herzuleiten, gerade auf der europäischen Ebene eine besondere Zugkraft und spezifischen Charme. Denn wer könnte leugnen, daß Verbände und andere organisierte Interessen längst einen großen Einfluß auf die europäische Ent-

64 *A. v. Bogdandy,* Parlamentarismus in Europa: eine Verfalls- oder Erfolgsgeschichte?, AöR 130 (2005), S. 445 (453).

65 *C. Frembgen / E. Friedrich / S. Holdau,* Das Demokratiedefizit, www.rossleben2001.werner-knoben.de/ doku/kurs73web/node4.html.

66 *v. Bogdandy,* Parlamentarismus (Fn. 64), S. 445; *P. M. Huber,* Europas größtes Demokratiedefizit, Die Welt, 23.03.2005.

67 *M. Schmidt,* Demokratietheorien, 2. Aufl. 1997, S. 170 ff.

scheidungsfindung ausüben? Brüssel dürfte schon heute die am dichtesten mit Interessenvertretern und Lobbyisten bevölkerte Stadt der Welt sein, und die Europäische Kommission kann in der Tat kaum noch auf die Expertise des von ihnen gebildeten breiten Netzwerks öffentlicher und privater Akteure verzichten.[68] Als Konsequenz fließen die organisierten Interessen geradezu selbstverständlich in die vielschichtigen Prozesse ein, aus denen sich letztlich die europäische Rechtsetzung ergibt.[69] Gerade weil das europäische Parteiensystem und die europäische Öffentlichkeit so schwach ausgebildet sind, daß die faktischen Voraussetzungen für eine vollwertige parlamentarische Demokratie fehlen, spielen Expertengruppen, Interessenverbände, soziale Bewegungen und Nichtregierungsorganisationen in der Europäischen Union eine besonders bedeutsame Rolle.[70] Was liegt also näher, als aus der Not eine Tugend zu machen und die tatsächlich stattfindende Entwicklung zum demokratischen Zukunftsmodell zu erklären? Die direkte Partizipation organisierter Interessen wird so zu einem neuen Verfahren dialogischer Entscheidungsfindung, das im Sinne einer „Modernisierung der Politik" die Arbeit der Exekutive flexibler und effizienter machen soll. Und damit das Kind auch einen schöneren Namen bekommt, spricht man statt von „Lobbyisten" lieber von „zivilgesellschaftlichen" Akteuren.[71]

Die Europäische Kommission, die mit diesen Realitäten am unmittelbarsten konfrontiert ist und die in ihrer eigenen Organisation und Arbeitsmethodik teilweise auch mehr einem Expertengremium als einer parlamentarisch verantwortlichen Regierung ähnelt, läßt wahrscheinlich eben deswegen eine deutliche Hinwendung zu diesen Vorstellungen erkennen. Am deutlichsten kommt das in ihrem 2001 vorgelegten „Governance-Weißbuch"[72] zum Regieren in Europa zum Ausdruck. Darin plädiert die Kommission für einen „*systematischeren Dialog*" mit den organisierten Gruppen des öffentlichen und zivilen Raums, aus dem schließlich die europäischen Gesetzesinitiativen hervorgehen und zu dessen Grundsätzen vor allem „*Offenheit und Partizipation*" zählen sollen. Dieser Dialog soll eine stärker an Sach- und Nutzenkriterien orientierte und damit effizientere Entscheidungsfindung ermöglichen, indem die Problemlösungskompetenz organisierter Gruppen und Verbände mobilisiert wird, die nach Ansicht der Kommission „eine gute Plattform für politische und gesellschaftliche Veränderungen" sowie „strukturierte Kanäle" für „Feedback, Kritik und Protest" der Unionsbürger bieten.[73]

68 *Höreth*, Demokratiedefizit (Fn. 18), S. 11 (31 ff.).
69 *Janowski*, Demokratie in der EU (Fn. 12), S. 793 (801).
70 *G. Márkus*, Läßt sich die Europäische Union demokratisieren?, www.fesbp.hu/ger/Krisemarkus.htm.
71 *Höreth*, Demokratiedefizit (Fn. 18), S. 11 (32).
72 *Kommission der Europäischen Gemeinschaften,* Europäisches Regieren: Ein Weißbuch, 25.07.2001, Dok.-Nr. COM (2001) 428.
73 *Höreth*, Demokratiedefizit (Fn. 18), S. 11 (33).

Bemerkenswert erscheint das Ausmaß, in dem sich diese Vorstellungen in dem Verfassungsentwurf des Konvents und dem Reformvertrag wiederfinden. Art. 11 EUV (Art. 1 Nr. 12 LissV / Art. I–47 EVV) verankert in diesem Sinne den Grundsatz der „*partizipativen*" *Demokratie* und legt ausdrücklich eine Verpflichtung der Unionsorgane fest, mit den „repräsentativen Verbänden" und der „Zivilgesellschaft" einen „offenen, transparenten und regelmäßigen Dialog" zu pflegen. Art. 152 AEUV (Art. 2 Nr. 115 LissV / Art. I–48 EVV) hebt das für die „Sozialpartner" noch einmal explizit hervor und macht damit zugleich klar, an wen bei den „repräsentativen Verbänden" in erster Linie gedacht ist; Art. 17 AEUV (Art. 2 Nr. 30 LissV / Art. I–52 EVV) erkennt außerdem den besonderen Status der Kirchen und weltanschaulichen Gemeinschaften an. Insgesamt nimmt das „partizipative" Demokratiemodell damit nach den Regelungen des Verfassungsentwurfs und des Reformvertrages schon quantitativ den größten Raum innerhalb des „demokratischen Lebens der Union" ein, worin man durchaus eine bezeichnende Symbolik erkennen mag.[74]

Die schöne Rhetorik von der „*Zivilgesellschaft*" und die unleugbar existierenden Realitäten des europäischen Regierens sollten jedoch nicht dazu verführen, die inhärenten Probleme dieses Modells zu übersehen. Ein auf organisierte Gruppen und Verbände fixiertes Partizipationsmodell privilegiert automatisch die in diesen Gruppen organisierten Interessen. Das Gehör, das solche Gruppen etwa bei der Kommission finden werden, wird nicht primär von der sachlichen Qualität ihrer Argumente, sondern von ihrer Ressourcenausstattung und organisatorischen Schlagkraft abhängen.[75] Es entsteht eine Entscheidungselite, deren Zusammensetzung und Einfluß sich nach ihrem jeweiligen gesellschaftlichen Machtpotential bemißt.[76] Gleichzeitig wird die direkte Legitimationskette zwischen der Union und ihren Bürgern durch ein System von Akteuren ersetzt, deren Legitimität sich aus kaum nachvollziehbaren Quellen speist.[77] Diese Akteure sind niemandem politisch verantwortlich und jeglicher Gegenreaktion von seiten der Unionsbürger – deren Leben sie letztlich mit ihren Entscheidungen gestalten – entzogen, da sie weder abgewählt noch zum Rücktritt gezwungen oder anderweitig politisch sanktioniert werden können. Damit läuft das ultimative Kontrollinstrument demokratischer Systeme ins Leere.[78] Die gezielte Einbindung weniger mächtiger und gut organisierter Gruppen in die Entscheidungsprozesse geht einher mit dem faktischen Ausschluß breiter Bevölkerungsschichten; denn wer keinen Zugang zu den von diesen Gruppen – in der Diktion der Kommission – bereitgestellten „Plattformen" bzw. „strukturierten Kanälen" findet, wird gar nicht mehr gehört. Aus all diesen Gründen kann auch das neue

74 *Janowski*, Demokratie in der EU (Fn. 12), S. 793 (813).
75 *Höreth*, Demokratiedefizit (Fn. 18), S. 11 (33).
76 *Schmidt,* Demokratietheorien (Fn. 67), S. 176 ff.
77 *Janowski*, Demokratie in der EU (Fn. 12), S. 793 (802).
78 *Lord / Beetham* (Fn. 16), S. 443 (454).

„partizipative“ Demokratiemodell jedenfalls nicht als die Patentlösung zur Demokratisierung der Union angesehen werden.[79]

4. Direktdemokratische Elemente

Patentcharakter scheinen demgegenüber jene Lösungsvorschläge zu besitzen, die das diagnostizierte „Demokratiedefizit“ der Union in nächstliegender Weise durch eine *direktere Beteiligung der Bürger* an den europäischen Entscheidungsprozessen überwinden wollen. Mit diesem Ziel werden gleich mehrere Optionen diskutiert. Eine besteht darin, europaweite Referenden zu ermöglichen.[80] Die Befürworter dieses Reformmodells versprechen sich davon einen Abbau sowohl der „Gestaltungsdefizite“, die darin bestehen, daß die Bürger ihre Präferenzen nicht angemessen in die politischen Prozesse auf europäischer Ebene einbringen können, als auch der Unzulänglichkeiten bei der Kontrolle der Ausübung politischer Macht durch die Unionsbürger.[81] Darüber hinaus werden Referenden als Instrumente des Minderheitenschutzes ins Spiel gebracht.[82]

Aber auch für die Abhaltung europaweiter Referenden gilt, was oben bereits zur Möglichkeit einer „Parlamentarisierung“ der Union gesagt wurde: es fehlt an der entscheidenden Grundvoraussetzung einer belastbaren kollektiven europäischen Identität, die es den in einer solchen Abstimmung unterliegenden Gruppen ermöglichen würde, sich mit ihrer Niederlage ohne weiteres abzufinden. In der gegenwärtigen Situation Europas drohten Referenden über konfliktträchtige Themen rasch zu Polarisierungen entlang der alten nationalstaatlichen Grenzen zu führen, die von entsprechend interessierten politischen Kräften wahrscheinlich noch bewußt geschürt und ausgebeutet würden.[83] Damit würden Referenden die zugrundeliegenden Konflikte womöglich eher verschärfen als lösen. Zudem sprechen gegen europäische Referenden in Sachfragen die gleichen Argumente, die etwa gegen die Einführung von Volksabstimmungen auf Bundesebene in Deutschland vorzubringen sind: inhaltlich komplexe Fragestellungen eignen sich einfach nicht für ein Referendum, und die Gefahr der organisierten Verantwortungslosigkeit für politische Entscheidungen steigt sogar, wenn die „heißen Kartoffeln“ den Bürgern von der Politik zur direkten Entscheidung überlassen werden. Art. 11 Abs. 4 EUV (Art. 1 Nr. 12

79 So auch *Janowski*, Demokratie in der EU (Fn. 12), S. 793 (804).

80 *Höreth*, Demokratiedefizit (Fn. 18), S. 11 (24).

81 Vgl. stv. *E. Grande*, Demokratische Legitimation und europäische Integration, in: Leviathan 24 (1996), S. 339 ff.

82 *Höreth*, Demokratiedefizit (Fn. 18), S. 11 (24 f.); *H. Abromeit*, Überlegungen zur Demokratisierung der Europäischen Union, in: Wolf (Hrsg.), Projekt Europa im Übergang? Probleme, Modelle und Strategien des Regierens in der Europäischen Union, 1997, S. 109 ff.

83 Vgl. etwa *G. Sartori*, Demokratietheorie, 1992, S. 128.

LissV / Art. I–47 Abs. 4 EVV) beschränkt sich daher auch auf die grundsätzliche Ermöglichung sogenannter „Bürgerinitiativen".

Deutlich mehr Charme als die Einführung direktdemokratischer Elemente in Sachfragen entfaltet die Demokratisierung europäischer Personalentscheidungen. Hier wird insbesondere eine Direktwahl des Kommissionspräsidenten durch die Unionsbürger propagiert.[84] Unter dem Aspekt einer Reduzierung demokratischer Defizite erscheint dieser Vorschlag auf Anhieb einleuchtend: Die Direktwahl wäre ohne Zweifel demokratisch „eingängiger" als das derzeitige komplizierte Bestellungsverfahren und würde dem Präsidenten und seiner gesamten Kommission eine unabhängige eigene Legitimation verschaffen. Auf der Basis dieser Legitimation könnte der Präsident zum „*Gesicht Europas*" werden und die Einheit der Union damit in einer so bisher nicht möglichen Form symbolisch verkörpern. Schließlich wären die Parteien innerhalb der Union dazu gezwungen, sich nationenübergreifend auf einen gemeinsamen Kandidaten und ein von diesem auszuführendes politisches Programm zu einigen; das könnte wiederum die Herausbildung eines echten europäischen Parteiensystems fördern und damit das Grundproblem des fehlenden europäischen Politikdiskurses lösen helfen.[85]

Ohne fundamentale Veränderungen im europäischen Regierungssystem verspricht jedoch auch dieses Modell keinen durchgreifenden Erfolg. In dem gegenwärtigen, unter Machtaspekten sorgsam austarierten Institutionengeflecht der Europäischen Union würde ein direkt gewählter Kommissionspräsident sogar einen Fremdkörper darstellen, der die gesamte Balance ins Wanken bringen könnte. Das beginnt schon damit, daß präsidentielle oder selbst semi-präsidentielle Regierungssysteme in Europa in der Minderheit sind und die Union selbst bislang eher dem Leitbild des in der Mehrheit ihrer Mitgliedstaaten bevorzugten parlamentarischen Regierungssystems gefolgt ist.[86] Die Umstellung der europäischen Entscheidungsmechanismen auf ein *präsidentielles Modell* dürfte den Bürgern unter diesen Umständen nur schwer zu vermitteln sein. Gleichzeitig verlören die von den Mitgliedstaaten entwickelten kooperativen Instrumente zur Begleitung und Beeinflussung des europäischen Integrationsprozesses erheblich an Wirksamkeit, weswegen die präsidentielle Demokratisierungsstrategie vom Konvent gar nicht weiter aufgegriffen wurde. Diese Entwicklung könnte man zwar aus der Perspektive eines europäischen „Supranationalisten" sogar begrüßen – wenn damit jedoch zugleich eine Politisierung der Kommission in dem Sinne einherginge, daß diese versuchen würde, eine Politik für die Mehrheit „ihres" Präsidenten zu machen statt sachgerechte Problemlösungen jen-

84 *Calliess / Ruffert,* Perspektivische Einführung (Fn. 47), S. 542 (549).
85 *Janowski*, Demokratie in der EU (Fn. 12), S. 793 (804).
86 Vgl. im einzelnen etwa *W. Ismayr*, Die politischen Systeme Westeuropas im Vergleich, in: ders. (Hrsg.), Die politischen Systeme Westeuropas, 1997, S. 9 ff.

seits einzelstaatlicher und parteipolitischer Präferenzen zu entwickeln, stellte sich wieder das grundsätzliche Problem, inwieweit die bei der Wahl des Kommissionspräsidenten unterlegene Minderheit vor dem Hintergrund des Fehlens einer europäischen Identität mit einer solchen Politisierung leben könnte.[87] Schließlich würde die Direktwahl eines „Europäischen Präsidenten" bei den Unionsbürgern mit einer gewissen Berechtigung die Erwartung erzeugen, daß diese Person nun auch tatsächlich die „Richtlinien" der europäischen Politik vorgeben und die für ihre Umsetzung maßgeblichen Grundentscheidungen treffen sollte – eine Erwartung, die angesichts der gegenwärtigen Kompetenzausstattung der Kommission und der allgemeinen Machtverteilung im Unionssystem nur enttäuscht werden könnte.

Eine gewissermaßen abgeschwächte Form der Direktwahlidee findet sich in dem Vorschlag, die Kommission dann wenigstens in Zukunft durch das Europäische Parlament wählen zu lassen und ihr auf diese Weise eine etwas unmittelbarere demokratische Legitimation zu verschaffen.[88] Dabei handelt es sich aber eigentlich schon nicht mehr um ein direktdemokratisches Element, sondern eher um einen Bestandteil der oben behandelten Strategie zur „Vollparlamentarisierung" der Union. Der Vorschlag begegnet daher im Prinzip den bei dieser Gelegenheit bereits erörterten Bedenken. Abgesehen davon birgt er aber auch in anderer Hinsicht noch politischen Sprengstoff[89]: Eine Wahl der Kommission durch die Parlamentsmehrheit würde zu einer Identifikation dieser Mehrheit mit „ihrer" Kommission und damit zur Herausbildung einer scharfen Trennlinie innerhalb des Parlaments führen, wie sie aus allen parlamentarischen Regierungssystemen zwischen Regierung und Opposition bekannt ist. Mit dieser Entwicklung würden ferner die typischen Zwänge zur Bildung von Koalitionen und Aushandlung von Kompromissen im Parlament einhergehen, die zu parteipolitischer Profilierung, strategisch gelenkten Parlamentsabstimmungen und in der Folge zu einem entsprechenden Wahlverhalten der Bürger führen.[90] Das mag eine unvermeidliche und aufgrund der dadurch entstehenden Parallelität zu den mitgliedstaatlichen Systemen teilweise sogar erwünschte Folge der parlamentarischen Demokratisierungsstrategie sein; was jedoch bedenklich stimmt, ist die Befürchtung, daß das Europäische Parlament seine gerade erst mühsam erkämpfte Bedeutung als Gesetzgeber wieder einbüßen würde. Denn in einem System, in dem die Exekutive aus dem Parlament hervorgeht und die parlamentarische Mehrheit sich damit zur Loyalität gegenüber „ihrer" Regierung verpflichtet sieht, findet eine Korrektur der gesetzgeberischen Initiativen der Regierung durch das Parlament nur noch in begrenztem Maße statt. Die seit der Einführung des Mitentscheidungsverfahrens gewonnenen Erfahrungen mit der europäischen Rechtset-

87 *Höreth*, Demokratiedefizit (Fn. 18), S. 11 (30 ff.).

88 So z.B. *Calliess / Ruffert,* Perspektivische Einführung (Fn. 47), S. 542 (549).

89 *Schmidtchen*, Demokratiedefizit (Fn. 20), S. 1 (14).

90 *Schmidtchen*, Demokratiedefizit (Fn. 20), S. 1 (15).

zung zeigen dagegen, daß gerade angesichts des fortbestehenden Initiativmonopols der Kommission die intensive Wahrnehmung der gesetzgeberischen Entscheidungsfunktionen durch das Europäische Parlament ein wesentliches Korrektiv im europäischen Rechtsetzungsprozeß darstellt. Dieses Korrektiv sollte nicht vorschnell aufgegeben werden; seine Fortexistenz setzt jedoch eine weitgehende *wechselseitige Unabhängigkeit* von Kommission und Parlament voraus.

5. Verbesserung der Output-Legitimität

In Anbetracht der dargelegten Unzulänglichkeiten aller für die Verbesserung der Input-Legitimität zur Verfügung stehenden Optionen kann es nicht verwundern, daß zahlreiche Autoren einem Festhalten an den klassischen anderen Legitimationsmechanismen der Europäischen Union und ihrem Ausbau das Wort reden, namentlich einer Steigerung der Output-Legitimität. Dieses Konzept, das wie zu Beginn vorgestellt ursprünglich sogar als allein hinreichende Legitimationsgrundlage angesehen wurde, fragt danach, wie man in einem Zweckverband Demokratie und Handlungseffizienz miteinander versöhnen kann,[91] und stellt auf die Qualität von Regierungs- und Herrschaftshandeln als Legitimationsschwerpunkt ab. Die Union würde also weiterhin nach ihrer Leistung als „Problemlösungsgemeinschaft“ bemessen, wobei auch die Friedenssicherung nach innen und außen eine öffentliche Leistung darstellt.[92]

Der gängigste Vorschlag zur Verbesserung der so definierten Output-Legitimität sieht wiederum eine Ergänzung der europäischen Entscheidungsprozesse durch direktdemokratische Elemente vor. Anders als bei den im vorigen Abschnitt erörterten Ideen geht es dabei jedoch nicht um die direkte Einbindung der Bürger in Sach- oder Personalentscheidungen, sondern vielmehr um die Etablierung eines Systems von *Vetorechten*.[93] Damit soll es bestimmten Akteuren unterhalb der eigentlichen europäischen Regierungsebene ermöglicht werden, anstehende europäische Entscheidungen durch ein Veto zu blockieren und so die Rechtsfolge herbeizuführen, daß die entsprechenden Angelegenheiten auf der nationalen Ebene verbleiben und dort bzw. im Wege intergouvernementaler Kooperation gelöst werden müssen.[94] Der Zweck einer entsprechenden Reform würde darin bestehen, ähnlich wie bei dem in zahlreichen internationalen Organisationen gebräuchlichen „consensus“-

91 *Schmidtchen*, Demokratiedefizit (Fn. 20), S. 1 (17).

92 *Schmidtchen*, Demokratiedefizit (Fn. 20), S. 1 (18).

93 *Janowski*, Demokratie in der EU (Fn. 12), S. 793 (799); *H. Abromeit*, Democracy in Europe. Legitimising Politics in a Non-State Polity, 1998, S. 100 ff.; *B. Kohler-Koch*, Regieren in der Europäischen Union. Auf der Suche nach demokratischer Legitimität, APuZ 6 (2000), S. 30 (37).

94 *Janowski*, Demokratie in der EU (Fn. 12), S. 793 (799 ff.).

Verfahren unter Umgehung der Notwendigkeit zu proaktiver Zustimmung die Herstellung von Einstimmigkeit durch Schweigen zu erleichtern. Gleichzeitig verspricht man sich davon eine Reduzierung des „Demokratiedefizits" dergestalt, daß sich Akteure, die mit einem solchen Vetorecht ausgestattet sind, bei Nichtausübung dieses Vetorechts nicht mehr über eine mangelnde Berücksichtigung ihrer Positionen und Interessen beklagen können. Diskutiert werden in diesem Zusammenhang sowohl *„regionale"* Vetorechte, die den Mitgliedstaaten und eventuell sogar ihren Untereinheiten – wie den deutschen Bundesländern – zukommen sollen, als auch *„sektorale"*, d.h. themenspezifische, die von entsprechend spezifizierbaren Gruppen mit besonderen Interessen in diesem Sektor auszuüben wären, wobei die zu einem Veto erforderlichen Mehrheiten innerhalb der jeweiligen Vetogruppen von Vorschlag zu Vorschlag variieren.[95]

Unter grundsätzlichen Aspekten ist gegen alle diese Vorschläge nichts einzuwenden. Insbesondere gibt es kein demokratietheoretisches Gebot dergestalt, daß sich der Wille einer Bevölkerungsmehrheit immer durchsetzen müßte. Lediglich die Verleihung positiver Macht zur Schaffung von Gesetzen muß in einer Demokratie an den Mehrheitswillen gekoppelt bleiben, so daß es beispielsweise unzulässig wäre, europäische Rechtsetzungsakte gegen die Mehrheit der Unionsbevölkerung, wie sie politisch von den nationalen Parlamenten und Regierungen sowie von ihren Abgeordneten im Europäischen Parlament repräsentiert wird, zu ermöglichen.[96] Die hier zur Debatte stehende Option der Einräumung negativer Macht zur Verhinderung von Gesetzen an Minderheiten wird jedoch in zahlreichen demokratischen Systemen im Interesse eines wirksamen Minderheitenschutzes und im Bundesstaat außerdem zum Erhalt der Eigenstaatlichkeit der Länder hingenommen. Die gegen ein solches System von Vetorechten vorzubringenden Bedenken sind daher anderer Natur: Es würde das Blockadepotential und die Schwerfälligkeit der europäischen Entscheidungsprozesse weiter erhöhen und im Falle seiner Ausdehnung auf bereits ergangene Entscheidungen sogar den *„acquis communautaire"* der Union in Frage stellen.[97] Die Einführung „sektoraler" Vetorechte käme letztlich wieder nur den Vertretern organisierter Interessen zugute und begegnet folglich denselben Einwänden, wie sie oben bereits gegen das Konzept der „partizipativen" Demokratie vorgebracht wurden. Beschränkt man sich jedoch auf die Einräumung „regionaler" Vetorechte zugunsten spezifischer Minderheiten von Mitgliedstaaten, die diese Rechte dann intern nach unten weitergeben könnten, so ist nicht zu erkennen, worin der fundamentale Unterschied zu den qualifizierten Mehrheitserfordernissen liegen soll, die bereits heute für die europäischen Rechtsetzungsprozesse gelten.

95 *Janowski*, Demokratie in der EU (Fn. 12), S. 793 (800).
96 *Lorz*, Interorganrespekt (Fn. 26) S. 195 f.
97 So auch *Janowski*, Demokratie in der EU (Fn. 12), S. 793 (800).

III. Mechanismen demokratischer Kontrolle

In der derzeitigen rechtlichen Verfaßtheit der Europäischen Union besitzen die dargestellten Demokratie-Optionen unterschiedliche Gewichte. Während direktdemokratische Elemente – einschließlich der zur Verbesserung der Output-Legitimität diskutierten – dort bisher kaum vertreten sind und die faktische Bedeutung des „partizipativen“ Konzepts die Intensität seiner rechtlichen Ausgestaltung bei weitem übertrifft, spielen die beiden erstgenannten Modelle – die Weiterleitung von Legitimität und die repräsentativ-parlamentarische Demokratie – auf der Ebene des europäischen Gemeinschaftsrechts eine zentrale Rolle; man könnte fast sagen, das Gemeinschaftsrecht oszilliere insoweit zwischen diesen beiden Polen. Das kommt auch in den von ihm installierten demokratischen Kontrollmechanismen zum Ausdruck, die durchweg entweder dem einen oder dem anderen Konzept entlehnt sind.

Dabei läßt sich sogar eine relativ klare Aufgabenverteilung feststellen: Dem Europäischen Parlament ist in erster Linie die demokratische Kontrolle der Kommission zugedacht. Sein wichtigstes Instrument hierfür ist die Möglichkeit des Mißtrauensvotums nach Art. 234 AEUV (Art. 2 Nr. 188 LissV / Art. III–340 EVV). Ferner besitzt es gemäß Art. 230 AEUV[98] (Art. III–337 Abs. 2 EVV) das in allen parlamentarischen Systemen übliche Interpellationsrecht sowie nach Art. 226 AEUV (Art. III–333 EVV) die Möglichkeit zur Einsetzung nichtständiger Untersuchungsausschüsse. Abgerundet wird dieses Arsenal durch Art. 263 AEUV (Art. III–365 Abs. 2 EVV) ein seit Nizza verankertes umfassendes Klagerecht vor dem Europäischen Gerichtshof.[99]

Die parlamentarische Kontrolle des Rates soll demgegenüber nach wie vor weitgehend durch die mitgliedstaatlichen Parlamente wahrgenommen werden.[100] Für diesen Zweck ist in Amsterdam sogar ein eigenständiges Protokoll über die Rolle der einzelstaatlichen Parlamente in der Europäischen Union verabschiedet worden.[101] Das Problem hierbei stellt freilich die Tatsache dar, daß die Ausgestaltung dieser Kontrolle der jeweiligen mitgliedstaatlichen Verfassungsordnung überlassen bleibt und die Kontrolle damit nicht gegenüber dem Rat als Organ ausgeübt wird, sondern sich nur auf den jeweiligen mitgliedstaatlichen Regierungsvertreter erstrecken kann.[102]

98 Die in diesem Absatz weiter zitierten Artikel des EG-Vertrages werden durch den Vertrag von Lissabon keine Änderung erfahren und daher unverändert in den Vertrag über die Arbeitsweise der Europäischen Union Eingang finden.

99 Insges. hierzu etwa *Haratsch* (Fn. 4), S. 178 f. m.w.N.

100 *A. Bleckmann*, Chancen und Gefahren der europäischen Integration, JZ 1990, S. 301 (303).

101 ABl. EG 1997 Nr. C 340/113.

102 Vgl. etwa *F. L. Graf Stauffenberg / Ch. Langenfeld*, Maastricht – ein Fortschritt für Europa?, ZRP 1992, S. 252 (258).

Der Verfassungsentwurf des Konvents würde dies allerdings insoweit ändern, als nach den ihm beigefügten Protokollen über die Rolle der nationalen Parlamente in der Europäischen Union sowie über die Anwendung der Grundsätze der Subsidiarität und der Verhältnismäßigkeit nicht nur eine bessere Unterrichtung und Zusammenarbeit der mitgliedstaatlichen Parlamente vorgesehen ist, sondern diese vor allem auch die Möglichkeit erhalten sollen, direkt auf Gesetzgebungsvorschläge der Kommission einzuwirken und notfalls sogar gegen Gesetzgebungsakte vor dem Europäischen Gerichtshof zu klagen.

IV. Fazit

Die Europäische Union ist *kein Staat* und wird auf absehbare Zeit auch keiner werden. Sie ist ein Mosaik aus verschiedenen Nationen, die jeweils unterschiedliche Kulturen und Rechtsordnungen aufweisen. Es gibt daher keine Blaupause für ihre Demokratisierung, die man irgendeinem nationalen System entlehnen könnte.[103] Damit scheidet auch die Hoffnung auf einen „Königsweg" zur Erhöhung der demokratischen Qualität des europäischen Regierungssystems aus. Zudem verhindert das Fehlen einer kollektiven europäischen Identität jedenfalls in der Stärke, die nötig wäre, um den nationalen Identitäten ihren Vorrang im Bewußtsein der Unionsbürger streitig zu machen, daß die europäische Ebene zum alleinigen Bezugspunkt für die demokratische Rückkopplung ihrer Entscheidungen an den Willen der Bürger avancieren kann.[104] Das sogenannte „Demokratiedefizit" der Union ist insofern zu einem großen Teil den tatsächlichen Verhältnissen in Europa geschuldet und läßt sich nicht einfach „wegreformieren".[105]

Nach dieser Diagnose kann sich die demokratische Legitimation der Union ebenfalls nur mosaikhaft aus unterschiedlichen Elementen zusammensetzen. Daraus folgt, daß nur eine solche Reformstrategie Sinn ergibt, die sich aller im europäischen Regierungssystem bereits angelegter Elemente bedient und sie vorsichtig und punktuell weiter ausbaut, ohne sich der Illusion hinzugeben, man könne den gordischen Knoten des Demokratieproblems mit einem großen qualitativen „Verfassungssprung" durchschlagen. Konkret bedeutet das, daß die traditionellen europäischen Konzepte, die Union einerseits über eine Rückbindung an die demokratischen Mechanismen ihrer Mitgliedstaaten und andererseits über ihre tatsächliche Problemlösungsfähigkeit zu legitimieren, bis auf weiteres ihre Berechtigung behalten werden. Nichts

[103] *Schmidtchen*, Demokratiedefizit (Fn. 20), S. 1 (3).

[104] *S. Haack*, Europas doppelte Finalität, in: Die Europäische Verfassung – Verfassungen in Europa, 45. Assistententagung Öffentliches Recht, 2005, S. 91 (95).

[105] *Höreth*, Demokratiedefizit (Fn. 18), S. 11 (35).

anderes gilt für die Partizipation der organisierten Interessen an den europäischen Entscheidungsprozessen. Eine stärkere „Demokratisierung“ der europäischen Personalentscheidungen ist schon heute im Gange, indem die Mitgliedstaaten bei der Bestellung der Kommission deutlich mehr Rücksicht auf die Zusammensetzung und den politischen Willen des Europäischen Parlaments nehmen müssen; dieser Ansatz läßt sich durchaus noch weiter ausbauen. Schließlich spricht nichts dagegen, auch auf dem repräsentativ-parlamentarischen Weg weiter fortzufahren, insbesondere das Europäische Parlament in allen Bereichen zum gleichberechtigten Mitgesetzgeber neben dem Rat zu machen.

Vieles spricht dafür, daß sich die Europäische Union in einem Stadium des Übergangs befindet[106]. Vielleicht wird sich daraus am Ende sogar – regional auf ein „Kerneuropa“ begrenzt – ein echter Bundesstaat in Gestalt der „*Vereinigten Staaten von Europa*“ entwickeln;[107] andere mögen der Union eher nahelegen, ihre weitreichenden politischen Ambitionen aufzugeben und sich auf die Verwirklichung eines einheitlichen Wirtschaftsraumes zu beschränken. Aber wie auch immer das Projekt der europäischen Integration am Ende ausgehen wird: solange Europa nicht seine eigene Identität und die daraus folgende Gestalt gefunden hat, wird es auch keine endgültige Antwort auf das Demokratieproblem geben.

Grundlegende und vertiefende Literatur

Bogdandy, Armin von (Hrsg.):
Europäisches Verfassungsrecht. Theoretische und dogmatische Grundzüge, Berlin u.a. 2003.

Höreth, Marcus:
Das Demokratiedefizit lässt sich nicht wegreformieren. Über Sinn und Unsinn der europäischen Verfassungsdebatte, IPG 4/2002, S. 11 ff.

Huber, Peter M.:
Europäisches und nationales Verfassungsrecht, VVDStRL 60 (2001), S. 194 ff.

Janowski, Cordula:
Demokratie in der EU gemäß der EU-Verfassung, ZPol 15 (2005), S. 793 ff.

106 Vgl. dazu *S. Haack,* Der Begriff der Verfassung, EuR 2004, S. 785 (793).

107 Näher zu dieser Idee *R. A. Lorz*, Zurück in die Zukunft, Frankfurter Allgemeine Zeitung, 24.11.2004, S. 7; *ders.*, The Feasibility of a United States of Europe in an Enlarged European Union, The Federalist 2006, S. 197.

Kohler-Koch, Beate:
Regieren in der Europäischen Union. Auf der Suche nach demokratischer Legitimität, APuZ 6/2000, S. 30 ff.

Schmidt, Manfred:
Demokratietheorien. Eine Einführung, 2. Aufl., Wiesbaden 1997.

Wahl, Rainer:
Erklären staatstheoretische Begriffe die Europäische Union?, JZ 2005, S. 916 ff.

Dimitris Th. Tsatsos / Hans-Rüdiger Schmidt

D. Die europäischen politischen Parteien

I. Vorgeschichte

1. Schon seit den ersten Direktwahlen zum Europäischen Parlament im Jahre 1979 gab es immer wieder Bemühungen, eine europäische politische Landschaft herzustellen, da deren Fehlen für die kontinuierlich zurückgehende Wahlbeteiligung verantwortlich gemacht wurde.[1] 1991 ergriffen dann die Vorsitzenden der EVP, der Europäischen Sozialisten und der Liberalen die Initiative und forderten den Europäischen Rat, das Europäische Parlament und die Kommission auf, in den Vertrag von Maastricht einen Artikel über den Beitrag „europäischer Parteien" zur *politischen Konsens- und Willensbildung* aufzunehmen.[2] Auf Antrag des damaligen belgischen Premierministers und EVP-Vorsitzenden Martens wurde Art. 138 a EGV mit folgendem Wortlaut in den Vertrag aufgenommen: „Politische Parteien auf europäischer Ebene sind wichtig als Faktor der Integration in der Union. Sie tragen dazu bei, ein europäisches Bewusstsein herauszubilden und den politischen Willen der Bürger der Union zum Ausdruck zu bringen."

2. Zunächst ergingen keine weiteren Maßnahmen zur Konkretisierung, Ausführung oder Anwendung der Bestimmung. Welche Konsequenzen dieser Artikel daher praktisch mit sich brachte, war lange unklar und umstritten.[3]

3. Im Jahre 1996 hat sich dann das Europäische Parlament mit dem Phänomen der „europäischen politischen Parteien" auseinandergesetzt. Auf der Grundlage eines

[1] Schleicher-Bericht vom 3. Mai 2001 über den Vorschlag für eine Verordnung des Rates über die Satzung und die Finanzierung europäischer politischer Parteien, Dok. A5–0167/2001, S.17.

[2] *D. Th. Tsatsos*, Europäische politische Parteien? Erste Überlegungen zur Auslegung des Parteienartikels des Maastrichter Vertrages – Art. 138a EGV, EuGRZ 1994, 45 ff. (49) (auch abgedruckt in: Morlok / Schmidt / Stefanou (Hrsg.), Dimitris Th. Tsatsos: Verfassung – Parteien – Europa, Baden-Baden 1998/99, S. 621 ff.); *V. Neßler*, Deutsche und europäische Parteien, EuGRZ 1998, 191 (192) m.w.N.

[3] Siehe grundlegend und zur damaligen Auseinandersetzung in der rechtswissenschaftlichen Literatur: etwa *D. Th. Tsatsos*, Europäische politische Parteien? (Fn. 2), S. 45 ff. *C. Lange / C. Schütz*, Grundstrukturen der europäischen Parteien i.S.d Art. 138a EGV, EuGRZ 1996, 299 ff. jeweils m.w.N.

Berichtes des institutionellen Ausschusses (Berichterstatter: Dimitris Th. Tsatsos) wurde eine Entschließung über die „Konstitutionelle Stellung der europäischen politischen Parteien“ angenommen.[4] Der Bericht gab einen Überblick über die bis Ende 1996 unternommenen Anstrengungen, Politik auf europäischer Ebene zu organisieren und so eine wahrhaft europäische Debatte herzustellen und enthielt Richtlinien, wie eine zukünftige Satzung Grundfragen eines „Europäischen Parteiengesetzes“ zu lösen hat:[5]

a) Der Bericht führt im Einzelnen aus, welchen Rahmen der Art. 138 a EGV zieht und schlägt zur Konkretisierung zwei Rechtsakte vor: eine Rahmenverordnung über die *Rechtsstellung* europäischer politischer Parteien und eine Verordnung über die *finanzielle* Unterstützung europäischer politischer Parteien aus Haushaltsmitteln.

b) Das Europäische Parlament folgte mit großer Mehrheit den Ausführungen und Vorschlägen des Berichterstatters. Entgegen aller Erwartungen konnte die Entwicklung der europäischen politischen Parteien auch nach dem Tsatsos-Bericht kaum vorangebracht werden.

4. Erst nach den Europawahlen im Jahre 1999, mit ihrer enttäuschend geringen Wahlbeteiligung, begannen alle politischen Strömungen neu über die Rolle politischer Parteien auf europäischer Ebene nachzudenken.[6]

a) Das Europäische Parlament sprach sich diesbezüglich in seinen beiden Berichten zur Vorbereitung der Regierungskonferenz 2000 (Berichterstatter: Georgos Dimitrakopoulus und Jo Leinen), nachdrücklich für die Verabschiedung eines *Parteienstatuts* auf der Basis von Art. 191 EGV (ex Art 138a) aus.[7]

b) Die Kommission entsprach den Anregungen des Parlaments und Art. 191 EGV wurde im Vertrag von *Nizza*, unterzeichnet am 26.02.2001, wie folgt um einen zweiten Absatz ergänzt: „Der Rat legt gemäß dem Verfahren des Art. 251 die Re-

4 Abl. C 20 vom 20. Januar 1997, S. 20 u. 29; Bericht A4–342/96 auch abgedruckt in EuGRZ 1997, 77 ff.

5 Schleicher-Bericht (Fn. 1), S. 18; *H. Merten*, Europäische Parteien im Sinne von Art. 191 (ex Art. 138a) EGV, MIP 11. Jg. (2003), S. 40 (42); siehe auch *dies.*, Europäische Parteien im Sinne von Art. 191 EGV – Die Entwürfe für ein europäisches Parteienstatut und eine europäische Parteienfinanzierung, in: E. Busek / W. Hummer (Hrsg.), Internationaler, transnationaler und supranationaler Parlamentarismus, 2004, S. 359 ff.; *dies.*, Europäische politische Parteien. Die Entwürfe für ein europäisches Parteienstatut und eine europäische Finanzierung, in: D. Th. Tsatsos / E. Venizelos / X. I. Contiades (Hrsg.), Politische Parteien im 21. Jahrhundert, 2004, S. 95 ff.

6 Schleicher-Bericht (Fn. 1), S. 18; *H. Merten*, Europäische Parteien im Sinne von Art. 191 (ex Art. 138a) EGV, MIP 11. Jg. (2003), S. 40 (43).

7 Dok. A 5–0058/1999, Abl. C 189 vom 07.07.2000, S. 104 und 222 und A 5–0086/2000, Ziffer 8 der Entschließung, Abl. C 40 vom 07.02.2001, S. 58 und 411.

gelungen für die politischen Parteien auf europäischer Ebene und insbesondere die Vorschriften über ihre Finanzierung fest."

c) Am 19. Juni 2003 billigte daraufhin das Europäische Parlament erstmals eine *Verordnung*, die Mindestvorschriften über die Anerkennung europäischer politischer Parteien einschließlich auf Transparenz zielender Bestimmungen über deren Verwaltungs- und Finanzsysteme enthält („Parteienstatut").[8]

5. Im Zuge der Vertragsreform durch den *Lissabonner Vertrag* vom 13. Dezember 2007 wird der Wortlaut von Artikel 191 EGV, wie bereits durch den Entwurf einer Verfassung für Europa[9] vom 10. Juli 2003 bzw. den Verfassungsvertrag[10] vorgesehen, variiert und auf drei Artikel verteilt: Artikel 191 Absatz 1 Satz 2 EGV findet sich nunmehr mit lediglich stilistischen Änderungen in Artikel 10 Absatz 4 EUV (Art. I–46 Abs. 4 EVV) im Rahmen der Bestimmungen über die demokratischen Grundsätze der Union. Die Vorschrift wird ergänzt durch das Grundrecht der Versammlungs- und Vereinigungsfreiheit in Art. 12 GRCh. Artikel 12 Abs. 2 GRCh (Art. II–72 Abs. 2 EVV) stellt dabei fest, dass politische Parteien auf Unionsebene bei der Artikulierung des politischen Willens der Unionsbürger mitwirken. Artikel 191 Absatz 2 EGV entspricht nun dem Artikel 224 AEUV (Art. III–331 EVV). Artikel 191 Absatz 1 Satz 1 EGV ist hingegen entfallen. Der programmatische Charakter von Artikel 191 EGV wird dadurch verdünnt.[11]

8 Verordnung (EG) Nr. 2004/2003 des Europäischen Parlaments und des Rates vom 4. November 2003 über die Regelungen für die politischen Parteien auf europäischer Ebene und ihre Finanzierung, Abl. L 297 vom 15. November 2003. Zum Inhalt und zur Analyse der Verordnung siehe *H. Merten*, Verordnung über die Regelungen für die politischen Parteien auf europäischer Ebene und ihre Finanzierung, in: MIP, 12. Jg. (2004/2005), S. 45 ff.

9 Siehe dort Art. I–45 Abs. 4, Art. II–12 Abs. 2, Art. III–233 Konventsentwurf.

10 Siehe dort Art. I–46 Abs. 4 und Art. II–72 Abs. 2 EVV, s.a. Art. III–331 EVV hinsichtlich weiterer Regelungen betreffend die Parteien durch das EP.

11 *R. Bieber*, in: von der Groeben / Schwarze (Hrsg.), EGV, Artikel 191 EGV, Rn. 3. Siehe auch *S. Armbrecht*, Politische Parteien im Europäischen Verfassungsverbund, Baden-Baden 2008, S. 197, die zu dem Ergebnis kommt, dass eine Entwertung der europäischen Parteien nicht beabsichtigt war, eine Verdünnung des programmatischen Charakters nach Art. 191 EGV aber befürchtet.

II. Wie kann man und warum muss man europäische politische Parteien definieren?

1. Art. 10 Abs. 4 EUV (Art. 1 Nr. 12 LissV / Art. I–46 Abs. 4 EVV) beinhaltet keine Definition der „europäischen politischen Partei" und somit auch keine Basis, um ihm ein bestimmtes Parteienverständnisses abzugewinnen. Eine Möglichkeit der Begriffsbestimmung bietet allerdings das Statut. Der erste Anknüpfungspunkt für die Definition der „europäischen politischen Partei" ist dabei der Begriff „politische Partei" selbst.[12] Als „politische Partei" bezeichnet Artikel 2 Abs. 1 des Statuts eine *Vereinigung von Bürgern*, die politische Ziele verfolgt und die nach der Rechtsordnung mindestens *eines* Mitgliedstaates anerkannt ist oder in Übereinstimmung mit dieser Rechtsordnung gegründet wurde.

2. Berücksichtigt man, dass für die Anerkennung einer Partei im Sinne des Art. 10 Abs. 4 EUV durch Artikel 3 der Verordnung die Erfüllung der dort genannten kumulativen Kriterien gefordert wird, so lassen sich die „europäischen politischen Parteien" definieren als: Föderative Vereinigungen von nationalen oder regionalen Parteien aus mehreren Mitgliedsstaaten der Europäischen Union, die in ihren Orientierungen und Zielsetzungen übereinstimmen und sich zu einer ständigen Zusammenarbeit auf der Grundlage einer vereinbarten Satzung sowie eines von den zuständigen Organen verabschiedeten Programms zur Verwirklichung einer gemeinsamen Politik verpflichten.[13]

3. Die Legaldefinition der europäischen politischen Parteien dient auch der rechtsstaatlichen *Rechtssicherheit.* Die institutionellen Privilegien und der Anspruch auf Finanzierung durch den Haushalt der EU setzen die Klärung voraus, welche Kriterien eine europäische politische Vereinigung haben muss, um von den Parteiprivilegien und der Parteienfinanzierung Gebrauch machen zu dürfen.

[12] Vgl. allgemein zum Parteibegriff: *W. Wietschel*, Der Parteibegriff, Baden-Baden 1996. Zu gemeinsamen parteienrechtskulturellen Merkmalen in den Mitgliedstaaten s. bereits *D. Th. Tsatsos*, Zu einer gemeinsamen europäischen Parteienrechtskultur?, in: DÖV 1988, S. 1 ff.

[13] *T. Jansen*, Europäische Parteien, in: Weidenfeld (Hrsg.): Europa-Handbuch Bd. 1: Die Europäische Union, Politisches System und Politikbereiche, 2006, S. 166. Vgl. auch *G. Deinzer*, Europäische Parteien, Baden-Baden 1999.

III. Wozu braucht die EU die europäischen politischen Parteien?

1. Europäische Demokratie ist nicht denkbar ohne funktionierende europäische Parteien. Abgesehen von den europäischen Institutionen sowie einigen pro-europäischen Nichtregierungsorganisationen gibt es kaum Akteure, die Bürger über europäische Themen informieren und europaweite Debatten führen.[14] Ohne ein funktionierendes Parteiensystem ist eine starke und widerstandsfähige *Demokratie mit aktiver Bürgerbeteiligung* daher nicht denkbar.[15] Wie soll sich sonst der europäische Bürger auf europäischer Ebene effektiv artikulieren können?

2. Artikel 10 Absatz 4 EUV nach dem Lissaboner Vertrag legt fest: „Politische Parteien auf europäischer Ebene tragen zur Herausbildung eines europäischen politischen Bewusstseins und zum Ausdruck des Willens der Bürgerinnen und Bürger der Union bei.“ Durch Art. 10 Absatz 4 EUV wird somit auf europäischer Ebene anerkannt, dass Parteien immer noch unabdingbar für die Verwirklichung des Demokratieprinzips sind. Das Funktionsverständnis bestimmt sich überwiegend durch informelle Aspekte der Vermittlung einer Politik hin zum Bürger oder der Vermittlung eines politischen Willens des Bürgers hin zu den Entscheidungsträgern.[16]

3. Europäische Parteien sind eine Voraussetzung dafür, dem Demokratieprinzip *in der Praxis* zur Bewährung zu verhelfen. Parteien können ihre Funktionen aus einem *Vermittlungsmechanismus* zwischen Unionsbürgern und Hoheitsorganen der Europäischen Gemeinschaften herleiten. Dieser Vermittlungsmechanismus kann jedoch nur sinnvoll funktionieren, wenn eine – möglichst mitgliedstaatenübergreifende – politische Auseinandersetzung erfolgt. Diese wiederum funktioniert, das hat die Politikwissenschaft nachgewiesen, am besten durch Polarisierung.[17] Diese Aufgabe ist durch europäische Parteien am besten zu lösen.[18]

14 *J. Leinen*, Europäische Parteien, integration 3/2006.

15 Tsatsos-Bericht (Fn. 4); siehe auch EuGRZ 1997, S. 78.

16 Vgl. *D. Th. Tsatsos / G. Deinzer*, Keine Europäische Integration ohne Europäische Politische Parteien, in: Tsatsos / Deinzer (Hrsg.), Europäische Politische Parteien, 1998, S. 13 ff. (21).

17 *Ph. Steinberg*, Governance und Parteien – Politisierung als Möglichkeit größerer bürgerschaftlicher Identifikation – ein Kommentar zum Weißbuch Europäisches Regieren, Jean Monnet Working Paper No. 6/01 http://centers.law.nyu.edu/jeanmonnet/papers/01/010601.html, m.w.N., S. 4.

18 Vertiefend siehe *D. Th. Tsatsos*, Ist die Europäische Unionsgrundordnung für die Tätigkeit politischer Parteien ungeeignet? – Zugleich ein Beitrag zur Auslegung des Art. 191 EGV, in: Hufen (Hrsg.), FS für H.-P. Schneider, 2008, S. 236 ff., insbes. S. 248 ff.

IV. Institutionelle Vorgaben über die europäischen politischen Parteien durch das Statut

Mit Erlass des Parteienstatuts werden erstmalig gewisse *Mindestanforderungen* an eine europäische politische Partei formuliert.

So gehört gem. Art. 3 c) und d) neben dem Bekenntnis zu den Grundsätzen der Demokratie und Rechtsstaatlichkeit, die demokratische Wahl der Führungsgremien, die Beschäftigung mit europäischen Themen, die Teilnahme an den Wahlen zum Europäischen Parlament oder eine entsprechende Absichtserklärung zu den Anforderungen.

Des Weiteren muss nach Art. 3 a) und b) eine Partei Rechtspersönlichkeit in dem Mitgliedstaat besitzen, in dem sie ihren Sitz hat, und sie muss in mindestens einem Viertel der Mitgliedstaaten durch Mitglieder des Europäischen Parlaments oder durch Abgeordnete in den nationalen oder regionalen Parlamenten vertreten sein oder mindestens in einem Viertel der Mitgliedstaaten bei der letzten Europawahl einen Stimmenanteil von mindestens 3 % in einem Viertel der Mitgliedstaaten erlangt haben.

Diesen Kriterien entsprechen Ende 2008 zehn Gruppierungen: Sozialdemokratische Partei Europas, Kürzel: SPE (dt.) / PES (engl.); Europäische Volkspartei, EVP (dt.) / EPP (engl.); Europäische Liberale und Demokratische Reform-Partei, ELDR (dt. u. engl.); Europäische Grüne Partei, EGP (dt. u. engl.); Europäische Freie Allianz, EFA (dt. u. engl.); Europäische Linke, EL (dt. u. engl.); Europäische Demokratische Partei, EDP (dt. u. engl.); Allianz für ein Europa der Nationen, AEN (dt. u. eng.); EUDemokraten – Allianz für ein Europa der Demokratien, EUD (dt. u. engl.); Allianz der Unabhängigen Demokraten in Europa, AIDE (engl.).[19]

V. Können auch einzelne Bürger Mitglieder einer europäischen politischen Partei sein?

1. Von einem begrifflichen und historischen Ausgangspunkt aus betrachtet, würde man die Mitgliedschaft *natürlicher Personen* in einer Partei voraussetzen. Denn gerade die unmittelbare Teilnahme der Bürger an den Parteigremien begründet die funktionale Unverzichtbarkeit der Parteien für die repräsentative Demokratie.[20] Diese *legitimiert* nicht nur die Handlungen der Parteiorgane, sondern auch der

[19] *J. Mittag*, Europäische Parteien im Wandel, in: APuZ 23–24/2009, S. 42 ff. (44).

[20] *T. Papadopoulou*, Politische Parteien auf europäischer Ebene, 1999, S. 99.

Staatsorgane. Im Gegensatz dazu kennen die europäischen Parteienzusammenschlüsse grundsätzlich keine Möglichkeit individueller Mitgliedschaft; sie bestehen aus nationalen Parteien, die als solche Mitglieder sind. Sie sind also keine Personenvereinigungen, sondern Parteienparteien.[21]

2. Die EVP hatte zunächst eine weiter gefasste Möglichkeit für Bürger vorgesehen, direktes Mitglied der EVP zu werden.[22] Allerdings waren die „individuellen Mitglieder" zahlenmäßig wenige und besaßen keine Stimmrechte.[23] Individuelle Mitglieder kennt auch die EVP heute nur noch insoweit, als „alle auf einer Liste einer Mitgliedspartei gewählten Mitglieder der EVP-ED-Fraktion im Europäischen Parlament von Amts wegen auch Mitglied der Vereinigung" sind (Art. 5 Abs. 4 EVP-Satzung vom 31. März 2006). Weitere Mitglieder des Europaparlaments können ebenfalls indivduelle Mitglieder der EVP werden. Entsprechend endet die Mitgliedschaft eines individuellen Mitgliedes automatisch, wenn es nicht mehr Mitglied des EP ist (Art. 9 EVP-Satzung). Die individuellen Mitglieder der EVP nach Art. 5 Abs. 4 der Satzung sind nach der Geschäftsordnung der EVP vom 8. Juni 2006 Mitglieder des EVP-Kongresses. Sogenannte „sympathisierende Mitglieder" werden als Gäste zum Kongress eingeladen. Der Status eines sympathisierenden Mitgliedes kann vom Vorstand der EVP „auch anderen Personen und Vereinigungen" gewährt werden. Diese Mitglieder haben nicht dieselben Rechte wie die in Art. 5 der Satzung genannten Mitglieder, können aber vom Präsidenten zu Sitzungen bestimmter Organe oder Ausschüsse der Vereinigung eingeladen werden (EVP-Geschäftsordnung, unter XIII.).

3. Die europäischen *Parteienparteien* stellen also einen neuen Typus von Partei dar, oder anders ausgedrückt, mit diesen erhält der Begriff „Partei" einen neuen Sinn oder mindestens eine neue Verwendung gegenüber demjenigen, der traditionell politisch und rechtlich verfestigt gewesen ist.[24] Jedoch ist eine Entwicklung hin zu

21 Dazu s. bereits C. Lange / C. Schütz, Grundstrukturen des Rechts der europäischen politischen Parteien i.S.d. Art. 138a EGV, in: EuGRZ 1996, S. 299. Siehe auch *J. Mittag*, Transnationale Parteienkooperation in Europa, in: IEV-Online 2009, Nr. 1 (www.fernuni-hagen.de/iev/MittagIEVOnline2009Nr.1pdf).

22 Art. 6 der inzwischen geänderten EVP-Satzung: „Personen, die in besonderer Weise die EVP unterstützen oder sich an der Arbeit der EVP beteiligen wollen, können den Status eines individuellen Mitglieds erwerben. Sie sollten in der Regel einer Mitgliedspartei angehören; jedenfalls bedarf ihre Aufnahme der Zustimmung der hinsichtlich des Wohnsitzes oder der Staatsangehörigkeit zuständigen Mitgliedspartei. Ihre Mitwirkungsrechte in den Gremien regelt die Geschäftsordnung."

23 Buchst. B Ziff. 2 der inzwischen geänderten EVP-Geschäftsordnung: „Individuelle Mitglieder und Förderer können als Gäste (ohne Rede- und Stimmrecht) am Kongress teilnehmen. Der Präsident kann ihnen das Wort erteilen."

24 *T. Papadopoulou*, Politische Parteien (Fn. 20), S. 100.

einer Öffnung der europäischen Parteien für individuelle Mitgliedschaften von Bürgern nicht ausgeschlossen. Es bleibt den Parteien innerhalb eines weiten Rahmens selbst überlassen, sich in Abhängigkeit von weiteren Integrationsschritten der Europäischen Union funktionsadäquat zu organisieren.

VI. Rechte der Mitglieder einer europäischen politischen Partei

1. Angesichts der heutigen Struktur der Europäischen Politischen Parteien als Parteienparteien erweist sich zunächst die Frage als interessant, ob den nationalen Parteien ein Recht auf Aufnahme in eine europäische politische Partei zusteht oder ob im Gegenteil das Recht der europäischen politischen Partei, ihre Mitglieder auszuwählen, den Vorrang erlangt.[25] Für die Auffassung, es bestehe ein Recht der nationalen Parteien, in eine europäische politische Partei aufgenommen zu werden, spricht die Tatsache, dass durch die Einordnung in eine große politische *Parteienfamilie* die Durchsetzung der partiellen Parteiinteressen und die ebenfalls vertretenen nationalen Interessen sowie die Besetzung wichtiger Ämter, insbesondere im Europäischen Parlament, durch die eigenen Parteifunktionäre bzw. Abgeordneten erleichtert, wenn nicht sogar ermöglicht wird.[26]

2. Konstitutiv für die parteiinterne Auseinandersetzung ist zudem die Freiheit der Meinungsbildung und Meinungsäußerung der Mitglieder.[27] Ohne diese Freiheit der Mitglieder ist die Mittlerfunktion der Parteien nicht denkbar.

3. Unabdingbar erscheint auch das Recht der Mitglieder, unabhängig davon, ob diese natürlichen Personen oder politische Parteien sind, bei politischen Entscheidungen mitzuwirken, das innerparteiliche Leben mitzugestalten, innerparteiliche Ämter anzunehmen oder sie zu wählen.[28]

4. Die inhaltliche Mitbestimmung in den Gremien der europäischen Parteien erlangt insbesondere für die nationalen Untergliederungen oder Parteien, die nicht im Europäischen Parlament vertreten sind, eine besondere Bedeutung.[29]

25 *T. Papadopoulou*, Politische Parteien (Fn. 20), S. 233. Hinsichtlich grundsätzlicher Erwägungen zum Aufnahmeanspruch in politische Parteien siehe *U. Stoklossa*, Der Zugang zu den politischen Parteien im Spannungsfeld zwischen Vereinsautonomie und Parteienstaat, 1989.
26 *T. Papadopoulou*, Politische Parteien (Fn. 20), S. 233.
27 *D. Th. Tsatsos / M. Morlok*, Parteienrecht, 1982, S. 52.
28 *T. Papadopoulou*, Politische Parteien (Fn. 20), S. 234.
29 *G. Jasmut*, Die politischen Parteien und die europäische Integration, 1995, S. 230.

5. Unabdingbare Voraussetzung für die Ausübung des Mitwirkungsrechts ist das Recht der Mitglieder auf Zugang zu Informationen über die Tätigkeit und die Finanzen der Parteien.[30]

6. Die Mitwirkung sollte im Falle einer individuellen Mitgliedschaft nach dem Prinzip der Gleichheit erfolgen. Im heutigen konföderativen Modell der europäischen politischen Parteien stellt sich dringend die Frage, wie das Prinzip der Gleichheit der Mitglieder abgewandelt werden kann, um auch unter Berücksichtigung des konföderativen Charakters dieser Parteien dem Demokratieprinzip gerecht zu werden.[31] Angesichts der Tatsache, dass die Parteien einerseits als souveräne Parteien in die europäischen politischen Parteien eintreten und infolgedessen „ein Stück nationaler Souveränität" in sich tragen, was für ihre Gleichwertigkeit spricht, andererseits einen quantitativ unterschiedlichen Hintergrund von Parteimitgliedern haben, was aufgrund demokratischer Grundsätze eine Differenzierung ihres Gewichts erlauben würde, bleibt zu untersuchen, inwiefern ihre Gleichheit gegen eine Proportionalität abzuwägen wäre.[32]

VII. Zur Zulässigkeit europafeindlicher europäischer politischer Parteien

1. Nach Art. 191 EGV sollten die Bürger Europas durch die europäischen politischen Parteien zur Mitwirkung an der Integration in die Lage versetzt und ermutigt werden. *Das konnte allerdings nicht als inhaltliche Determinierung der europabezogenen Parteipolitik verstanden*[33] *werden.* Auch die Bekämpfung der weiteren Integration oder die Auflockerung der institutionellen Festigkeit der Gemeinschaft könnte ein legitimes Ziel einer europäischen politischen Partei sein.[34]

2. Gerade im Rahmen einer freiheitlichen demokratischen Ordnung würde es eine unangemessene und geradezu system- und europarechtswidrige Beschränkung der Parteifreiheit darstellen, die kritische oder negative Stellung einer europäischen politischen Partei zur Integration zu verbieten.[35] Dies würde den Versuch bedeuten,

30 *T. Papadopoulou*, Politische Parteien (Fn. 20), S. 234.

31 *T. Papadopoulou*, Politische Parteien (Fn. 20), S. 235.

32 *T. Papadopoulou*, Politische Parteien (Fn. 20), S. 235.

33 So auch das BVerfG, das nicht zu erkennen vermag, „warum die Anerkennung der politischen Parteien als Faktor der Integration in der Union Programmatik und Zielsetzung für eine einzelne Partei oder deren Mitglieder rechtsverbindlich vorgeben oder einschränken sollte", BVerfG, EuGRZ 1993, 429 (436).

34 *D. Th. Tsatsos*, Europäische politische Parteien? (Fn. 3), S. 49.

35 *T. Papadopoulou*, Politische Parteien (Fn. 20), S. 147.

die Einstellung europäischer Bürger zur Integration nicht durch Überzeugungskraft und nicht durch politische Arbeit, sondern durch rechtliche Verbote zu erzwingen. Das gilt natürlich umso mehr, als mit dem Wegfall von Art. 191 Absatz 1 Satz 1 EGV („Faktor der Integration") nunmehr der Beitrag der europäischen politischen Parteien zur Willensbildung der Unionsbürger im Vordergrund steht (S. Art. 10 Abs. 4 EUV) und somit – vielleicht noch unmissverständlicher – auch „anti-europäische" Bestrebungen zum Ausdruck gebracht werden können.

VIII. Die Finanzierung der europäischen politischen Parteien

1. Bis 2003 gab es in der EU keine eigenständige Finanzierung für die Parteienzusammenschlüsse auf europäischer Ebene. Bis dahin war es gängige Praxis, die Parteien aus den *Fraktionsgeldern* des EU-Parlaments mitzutragen. Um die Finanzierung der europäischen politischen Parteien auf eine *rechtliche Grundlage* zu stellen und vor allem die *Transparenz* zu gewährleisten, hat das EP und der Rat auf Grundlage von Art. 191 Abs. 2 EGV und in dem dort vorgesehenen Mitentscheidungsverfahren die Verordnung (EG) Nr. 2004/2003 vom 04. November 2003 über die Regelungen für die politischen Parteien auf europäischer Ebene und ihre Finanzierung[36] erlassen (vgl. bereits oben D. I. 4.). Art. 4 bis 10 der Verordnung enthalten die Regelungen über die Parteienfinanzierung.

2. Gem. Art. 4 der VO ist von der „politischen Partei auf europäischer Ebene" jährlich ein *Antrag* beim EP zu stellen, um Mittel aus dem *Gesamthaushalt der Europäischen Union* zu erhalten. Nach Art. 5 Abs. 1 VO prüft das EP regelmäßig nach, ob die politischen Parteien auf europäischer Ebene die in Art. 3 VO genannten Voraussetzungen hinsichtlich der Begrifflichkeit weiterhin erfüllen. Über die genaue Höhe der vom EU-Haushalt auszukehrenden Mittel ist dann nach dem Haushaltsverfahren zu entscheiden, Art. 9 Abs. 1.

3. Die verfügbaren Mittel werden laut Art. 10 Abs. 1 jährlich unter den politischen Parteien verteilt. Dabei werden 15 Prozent zu gleichen Teilen aufgeteilt und 85 Prozent unter denjenigen, die durch gewählte Mitglieder im EP vertreten sind (im Verhältnis zur Zahl ihrer gewählten Mitglieder). Um EU-Gelder zu erhalten, muss die politische Partei auf europäischer Ebene in mindestens einem Viertel der Mitgliedstaaten erfolgreich sein (vgl. Art. 3 lit. b).

4. Nach Art. 10 Absatz 2 darf dabei die Finanzierung aus dem Gesamthaushaltsplan der Europäischen Union 75 Prozent des Budgets einer politischen Partei auf europäischer Ebene nicht überschreiten.

[36] Amtsblatt der Europäischen Union, L 297/1, 15.11.2003. Siehe dazu *Merten* (Fn. 8).

Rechnerisch ergibt sich daraus folglich ein Eigenmittelanteil von 25 Prozent. Wie diese Eigenmittel finanziert werden, bleibt in der Verordnung unklar.[37]

5. Wie die aus dem Haushalt der EU gewährten Mittel verwendet werden dürfen, ergibt sich aus Art. 8. Danach sind lediglich Ausgaben erlaubt, die unmittelbar mit den Zielen zusammenhängen, die in dem in Art. 4 Abs. 2 lit. b. genannten politischen Programm aufgeführt sind.

6. Nach Art. 6 haben die Parteien jährlich eine Einnahmen- und Ausgabenrechnung sowie eine Aufstellung der Aktiva und Passiva (lit. a) sowie des Weiteren ein Spendenverzeichnis (lit. b) vorzulegen, in dem die Spender ab einem Spendenvolumen > 500 Euro aufzuführen sind. Art. 6 lit. c enthält einen Tatbestandskanon, für Spenden, die nicht angenommen werden dürfen.

7. Schließlich enthält die Verordnung in Art. 7 ein Verbot für politische Parteien auf europäischer Ebene, andere politische Parteien und insbesondere nationale politische Parteien zu finanzieren.

Grundlegende und vertiefende Literatur

Armbrecht, Stefanie:
Politische Parteien im europäischen Verfassungsverbund, Baden-Baden 2008.

Deinzer, Gerold:
Europäische Parteien, Baden-Baden 1999.

Kersten, Jens / Rixen, Stephan (Hrsg.):
Parteiengesetz (PartG) und europäisches Parteienrecht, Kommentar, Stuttgart 2009.

Mittag, Jürgen (Hrsg.):
Politische Parteien und europäische Integration, Essen 2006.

Papadopoulou, Triantafyllia:
Politische Parteien auf europäischer Ebene, Baden-Baden 1999.

Stentzel, Rainer:
Integrationsziel Parteiendemokratie, Baden-Baden 2002.

Tsatsos, Dimitris Th. / Deinzer, Gerold (Hrsg.):
Europäische Politische Parteien, Baden-Baden 1998.

37 Dazu: *H. H.* v. *Arnim / M. Schurig*, Die EU-Verordnung über die Parteienfinanzierung, 2004, S. 45 ff.

Stefan Huster

E. Die soziale Dimension Europas

I. Die EU und das Soziale

Das Verhältnis der EU zum Sozialen ist ambivalent und spannungsreich. Auf der einen Seite betrachten die Mitgliedstaaten die Gestaltung der sozialstaatlichen Ordnungen als ihre ursprüngliche und bleibende Aufgabe. In kaum einem anderen relevanten Politikbereich sind daher in so geringem Umfang Kompetenzen an die EU übertragen worden; und soweit dies doch geschehen ist, setzt deren Wahrnehmung weithin einstimmige Entscheidungen voraus. Diese Situation hat gewiss historische Ursachen, weil sozialbezogene Elemente im europäischen Recht lange Zeit nur als flankierende Faktoren der binnenmarktbezogenen Rechtsetzung verstanden wurden.[1] Es gibt für diese marginale Rolle des Sozialen aber auch systematische Gründe. In keinem Politikbereich sind die Vorstellungen und Interessen der Mitgliedstaaten so uneinheitlich: Während die rechtsstaatlichen, demokratischen und wirtschaftlichen Ordnungen in den Mitgliedstaaten doch weithin übereinstimmende Grundzüge aufweisen, steht die EU auf dem Feld der sozialen Sicherung vor einer Vielzahl unterschiedlicher Strukturen, Sicherungsniveaus und sozialpolitischer Ordnungsvorstellungen.[2] Zudem setzt der auf Umverteilung und positive Pflichten angelegte und angewiesene Sozialstaat eine besondere Verbundenheit der Bürger voraus, die traditionellerweise durch die nationalstaatliche Zusammengehörigkeit gestiftet wird. Auch deshalb ist eine EU als Sozialstaat mit einem eigenen System sozialer Leistungen, das eine Solidarität von Stockholm bis Lissabon – und nun auch bis Vilnius und Bukarest – einfordert,[3] beim gegenwärtigen Stand der Integration eine Vorstellung jenseits der politischen Realitäten.

1 Vgl. *B. Schulte*, Europäische Sozialpolitik nach der Erweiterung und nach dem Verfassungsvertrag: eine Zwischenbilanz, ZFSH / SGB 2005, S. 643, 645.

2 Zur Systematisierung vgl. grundlegend *G. Esping-Andersen*, The three Worlds of Welfare Capitalism, 1990. Rechtsvergleichend vgl. R. Hofmann u.a. (Hrsg.), Armut und Verfassung. Sozialstaatlichkeit im europäischen Vergleich, 1998.

3 Vgl. *J. Habermas*, Die postnationale Konstellation und die Zukunft der Demokratie, in: ders., Die postnationale Konstellation, 1998, S. 91, 150: „Die bislang auf den Nationalstaat beschränkte staatsbürgerliche Solidarität muss sich auf die Bürger der Union derart

Auf der anderen Seite ist diese periphere Bedeutung des Sozialen auch eine Gefahr für die Legitimation der EU. Die enorm angewachsenen wirtschaftsrechtlichen Kompetenzen der EU setzen die mitgliedstaatlichen Sicherungssysteme unter einen Veränderungs- und Anpassungsdruck und schleifen nationale Besonderheiten ab. Von den Bürgern wird daher die EU vielfach als Teil der Bedrohung nationaler Wohlfahrtsstaatlichkeit durch Prozesse der Internationalisierung und Globalisierung wahrgenommen.[4] Das Scheitern des Verfassungsvertrages in Frankreich und den Niederlanden mag viele – auch sachfremde – Gründe gehabt haben; nach Meinung aller Beobachter gehörte aber auch zu diesen Gründen, dass die Bürger die EU als Protagonisten einer Liberalisierungsbewegung ansahen, die gewachsene sozialstaatliche Strukturen zerstört, ohne eine Kompensation anbieten zu können.[5] Verschärft wurde dieser Eindruck durch den Beitritt der mittel- und osteuropäischen Staaten:[6] Lohn- und Sicherungsniveaus schienen durch einen intensivierten europaweiten Wettbewerb um die günstigsten Standortbedingungen und die niedrigsten Produktionskosten weiter unter Druck zu geraten.

Nun mag die geschilderte Wahrnehmung in mancherlei Hinsicht unfair sein; so ist zu vermuten, dass die vielbeschworene Gefahr des „Sozialdumpings" sehr viel größer gewesen wäre, wenn die mittel- und osteuropäischen Staaten nicht durch den Beitritt verpflichtet gewesen wären, den *acquis communautaire* auch in sozialer Hinsicht zu übernehmen.[7] Trotzdem ist nicht zu bestreiten, dass positive und negative Integration auseinander zu laufen drohen: Die Beseitigung nationaler Hindernisse für den freien Binnenmarkt durch die gemeinschaftliche Rechtsordnung und die Rechtsprechung des EuGH schreitet weiter voran und beschränkt in tatsächlicher und rechtlicher Hinsicht die sozialpolitischen Handlungsoptionen der Mitgliedstaaten, ohne dass die EU zu einer positiven Sozialpolitik in der Lage wäre.[8] In Deutsch-

ausdehnen, dass beispielsweise Schweden und Portugiesen bereit sind, *füreinander* einzustehen."

4 Vgl. dazu nur D. Döring (Hrsg.), Sozialstaat in der Globalisierung, 1999; C. Linzbach u.a. (Hrsg.), Globalisierung und Europäisches Sozialmodell, 2007; *E. Rieger / S. Leibfried*, Grundlagen der Globalisierung. Perspektiven des Wohlfahrtsstaates, 2001.

5 Zur Darstellung des Vorgangs vgl. nur *J. J. Hesse*, Vom Werden Europas, 2007, S. 155 ff.

6 Vgl. dazu F. Merli / S. Huster (Hrsg.), Die Verträge zur EU-Osterweiterung. Systematische Erläuterung, 2008.

7 Vgl. dazu *S. Huster / B. Wass*, Sozialpolitik und Beschäftigung, in: Merli / Huster (Fn. 6), Teil B IX.

8 Vgl. dazu grundlegend *F. W. Scharpf*, Negative and Positive Integration in the Political Economy of European Welfare States, in: Marks u.a. (Hrsg.), Governance in the European Union, 1996, S. 15 ff. Differenzierend aus rechtswissenschaftlicher Sicht zuletzt *W. Cremer*, Negative und positive Integration: Die Europäische Gemeinschaft als So-

land sind aufgrund dieser – wirklichen oder vermeintlichen – Gefährdung der Sozialstaatlichkeit vereinzelt sogar die verfassungsrechtlichen Grenzen der Integration angemahnt worden.[9]

Vor diesem Hintergrund sollen im Folgenden der Bestand der sozialbezogenen Regelungen des europäischen Rechts (II.) und dessen Veränderungen durch den Reformvertrag von Lissabon (III.) dargestellt werden, bevor ein Blick auf die Zukunft des Sozialen in Europa geworfen wird (IV.).

II. Der Bestand des europäischen Sozialrechts

Die Begriffe der Sozialpolitik und des Sozialrechts reichen in der Rechtsordnung der EU weiter als im deutschen Recht; sie umfassen insbesondere auch Regelungen, die nach nationalem Verständnis dem Arbeitsrecht zugerechnet werden.[10] Versteht man unter dem europäischen Sozialrecht diejenigen Vorschriften des Gemeinschaftsrechts, die sich auf das Sozialrecht im deutschen Verständnis (also die Systeme der sozialen Sicherheit und sozialen Hilfe, wie sie sich insbesondere im Sozialgesetzbuch finden), so lassen sich drei Rechtsschichten unterscheiden, die in unterschiedlicher Art und Weise und mit unterschiedlicher Intensität auf die nationalen Sozialrechtsordnungen einwirken: das koordinierende Freizügigkeits-Sozialrecht (1.), das harmonisierende originäre Sozialrecht (2.) und das Wettbewerbs-Sozialrecht (3.).[11]

1. Das Freizügigkeits-Sozialrecht

Der Kernbestand des europäischen Sozialrechts steht im Dienst der *Arbeitnehmerfreizügigkeit* (Art. 39 EGV): Es soll verhindern, dass die Inanspruchnahme des Freizügigkeitsrechts zum Verlust sozialrechtlicher Leistungsansprüche führt (vgl. Art. 42 EGV). Dieser Normkomplex – im Sekundärrecht insbesondere die VO (EWG) Nr. 1408/71 und 574/72, demnächst abgelöst durch die VO (EG) Nr. 883/2004 und eine neue Durchführungsverordnung – erfüllt damit die gleiche Funktion wie die traditionellen Sozialversicherungsabkommen. Die Ausgestaltung

zial- und Bildungsunion, in: Hatje / Huber (Hrsg.), Unionsbürgerschaft und soziale Rechte, 2007 (Europarecht, Beiheft 1/2007), S. 75 ff.

9 Vgl. *S. Broß*, Daseinsvorsorge – Wettbewerb – Gemeinschaftsrecht, JZ 2003, S. 874 ff.

10 Zum europäischen Arbeitsrecht vgl. nur die Darstellungen bei *P. Hanau / H.-D. Steinmeyer / R. Wank*, Handbuch des europäischen Arbeits- und Sozialrechts, 2002; *M. Schmidt*, Das Arbeitsrecht der Europäischen Gemeinschaft, 2001.

11 Diese Einteilung folgt *G. Haverkate / S. Huster*, Europäisches Sozialrecht, 1999. Zu Übersichten über den Rechtsbestand vgl. ferner *E. Eichenhofer*, Sozialrecht der Europäischen Union, 3. Aufl. 2006; M. Fuchs (Hrsg.), Europäisches Sozialrecht, 4. Aufl. 2005.

der Sozialrechtsordnungen liegt dabei nach wie vor in der Kompetenz der Mitgliedstaaten; das freizügigkeitsspezifische Recht wirkt auf das nationale Sozialrecht nur insoweit ein, als dies zur Herstellung der Freizügigkeit erforderlich ist: Es koordiniert die Sozialrechtsordnungen, harmonisiert sie aber nicht.

Allerdings hat sich dieser Normkomplex von dem engen Bezug zur Freizügigkeit der Arbeitnehmer inzwischen gelöst. So sind in das Koordinationsrecht weitere Personengruppen – etwa Studenten und Drittstaatler – einbezogen worden. Von Bedeutung ist insoweit ferner die Rechtsprechung des EuGH, die aus dem Diskriminierungsverbot (Art. 12 EGV) und dem mit der Unionsbürgerschaft (Art. 17 EGV) verbundenen Freizügigkeitsrecht (Art. 18 EGV) auch den nicht erwerbstätigen Unionsbürger den Zugang zu sozialen Leistungen in anderen Mitgliedstaaten eröffnet hat;[12] darin mag man einen ersten Ansatz für eine auch auf das Soziale ausgreifende „europäische Solidarität" erkennen.[13]

2. Das originäre Gemeinschafts-Sozialrecht

Eine eigene Sozialpolitik, die mit der Vergabe sozialer Leistungen verbunden ist, besteht – von dem Sonderfall des Europäischen Sozialfonds (Art. 146 ff. EGV) abgesehen[14] – auf europäischer Ebene nicht; insoweit ist die EU eine reine Rechtsgemeinschaft. Die Vorgaben des europäischen Rechts belassen die Ausgestaltung der

[12] Vgl. EuGH, Rs. C-85/96, Slg. 1998, I–2691; EuGH, Rs. C-184/99, Slg. 2001, I–6193; EuGH, Rs. C-224/98, Slg. 2002, I–6191; EuGH, Rs. C-138/02, Slg. 2004, I–2703; EuGH, Rs. C-456/02, Slg. 2004, I–7573; EuGH, Rs. C-209/03, Slg. 2005, I–2119; EuGH, Rs. C-258/04, Slg. 2005, I–8275; EuGH, Rs. C-406/04, Slg. 2006, I–6947; EuGH, Rs. C-192/05, Slg. 2006, I–10451; EuGH v. 23.10.2007, Rs. C-11 und 12/06.

[13] Vgl. zu dieser Rechtsprechung – teils sehr kritisch – *U. Becker*, Unionsbürgerschaft und soziale Rechte, ZESAR 2002, S. 8 ff.; *S. Bode*, Von der Freizügigkeit zur sozialen Gleichstellung aller Unionsbürger?, EuZW 2003, S. 552 ff.; *K.-D. Borchardt*, Der sozialrechtliche Gehalt der Unionsbürgerschaft, NJW 2000, S. 2057 ff.; *E. Eichenhofer*, Unionsbürgerschaft – Sozialbürgerschaft?, ZIAS 2003, S. 404 ff.; *K. Hailbronner*, Die Unionsbürgerschaft und das Ende rationaler Jurisprudenz durch den EuGH?, NJW 2004, S. 2185 ff.; *ders.*, Unionsbürgerschaft und Zugang zu den Sozialsystemen, JZ 2005, S. 1138 ff.; A. Hatje / P. M. Huber (Hrsg.), Unionsbürgerschaft und soziale Rechte, 2007 (Europarecht, Beiheft 1/2007); *R. Höfler*, Europa auf dem Weg zu einer sozialen Union?, NVwZ 2002, S. 1206 ff.; *I. Niemann*, Von der Unionsbürgerschaft zur Sozialunion, EuR 2004, S. 946 ff.; *F. Sander*, Die Unionsbürgerschaft als Türöffner zu mitgliedstaatlichen Sozialversicherungssystemen?, DVBl. 2005, S. 1014 ff.; *C. Schönberger*, Die Unionsbürgerschaft als Sozialbürgerschaft, ZAR 2006, S. 226 ff.; *J. M. Soria*, Die Unionsbürgerschaft und der Zugang zu sozialen Vergünstigungen, JZ 2002, S. 643 ff.; *K. Strick*, Ansprüche alter und neuer Unionsbürger auf Sozialhilfe und Arbeitslosengeld II, NJW 2005, S. 2182 ff.

[14] Vgl. dazu *Eichenhofer* (Fn. 11), Rn. 446 ff.

Sozialsysteme grundsätzlich in der Kompetenz der Mitgliedstaaten; eine Harmonisierung der nationalen Sicherungssysteme ist durch das Primärrecht nicht gedeckt, teils sogar ausdrücklich ausgeschlossen (vgl. zur Gesundheitsversorgung Art. 152 EGV). Auch die Sozialvorschriften der Art. 136 ff. EGV beschränken die Gemeinschaft weithin auf eine Unterstützungs- und Ergänzungsfunktion. Zudem verlangen sie in der Regel einstimmige Entscheidungen; dies lässt angesichts der Unterschiedlichkeit der sozialpolitischen Vorstellungen in den Mitgliedstaaten eine Rechtssetzung mit dem Ziel der Angleichung der nationalen Systeme unwahrscheinlich werden. Obwohl die sozialpolitischen Kompetenzen im Laufe der Zeit zugenommen haben,[15] sind die Handlungsmöglichkeiten der Gemeinschaft insoweit beschränkt geblieben.

Eine wichtige Ausnahme stellt insoweit das *Antidiskriminierungsrecht* dar, das sich auch auf die Gestaltung der Sozialsysteme auswirkt. Die Gleichstellung der Geschlechter (vgl. Art. 2, 3 Abs. 2 und 141 EGV) gehörte von Beginn an zu den Tätigkeitsfeldern der Gemeinschaft. Seit dem Vertrag von Amsterdam besitzt die Gemeinschaft nach Art. 13 EGV auch eine Regelungskompetenz für weitere Diskriminierungstatbestände.[16]

Aus der Not der beschränkten Kompetenzen hat die EU in den letzten Jahren eine Tugend gemacht, indem sie mit der *offenen Methode der Koordinierung* ein in anderen Politikbereichen bewährtes Verfahren auf die Sozialpolitik übertragen hat.[17] Bei der offenen Methode der Koordinierung handelt es sich um einen politischen Prozess, in dem sich die Mitgliedstaaten verpflichten, über ihre Systeme der sozialen Sicherheit zu berichten und diese Systeme anhand festgesetzter Indikatoren und Benchmarks zu evaluieren. Ob und inwieweit dieser Prozess zu einer Konvergenz der nationalen Systeme führen wird, ist eine offene Frage.

3. Das Wettbewerbs-Sozialrecht

Den Kern des problematischen Verhältnisses von negativer und positiver Integration berührt die Frage, ob und inwieweit das europäische Wirtschaftsrecht – und insoweit insbesondere die Grundfreiheiten und das Wettbewerbsrecht der Art. 81 ff. EGV – der sozialpolitischen Gestaltungsfreiheit der Mitgliedstaaten Schranken setzt. Da die

15 Zu einer knappen Zusammenfassung der Entwicklung vgl. *Schulte*, ZFSH / SGB 2005 (Fn. 1), S. 645 ff.

16 Zur Darstellung dieses Normenkomplexes und seiner sozialrechtlichen Bedeutung vgl. *Eichenhofer* (Fn. 11), Rn. 343 ff.

17 Vgl. dazu: Offene Methode der Koordinierung im Sozialrecht (SDSRV 53), 2005; *B. Schulte*, Die „offene Methode der Koordinierung“ (OMK) als politische Strategie in der Europäischen Sozialpolitik, Soz. Fortschritt 2005, S. 105 ff.

einschlägigen Vorschriften in der Regel nicht spezifisch sozialrechtlich ausgerichtet sind, ist hier die Rechtsprechung des EuGH von zentraler Bedeutung.

Dabei zeichnet sich (noch) kein einheitliches Bild ab: Während der EuGH die Grundfreiheiten gegenüber nationalen Beschränkungen der Inanspruchnahme von sozialen Dienstleistungen in anderen Mitgliedstaaten recht weitgehend zur Anwendung gebracht hat, ist die Rechtsprechung hinsichtlich der Unternehmenseigenschaft von Sozialversicherungsträgern und der Anwendung des Wettbewerbsrechts bisher deutlich zurückhaltender.[18] Weitere Themenfelder, in denen wettbewerbsrechtliche Einflussnahmen auf die Sozialordnungen diskutiert werden, sind etwa das Beihilfen-[19] und das Vergaberecht.[20] Dabei liegt der Rückgriff auf diese Regelungen umso

18 Aus der unübersehbaren Literatur vgl. nur umfassend *T. Kingreen*, Das Sozialstaatsprinzip im europäischen Verfassungsverbund, 2003.

19 Vgl. *U. Becker*, EU-Beihilfenrecht und soziale Dienstleistungen, NZS 2007, S. 167 ff.; *A. v. Boetticher*, Die frei-gemeinnützige Wohlfahrtspflege und das europäische Beihilferecht, 2003; *A. Hense*, Freie Wohlfahrtspflege im Konflikt mit europäischem Beihilferecht, in: FS Isensee, 2007, S. 1075 ff.; *Kingreen* (Fn. 18), S. 351 ff.; *ders.*, Das Gesundheitsrecht im Fokus von Grundfreiheiten, Kartell- und Beihilfenrecht, GesR 2006, S. 193 ff.; *J. Münder / A. v. Boetticher*, Auswirkungen des europäischen Beihilfenrechts auf die Finanzierung der Leistungserbringung im SGB VIII, SGB XI und im BSHG, ZESAR 2004, S. 15 ff.; *D. Nielandt*, Das SGB III als Konfliktfeld von Sozial- und Wettbewerbsrecht, 2006; *W. Schulz-Weidner*, Das europäische Beihilferecht und sein Einfluss auf die Sozialversicherung, DRV 2004, S. 592 ff.

20 Vgl. *E. Bloch / K. Pruns*, Ausschreibungspflichten bei der Leistungserbringung in der GKV, SGb 2007, S. 645 ff.; *A. Boldt*, Müssen gesetzliche Krankenkassen das Vergaberecht beachten?, NJW 2005, S. 3757 ff.; *J. Byok*, Auftragsvergabe im Gesundheitssektor, GesR 2007, S. 553 ff.; *I. Ebsen*, Das selektive Vertragshandeln der Krankenkassen und Leistungserbringer im Lichte des europäischen Vergaberechts, in: FS Zuleeg, 2005, S. 439 ff.; *W. Frenz*, Krankenkassen im Wettbewerbs- und Vergaberecht, NZS 2007, S. 233 ff.; *M. Kaltenborn*, Vergaberechtliche Strukturen im Recht der Gesetzlichen Krankenversicherung, VSSR 2006, S. 357 ff.; *T. Kingreen*, Wettbewerbsrechtliche Aspekte des GKV-Modernisierungsgesetzes, MedR 2004, S. 188 ff.; *ders.*, Vergaberecht und Verfahrensgerechtigkeit in der jugend- und sozialhilferechtlichen Leistungserbringung, VSSR 2006, S. 379 ff.; *C. Koenig / C. Engelmann / K. Hentschel*, Die Anwendbarkeit des Vergaberechts auf die Leistungserbringung im Gesundheitswesen, MedR 2003, S. 562 ff.; *V. Neumann*, Sozialrecht oder Vergaberecht?, VSSR 2005, S. 211 ff.; *ders. u.a.*, Erbringung von Sozialleistungen nach Vergaberecht?, 2004; *S. Rixen*, Sozialvergaberecht ante portas?, VSSR 2005, S. 225 ff.; *ders.*, Vergaberecht oder Sozialrecht in der gesetzlichen Krankenversicherung?, GesR 2006, S. 49 ff.; *ders.*, Abschied vom Sozialen? Das Recht der Arbeitsförderung (SGB III) zwischen Sozial- und Vergaberecht, VSSR 2006, S. 333 ff.; *W.-H. Roth*, Kartellrechtliche Aspekte der Gesundheitsreform nach deutschem und europäischem Recht, GRUR 2007, S. 645 ff.; *L. Sormani-Bastian,* Vergaberecht und Sozialrecht, 2007.

näher, je stärker die Mitgliedstaaten ihre Sicherungssysteme zur Verbesserung der Qualität und der Wirtschaftlichkeit der Versorgung mit wettbewerblichen Elementen anreichern.

III. Die Veränderungen durch den Vertrag von Lissabon

Der Reformvertrag von Lissabon bringt – ebenso wie der Europäische Verfassungsvertrag – für die Stellung des Sozialen im Gefüge der europäischen Verträge keine durchgreifenden Änderungen (1.). Eine Vielzahl sozialrechtlich und -politisch relevanter Bestimmungen enthält aber die Grundrechte-Charta (2.).

1. Vertragsrecht

In den allgemeinen Bestimmungen über die Grundlagen, Ziele und Aufgaben der Union hat das Soziale eine gewisse Aufwertung erfahren. Ähnlich wie im EUV a.F. und im EGV enthalten auch die Präambeln des EUV n.F. und des AEUV einen Bezug auf die sozialen Grundrechte der Europäischen Sozialcharta und der Gemeinschaftscharta der sozialen Grundrechte der Arbeitnehmer; zudem bekräftigen sie den Willen, den „*sozialen Fortschritt*" zu fördern bzw. sichern. Art. 2 EUV n.F. bezieht sich u.a. auf die Werte der Gerechtigkeit und Solidarität; Art. 3 Abs. 3 EUV n.F. (Art. I–3 Abs. 3 EVV) verpflichtet die Union auf eine soziale Marktwirtschaft, die auf Vollbeschäftigung und sozialen Fortschritt abzielt und zählt die Bekämpfung von Ausgrenzung und Diskriminierungen sowie die Förderung der sozialen Gerechtigkeit und des sozialen Schutzes, die Gleichstellung von Frauen und Männern, die Solidarität zwischen den Generationen und den Schutz der Rechte des Kindes zu den Unionszielen.

In kompetenzrechtlicher Hinsicht gehört die „Sozialpolitik hinsichtlich der in diesem Vertrag genannten Aspekte" nach Art. 4 Abs. 2 Buchst. b) AEUV zu den geteilten Zuständigkeiten. Eine gewisse Neuerung bildet Art. 5 Abs. 3 AEUV (Art. I–15 Abs. 3 EVV), der der Union hinsichtlich der Sozialpolitik der Mitgliedstaaten eine Koordinierungskompetenz einräumt und damit der Anwendung der offenen Methode der Koordinierung im Sozialbereich eine primärrechtliche Grundlage verschafft.

Während in den primärrechtlichen Grundlagen des koordinierenden Sozialrechts eine bedeutsame Änderung dadurch eingetreten ist, dass der Reformvertrag das Einstimmigkeitsprinzip (vgl. Art. 42 Abs. 2 EGV) durch ein eingeschränktes Vetorecht der Mitgliedstaaten ersetzt (Art. 48 Abs. 2 AEUV, Art. III–136 Abs. 2 EVV; vgl. dazu auch die Erklärungen Nr. 22 und 23 zum LissV) und dadurch die Rechtsetzung in diesem Bereich erleichtert hat, sind die eigentlichen Sozialvorschriften (Art. 136 ff. EGV, Art. 151 ff. AEUV, Art. III–209 ff. EVV) nahezu unverändert geblieben. Eine besondere Hervorhebung hat hier die Rolle der Sozialpartner in dem neu eingefügten Art. 152 AEUV (Art. I–48 EVV) gefunden.

Eine interessante Neuerung stellt dagegen die *Querschnittsklausel* des Art. 5 AEUV (Art. III–117 EVV) dar. Sie verleiht der Union zwar keine neuen Kompetenzen, stärkt aber den Stellenwert des Sozialen in anderen Politikbereichen, wenn sie die Union durchgängig darauf verpflichtet, „bei der Festlegung und Durchführung ihrer Politik und ihrer Maßnahmen (...) den Erfordernissen im Zusammenhang mit der Förderung eines hohen Beschäftigungsniveaus, mit der Gewährleistung eines angemessenen sozialen Schutzes, mit der Bekämpfung der sozialen Ausgrenzung sowie mit einem hohen Niveau der allgemeinen und beruflichen Bildung und des Gesundheitsschutzes Rechnung" zu tragen. Diese Verpflichtung kann insbesondere für eine Gestaltung und Auslegung der wettbewerbsrechtlichen Bestimmungen wichtig werden, die die Besonderheiten der sozialen Sicherungssysteme berücksichtigt. Dies gilt auch für die parallele Regelung zu den Diensten von allgemeinem wirtschaftlichen Interesse in Art. 14 AEUV (Art. III–122 EVV, Art. 16 EGV; vgl. dazu auch das dem Reformvertrag beigefügte Protokoll über Dienste von allgemeinen Interesse).

2. Soziale Rechte in der Charta der Grundrechte

Die Charta der Grundrechte, die über Art. 6 EUV n.F. rechtliche Verbindlichkeit erlangt, enthält in ihren Titeln III („Gleichheit") und IV („Solidarität") zahlreiche Rechte und sonstige Regelungen mit sozialrechtlichem Gehalt. Dazu zählen etwa die Bestimmungen über die Rechte älterer Menschen und von Menschen mit Behinderung (Art. 25, 26 GRCh, Art. II–85, 86 EVV), die auf die Erwerbsarbeit bezogenen Schutzansprüche der Art. 27 ff. GRCh (Art. II–87 ff. EVV) sowie die Rechte auf Zugang zu den Leistungen der sozialen Sicherheit und zu den sozialen Diensten (Art. 34 GRCh, Art. II–94 EVV), zur Gesundheitsversorgung (Art. 35 GRCh, Art. II–95 EVV) sowie zu Dienstleistungen von allgemeinem wirtschaftlichem Interesse (Art. 36 GRCh, Art. II–96 EVV).[21]

[21] Vgl. dazu und zum Folgenden *N. Bernsdorff*, Soziale Grundrechte in der Charta der Grundrechte der Europäischen Union, VSSR 2001, S. 1 ff.; *K.-J. Bieback*, Die Bedeutung der sozialen Grundrechte für die Entwicklung der EU, ZFSH / SGB 2003, S. 579 ff.; Bundesministerium für Arbeit und Sozialordnung u.a. (Hrsg.), Soziale Grundrechte in der Europäischen Union, 2000/2001; *X. I. Contiades*, Social Rights in the Draft Constitutional Treaty, Revue Hellénique des Droits de l'Homme 20 (2003), S. 1081 ff.; *J. Meyer / M. Engels*, Aufnahme von sozialen Grundrechten in die Europäische Grundrechtecharta?, ZRP 2000, S. 368 ff.; *R. Pitschas*, Europäische Grundrechte-Charta und soziale Grundrechte, VSSR 2000, S. 207 ff. Rechtsvergleichend *R. Geesmann*, Soziale Grundrechte im deutschen und französischen Verfassungsrecht und in der Charta der Grundrechte der Europäischen Union, 2005. Allgemein zur Charta vgl. nur J. Meyer

Dabei war die Frage, ob und inwieweit soziale Rechte Aufnahme in die Charta finden sollten, aus mehreren Gründen im Konvent umstritten.[22] Zunächst besteht grundsätzlich keine Einigkeit, ob die Aufnahme sozialer Rechte in Verfassungen sinnvoll ist. Angesichts ihrer notwendigen Offenheit und Abhängigkeit von den wirtschaftlichen Möglichkeiten des jeweiligen Gemeinwesens laufen soziale Rechte Gefahr, uneinhaltbare Versprechungen zu formulieren und dadurch die Legitimationskraft der Verfassung zu schwächen oder zu kaum mehr justiziablen Zielbestimmungen zu degenerieren; zudem neigen sie dazu, originär politische Prioritätsentscheidungen auf die Judikative zu verschieben – eine Befürchtung, die insbesondere in Staaten (wie der Bundesrepublik Deutschland) mit einer stark ausgebauten Verfassungsgerichtsbarkeit besteht.[23] Ferner besitzen die Mitgliedstaaten der EU in dieser Frage ganz unterschiedliche Verfassungstraditionen und -verständnisse:[24] Während insbesondere die Verfassungen einiger südeuropäischer Mitgliedstaaten recht umfangreiche soziale Rechte gewährleisten, übt sich das Grundgesetz insoweit in Zurückhaltung.[25] Schließlich kommt noch der EU-spezifische Aspekt hinzu, dass geargwöhnt wurde, mit der Aufnahme sozialer Rechte in die Charta könne eine *Kompetenzausweitung* der EU einhergehen.[26]

Hinsichtlich des zuletzt genannten Punktes versuchen die einschlägigen Rechtstexte mehrfach, die Bedenken zu zerstreuen: Sowohl Art. 6 Abs. 2 EUV n.F. als auch Art. 51 Abs. II GRCh (Art. II–111 Abs. 2 EVV) betonen ausdrücklich, dass durch die Charta die Zuständigkeiten der Union nicht erweitert werden. Zudem wird in den einzelnen Rechten auf Zugang zu sozialen Leistungen und Diensten jeweils auf die „einzelstaatlichen Rechtsvorschriften und Gepflogenheiten" verwiesen. Trotzdem ist eine gewisse Paradoxie der Situation nicht zu bestreiten: Entweder die sozialen Rechte entfalten doch eine Sogwirkung zugunsten einer Verlagerung sozialpolitischer Kompetenzen auf die Union, um wirkungsmächtig zu werden, oder sie bleiben auf Dauer ein weithin leerlaufender Rechtsbestand, weil neben den Organen der EU

(Hrsg.), Charta der Grundrechte der Europäischen Union, 2. Aufl. 2006; P. J. Tettinger / K. Stern (Hrsg.), Kölner Gemeinschaftskommentar zur Europäischen Grundrechte-Charta, 2006.

22 Zu parallelen Diskussionen mit Blick auf die Europäische Sozialcharta und die Gemeinschaftscharta der sozialen Grundrechte der Arbeitnehmer, die für die sozialen Rechte der Grundrechte-Charta Pate standen, vgl. *Haverkate / Huster* (Fn. 11), Rn. 640 ff.

23 Aus der umfangreichen Diskussion vgl. nur *E.-W. Böckenförde*, Grundrechtstheorie und Grundrechtsinterpretation, in: ders., Staat, Verfassung, Demokratie, 1991, S. 115, 136 ff.; *ders.*, Die sozialen Grundrechte im Verfassungsgefüge, ebd., S. 146 ff.

24 Vgl. dazu die Beiträge in *Hofmann u.a.* (Fn. 2).

25 Vgl. *J. Isensee,* Verfassung ohne soziale Grundrechte, Der Staat 19 (1980), S. 367 ff.

26 Eine Formulierung all dieser Einwände gegen die sozialen Rechte in der Charta findet sich etwa bei *S. Broß*, Grundrechte und Grundwerte in Europa, JZ 2003, S. 429, 433.

die Mitgliedstaaten nur an die Charta gebunden sind, wenn und soweit sie Unionsrecht durchführen (vgl. Art. 51 Abs. 1 S. 1 GRCh, Art. II–111 Abs. 1 S. 1 EVV).

IV. Die Zukunft des Sozialen in der EU

Ein unbefangener Blick auf den Reformvertrag hinterlässt einen ambivalenten Eindruck: Zwar ist der Prozess der Stärkung und Hervorhebung sozialpolitischer Momente im Primärrecht fortgesetzt worden, es handelt sich aber weithin um *symbolische Rechtsänderungen*, deren konkreter juristischer Landgewinn weit hinter ihrem Bekenntnischarakter – auffällig ist insoweit insbesondere der vielfach, in unterschiedlichsten Bedeutungen verwendete Begriff der „Solidarität" – zurückbleibt. Dem Dilemma, sozialpolitischen Erwartungen ausgesetzt zu sein, gleichzeitig aber nicht über gestaltungsmächtige Kompetenzen zu verfügen, kann sich die EU nur schwer entziehen. Sie versucht dies, indem sie ihre eigene Rechtsetzung sozialrechtlich moderiert und den Mitgliedstaaten dadurch sozialpolitischen Handlungsspielraum einräumt; im Übrigen weicht sie auf das *„soft law"* der offenen Methode der Koordinierung und der sozialpolitischen Aktionsprogramme aus.

Vermutlich ist dies aber eine zu begrüßende Entwicklung. Ähnlich wie der Reformvertrag generell den verfassungsrechtlichen, gar verfassungsstaatlichen Überschwang beendet und die ideologischen Debatten dadurch entspannt hat,[27] lassen sich nun auch mit Blick auf das soziale Europa die Diskussionen, ob die EU nun ein „Sozialraum", eine „Sozialunion", eine „Sozialgemeinschaft" oder gar bereits ein „Sozialstaat" sei oder werden solle,[28] zugunsten pragmatischer Politikansätze beiseite legen. Die zentralen sozialen Gestaltungs- und Verteilungsfragen, die in nahezu allen Mitgliedstaaten den Kern der politischen Auseinandersetzungen bilden, ließen sich eh nur um den Preis einer hoffnungslosen Legitimationsüberforderung auf die EU-Ebene verlagern.

Es wird daher darauf ankommen, die unterschiedlichen Handlungsoptionen des Mehrebenensystems in der Zukunft klug zu nutzen. Dabei spricht viel dafür, dass die EU nicht durch wirtschaftsrechtlichen Imperialismus oder sozialpolitischen Aktivismus ihren politischen Kredit verspielt, sondern zur Weiterentwicklung des *„europäischen Sozialmodells"*[29] das Rationalisierungspotential nutzen sollte, das ihr para-

[27] Vgl. *H. M. Heinig*, Europäisches Verfassungsrecht ohne Verfassung(svertrag)?, JZ 2007, S. 905 ff.

[28] Vgl. dazu *H. F. Zacher*, Wird es einen europäischen Sozialstaat geben?, EuR 2002, S. 147 ff.

[29] Vgl. dazu nur H. Kaelble / G. Schmid (Hrsg.), Das europäische Sozialmodell, 2004.

doxerweise gerade aufgrund ihres politisch-demokratischen Defizits und technokratischen Politikstils eigen sein könnte. So könnte man etwa fragen, ob die Vielzahl der Maßnahmen im „Public Health"-Bereich, die die Union auf der Grundlage des Art. 152 EGV (Art. 168 AEUV) angestoßen hat,[30] nicht aus der kompetenzrechtlichen Not eine Tugend gemacht haben, weil diese Initiativen sowohl für die Volksgesundheit als auch für die soziale Gesundheitsverteilung letztlich von sehr viel größerer Bedeutung sein könnten als die nationalen Gesundheitspolitiken, die sich in den Verteilungskämpfen der sozialen Versorgungssysteme aufreiben.[31] Auch das auf den ersten Blick politikferne Verfahren der offenen Methode der Koordinierung bietet Chancen, traditionelle politische Blockaden in den Mitgliedstaaten aufzubrechen. Wenn und soweit der Reformvertrag derartige Instrumente stärkt, weist er der EU einen steinigen, aber richtigen Weg.

Grundlegende und vertiefende Literatur

Becker, Ulrich:
Sozialrecht in der europäischen Integration – eine Zwischenbilanz, ZFSH/SGB 2007, S. 134 ff.

Eichenhofer, Eberhard:
Sozialrecht der Europäischen Union, 3. Aufl., Berlin 2006.

Haverkate, Görg / Huster, Stefan:
Europäisches Sozialrecht. Eine Einführung, Baden-Baden 1999.

Kingreen, Thorsten:
Das Sozialstaatsprinzip im europäischen Verfassungsverbund. Gemeinschaftsrechtliche Einflüsse auf das deutsche Recht der gesetzlichen Krankenversicherung, Tübingen 2003.

Leibfried, Stephan / Pierson, Paul (Hrsg.):
Standort Europa. Sozialpolitik zwischen Nationalstaat und Europäischer Integration, Frankfurt a.M. 1998.

30 Vgl. dazu *W. Berg,* Gesundheitsschutz als Aufgabe der EU, 1997; *H. Hanika,* Europäische Gesundheitspolitik, MedR 1998, S. 193 ff.; *W. Mäder,* Integrations- und Gesundheitspolitik in der EG, 1994; *B. Schmidt am Busch*, Die Gesundheitssicherung im Mehrebenensystem, 2007; *M. v. Schwanenflügel,* Die Entwicklung der Kompetenzen der Europäischen Union im Gesundheitswesen, 1996; *ders.*, Gesundheit in Europa, EuR 1998, S. 210 ff.

31 Vgl. dazu *S. Huster*, Posteriorisierung der Gesundheitspolitik?, in: FS Schnapp, 2008 (i.E.).

Schulte, Bernd:
Europäische Sozialpolitik nach der Erweiterung und nach dem Verfassungsvertrag: eine Zwischenbilanz, ZFSH/SGB 2005, S. 643 ff.

Zacher, Hans F.:
Wird es einen europäischen Sozialstaat geben?, EuR 2002, S. 147 ff.

5. Teil: Kompetenzordnung, Organe und Zuständigkeiten

Inhalt

Manfred Stelzer

A. Die (vertikale) Kompetenzverteilung

I. Einleitung

Schon in der Erklärung zur Zukunft der Union von Nizza war die Frage der Ordnung der Kompetenzen als eine der zentralen Aufgabenstellungen des durch sie eingeleiteten Prozesses bezeichnet worden,[1] ehe die Erklärung von Laeken dem Konvent ein ganzes Bündel von Fragestellungen zur Kompetenzverteilung zwischen der Union und ihren Mitgliedstaaten und zur Ausübung der Kompetenzen durch die Union mit auf den Weg gab.[2] Insbesondere waren dies die Forderung nach größerer Klarheit und Transparenz der Kompetenzverteilung, nach einer möglichen Neuordnung der Zuständigkeitsverteilung im Lichte des Subsidiaritätsprinzips und nach der Gewährleistung, dass es zu keiner schleichenden Ausuferung der Unionszuständigkeiten kommen könne, ohne allerdings darüber die europäische Dynamik erlahmen zu lassen. Im Rahmen der Neuordnung der Kompetenzen sollte auch überlegt werden, ob allenfalls Zuständigkeiten der Union auf die Mitgliedstaaten zurückzuverlagern wären.

Misst man das im Verfassungsvertrag (EVV) erzielte Ergebnis, das bereits in der europäischen rechtswissenschaftlichen Literatur in umfangreicher Weise analysiert wurde, an den eingangs erwähnten Vorgaben, dann lässt sich – „cum grano salis" – feststellen, dass der Konvent im Wesentlichen erreicht hat, die Kompetenzen der Europäischen Union *transparenter* zu machen, was dadurch geschehen ist, dass die Strukturen der Kompetenzverteilung verdeutlicht wurden. Zu einer wirklichen Neuaufteilung der Kompetenzen und vor allem zu einer Rückverlagerung von Kompetenzen der Union auf die Mitgliedstaaten ist es hingegen nicht gekommen. Lediglich einige Kompetenzzuwächse auf Seiten der Union sind zu notieren[3] sowie eine

1 Siehe Vertrag von Nizza (10.3.2001), ABl. 2001 C80/85.

2 Vgl. http://europa.eu.int/constitution/futurum/documents/offtext/doc151201_de.htm (15.3.2006); siehe dazu auch *P. Craig*, Competence: Clarity, Containment and Consideration, ERLP / REDP 2004, S. 143 (145).

3 Die wohl wichtigste Weiterentwicklung stellt die Abschaffung der Säulenstruktur dar, indem sowohl die polizeiliche und justitielle Zusammenarbeit in Strafsachen als „Raum der Freiheit und der Sicherheit und des Rechts" (Art. I–42 EVV) als auch die GASP in den Teil III des EVV integriert werden; vgl. dazu *N. Görlitz,* Europäischer Verfassungs-

mögliche, zumindest teilweise Eindämmung des „schleichenden“ Kompetenzzuwachses.[4] Abgesehen von der Frage, ob eine Neuverteilung der Zuständigkeiten in der Sache überhaupt wünschenswert gewesen wäre,[5] hätte eine solche eines politischen Kraftaktes bedurft, zu dem Europa jedenfalls zur Zeit nicht reif ist. Vor diesem Hintergrund sind die Leistungen des Konvents wohl dennoch beachtlich, auch wenn sie in der Literatur im Hinblick auf die vorgegebenen Zielsetzungen zum Teil schon heftig kritisiert wurden.[6] Und diese Leistungen verblassen nur teilweise aufgrund des Umstandes, dass der Verfassungsvertrag bis heute nicht ratifiziert wurde, worauf noch zurückzukommen sein wird.

II. Die Zuständigkeiten der Union

Regelungen über die Zuständigkeiten der Union, beispielsweise die Verteilung der Zuständigkeiten zwischen der Union und ihren Mitgliedstaaten, finden sich in mehreren Teilen des EVV. Teil I enthält neben den Grundsätzen des Kompetenzrechts auch die Grundstrukturen der Kompetenzverteilung. Dabei bedient sich der EVV der – in Bundesstaaten weiterhin üblichen – Regelungstechnik, wonach einzelne Aufgabengebiete bestimmten Kategorien oder Typen zugeordnet werden. Durch die Auflistung der *Kompetenztypen* (neben ausschließlichen Kompetenzen der Union kennt der EVV solche, die zwischen Union und Mitgliedstaaten geteilt sind) und der expliziten Formulierung der Grundsätze wird die Anforderung an eine gesteigerte Transparenz des Kompetenzrechts erfüllt. Die Kompetenztypen sind in der Sache, wie zu zeigen sein wird, nicht wirklich neu, die Zuordnungen vermögen aber vermutlich einige Zweifelsfragen, die das Kompetenzrecht bisher aufgeworfen hat, zu

vertrag und künftige EU-Kompetenzen, DÖV 2004, S. 374 (376 ff.); zu weiteren, vergleichsweise aber geringfügigen Erweiterungen der Kompetenzen siehe z.B. *R. Streinz / R. Ohler / C. Herrmann*, Die neue Verfassung für Europa, 2005, S. 23.

4 Vgl. dazu unten II.2.e) zur Neufassung der „Flexibilitätsklausel“.

5 Siehe dazu die Überlegungen bei *A. v. Bogdandy / J. Bast*, Die vertikale Kompetenzordnung der Europäischen Union, EuGRZ 2001, S. 441 (452); *Craig*, Competence (Fn. 2), S. 146, betont in diesem Zusammenhang, dass das dem Konvent zur Verfügung gestandene Zeitbudget eine vollständige Überarbeitung der Kompetenzordnung nicht ermöglicht hätte.

6 So beispielsweise durch *J. Wuermeling*, Kalamität Kompetenz: Zur Abgrenzung der Zuständigkeiten in dem Vertragsentwurf des EU-Konvents, EuR 2004, S. 216 (228), der betont, dass die Schaffung von Transparenz durch Kategorisierung für sich allein nicht genüge; *M. Ruffert*, Schlüsselfragen der Europäischen Verfassung der Zukunft, Grundrechte – Institutionen – Kompetenzen – Ratifizierung, EuR 2004, S. 165 (189) spricht von einer „Minimallösung“.

lösen. Aus der Anführung der Kompetenztypen und der Zuordnung einzelner Aufgabengebiete zu diesen wird aber noch nicht ersichtlich, in welchem Umfang die Union zuständig ist und wie diese Zuständigkeiten auszuüben sind. Dies ergibt sich auch nach der expliziten Anordnung des Art. I–12 Abs. 6 EVV aus den Bestimmungen des Teil III, die die einzelnen Bereiche näher regeln. Der Teil III des EVV übernimmt dabei seinerseits die bisherigen – geringfügig erweiterten – Kompetenzen der EG und führt sie mit der zweiten und dritten Säule zusammen, wodurch die Säulenarchitektur der EU im Ergebnis aufgegeben wird. Diese Regelungstechnik öffnet prinzipiell die beiden letztgenannten Politikbereiche der Anwendung unmittelbar geltender *supranationaler* Handlungsinstrumente, wenngleich die GASP de facto weiterhin in den Händen der Mitgliedstaaten verbleibt.[7]

Der IV. Teil enthält in seinen Artikeln IV–443 ff. Verfahrensregelungen zur Änderung des Vertrages selbst. Wenngleich in der Literatur vielfach betont wird, dass das Vertragsänderungsverfahren – als völkerrechtliches Verfahren – in die Hände der Mitgliedstaaten gelegt sei, die als „Herren der Verträge“[8] über diese verfügen könnten, so ist hier jedenfalls festzuhalten, dass in dem durch den EVV (wie schon durch Art. 48 EUV) positivierten Verfahren Zuständigkeiten Europäischer Organe festgelegt sind und insofern auch ein Zusammenwirken zwischen Europäischen Organen und den Mitgliedstaaten erforderlich ist. Unverändert bleibt allerdings weiterhin, dass alle Mitgliedsstaaten die Vertragsänderungen letztlich *ratifizieren* müssen, damit sie in Kraft treten können.

1. Grundsätze

Art. I–11 enthält Grundsätze des Europäischen Kompetenzrechts Danach gilt für die Abgrenzung der Zuständigkeiten der Union der Grundsatz der begrenzten Einzelermächtigung. Auf die Ausübung der Zuständigkeiten finden die Grundsätze der Subsidiarität und der Verhältnismäßigkeit Anwendung. Der Verfassungsvertrag knüpfte damit auch in diesen Punkten an der geltenden Rechtslage, wie sie sich aus den primärrechtlichen Rechtsquellen und der Rechtssprechung des EuGH ergibt, an.

Nach dem Grundsatz der begrenzten Einzelermächtigung, der an dieser Stelle besonders interessiert (die Grundsätze der Subsidiarität und der Verhältnismäßigkeit werden unter III., behandelt), wird die Union lediglich innerhalb der Grenzen der Zuständigkeiten tätig, die ihr von den Mitgliedstaaten ausdrücklich zur Verwirklichung der darin normierten Ziele übertragen wurden. Art. I–11 Abs. 2 ergänzt, dass alle der Union nicht übertragenen Kompetenzen bei den Mitgliedstaaten „verbleiben“. Diese

7 Siehe dazu näher *Görlitz,* Verfassungsvertrag (Fn. 3), S. 378 f.; vgl. auch *Streinz / Ohler / Herrmann*, Verfassung (Fn. 3), 22 f.

8 Vgl. dazu beispielsweise mit weiteren Nachweisen *A. Puttler*, Sind die Mitgliedstaaten noch „Herren“ der EU?, EuR 2004, S. 669 (676).

Bestimmung bringt damit etwas zum Ausdruck, was schon bisher von der Lehre als Strukturprinzip der Europäischen Gemeinschaft herausgearbeitet wurde und besagt, dass jeder Rechtsakt der Union einer ausdrücklichen Rechtsgrundlage in den Verträgen bedarf. Darüber hinausgehende Zuständigkeiten können nur durch eine entsprechende Änderung des Vertrages den Gemeinschaften beziehungsweise der Union zugewiesen werden.

Damit enthält dieser Grundsatz auf den ersten Blick nichts Besonderes: dass öffentliche Gewalt nur im Rahmen von Kompetenzen ausgeübt werden kann, ist an sich eine Selbstverständlichkeit.[9] Seine eigentliche Bedeutung kann darüber hinaus aber darin gesehen werden, dass damit möglicherweise ein grundsätzliches legitimationstheoretisches Bild übernommen wird, in dem die Mitgliedstaaten als eigentliche Träger von Staatsgewalt und „Souveränität" gesehen werden. Diese Mitgliedstaaten übertragen dann lediglich punktuell *Souveränitätsrechte* auf die Union, die von sich aus keine Erweiterung ihrer Zuständigkeiten vornehmen kann. Damit bleibt, um in der Sprache dieser Theorie zu bleiben, die „Kompetenz-Kompetenz" bei den Mitgliedstaaten.[10]

Allerdings ist schon an dieser Stelle zu bemerken, dass der Text des Vertrages offener ist als das eben skizzierte Bild. Ein Vergleich mit *Bundesstaaten* zeigt, dass auch dort oftmals Zuständigkeiten taxativ auf die Ebene des Bundes übertragen werden, während alle nicht übertragenen Zuständigkeiten bei den Ländern oder Staaten verbleiben.[11] Durch diese gewählte Rechtstechnik wird daher nicht notwendigerweise etwas über die Staatsqualität der jeweiligen Ebene ausgesagt. Allerdings könnte erwartet werden, dass durch das Konzept der „begrenzten Einzelermächtigung" eine besonders statische Form der Kompetenzverteilung verwirklicht wird.

9 Siehe dazu auch *P. Häberle,* Die verfassungsgebende Gewalt des Volkes im Verfassungsstaat – eine rechtsvergleichende Textstufenanalyse, AöR 112 (1987), S. 85 (86).

10 Vgl. *Streinz / Ohler / Herrmann*, Verfassung (Fn. 3), S. 70, betonen in diesem Zusammenhang auch, dass die Regelung, wonach die nicht übertragenen Kompetenzen bei den Mitgliedstaaten „verbleiben", nicht so gelesen werden kann, als dass diesen damit durch den Unionsvertrag Kompetenzen „eingeräumt" werden und begrüßen in diesem Zusammenhang auch, dass eine Aufzählung einzelner Kompetenzen der Mitgliedstaaten unterblieben ist. Zur Vorstellung, dass den Mitgliedstaaten (auch) nach dem EVV die „Kompetenz-Kompetenz" verblieben wäre, vgl. auch *H.-J. Papier*, Die Neuordnung der Europäischen Union, EuGRZ 2004, S. 753 (754); kritisch dazu schon *I. Pernice* in Dreier (Hrsg.), GG-Kommentar II, 1998, Art. 23 Rz. 21.

11 So etwa wörtlich Art. 15 Abs. 1 des österreichischen Bundes-Verfassungsgesetzes (B-VG): „Soweit eine Angelegenheit nicht ausdrücklich durch die Bundesverfassung der Gesetzgebung oder auch der Vollziehung des Bundes übertragen ist, verbleibt sie im selbständigen Wirkungsbereich der Länder."

Unter „statischer Form" würde dabei ein Konzept verstanden werden, in dem ganz spezifische und spezifizierbare Elemente staatlicher Souveränität auf die Union verlagert werden, wobei der genaue Umfang zum Zeitpunkt der Übertragung feststeht bzw. sich am historischen Verständnis orientiert, was auch bei der Auslegung der Kompetenzbestimmungen entsprechend streng beachtet werden müsste. Wer freilich diese Erwartungen an das Konzept der begrenzten Einzelermächtigung hegt, wird enttäuscht.

Denn schon die Lehre hat sich im Lichte der gegenwärtigen Rechtslage bemüßigt gefühlt zu betonen, dass das Prinzip der begrenzten Einzelermächtigung nicht allzu eng verstanden werden dürfe.[12] Die relativ hohe Anzahl der Ermächtigungen, die Finalität der Kompetenzen, die Lückenschließungskompetenz des Art. 308 EGV (der EVV nennt diese „Flexibilitätsklausel", vgl. dazu unten e) sowie die Lehre von den „implied powers" hätten letztlich dazu geführt, dass dieser Grundsatz in hohem Maße aufgeweicht wurde.[13] Daraus ergibt sich ein Bild der Kompetenzverteilung, das in der Tat zukunftsoffener ist als das Verständnis der Kompetenzverteilung in so manchem Bundesstaat. Nur zum Vergleich sei bemerkt, dass die Interpretation der Kompetenznormen, die in der *österreichischen Verfassungsordnung* Aufgabenbereiche dem Bund zuweisen, zumindest lange Zeit hindurch (und gelegentlich auch noch heute) retrospektiv und petrifizierend[14] ausgerichtet war. Von einem solchen – tatsächlich: statischen – Verständnis ist das Kompetenzrecht der Europäischen Gemeinschaften schon wegen seiner teleologischen Struktur nie geprägt gewesen. Daran dürfte sich auch nichts ändern, wenn der Grundsatz der begrenzten Einzelermächtigung in einem Verfassungsvertrag, wie im EVV vorgeschlagen, ausdrücklich verankert werden würde.

Seine Bedeutung für das Alltagsleben des Unionsrechts kann der Grundsatz aber im Rahmen der Interpretation der Kompetenznormen[15] dennoch entfalten, wie ein jüngeres Beispiel aus der Rechtsprechung des EuGH zeigt: In seiner Entscheidung zum *Tabakwerbeverbot*[16] hat der EuGH nämlich festgehalten, dass der Grundsatz der begrenzten Einzelermächtigung die Binnenmarktkompetenz insofern einschränkt,

12 Siehe dazu schon *T. Oppermann,* Europarecht, 1991, Rz. 432.

13 *T. Eilmansberger,* Zur gegenwärtigen und zukünftigen vertikalen Kompetenzverteilung in der Europäischen Union, JRP 2003, S. 113 (114).

14 Vgl. dazu die österreichische „Versteinerungsdogmatik", die euphemistisch zuweilen auch als „Versteinerungstheorie" beschrieben wurde. Für eine nähere Darstellung dieser Interpretationsweise vgl. *M. Stelzer*, Grundzüge des Öffentlichen Rechts, 2005, S. 57 f.

15 Zur Bedeutung des Prinzips der begrenzten Einzelermächtigung als Auslegungsprinzip siehe z.B. *M. Ludwigs*, Die Kompetenzordnung der Europäischen Union im Vertragsentwurf über eine Verfassung für Europa, ZEuS 2004, S. 211 (217).

16 EuGH, Rs. C-376/98.

als sie nicht zur Beseitigung von lediglich geringfügigen Wettbewerbsbeschränkungen benutzt werden dürfe.

2. Zuständigkeitsarten

Anknüpfend an die Rechtsprechung des EuGH und an Art. 5 EGV[17] kennt der EVV die Unterscheidung in ausschließliche Zuständigkeiten der Union (Art. I–13) und in jene Zuständigkeiten, die zwischen Union und Mitgliedstaaten geteilt sind (Art. I–14). Betroffen von dieser Kategorisierung sind allerdings von vornherein nur die Zuständigkeiten zur Gesetzgebung nicht aber auch allfällige Vollzugskompetenzen.[18] Zusätzlich werden Unterstützungs-, Koordinierungs- und Ergänzungsmaßnahmen unterschieden (Art. I–17). Die Koordinierung der Wirtschafts- und Beschäftigungspolitik sowie die gemeinsame Außen- und Sicherheitspolitik werden in eigenen Artikeln (Art. I–15 und Art. I–16) umschrieben, so dass man in diesen Fällen von Zuständigkeiten „sui generis" sprechen kann.

a) Ausschließliche Zuständigkeiten

Unter ausschließlichen Zuständigkeiten werden nach Art. I–12 jene verstanden, in denen nur die Union als Gesetzgeber tätig werden kann und verbindliche Rechtsakte erlassen darf. Entscheidend für die ausschließliche Zuständigkeit ist, dass die Mitgliedstaaten in diesem Bereich grundsätzlich auch dann nicht tätig werden dürfen, wenn die Union nicht gehandelt hat. Allerdings gibt es von diesem Grundsatz drei *entscheidende Ausnahmen*. Zum einen kann die Union die Mitgliedstaaten ermächtigen, auch in diesen Bereichen gesetzgeberisch tätig zu werden. Zum anderen können legislatorische Akte eines Mitgliedstaats erforderlich werden, um Unionsrecht durchzuführen. Und drittens ist in der Rechtsprechung des EuGH anerkannt, dass in Fällen, in denen die Union ihre Kompetenz nicht ausgeübt hat, ein Mitgliedstaat zur Wahrung und als Sachwalter des gemeinsamen Interesses tätig werden kann.[19]

Unter die Bereiche mit ausschließlicher Zuständigkeit fallen nach der ausdrücklichen Anordnung des Art. I–13 EVV die Zollunion (Art. III–151), die Festlegung der für das Funktionieren des Binnenmarktes erforderlichen Wettbewerbsregeln (Art. III–161 ff.),[20] die Währungspolitik für die Mitgliedstaaten, deren Währung der Euro ist (Art. III–194 ff.), die Erhaltung der biologischen Meeresschätze im Rahmen der gemeinsamen Fischereipolitik (insgesamt geregelt in Art. III–225 ff.) sowie die gemeinsame Handelspolitik (Art. III–314 ff.). Abs. 2 des Art. I–13 stellt ferner klar,

17 Vgl. dazu *v. Bogdandy / Bast*, Kompetenzordnung (Fn. 5), S. 447.

18 Siehe dazu auch *Craig,* Competence (Fn. 2), S. 148.

19 EuGH, Rs. 804/79, Slg. 1981, 1045, Rn. 22 ff.

20 Diese Zuordnung wirft vor dem Hintergrund der bestehenden Rechtslage einige Fragen auf – siehe dazu *Ludwigs*, Kompetenzordnung (Fn. 15), S. 226.

dass unter die ausschließliche Zuständigkeit der Union auch der Abschluss internationaler Übereinkünfte fällt, wenn dieser Abschluss in einem Gesetzgebungsakt der Union vorgesehen ist, wenn er notwendig ist um interne Zuständigkeiten ausüben zu können und schließlich, wenn und soweit er gemeinsame Regeln beeinträchtigen oder deren Tragweite verändern könnte.

b) Geteilte Zuständigkeiten

Unter geteilten Zuständigkeiten versteht der EVV nach Art. I–12 Abs. 2 jene, die sowohl der Union als auch den Mitgliedstaaten auf der Ebene der Gesetzgebung zustehen. Das bedeutet somit, dass beide als Gesetzgeber tätig werden können. Die Mitgliedstaaten allerdings können diese Zuständigkeit nur dann und insofern wahrnehmen, als die Union ihre Zuständigkeit nicht ausgeübt hat oder aber beschlossen hat, eine einmal ausgeübte Zuständigkeit nicht weiter wahrzunehmen. Unionsrechtliche Akte entfalten daher in diesem Bereich eine *Sperrwirkung* gegenüber den Mitgliedstaaten, die in der Sache mit dem Vorrang des Unionsrechts identisch ist.[21] Im deutschen Schrifttum wurde daher vorgeschlagen, in diesem Fall präziser von „konkurrierenden Zuständigkeiten" (vgl. Art. 74 GG) zu sprechen. Maßgeblich dafür, in welchem Ausmaß die Union in diesen Bereichen tatsächlich tätig werden darf, ist das *Subsidiaritätsprinzip* (Art. I–11 Abs. 3). Die Union kann daher ihre Zuständigkeit in den in Rede stehenden Bereichen nur dann wahrnehmen, sofern und soweit die Ziele der in Betracht gezogenen Maßnahmen von den Mitgliedstaaten weder auf zentraler noch auf regionaler oder lokaler Ebene ausreichend umgesetzt werden können. Es muss gesichert sein, dass diese Maßnahmen wegen ihres Umfangs oder ihrer Wirkung auf Unionsebene besser zu verwirklichen sind (vgl. zum Subsidiaritätsprinzip näher unten III.).

Zu den Bereichen mit geteilten Zuständigkeiten zählen unter anderem nach Art. I–14 der Binnenmarkt (Art. III–130 ff.), die Sozialpolitik hinsichtlich der in Teil III genannten Aspekte (Art. III–209 ff.), der wirtschaftliche, soziale und territoriale Zusammenhalt (Art. III–220 ff.), die Landwirtschaft und Fischerei (Art. III–225 ff.), ausgenommen die Erhaltung der biologischen Meeresschätze (diese sind der Union im Bereich der ausschließlichen Kompetenzen zugeordnet), die Umwelt (Art. III–233 ff.), der Verbraucherschutz (Art. III–235), der Verkehr (Art. III–236 ff.), die transeuropäischen Netze (Art. III–246 ff.), die Energie (Art. III–256 ff.), der Raum der Freiheit, der Sicherheit und des Rechts (Art. III–257 ff.) sowie gemeinsame Sicherheitsanliegen im Bereich der öffentlichen Gesundheit hinsichtlich der in Teil III genannten Aspekte (Art. III–278).

Entscheidend für die Zuordnung zu den Bereichen mit geteilter Zuständigkeit ist, dass die Aufzählungen in Art. I–14 im Gegensatz zu den Aufzählungen in Art. I–13

[21] Siehe dazu *v. Bogdandy / Bast*, Kompetenzordnung (Fn. 5), S. 448.

und Art. I–17 (dazu siehe sogleich) nicht taxativ zu verstehen sind. Nach der Generalklausel des Art. I–14 teilt die Union nämlich ihre Zuständigkeiten mit den Mitgliedstaaten immer dann, wenn ihr die Verfassung außerhalb der in den Art. I–13 und I–17 genannten Bereiche eine Zuständigkeit überträgt. Die Aufzählung der Bereiche in Abs. 2 des Art. I–14 betrifft daher konsequenterweise nur „Hauptbereiche".

Die Absätze 3 und 4 des Art. I–14 EVV enthalten Bestimmungen zu den Bereichen Forschung, technologische Entwicklung und Raumfahrt (Abs. 3) und den Bereichen Entwicklungszusammenarbeit und humanitäre Hilfe (Abs. 4). Gemeinsam ist diesen beiden Bereichen, dass die Ausübung dieser Zuständigkeit durch die Europäische Union die Mitgliedstaaten nicht hindern soll, ihre Zuständigkeit auf diesen Gebieten wahrzunehmen. Damit stellt sich in der Tat die Frage, ob die Zuordnung zu den geteilten Zuständigkeiten aus *systematischen* Gründen besonders geglückt ist.[22] Sie werden damit nämlich in die Nähe der Unterstützungs- Koordinierungs- und Ergänzungsmaßnahmen gerückt, die aber eine eigene Zuständigkeitskategorie bilden.

c) Unterstützende Zuständigkeiten

Art. I–17 kennt die Kategorie der Unterstützungs-, Koordinierungs- und Ergänzungsmaßnahmen. Strukturell ist diesen Kompetenzen eigen, dass selbst dann, wenn die Union diese Zuständigkeiten in Anspruch genommen hat, die Mitgliedstaaten dennoch ihre Gesetzgebungskompetenzen wahren. Im deutschen Schrifttum wurde daher vorgeschlagen, präziser von „parallelen Zuständigkeiten" zu sprechen. Ausdrücklich dürfen verbindliche Rechtsakte der Union, die in diesen Bereichen gesetzt werden, keine Harmonisierung der Rechtsvorschriften der Mitgliedstaaten enthalten (vgl. dazu Art. I–12 Abs. 5).

Zu den Zuständigkeiten nach Art. I–17 rechnet der EVV den Schutz und die Verbesserung der menschlichen Gesundheit (Art. III–278), die Industrie (Art. III–279), die Kultur (Art. III–280), den Tourismus (Art. III–281), die allgemeine Bildung, Jugend, Sport und berufliche Bildung (Art. III–282), den Katastrophenschutz (Art. III–284) und die Verwaltungszusammenarbeit (Art. III–285).

d) Besondere Kompetenzarten

Außerhalb der skizzierten Systematik stehen die Kompetenzen des Art. I–15 EVV und des Art. I–16 EVV. Sie betreffen die Bereiche der Koordinierung der Wirtschafts- und Beschäftigungspolitik sowie die gemeinsame Außen- und Sicherheitspolitik. Zwar könnte man behaupten, dass nach der Anordnung des Art. I–14, wo-

[22] Vgl. auch *Wuermeling*, Kalamität (Fn. 6), S. 223; *A. Weber*, Zur föderalen Struktur der Europäischen Union im Entwurf des Europäischen Verfassungsvertrags, EuR 2004, S. 841 (847).

nach ohne ausdrückliche Zuordnung Bereiche *automatisch* in die geteilte Zuständigkeit fallen, diese beiden Kompetenzen daher ebenfalls Angelegenheiten der geteilten Zuständigkeiten betreffen. Dem steht allerdings entgegen, dass in Art. I–12 EVV die beiden Bereiche ausdrücklich neben den skizzierten Systemen genannt sind. Gleichgültig allerdings, ob man diese beiden Bereiche der geteilten Zuständigkeit zurechnet oder sie als Kompetenzen „sui generis" bezeichnet, könnten sie besondere Fragen der Interpretation aufwerfen. So könnte etwa unklar sein, ob unter Koordinierung der Wirtschafts- und Beschäftigungspolitik anderes zu verstehen ist als unter den allgemeinen Koordinierungsmaßnahmen des Art. I–17. Konkret ist man in beiden Fällen allerdings ohnehin auf die Regelungen in Teil III verwiesen (siehe dazu Art. III–177 ff. bzw. III–203 ff. und Art. III–294 ff.).

e) Flexibilitätsklausel

Die Erklärung von Laeken hatte den Konvent unter anderem auch vor die Frage gestellt, ob Art. 308 EGV beibehalten werden soll oder nicht. Im Ergebnis hat sich der Konvent für die Beibehaltung entschieden und hat in Art. I–18 EVV eine Nachfolgebestimmung unter der Überschrift „Flexibilitätsklausel" in den Vertragstext aufgenommen. Diese Bestimmung enthält allerdings einige wesentliche Änderungen im Vergleich zur derzeit geltenden Rechtslage. Zum einen wurde ihr Anwendungsbereich auf alle der in Teil III festgelegten Politikbereiche ausgedehnt, zum anderen aber die Mitwirkung des Europäischen Parlaments wesentlich *aufgewertet*. Außerdem wurde die Einschaltung der nationalen Parlamente vorgesehen sowie ausdrücklich bestimmt, dass keine Harmonisierung der Rechtsvorschriften der Mitgliedstaaten auf eine so geschaffene Kompetenz in jenen Fällen begründet werden könnte, in denen dies nach der Verfassung ausgeschlossen ist.

Nach Art. I–18 EVV könnte die Union, wenn ihr eine erforderliche Befugnis fehlt, um eines der Ziele, die in der Verfassung niedergelegt sind, zu verwirklichen, durch einstimmigen Beschluss des Ministerrats auf Vorschlag der Europäischen Kommission und nach Zustimmung des Europäischen Parlaments eine *Ergänzung* ihrer Befugnisse vornehmen. Der Europäischen Kommission fällt es dabei zu, die nationalen Parlamente im Rahmen des „Frühwarnsystems" des Subsidiaritätsprotokolls (vgl. dazu unten III.) auf die entsprechenden Vorschläge aufmerksam zu machen, die im Rahmen von Art. I–18 gesetzt werden sollen.

An die gegenüber Art. 308 EGV geänderte Fassung der nunmehr als „Flexibilitätsklausel" bezeichneten Kompetenz wurde in der Literatur die Hoffnung gegründet, dass damit eine Ergänzung von Politikbereichen ausgeschlossen sein könnte,[23] wobei darauf hingewiesen wurde, dass jene Politikbereiche die auf Art. 308 EGV gegründet wurden, ohnehin ausdrücklich in den Verfassungsvertrag übernommen worden

23 So etwa *Ludwigs*, Kompetenzordnung (Fn. 15), S. 238.

sind.[24] Welche Wirkung die im Verfassungsvertrag vorgesehene Flexibilitätsklausel in der Praxis der Unionsorgane und vor allem in der Rechtsprechung des EuGH freilich gehabt hätte, muss angesichts des Umstandes, dass der Verfassungsvertrag bis dato nicht ratifiziert wurde, Spekulation bleiben. Festzuhalten ist allerdings, dass die *Flexibilitätsklausel* im Gegensatz zu Art. 308 EGV eine wesentlich schärfere verfahrensrechtliche Fassung erhalten hat, die insbesondere dem Europäischen Parlament ein Zustimmungsrecht einräumt und durch die Befassung der nationalen Parlamente eine stärkere Legitimationsbasis erhalten könnte. Es hätte damit in der Tat gelingen können, das vorgegebene Ziel, eine gewisse Eindämmung der Unionskompetenzen, zumindest teilweise zu erreichen.[25]

f) Vertragsänderungen

Der Teil IV des EVV enthält Bestimmungen über das Änderungsverfahren des Vertrages selbst, die bemerkenswerterweise im Rahmen der Novellierung der Grundzüge des Kompetenzrechts in Teil I nicht angesprochen werden. Dies mag mit dem Umstand zusammenhängen, dass das Vertragsänderungsverfahren im Allgemeinen als *völkerrechtliches Verfahren* angesehen wird, das sich ausschließlich nach völkerrechtlichen Regeln beziehungsweise nach den darauf Anwendung findenden verfassungsrechtlichen Regelungen der Mitgliedstaaten richtet. Wenn im vorliegenden Zusammenhang diese Änderungsverfahren dennoch erwähnt werden, dann geschieht das deshalb, weil nicht nur der EVV dafür ausdrückliche Regelungen enthält, sondern auch deshalb, weil im Rahmen dieser Änderungsverfahren auch Europäische Organe zu befassen sind. Damit werden diesen aber ausdrücklich Zuständigkeiten eingeräumt.

Im ordentlichen Änderungsverfahren, das in Art. IV–443 geregelt wird, ist jede Regierung eines Mitgliedstaates, aber auch das Europäische Parlament oder die Kommission ermächtigt, dem Rat Entwürfe für Vertragsänderungen vorzulegen. Solche Entwürfe werden vom Rat dem Europäischen Rat übermittelt und den nationalen Parlamenten zur Kenntnis gebracht. Daran schließt sich auf Beschluss des Europäischen Rates, der dabei das Europäische Parlament und die Kommission anzuhören hat, wenn er der Auffassung ist, dass die vorgeschlagenen Änderungen einer näheren Prüfung zu unterwerfen sind, entweder ein *Konventsverfahren* oder, wenn der Umfang der geplanten Änderungen ein solches nicht rechtfertigt, ein Verfahren im Rahmen einer *Regierungskonferenz* der Mitgliedstaaten. In Kraft treten

24 *Ludwigs*, Kompetenzordnung (Fn. 15), S. 237.

25 Darüber hinaus wurde in der Literatur die Frage diskutiert, ob mit Rücksicht auf die präzisere Fassung des Kompetenzrechts neben der als „Flexibilitätsklausel" bezeichneten Handlungsermächtigung überhaupt noch Raum für eine stillschweigende Lückenfüllungskompetenz i.S.d. „implied powers" geblieben wäre. Siehe dazu *Weber,* Struktur (Fn. 22), S. 849.

können beschlossene Änderungen des Vertrages freilich nur, wenn sie von allen Mitgliedstaaten nach Maßgabe ihrer verfassungsrechtlichen Vorschriften ratifiziert worden sind. Ist dies nach Ablauf von zwei Jahren noch nicht geschehen, haben aber vier Fünftel der Mitgliedstaaten den Vertrag ratifiziert und sind in einem Mitgliedstaat oder mehreren Mitgliedstaaten Schwierigkeiten bei der Ratifikation aufgetreten, so hat sich der Europäische Rat neuerlich mit dieser Frage zu befassen.

In einem vereinfachten Änderungsverfahren nach Art. IV–444 kann der Europäische Rat beschließen, dass in einem in Teil III geregelten Bereich oder auch nur in einem bestimmten Fall anstelle eines einstimmigen Ratsbeschlusses ein Beschluss mit qualifizierter Mehrheit treten kann. Ebenso kann nach Art. IV–444 EVV an die Stelle eines besonderen Gesetzgebungsverfahrens durch einen Europäischen Beschluss ein ordentliches Gesetzgebungsverfahren gesetzt werden. In beiden Fällen wird die vom Europäischen Rat ergriffene Initiative den nationalen Parlamenten übermittelt, die innerhalb von sechs Monaten das Recht haben, diese Initiative abzulehnen. Wird sie auch nur von einem *einzigen* nationalen Parlament abgelehnt, so kann ein solcher Beschluss nicht gefasst werden. Im Übrigen gilt, dass solche Beschlüsse einstimmig und nach Zustimmung des Europäischen Parlaments zu erlassen sind.

Nach Art. IV–445 kann ein Europäischer Beschluss durch den Europäischen Rat Änderungen aller oder eines Teils der Bestimmungen des Teils III Titel III über die internen Politikbereiche der Union herbeiführen. Vorschlagsberechtigt dazu sind die Regierung jedes Mitgliedstaates, das Europäische Parlament oder die Kommission. Der Europäische Rat beschließt einstimmig nach Anhörung des Europäischen Parlaments und der Kommission sowie dann, wenn institutionelle Änderungen im Währungsbereich Gegenstand des Beschlusses sind, nach Anhörung der Europäischen Zentralbank. Der Europäische Beschluss nach Art. IV–445 EVV tritt allerdings erst in Kraft, wenn die Mitgliedstaaten in Einklang mit ihren jeweiligen verfassungsrechtlichen Vorschriften zugestimmt haben.

All die im Verfassungsvertrag positivierten Fälle der Änderung des Vertrags selbst institutionalisieren eine *Zusammenarbeit* zwischen der europäischen und der mitgliedstaatlichen Ebene. Es ist schon richtig, dass eine Änderung des Vertrages endgültig nur möglich ist, wenn letztlich *alle* Mitgliedstaaten einer solchen zustimmen. Ebenso stimmt aber auch, dass Europäische Organe an der Änderung des Verfassungsvertrages beteiligt sind und insofern ein „gemischtes" Verfahren notwendig ist.

III. Die Grundsätze der Subsidiarität und der Verhältnismäßigkeit

Nach Art. I–11 des EVV gelten für die Ausübung der Zuständigkeiten der Union die Grundsätze der Subsidiarität und der Verhältnismäßigkeit. Nach dem *Subsidiaritätsprinzip* soll die Union nur dann und insoweit tätig werden, sofern und soweit die Ziele der in Betracht gezogenen Maßnahmen von den Mitgliedstaaten weder auf zentraler noch auf regionaler oder lokaler Ebene ausreichend verwirklicht werden können, sondern vielmehr wegen ihres Umfangs oder ihrer Wirkung auf Unionsebene besser zu verwirklichen sind. Hinter dieser Formulierung steht der Gedanke des Vorranges der kleinsten Einheit: nur dann, wenn die kleinere Einheit nicht in der Lage ist, eine Maßnahme ausreichend und sinnvoll zu verwirklichen, dann soll die größere Einheit eine solche Maßnahme setzen.[26]

Bemerkenswert an der Neuformulierung des *Subsidiaritätsprinzips*, das sich bisher in Art. 5 EGV findet, ist die Einbeziehung der regionalen oder lokalen Ebenen in seiner Formulierung. Dies wird, wenigstens in der deutschen Literatur, als ein besonderer Fortschritt angesehen, weil damit nicht nur die mitgliedstaatliche Ebene, sondern auch die Ebenen darunter in den Blick geraten.[27] Ob damit freilich im Lichte der Subsidiarität eine besondere neue normative Qualität erreicht wurde, darf bezweifelt werden. Immerhin geht es bei der Abgrenzung der Zuständigkeiten um die Abgrenzung zwischen *Union* und *Mitgliedstaaten*, so dass es im Ergebnis für das Tätigwerden der Union nur ausschlaggebend sein kann, wenn eine Maßnahme nicht schon auf der Ebene des Mitgliedstaats vollständig und sinnvoll verwirklicht werden kann. Es ist nicht davon auszugehen, dass die Formulierung des Art. I–11 EVV in die Strukturen der Mitgliedstaaten eingreifen soll und diese dazu verpflichten, ihrerseits Maßnahmen auf staatlicher Ebene nur dann zu setzen, wenn sie nicht auf lokaler oder regionaler Ebene ausreichend verwirklicht werden können.

Das Subsidiaritätsprinzip gilt nach der ausdrücklichen Anordnung im Vertragstext nur für Zuständigkeiten, die zwischen der Union und den Mitgliedstaaten geteilt sind. Für die Bereiche *ausschließlicher* Zuständigkeiten sollte es nicht gelten. In der englischen Literatur ist dazu allerdings angemerkt worden, dass man sich vorstellen kann, dass die Union in Bereichen mit ausschließlicher Zuständigkeit dem Subsidiaritätsprinzip entsprechende Ermächtigungen vornimmt, die die Zuständigkeit der Mitgliedstaaten begründen können[28] (siehe dazu oben 2. a): im Bereich der

[26] Zu den Wurzeln des Subsidiaritätsprinzips in der christlichen Theologie und den (möglichen) Unterschieden zwischen dem theologischen Prinzip und dem Rechtsgrundsatz der Europäischen Union vgl. z.B. *N. Barber,* The Limited Modesty of Subsidiarity, ELJ 11 (2005), S. 308 ff.

[27] Siehe beispielsweise *Ludwigs*, Kompetenzordnung (Fn. 15), S. 215.

[28] *N. Barber*, Subsidiarity in the Draft Constitution, EPL 2005, S. 197 (202).

ausschließlichen Zuständigkeit können Mitgliedstaaten dann und soweit tätig werden, als sie von der Union dazu ermächtigt wurden). Erwogen werden könnte außerdem, ob nicht auch bei der Frage, was im Sinne des Art. I–13 Abs. 1 lit. b zu den Wettbewerbsregeln zählt, die für das Funktionieren des Binnenmarktes erforderlich sind, der Subsidiaritätsgedanke eine Rolle spielen könnte. Wie eine allfällige Praxis diese Fragen auch immer entschieden hätte, eines ist allerdings sicher: die gleich darzustellenden verfahrensrechtlichen Bindungen des Subsidiaritätsprinzips würden für diese Fälle nicht gelten.

Während der Grundsatz der Subsidiarität also wesentlich für die geteilten Zuständigkeiten Anwendung findet, gilt der *Grundsatz der Verhältnismäßigkeit* für alle Maßnahmen der Union. Er besagt, dass diese weder inhaltlich noch formal über das zur Erreichung der Ziele der Verfassung erforderliche Maß hinausgehen dürfen. Das kann beispielsweise zur Konsequenz haben, dass ein Europäisches Gesetz (das ist die derzeitige Verordnung) dort unzulässig ist, wo ein Rahmengesetz (das ist die derzeitige Richtlinie) ausreicht, weil letztere dem nationalen Gesetzgeber jedenfalls in gewisser Hinsicht einen Spielraum einräumt, während die erstgenannte Maßnahme unmittelbar gilt und entgegenstehendes nationales Recht verdrängt.[29] Bei Prüfung der Verhältnismäßigkeit sind insbesondere auch die finanziellen und wirtschaftlichen Implikationen zu berücksichtigen.

Die beiden Grundsätze werden im zweiten Protokoll, dem so genannten Subsidiaritätsprotokoll näher ausgeführt. Für beide Grundsätze gilt, dass jeder Entwurf eines Europäischen Gesetzgebungsaktes detaillierte Angaben enthalten muss, die es ermöglichen zu beurteilen, ob die Grundsätze der Subsidiarität und der Verhältnismäßigkeit auch eingehalten wurden (Art. 5 des zweiten Protokolls). Dabei sind vor allem Angaben über die voraussichtlichen finanziellen Auswirkungen zu machen. Feststellungen, wonach ein Ziel der Union besser auf *Unionsebene* erreicht werden kann, sollen auf qualitativen und nach Möglichkeit auch quantitativen Kriterien beruhen. Insbesondere ist zu berücksichtigen, dass die finanzielle Belastung und der Verwaltungsaufwand der Union sowie der nationalen, regionalen und lokalen Behörden, der Wirtschaftsteilnehmer und der Bürgerinnen und Bürger so gering wie möglich gehalten werden und in einem angemessenen Verhältnis zu dem angestrebten Ziel stehen muss (Art. 5 des zweiten Protokolls).

Auffallend ist, dass die im bisherigen Subsidiaritätsprotokoll näher genannten *Leitlinien*, die die Subsidiaritätsprüfung inhaltlich stärker vorstrukturierten, weder in den Vertragstext aufgenommen wurden noch im Subsidiaritätsprotokoll eine Entsprechung finden. An die Stelle einer stärkeren inhaltlichen Aufbereitung des Subsidia-

[29] Vgl. dazu *I. Pernice*, Kompetenzabgrenzung im Europäischen Verfassungsverbund, DJZ 2000, S. 866 (872), der davon spricht, dass vom Prinzip der Verhältnismäßigkeit auch Fragen der Regelungsdichte erfasst sind.

ritätsprinzips tritt ein Verfahren, in das die nationalen Parlamente eingebunden werden. Dieses Verfahren wurde in der Literatur mit dem Schlagwort „Frühwarnsystem“ bezeichnet.[30] Entwürfe eines Europäischen Gesetzgebungsaktes sind nämlich den nationalen Parlamenten zur Verfügung zu stellen, die innerhalb von sechs Wochen nach Übermittlung eines solchen Entwurfs eine begründete Stellungnahme abgeben können, in der sie ausführen, weshalb der Entwurf ihres Erachtens nicht mit dem Subsidiaritätsprinzip vereinbar ist. Wichtig ist in diesem Zusammenhang zu sehen, dass solche Begründungen sich nach dem Text des Subsidiaritätsprotokolls ausschließlich auf die Frage der Subsidiarität beziehen müssen. Andere Fragen, insbesondere auch die der Verhältnismäßigkeit, spielen keine Rolle.[31] Es ist allerdings anzunehmen, dass die nationalen Parlamente die Frage hätten aufwerfen dürfen, ob überhaupt eine *Kompetenz der Union* gegeben ist bzw. ob deren Grenzen eingehalten wurden, weil dies eine Voraussetzung dafür ist, dass das Subsidiaritätsprinzip überhaupt Anwendung findet.[32]

Äußern sich ein Drittel der nationalen Parlamente aus der Perspektive der Subsidiarität negativ zu einem vorgelegten Entwurf eines Gesetzgebungsakts (handelt es sich um einen Europäischen Gesetzgebungsakt auf der Grundlage von Art. III–264 betreffend den Raum der Freiheit, der Sicherheit oder des Rechts, dann genügt dafür bereits ein Viertel), dann führt dies zu einer Überprüfung der vorgelegten Maßnahme. Zur Berechnung des fraglichen Anteils wird dabei so vorgegangen, dass jedes nationale Parlament rechnerisch über *zwei Stimmen* verfügt. In jenen Mitgliedstaaten, in denen ein Parlament aus zwei Kammern besteht, wird von jeder Kammer jeweils eine Stimme geführt.

Die Überprüfung der Maßnahme kann ergeben, dass diese geändert oder zurückgenommen wird. Es besteht aber auch die Möglichkeit, an ihr festzuhalten. In jedem Fall ist das Ergebnis zu begründen. Der Umstand, dass das negative Votum der nationalen Parlamente lediglich zu einer Überprüfung der Maßnahme führt, wurde in der englischsprachigen Literatur in Anlehnung an das Sportrecht als „yellow-card-procedure“ bezeichnet, der in der Debatte um den Inhalt des Verfassungsvertrages die Idee einer „red-card-procedure“ entgegengestellt wurde, die insbesondere vom englischen Parlament favorisiert worden wäre. Dabei hätte ein entsprechendes Votum der erforderlichen Anzahl der nationalen Parlamente gegen eine geplante

30 Vgl. dazu beispielsweise *M. Burgstaller,* Die vertikale Kompetenzverteilung der Europäischen Union – Ökonomische, rechtliche und politische Aspekte, JRP 2004, S. 255 (265); *Weber,* Struktur (Fn. 22), S. 849.

31 Das wird allerdings in der Literatur zum Teil heftig kritisiert – vgl. *Barber*, Subsidiarity (Fn. 28), S. 203.

32 So *Wuermeling*, Kalamität (Fn. 6), S. 225.

Maßnahme diese zu Fall gebracht.[33] Gegen die Entscheidung, an einem Entwurf festzuhalten, gegen den Bedenken aus dem Subsidiaritätsprinzip bestehen, wird ausdrücklich der Klageweg an den *Europäischen Gerichtshof* eröffnet.

Das Subsidiaritätsprinzip, das heute in Art. 5 EGV festgelegt ist, hat bislang in der Rechtsprechung des EuGH keine entscheidende Rolle gespielt.[34] Die Gründe dafür sind in unterschiedlichen Umständen gesucht worden. Zum einen dürfte klar sein, dass „das Subsidiaritätsprinzip" nur in geringem Ausmaß überhaupt *justitiabel* ist, bedürfte seine Anwendung doch eines aufwändigen Verfahrens, in dem Gutachten und Gegengutachten über sehr komplexe Sachverhalte vorzulegen wären.[35] Überall dort, wo Zuständigkeiten zielorientiert sind, und daher von vornherein über die Fragen der Notwendigkeit und Erforderlichkeit definiert sind und darin auch ihre Grenze finden, ist mit der Entscheidung, ob eine Frage „notwendig" oder „erforderlich" ist, wohl auch schon mitentschieden, dass sie auf Unionsebene zu setzen ist.[36] Gelegentlich wird auch noch angeführt, dass die Idee der Subsidiarität der Ideologie des EuGH zuwiderlaufen würde, weshalb dieser von ihr keinen Gebrauch machen würde.[37]

Während der letztgenannte Grund in den Bereich der Spekulation fällt, sind die beiden erstgenannten Gründe, die auf die strukturellen Schwächen des Subsidiaritätsprinzips abzielen, in der Tat beachtlich. So wird bei Kompetenzen, die über die Begriffe der *Notwendigkeit* oder *Erforderlichkeit* begrenzt werden, das Subsidiaritätsprinzip in der Tat nur dort eine Rolle spielen, wo es darum geht die Grenzen der Notwendigkeit und Erforderlichkeit festzulegen. Richtig ist auch, dass ein umfassendes Subsidiaritätsprinzip notwendigerweise die Beurteilung sehr komplexer Sachverhalte zum Gegenstand hat, so dass nur schwerlich zu erwarten ist, dass ein Gericht ein solches Prinzip umsetzen kann. Dazu bedürfte es in der Tat einer Auf-

33 *P. Birkinshaw,* A Constitution for the European Union? – A Letter from Home, EPL 2004, S. 57 (73 f.); Für diese Variante auch *T. Raunio*, Much ado about nothing? National Legislatures in the EU Constitutional Treaty, http://eiop.or.at/eiop/texte/2005-009a.htm (23.03.2006). Zur unterschiedlichen Einschätzung der beiden Alternativen in der französischen Debatte: *V. Constantinesco,* Les compétences et le principe de subsidiarité, RTDE 2005, S. 305 (316); *B. Buguet,* Union européenne, projet de Traité constitutionnel: éléments d'analyses, RDP 2005, S. 463 (471); *H. Bribosia,* Subsidiarité et répartition des compétences entre l'Union et ses Etats membres dans la Constitution européenne, RDUE 2005, S. 25 (57 f.).

34 Siehe dazu beispielsweise *M. Schröder*, Vertikale Kompetenzverteilung und Subsidiarität im Konventsentwurf für eine Europäische Verfassung, DJZ 2004, S. 8 (11); *Ludwigs*, Kompetenzordnung (Fn. 15), S. 224; *Barber*, Subsidiarity (Fn. 28), S. 198.

35 So etwa *Barber*, Subsidiarity (Fn. 28), S. 198 f.

36 Vgl. *Eilmansberger*, Kompetenzverteilung (Fn. 13), S. 116.

37 *Barber*, Subsidiarity (Fn. 28), S. 199.

spaltung des Subsidiaritätsprinzips in justitiable Kriterien, die freilich eine Reduktion der Komplexität erforderten. Aus dieser Perspektive mag besonders bedauerlich sein, dass die Leitlinien der Subsidiaritätsprüfung, wie sie sich zur Zeit in Art. 5 des geltenden Subsidiaritätsprotokolls befinden, nicht nur keine Präzisierung durch den neuen Vertragstext sondern überhaupt keine Aufnahme in den EVV beziehungsweise das Subsidiaritätsprotokoll erfahren haben.[38]

Bemerkenswert ist demgegenüber, dass das Subsidiaritätsprotokoll des EVV den Versuch unternimmt, an die Stelle materieller Kriterien, die, wie gesagt, bisher kaum Wirkungen in der Rechtsprechung entfaltet haben, eine besondere verfahrensrechtliche Absicherung des Subsidiaritätsprinzips zu setzen. An die Stelle von näheren materiellen Kriterien tritt nämlich die erwähnte verfahrensrechtliche Einbindung der nationalen Parlamente im Rahmen des so genannten „Frühwarnsystems". Damit wird die Auseinandersetzung um die Frage der Subsidiarität eine Frage nach den entsprechenden Begründungen der *Europäischen Instanzen* einerseits und der *nationalen Parlamente* andererseits.[39] Freilich: ob und inwieweit die nationalen Parlamente unter diesem Subsidiaritätsprotokoll tatsächlich und auch erfolgreich tätig geworden wären, ist eine Frage, über die nur spekuliert werden kann. Es ist bereits treffend bemerkt worden, dass die Tätigkeit der nationalen Parlamente im Rahmen dieses Frühwarnsystems wohl nur so effektiv geworden wäre, wie die nationalen Parlamente insgesamt ihre Regierungen effektiv kontrollieren.[40] Allerdings, und das könnte sich zu einem entscheidenden Aspekt dieses Verfahrens entwickelt haben, sind nationale Parlamente in der Lage, nationale Öffentlichkeit besser herzustellen, als das Europäische Parlament bislang eine europäische Öffentlichkeit herstellen konnte. Über diesen Weg hätte daher der europäische Gesetzgebungsprozess insgesamt in den Mitgliedstaaten deutlicher und *transparenter* verankert werden können. Dieses Verfahren hätte damit einen Beitrag dazu leisten können, das Zusammenspiel zwischen Europäischen und nationalen Instanzen für die Bevölkerung der Union durchsichtiger und besser verständlich zu gestalten.

38 Dies wird auch kritisch von *Ludwigs*, Kompetenzordnung (Fn. 15), S. 224, vermerkt; siehe auch *Wuermeling,* Kalamität (Fn. 6), S. 22 f.

39 *Barber,* Subsidiarity (Fn. 28), S. 197 (202), streicht in diesem Zusammenhang heraus, dass der prinzipielle Vorteil des neuen Subsidiaritätsprotokolls darin bestünde, dass es Institutionen stärkt, die ein Interesse an dem Subsidiaritätskonzept haben.

40 Zu dieser Skepsis auch *Barber,* Subsidiarity (Fn. 28), S. 197 (204).

IV. Das Verhältnis zwischen Gemeinschaftsrecht und nationalen Rechtsordnungen

Art. I–6 EVV enthält die ausdrückliche Anordnung, dass sowohl die Unionsverfassung (das Primärrecht) als auch das von den Organen der Union in Ausübung ihrer Zuständigkeiten gesetzte Recht (Sekundärrecht) Vorrang vor dem Recht der Mitgliedstaaten genießen. Damit wird ein Grundsatz ausdrücklich im Vertrag positiviert, der schon bisher fester Bestandteil der Rechtsprechung des EuGH war, beziehungsweise ist.[41] Es ist zunächst davon auszugehen, dass die ausdrückliche Positivierung des Anwendungsvorrangs nichts an seiner derzeitigen Struktur ändert. Soweit Europäisches Recht *unmittelbar* anwendbar ist (das gilt für Teile des Primärrechts, wie beispielsweise die Grundfreiheiten und Teile des Sekundärrechts, wie beispielsweise das Europäische Gesetz), verdrängt es ihnen entgegenstehendes nationales Recht. Dem nationalen Recht wird nicht im eigentlichen Sinne derogiert (es tritt daher nicht außer Kraft), sondern es wird nur in seiner Wirkung *zurückgedrängt*.[42] Wird daher beispielsweise ein Europäischer Rechtsakt wieder aufgehoben, kann das durch ihn verdrängte nationale Recht wiederaufleben. Nicht unmittelbar anwendbare Normen wie beispielsweise Europäische Rahmengesetze verpflichten prinzipiell die Mitgliedstaaten zur Umsetzung, können aber im Falle einer nicht zeitgerechten Umsetzung in bestimmten Fällen ebenfalls unmittelbar anwendbar sein und darüber hinaus die Auslegung innerstaatlichen Rechts steuern.

Es ist nicht abzusehen, dass die ausdrückliche Anordnung des Anwendungsvorrangs im EVV an dieser Struktur Wesentliches ändern würde. Im Gegenteil, sie erscheint durch den Vertragstext ausdrücklich festgeschrieben zu sein. Mögliche Auswirkungen der ausdrücklichen Festschreibung dieses Grundsatzes im Vertragstext werden aber im Hinblick auf die so genannten „integrationsfesten" Bestandteile des nationalen Verfassungsrechts diskutiert. So ziehen manche nationalen Verfassungen mithilfe von *Struktursicherungsklauseln* der Idee nach dem Anwendungsvorrang Grenzen oder wollen das Europäische Recht überhaupt unterhalb der Verfassungsordnung eingeordnet wissen (weshalb es dann bei Änderungen des Europäischen Rechts notwendigerweise immer auch einer Verfassungsänderung bedarf) oder setzen dem Europäischen Recht Schranken durch grundlegende Prinzipien der Verfassungsord-

41 Von einem „Grundpfeiler der Verfassungsarchitektur" der Union spricht *I. Pernice,* Europäisches und nationales Verfassungsrecht, VVdStRL 60 (2001), S. 148 (182).

42 *Pernice,* Verfassungsrecht (Fn. 41), S. 185, betont in diesem Zusammenhang, dass das Prinzip des Anwendungsvorrangs kein Über- und Unterordnungsverhältnis von Europäischem und nationalem Verfassungsrecht i.S. einer Normenhierarchie konstituiert. Für einen „Verfassungsverbund" – so die Charakterisierung des Zusammenspiels zwischen Union und Mitgliedstaaten – sei prägend, dass er nicht hierarchisch strukturiert sei, sondern die Kooperation der unterschiedlichen Ebenen untereinander erfordere.

nung beziehungsweise durch unveräußerliche *Menschenrechte.*[43] Gelegentlich wurde in der Literatur bereits behauptet, dass durch die ausdrückliche Anordnung des Anwendungsvorrangs sich dieser nunmehr auch gegen nationale verfassungsrechtlich normierte (oder auch nur in die Verfassung hineininterpretierte) Integrationsschranken durchsetzen würde.[44]

Für das Verhältnis zwischen Unionsrecht und der deutschen Rechtsordnung wurde der Versuch unternommen, das Thema mit dem Argument zu beruhigen, dass ein solcher Konflikt in Wahrheit gar nicht auftreten könne.[45] Unter der Voraussetzung nämlich, dass die Bestimmungen des EVV hinreichend bestimmt seien und die Grundwerte des GG nicht verletzen, sei jeder Sekundärrechtsakt, der solches täte „ultra vires" ergangen und somit ohnehin nichtig. Damit wären aber die „interpretationsfesten" Schranken des GG im Sinne der *Maastricht Entscheidung* des Bundesverfassungsgerichts[46] nicht tangiert. Dieses Argument ist aber nicht von allgemeiner Überzeugungskraft.

Denn mit Sicherheit besteht für die Mitgliedstaaten der Europäischen Union eine Schranke des Anwendungsvorrangs, die jedenfalls in der Europäischen Menschenrechtskonvention gelegen ist. Kein Staat kann sich mit dem Hinweis auf Unionsrecht seiner Verpflichtungen aus der EMRK entziehen.[47] Und es ist weiters nicht ausgeschlossen, dass gerade im Grundrechtsbereich solche Konflikte auftreten können, zeigt sich doch, dass selbst unter der Geltung der gleichen Prinzipien viele Fragen *Auslegungsfragen* sind, über die man trefflich streiten kann.[48] Freilich, ein Beitritt der Union zur Europäischen Menschenrechtskonvention, wie in Art. I–9 Abs. 2 des EVV vorgesehen, könnte geeignet sein, denkbare Spannungsverhältnisse des Unionsrecht zur Europäischen Menschenrechtskonvention aufzulösen.

Ferner ist festzuhalten, dass nach Art. I–5 EVV die Union die nationale Identität der Mitgliedstaaten, die in deren grundlegender politischer und verfassungsrechtlicher Struktur gelegen ist, zu achten hat. Daraus wurde der Schluss gezogen, dass damit die Eigenheiten der jeweiligen nationalstaatlichen Verfassungen garantiert werden

43 Siehe dazu näher die Darstellung bei *Weber,* Struktur (Fn. 22), S. 846.

44 So beispielsweise *Puttler,* Mitgliedstaaten (Fn. 8), S. 684; *T. Öhlinger*, Braucht Europa eine Verfassung?, JRP 2002, S. 37 (45).

45 *Puttler,* Mitgliedstaaten (Fn. 8), S. 685.

46 BVerfGE 89, 155.

47 Vgl. dazu EGMR 18.2.1999, *Matthews / Vereinigtes Königreich* = EuGRZ 1999, S. 200 ff.

48 Man denke in diesem Zusammenhang etwa nur an die unterschiedlichen Konzeptionen des „Wesensgehalts" begriffen in Art. 19 Abs. 2 GG, der aber nach dem Maastricht-Beschluss des BVerfG eine wesentliche Interpretationsschranke darstellt – vgl. dazu *M. Stelzer,* Das Wesensgehaltsargument und der Grundsatz der Verhältnismäßigkeit, 1991, S. 47 ff.

würden, wozu im Endeffekt auch die Aufrechterhaltung integrationsfester Schranken gehörte.[49] Wenn sich demnach an der materiellen Rechtslage gar nicht so viel geändert hat, dann lässt sich überlegen, ob sie nicht zu einer Lösung der Frage nach der Letztentscheidungskompetenz führen könnte.

Bekanntlich hat das Bundesverfassungsgericht in einem denkbaren Konflikt zwischen Unionsrecht und dem integrationsfesten Teil des Grundgesetzes eine solche für sich in Anspruch genommen. Ob diese allerdings auf einer rechtlichen Ebene auch vom EuGH anerkannt worden wäre, ist bislang offen geblieben, weil es einen derartigen offenen Konflikt nicht gegeben hat. Sicher ist, dass in einem solchen Konflikt jedenfalls der EuGH im Rahmen der entsprechenden verfahrensrechtlichen Zuständigkeiten eine Stellungnahme abzugeben hätte. Wie dann im Endeffekt damit umzugehen ist, ist rechtlich nicht geregelt. Das Fortbestehen der Union ist in solchen Fällen letztlich auf die Kooperation der jeweiligen Höchstgerichte miteinander angewiesen.[50] Dass die Unionsverfassung für diesen Fall keine ausdrückliche Regel enthält, ist kein Versäumnis, sondern Ausdruck dieses Zwangs zur Kooperation, die nur unter wechselseitiger *Akzeptanz* und *Kompromissbereitschaft* funktioniert.

Es hat sich daher auch durch die Positivierung des Anwendungsvorrangs im Ergebnis nichts am bisherigen Verhältnis zwischen Unionsrecht und dem Recht der Mitgliedstaaten geändert. Und dies liegt nicht zuletzt daran, dass in der Literatur die Positivierung des Anwendungsvorrangs insgesamt überbewertet worden ist, da dieser heute nicht nur als Grundsatz der Rechtsprechung des EuGH gilt, sondern schon durch das zur Zeit in Geltung stehende Subsidiaritätsprotokoll nach dem Amsterdamer Vertrag implizit auf primärrechtlicher Ebene anerkannt worden ist.[51]

V. Transformation der Staatlichkeit?

Wie die bisherige Analyse der Kompetenzverteilung zwischen der Europäischen Union und ihren Mitgliedstaaten schon an mehreren Stellen zeigen konnte, ist das allenthalben gezeichnete Bild von Mitgliedstaaten, die als „Herren der Verträge“ punktuell Bereiche ihrer Souveränität an die Union abgeben, ohne dabei selbst den Status souveräner Staaten (die „Kompetenz-Kompetenz“) zu verlieren, und die in

49 Dies war offenbar die Sichtweise des (frz.) Conseil Constitutionnel in seiner Entscheidung Nr. 2004–505 DC vom 19.11.2004 – siehe dazu *F. C. Mayer,* Europarecht als französisches Verfassungsrecht, EuR 2004, S. 925 (935); vgl. auch *Weber*, Struktur (Fn. 22), S. 847.

50 Siehe dazu etwa *Pernice,* GG-Kommentar (Fn. 10), Art. 23 Rz. 30; *P. M. Huber,* Europäisches und nationales Verfassungsrecht, VVdStRL 60 (2001), S. 194 (231).

51 Vgl. dazu auch *Pernice,* Verfassungsrecht (Fn. 41), S. 182.

einem herkömmlichen völkerrechtlichen Verfahren Änderungen der Verträge vereinbaren, brüchig geworden. Es stimmt in vielerlei Hinsicht nicht nur mit der Realität sondern auch mit den normativen Strukturen der Union – diesseits oder jenseits des Verfassungsvertrages – nicht überein bzw. bildet es nur eine Seite oder einen Aspekt dieser rechtlichen Situation ab. Es vermag das Phänomen der Europäischen Union jedenfalls nicht (mehr) hinreichend zu erklären.

Die Diskussionen um die Vereinbarkeit eines klassischen Souveränitätskonzepts und eines klassischen Staatsdenkens mit dem Konzept der Europäischen Union und vor allem deren *Rechtsqualität* muss im Ergebnis auch zu einem Überdenken der europäischen Staatstheorien insgesamt führen. Auch wenn der europäische Selbstfindungsprozess noch lange nicht abgeschlossen ist, so zeichnet sich doch vorläufig ab, dass die Debatte rund um eine Europäische Verfassung beziehungsweise den Europäischen Verfassungsvertrag, tief in die Wurzeln der europäischen Staatsrechtsdogmatik und politischen Theorie reicht. Es scheint so zu sein, als ob die europäische Staatsrechtslehre über Jahrzehnte hinweg Versatzstücke historischer Staatskonzeptionen und eines historischen Staatsverständnisses transportiert hat, die an sich schon mit den theoretischen Grundlagen einer demokratischen Republik und eines gewaltenteilenden Verfassungsstaates nicht kompatibel sind.

Einige Eckpunkte dieser Debatte dürften dabei nach und nach feststehen. Soweit die europäische Staatsrechtslehre, aber wohl auch die Völkerrechtslehre, von einem *Staatsbegriff* ausgehen, der seine Wurzeln im Souveränitätskonzept von Bodin hat (es handelt sich dabei im wesentlichen um die Drei-Elementenlehre, wonach ein Staat durch das Vorhandensein einer souveränen Staatsgewalt, die auf einem bestimmten Gebiet über ein bestimmtes Staatsvolk ausgeübt definiert wird)[52], so lässt sich dazu wenigstens zweierlei feststellen. Dieses Staats- und Souveränitätskonzept wurde zur Begründung absoluter Monarchien entwickelt, und passt im Grunde, wie sogleich zu zeigen sein wird, auch nur auf diese. Hintergrund für die Entwicklung dieses Souveränitätskonzepts war die Notwendigkeit, als Antwort auf die blutigen Religionskriege eine Staatsgewalt zu konzipieren, die losgelöst von religiösen Grundlagen für Frieden sorgen sollte. Wie die Geschichte lehrt, ist es dieser Staatsgewalt zwar gelungen, Europa in Hinblick auf die Religionskriege zu befrieden, es entstand aber ein neuer Konfliktherd: nämlich die Kriege zwischen den einzelnen Nationalstaaten, die im 20. Jahrhundert ihren traurigen und zugleich absurden Höhepunkt erreicht hatten. Betrachtet man die Begründung von Staatsgewalt vor dem Hintergrund der Friedenssicherung, dann scheint das *Bodin'sche* Konzept *prima facie* nicht geeignet, eine taugliche Grundlage für das Staatsverständnis des dritten Jahrtausends abzugeben.

52 Vgl. dazu *G. Jellinek,* Allgemeine Staatslehre, 3. Aufl. 1959, S. 394 ff.

Versteht man unter „Souveränität" mit *Bodin* die „höchste Gewalt auf Erden",[53] die ihrerseits „legibus solutus" ist, dann zeigt sich, dass dieses Konzept schon im demokratischen Verfassungsstaat von vornherein nicht verwirklicht werden kann. Das, auf die Institution des absoluten Monarchen bezogene Souveränitätskonzept, lässt sich im Verfassungsstaat schon deshalb nicht umsetzen, weil es dort keine Institution gibt und geben kann, der von vornherein eine „summa potestas" zukommen kann. So haben auch schon Stimmen in der deutschen Staatsrechtslehre das Souveränitätskonzept für den gewaltenteilenden Verfassungsstaat in gewisser Weise verabschiedet, wenn sie als Trägerin der Souveränität bestenfalls *das Volk* in seiner Eigenschaft als Verfassungsgeber bestimmen wollen.[54]

Neben der Einsicht, dass es im demokratischen Verfassungsstaat keine Institution geben kann, die Trägerin einer solchen Souveränität ist, erhält das Konzept der Souveränität aber von vornherein auch eine wesentliche inhaltliche Einschränkung.[55] Versteht man den demokratischen Verfassungsstaat als politische Organisation einer Gesellschaft von Freien und Gleichen, dann kann es in einem solchen Staat nicht nur keine Institution geben, die über „summa potestas" verfügt, sondern es kann von vornherein eine solche umfassende öffentliche Gewalt nicht geben, weil sie die Voraussetzung, dass es sich um eine Gesellschaft von Freien und Gleichen handelt, notwendigerweise in sich aufnehmen muss, womit ihr aber von vornherein Grenzen gesetzt sind, die als genuin inhaltliche Schranken erscheinen.[56] „Souveränität", oder besser staatliche Gewalt, wird daher von diesem Konzept gedacht, im Verfassungsstaat nicht von außen inhaltlich begrenzt, sondern trägt ihre inhaltlichen Schranken schon immer mit sich.

Hatte schon der gewaltenteilende Verfassungsstaat Schwierigkeiten, das in Rede stehende Souveränitätskonzept zu übernehmen, so stellen sich in einem *Bundesstaat* Probleme ganz besonderer Art.[57] „Summa potestas" ist schon begrifflich notwen-

53 *J. Bodin*, Les six livres de la République, I.8., I.10. Freilich lässt sich auch schon bei *Bodin* diskutieren, ob und inwieweit der souveränen Gewalt nicht auch (rechtliche) Grenzen, etwa an dem göttlichen Naturrecht gesetzt sind.

54 So beispielsweise *M. Kriele,* Einführung in die Staatslehre, 6. Aufl. 2003, § 31.

55 *P. Birkinshaw,* Constitutions, Constitutionalism and the State, EPL 2005, S. 31 (37), betont, dass auch die englische Theorie der Parlamentssouveränität nie soweit gegangen ist, damit auch Gesetze zu rechtfertigen, die Grundprinzipien der Moral zuwiderlaufen.

56 Das wird insbesondere im Vertragskonzept eines *J. Locke*, The Second Treatise of Government, Kap. IV, XI, deutlich.

57 Vgl. dazu beispielsweise *D. Wyduckel,* Föderalismus als rechtliches und politisches Gestaltungsprinzip bei Johannes Althusius und John C. Calhoun, in Duso / Krawietz / Wyduckel (Hrsg.), Konsens und Konsoziation in der politischen Theorie des frühen Föderalismus, 1997, S. 259 (277); *O. Beaud,* Föderalismus und Souveränität, Bausteine zu einer verfassungsrechtlichen Lehre der Föderation, Der Staat 35 (1996), S. 45 f.

digerweise unteilbar, da jede geteilte Souveränität begrifflich keine höchste Gewalt mehr ist. Bundesstaaten, die die Staatsfunktionen auf unterschiedliche Ebenen verteilen, aber davon ausgehen, dass sowohl der Bund als auch die Gliedstaaten Staatsqualität haben, sind mit dem vorgestellten Souveränitätskonzept überhaupt nicht erklärbar. In der Föderalismustheorie wurde daher zum Teil vorgeschlagen, gegen das Konzept *Bodins* jenes von *Althusius* zu stellen, der augenscheinlich die Gesellschaft von Gleichen und Freien insofern wesentlich konsequenter umgesetzt hat, als alle Herrschaftsausübung notwendigerweise auf einem „pactum" beruht.[58]

Unter „Souveränität" wird in diesem Konzept als „Souveränitätsrecht" letztlich wohl nur noch eine theoretische Machtbefugnis verstanden, die von vornherein beim Volk verortet wird. Dieses vergibt sie zur Verwaltung und Ausübung auf einzelne Institutionen, die auf unterschiedlichen staatlichen Ebenen angelegt sein können. Die Wurzel dieser souveränen Gewalt ist, wie *Pernice* richtig sieht,[59] nichts anderes als die Selbstbestimmung jedes Einzelnen. Dies ist in der Sache wiederum nichts anderes als konsequentes Gesellschaftsvertragsdenken, worin alle öffentliche Gewalt vom aufgeklärten freien Subjekt aus rekonstruiert wird,[60] ohne dass damit Anarchie zu befürchten wäre.[61] Von diesem Punkt aus ist allerdings die Rede von der „geteilten Souveränität",[62] die allenthalben als Erklärungsmuster für den Verfassungsverbund der Europäischen Union mit ihren Mitgliedstaaten herangezogen wird, überholt. Auch im Konzept von *Althusius* gibt es keine geteilte Souveränität, sondern ausschließlich eine Verteilung von Ausübungs- oder Verwaltungsrechten.[63] Die „Souveränität", oder besser: das Souveränitätsrecht, das sich am Ende wohl zu einer theoretischen Herrschaftsbefugnis des Volkes reduziert, ist für sich genommen aber ebenfalls unteilbar und bleibt dies auch.[64]

58 So beispielsweise *D. J. Elazar*, Althusius and Federalism as Grand Design, in Duso / Krawietz / Wyduckel (Hrsg.), Konsens und Konsoziation in der politischen Theorie des frühen Föderalismus, 1997, S. 209 (214).

59 *Pernice,* Verfassungsrecht (Fn. 41), S. 160 ff.

60 In Wahrheit handelt es sich hier um ein konsequent gedachtes Modell im Sinne der Gesellschaftsvertragstheorien. Dort wird im Wesentlichen öffentliche Gewalt durch die Übertragung von Selbstbestimmungsrechten legitimiert (so etwa ganz deutlich bei *T. Hobbes*, Leviathan [1651]).

61 So aber offenbar *K. Doehring*, in VVdStRL 60 (2001), S. 357.

62 So – statt vielen – *Pernice,* GG-Kommentar (Fn. 10), Art. 23 Rz. 21.

63 Siehe dazu näher *Wyduckel*, Föderalismus (Fn. 57), S. 279; *Elazar*, Althusius (Fn. 58), S. 214.

64 *Althusius*, Politik, 3. Aufl. 1614, Kap XXXIX, § 34.

Freilich stellt sich dann die Frage, wozu der Souveränitätsbegriff dann noch gut sein soll.[65] Es ist durchaus denkbar, dass *Althusius* selbst ihn als Kind seiner Zeit nicht vermeiden konnte und wollte, weil seine Konzeption ausdrücklich als Gegenentwurf zu der von *Bodin* gedacht war.[66] Jedenfalls bietet das Konzept von *Althusius* eine Theorie, mit der das Heilige Römische Reich Deutscher Nation erfassbar sein konnte, ohne in den Pessimismus *Pufendorfs* zu münden, selbiges nur noch als „gleichsam ein Monster" beschreiben zu können. Es dürfte sich daher eher um einen Akt theoretischer Verzweiflung handeln, diesen *Pufendorf'schen* Stehsatz auf die Europäische Union zu übertragen.

Löst man sich zumindest für einen Moment von der verzweifelten Suche nach der souveränen Gewalt, dann wird der Blick möglicherweise darauf frei, worum es in der Tat heute zu gehen scheint: nämlich um die Frage nach der Legitimation der Ausübung öffentlicher Gewalt, die unter der Voraussetzung, dass es sich um die öffentliche Gewalt in einer Gesellschaft von gleichen freien Subjekten handelt, wohl nur demokratisch-rechtsstaatlich sein kann. Dass sich in diesem Zusammenhang sowohl auf der Ebene der Europäischen Union, wie sich durchaus zeigen lässt, als auch auf der Ebene der einzelnen Mitgliedstaaten noch Erkleckliches an Handlungsbedarf ergibt, sollte nicht weiter zweifelhaft sein.[67] Freilich, solange man ausdrücklich auf die Souveränität der Mitgliedstaaten vertraut, kann man durchaus auch der Auffassung sein, dass die Europäische Union im Vergleich mit anderen völkerrechtlichen Gebilden in ungleich größerem Ausmaß demokratisch organisiert ist.[68] Aber, wie gesagt, diese staatlichen Souveränitätskonzepte sind schon auf der Ebene der Mitgliedstaaten heute überholt und erklären nicht den gewaltenteilenden, demokratischen Verfassungsstaat.

Diese Erwägungen sollen aber ihrerseits nunmehr nicht den Blick darauf verstellen, dass die europäische Praxis vielfach noch eine andere ist. Ob sie sich diesen und damit wohl auch in gewisser Weise ihrem eigenen Konzept je annähern wird, ist eine Frage des europäischen Selbstfindungsprozesses, der voll im Gange ist. Die juristische wie politische Debatte rund um den Verfassungsvertrag stellt einen Schritt auf diesem Weg dar. Gleichgültig, ob der Verfassungsvertrag in der vorgelegten oder einer anderen Form je ratifiziert werden sollte, diese Debatte hat das Europäische Recht auf eine neue Ebene gehoben. Gerade der Umstand, dass der

65 Die Frage danach, ob die Staatsrechtslehre heute nicht ohne ein „Souveränitäts"-Konzept ihr Auslangen finden würde, stellt auch *E. Denninger,* in VVdStRL 60 (2001), S. 362.

66 *Althusius*, Politik (Fn. 64), Kap. IX, §§ 19 ff.

67 Instruktiv *G. Lübbe-Wolff,* Europäisches und nationales Verfassungsrecht, VVdStRL 60 (2001), S. 246 ff.

68 So etwa *W. Knelangen,* Die institutionelle Ordnung der EU in vergleichender Sicht, ZSE 2005, S. 7 (22).

Verfassungsvertrag in der Sache wenig Neues enthält, dafür aber den gegenwärtigen Rechtszustand transparenter macht, was insbesondere im Bereich der Kompetenzen gelungen zu sein scheint, hat vieles, was in den derzeitigen Rechtsschichten verborgen ist, ins Bewusstsein der europäischen Juristinnen und Juristen gehoben. In diesem Sinne ist das Europäische Recht, auch verstanden als das Recht der Kooperation zwischen Union und ihren Mitgliedstaaten auch ohne formelle Inkraftsetzung des Verfassungsvertrages ein anderes geworden.

Grundlegende und vertiefende Literatur

Bogdandy, Armin von / Bast, Jürgen:
Die vertikale Kompetenzordnung der Europäischen Union, EuGRZ 2001, S. 441 ff.

Craig, Paul:
Competence: Clarity, Containment and Consideration, ERLP / REDP 2004, S. 143 ff.

Eilmansberger, Thomas:
Zur gegenwärtigen und zukünftigen vertikalen Kompetenzverteilung in der Europäischen Union, JRP 2003, S. 113 ff.

Huber, Peter M.:
Europäisches und nationales Verfassungsrecht, VVDStRL 60 (2001), S. 194 ff.

Pernice, Ingolf:
Kompetenzabgrenzung im Europäischen Verfassungsverbund, DJZ 2000, S. 866 ff.

ders.:
Europäisches und nationales Verfassungsrecht, VVDStRL 60 (2001), S. 148 ff.

Schröder, Meinhard:
Vertikale Kompetenzverteilung und Subsidiarität im Konventsentwurf für eine Europäische Verfassung, DJZ 2004, S. 8 ff.

Streinz, Rudolf / Ohler, Christoph / Herrmann, Christoph:
Die neue Verfassung für Europa. Einführung mit Synopse, München 2005.

Jiri Zemanek

B. Gesetzgebung: Zuständigkeiten, Organe und Verfahren

I. Reformbedarf

Die Art und Weise, in der die Rechtsnormen zustande kommen, gehört zu den Kernfragen der juristischen Grundordnung jedes rechtlich verfassten Gemeinwesens.

Die Modifikationen und Ergänzungen der Normsetzung in der Europäischen Union durch die vorherigen Reformverträge hatten zwar die Ausübung der Zuständigkeiten in den neu eingeführten Politikbereichen ermöglicht, aber zugleich zur mangelnden Kohärenz des gesamten europäischen Rechtssystems geführt: zur Entropie der wechselseitig konkurrierenden Handlungsformen grundsätzlich auf derselben Rangstufe der – sowieso schwachen – Normenhierarchie (zwischen den einzelnen Säulen der Europäischen Union) mit einer schwachen oder kaum erkennbaren Trennung von legislativen und vollziehenden Rechtsakten, die teilweise auch ein wechselseitiges Aufhebungsvermögen der horizontal gleichrangig gestellten Rechtsetzungsinstanzen verursachte; zur Pluralität der Gesetzgebungsverfahren („Community method" mit fast zwei Dutzend modifizierter Normsetzungsverfahren,[1] intergouvernementale Normsetzung mit verschiedenen nationalen Vorbehaltsmöglichkeiten und *opt-outs*), die eine unbegründet unterschiedliche Beziehung der Rechtsakte zur *volonté générale* als Folge hatte (abgestufte Einbeziehung des durch die Unionsbürger/innen direkt gewählten Europäischen Parlaments, der von den Völkern einzelner Mitgliedstaaten mittelbar verantwortlichen Vertretern zusammengesetzte Rat); zur abweichenden innerstaatlichen Bindungskraft der unionalen und gemeinschaftlichen Rechtsakte mit differenzierten Umsetzungs- und Anwendungspflichten bzw. Gestaltungsmöglichkeiten der nationalen Organe und einer asymmetrischen Prüfungskompetenz des EuGH; usw.

Deswegen war nun der Reformbedarf im Laufe der fortschreitenden Konstitutionalisierung der europäischen Grundordnung nach deren *Vereinheitlichung* und *Systematisierung* offensichtlich groß geworden.

Setzt eine an Vorgaben der Demokratie und Rechtsstaatlichkeit ausgerichtete Normsetzung nicht die Existenz eines „Staates im Werden" voraus? Ist eine „Staatlichkeit

[1] S. die Bemerkung des Präsidiums des Verfassungskonvents, CONV 216/02, S. 6.

indizierende“ Bestrebung zum Scheitern verurteilt, solange nicht die Frage geklärt ist, ob Europa überhaupt „verfassungsfähig“ sein kann?[2] Mit Verweis auf solche oben so umfassend thematisierten Fragen (2. Teil) gehen wir hier davon aus, dass eine Reform der Normsetzung in der Grundordnung der Union notwendigerweise ihre *Staatlichkeit nicht voraussetzt*, dennoch den Anforderungen genügen (bzw. sie vertiefen) muss, die aus den Grundprinzipien resultieren, über die die Europäische Union schon nach dem heutigen Rechtsstand grundsätzlich verfügt.

Zusammenfassend geht es um die Umstrukturierung der Gesetzgebung der Europäischen Union als einer zunehmend optimalen Problemlösungsebene, womit das Risiko einer Aushöhlung von Hoheitsgewalt der Mitgliedstaaten mittels der politischen und gerichtlichen Kontrolle der Ausübung von legislativen Zuständigkeiten durch die Europäische Union stärker als zuvor einzuschränken ist. Die Abgabe der nationalen *Letztentscheidungsmöglichkeiten* (des Veto-Rechts im Rat) zugunsten der flexibleren Handlungsfähigkeit der Union ist von Mitgliedstaaten nicht vorbehaltlos angenommen worden und könnte durch Heranziehung des *Kompensationsprinzips* zum Ausgleich ihrer Bedeutungsverluste führen (Stärkung der Mitwirkungsrechte der nationalen Parlamente).[3] Zugleich ist die demokratische Legitimität der Gesetzgebung der Europäischen Union aufgrund der Rechenschaftsablegung ihrer Akteure gegenüber den durch sie vertretenen Bürger/innen zu steigern.[4] Kurz gesagt, geht es um mehr Transparenz, Effizienz und Bürgernähe der kooperativen Arbeitsweise[5] des unionalen Gesetzgebungssystems.

II. Mehr Kohärenz

1. Der einheitliche Katalog der Gesetzgebungssakte

Der LissV vereinheitlicht nunmehr die Art von Rechtsakten (Art. 288 AEUV), der sich die Organe der Europäischen Union bedienen müssen und die sämtliche Handlungsformen der bisherigen, durch den LissV aufgehobenen Säulen-Struktur

2 *D. Korioth*, Europäische und nationale Identität: Integration durch Verfassungsrecht?, VVDStRL 62 (2003), S. 117 ff. (S. 121).

3 *D. König*, Die Übertragung von Hoheitsrechten im Rahmen des europäischen Integrationsprozesses – Anwendungsbereich und Schranken des Art. 23 des Grundgesetzes, 2000, Kapitel 6.

4 *A. Hofmann / W. Wessels*, Der Vertrag von Lissabon – eine tragfähige und abschließende Antwort auf konstitutionelle Grundfragen?, integration 1/2008, S. 6.

5 *I. Pernice*, The EU System of Legislation and its Modernisation, in: Tichy / Plechanovova / Schneider (Hrsg.), European Integration at the Crossroads, 2008, S. 37 ff. (S. 50).

der Europäischen Union ersetzen. Der *Status des Rechtsaktes* als ein Gesetzgebungsakt ist in diesem Katalog – im Unterschied zum EVV – nicht einzeln zugeschrieben, sondern ist nach dem Verfahren seines Zustandekommens ein Gesetzgebungsverfahren (Art. 289 Abs. 3 AEUV) – eine Verordnung, Richtlinie oder ein Beschluss. Die Art des zu erlassenden Gesetzgebungsaktes ist also im Einzelfall den Verträgen zu entnehmen, sonst entscheiden die Organe darüber von Fall zu Fall, wobei ihre Wahl auf die Einhaltung des geltenden Verfahrens beschränkt ist. Die Wahl von einem taxativ gelisteten Gesetzgebungsakt wird auch nach Maßgabe des Grundsatzes der *Verhältnismäßigkeit* überprüfbar (Art. 296 AEUV), was zur Transparenz des Verfahrens, Akzeptanz des Rechtsakts und Verfestigung der Rechtssicherheit der Normaddressaten wesentlich beitragen kann.[6]

2. Gesetzgebung ohne „Gesetze“: das terminologische Versteckspiel setzt sich fort

Trotz strukturellen Ähnlichkeiten zwischen wichtigsten gemeinschaftlichen normativen Rechtsakten – Verordnung und Richtlinie – und staatsrechtlichen Gesetzgebungsformen und trotz der Anwendung von gemeinschaftlichen Rechtsakten in Politikbereichen der Europäischen Union, die traditionell zur *domaine réservé* des Staates angehört hatten, ist der europäische Wortschatz seit langer Zeit unverändert geblieben. Erst im EVV wurden die überkommenen Begriffe, die an den anfänglichen „Zweckverband“ errinnerten, durch einen aufrichtigen Wortgebrauch ersetzt, der schon in der Rechtsprechung des EuGH[7] und einiger nationaler Gerichte[8] anerkannt wurde: das Europäische Gesetz und das Europäische Rahmengesetz (Artikel I-33 EVV). Obwohl ihre Umbenennung keine strukturellen Innovationen dieser Rechtsformen mit sich brachte, konnte man sie als „Gesetzgebungsakte“ terminologisch klar von „Rechtsakten ohne Gesetzescharakter“ unterscheiden: von der „Europäischen Verordnung“ und dem „Europäischen Beschluss“[9].

Die Begriffe „Gesetz“ und „Rahmengesetz“ wurden mit einigen anderen, Unmut erzeugenden, denn vermeintlich täuschenden, Staatlichkeit suggerierenden Bezeichnungen des EVV in den LissV nicht übernommen, und es wurde der alte Wortschatz „Verordnung“ und „Richtlinie“ an ihrer Stelle wiedereingeführt (Artikel 288 AEUV). Dessen ungeachtet, sind die Gattungsbegriffe des Verfassungsvertrags

6 Insoweit ist die relevante europäische Rechtsprechung reflektiert: EuGH, Rs. C-331/88, Fedesa, Slg. 1990, I–4023; s. auch: Protokoll über die Anwendung der Grundsätze der Subsidiarität und der Verhältnismäßigkeit.

7 EuGH, Rs. 294/83, Les Verts, Slg. 1986, 1357.

8 BVerfGE 22, 293 (296).

9 An Stelle der „Entscheidung“, die aber nur in wenigen Amtssprachen einen rein terminologischen Unterschied bedeutet.

„Gesetzgebungsakte“ für die Entscheidungsformen, die in einem „Gesetzgebungsverfahren“ angenommen werden, im LissV geblieben (Artikel 289 ff. AEUV). Sie deuten darauf hin, dass die Mitgliedstaaten sich der Anforderungen der jede Grundordnung tragenden demokratischen und rechstaatlichen justitiablen Strukturprinzipien an die Ausübung der öffentlichen Gewalt durch die Union bewusst geworden sind.[10]

Die Kritik des EVV war in diesem Punkt offensichtlich unbegründet. Obwohl das Gesetzgebungsverfahren „der Eckstein des Staatsrechts“[11] ist, institutionalisiert eine Formgebung allein noch keine Staatlichkeit.[12] Das System der Normsetzung der Europäischen Union ist in einem *Mehrebenen-, rechtlich verfassten Gemeinwesen*[13] der kooperativen, nicht subordinativen Natur eingebunden. Die vorhandene verfassungsartige Einbindung kann aber nur aufgrund einer *substantiellen Konstitutionalisierung*, nicht durch ein rein terminologisches Avancement weiterentwickelt werden.

III. Mehr Effizienz

1. „Gemeinschaftsmethode“ des Normsetzungsverfahrens

Nach dem durch den LissV verfeinerten Grundsatz der begrenzten Einzelermächtigung (Art. 5 EUV-Liss) verfügt die Europäische Union über keine allgemeine Gesetzgebungszuständigkeit. Jedes Gesetzgebungsorgan darf nicht nur nach Maßgabe der ihm in Verträgen zugewiesenen Befugnisse, sondern auch nur nach den Verfahren und unter den Bedingungen, die in den Verträgen festgelegt sind, handeln (Art. 13 Abs. 2 EUV-Liss). Dabei ist erstmals ein *einheitliches Gesetzgebungsverfahren*, das auf der bewährten Gemeinschaftsmethode basiert, für fast alle zentralen Politikbereiche festgelegt (Art. 289 AEUV-Liss), mit der Ausnahme der Gemeinsamen Außen- und Sicherheitspolitik, wo die Aufnahme von Gesetzgebungsakten ausgeschlossen ist (Art. 24 Abs. 1 EUV-Liss).

10 In einigen Amtssprachen ist dieser Wortgebrauch auf der unionalen und nationalen Ebene nicht identisch: z.B. die tschechische Fassung des LissV benutzt den Begriff „legislativni“, obwohl im innerstaatlichem Bereich „zakonodarny“ üblich ist; es gibt aber keinen Bedeutungsunterschied zwischen den beiden.

11 *P. Badura*, Planung durch Gesetz, in: FS Huber, 1981, S. 15.

12 *J. Ruthig*, Europäische Gesetzgebung, in: Beckmann / Dieringer / Hufeld (Hrsg.), Eine Verfassung für Europa, Mohr Siebeck, S. 292.

13 *W. Hallstein*, Die EWG-Eine Rechtsgemeinschaft, in: Oppermann (Hrsg.), Walter Hallstein, Europäische Reden, 1979, S. 109, 343.

Im „Normalfall"[14] wird ein Gesetzgebungsakt in dem bisherigen Mitentscheidungsverfahren nach Art. 251 EUV im Wesentlichen entsprechend dem *ordentlichen* Gesetzgebungsverfahren (Art. 294 AEUV) erlassen (d.h., auf Vorschlag der Kommission gemeinsam vom Europäischen Parlament und vom Rat), in bestimmten, in den Verträgen vorgesehenen Fällen[15] mit Abweichungen nach *besonderen* Gesetzgebungsverfahren (d.h., das Gesetzesinitiativrecht wird nicht ausschließlich der Kommission, sondern auch einer Gruppe von Mitgliedstaaten, dem Europäischen Parlament, der EZB, dem EuGH oder der EIB anvertraut[16]; dem Europäischen Parlament bzw. dem Rat wird nicht gleichgestellte Beteiligungsmöglichkeit eingeräumt). Eine Überführung der Gesetzgebungsakte vom besonderen in das ordentliche Gesetzgebungsverfahren kann durch die vereinfachte Änderung des AEUV aufgrund eines einstimmigen Beschlusses des Europäischen Rates zustandekommen, falls diese von einem nationalen Parlament innerhalb von sechs Monaten nach der Übermittlung dieses Vorhabens nicht abgelehnt wird (Art. 48 Abs. 7 EUV-Liss, sog. allgemeine Brückenregelung oder *clause passerelle*).

2. Handlungsfähiger Rat

Im Gesetzgebungsverfahren beschließt der Rat nach den re-definierten Regeln der Beschlussfassung neu in 23 bestehenden und 21 neuen Politikbereichen. Das Zustandekommen eines Gesetzgebungsakts setzt die qualifizierte Mehrheit[17] voraus, die erst vom 1. November 2014 an bzw. – auf Antrag *eines* Mitgliedstaats – sogar nach Ablauf einer Übergangsperiode ab 1. April 2017 als Kompromiss die „Nizza-Regel" der gewichteten Stimmen und des dreifachen Quorums ersetzen soll. Wenn ein Gesetzgebungsakt nicht auf Vorschlag der Kommission initiiert wird[18], gilt ein erhöhtes Quorum (der Mitgliedstaaten, nicht der Bevölkerung). Während der Übergangsperiode (unter strikterer Bedingung auch später) kann der sog. *Kompromiss*

[14] Mit 80 Vorkommen stellt diese Gruppe den mit Abstand am häufigsten anzuwendenden Entscheidungsmodus.

[15] Z.B. bei Erweiterung der Harmonisierung des Strafrechts in die anderen Kriminalitätsbereiche nach Art. 83 Abs. 1 AEUV (sog. spezielle *clause passerelle*) oder im Bereich der Währungspolitik nach Art. 127 ff. AEUV.

[16] Derzeit basiert die Gesetzgebungsinitiative der Kommission in etwa 90 % der Fälle auf Ersuchen von Rat, Europäischem Parlament oder Interessengruppen, s. Synthesebericht des Verfassungskonvents, CONV 284/02.

[17] Die qualifizierte Mehrheit kommt aufgrund der Doppelmehrheit von 55 % der Mitgliedstaaten und 65 % der Bevölkerung der zustimmenden Mitgliedstaaten zustande. Die Sperrminorität muss zumindest von 4 Mitgliedern des Rates gebildet werden (Art. 16 Abs. 4 EUV-Liss).

[18] Der LissV sieht solche Situationen in 13 Fällen voraus.

von Ioannina[19] wiedereingeführt werden, was den Rat zu weitergehenden Verhandlungen auffordert, die eine zufriedenstellende Lösung in einer angemessenen Zeit erzielen sollten.

Obwohl die Konsenssuche als eine Verhaltensnorm im Alltag die Mehrheitswahl deutlich verdrängt,[20] kann die Möglichkeit eines nach LissV vereinfachten Mehrheitsbeschluss die Handlungsfähigkeit des Rats „dynamisieren“ und auch *mehr rechtliche Sicherheit und demokratische Verantwortlichkeit* mit sich bringen. Dagegen bedeutet diese Innovation für die Bildung von Koalitionen mit Entscheidungsmacht als gestaltende Mehrheiten oder Sperrminoritäten im Ergebnis keine wesentliche Verbesserung.[21] Eine Prognose ist schwierig.

Der Letztentscheidungsvorbehalt der Mitgliedstaaten kann darüber hinaus im „sensiblen“ Bereich der Justizpolitik in Strafsachen u. U. durch die Suspendierung der Mehrheitsabstimmung und Überweisung an den Europäischen Rat zur einstimmigen Entscheidung, d.h. die *Wahrnehmung der Vetomöglichkeit* garantiert werden (Art. 82 und 83 AEUV). Diese sog. Notbremse kann auf der anderen Seite zur vereinfachten Einleitung einer verstärkten Zusammenarbeit nach Art. 20 EUV-Liss mit allgemeinen Regeln des Gesetzgebungsverfahrens führen.

In Bereichen, wo zunächst Einstimmigkeit vorgesehen ist, kann man eine Effizienzsteigerung des Verfahrens durch Einführung von Mehrheitsentscheidungen aufgrund eines einstimmigen Beschlusses des Europäischen Rates erreichen, falls es von nationalen Parlamenten nicht angefochten wurde (Art. 48 Abs. 7 AEUV, *Brückenklausel*).

3. Quasi-legislative Rechtsakte

Der LissV trennt die legislative und exekutive Normsetzung voneinander, was den Legitimationsdruck vor allem auf untergesetzliche Normen verstärkt[22]. Die Letzteren können als Rechtsakte ohne Gesetzescharakter entweder zur Ergänzung bzw. Änderung der nicht wesentlichen Bestimmungen der Gesetzgebungsakte von der Kommission erlassen werden (sog. delegierte Akte) oder als unterstützende Maßnahmen zur einheitlichen Durchführung der verbindlichen Rechtsakte der Europäischen

19 Beschluss des Rates vom 29. März 1994 (ABl. C 1994, 105); dazu: *R. Streinz*, Europarecht, 2008, Rdnr. 308.

20 Nach Ermittlungen wurde von 2002 bis 2006 nur in 10-22 % der Ratsbeschlüsse tatsächlich abgestimmt: *S. Hagemann / J. De Clerck-Sachsse*, Old Rules, New Game. Decision-Making in the Council of Ministers after the 2004 Enlargement, 2007, S. 13.

21 *Hofmann / Wessels*, Der Vertrag (Fn. 4), S. 17–18.

22 *Ruthig*, Europäische Gesetzgebung (Fn. 12), S. 301.

Union durch die Mitgliedstaaten[23] von der Kommission bzw. (in begründeten Sonderfällen) dem Rat aufgenommen werden (bisherige *Kommitologie-Methode*[24]).

Die Gesetzgebungsakte legen die Bedingungen und Grundsätze der Delegation oder der Durchführung ausdrücklich fest, so dass ihre Einhaltung im Handeln der Kommission neben dem EuGH (Legalität) auch durch das Europäische Parlament und den Rat oder durch die Mitgliedstaaten (politische Effektivität) kontrollierbar sein kann. Daraus folgt die Anerkennung einer Normenhierarchie innerhalb der Rechtsordnung der Europäischen Union: die Normen der Grundordnung sind denjenigen des „einfachen" Rechts übergeordnet[25]. Obwohl der LissV in der Normsetzung nur wenig Neues bringt, sollte diese partielle Verbesserung als sein wichtigstes Verdienst gelten.

IV. Mehr demokratische Legitimation und Kontrolle

Die Effizienzsteigerung des Gesetzgebungssystems im LissV führt zu einem Legitimitätsdruck: er fordert, die Neuordnung demokratischer zu gestalten. Die institutionelle Leitidee ist eine *duale Legitimität* der Europäischen Union als ein Bündnis der Bürger/innen und der Staaten, die mit dem Ausbau des institutionellen Gleichgewichts Schritt halten muss. Die Kompetenz- und Einflussverluste der Mitgliedstaaten (insb. der Verzicht der nationalen Regierungen auf den Letztentscheidungsvorbehalt) sollten mit Hilfe des Kompensationsprinzips sowie auf der europäischen, als auch auf der mitgliedstaatlichen Ebene ausgeglichen werden. Sonst könnte die Integrationsgrenze nicht eingehalten werden.[26] Genügt der LissV dieser Herausforderung?

Der LissV verpflichtet die Europäische Union auf die demokratischen Grundsätze der Gleichheit der Mitgliedstaaten (Art. 4 Abs. 2) und der Unionsbürger/innen (Art. 9), der repräsentativen Demokratie (Art. 10 Abs. 1), der Partizipation der

[23] Der Grundsatz der loyalen Zusammenarbeit nach Art. 4 Abs. 3 EUV-Liss ist in diesem Zusammenhang als die Pflicht der Mitgliedstaaten, alle zur Durchführung der verbindlichen Rechtsakte der Europäischen Union erforderlichen Maßnahmen nach innerstaatlichem Recht zu ergreifen, präzisiert (Art. 291 Abs. 1 AEUV); die analoge Bestimmung im Bereich der Verwaltungszusammenarbeit (Art. 197 AEUV) charakterisiert diese Pflicht sogar als eine „Frage von gemeinsamem Interesse".

[24] Entscheidung 1999/468/EG, die künftig eine beschränkte Anwendung findet.

[25] Dies war als wünschenswert vom EuGH im Gutachten zum EWR-Abkommen hervorgehoben, Rs. 1/91, Slg. 1991, I–5079, Rdnr. 21.

[26] *König*, Die Übertragung (Fn. 3), S. 563 ff. (insb. S. 591 ff.).

politischen Parteien (Art. 10 Abs. 4) und der Bürger/innen (Art. 11) und einer aktiven Rolle der nationalen Parlamente (Art. 12).

1. Die EU-Ebene

a) Legitimationspotenzial des Europäischen Parlaments

Die gesetzgeberische Funktion des direkt gewählten Europäischen Parlaments (als einer Art Bürgerkammer) als eines dem Rat (als einer Art Länderkammer) gleichberechtigten Organs ist explizit festgehalten (Art. 14 Abs. 1). Das Europäische Parlament *„setzt sich aus Vertreten der Unionsbürgerinnen und Unionsbürgern zusammen“* (Art. 14 Abs. 2 EUV-Liss), was sein demokratisches Gesicht im Unterschied zur alten Fassung neu definiert, die noch von *„Vertretern der Völker der in der Gemeinschaft zusammengeschlossenen Staaten“* sprach (Art. 189 EGV). Die europäische Legitimitätsdimension des Gesetzgebungssystems wird eigenständig verstärkt, denn je mehr Kompetenzen der Europäischen Union eingeräumt werden, desto größer muss der Anteil des Europäischen Parlaments an der Vermittlung demokratischer Teilhaberechte der Bürger/innen werden.

Die Abweichung vom *Grundsatz der Wahlrechtsgleichheit* wegen der strukturell bedingten überproportionalen Repräsentation der kleineren Mitgliedstaaten[27] ist nicht so gravierend, als dass dem Europäischen Parlament die Fähigkeit der Vermittlung „echter“ demokratischer Legitimation abgesprochen werden müsste. Auch in einigen Mitgliedstaaten, in denen ein Mehrheitswahlrecht bzw. seine Elemente vorherrschen oder der Minderheit ein Mitspracherecht garantiert wird, ist die Erfolgswertgleichheit der Stimmen durchbrochen. Darüber hinaus sollen die Abgeordneten unter Berücksichtigung gemeineuropäischer, nicht (nur) nationaler Interessen zum Wohl aller Unionsbürger entscheiden. Deshalb ist die *Legitimationskette* über das Europäische Parlament auf die Unionsbürger in ihrer Gesamtheit zu beziehen.[28] Der

[27] S. oben, 4. Teil C.

[28] *I. Pernice*, in: Dreier (Hrsg.), Grundgesetz. Kommentar, 1998, Art. 23, Rdnr. 53. Nach einer anderen Auffassung schaffe auch ein nach den Grundsätzen der Wahlrechtsgleichheit gewähltes Europäisches Parlament noch keine Demokratie, weil der Demos in Gestalt eines sich als kulturelle, geschichtliche und politische Einheit verstehenden Volkes fehle, s. *H. H. Rupp*, Wahlrechtsgleichheit bei der Verteilung der Sitze im Europäischen Parlament auf die Mitgliedstaaten, NJW 1995, S. 2211, als Bemerkung zum Urteil des BVerfG vom 31.5.1995, abgedruckt in: EuGRZ 1995, S. 566 ff. Diese Erwägung wurde unlängst im *Lissabon*-Urteil vom 30.6.2009 (2 BvE 2/08) des Bundesverfassungsgerichts erneut betont: solange es ein einheitliches europäisches Volk als Legitimationssubjekt nicht gibt, bleiben nur die in den Mitgliedstaaten verfassten Völker der Europäischen Union die maßgeblichen Träger der Unionsgewalt und die Legitimitätsfähigkeit des Europäischen Parlaments werde vorläufig verkannt.

LissV wiederholt auch die Forderung nach der Einführung eines einheitlichen Wahlverfahrens auf der EU-Ebene (Art. 223 Abs. 1 AEUV).

b) Bürgerinitiative

Unionsbürger/innen in einer Anzahl von mindestens einer Million aus einer erheblichen Anzahl von Mitgliedstaaten können die Kommission auffordern, den Entwurf eines Gesetzgebungsaktes zur Umsetzung der Verträge zu unterbreiten (Art. 11 Abs. 4 EUV-Liss). Unionsbürger/innen werden also mit dem Rat und dem Europäischen Parlament als Initiatoren von Gesetzesakten gleichgestellt. Die Mindestzahl von Mitgliedstaaten sowie offensichtlich auch der Mindestanteil der Petenten aus den jeweils vertretenen Mitgliedstaaten wird in einer Durchführungsverordnung nach Art. 24 Abs. 1 AEUV geregelt.[29] Obwohl das Initiativmonopol der Kommission dadurch nicht umgangen werden darf, kann dieses unionsweite Plebiszit zur Herausbildung eines europäischen politischen Bewusstseins bedeutsam beitragen.[30]

c) Transparenzgebot

Der LissV verpflichtet die Gesetzgebungsorgane, die legislativen Rechtsakte so offen und bürgernah wie möglich zu treffen und den Bürgern/innen bzw. ihren repräsentativen Verbänden und der Zivilgesellschaft die Teilnahme am demokratischen Leben der Europäischen Union durch einen offenen, *transparenten und regelmäßigen Dialog* zu ermöglichen (Art. 10 Abs. 3, Art. 11 Abs. 1–3 EUV-Liss). Der Rat *tagt öffentlich*, wenn er über Gesetzgebungsakte berät oder abstimmt (Art. 18 Abs. 8 EUV-Liss). Während es sich bei den Unionsbürgern/innen um ein ausdrückliches Recht handelt, sind unter den Verbänden maßgebliche, überregional tätige Organisationen zu verstehen, die „eine Mindestwirkung auf die öffentliche Meinungsbildung haben“[31]. Die Offenheit der Gesetzgebung kann nur sinnvoll sein, wenn die Ansichten der Betroffenen auch ernst genommen werden.[32]

d) Prüfungskompetenz des EuGH

Der EuGH ist nach dem LissV für die *Nichtigkeitsklage* gegen alle Gesetzgebungsakte über die justizielle Zusammenarbeit in Strafsachen innerhalb des Raums der

[29] *P. Schäfer* meint in Anlehnung an die Sperrminorität bei der Abstimmung über Gesetzgebungsakte mit qualifizierter Mehrheit im Rat, dass unter der „erheblichen Anzahl“ mindestens fünf Mitgliedstaaten zu verstehen sind; s. Dauses, Handbuch des EU-Wirtschaftsrechts, 2008 (EL 23), Band 1, A.II, Rdnr. 450.

[30] *Hofmann / Wessels*, Der Vertrag (Fn. 4), S. 13.

[31] *Schäfer*, Handbuch (Fn. 29), Rdnr. 448.

[32] *Schäfer*, Handbuch (Fn. 29), Rdnr. 449, der an die durch jahrzehntelange konspirative Rechtsetzung „in verschlossenen Sälen am Bürger vorbei“ verursachten Rückschlägen bei der Ratifizierung von Vertragsänderungen seit Maastricht erinnert.

Freiheit, der Sicherheit und des Rechts zuständig, was nach dem alten Rechtszustand nicht der Fall war (vgl. Art. 35 Abs. 6 EUV).

Die Klagebefugnis von *Einzelpersonen* bei der Anfechtung von Rechtsakten mit Verordnungscharakter – darunter von allgemeinverfügenden Beschlüssen, die hinreichend bestimmt sind und keine Durchführungsmaßnahmen bedürfen – wird erleichtert: nur unmittelbare, nicht mehr auch individuelle Betroffenheit dieser Personen wird nach Art. 263 Abs. 4 AEUV gefordert. Der Adressatenkreis der Nichtigkeitsklage wird um die Einrichtungen oder sonstigen Stellen der Europäischen Union erweitert (Agenturen und Ämtern), soweit ihre Handlungen (einschl. quasinormative Akte) Rechtswirkungen gegenüber Dritten haben (Art. 263 Abs. 1 AEUV).

Diese Innovationen verfestigen die *rechtsgemeinschaftliche Prägung* der Europäischen Union und verengen das Konfliktpotenzial bei der Prüfung der Umsetzungsnormen am Maßstab der mitgliedstaatlichen Verfassungsordnungen.[33]

2. Die nationale Ebene

a) Demokratische Rechenschaftsablegung der Regierungen

Der LissV hebt zum ersten Mal im europäischen Primärrecht die Bindung der Regierungsvertreter der Mitgliedstaaten im Rat an ihre demokratisch gewählten nationalen Parlamente oder unmittelbar an ihre Bürger/innen hervor (Art. 10 Abs. 2 EUV-Liss). Diese rechenschaftspflichtige einzelstaatliche, nach Staatsangehörigkeit der Bürger/innen bestimmte Bindung des Rats – trotz einer Relativierung ihres Stellenwerts im Mehrheitsabstimmungsverfahren – ist gegenseitig komplementär mit der Bindung des Europäischen Parlaments an die Unionsbürger/innen in ihrer Gesamtheit. So wird der Legitimationskreis geschlossen: *die Last der demokratischen Legitimation der europäischen Gesetzgebung, ist nicht nur den nationalen Parlamenten vorbehalten.*

Wie die *Mitwirkungs- und Beteiligungsrechte* der nationalen Volksvertretung bei der innerstaatlichen Willensbildung in europäischen Angelegenheiten zum teilweisen Ausgleich von Einflussverlusten des Mitgliedstaats bei der Gesetzgebung verfassungsrechtlich zu gestalten sind, hängt ausschließlich von der autonomen Entschei-

[33] S. das Konzept eines „ausbrechenden Rechtsakts“, das vom Bundesverfassungsgericht im *Maastricht*-Urteil vom 16.7.1989 entwickelt (BVerfGE 89, S. 155), woran im *Lissabon*-Urteil (Fn. 28) wiederum erinnert und diesbezüglich in der „europäischen“ Rechtsprechung der Verfassungsgerichte einigen anderen Mitgliedstaaten gefolgt wurde – s. die Doktrin eines änderungsfesten „materiellen Verfassungskerns“ des tschechischen Verfassungsgerichts (Rs. *Zucker-Quoten*, Nr. 154/2006 Slg. = s. englische Fassung unter: www.consourt.cz).

dung der beteiligten politischen Organe auf der nationale Ebene selbst ab. In manchen Mitgliedstaaten ist eine besondere Rechtspflicht der Regierungen zur Unterrichtung des Parlaments über Gesetzgebungsvorhaben der Europäischen Union geregelt worden; in einigen wurde darüber hinaus die parlamentarische Einflussnahme stark ausgeprägt.[34] Mit dem LissV werden manche solcher Lösungsansätze ergänzungsbedürftig erklärt.[35] Die Öffentlichkeit der gesetzgeberischen Tagungen des Rats[36] macht diese Mitwirkungsrechte realer, obwohl eine Ex-post-Kontrolle schwierig ist. Es gibt auch faktische Grenzen einer effizienten Einflussnahme der nationalen Parlamente auf die europäische Gesetzgebung (unterschiedliche Dynamik der Handlungsprozesse im Rat, Zeitmangel, u.a.), die eine hinreichende demokratische Legitimierung mit dem Fortgang des Integrationsprozesses nur im zugleich erhöhten Engagement des Europäischen Parlaments finden kann.

b) Unmittelbare Einbindung der nationalen Parlamente in die EU-Gesetzgebung

Die nationalen Gesetzgeber werden aufgefordert, „zur guten Arbeitsweise" des europäischen Gesetzgebungssystems aktiv beizutragen (Art. 12 EUV-Liss). Sie sind ausdrücklich in dieses System durch einen umfassenden Unterrichtungs- und Anhörungsanspruch über Entwürfe von EU-Gesetzgebungsakten nach dem *Protokoll über die Rolle der nationalen Parlamente* integriert, sowie als Hüter (neben den unionalen Organen) des Subsidiaritätsprinzips nach dem *Protokoll über die Anwendung der Grundsätze der Subsidiarität und der Verhältnismäßigkeit*. Übersteigt die Anzahl der Einwände (begründete Stellungnahmen) betr. einen vermeintlichen Verstoß gegen das Subsidiaritätsprinzip bestimmten Schwellenwert, wird der Gesetzesinitiator zur Überprüfung des Entwurfs gezwungen.[37] Die Mitgliedstaaten haben im Namen ihrer Parlamente das Klagerecht gegen EU-Gesetzgebungsorgane zum EuGH.

Inwieweit dieses neue Verfahrensinstrument in Händen der nationalen Gesetzgeber wirklich zur Erhöhung der demokratischen Legitimität und Akzeptanz europäischer Gesetzgebungsakte beitragen kann oder zum Ausweichen vor einem unerwünschten Kompromiss in EU-Organen sowie Prestigeverlust führen wird bzw. der Externali-

34 Für eine Übersicht von Lösungen in einzelnen Mitgliedstaaten, s.: *A. Maurer*, Parlamentarische Demokratie in der Europäischen Union, 2002, S. 212 ff.

35 S. Hinweise auf notwendige Verstärkung von Beteiligungsrechten der Parlamente gegenüber den Regierungen in *Lissabon*-Urteilen des Bundesverfassungsgerichts (Fn. 28, „Begleitgesetz") und des tschechischen Verfassungsgerichts (Nr. 446/2008 Slg. = s. englische Fassung unter: www.concourt.cz, „Geschäftsordnungen der parlamentarischen Kammer").

36 S. oben ad c).

37 Bekannt als „Frühwarnsystem".

sierung eines innerstaatlichen politischen Streits (durch eine Klage an den EuGH) dienen sollte, ist abzuwarten.

Grundlegende und vertiefende Literatur

Beckmann, Klaus / Dieringer, Jürgen / Hufeld, Ulrich (Hrsg.):
Eine Verfassung für Europa, Tübingen 2004.

König, Doris:
Die Übertragung von Hoheitsrechten im Rahmen des europäischen Integrationsprozesses – Anwendungsbereich und Schranken des Art. 23 des Grundgesetzes, Berlin 2000.

Maurer, Andreas:
Parlamentarische Demokratie in der Europäischen Union. Der Beitrag des Europäischen Parlaments und der nationalen Parlamente, Baden-Baden 2002.

Markus Kotzur

C. Der Vollzug des Gemeinschaftsrechts: Organe und Zuständigkeiten

I. Rechtsvollzug in politischen Mehrebenensystemen

Auch wenn der Verfassungsvertrag gescheitert ist und der Vertrag von Lissabon aus (integrations-)politischem Kalkül auf den anspruchsvollen Verfassungsbegriff verzichtet[1], gleicht das konstitutionelle Europa heutiger Entwicklungsstufe einem „gestuften Verbund komplementärer Verfassungen", einem „Mehrebenensystem öffentlicher Gewalt mit jeweils sachbezogen begrenzten Kompetenzbereichen zur arbeitsteiligen Erfüllung der jeweils anvertrauten öffentlichen Aufgaben."[2] Diese präföderale[3] Verfassungsarchitektur bestimmt den Rechtsvollzug und verlangt nach klaren Kompetenzen für die Rechtssetzung und Verwaltung.[4] Dem „landeseigenen Gesetzesvollzug" des grundgesetzlichen Bundesstaates durchaus parallel, ist der verwaltungsmäßige Vollzug des Gemeinschaftsrechts durch das Modell des „mit-

1 Aus der Lit.: *Th. S. Richter*, Die EU-Verfassung ist tot, es lebe der Reformvertrag!, EuZW 2007, S. 631 ff.; *H.-J. Rabe*, Zur Metamorphose des Europäischen Verfassungsvertrages, NJW 2007, S. 3153 ff.

2 *I. Pernice*, in: Dreier (Hrsg.), GG-Kommentar, Bd. 2, 2. Aufl. 2006, Art. 23, Rn. 20 ff.; weiterhin *F. C. Mayer*, Wege aus der Verfassungskrise – Zur Zukunft des Vertrages über eine Verfassung für Europa, JZ 2007, S. 593 ff.; *H. M. Heinig*, Europäisches Verfassungsrecht ohne Verfassung(svertrag)?, JZ 2007, S. 905 ff.

3 Dezidiert *P. Häberle*, Europäische Verfassungslehre, 6. Aufl. 2009, S. 424 ff.; siehe weiterhin *H.-P. Schneider*, Föderative Gewaltenteilung in Europa. Zur Kompetenzabgrenzung zwischen Europäischer Union und den Mitgliedstaaten, in: FS H. Steinberger, 2002, S. 1401 ff.; *F. Schoch*, Rechtliche Rahmenbedingungen einer Verantwortungsteilung im Mehr-Ebenen-System, in: Henneke (Hrsg.), Verantwortungsteilung zwischen Kommunen, Ländern, Bund und EU, 2001, S. 21 ff.

4 *C. Jennert*, Die zukünftige Kompetenzabgrenzung zwischen der Europäischen Union und den Mitgliedstaaten, NVwZ 2003, S. 936 ff.; *R. Bieber*, Kompetenzen und Institutionen im Rahmen einer EU-Verfassung, FS D. Th. Tsatsos, 2003, S. 30 ff.; *S. Krebber*, Die Koordinierung als Kompetenzkategorie im EU-Verfassungsentwurf aus dogmatischer Sicht, EuGRZ 2004, S. 592 ff.

gliedstaatlichen Vollzugs" geprägt.[5] Ein Direktvollzug von Gemeinschaftsrecht über den Bereich der Wettbewerbspolitik hinaus – hier trägt die Kommission die Hauptverwaltungsverantwortung – wird auch in Zukunft die Ausnahme bleiben.[6] Um einen möglichst gleichlaufenden Vollzug durch die Mitgliedstaaten sicherzustellen, macht das Gemeinschaftsrecht – vor allem in der richterrechtlichen Fortentwicklung durch den EuGH – dem mitgliedstaatlichen Recht weitreichende Vorgaben materiell-rechtlicher wie prozeduraler Art.[7] Die Herausbildung allgemeiner Rechtsgrundsätze im Verwaltungsrecht und Verwaltungsverfahrensrecht sehen das Luxemburger Gericht und die europäische Verwaltungsrechtswissenschaft als eine immer vordringlicher werdende Aufgabe an.[8] Längst spürbare Konsequenz von solchem „judicial and scientific activism" ist die intensive „Europäisierung" des mitgliedstaatlichen Verwaltungsrechts bzw. der jeweils nationalen Verwaltungssysteme.[9]

Eine so verstandene europäisierende Angleichung und die daraus resultierende Entwicklung von (gemein-)europäischem Verwaltungsrecht sind zu einem Gutteil aber auch kooperative Phänomene.[10] Alle staatlichen, staatenübergreifenden (vgl. etwa grenznachbarschaftliche Einrichtungen nach dem Modell von Art. 24 Abs. 1 a GG) und privaten Handlungsträger werden von vornherein in die Systembildung eingebunden. *E. Forsthoff* verdankt die europäische Verwaltungsrechtswissenschaft das geflügelte Wort, die Frage der europäischen Einigung sei eine solche der Administration, nicht der Konstitution.[11] Die gegenwärtige Verfassungsdebatte mag – auch und vielleicht gerade nach Lissabon – den Verwaltungsrechtsklassiker auf den ersten Blick Lügen strafen und hat aus guten Gründen den Akzent vom „Verwalten" auf

5 *S. Oeter*, Föderalismus, in: Bogdandy (Hrsg.), Europäisches Verfassungsrecht, 2003, S. 59 ff., 114.

6 *W. Hertel*, Formen des Föderalismus. Die Beispiele der USA, Deutschlands und Europas, in: Graf Vitzthum (Hrsg.), Europäischer Föderalismus. Supranationaler, subnationaler und multiethischer Föderalismus in Europa, 2000, S. 13 ff., 31 f.

7 Siehe etwa schon EuGH, Slg. 1983, 2633 – *Deutsche Milchkontor GmbH*.

8 *J. Schwarze*, Konvergenz im Verwaltungsrecht der EU-Mitgliedstaaten – Zugleich ein Beitrag zu Chancen und Risiken der Kodifikation allgemeiner Grundsätze des indirekten Vollzugs von Gemeinschaftsrecht, DVBl. 1996, S. 881 ff.

9 Statt aller *E. Schmidt-Aßmann*, Zur Europäisierung des allgemeinen Verwaltungsrechts, in: FS für P. Lerche, 1993, S. 513 ff., sowie *U. Everling*, Auf dem Weg zu einem europäischen Verwaltungsrecht, NVwZ 1987, S. 1 ff.

10 Nachweise bei *M. Kotzur*, Grenznachbarschaftliche Zusammenarbeit in Europa, 2004, S. 326; instruktiv *E. Schmidt-Aßmann*, Verwaltungskooperation und Verwaltungskooperationsrecht in der Europäischen Gemeinschaft, EuR 1996, S. 247 ff; früh einerseits *P. Häberle*, Der kooperative Verfassungsstaat (1978), in: *ders.*, Verfassung als öffentlicher Prozess, 3. Aufl. 1998, S. 407 ff., andererseits *E.-H. Ritter*, Der kooperative Staat, AöR 104 (1979), S. 389 ff.

11 *E. Forsthoff*, Der Staat der Industriegesellschaft, 1971, S. 72.

das „Verfassen" hin verschoben. Doch gehören beide Kategorien untrennbar zusammen. Sie bedingen einander im Sinne wechselseitiger Konkretisierung. Die Frage der Konstitution belegt die Notwendigkeit einheitlicher Verwaltungsstrukturen, sei es als Verfassungsvoraussetzungen oder als Verfassungsprodukte. Der grundrechtsradizierte Verfassungsverbund ist zugleich ein grundrechtsgeprägter Verwaltungsverbund.[12] Und das *„Recht auf gute Verwaltung"* gem. Art. 41 EU-Grundrechtecharta kann wohl als eine der modernsten Normierungsstufen dieser Interdependenz gelten.[13] Darüber hinaus eröffnet Art. I–17 EVV, insoweit jetzt unverändert Art. 6 AEUV in lit. g eine Unionskompetenz zur „Verwaltungszusammenarbeit" und wird in Art. III–285 EVV / Art. 197 AEUV in einem eigenen Abschnitt „Verwaltungszusammenarbeit" konkretisiert.

II. Die Vollzugstypen

Wie in allen Mehrebenensystemen, kann der Rechtsvollzug zentral durch die Gemeinschaftsorgane selbst oder dezentral durch die Mitgliedstaaten erfolgen. Der letztgenannte gemeinschaftsunmittelbare Vollzug ist relativ selten und kommt nur dann zur Anwendung, wenn das primäre Gemeinschaftsrecht diesen vorsieht, entweder durch eine ausdrückliche Anordnung in den Gründungsverträgen selbst oder durch gründungsvertragliche Ermächtigung zum Erlass entsprechenden Sekundärrechts.[14] Auch die Normanwendung unterliegt dem Prinzip der begrenzten Einzelfallermächtigung, überdies den Grundsätzen der Subsidiarität und Verhältnismäßigkeit.[15] Der gemeinschaftsunmittelbare Vollzug lässt sich seinerseits untergliedern in den gemeinschaftsinternen und den gemeinschaftsexternen unmittelbaren Vollzug.[16] Erster betrifft ganz selbstverständlich das interne Organisationsrecht, Personal- oder Haushaltsangelegenheiten (Art. 274 Abs. 1 EGV, Art. III–407 EVV, jetzt Art. 317 AEUV). Zweiterer betrifft vor allem das Wettbewerbs- (Art. 85, Art. 86 Abs. 2 EGV bzw. Art. III–165, III–166 Abs. 3 EVV, jetzt Art. 105, 106 Abs. 2

12 *E. Schmidt-Aßmann*, Der Europäische Verwaltungsverbund und die Rolle des Europäischen Verwaltungsrechts, in: ders./Schöndorf-Haubold (Hrsg.), Der Europäische Verwaltungsverbund, 2005, S. 1 ff.

13 *D.-U. Galetta / B. Grzeszick*, in: Tettinger / Stern (Hrsg.), Kölner Gemeinschaftskommentar zur Europäischen Grundrechte-Charta, 2006, Art. 41, insbes. Rn. 5 mit Hinweis auf die einschlägigen Leitentscheidungen des EuGH.

14 *R. Streinz*, Europarecht, 7. Aufl. 2005, Rn. 533.

15 *S. Magiera*, Durchsetzung des Europarechts, in: Schulze / Zuleeg (Hrsg.), Europarecht. Handbuch für die deutsche Rechtspraxis, 2006, § 13, Rn. 21 m.w.N.

16 Ebd., Rn. 22; *J. Suerbaum*, Die Kompetenzverteilung beim Verwaltungsvollzug des Europäischen Gemeinschaftsrechts in Deutschland, 1998, S. 110 ff. m.w.N.

AEUV) und Beihilferecht (Art. 88 EGV bzw. Art. III–168 EVV, jetzt 108 AEUV), daneben etwa auch Maßnahmen der Handels- und Sozialpolitik, der Agrar- und Verkehrspolitik.[17] Zuständig ist hier nahezu ausschließlich die Kommission (Art. 211 EGV bzw. Art. I–26 EVV, jetzt im Wesentlichen Art. 17 EUV), im internen Geschäftsbereich auch andere Gemeinschaftsorgane, darüber hinaus im Bereich der Währungspolitik die Europäische Zentralbank, im Rahmen der Rechnungsprüfung der Europäische Rechnungshof und bei der Entwicklung des Gemeinsamen Marktes die Europäische Investitionsbank.[18]

Ganz überwiegend wird das Gemeinschaftsrecht indes von den Mitgliedstaaten vollzogen.[19] Auch diese Vollzugsart muss im Sinne einer Zweiteilung untergliedert werden. Der unmittelbare mitgliedstaatliche Vollzug meint die Vollziehung von in den Mitgliedstaaten unmittelbar wirkendem Gemeinschaftsrecht. Dazu gehören unmittelbar anwendbares Primärrecht, Verordnungen und unmittelbar wirkende Richtlinien. Der mittelbare mitgliedstaatliche Vollzug meint demgegenüber die Vollziehung von nationalem Ausführungsrecht, das entweder eine Richtlinie innerhalb des vorgesehenen Ausgestaltungsspielraums umsetzt oder eine Verordnung eigenständig ergänzt.[20] Auch das vom Gemeinschaftsrecht derzeit noch zu scheidende Unionsrecht – soweit überhaupt auf Vollziehung hin ausgerichtet – wird regelmäßig mittelbar von den Mitgliedstaaten vollzogen. Mit dem Vertrag von Lissabon entfällt die Differenzierung von Gemeinschafts- und Unionsrecht, es wird nur noch von Unionsrecht die Rede sein.[21]

III. Die Verpflichtung der Mitgliedstaaten zur Durchsetzung von Gemeinschaftsrecht, Zuständigkeits- und Organisationsfragen

Aus der weitreichenden Zuständigkeit der Mitgliedstaaten zum Vollzug von Gemeinschaftsrecht resultiert – pragmatisch gedacht – auch deren Verpflichtung zur effektiven Rechtsdurchsetzung. Diese ist aber wiederum gemeinschaftsrechtlich gesichert. Sie gründet einerseits in der völkervertragsrechtlichen Bindung der Mitgliedstaaten, anderseits unmittelbar im Gemeinschaftsrecht selbst, vor allem in

17 Für die Synopse siehe *R. Streinz / Ch. Ohler / Ch. Herrmann*, Die neue Verfassung für Europa, 2005, S. 117 ff.

18 *S. Magiera*, Durchsetzung des Europarechts, in: Schulze / Zuleeg (Hrsg.), Europarecht. Handbuch für die deutsche Rechtspraxis, 2006, § 13, Rn. 23.

19 Dazu und zum folgenden wiederum *R. Streinz*, Europarecht, 7. Aufl. 2005, Rn. 536.

20 Zur Terminologie schon *M. Zuleeg*, Das Recht der Europäischen Gemeinschaften im innerstaatlichen Bereich, 1969, S. 47 ff.

21 Siehe *K. H. Fischer*, Der Vertrag von Lissabon. Text und Kommentar, 2008, S. 89 ff.

Art. 10 EGV respektive Art. I–5 EVV, jetzt Art. 4 Abs. 3 EUV.[22] Solch doppelte Bindung hat der EuGH, begleitet von der Europarechtswissenschaft, konzeptionell in zwei einander ergänzende Prinzipien umgesetzt. Das Äquivalenzprinzip[23] verlangt, dass die Mitgliedstaaten die Verfahrensregeln zur Durchsetzung des Gemeinschaftsrechts nicht ungünstiger gestalten als diejenigen Parallelregeln, die allein den innerstaatlichen Bereich betreffen. Das Effektivitätsprinzip[24], der effet utile-Rechtsprechung des EuGH korrespondierend, verpflichtet die Mitgliedstaaten überdies, ihr nationales Recht so anzuwenden, dass die Durchsetzung des Gemeinschaftsrechts nicht praktisch unmöglich gemacht oder auch nur übermäßig erschwert wird.[25] Weiterhin hat der EuGH *allgemeine rechtsstaatliche Grundsätze des Gemeinschaftsverwaltungsrechts und -verwaltungsverfahrensrechts* entwickelt, an die nicht nur die Gemeinschaftsorgane selbst, sondern auch die Mitgliedstaaten beim Vollzug von Gemeinschaftsrecht gebunden sind. Dazu gehören das Prinzip der Rechtssicherheit, der Verhältnismäßigkeitsgrundsatz mit seinen differenzierten Abwägungsgeboten, der Vertrauensschutzgrundsatz, der Anspruch auf rechtliches Gehör, der Anspruch auf Begründung von Verwaltungsentscheidungen oder die Entscheidungstransparenz.[26] Dass all diese Grundsätze und Prinzipien im mitgliedstaatlichen Verfassungsrecht zumeist parallelen Widerklang finden, entspricht dem konstitutionellen Ineinandergreifen von einander ergänzenden „Teilverfassungen" (*P. Häberle*) auf mitgliedstaatlicher und unionaler Ebene. Besondere gemeinschaftsrechtliche Organisations- und Verfahrensvorschriften gelten indes für das Zoll-, Agrar-, Kartell- und Umweltrecht.[27]

Nur wenige Einzelheiten seien gesondert hervorgehoben: Bei gemeinschaftsunmittelbarem Vollzug ist die Verwaltungsorganisation gemeinschaftsrechtlich geregelt

22 Umfassend *A. Hatje*, Loyalität als Rechtsprinzip in der Europäischen Union, 2001.

23 EuGH, Slg. 2001, I–6297 Rn. 29 – *Courage*; weitere Rechtsprechungsnachweise bei *S. Magiera*, Durchsetzung des Europarechts, in: Schulze / Zuleeg (Hrsg.), Europarecht. Handbuch für die deutsche Rechtspraxis, 2006, § 13, Rn. 36, Fn. 111; weiterhin *Th. v. Danwitz*, Die Eigenverantwortung der Mitgliedstaaten für die Durchführung von Gemeinschaftsrecht, DVBl. 1998, S. 421 ff., 423 ff.

24 EuGH, Slg. 1997, I–4025 Rn. 27 – *Palmisani*; weitere Nachweise bei *S. Hegels*, EG-Eigenverwaltungsrecht und Gemeinschaftsverwaltungsrecht, 2001, S. 58 ff.

25 *S. Kadelbach*, Allgemeines Verwaltungsrecht unter europäischem Einfluss, 1999; *E. Klein*, Der Einfluss des Europäischen Gemeinschaftsrechts auf das Verwaltungsrecht der Mitgliedstaaten, Der Staat 33 (1994), S. 39 ff.

26 Grundlegend *J. Schwarze*, Europäisches Verwaltungsrecht, 2. Aufl. 2005, S. 661 ff.

27 Nachweise bei *S. Magiera*, Durchsetzung des Europarechts, in: Schulze / Zuleeg (Hrsg.), Europarecht. Handbuch für die deutsche Rechtspraxis, 2006, § 13, Rn. 35, insbes. Fn. 107.

und den Organen, teilweise besonderen Agenturen der Gemeinschaft anvertraut.[28] Selbstverständlich kann auch im Bereich ihrer „Eigenverwaltung" die Gemeinschaft nicht vollständig autark handeln, sondern bleibt auf die kooperative Unterstützung durch die Mitgliedstaaten angewiesen. Das Verwaltungsverfahren richtet sich nach dem primärem und dem sekundären Gemeinschaftsrecht. Hier fehlt es zwar an ausdifferenzierten verwaltungsverfahrensrechtliche Regelungen im Sinne eines eigenständigen „Verwaltungsverfahrensgesetzes" der EG / EU, aber es finden sich manche Anknüpfungen im EGV, etwa Art. 253 ff. (jetzt Art. 296 ff. AEUV), sowie im Sekundärrecht. Die verbleibenden Lücken schließt das Richterrecht des EuGH.

Beim mittelbaren mitgliedstaatlichen Vollzug obliegt die Verwaltungsorganisation den Mitgliedstaaten.[29] In der Bundesrepublik gelten Art. 83 ff. GG für das deutsche Ausführungsrecht. Analoge Anwendung finden die Vorschriften mit Blick auf den Vollzug unmittelbar anwendbaren Gemeinschaftsrechts. Es entspricht der bundesstaatlichen Verfassung, dass Bund und Länder in Sachen Gemeinschaftsrecht eine gemeinsame Vollzugsverantwortung trifft. Pointiert formuliert das Bundesverfassungsgericht: „Das Zusammenwirken von Bund und Ländern ist (…) durch das Gemeinschaftsrecht begründet und durch Art. 23 GG legitimiert."[30] Die Verpflichtung der Länder folgt aus der Binnenwirkung von Art. 23 Abs. 1 GG und ergänzend dem Grundsatz der Bundestreue.[31] Sie kann bis hin zu Regressansprüchen des Bundes führen, wenn ein Land gemeinschaftsrechtswidrig handelt und der Gesamtstaat für diesen Rechtsverstoß gegenüber der EG einstehen muss – so höchstrichterlich entschieden und mittlerweile im neu gefassten Art. 104 a Abs. 6 GG positivrechtlich festgelegt.[32] Auch das Verwaltungsverfahrensrecht richtet sich bei mittelbarem Vollzug durch die Mitgliedstaaten nach deren nationalen Normkatalogen, in der Bundesrepublik nach dem Verwaltungsverfahrensrecht des Bundes und der Länder.[33] Allerdings fordert Art. 10 EGV (Art. I–5 EVV, Art. 4 Abs. 3 EUV im Zusammenspiel mit dem Prinzip vom Vorrang des Gemeinschaftsrechts, dass alle nationalen Regelungen im Lichte des Gemeinschaftsrechts zu interpretieren sind und gegebenenfalls dem nationalen Recht entgegenstehende allgemeine gemeinschaftsrechtli-

28 *R. Streinz*, Europarecht, 7. Aufl. 2005, Rn. 537; *E. Vos*, Reforming the European Commission: What role to play for the EU agencies?, CMLR 37 (2000), S. 1113 ff.

29 *W. Kahl*, Europäisches und nationales Verwaltungsorganisationsrecht, Die Verwaltung 29 (1996), S. 341 ff.

30 BVerfG, JZ 2007, S. 248 ff.

31 *H. W. Bayer*, Die Bundestreue, 1961; *H. Bauer*, Die Bundestreue, 1992, S. 30 ff.; sehr kritisch *K. Hesse*, Der unitarische Bundesstaat, 1962, S. 7 ff.

32 BVerfG, JZ 2007, S. 248 ff. mit Anmerkung *M. Kotzur*, S. 253 ff.

33 *M. Brenner*, Der Gestaltungsauftrag der Verwaltung in der Europäischen Union, 1996; *C. D. Classen*, Das nationale Verwaltungsverfahren im Kraftfeld des Europäischen Gemeinschaftsrechts, Die Verwaltung 31 (1998), S. 307 ff.

che Grundsätze vorgehen.[34] Selbst in rein nationalen Fällen kann es zu Modifikationen des allgemeinen Verwaltungsrechts durch Vorgaben des Gemeinschaftsrechts kommen. Beispiele hierfür geben in Deutschland die Rücknahme[35] respektive die Bestandskraft[36] gemeinschaftsrechtswidriger Verwaltungsakte.

IV. Die Außenperspektive: Der Europäische Auswärtige Dienst

In den Kontext des Gemeinschaftsrechtsvollzugs muss ein weiterer Kernbereich exekutiver, diesmal *unionaler* Tätigkeit einbezogen werden: die Außenpolitik. Nicht erst seit der unglücklichen Spaltung zwischen „altem" und „neuem" Europa – so der damalige US-Verteidigungsminister *D. Rumsfeld* – aus Anlass des Irak-Krieges (2003) wird mehr Kohärenz im außenpolitischen Handeln der Europäischen Union eingefordert. Sichtbares außenpolitisches Integrationssymbol und zugleich einheitlicher außenpolitischer Akteur soll der Außenminister der Union werden, Art. I–28 EVV, jetzt Art. 18 EUV. Das Amt war von Anfang heftig umstritten, war in der neuen Phase der Verfassungsdebatte seit 2007 mehr in Frage gestellt denn je[37] und wird nach Lissabon unter anderer Bezeichnung mit dem „Hohen Vertreter der Union für Außen- und Sicherheitspolitik" (Art. 18 Abs. 1 EUV) primärrechtliche Verankerung finden.[38] Der „Hohe Vertreter" soll gleichzeitig Vize-Präsident der Europäischen Kommission und Vorsitzender des Rates für Auswärtige Angelegenheiten sein. Unter diesem „Doppelhut" finden die außenpolitischen Bereiche von Kommission und Rat eine gemeinsame institutionelle Verankerung. Solche Institutionalisierung steht zugleich für außenpolitische Kontinuität, denn das Rotationsprinzip mit seinem alle sechs Monate wechselnden Vorsitz in der Ratspräsidentschaft wird für diesen wesentlichen Integrationssektor außer Kraft gesetzt.

34 EuGH, Slg. 1983, 2633 – *Deutsche Milchkontor*.

35 EuGH, Slg. 1987, 901 – *Deufil*; Slg. 1997, I–1591 – *Alcan*; BVerwGE 92, 81; *P. M. Huber*, „Beihilfen" (Art. 87, 88 EGV 1999) und Vertrauensschutz im Gemeinschaftsrecht und im nationalen Verwaltungsrecht, KritV 82 (1999), S. 359 ff.; *T. S. Richter*, Rückforderung staatlicher Beihilfen nach §§ 48, 49 VwVfG bei Verstoß gegen Art. 92 ff. EGV, 1995.

36 EuGH, Slg. 2004, I–837 – Kühne und Heitz NV / Productschaap voor Pluimvee en Eieren.

37 *Ch. Heusgen*, Nach den gescheiterten Referenden: Was wird aus dem Außenminister der Union und dem europäischen auswärtigen Dienst?, integration 2005, S. 336 ff.

38 Die Änderung in der Bezeichnung geht vor allem auf Forderungen Großbritanniens, Frankreichs und der Niederlande zurück, die den Symbolcharakter staatsähnlicher Einrichtungen fürchteten, vgl. *K. H. Fischer*, Der Vertrag von Lissabon. Text und Kommentar, 2008, S. 137.

Dem Hohen Vertreter wird ein Europäischer Auswärtiger Dienst (EAD) unterstützend zuarbeiten, Art. III–296 Abs. 3 EVV, jetzt Art. 27 Abs. 3 EUV.[39] Er setzt sich, der Doppelhutstruktur folgend, aus Beamten des Ratssekretariats, der Kommission und – ein zusätzliches kooperatives Element einführend – aus abgeordnetem Personal der nationalen diplomatischen Dienste zusammen. So wirken unterschiedliche Akteure zusammen, Momente der intergouvernementalen GASP und supranational geprägter gemeinschaftlicher Außenbeziehungen greifen in diesem „Europäischen Außenministerium" ineinander. Die angemessene Repräsentation aller Mitgliedstaaten im EAD ist für die stärkere Institutionalisierung der gemeinsamen Außen- und Sicherheitspolitik unabdingbare Akzeptanz- wie Wirkungsvoraussetzung.[40] Die heutigen EU-Delegationen und Außenrepräsentanzen würden sich in ihrer Funktion zugleich mehr und mehr den klassischen Botschaften annähern. Ob der EAD effektiv arbeiten und den gewünschten Beitrag zur Kohärenz im außenpolitischen Handeln der Union leisten kann, hängt allerdings von der konkreten Ausgestaltung der institutionenübergreifenden Funktion des Außenministers ab. Ein gewisses Maß an Überkomplexität und mit der Doppelhut-Struktur verbundene kompetenzielle Spannungen geben Anlass zu mancherlei Skepsis.[41] In einer zu Art. III–296, heute Art. 27 EUV angefügten Protokollerklärung (Nr. 15) werden alle beteiligten Akteure zu Vorarbeiten für die Errichtung des EAD eingeladen. Die Koordination bleibt indes bislang defizitär, was nicht zuletzt der europäischen Verfassungskrise nach dem doppelten Nein in Frankreich und den Niederlanden geschuldet war. Der Erfolg der verfassten bzw. sich vermassenden Union wird sich aber nicht zuletzt an ihren außenpolitischen Handlungsmöglichkeiten messen lassen müssen. Welche Dynamik der Vertrag von Lissabon hier entfalten wird, ist noch offen.[42]

Grundlegende und vertiefende Literatur

Heusgen, Christoph:
Nach den gescheiterten Referenden: Was wird aus dem Außenminister der Union und dem europäischen auswärtigen Dienst?, integration 2005, S. 336 ff.

39 *A. Maurer / S. Reichel*, Der Europäische Auswärtige Dienst. Elemente eines Drei-Phasen Plans, SWP-Aktuell 53, Nov. 2004, http://www.swp-berlin.org/de/common/get_document.php?asset_id=1757 (Stand vom 30. Mai 2007).

40 Siehe in diesem Kontext auch Bertram / Däuble (Hrsg.), Wem dient der auswärtige Dienst?, 2002.

41 *R. Streinz / Ch. Ohler / Ch. Herrmann*, Die neue Verfassung für Europa, 2005, S. 47 f.

42 Vgl. *K. H. Fischer*, Der Vertrag von Lissabon. Text und Kommentar, 2008, S. 149.

Hoffmann-Riem, Wolfgang:
Strukturen des Europäischen Verwaltungsrechts – Perspektiven der Systembildung, in: E. Schmidt-Aßmann / ders. (Hrsg.), Strukturen des Europäischen Verwaltungsrechts, Baden-Baden 1999, S. 317 ff.

Magiera, Siegfried:
Durchsetzung des Europarechts, in: R. Schulze / M. Zuleeg (Hrsg.), Europarecht. Hdb. für die deutsche Rechtspraxis, Baden-Baden 2006, S. 434 ff.

Schmidt-Aßmann, Eberhard:
Strukturen Europäischer Verwaltung und die Rolle des Europäischen Verwaltungsrechts, in: A. Blankenagel / I. Pernice / H. Schulze-Fielitz (Hrsg.), Verfassung im Diskurs der Welt. Liber Amicorum für Peter Häberle zum siebzigsten Geburtstag, Tübingen 2004, S. 395 ff.

Schoch, Friedrich:
Die Europäisierung des Allgemeinen Verwaltungsrechts und der Verwaltungsrechtswissenschaft, in: W. Berg / S. Fisch / W. Schmitt-Glaeser / ders. / H. Schulze-Fielitz (Hrsg.), Die Wissenschaft vom Verwaltungsrecht. Die Verwaltung, Beiheft 2, Berlin 1999, S. 135 ff.

Schwarze, Jürgen:
Rechtsstaatliche Grundsätze für das Verwaltungshandeln in der „alten“ und „neuen“ Europäischen Union, SIPE 2006, S. 165 ff.

ders.:
Europäisches Verwaltungsrecht. Entstehung und Entwicklung im Rahmen der Europäischen Gemeinschaft, 2 Bde., 2. Aufl., Baden-Baden 2005.

Suerbaum, Joachim:
Die Kompetenzverteilung beim Verwaltungsvollzug des Europäischen Gemeinschaftsrechts in Deutschland, Berlin 1998 (insb. der 6. Teil: Grundrechte und Grundfreiheiten).

Andreas Haratsch

D. Judikative: Organe und Zuständigkeiten

I. Stellung und Bezeichnung des Europäischen Gerichtshofs

Die Europäische Gemeinschaft ist eine *Rechtsgemeinschaft*[1]. Europäische Union und Europäische Gemeinschaft gründen sich gemäß Art. 6 Abs. 1 EUV[2] auf den Grundsatz der Rechtsstaatlichkeit[3]. Dies bedeutet, dass das Handeln der Gemeinschaftsorgane und -einrichtungen ebenso wie das Handeln der Mitgliedstaaten im Anwendungsbereich des Gemeinschaftsrechts einer umfassenden gerichtlichen Kontrolle unterliegen. Die Wahrung des Rechts bei der Auslegung und Anwendung des Vertragsrechts ist gemäß Art. 220 Abs. 1 EGV[4] die Aufgabe des Europäischen Gerichtshofs.

Der Europäische Gerichtshof ist ein unabhängiges Organ der Rechtspflege und kontrolliert innerhalb der ihm durch den EG-Vertrag zugewiesenen Kompetenzen die *Rechtmäßigkeit* des Handelns der Organe der Gemeinschaft und der Mitgliedstaaten, soweit es um dessen Vereinbarkeit mit dem Gemeinschaftsrecht geht. Dabei interpretiert der EuGH das Gemeinschaftsrecht verbindlich. Nicht weniger wichtig als die vom Europäischen Gerichtshof ausgeübte Rechtskontrolle ist seine Befugnis zur richterlichen *Rechtsfortbildung*, der das Gemeinschaftsrecht aufgrund seiner Lückenhaftigkeit in hohem Maße bedarf. Zu nennen ist hier die dem Europäischen Gerichtshof obliegende Entwicklung der allgemeinen Rechtsgrundsätze des Europäischen Gemeinschaftsrechts. Der richterlichen Rechtsfortbildung sind allerdings durch das Prinzip der begrenzten Einzelermächtigung gemäß Art. 7 Abs. 1 Satz 2

1 *Th. Oppermann*, Die Dritte Gewalt in der Europäischen Union, DVBl. 1994, S. 901 (902); *M. Zuleeg*, Die Europäische Gemeinschaft als Rechtsgemeinschaft, NJW 1994, S. 545 ff.; *I. Pernice*, Die Dritte Gewalt im europäischen Verfassungsverbund, EuR 1996, S. 27 (28).

2 Art. 2 Satz 1 EUV / Lissabon; vgl. auch Art. 2 Satz 1 EVV.

3 Zur Herleitung des Grundsatzes der Rechtsstaatlichkeit vgl. *C. D. Classen*, Rechtsstaatlichkeit als Primärrechtsgebot in der Europäischen Union – Vertragsrechtliche Grundlagen und Rechtsprechung der Gemeinschaftsgerichte, EuR 2008, Beiheft 3, S. 7 ff.

4 Art. 19 Abs. 1 UAbs. 1 Satz 2 EUV / Lissabon; vgl. auch Art. I–29 Abs. 1 UAbs. 1 Satz 2 EVV.

EGV[5] einerseits und durch Ermessens- und Gestaltungsspielraum der Rechtsetzungsorgane der Gemeinschaft bei der Ausgestaltung der Sekundärrechtsordnung andererseits Grenzen gesetzt[6].

Der Europäische Gerichtshof ist ein Organ der Europäischen Gemeinschaft (Art. 7 Abs. 1 Satz 1 EGV). Er gewährleistet, dass das *Gemeinschafts*recht einheitlich ausgelegt und angewendet wird. Seine Befugnisse erstrecken sich nicht in gleicher Weise auf den EU-Vertrag und die auf seiner Grundlage getroffenen Maßnahmen. Art. 46 EUV erstreckt die Zuständigkeiten des Gerichtshofs lediglich auf die Auslegung, Anwendung und Gültigkeitskontrolle einiger Bestimmungen des EU-Vertrags, vor allem im Bereich der polizeilichen und justiziellen Zusammenarbeit in Strafsachen (PJZS). So eröffnet Art. 46 lit. b i.V.m. Art. 35 Abs. 6 EUV den Unionsstaaten und der Kommission die Möglichkeit einer Nichtigkeitsklage gegen PJZS-Rahmenbeschlüsse und sonstige PJZS-Beschlüsse[7]. Daneben begründet Art. 46 lit. b i.V.m. Art. 35 Abs. 1 bis 5 EUV eine fakultative, von den Unionsstaaten eigens anzuerkennende Zuständigkeit des Europäischen Gerichtshofs in der PJZS, im Wege der Vorabentscheidung über die Gültigkeit und die Auslegung der Rahmenbeschlüsse, Beschlüsse und Gemeinsamen Standpunkte, soweit sie Rechtswirkung gegenüber Dritten besitzen, über die Auslegung der Übereinkommen nach diesem Titel und über die Gültigkeit und die Auslegung der zugehörigen Durchführungsmaßnahmen zu entscheiden. Ein vom Rat beschlossenes, ratifizierungsbedürftiges Protokoll ermöglicht die Auslegung des Europol-Übereinkommens durch den EuGH im Wege der Vorabentscheidung[8]. Eine unmittelbare *Jurisdiktionsgewalt* für Maßnahmen im Bereich der Gemeinsamen Außen- und Sicherheitspolitik (GASP) kommt den Gemeinschaftsgerichten derzeit hingegen nicht zu[9]. Unter Verweis auf die Unberührtheitsklausel des Art. 47 EUV in Verbindung mit der Zuständigkeitsbestimmung des Art. 46 lit. f EUV beansprucht der Gerichtshof allerdings eine Befugnis zur gerichtlichen Kontrolle von GASP-Maßnahmen, soweit es dabei um die Wahrung der Kompetenzverteilung zwischen Europäischer Gemeinschaft und Europäischer Union geht[10]. Der Gerichtshof prüft dabei, ob eine auf Grundlage der

5 Art. 13 Abs. 2 EUV / Lissabon; vgl. auch Art. I–20 Abs. 2 Satz 1 EVV.

6 *A. Haratsch / Ch.Koenig / M. Pechstein*, Europarecht, 6. Aufl. 2009, Rn. 408.

7 Dazu *C. D. Classen*, in: R. Schulze / M. Zuleeg (Hrsg.), Europarecht, Handbuch für die deutsche Rechtspraxis, 2006, § 4 Rn. 40; *M. Pechstein*, EU-/EG-Prozessrecht, 3. Aufl. 2007, Rn. 560 ff.

8 ABl. 1996 C 299/1; vgl. dazu *Pechstein* (Fn. 7), Rn. 71.

9 Vgl. EuG, Rs. T-231/04, Slg. 2007, S. II–63, Rn. 73 – *Griechenland / Kommission.*

10 EuGH, Rs. C-170/96, Slg. 1998, S. I–2763, Rn. 12 ff. – *Kommission / Rat*; EuGH, Rs. C-91/05, Rn. 58 ff. – *Kommission / Rat*; siehe dazu *Pechstein* (Fn. 7), Rn. 351 ff.

GASP-Bestimmungen erlassene Maßnahme nicht im Rahmen der Bestimmungen des EG-Vertrags hätte getroffenen werden müssen[11].

Wie schon der gescheiterte Verfassungsvertrag[12] sieht auch der Reformvertrag von *Lissabon* vor, dass die Europäische Gemeinschaft aufgelöst und die Europäische Union mit eigener Rechtspersönlichkeit ausgestattet wird[13]. Aus den bisherigen Gemeinschaftsorganen werden *Unionsorgane*; der Gerichtshof der Europäischen Gemeinschaften wird zum Gerichtshof der Europäischen Union[14]. Damit einher geht auch eine formelle Umbenennung des von den Verträgen bislang schlicht als „Gerichtshof" bezeichneten Rechtsprechungsorgans. Der künftige „Gerichtshof der Europäischen Union" besteht, wie der EU-Vertrag in der Lissabonner Fassung nunmehr ausdrücklich klarstellt, aus mehreren Teilorganen, nämlich aus dem „Gerichtshof", dem „Gericht" und „Fachgerichten"[15]. Im EG-Vertrag ist bislang nicht eindeutig geregelt, in welchem Verhältnis sich der Europäische Gerichtshof, das 1989 geschaffene Gericht erster Instanz und das als gerichtliche Kammer gegründete Gericht für den öffentlichen Dienst der Europäischen Union gegenüberstehen[16], da Art. 7 Abs. 1 EGV nur den Gerichtshof als Gemeinschaftsorgan aufführt, wohingegen Art. 220 Abs. 1 EGV im Abschnitt über den „Gerichtshof" die Rechtsprechung aber dem Gerichtshof und dem Gericht erster Instanz zuweist.

Besteht bislang eine dreiteilige *gemeinschafts*unmittelbare Gerichtsbarkeit, muss künftig von einer dreiteiligen *unions*unmittelbaren Gerichtsbarkeit gesprochen werden[17]. Gleichwohl gibt es regelmäßig aber nach wie vor nur einen zweistufigen Instanzenzug von einer gerichtlichen Kammer (Fachgericht) zum Gericht erster Instanz (Gericht) oder vom Gericht erster Instanz (Gericht) zum Gerichtshof. Rechtsmittelentscheidungen des Gerichts erster Instanz (Gericht) können nur in Ausnahmefällen vom Gerichtshof überprüft werden, wenn die ernste Gefahr für die Einheit oder Kohärenz des Unionsrechts besteht[18].

11 Vgl. *Haratsch / Koenig / Pechstein* (Fn. 6), Rn. 1141a.

12 Art. I–7 EVV.

13 Art. 47 EUV/Lissabon; vgl. auch Art. I–7 EVV.

14 Art. 13 Abs. 1 UAbs. 2 EUV / Lissabon; vgl. auch Art. I–19 Abs. 1 UAbs. 2 EVV.

15 Art. 19 Abs. 1 Satz 1 EUV / Lissabon; vgl. auch Art. I–29 Abs. 1 UAbs. 1 Satz 1 EVV.

16 Dazu *Pechstein* (Fn. 7), Rn. 118 ff.

17 *R. Streinz / Ch. Ohler / Ch. Herrmann*, Der Vertrag von Lissabon zur Reform der EU, 2. Aufl. 2008, S. 60.

18 Art. 256 Abs. 2 UAbs. 2 AEUV; bislang Art. 225 Abs. 2 UAbs. 2 EGV; vgl. auch Art. III–358 Abs. 2 UAbs. 2 EVV.

II. Die Struktur der Europäischen Gerichtsbarkeit

1. Der Gerichtshof

Der Gerichtshof setzt sich gemäß Art. 221 Abs. 1 EGV[19] aus je einem Richter je Mitgliedstaat zusammen. Er wird von mindestens acht Generalanwälten unterstützt[20], deren Zahl auf Antrag des Gerichtshofs vom Rat einstimmig erhöht werden kann[21]. Die Generalanwälte unterstützen den Gerichtshof in den ihnen jeweils zugewiesenen Rechtssachen durch ihre quasi gutachterlichen Schlussanträge[22]. Sie sind gegenüber dem Richterkollegium unabhängig und nur dem Gemeinschaftsrecht verpflichtet. Die Generalanwälte gehören nicht dem Spruchkörper des Gerichtshofs an. Sie nehmen weder an der Urteilsberatung noch an der Beschlussfassung im Richterkollegium teil. Der Gerichtshof tagt in Kammern oder als Große Kammer[23]. Als Plenum tagt er nur, wenn die Satzung des Gerichtshofs dies vorsieht[24]. Bei den Kammern wird zwischen Kammern mit drei und fünf Richtern sowie der Großen Kammer mit dreizehn Richtern unterschieden[25]. Vor allem aus Gründen der Arbeitsentlastung des Gerichtshofs ist das Plenum zur Ausnahme, die Kammer zum Grundsatz erhoben worden[26].

Anders als bislang ist vor der einvernehmlichen Ernennung der Richter und Generalanwälte durch die Regierungen der Mitgliedstaaten nach dem Vertrag von *Lissabon* ein Ausschuss anzuhören, der eine Stellungnahme über die Eignung der Bewerber für die Ausübung des jeweiligen Amtes abzugeben hat[27]. Dieser Richternominie-

19 Art. 19 Abs. 2 EUV / Lissabon; vgl. auch Art. I–29 Abs. 2 EVV.

20 Art. 222 Abs. 1 Satz 1 EGV; künftig Art. 19 Abs. 2 UAbs. 1 Satz 2 EUV / Lissabon i.V.m. Art. 252 Abs. 1 Satz 1 AEUV; vgl. auch Art. I–29 Abs. 2 UAbs. 1 Satz 2 i.V.m. Art. III–354 Abs. 1 Satz 1 EVV.

21 Art. 222 Abs. 1 Satz 2 EGV; künftig Art. 252 Abs. 1 Satz 2 AEUV; vgl. auch Art. III–355 Abs. 1 Satz 2 EVV.

22 Eingehend *J. Gundel*, Gemeinschaftsrichter und Generalanwälte als Akteure des Rechtsschutzes im Lichte des gemeinschaftsrechtlichen Rechtsstaatsprinzips, EuR 2008, Beiheft 3, S. 23 (35 f.); siehe auch *J. Sack*, Zur künftigen europäischen Gerichtsbarkeit nach Nizza, EuZW 2001, S. 77 (78).

23 Art. 221 Abs. 2 EGV; künftig Art. 251 Abs. 1 AEUV; vgl. auch Art. III–353 EVV.

24 Art. 221 Abs. 3 EGV; künftig Art. 251 Abs. 2 AEUV; vgl. auch Art. III–353 EVV.

25 Art. 16 des Protokolls über die Satzung des Gerichtshofs, ABl. 2001 C 80/53, zul. geänd. ABl. 2008 L 24/42; ebenso in der Fassung des Lissabonner Vertrags vgl. ABl. 2008 C 115/210.

26 *A. Middeke*, in: H.-W. Regeling / A. Middeke / M. Gellermann, Handbuch des Rechtsschutzes in der Europäischen Union, 2. Aufl. 2003, § 3 Rn. 19 ff.

27 Art. 253 Abs. 1 i.V.m. Art. 255a Abs. 1 AEUV; vgl. auch Art. III–355 Abs. 1 i.V.m. Art. 357 Abs. 2 EVV.

rungsausschuss setzt sich seinerseits aus sieben Persönlichkeiten zusammen, die entweder selbst ehemalige Mitglieder des Gerichtshofs, des Gerichts oder eines höchsten einzelstaatlichen Gerichts waren oder Juristen von anerkannt hervorragender Befähigung sind. Sie werden vom Rat auf Initiative des Präsidenten des Gerichtshofs ernannt, wobei ein Ausschussmitglied vom Europäischen Parlament vorgeschlagen wird[28]. Mit der Einschaltung dieses Ausschusses soll das Auswahlverfahren für Richter und Generalanwälte dem politischen Streit zwischen den Mitgliedstaaten entzogen und *objektiviert* werden[29]. Der Ausschuss findet sein Vorbild in einem entsprechenden Gremium, welches seit Januar 2005 Vorschläge für die Nominierung der Richter des Fachgerichts für den öffentlichen Dienst der Europäischen Union unterbreitet[30].

2. Das Gericht erster Instanz

Aus dem bisherigen „Gerichts erster Instanz"[31] wird im Vertrag von *Lissabon* schlicht das „Gericht"[32]. Diese Umbenennung ist längst überfällig[33], seit es gemäß Art. 225 Abs. 2 EGV[34] für Entscheidungen über Rechtsmittel gegen Entscheidungen der gerichtlichen Kammern zuständig ist, also auch als zweite Instanz fungiert. Das Gericht besteht aus mindestens einem Richter je Mitgliedstaat[35], die genaue Zahl der Richter, die die Zahl der Mitgliedstaaten übersteigen kann, wird nach Art. 224 Abs. 1 Satz 2 EGV[36] in der Satzung des Gerichtshofs festgelegt. Derzeit besteht das Gericht aus der Mindestzahl von 27 Richtern[37]. Wie beim Gerichtshof wird künftig auch vor der Ernennung der Richter des Gerichts der Nominierungsausschuss gemäß

28 Art. 255 Abs. 2 AEUV; vgl. auch Art. III–357 Abs. 2 EVV.

29 *K. H. Fischer*, Der Europäische Verfassungsvertrag, 2005, S. 453; *Gundel* (Fn. 22), EuR 2008, Beiheft 3, S. 23 (24 f.).

30 Seine Rechtsgrundlagen findet der Ausschuss in Art. 3 Abs. 3 und 4 des Anhangs I des Protokolls über die Satzung des Gerichtshofs (Fn. 25) und im Beschluss 2005/49/EG, Euratom des Rates v. 18.1.2005 zur Arbeitsweise des in Artikel 3 Absatz 3 des Anhangs I des Protokolls über die Satzung des Gerichtshofes vorgesehenen Ausschusses, ABl. 2005 L 21/13.

31 Vgl. Art. 220 EGV.

32 Art. 19 Abs. 1 Satz 1, Abs. 2 UAbs. 2 EUV / Lissabon.

33 *B. Wegener*, in: Ch. Calliess / M. Ruffert (Hrsg.), Verfassung der Europäischen Union, 2006, Art. I–29 Rn. 2; *Sack* (Fn. 22), EuZW 2001, S. 77 (78, 80).

34 Vgl. Art. 256 Abs. 2 UAbs. 1 AEUV; vgl. auch Art. III–358 Abs. 2 UAbs. 1 EVV.

35 Art. 224 Abs. 1 Satz 1 EGV; künftig Art. 19 Abs. 2 UAbs. 2 AEUV; vgl. auch Art. I–29 Abs. 2 UAbs. 2 EVV.

36 Künftig Art. 254 Abs. 1 Satz 1 AEUV; vgl. auch Art. III–356 Abs. 1 Satz 1 EVV.

37 Art. 48 des Protokolls über die Satzung des Gerichtshofs (Fn. 25); ebenso in der Fassung des Lissabonner Vertrags vgl. ABl. 2008 C 115/210.

Art. 255 Abs. 1 AEUV[38] anzuhören sein. Sofern dies in der Satzung des Gerichtshofs der Europäischen Union vorgesehen ist, kann das Gericht von Generalanwälten unterstützt werden[39]. Geregelt ist dort, dass die Mitglieder des Gerichts dazu bestellt werden können, die Tätigkeit eines Generalanwalts auszuüben[40]. Art. 50 Abs. 1 EuGH-Satzung sieht die Bildung von Kammern mit drei oder fünf Richtern vor. Nach Art. 50 Abs. 2, 3 EuGH-Satzung kann durch die Verfahrensordnung des EuG festgelegt werden, dass das Gericht in bestimmten festgelegten Fällen auch als Plenum, als Einzelrichter oder in der Besetzung der Großen Kammer tagen kann[41].

3. Die gerichtlichen Kammern

Gerichtliche Kammern – nach dem Vertrag von Lissabon Fachgerichte – können gemäß Art. 225a EGV[42] eingesetzt werden, die für Entscheidungen im ersten Rechtszug über bestimmte Kategorien von Klagen zuständig sind, die auf bestimmten Sachgebieten erhoben werden. Anders als bislang erfolgt die Einsetzung nach dem Vertrag von Lissabon nicht mehr durch einstimmigen Ratsbeschluss[43], sondern durch Rat und Parlament im ordentlichen Gesetzgebungsverfahren[44]. Auf der bisherigen Rechtsgrundlage des EG-Vertrags ist eine gerichtliche Kammer, das Gericht für den öffentlichen Dienst der Europäischen Union, eingerichtet worden[45], das aus sieben Richtern besteht. Mit Inkrafttreten des Reformvertrags wird diese gerichtliche Kammer zum *Fachgericht der Europäischen Union*.

38 Art. III–357 Abs. 1 EVV.

39 Art. 224 Abs. 1 Satz 3 EGV; künftig Art. 254 Abs. 1 Satz 2 AEUV; vgl. auch Art. III–356 Abs. 1 Satz 2 EVV.

40 Art. 49 Abs. 1 des Protokolls über die Satzung des Gerichtshofs (Fn. 25); ebenso in der Fassung des Lissabonner Vertrags vgl. ABl. 2008 C 115/210.

41 Dazu *Middeke*, in: Rengeling / Middeke / Gellermann (Fn. 26), § 3 Rn. 25.

42 Art. 257 AEUV; Art. III–359 EVV.

43 Art. 225a Abs. 1 EGV.

44 Art. 257 Abs. 1 AEUV; vgl. auch Art. III–359 Abs. 1 EVV.

45 Beschluss 2004/752/EG, Euratom des Rates v. 2.11.2004 zur Errichtung des Gerichts für den öffentlichen Dienst der Europäischen Union, ABl. 2004 L 333/7.

III. Die Zuständigkeitsverteilung zwischen gerichtlicher Kammer, Gericht und Gerichtshof

1. Die sachlichen Zuständigkeiten der gerichtlichen Kammer

Das Gericht für den öffentlichen Dienst der Europäischen Union ist im ersten Rechtszug für Streitsachen zwischen der Europäischen Gemeinschaft und deren Bediensteten gemäß Art. 236 EGV[46] zuständig, einschließlich der Streitsachen zwischen Einrichtungen, Ämtern und Agenturen der Europäischen Gemeinschaft und deren Bediensteten[47].

2. Die sachlichen Zuständigkeiten des Gerichts erster Instanz

Die Zuständigkeiten des Gerichts erster Instanz erstrecken sich auf alle Direktklagen natürlicher und juristischer Personen, mit Ausnahme derjenigen Klagen, die einer gerichtlichen Kammer übertragen werden, sowie auf bestimmte mitgliedstaatliche Klagen[48]. Zudem ist vorgesehen, dass das Gericht für *Vorabentscheidungen* nach Art. 234 EGV (Art. 267 AEUV) in besonderen in der Satzung festgelegten Sachgebieten zuständig sein kann[49]. Bislang ist eine solche Festlegung in der Satzung noch nicht erfolgt. Im Einzelnen ist das Gericht erster Instanz damit im ersten Rechtszug zuständig für Nichtigkeitsklagen (Art. 230 Abs. 4 EGV), Untätigkeitsklagen (Art. 232 Abs. 3 EGV), Schadensersatzklagen wegen außervertraglicher Haftung der Gemeinschaft (Art. 235 EGV) sowie Schiedsklagen natürlicher und juristischer Personen (Art. 238 EGV). Daneben besteht seine Zuständigkeit für Anträge natürlicher und juristischer Personen auf Erlass einer einstweiligen Anordnung (Art. 243 EGV) und auf Aussetzung der Vollziehung von Maßnahmen eines Gemeinschaftsorgans (Art. 242 EGV), für alle Klagen der Bediensteten gegen die Organe und die sonstigen Institutionen der Gemeinschaft (Art. 236 EGV) sowie für bestimmte Klagen der Mitgliedstaaten[50]. Zudem ist das Gericht erster Instanz Rechtsmittelinstanz für Entscheidungen der nach Art. 225a EGV gebildeten gerichtlichen Kammern[51].

46 Künftig Art. 270 AEUV.
47 Art. 1 des Anhangs I des Protokolls über die Satzung des Gerichtshofs (Fn. 25).
48 Vgl. Art. 225 Abs. 1 EGV (Art. 256 Abs. 1 AEUV) i.V.m. Art. 51 des Protokolls über die Satzung des Gerichtshofs (Fn. 25).
49 Art. 225 Abs. 3 EGV; künftig Art. 256 Abs. 3 AEUV.
50 Art. 225 Abs. 1 EGV i.V.m. Art. 51 des Protokolls über die Satzung des Gerichtshofs (Fn. 25).
51 Art. 225 Abs. 2 UAbs. 1 EGV; Art. 256 Abs. 2 UAbs. 1 AEUV.

3. Die sachlichen Zuständigkeiten des Gerichtshofs

Der Gerichtshof ist für die Rechtsstreitigkeiten zuständig, die nicht dem Gericht erster Instanz zugewiesen sind. Dies sind zunächst nahezu alle *Direktklagen* der Mitgliedstaaten und Gemeinschaftsorgane[52]. Neben den Untätigkeits- und Nichtigkeitsklagen gehören hierzu die Vertragsverletzungsverfahren sowie die Streitigkeiten zwischen Mitgliedstaaten aufgrund eines Schiedsvertrags[53]. Schließlich ist der Gerichtshof *Rechtsmittelinstanz* für Entscheidungen des Gerichts erster Instanz[54]. Zudem kann der Gerichtshof in Ausnahmefällen die Rechtsmittelentscheidungen des Gerichts erster Instanz gegen Entscheidungen der besonderen gerichtlichen Kammern überprüfen, wenn die ernste Gefahr besteht, dass die Einheit oder Kohärenz des Gemeinschaftsrechts berührt wird[55]. Eine Erweiterung der Zuständigkeiten ist in Art. 229a EGV vorgesehen. Danach kann der Rat dem Gerichtshof die Zuständigkeit übertragen, über Rechtsstreitigkeiten im Zusammenhang mit der Anwendung von gemeinschaftlichen Titeln für den gewerblichen Rechtsschutz zu entscheiden.

IV. Die Neuerungen durch den Vertrag von Lissabon

1. Die Ausweitung von Klage- und Verfahrensgegenständen

Der Kanon der Verfahrensarten vor dem Gerichtshof der Europäischen Union wird im Vergleich zur derzeitigen Rechtslage durch den Vertrag von Lissabon nicht erweitert. Allerdings wird die *Reichweite* der bestehenden Rechtsschutzverfahren ausgeweitet. Dies gilt etwa für Nichtigkeitsklagen nach Art. 263 AEUV und Untätigkeitsklagen nach Art. 265 AEUV, die künftig auch Handlungen des Europäischen Rates sowie Handlungen von Einrichtungen und sonstigen Stellen der Europäischen Union erfassen. Entsprechend können Fragen nach der Gültigkeit von Akten aller Unionsorgane, Einrichtungen und sonstigen Stellen dem EuGH zur Vorabentscheidung gemäß Art. 267 Abs. 1 lit. a AEUV vorgelegt werden. Etwaige Lücken im unionalen Rechtsschutz sollen dadurch geschlossen werden.

52 Vgl. Art. 51 des Protokolls über die Satzung des Gerichtshofs (Fn. 25).

53 Art. 225 Abs. 1 UAbs. 1 EGV, Art. 51 des Protokolls über die Satzung des Gerichtshofs (Fn. 25) sowie Art. 226 EGV, Art. 227 EGV, Art. 95 Abs. 9 EGV, Art. 237 lit. a und d EGV, Art. 298 UAbs. 2 EGV, Art. 239 EGV.

54 Art. 225 Abs. 1 UAbs. 2 EGV (Art. 256 Abs. 1 UAbs. 2 AEUV) i.V.m. Art. 51 ff. des Protokolls über die Satzung des Gerichtshofs (Fn. 25).

55 Art. 225 Abs. 2 UAbs. 2 EGV; künftig Art. 256 Abs. 2 UAbs. 2 AEUV; vgl. auch Art. III–358 Abs. 2 UAbs. 2 EVV.

Unvollkommen bleibt auf der Ebene der Europäischen Union allerdings der Individualrechtsschutz im Hinblick auf Verordnungen. Die derzeit bestehenden Lücken werden durch Art. 263 Abs. 4 AEUV nur scheinbar geschlossen. Zwar sind danach Individualnichtigkeitsklagen auch gegen Rechtsakte mit Verordnungscharakter zulässig, die den Einzelnen unmittelbar betreffen und keine Durchführungsmaßnahmen nach sich ziehen. Eine individuelle Betroffenheit im Sinn der bisherigen restriktiven EuGH-Rechtsprechung wird also nicht mehr gefordert. Der Begriff des „Rechtsakts mit Verordnungscharakter" ist jedoch ein Relikt aus dem Verfassungsvertrag[56], der die Rechtsaktbezeichnungen grundlegend *reformieren* wollte. Er bezeichnete dort nur untergesetzliche Rechtsakte[57]. Nach dem Vertrag von Lissabon bleiben somit Verordnungen, die in einem Gesetzgebungsverfahren erlassen werden, weiterhin vom Individualrechtsschutz durch die Unionsgerichtsbarkeit ausgenommen[58].

2. Die Subsidiaritätsklage

Den Parlamenten der Mitgliedstaaten wird künftig die Möglichkeit eröffnet, eine Subsidiaritätsklage in Form einer Nichtigkeitsklage gemäß Art. 263 AEUV durch ihren Mitgliedstaat zu *erzwingen*. Art. 8 Abs. 1 des Protokolls über die Anwendung der Grundsätze der Subsidiarität und der Verhältnismäßigkeit[59] sieht vor, dass der Gerichtshof der Europäischen Union für Klagen wegen Verstoßes eines Gesetzgebungsakts gegen das Subsidiaritätsprinzip zuständig ist, die nach Maßgabe des Art. 263 AEUV, also als Nichtigkeitsklage, von einem Mitgliedstaat im eigenen Namen oder im Namen seines nationalen Parlaments oder einer Kammer dieses Parlaments übermittelt werden. Die Möglichkeit der Subsidiaritätsnichtigkeitsklage wird auch dem *Ausschuss der Regionen* gegen Gesetzgebungsakte eingeräumt, bei deren Erlass seine Anhörung vertraglich vorgeschrieben ist[60].

3. Der Rechtsschutz in den Bereichen GASP und PJZS

Obwohl die Trennung zwischen Europäischer Union und Europäischer Gemeinschaft infolge der Auflösung der Europäischen Gemeinschaft durch den Vertrag von Lissabon beseitigt wird, bleibt es dabei, dass sich die Zuständigkeit der Europäischen Gerichte künftig nicht auf Maßnahmen erstreckt, die auf der Grundlage der

56 Vgl. Art. III–365 Abs. 4 EVV.

57 Art. I–33 Abs. 1 UAbs. 4 EVV; vgl. dazu *Ch. Vedder*, in: Ch. Vedder / W. Heintschel von Heinegg (Hrsg.), Europäischer Verfassungsvertrag, 2007, Art. I–33 Rn. 27.

58 *Streinz / Ohler / Herrmann* (Fn. 17), S. 94.

59 ABl. 2008 C 115/206.

60 Art. 8 Abs. 2 des Protokolls über die Anwendung der Grundsätze der Subsidiarität und der Verhältnismäßigkeit (Fn. 59).

GASP-Bestimmungen erlassen werden[61]. Eine Ausnahme besteht lediglich in Bezug auf Maßnahmen, welche die Grundlage für Sanktionsmaßnahmen gegenüber Einzelpersonen bilden[62]. Zudem wacht der Gerichtshof der Europäischen Union – künftig auf expliziter vertraglicher Grundlage – über die Wahrung der Kompetenzgrenze zwischen der GASP und den sonstigen EU-Politiken[63].

Ausgeweitet werden die Rechtsprechungskompetenzen der Unionsgerichtsbarkeit allerdings im Hinblick auf Maßnahmen im Bereich der „Freiheit, der Sicherheit und des Rechts", da die bisherigen – sich derzeit aus Art. 46 EUV ergebenden – Schranken betreffend die PJZS gemäß Art. 276 AEUV weitgehend fallengelassen werden.

4. Die Beschleunigung von Vorabentscheidungs- und Vertragsverletzungsverfahren

Eine Konsequenz aus der Ausweitung der Kompetenzen des Gerichtshofs im Bereich der polizeilichen und justiziellen Zusammenarbeit in Strafsachen zieht Art. 267 Abs. 4 AEUV für Vorabentscheidungsverfahren. Stellt ein mitgliedstaatliches Gericht eine Vorlagefrage in einem schwebenden Verfahren, das eine inhaftierte Person betrifft, hat der Gerichtshof innerhalb kürzester Zeit zu entscheiden.

Eine *Beschleunigung* erfahren auch Vertragsverletzungsverfahren nach Art. 258 AEUV. Betrifft ein solches Verfahren einen mitgliedstaatlichen Verstoß bei der Umsetzung von Richtlinien kann die Kommission nach Art. 260 Abs. 3 AEUV bereits im ersten Vertragsverletzungsverfahren die Festsetzung eines Pauschalbetrags oder eines Zwangsgelds beantragen. Dies bedeutet, dass es – anders als derzeit – keines zweiten Vertragsverletzungsverfahrens bedarf, kommt ein Mitgliedstaat dem Urteil des EuGH nicht nach. Betrifft ein Verfahren nicht eine fehlerhafte Richtlinienumsetzung, ist also ein zweites Vertragsverletzungsverfahren durchzuführen, wird dieses gestrafft. Das bislang in Art. 228 Abs. 2 EGV vorgesehene Vorverfahren gegenüber dem betreffenden Mitgliedstaat entfällt künftig. Die Kommission kann gemäß Art. 260 Abs. 2 UAbs. 2 AEUV, hat sie dem Mitgliedstaat zuvor Gelegenheit zur Stellungnahme eingeräumt, den EuGH direkt anrufen.

[61] Art. 24 Abs. 1 UAbs. 2 Satz 6 EUV / Lissabon i.V.m. Art. 275 Abs. 1 AEUV.
[62] Art. 24 Abs. 1 UAbs. 2 Satz 6 EUV / Lissabon i.V.m. Art. 275 Abs. 2 AEUV.
[63] Art. 24 Abs. 1 UAbs. 2 Satz 6, Art. 40 EUV / Lissabon i.V.m. Art. 275 Abs. 2 AEUV.

V. Der gemeinschaftsrechtliche Justizgewähranspruch

Der Zugang zu den Gerichten ist einer der wesentlichen Bestandteile des *Rechtsstaatsprinzips*. Das Recht auf einen wirksamen Rechtsbehelf ist als allgemeiner Rechtsgrundsatz des Europäischen Gemeinschaftsrechts seit langem anerkannt[64]. Art. 47 Abs. 1 GRCh normiert dieses Recht ausdrücklich[65]. Die Grundrechte-Charta wird durch den Vertrag von Lissabon zwar nicht Teil des primären Unionsrechts, steht aber gleichrangig neben den Verträgen und wird damit rechtsverbindlich[66]. Nach Art. 47 Abs. 1 GRCh hat jede Person das Recht, bei einem Gericht einen wirksamen Rechtsbehelf einzulegen, sofern ihre durch das Recht der Union garantierten Rechte oder Freiheiten verletzt worden sind. Art. 47 Abs. 2 GRCh präzisiert dies insoweit, als jede Person ein Recht darauf hat, dass ihre Sache von einem unabhängigen, unparteiischen und zuvor durch Gesetz errichteten Gericht in einem fairen Verfahren, öffentlich und innerhalb angemessener Frist verhandelt wird. Jede Person kann sich dabei beraten, verteidigen und vertreten lassen. Zudem ist gemäß Art. 47 Abs. 3 GRCh jeder Person, die nicht über ausreichende Mittel verfügt, Prozesskostenhilfe zu bewilligen, soweit diese Hilfe erforderlich ist, um den Zugang zu den Gerichten wirksam zu gewährleisten.

VI. Die komplementäre Aufgabe der mitgliedstaatlichen Gerichte

Die Unionsgrundordnung konstituiert gemäß der Rechtsprechung der Gemeinschaftsgerichte eine Rechtsgemeinschaft, die sich durch ein vollständiges *Rechtsschutzsystem* auszeichnet[67]. Der Justizgewähranspruch ist jedoch nicht notwendig durch den Europäischen Gerichtshof einzulösen. Das Rechtsstaatsprinzip gebietet auch für die Mitgliedstaaten und deren Gerichte, dass Einzelne „einen effektiven gerichtlichen Schutz der Rechte in Anspruch nehmen können, die sie aus der Ge-

64 Vgl. EuGH, Rs. 222/84, Slg. 1986, S. 1651 Rn. 18 f. – *Johnston*; EuGH, Rs. 222/86, Slg. 1987, S. 4097 Rn. 14 – *Heylens*; EuG, Rs. T-77/01, Slg. 2002, S. II–81 Rn. 35 – *Diputación Foral de Álava*; EuG, Rs. T-177/01, Slg. 2002, S. II–2365 Rn. 41 – *Jégo-Quéré*; *L. Allkemper*, Der Rechtsschutz des einzelnen nach dem EG-Vertrag, 1995, S. 41 ff.; *M. Tonne*, Effektiver Rechtsschutz durch staatliche Gerichte als Forderung des Europäischen Gemeinschaftsrechts, 1997, S. 200 ff.

65 Vgl. auch Art. II–107 EVV.

66 Art. 6 Abs. 1 UAbs. 1, 2. Halbsatz EUV / Lissabon.

67 EuGH, Rs. 294/83, Slg. 1986, S. 1339 Rn. 23 – *Les Verts / Parlament*; EuG, Rs. T-177/01, Slg. 2002, S. II–2365 Rn. 41, 50 – *Jégo-Quéré*.

meinschaftsrechtsordnung herleiten“[68]. Auf Unionsebene bestehende Rechtsschutzlücken sind daher durch die Mitgliedstaaten zu schließen. Dieser von der Rechtsprechung entwickelte allgemeine Rechtsgrundsatz wird durch den Vertrag von Lissabon künftig ausdrücklich vertraglich festgeschrieben. Nach Art. 19 Abs. 1 UAbs. 2 EUV / Lissabon[69] haben die Mitgliedstaaten die erforderlichen Rechtsbehelfe zu schaffen, damit ein *wirksamer Rechtsschutz* in den vom Unionsrecht erfassten Bereichen gewährleistet ist. Dies bedeutet konkret etwa, dass die Mitgliedstaaten verwaltungsrechtliche Rechtsschutzmöglichkeiten vorsehen müssen gegenüber Rechtspflichten, die den Einzelnen unmittelbar aus Verordnungen der Europäischen Gemeinschaft treffen und die mit einer Individualnichtigkeitsklage vor dem Gericht erster Instanz nicht angegriffen werden können[70]. Die Rückbindung in diesen Konstellationen an die Gemeinschaftsgerichtsbarkeit erfolgt über Vorabentscheidungsverfahren gemäß Art. 234 EGV[71]. Ein umfassender Rechtsschutz im Bereich der Unions- und Gemeinschaftsgrundordnung wird somit durch die Europäische Gerichtsbarkeit und die mitgliedstaatlichen Gerichte in kooperativer Weise gewährleistet[72].

Grundlegende und vertiefende Literatur

Classen, Claus- Dieter:
Rechtsschutz, in: R. Schulze / M. Zuleeg (Hrsg.), Europarecht. Handbuch für die deutsche Rechtspraxis, Baden-Baden 2006, S. 184 ff.

Gundel, Jörg:
Gemeinschaftsrichter und Generalanwälte als Akteure des Rechtsschutzes im Lichte des gemeinschaftsrechtlichen Rechtsstaatsprinzips, in: P.-C. Müller-Graff / D. H. Scheuing (Hrsg.), Gemeinschaftsgerichtsbarkeit und Rechtsstaatlichkeit, EuR-Beiheft 3 / 2008, Baden-Baden 2008, S. 23 ff.

68 EuGH, Rs. C-50/00 P, Slg. 2002, S. I–6677 Rn. 39 – *Unión de Pequeños Agriculturos*; dazu *A. Haratsch*, Die kooperative Sicherung der Rechtsstaatlichkeit durch die mitgliedstaatlichen Gerichte und die Gemeinschaftsgerichte aus mitgliedstaatlicher Sicht, EuR 2008, Beiheft 3, S. 81 (93 ff.).

69 Vgl. auch Art. I–29 Abs. 1 UAbs. 2 EVV.

70 Ausführlich dazu *Haratsch* (Fn. 68), EuR 2008, Beiheft 3, S. 81 (94 ff.).

71 Künftig Art. 267 AEUV.

72 Vgl. *Haratsch* (Fn. 68), EuR 2008, Beiheft 3, S. 81 ff.; *D. Kraus*, Die kooperative Sicherung der Rechtsstaatlichkeit der Europäischen Union durch die mitgliedstaatlichen Gerichte und die Gemeinschaftsgerichte, EuR 2008, Beiheft 3, S. 109 ff.

Haratsch, Andreas:
Die kooperative Sicherung der Rechtsstaatlichkeit durch die mitgliedstaatlichen Gerichte und die Gemeinschaftsgerichte aus mitgliedstaatlicher Sicht, in: P. C. Müller-Graff / D. Scheuing (Hrsg.), Gemeinschaftsgerichtsbarkeit und Rechtsstaatlichkeit, EuR-Beiheft 3 / 2008, Baden-Baden 2008, S. 81 ff.

Kraus, Dieter:
Die kooperative Sicherung der Rechtsstaatlichkeit der Europäischen Union durch die mitgliedstaatlichen Gerichte und die Gemeinschaftsgerichte, in: P. C. Müller-Graff / D. Scheuing (Hrsg.), Gemeinschaftsgerichtsbarkeit und Rechtsstaatlichkeit, EuR-Beiheft 3 / 2008, Baden-Baden 2008, S. 109 ff.

Middeke, Andreas:
Grundlagen europäischer Rechtskontrolle, in: H.-W. Rengeling / ders. / M. Gellermann (Hrsg.), Handbuch des Rechtsschutzes in der Europäischen Union, 2. Aufl., München 2003, S. 16 ff.

Oppermann, Thomas:
Die Dritte Gewalt in der Europäischen Union, DVBl. 1994, S. 901 ff.

Pechstein, Matthias:
EU-/EG-Prozessrecht. Mit Aufbaumustern und Prüfungsübersichten, 3. Aufl., Tübingen 2007.

Pernice, Ingolf:
Die Dritte Gewalt im europäischen Verfassungsverbund, EuR 1996, S. 27 ff.

Sack, Jörn:
Zur künftigen europäischen Gerichtsbarkeit nach Nizza, EuZW 2001, S. 77 ff.

Arthur Benz

E. Nationale Parlamente in der EU

I. Die nationalen Parlamente als Legitimationsquelle in der europäischen Demokratie

In der demokratischen Ordnung der europäischen Union bilden neben dem Europäischen Parlament die nationalen Parlamente der Mitgliedstaaten die Institutionen, in denen die Bürgerinnen und Bürger durch gewählte Abgeordnete repräsentiert sind. Diese *Dualität* der Vertretung entspricht dem Charakter der EU als Staatenverbund mit geteilter Souveränität. Sie beruht auf einer Konzeption des „demos", der gleichzeitig als europäisches Volk und als nationale Völker existiert.[1] Dementsprechend muss auch die Repräsentation der Mitglieder des demos nach Ebenen differenziert erfolgen.

Während das europäische Volk im Europäischen Parlament repräsentiert ist, könnte man den Rat als Vertretung der nationalen Völker betrachten. Demokratische Legitimation gewinnt der Rat aber nur wegen der Verantwortlichkeit seiner Mitglieder gegenüber ihren nationalen Parlamenten. Das Gewicht dieser Legitimationsgrundlage ist nicht zu unterschätzen. Sie hat einen weit höheren Stellenwert als dies für Zweite Kammern in Bundesstaaten gilt, die an der Gesetzgebung eines direkt gewählten Parlaments mitwirken, während der Rat das erstrangige Legislativorgan darstellt.[2] Sie ist auch nicht vergleichbar mit der Legitimation der Außenpolitik von Nationalstaaten, weil die nationalen Regierungen im Rat als Kollektiv handeln und verbindliche Entscheidungen treffen, welche die nationalen Gesetzgeber binden.

1 *D. Tsatsos,* Die Europäische Unionsgrundordnung, 2002.

2 Hinzuweisen ist hierbei darauf, dass viele Zweite Kammern in Bundesstaaten direkt gewählt werden, wenn sie über Gesetze mitentscheiden können. Dies gilt nicht für den deutschen Bundesrat, in dem – ähnlich wie im Ministerrat der EU – Regierungen der Gliedstaaten vertreten sind. Allerdings kann sich der Bundesrat auf eine gesamtstaatliche Legitimation stützen, weil Landtagwahlen starken Bezug auf Bundespolitik haben. In der EU ist dies genau umgekehrt: In Wahlen zu nationalen Parlamenten spielen europäische Themen praktisch keine Rolle, weshalb aus ihnen keine Legitimation europäischer Herrschaft abgeleitet werden kann. Und Wahlen zum Europäischen Parlament haben eher den Charakter von Testwahlen für nationale Regierungen. Anders als im deutschen Bundesstaat existiert in der EU kein vertikal integriertes Parteiensystem.

Wenn in den Diskussionen über das *Demokratiedefizit* der EU der Machtverlust der nationalen Parlamente beklagt wird,[3] dann wird damit auf ein gravierendes Problem verwiesen.

In der wissenschaftlichen Diskussion wie in den Reformprozessen der EU haben die nationalen Parlamente bis in die 1980er Jahre nur am Rande Beachtung gefunden. Die Demokratisierung der europäischen Politik war bis dahin vorrangig mit der Entwicklung des Europäischen Parlaments verbunden. Die nationalen Parlamente bemühten sich allerdings schon frühzeitig darum, Einfluss zu gewinnen. Im Zuge der Integrationsfortschritte nach 1990 rückten sie stärker ins Zentrum der Reformbemühungen. In wissenschaftlichen Analysen wird inzwischen nicht mehr pauschal von einem Machtverlust gesprochen, vielmehr werden ihre Stellung und ihr faktisches Gewicht differenzierter beurteilt.[4]

Maßstab der Bewertung der Rolle nationaler Parlamente in der EU können nicht die klassischen Funktionen sein, die den Parlamenten im Nationalstaat zugeschrieben werden. Im europäischen Kontext üben sie weder eine Wahlfunktion noch eine uneingeschränkte Legislativfunktion aus. Relevant sind vielmehr primär die *Kommunikations*- und die *Kontrollfunktion*. Diese Beschränkung der parlamentarischen Funktionen kann man nicht mit Machtverlust gleichsetzen, weil sie sich zwingend aus der Verlagerung von Kompetenzen vom Nationalstaat auf die EU ergibt. Für die Einschätzung ihrer Macht und damit für die Bewertung der demokratischen Legitimation der europäischen Gesetzgebung ist entscheidend, ob die nationalen Parlamente die ihnen im Mehrebenensystem zustehenden Funktionen der Kommunikation und Kontrolle erfüllen können.

Mit Kommunikation sind die Vermittlung von Interessen der repräsentierten Bürgerschaft in die Willensbildung der EU sowie die öffentliche Diskussion über Entscheidungen gemeint, die es ermöglichen, dass sich individuelle Interessen und kollektive Entscheidungen möglichst weit annähern. Mit ihrer Kontrolle sollen die nationalen Parlamente sicherstellen, dass Regierungen im Rat verantwortlich handeln und Interessen der nationalen Bürgerschaft so gut wie möglich verwirklichen. Beide Funktionen sind eng miteinander verbunden. Kontrolle verlangt Transparenz und ihre Wirkung wird durch Diskussionen in der Öffentlichkeit verstärkt. Kommunika-

3 Z.B. *K. v. Beyme,* Die parlamentarische Demokratie. Entstehung und Funktionsweise 1789–1999, 1999, S. 539–543; *A. Moravcsik,* Warum die Europäische Union die Exekutive stärkt: Innenpolitik und internationale Kooperation, in: Wolf (Hrsg.), Projekt Europa im Übergang, 1997, S. 211–269.

4 Maurer / Wessels (Hrsg.), National Parliaments on their Ways to Europe: Losers or Latecomers? 2001; Norton (Hrsg.), National Parliaments and the European Union, 1996; *T. Raunio / S. Hix,* Backbenchers Learn to Fight Back: European Integration and Parliamentary Government, in: West European Politics 2000, S. 144–147.

tion sichert eine Vermittlung von Interessen zwischen Herrschenden und Beherrschten erst, wenn Kontrollen die Regierungen zur öffentlichen Rechtfertigung ihrer Entscheidungen zwingen.

Allerdings kann die Legislativfunktion der *nationalen* Parlamente in der dualen Ordnung der europäischen Demokratie nicht völlig vernachlässigt werden. Die EU setzt in den meisten Fällen nur Rahmenrecht, indem sie Richtlinien erlässt. Diese sind durch die Organe der Mitgliedstaaten in nationales Recht umzusetzen. Im Durchschnitt aller EU-Staaten werden allerdings nur wenige der Richtlinien durch Gesetze umgesetzt, meisten geschieht dies durch Exekutivakte.[5] Bei wesentlichen Entscheidungen ist jedoch davon auszugehen, dass die nationalen Parlamente *unmittelbar* die Entscheidung über die Transposition des EU-Rechts treffen, während sie in den anderen Fällen als Kontrollorgane fungieren. Zudem erfordern Änderungen des Primärrechts, die die Mitgliedstaaten ratifizieren müssen, in der Regel die Zustimmung durch die nationalen Parlamente. Voraussetzung der Funktionserfüllung sind dabei Entscheidungsspielräume. Je geringer diese sind, desto problematischer ist die Legitimation der europäischen Politik.

II. Die Stellung der nationalen Parlamente in der Verfassungsordnung der EU

Die nationalen Parlamente sind im Vertragswerk der EU, das geltendes Primärrecht enthält, bisher nur in einem Zusatzprotokoll von 1997 erwähnt. Dieses fasst den Konsens der Regierungen über grundlegende Verfahrensregeln zusammen, für deren verbindliche Festlegung die Europäische Union nicht zuständig ist. Die Stellung der nationalen Parlamente ergibt sich, wie in dem Protokoll explizit erklärt wird, aus den nationalen Verfassungsordnungen und der Praxis der Mitgliedstaaten. Angesichts der engen Verschränkung von europäischer und nationaler Politik im Gesetzgebungsprozess wird deutlich, dass der materielle Gehalt der institutionellen Ordnung der Union als „Mehrebenenverfassung“[6] zu verstehen ist und die Prinzipien der

5 *A. v. Bogdandy,* Gubernative Rechtsetzung, Tübingen 2000, S. 284 ff.; *T. König,* Unitarisierung durch Europäisierung, in: Aus Politik und Zeitgeschichte B 36, 2005 S. 28–32 (32). König verweist zugleich auf die großen Unterschiede zwischen den Mitgliedstaaten.

6 *I. Pernice*, The Global Dimension of Multilevel Constitutionalism: A Legal Response to the Challenges of Globalisation, in: Dupuy / Fassbender / Shaw / Sommermann (Hrsg.), Völkerrecht als Wertordnung. Common Values in International Law, Festschrift für Christian Tomuschat, 2006, S. 973–1005.

nationalen Demokratie als Bestandteil des „gemeineuropäischen Verfassungsrechts"[7] gelten.

Da alle Mitgliedstaaten über demokratische Systeme verfügen, in denen die Regierung der parlamentarischen Kontrolle unterworfen ist, üben alle nationalen Parlamente Kontroll- und Kommunikationsfunktionen in der europäischen Politik aus (vgl. 1.). Darüber hinaus ist ihre Stellung bei Vertragsänderungen (vgl. 2.) und bei der Umsetzung von Richtlinien (vgl. 3.) zu beachten. Dem Entwurf des Verfassungsvertrags haben die Staats- und Regierungschefs ein weiteres Protokoll beigefügt, das im jetzt beschlossenen Reformvertrag aufgenommen wurde. Dieses richtet sich auf Verfahrensweisen der Union, die die nationalen Parlamente betreffen. Sie sollen durch die Kontrolle über die Einhaltung des *Subsidiaritätsprinzips* verhindern, dass die EU immer weiter die Spielräume für die nationale Gesetzgebung beschneidet. Die nationalen Parlamente wären damit unmittelbar in Entscheidungen einbezogen, die in föderativen Systemen der Verfassung zuzurechnen sind (vgl. 4.).

1. Beteiligung in der EU-Politik

Das „Protokoll über die Rolle der einzelstaatlichen Parlamente in der Europäischen Union" von 1997 legt fest, dass die nationalen Parlamente umfassend über Konsultationsdokumente der EU und über Gesetzgebungsinitiativen unterrichtet werden. Ferner wurde eine Frist zwischen der Initiative und der Beschlussfassung vereinbart, die den nationalen Parlamenten die Möglichkeit zur Stellungnahme geben soll. Die konkrete Beteiligung in EU-Angelegenheiten ist in den *nationalen Verfassungen* sehr unterschiedlich geregelt.[8]

Die Mitgliedstaaten haben die Informationspflicht der Regierung gegenüber ihren nationalen Parlamenten in die nationale Rechtsordnung umgesetzt. Darüber hinaus verfügen die Parlamente aller Mitgliedstaaten über das Recht zur Stellungnahme zu EU Dokumenten. In manchen Mitgliedstaaten können sie darüber hinaus ihre Regierungen vor den Verhandlungen im Ministerrat mit einem Mandat beauftragen. Dänemark hat dieses „Mandatsystem" bereits unmittelbar nach dem EU-Beitritt im Jahr 1973 eingeführt. In Österreich hat das entsprechende Parlamentsrecht Verfassungsrang. Inzwischen haben weitere nord- und einige osteuropäische Mitgliedstaaten

[7] *P. Häberle,* Europäische Rechtskultur, 1994, S. 33 ff. *D. Tsatsos,* Unionsgrundordnung (Fn. 1), S. 49 ff.

[8] *C. A. Janowski*, Legitimationsgarant der EU? Die nationalen Parlamente und ihre Europa-Gremien, Baden-Baden 2005; *A. Maurer*, Parlamentarische Demokratie in der Europäischen Union, Baden-Baden 2002; J. O'Brennan / T. Raunio (Hrsg.), National Parliaments within the Enlarged European Union, London 2007.

diese Regel übernommen. Dabei variieren die Reichweite und die Bindungswirkung des Mandats.

Der Deutsche Bundestag wird nach Art. 23 Abs. 2 GG von der Bundesregierung umfassend und zum frühestmöglichen Zeitpunkt über Angelegenheiten der EU unterrichtet, zudem kann er nach Art. 23 Abs. 3 zu geplanten Rechtssetzungsakten der EU eine Stellungnahme abgeben, die die Bundesregierung berücksichtigen muss. Im Ausführungsgesetz ist die Berücksichtigungspflicht der Regierung dahingehend präzisiert, dass die Bundesregierung die Stellungnahme „ihren Verhandlungen zugrunde" legt. [9]

In der Praxis ist der Unterschied zwischen dem Recht zur Stellungnahme und dem Recht zum *verbindlichen* Mandat nicht erheblich. Das liegt an den Schwierigkeiten, in die eine Regierung in Verhandlungen auf europäischer Ebene gerät, wenn ihr die „Hände gebunden" sind, wenn sie also auf eine feste Position festgelegt und daher nicht kompromissfähig ist.[10] Auch in Ländern wie Dänemark werden verbindliche Mandate nur sehr selten beschlossen und wenn, dann geben sie der Regierung nur einen Rahmen vor, innerhalb dessen sie in Verhandlungen agieren kann. Andererseits muss eine Regierung generell beachten, dass sie im parlamentarischen Regierungssystem auf das Vertrauen der sie tragenden Fraktionen im Parlament angewiesen ist. Sie wird daher alles vermeiden, was dieses Vertrauen unterminiert und nur in begründeten Ausnahmefällen von einer Stellungnahme des nationalen Parlaments abweichen. Die Beteiligung der Parlamente beruht daher auf einem strategischen Zusammenwirken mit der Regierung, in der beide Seiten versuchen, ihre Positionen zu koordinieren, ohne zu verhindern, dass die nationalen Interessen auf europäischer Ebene effektiv vertreten und in die Kompromissfindung eingebracht werden können. In dieser Interaktion spielen Ausschüsse und Fraktionsführungen eine besondere Rolle. Darüber hinaus haben Parlamente unterschiedliche – je nach institutionellen Bedingungen und Parlamentspraxis variierende – Strategien entwickelt, wie sie die Schwierigkeiten des „Zwei-Ebenen-Spiels" der europäischen Politik bewältigen können.[11]

9 § 5 des Gesetzes über die Zusammenarbeit von Bundesregierung und Deutschem Bundestag in Angelegenheiten der Europäischen Union vom 12. März 1993, BGBl I S. 311.

10 *A. Benz*, Path-Dependent Institutions and Strategic Veto Players – National Parliaments in the European Union, in: West European Politics 2004, S. 875–900.

11 *A. Benz*, Path-Dependent Institutions (Fn. 10), *K. Auel / A. Benz*, Expanding National Parliamentary Control: Does it Further European Democracy?, in: Kohler-Koch / Rittberger (Hrsg.), Debating the Democratic Legitimacy of the European Union, 2007, S. 57–74.

2. Ratifikation von Vertragsänderungen

Bei Vertragsänderungen werden die nationalen Parlamente zu mitentscheidenden Organen in der Mehrebenenpolitik, es sei denn, die Ratifikation erfolgt durch Referendum. Ihnen steht das Recht zu, Beschlüsse der Staats- und Regierungschefs anzunehmen oder abzulehnen. Da hier zwischen den Mitgliedstaaten die Regel der Einstimmigkeit gilt, hat jedes nationale Parlament ein Vetorecht.

Die Macht, die den Parlamenten damit zukommt, ist allerdings ambivalent und sie muss entsprechend den Prozessen im Mehrebenensystem der EU mit Augenmaß und strategisch eingesetzt werden. Denn ein Parlament kann mit seinem Veto Vertragsänderungen nur verhindern, nicht positiv beeinflussen oder mitgestalten. Es muss daher abwägen, ob der Status quo besser ist als eine Entscheidung, mag sie auch noch so unbefriedigend im Vergleich zu einer „Idealposition" ausfallen. Andererseits hat die Vetodrohung durch die nationalen Parlamente Vorwirkungen auf die Verhandlungen zwischen den Regierungen. Diese müssen Reaktionen ihrer Parlamente antizipieren, wenn sie Kompromisse eingehen. Das Verhältnis zwischen Regierungen und ihren nationalen Parlamenten ist zwar durch erhebliche Asymmetrien der Informationsverteilung und der Gestaltungschancen zu Lasten der Parlamente geprägt. Aber zum einen können diese Asymmetrien durch informelle Interaktionen korrigiert werden, zum anderen ist eine Regierung auch nicht völlig von der parlamentarischen Verantwortlichkeit freigestellt. Ein funktionsfähiges Gleichgewicht der Kräfte setzt voraus, dass ein hohes Maß an *Transparenz und Kommunikation* herrscht. Beides kann allerdings die Verhandlungseffektivität auf europäischer Ebene beeinträchtigen, weil im Lichte der Medienöffentlichkeit Kompromisse schwieriger zu erreichen sind als hinter verschlossenen Türen. Dieses Dilemma kann nicht durch Verfassungsregeln gelöst werden, vielmehr bedarf es der Spielräume zu strategischer Interaktion unter der Prämisse, dass grundsätzlich die Regeln der Verhandlungen auf europäischer Ebene und die Regeln der parlamentarischen Verantwortlichkeit der Regierungen auf nationaler Ebene gelten.

3. Umsetzung von europäischem Recht in nationale Gesetze

Bei der Umsetzung von Richtlinien wirken nationale Parlamente als Gesetzgebungsorgane mit. Hierbei handelt es sich um der europäischen Gesetzgebung nachgelagerte Entscheidungen, die nach den Verfahrensnormen der nationalen Gesetzgebung getroffen werden. Die EU beeinflusst die Entscheidungen zum einen durch den Rechtsrahmen, den die Richtlinien vorgeben, zum anderen durch die Kontrolle der Rechtsumsetzung durch die Kommission und den EuGH.

Obgleich europäische Richtlinien nur einen rechtlichen Rahmen vorgeben sollen, sind die Spielräume der nationalen Parlamente, Recht zu gestalten, eingeschränkt. Damit entsteht ein *Problem der* demokratischen Legitimation, wenn den nationalen

Wählerschaften nicht vermittelt werden kann, in welchem Maß die Gesetze durch die Vorgaben des europäischen Rechts bestimmt werden. Ferner besteht die Gefahr, dass nationale Parlamente für Gesetze, die den Bürgern oder einer größeren Gruppe Belastungen auferlegen, die Verantwortlichkeit auf die EU abschieben, selbst wenn Richtlinien ihnen große Gestaltungsspielräume geben. Aus beiden Gründen leidet die Transparenz der Entscheidungszuständigkeit und Verantwortlichkeit, die eine grundlegende Voraussetzung für die Kontrolle der Parlamentsarbeit durch die Wählerschaft ist.

Hinsichtlich der Effektivität der europäischen Politik stellt sich des Weiteren die Frage, ob die nationalen Parlamente willens oder in der Lage sind, Richtlinien sachlich angemessen und in den vorgegebenen Fristen in nationales Recht umzusetzen. Hierbei werden in einzelnen Mitgliedstaaten immer wieder *Defizite* festgestellt. Die Forschung liefert bislang keine eindeutigen Erkenntnisse über die Gründe für mangelnde Umsetzung. Diskutiert wird, ob eine bessere Beteiligung der nationalen Parlamente im Rechtsetzungsprozess der EU deren Bereitschaft zur Umsetzung erhöht. Auch dafür, dass dies zutreffen würde, gibt es bisher aber keine Hinweise in der Forschung.[12]

4. Subsidiaritätskontrolle

Die *schrittweise Aufwertung* der nationalen Parlamente in der EU zeigt sich besonders im Verfahren der Subsidiaritätskontrolle. Dieses verleiht ihnen einen direkten Einfluss auf die europäische Politik. Entsprechende Regelungen waren in einem Protokoll zum Entwurf des gescheiterten Verfassungsvertrags vorgesehen. Der am 13. Dezember 2007 vom Rat der EU in Lissabon verabschiedete Reformvertrag sieht vor, diese im Primärrecht direkt zu verankern. Im Artikel 8C des neuen Vertrags heißt es,

> „Die nationalen Parlamente tragen aktiv zur guten Arbeitsweise der Union bei, indem sie
> a) von den Organen der Union unterrichtet werden und ihnen die Entwürfe von Europäischen Gesetzgebungsakten gemäß dem Protokoll über die Rolle der nationalen Parlamente in der Europäischen Union zugeleitet werden;
> b) dafür sorgen, dass der Grundsatz der Subsidiarität gemäß den in dem Protokoll über die Anwendung der Grundsätze der Subsidiarität und der Verhältnismäßigkeit vorgesehenen Verfahren beachtet wird;
> …“

12 *C. Sprungk,* How policy-shaping might (not) affect policy-taking: national parliaments in the decision-making and the transposition of EU-directives, Diss. FU Berlin 2007.

In dem Protokoll, auf das dieser neue Artikel verweist, wird ein „Frühwarnmechanismus“ eingerichtet. Demnach muss die Kommission künftig ihre Gesetzgebungsvorschläge gleichzeitig an das Europäische Parlament, den Rat und die nationalen Parlamente leiten und dabei begründen, dass die Grundsätze der Subsidiarität und Verhältnismäßigkeit eingehalten werden. Die nationalen Parlamente sowie die Zweiten Kammern der nationalen Legislativen können innerhalb von acht[13] Wochen einer Kompetenzausübung durch die EU widersprechen. Wird der Einspruch von Parlamenten bzw. Kammern unterstützt, die über mindestens ein Drittel der Gesamtzahl ihrer Stimmen verfügen, dann ist die Kommission gezwungen, ihn zu überprüfen. In Fragen des Raums der Freiheit, der Sicherheit und des Rechts genügt ein Viertel der Stimmen, um die Prüfung herbeizuführen.[14]

Ob sich dieses Verfahren in der Praxis bewährt, muss die künftige Anwendung der Regeln zeigen. Die erforderliche Mehrheit von einem Drittel (bzw. Viertel) der Stimmen (zwei pro Mitgliedstaat, ggf. aufgeteilt auf Kammern) nationaler Parlamente zu gewinnen, um einen wirksamen Einspruch gegen eine Initiative der Kommission zu erreichen, dürfte schwierig werden. Sie setzt eine Koordination der Entscheidungen in nationalen Parlamenten voraus. Insofern könnte man vermuten, dass es sich hier um eine lediglich *symbolische* Regelung handelt.

Eine solche Einschätzung wird allerdings der Bedeutung der parlamentarischen Subsidiaritätskontrolle nicht gerecht. Zum einen stellt das Verfahren sicher, dass die nationalen Parlamente frühzeitig informiert werden und sie – unabhängig von einem formalen Einspruch auf europäischer Ebene – ihre Auffassung zur Einhaltung des Subsidiaritätsprinzips gegenüber den nationalen Vertretern im Ministerrat äußern können. Zum zweiten ist davon auszugehen, dass schon ein Einspruch eines Parlaments eine Öffentlichkeitswirkung erzeugt, die von der Kommission nicht völlig ignoriert werden kann, wenn er in einem wichtigen Mitgliedstaat erhoben wird. Drittens trägt die Übertragung der Subsidiaritätskontrolle auf die nationalen Parlamente der Tatsache Rechnung, dass die Entscheidung darüber, ob eine Aufgabe der EU übertragen werden soll, genuin politischen Charakter hat. Schließlich ist darauf hinzuweisen, dass ein frühzeitiges Veto eines Parlaments gegen eine Initiative der Kommission, also vor Beginn der Verhandlungen über einen Gesetzgebungsakt, nicht der oben genannten Schwierigkeit unterliegt, dass Vertreter im Ministerrat nicht mehr einen Ausgleich nationaler und europäischer Belange erreichen können.

13 Das ursprüngliche Protokoll sah eine Frist von sechs Wochen vor, die der Europäische Rat von Brüssel auf acht verlängert hat.

14 *Th. Fischer,* Kompetenzordnung und Handlungsinstrumente – Verhaltene Reformansätze in der Verfassung, in: Weidenfeld (Hrsg.), Die europäische Verfassung in der Analyse, Gütersloh 2005, S. 105–135 (125).

Die *Subsidiaritätskontrolle* stellt also einen wichtigen Schritt der Einbindung der nationalen Parlamente in die Mehrebenenstruktur der europäischen Demokratie dar. Ihre Effektivität wird allerdings wesentlich davon abhängen, wie sich die Parlamente in den Mitgliedstaaten auf das neue Verfahren einstellen. Es ist davon auszugehen, dass sich bereits in der Vergangenheit beobachtbare Anpassungsprozesse fortsetzen werden, die nicht nur die Informationsverarbeitungskapazitäten der Parlamente, sondern auch die Kommunikationsstrukturen zwischen Mitgliedstaaten betreffen.

III. Anpassung der parlamentarischen Institutionen und Verfahren

Die Rolle, die nationale Parlamente in der europäischen Verfassungsordnung spielen, hängt neben den Regeln des europäischen Rechts auch von den *institutionellen Bedingungen* der parlamentarischen Systeme in den Mitgliedstaaten ab, die durch Verfassungsrecht oder sonstige Normen bestimmt werden. Diese unterlagen im Prozess der europäischen Integration in allen Mitgliedstaaten einem erheblichen Wandel, der allerdings zwischen den Mitgliedstaaten variierte. Neben den prozeduralen und institutionellen Vorkehrungen zur Stärkung ihrer Mitwirkungsmöglichkeiten entstanden auch Formen und Praktiken der Kommunikation zwischen den Parlamenten der Mitgliedstaaten.

1. Veränderungen in den nationalen Regierungssystemen

Die Mitwirkung der nationalen Parlamente in der europäischen Politik kann aus den Regeln der parlamentarischen Demokratie abgeleitet werden, die in allen Mitgliedstaaten gelten. Demnach ist die Regierung nicht nur in der Innenpolitik, sondern auch in der Außenvertretung eines Staates dem Parlament verantwortlich. Theoretisch könnte ein Parlament also die Regierung verpflichten, die durch die Mehrheit seiner Mitglieder bestimmte Politik zu verwirklichen. In der Praxis stehen dem aber, neben dem oben genannten Dilemma der Mehrebenenpolitik, Probleme der Informationsbeschaffung und –verarbeitung entgegen.

Dem mit der Vertiefung der europäischen Integration offenkundig gewordenen Trend einer Machtverschiebung auf die Exekutive haben die Parlamente entgegengewirkt, indem sie explizit ihre Beteiligungsrechte in der nationalen Rechtsordnung statuierten.[15] Zum Teil geschah dies durch Verfassungsrecht, zum Teil durch einfa-

[15] Zum Folgenden v.a. *A. Maurer,* Parlamentarische Demokratie in der Europäischen Union, 2002.

ches Recht, zum Teil aber auch durch Vereinbarungen zwischen Regierung und Parlament. Hinsichtlich der *Inhalte* der Regeln ist zu unterscheiden zwischen solchen, in denen das Parlament die Regierung auf ein Mandat verpflichten kann und solchen, in denen das Parlament eine Stellungnahme abgeben kann und es der Regierung freigestellt bleibt, ihr zu folgen oder nicht. In der Praxis sind die Unterschiede zwischen beiden Regelungen gering. Nationale Parlamente, die verbindliche Mandate beschließen können, wissen, dass sie nur in extremen Ausnahmefällen ihrem Vertreter im Rat die „Hände binden" dürfen. Und Regierungen in Mitgliedstaaten, in denen solche strikten Bindungsmöglichkeiten nicht vorgesehen sind, müssen gleichwohl damit rechnen, das Vertrauen ihres Parlaments zu verlieren, wenn sie Stellungnahmen nicht beachten.

Die Fähigkeit nationaler Parlamente, auf die europäische Politik Einfluss zu gewinnen, hängt neben formalen Rechten von ihren Informationen über Initiativen der Kommission und den Verlauf der Gesetzgebungsverfahren in der EU ab. Die Regeln der Beteiligung, die in den Mitgliedstaaten festgelegt wurden, unterscheiden sich danach, welche Dokumente den Parlamenten zu welchem Zeitpunkt zugeleitet werden. Das Protokoll über die Rolle der nationalen Parlamente hat die *Informationsrechte verbessert* und nach den Regeln der Subsidiaritätskontrolle erhalten alle Parlamente die Gesetzesinitiativen direkt von der Kommission. Problematisch bleibt allerdings die Fähigkeit der Parlamente, die Informationen auch angemessen zu verarbeiten und ihre eigene Position zu einer Materie zu finden. Zu diesem Zweck haben sie Ausschüsse eingerichtet, in welchen auf Europafragen spezialisierte Abgeordnete zusammenarbeiten. Die Größe, aber auch die Struktur dieser Ausschüsse sowie die Arbeitsteilung zwischen Europa- und Fachausschüssen zeigen wiederum große Differenzen zwischen den Mitgliedstaaten. Neueren Datums sind Vertretungen, die nationale Parlamente in Brüssel unterhalten. Sie dienen ebenfalls der frühzeitigen Informationsgewinnung, die unabhängig von der Informationsselektion durch die eigene Regierung erfolgt.

Die Unterschiede in den Regeln der parlamentarischen Beteiligung und in der institutionellen Infrastruktur der jeweiligen Parlamente[16] kann mit den historisch gewachsenen Formen und Organisationsstrukturen der nationalen Parlamente erklärt werden. In der vergleichenden Forschung hat man versucht, diese Unterschiede mit der Stärke oder Schwäche der Parlamente in der EU in Verbindung zu bringen.[17] Dabei wurde festgestellt, dass trotz einer Annäherung der Beteiligungsregeln die

[16] Aktuelle Informationen finden sich auf der Internetseite des COSAC: http://www.cosac.eu.

[17] *T. Raunio*, Holding Governments Accountable in European Affairs: Explaining Cross-National Variation, in: Auel / Benz (Hrsg.), The Europeanisation of Parliamentary Democracy, 2006, S. 17 ff.

nationalen politischen Kulturen die Praxis prägen. Über interparlamentarische Zusammenarbeit werden aber Erfahrungen vermittelt, von denen insbesondere die Parlamente in den mittel- und osteuropäischen Beitrittsländern profitierten.

2. Interparlamentarische Zusammenarbeit

Zur Informationsgewinnung, aber auch zur Entwicklung von Beteiligungsstrategien sind Kontakte zwischen den Parlamentariern erforderlich, in denen sie sich wechselseitig über ihre jeweiligen europapolitischen Ziele informieren können.[18] Solche Kontakte bestehen zwischen nationalen Parlamenten und Abgeordneten des Europäischen Parlaments aus dem jeweiligen Mitgliedstaat. In einigen Mitgliedstaaten sind Europaabgeordnete Mitglieder oder regelmäßig geladene Gäste in den nationalen Europaausschüssen. Ferner hat sich in der EU inzwischen eine „Diplomatie" nationaler Parlamentsdelegationen entwickelt, wobei sich neben den jährlichen Konferenzen der Präsidenten oder Sprecher der nationalen Parlamente auch bilaterale Kontakte zwischen einzelnen Ländern verdichten (etwa zwischen dem deutschen Bundestag und der französischen Assemblé Nationale). Die Zusammenarbeit der mit Europafragen befassten Parlamentsausschüsse findet im COSAC statt, einer Einrichtung, die zunehmende Bedeutung erlangt.

IV. Ausblick

In der Diskussion über eine Demokratisierung der EU wurde immer wieder darauf hingewiesen, dass die nationalen Parlamente die Völker der Mitgliedstaaten repräsentieren und daher in die Willensbildungs- und Entscheidungsprozesse der EU einbezogen werden müssten. Vorschläge einer direkten Beteiligung der Parlamente in europäischen Verfahren – sei es durch eine Versammlung der nationalen Parlamente oder durch eine „dritte" Kammer neben dem EP und dem Rat – gelten allerdings als *wenig praktikabel* und werden heute nicht mehr ernsthaft erwogen. Gegen sie spricht, dass sie die Entscheidungsprozesse erheblich erschweren würden und eine weitere Institution der Legislative wohl nur ein geringes Gewicht erlangen könnte. Eine solche Vertretung ergibt sich auch nicht zwingend aus dem föderativen Charakter der Union.

Deswegen kommt es allein darauf an, die parlamentarische Verantwortung und Kontrolle der Vertreter der Mitgliedstaaten im Europäischen Rat und im Ministerrat

18 *K. Neunreither*, The European Parliament and National Parliaments: Conflict and Cooperation, in: Auel / Benz (Hrsg.), The Europeanisation of Parliamentary Democracy, Abingdon 2006, S. 164 ff.

zu verbessern. Dass dieses Prinzip durch die Vertragsreform zu einer Verfassungsnorm der EU wird, ist zu begrüßen. Darüber ergibt sich die Stellung der nationalen Parlamente aber in hinreichender Deutlichkeit aus den nationalen Verfassungen. Ihre Mitwirkung an der europäischen Politik ist somit ein wesentlicher Bestandteil der europäischen Verfassungsordnung.

Grundlegende und vertiefende Literatur

Auel, Katrin / Benz, Arthur (Hrsg.):
The Europeanisation of National Parliamentary Democracy, Abingdon 2006.

Janowski, Cordula Agnes:
Die nationalen Parlamente und ihre Europa-Gremien. Legitimationsgarant der EU?, Baden-Baden 2005.

Maurer, Andreas:
Parlamentarische Demokratie in der Europäischen Union. Der Beitrag des Europäischen Parlaments und der nationalen Parlamente, Baden-Baden 2002.

O'Brennan, John / Raunio, Tapio (Hrsg.):
National Parliaments within the Enlarged European Union, London 2007.

6. Teil: Grundrechte und Grundfreiheiten

Inhalt

3. Schutzgehalte

III. Funktionen und dynamischer Funktionswandel der Grundfreiheiten

IV. Grundfreiheiten und Gemeinschaftsgrundrechte

V. Grundfreiheiten und Unionsbürgerschaft

Georgios Papadimitriou

A. Die Grundrechte

I. Einleitung

Auf dem Wege zur europäischen Integration wurde man sich mit einer gewissen Verspätung des Defizits am Grundrechtsschutz bewusst. Je vielfältiger die Kompetenzen der Gemeinschaftsorgane in fast allen Bereichen wurden, desto aufdringlicher erschien dieses Erfordernis. Zunächst versuchte der EuGH diesem Problem anhand einer recht schöpferischen Rechtsprechung nachzugehen. Anschließend boten die Verträge von *Maastricht* (1992)[1] und *Amsterdam* (1997)[2] eine hinreichende Grundlage. Als Inspirationsquelle dienten hier die Grundsätze, an die sich auch die Rechtsprechung des EuGH anlehnte.

Ausschlaggebend war hierfür die Einberufung des Konvents über die Grundrechtscharta im Dezember 1999. Dieses repräsentative Gremium erarbeitete einen kohärenten Text im Hinblick auf den Schutz der individuellen Freiheiten, der politischen und sozialen sowie anderweitiger neuer Rechte, deren Konsolidierung sich insbesondere angesichts der raschen Entwicklung der Technologie aufdrängte. Die Charta wurde schließlich nur als Deklaration auf dem Gipfel der Staats- und Regierungschefs in *Nizza* im Dezember 2000 verkündet.

Zur Verringerung der Distanz zwischen den europäischen Bürgern und der Europäischen Union und zur Überwindung der empfundenen fehlenden Identität mit dem europäischen Vorhaben und nicht zuletzt zum Zwecke der Beteiligung im Rahmen der europäischen Integration, sind die Bürger mit Rechten auszurüsten, die einem modernen politischen Wesen entsprechen. Es handelt sich um eine der größten Herausforderungen, mit welchen die Union konfrontiert ist. Entfremdete und distanzierte Bürger könnten unter Umständen nicht fördernd, sondern eher hemmend bei

1 Artikel F Abs. 2: „Die Union achtet die Grundrechte, wie sie in der am 4. November 1950 in Rom unterzeichneten Europäischen Konvention zum Schutze der Menschenrechte und Grundfreiheiten gewährleistet sind und wie sie sich aus den gemeinsamen Verfassungsüberlieferungen der Mitgliedstaaten als allgemeine Grundsätze des Gemeinschaftsrechts ergeben".

2 In Artikel 6 Abs. 2 des Vertrages wird Artikel F Abs. 2 des Vertrages von Maastricht wörtlich übernommen.

der europäischen Integration fungieren. Deswegen versucht die Europäische Verfassung den Bürger an das gemeinschaftliche Geschehen näher zu bringen und ihn zu einem tragenden Faktor des europäischen politischen Systems werden zu lassen.

II. Die Grundrechte in der Europäischen Verfassung

In erfinderischer Weise und mit zeitgenössischen Anschauungen verankert und organisiert die Europäische Verfassung die Grundrechte der europäischen Bürger. Darüber hinaus enthält sie einen besonderen Titel über das „demokratische Leben der Union“[3]. In ihren Bestimmungen wird im Einzelnen vorgesehen, wie die Demokratie in die Institutionen der Union umgepflanzt werden kann, um in ihrem Rahmen als *Grundprinzip* zu funktionieren. Im nachfolgenden werden die wesentlichen Entscheidungen des Europäischen Verfassungsgebers dargestellt, aus denen sich das System des Grundrechtsschutzes zusammensetzt.

Vorliegende Analyse trägt zum Verständnis der Einschnitte in die institutionellen Einrichtungen der Union durch die Verfassung bei. Ohnehin ist es Zeit, von der bisherigen pauschalen Annäherung des Anbetens, des Quengelns und des Abbauens Abstand zu nehmen, die nichts Neues und Wesentliches anzubieten hatten. Die Institutionen in der Europäischen Union entwickeln ihre eigene *Dynamik*, welche den Prozess der Förderung, der Vertiefung und der Reifung der europäischen Integration bestimmt. Die vereinfachende Vergleichung der Institutionen der Union mit jenen des Staates erweist sich auch im Bereich der Grundrechte als historisch nicht belegt und daher als unergiebig.

III. Die drei Pfeiler

Der Grundrechtsschutz bietet ein recht interessantes und geeignetes Beispiel für das Verständnis der Geschichte, hier insbesondere im Hinblick auf die dialektische Entwicklung der Institutionen innerhalb der Union. In Artikel I–9 der Europäischen Verfassung wird in allgemeinen Umrissen der Schutz der Freiheiten und der Rechte

[3] Unter dem Titel VI, Teil I der europäischen Verfassung werden u.a. vorgesehen: Der Grundsatz der demokratischen Gleichheit (Artikel I–45), der Grundsatz der repräsentativen Demokratie (Artikel I–46), der Grundsatz der partizipativen Demokratie (Artikel I–47), der Beitrag der Sozialpartner zur Europäischen Integration und der autonome soziale Dialog (Artikel I–48).

der Unionsbürger geregelt. Seine Relevanz im Rahmen des angesprochenen Problems liegt auf der Hand.

Der Schutz der Grundrechte stützt sich gemäß der vorgenannten Bestimmung auf folgende drei Pfeiler: die Charta (Abs. 1)[4], die EMRK (Abs. 2 und 3)[5] und die gemeinsamen Verfassungsüberlieferungen der Mitgliedstaaten (Abs. 3)[6]. Darüber hinaus garantiert die Verfassung durch andere Bestimmungen weitere Einzelrechte. Schließlich enthält sie ein Bündel von Werten mit weiterem Regelungsumfang, die im Allgemeinen die *Rechtsordnung der Union* festsetzen. Der von der Verfassung beanspruchte Grundrechtsschutz erweist sich als das Ergebnis ihrer Artikulierung, die auf deren Verstärkung, ja auch deren Schmälerung und die Abstimmung etwaiger Gegensätze absieht.

1. Die Charta

Die Einverleibung der Grundrechtscharta (Artikel I–9, Abs. 1) in der Form eines selbständigen Kapitels der Europäischen Verfassung (Teil B, Artikel II–61 bis II–114) bildet das wesentlichste Novum im Hinblick auf den Grundrechtsschutz in der Union. Den Unionsbürgern wird endlich ein einheitlicher, vollständiger, kohärenter und zeitgenössischer Grundrechtskatalog mit rechtsbindender Kraft zur Verfügung gestellt, wie dies grundsätzlich bisher auf der Staatsebene der Fall war. Auf diese Weise wird einem der größten institutionellen Defizite Rechnung getragen, die die Europäische Union bislang beschatteten.

Die Ausarbeitung der Charta geht auf den gleichnamigen *Konvent* zurück, dessen Einberufung im Juni 1999 im Rahmen des Gipfeltreffens in Köln beschlossen wurde. Zu dessen festen Zielen zählten dabei u.a.: a) die Herausbildung eines selbständigen Rechtsschutzsystems, b) das harmonische Zusammenwirken der Charta mit der EMRK, c) die Übereinstimmung der Charta mit den Vorschriften der Grundverträge, d) die Vermeidung der mittelbaren Erweiterung der Unionskompetenzen, e) die Bewältigung von Problemen, die zur Verfassungsrevision auf nationaler Ebene führen könnten, und f) die Abwendung von staatlichen Finanzbelastungen.

4 „Die Union erkennt die Rechte, die Freiheiten und Grundsätze an, die in der Charta der Grundrechte, die den Teil II bildet, enthalten sind".

5 „2. Die Union tritt der Europäischen Konvention zum Schutz der Menschenrechte und Grundfreiheiten bei. Dieser Beitritt ändert nicht die in der Verfassung festgelegten Zuständigkeiten der Union. 3. Die Grundrechte, wie sie in der Europäischen Konvention zum Schutz der Menschenrechte und Grundfreiheiten ..., sind als allgemeine Grundsätze Teil des Unionsrechts".

6 „Die Grundrechte, … wie sie sich aus den gemeinsamen Verfassungsüberlieferungen der Mitgliedstaaten ergeben, sind als allgemeine Grundsätze Teil des Unionsrechts".

Aus systematischer Sicht besteht das wesentlichste Novum in der Herausarbeitung eines neuen Vorbildes für die Klassifizierung der Grundrechte. Abstand nehmend von der bekannten Unterteilung in drei Kategorien – individuelle, politische und soziale – teilt sie die Charta in sechs neue Einheiten ein, die sich thematisch auszeichnen. Diese entsprechen den *sechs Prinzipien* der Quintessenz der europäischen institutionellen und politischen Kultur. Der Reihe nach geht es dabei um die Würde des Menschen (Artikel II–61 bis 65), die Freiheiten (Artikel II–66 bis 79), die Gleichheit (Artikel II–80 bis 86), die Solidarität (Artikel II–87 bis 98), die Demokratie – wie sie durch die politischen Rechte artikuliert wird – (Artikel II–99 bis 106) und die Gerechtigkeit (Artikel II–107 bis 110).

Anhand einiger Beispiele soll die Bedeutung der Einverleibung der Charta in der Verfassung aufgezeigt werden. Die Achtung der Würde des Menschen (Artikel II–61), das Recht auf Leben (Artikel II–63), der Schutz personenbezogener Daten (Artikel II–68), die Achtung des Privat- und Familienlebens (Artikel II–67), die Gedanken-, Gewissens- und Religionsfreiheit (Artikel II–70), die Versammlungs- und Vereinigungsfreiheit (Artikel II–72), das Recht auf Bildung (Artikel II–74), die Berufsfreiheit und das Recht zu arbeiten (Artikel II–75), die Gleichheit vor dem Gesetz (Artikel II–80), die Nichtdiskriminierung (Artikel II–81), die Gleichheit von Frauen und Männern (Artikel II–83), das Recht auf Kollektivverhandlungen und Kollektivmaßnahmen (Artikel II–88), der Schutz bei ungerechtfertigter Entlassung (Artikel II–90), das Recht auf soziale Sicherheit (II–94), der Gesundheitsschutz (Artikel II–95), der Verbraucherschutz (Artikel II–98), das aktive und passive Wahlrecht (Artikel II–99 und 100), das Recht auf eine gute Verwaltung (Artikel II–101), das Recht auf einen wirksamen Rechtsbehelf (Artikel II–107) beinhalten grundlegende Garantien, die jedem modernen Rechts-, sozialen und demokratischen Staat innewohnen. Diese *Garantien* sind dem Wesensgehalt der gemeinen europäischen Verfassungskultur zuzuordnen.

2. Die EMRK

Die Verfassung beseitigt einen chronischen Schwebezustand und gewährt eine hinreichende Stütze für den Beitritt der Union zur EMRK (Artikel I–9, Abs. 2). In dieser Bestimmung wird ausdrücklich festgelegt, dass der Beitritt nicht zur Änderung der Unionskompetenzen führen darf. In der Tat kann nicht vorgesehen werden, ob, wann und unter welchen Voraussetzungen dies geschehen wird. Durch die Verfassung zeichnet sich deutlich die Aussicht, dass die EMRK nach dem Beitritt der Union ihren normativen Charakter in der Unionsordnung unmittelbar entwickelt und nicht, wie bisher, über Verweisung.

Bis zum Unionsbeitritt bilden die gewährleisteten Rechte einen Teil der allgemeinen Prinzipien ihres Rechts und werden im Rahmen der europäischen Rechtsordnung angewandt (Artikel I–9, Abs. 3). Diese Lösung ging der Verfassung voran und wird zum ersten Mal im Vertrag von *Maastricht* (1992) verankert. Nach der vorgenannten Bestimmung gelten die wesentlichen Garantien der Konvention, wie diese durch die Rechtsprechung des Gerichtshofs für Menschenrechte in Straßburg konkretisiert werden, mittels des Verweises an diesen auch innerhalb der Europäischen Union.

Neben der Tatsache, dass die EMRK als wesentliche Inspirationsquelle für die Charta diente, werden ihre Bestimmungen aufgerufen, gemäß Artikel I–9 Abs. 3 der Verfassung ihre normative Funktion zu entwickeln. Dies wird freilich a fortiori in der Zukunft im Fall des Unionsbeitritts zur EMRK geschehen (Abs. 2). In beiden Fällen offenbart sich die ohnehin bestehende enge dialektische Verbindung der Charta mit der Konvention, dem zweiten Pfeiler für den Grundrechtsschutz in der Union.

3. Die gemeinsamen Verfassungsüberlieferungen

Die *Charta* und die *Konvention* kodifizieren im Grunde die Komponente des in den Mitgliedstaaten geltenden Grundrechtsschutzes, wie diese in Artikel I–9 Abs. 3 der Europäischen Verfassung verankert ist. Es handelt sich um die gemeinsamen Verfassungsüberlieferungen der Mitgliedstaaten, die ihren dritten Pfeiler im Rahmen der Union bilden. Anzumerken ist, dass diese Lösung zum ersten Mal im Vertrag von Maastricht vorkommt (Artikel F Abs. 2), im Vertag von Amsterdam wiederholt wird und bereits einen Teil des in der Union wohlerworbenen Acquis darstellt.

Den gemeinsamen Verfassungsüberlieferungen, deren Inhalt und Funktion offenbar schwer zu ermitteln sind, wird eher eine Zusatzfunktion zukommen. Ihre Inanspruchnahme und Anwendung wird insbesondere dort möglich und unerlässlich sein, wo die Charta und die Konvention entweder Zweifel über den gewährten Schutz zurücklassen oder Garantien gewähren, deren gemeinsamer Nenner hinter dem erwünschten Schutz zurückbleibt.

4. Sonstige Bestimmungen

Bestimmungen über den Grundrechtsschutz sind bekanntlich auch in anderen Kapiteln der Verfassung enthalten. Es geht hauptsächlich um *Garantien* der wirtschaftlichen Freiheiten (Freizügigkeit, freier Personen-, Waren-, Dienstleistungs- und Kapitalverkehr) [Artikel III–133 bis Artikel III–160], Beschäftigung [Artikel III–203], soziale Politik [Artikel III–209 bis III–219], Verbraucherschutz [Artikel III–235], öffentliche Gesundheit [Artikel III–278]), sowie um andere Freiheiten, die im Gefüge der Verträge und der Verfassung zerstreut anzutreffen sind. Nach dem Inkrafttreten der Europäischen Verfassung werden diese Bestimmungen ihre Funktion in einem weiteren Regelungsbereich gemeinsam mit der Charta und der Konvention entfalten.

5. Werte

Der Inhalt und die Funktion der Grundrechte bestimmen sich schließlich nach Maßgabe der Werte der Union, wie diese in Artikel I–2 der Verfassung festgelegt und als Normen mit Verfassungsrang vorgesehen werden[7]. Die Achtung der Menschenwürde, die Freiheit, die Demokratie, die Gleichheit, die Rechtsstaatlichkeit, die Gerechtigkeit, die Solidarität und die Wahrung der Menschenrechte haben den Inhalt und die Funktion aller Grundrechte zu bestimmen, die durch die Unionsrechtsordnung garantiert werden.

Diese Perspektive lässt sich anhand einiger Beispiele aufzeigen. Die Achtung der Rechte der Minderheiten gewährt eine Stütze für deren Schutz. Dabei ist anzumerken, dass die relevante Bestimmung – trotz der beim Konvent eingegangenen Anregungen – in die Charta nicht aufgenommen werden konnte. Auch das *Solidaritätsprinzip* könnte zur Überwindung von Ungleichheiten und Ungerechtigkeiten nutzbar gemacht werden, womit auch die soziale Komponente der Union bekräftigt würde.

Die Europäische Verfassung konzipiert mit ihren Entscheidungen ein systematisches, einheitliches und kohärentes System. So darf nicht angenommen werden, dass die Unionswerte lediglich einen *deklaratorischen* Charakter haben, da in einem solchen Fall ihre Erwähnung in der Präambel genügen würde. Daher werden die Werte aufgerufen, mit ihrer breiten Tragweite eine Regelungsfunktion zu entwickeln und zur Inhaltsbestimmung der Grundrechte beizutragen.

IV. Die Artikulierung

Aus der vorangegangenen Darstellung der drei Pfeiler für den Grundrechtsschutz in der Union, sowie aus den zerstreuten diesbezüglichen Bestimmungen und ihren Werten ergibt sich eine recht komplexe normative Realität. In der Institutionsgeschichte kennt man bisher kein ähnliches Beispiel im Hinblick auf die Vielschichtigkeit des sich ergebenden Vorbildes. Die nachstehende Analyse erleichtert das Verständnis der Entscheidungen, anhand welcher ein chronisches Problem auf dem

[7] „Die Werte, auf die sich die Union gründet, sind die Achtung der Menschenwürde, Freiheit, Demokratie, Gleichheit, Rechtsstaatlichkeit und die Wahrung der Menschenrechte einschließlich der Rechte der Personen, die Minderheiten angehören. Diese Werte sind allen Mitgliedstaaten in einer Gesellschaft gemeinsam, die sich durch Pluralismus, Nichtdiskriminierung, Toleranz, Gerechtigkeit, Solidarität und die Gleichheit von Frauen und Männern auszeichnet".

Wege zur europäischen Integration und zur institutionellen Reife der Union bewältigt werden soll.

Ferner wird in der Verfassung ein vielschichtiges und selbständiges *Unionssystem* aufgestellt, während gleichzeitig auf andere bekannte Systeme verwiesen wird. Die EMRK und die gemeinsamen Verfassungsüberlieferungen sind somit aufgefordert, in die Unionsordnung umgepflanzt, den Inhalt und die Funktion ihrer Freiheiten und ihrer Rechte zu bestimmen.

Ihr Schutz ist somit der Charta, den anderen Bestimmungen der Verfassung und den Werten der Union überlassen. Dieser wird gegebenenfalls mit Hilfe der Inanspruchnahme zum einen der Konventionsbestimmungen und zum anderen der gemeinsamen Verfassungsüberlieferungen spezifiziert und festgelegt. Im institutionellen Gefüge wird also in der Zukunft das Unionssystem zusammen mit anderen „angeliehenen" Systemen artikuliert.

1. Das Unionssystem

Den *Kern des Unionssystems* bilden die von der Charta garantierten Rechte. Ihr Inhalt wird allerdings häufig durch andere Regelungen der Europäischen Verfassung über die Grundrechte beeinflusst. Nennenswert ist, dass sämtliche vorgenannten Bestimmungen gleichrangig sind. Ihre Interpretation hat daher in der Weise zu erfolgen, dass weitmöglicht die Entfaltung ihrer normativen Funktion ermöglicht wird. Dieser Hinweis ist von besonderer Bedeutung, wenn man berücksichtigt, dass in vielen Fällen wohl zu erwarten ist, dass Rechtsverhältnisse sowohl von der Charta als auch von anderen einzelnen Verfassungsbestimmungen geprägt werden.

Darüber hinaus könnten die Unionswerte freilich einen gestaltenden Einfluss auf die Anpassung der Charta und der Verfassungsbestimmungen an neue Gegebenheiten üben. Mit ihrer Heranziehung erwartet man eine Bewältigung etwaiger Differenzierungen im Rahmen der Anwendung mehrerer relevanten Bestimmungen.

2. Die „angeliehenen" Systeme

Sicherlich konnte die Europäische Verfassung von den Überlieferungen der Verfassungsverträge über den Grundrechtsschutz keinen Abstand nehmen. Auf dem Wege zur europäischen Integration erwies sich der Institutionszuwachs als ein erfolgreiches Vorbild, wobei damit die Aufbesserung bereits bestehender Strukturen mit dem Zusatz neuer, aber auch deren Aufrechterhaltung gemeint ist. Es versteht sich daher, dass bereits bestehende Rechtsordnungssysteme – z.B. die EMRK in der Völkergemeinschaft und die gemeinsamen Verfassungsüberlieferungen auf der Staatsebene – nach wie vor ihren Schutzbereich bestimmten.

Wie bereits angedeutet, bietet die Europäische Verfassung einen hinreichenden Anhalt im Hinblick auf den Beitritt der Union zur EMRK. In diesem Fall wird diese – unter der Voraussetzung des Unionsbeitritts – unmittelbar einen Bestandteil ihrer Rechtsordnung bilden, während heute ihre Geltung über den Verweis des Artikels 6 Abs. 2 des Unionsvertrages erfolgt.

Würde sich die Verfassung auf die Anerkennung der EMRK als einen Teil der allgemeinen Prinzipien des Unionsrechts beschränken, so kann nicht ausgeschlossen werden, dass in der Zukunft mittels der langjährigen Anwendung der Charta und der Anpassung an ihre Bestimmungen eine Relativierung der Bedeutung der EMRK im institutionellen Unionssystem einhertritt. Allenfalls werden beide Texte nach dem Unionsbeitritt parallel und beständig ihre Geltung beanspruchen.

Auch die gemeinsamen Verfassungsüberlieferungen sind ein „angeliehenes" System, dessen sich die Union vom Staat bedient. An dieses System wandten sich vorher die Unionsverträge nach *Maastricht* und an dieses verweist bereits die Europäische Verfassung. Freilich erweist sich die Ermittlung des Inhaltes und der Funktion eines Grundrechtes anhand der Verfassungsüberlieferungen als ein besonders schwieriges Unternehmen. Die Schwierigkeit besteht insbesondere darin, dass eine horizontale und in die Tiefe gehende Vergleichung der auf der Rechtsordnung aller Mitgliedstaaten der Union vorgesehenen Lösungen vorausgesetzt wird.

3. Das neue Vorbild

Aus dem Vorangegangenen geht hervor, dass der Grundrechtsschutz in der Union sich zum einen auf das *Unionssystem* und zum anderen auf *angeliehene Systeme* stützt, die im Verweiswege in ihrer Rechtsordnung eine Anwendung erfahren. Es handelt sich um ein besonders komplexes und prototypes Vorbild in der Institutionsgeschichte, von dem man trotz der immanenten Schwierigkeiten einen entscheidenden Beitrag zur institutionellen Reife der Union erwartet.

Aus systematischer Sicht lässt sich die von der neuen Realität gestellte Frage im Zusammenspiel zwischen den Bestimmungen des Unionssystems und den Bestimmungen der jeweils zur Anwendung kommenden angeliehenen Systeme erörtern. Nach der wohl zutreffenden Auffassung ist ersteren ein Vorrang gegenüber den zweiten einzuräumen, zumal die Verfassung vorrangig auf ein selbständiges System abzielt. Eine andere Frage ist die der gemeinsamen Anwendung der Unionsbestimmungen mit jenen der „angeliehenen" Systeme, insbesondere im Hinblick auf die Inhaltsbestimmung eines Rechtes.

Vorliegend ist den Regeln des Unionssystems wohl eine besondere Bedeutung zuzumessen, da die Inanspruchnahme der Bestimmungen der „angeliehenen" Systeme eher eine Zusatzfunktion erhalten wird. Im Allgemeinen ist abzuwarten, dass das Unionssystem bei seiner Entwicklung in der Praxis kontinuierlich seinen selbständigen Charakter verstärken wird. Die dialektische Betrachtung dieses Prozesses gestattet die Annahme, dass dieses System schöpferisch in immer größerem Umfang Elemente aus den „angeliehenen“ Systemen einverleiben wird, um den Grundrechten einen eindeutigen Inhalt zu vermitteln. Insoweit wird ihre Bedeutung allmählich wohl abnehmen. Aus diesen Thesen geht die immanente Dynamik des Unionssystems hervor, wie dieses in der Europäischen Verfassung gestaltet wird.

V. Schlussfolgerungen

Aus den vorangegangenen Feststellungen ergibt sich, dass sich der Grundrechtsschutz in der Europäischen Verfassung auf drei unterschiedliche und dennoch dialektisch verflochtene Pfeiler stützt. Vorrang ist der *Charta* zu gewähren, während den einzelnen Verfassungsbestimmungen über die *Grundrechte* zum einen und den *Unionswerten* zum anderen eine besondere Bedeutung beizumessen ist, da diese Bestandteile des *Unionssystems* sind. Darüber hinaus stützt sich der Grundrechtsschutz auf zwei „angeliehene“ Systeme unterschiedlicher Herkunft: Es handelt sich um die EMRK und um die gemeinsamen Verfassungsüberlieferungen.

In der Verfassung koexistieren demnach, unter den vorgenannten Besonderheiten, sämtliche für den Grundrechtsschutz bekannten Systeme: Das Unionssystem – d.h. die Charta, die einzelnen einschlägigen Verfassungsbestimmungen und die Werte der Union –, das reifste internationale System – d.h. die Europäische Menschenrechtskonvention – und das nationale System – d.h. die gemeinsamen Verfassungsüberlieferungen. Diese Systeme beinhalten den Inbegriff der europäischen Verfassungskultur.

Die Unionsorgane werden sich dieser neuen Realität wahrscheinlich mit einer gewissen Verspätung bewusst werden, während man befürchtet, dass sie von der Wissenschaft noch ignoriert wird. Anstatt Kritik auszuüben – und zwar ohne Kenntnis der neuen Grundrechtsschutzbedingungen – wäre es wohl besser, ungeachtet etwaiger Vorbehalte im Hinblick auf die Auseinandersetzung mit bestimmten Problemen, wenn man sich dafür einsetzen würde, den inhaltsreichen und zeitgenössischen normativen Rahmen der Verfassung an den Vordergrund rücken zu lassen. Es wäre daher begrüßenswert, ihre Gebote verständlich zu machen und diese zum Zwecke der Organisierung und der Herausbildung einer modernen demokratischen, rechtsstaatlichen und sozialen politischen Wesenseinheit zu verwerten.

Grundlegende und vertiefende Literatur

Häberle, Peter:
Europäische Verfassungslehre, Baden-Baden 2002.

Jarass, Hans D.:
EU-Grundrechte. Ein Studien- und Hdb., München 2005.

Meyer, Jürgen (Hrsg.):
Kommentar zur Charta der Grundrechte der Europäischen Union, Baden-Baden 2003.

Tettinger, Peter J. / Stern, Klaus (Hrsg.):
Kölner Gemeinschaftskommentar zur Europäischen Grundrechte-Charta, München 2006.

Markus Kotzur

B. Die Grundfreiheiten

I. Die Grundfreiheiten als Basis des Binnenmarktes und Verfassungsbausteine für das konstitutionelle Europa

Neben dem Grundrechtsschutz und der Bekämpfung jeglicher Diskriminierung gehört die Gewährleistung der Grundfreiheiten zum – anfangs klassisch marktorientierten – Freiheitskonzept der Europäischen Gemeinschaften und der Europäischen Union, nach Lissabon nur mehr der in (Völker-)Rechtspersönlichkeit erwachsenen Union.[1] Der Verfassungsvertrag, nur formal-vertragsrechtlich eine neue Integrationsgrundlage, in materiell-inhaltlicher Hinsicht eine Fortschreibung des bisherigen gemeinschaftsrechtlichen Besitzstandes, knüpft daran an[2] und will jenen Kerngehalt an Kontinuität wahren[3], der dynamischer Fortschreibung und weiter differenzierender Ausgestaltung nicht entgegen steht. Gleiches tut nach dem Scheitern des Verfassungsvertrages der „Vertrag über die Arbeitsweisen der Europäischen Union".[4] Seit der Gründung der Europäischen Wirtschaftgemeinschaft im Jahre 1957 stellt die Verwirklichung des Gemeinsamen Marktes bzw. seit 1986 (Einheitliche Europäische Akte)/1992 (Vertrag von Maastricht) des Binnenmarktes eines der wichtigsten

1 *W. Brechmann*, in: Calliess / Ruffert (Hrsg.), Kommentar zu EU-Vertrag und EG-Vertrag, 3. Aufl. 2007, Art. 61 EGV, Rn. 18; *W. Weiß*, in: Streinz (Hrsg.), EUV / EGV, 2003, Art. 61 EGV, Rn. 10 ff.; siehe auch die Mitteilung der Kommission vom 14.7.1998: KOM(98) 459; *J. Monar*, Die Entwicklung des „Raumes der Freiheit, der Sicherheit und des Rechts", integration 2000, S. 18 ff.

2 *M. Niedobitek*, Kontinuität zwischen alter und neuer Union, in: ders. / Ruth (Hrsg.), Die neue Union. Beiträge zum Verfassungsvertrag, 2007, S. 135 ff., 136; *P.-Ch. Müller-Graff*, Systemrationalität in Kontinuität und Änderung des Europäischen Verfassungsvertrages, integration 2003, S. 301 ff.

3 Vgl. *R. Streinz / Ch. Ohler / Ch. Herrmann*, Die neue Verfassung für Europa, 2005, S. 23 f.; *Th. Kingreen*, Grundfreiheiten, in: v. Bogdandy (Hrsg.), Europäisches Verfassungsrecht, 2003, S. 631 ff., 644, spricht sogar davon, „dass die in den 70er Jahren gelegten Fundamente der Struktur der Grundfreiheiten die grundlegenden verfassungsrechtlichen Reformen der Folgezeit praktisch unbeschadet überstanden haben".

4 *K. H. Fischer*, Der Vertrag von Lissabon. Text und Kommentar, 2008, S. 79 ff.

Gemeinschaftsziele dar.[5] Art. 14 Abs. 2 EGV konstituiert letztgenannten Binnenmarkt als „Raum ohne Binnengrenzen, in dem der freie Verkehr von Waren, Personen, Dienstleistungen und Kapital gemäß den Bestimmungen dieses Vertrages gewährleistet ist." Im AEUV gilt dem Binnenmarkt ein neuer Titel I im Dritten Teil über die „Internen Politiken und Maßnahmen der Union", Art. 26 und 27 AEUV. Die strittige Differenzierungsfrage, wie Binnen- und Gemeinsamer Markt sich zueinander verhalten, sollte mit dem Verfassungsentwurf wegfallen[6], doch jetzt finden sich nach wie vor beide Termini in den Verträgen. Die praktische Relevanz der Unterscheidung dürfte indes gering sein.

Mit ihrer Lissabon-Strategie hat die Gemeinschaft dem Binnenmarktkonzept eine ehrgeizige Zukunftsperspektive vorgegeben: die EU will bis zum Jahre 2010 zum wettbewerbsfähigsten und dynamischsten wissensbasierten Wirtschaftsraum der Welt werden.[7] Zwei komplementäre Strategien können dazu einen maßgeblichen Beitrag leisten und weisen zugleich über die Grundfreiheiten hinaus: einerseits die Harmonisierung auch solcher mitgliedstaatlicher Rechts- und Verwaltungsvorschriften, die zur effektiven Umsetzung der Grundfreiheiten gerade nicht notwendig wäre[8]; andererseits das Prinzip der gegenseitigen Anerkennung, d.h. der Geltung von Herkunfts- oder Ursprungslandprinzip.[9]

Grundfreiheiten und Wettbewerbsrecht[10], wechselseitige Anerkennung und Rechtsangleichung erschöpfen indes das Binnenmarktkonzept nicht, denn der Markt ist kein ökonomisch verengter Selbstzweck, sondern instrumental in den Dienst des Menschen und seiner wirtschaftlich abzusichernden Freiheit gestellt. Als Teil der offenen Gesellschaft bleibt der Markt von deren Funktionsbedingungen abhängig und deren vielfältigen Akteuren überantwortet, er ist kulturell grundiert und ausge-

5 *E. Pache*, Grundfreiheiten, in: Schulze / Zuleeg (Hrsg.), Europarecht. Handbuch für die deutsche Rechtspraxis, 2006, § 10, Rn. 1; *Th. Oppermann*, Europarecht, 3. Aufl. 2005, § 19, Rn. 1.

6 Dazu *R. Streinz*, Europarecht, 7. Aufl. 2005, Rn. 909 ff.; *A. v. Bogdandy*, in: Grabitz / Hilf (Hrsg.), Kommentar zur Europäischen Union (Stand 2006), Art. 14 EGV, Rn. 6 f., 9 m.w.N.; *S. Leible*, in: Streinz (Hrsg.), EUV / EGV, 2003, Art. 14 EGV, Rn. 15; *Th. Schubert*, Der Gemeinsame Markt als Rechtsbegriff. Die allgemeine Wirtschaftsfreiheit des EG-Vertrages, 1999.

7 Conclusions of the Presidency, European Council (Lisbon), March 23–24, 2000 (SN 100/00), point 5.

8 *W. Frenz*, Handbuch Europarecht, Bd. 1: Europäische Grundfreiheiten, 2004, S. 13 f.

9 *Ch. Calliess*, Europäischer Binnenmarkt und Europäische Demokratie: Von der Dienstleistungsfreiheit zur Dienstleistungsrichtlinie – und wieder Retour?, DVBl. 2007, S. 336 ff., 339.

10 *W. Kahl*, in: Calliess / Ruffert (Hrsg.), EUV / EGV, 3. Aufl. 2007, Art. 14 EGV, Rn. 22; *A. Hatje*, in: Schwarze (Hrsg.), EU-Kommentar, 2000, Art. 14, Rn. 8.

staltet durch die Grundrechte (nicht zuletzt dank deren Horizontalwirkung).[11] Marktfreiheit, Grundfreiheiten und grundrechtliche Freiheit[12] bilden daher einen Dreiklang, der die drei interdependenten Dimensionen ein und derselben Freiheit differenziert entfaltet – differenziert mit Blick auf den Adressatenkreis und die Regelungsinhalte. In all diesen drei Dimensionen bedarf die Freiheit inhaltlicher wie prozeduraler Garantien, sie hängt von der Rechtsförmigkeit hoheitlicher Entscheidungen (Gewaltenteilung[13], Rechtsstaatlichkeit bzw. „rule of law"[14]) ab, sie bedarf eines Mindestmaßes an sozialer Absicherung und eines hohen Maßes an republikanischer Öffentlichkeit. Nichts anderes will „Verfassung" leisten. Für die europäische Verfassungsgenese, wie die Verwirklichung des Binnenmarktes selbst auch nach Lissabon ein offener Prozess ohne idealtypische Finalität, wird es von entscheidender Bedeutung sein, das Integrationspotential der Grundfreiheiten als zur „verfassungsrechtlichen Vernetzung"[15] tauglichen „Mehrebenennormen"[16] auszuschöpfen, die Legitimationskraft gerade ihrer subjektiv-rechtlichen Stoßrichtung zu nutzen und sie in ihrer konstitutiven Bedeutung für die *auch politische* Gemeinschaft ernst zu nehmen.[17]

11 *P. Häberle*, Soziale Marktwirtschaft als „Dritter Weg". Ein Vorschlag für die Einbringung der sozialen Marktwirtschaft in das Grundgesetz – Sieben Thesen zu einer Verfassungstheorie des Marktes, in: ZRP 1993, S. 383 ff.; *ders.*, Europäische Verfassungslehre, 6. Aufl. 2009, S. 537 ff.

12 *F. Balaguer Callejón*, Derecho y Derechos in la Unión Europea, in: Corcuera Atienza (Hrsg.), La protección de Los Derechos Fundamentales en la Unión Europea, 2002, S. 39 ff.

13 Der Gewaltenteilung entspricht auf Gemeinschaftsebene das institutionelle Gleichgewicht, *P. M. Huber*, Das institutionelle Gleichgewicht zwischen Rat und Europäischem Parlament in der künftigen Verfassung für Europa, EuR 2003, S. 574 ff.; *R. Streinz*, Europarecht, 7. Aufl. 2005, Rn. 361 ff.; *Th. Oppermann*, Europarecht, 2. Aufl. 1999, Rn. 370 m.w.N.

14 *P. Kunig*, Das Rechtsstaatsprinzip, 1986; *K. Sobota*, Das Prinzip Rechtsstaat, 1997; *Ch. Degenhart*, Staatsorganisationsrecht, 22. Aufl. 2006, Rn. 481 ff.

15 *R. Bieber*, Verfassungsentwicklung und Verfassungsgebung, in: Wildenmann (Hrsg.), Staatswerdung Europas?, 1991, S. 396.

16 *Th. Kingreen*, Grundfreiheiten, in: v. Bogdandy (Hrsg.), Europäisches Verfassungsrecht, 2003, S. 631 ff., 647 ff.

17 Etwa EuGH; Slg. 2004, I–5257, Rn. 62 – *Ofranopoulos;* dazu *V. Skouris*, Das Verhältnis von Grundfreiheiten und Grundrechten im europäischen Gemeinschaftsrecht, DÖV 2006, S. 89 ff., 90.

II. Die Typisierung der Grundfreiheiten, ihr Anwendungsbereich und ihre Schutzgehalte

1. Typisierung

Art. 14 Abs. 2 EGV, jetzt Art. 26 Abs. 2 AEUV benennt die Grundfreiheiten, die den gemeinsamen Markt konstituieren. In Art. 28 ff., 39 ff., 43 ff., 49 ff. und 56 ff. EGV, jetzt Art. 28 ff., 45 ff., 49 ff., 56 ff. und 63 ff. AEUV finden sie differenzierte Konkretisierung. Ihr folgend, lassen sich die Grundfreiheiten in vier Gruppen typisierend einordnen: den freien Warenverkehr, den freien Personenverkehr (Arbeitnehmerfreizügigkeit und Niederlassungsrecht), die Dienstleistungsfreiheit und schließlich den freien Zahlungs- und Kapitalverkehr.[18] Art I–4 Abs. 1 Verfassungsvertrag hatte demgegenüber – zwischen freiem Personenverkehr und Niederlassungsfreiheit trennend – von fünf Freiheiten gesprochen, die „nach Maßgabe der Verfassung gewährleistet“ und mit dem Prinzip der Nichtdiskriminierung (Art. I–4 Abs. 2) kontextualisiert wurden. Die Einzelregelungen enthält heute der Dritte Teil des AEUV, beginnend mit Titel 1: „Der Binnenmarkt“. Art. 26 und 27 AEUV behandeln zum Auftakt die Verwirklichung und die Funktionen des Binnenmarktes. Titel 1 a eröffnet, der Systematik des bisherigen EGV folgend, mit dem freien Warenverkehr (Art. 28 ff. AEUV) den Reigen der Grundfreiheiten[19], die nichts anderes sind als die wesentlichen *Funktionsbedingungen* des Binnenmarktes.

Im Verfassungsvertrag war auffällig, dass nicht mehr die Warenverkehrsfreiheit an erster Stelle stand, obgleich ihr in der Praxis stets besondere Bedeutung zukam und der EuGH sie oft exemplarisch zur Entwicklung seiner Dogmatik der Grundfreiheiten nutzte.[20] Im politischen Europa der Bürger sollten die von ihrer Freizügigkeit Gebrauch machenden Marktakteure den Waren vorgehen. Der AEUV belässt die Systematik weithin unverändert. Am Anfang steht der freie Warenverkehr, differenziert in die Zollunion (Art. 30 ff.), die Zusammenarbeit im Zollwesen (Art. 33) und das Verbot der mengenmäßigen Beschränkungen zwischen den Mitgliedstaaten (Art. 34 ff.). Sonderregelungen für Landwirtschaft und Fischerei beinhalten Art. 38 ff. Art. 45 ff. normieren die Arbeitnehmerfreizügigkeit, Art. 49 ff. das freie Niederlassungsrecht. Art. 56 ff. gelten der Dienstleistungsfreiheit, Art. 63 ff. schließlich dem Kapital- und Zahlungsverkehr als notwendigen Annexfreiheiten. Dem Kapitel über die Grundfreiheiten folgen, anders als im Verfassungsentwurf, nicht die wettbe-

18 Nach anderer Einordnung prägen Waren- und Dienstleistungsfreiheit die gegenständliche bzw. tätigkeitsorientierte Seite einer einheitlichen „Produktverkehrsfreiheit“, *H. D. Jarass*, Elemente einer Dogmatik der Grundfreiheiten, EuR 1995, S. 202 ff., 205.

19 Der Verfassungsvertrag hatte die Freizügigkeit und den freien Dienstleistungsverkehr an den Anfang gerückt.

20 *Th. Oppermann*, Europarecht, 3. Aufl. 2005, § 19, Rn. 2.

werbsrechtlichen Regeln, sondern Vorschriften über den „Raum der Freiheit, der Sicherheit und des Rechts", Art. 67 ff.

2. Anwendungsbereich

Der räumlicher Geltungsbereich der Grundfreiheiten entspricht dem der Gemeinschaftsverträge generell (Art. 299 Abs. 1 und 2 EGV, jetzt im Wesentlichen Art. 52 EUV). Die Grundfreiheiten entfalten keine spezifische extraterritoriale Wirkung. Der notwendige grenzüberschreitende Bezug ist schon im Wortlaut angelegt, alle Grundfreiheiten sollen „Beschränkungen zwischen den Mitgliedstaaten" überwinden helfen. So will der Binnenmarkt keine vollständige Marktgleichheit schaffen, sondern allen Marktteilnehmern gleichberechtigt freien Marktzugang eröffnen. Das Kriterium des grenzüberschreitenden Bezuges wird allerdings nicht restriktiv, sondern sehr, teilweise auch zu weit gefasst.[21] Eine eindeutige Grenze wäre nur dann erreicht, würde der Bezug rechtsmissbräuchlich hergestellt, um auch bei reinen Inlandssachverhalten in Genuss der Grundfreiheiten zu kommen.[22] Damit ist zugleich auf ein wichtiges Folgeproblem verwiesen. Weil reine Inlandssachverhalte nicht in den Schutzbereich des EGV / AEUV fallen, kann es zu umgekehrter oder Inländerdiskriminierung kommen.[23] Das zu verhindern ist in der „Europäischen Verfassungsgemeinschaft" aus sich wechselseitig ergänzenden „komplementären Teilverfassungen" Aufgabe insbesondere des mitgliedstaatlichen Verfassungsrechts.[24]

Es obliegt nicht nur der EU bzw. EG (Nach Lissabon der EU), sondern vor allem den Mitgliedstaaten, die Grundfreiheiten durch geeignete Maßnahmen zu effektuieren. Der (Anwendungs-)Vorrang des Gemeinschaftsrechts[25] stellt sicher, dass in allen Mitgliedstaaten dafür die gleichen Maßstäbe gelten. Berechtigte der Grundfreiheiten sind zunächst die Unionsbürger und gegebenenfalls deren Familienangehörige.[26] Dem weit gefassten Terminus „Gesellschaften", Art. 48 Abs. 2 EGV, jetzt Art. 54 AEUV, können neben den juristischen Personen des privaten auch solche des öffentlichen Rechts unterfallen, wenn sie einen Erwerbszweck verfolgen, nach den Rechtsvorschriften eines Mitgliedstaates gegründet worden sind und innerhalb der Gemeinschaft entweder ihren satzungsmäßigen Sitz, ihre Hauptverwaltung oder

21 Ein aussagekräftiges Beispiel aus der Rechtsprechung des EuGH ist etwa die Entscheidung Slg. 2002, 6279 ff. – *Carpenter.*

22 EuGH, Slg. 1996, I–3179, Rn. 10 – *Schmitt.*

23 *U. Fastenrath*, Inländerdiskriminierung, JZ 1987, S. 170 ff.; *K. Hailbronner / G. Jochum*, Europarecht II, 2006, Rn. 284 ff.; *A. Epiney*, in: Calliess / Ruffert (Hrsg.), EUV / EGV, 3. Aufl. 2007, Art. 12 EGV, Rn. 27 ff.

24 *P. Häberle*, Europäische Verfassungslehre, 6. Aufl. 2009, S. 5, 37 ff., 221 ff., 645 ff. und öfter.

25 Seit EuGH, Slg. 1964, 1251 – *Costa/ENEL.*

26 Wiederum Slg. 2002, 6279 ff. – *Carpenter.*

ihre Hauptniederlassung haben (Art. 48 Abs. 1 EGV, jetzt art 54 AEUV). Die Verpflichtungswirkung der Grundfreiheiten richtet sich in erster Linie an die Mitgliedstaaten. Allerdings wird nach Telos und Ratio des Vertrages auch die Gemeinschaft selbst gebunden, da ihre vielfältigen Rechtssetzungsinstrumentarien und Regelungsmechanismen ebenfalls einem Raum ohne Binnengrenzen abträglich sein können – und sei es durch Überregulierung.[27]

3. Schutzgehalte

Als völkerrechtlicher Vertrag berechtigt und verpflichtet der EGV/AEUV zunächst nur die Gemeinschaft und ihre Organe auf der einen, die Mitgliedstaaten auf der anderen Seite. Dank der vielfachen im Vertrag angelegten „verfassungsqualitativen Momente" (*D. Th. Tsatsos*) hat sich die EG / EU aber schnell von ihrem völkerrechtlichen Gründungsakt emanzipiert und ist zu einer supranationalen Rechtsordnung sui generis erwachsen, die im selbstbestimmten Individuum als Träger subjektiver Rechte ihren legitimatorischen Bezugspunkt erkennt.[28] Das blieb auch für die Dogmatik der Grundfreiheiten nicht ohne Konsequenz. Waren sie ursprünglich als objektive Ordnungsprinzipien des Gemeinsamen Marktes konzipiert[29], hat der Gerichtshof früh die unmittelbare Anwendbarkeit zugunsten des Bürgers bejaht. Aus gutem Grund: Die Freiheiten legen den Mitgliedstaaten inhaltlich hinreichend bestimmte und unbedingte (self executing) Pflichten auf.[30] Darüber hinaus wird eine vorsichtige, aber doch eindeutige Tendenz erkennbar, den Grundfreiheiten, etwa der Arbeitnehmerfreizügigkeit, unmittelbare Drittwirkung zuzusprechen.[31] Eine Schutzpflichtendimension folgt aus dem Gebot loyaler Zusammenarbeit gem. Art. 10 Abs. 2 EGV respektive Art. I–5 EVV, jetzt Art. 4 Abs. 3 EUV; der Binnenmarkt hat nämlich zur Voraussetzung, dass die Grundfreiheiten auch tatsächlich gebraucht werden können. Dafür sind die Mitgliedstaaten in vorsorgende Verantwortung ge-

27 Besondere Praxisrelevanz hat diese Bindung indes bisher noch nicht erlangt, vgl. *M. Möstl*, Grenzen der Rechtsangleichung im Europäischen Binnenmarkt, EuR 2002, S. 318 ff.

28 Grundlegend EuGH, Slg. 1963, I–24 – *van Gend & Loos.*

29 *G. Nicolaysen*, Die gemeinschaftsrechtliche Begründung von Grundrechten, EuR 2003, S. 719 ff., 738 m.w.N.

30 Wiederum EuGH, Slg. 1963, I–1 – *van Gend & Loos*; später etwa Slg. 1974, 613 – *Reyners*; Slg. 1974, 1299 – *Van Binsbergen.*

31 EuGH, Slg. 1974, 1405 – *Walrave* und *Koch*; Slg. 1995, I–4921 – *Bosman*; siehe auch Slg. 2000, I–4139 – *Angonese*; aus der Lit. statt aller *R. Streinz / S. Leible*, Die unmittelbare Drittwirkung der Grundfreiheiten – Überlegungen aus Anlass von EuGH, EuZW 2000, 468 – *Angonese*, EuZW 2000, S. 459 ff., mit zahlreichen w. N.

nommen.[32] Einschlägiges Sekundärrecht geht den Grundfreiheiten jedenfalls dann vor, wenn es eine abschließende Regelung bezweckt.[33]

Der Gerichtshof legt an die einzelnen Grundfreiheiten zunehmend vergleichbare dogmatische Standards an und sorgt so für deren Konvergenz.[34] Einschränkungen der Grundfreiheiten knüpft Luxemburg im Interesse des freien Binnenmarktes an vier Voraussetzungen, die ein Stück weit den (mitgliedstsaatlichen) Grundrechtslehren entlehnt werden[35]: Sie müssen in „nichtdiskriminierender Weise" erfolgen, aus „zwingenden Gründen des Allgemeininteresses gerechtfertigt" und daher geeignet sein, diese „Allgemeinwohlziele" auch zu verwirklichen. Schließlich müssen sich die Einschränkungen auf solche Maßnahmen beschränken, die zur Zielerreichung unbedingt erforderlich sind.

III. Funktionen und dynamischer Funktionswandel der Grundfreiheiten

In ihrer ursprünglichen Funktion waren die Grundfreiheiten als Diskriminierungsverbote konzipiert. Der diskriminierungsfreie Wettbewerb zwischen den Mitgliedstaaten sollte durch wirtschaftliche Liberalisierung, konsequente Marktöffnung und berufliche Mobilität sichergestellt werden.[36] Vieles von dem, was heute als Reaktion auf den Globalisierungsdruck erscheint und die Marktphilosophie der WTO bedingt, war in den EWG-Strukturen der Gründerjahre vorgedacht. Bald aber zeigte sich der Erfindungsreichtum der Mitgliedstaaten, die Grundfreiheiten auch durch *unterschiedslos wirkende*, also In- und Ausländer – jedenfalls prima facie – gleichermaßen treffende Maßnahmen zu beschränken. Das Ziel, schrittweise einen Raum

32 EuGH, Slg. 1997, I–6959, Rn. 53 (*Kommission / Frankreich*); Slg. 2003, I–5659 – *Schmidberger*; siehe auch *S. Kadelbach / N. Petersen*, Die gemeinschaftsrechtliche Haftung für Verletzungen von Grundfreiheiten aus Anlass privaten Handelns, EuGRZ 2002, S. 213 ff; *L. Jaeckel,* Schutzpflichten im deutschen und europäischen Recht. Eine Untersuchung der deutschen Grundrechte, der Menschenrechte und Grundfreiheiten der EMRK sowie der Grundrechte und Grundfreiheiten der Europäischen Gemeinschaft, 2001; *P. Szczekalla,* Die sogenannten grundrechtlichen Schutzpflichten im deutschen und europäischen Recht, 2002; *C. Stachel*, Schutzpflichten der Mitgliedstaaten für die Grundfreiheiten des EG-Vertrags unter besonderer Berücksichtigung des Grundrechtsschutzes in der Gemeinschaft, 2006.

33 EuGH, Slg. 1979, 646, Rn. 8 – *Cassis de Dijon.*

34 *Th. Oppermann*, Europarecht, 3. Aufl. 2005, § 19, Rn. 3 m.w.N.

35 Ständige Rspr., etwa EuGH , Slg. 1995, I–4165 – *Gebhard.*; Einzelheiten wiederum bei *Th. Oppermann*, Europarecht, 3. Aufl. 2005, § 19, Rn. 3.

36 Mit weitreichender Wirkung EuGH, Slg. 1991, I–2357 – *Vlassopoulo.*

ohne Binnengrenzen zu schaffen, konnte so nur allzu leicht konterkariert werden. Die Gegenreaktion des EuGH blieb nicht aus, mit der berühmten *Dassonville*-Formel zunächst auf den freien Warenverkehr beschränkt.[37] Schon bald weitete der Gerichtshof den Schutzbereich der anderen Grundfreiheiten, wenngleich ohne ausdrücklichen Rückgriff auf *Dassonville*, aber gestützt auf seine völkerrechtlich inspirierte effet utile-Rechtsprechung, zu umfassenden Beschränkungsverboten aus.[38] Die so verstandenen, durch Luxemburg gleichsam einer „Marktkonformitätskontrolle" unterworfenen Grundfreiheiten entwickelten rasch eine unerwartete Deregulierungskraft mit Blick auf nationale Gesundheitsschutz-, Verbraucherschutz-, Umwelt- oder Sozialstandards.[39]

Mit der Weite der *Dassonville-Konzeption* war indes das Risiko einer konturlosen Überdehnung des Beschränkungsbegriffs verbunden, befördert nicht zuletzt durch die relativ inkonsistente Rechtsprechung des EuGH.[40] Die Korrekturen, die seit der *Cassis*-Entscheidung[41] auf der Rechtfertigungsebene vorgenommen wurden, griffen auf lange Sicht zu kurz, sollten beliebiger Weite auf Tatbestandsseite nicht letztendlich beliebig weit gefasste Einschränkungsmöglichkeiten relativierend gegenüberstehen. Mit der Differenzierung zwischen produkt- und lediglich vertriebsbezogenen Maßnahmen zur tatbestandlichen Eingrenzung nutzte der EuGH in der Rechtssache Keck und Mithouard[42] neuerlich die Warenverkehrsfreiheit, um die Dogmatik der Grundfreiheiten insgesamt programmatisch fortzuentwickeln.

Allerdings erfolgte auch eine gewisse Schwerpunktverschiebung vom freien Waren- zum freien Personenverkehr. Dieser entwickelte sich schrittweise vom wirtschaftlich determinierten zum umfassend freien Personenverkehr. Die Personenverkehrsfreiheiten gelten heute nicht mehr nur für wirtschaftlich aktive Marktteilnehmer, seien

37 Als Maßnahmen gleicher Wirkung wie eine mengenmäßige Einfuhrbeschränkung qualifizieren demnach alle Handelsregelungen der Mitgliedstaaten, die geeignet sind, den innergemeinschaftlichen Handel unmittelbar oder mittelbar, tatsächlich oder potentiell zu behindern, EuGH, Slg. 1974, 837 Rn. 5 – *Dassonville*; dazu auch *Ph. Steinberg*, Zur Konvergenz der Grundfreiheiten auf der Tatbestands- und Rechtfertigungsebene, EuGRZ 2002, S. 13 ff.

38 Ausführliche Nachweise dazu bei *R. Streinz*, Europarecht, 7. Aufl. 2005, Rn. 795 ff.

39 *Ch. Calliess*, Europäischer Binnenmarkt und Europäische Demokratie: Von der Dienstleistungsfreiheit zur Dienstleistungsrichtlinie – und wieder Retour?, DVBl. 2007, S. 336 ff., 337.

40 *Th. Kingreen*, Grundfreiheiten, in: v. Bogdandy (Hrsg.), Europäisches Verfassungsrecht, 2003, S. 631 ff., 632 mit zahlreichen belegen aus der Luxemburger Judikatur.

41 EuGH, Slg. 1979, 646, Rn. 8 – *Cassis de Dijon*.

42 EuGH, Slg. 1993, I–6097 – *Keck*; für die kaum zu überblickenden Stellungnahmen aus Anlass der *Keck*-Rechtsprechung sei verwiesen auf *S. Feiden*, Die Bedeutung der „Keck"-Rechtsprechung im System der Grundfreiheiten. Ein Beitrag zur Konvergenz der Freiheiten, 2003.

es Selbständige oder Arbeitnehmer, sondern auch für deren Familienangehörige, Studierende, Rentner. Hier übernimmt die Unionsbürgerschaft im Zusammenspiel mit der Freizügigkeitsrichtlinie, auch als Unionsbürgerrichtlinie apostrophiert[43], eine schutzbereichserweiternde Funktion[44].

IV. Grundfreiheiten und Gemeinschaftsgrundrechte

Die Entwicklung von Grundfreiheiten und Gemeinschaftsgrundrechten verlief – trotz manch greifbarer Parallelen – zeitlich wie strukturell asymmetrisch.[45] Die Gemeinschaftsgrundrechte antworten heute (verspätet) auf jenen Legitimationsbedarf, den eine sich etablierende, schrittweise konstitutionalisierende europäische Rechtsordnung ausgelöst hat. Umgekehrt waren die Grundfreiheiten von Anfang an wesentlich an der Ausprägung dieser europäischen Rechtsordnung beteiligt. Pointiert formuliert *Th. Kingreen*: „Was die Grundfreiheiten mitgeschaffen haben, müssen die Grundrechte nunmehr legitimieren."[46] Holzschnittartig vereinfacht lässt sich sagen: „Integration" ist die primär grundfreiheitliche, „Legitimation" des Integrierten die primär grundrechtliche Teleologie, auch wenn gewiss Legitimationsmomente integrierend und Integrationsmomente legitimierend wirken. Die Grundfreiheiten eröffnen keine umfassende freiheitsrechtliche Schutzsphäre wie die Grundrechte, sie wollen vielmehr funktional begrenzt den zwischenstaatlichen Austausch von Wirtschaftsgütern materieller und immaterieller Art erleichtern, fungieren also als „transnationale Integrationsnormen", nicht als „supranationale Legitimationsnormen".[47] Diese Verfassungsfunktion bleibt in erster Linie den Grundrechten vorbehalten. Gerade weil es aber den frühen Jahren der Integration an einem hinreichenden Bestand von Gemeinschaftsgrundrechten fehlte, hat nicht zuletzt der EuGH diese

[43] ABl. 2004 Nr. L 31/18; dazu *W. Kluth*, in: Calliess / Ruffert (Hrsg.), EUV / EGV, 3. Aufl. 2007, Art. 18 EGV Rn. 2.

[44] Dazu unten V.

[45] Aus der kaum mehr zu überblickenden Lit.: *V. Skouris*, Das Verhältnis von Grundfreiheiten und Grundrechten im europäischen Gemeinschaftsrecht, DÖV 2006, S. 89 ff.; *U. Mager*, Die Bedeutung der Grundrechte für das Binnenmarktziel – der zweite Verfassungsabschnitt auf dem Prüfstand des Binnenmarktkonzepts, EuR Beiheft 3/2004, S. 41 ff.; *W. Frenz*, Grundfreiheiten und Grundrechte, EuR 2002, S. 603 ff.; *L. Gramlich*, Grundfreiheiten contra Grundrechte im Gemeinschaftsrecht, DÖV 1996, S. 801 ff.; umfassend Ehlers (Hrsg.), Europäische Grundrechte und Grundfreiheiten, 2. Aufl. 2005.

[46] *Th. Kingreen*, Grundfreiheiten, in: v. Bogdandy (Hrsg.), Europäisches Verfassungsrecht, 2003, S. 631 ff., 653.

[47] So *E. Pache*, Grundfreiheiten, in: Schulze / Zuleeg (Hrsg.), Europarecht. Handbuch für die deutsche Rechtspraxis, 2006, § 10, Rn. 15 m.w.N.

funktionale Scheidung ignoriert und manche Legitimationsmomente in den Grundfreiheitenkatalog hineingelesen.[48] Eine funktionellrechtliche Neuzuordnung beider wird damit zur europäischen Verfassungsaufgabe, gerade um das jeweilige konstitutionelle Potential voll auszuschöpfen. Hier ist auch an den Kontext zum Diskriminierungsverbot zu erinnern, das eine grundrechtliche (etwa Art. 141 EGV, jetzt Art. 157 AEUV, EMRK und EU-Grundrechtecharta wie eine grundfreiheitliche (etwa Art. 12 EGV, Art. 18 AEUV) Schutzdimension kennt. Die Grundfreiheiten eröffnen zwar keine Teilhaberechte, aber eine vergleichbare Dimension ergibt sich aus der konsequenten Anwendung des Diskriminierungsverbotes. Um Diskriminierungen zu vermeiden, kann ein positives Handeln der Mitgliedstaaten notwendig werden, das den Unionsbürgern den Marktzugang eröffnet.[49]

V. Grundfreiheiten und Unionsbürgerschaft

Die europäische Union beruht nicht auf einem vorrechtlichen Substrat, sondern der Einigungskraft ihres Rechts und dem Einigungswillen ihrer Bürgerinnen und Bürger. Dieser Rolle des europäischen „citoyen“[50] sind sich nicht nur Art. 18 ff. EGV, sondern auch der Verfassungsentwurf und jetzt Art. 20 ff. AEUV deutlich bewusst. Der Verfassungsvertrag stellte neben das Kollektiv der Völker aus Art. I–3 Abs. 1 das bürgerschaftliche Moment. In Art. I–8 fand es mit der Unionsbürgerschaft konkrete Ausgestaltung und sollte auch zur Grundlage individueller Rechtsansprüche werden.[51] Manche der Innovationen des Verfassungsvertrages finden im AEUV modifizierte Fortschreibung.[52] Schon im vor Verfassungsdebatte und „Lissabon“ gel-

48 Zu dieser Problemstellung am Beispiel der Tabakwerberichtlinie auch *M. Möstl*, Grenzen der Rechtsangleichung im europäischen Binnenmarkt, EuR 2002, S. 318 ff., 328 ff. und öfter.

49 *D. Ehlers*, in: ders. (Hrsg.), Europäische Grundrechte und Grundfreiheiten, 2. Aufl. 2005, S. 159 ff.; *Th. Kingreen,* Die Struktur der Grundfreiheiten des Europäischen Gemeinschaftsrechts, 1999, S. 191 ff.

50 *M. Kotzur*, Grenznachbarschaftliche Zusammenarbeit in Europa, 2004, S. 283 ff. m.w.N.

51 *R. Geiger*, EUV / EGV, 4. Aufl. 2004, Art. 2, Rn. 5; *M. Nettesheim*, Die politische Gemeinschaft der Unionsbürger, in: Liber Amicorum P. Häberle, 2004, S. 193 ff.; interessant im Hinblick auf den rechtsstaatlichen Grundsatz effektiven Rechtsschutzes *M. Azpitarte*, El Tribunal Constitucional ante el control del derecho comunitario derivado, 2002.

52 *K. H. Fischer*, Der Vertrag von Lissabon. Text und Kommentar, 2008, S. 197 ff.; allg. auch *H. M. Heinig*, Europäisches Verfassungsrecht ohne Verfassung(svertrag)?, JZ 2007, S. 905 ff.; *F. C. Mayer*, Wege aus der Verfassungskrise – Zur Zukunft des Vertrages über eine Verfassung für Europa, JZ 2007, S. 593 ff.; *H.-J. Rabe*, Zur Meta-

tenden Recht der EG macht die subjektiv-rechtliche Ausrichtung der Grundfreiheiten den (Markt-)Bürger zum handelnden Subjekt von Marktöffnung und Marktverschmelzung.[53] Er kann sich vor den nationalen Gerichten auf seine Grundfreiheiten berufen, als nicht privilegierter Individualkläger den EuGH anrufen (etwa gem. Art. 230 Abs. 4 EG, jetzt Art. 263 Abs. 4 AEUV – Nichtigkeitsklage, Art. 232 Abs. 3 EG, jetzt Art. 265 Abs. 3 AEUV – Untätigkeitsklage) oder über den Weg des gerichtlichen Vorlageverfahrens der Vorabentscheidung seinen (mittelbaren) Beitrag zur Konkretisierung des Binnenmarktes leisten.[54]

Das konstitutionelle Europa will aber nicht beim homo oeconomicus stehen bleiben, sondern vertraut dem Integrationspotential des homo politicus.[55] Entschlossen nutzt deshalb auch der EuGH die Unionsbürgerschaft, um die vordem wirtschaftlicher Betätigung dienenden, marktspezifisch verengten Personenverkehrsfreiheiten schrittweise zu einem umfassenden Freizügigkeitsrecht auszugestalten und so den Schutzgehalt von Art. 45 EU-Grundrechtecharta gleichsam in den EGV respektive AEUV hineinzulesen.[56] Der Unionsbürger soll dank des integrierend wie legitimierend wirkenden Rechts in einem Raum *konstitutionell* gesicherter gleicher Freiheit leben können. Von seiner Integrationsbereitschaft und Freiheitsfähigkeit hängt das europäische Integrationsprojekt entscheidend ab. Er ist, nicht zuletzt dank seiner grundrechtlich wie grundfreiheitlich zu entfaltenden Freiheit, der *nucleus* europäischer Verfassungsgenese.

morphose des Europäischen Verfassungsvertrages, NJW 2007, S. 3153 ff.; *Th. S. Richter*, Die EU-Verfassung ist tot, es lebe der Reformvertrag!, EuZW 2007, S. 631 ff.

53 *Th. Schubert*, Der Gemeinsame Markt als Rechtsbegriff. Die allgemeine Wirtschaftsfreiheit des EG-Vertrages, 1999, S. 137.

54 *J. Masing*, Die Mobilisierung des Bürgers für die Durchsetzung des Rechts, 1997, S. 42 ff.

55 *P. Häberle*, Europäische Verfassungslehre, 6. Aufl. 2009, S. 543, 549.

56 EuGH, Slg. 1998, I–2691 – *Martinez Sala*; Slg. 2001, I–6193 – *Grzelczyk*; Slg. 2002, I–6191 – *D'Hoop*; Slg. 2002, I–7091 – *Baumbast*; Slg. 2003, I–11613 – *Garcia Avello*; Slg. 2004, I–2703 – *Collins*; Rs. C-456/02 – *Trojani*; Rs. C-258/04, ZAR 2005, 416 – *Ioanidis*; dazu *M. Möller*, Die Entwicklung des Rechts der Unionsbürger auf Freizügigkeit und freien Aufenthalt und seine Bedeutung in der Rechtsprechung des Europäischen Gerichtshofes, 2004; sehr kritisch *K. Hailbronner*, Die Unionsbürgerschaft und das Ende einer rationalen Jurisprudenz durch den EuGH?, NJW 2004, S. 2185 ff.

Grundlegende und vertiefende Literatur

Barnard, Catherine:
The Substantive Law of the EU. The Four Freedoms, Oxford 2004.

Ehlers, Dirk (Hrsg.):
Europäische Grundrechte und Grundfreiheiten, 2. Aufl., Berlin 2005.

Frenz, Walter:
Hdb. Europarecht, Bd. 1. Europäische Grundfreiheiten, Berlin 2004.

Kingreen, Thorsten:
Grundfreiheiten, in: A. von Bogdandy (Hrsg.), Europäisches Verfassungsrecht. Theoretische und dogmatische Grundzüge, Berlin u.a. 2003, S. 631 ff.

ders.:
Die Struktur der Grundfreiheiten des Europäischen Gemeinschaftsrechts, Berlin 1999.

Pache, Eckhard:
Grundfreiheiten, in: R. Schulze / M. Zuleeg (Hrsg.), Europarecht. Hdb. für die deutsche Rechtspraxis, Baden-Baden 2006, S. 322 ff.

Zuleeg, Manfred:
Die Grundfreiheiten des Gemeinsamen Markts im Wandel, in: O. Due / M. Lutter / J. Schwarze (Hrsg.), FS für Ulrich Everling, Bd. 2, Baden-Baden 1995, S. 1717 ff.

7. Teil: Die wesentlichen Verfassungsentscheidungen des Reformvertrages

Inhalt

a) Die Regelungen über das Strafprozessrecht

b) Die Regelungen über das materielle Strafrecht

c) Die Regelungen über die Organe der Union im Bereich der Strafverfolgung

5. Der Grundrechtsschutz

6. Die Herausforderungen für das Strafrecht des 21. Jahrhunderts im Rahmen der EU

Peter Schiffauer*

A. Die Neuerungen des Vertrages von Lissabon im Bereich der Außen-, Sicherheits- und Verteidigungspolitik

Die Neuerungen im Bereich der Außen, Sicherheits- und Verteidigungspolitik wurden vom Europäischen Konvent erarbeitet und im Vertrag über eine Verfassung für Europa übernommen. Dort wurden die gemeinsame Außen- und Sicherheitspolitik und die gemeinsame Verteidigungspolitik in den Artikeln I–12 Abs. 4 und I–16 als Sonderzuständigkeit identifiziert, während die grundlegenden materiellrechtlichen und Verfahrensregeln für diese Bereiche in den Artikeln I–40 und I–41 enthalten waren. Die Grundsätze und Ziele, Verfahren und spezifischen Handlungsermächtigungen für alle Bereiche des auswärtigen Handelns der Union waren in einem gesonderten Titel V des Teils III zusammengefasst. Diese systematische Neuordnung wird im Vertrag von Lissabon *nicht* beibehalten. Durch die Eingliederung der bisherigen „Europäischen Gemeinschaft" in den Rahmen der Europäischen Union, die eine einheitliche Rechtspersönlichkeit erhält, überwindet der Vertrag von Lissabon die bisherige „Pfeilerstruktur" der europäischen Konstruktion. Alle Bestimmungen über die Außen, Sicherheits- und Verteidigungspolitik mit ihren besonderen Verfahrensregeln bleiben jedoch im Vertrag über die Europäische Union zusammengefasst. Dies verleiht ihnen rechtssystematisch eine gewisse Sonderstellung, die auf die Bestrebungen zurückzuführen ist, eine richterliche Kontrolle der Akte der Union in diesem Bereich nur dort zuzulassen, wo dies ausdrücklich vorgesehen ist.

Die außenpolitischen Bestimmungen des durch den Vertrag von Lissabon geänderten Unionsvertrags werden integriert und vervollständigt durch die – teilweise geänderten – Bestimmungen des in den Vertrag über die Funktionsweise übergeleiteten EG-Vertrages. Zum Teil wird durch das neue Regelwerk auf dem Gebiet der Außenbeziehungen eine bereits bewährte Praxis auf der Ebene des Primärrechts konsolidiert. Von diesem Hintergrund evolutiver Kontinuität heben sich *eine Reihe bedeutsamer Innovationen* deutlich ab, vor allem die Schaffung des Amtes eines jetzt offiziell „Hoher Vertreter der Union für Außen- und Sicherheitspolitik genannten" Außenministers der Union, die Errichtung eines auswärtigen Dienstes, aber auch die gegenseitige Beistandspflicht der Mitgliedstaaten in Fällen von Naturkatastrophen, Terroranschlägen oder militärischen Aggressionen.

* Die nachstehenden Ausführungen geben die persönlichen Auffassungen des Verfassers wieder und können nicht der Institution zugerechnet werden, deren Beamter er ist.

I. Konsolidierung der Europäischen Union als einheitliches Subjekt der Außenpolitik

Die Neuordnung der Bestimmungen über das auswärtige Handeln hat formal die Überwindung der Pfeilerstruktur zur Folge, die die Europäische Union seit dem Vertrag von Maastricht gekennzeichnet hat. Das auswärtige Handeln der Union wird nicht länger zwei verschiedenen Akteuren zugerechnet: der auf Instrumente der Regierungszusammenarbeit beschränkten Union ohne Rechtspersönlichkeit einerseits und der als juristische Person des Völkerrechts konzipierten Gemeinschaft in den Bereichen der Handels- und Entwicklungspolitik andererseits. Die Beschlussfassungsmechanismen in der Außen- und Sicherheitspolitik behalten zwar weitgehend *intergouvernementale* Züge bei[1], aber die Schaffung des Amtes eines Außenministers mit „zwei institutionellen Hüten"[2] oder die Einführung einer – begrenzten – Rechtsprechungszuständigkeit des Europäischen Gerichtshofs (siehe die Artikel 11 Absatz 1 letzter Satz EU-V sowie 269 und 275 AEU-V) lassen die Überwindung der Pfeilerstruktur erkennen.

Eine weitere bedeutsame Grundvoraussetzung für die Einheitlichkeit des auswärtigen Handelns der Union ist die Klärung ihrer *Rechtspersönlichkeit*, die durch Artikel 47 EU-V herbeigeführt wird und sich in der Vertragsschlusskompetenz der Artikel 216 und 217 AEU-V auswirkt, die nur noch „von der Union geschlossene" Übereinkünfte mit Drittländern oder internationalen Organisationen kennt. Mit dem Inkrafttreten dieser Bestimmungen hätte das sich aus dem geltenden EU- und EG-Vertrag ergebende Nebeneinander ein Ende, in dem einerseits in internationalen Übereinkünften die Europäische Gemeinschaft mit Rechtspersönlichkeit auftritt und andererseits die Europäische Union in gemeinsamen Aktionen nach außen Wirkungen entfaltet, die es durchaus nahe legen, der Union Rechtspersönlichkeit zuzuschreiben, ohne dass eine solche in den geltenden Verträgen ausdrücklich bestimmt ist.

1 Siehe die Analyse bei *R. Corbett / Iñigo Méndez de Vigo*, Bericht des Ausschusses für konstitutionelle Fragen über den Vertrag von Lissabon, Europäisches Parlament, Sitzungsdokument A6–0013/2008, ähnlich bereits in Bezug auf den Verfassungsvertrag *R. Corbett / Iñigo Méndez de Vigo*, Bericht des Ausschusses für konstitutionelle Fragen über den Vertrag über eine Verfassung für Europa, Europäisches Parlament, Sitzungsdokument A6–0070/2004, Begründung Ziffer 9.3 Absatz 1.

2 Zu dieser originellen institutionellen Neuschöpfung hat sich bereits eine umfangreiche Literatur entwickelt; vgl. *G. Grevi / D. Manca / G. Quille*, The EU foreign minister: beyond double-hatting, International Spectator 2005, S. 59 ff; *N. Klein / W. Wessels*, Eine Stimme, zwei Hüte – viele Pioniere? Die Gemeinsame Außen- und Sicherheitspolitik nach dem EU-Konvent http://www.fornet.info/documents/WorkingPaper5WELT TRENDS.pdf; WeltTrends 42, 2004, S. 11 ff.

Der Vertrag von Lissabon schafft somit im Vergleich zum geltenden Rechtszustand die Voraussetzungen dafür, dass das auswärtige Handeln der Union von der internationalen Gemeinschaft als einheitliches Handeln eines einzigen Subjekts wahrgenommen werden kann. Bestehen bleiben allerdings die durch die Kompetenzordnung der Union bedingten Faltungen, die so genannte gemischte Abkommen erforderlich machen, an denen künftig die Union und ihre Mitgliedstaaten beteiligt sein würden, wenn eine Übereinkunft Materien berührt, für die die Mitgliedstaaten der Union keine Handlungsermächtigung übertragen haben.

Das Handeln der Union nach außen, sei es in Form internationaler Übereinkünfte, sei es in Form von Positionsbestimmungen, diplomatischen oder militärischen Missionen, setzt eine *verfassungsmäßige politische Willensbildung* voraus. Es besteht weitgehender Konsens darüber, dass der im geltenden EU-Vertrag für das auswärtige Handeln der Union gezogene Rahmen nur zu einem insgesamt nicht befriedigenden Grade ausgenutzt wird,[3] weil die für ein wirksames Handeln in der Welt erforderliche politische Willensbildung in vielen – und gerade in den wichtigsten – internationalen Problemfeldern nicht oder nicht in ausreichendem Maße zustande kommt. Die aus dem Verfassungsvertrag übernommenen inhaltlichen Neuerungen lassen den Willen erkennen, die Fähigkeit der Union zur politischen Willensbildung im auswärtigen Bereich auszubauen und zu stärken. Diese Neuerungen umfassen eine weitere Klärung und Ausdifferenzierung der Grundsätze und Ziele des auswärtigen Handelns, originelle institutionelle Neuschöpfungen sowie gewisse Weiterentwicklungen der Handlungsermächtigungen und Beschlussfassungsmechanismen.

II. Klärung der Grundsätze und Ziele des auswärtigen Handelns

Vordergründig erscheint die Reformarbeit an der Formulierung der Grundsätze und Ziele der Außenpolitik als Teil der Bestrebungen, das Handeln der Union für Ihre Bürger erkennbar und verständlicher zu machen. Die Ausdifferenzierung dieser Prinzipien im neuen Artikel 21 EU-V stellt klar, aus welchen Motiven und in welcher Zielrichtung die Union im auswärtigen Bereich handelt. Motive und Ziele entsprechen den Werten einer dem Frieden verpflichteten internationalen Völkergemeinschaft, wie sie insbesondere im Rahmen der Vereinten Nationen erarbeitet wurden. Die Europäische Union will sich als freiheitliche und rechtsstaatlichen Grundsätzen verpflichtete *Friedensordnung* gestalten, nach außen ebenso wie nach innen. Die in Zusammenstellung der Werte und Ziele, denen die gemeinsame Außen- und Sicherheitspolitik verpflichtet ist, wird durch den Vertrag von Lissabon

[3] Vgl. das Strategiepapier der EU-Kommission vom 8. Juni 2006 „Europa in der Welt – Praktische Vorschläge für mehr Kohärenz, Effizienz und Sichtbarkeit" KOM(2006) 278.

ergänzt durch die folgenden, in Artikel III–292 des Verfassungsvertrages erarbeiteten Konzepte: die nachhaltige Entwicklung in den Entwicklungsländern mit dem Ziel, die Armut zu beseitigen, der schrittweise Abbau internationaler Handelshemmnisse, eine weltweite Verbesserung der Umweltqualität und die nachhaltige Bewirtschaftung der natürlichen Ressourcen, die Katastrophenhilfe und multilaterale Zusammenarbeit zur Gestaltung einer verantwortungsvollen Weltordnungspolitik. Ein neuer Absatz 2 in Artikel 24 EU-V unterstreicht die gegenseitige politische Solidarität der Mitgliedstaaten und die immer stärkere Konvergenz ihres außenpolitischen Handelns als tragende Elemente. Die Umbenennung der Handlungsformen in Artikel 25 EU-V ist eine terminologische Anpassung ohne praktische Bedeutung. Im neuen Artikel 32 EU-V wird der Grundsatz der gegenseitigen Abstimmung zwischen den Mitgliedstaaten in außenpolitischen Fragen von allgemeiner Bedeutung durch eine Verpflichtung zur Konsultation im Rahmen des Rats oder des Europäischen Rats ergänzt. Die Beschlussfassungsmechanismen werden künftig in Artikel 31 des EU-V geregelt sein, der – mit den veränderten Ausnahmen im Durchführungsbereich – am *Erfordernis der Einstimmigkeit* grundsätzlich festhält, jedoch neue Befassungsmechanismen vorsieht, um bei unterschiedlichen Positionen im Rat dennoch zu einer für alle Mitgliedstaaten annehmbaren Lösung zu kommen.

Als ein integraler Bestandteil der gemeinsamen Außen- und Sicherheitspolitik erfährt die gemeinsame Sicherheits- und Verteidigungspolitik in den neuen Artikeln 42 bis 46 des EU-V eine besondere Regelung. Die Wahl dieser Bezeichnungen erscheint insofern als unglücklich, als die Komponente der „Sicherheitspolitik“ sowohl im Oberbegriff als auch in einem seiner Bestandteile vorkommt. Sie wurden unverändert aus dem Verfassungsvertrag übernommen, dessen Verfasser anscheinend weder die Bezeichnung der als „GASP“ vertrauten Außenpolitik ändern noch bei der Verteidigungspolitik auf das Komplement „Sicherheit“ verzichten wollten, um den Bezug auf eine Friedensordnung deutlich zu machen und Befürchtungen einer Militarisierung der Europäische Union entgegenzutreten. Wichtiger als solche begriffliche Etiketten sind aber die im neuen Absatz 1 des Artikels 42 EU-V ausformulierten Grundsätze, die den Rahmen für militärische Aktionen der Union ausdrücklich und sehr konkret begrenzen. Auf militärische Operationen außerhalb ihres Gebiets kann die Europäische Union nur zur Friedenssicherung, Konfliktverhütung und Stärkung der internationalen Sicherheit zurückgreifen. Operationen dieser Art können nur in Übereinstimmung mit den Grundsätzen der Charta der Vereinten Nationen erfolgen. Das wird in der Regel bedeuten, dass sie durch eine Resolution des UN-Sicherheitsrates legitimiert sein müssen. Die Formulierung des Artikels 42 Abs. 1 EU-V schließt aber ein einseitiges Vorgehen in besonderen Fällen nicht aus, z.B. wenn der UN-Sicherheitsrat wegen der Ausübung von Vetorechten nicht in der Lage ist, den Grundsätzen der Charta der Vereinten Nationen gemäße Entscheidungen zu treffen.

Aus der dargelegten Weiterentwicklung der Grundsätze der Außenpolitik ergeben sich weder Handlungsermächtigungen noch konkrete Handlungsanleitungen. Ihre Leistungsfähigkeit für die außenpolitische Willensbildung der Union ist nicht ohne weiteres erkennbar, da die Beschlussfassungsmechanismen weiterhin weitgehend Einstimmigkeit voraussetzen. Deshalb ist nicht ohne weiteres einsehbar, wie die Neuerungen bei der Ausdifferenzierung von Grundsätzen und Zielen der Außenpolitik die politische Willensbildung konkret fördern und erleichtern können.

Es darf aber nicht übersehen werden, dass die Positionsbestimmungen der Mitgliedstaaten in der *Außenpolitik* traditionell interessenorientiert sind. Die Wahrnehmung der geostrategischen und wirtschaftlichen Interessenlage hat unter den Mitgliedstaaten immer wieder zu unterschiedlichen, manchmal sogar zu gegensätzlichen Positionsbestimmungen geführt. Wenn ein gegenüber solchen nationalen Positionen überwiegendes gemeinsames Interesse der Union überzeugend formuliert werden soll, bedarf es solider, außerhalb jeder Diskussion stehender Bezugspunkte. Insofern werden die im einzelnen niedergelegten Grundsätze und Ziele der Außenpolitik der Union, sobald sie durch den Ratifikationsprozess von allen Mitgliedstaaten akzeptiert sind, für den politischen Willensbildungsprozess durchaus eine Hilfe darstellen, aber auch nicht mehr. Hinter all den Grundsätzen und Zielen, aber auch hinter dem Gebot der Solidarität verbirgt sich das nackte Interessenfaktum, dass auch der mächtigste Mitgliedstaat der Union auf sich allein gestellt in der Außenpolitik auf globaler Ebene keine Gestaltungskraft mehr hat und zum Objekt des Weltgeschehens herabzusinken droht. Der Optimismus, dass der Solidaritätsgrundsatz und das Konvergenzziel des Artikels 24 EU-V keine leeren Worte bleiben, nährt sich daraus, dass die Mitgliedstaaten in steigendem Maße mit diesem Interessenfaktum konfrontiert sind. Bei allen Vorbehalten gegenüber den Schwächen der Beschlussfassungsmechanismen muss auch daran erinnert werden, dass die Ausdifferenzierung von Aufgaben und Zielen im Rahmen der Methode der Regierungszusammenarbeit im sogenannten „Dritten Pfeiler“ auf der Grundlage des Vertrags von Amsterdam den Auftakt zur Einrichtung einer der größten Baustellen des europäischen Rechtsraums gegeben hat, die längst noch nicht vollendet ist. Diese Entwicklung zeigt, dass auch mit einem unvollkommenen institutionellen Instrumentarium relevante Integrationsschritte möglich sind.

III. Institutionelle Innovationen

Die größte Sichtbarkeit unter den Veränderungen im Bereich der Außen-, Sicherheits- und Verteidigungspolitik haben die institutionellen Innovationen. Für ihr Verständnis ist es sinnvoll, daran zu erinnern, dass diese Innovationen im Vertrag über eine Verfassung für Europa ausgearbeitet wurden, der insgesamt Kompromisscharakter hatte[4]. Vor die Aufgabe gestellt, Antworten auf die Herausforderungen zu finden, die die Erweiterung für das Funktionieren der Institutionen und die veränderte geopolitische Lage für die Sicherheit der Europäischen Union und ihrer Mitgliedstaaten bedeutet, mussten Lösungen gefunden werden, die die *Effizienz der Gemeinschaftsmethode* ermöglichen und zugleich dem Umstand Rechnung tragen, dass seitens der politischen Führung der Mitgliedstaaten keine Bereitschaft erkennbar war, in der Außen- und Sicherheitspolitik, die bisher zum Kernbereich nationaler Souveränität gerechnet wurde, die politische Willensbildung und die Entscheidung über Missionen einer supranationalen Autorität zu übertragen, die über autonome Handlungsspielräume verfügt und von der einzelstaatlichen Politik nicht mehr vollständig kontrolliert werden kann. Zugleich durfte die gesuchte Lösung die in den Bereichen des Außenhandels und der Entwicklungspolitik bereits verwirklichten Schritte der Vergemeinschaftung nicht gefährden und sie musste darüber hinaus die Kohärenz zwischen den verschiedenen Bereichen des auswärtigen Handelns der Union sicherstellen.

1. Der Hohe Vertreter der Union für Außen- und Sicherheitspolitik

Der Verfassungsvertrag hatte zu diesem Zweck in seinem Artikel I–28 das Amt eines Außenministers der Union geschaffen, der institutionell sowohl dem Rat angehört, wo er in der Formation „Auswärtige Angelegenheiten" den Vorsitz führt, als auch der Kommission, als deren Vizepräsident er mit deren Zuständigkeiten im Bereich der Außenbeziehungen betraut ist. Der Vertrag von Lissabon übernimmt in seinem neuen Artikel 27 EU-V diese institutionelle Konstruktion ohne sachliche Änderung und verwendet für sie die Bezeichnung „der Hohe Vertreter der Union für Außen- und Sicherheitspolitik" (im folgenden „Hoher Vertreter"), eine terminologische Weiterentwicklung der im Vertrag von Amsterdam eingeführten Bezeichnung für die außenpolitische Funktion des Generalsekretärs des Rates. Der Hohe Vertreter übt sowohl in der Gemeinsamen Außen- und Sicherheitspolitik als auch in der gemeinsamen Verteidigungspolitik *Leitungsfunktionen* aus, die ein Vorschlagsrecht für Beschlüsse des Rats und die Verantwortung für ihre Durchführung umfasst. Innerhalb der Kommission ist er mit den (bis dahin aus dem EG-Vertrag resultierenden) Zuständigkeiten im Bereich der Handels- und Entwicklungspolitik und mit der Koordinierung der übrigen Aspekte des auswärtigen Handelns im Bereich der bisherigen Gemeinschaftspolitiken betraut. Der Hohe Vertreter vertritt die Union nach außen, insbesondere im Verhältnis zu internationalen Organisationen und auf inter-

[4] Vgl. die Entschließung des Europäischen Parlaments vom 12.1.2005 zu dem Vertrag über eine Verfassung für Europa, ABl. C 247E/2005 S. 88 (Bericht R. Corbett / I. Méndez de Vigo A6–0070/2004), insbesondere Absatz 1: „vertritt die Auffassung, dass die Verfassung insgesamt einen guten Kompromiss und eine erhebliche Verbesserung der bestehenden Verträge darstellt,...."

nationalen Konferenzen sowie im politischen Dialog mit Drittländern (Artikel 27 Absatz 2 EU-V), soweit nicht – und dies ist ebenfalls eine institutionelle Innovation in den Außenbeziehungen – eine Repräsentation auf höchster Ebene durch den Präsidenten des Europäischen Rates (Artikel 15 Abs. 6 letzter Satz EU-V) als angebracht erscheint.

Der doppelten Verantwortung, die der mit diesem Doppelhut ausgestattete Hohe Vertreter trägt, entspricht auch eine *doppelte politische Rechenschaftspflicht*. Seine Ernennung ebenso wie seine Abberufung erfordert eine qualifizierte Mehrheit im Europäischen Rat und die Zustimmung des Präsidenten der Kommission (Artikel 18 EU-V). Insoweit ist seine Amtszeit von unbestimmter Dauer. Hinzu kommt aber, dass der Hohe Vertreter sein als Mitglied des Kollegiums der Europäischen Kommission ausgeübtes Amt nur im Rahmen von deren jeweiliger (nach 17 Abs. 3 EU-V in der Regel fünf Jahre umfassenden) Amtszeit wahrnehmen kann. Die Ausübung dieser Verantwortlichkeiten ist von dem nach Artikel 17 Abs. 7 letzter Unterabsatz erforderlichen Zustimmungsvotum des Europäischen Parlaments zum Kollegium der Kommission abhängig. Nach dem letzten Unterabsatz von Artikel 17 Abs. 6 EU-V ist der Hohe Vertreter gehalten, sein Amt niederzulegen, wenn er vom Präsidenten der Kommission dazu aufgefordert wird. Für die Modalitäten der Amtsniederlegung verweist diese Bestimmung auf das Ernennungsverfahren des Artikels 18 Absatz 1 EU-V, der für die Beendigung der Amtszeit des Außenministers eine qualifizierte Mehrheit des Europäischen Rates erfordert. Für den Fall, dass der Präsident der Kommission den Außenminister zum Rücktritt auffordert, aber der Europäische Rat (bzw. eine qualifizierte Minderheit seiner Mitglieder) ihn im Amt zu behalten wünscht, scheint der Vertragstext keine Lösung anzubieten. Der Hohe Vertreter ist zur Amtsniederlegung verpflichtet, diese kann aber nur wirksam werden, wenn der Europäische Rat mit qualifizierter Mehrheit zustimmt. Eine Vertiefung der Frage, wie ein solcher Verfassungskonflikt, wenn er sich einmal ergäbe, gelöst werden kann, ist im Rahmen dieser Darstellung nicht möglich. Wie immer bei juristischen Zweifelsfällen werden die Umstände des Einzelfalls[5] und die politischen Rahmenbedingungen Parameter liefern, die im Rahmen der juristischen Auslegungsmethoden berücksichtigt werden können. Für die vorliegende Betrachtung zeigen die dargelegten *institutionellen Verflechtungen*, wie der Fülle der Aufgaben und Befugnisse des Hohen Vertreters eine vielfach gefaltete politische Rechenschaftspflicht ent-

[5] Z.B. die Frage, ob der Außenminister selbst sein Amt tatsächlich niederlegen will oder mit Unterstützung des Europäischen Rates den Konflikt mit dem Kommissionspräsidenten aufnimmt, der dann seinerseits riskiert, das Vertrauen des Europäischen Rates zu verlieren; die Frage, wie sich das Parlament, das die Kommission durch einen Misstrauensantrag zur Amtsniederlegung zwingen kann (Artikel I–26 Abs. 8); hierzu positioniert; die Frage, ob die Amtsniederlegung im Europäischen Rat von einer Mehrheit oder lediglich von einer Sperrminorität blockiert wird.

spricht, die es erforderlich macht, dass der Hohe Vertreter sich für die großen Züge seines Vorgehens beständig des *Vertrauens* des Europäischen Rates, des Präsidenten der Kommission und des Europäischen Parlaments versichert. Wenn er das Vertrauen einer dieser drei politischen Instanzen verliert, ist eine erfolgreiche Ausübung seines Amtes in Frage gestellt. Aber er ist auch stark genug, um einen Konflikt mit einer dieser drei Instanzen durchzustehen. Denn selbst der mit dem Abberufungsrecht ausgestattete Europäische Rat benötigt für den Beschluss zur Beendigung der Amtszeit des Außenministers gemäß Artikel 18 Abs. 1 EU-V die Zustimmung des Präsidenten der Kommission, der gegenüber dem Europäischen Rat unabhängig ist und nur vom Parlament durch einen Misstrauensantrag gegen die gesamte Kommission gestürzt werden kann.

2. Die Europäische Verteidigungsagentur

Auf dem Gebiet der Sicherheits- und Verteidigungspolitik wird im neuen Artikel 42 Abs. 3 des Unionsvertrags zum ersten Mal auf der Ebene des Primärrechts eine dauerhafte Einrichtung für militärische Zwecke, die „Europäische Verteidigungsagentur", verankert. Der Gedanke der Schaffung einer Agentur für die gemeinsame Entwicklung von Verteidigungskapazitäten war zuerst im Verfassungskonvent formuliert worden[6]. Der Europäische Rat hat sich dann aber bei seiner Tagung vom 19./20. Juni in Thessaloniki darauf geeinigt, dass eine solche Agentur bereits im Jahre 2004 geschaffen werden soll und der Rat hat sie kurze Zeit nach der politischen Einigung über den Verfassungsvertrag[7] am 12. Juli 2004 mit der gemeinsamen Aktion 2005/551/GASP[8] ins Leben gerufen. Gemäss dem neuen Artikel 45 EU-V ist es Aufgabe der Verteidigungsagentur, in den Bereichen der Entwicklung der Verteidigungsfähigkeiten, Forschung, Beschaffung und Rüstung tätig zu werden, insbesondere den operativen Bedarf zu ermitteln und seine Deckung zu fördern, einen Beitrag zur Stärkung der industriellen und technologischen Basis des Verteidigungssektors zu leisten, sich aber auch an der Ausarbeitung einer europäischen Politik betreffend Rüstung und militärische Kapazitäten zu beteiligen. Das Recht aller Mitgliedstaaten, auf Wunsch an der Arbeit der Agentur teilzunehmen, wird gewährleistet und, soweit erforderlich, eine Zusammenarbeit mit der Kommission vorgesehen. Die Durchführung dieser Bestimmungen ist in den Artikeln 1 Abs. 3 und 24 der erwähnten gemeinsamen Aktion antizipiert worden.

6 Vgl. *A. Missiroli*, ESDP bodies, Institute for Security Studies, Paris, http://www.iss-eu.org.

7 Bei der Tagung des Europäischen Rates vom 17. und 18. Juni 2004, siehe Schlussfolgerungen des Vorsitzes, Absatz 4 und 5, abrufbar unter http://www.consilium.europa.eu.

8 ABl. L 245 vom 17.7.2004 S. 17 ff.

Über die Rolle des Hohen Vertreters der Union für Außen- und Sicherheitspolitik im Rahmen der Verteidigungsagentur schweigt der neue Vertrag (und erst recht die „gemeinsame Aktion"). Seine Vorschlags- und Durchführungskompetenzen nach dem neuen Artikel 27 EU-V umfassen jedenfalls auch die Verteidigungspolitik. Solange der Rat Fragen der Sicherheits- und Verteidigungspolitik im Rahmen seiner Formation „Auswärtige Angelegenheiten" behandelt, ist der Hohe Vertreter in seiner Eigenschaft als Vorsitzender dieser Ratsformation (Artikel 27 Absatz 1 EU-V) und im Rahmen der von ihr gefassten Beschlüsse der Agentur gegenüber weisungsbefugt.

Auf Grund seiner *Doppelfunktion* als Vizepräsident der Europäischen Kommission ist der Hohe Vertreter auch hervorragend platziert, um die Zusammenarbeit der Agentur mit der Europäischen Kommission zu organisieren. Nach Lage der Dinge und da auf vorhersehbare Zeit nicht damit zu rechnen ist, dass die Union einen „Verteidigungsminister" bestellen wird, könnte nach Inkrafttreten des Vertrags von Lissabon in einer Novellierung des Gründungsbeschlusses für die Agentur dem Hohen Vertreter eine Leitungs- und Überwachungsfunktion eingeräumt werden.

Ihrer konstitutionellen Stellung nach ist die Verteidigungsagentur eine hybride Einrichtung, die im institutionellen Gefüge des geänderten Unionsvertrags schwer zu verorten ist. Diese Konstruktion ist Ausfluss des Umstandes, dass im Bereich der Sicherheits- und Verteidigungspolitik die intergouvernementalen Charakteristika der Unionsgrundordnung am stärksten ausgeprägt sind (vgl. z.B. den vollständigen Ausschluss von Mehrheitsabstimmungen in Artikel 31 Abs. 4 und 42 Abs.4 EU-V). Kontrollrechte des Europäischen Parlaments existieren nur in dem Masse, wie die in Artikel 36 EU-V vorgesehene Rechenschaftspflicht des Hohen Vertreters gegenüber dem Europäischen Parlament in der Praxis auch zu einer gewissen Kontrolle der Tätigkeit der Verteidigungsagentur ausgebaut werden kann. Dies erscheint wünschenswert, da eine *effektive demokratische Kontrolle* derartiger transnationaler Einrichtungen durch nationale Parlamente in der Praxis schwer zu realisieren ist.

Wenn die Union in der verteidigungspolitischen Zusammenarbeit ausreichende Erfahrung realisiert hat und das erforderliche gegenseitige Vertrauen erarbeitet worden ist, wird zu gegebener Zeit darüber verhandelt werden können, wie die Verteidigungsagentur (oder ihr Nachfolger) harmonischer in das institutionelle Gefüge der Union eingebaut werden kann. Am Beispiel von Europol kann man sehen, wie gemeinsame Einrichtungen, deren Errichtung zunächst nur mit intergouvernementaler Natur (und zudem außerhalb des Unionsvertrags) möglich war, zum unverzichtbaren gemeinsamen Besitzstand werden, der zu gegebener Zeit (hier durch Artikel 88 AEU-V) voll in das institutionelle System der Union inkorporiert wird.

IV. Handlungsermächtigungen und Beschlussfassungsverfahren

Wegen des in Artikel 3 Absatz 6 iVm. Artikel 4 Absatz 1 EU-V ausdrücklich formulierten Grundsatzes der begrenzten Einzelermächtigung ist für die Substanz der Politiken der Union letztlich entscheidend, über welche Handlungsermächtigungen die Unionsorgane im einzelnen verfügen und nach welchem Beschlussfassungsverfahren sie von ihnen Gebrauch machen können.

Seit die ersten gemeinsamen Aktionsformen im außenpolitischen Bereich durch den Vertrag von Maastricht ermöglicht wurden, hat die Union häufig die gewünschte Rolle im internationalen Konzert nicht genügend wahrnehmen können, weil Positionsbestimmungen der Union in der Außenpolitik bisher *grundsätzlich Einstimmigkeit* zwischen den Mitgliedstaaten voraussetzen. Begrenzte Möglichkeiten für Mehrheitsbeschlüsse bei Durchführungsbeschlüssen, die seit dem Vertrag von Amsterdam bestehen, konnten an diesem Sachverhalt wenig ändern. Das Problem für die Außenpolitik der Union liegt darin, dass Mitgliedstaaten ihre strategischen Interessen in den großen Fragen der Außenpolitik durchaus unterschiedlich und manchmal auch in gegensätzlicher Weise definieren. Die institutionellen Mechanismen der Europäischen Union, in der die Mitgliedstaaten bestehende Interessensunterschiede abarbeiten, waren in der Außenpolitik bisher nicht stark genug, um die Gegensätze zu überwinden. Ändert sich das mit dem Vertrag von Lissabon?

Die bereits in Artikel 11 Abs. 2 des geltenden EUV enthaltene Pflicht zur Loyalität und Solidarität der Mitgliedstaaten wird in Artikel 32 des geänderten Unionsvertrags näher konkretisiert: Ehe ein Mitgliedstaat auf internationaler Ebene in irgendeiner Weise tätig wird, die die Interessen der Union berührt, muss er im Europäischen Rat oder im Rat für „Auswärtige Angelegenheiten“[9] die anderen Mitgliedstaaten konsultieren. Daraufhin sind *alle Mitgliedstaaten* verpflichtet, durch konvergentes Handeln zu gewährleisten, dass die Union ihre Interessen geltend machen kann. Die normativen Postulate des geänderten Unionsvertrags schließen ein divergierendes Handeln der Mitgliedstaaten im auswärtigen Bereich somit aus. Ob sich dieser Anspruch in der Praxis einlösen lässt, muss sich allerdings erst zeigen.

Die Handlungsformen, die dem Rat für „Auswärtige Angelegenheiten“ in der Außenpolitik künftig zur Verfügung stehen, sind gemäß Artikel 25 EU-V „allgemeine Leitlinien“ und „Beschlüsse“. In Artikel I–33 des Verfassungsvertrages waren die letzteren als Rechtsakte ohne Gesetzescharakter definiert, die, soweit sie nicht an bestimmte Adressaten gerichtet sind, in allen ihren Teilen verbindlich sind. Eine entsprechende Anordnung der Verbindlichkeit außenpolitischer Beschlüsse ist im

9 Gegenwärtig tagt der Rat in der Formation „Allgemeine Angelegenheiten und Außenbeziehungen“; durch den Vertrag von Lissabon werden diese beiden Formationen getrennt.

Vertrag von Lissabon nicht enthalten. Der neue Artikel 31 Absatz 1 EU-V schließt zudem den Erlass von Gesetzgebungsakten in diesem Bereich ausdrücklich aus. Hieraus wird man schließen müssen, dass den außenpolitischen Beschlüssen der Union keine unmittelbare Geltung in den Mitgliedstaaten zukommt. Sie binden somit die Organe der Union und die Mitgliedstaaten, wirken aber nicht in deren interne Rechtsordnung hinein.

Die Handlungsformen der Außenpolitik unterscheiden sich somit nur der Form nach von den gegenwärtig nach den Artikeln 14 und 15 des EUV möglichen gemeinsamen Standpunkten oder gemeinsamen Aktionen. Aus dem geänderten Artikel 12 EU-V geht insbesondere hervor, dass die Beschlüsse der Union in der Außenpolitik weiterhin von der Union einzunehmende Standpunkte und von der Union durchzuführende Aktionen zum Gegenstand haben können.

Gemäß Artikel 31 des geänderten Unionsvertrags bleibt es auch bei der bisherigen Regel des Artikels 23 EUV, dass die Beschlüsse in der Außenpolitik vom Rat *einstimmig* zu erlassen sind. Die in Artikel 23 EUV enthaltene Bestimmung über die „konstruktive Enthaltung" wird ebenfalls im neuen Artikel 31 Abs. 1 EU-V übernommen. Dabei wird die Definition der Anzahl von Enthaltungen, bei deren Vorliegen kein Beschluss zustande kommt, durch Hinzufügung eines Bevölkerungs-Kriteriums (ein Drittel der Mitgliedstaaten, die mindestens ein Drittel der Unionsbevölkerung ausmachen) an die neue Definition der *qualifizierten Mehrheit* in Artikel 16 Absatz 4 EU-V angepasst.

Die bisherige Bestimmung in Artikel 23 Abs. 1 EUV, wonach im Bereich des außenpolitischen Handelns eine Stimmenthaltung dem Zustandekommen eines einstimmigen Beschlusses nicht entgegensteht, findet sich nunmehr als allgemeine Regel für die Beschlussfassung des Europäischen Rates in Artikel 235 Absatz 1 letzter Unterabsatz AEU-V, während auf der Ebene des Rates die bereits in Artikel 205 Absatz 3 EG-V enthaltene Bestimmung im neuen Artikel 238 Absatz 4 AEU-V bestehen bleibt. Diese Bestimmung findet jetzt auch auf die Beschlüsse des Rates in der Außenpolitik Anwendung, da der Rat diese nunmehr als Institution einer Union mit einer einheitlichen Rechtspersönlichkeit fasst.

Änderungen der Beschlussfassungsverfahren in der Außenpolitik enthält der Vertrag von Lissabon nur im *Katalog der Ausnahmen* vom Einstimmigkeitserfordernis im geänderten Artikel 31 Absatz 2 EU-V. Die wesentliche Neuerung ist, dass unter bestimmten Bedingungen die Beschlussfassung über einen Vorschlag des Hohen Vertreters mit qualifizierter Mehrheit erfolgen kann. Voraussetzung ist, dass der Europäische Rat den Hohen Vertreter zuvor (einstimmig) um einen solchen Vorschlag ersucht hat. Dabei spielt es keine Rolle, ob die Initiative für ein solches Ersuchen vom Europäischen Rat oder vom Hohen Vertreter ausgeht. Diese Fallgestaltung von Mehrheitsbeschlüssen könnte durchaus praktische Bedeutung gewinnen in solchen Fällen, in denen im Europäischen Rat Einstimmigkeit über die Notwendigkeit eines Vorgehens der Union besteht, während über die Optionen für die praktische Gestaltung eines solchen Vorgehens Meinungsunterschiede bestehen.

Bei dieser vorsichtigen Erweiterung der Beschlussfassung mit qualifizierter Mehrheit wird die in Artikel 23 EUV enthaltene „Notbremse", die es einem Mitgliedstaat unter Berufung auf „wichtige Gründe der nationalen Politik" ermöglicht, eine Mehrheitsentscheidung zu verhindern, unter Veränderung einer Nuance im neuen Artikel 31 Abs. 2 letzter Unterabsatz EU-V übernommen. Um eine Mehrheitsentscheidung zu verhindern, muss ein Mitgliedstaat künftig „wesentliche" statt nur „wichtige" Gründe der nationalen Politik nennen. Ob diese Änderung mehr als kosmetischer Natur ist, bleibt abzuwarten.

Eine interessante Perspektive eröffnet die neue Bestimmung des Artikels 48 Abs. 7 EU-V, selbst wenn ihre Anwendung nach Inkrafttreten des Verfassungsvertrags für einige Zeit Zukunftsmusik bleiben dürfte. Nach ihr kann der Europäische Rat durch einstimmigen Beschluss (also ohne Vertragsänderung) die Fälle erweitern, in denen der Rat in der Außenpolitik mit Mehrheit beschließen kann. Der Erlass eines solchen Beschlusses steht unter der Voraussetzung, dass keines der nationalen Parlamente der Mitgliedstaaten der Union einen entsprechenden Vorschlag innerhalb von sechs Monaten nach seiner Übermittlung ablehnt. Darüber hinaus sind Beschlüsse mit militärischen oder verteidigungspolitischen Bezügen von dieser Möglichkeit ausdrücklich ausgeschlossen. Trotzdem eröffnet dieses neue Verfahren eine *interessante Option institutioneller Fortentwicklung*, wenn die Bedingungen in der Praxis dafür reif geworden sind.

Insgesamt ist erkennbar, dass die Innovationen des Vertrags von Lissabon in Bezug auf Handlungsermächtigungen und Beschlussfassungsverfahren in der Außenpolitik eher geringfügig sind. Im Bereich der Sicherheits- und Verteidigungspolitik gibt es dagegen innovative Handlungsermächtigungen, die den besonderen politischen und praktischen Erfordernissen für ein flexibles Vorgehen in diesem Bereich Rechnung tragen.

Der neue Artikel 42 Abs. 7 EU-V enthält erstmals eine ausdrückliche Beistandspflicht der anderen Mitgliedstaaten, wenn ein Mitgliedstaat der Union Opfer eines bewaffneten Angriffs wird. Der Umfang dieser Pflicht ist, insbesondere wegen des Vorbehalts betreffend den „besonderen Charakter der Sicherheits- und Verteidigungspolitik bestimmter Mitgliedstaaten" schwer zu bestimmen, und es ist zu hoffen, dass ihre Tragfähigkeit nie ernsthaft auf die Probe gestellt wird.

Nach dem neuen Artikel 43 kann der Rat einstimmig Missionen beschließen, in deren Rahmen die Union mit zivilen und militärischen Mitteln humanitäre Aufgaben und Rettungseinsätze wahrnimmt oder sich an Abrüstungsmaßnahmen, militärischen Beratungs- und Unterstützungsaufgaben, Aufgaben der Konfliktverhütung, der Krisenbewältigung, Erhaltung des Friedens einschließlich Frieden schaffender Einsätze, der Stabilisierung nach Konflikten und auch der Terrorismusbekämpfung beteiligt. Der neue Artikel 44 EU-V ermöglicht es dem Rat, eine solche Mission durch einstimmigen Beschluss auch einer Gruppe von Mitgliedstaaten, die dies wünschen und die erforderlichen Fähigkeiten haben, zu übertragen. Damit verfügt die Union erstmals über eine den Grundwerten der Charta der Vereinten Nationen verpflichtete Handlungsermächtigung für konkrete Aktionen von militärischem Charakter, vorbehaltlich einer einstimmigen Beschlussfassung.

Eine weitere innovative Handlungsform ermöglicht im Bereich der Sicherheits- und Verteidigungspolitik eine „strukturierte Zusammenarbeit" einer Anzahl von dazu bereiten und fähigen Mitgliedstaaten. Der neue Artikel 42 Abs. 6 EU-V sieht in Verbindung mit dem neuen Artikel 46 EU-V und dem Protokoll über die Ständige Strukturierte Zusammenarbeit eine besondere Form einer *verstärkten Zusammenarbeit*[10] einer Gruppe von Mitgliedstaaten vor, mit dem Ziel, unter Nutzung der Verteidigungsagentur die Entwicklung ihrer militärischen Kapazitäten aufeinander abzustimmen, damit sie im Rahmen multinationaler Verbände für gemeinsame Missionen der Europäischen Union eingesetzt werden können. Die Beschlüsse über das Zustandekommen einer strukturierten Zusammenarbeit, die Erweiterung oder Verringerung des Kreises der teilnehmenden Mitgliedstaaten werden nach den in Artikel 46 Abs. 2–4 EU-V niedergelegten Modalitäten vom Rat mit qualifizierter Mehrheit gefasst. Die Beschlüsse zur Durchführung der strukturierten Zusammenarbeit bedürfen der Einstimmigkeit der teilnehmenden Mitgliedstaaten (Abs. 6). Ein teilnehmender Mitgliedstaat kann jederzeit aus der strukturierten Zusammenarbeit ausscheiden (Abs. 5).

V. Gesamtbetrachtung

Die Frage, ob die Reformen des Vertrags von Lissabon in der Außen-, Sicherheits- und Verteidigungspolitik im Falle ihres Inkrafttretens zu einem relevanten Entwicklungs- und Integrationsschub in diesem Bereich führen werden, lässt sich methodologisch übersetzen in die Frage, ob die Konkretisierung der Grundwerte und Ziele der Außenpolitik, die institutionelle Kraft des jetzt „Hoher Vertreter" genannten „Außenministers" und des ihn unterstützenden Auswärtigen Dienstes, die Schaffung der Verteidigungsagentur und die konkreten Handlungsermächtigungen und spezifischen Handlungsformen der Sicherheits- und Verteidigungspolitik ausreichen

[10] Siehe hierzu Näheres im Teil IX. dieses Handbuchs.

werden, um die unvermeidliche Trägheit einer einstimmigen Beschlussfassung in einer Union von 27 und mehr Mitgliedstaaten zu überwinden.

Die Geschichte der europäischen Integration zeigt, dass das Einstimmigkeitserfordernis für die Beschlussfassung im Rat ein beträchtliches Entwicklungshindernis ist, das aber überwunden werden kann, wenn es gelingt, gemeinsame Interessen zu identifizieren und politischen Willen zu schmieden. Der Optimismus, dass der Vertrag von Lissabon die Identität der Union nach außen stärkt[11], rechtfertigt sich insbesondere durch die *starke Rolle*, die dem Hohen Vertreter für Außenpolitik eingeräumt wird. Wenn sein politisches Profil dieser Rolle gerecht wird, könnte er das Potential der völkerrechtlichen Identität, der normierten Werte und Ziele und der neuen Handlungsermächtigungen zur Wirkung bringen. Denn er hat nicht nur im Rat für „Auswärtige Angelegenheiten“ den Vorsitz, die Vorschlags- und die Durchführungskompetenz. Er nimmt zugleich an den Arbeiten des Europäischen Rates teil (neuer Artikel 15 Abs. 2 EU-V) und ist damit in der Lage, den Staats- und Regierungschefs die Konsequenzen vor Augen zu führen, die ein Festhalten bestimmter Mitgliedstaaten an gegensätzlichen Interessenstandpunkten für die Union insgesamt und auch für die betreffenden Mitgliedstaaten selbst haben würde. Als Vizepräsident der Europäischen Kommission und im Dialog mit dem Europäischen Parlament kann er sich den erforderlichen politischen Rückhalt verschaffen, um den Europäischen Rat, falls erforderlich, mit unbequemen Positionen zu konfrontieren. Es ist unter anderem seine Aufgabe, darauf zu achten, dass die Auffassungen des Europäischen Parlaments gebührend berücksichtigt werden (neuer Artikel 36 EU-V).

Sein Vorschlagsrecht und die Kapazitäten des ihm unterstellten „Auswärtigen Dienstes“ versetzen ihn aber auch in die Lage, Kompromisskonzepte zu entwickeln, die geeignet sind, gegensätzliche nationale Interessen zu überwinden. Hierzu ist es wichtig, dass im „Auswärtigen Dienst“ der Union Beamte aus den diplomatischen Diensten *aller Mitgliedstaaten* mitarbeiten, damit die spezifischen Interessen eines jeden von ihnen berücksichtigt werden können. Noch wichtiger aber ist, dass der Dienst angesichts der identifizierten Interessenkonstellationen nicht in einer „intergouvernementalen Lethargie“ verharrt, sondern unter der Verantwortung des Hohen Vertreters daran arbeitet, festgestellte Gegensätze zu überwinden. Deshalb ist es von Bedeutung, dass dieser Dienst in einem Umfeld eingerichtet wird, das durch die „Gemeinschaftsmethode“ geprägt ist. Dreh- und Angelpunkt der Gemeinsamen Außen- und Sicherheitspolitik nach Inkrafttreten des Vertrags von Lissabon wird der

11 Entschließung des Europäischen Parlaments vom 20. Februar 2008 zu dem Vertrag von Lissabon, P6_TA-PROV(2008)0055, Bericht Corbett / Méndez de Vigo (A6–0013/ 2008); zum Verfassungsvertrag siehe bereits die Entschließung vom 12.1.2005 (zitiert in Fußnote 4) Absatz 3d).

Hohe Vertreter sein. In dem Maße, wie die Staats- und Regierungschefs und die Außenminister der Mitgliedstaaten der Union ihn als ebenbürtigen Partner akzeptieren, wird es von der Kraft seiner Vorschläge abhängen und von ihrer Geeignetheit, die Interessen der Mitgliedstaaten auf einen gemeinsamen Nenner zu bringen, ob der Außenpolitik der Union ein großer Schritt nach vorne gelingt oder nicht.

Grundlegende und vertiefende Literatur

Bonvicini, Gianni / Regelsberger, Elfriede:
Institutional trends in CFSP / ESDP in the wake of the EU's Constitutional crisis, Rom 2006.

Borrell Fontelles, José:
La Constitution européenne et le nouveau cadre de la politique extérieure européenne, L'annuaire de la Méditerranée 2005, S. 120–122.

Crowe, Brian:
Foreign Minister of Europe, London 2005.

Dony, Marianne / Bribosia, Emmanuelle(Hrsg.):
Commentaire de la Constitution de l'Union européenne, Brüssel 2005.

Hable, Angelika:
The European Constitution. Changes in the Reform of Competences with a Particular Focus on the External Dimension, Wien 2005.

Jopp, Mathias / Regelsberger, Elfriede:
GASP und ESVP im Verfassungsvertrag – eine neue Angebotsvielfalt mit Chancen und Mängeln, integration 2003, S. 550 ff.

Risse, Thomas:
Auf dem Weg zu einer gemeinsamen Außenpolitik? Der Verfassungsvertragsentwurf und die europäische Außen- und Sicherheitspolitik, integration 2003, S. 564 ff.

Streinz, Rudolf / Ohler, Christoph / Herrmann, Christoph:
Die neue Verfassung für Europa. Einführung mit Synopse, München 2005.

Tonra, Ben:
What the Constitutional Treaty Means. Foreign, Security and Defence Policy Dublin, 2005.

Wessels, Wolfgang:
Eine institutionelle Architektur für eine globale (Zivil-)Macht? Die Artikel zur Gemeinsamen Außen- und Sicherheitspolitik des Vertrags für eine Verfassung von Europa, ZSE 2003, S. 400 ff.

B. Die Entwicklung im Raum der Freiheit, der Sicherheit und des Rechts

Robert Bray*

I. Die Fortschritte in Zivilsachen

1. Entstehungsgeschichte und geltendes Recht

Ursprünglich bestand die Tätigkeit der Europäischen Gemeinschaft im Bereich der justiziellen Zusammenarbeit in Zivilsachen aus reiner *zwischenstaatlicher* Zusammenarbeit. Auf der Grundlage des früheren Artikels 220 EGV [zuletzt Artikel 293 EGV][1] konnten die Mitgliedstaaten Übereinkommen betreffend Kollisionsregeln im zivilrechtlichen Bereich abschließen[2]. Da der Abschluss solcher Abkommen zeitraubend war und der Mangel an Kohärenz der daraus resultierenden Kollisionsregeln wesentliche Probleme verursachte, führten die Mitgliedstaaten darüber hinaus die zwischenstaatliche „justizielle Zusammenarbeit in Zivilsachen" ein (ex Art. K1 Abs. 6 EUV). Nachdem diese sich als beschwerlich und unbefriedigend erwies, beschlossen die Mitgliedstaaten, der Gemeinschaft umfassende Zuständigkeiten in diesem Bereich zu übertragen[3].

* Die nachstehenden Ausführungen geben persönliche Meinungen des Verfassers wieder. Sie können nicht dem Organ zugerechnet werden, dessen Beamter er ist.

1 Soweit erforderlich, leiten die Mitgliedstaaten untereinander Verhandlungen ein, um zugunsten ihrer Staatsangehörigen Folgendes sicherzustellen: – die Vereinfachung der Förmlichkeiten für die gegenseitige Anerkennung und Vollstreckung richterlicher Entscheidungen und Schiedssprüche.

2 S. z.B. das Brüsseler Übereinkommen vom 27. September 1968 über die gerichtliche Zuständigkeit und die Vollstreckung gerichtlicher Entscheidungen in Zivil- und Handelssachen (konsolidierte Fassung), Abl. 1968, L 299, S. 32.

3 Für eine kurze Beschreibung der Entstehungsgeschichte, s. *T. Wiedmann* in: Schwarze (Hrsg.), EU-Kommentar, 2000, S. 874 ff. und die darin zitierte Literatur. Ausführlicher über das internationale Privatrecht: *M. Fallon und S. Francq*, La coopération judiciaire

Im Ergebnis wurde der Rat durch den Vertrag von *Amsterdam* ermächtigt, Maßnahmen im Bereich der justiziellen Zusammenarbeit in Zivilsachen zu ergreifen (Art. 61 Buchst. c und Art. 65 EGV). Seit dem Inkrafttreten des Vertrags von *Nizza* handeln das Europäische Parlament und der Rat gemeinsam nach dem Mitentscheidungsverfahren (Art. 67 EGV). Das Familienrecht bildet jedoch eine Ausnahme, da in diesem Bereich der Rat nach Anhörung des Parlaments einstimmig entscheidet[4]. Es finden also zwei verschiedene Verfahren Anwendung: das Mitentscheidungsverfahren, das jetzt zur Regel geworden ist, und die einstimmige Annahme im Rat nach einfacher Anhörung des Europäischen Parlaments, das die Ausnahme darstellt und „Maßnahmen" vorbehalten ist, die „familienrechtliche Aspekte" enthalten. Nach Auffassung der Kommission ist eine entsprechende Zuordnung in der Regel problemlos[5].

Außerdem kann der Rat gemäß Artikel 67 Abs. 2 zweiter Gedankenstrich EGV einstimmig nach Anhörung des Europäischen Parlaments beschließen, dass auf alle Bereiche oder Teile der Bereiche, die unter den Dritten Teil des Titels IV des EG-Vertrags fallen, das Verfahren des Artikels 251 anzuwenden ist.

Infolge der teilweisen „*Vergemeinschaftung*" dieses Bereiches ist das frühere europäische Gerichtstands- und Vollstreckungsübereinkommen jetzt in eine Verordnung des Rates[6] übernommen worden, und die von der Kommission vorgelegten Vorschläge für den Erlass einer Verordnung über das auf außervertragliche bzw. vertragliche Schuldverhältnisse anzuwendende Recht sind nach dem Mitentscheidungsverfahren angenommen worden[7]. Ebenso wie die Protokolle betreffend die Ausle-

civile et le droit international privé – Vers un droit proprement communautaire des conflits de lois ou de juridiction, in De Schutter und Nihoul (Hrsg.), Une Constitution pour l'Europe. Réflexions sur les transformations du droit de l'Union européenne, 2004, Kap. 4.

4 Für eine klare Zusammenfassung, s. *K. Lenaerts und P. Van Nuffel* in Bray (Hrsg.), Constitutional Law of the European Union. 2004, Rn. 5–150 ff und die darin zitierte Literatur.

5 S. Mitteilung der Kommission an den Rat zur Anwendbarkeit von Artikel 251 des Vertrags zur Gründung der Europäischen Gemeinschaft auf nach Artikel 65 EGV im Bereich der Unterhaltspflichten erlassene Maßnahmen, KOM(2005) 648 endg., S. 3, wo die Kommission vorschlägt, die vom Artikel 67 Abs. 2 zweiter Gedankenstrich EGV vorgesehene „*Passerelle*" im Falle einer vorgeschlagenen Verordnung über die Zuständigkeit und das anwendbare Recht in Unterhaltssachen zu benutzen. Dieser Vorschlag wurde vom Rat abgelehnt.

6 Verordnung (EG) Nr. 44/2001 des Rates vom 22. Dezember 2000 über die gerichtliche Zuständigkeit und die Anerkennung und Vollstreckung von Entscheidungen in Zivil- und Handelssachen, Abl. 2001, L 12, S. 1.

7 Verordnung (EG) Nr. 864/2007 des Europäischen Parlaments und des Rates vom 11. Juli 2007 über das auf außervertragliche Schuldverhältnisse anzuwendende Recht („Rom II"), Abl. 2007, L 199, S. 40, bzw. die Verordnung des Europäischen Parlaments

gung des Gerichtstandsübereinkommens durch den EuGH[8] (die im Falle Dänemarks noch in Kraft sind) sieht Artikel 68 EGV vor, dass abweichend von Artikel 234 EGV ein Antrag auf Vorabentscheidung betreffend die Auslegung oder die Gültigkeit eines auf der Grundlage des entsprechenden Titels des Vertrages erlassenen Rechtsaktes eines Organs der Gemeinschaft nur von einem obersten innerstaatlichen Gericht (einem Gericht, dessen Entscheidungen selbst nicht mehr mit Rechtsmitteln des innerstaatlichen Rechts angefochten werden können) gestellt werden kann. Ferner können nur der Rat, die Kommission oder ein Mitgliedstaat dem Gerichtshof eine Frage der Auslegung des entsprechenden Titels des Vertrages oder von auf den entsprechenden Titel gestützten Rechtsakten der Organe der Gemeinschaft zur Entscheidung vorlegen[9].

Diese *Beschränkung* wurde damit begründet, dass andernfalls zu viele private Kontroversen dem EuGH zur Vorabentscheidung vorgelegt werden könnten. Es wurde auch argumentiert, dass man unterschiedlichen Auslegungen durch die unteren Gerichte nicht mehr Bedeutung als im Falle der Auslegung nationalen Rechts beimessen solle. Schließlich wurde auch angeführt, dass der EuGH Vorabentscheidungen nur dann treffen sollte, wenn er vollständig informiert ist, um die Entwicklung einer stabilen Rechtsprechung zu ermöglichen[10].

und des Rates über das auf vertragliche Schuldverhältnis anzuwendende Recht („Rom I"), noch nicht im Abl. veröffentlicht. In jüngster Zeit hat die Kommission auch einen Vorschlag über das anwendbare Recht in Unterhaltssachen unterbreitet: s. den Vorschlag für eine Verordnung des Rates über die Zuständigkeit und das anwendbare Recht in Unterhaltssachen, die Anerkennung und Vollstreckung von Unterhaltsentscheidungen und die Zusammenarbeit im Bereich der Unterhaltspflichten, KOM(2005) 649 endg. S. auch Fn. Nr. 5. S. auch den Vorschlag für eine Verordnung des Rates zur Änderung der Verordnung (EG) Nr. 2201/2003 im Hinblick auf die Zuständigkeit in Ehesachen und zur Einführung von Vorschriften betreffend das anwendbare Recht in diesem Bereich, KOM/2006/0399 endg.

8 Für eine Besprechung der auf der Rechtsgrundlage des Artikels 234 EWG abgeschlossenen Übereinkommen und eine Liste der entsprechenden Protokolle, s. *K. Lenaerts / D. Arts* in Bray (Hrsg.), Procedural Law of the European Union, 2006, Rn. 21–001 ff.

9 S. *J. Basedow,* The Communitarization of the Conflict of Laws under the Treaty of Amsterdam, CMLR 37 (2000), S. 695, vergleicht die Stellung des Rates, der Kommission und der Mitgliedstaaten mit der des *Avocat Général* im französischen und in anderen Rechtssystemen, der ein Verfahren auf *cassation dans l'intèrêt de la loi* einleiten kann.

10 S. den erläuternden Bericht von *Jenard* zum Brüsseler Übereinkommen, Abl. 1979, C 59, S. 1, Abl. 1979, C 59, S. 1, 68. S. jedoch auch *J. Basedow*, loc. cit.: „The experience under Article 234 EC ... shows that many landmark decisions of the European Court of Justice have in fact been initiated by inferior courts".

Im Falle des Artikels 2 Abs. 1 des Protokolls betreffend die Auslegung des Übereinkommens über die Zuständigkeit und die Anerkennung und Vollstreckung von Entscheidungen in Ehesachen durch den EuGH[11] war die Lage anders. Gemäß dieser Bestimmung konnte jeder Mitgliedstaat von der Möglichkeit Gebrauch machen, die Vorabentscheidungsbefugnis auf bei den obersten nationalen Gerichten anhängige Rechtssachen zu begrenzen. Diese Bestimmung war aufgenommen worden, da einige Mitgliedstaaten geltend gemacht hatten, dass in den unter das Übereinkommen fallenden Bereichen zur Vermeidung einer Schädigung der Interessen der Betroffenen die Entscheidungen so schnell wie möglich ergehen müssten, wenn Verfahren die Ehescheidung, die Trennung ohne Auflösung des Ehebandes, die Ungültigerklärung einer Ehe (insbesondere angesichts der Tatsache, dass die nationalen Gerichte in diesen Fällen keine einstweiligen Maßnahmen oder Sicherungsmaßnahmen ergreifen können) oder die elterliche Verantwortung für die gemeinsamen Kinder der Ehegatten betreffen.

Es ist auch wichtig, zur Kenntnis zu nehmen, dass die Maßnahmen im Bereich der justiziellen Zusammenarbeit in *Zivilsachen* nicht nur[12] die Förderung der Vereinbarkeit der in den Mitgliedstaaten geltenden Kollisionsnormen und Vorschriften zur Vermeidung von Kompetenzkonflikten einschließen, sondern auch (i) die Verbesserung und die Vereinfachung (a) des Systems für die grenzüberschreitende Zustellung gerichtlicher und außergerichtlicher Schriftstücke[13], (b) der Zusammenarbeit bei der

[11] Abl. 1998, C 221, S. 20. Das Übereinkommen wurde ersetzt durch die Verordnung (EG) Nr. 1347/2000 des Rates vom 29. Mai 2000 über die Zuständigkeit und die Anerkennung und Vollstreckung von Entscheidungen in Ehesachen und in Verfahren betreffend die elterliche Verantwortung für die gemeinsamen Kinder der Ehegatten, Abl., 2000, L 160, S. 19. S. jetzt Verordnung (EG) Nr. 2201/2003 des Rates vom 27. November 2003 über die Zuständigkeit und die Anerkennung und Vollstreckung von Entscheidungen in Ehesachen und in Verfahren betreffend die elterliche Verantwortung und zur Aufhebung der Verordnung (EG) Nr. 1347/2000, Abl.. 2003, L 338, S. 1. In jüngster Zeit, s. den Vorschlag für eine Verordnung des Rates zur Änderung der Verordnung (EG) Nr. 2201/2003 im Hinblick auf die Zuständigkeit in Ehesachen und zur Einführung von Vorschriften betreffend das anwendbare Recht in diesem Bereich, KOM/2006/0399 endg.

[12] Artikel 65 lit. c EGV.

[13] S. Verordnung (EG) Nr. 1393/2007 des Europäischen Parlaments und des Rates vom 13. November 2007 über die Zustellung gerichtlicher und außergerichtlicher Schriftstücke in Zivil- oder Handelssachen in den Mitgliedstaaten („Zustellung von Schriftstücken") und zur Aufhebung der Verordnung (EG) Nr. 1348/2000 des Rates, Abl. 2007, L 324, S. 79. S. auch das ehemalige Übereinkommen aufgrund von Artikel K.3 des Vertrags über die Europäische Union über die Zustellung gerichtlicher und außergerichtlicher Schriftstücke in Zivil- oder Handelssachen in den Mitgliedstaaten der Europäischen Union, Abl. 1997, C 261, S. 2. S. weiter die Beschlüsse des Rates vom 27. Ap-

Erhebung von Beweismitteln[14] und (c) der Anerkennung und Vollstreckung gerichtlicher und außergerichtlicher Entscheidungen in Zivil- und Handelssachen[15] sowie (ii) die Beseitigung der Hindernisse für eine reibungslose Abwicklung von Zivilverfahren, erforderlichenfalls durch Förderung der Vereinbarkeit der in den Mitgliedstaaten geltenden zivilrechtlichen Verfahrensvorschriften[16].

ril 2006 über den Abschluss des Abkommens zwischen der Europäischen Gemeinschaft und dem Königreich Dänemark über die gerichtliche Zuständigkeit und die Anerkennung und Vollstreckung von Entscheidungen in Zivil- und Handelssachen, Abl. 2006, L 120, S. 22 u. 23.

14 S. Verordnung (EG) Nr. 1206/2001 des Rates vom 28. Mai 2001 über die Zusammenarbeit zwischen den Gerichten der Mitgliedstaaten auf dem Gebiet der Beweisaufnahme in Zivil- oder Handelssachen, Abl. 2001, L 174, S. 1.

15 S. Verordnung (EG) Nr. 1348/2000 des Rates vom 29. Mai 2000 über Insolvenzverfahren, Abl. 2000, L 160, S. 1, Verordnung (EG) Nr. 44/2001 des Rates vom 22. Dezember 2000 über die gerichtliche Zuständigkeit und die Anerkennung und Vollstreckung von Entscheidungen in Zivil- und Handelssachen, Abl. 2001, L 12, S. 1, Verordnung (EG) Nr. 2201/2003 des Rates vom 27. November 2003 über die Zuständigkeit und die Anerkennung und Vollstreckung von Entscheidungen in Ehesachen und in Verfahren betreffend die elterliche Verantwortung und zur Aufhebung der Verordnung (EG) Nr. 1347/2000, ABl. 2003, L 338, S. 1, und Verordnung (EG) Nr. 805/2004 des Europäischen Parlaments und des Rates vom 21. April 2004 zur Einführung eines europäischen Vollstreckungstitels für unbestrittene Forderungen, Abl. 2004, L 143, S. 15.

16 S. Verordnung (EG) Nr. 290/2001 des Rates vom 12. Februar 2001 zur Verlängerung des Förder- und Austauschprogramms für die Rechtsberufe im Bereich des Zivilrechts (Grotius-Zivilrecht), Abl. 2001, L 43, S. 1 (Rechtsgrundlage: Art. 61 lit. c u. 67 Nr. 1), Entscheidung des Rates 2001/470/EG vom 28. Mai 2001 über die Einrichtung eines Europäischen Justiziellen Netzes für Zivil- und Handelssachen, Abl. 2001, L 174, S. 25 (Rechtsgrundlage: Art. 61 lit. c u. 67 Nr: 1), Verordnung (EC) Nr. 743/2002 des Rates vom 25. April 2002 über eine allgemeine Rahmenregelung der Gemeinschaft für Aktivitäten zur Erleichterung der justiziellen Zusammenarbeit in Zivilsachen, Abl. 2002, L 115, S. 1 (Rechtsgrundlage: Art. 61 Lit. C u. 67 Nr. 1), Richtlinie 2003/8/EG des Rates vom 27. Januar 2003 zur Verbesserung des Zugangs zum Recht bei Streitsachen mit grenzüberschreitendem Bezug durch Festlegung gemeinsamer Mindestvorschriften für die Prozesskostenhilfe in derartigen Streitsachen, Abl. 2003, L 26, S. 41 (Rechtsgrundlage: Art. 61 Lit. c u. 67), Verordnung (EG) Nr. 805/2004 des Europäischen Parlaments und des Rates vom 21. April 2004 zur Einführung eines europäischen Vollstreckungstitels für unbestrittene Forderungen, Abl. 2004, L 143, S. 15 (Rechtsgrundlage: Art. 61 Lit. c u. 65 Abs. 5 zweiter Gedankenstrich), Verordnung (EG) Nr. 1869/2005 der Kommission vom 16. November 2005 zur Ersetzung der Anhänge der Verordnung (EG) Nr. 805/2004 des Europäischen Parlaments und des Rates zur Einführung eines Europäischen Vollstreckungstitels für unbestrittene Forderungen, Abl. 2005, L 300, S. 6, Verordnung (EG) Nr. 1896/2006 des Europäischen Parlaments und des Rates vom 12. Dezember 2006 zur Einführung eines Europäischen Mahnverfahrens, Abl. 2006, L 399,

Eine bedeutsame Begrenzung der Gesetzgebungskompetenz ergibt sich aus Artikel 65 EGV. Diese Bestimmung sieht vor, dass die in Zivilsachen getroffenen Maßnahmen nicht nur grenzüberschreitende Bezüge besitzen müssen, sondern auch für das reibungslose Funktionieren des *Binnenmarktes* erforderlich sein müssen. Aber nicht alle die Ermächtigungen in den Art. 61 ff. sind abhängig von der Erforderlichkeit der Maßnahme für das Funktionieren des Binnenmarkts.

Schließlich ist noch Artikel 66 EGV zu erwähnen, der es ermöglicht, geeignete Maßnahmen zur Förderung und Verstärkung der Zusammenarbeit der Verwaltungen in diesem Bereich zu ergreifen.

Die Ausgestaltung der justiziellen Zusammenarbeit in Zivilsachen wird außerdem stets geprägt durch das Protokoll über die Position des Vereinigten Königreichs und Irlands und das Protokoll über die Position Dänemarks (mit einer generellen Ausnahmeregelung für Dänemark). Bis jetzt haben sich das Vereinigte Königreich sehr häufig und Irland fast immer dafür entschieden, sich am Gesetzgebungsprozess zu beteiligen.

Wie wir gesehen haben, haben die Verträge von Amsterdam und von Nizza zu bedeutsamen Verbesserungen geführt, wie z.B. zur Anwendung des Mitentscheidungsverfahrens und damit zu einer gewissen „Politisierung“ eines Bereiches, der früher für Spezialisten des internationalen Privatrechts reserviert war. Die ersten greifbaren Ergebnisse dieses Prozesses sind schon erkennbar[17].

2. Die Neuerungen des Vertrages von Lissabon

Im Vertrag von Lissabon bildet die justizielle Zusammenarbeit einen Teil des „Raums der Freiheit, der Sicherheit und des Rechts ohne Grenze“ (RFSR). Während

S. 1 (Rechtsgrundlage: Art. 61 Lit. c), Verordnung (EG) Nr. 861/2007 des Europäischen Parlaments und des Rates vom 11. Juli 2007 zur Einführung eines europäischen Verfahrens für geringfügige Forderungen, Abl. L 199, S. 1 (Rechtsgrundlage : Art. 61 Lit. c u. 67), Verordnung (EG) Nr. 1393/2007 des Europäischen Parlaments und des Rates vom 13. November 2007 über die Zustellung gerichtlicher und außergerichtlicher Schriftstücke in Zivil- oder Handelssachen in den Mitgliedstaaten („Zustellung von Schriftstücken“) und zur Aufhebung der Verordnung (EG) Nr. 1348/2000 des Rates, Abl. 2007, L 324, S. 79 (Rechtsgrundlage : Art. 61 Lit. c u. 67 Abs. 5 zweiter Gedankenstrich) und die Richtlinie des Europäischen Parlaments und des Rates über bestimmte Aspekte der Mediation in Zivil- und Handelssachen, noch nicht im Abl. veröffentlicht (Rechtsgrundlage : Art. 61 Lit. c u. 67 Abs. 5 zweiter Gedankenstrich).

17 S. die Legislative Entschließung vom 6. Juli 2005 des Europäischen Parlaments zu dem Vorschlag für eine Verordnung des Europäischen Parlaments und des Rates über das auf außervertragliche Schuldverhältnisse anzuwendende Recht („Rom II“), P6_TA(2005) 0284, Abl. 2006, C 157E, S. 371.

die Artikel 2 und 3 EGV den RFSR als Teil der grundlegenden Aufgabenbestimmung der Union nicht oder nicht ausdrücklich erwähnen, ist der RFSR in Artikel 3 EUV[18] fest im Katalog der Aufgaben der Union verankert. Dabei wird das gegenwärtige so genannte *Säulensystem* überwunden. Der RFSR rückt hinter die „die Förderung des Friedens, der Werte und des Wohlergehens" (Artikel 3 Abs. 1 EUV[19] aber vor den Binnenmarkt). Somit wird der RFSR eine erstrangige Aufgabe der Union auf gleicher Ebene mit dem Binnenmarkt[20].

Im Kapitel des Vertrages über die Arbeitsweise der EU betreffend den RFSR wird die justizielle Zusammenarbeit in Zivilsachen in Kapitel 3 des Titels V verlagert. Die einführende Bestimmung des ersten Kapitels (Allgemeine Bestimmungen – Artikel 67 Abs. 4 AEUV[21]) wird insbesondere durch den *Grundsatz der gegenseitigen Anerkennung* gerichtlicher und außergerichtlicher Entscheidungen eine Vereinfachung rechtlicher Verfahren erleichtern. Aber von einer völligen Ablösung des RFSR, und damit der justiziellen Zusammenarbeit in Zivilsachen, von seiner bisherigen flankierenden Funktion kann aber nicht die Rede sein, denn er befindet sich immer noch im Teil des Vertrags über die internen Politikbereiche und Maßnahmen der Union, im Anschluss an den Binnenmarkt, die Wirtschafts- und Währungspolitik und andere Politikbereiche. Man kann nur darüber spekulieren, ob er durch seine Entkopplung von den transnationalen Marktgrundfreiheiten und den übrigen Binnenmarktbestimmungen ein Eigenleben entwickeln wird[22].

Obgleich die Kompetenzen der Union im Bereich der ziviljustiziellen Zusammenarbeit im Artikel 81 AEUV[23] geregelt sind, sollen auch die allgemeinen im Bereich des RFSR anwendbaren Bestimmungen der Artikel 68, 69, 70 und 74 AEUV[24] kurz angesprochen werden.

Gemäß Artikel 68 AEUV[25] behält der Europäische Rat das Recht, die strategischen *Leitlinien* für die gesetzgeberische und operative Programmplanung festzulegen[26].

18 Entspricht Artikel I–3 VV.

19 Entspricht Artikel I–3 Abs. 1 VV.

20 S. *P.-C. Müller-Graff,* Die ziviljustizielle Zusammenarbeit im „Raum der Freiheit, der Sicherheit und des Rechts" im System des Europäischen Verfassungsvertrages, Festschrift für Erik Jayme, 2004, Bd. II, S. 1329 ff.

21 Entspricht Artikel III–257 Abs. 4 VV.

22 S. P.-C. Müller-Graff, op. cit., S. 1330.

23 Entspricht Artikel III–269 VV.

24 Entspricht Artikel III–258, III–259, III–260, und III–263 VV.

25 Entspricht Artikel III–258 VV.

26 S. *G. Bisogni*, La cooperazione giudiziaria civile del progetto di Costituzione europea, Rivista di diritto processuale, 2005, S. 23, der die Kritik äußert, dass das Ziel strategischer Leitlinien für die gesetzgeberische und operative Programmplanung mit dem rela-

Artikel 69 AEUV[27] sieht eine Kontrolle der Achtung des Subsidiaritätsprinzips seitens der nationalen Parlamente vor. Artikel 70 AEUV[28] räumt dem Rat die Befugnis ein, Maßnahmen zu erlassen, um eine unparteiische Bewertung der Durchführung der Unionspolitik in diesem Bereich durch die nationalen Behörden der Mitgliedstaaten sicherzustellen, insbesondere um die Anwendung des Grundsatzes der gegenseitigen Anerkennung zu fördern. Schließlich ermächtigt der Artikel 74 AEUV[29] den Rat, Maßnahmen zu erlassen, um die Verwaltungszusammenarbeit zwischen den zuständigen nationalen Dienststellen sowie die Zusammenarbeit zwischen diesen Dienststellen und der Kommission zu gewährleisten.

Was die im Artikel 81 AEUV[30] enthaltenen materiellen Kompetenzen der Union in der Sphäre der ziviljustiziellen Kooperation betrifft, bietet der einleitende Absatz 1 eine klare prinzipielle Feststellung: *Die Union entwickelt eine justizielle Zusammenarbeit in Zivilsachen mit grenzüberschreitendem Bezug, die auf dem Grundsatz der gegenseitigen Anerkennung gerichtlicher und außergerichtlicher Entscheidungen beruht. Diese Zusammenarbeit kann den Erlass von Maßnahmen zur Angleichung der Rechtsvorschriften der Mitgliedstaaten umfassen.*

Auch wenn die gegenseitige Anerkennung im Vertrag von Lissabon der Hauptgedanke im Rahmen der ziviljustiziellen Zusammenarbeit zu sein scheint, ist es doch wichtig zu bemerken, dass es auch die Möglichkeit gibt, Maßnahmen zur Angleichung der nationalen Rechtsvorschriften zu ergreifen.

Das in Artikel 65 EGV enthaltene Erfordernis, dass die getroffenen Maßnahmen für das reibungslose Funktionieren des Binnenmarktes erforderlich sein müssen, entfällt im Verfassungsvertrag. Der zweite Absatz des Artikels 81 AEUV[31] sieht lediglich vor, dass Maßnahmen getroffen werden, „*insbesondere* wenn dies für das reibungslose Funktionieren des Binnenmarkts erforderlich ist". Dieses bedeutet, dass die justizielle Zusammenarbeit in Zivilsachen nicht als ein autonomes Projekt losgelöst vom Binnenmarkt betrachtet werden kann. Aber das Wort „insbesondere" lässt einen gewissen Spielraum offen.

Problematischer jedoch ist die Beibehaltung des Erfordernisses, dass die Zusammenarbeit in Zivilsachen *einen grenzüberschreitend Bezug* aufweisen muss. Als der Rat in jüngster Zeit darauf bestanden hat, neue Gesetzgebungsvorschläge auf grenz-

tiv moderaten und teilweise widersprüchlichen Kompetenzkatalog des Artikels Artikel 81 AEUV (entspricht III–269 VV) nicht in Einklang steht.

27 Entspricht Artikel III–259 VV.

28 Entspricht Artikel III–260 VV.

29 Entspricht Artikel III–263 VV.

30 Entspricht Artikel III–269 VV.

31 Entspricht Artikel III–269 VV.

überschreitende Tatbestände zu begrenzen[32], haben manche Mitglieder des Europäischen Parlaments dagegen eingewandt, dies führe zu dem Ergebnis, eine 26. Rechtsordnung ins Leben zu rufen. Trotz der auf diese Weise gesetzten Begrenzung wird diese Gesetzgebungskompetenz der Union wahrscheinlich auch zu einer Annäherung des innerstaatlichen Verfahrensrechts in den verschiedenen Mitgliedsstaaten führen.

Was den Katalog von Gegenständen für mögliche gesetzgeberische Tätigkeiten betrifft, mag der Artikel 81 Abs. 2 AEUV[33] enttäuschend[34] erscheinen.

Die Ergänzungen des im Absatz 2 enthaltenen Maßnahmenkatalogs enthalten nur im Rahmen des Primärrechts Neuerungen, da, wie wir gesehen haben, entsprechende Maßnahmen auf der Basis der weniger präzisen Bestimmung des EG-Vertrages schon erlassen worden sind. Sie betreffen Maßnahmen im Bereich der grenzüberschreitenden Zustellung gerichtlicher und außergerichtlicher Schriftstücke (lit. b), der Vereinbarkeit der in den Mitgliedstaaten geltenden Kollisionsnormen und Vorschriften zur Vermeidung von Kompetenzkonflikten (lit. c), die Zusammenarbeit bei der Erhebung von Beweismitteln (lit. d), die Entwicklung von alternativen Methoden für die Beilegung von Streitigkeiten (lit. g) sowie die Förderung der Weiterbildung von Richtern und Justizbediensteten (lit. h).

Interessant ist die ausdrückliche Ermächtigung zu Maßnahmen mit dem Ziel, einen *effektiven Zugang zum Recht* (lit. e) sicherzustellen. Sicherlich spiegelt diese Bestimmung den Artikel 6 der EMRK (s. auch Artikel 6 EUV[35]) wider. Man hat jedoch die Frage gestellt, ob die gegenseitige Anerkennung das richtige Instrument darstellt, um den Zugang zum Recht effektiv sicherzustellen. In jedem Fall kommt in der Bestimmung über den Zugang zum Recht das Bewusstsein der Prinzipien der Gleichstellung der Bürger vor dem Recht sowie der Rechtsstaatlichkeit zum Ausdruck, selbst wenn ihre Tragweite künftig auf die Beseitigung der Diskriminierungen und die volle Verwirklichung des Binnenmarkts begrenzt werden sollte. Auch im Hinblick auf den eingeschränkten Katalog von Gegenständen für mögliche gesetzgeberische Tätigkeiten in Artikel 81 Abs. 2 AEUV[36] erscheint der Umfang der Handlungsmöglichkeiten in Bezug auf den Zugang zur Justiz als begrenzt[37].

32 S. z.B., die in Fn. 15 zitierten Verordnungen zur Einführung eines Europäischen Mahnverfahrens und zur Einführung eines europäischen Verfahrens für geringfügige Forderungen.

33 Entspricht Artikel III–269 Abs. 2 VV.

34 S. *G. Bisogni*, (Fn. 26), S. 23, der den Katalog zu streng und nicht präzis findet.

35 Entspricht Artikel I–9 VV.

36 Entspricht Artikel III–269 Abs. 2 VV.

37 S. *G. Bisogni*, (Fn. 26), S. 21 ff.

An dieser Stelle seien noch einige Bemerkungen zum Thema der Entwicklung von *alternativen Methoden* für die Beilegung von Streitigkeiten (ADM) gemacht. Man kann sich durchaus fragen, ob dieses Thema eigentlich in dieser begrenzten Liste von Kompetenzen einen berechtigten Platz hat. Es besteht der Verdacht, dass Sinn und Zweck der Berücksichtigung der ADM nicht die Erleichterung des Zugangs zur Justiz ist, sondern das Interesse an Kostenersparnissen für den Staat. Es versteht sich von selbst, dass den ADM in der Praxis des Wirtschaftslebens eine bedeutende Rolle zukommt. Ob aber ein Handlungsbedarf auf der Ebene der Europäischen Union besteht, der die Schaffung einer expliziten Rechtsgrundlage im Verfassungsvertrag rechtfertigt, erscheint fraglich[38].

Der letzte Punkt, die Förderung der Weiterbildung von Richtern und Justizbediensteten ist wichtig, weil der Erfolg der gegenseitigen Anerkennung von der Qualität der nationalen Urteile und vom gegenseitigen Vertrauen der Richter abhängt[39].

Was die gerichtliche Kontrolle durch Vorabentscheidungen des EuGH betrifft, gibt es im Vertrag von Lissabon keine Begrenzungen mehr, da der Artikel 267 AEUV[40] im gesamten Bereich der Maβnahmen der ziviljustiziellen Zusammenarbeit anwendbar ist[41].

Was das Gesetzgebungsverfahren betrifft, sieht der Artikel 76 AEUV[42] vor, dass Rechtsakte bzw. Maβnahmen entweder auf Vorschlag der Kommission oder auf Initiative eines Viertels der Mitgliedstaaten erlassen werden können. Daher werden einzelstaatliche Initiativen ausgeschlossen sein (die gemäβ Artikel 67 EGV früher

38 S. jedoch die in Fn. 16 zitierte Richtlinie des Europäischen Parlaments und des Rates über bestimmte Aspekte der Mediation in Zivil- und Handelssachen.

39 S. *B. Sturlèse*, L'Europe de la Justice, et la Constitution européenne, Droit et justice, 2005, S. 56 ff.

40 Entspricht Artikel III–369 VV.

41 S. Artikel 10 von Titel VII, Übergangsbestimmungen über die vor dem Inkrafttreten des Vertrags von Lissabon auf der Grundlage der Titel V und VI des Vertrags über die Europäische Union angenommenen Rechtsakte, des Protokolls (Nr. 36) über die Übergangsbestimmungen, das bestimmt, dass die Befugnisse des Gerichtshofs der Europäischen Union nach Titel VI des Vertrags über die Europäische Union in der vor dem Inkrafttreten des Vertrags von Lissabon geltenden Fassung für fünf Jahre nach dem Inkrafttreten des Vertrags von Lissabon unverändert bleiben. Gemäß Erklärung Nr. 50 zu Artikel 10 des Protokolls über die Übergangsbestimmungen, werden das Europäische Parlament, der Rat und die Kommission ersucht, sich im Rahmen ihrer jeweiligen Befugnisse zu bemühen, in geeigneten Fällen und nach Möglichkeit innerhalb der in Artikel 10 Absatz 3 des Protokolls über die Übergangsbestimmungen genannten Frist von fünf Jahren Rechtsakte zu erlassen, mit denen die in Artikel 10 Absatz 1 jenes Protokolls genannten Rechtsakte geändert oder ersetzt werden.

42 Entspricht Artikel III–264 VV.

möglich waren). Die nach Artikel 11 Abs. 4 EUV[43] mögliche Bürgerinitiative kann sich auch auf Maßnahmen im Rahmen des RFSR beziehen.

Was die anderen Aspekte des Gesetzgebungsprozesses betrifft, ordnet der Vertrag von Lissabon den RFSR in den allgemeinen Rahmen ein. Die Union erlässt Maßnahmen im Wege des ordentlichen Gesetzgebungsverfahrens, wobei der Rat mit qualifizierter Mehrheit beschließt. Die einzige Ausnahme bilden immer noch Regelungen zum Familienrecht mit grenzüberschreitendem Bezug, die durch allein vom Rat beschlossene Maßnahmen getroffen werden können. In diesem Fall beschließt der Rat einstimmig nach Anhörung des Europäischen Parlaments (Artikel 81 Abs. 3[44]). Allerdings ist in diesem Artikel auch eine „*Passerelle*" vorgesehen, wonach der Rat auf Vorschlag der Kommission einstimmig Beschlüsse erlassen kann, durch den Aspekte des Familienrechts mit grenzüberschreitendem Bezug bestimmt werden, die Gegenstand von Rechtsakten sein können, welche nach dem ordentlichen Gesetzgebungsverfahren erlassen werden.

In diesem sehr sensiblen Bereich, der durch nationale Traditionen stark geprägt ist, wird vielleicht der Artikel 69 AEUV[45], wonach die nationalen Parlamente bei Gesetzgebungsvorschlägen und –initiativen Sorge für die Achtung des Subsidiaritätsprinzips tragen, eine gewisse, mindestens theoretische Relevanz haben.

Schließlich bleiben die Protokolle über die Position des Vereinigten Königreichs und Irlands einerseits und Dänemarks anderseits[46] erhalten. Das dänische „*opt-out*" bleibt bestehen, aber gemäß einer Anlage zum entsprechenden Protokoll kann Dänemark beschließen, ein „*opt-in*" britischer Art anzuwenden.

Grundlegende und vertiefende Literatur

Bray, Robert (Hrsg.):
Constitutional Law of the European Union, 2. Aufl., London 2004.

ders. (Hrsg.):
Procedural Law of the European Union, London 2006.

43 Entspricht Artikel I–47 Abs. 4 VV.
44 Entspricht Artikel III–269 Abs. 3 VV.
45 Entspricht Artikel III–259 VV.
46 Diese Protokolle waren nicht Gegenstand der Beratungen des Konvents.

Müller-Graff, Peter-Christian:
Die ziviljustizielle Zusammenarbeit im Raum der Freiheit, der Sicherheit und des Rechts im System des Europäischen Verfassungsvertrages, in: H.-P. Mansel / T. Pfeiffer / H. Kronke / C. Kohler / R. Hausmann (Hrsg.), Festschrift für Erik Jayme, Bd. 2, München 2004, S. 1323 ff.

Schutter, Oliver De / Nihoul, Paul (Hrsg.):
Une Constitution pour l'Europe. Réflexions sur les transformations du droit de l'Union européenne, Brüssel 2004.

Maria Kaiafa-Gbandi

II. Die Entwicklung in Strafsachen

1. Grundmerkmale der modernen Entwicklung des Strafrechts in der EU

Die Bewertung der Regelungen des Verfassungsvertrags, die das Gebiet der Strafsachen betreffen, setzt voraus, sich zuvor die Grundmerkmale der modernen Entwicklung des Strafrechts in der EU[1] kurzgefasst vor Augen zu führen.

Der Wunsch nach einer möglichst großen Effektivität des gemeinsamen Marktes, des freien Personenverkehrs wie auch nach einem Schutz ihrer wirtschaftlichen Interessen haben die EU allmählich dazu veranlasst, das Strafrecht als das effektivste Mittel zum Erreichen ihrer Zwecke anzuwenden. Zu diesen Zwecken wurde mit dem Amsterdamer-Vertrag – auf hervorgehobener Ebene – die Sicherstellung „eines gemeinsamen Raums der Freiheit, der Sicherheit und des Rechts“ implementiert, zu der das Strafrecht in der Lage zu sein schien, entscheidend beizutragen. Solange aber mit dem Strafrecht hauptsächlich die Ausübung von Staatsmacht zum Ausdruck kommt und die EU kein Staatsgebilde ist, konnte das angestrebte Ziel nur durch eine Kooperation mit den Mitgliedsstaaten erreicht werden[2]. Mit anderen Worten: Die Reglementierung im Bereich des Strafrechts ist hauptsächlich ein Produkt der transnationalen Kooperation der dritten Säule, da zugunsten der Gemeinschaft bis vor kurzem keine strafrechtliche Zuständigkeit anerkannt wurde. Aber auch nach der Entscheidung des EuGH C-176/2003 vom 13. September 2005[3] scheint sich eine solche Zuständigkeit auf den Erlass von entsprechenden Richtlinien zu beschränken. Die Wahl dieses Rechtsinstruments weist darauf hin, dass die Kooperation mit den Mitgliedstaaten im strafrechtlichen Bereich weiterhin erforderlich bleibt.

Die Grundmerkmale des Strafrechts, die bis heute mit der Intervention der EU gebildet wurden, können in vier Punkten zusammengefasst werden:

- Das erste Merkmal ist *der tiefe Eingriff in die staatliche Souveränität.* Dieser rührt daher, dass im Rahmen der EU eine Vielzahl strafrechtlicher Regelungen

1 Dazu ausführlicher *M. Kaiafa-Gbandi*, Aktuelle Strafrechtsentwicklung in der EU und rechtsstaatliche Defizite, ZIS 2006, S. 521 ff. und *B. Schünemann*, Ein Gesamtkonzept für die europäische Strafrechtspflege, München 2006, 61 ff., 93 ff.

2 *M. Kaiafa-Gbandi,* To poiniko dikaio stin Europaiki Enosi, 2003, S. 8 ff.

3 ABl EU 2005, Nr. C 315, S. 2 auch abgedruckt in NVwZ 2005, S. 1289 ff.

geschaffen wurde. Die Relativierung der staatlichen Souveränität überschreitet sogar die in den Gründungsverträgen vorgesehene Dimension, wie es von den Kompetenzüberschreitungen der EU sowohl in der dritten[4] wie auch in der ersten Säule[5] zu ersehen ist.

- Das zweite Merkmal ist *der Abbau der demokratischen Legitimation des Strafrechts, welches von der EU mitbestimmt wird.* Hervorzuheben ist hierbei, dass in Bezug auf die im Rahmen der dritten Säule produzierte strafrechtliche Materie, die zur Zeit zumindest in der EU herrschend ist, das Europäische Parlament kein Mitentscheidungsrecht, sondern lediglich eine einfache Konsultationsrolle innehat (Art. 39 EUV)[6]. Als zentrales Regelungsinstrument der dritten Säule hat sich der Rahmenbeschluss entwickelt. Das zu erreichende Ziel wird trotz der sonstigen Umsetzungsfreiheit gegenüber den Mitgliedstaaten dennoch verbindlich festgelegt. Diesbezüglich ist auch in Betracht zu ziehen, dass der EuGH mit seinem Puppino-Urteil[7] eine unmittelbare Wirkung der Rahmenbeschlüsse auf die strafprozessualen Regeln der Mitgliedstaaten auch *vor* deren Umsetzung in die nationalen Rechtsordnungen eigentlich anerkannt[8] und dadurch zu einem weiteren Abbau der demokratischen Kontrolle durch die nationalen Parlamente beigetragen hat.

- Das dritte Merkmal der Entwicklung des Strafrechts in der EU hat mit *dem Inhalt und dem Bezugsobjekt der jeweiligen Regelungen* zu tun. Hier, wie auch in anderen Internationalisierungsebenen des Strafrechts, wird aufgrund der internationalen Entwicklung der Wirtschaftssysteme hauptsächlich *ein Sicherheitsrecht*

4 Entsprechende Beispiele siehe bei *Kaiafa-Gbandi,* To poiniko dikaio (Fn. 2), S. 198 ff., 251 ff., aber auch bei *O. Tsolka,* Europaiko entalma sylipsis, Poinika Chronika 2002, S. 107 und *J. Vogel,* The European Integrated Criminal Justice System and Its Constitutional Framework, MJ 2005, S. 142. Erwähnenswert ist auch hier die totale Marginalisierung der Verträge als Rechtsinstrument der dritten Säule, welches näher zu den souveränen Mitgliedstaaten als zu der EU selbst steht.

5 Siehe die Entscheidung des EuGH C-176/2003 vom 13.09.2005 (Fn. 3) und die gegenteiligen Meinungen über die Problematik einer strafrechtlichen Kompetenz der Gemeinschaft in *M. Kaiafa-Gbandi* (Ed.), Compétence communautaire et imposition des sanctions pénales pour violation du droit communautaire, 2004.

6 Über die entsprechende Problematik siehe *K. Lüderssen,* Europäisierung des Strafrechts und gubernative Rechtssetzung, GA 2003, S. 71 ff., vgl. aber auch *J. Vogel,* Harmonisierung des Strafrechts in der EU, GA 2003, S. 332, der das oben genannte Model eher rechtfertigt.

7 EuGH, Urt. vom 16.6.2005, Rs.C-105/03, Slg. 2005 I–5285.

8 Kritik und weitere Nachweise bei *Kaiafa-Gbandi*, Strafrechtsentwicklung (Fn. 1), S. 533 ff.

gesetzt[9]. Die Besonderheit besteht jedoch darin, dass die überragende Orientierung des Strafrechts auf die Sicherheit *institutionelle Anerkennung* in der EU gefunden hat (Art. 2 u. 29 EUV). Somit erleichtert sie als stabiles und dauerhaftes Ziel allgemeiner Anwendung das In-Frage-Stellen traditioneller liberaler Grundsätze des Strafrechts in bedeutendem Maß.

- Das vierte Grundmerkmal bezieht sich letztlich auf *den Grundrechtsschutz*. Man hätte erwartet, dass die Intervention der EU im Bereich des Strafrechts für die Bürger im Allgemeinen vorteilhaft wirken würde. In der Praxis ist jedoch eben diese Intervention von bedeutenden negativen Einflüssen auf den Schutz der Bürgerrechte gekennzeichnet[10]. Charakteristische Beispiele hierfür sind etwa die Regelungen über die Tätigkeit und die Aufhebung der Immunitäten von Europol[11], wie auch die Verträge über die Auslieferung und die justizielle Zusammenarbeit in Strafsachen, die zwischen der EU und den USA unterzeichnet wurden[12].

2. Der Verfassungsvertrag, der neue Aufbau der Union und die Identität ihrer Zuständigkeiten

In Anbetracht der oben beschriebenen Grundmerkmale ist das besondere Interesse an den Regelungen des Verfassungsvertrags, die das Strafrecht betreffen, einleuchtend. Seine zentrale Bedeutung für die Identität der Union und ihre rechtliche Zivilisation, die Änderungen, die er hervorgerufen hat[13], obwohl er von den Mitgliedsstaaten nicht ratifiziert wurde, sind die evidenten Gründe, die die Untersuchung seines Inhalts nicht nur rechtfertigen sondern auch gebieten.

Im Verfassungsvertrag ist bekanntlich die heutige transnationale Zusammenarbeit der dritten Säule, der auch die Strafsachen zuzuordnen sind, nicht mehr zu finden. Der Aufbau in Säulen wird abgeschafft und eine überstaatliche Organisation mit rechtlicher Persönlichkeit entsteht, die alle von den Mitgliedstaaten übertragenen Zuständigkeiten einheitlich *in gemeinschaftlicher Weise* ausübt (Art. I–1 Abs. 1

9 *K. Günther,* Diethnis anteglimatiki politiki: I poria pros ena pagosmio dikaio asfalias, in: Manoledakis / Prittwitz (epim.), Diethnopoiisi tou poinikou dikaiou, 2003, S. 29 ff.

10 *M. Kaiafa-Gbandi,* Europäisches Strafrecht – Die Perspektive des Grundrechtsschutzes nach dem Verfassungsentwurf für Europa, KritV 87 (2004), S. 9 ff.

11 *J. Frowein / N. Krisch,* Der Rechtsschutz gegen Europol, JZ 1998, S. 589 ff., 596.

12 *Kaiafa-Gbandi,* To poiniko dikaio (Fn. 2), S. 248 ff. m.w.N.

13 Die meisten der Regelungen des Verfassungsvertrags, auf die in den Fußnoten hingewiesen wird, sind vom Lissabonvertrag zur Änderung des EUVs und des EGVs übernommen worden. Vgl. diesbezüglich C 306 vom 17.12.2007, 1 ff.

EVV)[14]. Dem ersten Anschein nach bedeutet dies, dass *eine deutliche Verstärkung der Rolle der Union auch im Bereich des Strafrechts* zu erwarten ist.

Die justizielle (Art. III–270 ff. EVV) und polizeiliche Zusammenarbeit (Art. III –275 ff. EVV) in Strafsachen wird außerdem ausdrücklich als Bereich *geteilter Zuständigkeit* der Union und der einzelnen Mitgliedstaaten bestimmt (Art. I–14 Abs. 2 j EVV)[15]. Doch ist die Rolle der Union und der Mitgliedstaaten nicht etwa gleichgestellt. Im Gegenteil, wenn der Union für einen bestimmten Bereich eine mit den Mitgliedstaaten geteilte Zuständigkeit übertragen wird, nehmen nach dem Verfassungsvertrag die Mitgliedstaaten ihre Zuständigkeit wahr, „sofern und soweit die Union ihre Zuständigkeit nicht ausgeübt hat oder entschieden hat, diese nicht mehr auszuüben" (Art. I–12 Abs. 2 EVV). Somit wird die geteilte Zuständigkeit von dem Moment ihrer Ausübung an zu einer *Ausschließlichen* und kann nur nach dem Zurückweichen der Union von den Mitgliedstaaten ausgeübt werden[16]. Die Staaten teilen wohl auf diesem Gebiet zusammen mit der Kommission ein Initiativrecht auf Vorschlag der zu erlassenden Rechtsakte (Art. III–264 b EVV). Damit aber ein solcher Vorschlag in Betracht gezogen werden kann, soll dieser zumindest von einem Viertel der Mitgliedstaaten unterstützt werden.

Die obigen Feststellungen führen zu einem ersten wichtigen Ergebnis: Nach dem Verfassungsvertrag wird die Union *zum hauptsächlichen Zuständigkeitsträger* in Bezug auf die justizielle und polizeiliche Zusammenarbeit in Strafsachen[17]. Außerdem bedeutet die *Ausübung ihrer Zuständigkeiten in gemeinschaftlicher Weise,* eine viel effektivere Bindung der Mitgliedstaaten[18], die sogar in Bezug auf Maßnahmen strafrechtlichen Charakters auch in der Regel nicht mit Einstimmigkeit, sondern mit Mehrheitsentscheidungen erreicht wird (Art. I–23 Abs. 3 und Art. I–25 EVV). Die

14 So auch beim Art. 1 Abs. 3 EUVs wie vom Lissabonvertrag zur Änderung des EUVs und des EGVs vorgesehen.

15 So auch Art. 2c Abs. 2 j des Vertrags über die Arbeitsweise der EU (AEUV).

16 Vgl. auch Art. 2a Abs. 2 AEUV. In Bezug auf die „Vorbeugungsregel" siehe *D. Triantafyllou,* To Schedio Syntagmatos tis Europaikis Syneleusis, Kritiki ton vasikon epilogon, 2003, S. 45, vgl. auch *J. Monar,* Der Raum der Freiheit, der Sicherheit und des Rechts im Verfassungsentwurf des Konvents, Integration 2003, S. 543–544.

17 Dieses Ergebnis ist schwer durch den Subsidiaritätsgrundsatz (Art. I–11 Abs. 3 EVV) widerlegbar, denn der Bereich der justiziellen und polizeilichen Zusammenarbeit der Mitgliedstaaten in Strafsachen bietet sich wohl als ein Gebiet an, in dem die Union die entsprechenden Ziele „besser zu verwirklichen" vermag. Verstöße gegen das Subsidiaritätsprinzip sind hier wohl auch nicht ausgeschlossen.

18 Etwa durch die Auferlegung von Pauschalbeträgen oder Zwangsgelder an die Mitgliedstaaten, wenn diese Maßnahmen der Union nicht folge leisten (Art. III–362 Abs. 3 EVV) vgl. hierzu *W. Skouris,* I protasis metarythmisis tou koinotikou systimatos prostasias me aformi to Schedio Syntagmatos tis Europaikis Enosis, in Manitakis / Papadopoulou (epim.), I prooptiki enos Syntagmatos gia tin Europi, 2003, S. 344–345.

Union verstärkt sich also im Bereich der Strafsachen und bindet ihre Mitgliedstaaten viel effektiver an ihre Entscheidungen. Entscheidungen, die unter Umständen gar nicht ihrem Willen entsprechen.

Dem könnte entgegen gehalten werden, dass die Zusammenarbeit in Strafsachen ihrer Natur nach ein Primat der Union nahe legt. In diesem Sinne sollte auch das oben beschriebene Bild nicht auf Zurückhaltung stoßen. Doch die Aufklärung *des allgemeinen Ziels* wie auch *des Inhalts der Unionszuständigkeiten* im sensiblen Bereich des Strafrechts ist von ausschlaggebender Bedeutung, bevor man beurteilen kann, ob die nicht zu bezweifelnde Machtverschiebung auf die supranationale Organisation der EU und der entsprechende Rückzug der Staatssouveränität ihrer Mitglieder mit der Perspektive einer ausgeglichenen Pflege sowohl der Kriminalitätsbekämpfung wie auch des Schutzes der Bürgerfreiheiten stattfindet.

3. Das allgemeine Ziel der Union im Bereich des Strafrechts

Eines der grundlegenden Ziele der Union, die in Art. I–3 EVV festgelegt werden, bringt schon seinen Bezug auf das Strafrecht zum Ausdruck. Es handelt sich um die Herstellung eines Raumes der Freiheit, der Sicherheit und des Rechts, dessen Verwirklichung in einer Union ohne Binnengrenzen die Kriminalitätskontrolle wohl voraussetzt. Aus Art. III–257 EVV, der ersten Vorschrift des Kapitels über den *Raum der Freiheit, der Sicherheit und des Rechts,* ergibt sich mit Klarheit, dass in Bezug auf die Kriminalitätskontrolle – und somit im strafrechtlichen Bereich – die Gewährleistung *„eines hohen Maßes an Sicherheit“* zum ausschlaggebenden Ziel der Union wird[19]. Nach der Einordnung der Charta der Grundrechte der Union in den Verfassungsvertrag[20] hätte man hingegen erwartet, dass die Unionsinterventionen im Bereich des Strafrechts außer dem Ziel des Rechtsgüterschutzes auch das der Sicherstellung der Bürgerfreiheiten zum Ausdruck bringen würden. Somit ist das Ungleichgewicht, welches mit dem institutionalisierten Primat der Sicherheit zum Ausdruck kommt, nicht zu verkennen[21].

Diese Tatsache ruft gerechtfertigte Vorbehalte hervor. Denn die EU sollte mit ihrem Verfassungsvertrag und seinem symbolischen Gewicht ihre Tätigkeit im Bereich des

19 So auch Art. 61 Abs. 3 AEUV.

20 Vgl. hier aber die verbindliche institutionelle Anerkennung der Charta, mit der vom Lissabonvertrag geänderten Fassung des Art. 6 Abs. 1 EUV. Siehe diesbezüglich auch die Erklärung zur Charta der Grundrechte der EU vom Lissabonvertrag (C 306 vom 17.12.2007, 249).

21 Diesbezüglich auch *K. Lüderssen,* Wer will das bessere Europa?, in: Schünemann (Hrsg.), Alternativentwurf Europäische Strafverfolgung, 2004, S. 46 und *Th. Weigend,* Der Entwurf einer Europäischen Verfassung und das Strafrecht, ZStW 2004, S. 275–277, 302.

Strafrechts in einem hohen Maß nicht nur dem Rechtsgüterschutz, d.h. der Sicherheit, sondern auch den Freiheiten der Bürger und der Gerechtigkeit widmen[22]. Diese Kombination ist ein Grundprinzip der europäischen Rechtstradition, worauf der Verfassungsvertrag nicht geachtet hat. Fraglich bleibt nur, ob das obige unbefriedigende Bild auf der Ebene der allgemeinen Ziele von der jeweiligen Regelung, die das Strafrecht betreffen, dementiert wird.

4. Der Inhalt der Unionszuständigkeiten im Bereich des Strafrechts

Zur Erleichterung der Annäherung an die Materie ist es angebracht, die Regelungen des Kapitels über den Raum der Freiheit, der Sicherheit und des Rechts, die das Strafrecht betreffen, in drei Abschnitten zu behandeln: zum einen den des Strafprozessrechts, den des materiellen Strafrechts und zuletzt denjenigen, der den Strafverfolgungsorganen der Union gewidmet wird.

a) Die Regelungen über das Strafprozessrecht

Die Regelungen, die das Strafprozessrecht betreffen haben größere Bedeutung für die Union. Denn darauf basiert hauptsächlich die erzielte justizielle und polizeiliche Zusammenarbeit in Strafsachen. Zum Grundprinzip wird hier zum ersten Mal im primären Recht *der Grundsatz „der gegenseitigen Anerkennung gerichtlicher Urteile und Entscheidungen"* erhoben, wobei weiterhin ausdrücklich bestimmt wird, dass die justizielle Zusammenarbeit in Strafsachen auch die Angleichung der Rechtsvorschriften der Mitgliedstaaten in bestimmten Bereichen des Straf- und Strafprozessrechts umfasst (Art. III–270 Abs. 1 EVV)[23].

Die erste Geltendmachung dieses Grundsatzes im Bereich des Strafrechts – und zwar ohne dass er im primären Recht der Union vorgesehen wurde – findet man in der Präambel des Rahmenbeschlusses über den europäischen Haftbefehl[24]. Von diesem Rechtsakt ist bekannt, dass das Grundanliegen bei der Übertragung dieses Prinzips auf den strafrechtlichen Bereich die Freistellung vom *Grundsatz der doppelten Strafbarkeit* ist[25]. Wie leicht verständlich ist, wäre die Förderung des Grundsatzes der gegenseitigen Anerkennung, der den Eckstein der Regelungen über das Straf-

22 Siehe hierzu auch den Vorschlag für eine Änderung der Art. III–257 Abs. 3 EVV (im Verfassungsentwurf: Art. III–158, 2003 / C 169/01) in: Schünemann (Hrsg.), Alternativentwurf (Fn. 21), S. 10.

23 So auch Art. 69a Abs. 1 AEUV.

24 *Tsolka,* Europaiko entalma, (Fn. 4), S. 106, aber auch *J. Vogel,* Harmonisierung des Strafrechts in der EU, GA 2003, S. 319.

25 *I. Manoledakis / M. Kaiafa-Gbandi,* Paratirisis stin protasi tis Epitropis gia tin ekdosi apofasis-plaisiou apo to Symvoulio schetika me to europaiko entalma sylipsis, Poiniki Dikaiosini 2001, S. 1107 ff.

recht im Verfassungsvertrag darstellt, in der Lage, die möglichst große Effektivität mit der möglichst großen Vereinfachung sicherzustellen.

Denn dadurch bräuchten die Rechtsvorschriften des Mitgliedstaates, in dem die Anerkennung eines Urteils erzielt würde, nicht in Betracht gezogen zu werden. Jedenfalls könnten sie kein Hindernis darstellen. Da aber so etwas selbstverständlich nicht ohne weiteres angenommen werden kann, wird im Verfassungsvertrag eine Festlegung von *Mindestvorschriften* durch Europäische Rahmengesetze vorgesehen. Diese sollen sich auf Beweismittel, strafprozessuale Garantien und andere spezielle Elemente des Strafverfahrens wie auch auf verschiedene Straftaten und ihre Strafen beziehen.

Diesbezüglich darf man aber doch zweierlei nicht außer Acht lassen: Trotz der obigen Regelung ist es nicht auszuschließen, dass ein Mitgliedstaat zur Anerkennung etwa eines Urteils eines anderen Mitgliedstaats berufen wird, auch wenn es sich um eine Tat handelt, die nach seiner Rechtsordnung *nicht strafbar ist*[26]. Dieses Prinzip wurde zum ersten Mal durch den Rahmenbeschluss über den europäischen Haftbefehl im Bezug auf einen Katalog verschiedener Straftaten vorgesehen.

Ein solches Ergebnis greift den harten Kern des Rechtsstaats an[27]. Wenn in einem Mitgliedstaat ein fremdes Urteil anzuerkennen ist, was unter Umständen nur durch *Zwangsmaßnahmen mit der höchst möglichen Einschränkung von Bürgerfreiheiten* vollstreckt werden kann, müsste wohl der vollstreckende Staat, auch wenn er an Stelle eines anderen tätig wird, den Anspruch erheben können, *diejenigen Grenzen geltend zu machen, die innerhalb seiner nationalen Ordnung geachtet werden.* Und dazu gehört selbstverständlich als Mindestvoraussetzung das Vorhandensein der (doppelten) Strafbarkeit, welches auch der Bewahrung des Gesetzlichkeitsprinzips dient[28]. Andernfalls führt die *allgemeine* Geltung des Grundsatzes der gegenseitigen

26 Vgl. Art. III–270 Abs. 1a EVV, der in absoluter Weise die Geltung des Grundsatzes der gegenseitigen Anerkennung vorsieht, mit den Art. III–270 Abs. 2 und III–271 Abs. 1 erster und zweiter Satz, die die Angleichung – zumindest anfänglich – nur für manche Bereiche vorsehen. So auch Art. 69a Abs. 1 u. 2, 69f Abs. 1 AEUV. In diesem Zusammenhang sei nur colorandi causa darauf hingewiesen, dass eine Angleichung aller Gebiete des Strafrechts schlechterdings unmöglich ist.

27 Siehe diesbezüglich *B. Schünemann,* Fortschritte und Fehlschritte in der Strafrechtspflege der EU, GA 2004, S. 202–203, vgl. aber *Tsolka,* Europaiko entalma (Fn. 4), S. 108. Positiv unter Voraussetzungen zum Prinzip der gegenseitigen Anerkennung im allgemeinen *S. Gleß,* Zum Prinzip der gegenseitigen Anerkennung, ZStW 2004, S. 353 ff., 362.

28 Siehe diesbezüglich auch den Vorschlag des europäischen Programms „Ein Gesamtkonzept für die europäische Strafrechtspflege“ in Schünemann (Hrsg.), 2006, S. 20–21, 98 ff., 137, der die Voraussetzung der doppelten Strafbarkeit beim EuHB beibehält. Vgl. aber EuGH, Urt. vom 3.5.2007, Rs. C-303/05 (Gedanken 48–54), in dem der Gerichts-

Anerkennung im Bereich des Strafrechts zwangsläufig zur Herrschaft der punitivsten Rechtsordnung in der EU[29].

Auf der anderen Seite soll auch nicht verkannt werden, wohin die Erleichterung des obigen Verfahrens führen wird[30]: Die Mindestvorschriften, die Europäische Rahmengesetze für die Zulässigkeit der Beweismittel, die Rechte der Einzelnen im Strafverfahren oder die Rechte der Opfer festlegen werden, sind sodann verbindlich im nationalen Recht umgesetzt, welches nicht daran gehindert wird, ein höheres Schutzniveau beizubehalten oder einzuführen (Art. III–270 Abs. 2 letzter Satz EVV)[31]. Das bedeutet eigentlich, dass hier *prozessuale Garantien von zwei verschiedenen Niveaus* geschaffen werden: diejenigen, die als Mindestvorschriften von der EU befördert werden, damit die Funktion des obigen Grundsatzes ermöglicht wird, und diejenigen, die eventuell ein höheres Schutzniveau anbieten. Letztere werden jedoch nur zur nationalen Anwendung bestimmt sein[32]. Welche könnte aber die Perspektive eines solchen Schemas sein? Es ist notwendigerweise das Überwiegen des Inhalts der Mindestvorschriften. Denn kein Staat, der Macht ausübt und dazu neigt, sich den möglichst niedrigen Einschränkungen zu unterwerfen, würde langfristig ein Mindest- und ein Höchstschutzniveau erhalten.

Genügenden Schutz vor möglichen Verstößen gegen Grundprinzipien des strafrechtlichen Systems eines Mitgliedstaats innerhalb des oben dargestellten Schemas kann hier leider auch nicht die Regelung von Art. III–270 Abs. 3 u. 4 EVV anbieten. Diese Regelung hat zwar jedem Mitglied des Rates die Möglichkeit gegeben, eine Intervention des Europäischen Rates für den Fall zu beantragen, dass ein Entwurf eines Europäischen Rahmengesetzes, welches mindeststrafprozessuale Vorschriften

hof in der heutigen Regelung des EuHBs diesbezüglich kein Problem erkennt, was wohl auch für den Fall gelten soll, in dem *ein Staatsangehöriger eines Mitgliedstaats in seinem Staat eine nicht strafbare Tat (Handlung plus Erfolg) begeht* und an einen anderen Mitgliedstaat übergeben werden soll, weil seine Tat z.B. die Interessen eines Bürgers dieses anderen Mitgliedstaats (in strafbarer Weise für ihn) verletzt. Ein solches Ergebnis kann trotz der diesbezüglich nicht differenzierenden Stellungnahme des EuGH nicht mit dem Gesetzlichkeitsprinzip (n.c.n.p.s.l.-Grundsatz) vereinbar sein.

29 *Schünemann,* Alternativentwurf (Fn. 21), S. 10 ff., wonach die ausdrückliche Forderung erhoben wird, den Grundsatz der gegenseitigen Anerkennung strafrechtlicher Entscheidungen im Verfassungsvertrag für Europa nicht aufzunehmen.

30 Siehe diesbezüglich auch die Vorbehalte von *Lüderssen,* Das bessere Europa (Fn. 21), S. 47.

31 So auch Art. 69a Abs. 2 letzter Satz AEUV.

32 Vgl. dazu auch die Bedenken von *A. Psarouda-Benakis,* Pros ena „Europaiko“ poiniko dikaio?, Poinika Chronika 2003, S. 969.

einführt, grundlegende Aspekte seiner Strafrechtsordnung berührt. Doch das Ergebnis dieser Möglichkeit führt nicht immer zur Achtung ähnlicher Grundvorbehalte[33].

Anhand der obigen Feststellungen können wir einen weiteren wichtigen Schluss ziehen: Zum *zentralen Instrument* der Beförderung des Sicherheitsziels, welches nach dem Verfassungsvertrag die Unionszuständigkeiten im ganzen Bereich der Strafsachen durchdringt, wird der Grundsatz der gegenseitigen Anerkennung gerichtlicher Urteile und Entscheidungen als Vorbote eines Strafrechts der Effektivität, der Vereinfachung und insbesondere der Mindestvorschriften in Bezug auf strafprozessuale Garantien. Das Strafprozessrecht wird anhand des Verfassungsvertrags in der EU entwickelt, damit es die gegenseitige Anerkennung gerichtlicher Urteile ermöglicht. Somit erhält es aber eine Funktion, die seine historische Identität als Charta der Freien Menschen verkennt. Dies darf mit Verlaub als besorgniserregend bezeichnet werden.

b) Die Regelungen über das materielle Strafrecht

Nach dem Verfassungsvertrag ist eine Intervention der Union auch im Bereich des materiellen Strafrechts vorgesehen. Diese Intervention zielt auf eine Harmonisierung des Rechts der Mitgliedstaaten in Bereichen besonders schwerer Kriminalität mit grenzüberschreitender Dimension, damit die gegenseitige Anerkennung gerichtlicher Urteile langfristig erleichtert (III–270 Abs. 1 EVV) und das Ziel der Gewährleistung eines hohen Maßes an Sicherheit unterstützt (III–257 Abs. 3 EVV) werden kann.

Der Verfassungsvertrag eröffnet wohl nicht die Perspektive „eines europäischen Modellstrafgesetzbuches“. Doch die Bereiche, in denen er der Union eine Interventionszuständigkeit zuerkennt, sind einerseits offen zur Erweiterung in der Zukunft (III–271 Abs. 1 letzter Satz EVV)[34] und haben andererseits, so wie sie im Vertrag

33 Siehe insbesondere die Möglichkeit des Europäischen Rates, den angefochtenen Entwurf des Europäischen Rahmengesetzes an den Rat zurückzuweisen, womit nicht auszuschließen ist, dass die Weiterbefolgung des Gesetzgebungsverfahrens in Anbetracht des Grundsatzes der Mehrheitsentscheidung trotz der grundlegenden Vorbehalte eines Mitgliedstaates zu einem positiven Ergebnis führt. Das Problem wird noch größer in Anbetracht von Art. I–6 EVV, nach dem das Recht der Union vor den nationalen Verfassungen sogar Vorrang genießt. Die gleiche Vorschrift (Art. III–271 Abs. 3 und 4 EVV) gilt entsprechend für die Europäischen Rahmengesetze im Bereich des materiellen Strafrechts, die Mindestvorschriften zur Festlegung von Straftaten und ihrer Strafmaße betreffen. Vgl. hier aber die differenzierte Vorschrift des Art. 69a Abs. 3 u. 69b Abs. 3 AEUV.

34 Siehe diesbezüglich die Anmerkungen von *Schünemann,* Fortschritte (Fn. 27), S. 195, der auf die Gefahr, dass dadurch das Strafrecht Gegenstand einer umfassenden Annex-

aufgezählt werden (Art. III–271 EVV), einen solchen Umfang[35] angenommen (z.B. Korruption, organisierte Kriminalität), dass sie die Kontrolle einer Zuständigkeitsüberschreitung seitens der EU besonders erschweren.

Wenn man diese Regelung mit dem heute geltenden Status vergleicht (Art. 29 und 31 EUV), stellt man fest, dass der Verfassungsvertrag *die Zuständigkeit der EU im Bereich des Strafrechts mit Klarheit erweitert und vertieft*. Dafür spricht nicht nur die Vermehrung der Bereiche, in denen die EU intervenieren darf, sondern auch einerseits die ihr zuerkannte Möglichkeit, für die wirksame Durchführung ihrer Politik auf Gebieten, auf denen Harmonisierungsmaßnahmen erfolgt sind, Mindestvorschriften für die Festlegung von Straftaten und Strafen mittels Europäischer Gesetze zu erlassen (Annexkompetenz Art. III–271 Abs. 2) und andererseits die ihr gleichfalls zuerkannte Kompetenz für die ausschließliche Festlegung der Strafbarkeit des Betrugs gegen ihre finanziellen Interessen mittels Europäischer Gesetze (Art. III–415 EVV)[36].

Wenn man die speziellen Regelungen über die Bekämpfung des Betrugs hier erst mal außer Acht lässt, bemerkt man, dass die Union anhand des Verfassungsvertrags eine Zuständigkeit für den Erlass *von Mindestvorschriften zur Festlegung von Straftaten und Strafen* erlangt. Diese Zuständigkeit unterscheidet sich vom heutigen Status. Denn die Festlegung von Mindestvorschriften anhand ihrer Ausübung in gemeinschaftlicher Weise bedeutet gemäß dem Verfassungsvertrag eine viel effektivere Bindung der Mitgliedstaaten für die Umsetzung dieser Vorschriften in ihrem nationalen Recht, und zwar notfalls auch mit der Auferlegung von Pauschalbeträgen oder Zwangsgeldern (Art. III–362 Abs. 3 EVV)[37].

Das Schema der Mindestvorschriften im Bereich des Strafrechts bedeutet eine Bindung in Bezug auf die Typisierung der Elemente, die die Union für den Tatbestand bestimmter Straftaten für erforderlich hält. Denn ansonsten könnte nach dem nationalen Recht der Mitgliedstaaten eine Strafbarkeit auch dort nicht gegeben sein, wo die EU sich eine solche *für alle* ihre Mitglieder wünscht. Das hat zur Folge, dass die Möglichkeit der Differenzierung eines Mitgliedstaats im Bereich des materiellen Strafrechts nur in einer *breiteren* Festlegung der Strafbarkeit – nach Übernahme des Unionsmindestmaßes – besteht[38].

kompetenz der Union wird, aufmerksam macht. Die gleiche Regelung findet man in Art. 69b AEUV.

35 *Weigend,* Der Entwurf (Fn. 21), S. 285–286.

36 Vgl. hier Art. 69b Abs. 2 AEUV wie auch die geänderte Fassung des Art. 280 Abs. 4 AEUV.

37 So auch Art. 228 Abs. 2 AEUV.

38 Vgl. auch *Weigend,* Der Entwurf (Fn. 21), S. 285.

Diese Feststellung macht klar, dass die EU in dieser Weise die Zuständigkeit einer Entscheidung *über die Breite der Strafverfolgung – und zwar in Bezug auf ihre Mindestgrenzen* – erlangt. Dies ist wohl eine besonders wichtige Entscheidung für die Strafrechtsordnungen der Mitgliedstaaten. In Bezug darauf könnte man wohl folgenden Gedanken vorbringen: Nach dem Verfassungsvertrag setzen die Europäischen Gesetze und Rahmengesetze nun eine Mitentscheidung des Europäischen Parlaments voraus. Solange dies der Fall ist, sind zumindest in den Fällen des ordentlichen Gesetzgebungsverfahrens (Art. III–396 EVV), die uns hier beschäftigen, jegliche Vorbehalte gegen die oben beschriebene Zuständigkeit der Union nicht mehr gerechtfertigt. Denn mit der Teilnahme des Europäischen Parlaments an dem Gesetzgebungsverfahren[39] wird das demokratische Defizit[40], welches die Basis der Kritik an der Intervention der Union im Bereich des Strafrechts dargestellt hat, abgebaut.

Die Frage, die sich jedoch weiterhin stellt, ist, ob das Verfahren der Verabschiedung von Europäischen Gesetzen oder Rahmengesetzen, die die Festlegung von Strafbarkeit oder diesbezüglich bindende Mindestvorschriften betreffen, das Demokratieprinzip tatsächlich befriedigt[41]. Denn der Gesetzesbegriff im „n.c.n.p.s.l-Prinzip", welches in vielen Staaten von Verfassungs wegen sichergestellt wird, hängt wohl nicht vom Namen einer Regelung als Gesetz, sondern von ihrer Identität als Ausdruck des Demokratieprinzips[42] ab. Die Teilnahme des Europäischen Parlaments an dem Gesetzgebungsverfahren verbessert zweifellos die Situation, eliminiert aber trotzdem das Problem nicht. Denn anhand des im Verfassungsvertrag vorgesehenen Gesetzgebungsverfahrens ist es nicht auszuschließen, dass ein Europäisches Gesetz oder Rahmengesetz ohne die Mehrheit des Europäischen Parlaments erlassen wird[43]. Eingriffe in die Freiheit der Bürger, werden vom Strafrecht als ultima ratio vorgesehen. Sie sind aber nach der europäischen Rechtstradition nur dann legitimiert, wenn ein Organ entscheidet, welches die Volkssouveränität am repräsentativsten zum Ausdruck bringt[44]. Dies ist jedoch nur ein Parlament, das in freier, gleicher, allgemeiner und geheimer Abstimmung gewählt wird. Somit wird *das bekannte*

39 Siehe diesbezüglich *G. Papadimitriou,* To Europaiko Syntagma, Isagogi, 2003, S. 16, *Triantafyllou,* To Schedio (Fn. 16), S. 71, *D. Nickel,* Das Europäische Parlament als Legislativorgan – zum neuen institutionellen Design nach der Europäischen Verfassung, Integration 2003, S. 503, 504, 508.

40 *Psarouda-Benakis,* „Europaiko" poiniko dikaio (Fn. 32), S. 962, 967.

41 Siehe auch die Bedenken von *Lüderssen,* Das bessere Europa (Fn. 21), S. 48.

42 Siehe beispielsweise *N. Androulakis,* Poiniko dikaio, Geniko Meros, Theoria gia to egklima, 2000, S. 95.

43 Art. III–396 Abs. 7a und 7b EVV. So auch Art. 251 Abs. 7a u. 7b AEUV. Vgl. dazu *Schünemann,* Alternativentwurf (Fn. 21), S. 22–24.

44 Siehe auch *Lüderssen,* Europäisierung (Fn. 6), S. 193–194.

Problem der gubernativen Rechtsetzung, welches hauptsächlich die EU institutionell charakterisiert hat, zwar eingeschränkt aber nicht eliminiert[45]. Selbstredend kann dem nicht entgegen gehalten werden, dass bei den Europäischen Rahmengesetzen zumindest mit der Einschaltung der nationalen Parlamente das Demokratieprinzip dennoch eingehalten wird. Die durch die Rahmengesetze stattfindende Festlegung der Strafbarkeit in Anbetracht ihrer Mindestgrenze ist – solange sie für die Mitgliedstaaten bindend zu sein beansprucht – offensichtlich eine sehr wichtige Entscheidung, die für die nationalen Parlamente aber *vorbestimmt wird*[46].

Die Lösung dieses Problems könnte in zweifacher Weise geschehen: Einerseits könnte dies mit der Anerkennung einer ausschließlichen Zuständigkeit des Europäischen Parlaments speziell für die Verabschiedung von Europäischen Gesetzen oder Rahmengesetzen, die das (materielle und prozessuale) Strafrecht betreffen[47], erreicht werden. Hierbei wäre eine Mehrheit zu fordern, die die Mehrheit der Bürger Europas[48] zum Ausdruck bringt. Soweit man auf eine Teilnahme des Rates an dem Gesetzgebungsverfahren besteht, wäre es andererseits möglich, sicherzustellen, dass der Erlass eines Europäischen Rahmengesetzes ohne eine Mehrheit des Europäischen Parlaments nicht möglich wäre[49].

Die oben vorgenommene Analyse zeigt, dass mit dem Verfassungsvertrag die EU ihre Zuständigkeiten im Strafrecht erweitert und vertieft. Wegen der erwünschten Harmonisierung der Rechtsordnungen der Mitgliedstaaten übernimmt sie die Festlegung der untersten Grenzen der Strafbarkeit in einem großen Spektrum von Kriminalitätsbereichen, die sogar in der Zukunft noch erweitert werden können. Diese entscheidende Festlegung der Breite der Strafverfolgung kombiniert mit dem vorrangigen Ziel der Sicherheit ruft berechtigte Besorgnis hervor. Denn gleichzeitig wird das Demokratiedefizit, welches sie charakterisiert hat, trotz seines entscheidenden Rückzugs nicht vollkommen eliminiert.

45 In die gleiche Richtung auch *Schünemann,* Fortschritte (Fn. 27), S. 200 ff., anderer Meinung aber *Psarouda-Benakis,* „Europaiko" poiniko dikaio (Fn. 32), S. 967 und *Vogel,* Harmonisierung, (Fn. 6), S. 334.

46 Vgl. über die Verbindlichkeit der heutigen Rahmenbeschlüsse der dritten Säule in Bezug auf die nationalen Parlamente *B. Schünemann,* Ein Gespenst geht um in Europa –Brüsseler „Strafrechtspflege" intra muros, GA 2002, S. 504, *Vogel,* Harmonisierung (Fn. 6), S. 315–316, 319–320, 322, aber auch *Kaiafa-Gbandi,* To poiniko dikaio (Fn. 2), S. 20–22.

47 *Kaiafa-Gbandi,* To poiniko dikaio (Fn. 2), S. 83–84 und 299. Vgl. auch *J. Pradel,* Avis sur la sanction des violations du droit communautaire par le droit pénal, in: Kaiafa-Gbandi (Ed.), Compétence communautaire et imposition des sanctions pénales pour violation du droit communautaire, 2004, S. 39.

48 *Schünemann,* Alternativentwurf (Fn. 21), S. 22–23.

49 a.a.O., S. 18–21.

c) Die Regelungen über die Organe der Union im Bereich der Strafverfolgung

Wenn man nun die Aufmerksamkeit auf die Regelungen des Verfassungsvertrags richtet, die die Organe der Union im Bereich der Strafverfolgung betreffen, bemerkt man, dass hier außer der Erweiterung von Befugnissen bei schon existierenden Organen (etwa Eurojust-Art. III–273 EVV und Europol-Art. III–275, 276 EVV) die Möglichkeit der Errichtung eines neuen – vieldiskutierten – Organs, nämlich der Europäischen Staatsanwaltschaft (EstA) (Art. III–274 EVV), vorgesehen wird[50].

Aus dem Verfassungsvertrag geht klar hervor, dass sowohl Eurojust wie auch Europol ihren Koordinierungscharakter überschreiten und Entscheidungsbefugnisse für das ganze Spektrum der schweren Kriminalität mit Bezug auf mehrere Mitgliedstaaten ausdrücklich erlangen. Somit ist vorgesehen, dass zu den Aufgaben von Eurojust, außer der Unterstützung und Verstärkung der Koordinierung und Zusammenarbeit zwischen den nationalen Behörden, auch *die Einleitung von strafrechtlichen Ermittlungsmaßnahmen* gehört, wobei zu Aufgaben von Europol entsprechend außer dem Einholen, Verarbeiten von Informationen u.ä. und der Koordinierung von Ermittlungen oder operativen Maßnahmen der Mitgliedstaaten, *die Organisation wie auch die Durchführung von Ermittlungen oder operativen Maßnahmen* (gemeinsam mit den zuständigen Behörden der Mitgliedstaaten) aufgezählt werden[51]. Andererseits ist bemerkenswert, dass speziell in Bezug auf Europol das Europäische Gesetz oder Rahmengesetz, welches Maßnahmen *einer operativen Zusammenarbeit* aller Beteiligten festlegen wird, als Gesetz des Rates vorgesehen ist, für dessen Verabschiedung eine einfache *Anhörung des Europäischen Parlaments* ausreicht (Art. I–34 Abs. 2 und III–275 Abs. 3 EVV)[52]. Diese Tatsache offenbart, dass die Erweiterung der Befugnisse von Europol insbesondere auf dem sensiblen Bereich der operativen Zusammenarbeit mit einer entsprechenden Erweiterung des demokratischen Defizits einhergeht[53]. Andererseits sind auch festgestellte Defizite in ihrer Beziehung mit Eurojust[54] bezüglich des Primats, welches Europol de facto auf dem Bereich der Behandlung des Ermittlungsmaterials mit dem Einholen, Speichern, Verarbeiten von Informationen u.ä. erlangt, unberührt geblieben. Hinzu kommt, dass eine gerichtliche Kontrolle von Europol durch Eurojust ebenfalls nicht vorgesehen wurde. Diesem Defizit ist außerdem mit der vom Verfassungsvertrag vorgesehenen gerichtli-

50 So auch Art. 69d, 69f–69h und 69e AEUV entsprechend.

51 Siehe auch *Monar,* Der Raum (Fn. 16), S. 542.

52 Vgl. diesbezüglich Art. 69f Abs. 3 AEUV, nach dem der Rat gleichfalls einstimmig nach einfacher Anhörung des Europäischen Parlaments beschließt, ein zusätzliches Verfahren aber für den Fall vorgesehen ist, dass keine Einstimmigkeit besteht.

53 Vgl. *Nickel,* Das Europäische Parlament (Fn. 39), S. 502–503 und *S. Wolf,* Das Demokratiedefizit der EU aus Sicht der Europäischen Menschenrechtskonvention, ZeuS 2003, S. 396–397.

54 *Kaiafa-Gbandi,* To poiniko dikaio (Fn. 2), S. 194–195, 206 ff.

chen Kontrolle der Rechtmäßigkeit der Handlungen aller Organe der Union vom EuGH nicht entgegengetreten worden (Art. III–365 EVV)[55]. Denn das Problem ist eigentlich, *wie diese Rechtmäßigkeit vom Verfassungsvertrag selbst festgelegt wird.* Darin wurden – wie wir gesehen haben – die notwendigen Sicherheitsventile leider nicht vorgesehen. In diesem Sinn sind auch die geplante *politische Kontrolle von Europol* wie auch die *Bewertung der Tätigkeit von Eurojust* mit der Beteiligung der nationalen Parlamente (Art. I–42 Abs. 2 EVV) nicht die für die Sicherung der Bürgerrechte *entscheidend*[56]; auch wenn unzweifelhaft bedeutende Verbesserungen im Vergleich zum geltenden Status zu konstatieren sind[57].

Dem Verfassungsvertrag zufolge erstrebt die EU andererseits ein zentralistisches Modell strafrechtlicher Verfolgungen durch die Schaffung einer Europäischen Staatsanwaltschaft, die ausgehend von Eurojust eingesetzt werden kann und anfänglich zumindest als Aufgabe die Bekämpfung von Straftaten zum Nachteil der finanziellen Interessen der Union haben wird. Nach einer Entscheidung des Rates, die einstimmig beschlossen werden muss, können die Befugnisse der Europäischen Staatsanwaltschaft auf die Bekämpfung *des ganzen Spektrums der schweren Kriminalität mit grenzüberschreitender Dimension* ausgedehnt werden (Art. III–274 Abs. 4 EVV). Trotz der großen Bedeutung der Neuerungen, ist auch hier das Europäische Gesetz, welches die Satzung der EStA, die Einzelheiten der Erfüllung ihrer Aufgaben, die für ihre Tätigkeit geltenden Verfahrensvorschriften u.ä. festlegt, als ein Gesetz des Rates vorgesehen, das nur die Zustimmung des Europäischen Parlaments voraussetzt (Art. III–274 Abs. 1 EVV)[58].

Man stellt somit fest, dass die EU anhand ihres Verfassungsvertrags die Befugnisse ihrer schon existierenden Organe im Bereich der Strafverfolgung ausdehnt oder sogar ein zentralistisches Modell von Strafverfolgungen in ihrem Gebiet befördert[59]. Trotzdem vermag sie bedeutenden und bekannten Defiziten des geltenden Status nicht entgegenzutreten. Andererseits werden die staatsanwaltschaftliche Macht in ihrer Ganzheit und die polizeiliche Macht in ihrer operativen Manifestation auf der Basis eines – zum heutigen – Status gleich gebliebenen demokratischen Defizits geregelt, obwohl beide die Bürgerrechte am härtesten angreifen.

55 So auch Art. 230 AEUV.

56 Vgl. diesbezüglich auch *C. Nestler,* Europäisches Strafprozessrecht, ZStW 2004, S. 335 und *Weigend,* Der Entwurf (Fn. 21), S. 297.

57 Siehe diesbezüglich *Psarouda-Benakis,* „Europaiko“ poiniko dikaio (Fn. 32), S. 968.

58 So auch Art. 69e AEUV.

59 Siehe aber *A. Klip,* The Constitution for Europe and criminal law: a step not far enough, MJ 2005, S. 117–118, der sich sogar für ein getrenntes vollständiges Europäisches Kriminaljustizsystem einsetzt.

5. Der Grundrechtsschutz

Die Vorbehalte, die die Regelungen des Verfassungsvertrags in Bezug auf das Strafrecht trotz der beschriebenen Verbesserungen hervorrufen, können durch die Sicherstellung der Grundrechte und den diesbezüglichen richterlichen Schutz leider nicht überwunden werden, obwohl dieser Schutz eine besonders wichtige Neuerung[60] für das Strafrecht[61] darstellt.

Der Grund dafür ist folgender: Der Fortschritt, den die entsprechenden Regelungen zum Ausdruck bringen, erfährt seine Relativierung *im Verfassungsvertrag selbst.* Die jeweiligen Regelungen der polizeilichen und justiziellen Zusammenarbeit haben uns gezeigt, dass z.B. die polizeiliche Macht in der Union *während ihrer Ausübung* nicht einer gerichtlichen Kontrolle unterworfen wird, obwohl sie die Ermittlung von Straftaten betrifft. Diese Tatsache kann wichtige Probleme für die Verteidigungsrechte der Beschuldigten, deren Schutz nach dem Verfassungsvertrag (Art. II–108 Abs. 2 EVV) gewährleistet werden sollte, hervorrufen. Mit anderen Worten: Obwohl der gerichtliche Schutz vom EuGH nun auch auf dem Bereich der Strafsachen[62] durch Einräumung der Möglichkeit einer *Individualklage*[63] in bedeutender Weise erweitert worden ist, ist er jedoch gerade denjenigen Grenzen unterstellt, die sich aus dem Verfassungsvertrag selbst ergeben[64].

60 *Triantafyllou,* To schedio (Fn. 16), S. 59 ff. und auch *Monar,* Der Raum (Fn. 16), S. 538–539.

61 Siehe die für das Strafrecht besonders wichtigen Grundrechte, die im Verfassungsvertrag sichergestellt werden: das Verbot der Todesstrafe (Art. II–62 Abs. 2 EVV), der Folter und unmenschlicher oder erniedrigender Strafe oder Behandlung (Art. II–64 EVV), den Schutz personenbezogener Daten (Art. II–68 EVV), den Schutz bei Abschiebung, Ausweisung und Auslieferung (Art. II–79 EVV), das Recht auf einen wirksamen Rechtsbehelf und ein unparteiisches Gericht (Art. II–107 EVV), die Unschuldsvermutung und die Verteidigungsrechte (Art. II–108 EVV), das „ne bis in idem"-Prinzip (Art. II–110 EVV), wie auch die Grundsätze der Gesetzmäßigkeit und der Verhältnismäßigkeit im Zusammenhang mit Straftaten und Strafen (Art. II–109 EVV). In Bezug auf die Grundrechte siehe auch die wichtige Vorschrift des Art. II–112 Abs. 3 EVV.

62 Siehe diesbezüglich *Triantafyllou,* To schedio (Fn. 16), S. 94, vgl. aber auch Art. III–377 EVV.

63 Siehe zum Anwendungsumfang der Individualklage Art. III–365 Abs. 4 EVV (nach dem Verfassungsentwurf: Art. III–270 Abs. 4) und die diesbezüglichen Überlegungen von *Th. Läufer,* Der Europäische Gerichtshof – moderate Neuerungen des Verfassungsentwurfs, integration 2003, S. 514 ff.

64 Vgl. dazu die Bemerkungen von *Vogel*, The European Integrated Criminal Justice System (Fn. 4), S. 145, zu Art. II–112 Abs. 1 EVV.

Trotzdem sollte hier der im Verfassungsvertrag vorgesehene Beitritt der Union zur EMRK ganz besonders hervorgehoben werden (Art. I–9 Abs. 2 EVV)[65]. Die Bedeutung dieses Schritts[66] versteht man, wenn man daran denkt, dass der Europäische Gerichtshof für Menschenrechte (EGMR), im Gegensatz zum EuGH ausschließlich als Schutzmechanismus der Grundrechte fungiert. Seine Funktion als externer Mechanismus in Bezug auf die Staaten oder die EU – also jenen Machtsystemen von denen die Grundrechte verletzt werden können – verleihen ihm sogar das Merkmal des effektivsten Schutzsystems für Grundrechte, welches wir bis heute zur Verfügung haben.

6. Die Herausforderungen für das Strafrecht des 21. Jahrhunderts im Rahmen der EU

Das oben dargestellte Bild der EU-Zuständigkeiten im Bereich des Strafrechts bringt gleichzeitig die Herausforderungen hervor, mit denen das Strafrecht im laufenden Jahrhundert in ihrem erweiterten Rahmen konfrontiert wird. Diese Herausforderungen könnten in vier zentralen Punkten zusammengefasst werden:

a) In der heutigen wirtschaftsökonomischen Entwicklung, die weltweit zu einer intensiveren Strafverfolgung führt[67], wird die EU als supranationale Organisation, die gemeinsam mit ihren Mitgliedstaaten das Strafrecht mitgestaltet, tätig. In Anbetracht des historischen Moments der Verabschiedung einer „Verfassung" müsste sie aber hierbei beweisen, dass sie die Stellung des Menschen als Mittelpunkt ihres Handelns begreift[68]. Eine solche Entscheidung setzt insbesondere im *gemeinsamen Raum der Freiheit, der Sicherheit und des Rechts* voraus, dass das hohe Niveau des erzielten Rechtsgüterschutzes mit einem gleich hohen Niveau der Sicherstellung der Bürgerfreiheiten und des Genusses der Gerechtigkeit kombiniert wird. Notwendig wird somit eine entsprechende Umformulierung des Art. III–257 Abs. 3 EVV.

65 Vgl. auch *S. Alegre / M. Leaf,* Criminal Law and Fundamental Rights in the EU: Moving towards closer co-operation, European Human Rights Law Review 2003, S. 333–334, *J. Callewaert,* Die EMRK und die EU-Grundrechtecharta, EuGRZ 2003, S. 201. Siehe dazu auch Art. 6 Abs. 2 EUV wie vom Lissabonvertrag zur Änderung des EUV und des EGV" vorgesehen, vgl. auch die diesbezügliche Erklärung in C 306 vom 17.12.2007, 249.

66 Siehe diesbezüglich auch *N. Frangakis,* Anthropina dikaiomata kai europaiki enopoiisi, Nomiko Vima 2002, S. 1425, vgl. auch *Chr. Rozakis,* O Chartis ton Themeliodon Dikaiomaton tis Europaikis Enosis, Elliniki Epitheorisi Europaikou Dikaiou 2001 (Eidiko Teuchos), S. 439.

67 Über die Beziehung von Freiheit und Sicherheit siehe statt anderer *I. Manoledakis,* Demokratia-Eleutheria-Asfalia, To tripticho tis idanikis politias, 2004, S. 23 ff.

68 Siehe die Präambel der Charta der Grundrechte der Union.

b) Wichtig für das Strafrecht wird in den kommenden Jahren, insbesondere im Rahmen der EU, *die Zukunft des Demokratieprinzips* auf der Ebene der Mitbestimmung oder sogar der autonomen Verabschiedung von Strafregelungen seitens der Union sein. Die Möglichkeit, die jeder Bürger hat, durch seine Repräsentanten im Parlament die Voraussetzungen und den Umfang seines Freiheitsentzugs mit dem ganzen System des Strafverfahrens und die Verabschiedung von Strafgesetzen (des materiellen und prozessualen Rechts) mitzubestimmen, ist ein das Strafrecht tief legitimierender Grundsatz. Diesen Grundsatz sollten die rechtstaatlichen Gesellschaften nicht verlieren, auch wenn sie Teil supranationaler Organisationen wie der EU sind.

c) Die Untersuchung des *Verfassungsvertrags* zeigt, dass *die EU im Bereich der Strafverfolgung nicht in Bezug auf Institutionen sondern in Bezug auf Werte, die deren Inhalt ausfüllen, zurückbleibt*[69]. Zentrales Beispiel stellt hier der Eckpfeiler justizieller Zusammenarbeit in Form des *Grundsatzes der gegenseitigen Anerkennung gerichtlicher Urteile und Entscheidungen* dar. Ein weiteres Beispiel hierfür ist auch die Festlegung von Mindestregeln für das Strafverfahren. Beide Beispiele zeigen den Versuch einer Vereinfachung von bestehenden Reglementierungen zum Zweck der Kriminalitätsbekämpfung. Hierbei wird jedoch außer Acht gelassen, dass die Konvergenz der rechtlichen Traditionen von verschiedenen Staaten ein Verfahren ist, welches Übereinstimmung in Prinzipien voraussetzt[70]. Die gleiche Logik charakterisiert außerdem die Möglichkeit, ein zentralistisches Verfolgungssystem zu implementieren, das unter Umgehung der nationalstaatlichen Anklagebehörden eine Anklage durch eine Europäische Staatsanwaltschaft vorsieht, deren Status auf minimaler demokratischer Legitimierung beruhen soll (Art. III–274 Abs. 1 EVV).

Dennoch wäre es angebracht und möglich gewesen, die Probleme der justiziellen Zusammenarbeit in Strafsachen auf einer anderen Basis zu lösen[71]: Mit der schon geplanten Möglichkeit einer Erweiterung des „ne bis in idem"-Grundsatzes auf das Ermittlungsverfahren[72], mit Verbesserungsinterventionen oder auch mit Überschrei-

69 Vgl. aber die im allgemeinen positive Auswertung von *Vogel,* The European Integrated Criminal justice System (Fn. 4), S. 147.

70 Vgl. dazu auch *W. Hassemer,* Strafrecht in einem europäischen Verfassungsvertrag, ZStW 2004, S. 317.

71 Vgl. für entsprechende Vorschläge auch *Schünemann,* Alternativentwurf (Fn. 21), S. 3 ff.

72 Siehe diesbezüglich C 100, 26/4/2003, S. 24–27 (Art. 3) und insbesondere Schünemann (Hrsg.), Gesamtkonzept (Fn. 28), S. 4 ff, 100 ff. wie auch *N. Bitzilekis / M.Kaiafa-Gbandi / E. Symeonidou-Kastanidou,* Alternativüberlegungen zur Regelung transnationaler Strafverfahren in der EU, in Schünemann (Hrsg.) Gesamtkonzept (Fn. 28), S. 250.

tung der bekannten Schemata bei der Rechtshilfe in Strafsachen[73]. Ebenso wären auch klare Grenzen bezüglich der Verurteilungen, die von einem anderen Mitgliedstaat ohne Verstoß gegen seine verfassungsrechtlichen Prinzipien anerkannt und vollstreckt werden könnten, mögliche Alternativen. Wenn man überlegt, dass in den folgenden Jahren mit der Tätigkeit von Eurojust eine bedeutende Verbesserung auf diesem Gebiet wie auch auf dem Gebiet des Schutzes der finanziellen Interessen der EU zu erwarten ist, dann ist weder die Notwendigkeit noch die Eile der getroffenen Entscheidungen verständlich.

Angebracht wäre es im Gegensatz dazu, dass der Verfassungsvertrag sein Interesse auf bestehende zentrale Probleme der polizeilichen und justiziellen Zusammenarbeit in Strafsachen[74] richtet. Diese wären etwa gewesen: Die Erhaltung des richterlichen Charakters für das Organ Eurojust, die Unterwerfung der Tätigkeit von Europol unter justizielle Kontrolle oder die Unterstützung der Verteidigung der Bürger in der neuen Umgebung eines transnationalen Strafverfahrens, insbesondere für das Ermittlungsstadium, durch besondere Institutionen, wie den „Eurodefensor“[75], der als Ausgleichspol gegenüber Eurojust und den Schwierigkeiten des transnationalen Verfahrens fungieren könnte. Diese Thematiken scheinen die Verfasser des Verfassungsvertrages jedoch nicht beschäftigt zu haben.

d) Die Eingliederung der Charta der Grundrechte im Verfassungsvertrag und die Anerkennung einer Individualklage für die Bürger – in welchem Umfang sie auch immer vorgesehen wird, stellen einen sehr wichtigen Fortschritt insbesondere für den Bereich des Strafrechts dar. Sollte dieser Fortschritt mit dem *Beitritt der EU zur EMRK* vollendet werden, wäre man sicherlich näher zu einer europäischen Union der Bürger gekommen. Zu dieser vierten Herausforderung, die nicht nur, aber doch ganz besonders das Strafrecht betrifft, gibt der Verfassungsvertrag eine richtige Richtung vor. Es wäre aber wünschenswert, dass die Union im Wege eines effekti-

73 Vgl. den Vertrag über die Rechtshilfe in Strafsachen zwischen den Mitgliedstaaten der EU, C 197, vom 12.7.2000, S. 3 ff. und bezüglich möglicher entsprechender Lösungen auch die verschiedenen Vorschläge in Schünemann (Hrsg.) Alternativentwurf (Fn. 21), S. 10 ff. und Schünemann (Hrsg.) Gesamtkonzept (Fn. 28), S. 10 ff., 100 ff., 250–253.

74 *Kaiafa-Gbandi,* To poiniko dikaio (Fn. 2), S. 203–204.

75 Für diesen Vorschlag, der eine Festlegung der Institution im Verfassungsvertrag fordert siehe Schünemann (Hrsg.), Alternativentwurf (Fn. 21), S. 1 ff., ders., Ein Gesamtkonzept (Fn. 28), 49 ff., 166 ff., 181 ff. Über die Notwendigkeit der Unterstützung der Verteidigungsrechte vgl. auch *St. Braum,* Aufbruch oder Abbruch europäischer Strafverteidigung?, StV 2003, S. 577–578, wie auch die Vorschläge von *CCBE* für einen Europäischen Strafrechtsombudsman (http://www.ccbe.org/doc/En/criminal_law_ombudsman_en.pdf und *J. Vogel,* Licht und Schatten im Alternativ-Entwurf Europäische Strafverfolgung, ZStW 2004, S. 400 ff.

veren Schutzes der Grundrechte auf ihrem Gebiet *noch weitere derartige Schritte*[76] macht und einen systematischen Schutzmechanismus auch auf präventiver Ebene vornimmt[77].

Grundlegende und vertiefende Literatur

Kaiafa-Gbandi, Maria:
The Treaty Establishing a Constitution for Europe and Challenges for Criminal Law at the Commencement of 21st Century, European Journal of Crime, Criminal Law and Criminal Justice 2005, S. 483 ff.

Klip, André:
The Constitution for Europe and Criminal Law: a step not far enough, MJ 2005, S. 115 ff.

Labayle, Henri:
L' Espace de liberté, sécurité et justice dans la Constitution pour l' Europe, RTDE 2005, S. 437 ff.

Monar, Jörg:
Der Raum der Freiheit, der Sicherheit und des Rechts im Verfassungsentwurf des Konvents, integration 2003, S. 536 ff.

Müller-Graff, Peter-Christian:
Der „Raum der Freiheit, der Sicherheit und des Rechts" im neuen Verfassungsvertrag für Europa. Neuerungen und Notwendigkeit seiner Rekonstruktion, in: C. Gaitanides / S. Kadelbach / G. C. Iglesias (Hrsg.), FS für Manfred Zuleeg zum siebzigsten Geburtstag, Baden-Baden 2005, S. 605 ff.

Schünemann, Bernd (Hrsg.):
Alternativentwurf Europäische Strafverfolgung, Köln u.a. 2004.

ders. (Hrsg.):
Ein Gesamtkonzept für die europäische Strafrechtspflege, Köln u.a. 2006.

76 Siehe insbesondere in Bezug auf die Beschuldigtenrechte *M. Kaiafa-Gbandi*, Gemeinsame Grundsätze des Strafprozessrechts als Basis einer grenzüberschreitenden Strafverfolgung (im Erscheinen beim Kongressband des 4. Europäischen Juristentages, Wien 3.–5.5.2007).

77 Siehe diesbezüglich *L. Papadopoulou,* O Europakos Chartis kai i prostasia ton themeliodon dikaiomaton stin enosiaki ennomi taxi, To Syntagma 2001, S. 1276 m.w.N.

Vogel, Joachim:
The European Integrated Criminal Justice System and its Constitutional Framework, MJ 2005, S. 125 ff.

Zeitschrift für die Gesamte Strafrechtswissenschaft 2004, Heft 2:
Die Europäisierung der Strafverfolgung. Rechtsstaatliche Voraussetzungen, Grenzen und Alternativen (mit Beiträgen von Th. Weigend, W. Hassemer, M. Wasmeier, E. Bacigalupo, C. Nestler, S. Gleß, H. Fuchs, E. M. Guzik Makaruk, B. Schünemann, J. Vogel, Y. Buruma, V. Militello u. C. Kreß).

8. Teil: Verstärkte Zusammenarbeit

Inhalt

Peter Schiffauer*

Vorbemerkung

Der Vertrag über eine Verfassung für Europa enthält in seinen Artikeln I–44 und III–416 bis III–423 ausführliche Regelungen für die verstärkte Zusammenarbeit zwischen Mitgliedstaaten im Rahmen der nicht ausschließlichen Zuständigkeiten der Union. Durch den Vertrag von Lissabon werden diese Bestimmungen im Großen und Ganzen unter Beibehaltung der im Verfassungsvertrag erarbeiteten Systematik und mit als neue Artikel 20 EU-V und 326–334 AEU-V in die geltenden Verträge eingefügt. Gewisse, eine verstärkte Zusammenarbeit unter bestimmten Umständen erleichternde Sonderregelungen gibt es noch im Rahmen der justiziellen Zusammenarbeit in Strafsachen und der polizeilichen Zusammenarbeit (Absatz 3 der Artikel 82 und 87 AEU-V) sowie für die strukturierte Zusammenarbeit im Rahmen der Gemeinsamen Sicherheits- und Verteidigungspolitik (Artikel 42 Absatz 6 und 46 EU-V, Protokoll über die Ständige Strukturierte Zusammenarbeit). Im folgenden Kapitel werden diese Bestimmungen in ihrem *historischen*, *politischen* und *juristischen* Zusammenhang erörtert. Die Betrachtung muss deshalb den eng gezogenen Rahmen der Analyse der genannten Artikel überschreiten und das Verständnis der neuen Bestimmungen im Lichte der vielfältig differenzierten Erscheinungsformen partieller oder sukzessiver Integration erarbeiten, die in der Geschichte des europäischen Integrationsprozesses bereits Wirklichkeit geworden sind.

A. Die Herausbildung flexibler Lösungen in der Geschichte des Integrationsprozesses

Von der Gründung der Europäischen Gemeinschaften an hat es immer wieder Fälle gegeben, in denen einzelne Mitgliedstaaten bestimmte von anderen beabsichtigte oder bereits vollzogene Integrationsschritte nicht – oder jedenfalls nicht sofort – mit vollziehen konnten oder aus politischen Gründen zu einem solchen Schritt nicht bereit waren.[1] Der ursprüngliche Artikel 233 des EWG-Vertrags gestattete ausdrück-

* Die nachstehenden Ausführungen geben persönliche Meinungen des Verfassers wieder. Sie können nicht dem Organ zugerechnet werden, dessen Beamter er ist.

1 Die Bedeutung, die der Unterscheidung zwischen teilnahmewilligen, aber aus objektiven Gründen nicht teilnahmefähigen Mitgliedstaaten und solchen, die aus politischen Gründen nicht teilnahmebereit sind, für die verfassungsmäßige Ausgestaltung der differenzierten Integrationsformen zukommt, hat *D. Tsatsos* herausgearbeitet (vgl. die Arbeits-

lich die Zulässigkeit des bereits bestehenden engeren Zusammenschlusses zwischen Belgien, Luxemburg[2] und den Niederlanden[3]. In Zusatzprotokollen[4] wurden Sonderregelungen für bestimmte Gebiete oder Sachbereiche vereinbart. Parallel zu der durch die Gründungsverträge institutionalisierten Integration gab es Formen verstärkter Kooperation zwischen Regierungen einzelner Mitgliedstaaten wie die „deutsch-französische Zusammenarbeit". *Flexible Lösungen* außerhalb des institutionellen Rahmens der Europäischen Gemeinschaften haben Fortschritte der Integration möglich gemacht, denen innerhalb dieses Rahmens zunächst unüberwindliche Hindernisse entgegenstanden. Das 1985 nur von einigen Mitgliedstaaten geschlossene Schengener Abkommen über den schrittweisen Abbau der Kontrollen an den Binnengrenzen konnte zwölf Jahre später durch den Vertrag von Amsterdam in den Rahmen der Europäischen Union einbezogen werden[5]. Innerhalb des institutionellen Rahmens wurde Flexibilität zunächst nur in Form zeitlich abgestufter Übergangsfristen verwirklicht, die entweder im Primärrecht (Beitrittsverträge) oder im abgeleiteten Gemeinschaftsrecht vorgesehen sein können. Übergangsfristen können unter Umständen sehr lang sein[6]; gegen zeitlich unbegrenzte Ausnahmen bestehen jedoch rechtliche Bedenken.[7]

Eine erste Diskussion über flexible Lösungen im Rahmen der europäischen Integration entfaltete sich im Anschluss an den Bericht von Leo Tindemans über die Europäische Union[8] – nach einem Anstoß, den Willi Brandt im November 1974 in

dokumente für das Europäische Parlament zur verstärkten Zusammenarbeit in D. Tsatsos, Die Europäische Unionsgrundordnung, Baden-Baden, 2002, S. 109 ff, 119 ff.).

2 Die Währungsunion zwischen Belgien und Luxemburg endete erst mit der Schaffung einer luxemburgischen Zentralbank in Anwendung der Bestimmungen über die Währungsunion des Vertrags von Maastricht.

3 Den sog. Benelux-Vertrag, in dessen Rahmen u.a. die Kontrollen beim Grenzübertritt zwischen diesen Staaten bereits lange vor dem Abkommen von Schengen beseitigt wurden.

4 Z.B. das Protokoll über den innerdeutschen Handel und die damit zusammenhängenden Fragen.

5 Protokoll zur Einbeziehung des Schengen-Besitzstands in den Rahmen der Europäischen Union, Abl. C 340, 10.11.1997 S. 1 ff., 93 ff.

6 Z.B. 10 Jahre für die völlige Verwirklichung der Freizügigkeit im Beitrittsvertrag mit Portugal, in Ausnahmefällen sogar bis zu 20 Jahre (Regelung für die griechischen Inseln in der Richtlinie 83/416/EWG des Rates über die Zulassung des interregionalen Linienflugverkehrs, Abl. L 237, 26.8.1983 S. 19).

7 Vgl. EuGH Gutachten 1/76 „Stilllegungsfonds", Slg. 1977, S. 741.

8 *L. Tindemans*, Die Europäische Union, Bericht an den Europäischen Rat vom 29.12.1975.

einer Rede vor der Europäischen Bewegung in Berlin gegeben hatte.[9] Im Vorfeld der Beratungen über die erste institutionelle Reform der Gründungsverträge belebte sich diese Debatte in der Mitte der 80er Jahre erneut. Mit der Zulassung flexibler Lösungen im Rahmen der Verträge hoffte man, der – durch das Einstimmigkeitserfordernis bedingten – Gefahr der Unbeweglichkeit entgegenwirken zu können.[10] Für die politische Ebene hatten diese Diskussionen auch die Funktion eines Druckmittels, um Blockadesituationen zu überwinden. Sie ebbten regelmäßig wieder ab, wenn in einer Regierungskonferenz Einstimmigkeit über einen weiteren Reformschritt erreicht worden war.

Bei Inkrafttreten des Vertrags von Maastricht ergab sich erneut Anlass, über die Möglichkeit und Wünschbarkeit weiterer differenzierter Lösungen für den Integrationsprozess nachzudenken. In den Bestimmungen über die Währungsunion war der institutionelle Rahmen für eine verstärkte Zusammenarbeit in einem besonders bedeutsamen, konkreten Sachgebiet auf der Ebene des Primärrechts ausgearbeitet worden. Die Regeln über die Regierungszusammenarbeit auf den Gebieten des Inneren und der Justiz („dritter Pfeiler") enthielten in Artikel K.7 eine erste Ermächtigungsklausel zur „engeren Zusammenarbeit" und sie gestatteten differenzierte Lösungen durch das Instrument der Übereinkommen nach Artikel K.3 Absatz 2c. Schließlich sah der Vertrag von Maastricht[11] ausdrücklich vor, dass im Jahre 1996 eine Regierungskonferenz zur Überprüfung des Unionsvertrags einberufen wird. Dies gab neue Hoffnung für die Bestrebungen, die in Maastricht nur unzureichend verwirklichte *politische Union* weiterzuentwickeln.

Das Ende des kalten Krieges hatte eine – durch die Beschlüsse des Europäischen Rates von Kopenhagen im Jahre 1993 bestätigte – völlig neue Perspektive für künftige Erweiterungen der Union eröffnet. Die mit neuen Erweiterungen verbundene Vergrößerung der Heterogenität der Union wurde als Hindernis für weitere Fortschritte auf dem Gebiet der politischen Union empfunden, das nur überwunden wer-

9 Hieran erinnert *A. Stubb*, Negotiating Flexibility in the European Union, Amsterdam, Nice and beyond, London 2001, S. 34 ff, in einem ausführlichen historischen Überblick mit zahlreichen weiteren Nachweisen.

10 Vgl. Grabitz (Hrsg.) Abgestufte Integration: Eine Alternative zum herkömmlichen Integrationskonzept, Kehl a.R., 1984; *B. Langeheine / U. Weinstock*, Abgestufte Integration: weder Königspfad noch Irrweg, Europa-Archiv 1984, 261; J.-V. Louis (ed.) L'integration differenciée (journée d'études 13.12.1985), Institut d'études européennes Université Libre de Bruxelles, 1986; *C. D. Ehlermann*, How flexible is Community Law? An unusual Approach to the Concept of „Two-Speeds", Michigan Law Review, 1984, 82; *W. Wallace*, Variable Geometry, Institutional Duplication or Policy Drift, in: Tsakaloyannis (Hrsg.), The Reactivation of the Western European Union and the Effects on the EC and its Institutions, (EIPA) Maastricht 1985.

11 Artikel N Absatz 2 des Vertrags über die Europäische Union.

den könne, wenn die Union über flexible Instrumente und Mechanismen verfüge[12]. Andererseits war die Gefahr gegenwärtig, dass eine Verallgemeinerung differenzierter Regelungen das im Integrationsprozess bisher Erreichte gefährden und in seinem weiteren Fortgang die prinzipielle Gleichheit der Mitgliedstaaten untereinander in Frage stellen könne[13].

Das Europäische Parlament hat dies Problemfeld in seinen Debatten im Vorfeld der Regierungskonferenz von Amsterdam gründlich ausgeleuchtet. In seiner Entschließung vom 17. Mai 1995 zur Vorbereitung der Regierungskonferenz[14] hat es bejaht, dass künftig weitere flexible Vereinbarungen erforderlich sein können und gefordert, dass diese den einheitlichen institutionellen Rahmen, den Grundsatz der Gleichheit aller Staaten und Bürger vor dem Vertrag über die Europäische Union, den gemeinschaftlichen Besitzstand oder die Grundsätze der Solidarität und des wirtschaftlichen Zusammenhalts auf Unionsebenen nicht in Frage stellen und nicht zu einem Europa „à la carte" führen dürfen. Speziell für die Außenpolitik der Union fordert die gleiche Entschließung, dass es einer qualifizierten Mehrheit von Mitgliedstaaten möglich sein solle, eine als „gemeinsame Aktion" eingestufte humanitäre, diplomatische oder militärische Aktion durchzuführen, wobei kein Mitgliedstaat gegen seinen Willen zur Beteiligung verpflichtet und keiner in der Lage sein solle, die Mehrheit an ihrer Durchführung zu hindern. Im Hintergrund für diese Positionsbestimmung standen die Erkenntnis[15] der Notwendigkeit, typisierende Fallgruppen zu bilden, für die das Potential und die Gefahren differenzierender Lösungen je unterschiedlich zu beurteilen sind, der Grundsatz, dass solche Lösungen Ausnahme- oder Übergangscharakter haben sollten und die Entschlossenheit, die institutionelle Einheit der Union zu wahren und ihre Funktionsfähigkeit nicht zu gefährden.

Durch den Vertrag von Amsterdam[16] wurden zum ersten Male *generelle Ermächtigungsnormen* für eine verstärkte Zusammenarbeit von Mitgliedstaaten in das Primärrecht der Europäischen Union aufgenommen. Der Bericht der Reflexionsgruppe unter Vorsitz von Carlos Westendorp hatte einen vorsichtigen Schritt in diese Richtung empfohlen. Zur Erhaltung der Beschlussfassungsfähigkeit einer erweiterten Union von erheblich größerer Heterogenität hielt sie Änderungen in Bezug auf

12 Vgl. *W. Schäuble / K. Lamers*, Überlegungen zur Europäischen Außenpolitik, Dokument der CDU / CSU Bundestagsfraktion, 1.9.1994.

13 Vgl. *D. Tsatsos*, Flexibilität: Die verstärkte Zusammenarbeit, Arbeitsdokument für die PSE-Fraktion des Europäischen Parlaments (1994), veröffentlicht in D. Tsatsos, Die Europäische Unionsgrundordnung, Baden-Baden 2002, S. 109 ff.

14 Abl. C 151 v. 19.6.1995 S. 56 ff., Bericht Bourlanges / Martin Dok. A4–0102/95.

15 Vgl. *D. Tsatsos*, Arbeitsdokument über die variable Integration: Grundsätze und Anwendungsbereich, in Bericht Bourlanges / Martin, Dok. A4–0102/95, Teil III; veröffentlicht in D. Tsatsos, Die Europäische Unionsgrundordnung, Baden-Baden 2002, S. 119 ff.

16 Unterzeichnet am 2. Oktober 1997 in Amsterdam, in Kraft getreten am 1. Mai 1999.

Struktur und Arbeitsweise der Organe für notwendig. „Dies kann auch bedeuten, dass flexible Lösungen gefunden werden müssen, bei denen der einheitliche institutionelle Rahmen und der Besitzstand der Gemeinschaft gewahrt bleiben.“[17] Im Bereich der Außenpolitik wurden flexible Lösungen in Betracht gezogen: „Es sollte einvernehmlich geregelt werden, ob und wenn ja, wie flexible Lösungen vorgesehen werden können, die diejenigen, die ein gemeinsames Vorgehen der Union für erforderlich halten, nicht an einem solchen Vorgehen hindern.“[18] Die Ausarbeitung dieses Programms erfolgte in der anschließenden Regierungskonferenz.[19]

Der Vertrag von Amsterdam fügte in den Vertrag über die Europäische Union einen Titel VII (Artikel 43–45) mit Bestimmungen über die verstärkte Zusammenarbeit ein, die die Grundsätze aufstellen, unter deren Einhaltung nach dem Inkrafttreten des Vertrags von Amsterdam „*Flexibilität*“ auf der Ebene von Beschlüssen des Sekundären Rechts der Union möglich wird. Diese Grundsätze sind

die Förderung der Ziele der Union und der Schutz ihrer Interessen;

die Wahrung des einheitlichen institutionellen Rahmens der Union (allein für den Rat sieht Artikel 44 EGV vor, dass nur die Repräsentanten der beteiligten Mitgliedstaaten sich an der Beschlussfassung beteiligen);

die Beschränkung auf den Gebrauch als letztes Mittel;

die Teilnahme von mindestens einer Mehrheit der Mitgliedstaaten;

die Wahrung des Besitzstandes der Integration;

die Wahrung der Zuständigkeiten, Rechte, Pflichten und Interessen der nicht teilnehmenden Staaten;

die Möglichkeit, sich zu einem späteren Zeitpunkt einer verstärkten Zusammenarbeit anzuschließen, wenn die Voraussetzungen des Grundlagenbeschlusses und der in seiner Durchführung gefassten Beschlüsse erfüllt werden.

Der durch den Vertrag von Amsterdam neu geschaffene Artikel 11 des Vertrags zur Gründung der Europäischen Gemeinschaft ermächtigt die Mitgliedstaaten unter Beachtung bestimmter Voraussetzungen und Verfahrensregeln, die Organe, Verfah-

17 Bericht der Reflexionsgruppe, Messina, 2. Juni 1995 / Brüssel, 5. Dezember 1995, Ratsdokument SN 520/1/95 RGV1 (RELEX 21) S. VI.

18 Obwohl diese Bestimmung inzwischen zu Rechtsgeschichte geworden ist, erscheint an dieser Stelle eine ausführlichere Darstellung sinnvoll, weil sie die Grundlagen für die künftige Entwicklung in sich birgt.

19 Zum Verhandlungsablauf von Regierungskonferenzen generell und betreffend die Flexibilitätsklauseln im Besonderen, vgl. *Stubb*, Negotiating Flexibility in the European Union (Fn. 9), S. 11 ff., 73–105.

ren und Mechanismen der Gemeinschaft für eine verstärkte Zusammenarbeit in Anspruch zu nehmen.[20]

I. Voraussetzungen

Der zurzeit geltende Artikel 11 EG-V nennt in Absatz 1 fünf Ausschlussgründe, die gewährleisten, dass eine verstärkte Zusammenarbeit den Besitzstand der Integration nicht gefährden kann. Die Liste der *Ausschlussgründe* umfasst in ihrer Substanz die wesentlichen Bedenken, die in der Debatte gegen die Zulässigkeit verstärkter Zusammenarbeit vorgebracht worden waren. Ausgeschlossen ist eine verstärkte Zusammenarbeit in einem Bereich ausschließlicher Gemeinschaftszuständigkeit oder bei Nichtvorhandensein einer ausreichenden Befugnisnorm, wenn Beeinträchtigungen von Gemeinschaftspolitiken, -aktionen oder -programmen vorhersehbar sind. Ausgeschlossen ist die verstärkte Zusammenarbeit ferner, wenn Diskriminierungen zwischen Staatsangehörigen der Mitgliedstaaten zu befürchten sind, insbesondere bei Regelungen betreffend die Unionsbürgerschaft, oder wenn Diskriminierungen oder Beschränkungen des innergemeinschaftlichen Handelns oder eine Verzerrung der Wettbewerbsbedingungen zu erwarten sind.

II. Verfahrensregeln

Eine Reihe von Verfahrensregeln gibt Gewähr dafür, dass die verstärkte Zusammenarbeit nicht vorsätzlich oder de facto zur Schaffung eines „Kern-"Europa genutzt werden kann, in dem eine Gruppe ausgeschlossener Mitgliedstaaten in die Zweitrangigkeit absinken würde. Diese *Verfahrensgarantien* bestehen aus einem Initiativmonopol der Kommission, durch das die Bejahung eines Gemeinschaftsinteresses zur Voraussetzung der verstärkten Zusammenarbeit gemacht wird, einer Beschlussfassung des Rates mit qualifizierter Mehrheit, die ein Mitgliedstaat jedoch verhindern kann, indem er wichtige Gründe der nationalen Politik im einzelnen darlegt (woraufhin der Europäische Rat mit der Angelegenheit befasst wird), schließlich

[20] Bericht der Reflexionsgruppe (Fn. 17), S. IX.
Mit diesen vorsichtigen Äußerungen zum Grundsatz flexibler Lösungen folgt die Reflexionsgruppe der Mehrheitsmeinung des Parlaments, das durch seine beiden Repräsentanten, E. Guigou und E. Brok, erheblichen Einfluss auf die Arbeiten der Gruppe hatte. Die Zurückhaltung der Gruppe zu diesen Themen zeigt sich auch daran, dass der zweite Teil des Berichts „Eine kommentierte Agenda" keine konkreten Ausarbeitungen der grundsätzlichen Äußerungen liefert.

dem Recht eines jeden Mitgliedstaates, sich einer verstärkten Zusammenarbeit zu einem späteren Zeitpunkt anzuschließen, wenn er die Voraussetzungen erfüllt, und dem Vorbehalt spezifischer Regelungen für den Einzelfall.

Eine besondere Form der Flexibilität ermöglicht im Bereich der Außen- und Sicherheitspolitik die so genannte „konstruktive Enthaltung". Sie wurde durch den Vertrag von Amsterdam als Artikel 23 Absatz 1 in den Vertrag über die Europäische Union eingefügt und ermöglicht es einem Mitgliedstaat, eine *Stimmenthaltung* mit einer förmlichen Erklärung abzugeben, die von der Verpflichtung entbindet, den betreffenden Beschluss durchzuführen, wobei der Staat jedoch akzeptieren muss, dass der Beschluss für die Union bindend ist.

Eine generelle Sonderregelung für eine verstärkte Zusammenarbeit im Bereich Inneres und Justiz ist gegenwärtig in den Artikeln 40 und 40b EUV vorgesehen.

Seit dem Inkrafttreten dieser Bestimmungen ist kein einziger Fall aufgetreten, in dem eine verstärkte Zusammenarbeit förmlich vorgeschlagen oder gar beschlossen wurde. Von manchen wurden diese Bestimmungen als zu restriktiv kritisiert und größerer Spielraum für verstärkte Zusammenarbeit gefordert. Andere waren der Auffassung, dass Änderungen dieser Bestimmungen erst im Lichte praktischer Erfahrungen bei ihrer Anwendung in Betracht gezogen werden sollten.[21] Eine Gelegenheit zur Überprüfung der Bestimmungen ergab sich sehr bald durch den Umstand, dass der Vertrag von Amsterdam nicht die von ihm ursprünglich erwartete Lösung der institutionellen Probleme der bevorstehenden Erweiterungen lieferte. Das dem Vertrag beigefügte Protokoll über die Institutionen in Hinblick auf die Erweiterung sah in seinem Artikel 2 die Einberufung einer *Regierungskonferenz* zur Überprüfung der Zusammensetzung und Funktionsweise der Union spätestens ein Jahr vor der Aufnahme des 21. Mitgliedstaats der Union vor.

Die im Lichte dieser Bestimmung einberufene Regierungskonferenz, die am 26. Februar 2001[22] zur Unterzeichnung des Vertrags von Nizza führte, war gezeichnet vom Unvermögen der klassischen Methode der Regierungskonferenzen, die im Hinblick auf die Erweiterung anstehenden institutionellen Probleme der Union zu lösen.[23]

21 Eine genauere Übersicht über den damaligen Meinungsstand gibt *Stubb*, Flexibility (Fn. 9), S. 153 ff.

22 In ihrem Ablauf war das Europäische Parlament zum ersten Mal bei allen Tagungen auf Arbeitsebene durch zwei Repräsentanten, die Abgeordneten E. Brok und D. Tsatsos, vertreten.

23 Der Verlauf der Verhandlungen bestätigte leider in vollem Umfang die Analyse, die das Europäische Parlament bereits am Ende der Regierungskonferenz von Amsterdam vor-

Neben der Reform des Rechtssprechungssystems, deren Inhalte in geringerem Maße dem Primat der Politik unterlagen, und der Lösung von Spezialproblemen, wie der Rechtsgrundlage für das europäische Parteienstatut, gab es unter diesen Bedingungen ein politisches Fenster für Fortschritte nur auf dem Gebiet der „Ersatzlösungen". In dem Maße, wie die Konferenz nicht in der Lage war, die Handlungsfähigkeit der Union durch eine Reform an der Wurzel, nämlich den Beschlussfassungsmechanismen wiederherzustellen, entstand erheblicher Druck, das Gebrauchmachen des „Sicherheitsventils" der verstärkten Zusammenarbeit zu erleichtern – was gleichzeitig ermöglichte, gewisse institutionelle Mängel, insbesondere die unzureichende parlamentarische Kontrolle, zu verbessern. Die Bestimmungen zur verstärkten Zusammenarbeit in der Fassung des Vertrags von Nizza, die am 1. Februar 2003 in Kraft getreten sind, sind systematisch klarer gefasst: Die Grundsätze und Voraussetzungen der verstärkten Zusammenarbeit wurden weitgehend substanzgleich in den Artikeln 43, 43a und 43b EUV konsolidiert. Allerdings wurde in Artikel 43 Buchstabe g) die Mindestzahl der teilnehmenden Mitgliedstaaten auf acht (damals noch mehr als die Hälfte der Mitgliedstaaten) festgeschrieben und gleichzeitig in Artikel 43b eine objektive Rechtspflicht der Kommission und teilnehmenden Mitgliedstaaten geschaffen, dafür Sorge zu tragen, dass eine möglichst große Zahl von Mitgliedstaaten zur Beteiligung angeregt wird. In den speziellen Durchführungsbestimmungen (Artikel 11, 11a EGV wird 40–40b EUV) wird die Möglichkeit abgeschafft, dass ein Mitgliedstaat durch Widersetzen gegen eine qualifizierte Mehrheitsabstimmung eine verstärkte Zusammenarbeit blockieren kann. Das Recht eines Mitgliedstaates, den Europäischen Rat mit dem Vorschlag einer verstärkten Zusammenarbeit zu befassen (und ihm ein wichtiges politisches Problem in diesem Zusammenhang zu unterbreiten), bleibt zwar bestehen, hat aber nur noch *aufschiebende Wirkung*. Schafft der Europäische Rat keine Abhilfe, so kann der Rat mit qualifizierter Mehrheit die verstärkte Zusammenarbeit beschließen. Im Gegenzug wird die demokratische Kontrolle dieser Beschlüsse verstärkt: Soweit auf die betreffende Materie das Mitentscheidungsverfahren Anwendung findet, erfordert der Beschluss über die Anwendung einer verstärkten Zusammenarbeit die Zustimmung des Parlaments (Artikel 11 Absatz 2 EGV).

B. Chancen und Risiken

Nach dreißig Jahren der Diskussion ist die Frage nach den Chancen und Risiken der verschiedenen Formen differenzierter Integration in der Europäischen Union nach

genommen hatte (Entschließung vom 19.11.1997, Abl. C 371 v. 8.12.1997, S. 99 ff., Bericht Méndez de Vigo / Tsatsos).

wie vor offen. Die nur einen Teil der Mitgliedstaaten („Euroland") betreffenden Bestimmungen über die Währungsunion sind Bestandteil des Vertrags über die Arbeitsweise der Europäischen Union, ebenso wie ein ausgereift erscheinender Titel über die verstärkte Zusammenarbeit im Rahmen der Politiken der Union. Das Verfahren für seine Einleitung, die Voraussetzungen für seine Zulässigkeit und der Beschlussfassungsmechanismus sind Ergebnis der in der Diskussion formulierten Bedenken und Hoffnungen. Jede einzelne der beschriebenen Zulässigkeitsvoraussetzungen ist eine Antwort auf einen stichhaltigen Einwand; jede Erleichterung des Verfahrens spiegelt die Hoffnungen wider, die die Befürworter mit solchen Konstruktionen verbinden. Wenn heute im Lichte des Vertrags von Lissabon die Diskussion nach wie vor als offen anzusehen ist, so liegt dies wesentlich an zwei Gründen: Zum einen gibt es seit Inkrafttreten des Vertrags von Nizza noch keinen einzigen Anwendungsfall einer verstärkten Zusammenarbeit auf Grund der allgemeinen Ermächtigungsnorm. Zum anderen ist angesichts der Heterogenität einer Union von 27 Mitgliedstaaten die Gefahr einer inneren Spaltung, einer Herausbildung einer „Avantgarde" – und damit notwendig einer Gruppe von „Mitgliedern zweiter Klasse" konkreter denn je.

Der letztere Aspekt ist eine hinreichende Begründung dafür, dass die Unionsorgane und insbesondere die Europäische Kommission die Voraussetzung sehr ernst nehmen, dass das Gebrauchmachen von einer verstärkten Zusammenarbeit wirklich das *letzte Mittel* sein muss. Er erklärt nicht, dass eine verstärkte Zusammenarbeit selbst auf den Gebieten nicht vorgeschlagen wird, auf denen die Europäische Kommission seit langen Jahren weitere Integrationsschritte befürwortet, die bisher aber alle am Erfordernis einer einstimmigen Beschlussfassung im Rat gescheitert sind – Paradebeispiele hierfür sind gewisse Vorhaben[24] der Steuerharmonisierung – oder nicht zu den angestrebten Ergebnissen geführt haben – wie z.B. manche Vorhaben[25] im Bereich des Umweltschutzes.

Untersucht man die Interessenlage in den Gebieten etwas genauer, die aus der Perspektive des Konstitutionalisten für eine verstärkte Zusammenarbeit in Betracht zu kommen scheinen, so wird erkennbar, dass in den typischen Fällen eine verstärkte Zusammenarbeit wohl im Interesse der Weiterentwicklung der Integration, nicht aber im Interesse der einzelnen Mitgliedstaaten liegt, die für eine Teilnahme in Betracht kämen. Denn es wird sich in der Regel um Maßnahmen handeln, die für die Unternehmen der betreffenden Mitgliedstaaten eine zusätzliche Belastung[26] und

24 Beispielsweise eine Harmonisierung der Unternehmensbesteuerung.

25 Beispielsweise eine Reduzierung der Emissionen von Treibhausgasen durch Einführung einer CO_2-Steuer.

26 Eine auf Unternehmen in einigen Mitgliedstaaten beschränkte Einräumung von Vorteilen fiele als unzulässige Beihilfe unter das Verdikt der Wettbewerbsregeln der Union.

damit eine Verschlechterung ihrer Wettbewerbsposition im Binnenmarkt bedeuten würde. Die in der öffentlichen Debatte immer wieder geforderten Maßnahmen zur Verringerung der Belastungen (oder des administrativen Aufwands) der Unternehmen können jedenfalls nicht im Verfahren der verstärkten Zusammenarbeit nur von einer Gruppe von Mitgliedstaaten beschlossen werden. Denn die Erzeugnisse der begünstigten Unternehmen wären dann nur in den teilnehmenden Mitgliedstaaten verkehrsfähig, was in eklatantem Widerspruch zu den Grundsätzen des Binnenmarkts und den Grundvoraussetzungen für verstärkte Zusammenarbeit selbst stehen würde.

Fallgestaltungen, in denen die Zulässigkeitsvoraussetzungen für eine verstärkte Zusammenarbeit erfüllt sind und eine Gruppe von (mindestens neun) Mitgliedstaaten ein Interesse an einem gemeinsamen Vorgehen hat, können nur mit großen Schwierigkeiten konstruiert werden.

Im Zusammenhang mit den Beschlüssen über die Schaffung einer *europäischen Aktiengesellschaft* wurde vielfach bemerkt, dass dieses Instrument wirtschaftliche Bedeutung im Zusammenhang mit einer Harmonisierung der Unternehmensbesteuerung auf der Ebene der Europäischen Union – unter Einbeziehung der Europäischen Aktiengesellschaft – entfalten könnte. Im Bewusstsein der sensiblen politischen Motive, aus denen die Mitgliedstaaten daran interessiert sind, das wirtschaftspolitische Steuerungsinstrument der Höhe der Unternehmenssteuern nicht aus der Hand zu geben, hat die Europäische Kommission eine Harmonisierung der Besteuerungsgrundlagen vorgeschlagen (was den Mitgliedstaaten in Bezug auf die Höhe der Steuersätze freie Hand ließe, die Steuerbelastung der Unternehmen innerhalb der Union aber vergleichbar machen und z.B. das Gebrauchmachen von der Gestaltungsform der Europäischen Aktiengesellschaft kalkulierbar machen würde). Käme der angestrebte (einstimmige) Beschluss über die Harmonisierung der Besteuerungsgrundlagen nicht zustande, könnte die vorgeschlagene Maßnahme die Voraussetzung einer verstärkten Zusammenarbeit erfüllen. Eine Beeinträchtigung des Binnenmarkts wäre nicht zu befürchten und es entspräche – langfristig – den strategischen Interessen der Union, den freien Kapitalverkehr im Binnenmarkt durch bessere Vergleichbarkeit der Unternehmensbesteuerung in einer Gruppe von Mitgliedstaaten zu erleichtern und damit die Herausbildung von Unternehmensstrukturen zu fördern, die dem globalen Wettbewerb standhalten können. Doch im Gegenzug wäre auch die Frage zu stellen, ob die für eine Teilnahme in Betracht kommenden Mitgliedstaaten ein ausreichendes *eigenes Interesse* an einer verstärkten Zusammenarbeit auf diesem Gebiet haben. In solchen Fällen steht der Belastung durch eine Reform der bestehenden Gesetzgebung kein unmittelbar greifbarer Vorteil gegenüber. Unter den nicht häufigen Fällen, in denen die Voraussetzungen für eine verstärkte Zusammenarbeit vorliegen, dürfte die Konstellation nicht selten sein, dass sie im strategischen Interesse der Union zu befürworten ist, aus der Sicht der einzelnen Mitgliedstaaten aber mehr Belastungen als Vorteile erwarten lässt.

Dieser Befund veranlasst zu einem tieferen Nachdenken über die Gründe, die dazu führen, dass differenzierte Integrationsformen bei bedeutenden strategischen Projekten wie der Verwirklichung des Raums ohne Binnengrenzen („Schengener Abkommen") oder der Währungsunion ihre Leistungsfähigkeit und zielführende Wirkung unter Beweis gestellt haben, ihre Übertragung auf die Ebene der Schaffung von Sekundärrecht der Union aber anscheinend wenig konkrete Perspektiven eröffnet.

Die an anderer Stelle in diesem Handbuch eingehend erörterte *Doppelnatur der Europäischen Union* als Union der Völker und der Staaten Europas reflektiert auf der Ebene der Union eine weitere Doppelnatur, die auf der Ebene der Mitgliedstaaten angelegt und in der Staatslehre vielfach erörtert worden ist. Die Staaten sind einerseits Erzeuger ordnender Rechtsvorschriften. In dem durch sie umgrenzten Freiheitsraum treffen die Rechtssubjekte autonom ihre Entscheidungen und gestalten ihre Beziehungen untereinander. Andererseits fördern und erleichtern die Staaten die Interaktionen der Rechtssubjekte durch strukturelle Leistungen – Infrastrukturen, das Währungssystem, die sozialen Leistungen, Kohäsionsleistungen. Die Doppelfunktion des ordnenden und des leistenden Staates reproduziert sich auf der Ebene der Union, wo die Staaten bestimmte Teile ihrer Aufgaben gemeinsam erfüllen. Die erfolgreichen Schritte differenzierter Integration auf Unionsebene (Währungsunion, Innere Sicherheit, Raum der Binnengrenzen) wurden auf den Feldern der leistenden Staatsfunktion vollzogen. Das Sekundärrecht der Union, für das die Ermächtigungsklausel zur verstärkten Zusammenarbeit gilt, ist überwiegend der ordnenden Staatsfunktion zuzurechnen. Deshalb sollte es nicht erstaunen, dass vorerst kaum konkrete Anwendungsfälle in den Blick kommen. Einige bedeutsame Bereiche des sekundären Gemeinschaftsrechts haben freilich leistende Funktion. Unter ihnen werden die Agrarpolitik und die Regionalpolitik wegen ihres umfassenden Regelungsansatzes kaum für Maßnahmen der verstärkten Zusammenarbeit in Betracht kommen. Die Sozialpolitik kann bereits einen (seinerzeit heftig kritisierten) Anwendungsfall auf der Ebene des Primärrechts verzeichnen. Ist eine Perspektive denkbar, auf der eine Gruppe von Mitgliedstaaten in einem der Bereiche der Sozialpolitik enger zusammenarbeitet, die nach wie vor der Einstimmigkeit unterliegen? Unter Mitgliedstaaten, deren Bürger in größerer Zahl die *Freiheiten der Union* in Anspruch nehmen, könnte dies spürbare Erleichterungen schaffen. Doch ist auf diesem Gebiet auch das Risiko groß, dass solche Erleichterungen de facto sich als Diskriminierungen zu Lasten der Bürger aus anderen Mitgliedstaaten auswirken. Bleiben Bereiche mit Zukunftsinvestitionen wie transeuropäische Netze für Verkehr, Energie oder Telekommunikation und die Forschungsförderung, die vielleicht sinnvolle Anwendungsfelder für verstärkte Kooperationen werden können. Strategisch wirklich bedeutsam

– integrationspolitisch vergleichbar mit der Währungsunion oder dem Raum ohne Binnengrenzen, können verstärkte Kooperationsformen vor allem auf dem Gebiet der Verteidigung oder der inneren Sicherheit werden. Da politische Gründe ein gemeinsames Vorgehen der Union auf Grund einstimmiger Beschlüsse vielfach nicht gestatten, ist es vielleicht langfristig der einzig gangbare Weg zur Erreichung einer sicherheitspolitischen Identität der Union, wenn in bestimmten Fällen gemeinsame Maßnahmen auf dem Gebiet der Verteidigung oder der inneren Sicherheit durchgeführt werden, auch wenn sich nicht alle Mitgliedstaaten an ihnen beteiligen.

Im Ergebnis hat die Grundordnung der Union durch das Instrument der verstärkten Zusammenarbeit eine Bereicherung erfahren, deren praktische Auswirkung oft darin liegen wird, dass sie für die Delegationen der Mitgliedstaaten im Rat ein zusätzliches Motiv erzeugt, einen Kompromisskurs einzuschlagen, da bei einer Veto-Politik entweder eine Mehrheitsabstimmung oder eine verstärkte Zusammenarbeit der anderen droht. Insofern erzeugt die bloße Möglichkeit der verstärkten Zusammenarbeit einen realen Druck auf die Entscheidungsprozesse in Richtung auf eine Kompromissbildung, die in einer Union von 27 oder mehr Mitgliedstaaten lebenswichtig ist.

Die bedeutsamsten Gefahren der Differenzierung, die Gefährdung des bisher Erreichten und die Erzeugung mehrerer „Klassen“ von Mitgliedstaaten sind durch die strengen Voraussetzungen im Vertrag von Nizza gebannt, die im Vertrag von Lissabon übernommen werden.

Die Diskussion über die Risiken und Chancen der verstärkten Zusammenarbeit in der Union lässt sich befrieden durch die Differenzierung zwischen der Ausübung leistender und ordnender Staatsfunktionen auf Unionsebene. Im Bereich der Ausübung ordnender Staatsfunktionen sind kaum Anwendungsfälle denkbar und in den wenigen denkbaren Ausnahmen besteht vielleicht ein strategisches Interesse der Union, aber kaum ein reales Interesse einzelner für eine Teilnahme in Betracht kommender Mitgliedstaaten.

Im Bereich der Ausübung leistender Staatsfunktionen auf Unionsebene lassen sich sinnvolle Anwendungsfälle denken. Aber vielleicht (und hoffentlich) sind die Argumente für ein gemeinsames Vorgehen in diesen Bereichen so stark und überzeugend, dass eine verstärkte Zusammenarbeit nie notwendig wird. Mit einem Satz: Verstärkte Zusammenarbeit, ein ausgefeiltes Instrument der Unionsgrundordnung, mit dem letzten Zweck, möglichst nicht eingesetzt zu werden.

C. Die verstärkte Zusammenarbeit nach den Bestimmungen des Vertrags von Lissabon

Die durch den Vertrag von Lissabon eingeführten Artikel 20 EU-V und 326–334 AEU-V sind im Wesentlichen eine Konsolidierung der Regelungen des Vertrags von Nizza über die verstärkte Zusammenarbeit. Trotzdem ergibt der Vergleich der Texte *signifikante Unterschiede*. Diese beruhen auf drei Gründen:

der Entscheidung des Konvents, die Verfassung in drei Teile zu gliedern, insbesondere einen ersten Teil mit Bestimmungen von eindeutig institutionellem und Verfassungscharakter und einen dritten Teil, der den Besitzstand der Integration (mit einer Reihe bedeutender Veränderungen) konsolidiert; über den Umweg des Verfassungsvertrags hatte sie zur Folge, dass die grundsätzlichen Aspekte im Unionsvertrag und die mehr operationellen Bestimmungen der verstärkten Zusammenarbeit in einem besonderen Titel des Vertrags über die Arbeitsweise der Union geregelt wurden; der Entscheidung des Konvents, die bisherige Gewichtung der Stimmen der Mitgliedstaaten im Rat durch ein System der doppelten Mehrheit zu ersetzen (55 % der Staaten und 65 % der Bevölkerung), aus der im Vertrag von Lissabon die Konsequenz gezogen wird, dass ab dem in 238 AEU-V bestimmten Zeitpunkt bei Abstimmungen zur Durchführung einer einmal einstimmig beschlossenen verstärkten Zusammenarbeit eine doppelte Mehrheit der an der verstärkten Zusammenarbeit beteiligten Mitgliedstaaten und ihrer Bevölkerung erforderlich ist;

der Entscheidung des Konvents, die Pfeilerstruktur des Vertrags von Maastricht in eine mit einer einheitlichen Rechtspersönlichkeit ausgestatteten Union überzuführen; im Vertrag von Lissabon hat dies zur Folge, dass die generellen Sonderregelungen des Vertrags von Nizza für den dritten Pfeiler (Artikel 40–40b EUV) entfallen; eine Besonderheit für diesen Bereich bildet nur der neue automatische Genehmigungsmechanismus der Artikel 82 Absatz 3 und 87 Absatz 3; die allgemeinen Regeln für verstärkte Zusammenarbeit werden auch auf dem Gebiet der Gemeinsamen Außen- und Sicherheitspolitik Anwendung finden; Artikel 329 Absatz 2 unterwirft die Beschlussfassung über ihre Einleitung jedoch dem Erfordernis der Einstimmigkeit im Rat; als Sonderregelungen werden für diesen Bereich außerdem die Artikel 31 Absatz 1 EU-V (konstruktive Enthaltung) und 42 Absatz 6 iVm. Artikel 46 EU-V (strukturierte Zusammenarbeit) anwendbar sein; als *Spezialfall* erwähnenswert ist schließlich die im neuen Artikel 44 EU-V vorgesehene Möglichkeit, dass die Durchführung eines einstimmig gefassten Beschlusses im Bereich der Außenpolitik einer Gruppe von Mitgliedstaaten übertragen wird, die dies wünschen und über die für solche Missionen erforderlichen Fähigkeiten verfügen.

Abgesehen von diesen durch strukturelle Grundsatzentscheidungen bedingten Änderungen, die sich praktisch insbesondere im Bereich des „dritten Pfeilers“ auswirken dürften, beschränkt sich der Vertrag von Lissabon auf wenige Neuerungen, unter denen insbesondere zwei *substantiellen Charakter* haben:

a) Über einen Antrag auf Ermächtigung zur Einleitung einer verstärkten Zusammenarbeit, der von mindestens neun Mitgliedstaaten unterstützt werden muss (Artikel 20 Absatz 2 EU-V), beschließt der Rat künftig auf Grund von Artikel 329 Absatz 1 AEU-V iVm. Artikel 16 Absatz 3 EU-V mit der in Artikel 238 Absatz 3 AEU-V definierten qualifizierten Mehrheit; stimmberechtigt sind aber nur die Mitglieder des Rates, die die an der verstärkten Zusammenarbeit beteiligten Mitgliedstaaten vertreten (Artikel 330 AEU-V), für die Gemeinsame Außen- und Sicherheitspolitik der Union sieht Artikel 329 Absatz 2 AEU-V ausnahmsweise einstimmige Beschlussfassung vor; das bisherige Recht eines einzelnen Mitgliedstaates, die Beschlussfassung durch Anrufung des Europäischen Rates aufzuschieben, entfällt.[27]

b) Die Ermächtigung zur Einleitung einer verstärkten Zusammenarbeit ist gemäß Artikel 329 Absatz 1 letzter Satz AEU-V der Zustimmung des Europäischen Parlaments unterworfen; nur im Bereich der Gemeinsamen Außen- und Sicherheitspolitik beschränkt Absatz 2 dieses Artikels die Mitwirkung des Parlaments auf eine bloße Unterrichtung.

c) Die Kriterien für die Zulässigkeit der verstärkten Zusammenarbeit werden ergänzt durch das in Artikel 326 AEU-V formulierte Erfordernis, dass sie den territorialen Zusammenhalt der Union nicht beeinträchtigen darf.

d) Die im Vertrag von Nizza festgelegte Mindestzahl der an einer verstärkten Zusammenarbeit teilnehmenden Mitgliedstaaten wird von acht auf neun Mitgliedstaaten der Union erhöht, in Abweichung vom Verfassungsvertrag, der ein Quorum von einem Drittel der Mitgliedstaaten vorgesehen hatte. Im Übrigen wird die Liste der Kriterien im Zuge der Konsolidierung bereinigt, ohne dass dabei eine Absicht zu inhaltlichen Änderungen erkennbar ist.

e) Eine spezielle Ermächtigung in Artikel 333 AEU-V erlaubt, im Rahmen einer verstärkten Zusammenarbeit durch einstimmigen Beschluss des Rates zum normalen Gesetzgebungsverfahren und zu Mehrheitsbeschlüssen des Rates überzugehen, selbst wenn die Befugnisnorm der Verfassung, auf die sich die verstärkte Zusammenarbeit gründet, ein besonderes Gesetzgebungsverfahren oder einstimmige Beschlussfassung des Rates vorsieht. Allein Beschlüsse mit militärischen oder verteidigungspolitischen Bezügen sind von dieser Möglichkeit ausgenommen.

[27] Trotz der Streichung des bisher in Artikel 11(2) EGV vorgesehenen Befassungsrechts kann freilich nichts einen Mitgliedstaat hindern, mit einer vorgeschlagenen verstärkten Zusammenarbeit verbundene besondere Probleme auf der Ebene des europäischen Rates zur Sprache zu bringen, um eine politische Lösung zu erreichen.

D. Bewertung

Die im Vertrag von Lissabon enthaltenen Änderungen der Bestimmungen über die verstärkte Zusammenarbeit resultieren im Wesentlichen aus der institutionellen Logik des Verfassungsvertrags und seiner anschließenden Transformation in einen Reformvertrag. Der Wille zur Reform dieses Instruments, das mit dem Text des Verfassungsvertrags seine dritte Gestalt erhält, ohne dass je praktische Erfahrungen mit ihm gewonnen werden konnten, war eher gering. Die obigen Bemerkungen über Chancen und Risiken der verstärkten Zusammenarbeit nach Maßgabe der Regelungen des Vertrags von Nizza erscheinen auch nach einem Inkrafttreten des Vertrags von Lissabon als relevant. Im Rahmen künftiger Entwicklungen können die bestehenden Möglichkeiten der verstärkten Zusammenarbeit vielleicht Antworten und Problemlösungen für einige Gebiete (z.B. eine von der Euro-Gruppe ausgehende Stärkung wirtschaftspolitischer Handlungsfähigkeit oder auf einen Teil des Unionsgebiets beschränkte Fortschritte bei der Verwirklichung des Raums der Freiheit, Sicherheit und des Rechts) ermöglichen, in denen die Union vor die Herausforderung gestellt ist, ihren Nutzen für die Bürger unter Beweis zu stellen.

Grundlegende und vertiefende Literatur

Grabitz, Eberhard (Hrsg.):
Abgestufte Integration. Eine Alternative zum herkömmlichen Integrationskonzept?, Kehl / Straßburg 1984.

Stubb, Alexander:
Negotiating Flexibility in the European Union, Amsterdam, Nice and beyond, London 2001.

Tsakaloyannis, Panos (Hrsg.):
The Reactivation of the Western European Union and the Effects on the EC and its Institutions, Maastricht 1985.

Tsatsos, Dimitris Th.:
Die europäische Unionsgrundordnung. Beiträge zum institutionellen Verständnis der Europäischen Union im Hinblick auf einen zukünftigen europäischen Verfassungsvertrag, Baden-Baden 2002.

Tsatsos, Dimitris Th. (Hrsg.):
Verstärkte Zusammenarbeit, Baden-Baden 1999.

9. Teil: Die Zugehörigkeit zur Union

Inhalt

Roland Bieber

A. Materielle Voraussetzungen zum Beitritt und der Austritt

I. Vorbemerkung

An der Gründung der Europäischen Gemeinschaft für Kohle und Stahl (EGKS) im Jahre 1951 war nur eine Minderheit von 6 europäischen Staaten beteiligt. Doch betonte bereits die Präambel des EGKS-Vertrages, dass sich die neue Organisation nur als Beginn eines umfassenderen Zusammenschlusses europäischer Staaten verstand[1]. Entsprechend enthielt Art. 98 dieses Vertrags eine Bestimmung, wonach „jeder europäische Staat (...) einen Antrag auf Beitritt zu diesem Vertrag stellen (kann)". Eine Passage mit ähnlichem Inhalt wurde in EG- und Euratom-Vertrag aufgenommen („jeder europäische Staat kann beantragen Mitglied der Gemeinschaft zu werden")[2]. Durch den EUV wurden diese Bestimmungen um Bedingungen des Beitritts ergänzt und in Art. 49 EUV platziert[3].

Der Vertrag von Lissabon bestätigt dieses Prinzip der Offenheit[4].

Seit der Errichtung der EGKS haben 27 Staaten Anträge auf Beitritt gestellt. 21 dieser Anträge führten zur Mitgliedschaft in der EG / EU[5].

Der Wandel in der den Beitritt regelnden Vorschrift deutet auf ein wachsendes Bewusstsein der EU-Mitgliedstaaten für ihre qualitativen Gemeinsamkeiten, das sie verbindende Wertsystem. Während EGKS-Vertrag und EWG-Vertrag außer dem Kriterium „europäisch" keine inhaltlichen Bedingungen an die Mitgliedschaft knüpften, betont der EUV (LV) eine Verpflichtung beitretender Staaten zur Achtung der gemeinsamen Werte. Eine derartige Vorschrift ist für die Gründungsakte inter-

1 Präambel, Absatz 5 : „... Grundstein für eine weitere und vertiefte Gemeinschaft unter Völkern zu legen ...".

2 Art. 237 EWG-Vertrag; Art. 205 Euratom-Vertrag.

3 „Jeder europäische Staat, der die in Artikel 6 Absatz 1 genannten Grundsätze achtet, kann beantragen, Mitglied der Union zu werden.... ".

4 Art. 49 Abs.1 EUV(LV).

5 Letzte Beitritte : Bulgarien und Rumänien, 1. Januar 2007. Über Beitrittsanträge Kroatiens, Mazedoniens und der Türkei wird noch verhandelt. Der Antrag der Schweiz auf Mitgliedschaft ist ausgesetzt. Zwei Beitrittsverträge mit Norwegen fanden nicht die Zustimmung des norwegischen Volkes. Ein Beitrittsantrag Marokkos wurde abgelehnt.

nationaler Organisationen nicht unüblich[6]. Angesichts des differenzierten Wertsystems der EU, der weitreichenden Pflichten ihrer Mitgliedstaaten sowie der intensiven Rechtsetzungs- und Eingriffsbefugnisse der EU in die staatlichen Rechtsordnungen handelt es sich bei dieser Bestimmung des EU-Rechts jedoch um eine die Identität prägende Regelung. Denn die Offenheit gegenüber allen beitrittswilligen Staaten drückt zugleich die Bereitschaft aus, die sozialen, ökonomischen und politischen Voraussetzungen eines neu beitretenden Staates in sich aufzunehmen und zu respektieren, denn jeder Mitgliedstaat hat ein Recht auf Wahrung seiner Identität (Art. 6, Abs. 3 EUV = Art. 4 Abs.2 EUV(LV)).

Durch die Einräumung eines *Rechtsanspruchs auf Verhandlungen* über einen Beitritt (nicht jedoch auf einen Beitritt an sich) bekundet die EU ihre Bereitschaft zur Wandlung ihrer Form bei gleichzeitiger Wahrung ihrer Substanz. Die Wechselbeziehung zwischen beiden Aspekten hat allerdings zur Folge, dass jeder Beitritt auf das Selbstverständnis der Union zurückwirkt. Zwar entwarf die Union kein Modell des „idealen Mitglieds“, und warb nicht gezielt um bestimmte Staaten doch wurde die Mitgliedschaft vielfach unausgesprochen als Rahmen zur Stabilisierung des Rechtsstaats und der Demokratie eingesetzt (z.B. Beitritte Griechenlands, Portugals, Spaniens sowie der mittel- und osteuropäischen Staaten).

Aus der Präambel des EGV (“... mit der Aufforderung an die anderen Völker Europas, die sich zu den gleichen hohen Zielen bekennen, sich diesen Bestrebungen anzuschließen“) lässt sich ein Hinweis darauf entnehmen, dass sich die EU potentiell als die Organisation *aller* „Völker Europas“ versteht.

Allerdings besteht zwischen Erweiterung und Wahrung der Identität ein Spannungsverhältnis, das erst in jüngerer Zeit, nach der großen Beitrittswelle 2004/2007, unter dem Stichwort „Aufnahmekapazität“ diskutiert wird[7].

Das *Ausscheiden* aus der Union ist bisher vertraglich nicht ausdrücklich geregelt. Die Folgen dieses Schweigens der Verträge sind umstritten. Jedenfalls das einvernehmliche Ausscheiden erscheint als Änderung des Vertrages und unter Einhaltung des dafür in Art. 48 EUV vorgesehenen Verfahrens zulässig[8]. Erstmals sieht der EUV(LV) in Art. 50 das Recht zum „freiwilligen Austritt“ vor. Der *Ausschluss* eines Mitgliedstaates ist weder im geltenden Recht noch in der Verfassung vorgesehen.

6 Vgl. Art. 4 der Charta der Vereinten Nationen; Art. 3 Satzung des Europarats.

7 Dazu Bericht der Kommission über die Fähigkeit der EU zur Integration neuer Mitglieder v. 8. November 2006, KOM(2006) 649 endg.

8 Dazu unten III.

II. Beitritt

Gemäß Art. 49 EUV muss ein Staat zwei Kriterien erfüllen, um sich als Beitritts*kandidat* zu qualifizieren:

- Es muss sich um einen *europäischen* Staat handeln und
- dieser Staat muss die in *Art. 6 Abs. 1 EUV (Art. 2 EUV(LV) genannten Grundsätze* achten.

Der Beitritt selbst erfordert zusätzlich die Zustimmung aller alten Mitglieder und des Europäischen Parlaments.

Die Bezeichnung „europäisch" wird in den EU-Gründungsverträgen nicht definiert. Da die Bezeichnung „europäisch" je nach Zusammenhang (politisch, historisch, kulturell) eine unterschiedliche Bedeutung besitzt und ihre geographische Definition Unschärfen aufweist, fehlt ihr jedenfalls die Eignung als eindeutiges Abgrenzungsmerkmal. Einen Hinweis darauf, dass der Begriff „europäisch" nicht nur in einem geographischen Sinne zu verstehen ist, enthält die Präambel des EUV in der einerseits die „Überwindung der Teilung des europäischen Kontinents" angesprochen wird, andererseits aber die „Gestalt des zukünftigen Europas" postuliert wird[9]. Während im ersten Satzteil der geographische Bezug hergestellt ist, bildet der im zweiten Satzteil verwandte Begriff „Europa" offensichtlich eine politische Kategorie, wird also gerade nicht ausschließlich geographisch definiert. Wo die Grenze Europas verläuft ist nicht eindeutig bestimmbar[10]. Überdies lässt sich nur politisch entscheiden, ob ein Staat der beiderseits der Grenzen des europäischen Halbkontinents liegt, als „europäisch" zu qualifizieren ist. Diese Problematik stellt sich deutlich im Hinblick auf die Türkei. Dass die Autoren des Vertrages trotz dieser bekannten Problematik keine genaue Definition des Begriffs „europäisch" vorsehen, belegt, dass die Kategorie „europäisch" nicht in einem formalen Sinne zu verstehen ist, sondern anhand der jeweils im konkreten Fall zu bestimmenden Beziehung zu Europa definiert werden muss[11]. Dabei ist auch zu berücksichtigen, dass die vor den EG-Gründungsverträgen abgefasste *Satzung des Europarats* in Art. 4 ebenfalls das Kriterium „europäisch" für eine Mitgliedschaft in dieser Organisation vorsieht. Mit

[9] EUV, Präambel, Abs. 2: „Eingedenk der historischen Bedeutung der Überwindung der Teilung des europäischen Kontinents und der Notwendigkeit, feste Grundlagen für die Gestalt des zukünftigen Europas zu schaffen".

[10] Z. B. ist geographisch nicht festzulegen, ob Island zu Europa gehört.

[11] Dazu ausführlich *A. Vahlas*, Appartenance à l'Union européenne in: Constantinesco / Gautier / Michel (Hrsg.), Le Traité établissant une Constitution pour l'Europe, 2005, S. 239–242.

Zustimmung der damaligen EU-Mitglieder wurde der Begriff im Jahre 1992 in dem erwähnten Sinne ausgelegt, was zum Beitritt u.a. Russlands zum Europarat führte[12].

Das zweite materielle Kriterium eines Beitritts besteht in der Einhaltung der für die Union und ihre Mitglieder wesentlichen gemeinsamen Grundsätze staatlicher Organisation, staatlichen Handelns und dessen Legitimation. Art. 6 Abs. 1 EUV (Art. 2 EUV(LV) zählt dazu *Freiheit, Demokratie, Achtung der Menschenrechte und Grundfreiheiten* sowie die *Rechtsstaatlichkeit.*

Die Mitgliedstaaten und die EU-Organe haben in mehreren Erklärungen ihr Verständnis dieser den Staaten und der EU gemeinsamen Verfassungsgrundsätze präzisiert[13].

Neben diesen in Art. 49 postulierten Beitrittsvoraussetzungen gilt als ungenanntes Beitrittskriterium die *Fähigkeit*, die verschiedenen in EGV und EUV bezeichneten Pflichten der Mitgliedstaaten zu erfüllen. Der Europäische Rat (Kopenhagen 1993) definierte diese Beitrittserfordernisse wie folgt:

„als Voraussetzung für die Mitgliedschaft muss der Beitrittskandidat

- eine institutionelle Stabilität als Garantie für demokratische und rechtsstaatliche Ordnung, für die Wahrung der Menschenrechte sowie die Achtung und den Schutz von Minderheiten verwirklicht haben;
- sie erfordert ferner eine funktionsfähige Marktwirtschaft sowie die Fähigkeit dem Wettbewerbsdruck und den Marktkräften innerhalb der Union standzuhalten.
- Die Mitgliedschaft setzt ferner voraus, dass die einzelnen Beitrittskandidaten die aus einer Mitgliedschaft erwachsenden Verpflichtungen übernehmen und sich auch die Ziele der politischen Union sowie der Wirtschafts- und Währungsunion zu eigen machen können“[14].

12 Nachweise bei *C. Vedder* in : Grabitz / Hilf (Hrsg.), Das Recht der Europäischen Union, Kommentar, Art. 49 EUV Rn. 12, 2007.

13 Dazu ausführlich „Agenda 2000“, Bericht der Kommission KOM(97) 2000 endg., Bulletin EU, Beilage Nr. 5/97, S. 41 ff. Weitere Nachweise bei *U. Hilf / F. Schorkopf*, in: Grabitz / Hilf (Hrsg.), Das Recht der Europäischen Union, Kommentar, Art. 6 EU Rn. 16–39. S. a. *A. v. Bogdandy*, Europäische Prinzipienlehre in: ders. (Hrsg.), Europäisches Verfassungsrecht, 2003, S. 149–203 (163 ff.).

14 Schlussfolgerungen des Europäischen Rates v. Juni 1993, abgedruckt im Bericht der Kommission, Bulletin EU, Beilage Nr. 5/97, S. 41.

Zu diesem Zweck ging den Beitritten ost- und mitteleuropäischer Staaten in den Jahren 2004 und 2007 eine Phase der „Heranführung“ voraus, die insbesondere zum Aufbau rechtsstaatlicher Strukturen genutzt wurde[15].

Der durch den LV geänderte EUV lässt die bisherige Fassung des Art.49 EUV insoweit fortdauern, als auf das spezielle Wertefundament der Union verwiesen wird (Art. 2 EUV(LV).

Allerdings enthält Art. 2 EUV(LV) gegenüber Art. 6 Abs. 1 EUV eine umfassendere Liste gemeinsamer Werte. Neu ist die Erwährung der *Menschenwürde, der Gleichheit*, sowie die Hervorhebung der Rechte von Personen, die Minderheiten angehören. Letzteres Kriterium war allerdings bereits im Jahre 1993 vom Europäischen Rat formuliert worden[16].

Nicht zu den normativen Kriterien des Beitritts gehört bisher die Fähigkeit der Union, einen bestimmten Staat aufzunehmen. Doch wächst in der Union das Bewusstsein für die Voraussetzungen ihrer Aufnahmefähigkeit[17]. Diese bestehen vor allem in internen Reformen zur Erhaltung ihrer Funktionsfähigkeit.

III. Austritt

Die Auflösung der Mitgliedschaft in einem Verband ist in verschiedenen Formen vorstellbar. Sie kann entweder im Einvernehmen der Mitglieder oder gegen deren Willen erfolgen, sie kann von dem Ausscheidungswilligen ausgehen oder gegen seinen Willen als Ausschluss erfolgen. Ob und welche dieser Auflösungsformen rechtlich möglich sind, richtet sich nach der jeweiligen Verbandsverfassung und hilfsweise nach allgemeinen Rechtsgrundsätzen. Neben dem rechtskonformen Ausscheiden besteht faktisch auch die Möglichkeit des revolutionären Akts, also das Ausscheiden eines Mitglieds ohne Einhaltung rechtlicher Regeln und gegen den Willen der übrigen Mitglieder. In der Diskussion um die Möglichkeit eines Mitgliedstaates aus der EU auszuscheiden, werden die verschiedenen Formen nicht immer sorgfältig unterschieden.

15 Dazu *R. Bieber / M. Vaerini*, Implementation and Compliance: Stimulus for New Governance Structures in the Accession Countries, in: Bermann / Pistor (Hrsg.), Law and governance in an enlarged European Union, 2004, S. 387–413.

16 S. o. Anm. 14.

17 S. dazu den Bericht der Kommission „Über die Fähigkeit der EU zur Integration neuer Mitglieder, KOM(2006) 649 endg. v. 8. November 2006. Dazu *K.-O. Lang / D. Schwarzer*, Argumente für eine neue Erweiterungsstrategie – die Diskussion über die Aufnahmefähigkeit der EU, integration Nr. 2/2007, S. 117–128.

Der geltende EU-Vertrag enthält keine ausdrücklichen und speziellen Bestimmungen über die Beendigung der Mitgliedschaft. Allerdings lassen sich aus der Systematik der Verträge einige Hypothesen widerlegen bzw. bestätigen. So vermag eine Rechtsordnung bereits aus logischen Gründen ihren Bruch (oder ihre Beseitigung) nicht auszuschließen. Der revolutionäre Akt des einseitigen Ausscheidens gegen den Willen der verbleibenden Mitglieder erscheint daher möglich, auch wenn er, gemessen an der Rechtsordnung der EU, wegen Fehlens einer entsprechenden Genehmigung einen Vertragsverstoß bilden würde.

Das Fehlen einer ausdrücklichen Vorschrift über das Ausscheiden eines Mitglieds schließt allerdings für sich genommen ein Ausscheiden nicht generell aus. Ein Ausschluss im Sinne einer von den übrigen Mitgliedern verhängten Sanktion ist nicht mit den Verträgen vereinbar, denn die Sanktionen gegen vertragsbrüchige Mitglieder sind in Art. 7 EUV und Art. 228 EGV aufgezählt. Aus Art. 292 EGV folgt, dass diese Aufzählung abschließend ist.

Das *einvernehmliche* Ausscheiden eines Mitgliedstaates aus der EU ist dagegen als eine Änderung der Verträge gemäß Art. 48 EUV zulässig.

Da der Wortlaut des Art. 48 EUV keine materielle Beschränkung des Gegenstands einer Vertragsänderung bezeichnet, kann das Ausscheiden eines Staates der Kategorie der „Änderung" im Sinne von Art. 48 EUV zugeordnet werden. Als einzigen Präzedenzfall für das einvernehmliche Ausscheiden des Teilgebiets eines Staates auf dieser Grundlage lässt sich der Vertrag zwischen Dänemark und den übrigen Mitgliedstaaten über die Beendigung der Anwendung des EG-Vertrages auf Grönland anführen[18].

Ein *Ausscheiden gegen den Willen* der übrigen Mitgliedstaaten, also ohne Wahrung der für eine Vertragsänderung vorgesehenen Formen und Verfahren ist bei dem gegenwärtigen Stand des Verfassungsrechts der EU nicht möglich[19]. Die Bedeutung des Fehlens einer entsprechenden Vorschrift in den EG-Gründungsverträgen muss vor dem Hintergrund der nur kurze Zeit zuvor abgeschlossenen Satzung des Europarats gesehen werden. Diese Satzung sieht in Art. 7 ausdrücklich die Möglichkeit des einseitigen Ausscheidens einzelner Mitglieder vor. Wenn in die nachfolgenden EG-Verträge eine derartige Vorschrift nicht aufgenommen wurde, so kann dies nur bedeuten, dass die EG-Gründerstaaten das einseitige Ausscheiden nicht ermöglichen

[18] Vertrag zur Änderung der Verträge zur Gründung der Europäischen Gemeinschaften bezüglich Grönlands v. 13. März 1984, ABl. EU Nr. L 29/1985, S. 1.

[19] Wie hier *Th. Bruha / C. Novak*, Recht auf Austritt aus der Europäischen Union? AVR Bd. 42 (2004), S. 1–25; *K. Lenaerts / P. v. Nuffel*, Constitutional Law of the European Union, 2004, S. 363; *C. Vedder*, in: Grabitz / Hilf, Das Recht der Europäischen Union, Kommentar, Art. 49 Rn. 17. A. A. *Ph. Manin*, Droit constitutionnel de l'Union Européenne, 2004, S. 86.

wollten. Ebenso sehen sie – anders als Art. 8 der Europarats-Satzung – keinen Ausschluss vor.

D*urch den Vertrag von Lissabon* soll diese Rechtslage geändert werden. Art. 50 EUV(LV) ermöglicht danach einem Staat, die Union in einem rechtlich geordneten Verfahren zu verlassen. Zwar sieht Art. 50, im Einklang mit der bereits bestehenden Rechtslage den Abschluss eines „Austrittsabkommens" vor[20], doch wird gemäß Art. 50 Abs. 3 ein Austritt auch dann wirksam, wenn binnen zwei Jahren nach förmlicher Mitteilung des Austrittswunsches das Austrittsabkommen nicht in Kraft getreten ist. Im beiderseitigen Einvernehmen kann die Frist von zwei Jahren verlängert werden.

Die Regelung ist nicht ausgewogen, da unterlassen wurde, gleichzeitig als logisches Pendant die Möglichkeit des Ausschlusses eines Mitglieds vorzusehen.

So entsteht eine Asymmetrie zwischen der Bindung der Union an die Verträge und dem Recht einzelner Mitgliedstaaten, sich von dieser Bindung zu lösen.

Eine funktional ausgewogene Situation müsste entweder der Union das Recht zum Ausschluss eines Mitglieds einräumen oder zumindest den Austritt nur bei ausdrücklicher Zustimmung der Union zulassen[21].

Grundlegende und vertiefende Literatur

Bruha, Thomas / Novak, Carsten:
Recht auf Austritt aus der Europäischen Union?, AVR 42 (2004), S. 1–25.

Louis, Jean-Victor / Ronse, Thierry:
L'ordre juridique de l'Union européenne, Genf / Brüssel 2005.

Vahlas, Alexis:
L'appartenance à l'Union européenne, in: V. Constantinesco / Y. Gautier / V. Michel (Hrsg.), Le Traité établissant une Constitution pour l'Europe, Straßburg 2005, S. 239–242.

20 Anders als bei dem Verfahren des Art. 48 EUV handelt es sich allerdings nicht um ein Abkommen zwischen den Mitgliedstaaten, sondern um ein von der EU mit dem austrittswilligen Staat abzuschließendes Abkommen. Daher ist auch nicht die Billigung durch alle Mitgliedstaaten erforderlich. Vielmehr genügt eine qualifizierte Mehrheit im Rat und die Zustimmung (einfache Mehrheit) des Europäischen Parlaments.

21 Zu den Diskussionen im Verfassungskonvent s. *J.-V. Louis / Th. Ronse*, L'ordre juridique de l'Union européenne, 2005, S. 121 ff.

B. Bisherige Beitrittsverfahren

I. Die EU als Erweiterungsgemeinschaft

Die Europäische Union bzw. ihre Vorläufer waren von Anfang an auf Erweiterung angelegt, und die in der Präambel des EWGV enthaltene „Aufforderung an die anderen Völker Europas [...], sich diesen Bestrebungen anzuschließen“, stieß auch bei ihren Adressaten auf offene Ohren. In sechs Erweiterungen sind der ursprünglichen Gemeinschaft von sechs Staaten bisher weitere 21 beigetreten[1]:

- am 1.1.1973 Dänemark, Irland und das Vereinigte Königreich von Großbritannien und Nordirland;[2]
- am 1.1.1981 Griechenland;[3]
- am 1.1.1986 Spanien und Portugal;[4]
- am 1.1.1995 Österreich, Schweden und Finnland;[5]
- am 1.5.2004 die Tschechische Republik, Estland, Zypern, Lettland, Litauen, Ungarn, Malta, Polen, Slowenien und die Slowakische Republik;[6]
- und am 1.1.2007 Bulgarien und Rumänien.[7]

Erforderlich waren dafür jeweils Anträge der beitrittswilligen Staaten und ihre Billigung durch Organe der Gemeinschaft sowie ein Vertrag zwischen den beitretenden Staaten und den Mitgliedstaaten und seine innerstaatliche Genehmigung durch alle Parteien. Im Einzelnen variierten die Voraussetzungen aber: Die Rechtsgrundlage

1 Dazu für alle *W. Meng,* Art. 49 EU, in: von der Groeben / Schwarze (Hrsg.), Kommentar zum Vertrag über die Europäische Union und zur Gründung der Europäischen Gemeinschaft, 6. Auflage 2003, Rn. 38 ff. sowie *F. Merli*, Einführung, in: Merli / Huster (Hrsg.), Die Verträge zur EU-Osterweiterung, 2008, 15; jeweils mit umfassenden Literaturangaben.

2 Dokumente in ABl. 1972 L 73.

3 Dokumente in ABl. 1979 L 291.

4 Dokumente in ABl. 1985 L 302.

5 Dokumente in ABl. 1994 C 241.

6 Dokumente in ABl. 2003 L 236.

7 Dokumente in ABl. 2005 L 157.

für die ersten drei Erweiterungen bildeten die Bestimmungen der Art. 98 EGKSV, Art. 237 EWGV und Art. 205 EAGV. Danach hatte im Fall der EGKS der Rat nicht nur über den Beitrittsantrag als solchen, sondern auch über die Beitrittsmodalitäten und die Vertragsanpassungen zu entscheiden, während für Zweiteres nur bei den beiden anderen Gemeinschaften ein Vertrag zwischen alten und neuen Mitgliedstaaten erforderlich war. Dies erklärt auch, warum die Beitrittsdokumente eine „Beitrittsakte" enthalten: Einerseits musste man Ratsbeschluss und Vertrag rechtlich teilen; andererseits wollte man die Anpassungen des Rechts aller drei Gemeinschaften in einem Dokument regeln. Die Lösung war die Beitrittsakte als einheitliches Dokument, das rechtlich z.T. zum Ratsbeschluss, z.T. zum Beitrittsvertrag gehörte.[8] Aber auch Art. 237 EWGV und Art. 205 EAGV unterschieden sich, nachdem Art. 237 EWGV, nicht aber Art. 205 EAGV, durch die Einheitliche Europäische Akte so geändert wurde, dass zur Anhörung der Kommission und zum einstimmigen Ratsbeschluss über den Beitrittsantrag die Zustimmung des Europäischen Parlaments hinzukam. Mit Art. O (heute: Art. 49) EUV wurde das Beitrittsverfahren dann für alle Säulen der Union gemeinsam und einheitlich gestaltet. Für die Erweiterungen von 1995, 2004 und 2007 gab es daher jeweils umfassende Zustimmungen des Europäischen Parlaments, und die Beitrittsverträge zwischen Mitglied- und Beitrittsstaaten regelten Aufnahmebedingungen und Anpassungen *aller* Gründungsverträge; letzteres war nach dem Auslaufen des EGKSV Ende 2002 allerdings nichts Besonderes mehr.

Aber auch Art. 49 EUV regelt das Beitrittsverfahren nur in seinen Eckpunkten.[9] Der vollständige Ablauf und die Reihenfolge der einzelnen Schritte ergeben sich erst aus der Praxis seiner Handhabung: Üblicherweise geht der Entscheidung über die Aufnahme von Verhandlungen zu einem Vertrag nach Abs. 2 eine ausführliche vorläufige Stellungnahme (*„avis"*) der Kommission voraus, und erst wenn das Verhandlungsergebnis auch in allen Details feststeht, der Text des Beitrittsvertrages ausformuliert, in alle Sprachen übersetzt und unterzeichnet ist, kommt es zu den in Abs. 1 vorgesehenen Mitwirkungsakten der EU-Organe.

8 Dazu *W. Much,* Rechtliche Grundsatzfragen zur Erweiterung der Europäischen Gemeinschaften, EuR 1972, 325 f. Die Teilung wurde beibehalten, obwohl seit dem Inkrafttreten des EUV der Grund dafür weggefallen ist, weil die Beitrittsakte nunmehr nur zum einheitlichen Beitrittsvertrag gehört.

9 Zum Beitrittsverfahren z.B. *Meng*, Art. 49 EU (Fn. 1), Rn. 87; *Merli,* Einführung (Fn. 1), Rn. 14 ff; *M. Pechstein / C. König*, Die Europäische Union, 3. Auflage 2000, Rn. 414 ff.; *C. Preston,* Enlargement and Integration in the European Union, London 1997; *C. Vedder,* Art. 49 EUV, in: Grabitz / Hilf (Hrsg.), Das Recht der Europäischen Union, Band I, 17. Ergänzungslieferung 2001, Rn. 25; graphische Übersicht bei *B. Lippert,* Erweiterung, in: Weidenfeld / Wessels (Hrsg.), Europa von A bis Z, Taschenbuch der europäischen Integration, 9. Auflage 2006, 124.

Für die Grundordnung der Union sind die Verfahrensregelungen des Art. 49 EUV in mehrfacher Hinsicht wichtig: Sie bekräftigen zunächst den eingangs angesprochenen Erweiterungscharakter der Union; sie stellen klar, dass nur ein Beitritt zur gesamten Union, nicht aber zu einzelnen Gemeinschaften oder Politikbereichen möglich ist, und sicherten so die Einheit der Mitgliedschaft und damit auch die (vom Reformvertrag gezogene) Option einer Zusammenfassung der drei Säulen; und schließlich binden sie eine Erweiterung an das Zusammenwirken von EG-Organen und betroffenen Staaten. Gerade der letzte Punkt ist wichtig, weil er bewirkt, dass die Mitgliedstaaten hier nicht mehr die alleinigen „Herren der Verträge" sind: Gemeinschaftlicher und mitgliedstaatlicher Teil des Beitrittsverfahrens sind „zwei unabdingbare und gleichgeordnete Komponenten";[10] ein Beitritt auf ausschließlich völkervertraglicher Grundlage, also insbesondere ohne oder gegen einen Beschluss des Europäischen Parlaments, ist jedenfalls mit unionsrechtlicher Wirksamkeit ebenso wenig möglich wie durch Organakte allein.[11] Anders als über andere Grundlagen ihrer Ordnung kann die EU (über die EG-Organe) daher über ihre Zusammensetzung mitbestimmen.

Wichtiger noch als die Verfahrensregeln sind allerdings die Beitritte, die auf ihrer Grundlage erfolgten.

II. Die Bedeutung bisheriger Beitritte für die Grundordnung der Union

Beitritte verändern die Grundordnung der Union zunächst dadurch, dass sie sie (wie grundsätzlich den gesamten *acquis* der Union) auf neue Territorien und Rechtssubjekte *erstrecken*. Das geschieht z.T. durch ausdrückliche Änderung einschlägiger Bestimmungen der Gründungsverträge, etwa von Art. 299 EGV, durch den jeweiligen Beitrittsvertrag[12] z.T. durch die neue Bedeutung, die Begriffe der Gründungsverträge wie „Unionsbürger" oder „Mitgliedstaat" mit dem Inkrafttreten der Beitritts-

10 *Meng*, Art. 49 EU (Fn. 1), Rn. 100; ähnlich *H.-J. Cremer,* Art. 49 EUV, in: Calliess / Ruffert (Hrsg.), EUV / EGV, 3. Auflage 2007, Rn. 3 f; *M. Pechstein,* Art 49 EUV, in: Streinz (Hrsg.), EUV / EGV, C.H. Beck, München 2003, Rn. 9.

11 *F. Merli,* Der Vertrag zur EU-Osterweiterung, in: Rasmussen-Bonne / Freer / Lüke / Weitnauer (Hrsg.), Balancing of Interests. Liber Amicorum. Festschrift für Peter Hay zum 70. Geburtstag, 2005, 287 (289).

12 Ausnahmen finden sich z.T. in Art. 299 EGV, z.T. aber auch im jeweiligen Beitrittsvertrag, z.B. Art. 25 Beitrittsakte Spanien und Portugal (Fn. 4) oder im Protokoll Nr. 10 über Zypern zur Beitrittsakte Tschechische Republik u.a. (Fn. 6).

verträge und insbesondere von Art. 2 der jeweiligen Beitrittsakte[13] erhalten. In diesen Zusammenhang gehören auch die in den Beitrittsverträgen vorgesehenen Ergänzungen der authentischen Sprachfassungen der ursprünglichen Verträge und ihrer bis zum jeweiligen Beitritt erfolgten Änderungen.[14]

Darüber bewirken Beitritte *inhaltliche Veränderungen* der Grundordnung. Das kann direkt und indirekt geschehen. *Direkte* Änderungen sind die in Art. 49 EUV angesprochenen „Anpassungen der Verträge, auf denen die Union beruht", durch die Beitrittsverträge selbst. Diese zählen deshalb auch zum Unionsprimärrecht; für ihre Auslegung, Anwendung und Änderung gelten daher dieselben Regeln wie bei den Gründungverträgen, vor allem die Zuständigkeit des EuGH.[15]

In der Sache sahen die Beitrittsverträge zwar eine Vielzahl von vorübergehenden Abweichungen vom Primärrecht vor, die dauerhaften Vertragsanpassungen beschränkten sich jedoch bislang regelmäßig auf Regelungen zur Vertretung und zum Stimmgewicht der neuen Mitgliedstaaten in den Organen der EU und auf vergleichbare Änderungen der Satzung der Europäischen Investitionsbank. Nur selten bewirkten Beitrittsverträge auch bleibende Modifikationen anderer Art; so verschob etwa Art. 102 Beitrittsakte Dänemark u.a. die Zuständigkeit zum Schutz der Fischereibestände zur Gemeinschaft, oder das Protokoll Nr. 3 zur Beitrittsakte Österreich u.a. immunisierte Vorrechte der schwedischen Samen bei der Rentierhaltung gegen grundfreiheitsrechtliche Anfechtungen. Auch die Änderungen im institutionellen Bereich schrieben bestehende Systeme nur fort und ergänzten sie. Entgegen früheren Vorstellungen der Kommission[16] waren bisher nicht die Beitrittsverträge das Instrument, um die Union erweiterungsfähig zu machen; Systemumstellungen wurden vielmehr außerhalb des Beitrittsverfahrens in gesonderten Vertragsänderungen nach Art. 48 EUV vorgenommen, auch wenn sie offensichtlich mit Erweiterungen zusammenhingen. Möglicherweise traf sich hier eine enge Interpretation der speziellen Vertragsänderungskompetenz des Art. 49 EUV mit dem Wunsch, über Systemreformen noch allein im Kreis der alten Mitgliedstaaten zu entscheiden.

13 Diese zentrale Bestimmung für die Erstreckung des *acquis* lautet (in der Version der Beitrittsakte Bulgarien und Rumänien): „Ab dem Tag des Beitritts sind die ursprünglichen Verträge und die vor dem Beitritt erlassenen Akte der Organe und der Europäischen Zentralbank für Bulgarien und Rumänien verbindlich und gelten in diesen Staaten nach Maßgabe der genannten Verträge und dieser Akte."

14 Z.B. Art. 61 Beitrittsakte Tschechische Republik u.a. (Fn. 6).

15 Z.B. Art. 1 Abs. 3 BV Tschechische Republik u.a. (Fn. 6); dazu *F. Merli,* Kommentar zum Beitrittsvertrag und zu den Grundsätzen der Beitrittsakte, in: Merli / Huster (Hrsg.), Verträge (Fn. 1), Rn. 3 ff.

16 Dazu *C.-D. Ehlermann,* Mitgliedschaft in der Europäischen Gemeinschaft. Rechtsprobleme der Erweiterung, der Mitgliedschaft und der Verkleinerung, EuR 1984, 113 (116 f. m.w.N.).

Damit sind die *indirekten Wirkungen* der Beitritte auf die Unionsgrundordnung angesprochen; betroffen waren neben den Institutionen die Kompetenzen und die Werte der Union.

Spätestens vor der Osterweiterung war klar, dass die bisherige Praxis der bloßen Aufstockung der Organe, verbunden mit punktuellen Änderungen und Erklärungen zu ihrer Handhabung,[17] nicht fortgesetzt werden konnte, ohne die Handlungsfähigkeit der EU und die akzeptierte Balance zwischen großen und kleinen Staaten zu gefährden.[18] Nachdem eine grundlegende Reform in den Verhandlungen zum Vertrag von Amsterdam scheiterte, stand die Neugestaltung der Institutionen im Mittelpunkt des Vertrags von Nizza; erreicht wurde unter anderem ein neues, allerdings sehr kompliziertes System der Stimmgewichtung im Ministerrat, die Beschränkung der Kommission auf ein Mitglied pro Mitgliedstaat und eine Begrenzung des erweiterungsbedingten Wachstums des Parlaments.[19] Verfassungs- und Reformvertrag bauten auf diesen Regelungen auf und entwickelten sie weiter; weil und soweit sie bessere Arbeitsmöglichkeiten für die erweiterte Union schaffen wollten, sind auch ihre Regelungen indirekte Erweiterungsfolgen. Dasselbe gilt für viele andere oder schon im Rahmen früherer Vertragsreformen vorgenommene Änderungen, z.B. den Ausbau und die Flexibilisierung des Gerichtssystems, die schrittweise Ausweitung der Mehrheitsentscheidungen im Ministerrat, die Einführung der Möglichkeit einer „konstruktiven Enthaltung“ in der Gemeinsamen Außen- und Sicherheitspolitik, die Erleichterung der verstärkten Zusammenarbeit oder die stärkere Berücksichtigung des Bruttosozialprodukts der Mitgliedstaaten bei der Finanzierung der EU[20].

Mit den Erweiterungen erwuchsen den Gemeinschaften und der Union neue Aufgaben, und das fand früher oder später auch Niederschlag in ihren Zuständigkeiten. Die augenfälligsten Beispiele betreffen die Kompetenz zur Zusammenarbeit mit Beitrittsländern (Art 181a EGV), die erst mit dem Vertrag von Nizza explizit begründet wurde, während die bis dahin getroffenen umfassenden Maßnahmen zur Unterstützung der Kandidatenländer im Rahmen der „Heranführungsstrategie“[21] auf Art. 235/308 EGV gestützt werden mussten; und die regionale Strukturpolitik, die aus Anlass des Beitritts des Vereinigten Königreichs und Irlands mit einer ebenfalls

17 Vgl. z.B. den Kompromiss von Ioannina; dazu *W. Meng,* Art. 48 EU, in: von der Groeben / Schwarze (Hrsg.), Kommentar (Fn. 1), Rn. 107 ff.

18 Diese Diagnose war allerdings auch schon bei vorangegangenen Erweiterungen gestellt worden; Nachweise bei *Meng*, Art. 49 EU (Fn. 1) Rn. 28.

19 Dazu z.B. *Merli*, Einführung (Fn. 1) Rn. 38 ff; Weidenfeld (Hrsg.), Nizza in der Analyse. Strategien für Europa, 2. Auflage 2001.

20 Vgl. zu letzterem vor allem den Beschluss 2000/597/EG, Euratom des Rates vom 29. September 2000 über das System der Eigenmittel der Europäischen Gemeinschaften, ABl. 2000 L 253/42.

21 Dazu *Merli,* Einführung (Fn. 1), Rn. 23 ff.

auf Art. 235 EWGV gestützten Verordnung zur Einrichtung des Europäischen Fonds für regionale Entwicklung[22] begann und anlässlich des Beitritts Spaniens und Portugals zur Einführung des heutigen Titels XVII EGV („Wirtschaftlicher und sozialer Zusammenhalt") durch die Einheitliche Europäische Akte führte.

Die mit den Erweiterungen zunehmende Unterschiedlichkeit der Mitgliedstaaten war wohl auch einer der Gründe, warum sich die Union in Form der Grundrechtscharta ihrer gemeinsamen Werte versicherte.[23] Zweifellos aber stand dieses Bedürfnis Pate für die Regelungen des Amsterdamer Vertrags zu den Grundlagen der Union: ihre Benennung im neuen Art. 6 Abs. 1 EUV, ihre Achtung als explizite Beitrittsvoraussetzung im geänderten Art. 49 EUV[24] und die Sanktionierung ihrer Missachtung nach dem neuen Art 7 EUV.

Indirekte Wirkungen hatten die Beitritte schließlich auch unabhängig von Vertragsänderungen, indem sie wesentliche Elemente der Unionsgrundordnung stärker ins Bewusstsein rückten. Drei Beispiele seien genannt: Die Kommission wies in ihrer Stellungnahme schon zu den ersten Beitrittsanträgen auf ungeschriebene Bestandteile dieser Ordnung, nämlich die unmittelbare Anwendbarkeit von Teilen des Gemeinschaftsrechts und seinen Vorrang, hin und fügte hinzu, der Beitritt setze die Anerkennung des bindenden Charakters dieser „Vorschriften" voraus.[25] Die Erstreckung des acquis auf die künftigen neuen Mitgliedstaaten zwang die Union zunächst dazu, ihn erst einmal aufzulisten und einer systematischen Ordnung zu unterwerfen; und dann musste er durch die Regelungen der Beitrittsakte vollständig erfasst werden,[26] was erst seine rechtliche Vielfalt deutlich machte: Er besteht nicht nur aus verbindlichen und unverbindlichen Gemeinschafts- und Unionsrechtsakten verschiedener Form, sondern auch aus komplementären völkerrechtlichen Akten der Mitgliedstaaten und aus mit Unionsbelangen zusammenhängenden, getrennten oder gemeinsamen Abkommen der Gemeinschaften und der alten Mitgliedstaaten mit Drittstaaten. Die zumindest vorübergehende Sonderbehandlung neuer Mitgliedstaaten in den Beitrittsverträgen warf Fragen nach der Reichweite des Prinzips der

22 VO 724/75, ABl. EG 1975 L 73, 1.

23 Vgl. *P.-C. Müller-Graff,* Die rechtliche Dimension der Osterweiterung, in: Heusel (Hrsg.), Die Osterweiterung der Europäischen Union, Schriftenreihe der Europäischen Rechtsakademie Trier 34, 2002, 36. Schon in ihren Stellungnahmen zu den Beitrittsanträgen Griechenlands (Fn. 3) sowie Spaniens und Portugal (Fn. 4) hatte die Kommission die Bedeutung von Demokratie und Menschenrechten betont.

24 Dazu *R. Bieber*, in diesem Band, 9.Teil A.

25 Fn. 2; ebenso die Stellungnahmen zu allen anderen (erfolgreichen) Beitrittsanträgen.

26 Vgl. z.B. Art 2–6 der Beitrittsakte Tschechische Republik u.a. (Fn. 6); dazu *Merli* (Fn. 15).

Gleichheit der Mitgliedstaaten auf und führte zu Überlegungen, ob es im Rahmen von Erweiterungen unantastbare Inhalte des Unionsrecht gebe.[27]

Mehr als alles andere haben die Beitritte freilich die Identität der Union und die Bedeutung ihrer Grundordnung verändert. Vielleicht wird die EU tatsächlich zu Europa.

Grundlegende und vertiefende Literatur

Meng, Werner:
Art. 49 EU, in: H. von der Groeben / J. Schwarze (Hrsg.), Kommentar zum Vertrag über die Europäische Union und zur Gründung der Europäischen Gemeinschaft, 6. Auflage, Baden-Baden 2003.

Merli, Franz / Huster, Stefan (Hrsg.):
Die Verträge zur EU-Osterweiterung. Kommentar mit systematischen Erläuterungen, Berlin 2008.

27 *P. Tschäpe,* Die Übergangsbestimmungen zur Arbeitnehmerfreizügigkeit und zum Grundstücksverkehr im Rahmen der EU-Osterweiterung. Zugleich ein Beitrag zum Konzept eines veränderungsfesten Kerns des Gemeinschaftsrechts, 2004.

Christine Landfried

C. Künftige Erweiterungen als Herausforderung an die EU

I. Die politischen Grenzen der EU

Die EU hat 27 Mitgliedstaaten mit 495 Millionen Einwohnern und erwirtschaftet fast ein Viertel des Bruttoinlandsproduktes der Welt. Sie reicht von der finnischen Provinz Lappland im Norden bis zur französischen, im Indischen Ozean gelegenen Vulkaninsel Réunion im Süden. Sie erstreckt sich von der karibischen Inselgruppe Guadeloupe im Westen, wiederum einem französischen Überseedépartement, bis nach Zypern im Osten. So beschreibt Olli Rehn, der in der Europäischen Kommission für die Erweiterungspolitik verantwortlich ist, das gegenwärtige Territorium der EU.[1] Schon diese Beschreibung macht deutlich, dass die Grenzen der EU *politisch* bestimmt sind.[2]

Der politische Charakter der Grenzen der EU ergibt sich aus dem Vertrag über die Europäische Union. Denn nach Artikel 49 EUV in der geltenden Fassung von Nizza kann „jeder europäische Staat, der die in Artikel 6 Absatz 1 genannten Grundsätze achtet", beantragen, „Mitglied der Union zu werden." Die Grundsätze, die das Fundament sind, auf dem die Union beruht, sind Freiheit, Demokratie, die Achtung der Menschenrechte und Grundfreiheiten sowie der Rechtsstaatlichkeit. Die Entscheidung darüber, ob ein Staat, der den Antrag auf Mitgliedschaft stellt, erstens „europäisch" ist und zweitens die Grundsätze der EU achtet, trifft der demokratisch legitimierte Rat nach Anhörung der Kommission und Zustimmung des Europäischen Parlamentes. Über die Aufnahme eines neuen Mitgliedes muss der Rat *einstimmig* entscheiden.[3]

Es sind also nach den geltenden, aber auch nach den zukünftigen Regeln (vgl. unten S. 10) politische, insbesondere exekutive Institutionen, die die Grenzen der Europäischen Union gestalten. Und auch bei den Vorbereitungen für die Aufnahme neuer

1 *O. Rehn*, Europe's Next Frontiers, Münchner Beiträge zur europäischen Einigung, Baden-Baden, 2006, S. 56.

2 *P. Häberle*, Europäische Verfassungslehre, Baden-Baden, 6. Aufl. 2009, S. 182, definiert den Europabegriff als „territorial-räumlich offen".

3 Vertrag von Nizza, Amtsblatt der Europäischen Gemeinschaften 2001/C 80/01 vom 10.3.01.

Mitglieder handelte es sich stets um politische Prozesse. So wurde die Integration von zehn mittel- und osteuropäischen Staaten im Frühjahr 2004 zwar von den Experten der Europäischen Kommission vorbereitet. Doch die Entscheidungsfindung war politisch gesteuert: Die Nordischen Mitgliedstaaten unterstützten die Aufnahme Estlands, Österreich setzte sich für Slowenien ein und die USA forderten, die Baltischen Staaten sollten eine Kompensation für die Ablehnung einer frühen Mitgliedschaft in der NATO erhalten.[4]

Da sich die Grenzen Europas nicht geographisch, sondern nur politisch definieren lassen, sind Erweiterungen der EU umstritten. Wie weit soll die EU in Zukunft reichen und welche Staaten sollen dazugehören?

II. Die europäische Unionsgrundordnung als Rahmen für Erweiterungen

Möchte man die Frage nach der Zugehörigkeit zur Union beantworten, dann gilt es zunächst, den besonderen Charakter der EU auf den Punkt zu bringen. In welche Art von Organisation möchten die Kandidatenländer überhaupt aufgenommen werden? Die EU ist eine supranationale Organisation, die neben den internationalen Organisationen, den NGOs, den Akteuren der Zivilgesellschaft und den weiterhin sehr wichtigen Nationalstaaten[5] politische Entscheidungen in einer globalen Welt mitgestaltet.

Die Entwicklung der EU von einem Binnenmarkt zu einer politischen Ordnung[6] mit Kompetenzen in der Außen-, der Sozial-, der Kultur- und der Umweltpolitik hat zu *komplexen Wechselwirkungen* zwischen nationaler und europäischer Politik geführt. Diese Veränderung von Staatlichkeit[7] wird mit dem formalen Begriff eines „Mehrebenensystems“ nur unzureichend erfasst. Will man das Neue des europäischen Modells zum Ausdruck bringen, scheint mir der von Dimitris Th. Tsatsos eingeführte Begriff der „europäischen Unionsgrundordnung“ angemessener zu sein.[8] In

4 *U. Sedelmeier / H. Wallace,* Eastern Enlargement. Strategy or Second Thoughts? In: Wallace, Wallace (Hrsg.), Policy-Making in the European Union, Oxford, 4. Aufl. 2000, S. 450.

5 *S. Sassen*, Das Paradox des Nationalen, Frankfurt, 2008.

6 *C. Landfried*, Das politische Europa. Differenz als Potential der Europäischen Union, Baden-Baden, 2. Aufl. 2004.

7 *S. Leibfried / M. Zürn* (Hrsg.), Transformationen des Staates? Frankfurt, 2006, Kapitel 1.

8 *D. Th. Tsatsos*, Die Europäische Unionsgrundordnung. Grundsatzfragen und fünf Anregungen zum Umdenken anlässlich der Regierungskonferenz 1996. In: EuGRZ 1995, S. 287–295.

dieser Unionsgrundordnung wird das europäische Gemeinschaftsleben rechtlich organisiert und demokratisch legitimiert. Nationale Souveränität wird teilbar und eine mehrdimensionale Legitimität europäischen Handelns denkbar.

Die Verknüpfung der Transformation eines Teiles der nationalen Souveränität in eine gemeinsame europäische Souveränität mit der demokratischen Legitimation durch die Bürger in ihrem Doppelstatus als *Staatsbürger* und *Unionsbürger* kennzeichnet das innovative Element der EU. „Die Unionsbürgerschaft und somit der Doppelstatus ist Ausdruck der dualen Dimension des europäischen Kulturraumes; sie ist ein gewaltiges Moment der Überwindung der Einzelstaatlichkeit; sie verkörpert die Homogenitätsdimension Europas.“[9]

Für die Unionsbürgerschaft als Ausdruck der europäischen Homogenitätsdimension gilt der „Grundsatz der Gleichheit ihrer Bürgerinnen und Bürger, denen ein gleiches Maß an Aufmerksamkeit seitens der Organe, Einrichtungen und sonstigen Stellen der Union zuteil wird.“ (Artikel 9 EUV in der Fassung von Lissabon). Die Unionsbürger gehören zugleich unterschiedlichen Nationalstaaten als Staatsbürger an. Die Dimensionen der Homogenität und der Heterogenität, man könnte auch sagen von Gleichheit und Differenz[10], gehören in der europäischen Unionsgrundordnung also zusammen. Die Beachtung von Gleichheit und Differenz als *Grundprinzip der europäischen Unionsgrundordnung* hat Folgen für die Erweiterungspolitik, die in den beiden folgenden Abschnitten untersucht werden.

III. Die Integrationsfähigkeit der Kandidatenländer

Die EU erweiterte sich am 1. Mai 2004 von 15 auf 25 Mitgliedstaaten. Estland, Lettland, Litauen, Malta, Polen, die Slowakei, Slowenien, Tschechien, Ungarn und Zypern wurden als neue Mitglieder in die EU aufgenommen. Am 1. Januar 2007 wurden Bulgarien und Rumänien zu neuen Mitgliedstaaten. Diese erhebliche quantitative Zunahme an Mitgliedstaaten ist nicht denkbar ohne qualitative Folgen für die EU. Es überrascht daher nicht, wenn Jan Zielonka in seiner Studie zur Osterweiterung zu dem Ergebnis kommt, dass diese Erweiterung mit den früheren kaum vergleichbar sei und einen enormen Zuwachs an Differenz innerhalb der EU mit sich

9 *Tsatsos*, Europäische Unionsgrundordnung (Fn. 8), S. 292.

10 *U. Beck / E. Grande*, Das kosmopolitische Europa, Frankfurt, 2004, S. 26. Zur Bedeutung von Gleichheit und Differenz, vgl. Artikel 4 Absatz 2 EUV in der Fassung von Lissabon: „Die Union achtet die Gleichheit der Mitgliedstaaten vor den Verträgen und ihre jeweilige nationale Identität, die in ihren grundlegenden politischen und verfassungsmäßigen Strukturen einschließlich der regionalen und lokalen Selbstverwaltung zum Ausdruck kommt.“

gebracht habe.[11] Der Zusammenhang zwischen Gleichheit und Differenz innerhalb der europäischen Unionsgrundordnung wurde durch die Osterweiterung noch komplexer.

Mit den künftigen Erweiterungen der EU wird wiederum ein erhebliches Maß an Differenz hinzukommen. Es gibt gegenwärtig 3 Kandidatenländer Kroatien, Mazedonien und die Türkei. Am 3. Oktober 2005 wurden die Beitrittsverhandlungen mit der Türkei und am 4. Oktober 2005 mit Kroatien aufgenommen. Am Beispiel der Türkei möchte ich skizzieren, welche Herausforderungen mit dieser möglichen Erweiterung verbunden sind. Dabei werde ich zwischen der Integrationsfähigkeit des Beitrittslandes Türkei und der Integrationsfähigkeit der EU unterscheiden.

Die Kopenhagener Kriterien vom Juni 1993 sind der Ausgangspunkt jeder Analyse der *Erweiterungspolitik der EU.* Sie lauten im Original: „Als Voraussetzung für die Mitgliedschaft muss der Beitrittskandidat eine institutionelle Stabilität als Garantie für demokratische und rechtsstaatliche Ordnung, für die Wahrung der Menschenrechte sowie die Achtung und den Schutz von Minderheiten verwirklicht haben; sie erfordert ferner eine funktionsfähige Marktwirtschaft sowie die Fähigkeit, dem Wettbewerbsdruck und den Marktkräften innerhalb der Union standzuhalten. Die Mitgliedschaft setzt außerdem voraus, dass die einzelnen Beitrittskandidaten die aus einer Mitgliedschaft erwachsenden Verpflichtungen übernehmen und sich auch die Ziele der politischen Union sowie der Wirtschafts- und Währungsunion zu Eigen machen können. Die Fähigkeit der Union, neue Mitglieder aufzunehmen, dabei jedoch die Stoßkraft der europäischen Integration zu erhalten, stellt ebenfalls einen sowohl für die Union als auch für die Beitrittskandidaten wichtigen Gesichtspunkt dar."[12] Es ist also zwischen politischen, wirtschaftlichen, besitzstand- und integrationsbezogenen Kriterien zu unterscheiden.

Zur Erfüllung der vier „Kopenhagener Kriterien" hat die Türkei *wichtige Reformen* wie z.B. die Abschaffung der Todesstrafe im August 2002 auf den Weg gebracht. Doch bestehen noch immer erhebliche Defizite bei der Gewährleistung insbesondere der politischen Kriterien. Der Fortschrittsbericht der Kommission vom 6.11.2007 und des Ratsbeschlusses vom 12.2.2008 „über die Grundsätze, Prioritäten und Bedingungen der Beitrittspartnerschaft mit der Republik Türkei"[13] zeigen den aktuellen Stand der Integrationsfähigkeit der Türkei aus der Sicht der EU. Um die politischen

11 *J. Zielonka*, Europe as Empire. The Nature of the Enlarged European Union, Oxford, 2006.

12 Europäischer Rat Kopenhagen, 21.–22.6.1993, Schlussfolgerungen des Vorsitzes, ABl C 166 vom 17.6.1993, S. 1, Dokument SN 180/1/93, S. 13.

13 Europäischer Rat, Beschluss über die Grundsätze, Prioritäten und Bedingungen der Beitrittspartnerschaft mit der Republik Türkei 2008/157/EG vom 18.2.2008, Amtsblatt der EU L 51/4 vom 26.2.2008.

Kriterien für eine Mitgliedschaft zu erfüllen, muss die Türkei zur Realisierung von *Demokratie* und *Rechtsstaatlichkeit* gewährleisten, dass das Militär nicht in politische Angelegenheiten eingreift. Darüber hinaus sind verstärkte Anstrengungen zur zivilen Kontrolle der Streitkräfte notwendig. Die Meinungsfreiheit, die Religionsfreiheit, die Rechte der Frauen und die Rechte der kurdischen Minderheit sind noch nicht hinreichend verwirklicht.

Bei den wirtschaftlichen Kriterien wird eine Fortsetzung der bisherigen Maßnahmen in der Finanz- und Währungspolitik sowie bei der Privatisierung von staatlichen Unternehmen vorgeschlagen, um in der Türkei eine funktionsfähige Marktwirtschaft realisieren zu können. Nach der Beurteilung der Kommission im Fortschrittsbericht vom 6.11.2007 blieb die makroökonomische Stabilität in der Türkei weitgehend erhalten. Die Differenz im durchschnittlichen Pro-Kopf-BIP in der Türkei, gemessen in Kaufkraftstandards, ist allerdings im Vergleich zum EU-27-Durchschnitt hoch. Das Pro-Kopf-Einkommen betrug 2006 nur knapp 30 % des EU-27-Durchschnitts und lag damit auch nur geringfügig höher als im Jahr 2005.[14] Die Benachteiligung der Frauen in der Türkei zeigt sich einmal mehr bei den wirtschaftlichen Daten. Die Beschäftigungsquote lag in den Jahren 2006–2007 in der Türkei bei 44 %. Frauen erreichten jedoch nur eine Beschäftigungsquote von 22 %.[15]

Die Fähigkeit zur Übernahme der zahlreichen und umfangreichen Rechtsvorschriften und Politiken der EU (acquis communautaire), erfordert naturgemäß eine lange Liste von Reformen. Hier reichen die Aufgaben, die die Türkei noch vor sich hat, von der Abschaffung von Einfuhrgenehmigungen im Bereich des freien Warenverkehrs und der gegenseitigen Anerkennung beruflicher Qualifikationen im Bereich des freien Dienstleistungsverkehrs bis zur Bekämpfung der Nachahmung von Markenzeichen und der Produktpiraterie im Bereich der Rechte des geistigen Eigentums.

Die Türkei hat also die Zielgerade der Kopenhagener Kriterien noch lange nicht erreicht. Die *Zypernfrage* kommt als besonderes Problem hinzu. Die EU erwartet von der Türkei „konkrete Schritte zur baldmöglichen Normalisierung der bilateralen Beziehungen zwischen der Türkei und allen EU-Mitgliedstaaten einschließlich der Republik Zypern" und eine vollständige Umsetzung des Zusatzprotokolls zur Anpassung des Abkommens von Ankara.[16] Auffallend ist nun, dass sich der Schwerpunkt der Erweiterungspolitik der EU seit Beginn des 21. Jahrhunderts verschoben hat. Stand lange Zeit die Frage der Integrationsfähigkeit der Türkei im Vordergrund, so ist seit Beginn des 21. Jahrhunderts zu beobachten, dass die Integrationsfähigkeit der EU eine immer größere Rolle spielt.

14 Europäische Kommission, Türkei. Fortschrittsbericht 2007, Brüssel 6.11.2007, S. 36.
15 Europäische Kommission, Türkei, Fortschrittsbericht 2007, Brüssel 6.11.2007, S. 30.
16 Europäischer Rat, Beschluss 2008/157/EG, S. 10.

IV. Die Integrationsfähigkeit der EU

Schon die Kopenhagener Kriterien von 1993 enthalten den Grundsatz, dass zukünftige Erweiterungen der EU die Effektivität des europäischen Regierens und den Fortschritt der Integration nicht beeinträchtigen dürfen. Dieses funktionale Argument, die EU dürfe ihre Aufnahmekapazität nicht überstrapazieren, wurde im Laufe der Jahre immer stärker betont. Die Fähigkeit der EU „neue Mitgliedstaaten aufzunehmen und gleichzeitig die Integrationsdynamik aufrechtzuerhalten, wird künftig noch wichtiger sein als heute." So beginnt die Kommission ihr Strategiepapier von 2006 zur neuen *Erweiterungspolitik*.[17]

Für eine demokratische, effektive und zukunftsfähige EU müssen die Institutionen, die Politiken und der Haushalt der EU so gestaltet sein, dass die kollektiven Akteure handlungsfähig und demokratisch legitimiert sind, die beschlossenen Politiken effektiv umgesetzt werden können und die finanziellen Ressourcen des Haushaltes die Verwirklichung der Ziele ermöglichen. Es besteht Konsens darüber, dass mit den gegenwärtig geltenden Rechtsgrundlagen im Vertrag von Nizza diese anspruchsvollen Voraussetzungen für ein demokratisches, effektives und zukunftsfähiges Handeln in einer EU mit 27 und mehr Mitgliedern nicht erfüllt sind.

Ausgerechnet der europäische Verfassungsvertrag, der die EU für künftige Erweiterungen fit machen sollte, scheiterte an den Referenden in Frankreich und in den Niederlanden. Dieses Scheitern hat deutlich gemacht, dass die öffentliche Debatte über die Politik und die Ziele der EU sehr viel *intensiver* als bisher geführt werden muss. Eine demokratische Legitimation europäischer Politik braucht kontroverse öffentliche Debatten. Zu einer politischen Öffentlichkeit gehört es dann auch, dass die Bürger in einem Referendum anders entscheiden als die politischen Eliten sich das wünschen.[18] Langfristig mag daher die Entscheidung der Regierungen der EU-Mitgliedstaaten, wesentliche Inhalte des Verfassungsvertrages[19] in einen Reformvertrag zu übernehmen und diesen neuen Vertrag von Lissabon ohne große öffentliche Debatte auf dem traditionellen Wege der Vertragsänderungen zu verabschieden und zu ratifizieren, nicht sehr klug gewesen sein. Es ist jedoch mit dem Vertrag von Lissabon, sollte er ratifiziert werden, gelungen, die europäische Politik auf eine demokratischere, effektivere und effizientere Basis zu stellen. Dies bedeutet aber auch, dass die Integrationsfähigkeit der EU mit dem Vertrag von Lissabon verbessert würde.

17 Europäische Kommission, KOM(2006) 649 endgültig, S. 3.

18 *G. de Búrca*, The European Project after the Referenda. In: Constellations 13 (2006), S. 211.

19 Für eine Analyse der Inhalte des Verfassungsvertrages vgl. *J.-C. Piris*, The Constitution for Europe. A Legal Analysis, Cambridge, 2006.

Dies zeigt sich direkt am „Erweiterungsartikel“ 49 EUV. Denn das Verfahren der Erweiterung wird im Vertrag von Lissabon, der am 13.12.2007 von den Mitgliedstaaten der EU unterzeichnet wurde, leicht geändert und ergänzt.[20] Als Werte der EU werden nun zusätzlich die Achtung der Menschenwürde an erster Stelle und die Wahrung der Rechte von Minderheiten genannt. Ein Staat, der die Aufnahme beantragt, muss nach dem geänderten Artikel 49 EUV die europäischen Werte nicht nur achten, sondern sich auch für ihre Förderung einsetzen. Es würde in Zukunft also nicht allein um die Achtung der Menschenwürde, Freiheit, Demokratie, Gleichheit, Rechtsstaatlichkeit und die Wahrung der Menschenrechte einschließlich der Minderheitenrechte gehen, sondern um die Förderung dieser Werte und damit die praktische Realisierung dieser Werte. Ein Fortschritt, der nicht gering zu achten ist.

Der zunehmende Einfluss des Europäischen Parlamentes und der nationalen Parlamente, der ein wichtiges Element des Vertrages von Lissabon insgesamt darstellt, zeigt sich auch im neuen Artikel 49 EUV. Denn das Europäische Parlament und die nationalen Parlamente sind über den Beitrittsantrag eines Landes zu unterrichten. Das Europäische Parlament beschließt mit der Mehrheit seiner Mitglieder und nicht mehr mit absoluter Mehrheit über seine Zustimmung zum Antrag. Und schließlich wird *erstmals* im Vertrag darauf hingewiesen, dass bei der Aufnahme neuer Mitgliedstaaten die Kriterien zu berücksichtigen sind, die der Europäische Rat für die Erweiterungspolitik vereinbart hat. In der Betonung einer solchen Selbstverständlichkeit kommt die neue Erweiterungspolitik der EU mit ihren sehr anspruchsvollen Bedingungen für Kandidatenländer zum Ausdruck.

Die neue Erweiterungsstrategie der Kommission setzt auf drei Ks: Konsolidierung der Verpflichtungen, Konditionalität und Kommunikation.[21] Zurückhaltung bei neuen Zusagen, strenge Beitrittsbedingungen und öffentliche Aufklärung sind die Richtschnur der Kommission für künftige Erweiterungen. Die politischen Eliten reagieren damit auf die zunehmend skeptische Haltung der Öffentlichkeiten gegenüber der Erweiterungspolitik.

Nur 46 % der Bürger in den 27 Mitgliedstaaten der EU befürworteten im Herbst 2007 eine erneute Erweiterung, während sich 40 % der Bürger dagegen aussprachen. Damit ist die Zustimmung zu einer neuen Runde der Erweiterung seit dem Frühjahr um 3 % gesunken. Die geringste Zustimmung fand eine neue Erweiterung in Österreich mit 24 %, gefolgt von Luxemburg mit 25 % und Deutschland mit 28 %. In Frankreich waren es nur 32 % und in Großbritannien 36 % der Bürger, die einer Erweiterung zustimmten. Die neuen Mitgliedstaaten hingegen zeigten sich sehr viel

20 Vertrag von Lissabon, Amtsblatt der Europäischen Union C 115/13 vom 9.5.2008.
21 Europäische Kommission, KOM(2006) 649 endgültig, S. 5.

offener für eine Erweiterung. In Polen plädierten 76 % für eine neue Erweiterung, in Litauen 67 %, in Slowenien 66 % und in Ungarn 64 %.[22]

Die politischen Eliten, mit solchen Umfrageergebnissen konfrontiert,[23] suchen nun nach einer „wirksamen“[24] Kommunikation über den Erweiterungsprozess. Die Kommunikationsstrategie der Kommission ist jedoch einseitig auf die Erläuterung der Vorteile der Erweiterungen gerichtet. Worauf es ankäme, will man sich mit den Ängsten der Bürger auseinandersetzen, wäre eine Debatte auch über die *Schwierigkeiten* zukünftiger Erweiterungen. Zugleich zeigt eine Analyse des Strategiepapieres zur Erweiterungspolitik, dass die politischen Eliten die Homogenitätsdimension zu Lasten der Heterogenitätsdimension der EU betonen: „Bei der Erweiterung geht es um die Teilhabe an einem Vorhaben, das auf gemeinsamen Prinzipien, Politiken und Institutionen beruht.“[25] In der EU und bei künftigen Erweiterungen geht es aber auch um die Teilhabe an Differenz.

V. Der Umgang mit Gleichheit und Differenz als Herausforderung künftiger Erweiterungen

Nur bei Beachtung der Homogenitäts- und der Heterogenitätsdimension, von Gleichheit und Differenz, kann es gelingen, Nuancen in den Entwicklungen der Kandidatenländer, der Mitgliedstaaten und der EU insgesamt zu erkennen. Das Erkennen solcher Nuancen ist für einen erfolgreichen Erweiterungs- und Integrationsprozess freilich nicht unwichtig. Auch hier ist die Türkei wiederum ein anschauliches Beispiel. So ging es bei der Abschaffung der Todesstrafe in der Türkei nicht allein um die Angleichung an europäisches Recht. „Der Entscheid wurde zu der Zeit gefällt, als das Todesurteil gegen den PKK-Führer Abdullah Öcalan hängig war. Wer sich gegen die Todesstrafe aussprach, bezog damit gleichzeitig auch Position gegen die Nationalisten, indem der Entscheid indirekt auch eine Anerkennung der Rechte der kurdischen Minderheit signalisierte.“[26] Nuancen sind auch bei *religiöser* Differenz zwischen EU-Mitgliedstaaten und Kandidatenländern für das Gelingen zukünftiger Erweiterungen entscheidend. Die europäischen Öffentlichkeiten müssen

22 Eurobarometer 68, Brüssel 2008 (Umfrage Herbst 2007).

23 *Rehn*, Europe’s Next Frontiers (Fn. 1), S. 88 weist auf die bedenkliche Abnahme der öffentlichen Unterstützung in der Türkei für den EU-Beitritt von 74 % im Jahr 2002 auf 57 % im Jahr 2006 hin. Die Umfragen basieren auf 1846 persönlichen Interviews in 18 türkischen Provinzen.

24 Europäische Kommission, KOM(2006), 649 endgültig, S. 6.

25 Europäische Kommission, KOM(2006), 649 endgültig, S. 18.

26 *N. Göle*, Europa – ein gemeinsamer Traum? In: Neue Zürcher Zeitung, 26.11.2005.

sich auf möglichst differenzierte Weise damit auseinandersetzen, dass die EU Beitrittsverhandlungen mit der Türkei führt, einem Land, in dem mehr als 50 Millionen Muslime leben.[27]

Künftige Erweiterungen werden insbesondere wegen zunehmender Differenz eine *Herausforderung* an die EU darstellen. Auf diese Herausforderung sollten weder politische Eliten noch Bürger in der EU mit Angst oder einem Rückfall in eine vermeintlich einheitliche europäische Geschichte, Kultur oder religiöse Tradition flüchten.[28] In den öffentlichen Debatten über künftige Erweiterungen müssen die Probleme benannt und nicht allein die Vorteile neuer Mitgliedschaften gepriesen werden. Zugleich gilt es, im Prozess künftiger Erweiterungen Gleichheit und Differenz als Prinzipien der europäischen Unionsgrundordnung zur Geltung zu bringen.

Grundlegende und vertiefende Literatur

Beck, Ulrich / Grande, Edgar:
Das kosmopolitische Europa. Gesellschaft und Politik in der zweiten Moderne, Frankfurt a.M. 2004.

Rehn, Olli:
Europe's Next Frontiers, Baden-Baden 2006.

Sedelmeier, Ulrich / Wallace, Helen:
Eastern Enlargement. Strategy or Second Thoughts?, in: H. Wallace / W. Wallace / M. Pollack (Hrsg.), Policy-Making in the European Union, 4. Aufl., Oxford 2000, S. 427 ff.

27 Die Türkei hat 70.586.000 Einwohner (Stand 1.1.08). Davon sind 99 % Muslime, und man schätzt, dass davon wiederum etwa 25 % Aleviten sind. Somit könnte man von etwa 52 Millionen Muslimen sprechen.

28 *N. Göle*, Europa – ein gemeinsamer Traum (Fn. 26).

Literaturverzeichnis

Abromeit, Heidrun: Democracy in Europe. Legitimising Politics in a Non-State Polity, Oxford 1998.

dies.: Überlegungen zur Demokratisierung der Europäischen Union, in: K. D. Wolf (Hrsg.), Projekt Europa im Übergang? Probleme, Modelle und Strategien des Regierens in der Europäischen Union, Baden-Baden 1997, S. 109 ff.

Agranoff, Robert (Hrsg.): Accommodating Diversity. Asymmetry in Federal States, Baden-Baden 1999.

Akademie der Wissenschaften und der Literatur Mainz (Hrsg.): Europa – Idee, Geschichte, Realität, Mainz 1996.

Akehurst, Michael: The Application of General Principles of Law by the Court of Justice of the European Communities, in: British Yearbook of International Law 29 (1981), S. 29 ff.

Alegre, Susie / Leaf, Marisa: Criminal Law and Fundamental Rights in the European Union. Moving towards closer co-operation, in: European Human Rights Law Review 2003, S. 325 ff.

Alemann, Florian von: Die Handlungsform der interinstitutionellen Vereinbarung. Eine Untersuchung des Interorganverhältnisses der europäischen Verfassung, Berlin u.a. 2006.

Alen, Andre / Peeters, Patrick / Pas, Wouter: „Bundestreue" im belgischen Verfassungsrecht, in: JöR 42 (1994), S. 439 ff.

Alexander, Jeffrey C. / Eyerman, Ron / Giesen, Bernhard / Smelser, Neil J. / Sztompa, Piotr (Hrsg.): Cultural Trauma and Collective Identity, Berkeley (Kalifornien) 2004.

Alighieri, Dante: Über die Monarchie (Anfang 14. Jahrhundert), in: R. H. Foerster (Hrsg.), Die Idee Europa 1300–1946. Quellen zur Geschichte der politischen Einigung, München 1963, S. 25 ff.

Allkemper, Ludwig: Der Rechtsschutz des einzelnen nach dem EG-Vertrag. Möglichkeiten seiner Verbesserung, Baden-Baden 1995.

Anderheiden, Michael: Gemeinwohl in Republik und Union, Tübingen 2006.

Anderson, Benedict: Imagined Communities. Reflections on the Origin and Spread of Nationalism, London 1991.

ders.: Die Erfindung der Nation. Zur Karriere eines folgenreichen Konzepts, Frankfurt a.M. 1988.

Anderson, Eugene Newton / Anderson, Pauline Relyea: Political institutions and social change in continental Europe in the nineteenth century, Berkeley 1967.

Androulakis, Nikolaos: Poiniko dikaio, Geniko Meros, Theoria gia to egklima, Athen 2000.

Angenendt, Arnold: Welt- und Personenverständnis in christlicher Auffassung, in: J. Stagl / W. Reinhard (Hrsg.), Grenzen des Menschseins. Probleme einer Definition des Menschlichen, Wien 2005, S. 293 ff.

Armbrecht, Stefanie: Politische Parteien im europäischen Verfassungsverbund. Neue Impulse durch die VO (EG) Nr. 2004/2003, Baden-Baden 2008.

Arnauld, Andreas von: Die normtheoretische Bedeutung des Verhältnismäßigkeitsgrundsatzes, in: JZ 2000, S. 276 ff.

ders.: Minderheitenschutz im Recht der Europäischen Union, in: AVR 42 (2004), S. 111 ff.

ders.: Rechtsangleichung durch allgemeine Rechtsgrundsätze? – Europäisches Gemeinschaftsrecht und Völkerrecht im Vergleich, in: K. Riesenhuber / K. Takayama (Hrsg.), Rechtsangleichung. Grundlagen, Methoden und Inhalte. Deutsch-japanische Perspektiven, Berlin 2006, S. 247 ff.

ders.: Rechtssicherheit. Perspektivische Annäherungen an eine idée directrice des Rechts, Tübingen 2006.

Arnim, Gabriele von / Deile, Volkmar / Hutter, Franz-Josef / Kurtenbach, Sabine / Tessmer, Carsten (Hrsg.): Jahrbuch Menschenrechte 2003, Frankfurt a.M. 2002.

Arnim, Hans Herbert von / Schurig, Martin (Hrsg.): Die EU-Verordnung über die Parteienfinanzierung, Münster 2004.

Arnold, Rainer: Die Rolle der Mitgliedstaaten in der Europäischen Verfassungsordnung, in: EWS 2002, S. 216 ff.

Arts, Wilhelmus A. / Hagenaars, Jacques A. / Halman, Loek (Hrsg.): The Cultural Diversity of European Unity, Leiden 2003.

ders. / Halman, Loek (Hrsg.): European Values at the Turn of the Millenium, Tilburg 2004.

Asch, Ronald G. / Duchhardt, Heinz (Hrsg.): Der Absolutismus – ein Mythos? Strukturwandel monarchischer Herrschaft in West- und Mitteleuropa (ca. 1550–1700), Köln u.a. 1996.

Asp, Petter: Der europäische Haftbefehl, in: B. Schünemann (Hrsg.), Alternativentwurf Europäische Strafverfolgung, Köln u.a. 2004, S. 132 ff.

Assmann, Jan (Hrsg.): Die Erfindung des inneren Menschen. Studien zur religiösen Anthropologie, Gütersloh 1993.

ders.: Kollektives Gedächtnis und kulturelle Identität, in: ders. / T. Hölscher (Hrsg.), Kultur und Gedächtnis, Frankfurt a.M. 1988, S. 9 ff.

ders.: Das kulturelle Gedächtnis. Schrift, Erinnerung und politische Identität in frühen Hochkulturen, 3. Aufl., München 2000.

ders. / Hölscher, Tonio (Hrsg.): Kultur und Gedächtnis, Frankfurt a.M. 1988.

ders. / Sundermeier, Theo (Hrsg.): Schuld, Gewissen und Person. Studien zur Geschichte des inneren Menschen, Gütersloh 1997.

Atripaldi, Vincenzo / Miccù, Roberto (Hrsg.): L'omogeneità costituzionale nell'Unione Europea, Padua 2003.

Aubert, Jean-François / Eichenberger, Kurt: La constitution – son contenu, son usage. Sinn und Bedeutung einer Verfassung, Basel 1991.

Auel, Katrin / Benz, Arthur (Hrsg.): The Europeanisation of Parliamentary Democracy, Abingdon 2006.

dies.: Expanding National Parliamentary Control: Does it further European Democracy?, in: B. Kohler-Koch / B. Rittberger (Hrsg.), Debating the Democratic Legitimacy of the European Union, Lanham 2007, S. 57 ff.

Auer, Andreas: The constitutional scheme of federalism, in: Journal of European Public Policy 2005, S. 419 ff.

Augustin, Angela: Das Volk der Europäischen Union. Zu Inhalt und Kritik eines normativen Begriffs, Berlin 2000.

Azpitarte Sánchez, Miguel: El Tribunal Constitucional ante el control del derecho comunitario derivado, Madrid 2002.

Bach, Maurizio: Die Bürokratisierung Europas. Verwaltungseliten, Experten und politische Legitimation in Europa, Frankfurt a.M. 1999.

Bacigalupo, Enrique: Bemerkungen zu strafrechtlichen Fragen des Verfassungsentwurfs, in: ZStW 2004, S. 326 ff.
Badinter, Robert (Hrsg.): Une Constitution européenne, Paris 2002.
ders. / Scholz, Rupert (Hrsg.): Wege und Verfahren des Verfassungslebens. FS für Peter Lerche zum 65. Geburtstag, München 1993.
Badura, Peter: Bewahrung und Veränderung demokratischer und rechtsstaatlicher Verfassungsstruktur in den internationalen Gemeinschaften, in: VVDStRL 23 (1966), S. 34 ff.
ders. / Dreier, Horst (Hrsg.): FS 50 Jahre Bundesverfassungsgericht, 2 Bde., Tübingen 2001.
ders.: Planung durch Gesetz, in: J. P. Müller (Hrsg.), Recht als Prozess und Gefüge. FS für Hans Huber zum 80. Geburtstag, Bern 1981, S. 15 ff.
ders.: Staat, Recht und Verfassung in der Integrationslehre. Zum Tode von Rudolf Smend, in: Der Staat 16 (1977), S. 305 ff.
ders.: Das Staatsziel „europäische Integration“ im Grundgesetz, in: J. Hengstschläger / H. F. Köck / K. Korinek (Hrsg.), Für Staat und Recht. FS für Herbert Schambeck, Berlin 1994, S. 887 ff.
ders.: Verfassung und Verfassungsrecht in Europa, in: AöR 131 (2006), S. 423 ff.
Balaguer Callejón, Francisco: Derecho y Derechos en la Unión Europea, in: J. Corcuera Atienza (Hrsg.), La protección de los Derechos Fundamentales en la Unión Europea, Madrid 2002, S. 39 ff.
Balmes, Jakob: Protestantismus und Katholizismus in ihren Beziehungen zur europäischen Civilisation, 2 Bde., Regensburg 1888.
Barber, Nicolas W.: The Limited Modesty of Subsidiarity, in: ELJ 11 (2005), S. 308 ff.
ders.: Subsidiarity in the Draft Constitution, in: EPL 2005, S. 197 ff.
Barion, Hans / Forsthoff, Ernst / Weber, Werner (Hrsg.): FS für Carl Schmitt. Zum 70. Geburtstag dargebracht von Freunden und Schülern, Berlin 1959.
Barnard, Catherine: The Substantive Law of the EU. The Four Freedoms, Oxford 2004.
Bartolini, Stefano: Restructuring Europe. Centre formation, system-building and political structuring between the nation state and the European Union, Oxford 2005.
Basedow, Jürgen: The Communitarization of the Conflict of Laws under the Treaty of Amsterdam, in: CMLR 37 (2000), S. 687 ff.
Bauer, Hartmut: Die Bundestreue. Zugleich ein Beitrag zur Dogmatik des Bundesstaatsrechts und zur Rechtsverhältnislehre, Tübingen 1992.
ders. / Huber, Peter M. / Sommermann, Karl-Peter (Hrsg.): Demokratie in Europa, Tübingen 2005.
ders. / Czybulka, Detlef / Kahl, Wolfgang / Voßkuhle, Andreas (Hrsg.): Wirtschaft im offenen Verfassungsstaat. FS für Reiner Schmidt zum 70. Geburtstag, München 2006.
Bauerkämper, Arndt: Der Faschismus in Europa 1918–1945, Stuttgart 2006.
Bayer, Hermann-Wilfried: Die Bundestreue, Tübingen 1961.
Beaud, Olivier / Lechevalier, Arnaud / Pernice, Ingolf / Strudel, Sylvie (Hrsg.): L’Europe en voie de Constitution. Pour un bilan critique des travaux de la Convention, Brüssel 2004.
ders.: Föderalismus und Souveränität. Bausteine zu einer verfassungsrechtlichen Lehre der Föderation, in: Der Staat 35 (1996), S. 45 ff.
Beck, Ulrich / Grande, Edgar: Das kosmopolitische Europa. Gesellschaft und Politik in der zweiten Moderne, Frankfurt a.M. 2004.
Becker, Ulrich: EU-Beihilfenrecht und soziale Dienstleistungen, in: NZS 2007, S. 169 ff.

ders.: Sozialrecht in der europäischen Integration – eine Zwischenbilanz, in: ZFSH / SGB 2007, S. 134 ff.

ders.: Unionsbürgerschaft und soziale Rechte, in: ZESAR 2002, S. 8 ff.

Beckmann, Klaus / Dieringer, Jürgen / Hufeld, Ulrich (Hrsg.): Eine Verfassung für Europa, Tübingen 2004.

Behnen, Michael: Der gerechte Krieg und der notwendige Krieg. „Necessitas" und „Utilitas reipublicae" in der Kriegstheorie des 16. und 17. Jahrhunderts, in: J. Kunisch (Hrsg.), Staatsverfassung und Heeresverfassung in der europäischen Geschichte der frühen Neuzeit, Berlin 1986, S. 43 ff.

Behringer, Wolfgang (Hrsg.): Europa. Ein historisches Lesebuch, München 1998.

Benedek, Wolfgang / Ginther, Konrad / Isak, Hubert / Kicker, Renate (Hrsg.): Development and Developing International and European Law. Essays in Honour of Konrad Ginther on the Occasion of His 65th Birthday, Frankfurt a.M. 1999.

Benz, Arthur / Lehmbruch, Gerhard (Hrsg.): Föderalismus. Analysen in entwicklungsgeschichtlicher und vergleichender Perspektive, Wiesbaden 2002.

ders.: Path-dependent Institutions and Strategic Veto-Players – National Parliaments in the European Union, in: West European Politics 2004, S. 875 ff.

ders.: Mehrebenenverflechtung in der Europäischen Union, in: M. Jachtenfuchs / B. Kohler-Koch (Hrsg.), Europäische Integration, 2. Aufl., Opladen 2003, S. 317 ff.

ders.: Themen, Probleme und Perspektiven der vergleichenden Föderalismusforschung, in: ders. / G. Lehmbruch (Hrsg.), Föderalismus. Analysen in entwicklungsgeschichtlicher und vergleichender Perspektive, Wiesbaden 2002, S. 9 ff.

Benz, Wolfgang / Graml, Hermann / Weiß, Hermann (Hrsg.): Enzyklopädie des Nationalsozialismus, München 1997.

Bercé, Yves-Marie: Révoltes et revolutions dans l'Europe moderne, Paris 1980.

Berding, Helmut (Hrsg.): Mythos und Nation, Frankfurt a.M. 1996.

Berg, Werner: Gesundheitsschutz als Aufgabe der EU. Entwicklung, Kompetenzen, Perspektiven, Baden-Baden 1997.

Berg, Wilfried: Verwaltung in einem Europa der Regionen, in: A. Blankenagel / I. Pernice / H. Schulze-Fielitz (Hrsg.), Verfassung im Diskurs der Welt. Liber Amicorum für Peter Häberle zum siebzigsten Geburtstag, Tübingen 2004, S. 417 ff.

ders. / Fisch, Stefan / Schmitt Glaeser, Walter / Schoch, Friedrich / Schulze-Fielitz, Helmuth (Hrsg.), Die Wissenschaft vom Verwaltungsrecht. Die Verwaltung, Beiheft 2, Berlin 1999.

Bergem, Wolfgang: Europas Werte als Fundament europäischer Identität, in: H. Heit (Hrsg.), Die Werte Europas. Verfassungspatriotismus und Wertegemeinschaft in der EU?, Münster 2005, S. 271 ff.

Berger, Peter L. / Luckmann, Thomas: Die gesellschaftliche Konstruktion der Wirklichkeit. Eine Theorie der Wissenssoziologie, 18. Aufl., Frankfurt a.M. 2001.

Berlit, Uwe: Die Reform des Grundgesetzes nach der staatlichen Einigung Deutschlands, in: JöR 44 (1996), S. 17 ff.

Berman, Harold J.: Recht und Revolution. Die Bildung der westlichen Rechtstradition, Frankfurt a.M. 1991.

Bermann, George A. / Pistor, Katharina (Hrsg.): Law and governance in an enlarged European Union, Oxford 2004.

Bernecker, Walther L.: Spaniens Geschichte seit dem Bürgerkrieg, 3. Aufl., München 1997.

Bernhardt, Wilfried: Verfassungsprinzipien – Verfassungsgerichtsfunktionen – Verfassungsprozessrecht im EWG-Vertrag. Zur Auslegung des Gemeinschaftsprozessrechts, insbesondere der Bestimmungen über Zuständigkeit, Zugang und Entscheidungswirkungen, am Maßstab des Artikel 164 EWGV, Berlin 1987.

Bernsdorff, Norbert: Soziale Grundrechte in der Charta der Grundrechte der Europäischen Union, in: VSSR 2001, S. 1 ff.

Bertram, Christoph / Däuble, Friedrich (Hrsg.): Wem dient der auswärtige Dienst? Erfahrungen von Politik, Wirtschaft, Gesellschaft, Opladen 2002.

Besier, Gerhard: Das Europa der Diktaturen. Eine neue Geschichte des 20. Jahrhunderts, München 2006.

Béthune, Maximilian de, Herzog von Sully: Der große Plan (1632), in: R. H. Foerster (Hrsg.), Die Idee Europa 1300–1946. Quellen zur Geschichte der politischen Einigung, München 1963, S. 60 ff.

Beutler, Bengt: Offene Staatlichkeit und europäische Integration, in: R. Grawert / B. Schlink / R. Wahl / J. Wieland (Hrsg.), Offene Staatlichkeit. FS für Ernst-Wolfgang Böckenförde zum 65. Geburtstag, Berlin 1995, S. 109 ff.

Beyer, Malte: Der Konvent zur Zukunft Europas. Deliberativ-demokratische Verfassunggebung für die Europäische Union, Baden-Baden 2007.

Beyerlin, Ulrich: Zur Übertragung von Hoheitsrechten im Kontext dezentraler grenzüberschreitender Zusammenarbeit. Ein Beitrag zu Art. 24 Abs. 1 a Grundgesetz, in: ZaöRV 54 (1994), S. 587 ff.

Beyme, Klaus von: Die parlamentarische Demokratie. Entstehung und Funktionsweise 1789–1999, 3. Aufl., Wiesbaden 1999.

ders.: Die parlamentarischen Regierungssysteme in Europa, München 1970.

ders.: Die parlamentarischen Regierungssysteme in Europa, 2. Aufl., München 1973.

Bieback, Karl-Jürgen: Die Bedeutung der sozialen Grundrechte für die Entwicklung der EU, in: ZFSH / SGB 2003, S. 579 ff.

Bieber, Roland: Europa braucht den großen Schiffsputz, in: FAZ vom 3. Dezember 1994, S. 8.

ders. / Vaerini, Micaela: Implementation and Compliance. Stimulus for New Governance Structures in the Accession Countries, in: G. A. Bermann / K. Pistor (Hrsg.), Law and governance in an enlarged European Union, Oxford 2004, S. 387 ff.

ders.: Kompetenzen und Institutionen im Rahmen einer EU-Verfassung, in: P. Häberle / M. Morlok / V. Skouris (Hrsg.), FS für Dimitris Th. Tsatsos. Zum 70. Geburtstag am 5. Mai 2003, Baden-Baden 2003, S. 30 ff.

ders.: Nicht Stütze, sondern Wegbereiter, in: FAZ vom 8. Juni 1994, S. 12.

ders.: Das Verfahrensrecht von Verfassungsorganen. Ein Beitrag zur Theorie der inner- und interorganschaftlichen Rechtsetzung in der Europäischen Gemeinschaft, im Staatsrecht und Völkerrecht, Baden-Baden 1992.

ders.: Verfassungsentwicklung und Verfassungsgebung, in: R. Wildenmann (Hrsg.), Staatswerdung Europas? Optionen für eine Europäische Union, Baden-Baden 1991, S. 393 ff.

ders. / Widmer, Pierre (Hrsg.): Der europäische Verfassungsraum, Zürich 1995.

Bielefeldt, Heiner: Universale Menschenrechte angesichts der Pluralität der Kulturen, in: H.-R. Reuter (Hrsg.), Ethik der Menschenrechte, Tübingen 1999, S. 43 ff.

Birkinshaw, Patrick: A Constitution for the European Union? – A Letter from Home, in: EPL 2004, S. 57 ff.

ders.: Constitutions, Constitutionalism and the State, in: EPL 2005, S. 31 ff.
Bisogni, Giacinto: La cooperazione giudiziaria civile del progetto di Costituzione europea, in: Rivista di diritto processuale 2005, S. 23 ff.
Bitterli, Urs: Alte Welt – neue Welt. Formen des europäisch-überseeischen Kulturkontakts vom 15. bis zum 18. Jahrhundert, München 1992.
Bitzilekis, Nikolaos / Kaiafa-Gbandi, Maria / Symeonidou-Kastanidou, Elisavet: Alternativüberlegungen zur Regelung transnationaler Strafverfahren in der EU, in: B. Schünemann (Hrsg.), Alternativentwurf Europäische Strafverfolgung, Köln u.a. 2004, S. 240 ff.
Blankart, Charles B. / Mueller, Dennis C.: Alternativen der parlamentarischen Demokratie, in: Perspektiven der Wirtschaftspolitik 2002, S. 1 ff.
Blanke, Hermann-Josef: Europa auf dem Weg zu einer Bildungs- und Kulturgemeinschaft, Köln u.a. 1994.
ders.: Föderalismus und Integrationsgewalt. Die Bundesrepublik Deutschland, Spanien, Italien und Belgien als dezentralisierte Staaten in der EG, Berlin 1991.
Blankenagel, Alexander / Pernice, Ingolf / Schulze-Fielitz, Helmuth (Hrsg.): Verfassung im Diskurs der Welt. Liber Amicorum für Peter Häberle zum siebzigsten Geburtstag, Tübingen 2004.
Bleckmann, Albert: Chancen und Gefahren der europäischen Integration, in: JZ 1990, S. 301 ff.
ders.: Das europäische Demokratieprinzip, in: JZ 2001, S. 53 ff.
ders.: Europarecht. Das Recht der Europäischen Union und der Europäischen Gemeinschaften, 6. Aufl., Köln u.a. 1997.
ders.: Studien zum Europäischen Gemeinschaftsrecht, Köln u.a. 1986.
ders.: Die Wahrung der „nationalen Identität" im Unionsvertrag, in: JZ 1997, S. 265 ff.
Blickle, Peter: Kommunalismus. Skizzen einer gesellschaftlichen Organisationsform, 2 Bde., München 2000.
ders. (Hrsg.): Resistance, Representation and Community, Oxford 1997.
ders.: Unruhen in der ständischen Gesellschaft 1300–1800, München 1988.
Bloch, Eckhard / Pruns, Katrin: Ausschreibungspflichten bei der Leistungserbringung in der GKV, in: SGb 2007, S. 645 ff.
Blockmans, Wim / Genet, Jean-Philippe (Hrsg.): The Origins of the Modern State in Europe, 13th to 18th Century, 7 Bde., Oxford 1995–2000.
Blumenwitz, Dieter / Gornig, Gilbert H. / Murswiek, Dietrich (Hrsg.): Die Europäische Union als Wertegemeinschaft, Berlin 2005.
Bobbio, Norberto: Das Zeitalter der Menschenrechte. Ist Toleranz durchsetzbar?, Berlin 1998.
Böckenförde, Ernst-Wolfgang: Demokratie als Verfassungsprinzip, in: J. Isensee / P. Kirchhof (Hrsg.), HdbStR, Bd. I, Grundlagen von Staat und Verfassung, Heidelberg 1987, S. 887 ff.
ders.: Grundrechte als Grundsatznormen, in: Der Staat 29 (1990), S. 1 ff.
ders.: Die sozialen Grundrechte im Verfassungsgefüge, in: ders., Staat, Verfassung, Demokratie. Studien zur Verfassungstheorie und zum Verfassungsrecht, Frankfurt a.M. 1991, S. 146 ff.
ders.: Grundrechtstheorie und Grundrechtsinterpretation, in: ders., Staat, Verfassung, Demokratie. Studien zur Verfassungstheorie und zum Verfassungsrecht, Frankfurt a.M. 1991, S. 115 ff.

ders.: Kirche und modernes Bewußtsein, in: P. Koslowski / R. Spaemann / R. Löw (Hrsg.), Moderne oder Postmoderne? Zur Signatur des gegenwärtigen Zeitalters, Weinheim 1986, S. 103 ff.

ders.: Die Nation – Identität in Differenz, in: K. Michalski (Hrsg.), Identität im Wandel / Castelgandolfo-Gespräche 1995. Institut für die Wissenschaft vom Menschen, Stuttgart 1995, S. 129 ff.

ders.: Staat, Verfassung, Demokratie. Studien zur Verfassungstheorie und zum Verfassungsrecht, Frankfurt a.M. 1991.

ders.: Wenn der europäische Stier vom goldenen Kalb überholt wird. Die Politik in der ökonomischen Falle: Wirtschaftliche Einigung schafft noch keine politische Solidarität, in: FAZ vom 24. Juli 1997, S. 30.

ders.: Welchen Weg geht Europa?, München 1997.

Bode, Stephanie: Von der Freizügigkeit zur sozialen Gleichstellung aller Unionsbürger?, in: EuZW 2003, S. 552 ff.

Bodin, Jean: Les six livres de la Rèpublique, Aalen 1977.

Boetticher, Arne von: Die frei-gemeinnützige Wohlfahrtspflege und das europäische Beihilfenrecht, Baden-Baden 2003.

Bogdandy, Armin von: Supranationaler Föderalismus als Wirklichkeit und Idee einer neuen Herrschaftsform. Zur Gestalt der Europäischen Union nach Amsterdam, Baden-Baden 1999.

ders.: Grundrechtsgemeinschaft als Integrationsziel? Grundrechte und das Wesen der Europäischen Union, in: JZ 2001, S. 157 ff.

ders.: Grundrechtsgemeinschaft als Integrationsziel? Grundrechte und das Wesen der Europäischen Union, in: Der Staat 39 (2000), S. 163 ff.

ders.: Europäische und nationale Identität: Integration durch Verfassungsrecht, in: VVDStRL 62 (2003), S. 156 ff.

ders. / Bast, Jürgen: Die vertikale Kompetenzordnung der Europäischen Union, in: EuGRZ 2001, S. 441 ff.

ders.: Konstitutionalisierung des europäischen öffentlichen Rechts in der europäischen Republik, in: JZ 2005, S. 529 ff.

ders.: Parlamentarismus in Europa: eine Verfalls- oder Erfolgsgeschichte?, in: AöR 130 (2005), S. 445 ff.

ders.: Europäische Prinzipienlehre, in: ders. (Hrsg.), Europäisches Verfassungsrecht. Theoretische und dogmatische Grundzüge, Berlin u.a. 2003, S. 149 ff.

ders.: Gubernative Rechtsetzung. Eine Neubestimmung der Rechtsetzung und des Regierungssystems unter dem Grundgesetz in der Perspektive gemeineuropäischer Dogmatik, Tübingen 2000.

ders.: Europäische Verfassung und europäische Identität, in: JZ 2004, S. 53 ff.

ders. (Hrsg.): Europäisches Verfassungsrecht. Theoretische und dogmatische Grundzüge, Berlin u.a. 2003.

Boldt, Antje: Müssen gesetzliche Krankenversicherungen das Vergaberecht beachten?, in: NJW 2005, S. 3757 ff.

Boldt, Werner: Konstitutionelle Monarchie oder Parlamentarische Demokratie. Die Auseinandersetzung um die deutsche Nationalversammlung in der Revolution von 1848, in: HZ 216 (1973), S. 553 ff.

Bonney, Richard (Hrsg.): The Rise of the Fiscal State in Europe, c. 1200–1815, Oxford 1999.

ders. (Hrsg.): Economic Systems and State Finance, Oxford 1995.
Bonvicini, Gianni / Regelsberger, Elfriede: Institutional trends in CFSP / ESDP in the wake of the EU's Constitutional crisis, Rom 2006.
Borchardt, Klaus-Dieter: Der sozialrechtliche Gehalt der Unionsbürgerschaft, in: NJW 2000, S. 2057 ff.
ders.: Die rechtlichen Grundlagen der Europäischen Union. Eine systematische Darstellung für Studium und Praxis, 3. Aufl., Heidelberg u.a. 2006.
ders.: Richterrecht durch den Gerichtshof der Europäischen Gemeinschaften, in: A. Randelzhofer / R. Scholz / D. Wilke (Hrsg.), GS für Eberhard Grabitz, München 1995, S. 29 ff.
Borchardt, Rudolf / Hofmannsthal, Hugo von: Briefwechsel, München / Wien 1994.
ders.: Gedanken über den europäischen Begriff, in: ders. / H. von Hofmannsthal, Briefwechsel, München / Wien 1994.
Borowsky, Martin: Wertkonflikte in der Europäischen Union, in: H.-J. Derra (Hrsg.), Freiheit, Sicherheit und Recht. FS für Jürgen Meyer zum 70. Geburtstag, Baden-Baden 2006, S. 49 ff.
Borrell Fontelles, José: La Constitution Européenne et le nouveau cadre de la politique extérieure européenne, in: L'annuaire de la Méditerranée 2005, S. 120 ff.
Börzel, Tanja A. / Hosli, Madeleine O.: Brussels between Bern and Berlin: Comparative Federalism Meets the European Union, in: Governance 2003, S. 179 ff.
Bothe, Michael: Erziehungsauftrag und Erziehungsmaßstab der Schule im freiheitlichen Verfassungsstaat, in: VVDStRL 54 (1995), S. 7 ff.
Bracher, Karl Dietrich: Die deutsche Diktatur. Entstehung, Struktur, Folgen des Nationalsozialismus, 7. Aufl., Köln 1997.
Brand, Jürgen / Hattenhauer, Hans (Hrsg.): Der europäische Rechtsstaat, Heidelberg 1994.
Brandt, Peter / Haratsch, Andreas / Schmidt, Hans-Rüdiger (Hrsg.): Dimitris Th. Tsatsos. Zur Verfassungsentwicklung Europas. Beiträge aus den Jahren 1997 bis 2008, Berlin 2008.
ders.: Vom endgültigen Durchbruch der parlamentarischen Demokratie bis zu den Anfängen des sozialdemokratischen Wohlfahrtsstaats – Nordeuropa in der Zwischenkriegszeit, in: C. Gusy (Hrsg.), Demokratie in der Krise. Europa in der Zwischenkriegszeit, Baden-Baden 2008, S. 155 ff.
ders. / Kirsch, Martin / Schlegelmilch, Arthur / Daum, Werner: Einleitung, in: ders. / M. Kirsch / A. Schlegelmilch (Hrsg.), Hdb. der europäischen Verfassungsgeschichte im 19. Jahrhundert. Institutionen und Rechtspraxis im gesellschaftlichen Wandel, Bd. 1. Um 1800, Bonn 2006, S. 7 ff.
ders. / Kirsch, Martin / Schlegelmilch, Arthur (Hrsg.): Hdb. der europäischen Verfassungsgeschichte im 19. Jahrhundert. Institutionen und Rechtspraxis im gesellschaftlichen Wandel, Bd. 1. Um 1800, Bonn 2006.
dies. / Daum, Werner (Hrsg.): Hdb. der europäischen Verfassungsgeschichte. Institutionen und Rechtspraxis im gesellschaftlichen Wandel, Bd. 2, 1815–1847, Bonn 2010 (i.E.).
ders. / Dimitris Th. Tsatsos: Von der Konstitutionalisierung Europas zu einer europäischen Verfassung, in: ders. / A. Haratsch / H.-R. Schmidt (Hrsg.), Dimitris Th. Tsatsos. Zur Verfassungsentwicklung Europas. Beiträge aus den Jahren 1997 bis 2008, Berlin 2008, S. 147 ff.

Braum, Stefan: Aufbruch oder Abbruch europäischer Strafverteidigung, in: StV 2003, S. 576 ff.
Bray, Robert (Hrsg.): Constitutional Law of the European Union, 2. Aufl., London 2004.
ders. (Hrsg.): Procedural Law of the European Union, London 2006.
Bredekamp, Horst: Thomas Hobbes, Der Leviathan. Das Urbild des modernen Staates und seine Gegenbilder, 1651–2001, 3. Aufl., Berlin 2006.
Bredt, Stephan: The European Social Contract and the European Public Sphere, in: ELJ 12 (2006), S. 61 ff.
Brenner, Michael: Der Gestaltungsauftrag der Verwaltung in der Europäischen Union, Tübingen 1996.
Breuer, Rüdiger: Die Sackgasse des neuen Europaartikels (Art. 23 GG), in: NVwZ 1994, S. 417 ff.
Bribosia, Hervé: Subsidiarité et répartition des compétences entre l'Union et ses États membres dans la Constitution européenne, in: RDUE 2005, S. 25 ff.
Brockmöller, Annette / Buchwald, Delf / Tappe, Katja / von den Pfordten, Dietmar (Hrsg.), Ethische und strukturelle Herausforderungen des Rechts, ARSP-Beiheft, Bd. 66, Stuttgart 1997.
Bröhmer, Jürgen / Bieber, Roland / Calliess, Christian / Langenfeld, Christine / Weber, Stefan / Wolf, Joachim (Hrsg.): Internationale Gemeinschaft und Menschenrechte. FS für Georg Ress, Köln u.a. 2005.
Brok, Elmar / Leinen, Jo: Einführung, in: Bundeszentrale für politsche Bildung (Hrsg.), Vertrag von Lissabon, Bonn 2008, S. 17 ff.
ders.: Der Konvent – Bewertungen und Perspektiven, in: J. Schwarze (Hrsg.), Der Verfassungsentwurf des Europäischen Konvents. Verfassungsrechtliche Grundstrukturen und wirtschaftsverfassungsrechtliches Konzept, Baden-Baden 2004, S. 419 ff.
Brosius-Gersdorf, Frauke: Die doppelte Legitimationsbasis der Europäischen Union, in: EuR 1999, S. 133 ff.
Broß, Siegfried: Daseinsvorsorge – Wettbewerb – Gemeinschaftsrecht, in: JZ 2003, S. 874 ff.
ders.: Grundrechte und Grundwerte in Europa, in: JZ 2003, S. 429 ff.
Brox, Norbert / Engels, Odilo / Kretschmar, Georg / Meier, Kurt / Smolinsky, Heribert (Hrsg.): Die Geschichte des Christentums. Religion, Politik, Kultur, 14 Bde., Freiburg i.Br. u.a. 1991–2004.
Bruha, Thomas / Novak, Carsten: Recht auf Austritt aus der Europäischen Union?, in: AVR 42 (2004), S. 1 ff.
Brunner, Otto / Conze, Werner / Koselleck, Reinhart (Hrsg.): Geschichtliche Grundbegriffe. Historisches Lexikon zur politisch-sozialen Sprache in Deutschland, Bd. 4, Stuttgart 1978.
Bryde, Brun-Otto: Konstitutionalisierung des Völkerrechts und Internationalisierung des Verfassungsrechts, in: Der Staat 42 (2003), S. 61 ff.
ders.: Verfassungsentwicklung. Stabilität und Dynamik im Verfassungsrecht der Bundesrepublik Deutschland, Baden-Baden 1982.
Buchholz, Werner: Anfänge der Sozialdisziplinierung im Mittelalter. Die Reichsstadt Nürnberg als Beispiel, in: ZHF 18 (1991), S. 129 ff.
Buguet, Béatrice: Union européenne, projet de traité constitutionnel: éléments d'analyses, in: RDP 2005, S. 463 ff.

Bumke, Christian: Relative Rechtswidrigkeit. Systembildung und Binnendifferenzierungen im öffentlichen Recht, Tübingen 2004.

Bundesministerium für Arbeit und Sozialordnung / Max-Planck-Institut für ausländisches und internationales Sozialrecht / Akademie der Diözese Rottenburg (Hrsg.): Soziale Grundrechte in der Europäischen Union, Baden-Baden 2001.

Búrca, Gráinne de: The European Constitutional Project after the Referenda, in: Constellations 13 (2006), S. 205 ff.

Burgess, Michael: Federalism and the European Union. The Building of Europe 1950–2000, London 2000.

Burghardt, Günter: Die Europäische Verfassungsentwicklung aus dem Blickwinkel der USA, FCE 4 / 02, online: http://www.whi-berlin.de/documents/burghardt.pdf (zuletzt abgerufen am 27.11.2009).

Burgstaller, Markus: Die vertikale Kompetenzverteilung der Europäischen Union, in: JRP 2004, S. 255 ff.

Burkhardt, Johannes: Die Friedlosigkeit der frühen Neuzeit. Grundlegung einer Theorie der Bellizität Europas, in: ZHF 24 (1997), S. 509 ff.

Busek, Erhard / Hummer, Waldemar (Hrsg.): Internationaler, transnationaler und supranationaler Parlamentarismus, Wien 2004.

Büsch, Otto / Schlegelmilch, Arthur (Hrsg.): Wege europäischen Ordnungswandels. Gesellschaft, Politik und Verfassung in der zweiten Hälfte des 19. Jahrhunderts, Hamburg 1995.

Butzer, Hermann / Kaltenborn, Markus / Meyer, Wolfgang (Hrsg.): Organisation und Verfahren im sozialen Rechtsstaat. FS für Friedrich E. Schnapp zum 70. Geburtstag, Berlin 2008.

Byok, Jan: Auftragsvergabe im Gesundheitssektor, in: GesR 2007, S. 553 ff.

Callewaert, Johan: Die EMRK und die EU-Grundrechtecharta, in: EuGRZ 2003, S. 198 ff.

Calliess, Christian: Europäischer Binnenmarkt und Europäische Demokratie: Von der Dienstleistungsfreiheit zur Dienstleistungsrichtlinie – und wieder Retour?, in: DVBl. 2007, S. 336 ff.

ders.: Europa als Wertegemeinschaft – Integration und Identität durch europäisches Verfassungsrecht, in: JZ 2004, S. 1033 ff.

ders. / Ruffert, Matthias (Hrsg.): EUV / EGV. Das Verfassungsrecht der Europäischen Union mit Europäischer Grundrechtecharta, 3. Aufl., München 2007.

ders.: Grundlagen, Grenzen und Perspektiven europäischen Richterrechts, in: NJW 2005, S. 929 ff.

ders. / Ruffert, Matthias (Hrsg.): Kommentar des Vertrages über die Europäische Union und des Vertrages zur Gründung der Europäischen Gemeinschaft. EUV / EGV, 2. Aufl., Neuwied u.a. 2002.

dies. (Hrsg.): Verfassung der Europäischen Union. Kommentar der Grundlagenbestimmungen (Teil I), München 2006.

dies.: Vom Vertrag zur EU-Verfassung – Eine perspektivische Einführung in das Thema der Weimarer Tagung, in: EuGRZ 2004, S. 542 ff.

Canfora, Luciano: La Democrazia – Storia di un'ideologia, Rom / Bari 2004.

Casper, Gerhard: Juristischer Realismus und politische Theorie im amerikanischen Rechtsdenken, Berlin 1967.

Cassese, Antonio: Human Rights in a Changing World, Philadelphia 1990.

Classen, Claus-Dieter: Rechtsschutz, in: R. Schulze / M. Zuleeg (Hrsg.), Europarecht. Hdb. für die deutsche Rechtspraxis, Baden-Baden 2006, S. 184 ff.

ders.: Rechtsstaatlichkeit als Primärrechtsgebot in der Europäischen Union – Vertragsrechtliche Grundlagen und Rechtsprechung der Gemeinschaftsgerichte, in: P.-C. Müller-Graff / D. H. Scheuing (Hrsg.), Gemeinschaftsgerichtsbarkeit und Rechtsstaatlichkeit, EuR -Beiheft 3 / 2008, Baden-Baden 2008, S. 7 ff.

ders.: Legitime Stärkung des Bundestages oder verfassungsrechtliches Prokrustesbett? Zum Urteil des BVerfG zum Vertrag von Lissabon, in: JZ 2009, S. 881 ff.

ders.: Das nationale Verwaltungsverfahren im Kraftfeld des Europäischen Gemeinschaftsrechts, in: Die Verwaltung 31 (1998), S. 307 ff.

Coleman, Janet (Hrsg.): The Individual in Political Theory and Practice, Oxford 1996.

Colley, Linda: Britons: Forging the Nation 1707–1837, New Haven 1992.

Constantinesco, Vlad: Les compétences et le principe de subsidiarité, in: RTDE 2005, S. 305 ff.

ders. / Gautier, Yves / Michel, Valérie (Hrsg.): Le Traité établissant une Constitution pour l'Europe, Straßburg 2005.

Contamine, Philippe (Hrsg.): War and Competition between States, Oxford 2000.

Contiades, Xenophon I.: Social Rights in the Draft Constitutional Treaty, in: Revue Hellénique des Droits de l'Homme 2003, S. 1081 ff.

Corcuera Atienza, Javier (Hrsg.): La protección de los Derechos Fundamentales en la Unión Europea, Madrid 2002.

Cornils, Matthias: Art. 23 Abs. 1 GG: Abwägungsposten oder Kollisionsregel?, in: AöR 129 (2004), S. 336 ff.

Craig, Paul: Competence: Clarity, Containment and Consideration, in: ERLP / REDP 2004, S. 143 ff.

Cremer, Hans-Joachim: Das Demokratieprinzip auf nationaler und europäischer Ebene im Lichte des Maastricht-Urteils des Bundesverfassungsgerichts, in: EuR 1995, S. 21 ff.

ders. / Giegerich, Thomas / Richter, Dagmar / Zimmermann, Andreas (Hrsg.): Tradition und Weltoffenheit des Rechts. FS für Helmut Steinberger, Berlin u.a. 2002.

Cremer, Wolfram: Negative und positive Integration. Die Europäische Gemeinschaft als Sozial- und Bildungsunion, in: A. Hatje / P. M. Huber (Hrsg.), Unionsbürgerschaft und soziale Rechte, EuR-Beiheft 1/2007, Baden-Baden 2007, S. 75 ff.

Crowe, Brian: Foreign Minister of Europe, London 2005.

Curtius, Ernst Robert: Europäische Literatur und lateinisches Mittelalter, 11. Aufl., Tübingen / Basel 1993.

Daniel, Ute: Kompendium der Kulturgeschichte. Theorien, Praxis, Schlüsselwörter, 4. Aufl., Frankfurt a.M. 2004.

Danwitz, Thomas von: Die Eigenverantwortung der Mitgliedstaaten für die Durchführung von Gemeinschaftsrecht, in: DVBl. 1998, S. 421 ff.

ders.: Die Kultur in der Verfassungsordnung der Europäischen Union, in: NJW 2005, S. 529 ff.

ders. / Heintzen, Markus / Jestaedt, Matthias (Hrsg.): Auf dem Wege zu einer europäischen Staatlichkeit, Stuttgart u.a. 1993.

Dänzer-Vanotti, Wolfgang: Unzulässige Rechtsfortbildung des Europäischen Gerichtshofs, in: RIW 1992, S. 733 ff.

D'Atena, Antonio: Die Subsidiarität: Werte und Regeln, in: A. Blankenagel / I. Pernice / H. Schulze-Fielitz (Hrsg.), Verfassung im Diskurs der Welt. Liber Amicorum für Peter Häberle zum siebzigsten Geburtstag, Tübingen 2004, S. 327 ff.

Dauses, Manfred A. (Hrsg.): Hdb. des EU-Wirtschaftsrechts, Loseblattsammlung, 2 Bde., München, Stand: 2008.

Davis, Rufus S.: The Federal Principle. A Journey Through Time in Quest of a Meaning, Berkeley 1978.

Degan, Vladimir-Djuro: General Principles of Law, in: FinnYBIL 3 (1992), S. 1 ff.

Degenhart, Christoph: Staatsorganisationsrecht, 22. Aufl., Heidelberg 2006.

Deinzer, Gerold: Europäische Parteien. Begriff und Funktion in einem europäischen Integrationsensemble, Baden-Baden 1999.

Delanty, Gerard: Inventing Europe. Idea, Identity, Reality, London 1995.

Demel, Michael / Hausotter, Carola / Heibeyn, Claudia / Hendrischke, Oliver / Heselhaus, Sebastian / Karthaus, Arnim / Mayer, Matthias / Neumark, Frank / Schmehl, Arndt / Wallrabenstein, Astrid (Hrsg.): Funktionen und Kontrolle der Gewalten, Stuttgart u.a. 2001.

Denninger, Erhard: Anmerkungen zur Diskussion um europäische Grundrechte, in: KritV 83 (2000), S. 145 ff.

ders.: Menschenrechte und Staatsaufgaben – ein „europäisches" Thema, in: JZ 1996, S. 585 ff.

ders.: Recht in globaler Unordnung, Berlin 2005.

Depenheuer, Otto / Heintzen, Markus / Jestaedt, Matthias / Axer, Peter (Hrsg.): Staat im Wort. FS für Josef Isensee, Heidelberg 2007.

Derra, Hans-Jörg (Hrsg.): Freiheit, Sicherheit und Recht. FS für Jürgen Meyer zum 70. Geburtstag, Baden-Baden 2006.

Deutscher Sozialrechtsverband (Hrsg.): Offene Methode der Koordinierung im Sozialrecht, SDSRV-Beiheft 53 (2005), Aachen u.a. 2005.

Dicke, Klaus / Hummer, Waldemar / Girsberger, Daniel / Boele-Woelki, Katharina / Engel, Christoph / Frowein, Jochen A. (Hrsg.): Völkerrecht und internationales Privatrecht in einem sich globalisierenden internationalen System. Auswirkungen der Endstaatlichung transnationaler Rechtsbeziehungen, Heidelberg 2000.

ders. / Hobe, Stephan / Meyn, Karl-Ulrich / Peters, Anne / Riedel, Eibe / Schütz, Hans-Joachim / Tietje, Christian (Hrsg.): Weltinnenrecht. Liber amicorum Jost Delbrück, Berlin 2005.

Dietrich, Michael: Der italienische Verfassungsgerichtshof. Status und Funktionen, Berlin 1995.

Di Fabio, Udo: Grundrechte als Wertordnung, in: JZ 2004, S. 1 ff.

ders.: Das Recht offener Staaten. Grundlinien einer Staats- und Rechtstheorie, Tübingen 1998.

Dilcher, Gerhard: Entfaltung und Krise des Verwaltungsstaates, in: HZ 250 (1990), S. 631 ff.

Dinzelbacher, Peter (Hrsg.): Europäische Mentalitätsgeschichte. Hauptthemen in Einzeldarstellungen, Stuttgart 1993.

Dippel, Horst (Hrsg.): Constitutions of the World from the late 18th Century to the Middle of the 19th Century /Verfassungen der Welt vom späten 18. Jahrhundert bis zur Mitte des 19. Jahrhunderts. Sources on the Rise of modern Constitutionalism /Quellen zur Herausbildung des modernen Konstitutionalismus, München ab 2005.

ders. (Hrsg.): Constitutions of the world 1850 to the present, München ab 2003.
Dipper, Christof / Speck, Ulrich (Hrsg.): 1848 – Revolution in Deutschland, Frankfurt a.M. / Leipzig 1998.
Dittmann, Armin: Erziehungsauftrag und Erziehungsmaßstab der Schule im freiheitlichen Verfassungsstaat, in: VVDStRL 54 (1995), S. 47 ff.
Doehring, Karl: Die nationale „Identität" der Mitgliedstaaten, in: O. Due / M. Lutter / J. Schwarze (Hrsg.), FS für Ulrich Everling, Bd. 1, Baden-Baden 1995, S. 263 ff.
Dölemeyer, Barbara / Mohnhaupt, Heinz (Hrsg.): Das Privileg im europäischen Vergleich, Frankfurt a.M. 1997.
Dony, Marianne / Bribosia, Emmanuelle (Hrsg.): Commentaire de la Constitution de l'Union européenne, Brüssel 2005.
Döring, Diether (Hrsg.): Sozialstaat in der Globalisierung, Frankfurt a.M. 1999.
Dougan, Michael: National Remedies before the Court of Justice, Oxford 2004.
Dowe, Dieter / Klotzbach, Kurt (Hrsg.): Programmatische Dokumente der deutschen Sozialdemokratie, 3. Aufl., Bonn 1990.
Drath, Martin / Niemeyer, Gerhart / Stammer, Otto / Borinski, Fritz (Hrsg.): Hermann Heller. Gesammelte Schriften, Bd. 2, Recht, Staat, Macht, Leiden 1971.
Dreier, Horst (Hrsg.): Grundgesetz. Kommentar, Bd. 1, 2. Aufl., Tübingen 2004.
ders.: Grundgesetz. Kommentar, Bd. 2, Tübingen 1998.
ders.: Grundgesetz. Kommentar, Bd. 2, 2. Aufl., Tübingen 2006.
ders. / Forkel, Hans / Laubenthal, Klaus (Hrsg.): Raum und Recht. FS 600 Jahre Würzburger Juristenfakultät, Berlin 2002.
ders. (Hrsg.): Rechts- und staatstheoretische Schlüsselbegriffe. Legitimität – Repräsentation – Freiheit. Symposion für Hasso Hofmann zum 70. Geburtstag, Berlin 2005.
Due, Ole / Lutter, Marcus / Schwarze, Jürgen (Hrsg.): FS für Ulrich Everling, 2 Bde., Baden-Baden 1995.
Dupuy, Pierre M. / Fassbender, Bardo / Shaw, Malcom N. / Sommermann, Karl-Peter (Hrsg.): Völkerrecht als Wertordnung. FS für Christian Tomuschat, Kehl 2006.
Dürig, Günter: Der deutsche Staat im Jahre 1945 und seither, in: VVDStRL 13 (1955), S. 27 ff.
Duso, Guiseppe / Krawietz, Werner / Wyduckel, Dieter (Hrsg.): Konsens und Konsoziation in der politischen Theorie des frühen Föderalismus, Berlin 1997.
Eagleton, Terry: Was ist Kultur? Eine Einführung, München 2001.
Easton, David: A Re-Assessment of the Concept of Political Support, in: British Journal of Political Science 5 (1975), S. 435 ff.
Eberhard, Winfried: Herrschaft braucht Zustimmung – der europäische Frühparlamentarismus entsteht, in: L. Kühnhardt / M. Lutz (Hrsg.), Die Wiederentdeckung Europas. Ein Gang durch Geschichte und Gegenwart, Stuttgart 1999, S. 121 ff.
Ebsen, Ingwer: Das selektive Vertragshandeln der Krankenkassen und Leistungserbringer im Lichte des europäischen Vergaberechts, in: C. Gaitanides / S. Kadelbach / G. C. Iglesias (Hrsg.), Europa und seine Verfassung. FS für Manfred Zuleeg zum siebzigsten Geburtstag, Baden-Baden 2005, S. 439 ff.
Ehlermann, Claus-Dieter: How flexible is Community Law? An unusual Approach to the Concept of "Two-Speeds", in: Michigan Law Review 1984, S. 1274 ff.
ders. / Bieber, Roland (Hrsg.): Hdb. des Europäischen Rechts, Loseblattsammlung, Baden-Baden, Stand: 2007.

ders.: Mitgliedschaft in der Europäischen Gemeinschaft – Rechtsprobleme der Erweiterung, der Mitgliedschaft und der Verkleinerung, in: EuR 1984, S. 113 ff.
Ehlers, Dirk (Hrsg.): Europäische Grundrechte und Grundfreiheiten, 2. Aufl., Berlin 2005.
Ehmke, Horst: Grenzen der Verfassungsänderung, Berlin 1953.
Ehrenzeller, Bernhard / Mastronardi, Philippe / Schaffhauser, René / Schweizer, Rainer J. / Vallender, Klaus A. (Hrsg.): Der Verfassungsstaat vor neuen Herausforderungen. FS für Yvo Hangartner, St. Gallen 1998.
Eichenhofer, Eberhard: Sozialrecht der Europäischen Union, 3. Aufl., Berlin 2006.
ders.: Unionsbürgerschaft – Sozialbürgerschaft?, in: ZIAS 2003, S. 404 ff.
Eicker, Andreas: Transstaatliche Strafverfolgung. Ein Beitrag zur Europäisierung, Internationalisierung und Fortentwicklung des Grundsatzes ne bis in idem, Herbolzheim 2004.
Eilmansberger, Thomas: Zur gegenwärtigen und zukünftigen vertikalen Kompetenzverteilung in der Europäischen Union, in: JRP 2003, S. 113 ff.
Elazar, Daniel J.: Althusius and Federalism as Grand Design, in: G. Duso / W. Krawietz / D. Wyduckel (Hrsg.), Konsens und Konsoziation in der politischen Theorie des frühen Föderalismus, Berlin 1997, S. 209 ff.
Eley, Geoff / Suny, Ronald Grigor (Hrsg.): Becoming National: A Reader, Oxford 1996.
Elliott, John Huxtable: A Europe of Composite Monarchies, in: PP 137 (1992), S. 48 ff.
Ellwein, Thomas / Hesse, Joachim J. (Hrsg.): Staatswissenschaften. Vergessene Disziplin oder neue Herausforderung?, Baden-Baden 1990.
Elwert, Georg: Nationalismus und Ethnizität. Über die Bildung von Wir-Gruppen, in: KZSS 41 (1989), S. 440 ff.
Enders, Christoph: Die Menschenwürde in der Verfassungsordnung. Zur Dogmatik des Art. 1 GG, Tübingen 1997.
Erll, Astrid: Kollektives Gedächtnis und Erinnerungskulturen. Eine Einführung, Stuttgart 2005.
Esping-Andersen, Gosta: The Three Worlds of Welfare Capitalism, Princeton 1990.
Europäische Kommission (Hrsg.): Die Grundrechte in der Europäischen Union. Bericht der Expertengruppe „Grundrechte“, Luxemburg 1999.
Europäischer Juristentag (Hrsg.): Kongressband des 4. Europäischen Juristentages, Wien 2007.
Europäisches Parlament: Tsatsos / de Vigo-Bericht über die konstitutionelle Stellung der Europäischen Politischen Parteien, in: EuGRZ 1997, S. 78 ff.
Everling, Ulrich: Bindung und Rahmen: Recht und Integration, in: W. Weidenfeld (Hrsg.), Die Identität Europas, Bonn 1985, S. 152 ff.
ders.: Bundesverfassungsgericht und Gerichtshof der Europäischen Gemeinschaften nach dem Maastricht-Urteil, in: A. Randelzhofer / R. Scholz / D. Wilke (Hrsg.), GS für Eberhard Grabitz, München 1995, S. 57 ff.
ders.: Richterliche Rechtsfortbildung in der Europäischen Gemeinschaft, in: JZ 2000, S. 217 ff.
ders.: Überlegungen zum Fortgang der Europäischen Integration, in: ZEuS 2001, S. 385 ff.
ders.: Überlegungen zur Struktur der Europäischen Union und zum neuen Europa-Artikel des Grundgesetzes, in: DVBl. 1993, S. 936 ff.
ders.: Auf dem Weg zu einem europäischen Verwaltungsrecht, in: NVwZ 1987, S. 1 ff.
Fabbrini, Sergio (Hrsg.): Democracy and Federalism in the European Union and the United States, London 2004.

Fallon, Marc / Francq, Stéphanie: La coopération judiciaire et le droit international privé. Vers un droit proprement communautaire des conflits de lois ou de juridictions, in: O. De Schutter / P. Nihoul (Hrsg.), Une Constitution pour l' Europe. Réflexions sur les transformations du droit de l'Union européenne, Brüssel 2004, S. 239 ff.

Fastenrath, Ulrich: Einheit der Menschenrechte: Universalität und Unteilbarkeit, in: P. M. Dupuy / B. Fassbender / M. N. Shaw / K.-H. Sommermann (Hrsg.), Völkerrecht als Wertordnung. FS für Christian Tomuschat, Kehl 2006, S. 153 ff.

ders.: Inländerdiskriminierung, in: JZ 1987, S. 170 ff.

Feiden, Sonja: Die Bedeutung der „Keck"-Rechtsprechung im System der Grundfreiheiten. Ein Beitrag zur Konvergenz der Freiheiten, Berlin 2003.

Feine, Hans Erich: Kirchliche Rechtsgeschichte. Die katholische Kirche, 4. Aufl., Köln / Graz 1964.

Fejtö, François: Die Geschichte der Volksdemokratien, Frankfurt a.M. 1988.

Feldbauer, Peter / Mitterauer, Michael / Schwentker, Wolfgang (Hrsg.): Die vormoderne Stadt. Asien und Europa im Vergleich, Wien / München 2002.

Fenske, Hans / Mertens, Dieter / Reinhard, Wolfgang: Geschichte der politischen Ideen. Von der Antike bis zur Gegenwart, 2. Aufl., Frankfurt a.M. 1996.

dies.: Geschichte der politischen Ideen. Von der Antike bis zur Gegenwart, 5. Aufl., Frankfurt a.M. 2003.

ders.: Der moderne Verfassungsstaat. Eine vergleichende Geschichte von der Entstehung bis zum 20. Jahrhundert, Paderborn u.a. 2001.

Fetscher, Iring / Münkler, Herfried (Hrsg.): Pipers Hdb. der politischen Ideen, 5 Bde., München 1985–1993.

Filos, Altana: Die Errichtung der Institution des Ombudsmanns in Griechenland, in: EuGRZ 1997, S. 602 ff.

Fischer, Hans Georg: Die Unionsbürgerschaft, Saarbrücken 1992.

Fischer, Joschka: Vom Staatenverbund zur Föderation – Gedanken über die Finalität der Europäischen Integration, FCE 12 / 00, online: http://whi-berlin.de/documents/fischer.pdf (zuletzt abgerufen am 27.11.2009).

Fischer, Klemens H. (Hrsg.): Konvent zur Zukunft Europas. Texte und Kommentar, Baden-Baden 2003.

ders.: Der Europäische Verfassungsvertrag. Texte und Kommentar, Baden-Baden 2005.

ders.: Der Vertrag von Lissabon. Text und Kommentar zum europäischen Reformvertrag, Baden-Baden 2008.

Fischer, Thomas: Kompetenzordnung und Handlungsinstrumente – Verhaltene Reformansätze in der Verfassung, in: W. Weidenfeld (Hrsg.), Die Europäische Verfassung in der Analyse, Gütersloh 2005, S. 105 ff.

Flacke, Monika (Hrsg.): Mythen der Nationen. Ein europäisches Panorama, Berlin 1998.

Fleiner-Gerster, Thomas (Hrsg.): Die multikulturelle und multi-ethnische Gesellschaft. Eine neue Herausforderung an die europäische Verfassung, Freiburg / Schweiz 1995.

Foerster, Rolf Hellmut (Hrsg.): Die Idee Europa 1300–1946. Quellen zur Geschichte der politischen Einigung, München 1963.

Folz, Hans-Ernst: Kommunale Selbstverwaltung und Europäische Einigung, in: A. Weber (Hrsg.), Währung und Wirtschaft. Das Geld im Recht. FS für Hugo J. Hahn, Baden-Baden 1997, S. 611 ff.

Forsthoff, Ernst: Begriff und Wesen des sozialen Rechtsstaates, in: VVDStRL 12 (1954), S. 30 ff.
ders.: Der Staat der Industriegesellschaft. Dargestellt am Beispiel der Bundesrepublik Deutschland, München 1971.
ders.: Die Umbildung des Verfassungsgesetzes, in: H. Barion / ders. / W. Weber (Hrsg.), FS für Carl Schmitt. Zum 70. Geburtstag dargebracht von Freunden und Schülern, Berlin 1959, S. 35 ff.
Frankenberg, Günter: Stichworte zur „Drittwirkung" der Rechtsphilosophie im Verfassungsrecht, in: R. Gröschner / M. Morlok (Hrsg.), Rechtsphilosophie und Rechtsdogmatik in Zeiten des Umbruchs, Stuttgart 1997, S. 105 ff.
Franzke, Hans-Georg: Frankreich, seine Laizität und Europa, in: ZRP 2003, S. 357 ff.
Freiherr-vom-Stein-Gesellschaft e. V. / Stifterverband für die Deutsche Wissenschaft (Hrsg.): Säkularisation und Utopie. Ebracher Studien, Stuttgart 1967.
Frembgen, Christine / Friedrich, Elisabeth / Holdau, Sarah: Das Demokratiedefizit, online: http://www.rossleben2001.werner-knoben.de/doku/kurs73web/node4.html (zuletzt abgerufen am 27.11.2009).
Frenz, Walter: Grundfreiheiten und Grundrechte, in: EuR 2002, S. 603 ff.
ders.: Hdb. Europarecht, Bd. 1. Europäische Grundfreiheiten, Berlin 2004.
ders.: Krankenkassen im Wettbewerbs- und Vergaberecht, in: NZS 2007, S. 233 ff.
Friauf, Karl-Heinrich / Höfling, Wolfram (Hrsg.): Berliner Kommentar zum Grundgesetz, Loseblattsammlung, Berlin, Stand: 2005.
Friedrich, Carl J.: Constitutional Government and Democracy. Theory and Practice in Europe and America, Boston u.a. 1941.
ders.: Der Verfassungsstaat der Neuzeit, Berlin u.a. 1953.
Frowein, Jochen A.: Die rechtliche Bedeutung des Verfassungsprinzips der parlamentarischen Demokratie für den europäischen Integrationsprozeß, in: EuR 1983, S. 301 ff.
ders. / Isensee, Josef / Tomuschat, Christian / Randelzhofer, Albrecht: Deutschlands aktuelle Verfassungslage, in: VVDStRL 49 (1990), S. 197 ff.
ders.: Konstitutionalisierung des Völkerrechts, in: BDGVR 39 (2000), S. 427 ff.
ders.: Konstitutionalisierung des Völkerrechts, in: K. Dicke / W. Hummer / D. Girsberger / K. Boele-Woelki / C. Engel / ders. (Hrsg.), Völkerrecht und internationales Privatrecht in einem sich globalisierenden internationalen System. Auswirkungen der Endstaatlichung transnationaler Rechtsbeziehungen, Heidelberg 2000, S. 427 ff.
ders.: Legitimation und Wirkung des Rechts der Europäischen Union, in: P.-C. Müller-Graff (Hrsg.), Perspektiven des Rechts in der Europäischen Union, Heidelberg 1998, S. 105 ff.
ders.: Das Maastricht-Urteil und die Grenzen der Verfassungsgerichtsbarkeit, in: ZaöRV 54 (1994), S. 1 ff.
ders. / Krisch, Nico: Der Rechtsschutz gegen Europol, in: JZ 1998, S. 589 ff.
ders.: Die Verfassung der Europäischen Union aus der Sicht der Mitgliedstaaten, in: EuR 1995, S. 315 ff.
Fuchs, Dieter: Das Demokratiedefizit der Europäischen Union und die politische Integration Europas: Eine Analyse der Einstellungen der Bürger in Westeuropa, in: Discussion Paper FS III des WZB 2002–204, online: http://skylla.wzb.eu/ pdf/2002/iii02-204.pdf (zuletzt abgerufen am 27.11.2009).
Fuchs, Helmut: Bemerkungen zur gegenseitigen Anerkennung justizieller Entscheidungen, in: ZStW 2004, S. 368 ff.

Fuchs, Maximilian (Hrsg.): Europäisches Sozialrecht, 4. Aufl., Baden-Baden 2005.
Fuhrmann, Manfred: Alexander von Roes. Ein Wegbereiter des Europagedankens?, Heidelberg 1994.
Funk, Bernd-Christian: Gemeineuropäisches Verfassungsrecht, in: R. Bieber / P. Widmer (Hrsg.), Der europäische Verfassungsraum, Zürich 1995, S. 399 ff.
Fürst, Walther / Herzog, Roman / Umbach, Dieter C. (Hrsg.): FS für Wolfgang Zeidler, Bd. 1, Berlin 1987.
Gaitanides, Charlotte / Kadelbach, Stefan / Iglesias, Gil C. (Hrsg.): Europa und seine Verfassung. FS für Manfred Zuleeg zum siebzigsten Geburtstag, Baden-Baden 2005.
Gallus, Alexander / Jesse, Eckhard (Hrsg.): Staatsformen. Modelle politischer Ordnung von der Antike bis zur Gegenwart. Ein Hdb., Köln u.a. 2004.
Garcia-Pelayo, Manuel: Der Status des Verfassungsgerichts, in: A. López Pina (Hrsg.), Spanisches Verfassungsrecht. Ein Hdb., Heidelberg 1993, S. 475 ff.
García-Schmidt, Armando: Die Politik der Gabe. Handlungsmuster und Legitimationsstrategien der politischen Elite der frühen spanischen Restaurationszeit (1876–1902), Saarbrücken 2000.
Geerlings, Jörg: Der Fortgang des europäischen Verfassungsprozesses, in: Recht und Politik 2006, S. 23 ff.
ders.: Der Europäische Verfassungsprozess nach den gescheiterten Referenden in Frankreich und den Niederlanden, in: DVBl. 2006, S. 129 ff.
Geesmann, Rainer: Soziale Grundrechte im deutschen und französischen Verfassungsrecht und in der Charta der Grundrechte der Europäischen Union. Eine rechtsvergleichende Untersuchung zu den Wirkdimensionen sozialer Grundrechte, Frankfurt a.M. u.a. 2005.
Geiger, Rudolf: EG-Vertrag. Kommentar zu dem Vertrag zur Gründung der Europäischen Gemeinschaft, 2. Aufl., München 1997.
ders.: EUV, EGV. Vertrag über die Europäische Union und Vertrag zur Gründung der Europäischen Gemeinschaft, 4. Aufl., München 2004.
Geis, Max-Emanuel / Lorenz, Dieter (Hrsg.): Staat, Kirche, Verwaltung. FS für Hartmut Maurer zum 70. Geburtstag, München 2001.
Genet, Jean-Philippe / Vincent, Bernard (Hrsg.): État et église dans la genèse de l'état moderne, Madrid 1986.
Genschel, Philipp: Steuerharmonisierung und Steuerwettbewerb in der Europäischen Union, Frankfurt a.M. / New York 2002.
Gerhards, Jürgen: Kulturelle Unterschiede in der Europäischen Union. Ein Vergleich zwischen Mitgliedsländern, Beitrittskandidaten und der Türkei, Wiesbaden 2005.
Giannakopoulos, Angelos / Maras, Konstadinos (Hrsg.): Die Türkei-Debatte in Europa. Ein Vergleich, Wiesbaden 2005.
Giegerich, Thomas: Europäische Verfassung und deutsche Verfassung im transnationalen Konstitutionalisierungsprozeß. Wechselseitige Rezeption, konstitutionelle Evolution und föderale Verflechtung, Berlin u.a. 2003.
Giesen, Bernhard (Hrsg.): Nationale und kulturelle Identität, Frankfurt a.M. 1991.
Gillingham, John: European Integration, 1950–2003. Superstate or New Market Economy?, Cambridge 2003.
Gladigow, Burkhard: Homo publice necans. Kulturelle Bedingungen kollektiven Tötens, in: Saeculum 37 (1986), S. 150 ff.

Glaeßner, Gert-Joachim / Reutter, Werner / Jeffery, Charles (Hrsg.): Verfassungspolitik und Verfassungswandel. Deutschland und Großbritannien im Vergleich, Wiesbaden 2001.

Glaser, Andreas: Nachhaltige Entwicklung und Demokratie. Ein Verfassungsrechtsvergleich der politischen Systeme Deutschlands und der Schweiz, Tübingen 2006.

Gleß, Sabine: Zum Prinzip der gegenseitigen Anerkennung, in: ZStW 2004, S. 353 ff.

Goerlich, Helmut: Der Gottesbezug in Verfassungen, in: ders. / W. Huber / K. Lehmann, Verfassung ohne Gottesbezug? Zu einer aktuellen europäischen Kontroverse, Leipzig 2004, S. 9 ff.

ders. / Huber, Wolfgang / Lehmann, Karl: Verfassung ohne Gottesbezug? Zu einer aktuellen europäischen Kontroverse, Leipzig 2004.

ders.: Verfassungsorientierte Wandlungen des Staates des Grundgesetzes – vier aktuelle Perspektiven, in: Comparativ 16 (2006), S. 142 ff.

ders.: Wertordnung und Grundgesetz. Kritik einer Argumentationsfigur des Bundesverfassungsgerichts, Baden-Baden 1973.

Goldstone, Jack A.: Revolution and Rebellion in the Early Modern World, Berkeley 1991.

Göle, Nilüfer: Europa – ein gemeinsamer Traum?, in: NZZ vom 26. November 2005, online: http://www.nzz.ch/2005/11/26/li/articleDCF7P.html (zuletzt abgerufen am 27.11.2009).

Göler, Daniel / Marhold, Hartmut: Die Konventsmethode, in: integration 2003, S. 317 ff.

Gören, Zafer: Die einstweilige Anordnung in der Rechtsprechung des türkischen Verfassungsgerichts, in: EuGRZ 1994, S. 597 ff.

Görlitz, Niklas: Europäischer Verfassungsvertrag und künftige EU-Kompetenzen, in: DÖV 2004, S. 374 ff.

Görres-Gesellschaft (Hrsg.): Staatslexikon der Görres-Gesellschaft, Bd. 5, 7. Aufl., Freiburg i.Br. 1989.

dies.: Staatslexikon der Görres-Gesellschaft, Bd. 6, 7. Aufl., Freiburg i.Br. 1992.

Gorschenek, Günter (Hrsg.): Grundwerte in Staat und Gesellschaft, München 1977.

Gosewinkel, Dieter / Masing, Johannes (Hrsg.): Die Verfassungen in Europa, 1789–1849, München 2006.

Gouron, André: Royal Ordinances in Medieval France, in: A. Padoa-Schioppa (Hrsg.), Legislation and Justice, Oxford 1997, S. 57 ff.

Goydke, Jürgen / Rauschning, Dietrich / Robra, Rainer / Schreiber, Hans-Ludwig / Wulff, Christan (Hrsg.): Vertrauen in den Rechtsstaat. Beiträge zur Deutschen Einheit im Recht. FS für Walter Remmers, Köln u.a. 1995.

Göztepe-Çelebi, Ece: Die Unionsbürgerschaft und ihre Fortentwicklung im Hinblick auf die politischen Rechte, Münster 2003.

Grabitz, Eberhard: Europäisches Bürgerrecht zwischen Marktbürgerschaft und Staatsbürgerschaft, Köln 1970.

ders. (Hrsg.): Abgestufte Integration. Eine Alternative zum herkömmlichen Integrationskonzept?, Kehl / Straßburg 1984.

ders. / Hilf, Meinhard (Hrsg.): Das Recht der Europäischen Union, Loseblattsammlung, München, Stand: 2007.

Gramlich, Ludwig: Grundfreiheiten contra Grundrechte im Gemeinschaftsrecht, in: DÖV 1996, S. 801 ff.

Grande, Edgar: Demokratische Legitimation und europäische Integration, in: Leviathan 1996, S. 339 ff.

ders.: Vom Nationalstaat zur europäischen Politikverflechtung. Expansion und Transformation moderner Staatlichkeit – untersucht am Beispiel der Forschungs- und Technologiepolitik. Habilitationsschrift Universität Konstanz, Konstanz 1994.

Grawert, Rolf / Schlink, Bernhard / Wahl, Rainer / Wieland, Joachim (Hrsg.): Offene Staatlichkeit. FS für Ernst-Wolfgang Böckenförde zum 65. Geburtstag, Berlin 1995.

Grevi, Giovanni / Manca, Daniela / Quille, Gerrard: The EU Foreign Minister: Beyond Double-Hatting, in: The International Spectator 2005, S. 59 ff.

Grewe, Constance / Ruiz Fabri, Hélène: Droits constitutionnels européens, Paris 1995.

Griebenow, Olaf: Demokratie- und Rechtsstaatsdefizite in Europa. Die europäische Zusammenarbeit im Bereich Inneres und Justiz, Hamburg 2004.

Griller, Stefan / Holoubek, Michael: Europäisches und öffentliches Wirtschaftsrecht, Bd. I, 4. Aufl., Wien 2006.

Grimm, Dieter: Mit einer Aufwertung des Europa-Parlaments ist es nicht getan – Das Demokratiedefizit hat strukturelle Ursachen, in: Jahrbuch zur Staats- und Verwaltungswissenschaft 6 (1992/93), S. 13 ff.

ders.: Braucht Europa eine Verfassung?, München 1995.

ders.: Braucht Europa eine Verfassung?, in: JZ 1995, S. 581 ff.

ders.: Integration durch Verfassung, FCE 6 / 04, online: http://www.whi-berlin.de/documents/grimm.pdf (zuletzt abgerufen am 27.11.2009).

ders. / Hesse, Joachim Jens / Jochimsen, Reimut / Scharpf, Fritz W.: Zur Neuordnung der Europäischen Union. Die Regierungskonferenz 1996/97, Baden-Baden 1997.

ders.: Rückkehr zum liberalen Grundrechtsverständnis?, in: recht, Zeitschrift für juristische Ausbildung und Praxis, S. 41 ff.

ders. (Hrsg.): Staatsaufgaben, Baden-Baden 1994.

ders.: Ursprung und Wandel der Verfassung, in: J. Isensee / P. Kirchhof (Hrsg.), HdbStR, Bd. I, Historische Grundlagen, 3. Aufl., Heidelberg 2003, S. 3 ff.

ders.: Verfassung – Verfassungsvertrag – Vertrag über eine Verfassung, in: O. Beaud / A. Lechevalier / I. Pernice / S. Strudel (Hrsg.), L'Europe en voie de Constitution. Pour un bilan critique des travaux de la Convention, Brüssel 2004, S. 279 ff.

ders.: Vertrag oder Verfassung, in: ders. / J. J. Hesse / R. Jochimsen / F. W. Scharpf, Zur Neuordnung der Europäischen Union. Die Regierungskonferenz 1996/97, Baden-Baden 1997, S. 9 ff.

ders.: Vertrag oder Verfassung? Die Rechtsgrundlage der Europäischen Union im Reformprozeß Maastricht II, in: Staatswissenschaften und Staatspraxis 6 (1995), S. 509 ff.

ders.: Die Zukunft der Verfassung, Frankfurt a.M. 1991.

Groeben, Hans von der / Thiesing, Jochen / Ehlermann, Claus-Dieter (Hrsg.): Kommentar zum EU-/EG-Vertrag, 5. Aufl., Baden-Baden 1997.

ders. / Schwarze, Jürgen (Hrsg.): Kommentar zum Vertrag über die Europäische Union und zur Gründung der Europäischen Gemeinschaft, 6. Aufl., Baden-Baden 2003.

Gröschner, Rolf / Morlok, Martin (Hrsg.): Rechtsphilosophie und Rechtsdogmatik in Zeiten des Umbruchs, Stuttgart 1997.

Grote, Rainer / Marauhn, Thilo (Hrsg.): EMRK / GG Konkordanz-Kommentar zum europäischen und deutschen Grundrechtsschutz, Tübingen 2006.

Gumprecht, Hans Ulrich: Modern, Modernität, Moderne, in: O. Brunner / W. Conze / R. Koselleck (Hrsg.), Geschichtliche Grundbegriffe. Historisches Lexikon zur politisch-sozialen Sprache in Deutschland, Bd. 4, Stuttgart 1978, S. 107.

Gundel, Jörg: Gemeinschaftsrichter und Generalanwälte als Akteure des Rechtsschutzes im Lichte des gemeinschaftsrechtlichen Rechtsstaatsprinzips, in: P.-C. Müller-Graff / D. H. Scheuing (Hrsg.), Gemeinschaftsgerichtsbarkeit und Rechtsstaatlichkeit, EuR-Beiheft 3 / 2008, Baden-Baden 2008, S. 23 ff.

Günther, Klaus: Diethnis anteglimatiki politiki: I poria pros ena pagosmio dikaio asfalias, in: I. Manoledakis / C. Prittwitz (Hrsg.), Diethnopoiisi tou poinikou dikaiou, Athen / Thessaloniki 2003, S. 19 ff.

Gurgsdies, Erik: Schweden: Zivilgesellschaft im universalistischen Sozialstaat, in: T. Meyer (Hrsg.), Praxis der sozialen Demokratie, Wiesbaden 2006, S. 47 ff.

Gusy, Christoph (Hrsg.): Demokratie in der Krise. Europa in der Zwischenkriegszeit, Baden-Baden 2008.

ders.: Die Weimarer Reichsverfassung, Tübingen 1997.

Gutiérrez Gutiérrez, Ignacio: Die Menschenwürde als europäischer Verfassungsbegriff, in: KritV 89 (2006), S. 384 ff.

Haack, Stefan: Der Begriff der Verfassung, in: EuR 2004, S. 785 ff.

ders.: Europas doppelte Finalität, in: Mitglieder des Organisationsteams der 45. Assistententagung Öffentliches Recht (Hrsg.), Die Europäische Verfassung – Verfassungen in Europa, Baden-Baden 2005, S. 91 ff.

Haarmann, Harald: Soziologie und Politik der Sprachen Europas, München 1975.

Haas, Ernst B.: The Uniting of Europe, 2. Aufl., Stanford 1968.

Häberle, Peter: Verfassungsrechtliche Aspekte der kulturellen Identität, in: JöR 55 (2007), S. 317 ff.

ders. / Schwarze, Jürgen / Vitzthum, Wolfgang Graf (Hrsg.): Die überstaatliche Bedingtheit des Staates, EuR-Beiheft 1 / 1993, Baden-Baden 1993.

ders.: Die „total" revidierte Bundesverfassung der Schweiz von 1999/2000, in: M.-E. Geis / D. Lorenz (Hrsg.), Staat, Kirche, Verwaltung. FS für Hartmut Maurer zum 70. Geburtstag, München 2001, S. 97 ff.

ders.: Erziehungsziele und Orientierungswerte im Verfassungsstaat, Freiburg i.Br. / München 1981.

ders.: Europa als werdende Verfassungsgemeinschaft, in: DVBl. 2000, S. 840 ff.

ders.: Europa in kulturverfassungsrechtlicher Perspektive, in: JöR 32 (1983), S. 9 ff.

ders.: Europaprogramme neuerer Verfassungen und Verfassungsentwürfe – der Ausbau von nationalem „Europaverfassungsrecht", in: O. Due / M. Lutter / J. Schwarze (Hrsg.), FS für Ulrich Everling, Bd. 1, Baden-Baden 1995, S. 355 ff.

ders.: Europarecht und das Politische, Tübingen 2005.

ders.: Verfassungsrechtliche Ewigkeitsklauseln als verfassungsstaatliche Identitätsgarantien, in: Y. Hangartner / S. Trechsel (Hrsg.), Völkerrecht im Dienste des Menschen. FS für Hans Haug, Bern / Stuttgart 1986, S. 81 ff.

ders.: Feiertagsgarantien als kulturelles Identitätselement des Verfassungsstaates, Berlin 1987.

ders. / Morlok, Martin / Skouris, Vassilios (Hrsg.): FS für Dimitris Th. Tsatsos. Zum 70. Geburtstag am 5. Mai 2003, Baden-Baden 2003.

ders.: Der Fundamentalismus als Herausforderung des Verfassungsstaates: rechts- bzw. kulturwissenschaftlich betrachtet, in: E. Schmidt / H.-L. Weyers (Hrsg.), Liber amicorum. Josef Esser. Zum 85. Geburtstag am 12. März 1995, Heidelberg 1995, S. 49 ff.

ders.: Funktion und Bedeutung der Verfassungsgerichte in vergleichender Perspektive, in: EuGRZ 2005, S. 685 ff.
ders.: Die Funktionenvielfalt von Verfassungstexten im Spiegel des „gemischten" Verfassungsverständnisses, in: W. Haller / A. Kölz / G. Müller / D. Thürer (Hrsg.), Im Dienst an der Gemeinschaft. FS für Dietrich Schindler zum 65. Geburtstag, Basel / Frankfurt a.M. 1989, S. 701 ff.
ders.: Die offene Gesellschaft der Verfassungsinterpreten, in: ders., Die Verfassung des Pluralismus. Studien zur Verfassungstheorie der offenen Gesellschaft, Königstein im Taunus 1980, S. 79 ff.
ders.: Die offene Gesellschaft der Verfassungsinterpreten, in: JZ 1975, S. 297 ff.
ders.: Die verfassungsgebende Gewalt des Volkes im Verfassungsstaat – eine rechtsvergleichende Textstufenanalyse, in: AöR 112 (1987), S. 85 ff.
ders.: „Gott" im Verfassungsstaat, in: W. Fürst / R. Herzog / D. C. Umbach (Hrsg.), FS für Wolfgang Zeidler, Bd. 1, Berlin 1987, S. 3 ff.
ders.: Grundrechte im Leistungsstaat, in: VVDStRL 30 (1972), S. 43 ff.
ders.: Grundrechtsgeltung und Grundrechtsinterpretation im Verfassungsstaat, in: JZ 1989, S. 913 ff.
ders.: Öffentliches Interesse als juristisches Problem. Eine Analyse von Gesetzgebung und Rechtsprechung, 2. Aufl., Berlin 2006.
ders.: Klassikertexte im Verfassungsleben, Berlin 1981.
ders.: Der Kleinstaat als Variante des Verfassungsstaates, in: ders., Rechtsvergleichung im Kraftfeld des Verfassungsstaates. Methoden und Inhalte, Kleinstaaten und Entwicklungsländer, Berlin 1992, S. 739 ff.
ders.: Kulturpolitik in der Stadt, ein Verfassungsauftrag, Heidelberg u.a. 1979.
ders.: Die Kunst der kantonalen Verfassunggebung – das Beispiel einer Totalrevision in St. Gallen (1996), in: Schweizerisches Zentralblatt für Staats- und Verwaltungsrecht 1997, S. 97 ff.
ders.: La libertad fundamental en el Estado constitucional, Lima 1997.
ders.: Verfassungspolitische Maximen für die Ausgestaltung der „Europafähigkeit" Polens. Eine Denkschrift zur aktuellen Verfassunggebung in Polen, in: Die Verwaltung 28 (1995), S. 249 ff.
ders.: Das Menschenbild im Verfassungsstaat, Berlin 1988.
ders.: Die Menschenwürde als Grundlage der staatlichen Gemeinschaft, in: J. Isensee / P. Kirchhof (Hrsg.), HdbStR, Bd. I, Grundlagen von Staat und Verfassung, Heidelberg 1987, S. 815 ff.
ders.: Die Menschenwürde als Grundlage der staatlichen Gemeinschaft, in: J. Isensee / P. Kirchhof (Hrsg.), HdbStR, Bd. II, Verfassungsstaat, 3. Aufl., Heidelberg 2004, S. 317 ff.
ders.: Gibt es eine europäische Öffentlichkeit?, in: B. Ehrenzeller / P. Mastronardi / R. Schaffhauser / R. J. Schweizer / K. A. Vallender (Hrsg.), Der Verfassungsstaat vor neuen Herausforderungen. FS für Yvo Hangartner, St. Gallen 1998, S. 1007 ff.
ders.: Präambeln im Text und Kontext von Verfassungen, in: J. Listl / H. Schambeck (Hrsg.), Demokratie in Anfechtung und Bewährung. FS für Johannes Broermann, Berlin 1982, S. 211 ff.
ders.: Das Prinzip der Subsidiarität aus der Sicht der vergleichenden Verfassungslehre, in: AöR 119 (1994), S. 169 ff.

ders.: Aktuelle Probleme des deutschen Föderalismus, in: Die Verwaltung 24 (1991), S. 169 ff.
ders.: Europäische Rechtskultur. Versuch einer Annäherung in zwölf Schritten, Baden-Baden 1994.
ders.: Europäische Rechtskultur. Versuch einer Annäherung in zwölf Schritten, Frankfurt a.M. 1997.
ders.: Europäische Rechtskultur, in: ders., Europäische Rechtskultur. Versuch einer Annäherung in zwölf Schritten, Baden-Baden 1994, S. 9 ff.
ders.: Rechtsvergleichung im Kraftfeld des Verfassungsstaates. Methoden und Inhalte, Kleinstaaten und Entwicklungsländer, Berlin 1992.
ders.: Der Regionalismus als werdendes Strukturprinzip des Verfassungsstaates und als europarechtspolitische Maxime, in: AöR 118 (1993), S. 1 ff.
ders.: Der Sonntag als Verfassungsprinzip, 2. Aufl., Berlin 2006.
ders.: Soziale Marktwirtschaft als „Dritter Weg", in: ZRP 1993, S. 383 ff.
ders.: Textstufen als Entwicklungswege des Verfassungsstaates, in: J. Jekewitz / K. H. Klein / J.-D. Kühne (Hrsg.), Des Menschen Recht zwischen Freiheit und Verantwortung. FS für Karl Josef Partsch zum 75. Geburtstag, Berlin 1989, S. 555 ff.
ders.: Theorieelemente eines allgemeinen juristischen Rezeptionsmodells, in: JZ 1992, S. 1033 ff.
ders.: Verfassung als Kultur, in: JöR 49 (2001), S. 125 ff.
ders.: Verfassung als öffentlicher Prozeß. Materialien zu einer Verfassungstheorie der offenen Gesellschaft, 3. Aufl., Berlin 1998.
ders.: Die Verfassung des Pluralismus. Studien zur Verfassungstheorie der offenen Gesellschaft, Königstein im Taunus 1980.
ders.: Die Verfassung im Kontext, in: D. Thürer / J. F. Aubert / J. P. Müller (Hrsg.), Verfassungsrecht der Schweiz, Zürich 2001, S. 17 ff.
ders.: Neuere Verfassungen und Verfassungsvorhaben in der Schweiz, insbesondere auf kantonaler Ebene, in: JöR 34 (1985), S. 303 ff.
ders.: Verfassungsentwicklungen in Osteuropa – aus der Sicht der Rechtsphilosophie und der Verfassungslehre, in: AöR 117 (1992), S. 169 ff.
ders.: Verfassungsentwicklungen in Osteuropa aus der Sicht der Rechtsphilosophie und der Verfassungslehre, in: ders., Europäische Rechtskultur. Versuch einer Annäherung in zwölf Schritten, Baden-Baden 1994, S. 101 ff.
ders. (Hrsg.): Verfassungsgerichtsbarkeit, Darmstadt 1976.
ders.: Verfassungsinterpretation und Verfassunggebung, in: ZSR 1978, S. 1 ff.
ders.: Verfassungslehre als Kulturwissenschaft, Berlin 1982.
ders.: Verfassungslehre als Kulturwissenschaft, 2. Aufl., Berlin 1998.
ders.: Europäische Verfassungslehre, Baden-Baden 2002.
ders.: Europäische Verfassungslehre, 6. Aufl., Baden-Baden 2009.
ders.: Europäische Verfassungslehre in Einzelstudien, Baden-Baden 1999.
ders.: Verfassungsrecht ohne Naturrecht, in: AöR 99 (1974), S. 437 ff.
ders.: Gemeineuropäisches Verfassungsrecht, in: EuGRZ 1991, S. 261 ff.
ders.: Gemeineuropäisches Verfassungsrecht, in: ders., Europäische Rechtskultur. Versuch einer Annäherung in zwölf Schritten, Baden-Baden 1994, S. 33 ff.
ders.: Kommentierte Verfassungsrechtsprechung, Königstein im Taunus 1979.

ders.: Der kooperative Verfassungsstaat, in: ders., Verfassung als öffentlicher Prozeß. Materialien zu einer Verfassungstheorie der offenen Gesellschaft, 3. Aufl., Berlin 1988, S. 407 ff.
ders.: Die europäische Verfassungsstaatlichkeit, in: KritV 78 (1995), S. 298 ff.
ders.: Verfassungstheorie ohne Naturrecht, in: AöR 124 (1999), S. 437 ff.
ders.: Versuch einer Begegnung Deutschland – Ungarn im Kontext Europas, in: R. J. Schweizer / H. Burkert / U. Gasser (Hrsg.), FS für Jean Nicolas Druey zum 65. Geburtstag, Zürich u.a. 2002, S. 268 ff.
ders.: Zeit und Verfassung, in: ZfP 21 (1974), S. 111 ff.
Habermas, Jürgen: Die Einbeziehung des Anderen. Studien zur politischen Theorie, Frankfurt a.M. 1999.
ders.: Braucht Europa eine Verfassung? Eine Bemerkung zu Dieter Grimm, in: ders., Die Einbeziehung des Anderen. Studien zur politischen Theorie, Frankfurt a.M. 1999, S. 185 ff.
ders.: Warum braucht Europa eine Verfassung?, in: DIE ZEIT vom 28. Juni 2001, S. 7.
ders.: Faktizität und Geltung. Beiträge zur Diskurstheorie des Rechts und des demokratischen Rechtsstaats, Frankfurt a.M. 1992.
ders.: Faktizität und Geltung. Beiträge zur Diskurstheorie des Rechts und des demokratischen Rechtsstaats, 3. Aufl., Frankfurt a.M. 1998.
ders.: Die postnationale Konstellation. Politische Essays, 5. Aufl., Frankfurt a.M. 1998.
ders.: Die postnationale Konstellation und die Zukunft der Demokratie, in: ders., Die postnationale Konstellation. Politische Essays, 5. Aufl., Frankfurt a.M. 1998, S. 91 ff.
ders.: Zur Legitimation durch Menschenrechte, in: ders., Die postnationale Konstellation. Politische Essays, 5. Aufl., Frankfurt a.M. 1998, S. 170 ff.
ders.: Über den internen Zusammenhang von Rechtsstaat und Demokratie, in: U. K. Preuß (Hrsg.), Zum Begriff der Verfassung. Die Ordnung des Politischen, Frankfurt a.M. 1994, S. 83 ff.
Hable, Angelika: The European Constitution. Changes in the Reform of Competences with a Particular Focus on the External Dimension, Wien 2005.
Hagemann, Sara / Clerck-Sachsse, Julia De: Old Rules, New Game. Decision-Making in the Council of Ministers after the 2004 Enlargement, Brüssel 2006.
Hailbronner, Kay / Jochum, Georg: Europarecht I, Stuttgart 2005.
dies.: Europarecht II, Stuttgart 2006.
ders. / Klein, Eckart / Magiera, Siegfried / Müller-Graff, Peter-Christian (Hrsg.): Handkommentar zum Vertrag über die Europäische Union (EUV / EGV), Loseblattsammlung, Köln u.a., Stand: 1998.
ders.: Unionsbürgerschaft und Zugang zu den Sozialsystemen, in: JZ 2005, S. 1138 ff.
ders.: Die Unionsbürgerschaft und das Ende einer rationalen Jurisprudenz durch den EuGH?, in: NJW 2004, S. 2185 ff.
Hain, Karl-Eberhard: Die Grundsätze des Grundgesetzes. Eine Untersuchung zu Art. 79 Abs. 3 GG, Baden-Baden 1999.
Halbwachs, Maurice: Das kollektive Gedächtnis, Frankfurt a.M. 1991.
Hall, Stuart: Rassismus und kulturelle Identität, Hamburg 1994.
Haller, Walter / Kölz, Alfred / Müller, Georg / Thürer, Daniel (Hrsg.): Im Dienst an der Gemeinschaft. FS für Dietrich Schindler zum 65. Geburtstag, Basel / Frankfurt a.M. 1989.

Hallstein, Walter: Die Europäische Gemeinschaft, 5. Aufl., Düsseldorf / Wien 1979.
ders.: Die EWG – Eine Rechtsgemeinschaft, in: T. Oppermann (Hrsg.), Europäische Reden, Stuttgart 1979, S. 341 ff.
Haltern, Ulrich R.: Europarecht. Dogmatik im Kontext, Tübingen 2005.
ders.: Europarecht und das Politische, Tübingen 2005.
Hamilton, Alexander / Madison, James / Jay, John: The Federalist Papers, New York 1961.
Hanau, Peter/ Steinmeyer, Heinz-Dietrich / Wank, Rolf: Hdb. des europäischen Arbeits- und Sozialrechts, München 2002.
Hangartner, Yvo / Trechsel, Stefan (Hrsg.): Völkerrecht im Dienste des Menschen. FS für Hans Haug, Bern / Stuttgart 1986.
Hanika, Heinrich: Europäische Gesundheitspolitik: Stärkung der Kompetenzen der Europäischen Union im Gesundheitswesen durch die Neufassung des Artikels 152 EG-Vertrag, in: MedR 1998, S. 193 ff.
Hanimann, Joseph: Der Islam ist vielstimmig, in: FAZ vom 16. Juni 2001, S. 44.
ders.: Rechtsprechung im Plural, in: FAZ vom 28. November 1992, S. 27.
Hänni, Peter (Hrsg.): Mensch und Staat. Festgabe der Rechtswissenschaftlichen Fakultät der Universität Freiburg für Thomas Fleiner zum 65. Geburtstag, Freiburg / Schweiz 2003.
Hänsch, Klaus: Europäische Integration und parlamentarische Demokratie, in: EA 1986, S. 191 ff.
ders.: Der Konvent – unkonventionell, in: integration 2003, S. 331 ff.
ders.: Welche Verfassung braucht Europa, in: Die Neue Gesellschaft / Frankfurter Hefte 2002, S. 260 ff.
ders.: „Beschreiben, was sein kann“: der Verfassungsentwurf des Europäischen Konvents, in: ZSE 2003, S. 299 ff.
Hansen, Mogens Herman (Hrsg.): A Comparative Study of Six City-State Cultures, Kopenhagen 2002.
ders. (Hrsg.): A Comparative Study of Thirty City-State Cultures, Kopenhagen 2000.
Haratsch, Andreas: Die Bedeutung der UN-Menschenrechtspakte für die Europäische Union, in: MRM-Themenheft „25 Jahre Internationale Menschenrechtspakte“ 2002, S. 29 ff.
ders. / Koenig, Christian: Europarecht, 4. Aufl., Tübingen 2003.
dies. / Pechstein, Matthias: Europarecht, 5. Aufl., Tübingen 2006.
dies.: Europarecht, 6. Aufl., Tübingen 2009.
ders. / Schiffauer, Peter (Hrsg.): Grundrechtsschutz in der Europäischen Union, Berlin 2007.
ders.: Der kooperative Grundrechtsschutz in der Europäischen Union, in: ders. / P. Schiffauer (Hrsg.), Grundrechtsschutz in der Europäischen Union, Berlin 2007, S. 9 ff.
ders.: Der Grundsatz der Gewaltenteilung als rechtsordnungsübergreifender Rechtssatz – Ansätze einer einheitlichen Europäischen Rechtsordnung, in: M. Demel / C. Hausotter / C. Heibeyn / O. Hendrischke / S. Heselhaus / A. Karthaus / M. Mayer / F. Neumark / A. Schmehl / A. Wallrabenstein (Hrsg.), Funktionen und Kontrolle der Gewalten, Stuttgart u.a. 2001, S. 199 ff.
ders.: Der Integrationsstaat, Habilitationsschrift, Potsdam 2003 (unveröffentlicht).
ders.: Die kooperative Sicherung der Rechtsstaatlichkeit durch die mitgliedstaatlichen Gerichte und die Gemeinschaftsgerichte aus mitgliedstaatlicher Sicht, in: P.-C. Müller-Graff / D. H. Scheuing (Hrsg.), Gemeinschaftsgerichtsbarkeit und Rechtsstaatlichkeit, EuR-Beiheft 3 / 2008, Baden-Baden 2008, S. 81 ff.

ders.: Zugehörigkeit zur Union, in: M. Höreth / C. Janowski / L. Kühnhardt (Hrsg.), Die Europäische Verfassung. Analyse und Bewertung ihrer Strukturentscheidungen, Baden-Baden 2005, S. 271 ff.

Harbo, Florentina: Towards a European Federation? The EU in the Light of comparative federalism, Baden-Baden 2005.

Härter, Karl: Sozialdisziplinierung, in: A. Völker-Rasor (Hrsg.), Frühe Neuzeit, München 2000, S. 294 ff.

Hartley, Trevor: The Foundations of European Community Law, 5. Aufl., Oxford 2003.

Hasse, Jana / Müller, Erwin / Schneider, Patricia (Hrsg.): Menschenrechte. Bilanz und Perspektiven, Baden-Baden 2002.

Hassemer, Winfried: Strafrecht in einem europäischen Verfassungsvertrag, in: ZStW 2004, S. 304 ff.

Hassinger, Erich: Europäische Rechtsgeschichte, 4. Aufl., Heidelberg 2004.

ders.: Das Werden des neuzeitlichen Europa: 1300–1600, Braunschweig 1959.

Hatje, Armin / Terhechte, Jörg Philipp (Hrsg.): Das Binnenmarktziel in der europäischen Verfassung, EuR-Beiheft 3 / 2004, Baden-Baden 2004.

ders.: Loyalität als Rechtsprinzip in der Europäischen Union, Baden-Baden 2001.

ders. / Huber, Peter M. (Hrsg.): Unionsbürgerschaft und soziale Rechte, EuR-Beiheft 1 / 2007, Baden-Baden 2007.

ders. / Kindt, Anne: Der Vertrag von Lissabon – Europa endlich in guter Verfassung?, in: NJW 2008, S. 1761 ff.

Hattenhauer, Hans: Europäische Rechtsgeschichte, 2. Aufl., Heidelberg 1994.

Haverkate, Görg / Huster, Stefan: Europäisches Sozialrecht. Eine Einführung, Baden-Baden 1999.

Hecker, Bernd: Europäisches Strafrecht, Berlin u.a. 2005.

Hegel, Georg Wilhelm Friedrich: Rechtsphilosophie, 1821, abgedruckt in: E. Moldenhauer / K. M. Michel (Hrsg.), Georg Wilhelm Friedrich Hegel. Werke in 20 Bänden, Bd. 7, Grundlinien der Philosophie des Rechts, Frankfurt a.M. 1970.

Hegels, Susanne: EG-Eigenverwaltungsrecht und Gemeinschaftsverwaltungsrecht. Europäisches Verwaltungsrecht für den direkten und den indirekten Gemeinschaftsrechtsvollzug, Baden-Baden 2001.

Heinig, Hans Michael: Europäisches Verfassungsrecht ohne Verfassung(svertrag)? Die Wissenschaft vom europäischen Verfassungsrecht und das Scheitern des europäischen Verfassungsprozesses, in: JZ 2007, S. 905 ff.

Heintzen, Markus: Gemeineuropäisches Verfassungsrecht in der Europäischen Union, in: EuR 1994, S. 35 ff.

Heit, Helmut: Europäische Identitätspolitik in der EU-Verfassungspräambel. Zur ursprungsmythischen Begründung eines universalistischen europäischen Selbstverständnisses, in: ARSP 90 (2004), S. 461 ff.

ders. (Hrsg.): Die Werte Europas. Verfassungspatriotismus und Wertegemeinschaft in der EU?, Münster 2005.

Heitsch, Christian: Prüfungspflichten des Bundesverfassungsgerichts unter dem Staatsziel der europäischen Integration, in: EuGRZ 1997, S. 461 ff.

Heller, Hermann: Die Souveränität, in: M. Drath / O. Stammer / G. Niemeyer / F. Borinski (Hrsg.), Hermann Heller. Gesammelte Schriften, Bd. 2, Recht, Staat, Macht, Leiden 1971, S. 31 ff.

Hellmann, Manfred / Zernack, Klaus / Schramm, Gottfried (Hrsg.): Hdb. der Geschichte Russlands, Bd. 3, 1856–1945. Von den autokratischen Strukturen zum Sowjetstaat, Stuttgart 1992.

dies. (Hrsg.): Hdb. der Geschichte Russlands, Bd. 4, Register zu den Bänden 1–3, Stuttgart 2002.

Hendler, Reinhard: Selbstverwaltung als Ordnungsprinzip. Zur politischen Willensbildung und Entscheidung im demokratischen Verfassungsstaat der Industriegesellschaft, Köln u.a. 1984.

Hengstschläger, Johannes / Köck, Heribert Franz / Korinek, Karl (Hrsg.): Für Staat und Recht. FS für Herbert Schambeck, Berlin 1994.

Henne, Thomas / Riedlinger, Arne (Hrsg.): Das Lüth-Urteil aus (rechts-)historischer Sicht. Die Konflikte um Veit Harlan und die Grundrechtsjudikatur des Bundesverfassungsgerichts, Berlin 2005.

Henneke, Hans-Günter (Hrsg.): Verantwortungsteilung zwischen Kommunen, Ländern, Bund und Europäischer Union, Stuttgart u.a. 2001.

Hense, Ansgar: Freie Wohlfahrtspflege im Konflikt mit europäischem Beihilferecht, in: O. Depenheuer / M. Heintzen / M. Jestaedt / P. Axer (Hrsg.), Staat im Wort. FS für Josef Isensee, Heidelberg 2007, S. 1075 ff.

Hertel, Wolfram: Formen des Föderalismus. Die Beispiele der USA, Deutschlands und Europas, in: W. Vitzthum (Hrsg.), Europäischer Föderalismus. Supranationaler, subnationaler und multiethnischer Föderalismus in Europa, Berlin 2000, S. 13 ff.

Hesse, Joachim J.: Vom Werden Europas. Der Europäische Verfassungsvertrag. Konventsarbeit, politische Konsensbildung, materielles Ergebnis, Berlin 2007.

Hesse, Konrad: Bestand und Bedeutung der Grundrechte in der Bundesrepublik Deutschland, in: EuGRZ 1978, S. 427 ff.

ders.: Der unitarische Bundesstaat, Karlsruhe 1962.

ders.: Grundzüge des Verfassungsrechts der Bundesrepublik Deutschland, 20. Aufl., Heidelberg 1995.

ders.: Grundzüge des Verfassungsrechts der Bundesrepublik Deutschland, Neudruck der 20. Aufl., Heidelberg 1999.

Heun, Werner / Honecker, Martin / Morlok, Martin / Wieland, Joachim (Hrsg.): Evangelisches Staatslexikon, Stuttgart 2006.

Heuschling, Luc: Krise der Demokratie und der juristischen Demokratielehre in Frankreich, in: H. Bauer / P. M. Huber / K.-P. Sommermann (Hrsg.), Demokratie in Europa, Tübingen 2005, S. 33 ff.

Heusel, Wolfgang (Hrsg.): Die Osterweiterung der europäischen Union, Köln 2002.

Heusgen, Christoph: Nach den gescheiterten Referenden: Was wird aus dem Außenminister der Union und dem europäischen auswärtigen Dienst?, in: integration 2005, S. 336 ff.

Hildermeyer, Manfred: Geschichte der Sowjetunion 1917–1991. Entstehung und Niedergang des ersten sozialistischen Staates, München 1998.

Hilf, Meinhard: Europäische Union und nationale Identität der Mitgliedstaaten, in: A. Randelzhofer / R. Scholz / D. Wilke (Hrsg.), GS für Eberhard Grabitz, München 1995, S. 157 ff.

Hillgruber, Christian: Grenzen der Rechtsfortbildung durch den EuGH – Hat Europarecht Methode?, in: T. von Danwitz / M. Heintzen / M. Jestaedt (Hrsg.), Auf dem Wege zu einer europäischen Staatlichkeit, Stuttgart u.a. 1993, S. 31 ff.

Hintze, Otto: Der Beamtenstand, in: ders., Soziologie und Geschichte. Gesammelte Abhandlungen zur Soziologie, Politik und Theorie der Geschichte, 2. Aufl., Göttingen 1964, S. 67 ff.

ders.: Soziologie und Geschichte. Gesammelte Abhandlungen zur Soziologie, Politik und Theorie der Geschichte, 2. Aufl., Göttingen 1964.

Hobe, Stephan: Der kooperationsoffene Verfassungsstaat, in: Der Staat 37 (1998), S. 521 ff.

ders.: Der offene Verfassungsstaat zwischen Souveränität und Interdependenz. Eine Studie zur Wandlung des Staatsbegriffs der deutschsprachigen Staatslehre im Kontext internationaler institutionalisierter Kooperation, Berlin 1998.

Hobsbawm, Eric J.: Nationen und Nationalismus. Mythos und Realität seit 1780, Frankfurt a.M. / New York 1991.

Hochschullehrer der Juristischen Fakultät der Universität Heidelberg (Hrsg.): Richterliche Rechtsfortbildung. Erscheinungsformen, Auftrag und Grenzen. FS der Juristischen Fakultät zur 600-Jahr-Feier der Ruprecht-Karls-Universität Heidelberg, Heidelberg 1986.

Hockerts, Hans Günter: Entwicklung und Gestalt des modernen Sozialstaats in Europa, in: Walter-Raymond-Stiftung (Hrsg.), Sozialstaat. Idee und Entwicklung, Reformzwänge und Reformziele, Köln 1996, S. 27 ff.

Hoffmann-Riem, Wolfgang: Strukturen des Europäischen Verwaltungsrechts – Perspektiven der Systembildung, in: E. Schmidt-Aßmann / ders. (Hrsg.), Strukturen des Europäischen Verwaltungsrechts, Baden-Baden 1999, S. 317 ff.

Höfler, Rosemarie: Europa auf dem Weg zu einer sozialen Union? Die EuGH-Rechtsprechung zu unionsrechtlichen Ansprüchen auf Sozialhilfe, in: NVwZ 2002, S. 1206 ff.

Hofmann, Andreas / Wessels, Wolfgang: Der Vertrag von Lissabon – eine tragfähige und abschließende Antwort auf konstitutionelle Grundfragen?, in: integration 2008, S. 3 ff.

Hofmann, Hasso: Die Entwicklung des Grundgesetzes nach 1949, in: J. Isensee / P. Kirchhof (Hrsg.), HdbStR, Bd. I, Grundlagen von Staat und Verfassung, Heidelberg 1987, S. 253 ff.

Hofmann, Rainer / Holländer, Pavel / Merli, Franz / Wiederin, Ewald (Hrsg.): Armut und Verfassung. Sozialstaatlichkeit im europäischen Vergleich, Wien 1998.

Hollerbach, Alexander: Auflösung der rechtsstaatlichen Verfassung?, in: AöR 85 (1960), S. 241 ff.

ders.: Europa und das Staatskirchenrecht, in: ZevKR 35 (1990), S. 250 ff.

Holmes, Clive: The Legal Instruments of Power and the State in Early Modern England, in: A. Padoa-Schioppa (Hrsg.), Legalisation and Justice, Oxford 1997, S. 269 ff.

Holzinger, Katharina / Knill, Christoph: Institutionelle Entwicklungspfade im europäischen Integrationsprozess: Eine konstruktive Kritik an Joschka Fischers Reformvorschlägen, in: ZPol 11 (2001), S. 987 ff.

Hommelhoff, Peter / Kirchhof, Paul (Hrsg.): Der Staatenverbund der Europäischen Union. Beiträge und Diskussionen des Symposions am 21./22. Januar 1994 in Heidelberg, Heidelberg 1994.

Hooghe, Liesbet / Marks, Gary: Multi-Level Governance and European Integration, Lanham 2001.

dies.: Images of Europe: Orientations to European Integration among Senior Officials of the Commission, in: British Journal of Political Science 29 (1999), S. 345 ff.

Hoppe, Werner / Beckmann, Martin: Juristische Aspekte einer interkommunalen Zusammenarbeit beiderseits der deutsch-niederländischen Grenze, in: DVBl. 1986, S. 1 ff.

Höreth, Marcus: Das Demokratiedefizit lässt sich nicht weg reformieren. Über Sinn und Unsinn der europäischen Verfassungsdebatte, in: IPG 4/2002, S. 11 ff.

ders. / Janowski, Cordula / Kühnhardt, Ludger (Hrsg.): Die Europäische Verfassung. Analyse und Bewertung ihrer Strukturentscheidungen, Baden-Baden 2005.

Horn, Hans-Detlef: Über den Grundsatz der Gewaltenteilung in Deutschland und Europa, in: JöR 49 (2001), S. 287 ff.

Huber, Ernst Rudolf: Deutsche Verfassungsgeschichte seit 1789, Bd. 5–7, Stuttgart u.a. 1978–1984.

Huber, Peter M.: „Beihilfen" (Art. 87, 88 EGV 1999) und Vertrauensschutz im Gemeinschaftsrecht und im nationalen Verwaltungsrecht, in: KritV 82 (1999), S. 359 ff.

ders.: Bundesverfassungsgericht und Europäischer Gerichtshof als Hüter der Gemeinschaftsrechtlichen Kompetenzordnung, in: AöR 116 (1991), S. 210 ff.

ders.: Democracy and Constitutional Culture of the European Union, in: M. Wyrzykowsky (Hrsg.), Constitutional Cultures, Warschau 2002, S. 233 ff.

ders.: Europas größtes Demokratiedefizit, in: Die Welt vom 23. März 2005, online: http://www.welt.de/print-welt/article559713/Europas_groesstes_Demokratiedefizit.html (zuletzt abgerufen am 27.11.2009).

ders.: Das institutionelle Gleichgewicht zwischen Rat und Europäischem Parlament in der künftigen Verfassung für Europa, in: EuR 2003, S. 574 ff.

ders.: Maastricht – ein Staatsstreich?, Stuttgart u.a. 1993.

ders.: Recht der Europäischen Integration, 2. Aufl., München 2002.

ders.: Die Rolle des Demokratieprinzips im europäischen Integrationsprozeß, in: Jahrbuch zur Staats- und Verwaltungswissenschaft 6 (1992/1993), S. 179 ff.

ders.: Europäisches und nationales Verfassungsrecht, in: VVDStRL 60 (2001), S. 194 ff.

Hufen, Friedhelm (Hrsg.): Verfassungen – Zwischen Recht und Politik. Festschrift zum 70. Geburtstag für Hans-Peter Schneider, Baden-Baden 2008.

Hugo, Victor: Discours prononcé le 21 août 1849 lors du Congrès de la paix, Paris 1849.

Huntington, Samuel P.: The Clash of Civilizations and the Remaking of World Order, New York 1996.

Huster, Stefan: Posteriorisierung der Gesundheitspolitik? Opportunitätskosten in der Rechtsdogmatik des Sozialstaats, in: H. Butzer / M. Kaltenborn / W. Meyer (Hrsg.), Organisation und Verfahren im sozialen Rechtsstaat. FS für Friedrich E. Schnapp zum 70. Geburtstag, Berlin 2008, S. 463 ff.

Iglesias, Gil Carlos Rodríguez / Linán Nogueras, Diego J.: El Derecho Comunitario y su aplicaciòn judicial, Madrid 1993.

ders.: Encuesta. El Tratado por el que se establece una Constitución para Europa, in: Teoría y Realidad Constitucional 2004, S. 11 ff.

ders.: Gedanken zum Entstehen einer Europäischen Rechtsordnung, in: NJW 1999, S. 1 ff.

ders.: Der Gerichtshof der Europäischen Gemeinschaften als Verfassungsgericht, in: EuR 1992, S. 225 ff.

ders.: Judicial protection of the citizen under European Law, in: B. S. Markesinis (Hrsg.), The Clifford Chance Millenium Lectures. The Coming Together of the Common Law and the Civil Law, Oxford 2000, S. 195 ff.

ders.: Las relaciones entre el Tribunal de Justicia de las Comunidades Europeas, el Tribunal de Derechos Humanos y los Tribunales Constitucionales nacionales, in: Revista de Derecho Comunitario Europeo 1997, S. 329 ff.

ders.: Tribunales constitucionales y Derecho Comunitario, in: Tecnos (Hrsg.), Estudios en Homenaje al Prof. Díez de Velasco, Madrid 1993, S. 1175 ff.

ders.: Zur „Verfassung" der Europäischen Gemeinschaft, in: EuGRZ 1996, S. 125 ff.

Institut für Europäische Verfassungswissenschaften (Hrsg.): Die Europäische Union als Verfassungsordnung. Erträge des Eröffnungssymposions des Instituts für Europäische Verfassungswissenschaften an der FernUniversität in Hagen am 13. Februar 2004, Berlin 2004.

Ipsen, Hans Peter: Europäisches Gemeinschaftsrecht, Tübingen 1972.

ders.: Zehn Glossen zum Maastricht-Urteil, in: EuR 1994, S. 1 ff.

ders.: Die Verfassungsrolle des Europäischen Gerichtshofs für die Integration, in: J. Schwarze / R. Bieber (Hrsg.), Eine Verfassung für Europa. Von der Europäischen Gemeinschaft zur Europäischen Union, Baden-Baden 1984, S. 29 ff.

Ipsen, Jörn: Der Staat der Mitte. Verfassungsgeschichte der Bundesrepublik Deutschland, München 2009.

ders. / Mössner, Jörg Manfred / Rengeling, Hans-Werner / Weber, Albrecht (Hrsg.): Verfassungsrecht im Wandel. Wiedervereinigung Deutschlands, Deutschland in der Europäischen Union, Verfassungsstaat und Föderalismus, Köln u.a. 1995.

Isensee, Josef (Hrsg.): Europa als politische Idee und rechtliche Form, Berlin 1994.

ders.: Europa – Die politische Erfindung eines Erdteils, in: ders. (Hrsg.), Europa als politische Idee und rechtliche Form, Berlin 1994, S. 103 ff.

ders. / Kirchhof, Paul (Hrsg.): HdbStR, Bd. I, Grundlagen von Staat und Verfassung, Heidelberg 1987.

dies. (Hrsg.): HdbStR, Bd. I, Historische Grundlagen, 3. Aufl., Heidelberg 2003.

dies. (Hrsg.): HdbStR, Bd. II, Verfassungsstaat, 3. Aufl., Heidelberg 2004.

dies. (Hrsg.): HdbStR, Bd. VII, Normativität und Schutz der Verfassung – Internationale Beziehungen, Heidelberg 1993.

ders.: Staat, in: *Görres-Gesellschaft (Hrsg.),* Staatslexikon der Görres-Gesellschaft, Bd. 5, 7. Aufl., Freiburg i.Br. 1989, S. 133 ff.

ders.: Verfassung ohne soziale Grundrechte, in: Der Staat 19 (1980), S. 367 ff.

Ismayr, Wolfgang (Hrsg.): Die politischen Systeme Osteuropas, Opladen 2002.

ders. (Hrsg.): Die politischen Systeme Westeuropas, Opladen 1997.

ders. (Hrsg.): Die politischen Systeme Westeuropas, 3. Aufl., Opladen 2003.

ders.: Die politischen Systeme Westeuropas im Vergleich, in: ders. (Hrsg.), Die politischen Systeme Westeuropas, Opladen 1997, S. 9 ff.

Jachtenfuchs, Markus: Die EG nach Maastricht – Das Subsidiaritätsprinzip und die Zukunft der Integration, in: EA 1992, S. 279 ff.

ders. / Kohler-Koch, Beate (Hrsg.): Europäische Integration, Opladen 1996.

dies. (Hrsg.): Europäische Integration, 2. Aufl., Opladen 2003.

Jaeckel, Liv: Schutzpflichten im deutschen und europäischen Recht. Eine Untersuchung der deutschen Grundrechte, der Menschenrechte und Grundfreiheiten der EMRK sowie der Grundrechte und Grundfreiheiten der Europäischen Gemeinschaft, Baden-Baden 2001.

Janowski, Cordula Agnes: Demokratie in der EU gemäß der EU-Verfassung, in: ZPol 15 (2005), S. 793 ff.

dies.: Die nationalen Parlamente und ihre Europa-Gremien. Legitimationsgarant der EU? Baden-Baden 2005.

Jansen, Thomas: Europäische Parteien, in: W. Weidenfeld (Hrsg.), Europa-Hdb., Bd. I, Die Europäische Union – Politisches System und Politikbereiche, 4. Aufl., Gütersloh 2006, S. 166 ff.

Jarass, Hans D.: Elemente einer Dogmatik der Grundfreiheiten, in: EuR 1995, S. 202 ff.

ders.: EU-Grundrechte. Ein Studien- und Hdb., München 2005.

ders.: Grundrechte als Wertentscheidungen bzw. objektivrechtliche Prinzipien in der Rechtsprechung des Bundesverfassungsgerichts, in: AöR 110 (1985), S. 363 ff.

Jasmut, Gunter: Die politischen Parteien und die europäische Integration. Der Beitrag der Parteien zur demokratischen Willensbildung in europäischen Angelegenheiten, Frankfurt a.M. u.a. 1995.

Jaspers, Karl: Vom Ursprung und Ziel der Geschichte, München 1949.

Jászi, Oscar / Lewis, John D.: Against the Tyrant. The Tradition and Theory of Tyrannicide, Glencoe 1957.

Jekewitz, Jürgen / Klein, Karl Heinz / Kühne, Jörg-Detlef (Hrsg.): Des Menschen Recht zwischen Freiheit und Verantwortung. FS für Karl Josef Partsch zum 75. Geburtstag, Berlin 1989.

Jellinek, Georg: Allgemeine Staatslehre, 3. Aufl., Darmstadt 1959.

Jennert, Carsten: Die zukünftige Kompetenzabgrenzung zwischen der Europäischen Union und den Mitgliedstaaten, in: NVwZ 2003, S. 936 ff.

Jennings, Ivor W. / Ritter, Gerhard A.: Das britische Regierungssystem. Leitfaden und Quellenbuch, 2. Aufl., Köln / Opladen 1970.

Jessop, Bob: Veränderte Staatlichkeit. Veränderungen von Staatlichkeit und Staatsprojekten, in: D. Grimm (Hrsg.), Staatsaufgaben, Baden-Baden 1994, S. 353 ff.

Jestaedt, Matthias: Der Europäische Verfassungsverbund – Verfassungstheoretischer Charme und rechtstheoretische Insuffizienz einer Unschärferelation, in: R. Krause / W. Veelken / K. Vieweg (Hrsg.), Recht der Wirtschaft und der Arbeit in Europa. GS für Wolfgang Blomeyer, Berlin 2004, S. 637 ff.

Joas, Hans / Mandry, Christof: Europa als Werte- und Kulturgemeinschaft, in: G. F. Schuppert / I. Pernice / U. Haltern (Hrsg.), Europawissenschaft, Baden-Baden 2005, S. 569 ff.

ders. / Wiegandt, Klaus (Hrsg.): Die kulturellen Werte Europas, 2. Aufl., Frankfurt a.M. 2005.

Joerges, Christian / Mény, Yves / Weiler, Joseph H. H. (Hrsg.): What Kind of Constitution for What Kind of Polity? Responses to Joschka Fischer, Harvard 2000.

ders. / Singh Ghaleigh, Navraj (Hrsg.): Darker Legacies of Law in Europe. The Shadow of National Socialism and Fascism over Europe and its Legal Traditions, Oxford 2003.

Johnson, Glen M.: The Contributions of Eleanor and Franklin Roosevelt to the Development of International Protection for Human Rights, in: Human Rights Quarterly 1987, S. 19 ff.

Jopp, Mathias / Regelsberger, Elfriede: GASP und ESVP im Verfassungsvertrag – eine neue Angebotsvielfalt mit Chancen und Mängeln, in: integration 2003, S. 550 ff.

ders.: Der Vertrag über eine Verfassung für Europa. Analysen zur Konstitutionalisierung der EU, Baden-Baden 2005.

Kadelbach, Stefan / Petersen, Niels: Die gemeinschaftsrechtliche Haftung für Verletzungen von Grundfreiheiten aus Anlaß privaten Handelns, in: EuGRZ 2002, S. 213 ff.

ders. / Kleinlein, Thomas: Überstaatliches Verfassungsrecht: Zur Konstitutionalisierung im Völkerrecht, in: AVR 44 (2006), S. 235 ff.

ders.: Allgemeines Verwaltungsrecht unter europäischem Einfluss, Tübingen 1999.

Kaelble, Hartmut / Schmid, Günther (Hrsg.): Das europäische Sozialmodell. Auf dem Weg zum transnationalen Sozialstaat, Berlin 2004.

Kagan, Robert: Of Paradise and Power. America and Europe in the New World Order, New York 2003.

Kahl, Wolfgang: Freiheitsprinzip und Sozialprinzip in der Europäischen Union, in: H. Bauer / D. Czybulka / ders. / A. Voßkuhle (Hrsg.), Wirtschaft im offenen Verfassungsstaat. FS für Reiner Schmidt zum 70. Geburtstag, München 2006, S. 75 ff.

ders.: Das Grundrecht der Sprachenfreiheit, in: JuS 2007, S. 201 ff.

ders.: Sprache als Kultur- und Rechtsgut, in: VVDStRL 65 (2006), S. 386 ff.

ders.: Europäisches und nationales Verwaltungsorganisationsrecht, in: Die Verwaltung 29 (1996), S. 341 ff.

Kahn, Paul W.: Freedom, Autonomy and the Cultural Study of Law, in: Yale Journal of Law and the Humanities 2001, S. 141 ff.

ders.: The Cultural Study of Law. Reconstructing Legal Scholarship, Chicago 1999.

Kaiafa-Gbandi, Maria (Hrsg.): Compétence communautaire et imposition des sanctions pénales pour violation du droit communautaire, Athen 2004.

dies.: Gemeinsame Grundsätze des Strafprozessrechts als Basis einer grenzüberschreitenden Strafverfolgung in: Europäischer Juristentag (Hrsg.), Kongressband des 4. Europäischen Juristentages, Wien 2007.

dies.: To poiniko dikaio stin Europaiki Enosi, Athen / Thessaloniki 2003.

dies.: Europäisches Strafrecht – Die Perspektive des Grundrechtsschutzes nach dem Verfassungsentwurf für Europa, in: KritV 87 (2004), S. 9 ff.

dies.: Aktuelle Strafrechtsentwicklung in der EU und rechtsstaatliche Defizite, in: ZIS 2006, S. 521 ff.

dies.: The Treaty Establishing a Constitution for Europe and Challenges for Criminal Law at the Commencement of 21st Century, in: European Journal of Crime, Criminal Law and Criminal Justice 2005, S. 483 ff.

Kaiser, Reinhold: Selbsthilfe und Gewaltmonopol. Königliche Friedenswahrung in Frankreich und Deutschland im Mittelalter, in: FMS 17 (1983), S. 55 ff.

Kaltenborn, Markus: Vergaberechtliche Strukturen im Recht der Gesetzlichen Krankenversicherung, in: VSSR 2006, S. 357 ff.

Kalypso, Nicolaidis / Howse, Robert (Hrsg.): The Federal Vision. Legitimacy and Levels of Governance in the United States and the European Union, Oxford 2001.

Kant, Immanuel: Zum ewigen Frieden, Kant im Original, Bd. XVI, Erlangen 1984.

ders.: Idee zu einer allgemeinen Geschichte in weltbürgerlicher Absicht, in: Berlinische Monatsschrift 1784, S. 385 ff., online: http://www.projekt.gutenberg.de/?id=5&xid=1365&kapitel=1#gb_found (zuletzt abgerufen am 27.11.2009).

Kappel, Rolf / Tobler, Hans Werner / Waldmann, Peter (Hrsg.): Rechtsstaatlichkeit im Zeitalter der Globalisierung, Freiburg i.Br. 2005.

Karmis, Dimitrios / Norman, Wayne (Hrsg.): Theories of Federalism. A Reader, New York 2005.

Kaufmann, Marcel: Verfassungspatriotismus, substantielle Gleichheit und Demokratieprinzip im europäischen Staatenverbund, in: A. Brockmöller / D. Buchwald / K. Tappe / D. von den Pfordten (Hrsg.), Ethische und strukturelle Herausforderungen des Rechts, ARSP-Beiheft, Bd. 66, Stuttgart 1997, S. 40 ff.

Kersten, Jens / Rixen, Stephan (Hrsg.): Parteiengesetz (PartG) und europäisches Parteienrecht. Kommentar, Stuttgart 2009.

Kielmansegg, Peter Graf: Wie tragfähig sind Europas Fundamente?, in: FAZ vom 17. Februar 1995, S. 13.

Kingreen, Thorsten: Wettbewerbsrechtliche Aspekte des Gesundheitsmodernisierungsgesetzes, in: MedR 2004, S. 188 ff.

ders.: Die Gemeinschaftsgrundrechte, in: JuS 2000, S. 857 ff.

ders.: Das Gesundheitsrecht im Fokus von Grundfreiheiten, Kartell- und Beihilfenrecht, in: GesR 2006, S. 193 ff.

ders.: Grundfreiheiten, in: A. von Bogdandy (Hrsg.), Europäisches Verfassungsrecht. Theoretische und dogmatische Grundzüge, Berlin u.a. 2003, S. 631 ff.

ders.: Das Sozialstaatsprinzip im europäischen Verfassungsverbund. Gemeinschaftsrechtliche Einflüsse auf das deutsche Recht der gesetzlichen Krankenversicherung, Tübingen 2003.

ders.: Die Struktur der Grundfreiheiten des Europäischen Gemeinschaftsrechts, Berlin 1999.

ders.: Vergaberecht und Verfahrensgerechtigkeit in der jugend- und sozialhilferechtlichen Leistungserbringung, in: VSSR 2006, S. 379 ff.

Kirchhof, Paul: Die Gewaltenbalance zwischen staatlichen und europäischen Organen, in: JZ 1998, S. 965 ff.

ders.: Die Identität der Verfassung, in: J. Isensee / ders. (Hrsg.), HdbStR, Bd. II, Verfassungsstaat, 3. Aufl., Heidelberg 2004, S. 261 ff.

ders.: Fuerza normativa e interpretación de los derechos fundamentales. Efectividad de los derechos fundamentales – en particular en relaciòn con el ejercicio del poder legislativo, in: A. López Pina (Hrsg.), La garantía constitucional de los derechos fundamentales. Alemania, España, Francia et Italia, Madrid 1991.

ders.: Der Staat als Garant und Gegner der Freiheit. Von Privileg und Überfluss zu einer Kultur des Maßes, Paderborn u.a. 2004.

ders.: Der Staat – eine Erneuerungsaufgabe, Freiburg i.Br. u.a. 2005.

ders.: Der deutsche Staat im Prozeß der europäischen Integration, in: J. Isensee / ders. (Hrsg.), HdbStR, Bd. VII, Normativität und Schutz der Verfassung – Internationale Beziehungen, Heidelberg 1993, S. 855 ff.

ders.: Die rechtliche Struktur der Europäischen Union als Staatenverbund, in: A. von Bogdandy (Hrsg.), Europäisches Verfassungsrecht. Theoretische und dogmatische Grundzüge, Berlin u.a. 2003, S. 893 ff.

ders.: Stetige Verfassung und politische Erneuerung, Goldbach 1995.

Kirsch, Martin: Monarch und Parlament im 19. Jahrhundert. Der monarchische Konstitutionalismus als europäischer Verfassungstyp. Frankreich im Vergleich, Göttingen 1999.

ders. (Hrsg.): Der Verfassungsstaat vor der Herausforderung der Massengesellschaft. Konstitutionalismus um 1900 im europäischen Vergleich, Berlin 2002.

Klabbers, Jan: Constitutionalism Lite, in: International Organizations Law Review 2004, S. 31 ff.

Kleger, Heinz (Hrsg.): Der Konvent als Labor. Texte und Dokumente zum europäischen Verfassungsprozess, Münster u.a. 2004.

Klein, Eckart: Der Einfluß des Gemeinschaftsrechts auf das Verwaltungsrecht der Mitgliedstaaten, in: Der Staat 33 (1994), S. 39 ff.

Klein, Hans Hugo: Europa – Verschiedenes gemeinsam erlebt. Es gibt kein europäisches Volk, sondern nur die Völker Europas, in: FAZ vom 17. Oktober 2007, S. 12.

ders.: Die Europäische Union und ihr demokratisches Defizit, in: J. Goydke / D. Rauschning / R. Robra / H.-L. Schreiber / C. Wulff (Hrsg.), Vertrauen in den Rechtsstaat. Beiträge zur Deutschen Einheit im Recht. FS für Walter Remmers, Köln u.a. 1995, S. 195 ff.

Klein, Nadia / Wessels, Wolfgang: Eine Stimme, zwei Hüte – viele Pioniere? Die gemeinsame Außen- und Sicherheitspolitik nach dem EU-Konvent, in: WeltTrends 2004, S. 11 ff., online: http://www.fornet.info/documents/WorkingPaper5 WELTTRENDS.pdf (zuletzt abgerufen am 27.11.2009).

Klein, Sabine: Die Angst vor dem Superstaat in Brüssel, online: http://www.tagesschau.de/ausland/meldung118708.html (zuletzt abgerufen am 27.11.2009).

Kley, Andreas: Verfassungsgeschichte der Neuzeit. Grossbritannien, die USA, Frankreich, Deutschland und die Schweiz, 2. Aufl., Bern 2008.

Klip, André: The Constitution for Europe and Criminal law: a step not far enough, in: MJ 2005, S. 115 ff.

Kloepfer, Michael: Integration durch Richterrecht – Zur Rolle des Europäischen Gerichtshofes im europäischen Einigungsprozess, in: JA 2002, S. 719 ff.

ders.: Der Islam in Deutschland als Verfassungsfrage, in: DÖV 2006, S. 45 ff.

ders. / Merten, Detlef / Papier, Hans-Jürgen (Hrsg.): Kontinuität und Diskontinuität in der deutschen Verfassungsgeschichte. Von der Reichsgründung zur Wiedervereinigung. Seminar zum 80. Geburtstag von Karl August Bettermann, Berlin 1994.

Kluxen, Kurt (Hrsg.): Parlamentarismus, 2. Aufl., Köln / Berlin 1969.

Knelangen, Wilhelm: Regierungssystem sui Generis? Die institutionelle Ordnung der EU in vergleichender Sicht, in: ZSE 2005, S. 7 ff.

Knemeyer, Franz-Ludwig (Hrsg.): Die europäische Charta der kommunalen Selbstverwaltung. Entstehung und Bedeutung. Länderberichte und Analysen, Baden-Baden 1989.

ders. (Hrsg.): Europa der Regionen und Europa der Kommunen. Wissenschaftliche und politische Bestandsaufnahme und Perspektive, Baden-Baden 1994.

Koenig, Christian / Engelmann, Christina / Hentschel, Kristin: Die Anwendbarkeit des Vergaberechts auf die Leistungserbringung im Gesundheitswesen, in: MedR 2003, S. 562 ff.

ders.: Ist die Europäische Union verfassungsfähig?, in: ZEI-Report Oktober 1999, S. 8 ff.

Köhler, Horst: Das Demokratiedefizit angehen, online: www.koehler-iwf.de/demokratiedefizit.html (zuletzt abgerufen am 27.11.2009).

Kohler-Koch, Beate / Rittberger, Berthold (Hrsg.): Debating the Democratic Legitimacy of the European Union, Lanham 2007.

Kohler-Koch, Beate: Regieren in der Europäischen Union. Auf der Suche nach demokratischer Legitimität, in: APuZ 6/2000, S. 30 ff.

König, Doris: Die Übertragung von Hoheitsrechten im Rahmen des europäischen Integrationsprozesses – Anwendungsbereich und Schranken des Art. 23 des Grundgesetzes, Berlin 2000.

dies.: Das Urteil des Bundesverfassungsgerichts zum Vertrag von Maastricht – ein Stolperstein auf dem Weg in die europäische Integration?, in: ZaöRV 55 (1995), S. 17 ff.

König, Thomas: Unitarisierung durch Europäisierung, in: APuZ 36/2005, S. 28 ff.

Kopelew, Lew: Freie Dichter und Denker, in: FAZ vom 24. Dezember 1994, S. 6.

Köpke, Wulf / Schmelz, Bernd (Hrsg.): Das gemeinsame Haus Europa. Hdb. zur europäischen Kulturgeschichte, München 1999.

dies. (Hrsg.): Das gemeinsame Haus – Fundgrube Europa. Bibliographie zur europäischen Kulturgeschichte, Bonn 1999.

Kopp, Andreas: Europäische Identität als Kategorie des Europarechts, Tübingen 2002.
Korioth, Stefan: Europäische und nationale Identität: Integration durch Verfassungsrecht?, in: VVDStRL 62 (2003), S. 117 ff.
Koslowski, Peter / Spaemann, Robert / Löw, Reinhard (Hrsg.): Moderne oder Postmoderne? Zur Signatur des gegenwärtigen Zeitalters, Weinheim 1986.
Kotalakidis, Nikolaos: Von der nationalen Staatsangehörigkeit zur Unionsbürgerschaft. Die Person und das Gemeinwesen, Baden-Baden 2000.
Kotzur, Markus: Die Demokratiedebatte in der deutschen Verfassungslehre, in: H. Bauer / P. M. Huber / K.-P. Sommermann (Hrsg.), Demokratie in Europa, Tübingen 2005, S. 351 ff.
ders.: Kultur, Forschung und Technologie, in: R. Schulze / M. Zuleeg (Hrsg.), Europarecht. Hdb. für die deutsche Rechtspraxis, Baden-Baden 2006, S. 1651 ff.
ders.: Die Präambel, die Artikel zu den Werten und Zielen der Europäischen Union, in: M. Niedobitek / J. Zemánek (Hrsg.), Continuing the European constitutional debate, German and Czech contributions from a legal perspective, deutsche und tschechische Beiträge aus rechtlicher Sicht, Berlin 2008, S. 187 ff.
ders.: Theorieelemente des internationalen Menschenrechtsschutzes. Das Beispiel der Präambel des Internationalen Paktes über bürgerliche und politische Rechte, Berlin 2001.
ders.: Die Wirkungsweise von Klassikertexten im Völkerrecht, in: JöR 49 (2001), S. 329 ff.
ders.: Die Ziele der Union: Verfassungsidentität und Gemeinschaftsidee, in: DÖV 2005, S. 313 ff.
ders.: Grenznachbarschaftliche Zusammenarbeit in Europa. Der Beitrag von Art. 24 Abs. 1 a GG zu einer Lehre vom kooperativen Verfassungs- und Verwaltungsstaat, Berlin 2004.
Kraus, Dieter: Die kooperative Sicherung der Rechtsstaatlichkeit der Europäischen Union durch die mitgliedstaatlichen Gerichte und die Gemeinschaftsgerichte, in: P.-C. Müller-Graff / D. H. Scheuing (Hrsg.), Gemeinschaftsgerichtsbarkeit und Rechtsstaatlichkeit, EuR-Beiheft 3 / 2008, Baden-Baden 2008, S. 109 ff.
Krause, Karl C. F.: Entwurf eines europäischen Staatenbundes als Basis des allgemeinen Friedens und als rechtliches Mittel gegen jeden Angriff wider die innere und äußere Freiheit Europas (1814), in: R. H. Foerster (Hrsg.), Die Idee Europa 1300–1946. Quellen zur Geschichte der politischen Einigung, München 1963, S. 155 ff.
Krause, Rüdiger / Veelken, Winfried / Vieweg, Klaus (Hrsg.): Recht der Wirtschaft und der Arbeit in Europa. GS für Wolfgang Blomeyer, Berlin 2004.
Krautscheidt, Joseph / Marré, Heiner (Hrsg.): Essener Gespräche zum Thema Staat und Kirche, Bd. 27, Münster 1993.
dies.: Essener Gespräche zum Thema Staat und Kirche, Bd. 31, Münster 1997.
Krebber, Sebastian: Die Koordinierung als Kompetenzkategorie im EU-Verfassungsentwurf aus dogmatischer Sicht, in: EuGRZ 2004, S. 592 ff.
Kreß, Claus: Das Strafrecht auf der Schwelle zum europäischen Verfassungsvertrag, in: ZStW 2004, S. 445 ff.
Kreuzer, Karl F. / Scheuing, Dieter H. / Sieber, Ulrich (Hrsg.): Europäischer Grundrechtsschutz, Baden-Baden 1998.
Kriele, Martin: Einführung in die Staatslehre. Die geschichtlichen Legitimitätsgrundlagen des demokratischen Verfassungsstaates, 6. Aufl., Stuttgart 2003.
Kroker, Eduard J. M. / Dechamps, Bruno (Hrsg.): Das Menschenbild der freien Gesellschaft. Globalisierung und europäische Integration, Frankfurt a.M. 1999.

Krüger, Peter: Das unberechenbare Europa. Epochen des Integrationsprozesses vom späten 18. Jahrhundert bis zur Europäischen Union, Stuttgart 2006.
Kühne, Jörg-Detlef: Eine Verfassung für Deutschland, in: C. Dipper / U. Speck (Hrsg.), 1848 – Revolution in Deutschland, Frankfurt a.M. / Leipzig 1998, S. 355 ff.
Kühnhardt, Ludger: Quo vadis Europa?, in: APuZ 36/2005, S. 3 ff.
ders.: Die Universalität der Menschenrechte, Bonn 1987.
ders.: Die Universalität der Menschenrechte, 2. Aufl., Bonn 1991.
ders. / Lutz, Michael (Hrsg.): Die Wiederentdeckung Europas. Ein Gang durch Geschichte und Gegenwart, Stuttgart 1999.
Kulow, Arnd-Christian: Inhalte und Funktionen der Präambel des EG-Vertrages, Bayreuth 1997.
Kunig, Philip: Das Rechtsstaatsprinzip. Überlegungen zu seiner Bedeutung für das Verfassungsrecht der Bundesrepublik Deutschland, Tübingen 1986.
Kunisch, Johannes (Hrsg.): Staatsverfassung und Heeresverfassung in der europäischen Geschichte der frühen Neuzeit, Berlin 1986.
Küster, Holger: Verfassungspolitischer Immobilismus und gesellschaftliche Veränderung: Dänemarks „friedlicher Wandel" 1866–1915, in: O. Büsch / A. Schlegelmilch (Hrsg.), Wege europäischen Ordnungswandels. Gesellschaft, Politik und Verfassung in der zweiten Hälfte des 19. Jahrhunderts, Hamburg 1995, S. 397 ff.
Kymlicka, Will: Federalism, Nationalism and Multiculturalism, in: D. Karmis / W. Norman (Hrsg.), Theories of Federalism. A Reader, New York 2005, S. 269 ff.
Labayle, Henri: L' Espace de liberté, sécurité et justice dans la Constitution pour l' Europe, in: RTDE 2005, S. 437 ff.
Ladenburger, Clemens: Die Erarbeitung des Verfassungsentwurfs durch den Konvent, in: J. Schwarze (Hrsg.), Der Verfassungsentwurf des Europäischen Konvents. Verfassungsrechtliche Grundstrukturen und wirtschaftsverfassungsrechtliches Konzept, Baden-Baden 2004, S. 397 ff.
Laffan, Brigid / Lindner Johannes: The Budget, in: H. Wallace / W. Wallace / M. Pollack (Hrsg.), Policy-Making in the European Union, 5. Aufl., Oxford 2005, S. 191 ff.
Landfried, Christine: Das politische Europa. Differenz als Potential der Europäischen Union, 2. Aufl., Baden-Baden 2005.
Lang, Kai-Olaf / Schwarzer, Daniela: Argumente für eine neue Erweiterungsstrategie – die Diskussion über die Aufnahmefähigkeit der EU, in: integration 2007, S. 117 ff.
Lange, Christian / Schütz, Charlotte: Grundstrukturen des Rechts der europäischen politischen Parteien im Sinne des Art. 138a EGV, in: EuGRZ 1996, S. 299 ff.
Langeheine, Bernd / Weinstock, Ulrich: Abgestufte Integration: weder Königspfad noch Irrweg, in: EA 1984, S. 261 ff.
Langewiesche, Dieter: Nation, Nationalismus, Nationalstaat. Forschungsstand und Forschungsperspektiven, in: NPL 40 (1995), S. 190 ff.
Laslett, Peter (Hrsg.): John Locke. Two Treatises of Government, 2. Aufl., Cambridge 1967.
Läufer, Thomas: Der Europäische Gerichtshof – moderate Neuerungen des Verfassungsentwurfs, in: integration 2003, S. 510 ff.
Lecheler, Helmut: Der Beitrag der allgemeinen Rechtsgrundsätze zur Europäischen Integration, in: ZEuS 2003, S. 337 ff.
ders.: Der Europäische Gerichtshof und die allgemeinen Rechtsgrundsätze, Berlin 1971.
ders.: Das Subsidiaritätsprinzip. Strukturprinzip einer europäischen Union, Berlin 1993.

Leibfried, Stephan / Pierson, Paul (Hrsg.): Standort Europa. Sozialpolitik zwischen Nationalstaat und europäischer Integration, Frankfurt a.M. 1998.
ders. / Zürn, Michael (Hrsg.): Transformationen des Staates?, Frankfurt a.M. 2006.
Leinen, Jo: Europäische Parteien. Aufbruch in eine neue demokratische EU, in: integration 2006, S. 229 ff.
Leisner-Egensperger, Anna: Kontinuität als Verfassungsprinzip. Unter besonderer Berücksichtigung des Steuerrechts, Tübingen 2002.
Lenaerts, Koen / Nuffel, Piet van: Constitutional Law of the European Union, 2. Aufl., London 2004.
ders. / Arts, Dirk / Maselis, Ignace: Procedural Law of the European Union, London 2006.
Lepsius, Mario Rainer: Demokratie in Deutschland. Soziologisch-historische Konstellationsanalysen. Ausgewählte Aufsätze, Göttingen 1993.
ders.: Die Europäische Gemeinschaft und die Zukunft des Nationalstaates, in: ders., Demokratie in Deutschland. Soziologisch-historische Konstellationsanalysen. Ausgewählte Aufsätze, Göttingen 1993, S. 249 ff.
ders.: Die Europäische Union als Herrschaftsverband eigener Prägung, in: C. Joerges / Y. Mény / J. H. H. Weiler (Hrsg.), What Kind of Constitution for What Kind of Polity? Responses to Joschka Fischer, Harvard 2000, S. 203 ff.
ders.: Integrazione economico-politica e pluralità culturale, in: il Mulino 1996, S. 3 ff.
ders.: Nationalstaat oder Nationalitätenstaat als Modell für die Weiterentwicklung der Europäischen Gemeinschaft, in: ders., Demokratie in Deutschland. Soziologisch-historische Konstellationsanalysen. Ausgewählte Aufsätze, Göttingen 1993, S. 265 ff.
Lévy, Jean-Philippe: Histoire de la propriété, Paris 1972.
Ligeti, Katalin: Strafrecht und strafrechtliche Zusammenarbeit in der Europäischen Union, Berlin 2005.
Lijphart, Arend: Democracies. Patterns of Majoritarian and Consensus Government in Twenty-One Countries, New Haven 1984.
Lindner, Josef Franz: Der Vertrag von Lissabon zur Reform der Europäischen Union, in: BayVBl. 2008, S. 421 ff.
Link, Jürgen / Wülfing, Wulf (Hrsg.): Nationale Mythen und Symbole in der zweiten Hälfte des 19. Jahrhunderts. Strukturen und Funktionen von Konzepten nationaler Identität, Stuttgart 1991.
Linzbach, Christoph / Lübking, Uwe / Scholz, Stephanie / Schulte, Bernd (Hrsg.): Globalisierung und Europäisches Sozialmodell, Baden-Baden 2007.
Lipgens, Walter (Hrsg.): 45 Jahre Ringen um die europäische Verfassung. Dokumente 1939–1984, Bonn 1986.
Lippert, Barbara: Erweiterung, in: W. Weidenfeld / W. Wessels (Hrsg.), Europa von A bis Z. Taschenbuch der europäischen Integration, 9. Aufl., Baden-Baden 2006, S. 123 ff.
Listl, Joseph / Schambeck, Herbert (Hrsg.): Demokratie in Anfechtung und Bewährung. FS für Johannes Broermann, Berlin 1982.
Llewellyn, Karl: Some Realism about Realism, in: Harvard Law Review 1931, S. 1222 ff.
Locke, John: The Second Treatise of Government, London 1690.
López Pina, Antonio (Hrsg.): La garantía constitucional de los derechos fundamentales. Alemania, España, Francia et Italia, Madrid 1991.
ders. (Hrsg.): Spanisches Verfassungsrecht. Ein Hdb., Heidelberg 1993.

Lord, Christopher / Beetham, David: Legitimizing the EU: Is there a „Post-Parliamentary Basis“ for its Legitimation?, in: JCMS 39 (2001), S. 443 ff.
Lorz, Ralph Alexander: The Feasibility of a United States of Europe in an Enlarged European Union, in: The Federalist 2006, S. 197 ff.
ders.: Interorganrespekt im Verfassungsrecht. Funktionenzuordnung, Rücksichtnahmegebote und Kooperationsverpflichtungen. Eine rechtsvergleichende Analyse anhand der Verfassungssysteme der Bundesrepublik Deutschland, der Europäischen Union und der Vereinigten Staaten, Tübingen 2001.
ders.: Zurück in die Zukunft, in: FAZ vom 24. November 2004, S. 7.
Loth, Wilfried: Der Weg nach Europa. Geschichte der europäischen Integration 1939–1957, 3. Aufl., Göttingen 1996.
Louis, Jean-Victor (Hrsg.): L'Integration differenciée, Brüssel 1986.
ders. / Ronse, Thierry: L'ordre juridique de l'Union européenne, Genf / Brüssel 2005.
Lübbe-Wolff, Gertrude: Europäisches und nationales Verfassungsrecht, in: VVDStRL 60 (2001), S. 246 ff.
Lüderssen, Klaus: Wer will das bessere Europa?, in: B. Schünemann (Hrsg.), Alternativentwurf Europäische Strafverfolgung, Köln u.a. 2004, S. 45 ff.
ders.: Europäisierung des Strafrechts und gubernative Rechtssetzung, in: GA 2003, S. 71 ff.
Ludwigs, Markus: Die Kompetenzordnung der Europäischen Union im Vertragsentwurf über eine Verfassung für Europa, in: ZEuS 2004, S. 211 ff.
Luhmann, Niklas: Legitimation durch Verfahren, Neuwied am Rhein / Berlin 1969.
Luther, Jörg: Die italienische Verfassungsgerichtsbarkeit. Geschichte, Prozessrecht, Rechtsprechung, Baden-Baden 1990.
Lützeler, Paul Michael (Hrsg.): Europa. Analysen und Visionen der Romantiker, Frankfurt a.M. 1982.
ders. (Hrsg.): Hoffnung Europa. Deutsche Essays von Novalis bis Enzensberger, Frankfurt a.M. 1994.
Mäder, Werner: Integrations- und Gesundheitspolitik in der EG, Bonn 1994.
Mager, Ute: Die Bedeutung der Grundrechte für das Binnenmarktziel – der zweite Verfassungsabschnitt auf dem Prüfstand des Binnenmarktkonzepts, in: A. Hatje / J. P. Terhechte (Hrsg.), Das Binnenmarktziel in der europäischen Verfassung, EuR-Beiheft 3 / 2004, Baden-Baden 2004, S. 41 ff.
Magiera, Siegfried: Durchsetzung des Europarechts, in: R. Schulze / M. Zuleeg (Hrsg.), Europarecht. Hdb. für die deutsche Rechtspraxis, Baden-Baden 2006, S. 434 ff.
Mahrenholz, Ernst Gottfried: Europäische Verfassungsgerichte, in: JöR 49 (2001), S. 15 ff.
Maier, Hans: Wie universal sind die Menschenrechte?, Freiburg i.Br. u.a. 1997.
Manin, Philippe: Droit constitutionnel de l'Union Européenne, Paris 2004.
Manoledakis, Ioannis: Demokratia-Eleutheria-Asfalia. To tripticho tis idanikis politias, Athen / Thessaloniki 2004.
ders. / Prittwitz, Cornelius (Hrsg.): Diethnopoiisi tou poiniko dikaiou, Athen / Thessaloniki 2003.
Mansel, Heinz-Peter / Pfeiffer, Thomas / Kronke, Herbert / Kohler, Christian / Hausmann, Rainer (Hrsg.): FS für Erik Jayme, 2 Bde., München 2004.
Mantelli, Brunello: Kurze Geschichte des italienischen Faschismus, Berlin 1998.

Marhold, Hartmut (Hrsg.): Europa auf dem Weg zur Verfassung. Valéry Giscard d'Estaings Reden und Beiträge als Präsident des europäischen Verfassungskonvents, Baden-Baden 2004.

Markesinis, Basil S. (Hrsg.): The Clifford Chance Millenium Lectures. The Coming Together of the Common Law and the Civil Law, Oxford 2000.

Marks, Gary / Scharpf, Fritz W. / Schmitter, Philippe C. / Streeck, Wolfgang (Hrsg.): Governance in the European Union, London 1996.

Márkus, György G.: Läßt sich die Europäische Union demokratisieren?, online: http://www.fesbp.hu/ger/first.htm (zuletzt abgerufen am 27.11.2009).

Marouzeau, Jules: Das Latein. Gestalt und Geschichte einer Weltsprache, 2. Aufl., München 1970.

Marquardt, Bernd: Das römisch-deutsche Reich als segmentäres Verfassungssystem (1348–1806/48). Versuch zu einer neuen Verfassungstheorie auf der Grundlage der lokalen Herrschaften, Zürich 1999.

Martinez Soria, José: Die Unionsbürgerschaft und der Zugang zu sozialen Vergünstigungen, in: JZ 2002, S. 643 ff.

Masclet, Jean-Claude / Maus, Didier (Hrsg.): Les constitutions nationales à l'épreuve de l'Europe, Paris 1993.

Masing, Johannes: Die Mobilisierung des Bürgers für die Durchsetzung des Rechts. Europäische Impulse für eine Revision der Lehre vom subjektiv-öffentlichen Recht, Berlin 1997.

Matscher, Franz (Hrsg.): Ombudsmann in Europa. Institutioneller Vergleich, Kehl u.a. 1994.

Mattheier, Klaus J. (Hrsg.): Ein Europa – viele Sprachen, Frankfurt a.M. u.a. 1991.

Maurer, Andreas: Parlamentarische Demokratie in der Europäischen Union. Der Beitrag des Europäischen Parlaments und der nationalen Parlamente, Baden-Baden 2002.

ders. / Reichel, Sarah: Der Europäische Auswärtige Dienst. Elemente eines Drei-Phasen-Plans, online: http://www.swp-berlin.org/de/common/get_document. php?asset_id=1757 (zuletzt abgerufen am 27.11.2009).

ders. / Wessels, Wolfgang (Hrsg.): National Parliaments on their Ways to Europe. Losers or Latecomers?, Baden-Baden 2001.

Mayer, Franz C.: Europarecht als französisches Verfassungsrecht, in: EuR 2004, S. 925 ff.

ders.: Wer soll Hüter der europäischen Verfassung sein?, in: AöR 129 (2004), S. 411 ff.

ders. / Palmowski, Jan: European Identities and the EU – The Ties that Bind the Peoples of Europe, in: JCMS 42 (2004), S. 573 ff.

ders.: Wege aus der Verfassungskrise – Zur Zukunft des Vertrages über eine Verfassung für Europa, in: JZ 2007, S. 593 ff.

McKay, David: Designing Europe. Comparative Lessons from the Federal Experience, Oxford 2001.

Meessen, Karl M.: In Search of the European Identity, in: W. Benedek / K. Ginther / H. Isak / R. Kicker (Hrsg.), Development and Developing International and European Law. Essays in Honour of Konrad Ginther on the Occasion of His 65th Birthday, Frankfurt a.M. 1999, S. 441 ff.

ders.: Zur Theorie allgemeiner Rechtsgrundsätze des internationalen Rechts: Der Nachweis allgemeiner Rechtsgrundsätze des Europäischen Gemeinschaftsrechts, in: JIR 17 (1974), S. 283 ff.

Merkel, Wolfgang (Hrsg.): Systemwechsel, 5 Bde., Opladen 1994–2000.

ders. / Sandschneider, Eberhard / Segert, Dieter (Hrsg.): Systemwechsel, Bd. 2, Die Institutionalisierung der Demokratie, Opladen 1996.

Merli, Franz: Der Vertrag zur EU-Osterweiterung, in: H.-E. Rasmussen-Bonne / R. Freer / W. Lüke / W. Weitnauer (Hrsg.), Balancing of Interests. Liber Amicorum. Peter Hay zum 70. Geburtstag, Frankfurt a.M. 2005, S. 285 ff.

ders. / Huster, Stefan (Hrsg.): Die Verträge zur EU-Osterweiterung. Kommentar mit systematischen Erläuterungen, Berlin 2008.

Merten, Detlef (Hrsg.): Der Staat am Ende des 20. Jahrhunderts. Forschungssymposium anläßlich der Emeritierung von Universitätsprofessor Dr. Helmut Quaritsch am 25. Juli 1998, Speyer 1998.

ders. (Hrsg.): Die Subsidiarität Europas, Berlin 1993.

Merten, Heike: Europäische Parteien im Sinne von Art. 191 EGV – Die Entwürfe für ein europäisches Parteienstatut und eine europäische Parteienfinanzierung, in: E. Busek / W. Hummer (Hrsg.), Internationaler, transnationaler und supranationaler Parlamentarismus, Wien 2004, S. 359 ff.

dies.: Europäische Parteien im Sinne von Art. 191 (ex Art.138a) EGV, in: MIP 2003, S. 40 ff.

dies.: Europäische politische Parteien. Die Entwürfe für ein europäisches Parteienstatut und eine europäische Parteienfinanzierung, in: D. Th. Tsatsos / X. I. Contiades / E. Venizelos (Hrsg.), Political Parties in the 21st Century / Politische Parteien im 21. Jahrhundert, Athen 2004, S. 95 ff.

dies.: Verordnung über die Regelungen für die politischen Parteien auf europäischer Ebene und ihre Finanzierung, in: MIP 2004/2005, S. 45 ff.

Meuters, Stefan: Leitung und Kontrolle grenzüberschreitender Ermittlungen – Zum Verhältnis von Staatsanwaltschaft und Polizei bei der grenzüberschreitenden Zusammenarbeit in Strafsachen in der Europäischen Union, Hamburg 2004.

Meyer, Jürgen / Engels, Markus: Aufnahme von sozialen Grundrechten in die Europäische Grundrechtecharta?, in: ZRP 2000, S. 368 ff.

ders. (Hrsg.): Charta der Grundrechte der Europäischen Union, 2. Aufl., Baden-Baden 2006.

ders.: Die EU ist auch eine Wertegemeinschaft – Die Grundrechtscharta soll die Integration fördern, in: ZRP 2000, S. 114 ff.

ders. (Hrsg.): Kommentar zur Charta der Grundrechte der Europäischen Union, Baden-Baden 2003.

Meyer, Thomas: Die Identität Europas. Der EU eine Seele?, Frankfurt a.M. 2004.

ders. (Hrsg.): Identitätspolitik. Vom Missbrauch kultureller Unterschiede, Frankfurt a.M. 2002.

ders.: Praxis der sozialen Demokratie, Wiesbaden 2006.

Michael, Lothar: Methodenfragen der Abwägungslehre. Eine Problemskizze im Lichte von Rechtsphilosophie und Rechtsdogmatik, in: JöR 48 (2000), S. 169 ff.

ders.: Verhältnismäßigkeit, in: W. Heun / M. Honecker / M. Morlok / J. Wieland (Hrsg.), Evangelisches Staatslexikon, Stuttgart 2006, S. 2572 ff.

Michalski, Krysztof (Hrsg.): Identität im Wandel / Castelgandolfo-Gespräche 1995. Institut für die Wissenschaft vom Menschen, Stuttgart 1995.

Middeke, Andreas: Die Organisationsstruktur der Europäischen Gerichtsbarkeit, in: H.-W. Rengeling / A. Middeke / M. Gellermann (Hrsg.), Hdb. des Rechtsschutzes in der Europäischen Union, 2. Aufl., München 2003, S. 16 ff.

Militello, Vincenzo: Der Alternativ-Entwurf Europäische Strafverfolgung: Ein Januskopf, in: ZStW 2004, S. 436 ff.

Missiroli, Antonio: ESDP bodies, online: http://www.iss.europa.eu/ (zuletzt abgerufen am 27.11.2009).

Mitglieder des Organisationsteams der 45. Assistententagung Öffentliches Recht (Hrsg.): Die Europäische Verfassung – Verfassungen in Europa, Baden-Baden 2005.

Mittag, Jürgen: Europäische Parteien im Wandel, in: APuZ 23-24/2009, S. 42 ff.

ders. (Hrsg.): Politische Parteien und europäische Integration. Entwicklung und Perspektiven transnationaler Parteienkooperation in Europa, Essen 2006.

ders.: Transnationale Parteienkooperation in Europa, IEV-Online Nr. 1/2009, online: http://www.fernuni-hagen.de/iev/MittagIEVOnline2009Nr1.pdf (zuletzt abgerufen am 27.11.2009).

Mohnhaupt, Heinz / Grimm, Dieter: Verfassung. Zur Geschichte des Begriffs von der Antike bis zur Gegenwart. Zwei Studien, 2. Aufl., Berlin 2002.

Moldenhauer, Eva / Michel, Karl Markus (Hrsg.): Georg Wilhelm Friedrich Hegel. Werke in 20 Bänden, Band 7, Grundlinien der Philosophie des Rechts, Frankfurt a.M. 1970.

Möller, Maren: Die Entwicklung des Rechts der Unionsbürger auf Freizügigkeit und freien Aufenthalt und seine Bedeutung in der Rechtsprechung des Europäischen Gerichtshofes, Kiel 2004.

Möllers, Thomas M. J.: Die Rolle des Rechts im Rahmen der europäischen Integration. Zur Notwendigkeit einer europäischen Gesetzgebungs- und Methodenlehre, Tübingen 1999.

Monar, Jörg: Die Entwicklung des „Raumes der Freiheit, der Sicherheit und des Rechts", in: integration 2000, S. 18 ff.

ders.: Der Raum der Freiheit, der Sicherheit und des Rechts im Verfassungsentwurf des Konvents, in: integration 2003, S. 536 ff.

Morass, Michael: Regionale Interessen auf dem Weg in die Europäische Union. Strukturelle Entwicklung und Perspektiven der Interessenvermittlung österreichischer und deutscher Landesakteure im Rahmen der europäischen Integration, Wien 1994.

Moravcsik, Andrew: The Choice for Europe. Social Purpose and State Power from Messina to Maastricht, Ithaca 1998.

ders.: Warum die Europäische Union die Exekutive stärkt: Innenpolitik und internationale Kooperation, in: K. D. Wolf (Hrsg.), Projekt Europa im Übergang? Probleme, Modelle und Strategien des Regierens in der Europäischen Union, Baden-Baden 1997, S. 211 ff.

Morlok, Martin / Schmidt, Hans-Rüdiger / Stefanou, Dimitris (Hrsg.): Dimitris. Th. Tsatsos. Verfassung – Parteien – Europa. Abhandlungen aus den Jahren 1962 bis 1998, Baden-Baden 1999.

ders.: Zur Heilsamkeit politischer Skandale, in: MIP 1999, S. 48 ff.

ders.: Der Text hinter dem Text. Intertextualität im Recht, in: A. Blankenagel / I. Pernice / H. Schulze-Fielitz (Hrsg.), Verfassung im Diskurs der Welt. Liber Amicorum für Peter Häberle zum siebzigsten Geburtstag, Tübingen 2004, S. 93 ff.

ders. (Hrsg.): Die Welt des Verfassungsstaates. Erträge des Wissenschaftlichen Kolloquiums zu Ehren von Prof. Dr. Dr. h.c. mult. Peter Häberle aus Anlaß seines 65. Geburtstages, Baden-Baden 2001.

Mosler, Hermann: General Principles of Law, in: EPIL 1995, S. 511 ff.

Möstl, Markus: Grenzen der Rechtsangleichung im Europäischen Binnenmarkt, in: EuR 2002, S. 318 ff.

Much, Walter: Rechtliche Grundsatzfragen zur Erweiterung der Europäischen Gemeinschaften, in: EuR 1972, S. 324 ff.

Mückl, Stefan: Kooperation oder Konfrontation?, in: Der Staat 44 (2005), S. 403 ff.

Müller, Friedrich / Burr, Isolde (Hrsg.): Rechtssprache Europas. Reflexion der Praxis von Sprache und Mehrsprachigkeit im supranationalen Recht, Berlin 2004.

Müller, Jörg Paul: Demokratische Gerechtigkeit. Eine Studie zur Legitimität politischer und rechtlicher Ordnung, München 1993.

ders. (Hrsg.): Recht als Prozess und Gefüge. FS für Hans-Huber zum 80. Geburtstag, Bern 1981.

ders.: Materiale Schranken der Verfassungsrevision, in: Y. Hangartner / S. Trechsel (Hrsg.), Völkerrecht im Dienste des Menschen. FS für Hans Haug, Bern / Stuttgart 1986, S. 195 ff.

ders.: Europäische Verfassung und europäische Identität, in: G. F. Schuppert / I. Pernice / U. Haltern (Hrsg.), Europawissenschaft, Baden-Baden 2005, S. 352 ff.

ders.: Die Verfassungsgerichtsbarkeit im Gefüge der Staatsfunktionen, in: VVDStRL 39 (1981), S. 52 ff.

Müller-Graff, Peter-Christian: Die rechtliche Dimension der Osterweiterung, in: W. Heusel (Hrsg.), Die Osterweiterung der Europäischen Union, Köln 2002, S. 21 ff.

ders. / Scheuing, Dieter (Hrsg.): Gemeinschaftsgerichtsbarkeit und Rechtsstaatlichkeit, EuR-Beiheft 3 / 2008, Baden-Baden 2008.

ders. (Hrsg.): Perspektiven des Rechts in der Europäischen Union, Heidelberg 1998.

ders.: Der „Raum der Freiheit, der Sicherheit und des Rechts" im neuen Verfassungsvertrag für Europa. Neuerungen und Notwendigkeit seiner Rekonstruktion, in: C. Gaitanides / S. Kadelbach / G. C. Iglesias (Hrsg.), Europa und seine Verfassung. FS für Manfred Zuleeg zum siebzigsten Geburtstag, Baden-Baden 2005, S. 605 ff.

ders.: Systemrationalität in Kontinuität und Änderung des Europäischen Verfassungsvertrages, in: integration 2003, S. 301 ff.

ders. / Riedel, Eibe (Hrsg.): Gemeinsames Verfassungsrecht in der Europäischen Union, Baden-Baden 1998.

ders.: Die ziviljustizielle Zusammenarbeit im „Raum der Freiheit, der Sicherheit und des Rechts" im System des Europäischen Verfassungsvertrages, in: H.-P. Mansel / T. Pfeiffer / H. Kronke / C. Kohler / R. Hausmann (Hrsg.), FS für Erik Jayme, Bd. 2, München 2004, S. 1323 ff.

Münder, Johannes / Boetticher, Arne von: Auswirkungen des europäischen Beihilfenrechts auf die Finanzierung der Leistungserbringung im SGB VIII, SGB XI und im BSHG, in: ZESAR 2004, S. 15 ff.

Nanclares, José Martin y Pérez de: The Federal Elements of the European Union, in: ZEuS 2001, S. 595 ff.

Nass, Klaus Otto: Legitimität und Identität der Europäischen Union, in: DVBl. 2006, S. 1197 ff.

Neßler, Volker: Deutsche und europäische Parteien – Beziehungen und Wechselwirkungen im Prozeß der Demokratisierung der Europäischen Union, in: EuGRZ 1998, S. 191 ff.

Nestle, Wilhelm: Vom Mythos zum Logos. Die Selbstentfaltung des griechischen Denkens von Homer bis auf die Sophistik und Sokrates, 2. Aufl., Stuttgart 1975.

Nestler, Cornelius: Europäisches Strafprozessrecht, in: ZStW 2004, S. 332 ff.

ders.: Europäische Verteidigung bei transnationalen Strafverfahren, in: B. Schünemann (Hrsg.), Alternativentwurf Europäische Strafverfolgung, Köln u.a. 2004, S. 166 ff.

Nettesheim, Martin: Die politische Gemeinschaft der Unionsbürger, in: A. Blankenagel / I. Pernice / H. Schulze-Fielitz (Hrsg.), Verfassung im Diskurs der Welt. Liber Amicorum für Peter Häberle zum siebzigsten Geburtstag, Tübingen 2004, S. 193 ff.

Neumann, Volker / Nielandt, Dörte / Albrecht, Philipp: Erbringung von Sozialleistungen nach Vergaberecht?, Baden-Baden 2004.

ders.: Sozialrecht oder Vergaberecht, in: VSSR 2005, S. 211 ff.

Neunreither, Karlheinz: The European Parliament and National Parliaments: Conflict and Cooperation, in: K. Auel / A. Benz (Hrsg.), The Europeanisation of National Parliamentary Democracy, Abingdon 2006, S. 466 ff.

Neveux, Hugues: Les révoltes paysannes en Europe (XIVe-XVIIe s.), Paris 1997.

Nick, Bernard: Multilevel Governance in the European Union, Amsterdam 2002.

Nickel, Dietmar: Das Europäische Parlament als Legislativorgan – zum neuen institutionellen Design nach der Europäischen Verfassung, in: integration 2003, S. 501 ff.

Nicolaidis, Kalypso / Howse, Robert (Hrsg.): The Federal Vision. Legitimacy and Levels of Governance in the United States and the European Union, Oxford 2001.

Nicolas, Jean (Hrsg.): Mouvements populaires et conscience sociale, XVIe-XIXe siècles, Paris 1985.

Nicolaysen, Gert: Die gemeinschaftsrechtliche Begründung von Grundrechten, in: EuR 2003, S. 719 ff.

Niedermayer, Oskar / Stöss, Richard / Haas, Melanie (Hrsg.): Die Parteiensysteme Westeuropas, Wiesbaden 2006.

Niedobitek, Matthias / Zemánek, Jirí (Hrsg.): Continuing the European constitutional debate, German and Czech contributions from a legal perspective, deutsche und tschechische Beiträge aus rechtlicher Sicht, Berlin 2008.

ders.: Kontinuität zwischen alter und neuer Union, in: ders. / S. Ruth (Hrsg.), Die neue Union. Beiträge zum Verfassungsvertrag, Berlin 2007, S. 135 ff.

ders. / Ruth, Simone (Hrsg.): Die neue Union. Beiträge zum Verfassungsvertrag, Berlin 2007.

Nielandt, Dörte: Das SGB III als Konfliktfeld von Sozial- und Wettbewerbsrecht. Die Beihilfenrelevanz von SGB-III-Maßnahmen unter Berücksichtigung des Vergaberechts, Berlin 2006.

Niemann, Ingo: Von der Unionsbürgerschaft zur Sozialunion, in: EuR 2004, S. 946 ff.

Niess, Frank: Die europäische Idee – aus dem Geist des Widerstands, Frankfurt a.M. 2001.

Niethammer, Lutz: Kollektive Identität. Heimliche Quellen einer unheimlichen Konjunktur, Reinbek bei Hamburg 2000.

Nippel, Wilfried (Hrsg.): Max Weber. Wirtschaft und Gesellschaft. Die Wirtschaft und die gesellschaftlichen Ordnungen und Mächte, Teilband 5. Die Stadt, Tübingen 1999.

Nohlen, Dieter / Hildebrand, Andreas: Spanien. Wirtschaft – Gesellschaft – Politik, Opladen 1992.

Norton, Philip (Hrsg.): National Parliaments and the European Union, New York 1996.

O'Brennan, John / Raunio, Tapio (Hrsg.): National Parliaments within the Enlarged European Union, London 2007.

Oebbecke, Janbernd: Selbstverwaltung angesichts von Europäisierung und Ökonomisierung, in: VVDStRL 62 (2003), S. 366 ff.

Oeter, Stefan: Föderalismus, in: A. von Bogdandy (Hrsg.), Europäisches Verfassungsrecht. Theoretische und dogmatische Grundzüge, Berlin u.a. 2003, S. 59 ff.
ders.: Europäische Integration als Konstitutionalisierungsprozeß, in: ZaöRV 59 (1999), S. 901 ff.
Öhlinger, Theo: Braucht Europa eine Verfassung?, in: JRP 2002, S. 37 ff.
Oppermann, Thomas: Arte – Ein Experiment in Europäischer Kultur, in: A. Randelzhofer / R. Scholz / D. Wilke (Hrsg.), GS für Eberhard Grabitz, München 1995, S. 483 ff.
ders.: Die Europäische Union von Lissabon, in: DVBl. 2008, S. 473 ff.
ders.: Europarecht. Ein Studienbuch, München 1991.
ders.: Europarecht. Ein Studienbuch, 2. Aufl., München 1999.
ders.: Europarecht. Ein Studienbuch, 3. Aufl., München 2005.
ders.: Die Dritte Gewalt in der Europäischen Union, in: DVBl. 1994, S. 901 ff.
ders. (Hrsg.): Europäische Reden, Stuttgart 1979.
ders.: Europäischer Verfassungskonvent und Regierungskonferenz 2002–2004, in: DVBl. 2004, S. 1264 ff.
Ossenbühl, Fritz (Hrsg.): Föderalismus und Regionalismus in Europa, Baden-Baden 1990.
ders.: Maastricht und das Grundgesetz – eine verfassungsrechtliche Wende?, in: DVBl. 1993, S. 629 ff.
Pache, Eckhard: Das Ende der europäischen Integration? Das Urteil des Bundesverfassungsgerichts zum Vertrag von Lissabon, zur Zukunft Europas und der Demokratie, in: EuGRZ 2009, S. 285 ff.
ders. (Hrsg.): Europäische Union. Ein Raum der Freiheit, der Sicherheit und des Rechts?, Baden-Baden 2005.
ders.: Grundfreiheiten, in: R. Schulze / M. Zuleeg (Hrsg.), Europarecht. Hdb. für die deutsche Rechtspraxis, Baden-Baden 2006, S. 322 ff.
ders.: Europäische und nationale Identität: Integration durch Verfassungsrecht?, in: DVBl. 2002, S. 1154 ff.
ders. / Rösch, Franziska: Der Vertrag von Lissabon, in: NVwZ 2008, S. 473 ff.
Padoa-Schioppa, Antonio (Hrsg.): Legislation and Justice, Oxford 1997.
Papadimitriou, Georgios: To Europaiko Syntagma, Athen 2003.
Papadopoulou, Triantafyllia: Politische Parteien auf europäischer Ebene. Auslegung und Ausgestaltung von Art. 191 (ex 138a) EGV, Baden-Baden 1999.
Papier, Hans-Jürgen: Die Neuordnung der Europäischen Union / Zum Vertrag für eine Verfassung für Europa, in: EuGRZ 2004, S. 753 ff.
Payne, Stanley G.: Facism in Spain, 1923–1977, Madison 1999.
Pechstein, Matthias: EU-/EG-Prozessrecht. Mit Aufbaumustern und Prüfungsübersichten, Tübingen 2007.
ders. / Koenig, Christian: Die Europäische Union, 3. Aufl., Baden-Baden 2000.
Penn, William: Essay über den gegenwärtigen und künftigen Frieden Europas (1692), in: R. H. Foerster (Hrsg.), Die Idee Europa 1300–1946. Quellen zur Geschichte der politischen Einigung, München 1963, S. 79 ff.
Pernice, Ingolf: Bestandssicherung von Verfassungen: Verfassungsrechtliche Mechanismen zur Wahrung der Verfassungsordnung, in: R. Bieber / P. Widmer (Hrsg.), Der europäische Verfassungsraum, Zürich 1995, S. 225 ff.
ders.: Multilevel Constitutionalism and the Treaty of Amsterdam: European Constitution-Making Revisited, in: CMLR 36 (1999), S. 703 ff.

ders.: The Global Dimension of Multilevel Constitutionalism: A Legal Response to the Challenges of Globalisation, in: P. M. Dupuy / B. Fassbender / M. N. Shaw / K.-H. Sommermann (Hrsg.), Völkerrecht als Wertordnung. FS für Christian Tomuschat, Kehl 2006, S. 973 ff.
ders.: The EU System of Legislation and its Modernisation, in: L. Tichý / B. Plechanovova / O. Schneider (Hrsg.), European Integration at the Crossroads, Prag 2008, S. 37 ff.
ders.: Zur Finalität Europas, in: G. F. Schuppert / ders. / U. Haltern (Hrsg.), Europawissenschaft, Baden-Baden 2005, S. 743 ff.
ders.: Gemeinschaftsverfassung und Grundrechtsschutz – Grundlagen, Bestand und Perspektiven, in: NJW 1990, S. 2409 ff.
ders.: Die Dritte Gewalt im europäischen Verfassungsverbund, in: EuR 1996, S. 27 ff.
ders.: Europäische Justizpolitik in der Perspektive der Verfassung für Europa, WHI – Paper 03/05, online: www.whi-berlin.de/pernice-justizpolitik.htm (zuletzt abgerufen am 27.11.2009).
ders.: Kompetenzabgrenzung im Europäischen Verfassungsverbund, in: DJZ 2000, S. 866 ff.
ders.: Maastricht, Staat und Demokratie, in: Die Verwaltung 26 (1993), S. 449 ff.
ders.: Europäisches und nationales Verfassungsrecht, in: VVDStRL 60 (2001), S. 148 ff.
ders.: Der europäische Verfassungsverbund auf dem Weg der Konsolidierung, in: JöR 48 (2000), S. 205 ff.
ders.: Das Verhältnis europäischer zu nationalen Gerichten im europäischen Verfassungsverbund, Berlin 2006.
Pescatore, Pierre: Die Menschenrechte und die europäische Integration, in: integration 1969, S. 103 ff.
ders.: Le recours, dans la jurisprudence da la Cour de justice des Communautés européennes, à des normes déduites de la comparaison des droits des Etats membres, in: RIDC 1980, S. 337 ff.
Peters, Anne: Global Constitutionalism in a Nutshell, in: K. Dicke / S. Hobe / K.-U. Meyn / dies. / E. Riedel / H.-J. Schütz / C. Tietje (Hrsg.), Weltinnenrecht. Liber amicorum Jost Delbrück, Berlin 2005, S. 535 ff.
dies.: Elemente einer Theorie der Verfassung Europas, Berlin 2001.
Peters, Edward: Folter. Geschichte der peinlichen Befragung, Hamburg 1991.
Pieroth, Bodo: Erziehungsauftrag und Erziehungsmaßstab der Schule im freiheitlichen Verfassungsstaat, in: DVBl. 1994, S. 949 ff.
Piris, Jean-Claude: The Constitution for Europe. A Legal Analysis, Cambridge 2006.
Pitschas, Rainer: Europäische Grundrechte-Charta und soziale Grundrechte, in: VSSR 2000, S. 207 ff.
Pizzorusso, Alessandro: Il patrimonio costituzionale europeo, Bologna 2002.
Plasseraud, Yves: L'Identité, Paris 2000.
Platt, Kristin / Dabag, Mihran (Hrsg.): Generation und Gedächtnis. Erinnerungen und kollektive Identitäten, Opladen 1995.
Pradel, Jean: Avis sur la sanction des violations du droit communautaire par le droit pénal, in: M. Kaiafa-Gbandi (Hrsg.), Compétence communautaire et imposition des sanctions pénales pour violation du droit communautaire, Athen 2004, S. 39 ff.
Preston, Christopher: Enlargement and Integration in the European Union, London 1997.
Preuß, Ulrich K. (Hrsg.): Zum Begriff der Verfassung. Die Ordnung des Politischen, Frankfurt a.M. 1994.

ders.: Der EU-Staatsbürger – Bourgois oder Citoyen, in: G. Winter (Hrsg.), Das Öffentliche heute. Kolloquium zu Ehren von Alfred Rinken, Baden-Baden 2002, S. 179 ff.

Pridham, Geoffrey (Hrsg.): The New Mediterranean Democracies. Regime Transition in Spain, Greece and Portugal, London 1984.

Prodi, Paolo (Hrsg.): Disciplina dell'anima, disciplina del corpo e disciplina della società tra medioevo ed età moderna, Bologna 1994.

Psarouda-Benakis, Anna: Pros ena „Europaiko" Poiniko Dikaio?, in: Poinika Chronika 2003, S. 961 ff.

Puttler, Adelheid: Sind die Mitgliedstaaten noch „Herren" der EU? – Stellung und Einfluss der Mitgliedstaaten nach dem Entwurf des Verfassungsvertrages der Regierungskonferenz, in: EuR 2004, S. 669 ff.

Rabe, Hans-Jürgen: Zur Metamorphose des Europäischen Verfassungsvertrags, in: NJW 2007, S. 3153 ff.

Randelzhofer, Albrecht: Zum behaupteten Demokratiedefizit der Europäischen Gemeinschaft, in: P. Hommelhoff / P. Kirchhof (Hrsg.), Der Staatenverbund der Europäischen Union, Heidelberg 1994, S. 39 ff.

ders. / Scholz, Rupert / Wilke, Dieter (Hrsg.): GS für Eberhard Grabitz, München 1995.

Rasmussen-Bonne, Hans-Eric / Freer, Richard / Lüke, Wolfgang / Weitnauer, Wolfgang (Hrsg.): Balancing of Interests. Liber Amicorum. Peter Hay zum 70. Geburtstag, Frankfurt a.M. 2005.

Raunio, Tapio: Much Ado About Nothing? National Legislatures in the EU Constitutional Treaty, online: http://eiop.or.at/eiop/texte/2005-009a.htm (zuletzt abgerufen am 27.11.2009).

ders. / Hix, Simon: Backbenchers Learn to Fight Back: European Integration and Parliamentary Government, in: West European Politics 2000, S. 142 ff.

ders.: Holding Governments Accountable in European Affairs: Explaining Cross-National Variation, in: K. Auel / A. Benz (Hrsg.), The Europeanisation of National Parliamentary Democracy, Abingdon 2006, S. 319 ff.

Rawls, John: A Theory of Justice, Harvard 1971.

Rehn, Olli: Europe's Next Frontiers, Baden-Baden 2006.

Reimer, Franz: Wertegemeinschaft durch Wertenormierung? Die Grundwerteklausel im europäischen Verfassungsvertrag, in: ZG 2003, S. 208 ff.

Reinhard, Wolfgang: Ausgewählte Abhandlungen, Berlin 1997.

ders.: Die Bejahung des gewöhnlichen Lebens, in: H. Joas / K. Wiegandt (Hrsg.), Die kulturellen Werte Europas, 2. Aufl., Frankfurt a.M. 2005, S. 265 ff.

ders.: Power Elites and State Building, Oxford 1996.

ders.: Geschichte der Staatsgewalt. Eine vergleichende Verfassungsgeschichte Europas von den Anfängen bis zur Gegenwart, München 1999.

ders.: Geschichte der Staatsgewalt. Eine vergleichende Verfassungsgeschichte Europas von den Anfängen bis zur Gegenwart, 3. Aufl., München 2002.

ders.: Kriegsstaat – Steuerstaat – Machtstaat, in: R. G. Asch / H. Duchhardt (Hrsg.), Der Absolutismus – ein Mythos? Strukturwandel monarchischer Herrschaft in West- und Mitteleuropa (ca. 1550–1700), Köln u.a. 1996, S. 277 ff.

ders.: Lebensformen Europas. Eine historische Kulturanthropologie, 2. Aufl., München 2006.

ders.: Rechtsstaat und Staatsgewalt, in: R. Kappel / H. W. Tobler / P. Waldmann (Hrsg.), Rechtsstaatlichkeit im Zeitalter der Globalisierung, Freiburg i.Br. 2005, S. 33 ff.

ders.: Sprachbeherrschung und Weltherrschaft. Sprache und Sprachwissenschaft in der europäischen Expansion, in: ders., Ausgewählte Abhandlungen, Berlin 1997, S. 401 ff.

ders.: Die lateinische Variante von Religion und ihre Bedeutung für die politische Kultur Europas, in: Saeculum 43 (1992), S. 231 ff.

Renan, Ernest: Was ist eine Nation? Rede am 11. März 1882 an der Sorbonne, Hamburg 1996.

Rengeling, Hans-Werner / Szczekalla, Peter: Grundrechte in der Europäischen Union. Charta der Grundrechte und allgemeine Rechtsgrundsätze, Köln u.a. 2004.

ders.: Grundrechtsschutz in der Europäischen Gemeinschaft. Bestandsaufnahme und Analyse der Rechtsprechung des Europäischen Gerichtshofs zum Schutz der Grundrechte als allgemeine Rechtsgrundsätze, München 1992.

ders. / Middeke, Andreas / Gellermann, Martin (Hrsg.): Hdb. des Rechtsschutzes in der Europäischen Union, 2. Aufl., München 2003.

Rensmann, Thilo: Wertordnung und Verfassung. Das Grundgesetz im Kontext grenzüberschreitender Konstitutionalisierung, Tübingen 2007.

Ress, Georg: Kultur und europäischer Binnenmarkt. Welche rechtlichen Auswirkungen hat der EWG-Vertrag jetzt und nach der Verwirklichung des europäischen Binnenmarktes auf die Kulturpolitik der Bundesrepublik Deutschland, insbesondere im Bereich der Kulturförderung?, Stuttgart u.a. 1991.

ders.: Die neuen Kulturkompetenzen der EG, in: DÖV 1992, S. 948 ff.

Reuter, Hans-Richard (Hrsg.): Ethik der Menschenrechte, Tübingen 1999.

Rhinow, René: Die Bundesverfassung 2000. Eine Einführung, Basel u.a. 2000.

ders.: Grundzüge des Schweizerischen Verfassungsrechts, Basel u.a. 2003.

Richter, Thorsten S.: Die EU-Verfassung ist tot, es lebe der Reformvertrag!, in: EuZW 2007, S. 631 ff.

ders.: Rückforderung staatlicher Beihilfen nach §§ 48, 49 VwVfG bei Verstoß gegen Art. 92 ff. EGV, München 1995.

ders.: Die kulturgeschichtlichen Grundlagen der gemeinsamen Verfassungsüberlieferungen, in: A. Blankenagel / I. Pernice / H. Schulze-Fielitz (Hrsg.), Verfassung im Diskurs der Welt. Liber Amicorum für Peter Häberle zum siebzigsten Geburtstag, Tübingen 2004, S. 173 ff.

ders.: Die Perspektiven einer „Europäischen Verfassung“ und das Problem der Demokratie in der Europäischen Union, in: D. H. Scheuing (Hrsg.), Europäische Verfassungsordnung, Baden-Baden 2003, S. 37 ff.

Riedel, Norbert: Gott in der Europäischen Verfassung?, in: EuR 2005, S. 676 ff.

ders.: Der Konvent zur Zukunft Europas, in: ZRP 2002, S. 241 ff.

ders.: Reform der Europäischen Union durch den Amsterdamer Vertrag – Bilanz der EU-Regierungskonferenz, in: K. F. Kreuzer / D. H. Scheuing / U. Sieber (Hrsg.), Europäischer Grundrechtsschutz, Baden-Baden 1998, S. 73 ff.

ders.: Der Vertrag von Nizza und die institutionelle Reform der Europäischen Union, in: ThürVBl. 2002, S. 1 ff.

Rieger, Elmar / Leibfried, Stephan: Grundlagen der Globalisierung. Perspektiven des Wohlfahrtsstaates, Frankfurt a.M. 2001.

Riesenhuber, Karl / Takayama, Kanako (Hrsg.): Rechtsangleichung. Grundlagen, Methoden und Inhalte. Deutsch-japanische Perspektiven, Berlin 2006.

Riklin, Alois / Batliner, Gerard (Hrsg.): Subsidiarität. Ein interdisziplinäres Symposium, Vaduz 1994.

Risse, Thomas: Auf dem Weg zu einer gemeinsamen Außenpolitik? Der Verfassungsvertragsentwurf und die europäische Außen- und Sicherheitspolitik, in: integration 2003, S. 564 ff.

Ritter, Ernst-Hasso: Der kooperative Staat, in: AöR 104 (1979), S. 389 ff.

Ritter, Gerhard / Stadelmann, Rudolf (Hrsg.): Fürst Otto von Bismarck. Erinnerung und Gedanke. Kritische Neuausgabe auf Grund des gesamten schriftlichen Nachlasses, Berlin 1932.

Ritter, Gerhard A.: Der Sozialstaat. Entstehung und Entwicklung im internationalen Vergleich, 2. Aufl., München 1991.

Rixen, Stephan: Abschied vom Sozialen? Das Recht der Arbeitsförderung (SGB III) zwischen Sozial- und Vergaberecht, in: VSSR 2006, S. 333 ff.

ders.: Sozialvergaberecht ante portas? Vergaberechtliche Probleme im Sozialrecht der Arbeitsmarktsteuerung, in: VSSR 2005, S. 225 ff.

ders.: Vergaberecht oder Sozialrecht in der gesetzlichen Krankenversicherung?, in: GesR 2006, S. 49 ff.

Robbers, Gerhard: Die Fortentwicklung des Europarechts und seine Auswirkungen auf die Beziehungen zwischen Staat und Kirche in der Bundesrepublik Deutschland, in: J. Krautscheidt / H. Marré (Hrsg.), Essener Gespräche zum Thema Staat und Kirche, Bd. 27, Münster 1993, S. 81 ff.

Roellecke, Gerd: Die Entkoppelung von Recht und Religion, in: JZ 2004, S. 105 ff.

ders.: Schließt die Identität der europäischen Staaten einen europäischen Bundesstaat aus?, in: E. J. M. Kroker / B. Dechamps (Hrsg.), Das Menschenbild der freien Gesellschaft. Globalisierung und europäische Integration, Frankfurt a.M. 1999, S. 213 ff.

Rogari, Sandro: Alle origini del trasformismo. Partiti e sistema politico nell'Italia liberale 1861–1914, Rom / Bari 1998.

Roggemann, Herwig (Hrsg.): Die Verfassungen Mittel- und Osteuropas. Einführung und Verfassungstexte mit Übersichten und Schaubildern, Berlin 1999.

Rosa, Hartmut: Identität und kulturelle Praxis. Politische Philosophie nach Charles Taylor, a.M. u.a. 1998.

Rossiter, Clinton (Hrsg.): The Federalist Papers, New York 1961.

Roth, Wulf-Henning: Kartellrechtliche Aspekte der Gesundheitsreform nach deutschem und europäischem Recht, in: GRUR 2007, S. 645 ff.

Rudzio, Wolfgang: Das politische System der Bundesrepublik Deutschland, 5. Aufl., Opladen 2000.

Ruffert, Matthias: Schlüsselfragen der Europäischen Verfassung der Zukunft. Grundrechte – Institutionen – Kompetenzen – Ratifizierung, in: EuR 2004, S. 165 ff.

Rumpf, Christian: Das türkische Verfassungssystem. Einführung mit vollständigem Verfassungstext, Wiesbaden 1996.

Rupp, Hans-Heinrich: Wahlrechtsgleichheit bei der Verteilung der Sitze im Europäischen Parlament auf die Mitgliedstaaten, in: NJW 1995, S. 2210 ff.

Ruthig, Josef: Europäische Gesetzgebung, in: K. Beckmann / J. Dieringer / U. Hufeld (Hrsg.), Eine Verfassung für Europa, Tübingen 2004, S. 289 ff.

Sachs, Michael (Hrsg.): Grundgesetz. Kommentar, 4. Aufl., München 2007.

Sack, Jörn: Zur künftigen europäischen Gerichtsbarkeit nach Nizza, in: EuZW 2001, S. 77 ff.

Saladin, Peter: Wozu noch Staaten?, Zu den Funktionen eines modernen demokratischen Rechtsstaats in einer zunehmend überstaatlichen Welt, Bern 1995.
Salmonowicz, Stanislaw: Die neuzeitliche europäische Kodifikation, in: APH 37 (1978), S. 29 ff.
Sander, Florian: Die Unionsbürgerschaft als Türöffner zu mitgliedstaatlichen Sozialversicherungssystemen?, in: DVBl. 2005, S. 1014 ff.
Sartori, Giovanni: Demokratietheorie, Darmstadt 1992.
Sassen, Saskia: Das Paradox des Nationalen. Territorium, Autorität und Rechte im globalen Zeitalter, Frankfurt a.M. 2008.
Satzger, Helmut: Internationales und Europäisches Strafrecht, Baden-Baden 2005.
Schacht, Markus: Wahlen zwischen Recht und Beeinflussung. Zur Wahlkultur in Italien um die Jahrhundertwende im Vergleich mit Preußen, in: M. Kirsch (Hrsg.), Der Verfassungsstaat vor der Herausforderung der Massengesellschaft. Konstitutionalismus um 1900 im europäischen Vergleich, Berlin 2002, S. 197 ff.
Schäfer, Peter: Anhang. Vertrag von Lissabon, in: M. A. Dauses (Hrsg.), Hdb. des EU-Wirtschaftsrechts, Bd. II, Loseblattsammlung, München, Stand: 2008, S. 119 ff.
Scharpf, Fritz W.: Europäisches Demokratiedefizit und deutscher Föderalismus, in: Staatswissenschaften und Staatspraxis 3 (1992), S. 293 ff.
ders.: Regieren in Europa. Effektiv und demokratisch?, Frankfurt a.M. u.a. 1999.
ders.: Negative and Positive Integration in the Political Economy of European Welfare States, in: G. Marks / ders. / P. Schmitter / W. Streeck (Hrsg.), Governance in the European Union, London 1996, S. 15 ff.
ders. / Grimm, Dieter / Hesse, Joachim Jens / Jochimsen, Reimut (Hrsg.): Zur Neuordnung der Europäischen Union. Die Regierungskonferenz 1996/1997, Baden-Baden 1997.
ders.: Politische Optionen im vollendeten Binnenmarkt, in: M. Jachtenfuchs / B. Kohler-Koch (Hrsg.), Europäische Integration, Opladen 1996, S. 109 ff.
Schefold, Dian: Verfassung als Kompromiß? Deutung und Bedeutung des preußischen Verfassungskonflikts, in: ZNR 3 (1981), S. 137 ff.
Schellenberg, Martin: Pluralismus: Zu einem medienrechtlichen Leitmotiv in Deutschland, Frankreich und Italien, in: AöR 119 (1994), S. 427 ff.
Scheuing, Dieter H. (Hrsg.): Europäische Verfassungsordnung, Baden-Baden 2003.
Schieffer, Theodor (Hrsg.): Europa im Wandel von der Antike zum Mittelalter, Stuttgart 1976.
Schiffauer, Peter: Die Gestaltungskraft des Europäischen Parlaments im Prozeß der Entstehung einer Verfassung der Europäischen Union, in: Institut für Europäische Verfassungswissenschaften (Hrsg.), Die Europäische Union als Verfassungsordnung. Erträge des Eröffnungssymposions des Instituts für Europäische Verfassungswissenschaften an der FernUniversität in Hagen am 13. Februar 2004, Berlin 2004, S. 93 ff.
ders.: Leviathan oder Hydra, Versuch über Staatlichkeit und Europäische Integration, in: F. Müller / I. Burr (Hrsg.), Rechtssprache Europas. Reflexion der Praxis von Sprache und Mehrsprachigkeit im supranationalen Recht, Berlin 2004, S. 23 ff.
ders.: Versuch über die Transformation des Staates in der Europäischen Union, in: P. Häberle / M. Morlok / V. Skouris (Hrsg.), FS für Dimitris Th. Tsatsos. Zum 70. Geburtstag am 5. Mai 2003, Baden-Baden 2003, S. 592 ff.
Schilling, Theodor: Die Verfassung Europas, in: Staatswissenschaften und Staatspraxis 7 (1996), S. 387 ff.

Schlegelmilch, Arthur: Die Alternative des monarchischen Konstitutionalismus. Eine Neuinterpretation der deutschen und österreichischen Verfassungsgeschichte des 19. Jahrhunderts, Bonn 2009.

Schlink, Bernhard: Freiheit durch Eingriffsabwehr – Rekonstruktion der klassischen Grundrechtsfunktion, in: EuGRZ 1984, S. 457 ff.

Schlumberger, Jörg A. / Segl, Peter (Hrsg.): Europa – aber was ist es? Aspekte seiner Identität in interdisziplinärer Sicht, Köln u.a. 1994.

Schmale, Wolfgang: Archäologie der Grund- und Menschenrechte in der frühen Neuzeit. Ein deutsch-französisches Paradigma, München 1997.

ders. / Dodde, Nan L. (Hrsg.): Revolution des Wissens? Europa und seine Schulen im Zeitalter der Aufklärung (1750–1825), Bochum 1991.

ders.: Bäuerlicher Widerstand, Gerichte und Rechtsentwicklung in Frankreich. Untersuchung zu Prozessen zwischen Bauern und Seigneurs vor dem Parlament von Paris (16.–18. Jh.), Frankfurt a.M. 1986.

Schmidt, Eike / Weyers, Hans-Leo (Hrsg.): Liber amicorum. Josef Esser. Zum 85. Geburtstag am 12. März 1995, Heidelberg 1995.

Schmidt, Manfred: Demokratietheorien. Eine Einführung, 2. Aufl., Wiesbaden 1997.

Schmidt, Marlene: Das Arbeitsrecht der Europäischen Gemeinschaft, Baden-Baden 2001.

Schmidt am Busch, Birgit: Die Gesundheitssicherung im Mehrebenensystem, Tübingen 2007.

Schmidt-Aßmann, Eberhard: Zur Europäisierung des allgemeinen Verwaltungsrechts, in: P. Badura / R. Scholz (Hrsg.), Wege und Verfahren des Verfassungslebens. FS für Peter Lerche zum 65. Geburtstag, München 1993, S. 513 ff.

ders.: Der Rechtsstaat, in: J. Isensee / P. Kirchhof (Hrsg.), HdbStR, Bd. I, Grundlagen von Staat und Verfassung, Heidelberg 1987, S. 987 ff.

ders. / Hoffmann-Riem, Wolfgang (Hrsg.): Strukturen des Europäischen Verwaltungsrechts, Baden-Baden 1999.

ders.: Strukturen Europäischer Verwaltung und die Rolle des Europäischen Verwaltungsrechts, in: A. Blankenagel / I. Pernice / H. Schulze-Fielitz (Hrsg.), Verfassung im Diskurs der Welt. Liber Amicorum für Peter Häberle zum siebzigsten Geburtstag, Tübingen 2004, S. 395 ff.

ders.: Verwaltungskooperation und Verwaltungskooperationsrecht in der Europäischen Gemeinschaft, in: EuR 1996, S. 247 ff.

ders.: Deutsches und Europäisches Verwaltungsrecht, in: DVBl. 1993, S. 924 ff.

ders. / Schöndorf-Haubold, Bettina (Hrsg.): Der Europäische Verwaltungsverbund. Formen und Verfahren der Verwaltungszusammenarbeit in der EU, Tübingen 2005.

ders.: Der Europäische Verwaltungsverbund und die Rolle des Europäischen Verwaltungsrechts, in: ders. / B. Schöndorf-Haubold (Hrsg.), Der Europäische Verwaltungsverbund. Formen und Verfahren der Verwaltungszusammenarbeit in der EU, Tübingen 2005, S. 1 ff.

Schmidt-Phiseldek, Conrad F. von: Der Europäische Bund (1821), in: R. H. Foerster (Hrsg.), Die Idee Europa 1300–1946. Quellen zur Geschichte der politischen Einigung, München 1963, S. 179 ff.

Schmidtchen, Dieter: Demokratiedefizit in Europa? Über Dichtung und Wahrheit in der europäischen Verfassungsdebatte, online: http://www.uni-saarland.de/fak1/fr12/csle/publications/2004-08_Demokratie.pdf (zuletzt abgerufen am 27.11.2009).

Schmitt, Carl: Der Gegensatz von Parlamentarismus und moderner Massendemokratie, in: ders., Positionen und Begriffe im Kampf mit Weimar, Genf, Versailles 1923–1940, Hamburg 1940, S. 59 ff.

ders.: Positionen und Begriffe im Kampf mit Weimar, Genf, Versailles 1923–1940, Hamburg 1940.

ders.: Die Tyrannei der Werte, in: Freiherr-vom-Stein-Gesellschaft e. V. / Stifterverband für die Deutsche Wissenschaft (Hrsg.), Säkularisation und Utopie. Ebracher Studien, Stuttgart 1967, S. 37 ff.

Schmitt Glaeser, Walter: Big Brother is watching you – Menschenwürde bei RTL 2, in: ZRP 2000, S. 395 ff.

Schneider, Hans-Peter: Föderative Gewaltenteilung in Europa. Zur Kompetenzabgrenzung zwischen Europäischer Union und den Mitgliedstaaten, in: H.-J. Cremer / T. Giegerich / D. Richter / A. Zimmermann (Hrsg.), Tradition und Weltoffenheit des Rechts. FS für Helmut Steinberger, Berlin u.a. 2002, S. 1401 ff.

Schneider, Heinrich: Leitbilder der Europapolitik I. Der Weg zur Integration, Bonn 1977.

Schneider, Jörg / Kruse, Sebastian: Altiero Spinelli: Einer der Gründungsväter der Europäischen Union, in: Wissenschaftliche Dienste Nr. 26/07, online: http://www. bundestag.de/wissen/analysen/2007/Altiero_Spinelli.pdf (zuletzt abgerufen am 27.11.2009).

Schoch, Friedrich: Die Europäisierung des Allgemeinen Verwaltungsrechts, in JZ 1995, S. 109 ff.

ders.: Die Europäisierung des Allgemeinen Verwaltungsrechts und der Verwaltungsrechtswissenschaft, in: W. Berg / S. Fisch / W. Schmitt Glaeser / ders. / H. Schulze-Fielitz (Hrsg.), Die Wissenschaft vom Verwaltungsrecht. Die Verwaltung, Beiheft 2, Berlin 1999, S. 135 ff.

ders.: Rechtliche Rahmenbedingungen einer Verantwortungsteilung im Mehr-Ebenen-System, in: H.-G. Henneke (Hrsg.), Verantwortungsteilung zwischen Kommunen, Ländern, Bund und Europäischer Union, Stuttgart u.a. 2001, S. 21 ff.

Schockweiler, Fernand: Die richterliche Kontrollfunktion: Umfang und Grenzen in Bezug auf den Europäischen Gerichtshof, in: EuR 1995, S. 191 ff.

Schönberger, Christoph: Die Unionsbürgerschaft als Sozialbürgerschaft, in: ZAR 2006, S. 226 ff.

Schorkopf, Frank: Homogenität in der Europäischen Union – Ausgestaltung und Gewährleistung durch Art. 6 Abs. 1 und Art. 7 EUV, Berlin 2000.

Schramm, Gottfried: Der zaristische Staat und die verfasste Gesellschaft, in: M. Hellmann / K. Zernack / ders. (Hrsg.), Hdb. der Geschichte Russlands, Bd. 3, 1856–1945. Von den autokratischen Strukturen zum Sowjetstaat, Stuttgart 1992, S. 1299 ff.

Schröder, Meinhard: Vertikale Kompetenzverteilung und Subsidiarität im Konventsentwurf für eine Europäische Verfassung, in: DJZ 2004, S. 8 ff.

Schröder, Richard: Europa – was ist das?, in: ZRph 2002, S. 26 ff.

Schroeder, Werner: Zu eingebildeten und realen Gefahren durch kompetenzüberschreitende Rechtsakte der EG, in: EuR 1999, S. 451 ff.

Schubert, Thure: Der gemeinsame Markt als Rechtsbegriff. Die allgemeine Wirtschaftsfreiheit des EG-Vertrages, München 1999.

Schulte, Bernd: Die „offene Methode der Koordinierung“ (OMK) als politische Strategie in der europäischen Sozialpolitik, in: sozialer Fortschritt 2005, S. 105 ff.

ders.: Europäische Sozialpolitik nach der Erweiterung und nach dem Verfassungsvertrag: eine Zwischenbilanz, in: ZFSH/SGB 2005, S. 643 ff.

Schulz-Weidner, Wolfgang: Das europäische Beihilferecht und sein Einfluss auf die Sozialversicherung, in: DRV 2004, S. 592 ff.

Schulze, Hagen: Phoenix Europa. Die Moderne. Von 1740 bis heute, München 1998.

ders.: Staat und Nation in der europäischen Geschichte, München 1994.

Schulze, Reiner / Zuleeg, Manfred (Hrsg.): Europarecht. Hdb. für die deutsche Rechtspraxis, Baden-Baden 2006.

ders. (Hrsg.): Europäische Rechts- und Verfassungsgeschichte. Ergebnisse und Perspektiven der Forschung, Berlin 1991.

Schulze, Winfried (Hrsg.): Aufstände, Revolten und Prozesse. Beiträge zu bäuerlichen Widerstandsbewegungen im frühneuzeitlichen Europa, Stuttgart 1983.

ders.: Die Entwicklung des „teutschen Bauernrechts" in der Frühen Neuzeit, in: ZNR 1990, S. 127 ff.

ders.: Bäuerlicher Widerstand und feudale Herrschaft in der frühen Neuzeit, Stuttgart-Bad Cannstatt 1980.

Schulze-Fielitz, Helmuth: Der informale Verfassungsstaat. Aktuelle Beobachtungen des Verfassungslebens der Bundesrepublik Deutschland im Lichte der Verfassungstheorie, Berlin 1984.

Schünemann, Bernd (Hrsg.): Alternativentwurf Europäische Strafverfolgung, Köln u.a. 2004.

ders.: Fortschritte und Fehlschritte in der Strafrechtspflege der EU, in: GA 2004, S. 193 ff.

ders. (Hrsg.): Ein Gesamtkonzept für die europäische Strafrechtspflege, Köln u.a. 2006.

ders.: Ein Gespenst geht um in Europa – Brüsseler „Strafrechtspflege" intra muros–, in: GA 2002, S. 501 ff.

ders.: Die Grundlagen eines transnationalen Strafverfahrens, in: ders. (Hrsg.), Alternativentwurf Europäische Strafverfolgung, Köln u.a. 2004, S. 93 ff.

ders.: Grundzüge eines Alternativ-Entwurfs zur europäischen Strafverfolgung, in: ZStW 2004, S. 376 ff.

Schuppert, Gunnar Folke / Pernice, Ingolf / Haltern, Ulrich (Hrsg.): Europawissenschaft, Baden-Baden 2005.

ders.: Zur Staatswerdung Europas, in: Staatswissenschaften und Staatspraxis 5 (1994), S. 35 ff.

Schutter, Olivier De / Nihoul, Paul (Hrsg.): Une Constitution pour l'Europe. Réflexions sur les transformations du droit de l'Union européenne, Brüssel 2004.

Schütz, Hans-Joachim / Bruha, Thomas / König, Doris (Hrsg.): Casebook Europarecht, München 2004.

Schwanenflügel, Matthias von: Die Entwicklung der Kompetenzen der Europäischen Union im Gesundheitswesen, Berlin 1996.

ders.: Gesundheit in Europa, in: EuR 1998, S. 210 ff.

Schwarze, Jürgen: Die Befugnis zur Abstraktion im europäischen Gemeinschaftsrecht. Eine Untersuchung zur Rechtsprechung des Europäischen Gerichtshofs, Baden-Baden 1976.

ders. (Hrsg.): EU-Kommentar, Baden-Baden 2000.

ders. (Hrsg.): EU-Kommentar, 2. Aufl., Baden-Baden 2009.

ders. (Hrsg.): Der Europäische Gerichtshof als Verfassungsgericht und als Rechtsschutzinstanz, Baden-Baden 1983.

ders.: Rechtsstaatliche Grundsätze für das Verwaltungshandeln in der „alten“ und „neuen“ Europäischen Union, in: SIPE 2006, S. 165 ff.

ders.: Konvergenz im Verwaltungsrecht der EU-Mitgliedstaaten, in: DVBl. 1996, S. 881 ff.

ders.: Das Staatsrecht in Europa, in: JZ 1993, S. 585 ff.

ders. / Bieber, Roland (Hrsg.): Eine Verfassung für Europa. Von der Europäischen Gemeinschaft zur Europäischen Union, Baden-Baden 1984.

ders.: Verfassungsentwicklung in der Europäischen Gemeinschaft – Begriff und Grundlagen, in: ders. / R. Bieber (Hrsg.), Eine Verfassung für Europa, Baden-Baden 1984, S. 15 ff.

ders.: Der Verfassungsentwurf des Europäischen Konvents – Struktur, Kernelemente und Verwirklichungschancen –, in: ders. (Hrsg.), Der Verfassungsentwurf des Europäischen Konvents. Verfassungsrechtliche Grundstrukturen und wirtschaftsverfassungsrechtliches Konzept, Baden-Baden 2004, S. 489 ff.

ders. (Hrsg.): Der Verfassungsentwurf des Europäischen Konvents. Verfassungsrechtliche Grundstrukturen und wirtschaftsverfassungsrechtliches Konzept, Baden-Baden 2004.

ders.: Europäisches Verwaltungsrecht. Entstehung und Entwicklung im Rahmen der Europäischen Gemeinschaft, 2 Bde., Baden-Baden 1988.

ders.: Europäisches Verwaltungsrecht. Entstehung und Entwicklung im Rahmen der Europäischen Gemeinschaft, 2 Bde., 2. Aufl., Baden-Baden 2005.

Schweitzer, Michael / Hummer, Waldemar / Obwexer, Walter: Europarecht. Das Recht der Europäischen Union, Wien / Mainz 2007.

Schweizer, Rainer J. / Burkert, Herbert / Gasser, Urs (Hrsg.): FS für Jean Nicolas Druey zum 65. Geburtstag, Zürich u.a. 2002.

ders.: Sprache als Kultur- und Rechtsgut, in: VVDStRL 65 (2006), S. 346 ff.

Schwemer, Rolf-Oliver Der Gottesbezug in Verfassungspräambeln, in: Recht und Politik 1996, S. 7 ff.

Sedelmeier, Ulrich / Wallace, Helen: Eastern Enlargement. Strategy or Second Thoughts?, in: H. Wallace / W. Wallace / M. Pollack (Hrsg.), Policy-Making in the European Union, 4. Aufl., Oxford 2000, S. 427 ff.

Seelbinder, Birgit: Probleme und Perspektiven der grenzüberschreitenden Zusammenarbeit am Beispiel der EUREGIO EGRENSIS, in: R. Streinz (Hrsg.), 50 Jahre Europarat. Der Beitrag des Europarates zum Regionalismus, Bayreuth 2001, S. 39 ff.

Semprún, Jorge: Ihr Grab ist in den Wolken, da liegt man nicht eng, in: FAZ vom 10. Oktober 1994, S. 12.

Sen, Amartya Kumar: Die Identitätsfalle. Warum es keinen Krieg der Kulturen gibt, München 2007.

Seton-Watson, Hugh: Eastern Europe between the wars, 3. Aufl., Cambridge 1972.

Simson, Werner von / Schwarze, Jürgen: Europäische Integration und Grundgesetz. Maastricht und die Folgen für das deutsche Verfassungsrecht, Berlin / New York 1992.

Skouris, Vassilios: Verfassungsprinzipien im Verhältnis der Europäischen Gemeinschaft zu den Mitgliedstaaten, in: M. Kloepfer / D. Merten / H.-J. Papier (Hrsg.), Kontinuität und Diskontinuität in der deutschen Verfassungsgeschichte. Von der Reichsgründung zur Wiedervereinigung. Seminar zum 80. Geburtstag von Karl August Bettermann, Berlin 1994, S. 101 ff.

ders.: Das Verhältnis von Grundfreiheiten und Grundrechten im europäischen Gemeinschaftsrecht, in: DÖV 2006, S. 89 ff.

Slaughter, Anne-Marie / Sweet, Alec Stone / Weiler, Joseph H. H. (Hrsg.): The European Courts and National Courts, Oxford 1998.
Smend, Rudolf: Staatsrechtliche Abhandlungen und andere Aufsätze, 2. Aufl., Berlin 1968.
ders.: Artikel „Integration", in: ders., Staatsrechtliche Abhandlungen und andere Aufsätze, 2. Aufl., Berlin 1968, S. 482 ff.
ders.: Bürger und Bourgeois im deutschen Staatsrecht, in: ders., Staatsrechtliche Abhandlungen und andere Aufsätze, 2. Aufl., Berlin 1968, S. 309 ff.
Smith, Anthony D.: National Identity and the Idea of European Unity, in: International Affairs 68 (1992), S. 55 ff.
Sobota, Katharina: Das Prinzip Rechtsstaat. Verfassungs- und verwaltungsrechtliche Aspekte, Tübingen 1997.
Sommermann, Karl-Peter: Der entgrenzte Verfassungsstaat, in: D. Merten (Hrsg.), Der Staat am Ende des 20. Jahrhunderts. Forschungssymposium anläßlich der Emeritierung von Universitätsprofessor Dr. Helmut Quaritsch am 25. Juli 1998, Speyer 1998, S. 19 ff.
Sormani-Bastian, Laura: Vergaberecht und Sozialrecht unter besonderer Berücksichtigung des Leistungserbringungsrechts im SGB V (gesetzliche Krankenversicherung), Frankfurt a.M. u.a. 2007.
SPD-Abgeordnete im Europäischen Parlament (Hrsg.): „...als einen Anfang des solidarischen europäischen Staates": Sozialdemokratie und Europa. Vom Völkerfrühling 1848 bis zur politischen Union, Bonn 1998.
Speiser, Beatrice: Der grenzüberschreitende Regionalismus am Beispiel der oberrheinischen Kooperation, Basel / Frankfurt a.M. 1993.
Sprungk, Carina: How policy-shaping might (not) affect policy-taking: national parliaments in the decision-making and the transposition of EU directives, Berlin 2007 (unveröffentlicht).
Stachel, Claudia: Schutzpflichten der Mitgliedstaaten für die Grundfreiheiten des EG-Vertrags unter besonderer Berücksichtigung des Grundrechtsschutzes in der Gemeinschaft, Berlin 2006.
Staff, Ilse: Lehren vom Staat, Baden-Baden 1981.
Stagl, Justin / Reinhard, Wolfgang (Hrsg.): Grenzen des Menschseins. Probleme einer Definition des Menschlichen, Wien u.a. 2005.
Starck, Christian: Gerechtigkeit mal zwölf, in: FAZ vom 2. Oktober 1991, S. N 3 f.
ders. / Weber, Albrecht (Hrsg.): Verfassungsgerichtsbarkeit in Westeuropa, 2 Bde., Baden-Baden 1986.
Stauffenberg, Franz Ludwig Graf / Langenfeld, Christine: Maastricht – Ein Fortschritt für Europa?, in: ZRP 1992, S. 252 ff.
Stein, Torsten: Richterrecht wie anderswo auch? Der Gerichtshof der Europäischen Gemeinschaften als „Integrationsmotor", in: Hochschullehrer der Juristischen Fakultät der Universität Heidelberg (Hrsg.), Richterliche Rechtsfortbildung. Erscheinungsformen, Auftrag und Grenzen. FS der Juristischen Fakultät zur 600-Jahr-Feier der Ruprecht-Karls-Universität Heidelberg, Heidelberg 1986, S. 619 ff.
Steinbach, Udo: Die Türkei im 20. Jahrhundert. Schwieriger Partner Europas. Bergisch Gladbach 1996.
Steinberg, Philipp: Governance und Parteien – Politisierung als Möglichkeit größerer bürgerschaftlicher Identifikation ein Kommentar zum Weißbuch Europäisches Regieren, Jean

Monnet Working Paper No. 6/01, online: http://centers.law.nyu.edu/jeanmonnet/papers/01/010601.html (zuletzt abgerufen am 27.11.2009).

ders.: Zur Konvergenz der Grundfreiheiten auf der Tatbestands- und Rechtfertigungsebene, in: EuGRZ 2002, S. 13 ff.

Steinberger, Helmut: Der Verfassungsstaat als Glied einer europäischen Gemeinschaft, in: VVDStRL 50 (1991), S. 9 ff.

Stelzer, Manfred: Grundzüge des Öffentlichen Rechts, Wien 2005.

ders.: Das Wesensgehaltsargument und der Grundsatz der Verhältnismäßigkeit, Wien / New York 1991.

Stentzel, Rainer: Integrationsziel Parteiendemokratie. Rechtliche Rahmenbedingungen für eine Demokratisierung der Europäischen Union , Baden-Baden 2002.

Stepan, Alfred C.: Federalism and Democracy: Beyond the U.S. Model, in: Journal of Democracy 1999, S. 19 ff.

Stern, Klaus: Europäische Union und kommunale Selbstverwaltung, in: R. Wendt / W. Höfling / U. Karpen (Hrsg.), Staat – Wirtschaft – Steuern. FS für Karl Heinrich Friauf zum 65. Geburtstag, Heidelberg 1996, S. 75 ff.

Sternberger, Dolf / Vogel, Bernhard (Hrsg.): Die Wahl der Parlamente und anderer Staatsorgane. Ein Hdb., Bd.1, Europa, Berlin 1969.

Stietencron, Heinrich von / Rüpke, Jörg (Hrsg.): Töten im Krieg, Freiburg i.Br. / München 1995.

Stoklossa, Uwe: Der Zugang zu den politischen Parteien im Spannungsfeld zwischen Vereinsautonomie und Parteienstaat, Baden-Baden 1989.

Stollberg-Rilinger, Barbara (Hrsg.): Was heißt Kulturgeschichte des Politischen?, ZHF-Beiheft 35 (2005), Berlin 2005.

Stolleis, Michael: Europa – seine historischen Wurzeln und seine künftige Verfassung, Tartu 1997.

Stourzh, Gerald: Wege zur Grundrechtsdemokratie. Studien zur Begriffs- und Institutionengeschichte des liberalen Verfassungsstaates, Wien u.a. 1989.

Streinz, Rudolf: Auswirkungen des Europarechts auf das deutsche Staatskirchenrecht, in: J. Krautscheidt / H. Marré (Hrsg.), Essener Gespräche zum Thema Staat und Kirche, Bd. 31, Münster 1997, S. 53 ff.

ders. / Leible, Stefan: Die unmittelbare Drittwirkung der Grundfreiheiten, in: EuZW 2000, S. 459 ff.

ders.: Europarecht, 7. Aufl., Heidelberg 2005.

ders.: Europarecht, 8. Aufl., Heidelberg u.a. 2008.

ders. (Hrsg.): EUV, EGV. Vertrag über die Europäische Union und Vertrag zur Gründung der Europäischen Gemeinschaft, München 2003.

ders. (Hrsg.): 50 Jahre Europarat. Der Beitrag des Europarates zum Regionalismus, Bayreuth 2001.

ders.: Sinn und Zweck des Nationalstaates in der Zeit der Europäisierung und Globalisierung, in: J. Bröhmer / R. Bieber / C. Calliess / C. Langenfeld / S. Weber / J. Wolf (Hrsg.), Internationale Gemeinschaft und Menschenrechte. FS für Georg Ress, Köln u.a. 2005, S. 1277 ff.

ders. / Ohler, Christoph / Herrmann, Christoph: Die neue Verfassung für Europa. Einführung mit Synopse, München 2005.

dies.: Der Vertrag von Lissabon zur Reform der EU. Einführung mit Synopse, 2. Aufl., München 2008.
Strick, Kerstin: Ansprüche alter und neuer Unionsbürger auf Sozialhilfe und Arbeitslosengeld II, in: NJW 2005, S. 2182 ff.
Stubb, Alexander: Negotiating Flexibility in the European Union, Amsterdam, Nice and beyond, London 2001.
Sturlèse, Bruno: L'Europe de la Justice et la Constitution européenne, Paris 2005.
Suerbaum, Joachim: Die Kompetenzverteilung beim Verwaltungsvollzug des Europäischen Gemeinschaftsrechts in Deutschland, Berlin 1998.
Szczekalla, Peter: Koordination des Grundrechtsschutzes in Europa, in: DVBl. 2005, S. 1425 ff.
ders.: Die sogenannten grundrechtlichen Schutzpflichten im deutschen und europäischen Recht. Inhalt und Reichweite einer „gemeineuropäischen Grundrechtsfunktion", Berlin 2002.
Szczypiorski, Andrzej: Welche Erleichterung, Europa wird sein!, in: FAZ vom 4. Oktober 1994, S. 6.
Szwarc, Andrzej J.: Eurodefensor – Unterstützung der Verteidigung in: B. Schünemann (Hrsg.), Alternativentwurf Europäische Strafverfolgung, Köln u.a. 2004, S. 181 ff.
Taylor, Charles: Quellen des Selbst. Die Entstehung der neuzeitlichen Identität, Frankfurt a.M. 1996.
Tecnos (Hrsg.): Estudios en Homenaje al Prof. Díez de Velasco, Madrid 1993.
Tellenbach, Gerd: Libertas. Kirche und Weltordnung im Zeitalter des Investiturstreites, Heidelberg 1936.
Tettinger, Peter J. / Stern, Klaus (Hrsg.): Kölner Gemeinschaftskommentar zur Europäischen Grundrechte-Charta, München 2006.
Thomashausen, André: Verfassung und Verfassungswirklichkeit im neuen Portugal, Berlin 1981.
Thürer, Daniel: Bund und Gemeinden. Eine rechtsvergleichende Untersuchung zu den unmittelbaren Beziehungen zwischen Bund und Gemeinden in der Bundesrepublik Deutschland, den Vereinigten Staaten von Amerika und der Schweiz, Berlin u.a. 1986.
ders. / Aubert, Jean F. / Müller, Jörg P. (Hrsg.): Verfassungsrecht der Schweiz, Zürich 2001.
Tichý, Luboš / Plechanovova, Bela / Schneider, Ondřej (Hrsg.): European Integration at the Crossroads, Prag 2008.
Tindemans, Léo: Die Europäische Union. Bericht von Leo Tindemans an den Europäischen Rat, Brüssel 1976.
Tocqueville, Alexis de: De la démocratie en Amérique, Paris 1961.
Tömmel, Ingeborg: Das politische System der EU, 2. Aufl., München / Wien 2006.
Tomuschat, Christian: La Déclaration de Berlin, in: Revue du Marché commun et de l'Union européenne 2007, S. 283 ff.
ders.: Die staatsrechtliche Entscheidung für die internationale Offenheit, in: J. Isensee / P. Kirchhof (Hrsg.), HdbStR, Bd. VII, Normativität und Schutz der Verfassung – Internationale Beziehungen, Heidelberg 1993, S. 483 ff.
ders.: Die Europäische Union unter der Aufsicht des Bundesverfassungsgerichts, in EuGRZ 1993, S. 489 ff.
ders.: Die internationale Gemeinschaft, in: AVR 33 (1995), S. 1 ff.

ders.: Ungereimtes – Zum Urteil des Bundesverfassungsgerichts vom 18. Juli 2005 über den Europäischen Haftbefehl, in: EuGRZ 2005, S. 453 ff.

ders.: Der Verfassungssaat im Geflecht der internationalen Beziehungen, in: VVDStRL 36 (1978), S. 7 ff.

Tonne, Michael: Effektiver Rechtsschutz durch staatliche Gerichte als Forderung des Europäischen Gemeinschaftsrechts, Köln u.a. 1997.

Tonra, Ben: What the Constitutional Treaty Means. Foreign, Security and Defence Policy, Dublin 2005.

Trechsel, Alexander H.: How to federalize European Union … and why bother, in: Journal of European Public Policy 2005, S. 401 ff.

Triantafyllou, Dimitris: To schedio Syntagmatos tēs Eurōpaikēs Syneleuses, Athen 2003.

Tridimas, Takis: The General Principles of EC Law, Oxford 1999.

Tsakaloyannis, Panos (Hrsg.): The Reactivation of the Western European Union and the Effects on the EC and its Institutions, Maastricht 1985.

Tsatsos, Dimitris Th.: Zur Entstehung einer europäischen Verfassungsordnung. Drei Vorgegebenheiten zum Verständnis des vom Konvent ausgearbeiteten Entwurfs einer Verfassung für Europa, in: A. Blankenagel / I. Pernice / H. Schulze-Fielitz (Hrsg.), Verfassung im Diskurs der Welt. Liber Amicorum für Peter Häberle zum siebzigsten Geburtstag, Tübingen 2004, S. 223 ff.

ders. / Deinzer, Gerold: Keine Europäische Integration ohne Europäische Politische Parteien, in: dies. (Hrsg.), Europäische Politische Parteien. Dokumentation einer Hoffnung, Baden-Baden 1998, S. 13 ff.

ders.: Integrationsförderung durch Identitätswahrung – Zur europäischen Dimension der Verfassungsfunktion, in: B. Ziemske / T. Langheid / H. Wilms / G. Haverkate (Hrsg.), Staatsphilosophie und Rechtspolitik. FS für Martin Kriele zum 65. Geburtstag, München 1997, S. 1263 ff.

ders. (Hrsg.): Zum Konstitutionalisierungsprozess in der Europäischen Union. Ein Beitrag durch fünf Dokumente, Berlin 2005.

ders.: Der europäische Konvent – Einige rechtspolitische Bemerkungen –, in: P. Brandt / A. Haratsch / H.-R. Schmidt (Hrsg.), Dimitris Th. Tsatsos. Zur Verfassungsentwicklung Europas. Beiträge aus den Jahren 1997 bis 2008, Berlin 2008, S. 95 ff.

ders.: Der europäische Konvent – Einige rechtspolitische Bemerkungen –, in: P. Hänni (Hrsg.), Mensch und Staat. Festgabe der Rechtswissenschaftlichen Fakultät der Universität Freiburg für Thomas Fleiner zum 65. Geburtstag, Freiburg / Schweiz 2003, S. 749 ff.

ders.: Europäische politische Parteien?, in: M. Morlok / H.-R. Schmidt / D. Stefanou (Hrsg.), Dimitris. Th. Tsatsos. Verfassung – Parteien – Europa. Abhandlungen aus den Jahren 1962 bis 1998, Baden-Baden 1999, S. 621 ff.

ders. / Deinzer, Gerold (Hrsg.): Europäische Politische Parteien. Dokumentation einer Hoffnung, Baden-Baden 1998.

ders.: Europäische politische Parteien? Erste Überlegungen zur Auslegung des Parteinenartikels des Maastrichter Vertrages – Art. 138a EGV, in: EuGRZ 1994, S. 45 ff.

ders. / Contiades, Xenophon I. / Venizelos, Evangelos (Hrsg.): Political Parties in the 21st Century / Politische Parteien im 21. Jahrhundert, Athen 2004.

ders. / Morlok, Martin: Parteienrecht. Eine verfassungsrechtliche Einführung, Heidelberg 1982.

ders. / Schefold, Dian / Schneider, Hans-Peter (Hrsg.): Parteienrecht im europäischen Vergleich. Die Parteien in den demokratischen Ordnungen der Staaten der Europäischen Gemeinschaft. Erträge eines Forschungsprojektes an der FernUniversität Hagen, Baden-Baden 1990.

ders.: Zu einer gemeinsamen europäischen Parteienrechtskultur?, in: DÖV 1988, S. 1 ff.

ders.: Zum Prinzip einer gemeineuropäischen Verfassungsverantwortung – am Beispiel der Revisionsproblematik der europäischen Verträge, in: M. Morlok (Hrsg.), Die Welt des Verfassungsstaates. Erträge des Wissenschaftlichen Kolloquiums zu Ehren von Prof. Dr. Dr. h.c. mult. Peter Häberle aus Anlaß seines 65. Geburtstages, Baden-Baden 2001, S. 45 ff.

ders.: La Transformation du Principe Démocratique dans l'Ordre Juridique Européen, Athen 2007.

ders.: Die Europäische Unionsgrundordnung. Beiträge zum institutionellen Verständnis der Europäischen Union im Hinblick auf einen zukünftigen europäischen Verfassungsvertrag, Baden-Baden 2002.

ders.: Die europäische Unionsgrundordnung / Grundsatzfragen und fünf Anregungen zum Umdenken anläßlich der Regierungskonferenz 1996, in: EuGRZ 1995, S. 287 ff.

ders.: Die Europäische Unionsgrundordnung im Schatten der Effektivitätsdiskussion, in: EuGRZ 2000, S. 517 ff.

ders.: Ist die Europäische Unionsgrundordnung für die Tätigkeit politischer Parteien ungeeignet?, in: F. Hufen (Hrsg.), Verfassungen – Zwischen Recht und Politik. Festschrift zum 70. Geburtstag für Hans-Peter Schneider, Baden-Baden 2008, S. 236 ff.

ders.: Der Vertrag von Nizza. Ein Appell an das Europäische Parlament und die nationalen Parlamente, in: ders. (Hrsg.), Zum Konstitutionalisierungsprozess in der Europäischen Union, Berlin 2005, S. 141 ff.

ders. (Hrsg.): Verstärkte Zusammenarbeit. Flexible Institutionen oder Gefährdung der Rechtseinheit, Baden-Baden 1999.

Tschäpe, Philipp: Die Übergangsbestimmungen zur Arbeitnehmerfreizügigkeit und zum Grundstücksverkehr im Rahmen der EU-Osterweiterung. Zugleich ein Beitrag zum Konzept eines veränderungsfesten Kerns des Gemeinschaftsrechts, Baden-Baden 2004.

Uhle, Arnd: Freiheitlicher Verfassungsstaat und kulturelle Identität, Tübingen 2004.

Ukrow, Jörg: Richterliche Rechtsfortbildung durch den EuGH. Dargestellt am Beispiel der Erweiterung des Rechtsschutzes des Marktbürgers im Bereich des vorläufigen Rechtsschutzes und der Staatshaftung, Baden-Baden 1995.

Urlesberger, Franz: Die „europäischen Werte" und ihr Schutz durch die EU, in: JRP 2002, S. 193 ff.

Usher, John A.: The Influence of National Concepts on Decisions of the European Court, in: ELRev. 1 (1976), S. 359 ff.

ders.: General Principles of EC Law, Edinburgh 1998.

Vahlas, Alexis: L'appartenance à l'Union européenne, in: V. Constantinesco / Y. Gautier / V. Michel (Hrsg.), Le Traité établissant une Constitution pour l'Europe, Straßburg 2005, S. 239 ff.

van Crefeld, Martin: Aufstieg und Untergang des Staates, München 1999.

van Dijk, Teun Adrianus: Textwissenschaft. Eine interdisziplinäre Einführung, Tübingen 1980.

van Goethem, Herman: La politique des langues en France 1620–1804, in: Revue du Nord 1989, S. 437 ff.

Vedder, Christoph / Heintschel von Heinegg, Wolf (Hrsg.): Europäischer Verfassungsvertrag, Baden-Baden 2007.

Vergottini, Giuseppe de: Diritto Costituzionale Comparato, Padua 1981.

ders.: Diritto Costituzionale Comparato, 4. Aufl., Padua 1993.

ders.: Diritto Costituzionale Comparato, 5. Aufl., Padua 1999.

Vespaziani, Alberto: Die Europäische Verfassungslehre im Wandel zur post-ontologischen Rechtsvergleichung, in: A. Blankenagel / I. Pernice / H. Schulze-Fielitz (Hrsg.), Verfassung im Diskurs der Welt. Liber Amicorum für Peter Häberle zum siebzigsten Geburtstag, Tübingen 2004, S. 455 ff.

Vitzthum, Wolfgang Graf (Hrsg.): Europäischer Föderalismus. Supranationaler, subnationaler und multiethnischer Föderalismus in Europa, Berlin 2000.

ders.: „Römischer Hauch" – Stefan Georges staatspoetisches Europabild, in: H.-P. Mansel / T. Pfeiffer / H. Kronke / C. Kohler / R. Hausmann (Hrsg.), FS für Erik Jayme, München 2004, Bd. 2, S. 1763 ff.

ders.: Die Identität Europas, in: EuR 2002, S. 1 ff.

Vogel, Joachim: Harmonisierung des Strafrechts in der Europäischen Union, in: GA 2003, S. 314 ff.

ders.: The European Integrated Criminal Justice System and Its Constitutional Framework, in: MJ 2005, S. 125 ff.

ders.: Licht und Schatten im Alternativ-Entwurf Europäische Strafverfolgung, in: ZStW 2004, S. 400 ff.

Vogel, Klaus: Die Verfassungsentscheidung des Grundgesetzes für eine internationale Zusammenarbeit. Ein Diskussionsbeitrag zu einer Frage der Staatstheorie sowie des geltenden deutschen Staatsrechts, Tübingen 1964.

Völker-Rasor, Anette (Hrsg.): Frühe Neuzeit, München 2000.

Vorländer, Hans: Die Verfassung. Idee und Geschichte, 2. Aufl., München 2004.

Vos, Ellen: Reforming the European Commission: What Role to play for EU Agencies, in: CMLR 37 (2000), S. 1113 ff.

Voßkuhle, Andreas: Gibt es und wozu nützt eine Lehre vom Verfassungswandel?, in: Der Staat 43 (2004), S. 450 ff.

Wägenbaur, Rolf: Auf dem Wege zu einer Bildungs- und Kulturgemeinschaft, in: A. Randelzhofer / R. Scholz / D. Wilke (Hrsg.), GS für Eberhard Grabitz, München 1995, S. 851 ff.

Wahl, Rainer: Erklären staatstheoretische Begriffe die Europäische Union?, in: JZ 2005, S. 916 ff.

ders.: Der Einzelne in der Welt jenseits des Staates, in: Der Staat 40 (2001), S. 45 ff.

ders.: Erklären staatstheoretische Leitbegriffe die Europäische Union?, in: H. Dreier (Hrsg.), Rechts- und staatstheoretische Schlüsselbegriffe. Legitimität – Repräsentation – Freiheit. Symposion für Hasso Hofmann zum 70. Geburtstag, Berlin 2005, S. 113 ff.

ders.: Der offene Staat und seine Rechtsgrundlagen, in: JuS 2003, S. 1145 ff.

ders.: Staatsaufgaben im Verfassungsrecht, in: T. Ellwein / J. J. Hesse (Hrsg.), Staatswissenschaften. Vergessene Disziplin oder neue Herausforderung?, Baden-Baden 1990, S. 29 ff.

ders.: Verfassungsstaat, Europäisierung, Internationalisierung, Frankfurt a.M. 2003.

Walkenhorst, Heiko: Europäischer Integrationsprozeß und europäische Identität. Die politische Bedeutung eines sozialpsychologischen Konzepts, Baden-Baden 1999.

Wallace, Helen / Wallace, William / Pollack, Mark (Hrsg.): Policy-Making in the European Union, 4. Aufl., Oxford 2000.

dies. (Hrsg.): Policy-Making in the European Union, 5. Aufl., Oxford 2005.

Wallace, William: Relaunching the EU: variable geometry, institutional duplication or policy drift?, in: P. Tsakaloyannis (Hrsg.), The Reactivation of the Western European Union and the Effects on the EC and its Institutions, Maastricht 1985.

Walter, Christian: Die Europäische Menschenrechtskonvention als Konstitutionalisierungsprozeß, in: ZaöRV 59 (1999), S. 961 ff.

ders.: Religionsverfassungsrecht in vergleichender und internationaler Perspektive, Tübingen 2006.

Walter-Raymond-Stiftung (Hrsg.): Sozialstaat – Idee und Entwicklung, Reformzwänge und Reformziele, Köln 1996.

Ward, Ian: Beyond Constitutionalism: The Search for a European Political Imagination, in: ELJ 7 (2001), S. 24 ff.

Wasieliewski, Andreas: Der kurhessische Verfassungskonflikt von 1850 in der Bewertung des deutschen Konstitutionalismus, Kassel 1990.

Wasmeier, Martin: Stand und Perspektiven des EU-Strafrechts, in: ZStW 2004, S. 320 ff.

Watts, Ronald L.: Comparing Federal Systems, 2. Aufl., Montreal 1999.

Weber, Albrecht: Die Bedeutung der Regionen für die Verfassungsstruktur der Europäischen Union, in: J. Ipsen / J. M. Mössner / H.-W. Rengeling / ders. (Hrsg.), Verfassungsrecht im Wandel. Wiedervereinigung Deutschlands, Deutschland in der Europäischen Union, Verfassungsstaat und Föderalismus, Köln u.a. 1995, S. 681 ff.

ders.: Einheit und Vielfalt der europäischen Grundrechtsordnung(en). Zur Inkorporation der Grundrechtscharta in einen europäischen Verfassungsvertrag, in: DVBl. 2003, S. 220 ff.

ders.: Zur föderalen Struktur der Europäischen Union im Entwurf des Europäischen Verfassungsvertrags, in: EuR 2004, S. 841 ff.

ders.: Vom Verfassungsvertrag zum Vertrag von Lissabon, in: EuZW 2008, S. 7 ff.

ders. (Hrsg.): Währung und Wirtschaft. Das Geld im Recht. FS für Hugo J. Hahn, Baden-Baden 1997.

Weber, Max: Gesammelte Aufsätze zur Religionssoziologie, 3 Bde., Tübingen 1920–1921.

ders.: Wirtschaft und Gesellschaft. Grundriß der Verstehenden Soziologie, Köln / Berlin 1964.

ders.: Europa eine zuverlässige Ordnung geben: Weichenstellungen für den künftigen Integrationsprozess, in: ders. (Hrsg.), Die Europäische Verfassung in der Analyse, Gütersloh 2005, S. 13 ff.

ders. (Hrsg.): Wie Europa verfasst sein soll. Materialien zur politischen Union, Gütersloh 1991.

ders. / Wessels, Wolfgang (Hrsg.): Europa von A bis Z. Taschenbuch der europäischen Integration, 9. Aufl., Baden-Baden 2006.

ders. (Hrsg.): Europa '96. Reformprogramm für die Europäische Union, Gütersloh 1994.

ders. (Hrsg.): Europa-Hdb., Bd. I, Die Europäische Union – Politisches System und Politikbereiche, 4. Aufl., Gütersloh 2006.

ders. (Hrsg.): Die Europäische Union. Politisches System und Politikbereiche, Bonn 2008.

ders.: Innere Herausforderungen für die Europäische Union, in: O. Due / M. Lutter / J. Schwarze (Hrsg.), FS für Ulrich Everling, Bd. 2, Baden-Baden 1995, S. 1641 ff.
ders. (Hrsg.): Die Identität Europas, Bonn 1985.
ders. (Hrsg.): Maastricht in der Analyse. Materialien zur Europäischen Union, Gütersloh 1994.
ders. (Hrsg.): Nizza in der Analyse. Strategien für Europa, 2. Aufl., Gütersloh 2001.
ders. (Hrsg.): Die Europäische Verfassung in der Analyse, Gütersloh 2005.
Weigend, Thomas: Der Entwurf einer Europäischen Verfassung und das Strafrecht, in: ZStW 2004, S. 275 ff.
Weiler, Joseph H. H.: The Constitution of Europe, Cambridge 1999.
ders. / Aubert, Jean François / Bieber, Roland / Emmert, Frank: Democracy and Federalism in European Integration, Bern 1995.
ders.: Epilogue, The European Courts of Justice, in: A.-M. Slaughter / A. S. Sweet / ders. (Hrsg.), The European Courts and National Courts, Oxford 1998, S. 365 ff.
ders.: Ein christliches Europa. Erkundungsgänge, Salzburg / München 2004.
Weinmann, Barbara: Zur Genese des politischen Konsensualismus – die Entwicklung des Schweizer Bundesstaats 1848–1874, in: O. Büsch / A. Schlegelmilch (Hrsg.), Wege europäischen Ordnungswandels. Gesellschaft, Politik und Verfassung in der zweiten Hälfte des 19. Jahrhunderts, Hamburg 1995, S. 71 ff.
Weiß, Norman: Die Entwicklung der Menschenrechtsidee, heutige Ausformung der Menschenrechte und Fragen ihrer universellen Geltung, in: J. Hasse / E. Müller / P. Schneider (Hrsg.), Menschenrechte. Bilanz und Perspektiven, Baden-Baden 2002, S. 39 ff.
ders.: Wirkung und Mängel der Europäischen Sozialcharta, in: G. von Arnim / V. Deile / F.-J. Hutter / S. Kurtenbach / C. Tessmer (Hrsg.), Jahrbuch Menschenrechte 2003, Frankfurt a.M. 2002, S. 305 ff.
Weiß, Wolfgang: Allgemeine Rechtsgrundsätze des Völkerrechts, in: AVR 39 (2001), S. 394 ff.
Welzer, Harald: Das kommunikative Gedächtnis. Eine Theorie der Erinnerung, München 2002.
Wendt, Rudolf / Höfling, Wolfram / Karpen, Ulrich (Hrsg.): Staat – Wirtschaft – Steuern. FS für Karl Heinrich Friauf zum 65. Geburtstag, Heidelberg 1996.
Wessels, Wolfgang: Eine institutionelle Architektur für eine globale (Zivil-)Macht? Die Artikel zur Gemeinsamen Außen- und Sicherheitspolitik des Vertrags für eine Verfassung von Europa, in: ZSE 2003, S. 400 ff.
Wieacker, Franz: Privatrechtsgeschichte der Neuzeit. Unter besonderer Berücksichtigung der deutschen Entwicklung, 2. Aufl., Göttingen 1967.
Wiedemann, Konrad: Arbeit und Bürgertum. Die Entwicklung des Arbeitsbegriffs in der Literatur Deutschlands an der Wende der Neuzeit, Heidelberg 1979.
Wiederkehr, René: Fairness als Verfassungsgrundsatz, Bern 2006.
Wietschel, Wiebke: Der Parteibegriff. Zur verfassungsrechtlichen und verfassungspolitischen Funktion des Parteibegriffs unter besonderer Berücksichtigung der Verbotsproblematik, Baden-Baden 1996.
Wildenmann, Rudolf (Hrsg.): Staatswerdung Europas? Optionen für eine Europäische Union, Baden-Baden 1991.
Willoweit, Dietmar / Seif, Ulrike (Hrsg.): Europäische Verfassungsgeschichte, München 2003.

Wilms, Heinrich / Hailbronner, Kay (Hrsg.): Recht der Europäischen Union, Bd. 1, Loseblattsammlung, Stuttgart u.a., Stand: 2002.
Wimmer, Andreas: Kultur als Prozess. Zur Dynamik des Aushandelns von Bedeutungen, Wiesbaden 2005.
ders.: Kultur. Zur Reformulierung eines sozialanthropologischen Grundbegriffs, in: KZSS 48 (1996), S. 401 ff.
Winkler, Günther: Der Europarat und die Verfassungsautonomie seiner Mitgliedstaaten. Eine europarechtliche Studie mit Dokumenten und Kommentaren, veranschaulicht durch die Aktionen des Europarates gegen die Verfassungsreform von Liechtenstein, Wien / New York 2005.
Winter, Gerd (Hrsg.): Das Öffentliche heute. Kolloquium zu Ehren von Alfred Rinken, Baden-Baden 2002.
Wishlade, Fion / Yuill, Douglas / Taylor, Sandra / Davezies, Laurent / Prud'homme, Remy / Nicot, B. H.: Economic and Social Cohesion in the European Union. The impact of Member States' Own Policies, Luxemburg 1996.
Wittinger, Michaela: Der Europarat. Die Entwicklung seines Rechts und der „europäischen Verfassungswerte", Baden-Baden 2005.
Wolf, Klaus Dieter (Hrsg.): Projekt Europa im Übergang? Probleme, Modelle und Strategien des Regierens in der Europäischen Union, Baden-Baden 1997.
Wolf, Sebastian: Das Demokratiedefizit der Europäischen Union aus Sicht der Europäischen Menschenrechtskonvention, in: ZEuS 2003, S. 379 ff.
Wolgast, Eike: Geschichte der Menschen- und Bürgerrechte, Stuttgart 2009.
Wollenschläger, Ferdinand: Grundfreiheit ohne Markt. Die Herausbildung der Unionsbürgerschaft im unionsrechtlichen Freizügigkeitsregime, Tübingen 2007.
Wollenweber, Hinnerk: Das „Mangold"-Urteil und die unmittelbare Wirkung gemeinschaftsrechtlicher Diskriminierungsverbote im deutschen Arbeitsrecht, Berlin 2008.
Wrede, Martin: Das Reich und seine Feinde. Politische Feindbilder in der reichspatriotischen Publizistik zwischen Westfälischem Frieden und Siebenjährigem Krieg, Mainz 2005.
Wuermeling, Joachim: Europa neu verfasst – Der Vertrag für eine europäische Verfassung vom 19. Juni 2004, in: BayVBl. 2004, S. 577 ff.
ders.: Kalamität Kompetenz: Zur Abgrenzung der Zuständigkeiten in dem Vertragsentwurf des EU-Konvents, in: EuR 2004, S. 216 ff.
Wyduckel, Dieter: Föderalismus als rechtliches und politisches Gestaltungsprinzip bei Johannes Althusius und John C. Calhoun, in: G. Duso / W. Krawietz / ders. (Hrsg.), Konsens und Konsoziation in der politischen Theorie des frühen Föderalismus, Berlin 1997, S. 259 ff.
ders. (Hrsg.): Johannes Althusius. Politik, Berlin 2003.
Wyrzykowsky, Miroslav (Hrsg.): Constitutional Cultures, Warschau 2002.
Zacher, Hans F.: Wird es einen europäischen Sozialstaat geben?, in: EuR 2002, S. 147 ff.
Zagorin, Perez: Rebels and Rulers, 2 Bde., Cambridge 1982.
Zagrebelsky, Gustavo: La giustizia costituzionale, 2. Aufl., Bologna 1988.
Zielonka, Jan: Europe as Empire. The Nature of the Enlarged European Union, Oxford 2006.
Ziemske, Burkhardt / Langheid, Theo / Wilms, Heinrich / Haverkate, Görg (Hrsg.): Staatsphilosophie und Rechtspolitik. FS für Martin Kriele zum 65. Geburtstag, München 1997.

Zimmermann, Reinhard (Hrsg.): Amerikanische Rechtskultur und Europäisches Privatrecht, Tübingen 1995.

Zuleeg, Manfred: Demokratie in der Europäischen Gemeinschaft, in: JZ 1993, S. 1069 ff.

ders.: Die Europäische Gemeinschaft als Rechtsgemeinschaft, in: NJW 1994, S. 545 ff.

ders.: Die Grundfreiheiten des Gemeinsamen Markts im Wandel, in: O. Due / M. Lutter / J. Schwarze (Hrsg.), FS für Ulrich Everling, Bd. 2, Baden-Baden 1995, S. 1717 ff.

ders.: Das Recht der Europäischen Gemeinschaften im innerstaatlichen Bereich, Köln u.a. 1969.

ders.: Der Schutz der Menschenrechte im Gemeinschaftsrecht, in: DÖV 1992, S. 937 ff.

ders.: Der Verfassungsgrundsatz der Demokratie und die europäischen Gemeinschaften, in: Der Staat 17 (1978), S. 27 ff.

Zweigert, Konrad: Der Einfluss des Europäischen Gemeinschaftsrechts auf die Rechtsordnungen der Mitgliedstaaten, in: RabelsZ 28 (1964), S. 601 ff.

Stichwortregister

—F—

—G—

—L—

—N—

—O—

—P—

—W—

—Z—